Benjamin Ziemann
Front und Heimat

Klartext

Veröffentlichungen des Instituts zur Erforschung der europäischen Arbeiterbewegung

Schriftenreihe A: Darstellungen

Band 8

Redaktion dieses Bandes: Klaus Tenfelde

Benjamin Ziemann

Front und Heimat

Ländliche Kriegserfahrungen
im südlichen Bayern
1914-1923

Zur Erinnerung an Emmi Ziemann (1939-1995) und Johanna Ziemann (1908-1996)

Umschlagabbildung:
Carl Strathmann, Sturmangriff (1914) – Öl/Leinwand, 205 x 250 cm
Münchner Stadtmuseum, Inv. Nr. G71/196

Gedruckt mit Unterstützung des Förderungs- und Beihilfefonds Wissenschaft
der VG Wort GmbH, München

Die Deutsche Bibliothek – CIP-Einheitsaufnahme

Ziemann, Benjamin :
Front und Heimat : ländliche Kriegserfahrungen im südlichen Bayern
1914 – 1923 / Benjamin Ziemann. – 1. Aufl. – Essen : Klartext-Verl., 1997
(Veröffentlichungen des Instituts zur Erforschung der Europäischen
Arbeiterbewegung : Schriftenreihe A, Darstellungen ; Bd. 8)
ISBN 3-88474-547-6
NE: Institut zur Erforschung der Europäischen Arbeiterbewegung <Bochum>:
Veröffentlichungen des Instituts zur Erforschung der Europäischen
Arbeiterbewegung / A

1. Auflage März 1997
Gestaltung und Satz: Klartext
Druck: Jütte-Druck, Leipzig
© Klartext Verlag, Essen 1997
Alle Rechte vorbehalten
ISBN 3-88474-547-6

Inhaltsverzeichnis

Vorwort

Die vorliegende Arbeit ist im Wintersemester 1995/96 von der Fakultät für Geschichtswissenschaft und Philosophie der Universität Bielefeld als Dissertation angenommen worden. Das Manuskript wurde für den Druck geringfügig gekürzt und überarbeitet. Die Arbeit an der Dissertation wurde von der Stiftung Volkswagenwerk im Rahmen des Graduiertenkollegs für „Sozialgeschichte von Gruppen, Schichten, Klassen und Eliten" an der genannten Fakultät und durch eine einmalige Zuwendung des Historial de la Grande Guerre in Péronne finanziell unterstützt.

Für ihre Unterstützung bin ich einer Reihe von Personen zu Dank verpflichtet. Die Professoren Klaus Tenfelde und Josef Mooser haben die Arbeit an der Dissertation als Betreuer bzw. Zweitgutachter gefördert. Ihrem Wissen, ihrem kritischen Rat und ihrer Gesprächsbereitschaft verdanke ich eine Fülle von Anregungen. Prof. Bedřich Loewenstein hat mein Projekt seit seinen Anfängen mit der ihm eigenen Liberalität begleitet.

Die Mitarbeiterinnen und Mitarbeiter der benutzten Archive haben mir einen Weg zu den Quellen gebahnt. Dies gilt insbesondere für die Mitarbeiter des Münchener Kriegsarchivs um seinen Direktor Dr. Achim Fuchs. Besonderer Dank gilt jenen Personen, die mir Vertrauen geschenkt und ihre in Privatbesitz befindlichen Materialien zur Verfügung gestellt haben. Frau Anna Knon vom Bayerischen Landwirtschaftlichen Wochenblatt hat die Suche nach privaten Feldpostbriefen durch einen Sammlungsaufruf gefördert.

Dem Rat und Zuspruch von Freunden, vor allem von Christine Brocks, Norbert Busch, Rita Gudermann, Frank Kebbedies, Andreas Müller und Bernd Ulrich, verdanke ich sehr viel. Hans Bergemann, Eva Köller, Patricia Kruschel und Horst Weich haben mir in München, Passau und Berlin eine zweite Heimat gegeben. Bernd Kölling und Dirk Schumann haben (nicht nur) einzelne Kapitel kritisch gelesen.

Allen diesen Personen und Institutionen gilt mein herzlicher Dank.

Bochum, im Oktober 1996
Benjamin Ziemann

1. Einleitung

Ein Berichterstatter der Exil-SPD meldete im Juni 1934 aus einem Dorf in der Nähe des oberpfälzischen Furth im Wald Details über eine Diskussion zwischen einer Gruppe von Landwirten und SA-Leuten in Zivil:

> „Nachdem man sich längere Zeit allgemein ablehnend über die jetzigen Zustände geäußert hatte, fing einer an, über den unnützen Drill bei der SA zu schimpfen. Er sagte, daß er 34 Monate im Kriege war und genug gedrillt wurde. Jetzt würden sie wieder gedrillt, schlimmer als beim Kommiß früher."[1]

Aus der Fülle der Erinnerungen an den Ersten Weltkrieg, die in der durch die beginnende Wiederaufrüstung geschürten „Kriegspsychose" des Jahres 1934 und vor allem nach der Wiedereinführung der allgemeinen Wehrpflicht 1935 in diesen Berichten notiert wurden, ist dies nur eine und auf den ersten Blick vielleicht banal erscheinende Episode.[2] Allerdings ist es auffällig, daß ein Mitglied der SA eine zum Frontsoldatenmythos nicht unbedingt passende Meinung vertrat. Denn im historischen Bewußtsein ist die SA als eine Organisation verankert, deren Mitglieder vor allem durch positive Erinnerungen an die Schützengrabengemeinschaft und durch eine im Krieg erworbene Gewaltbereitschaft geprägt waren.

Die Reichswehr und die zahlreichen Frontsoldatenbünde der Weimarer Republik schufen zur Traditionsbildung Mythologisierungen des Krieges, die für das Bild von ‚dem' Fronterlebnis des Ersten Weltkrieges nicht ohne Folgen geblieben sind.[3] Über das Kriegserlebnis der Soldaten in den Jahren 1914-1918 und seine Wirkungen ist deshalb eine Fülle von Geschichtsbildern verbreitet, die jedoch mit den realen Erfahrungen der Soldaten, wie das genannte Beispiel zeigt, wohl nicht immer identisch sind. Aus diesem Grund muß am Beginn einer jeden Beschäftigung mit den Kriegserfahrungen der Mannschaftssoldaten eine Traditions und Überlieferungskritik stehen, die spätere Deutungen abträgt und damit den Weg für empirische Analysen frei macht.

---

1 Deutschland-Berichte, Jg. 1934, S. 304.
2 Den Terminus „Kriegspsychose" stellte man dem entsprechenden Abschnitt der Berichte voran. Dabei wurde notiert, daß „die Kriegsgeneration zu einem großen Teil von Sorge und Angst ergriffen ist." Vgl. ebd., Jg. 1934, S. 499ff., 621ff., 629 (Zitat), 725; Jg. 1935, S. 275ff., 409ff., 527ff.
3 Vgl. als Überblick: Wette, Ideologien, S. 40ff.; Hüppauf, Schlachtenmythen.

1.1. „Brutalisierung" als Folge des Fronterlebnisses?

Im Hinblick auf die ländlichen Soldaten ist dabei eine typische Äußerung von Martin Broszat in einer knappen Analyse der NS-Massenbewegung von Interesse. Das „nationale Kriegserlebnis" habe, so Broszat, „Bauernsöhne und Landarbeiter (...) aus dem gewohnten Gang episch-provinziellen Lebens herausgerissen" und sie zu „politischer Partizipation" motiviert, wie sie vor allem in den ländlichen Kriegervereinen deutlich geworden sei. Durch das Kriegserlebnis geprägt, lieferte dieses „Protestpotential auf dem Lande den faschistischen Bewegungen massenhaft Rekruten (...)."[4] Mit diesen Worten gab Broszat eine gängige Vorstellung über die sozialpsychologischen Ursachen und Voraussetzungen der NS-Massenbewegung wieder und griff gleichzeitig ein seit den 1930er Jahren verbreitetes Bild über wesentliche Folgen des Fronterlebnisses auf.

1938 legte der amerikanische Soziologe Theodore Abel ein seither vielzitiertes Buch mit Lebensgeschichten von NSDAP-Mitgliedern vor. Auf einen 1934 in Parteipresse und -büros veröffentlichtem Aufruf hin, der die Stiftung von Geldpreisen einschloß, hatte er mehr als 600 Lebensgeschichten von Mitgliedern erhalten, die der Partei vor 1933 beigetreten waren. In diesem Material spielte vor allem die Berufung auf das angebliche Gemeinschaftserlebnis in den Schützengräben für eine Hinwendung zum Nationalsozialismus, der die Werte der Front vertreten habe, eine große Rolle.[5] Abel selbst hatte noch eine Reihe von quellenkritischen Bedenken eingeräumt.[6] Ohne ausreichende Berücksichtigung dieser Probleme einer Quellenkritik ist seine Sammlung später zur Grundlage für sozialwissenschaftliche Forschungen geworden, welche die Motivation von NSDAP-Anhängern analysieren. Das Fronterlebnis wurde dabei vor allem als Auslöser für eine vermehrte Gewaltbereitschaft und mit dem Topos des entfremdeten Heimkehrers thematisiert.[7]

In der ersten wissenschaftlichen Mitgliederanalyse der NS-Massenbewegung, die unter Benutzung einer offiziösen Parteistatistik 1940 von dem im amerikanischen Exil lebenden Soziologen Hans Gerth erarbeitet wurde, taucht dieser Gedanke

---

4 Broszat, Machtergreifung, S. 68. Broszat verweist auf: Merkl, Political Violence. Ähnlich wie Broszat auch: Thamer, Verführung und Gewalt, S. 33f.

5 Abel, Hitler; vgl. das Vorwort von T. Childers zur Neuausgabe, ebd., S. XIII-XX. Zum Fronterlebnis S. 142f., und Einzelberichte S. 25f., 180, 221, 244ff.

6 Darunter ist vor allem die Rücksichtnahme auf örtliche Parteiführer, deren Mitwirkung bei der Erstellung bzw. nachträglichen Begutachtung der Manuskripte nicht kontrollierbar war, zu beachten. Vgl. ebd., S. 2ff., 7f. Weiterhin ist zu bedenken, daß die zu diesem Zeitpunkt bereits entfaltete Selbstdarstellung und Legendenbildung der Partei bezüglich ihrer eigenen Anfänge und Anziehungskraft in die Manuskripte eingeflossen sein kann. Vgl. D. Blasius, Psychohistorie und Sozialgeschichte, in: AfS 17 (1977), S. 383-403, 401.

7 Merkl, S. 154ff., 173ff. Die geringe Zahl an Forschungen zur Motivationsanalyse der NS-Anhänger, die über eine Korrelation mit soziostrukturellen Variablen hinausgehen, ist frappierend. Vgl. aber C. Schmidt, Zu den Motiven „alter Kämpfer" in der NSDAP, in: D. Peukert/J. Reulecke (Hg.), Die Reihen fast geschlossen. Beiträge zur Geschichte des Alltags unterm Nationalsozialismus, Wuppertal 1981, S. 2143.

ebenfalls auf. Im Rahmen einer an Max Webers Theorie der charismatischen Herrschaft angelehnten Betrachtung ging Gerth auf das besonders jugendliche Alter der Parteimitgliedschaft ein, und hob dabei die Bedeutung des Fronterlebnisses für die Formierung einer Massenbasis hervor. Da die Partei entsprechende Werte in der politischen Arena vertrat, habe sie viele angezogen, die ein Verlangen nach der Kameradschaft der Schützengräben und der im Krieg gemeinsam ausgestandenen Gefahr hegten. Als Beleg dafür verwies Gerth auf den in der Statistik nachweisbaren hohen Anteil der Weltkriegsteilnehmer unter der NS-Führerschaft.[8]

Einen großen Stellenwert besitzt das Fronterlebnis auch in einer vergleichenden Untersuchung der totalitären Systeme in Deutschland, Italien und der Sowjetunion, die der emigrierte Politikwissenschaftler Sigmund Neumann 1942 vorlegte.[9] Im Zentrum seiner Argumentation stand die politische Mobilisierung der Massen für diese autoritären Regime. Am deutschen Beispiel analysierte er dabei eine Reihe von Folgen des Fronterlebnisses, die bis heute die Diskussion bestimmen.[10] Das Fronterlebnis war für Neumann die konstitutive Erfahrung einer ganzen Alterskohorte, der von 1890-1900 Geborenen. Der angebliche Opfergang einer jugendlichen Elite in Langemarck, die Entfremdung der jungen Kämpfer von der Heimat, ein wachsender „Zynismus" der Soldaten und der „Schützengraben-Sozialismus" sind die Interpretamente, mit denen Neumann den prägenden Einfluß der Frontjahre auf diese Generation beschreibt. Der Nationalsozialismus war für Neumann gleichbedeutend mit der Durchsetzung der politischen Vorstellungen dieser durch das Fronterlebnis geprägten Altersgruppe.[11]

Hannah Arendt schließlich, als Philosophin und Politologin ebenso profiliert wie als Publizistin, veröffentlichte 1945 im amerikanischen Exil eine kurze Analyse des „deutschen Problems". Am Beginn der Durchsetzung des Nationalsozialismus sah auch sie die „Katastrophe" des Weltkrieges, die den „Zerstörungsrausch als konkrete Erfahrung" zur Grundlage der NS-Ideologie machte. In der Weltwirtschaftskrise konnten die Nationalsozialisten dann mit Erfolg „an das berühmte [!] Fronterlebnis" appellieren und weckten damit die „süßen Erinnerungen" an die „Volksgemeinschaft des Schützengrabens" und an eine „Zeit außergewöhnlicher Aktivität und zerstörerischer Macht", an eine Zeit und Erfahrungen, die der einzelne genossen

---

8 Gerth, Nazi Party, S. 530f. Zu seiner Biographie vgl. das Vorwort von U. Herrmann in: Gerth, Bürgerliche Intelligenz, S. 7-10. Zur Forschungsgeschichte der NS-Mitgliederanalyse vgl. D. Mühlberger, Hitler's Followers. Studies in the Sociology of the Nazi Movement, London. New York 1991, S. 5ff. Vgl. auch den Hinweis auf „heimgekehrte Soldaten" in einem bereits 1937 in den ‚Annales' erschienenen Artikel der österreichischen Historikerin Lucie Varga: Varga, Entstehung, S. 118.

9 S. Neumann, Revolution. Zur Biographie Neumanns vgl. ders., Die Parteien der Weimarer Republik (1932), Stuttgart etc. 1973, S. 7. (Einleitung von K.D. Bracher).

10 Neumann stützte sich u.a auf eine 1941 erschienene Analyse der deutschen Kriegsromane der Weimarer Zeit, die bereits selbständig die Kontinuitätslinie vom Weltkrieg zur Mentalität der Nationalsozialisten zog: Pfeiler, War, S. 4f.

11 Vgl. S. Neumann, Revolution, v.a. S. 237-244. „Zynismus" und „Schützengraben-Sozialismus" (Neumann führte diesen Begriff auch in deutscher Sprache ein): S. 240; vgl. S. 39f., 111f.

hatte."[12] In der sechs Jahre später von derselben Autorin vorgelegten Theorie totalitärer Herrschaft hatte sich an dieser Einschätzung nichts geändert. Allerdings verwies sie nun als Beleg auf eine inzwischen in den USA erschienene Sammlung, in der ein Querschnitt aus den während des Ersten Weltkrieges in Deutschland veröffentlichten Feldpostbriefsammlungen präsentiert wurde. Paradoxerweise stellte die Herausgeberin dieser Sammlung jedoch gerade das Fehlen von inhumanen Feindbildern im präsentierten Material heraus, wofür sie vor allem christliche Motive anführte.[13]

Auffällig ist bei all diesen Analysen zunächst die Selbstverständlichkeit, mit welcher der Sache nach recht weitreichende Schlußfolgerungen weitgehend ohne Belege oder mit solchen, die erst auf ihren Gehalt zu prüfen wären, getroffen wurden. Dies verwundert umso mehr, als es in den vierziger Jahren in den USA bereits eine Reihe von seriösen historischen Arbeiten gab, die den Zusammenhang zwischen dem Fronterlebnis und der politischen Ideologiebildung der Weimarer Rechten auf das Wirken der Sturmtruppkämpfer eingrenzten. Diese hatten sich freiwillig zu den Stoßtrupps gemeldet, mit denen die erstarrten Fronten des Stellungskampfes wieder in Bewegung gebracht werden sollten. Damit hatten sie ihr besonderes Kriegsengagement dokumentiert. Sie wurden deshalb bereits in den frühen vierziger Jahren zu Recht als ebenso elitäre wie besonders aggressive Vertreter der politischen Ansprüche einer militaristischen Frontsoldatenideologie identifiziert.[14] Diesem Argument kann auch heute noch uneingeschränkt zugestimmt werden. Denn in der Tat sind Autoren wie die Brüder Ernst und Friedrich Georg Jünger, Franz Schauwecker und andere frühere Frontoffiziere noch heute die meistzitierten Vertreter einer Literatur, die mit ihren gegen den Militarismus der alten wilhelminischen Eliten durchaus kritisch eingestellten Interpretationen das Bild vom Fronterlebnis bereits in der Weimarer Republik entscheidend geprägt hat.[15] Diese differenzierenden Ergebnisse wurden aber von den um eine Motivationsanalyse der nationalsozialistischen Bewegung bemühten Autoren nicht rezipiert.

---

12 Arendt, Das „deutsche Problem", S. 28.

13 Arendt, Elemente, S. 525ff. Die zitierte Sammlung: Hafkesbrink, Unknown Germany, S. 107-146.

14 Vgl. H. Rosinski, The German Army (1939), London 1966, S. 149; H.E. Fried, The Guilt of the German Army, New York 1942, S. 198ff. Die Kriegsmüdigkeit der Wehrpflichtsoldaten und ihre Abneigung gegen Formen des Militarismus am Ende des Krieges wurde von Fried als Gegensatz zu den Sturmtruppleuten hervorgehoben: ebd., S. 30, 50. H. Speier, Risk, Security and Modern Hero Worship, in: ders., Social Order and the Risks of War, New York 1952, S. 112-128, hier: 117f. (das Manuskript stammt aus dem Jahr 1940: ebd., S. 112). Zu den Sturmtrupps vgl. Kap. 3.2.1.2.

15 Vgl. R. Woods, Die neuen Nationalisten und ihre Einstellung zum 1. Weltkrieg, in: Krieg und Literatur/War and Literature 1 (1989), No. 1, S. 59-79. Weite Verbreitung erlangte die Sichtweise dieser Gruppe ab 1925 durch ihre Publikationen im Rahmen der Stahlhelm-Zeitung „Die Standarte". Vgl. V.R. Berghahn, Der Stahlhelm. Bund der Frontsoldaten 1918-1935, Düsseldorf 1966, S. 92ff. Für die zeitgenössische Wahrnehmung aufschlußreich: W. Benjamin, Theorien des deutschen Faschismus. Zu der Sammelschrift „Krieg und Krieger" (1930), in: ders., Gesammelte Schriften, Bd. III, Frankfurt/M. 1972, S. 238-250.

Um die auf Belege weitgehend verzichtende Selbstgewißheit dieser im Exil entstandenen Deutungen zu begreifen, muß man noch andere Ursachen in Betracht ziehen. Die an der Front gemachten Gewalterfahrungen und ihre prägende Rolle für die politische Kultur der Nachkriegszeit wie für die Gewaltbereitschaft der Veteranen bilden ein weiteres Diskussionsfeld, das mit jenem über das Aufkommen des Nationalsozialismus vielfältig verknüpft ist. Hier fließt wiederum implizites Vorverständnis aus verschiedenen Quellen zusammen. Zunächst ist an eine allgemein verbreitete Geschichtsdeutung zu erinnern, die den Ersten Weltkrieg als „große Urkatastrophe dieses Jahrhunderts" (George F. Kennan) sieht.[16] Die vorhergehenden Jahrzehnte des bürgerlichen Zeitalters waren danach durch zivilisatorischen Fortschritt, eine stark vom Bürgertum beeinflußte Kultur und eine Verrechtlichung von Konflikten geprägt.[17] Vor dem Hintergrund der Bilder von gesellschaftlicher Ruhe, Fortschritt und Zufriedenheit, die sich hier mit dieser Epoche verbinden, wird die Wahrnehmung von politischer Gewalt und Massenmobilisierung, welche die Jahre nach 1918 prägten, spezifisch verstärkt und stereotyp.

Nachhaltigen Einfluß auf die Diskussion um eine individuelle, durch den Krieg erzeugte Gewaltdisposition hatte auch die Theorie Sigmund Freuds. In seiner 1915 erschienenen Schrift „Zeitgemäßes über Krieg und Tod" analysierte er die durch den Krieg herbeigeführte Änderung der Menschen in ihrer Einstellung zum Tode. Die durch kulturelle Konventionen bestimmte Einhegung und Verleugnung des Todes wurde demnach im Krieg problematisch. Ältere, durch Kulturleistungen nur verdeckte Verhaltensmuster aus der Frühgeschichte der Menschwerdung wurden bloßgelegt. „Er [der Krieg; B.Z.] zwingt uns, wieder Helden zu sein, die an den eigenen Tod nicht glauben können; er bezeichnet uns die Fremden als Feinde, deren Tod man herbeiführen oder herbeiwünschen soll."[18] Allgemein konnte Freud seine Enttäuschung über die kriegsbedingte „geringe Sittlichkeit der Staaten nach außen" wie die „Brutalität im Benehmen der einzelnen" nicht verbergen.[19] Mit seiner Enttäuschung über die Barbarisierung der Menschen durch den Krieg, der die „späteren Kulturauflagerungen" abstreift und den „Urmenschen" zum Vorschein kommen läßt, trat er in Widerstreit mit seinem eigenen Selbstverständnis als Aufklärer und Wissenschaftler. Im selben Text versuchte er deshalb bereits, diese Enttäuschung zu verarbeiten und mit der Forderung nach einer nüchternen Analyse erträglich zu machen.[20]

Wie tief der Bruch allerdings war, den der Krieg in Freuds Menschenbild bewirkte, zeigte die von ihm alsbald vorgenommene Neustrukturierung seiner Triebtheorie. In der 1920 erschienenen Schrift „Jenseits des Lustprinzips" postulierte Freud die Existenz eines Todestriebes. Dieser wurde nun als zweite grundle-

---

16 Zit. n.: Schulin, Weltkrieg, S. 369. Schulins Aufsatz ist selbst eine Beleg für die andauernde Gültigkeit dieses Geschichtsbildes.
17 Vgl. Stern, Weltkrieg, v.a. S. 153.
18 Freud, Zeitgemäßes, S. 212.
19 Ebd., S. 193.
20 Zitat: ebd., S. 212; vgl. S. 187ff., v.a. 192.

gende Strebung des psychischen Apparates gleichberechtigt neben die bisher allein gültige Orientierung der am Lustprinzip ausgerichteten Libido gestellt.[21] Die Verarbeitung der Enttäuschung durch den Krieg blieb nicht ein indivduelles Problem Freuds. Den Verlust eines optimistischen Menschenbildes teilten auch andere Psychologen, die ebenfalls den Zusammenhang von Krieg und Brutalisierung bzw. Barbarisierung der Menschen thematisierten. Zu ihnen gehörte z.B. Gustave Le Bon, der vor allem durch sein Werk über die Psychologie der Massen bekannt geworden ist, sowie eine Reihe im amerikanischen Exil arbeitender Psychoanalytiker.[22]

Die Auffassung, kriegerische Gewalt bewirke die Enthemmung einer zivilisatorisch eingehegten, dem Menschen ursprünglichen Gewaltbereitschaft, hat sich über den engen Rahmen der psychologischen Theoriebildung hinaus kulturell verfestigt. Sie liegt in dieser Form auch den oben erläuterten Deutungen der NS-Massenbewegung zugrunde. Hier liefert sie zugleich ein Erklärungsmodell für die besondere Gewaltbereitschaft der Nationalsozialisten und vor allem der SA-Leute. In allgemeiner Form ist sie auch in Studien zum Fronterlebnis eingeflossen. So hat Otto Baumgarten, ein profilierter Vertreter der „liberalen Theologie" innerhalb des Protestantismus, in einem Beitrag für die Serie von Studien der Carnegie-Stiftung über den Weltkrieg von der „Verrohung" und vom „Blutrausch" der Frontsoldaten gesprochen.[23]

Neben dem zunehmenden Gewicht der Psychoanalyse im Kreis der Kulturwissenschaften und für die Gewinnung eines Bildes vom Menschen im allgemeinen muß man vor allem den selbstreferentiellen Charakter dieser unter Akademikern zirkulierenden Interpretationen als Ursache für ihre Verbreitung benennen. Auf Selbstzeugnisse von Akademikern oder nachträglich von ihnen geprägte Deutungen gestützt, konnte die zweifelsohne vorhandene Vielschichtigkeit der Alltagserfahrungen anderer sozialer Gruppen wie der Arbeiter, Handwerker oder Bauern leicht durch ein relativ starres Ensemble von Thesen ersetzt werden, die mit dem eigenen Erfahrungshorizont kompatibel waren.

Zusammenfassend läßt sich festhalten: Seit dem Beginn des Zweiten Weltkrieges konnte in den USA, vor allem unter Emigranten aus Deutschland, eine Erklärung des Nationalsozialismus Bedeutung gewinnen, die dessen Faszination für die Massen mit dem Fronterlebnis des Ersten Weltkriegs verknüpfte. Die massive und weltweite militärische Mobilisierung durch das NS-Regime, das Bild deutscher Soldaten, die bis 1945 erbittert kämpften, mag als zeittypische Wahrnehmung verstärkend gewirkt haben. Ungeachtet ihrer eben verdeutlichten Grenzen waren

---

21 Vgl. Freud, Jenseits des Lustprinzips. Weitere Hinweise, auch aus Briefen Freuds, in: Hoffman, War, v.a. S. 252, 262f. Unpräzise: Behrenbeck, Heldenkult und Opfermythos, S. 143f.
22 Vgl. G. Le Bon, Psychologie des temps nouveaux, Paris 1920, S. 35. Weitere Hinweise bei: Hoffman, Marx, Freud and Fascism, S. 13, 53ff., 75f. Aus der amerikanischen Psycho-Historie: D. Lotto, Psychoanalytic Perspectives on War, in: Journal of Psychohistory 17 (1989), S. 155-178.
23 Baumgarten, Zustand, S. 16f.; vgl. Stern, S. 164. Einschränkend: Leed, No Man's Land, S. 11, 114.

diese Arbeiten zur damaligen Zeit allemal Zeugnis für eine ebenso kritische wie – gemessen am Zustand der deutschen Historie in der Zwischenkriegszeit – gedanklich innovative Auseinandersetzung mit der drängenden Frage, wo die Ursachen der nationalsozialistischen Barbarei zu suchen seien. In wechselnder Verbindung mit der Fülle anderer Interpretationen des „deutschen Weges", die in der Emigration entworfen wurden, gelangte dieses Erklärungsmodell nach dem Ende des Zweiten Weltkrieges in die westdeutsche Geschichtswissenschaft zurück. Unter den vielen im Exil lebenden Soziologen, Politologen und Historikern, deren Werke nach 1945 das westdeutsche Geschichtsbild geprägt haben, nehmen die Verfechter der vorgestellten Interpretation einen wichtigen Platz ein.[24] Ihre Vorstellungen haben Eingang in allgemeine Darstellungen des Nationalsozialismus wie in Arbeiten zu dessen sozialpsychologischem Hintergrund gefunden.[25] Die Thesen der Emigranten haben somit die Vorstellungen über das Fronterlebnis geprägt, auch wenn sie nur eine von dessen vielen möglichen Deutungen kolportiert haben.

Wendet man sich nun der dem Fronterlebnis gewidmeten Forschung im besonderen zu, fällt zunächst auf, daß die Auseinandersetzung mit der Geschichte der Soldaten in Deutschland lange Zeit nur in geringerem Umfang erfolgte als in anderen Ländern. Trotz ihrer internationalen Verbreitung ging die Beschäftigung mit diesem Thema bisher mit einer weitgehenden Abschottung der nationalen Perspektiven einher.[26] Insbesondere in Großbritannien ist das Interesse am dort sogenannten ‚Großen Krieg' anhaltend und ohne deutliche Unterbrechungen gewesen. Das Spektrum reicht dabei von wissenschaftlichen Abhandlungen mit ‚klassischem' Rang bis zu einer Fülle von populär gehaltenen Werken, welche die nicht abreißende Begierde der Sachbuchkäufer befriedigen.[27]

---

24 Vgl. Berghahn, Deutschlandbilder, v.a. S. 270, 272. Berghahn betont vor allem die Popularität der auf die Ausbreitung der NS-Ideologie unter den ‚Massen' zielenden Werke von Hannah Arendt, George L. Mosse und auch Fritz Stern. Mit seiner Ausrichtung auf strukturelle Belastungen vor allem durch die ostelbischen Eliten blieb Hans Rosenberg dagegen zunächst ein Außenseiter und prägte erst auf lange Sicht den wichtigsten Strang der Sonderwegsdebatte. Vgl. auch Srubar, Das Bild Deutschlands.

25 Vgl. noch: Schieder, Staatensystem, S. 397; Kettenacker, Führer-Herrschaft, S. 125. Selbst dem Emigrationskontext zuzurechnen ist George L. Mosse. Vgl. zur „Brutalisierung" der politischen Rechten nach 1918 seine Ausführungen in: Mosse, Gefallen, S. 195ff. Zu seinem Selbstverständnis vgl. Runge/Stelbrink, „Ich bleibe Emigrant".

26 Vgl. aber die souveräne Synthese bei Winter, Experience, S. 110-159; Ulrich/Ziemann, Kriegserlebnis. Das Historial de la Grande Guerre in Péronne bemüht sich seit 1992 um die Förderung vergleichender Forschung; vgl. J.-J. Becker u.a. (Hg.), Guerre et Cultures 1914-1918, Paris 1994.

27 Klassisch: Keegan, Antlitz; Fussell, The Great War. Vgl. die etwas kleinliche Kritik bei Prior/Wilson, Paul Fussell at War. Unergiebig z.B.: P.H. Liddle, The Soldier's War 1914-18, London 1988. Forschungsüberblick: B. Bond (Hg.), The First World War and British Military History, Oxford 1991. Für die französische Forschung vgl. Pedroncini, Mutineries; S. Audoin-Rouzeau, Men at War; ders., Von den Kriegsursachen zur Kriegskultur. Neuere Forschungstendenzen zum Ersten Weltkrieg in Frankreich, in: NPL 39 (1994), S. 203-217; Cochet, Les soldats français; Smith, Mutiny and Obedience; für Italien A. Bazzanella, Die Stimme der Illiteraten. Volk und Krieg in Italien 1915-1918, in: K. Vondung (Hg.), Kriegserlebnis. Der Erste Weltkrieg in der literarischen Gestaltung und symbolischen Deutung der Nationen, Göttingen 1980, S. 334-351.

In Deutschland hat das Fronterlebnis der Soldaten kontinuierliche Beachtung in den Fachdiskussionen der Germanistik gefunden. Die in den Jahren der Weimarer Republik erschienenen Kriegsromane bieten einen in sich höchst differenzierten Zugang gerade zum problematischen Aspekt der Extremsituationen an der Front und ihrer Bewältigung. Zugleich sind sie selbst ein wichtiges Medium kultureller Repräsentation dieser Thematik, in dem vor allem in den späten zwanziger Jahren massenwirksam die Fronterfahrungen neu interpretiert wurden.[28] Auch wenn die Kriegsromane Einblicke in die zeitgebundenen Erwartungshaltungen an eine Fiktionalisierung der Frontsituation vermitteln und damit eine unverzichtbare Perspektive auf die Artikulation der damit verbundenen Erfahrungen bieten: Als Quelle historischer Forschung im engeren Sinne sind sie für den hier behandelten Themenkreis nur am Rande benutzbar.

Ansonsten stand in Deutschland jede Beschäftigung mit dem deutschen Weltkriegsheer lange Zeit unter der politischen Belastung durch die Dolchstoßlegende.[29] Dies führte unter anderem in den Debatten über die „Ursachen des Deutschen Zusammenbruchs", die im gleichnamigen Untersuchungsausschuß des Reichstages ausgetragen wurden, zu polemischen Kontroversen. Dennoch sind hier Forschungsleistungen von dauerhafter Geltung erbracht worden, wobei vor allem das Gutachten des linksliberalen Historikers Martin Hobohm über „Soziale Heeresmißstände als Teilursache des deutschen Zusammenbruchs" von Bedeutung ist. Mit einer Fülle von heute zum Teil nicht mehr greifbaren Dokumenten hatte Hobohm gegen heftigen Widerstand der konservativen Ausschußmitglieder und der Gutachter aus den Reihen ehemaliger Generalstabsoffiziere und der Reichswehr ein ebenso realistisches wie ernüchterndes Bild der sozialen Spannungen im Heer gezeichnet.[30] Auch an Arthur Rosenberg ist hier zu erinnern, der im besagten Reichstagsausschuß die KPD vertrat. In seinem Werk über die Vorgeschichte der Weimarer Republik benutzte er bei der dortigen Mitarbeit gewonnene Erkenntnisse zu einer differenzierten Darstellung des Weltkriegsheeres. Im Kontrast zu den gängigen Auffassungen bemerkenswert ist dabei z.B. Rosenbergs Feststellung:

---

28 Bester Überblick: H.-H. Müller, Der Krieg und die Schriftsteller. Der Kriegsroman in der Weimarer Republik, Stuttgart 1986. Vgl. M. Travers, German Novels on the First World War and their Ideological Implications, 1918-1933, Stuttgart 1982. Fortlaufende bibliographische Information bietet: Krieg und Literatur/War and Literature. Osnabrück ab Jg. 1 (1989).

29 Zur Forschungsgeschichte: Krumeich, Kriegsgeschichte. Unergiebig ist: ders., Kriegsalltag vor Ort. Regionalgeschichtliche Neuerscheinungen zum Ersten Weltkrieg in Deutschland, in: NPL 39 (1994), S. 187-202. Als Deutung der Weimarer Zeit wichtig: Weniger, Bild des Krieges.

30 Vgl. WUA, Bd. 11/1: Gutachten des Sachverständigen Dr. Hobohm. Neben der Fülle des verarbeiteten Materials ist auch die außerordentlich einfühlsame Argumentation von Hobohm hervorzuheben, die seinem Werk – zusammen mit den Ausführungen von Ludwig Bergsträsser in den Verhandlungen des Ausschusses – den Rang der ersten mentalitätsgeschichtlichen Arbeit der deutschen Historiographie verleiht. Zur Biographie Hobohms vgl. H. Schleier, Die bürgerliche deutsche Geschichtsschreibung der Weimarer Republik, Berlin 1975, S. 531-574. Zum Ausschuß: Heinemann, Niederlage, S. 177-191. B. Thoß, Menschenführung im 1. Weltkrieg und im Reichsheer, in: Menschenführung im Heer, Bonn. Herford 1982, S. 113-138 (=Vorträge zur Militärgeschichte 3), bietet kaum mehr als eine Zusammenfasssung von Hobohms Gutachten.

„Der bayerische Bauernsoldat, 1914 der Stolz der Armee, war 1918 unter den ersten, die sich unter die rote Fahne stellten."[31]

Nach dem Zweiten Weltkrieg konzentrierte sich das Interesse am Weltkrieg vor allem auf den in hohem Maße politisierten Streit um Fritz Fischers Bewertung der Kriegsschuldfrage, wodurch eine Beschäftigung mit der Geschichte des Frontalltags weiterhin blockiert wurde.[32] Erst die inzwischen weitgehend beigelegten Kontroversen der siebziger und achtziger Jahre um die Relevanz der Alltagsgeschichte weckten auch in der Geschichtswissenschaft wieder das Interesse an dieser Thematik.[33] Zunächst begann man mit der mühevollen Erschließung von popularen Quellen und suchte einen Zugang über einzelne Verfasser von Feldpostbriefen und Tagebüchern.[34] Die programmatische Forderung nach einer Geschichte der Mannschaftssoldaten ist in jüngster Zeit vor allem von Wolfram Wette erhoben worden.[35] Tendenzen zu einer Romantisierung der Opferrolle der Soldaten und die Verengung der Fragestellung auf politische ‚Erfolge' der Mannschaftssoldaten sind dabei allerdings nicht zu übersehen. Auch die von Wette vorgeschlagene Kategorie des ‚kleinen Mannes' für die Mannschaftssoldaten kann nicht überzeugen. Die soziokulturell geprägten Unterschiede im Verhalten verschiedener Soldatengruppen, beispielsweise zwischen Soldaten ländlicher oder städtischer Herkunft, werden durch diesen Begriff unnötig nivelliert.[36] Einen ersten relevanten Niederschlag hat die Wiederentdeckung des Forschungsfeldes ‚Fronterlebnis' inzwischen mit Arbeiten über die vielschichtige Problematik der ‚Authentizität' von Feldpostbriefen und ihrer Instrumentalisierung für ein bestimmtes Bild des Krieges gefunden.[37]

31 Rosenberg, Entstehung, S. 85ff., Zitat S. 88.
32 Vgl. Thoß, Ereignis und Erlebnis.
33 Kritischer Überblick: K. Tenfelde, Schwierigkeiten mit dem Alltag, in: GG 10 (1984), S. 376-394. Eine wichtige Etappe für das Forschungsfeld Erster Weltkrieg markierte: V. Ullrich, Kriegsalltag. Hamburg im ersten Weltkrieg, Köln 1982.
34 Vgl. v.a. P. Knoch, Feldpost eine unentdeckte historische Quellengattung, in: Geschichtsdidaktik 11 (1986), S. 154-171; ders., Kriegsverarbeitung; ders., Kriegserlebnis; ders., Erleben und Nacherleben.
35 Vgl. Wette, Militärgeschichte. Vgl. bereits R. Bessel/D. Englander, Up from the Trenches: some recent Writing on the Soldiers of the Great War, in: European Studies Review 11 (1981), S. 387-395, 388.
36 Wette, Militärgeschichte, S. 14ff., 23ff. Vgl. die Kritik bei C. Stephan, Die Leiche im Garten. Bewußtseinsspuren des Ersten Weltkrieges, in: Merkur 46 (1992), S. 1073-1085, 1076f.; mit anderer Stoßrichtung: Ulrich, „Militärgeschichte von unten". In der von Wette vorgeschlagenen Form als Universalschlüssel für die Sozialgeschichte des Militärs kann auch der Begriff der „totalen Institution" (Erving Goffman) nicht überzeugen, da die Situation lückenloser Kontrolle für den Kasernenalltag, nicht aber stets an der Front zutrifft. Zudem unterschlägt der Begriff den enormen Konformitätszwang, der die informellen Beziehungen unter den Mannschaften auszeichnete. Vgl. Bahrdt, Gesellschaft, S. 87-131; A. Rosner/H.-D. Wegner, Determinanten und Konsequenzen informeller Ränge von Rekruten, in: R. König (Hg.), Beiträge zur Militärsoziologie, Köln. Opladen 1968, S. 286-299.
37 Vgl. Ulrich, Feldpostbriefe; ders., Desillusionierung; ders. „Eine wahre Pest"; ders., Perspektive von unten.

Untersuchungen zu den deutschen Weltkriegssoldaten stammen somit bisher meist noch von Autoren aus dem angelsächsischen Raum.[38] Es ist auffällig, daß sich diese Arbeiten vor allem auf eine Gruppe von Soldaten bestimmter sozialer Herkunft beziehen. Benutzt und zitiert werden zumeist die Selbstzeugnisse der zum Großteil akademisch gebildeten Kriegsfreiwilligen, also einer relativ schmalen und homogenen Gruppe, die insgesamt nur etwa 185.000 Soldaten umfaßte.[39] Insbesondere die Sammlung der „Kriegsbriefe deutscher Studenten", die der Germanist Philipp Witkop 1916 erstmals veröffentlichte und die bis 1933 unter dem Titel „Kriegsbriefe gefallener Studenten" mehrere erweiterte Neuauflagen erlebte, hat in der Forschungsliteratur weithin autoritative Geltung für Informationen über die Befindlichkeit von Soldaten erhalten.[40] Mit Leichtigkeit könnte man unter Berufung auf Kriegsfreiwillige wie Ernst Toller oder Erich Bloch, die sich unter dem Eindruck des Massensterbens sehr schnell zu Kriegsgegnern und Pazifisten entwickelten, die Vielschichtigkeit auch des Fronterlebnisses der Studenten aufzeigen.[41] Dennoch werden in den zitierten Werken mit dem Zeugnis der Kriegsfreiwilligen bestimmte Interpretationen festgeschrieben. Dabei griff man auf ‚nationale' Geschichtsbilder zurück, denen wir bereits bei den Untersuchungen der deutschen Emigranten begegnet waren, wie die Entfremdung der Kämpfer von der Heimat, die soziale Differenzen nivellierende Schützengrabengemeinschaft oder das Erlebnis des soldatischen ‚Männerbundes'. Alle diese Vorstellungen werden von einigen Autoren nach wie vor kolportiert.[42]

Auf den Studentenbriefen aufbauende Analysen können also Repräsentativität kaum beanspruchen. Dies hatte in den erregten Debatten um den Quellenwert von Feldpostbriefen im Weimarer Untersuchungsausschuß bereits der aufgrund der Kontroversen um seine angebliche Verstrickung in die Marinemeuterei des Jahres 1917 stets engagiert auftretende sozialdemokratische Reichstagsabgeordnete Wilhelm Dittmann festgestellt:

> „Was wir brauchen, sind Briefe von Mannschaften (...), und wenn ich in bezug auf die Studentenbriefe einen Zwischenruf gemacht habe, so wird niemand leugnen können, daß Studentenbriefe wirklich für niemand beweiskräftig sein können."[43]

---

38 Leed; Eksteins, Tanz über Gräben; Mosse; Whalen, Bitter Wounds, S. 21-35. Vgl. aber: K. Vondung, Propaganda oder Sinndeutung?, in: ders. (Hg.), Kriegserlebnis. Der Erste Weltkrieg in der literarischen Gestaltung und symbolischen Deutung der Nationen, Göttingen 1980, S. 11-37; Linse, Das wahre Zeugnis; B. Hüppauf (Hg.), Ansichten vom Krieg, Königstein/Ts. 1984.

39 Diese – auf Unterlagen der internen heereswissenschaftlichen Forschung der zwanziger Jahre beruhende – Zahl umfaßt die von der Armee 1914 eingestellten Freiwilligen. Um eine Annahme als Kriegsfreiwilliger haben sich bis zum 11.8.1914 allein in Preußen gut 260.000 Männer bemüht. Die Zahl der Kriegsfreiwilligen in der bayerischen Armee betrug ungefähr 32.000. Vgl. Verhey, „Spirit of 1914", S. 207. Eine Zahl von knapp 300.000 Freiwilligen hatte noch errechnet: Ulrich, Desillusionierung, S. 114f.

40 Zur Rezeptionsgeschichte dieser Sammlung vgl. Hettling/Jeismann, Weltkrieg als Epos.

41 Vgl. Toller, Jugend in Deutschland, S. 42ff.; Bloch, Das verlorene Paradies, S. 62ff.

42 Vgl. Eksteins, S. 213-358; Leed, S. 10f., 33 u.ö.; Mosse, S. 69-88; Stephan, Krieg, S. 26-29.

43 WUA, Bd. 4: Entschließung und Verhandlungsbericht, 1. Teil, S. 232. Zu den Debatten um Feldpostbriefe vgl. ebd., S. 143, 176 (General a.D. v. Kuhl). Es ist bezeichnend für die Argumen-

Mit der Beschränkung auf die Selbstzeugnisse einer ausgesprochen kleinen sozialen Gruppe und dem Verzicht auf archivalisch abgesicherte militärhistorische Untersuchungen war eine bestimmte Interpretationsrichtung auf weite Strecken vorgeprägt.[44] Es entstand eine gewissermaßen existenzialistische Sicht, in der vor allem die tiefgreifende Identifikation der Soldaten mit dem Militärdienst und die damit einhergehende Entfernung vom jeweiligen zivilen Hintergrund betont wurde. Die Mannschaftssoldaten wurden damit von der Kriegsgesellschaft weitgehend abgekoppelt, und die langüberlieferten Chiffren des romantischen Soldatenkultes wie ‚Bewährung' und ‚Heldentum' bestimmten die Interpretation.[45] Wo man in dieser Perspektive über das Jahr 1918 hinaus nach der Verarbeitung der Kriegsjahre fragte, verlängerte sich der Gegensatz zur zivilen Umgebung in die Nachkriegszeit, und der Bruch mit den Wahrnehmungsmustern der Vorkriegszeit wurde einseitig betont.[46] In jüngster Zeit hat Richard Bessel allerdings diesen Interpretationsansatz kritisiert und vornehmlich am Beispiel der städtischen Arbeiterschaft umfassend die Bedingungen für die zum Teil durchaus gelungene Reintegration der Soldaten nach 1918 verdeutlicht.[47]

1.2. Methodische Prämissen einer Front und Heimat übergreifenden Erfahrungsgeschichte

Im folgenden soll versucht werden, die skizzierten Begrenzungen im Rahmen einer Geschichte der Kriegserfahrungen der ländlichen Bevölkerung im südlichen Bayern zu überwinden. Die Relevanz eines solchen Vorhabens ergibt sich zum einen aus der Tatsache, daß Soldaten aus dem ländlichen Raum in der bayerischen Armee stark vertreten waren. Zudem ist mit der Aufhellung des Hintergrundes der von Broszat vertretenen These die Frage nach dem ländlichen Fronterlebnis noch nicht beantwortet. Auch eine stark empirisch ausgerichtete und quellengesättigte Beschreibung der Kriegserfahrungen von ländlichen Soldaten bedarf allerdings einer Reihe von methodischen Prämissen, deren Berechtigung plausibel zu machen ist. Dies gilt gerade für die Entscheidung, die im gewöhnlichen Verständnis getrennten

---

tation v. Kuhls, daß er schließlich als Beleg für seine Auffassungen die Lektüre der Bücher von Ernst Jünger empfahl: ebd., S. 148. Vgl. die Antwort des Historikers und MdR (DDP) Ludwig Bergsträsser: ebd., S. 250, 304; ferner MdR Eulenburg (DNVP): WUA, Bd. 5: Verhandlungsbericht, 2. Teil, S. 8. Dittmann, Erinnerungen, Bd. 3, S. 903-935, geht vor allem auf die Behandlung der Marinemeuterei im Ausschuß ein. Vgl. aber ebd., Bd. 2, S. 895-902 zum Dolchstoß-Prozeß.

44 Die mangelnde Bereitschaft zur Auseinandersetzung mit den Quellen zeigt sich vor allem bei Eksteins, S. 306f., passim.

45 Dies kritisiert auch Winter, Catastrophe and Culture, S. 531f.

46 Eksteins, S. 409-443; Mosse, S. 195-244. Ganz oberflächlich, mit den üblichen Hinweisen auf die Bücher der Gebrüder Jünger etc., auch G. Krumeich, La Place de la Guerre de 1914-1918 dans l'Histoire Culturelle de l'Allemagne, in: J.-J. Becker u.a. (Hg.), Guerre et Cultures 1914-1918, Paris 1994, S. 36-45.

47 Bessel, Germany; ders., Kriegserfahrungen.

Erfahrungsbereiche von Front und Heimat gemeinsam zu untersuchen, wenn sich damit mehr verbinden soll als eine rein additive Verknüpfung von Einzelergebnissen.

Die Verbindung beider Themenfelder stößt zunächst an Grenzen, die durch die institutionelle Verselbständigung der Militärgeschichte gegen die Sozialgeschichte gesetzt sind. In Forschungen über den Zweiten Weltkrieg sind diese Grenzen mit Arbeiten über die ökonomische und militärische Mobilisierung des NS-Regimes für den Krieg, die Auswirkungen der Okkupationspolitik und die Sozialgeschichte des Bombenkrieges bereits ansatzweise überschritten worden.[48] Die wachsende Zahl sozialhistorischer Arbeiten zur deutschen Kriegsgesellschaft der Jahre 1914 bis 1918 blieb dagegen bisher weitgehend auf ‚zivile' Themen wie vor allem die Lage der Arbeiterschaft oder der Arbeiterfrauen beschränkt.[49]

Die Notwendigkeit einer Verknüpfung von Militär- und Sozialgeschichte ergibt sich nicht zuletzt aus der Totalisierung der Kriegführung im 20. Jahrhundert, deren Anfänge und erster Höhepunkt im Ersten Weltkrieg lagen. Unter dem „totalen" Krieg wird dabei gemeinhin vor allem die Einbeziehung aller gesellschaftlichen Ressourcen in die Erfordernisse der Kriegführung verstanden. Diese war damit nicht mehr allein eine Domäne der operativen Fertigkeiten von militärischen Eliten und des Heldenmutes der ihnen unterstellten Mannschaften. Formen sozialer und wirtschaftlicher Mobilisierung für den Krieg spielten erstmals eine entscheidende Rolle für den Erfolg einer kriegerischen Auseinandersetzung und hatten weitreichende Konsequenzen für das Militär.[50]

Die wilhelminischen Militärs waren stets bestrebt gewesen, die Armee als einen Ort der Herrschaftsbildung und Herrschaftssicherung von der Gesellschaft abzuschotten. Mit einer Fülle von konstitutionellen und administrativen Sicherungen und Regelungen umgeben, sollten Tendenzen der Demokratisierung und Politisierung von ihr ferngehalten werden, vor allem solche, die von der sozialdemokrati-

---

48 Vgl. die Kritik der ersten Ansätze bei: M. Geyer, Krieg als Gesellschaftspolitik. Anmerkungen zu neueren Arbeiten über das Dritte Reich im Zweiten Weltkrieg, in: AfS 26 (1986), S. 557-601; U. Borsdorf/M. Jamin (Hg.), Über Leben im Krieg. Kriegserfahrungen in einer Industrieregion 1939-1945, Reinbek 1989. Zum Stand der militärgeschichtlichen Forschung in der Bundesrepublik vgl. die pointierte Kritik von O. Bartov, Wem gehört die Geschichte? Wehrmacht und Geschichtswissenschaft, in: H. Heer/K. Naumann (Hg.), Vernichtungskrieg. Verbrechen der Wehrmacht 1941-1944, Hamburg 1995, S. 601-619.

49 Vgl. die Beiträge in R. Wall/J. Winter (Hg.), The Upheaval of War. Family, Work and Welfare in Europe, 1914-1918, Cambridge 1988. Diese Begrenzung bereits bei der Pionierstudie: Kocka, Klassengesellschaft. Die wichtigste neuere Studie ist: Daniel, Arbeiterfrauen. Unverzichtbar für die Geschichte Bayerns in diesem Zeitraum sind die informativen, auch Hinweise für die Soldaten enthaltenden Werke von Ay, Entstehung; Albrecht, Landtag. Es ist bezeichnend, daß dagegen in einem vor kurzem im Auftrag des Militärgeschichtlichen Forschungsamtes herausgegebenen umfassenden Sammelband den Mannschaftssoldaten kein Beitrag gewidmet ist; Hinweise enthält allein: Ullrich, Kriegsalltag.

50 Zum Begriff: Wehler, Vom „Absoluten" zum „Totalen" Krieg; vgl. I.F.W. Beckett, Total War, in: C. McInnes/G.D. Sheffield (Hg.), Warfare in the Twentieth Century. Theory and Practice, London 1988, S. 1-23.

schen Arbeiterschaft ausgingen. Ein Teil dieser Sicherungen wie etwa das Verbot sozialdemokratischer Zeitungen im Heer wurde im Zeichen des ‚Burgfriedens' allerdings zumindest formal aufgehoben.[51]

Folgenreich für die Entwicklung der Armee war jedoch in erster Linie der neuartige Charakter einer auf der industriellen Massenfertigung von Rüstungsgütern basierenden Kriegführung. Die dahin führenden Entwicklungen vollzogen sich vor allem an der Westfront. Hier hatte der Krieg seit den Materialschlachten des Jahres 1916 den Charakter eines Maschinenkrieges angenommen. Dafür mußte die Rüstung von einer personalintensiven hin zu einer materialintensiven verändert werden. Ein solcher Krieg erforderte die Subsumierung aller Bereiche von Wirtschaft und Gesellschaft unter die Zwänge der Rüstungsproduktion.[52] Damit wurde aber auch die bisher bestehende prekäre Balance gesellschaftlicher Kräfte umgeworfen und ein verstärktes Streben nach politischer Partizipation freigesetzt. Die für die Mobilisierung der Bevölkerung notwendigen Prozesse gesellschaftlicher Steuerung und Umstrukturierung bedurften – wie auch der Krieg im Ganzen – politischer und ideologischer Legitimation, um die mit rasch anwachsender Heftigkeit gestritten wurde. Es wäre aber verfehlt, dabei umstandslos die Ausweitung von Partizipation mit einem Gewinn an Emanzipation und Mobilisierung mit Demokratisierung gleichzusetzen.[53]

Ungeachtet aller institutionellen Sicherungen gingen diese Prozesse auch an der Armee nicht spurlos vorüber. Die Soldaten an der Front blieben in den sich in der Heimat entfaltenden Gegensatz von Pro- und Antikriegsbewegung einbezogen. Der Hinweis auf die neuartigen Bemühungen zur ideologischen Indoktrinierung der Soldaten im „Vaterländischen Unterricht" muß hier genügen, um zu verdeutlichen, daß die Virulenz dieser Problematik auch der militärischen Führung bewußt wurde. Zugleich veränderte der Maschinenkrieg die Bedingungen, unter denen die Mannschaften kämpften. Mit der Entfaltung der Waffentechnologie wandelten sich die taktischen Richtlinien. Gesamtgesellschaftliche Mobilisierung und das Verlangen nach Partizipation verknüpften Soldaten und Zivilisten auf vielfältige Weise und verlangen danach, die Kriegsgesellschaft im Ganzen als einen Front und Heimat übergreifenden Zusammenhang aufzufassen.[54]

---

51 Vgl. W. Deist, Die Armee in Staat und Gesellschaft 1890-1914, in: M. Stürmer (Hg.), Das kaiserliche Deutschland, Düsseldorf 1970, S. 312-339.

52 Vgl. dazu und zum Folgenden: M. Geyer, Rüstungspolitik, S. 97ff.; Domansky, Weltkrieg, S. 297ff. Die familienhistorische Zuspitzung ihrer Argumente in dies., Militarization, ist weitgehend haltlos und unbelegt, insbesondere im Hinblick auf das in die Nachkriegszeit reichende Kontinuitätsargument.

53 Domansky, Weltkrieg, S. 298. Diese Tendenz findet sich z.B. in der älteren Literatur zur Frauenarbeit – die bei Daniel, S. 11ff. kritisch referiert wird –, aber auch in: G. Schramm, Militarisierung und Demokratisierung. Typen der Massenintegration im Ersten Weltkrieg, in: Francia 3 (1976), S. 476-497.

54 Die Frage nach dem Ausmaß von Integration und Desintegration zwischen Front und Heimatfront ist dabei „the most important question on the historical agenda." Winter, Catastrophe and Culture, S. 531.

Für die Zwecke einer beide Bereiche verbindenden Geschichte der Kriegserfahrung ist dabei besonders auf drei Ebenen zu verweisen, in denen sich dieser Zusammenhang praktisch realisiert hat. Erstens war dies die permanente Zirkulation männlicher Personen zwischen Front und Heimat. Fronturlauber kamen in die Heimat. Andere Soldaten kehrten im Gegenzug nach Krankheit oder Verwundung wieder an die Front zurück.[55] Diese ‚Pendler' trugen die Erwartungen und Erfahrungen zwischen Front und Heimat buchstäblich hin und her. Die zweite Ebene ist die der privaten Kommunikation, in der ungeachtet der Briefzensur zwischen Front und Heimat die jeweiligen Erlebnisbereiche geschildert und verallgemeinerbare Deutungen des Krieges ausgetauscht wurden. Drittens ist die Sozialgeschichte des Heeres selbst als Geschichte zunehmender Mobilisierung zu schreiben. Denn die auf die Beendigung des Krieges gerichtete Massenbewegung der Soldaten begann nicht erst im Sommer 1918 mit dem „verdeckten Militärstreik", der zu einer weitgehenden Auflösung des Heeres führte, sondern hatte einen tiefgreifenden Wandel ihrer Einstellungen gegenüber dem Krieg und dem Militär zur Voraussetzung.[56]

Im Rahmen der erfahrungsgeschichtlichen Argumentation dieser Arbeit ist dabei zu betonen, daß der Zusammenhang zwischen Front und Heimat nicht nur als ein äußerlicher zu interpretieren ist, wie er sich etwa in Gestalt einer sich wechselseitig aufschaukelnden kriegskritischen Stimmung gezeigt habe.[57] Vielmehr existierte ein innerer Zusammenhang zwischen den nur in ihren Erlebnissen völlig voneinander abweichenden Erfahrungsbereichen. Denn in ihren Deutungen und Beurteilungen sowohl des Kriegsverlaufs und der Kriegsgesellschaft als auch der persönlichen Situation des jeweils anderen stimmten die Familienangehörigen an der Front und in der Heimat vielfach überein. In der Regel lag der Primat für die Konstruktion neuer Deutungen bei den Männern an der Front, deren Interpretationen sich die zivile Bevölkerung dann nach einer Weile zu eigen machte. Das lag zum einen am höheren Maß der Belastung an der Front und dem daraus folgenden stärkeren Legitimationsbedarf, zum anderen aber an der traditionellen politischen Deutungsdominanz, welche die Männer im ländlichen Raum besaßen.[58]

Um die Wirkungen der doppelten Kriegserfahrung an der Front und in der Heimat erkunden zu können, muß die Analyse zeitlich über das Kriegsende hinausgetrieben werden. Besondere Aufmerksamkeit gilt dabei der Integration der Heimkehrer und der Frage, was aus der Fülle der aktuellen Erlebnisgehalte während

---

55 Vgl. Kap. 3.1., 3.2.1.1.
56 Grundlegend: Deist, Zusammenbruch, Zitat S. 120.
57 Vgl. Daniel, S. 151, 242.
58 Die ebenso kleinliche wie in ihrer Stoßrichtung verfehlte Kritik von Kruse, Krieg und nationale Integration, S. 177f., an den Thesen von Daniel, S. 236f., hat im Hinblick auf den ersten Punkt übersehen, daß Ute Daniel hier ausdrücklich von der „Zivilbevölkerung" spricht. Im Hinblick auf den zweiten Punkt ist aber zumindest hypothetisch die Frage zu stellen, ob nicht auch die kriegskritische Einstellung der Arbeiterfrauen wesentliche Impulse und Deutungsangebote von ihren Männern an der Front erhalten hat.

des Krieges bei ihnen auf Dauer traditionsbildend werden konnte. Erst eine empirisch möglichst dichte und breit angelegte Untersuchung der verschiedenen Organisationen und Repräsentationsformen der Veteranen nach 1918 kann Klarheit in die vieldiskutierte Problematik der Folgen des Fronterlebnisses bringen.[59]

Dabei gilt es allerdings generell, zwischen verschiedenen zeitlichen Ebenen zu unterscheiden. Verschiedene Bedingungen wie Konfession, soziale Schichtung, politische Orientierung oder Generationszugehörigkeit stellten Strukturen bereit, die der Erfahrungsprägung im Krieg vorauslagen. Während des Krieges beeinflußten Dienstgrad, Einsatzort und Waffengattung oder eine etwaige militärische Gefangennahme dann die Wahrnehmung bei den Soldaten in je unterschiedlicher Weise. Mit Reinhart Koselleck lassen sich diese während des Krieges wirkenden Bedingungen als „synchrone" Faktoren der Kriegsverarbeitung bezeichnen.[60]

Der Waffenstillstand markiert im Untersuchungsgebiet nicht nur durch das Ende der Kampfhandlungen eine Grenze. Auch die Erwartungen der Bauern bezogen sich, anders als etwa diejenigen der sozialdemokratischen Arbeiterschaft, primär auf dieses Datum und gingen zunächst nicht darüber hinaus. Für die Ausbildung der integrativen Perspektive der Sozialdemokratie, die schließlich in den Burgfriedensschluß mündete, war unter anderem die Hoffnung maßgeblich gewesen, daß man dadurch nationale Anerkennung gewinnen und die bis dahin erfahrene Ausgrenzung in der Nachkriegszeit aufheben könne. Der Burgfrieden war für die Mehrheit der Sozialdemokraten einem Wechsel vergleichbar, dessen Einlösung nach dem Krieg zu erwarten war.[61] Der zeitliche Erwartungshorizont der ländlichen Bevölkerung blieb dagegen zunächst auf das Ende des Krieges fixiert, von dem man in kurzen Abständen stets von neuem meinte, daß es unmittelbar bevorstehen würde. In der Gegend um Kempten steigerte sich diese Haltung zu einem förmlichen „Wahn", der Krieg werde auf jeden Fall im August 1917 zu Ende gehen.[62] Erst die Waffenruhe schuf dann die Voraussetzung, um sich mit über den Krieg hinausreichenden Erwartungen zu befassen.

Alle synchronen Faktoren wirkten dann auch nach 1918 in der Erinnerung an den Krieg. Dies geschah nun jedoch in jeweils spezifischer, durch die Kriegsfolgen und den zunehmenden zeitlichen Abstand modifizierter und überlagerter Form. Diese erst nach dem Krieg wirkenden Bedingungen lassen sich mit Koselleck als „diachrone" bezeichnen.

Mit der Option für eine Front und Heimat übergreifende Erfahrungsgeschichte verbindet sich das Unterfangen, die Entwicklung der ländlichen Gesellschaft im südlichen Bayern in die Untersuchung mit einzubeziehen. Nach dem Krieg wirkte vor allem die zunehmende Dynamik der inflationären Entwicklung auf das Erleben

---

59 Den äußerst mangelhaften Forschungsstand in diesem Punkt betont Krumeich, Kriegsgeschichte, S. 18.
60 Koselleck, Einfluß, S. 325-333.
61 Vgl. Kruse, Krieg und nationale Integration, S. 76-89, 108-116.
62 WB BA Kempten 23.6.1917: StAA, Regierung 9764.

der Heimkehrer, prägte die Rahmenbedingungen für ihre weitere zivile Existenz und überlagerte die Geschehnisse des Krieges. Zugleich setzten sich in der Inflation in modifizierter Form Entwicklungen fort, deren Beginn in der Kriegszeit lag. Damit wird in dieser Arbeit die inzwischen gängige Gliederung des Inflationsjahrzehntes aufgegriffen.[63]

Erfahrungen lassen sich als „durch Aufmerksamkeit ausgezeichnete Erlebnisse" definieren.[64] Diese Aufmerksamkeit ziehen – den Annahmen der wissenssoziologischen Theorie zufolge – bestimmte Erlebnisse deshalb auf sich, da sie sich in den Rahmen der bei Individuen einer sozialen Gruppe jeweils spezifisch ausgebildeten und für ihre Handlungen und Wahrnehmungen maßgeblichen Relevanzstrukturen sozialen Wissens einfügen. Dieses Wissen über die Beschaffenheit der gesellschaftlichen Wirklichkeit wird von den Individuen im Verlauf des primär zunächst durch die Familie vermittelten, wenngleich niemals abgeschlossenen Sozialisationsprozesses internalisiert. Ungeachtet des Streits um die maßgeblichen Instanzen der Sozialisation läßt sich festhalten, daß auch das Militär als eine solche zu bezeichnen ist, die im Rahmen der Wehrpflicht bereits im Frieden und im Krieg noch vermehrt vergesellschaftend wirkte.[65] Diesen Prozessen der Erfahrungsprägung selbst lagen strukturelle Bedingungen zugrunde. Inzwischen hat sich ein Konsens darüber gebildet, daß Erfahrungsgeschichte ohne die Erhellung von Strukturen blind bleibt.[66]

Ergänzend werden für die Interpretation der vor allem in Feldpostbriefen und anderen Selbstzeugnissen erkennbaren Deutungsmuster, mit denen ländliche Soldaten und Bäuerinnen das Kriegsgeschehen interpretierten, die mit dem wissenssoziologischen Ansatz durchaus kompatiblen Fragestellungen der Mentalitätsgeschichte berücksichtigt.[67] Dabei wird davon ausgegangen, daß die Angehörigen einer bestimmten sozialen Gruppe üblicherweise typische, wenig definierte und

---

63 Vgl. Schneider, Deutsche Gesellschaft; Hubbard, Inflation.
64 Vgl. im folgenden Schütz/Luckmann, Strukturen der Lebenswelt, Zitat Bd. 2, S. 14; als kursorischen Einstieg in die Begriffsverwendung vgl. K. Hartewig, ‚Wer sich in Gefahr begibt, kommt (nicht) darin um', sondern macht eine Erfahrung. Erfahrungsgeschichte als Beitrag zu einer historischen Sozialwissenschaft der Interpretation, in: Berliner Geschichtswerkstatt (Hg.), Alltagskultur, Subjektivität und Geschichte. Zur Theorie und Praxis der Alltagsgeschichte, Münster 1994, S. 110-125.
65 Vgl. Tenfelde, Sozialgeschichte als Sozialisationsgeschichte; ferner U. Herrmann, Historische Sozialisationsforschung, in: K. Hurrelmann/D. Ulich (Hg.), Neues Handbuch der Sozialisationsforschung, Weinheim. Basel 1991, S. 231-250.
66 J. Kocka, Sozialgeschichte zwischen Strukturgeschichte und Erfahrungsgeschichte, in: W. Schieder/V. Sellin (Hg.), Sozialgeschichte in Deutschland, Bd. I, Göttingen 1986, S. 67-88. Dies ist eine knappe Formel für eine komplexe und anhaltende Debatte, die hier nicht weiter verfolgt werden soll. Vgl. zuletzt Mergel, Kulturgeschichte.
67 Dazu am besten: P.H. Hutton, The History of Mentalities. The New Map of Cultural History, in: History and Theory 20 (1981), S. 237-259; Raulff, Mentalitäten-Geschichte; Schöttler, Mentalitäten; Sellin, Mentalität. Unergiebig ist die auf der Idee des kollektiven Unbewußten aufbauende Erörterung bei P. Ariès, Die Geschichte der Mentalitäten, in: J. Le Goff u.a. (Hg.), Die Rückeroberung des historischen Denkens, Frankfurt/M. 1994, S. 137-165.

weitgehend unreflektierte sowie damit selbstverständlich vertretene Vorstellungen über ihre Lage und Deutungen gesellschaftlicher Zusammenhänge entwickeln, die jeweils situationsabhängig ihr mögliches Verhalten vorprägen. Oder, um die klassische Definition Theodor Geigers bereits aus den frühen dreißiger Jahren zu zitieren: „Die Mentalität (..) ist geistig-seelische Disposition, ist unmittelbare Prägung des Menschen durch seine soziale Lebenswelt und die von ihr ausstrahlenden, an ihr gemachten Lebenserfahrungen."[68]

Mit Blick auf die Fülle von Ideologisierungen, die der Erste Weltkrieg von Beginn an erfahren hat, ist dabei vor allem die Spanne zwischen populären Mentalitäten und den in der Öffentlichkeit vertretenen Ideologien auszumessen, sofern man unter letzterem explizite, ausdifferenzierte und systematisierte Sinnstiftungsangebote versteht. Wurden also, so muß z.B. gefragt werden, die ländlichen Soldaten nach dem Zeugnis ihrer Feldpostbriefe von den in der Presse angebotenen nationalen Feindbildern und Stereotypen beeinflußt bzw. ‚angerufen'?[69]

Mit primärem Bezug auf die an der Front gültigen Zusammenhänge müssen an dieser Stelle kurz vier Aspekte des Erfahrungsbegriffs angesprochen werden, die als begriffliche Vorannahmen erst durch die Darstellung eingelöst werden können. Erstens ist im Sinne des wissenssoziologischen Ansatzes zu betonen, daß stets von der Existenz einer Fülle verschiedener Erfahrungsfelder auszugehen ist. Welchen von ihnen für die Prägung der Wahrnehmung besondere oder gar dominante Relevanz zukam, ist nicht von vornherein festgelegt. Zudem konnte sich die relative Bedeutung einzelner Felder während des Krieges verschieben.

Zweitens liegt besonderes Augenmerk auf der im Krieg zunehmenden Spannung zwischen den – in der Gegenwart des jeweiligen Betrachters miteinander verschränkten – Zeitstrukturen der Erfahrung und Erwartung. Von der Moderne wird allgemein gesagt, daß sie jenen Prozeß beschleunigt hat, in dem gemachte Erfahrungen gesammelt oder entwertet sowie gehegte Erwartungen bestätigt oder überholt werden.[70] Für den Krieg charakteristisch ist in diesem Zusammenhang, daß wie eben gesagt mit dem Frieden eine absolute Grenze der Erwartung bestand, die nur im Rahmen sehr abstrakter Erwägungen wie etwa bei der SPD übersprungen werden konnte. Ansonsten zeigt sich aber eine gegenüber den im Frieden üblichen Rhythmen gravierende Verkürzung des zeitlichen Bezugsrahmens von Erwartungen, ein zeittypisches ‚Denken von Tag zu Tag'.

Drittens ist davon auszugehen, daß im Zusammenhang mit der Verkürzung des Erwartungshorizontes tendenziell auch inhaltlich die Reichweite jener Dinge ein-

---

68 Geiger, Schichtung, S. 77.

69 Den Begriff der ideologischen ‚Anrufung' – zu verstehen in der Weise, wie ein Polizist auf der Straße ‚He, Sie da!' ruft und damit bei Passanten eine Drehung des Kopfes bewirkt – hat Louis Althusser in seiner Kritik der üblichen Sichtweise von Ideologien als einem ‚falschen Bewußtsein' entwickelt. Vgl. L. Althusser, Ideologie und ideologische Staatsapparate, in: ders., dass., Hamburg. Berlin 1977, S. 108-153; mit weiteren Literaturangaben: Schöttler, S. 95-102. Der Sache nach hat bereits Geiger, S. 77f., die Unterscheidung von Mentalitäten und Ideologien benutzt.

70 Vgl. Koselleck, ‚Erfahrungsraum'.

geschränkt wurde, die als bedeutsame Sachverhalte die Aufmerksamkeit fesselten. Bei der mit einem Überschuß an romantischem Sinnstiftungsbedarf ausgestatteten literarischen und künstlerischen Avantgarde führte der Krieg zu einer explosionsartigen Vermehrung von Deutungsversuchen.[71] Im Regelfall löste das für den einzelnen oftmals undurchschaubar scheinende gigantische ,Völkerringen' mit fortschreitender Dauer jedoch die entgegengesetzte Reaktion aus, nämlich den Versuch, durch die Beschränkung der Deutung auf wenige Themen Komplexität zu reduzieren. Schließlich ist viertens das Problem der langfristigen, über 1918 hinausreichenden Prägewirkung des Krieges gesondert zu betrachten. Fraglich ist dabei, ob die im Krieg entwickelten Deutungen ihre Bedeutung nur in Bezug auf den Krieg erhielten und deshalb mit ihm nach einer Weile vergingen, oder ob sich im Verlauf der vier Jahre die gewissermaßen a priori bestehenden Konstitutionsbedingungen von Erfahrung selbst grundlegend gewandelt hatten.

Unter Zugrundelegung dieser methodischen Prämissen sucht die Arbeit Antworten auf eine Reihe von Fragen, die im folgenden der Gliederung entsprechend kurz erörtert werden. Zunächst wird geprüft, ob die Reaktion der Bevölkerung auf den Kriegsbeginn dem gängigen Stereotyp einer umfassenden Begeisterung entsprach. Sodann werden die Bedingungen militärischer Vergesellschaftung untersucht, wobei wegen des schlechten Forschungsstandes und aus systematischen Gründen zuweilen der Blick über die Soldaten ländlicher Herkunft hinaus auf andere Gruppen zu richten ist. Nach einem Überblick über die soziale Zusammensetzung der Mannschaften werden diejenigen Faktoren erörtert, welche die Kohäsion der ,Truppe' förderten. Dazu muß nach dem Ausmaß und der Verteilung der Belastungen an der Front und zwischen den verschiedenen Frontabschnitten gefragt werden sowie nach Freiräumen, die Entlastung verschafften. Danach sind die Formen und die in unterschiedlichem Ausmaß nachlassenden Wirkungen der militärischen Disziplinierung zu behandeln. Die darauf folgende Erörterung der militärischen Propaganda vermittelt bereits erste Aufschlüsse darüber, ob von staatlicher Seite ausgegebene ideologische Inhalte und Orientierungen für die Kampfmotivation der Soldaten von Bedeutung waren.

Bei den Konfliktpotentialen in der Armee richtet sich der Blick zunächst auf die aus der Privilegierung der Offiziere erwachsenden Mißstände. Dabei ist zu fragen, ob die legalen Wege der Artikulation von Beschwerden eine Möglichkeit zur Entschärfung von Konflikten boten. Andererseits ist zu berücksichtigen, daß die Entfaltung des in den Mißständen liegenden Konfliktpotentials von ihrer je nach sozialem Hintergrund durchaus verschiedenen Wahrnehmung durch die Mannschaften abhängig war. Für einen erfahrungsgeschichtlichen Ansatz von zentraler Bedeutung ist die Analyse der Stimmungsentwicklung. Unabhängig vom Verlauf des Krieges gab es unter den Soldaten zwar Differenzen in der Stimmungslage. Bei der Gesamtheit der Mannschaften verbanden sich jedoch die Zeitstrukturen ihrer

---

71 Vgl., mit weiterer Literatur: W.J. Mommsen (Hg.), Kultur und Krieg. Die Rolle der Intellektuellen, Künstler und Schriftsteller im Ersten Weltkrieg, München 1996.

jeweiligen Erwartungshaltung mit den Eindrücken der politischen und militärischen Ereignisse des Krieges zum jeweils aktuellen Zustand der Motivation. Eine hinreichend detaillierte Analyse der Stimmung bietet damit sowohl einen Zugang zur sozialen Differenzierung unter den Mannschaften als auch einen Schlüssel für das Verständnis von Formen und Ausmaß ihrer Verweigerung, insbesondere für den Übergang zu massenhafter Verweigerung im Sommer und Herbst 1918.

Bei der Analyse der Deutungsmuster ländlicher Soldaten ist zunächst zu überprüfen, ob die Identifikation mit der Rolle des Soldaten und dem militärischen Sozialsystem die Orientierung der Bauern an ihrer zivilen Existenz verdrängen oder gar ersetzen konnte. Für die ganz überwiegend katholischen Soldaten aus dem südlichen Bayern waren weiterhin religiöse Deutungsmuster ein wichtiges Mittel der Stabilisierung und Orientierung. Sowohl die Formen als auch die Grenzen religiöser Sinnstiftung des Krieges sind dabei zu bestimmen. Schließlich ist der politische Einstellungswandel der Soldaten zu diskutieren, wobei neben den dafür maßgeblichen Themen politischen Interesses auch der im Heer überhaupt vorhandene Grad an Politisierung zu ermessen ist.

Sodann sind die Entwicklungslinien der ländlichen Gesellschaft in Krieg und Inflation zu verfolgen. Wie bewältigten die zu einem großen Teil alleine wirtschaftenden Bäuerinnen die Belastungen der Kriegsjahre? Hier wie in den anderen Teilen dieses Kapitels bieten die aufgrund der vorübergehenden räumlichen Trennung der bäuerlichen Ehen verfaßten Briefe nicht nur Aufschluß über die Thematisierung kriegsbedingter Phänomene. Sie vermitteln zugleich allgemeine Einblicke in die Struktur bäuerlicher Wahrnehmung und stellen damit Bausteine für eine noch zu schreibende Geschichte ländlicher Mentalitäten bereit. Für den gesamten Zeitraum von 1914 bis 1923 sind dann die Reaktionen der Landwirte auf die staatlichen Maßnahmen der Zwangswirtschaft mit Agrarprodukten sowie der sich vertiefende Gegensatz von Stadt und Land und seine Folgen für das bäuerliche Standesbewußtsein zu beschreiben. Ebenso wie bei der Lage der Bäuerinnen ist dabei eine moralisch fundierte Ordnung in den Geschlechterbeziehungen bzw. im ökonomischen Verhalten der Landwirte zu erkennen, die Grenzen für eine rein ökonomische Interpretation der bäuerlichen Familienwirtschaft markiert. Darüber hinaus ist zu fragen, ob und wie sich die soziale Lage und das Arbeitskampfverhalten der ländlichen Dienstboten in diesem Zeitraum veränderten.

Im letzten Teil der Arbeit wird das Verhalten der Kriegsheimkehrer in der ländlichen Gesellschaft nach 1918 verfolgt. Neben den Bedingungen für ihre Wiedereingliederung in das zivile Leben sind dabei die Motive und Grenzen der paramilitärischen Mobilisierung in den Einwohnerwehren zu diskutieren. Die Repräsentation der soldatischen Kriegserfahrung fand ihren Ort vor allem in den Kriegervereinen und in der Pflege des ländlichen Totenkultes. Hier ist nach dem Ausmaß und den Motiven des Engagements in den Kriegervereinen zu fragen sowie nach der symbolischen Formensprache der Kriegerdenkmäler und der bei ihrer Einweihung verwandten Rhetorik. Abschließend wird die Frage aufgegriffen, ob die ländliche Kriegserfahrung insgesamt einen Bruch mit traditionellen Orientierungs- und Stabilisierungsmustern bedeutete oder diese sogar bestärkt bzw. nach zeitweiligen Krisenerscheinungen wieder bestätigt wurden.

Als Quellengrundlage für diese Arbeit wurde eine Fülle verschiedener Bestände ziviler und militärischer Behörden sowie kirchlicher Stellen herangezogen. Für die Zivilbehörden sind dabei vor allem die bereits für die Erforschung der frühen Arbeiterbewegung und der nationalsozialistischen Diktatur erschlossenen, wöchentlich bzw. ab 1921 halbmonatlich erstatteten Berichte der Bezirksämter und Regierungspräsidenten zu nennen.[72] Diese wurden im Vergleich zur Vorkriegszeit im Untersuchungszeitraum zunehmend dichter und informativer, was die Verarbeitung der gewonnenen Informationen allerdings erschwerte.[73] Dies lag nicht allein an der Fülle der Probleme, mit denen sich die Zivilbehörden konfrontiert sahen, sondern auch an der Präzisierung der inhaltlichen Vorgaben für die Berichterstattung. Im Herbst 1914 bzw. Anfang 1915 wurden die Bezirksämter von den jeweiligen Regierungspräsidenten aufgefordert, eingehender über wirtschaftliche Fragen, die Ernährungssituation, den Zustand des Arbeitsmarktes und die Wirkung kriegswirtschaftlicher Maßnahmen zu berichten.[74] Diese Vorgaben wurden auch in der Nachkriegszeit aufrechterhalten und um die Berichterstattung über politische Vorkommnisse erweitert.[75] Seit August 1916 waren die Bezirksämter autorisiert, Auszüge aus ihren Wochenberichten auch dem jeweiligen stellvertretenden Generalkommando zugänglich zu machen. Diesen Stellen berichteten ebenfalls seit August 1916 auch die Standort- und Garnisonsältesten des Besatzungsheeres in monatlichem Turnus.[76]

Die in ihrem Quellenwert außerordentlich hoch einzuschätzenden Wochenberichte der Bezirksamtsvorstände beruhten neben den durch die laufenden Amtsge-

---

72 Diese werden als WB bzw. HMB abgekürzt. Daraus ergibt sich folgende Leseanweisung: WB BA heißt Wochenbericht des Bezirksamts an den Regierungspräsidenten, WB RP heißt Wochenbericht des Regierungspräsidenten an das Ministerium des [bis 1918] Königlichen Hauses und des Äußeren. Zur Umstellung vgl. MInn 23.12.1920 an die RP: StAM, LRA 99497. Vgl. H. Hesse, Behördeninterne Information über die Volksstimmung zur Zeit des liberalultramontanen Parteikampfes 1868/69, in: ZBLG 34 (1971), S. 618-651; H. Witetschek, Die Regierungspräsidentenberichte 1933-1943 als historische Quelle, in: Historisches Jahrbuch 87 (1967), S. 355-372.

73 Vgl. MInn 21.12.1920 an die RP: StAL, Rep. 168/5, 498. Die Wochenberichte der Regierungspräsidenten wurden seit 1918 auch dem Innenministerium regelmäßig zugänglich gemacht, bis Anfang 1920 auch den gegen Kriegsende errichteten Demobilmachungsstellen; vgl. MInn 14.11.1918 an die RP und Ministerium für soziale Fürsorge 15.4.1920 an dies. Beides in: StAL, Rep. 164/13, 10394.

74 RP Obb. 22.9.1914 an die BA: StAM, LRA 79889; RP Ndb. 25.2.1915 an die BA: StAL, Rep. 164/13, 10394; ein Schreiben des RP Ndb. vom 3.4.1915 forderte weiterhin dazu auf, über den Sicherheits- und Gesundheitszustand zu berichten: ebd.

75 RP Ndb. 16.9.1919 an die BA: StAL, Rep. 164/13, 10394.

76 In der Praxis fertigten die BA eine Durchschrift des Wochenberichtes an. Vgl. MInn 11.8.1916 an die RP sowie K.M. 15.9.1916 an die stv. GK: BHStA/IV, stv. GK I. AK 1943. Beide Berichtstypen sind für das Untersuchungsgebiet nahezu vollständig überliefert in: ebd., stv. GK I. AK 1944-1970. Die Berichterstattung ging zurück auf einen K.M.-Erlaß, nach dem die stv. GK dem Kriegsernährungsamt monatlich über Ernährungslage und Volksstimmung zu berichten hatten: Albrecht, S. 183.

schäfte und dem damit verbundenen Publikumsverkehr gewonnenen Informationen auch auf zahlreichen persönlichen Gesprächen, die die Beamten bei der Begehung des Bezirkes führten.[77] Sie spiegeln dabei in der Regel die Meinungen der primär als Ansprechpartner fungierenden wohlhabenden Landwirte und örtlicher bäuerlicher Interessenvertreter wieder.

Aufschluß über religiöse Einstellungen der Bevölkerung ebenso wie politische Haltungen und alltägliche Vorkommnisse vermitteln die Seelsorgsberichte der Pfarrämter des Bistums Passau.[78] Der Unterrichtung der militärischen Behörden über wichtige Aspekte der Volksstimmung dienten die aus Briefabschriften bestehenden Berichte, die der Professor der Kunstwissenschaft Adolf Schinnerer ab März 1917 monatlich anfertigte. Sie basierten auf der beim Bahnpostamt München I durchgeführten stichprobenartigen Prüfung von täglich ca. 70.000 Briefen, die dort aus und nach Bayern, aber auch aus Sachsen und Schlesien einliefen.[79] Schinnerer setzte sich dabei das Ziel, neben der geforderten repräsentativen Zusammenfassung von Erörterungen der Bevölkerung über politische und wirtschaftliche Fragen auch kulturhistorisch relevante Stimmungen und Äußerungen zu dokumentieren.[80]

Aufschluß über Entwicklungen innerhalb der Armee bieten die umfangreichen Bestände des Kriegsarchivs in München, die heute die reichhaltigste Überlieferung militärischen Archivgutes aus der Zeit des Ersten Weltkriegs bilden. Insbesondere die Bestände des Kriegsministeriums und des stellvertretenden Generalkommandos des I. bayerischen Armeekorps wurden dabei benutzt. Die diversen Bestände von Fronttruppenteilen sind dagegen insgesamt weniger ergiebig.[81] Eine Fülle auf-

---

77 Dies wird ex negativo ersichtlich aus WB BA Kaufbeuren 24.4.1920: StAA, Regierung 9767.

78 Im Bistumsarchiv Augsburg konnten Seelsorgsberichte der Pfarrämter nicht nachgewiesen werden. Herrn Feuerer bin ich für diesbezügliche Hilfe zu Dank verpflichtet. Die im Bistumsarchiv Regensburg befindlichen Pastoralberichte für die Zeit von 1835-1920 sind dem Benutzer z.Zt. noch nicht zugänglich.

79 Entgegen der Meinung von Daniel, S. 250, vollständig überliefert, und zwar für den März 1917 in: BHStA/IV, stv. GK I. AK 1979, sowie in BSB, Schinnereriana. Die nach der Erstbenutzung durch den Verfasser erfolgte monatsweise Verzeichnung dieses Bestandes wird hier nicht berücksichtigt. Der Gesamtbestand umfaßt rund tausend Briefauszüge. Die Angaben zu den Verfassern und Adressaten der Briefe stammen von Schinnerer. Soweit dies dem Inhalt der Briefe zu entnehmen ist, wurden sie präzisiert. Vgl. zur Entstehung Daniel, S. 249f., sowie die in der folgenden Anm. zitierte Denkschrift. Die Abgabe des Bestandes an die Bayerische Staatsbibliothek wurde auf Anregung Schinnerers von Christian Roth, dem Leiter der zuständigen Abteilung P des stv. GK I. AK, veranlaßt. Vgl. ders. 8.1.1920 an den Geheimen Rat Dr. Schnorr von Carolsfeld: BSB, Schinnereriana.

80 Vgl. die undatierte Ausarbeitung des stv. GK I. AK über Schinnerers Arbeit sowie die von Schinnerer verfaßten, ebenfalls undatierten „Leitsätze für die Briefabschriften", vom stv. GK I. AK 5.2.1917 an die Überwachungsstelle beim Bahnpostamt München I übersandt: BHStA/IV, stv. GK I. AK 1943. Von seinen militärischen Vorgesetzten wurde Schinnerer allerdings bald dazu angehalten, den Schwerpunkt seiner Arbeit auf die Dokumentation politischer Äußerungen zu legen. Vgl. sein Schreiben vom 28.9.1919 an den Geheimen Rat Dr. Schnorr von Carolsfeld: BSB, Schinnereriana.

81 Alle Angaben von Truppenteilen im Feld (ohne Etappe) bis zur Divisionsebene und in der Heimat beziehen sich im folgenden auf die entsprechenden bayerischen Einheiten. Nichtbayerische Einheiten werden im Einzelfall als solche ausgewiesen. Mit dem stv. GK I., II. und III. AK sowie

schlußreicher Informationen über alltägliche Vorkommnisse und Konfliktsituationen an der Front enthalten allerdings die bisher noch kaum erschlossenen Gerichtsakten der Kriegsgerichte bayerischer Divisionen.[82] Verglichen mit dem Zweiten Weltkrieg genossen die Tatverdächtigen dabei ein hohes Maß an Rechtssicherheit im Verfahren, zumal sich die ermittelnden Militärjustizbeamten im Regelfall um eine weitgehend objektive Aufklärung des Sachverhalts bemühten.[83]

Für die Dokumentation subjektiver Deutungsmuster ebenso wie Informationen über den Frontalltag der Soldaten stehen vor allem Feldpostbriefe als Quelle zur Verfügung.[84] Die Feldpost ist in letzter Zeit vermehrt als populäre Quelle erkannt worden, die Aufschluß über die Mentalität der Bevölkerung in Kriegszeiten vermitteln kann. In diesem Zusammenhang sind zumindest vier Punkte zu beachten.

Zunächst muß man darauf insistieren, daß der heutige Trend zur ‚Entdeckung' der Feldpost allenfalls eine Wiederentdeckung dieser Quellengattung darstellt.[85] Denn bereits seit Beginn des Ersten Weltkrieges wurden Feldpostbriefe auf vielfältige Weise zur Propagierung und Dokumentation gänzlich verschiedener Auffassungen über den Charakter des Fronterlebnisses sowie für politische Ziele instrumentalisiert. Während einige Feldposteditionen Zeugnis über die nationale Zuverlässigkeit der Elsässer und Dänen im deutschen Heer ablegen sollten, kündeten andere von der „Glaubenstreue" und Willensstärke der katholischen Mannschaften.[86] Der Abdruck von Feldpostbriefen in Zeitungen diente ebenso kommerziellen Interessen wie als unterstützender Beleg für die Zustimmung zu den konkurrieren-

---

dem K.M. sind ohne weiteren Zusatz stets die entsprechenden bayerischen Behörden gemeint.

82 Die Akten der nur mit Arrest bedrohte Vergehen und Übertretungen behandelnden Standgerichte bei den Regimentern wurden nach einem Erlaß des Reichswehrministers vom 10.9.1919 weitgehend makuliert. Max Leyh, Direktor des Bayerischen Kriegsarchivs, 12.6.1929 an Erich Otto Volkmann: BHStA/IV, HS 2348. Ausgewertet wurden sämtliche überlieferten Gerichtsakten der 2. Inf.-Div. (BHStA/IV, MilGer 6195-6501), sowie ein Teil der Bestände von 1. Res.-Div. und 6. Ldw.-Div.

83 Diesen zugegebenermaßen subjektiven Eindruck vermitteln die Verfahrensakten sowie die Tatsache, daß Beschwerden über das gerichtliche Verfahren m.W. nirgendwo überliefert sind. Eine Ausnahme bilden allerdings Verfahren wegen Mißhandlung und vorschriftswidriger Behandlung gegen Offiziere sowie gegen Mannschaften wegen Beleidigung von Offizieren durch Feldpostbriefe. Insbesondere im zweiten Fall fand eine Würdigung des tatsächlichen Fehlverhaltens der Offiziere kaum statt. Vgl. die Hinweise in Kap. 3.2.1.1. und 3.3.1. Zum Verfahren: Heyl, Militärgerichte. Vergleich: M. Messerschmidt/F. Wüllner, Die Wehrmachtsjustiz im Dienste des Nationalsozialismus. Zerstörung einer Legende, Baden-Baden 1987.

84 Es kann allerdings keine Rede davon sein, daß Feldpostbriefe die „einzige einigermaßen authentische Quelle" waren, die der Mannschaftssoldat hinterließ. Zu denken wäre etwa allein an Tagebücher oder autobiographische Erinnerungen. Aber auch in Berichten der Militärseelsorger, den Äußerungen einzelner zeitgenössischer ziviler und militärischer Beobachter oder in Vernehmungen vor Militärgerichten ist jenes Minimum an ‚Wahrheitsliebe' (L. Niethammer) anzutreffen, das ihre Verwendung für die Erhellung subjektiver Deutungen ermöglicht. Zitat: Wette, Militärgeschichte, S. 20.

85 Vgl. zum Folgenden grundlegend: B. Ulrich, Feldpostbriefe des Ersten Weltkrieges. Möglichkeiten und Grenzen einer alltagsgeschichtlichen Quelle, in: MGM 53 (1994), S. 73-83; ders., „Eine wahre Pest".

86 G. Pfeilschifter (Hg.), Feldbriefe katholischer Soldaten, 3 Bde., Freiburg 1918, Bd. 1, S. VI.

den Positionen innerhalb der SPD aus dem Feld. Auch den Behörden schien es wichtig, den Charakter der ‚Großen Zeit' später einmal mit patriotischen Erlebnisschilderungen dokumentieren zu können, weshalb das bayerische Innenministerium die Gemeinden und Bezirksämter zur Sammlung und sicheren Aufbewahrung von Feldpostbriefen aufrief.[87] Diese sich in der Weimarer Zeit fortsetzende Instrumentalisierung der Feldpost verbietet es für die Zwecke dieser Arbeit weitgehend, im oder unmittelbar nach dem Krieg edierte Feldpostbriefe als Quelle heranzuziehen, und zwingt zur Erschließung archivalischer oder privater Bestände.

Zweitens ist für die Post der Soldaten quellenkritisch die Wirkung der militärischen Zensur zu berücksichtigen.[88] Diese war nur lückenhaft geregelt und wurde in der Praxis von den vorgesetzten Offizieren in Kompanie oder Regiment vollzogen, die eine mehr oder weniger stichprobenhafte Prüfung vornahmen. Angesichts von insgesamt ca. 28 Milliarden Feldpostsendungen mußte eine „lückenlose Kontrolle" ohnehin „notwendigerweise scheitern." Nach zahlreichen Klagen über diese ungleichmäßig gehandhabte und entwürdigende Praxis und mit dem Ziel einer systematischen Beobachtung der Stimmung im Feld richtete die OHL Ende April 1916 bei den Armee-Oberkommandos und Divisionen Postüberwachungsstellen ein. Diese prüften nunmehr die Post und fertigten gleichzeitig auf dieser Grundlage periodisch Berichte über die Stimmung der Mannschaften an. Die Richtlinien über eine die Beanstandung rechtfertigenden Formulierungen waren relativ liberal gefaßt, auch wenn in Einzelfällen empfindliche Strafen drohten. Das Ausmaß, in dem die Zensur eine vorbehaltlose Meinungsäußerung hemmte oder gar unterdrückte, war individuell und abhängig vom Thema verschieden. Spürbar sind Vorbehalte vor allem bei Äußerungen über die Offiziere, insbesondere, als diese noch selbst die Post kontrollierten.[89] Insgesamt konnte angesichts der Masse an Feldpostsendungen der Austausch kriegskritischer Einstellungen zwischen Front und Heimat kaum eingedämmt werden, zumal es Wege gab, den Angehörigen unzensierte Briefe z.B. durch Urlauber zukommen zu lassen. Eine kleinliche Zensurpraxis konnte allerdings im Einzelfall dazu beitragen, die Stimmung der Soldaten zu verschlechtern und bei ihnen das Gefühl zu wecken, dem militärischen Herrschaftsapparat ohnmächtig ausgeliefert zu sein:

> „Soeben deine Karte erhalten welche mich nicht kroß freute indem du wieder so lang keine Post erhalten thust u. dazu noch das halbe durchgestrichen es were besser sie wirden diejenigen in Graben steken als das sie hinten rumrutschen u. für lange Zeit so was machen aber ein recht denkender Mensch macht so was nicht wir sind doch keine Spione, es ist Traurig genug wenn man 3 1/2 Jahre draußen ist u. kommen so noch Sachen vor u. daß die Angehörigen kleich kar nichts mehr von seinen Lieben erhalten sollen hoffentlich komt auch wieder einmal die Stunde wieder, das man was sagen darf."[90]

---

87 MInn 26.1.1916 an die BA: StAL, Rep. 164/16, Fasz. 139, 1553.
88 Vgl. Ulrich, Feldpostbriefe, das folgende Zitat auf S. 49; Ziemann, Feldpostbriefe.
89 Vgl. die Hinweise in Kap. 3.2.1.1. und 3.3.1.
90 Briefauszug eines Soldaten im Feld vom 27.1.1918: BSB, Schinnereriana.

Weiterhin ist drittens das Problem der Verallgemeinerbarkeit der in Feldpostbriefen überlieferten Sachverhalte und Interpretationen zu berücksichtigen. Angesichts der Mannschaftsstärke des bayerischen Heeres mag selbst die Durchsicht mehrerer tausend Briefe als nicht genügend repräsentativ für die Mehrheit der Soldaten betrachtet werden. Die erhaltenen, auf Repräsentativität zielenden Postüberwachungsberichte stützen allerdings Verallgemeinerungen ab.[91] Zudem finden nahezu alle relevanten Thesen und Beobachtungen Bestätigung in einer Fülle von Berichten ziviler oder militärischer Stellen, Autobiographien und anderem Material, so daß weitergehende Fragen vornehmlich auf die soziale und zeitliche Differenzierung einzelner Einsichten als auf die Bestätigung der Kernthesen zielen werden.

Schließlich ist viertens einer gemeinhin ebenso verbreiteten wie hartnäckig vertretenen Vorstellung entgegenzutreten, nämlich der einer de facto kaum vorhandenen Schreibkompetenz der ländlichen Bevölkerung und einem daraus folgenden Unwillen zur schriftsprachlichen Äußerung. Zunächst ist hier auf die Tatsache zu verweisen, daß um 1890 die Zahl der Analphabeten im Reich bei weniger als einem Prozent lag. Obwohl die ländlichen Elementarschulen aufgrund der extrem schlechten Relation zwischen Lehrer und Schülern sowie der häufigen Inanspruchnahme der Schüler bei der Erntearbeit „defizitär" blieben, konnte auch der ländlichen Bevölkerung ein funktionaler Alphabetismus vermittelt werden.[92] Die Erhaltung dieser einmal erworbenen Kompetenz hing natürlich von der Existenz weiterer Anlässe zum Schreiben ab, die es für die ländliche Bevölkerung nicht regelmäßig gab. Der Schriftwechsel mit Behörden beispielsweise in Steuerangelegenheiten oder Gerichtsverfahren sowie Briefe an in weitere Entfernung verzogene Verwandte boten allerdings auch der ländlichen Bevölkerung wiederkehrend Gelegenheit zur Ausübung der erlernten Schreibfähigkeit. Dies galt ebenso für den Militärdienst in entfernteren Garnisonorten, der den jungen bäuerlichen Rekruten wie vorwiegend ihren Müttern Anlaß zum Schreiben bot.[93]

Die erhaltenen Briefe aus der Kriegszeit dokumentieren in Schriftbild und Orthographie den zumeist nur geringen Stand formaler schriftsprachlicher Fertigkeiten, der bei diesen Gelegenheiten erreicht wurde. Zugleich belegen sie insbesondere mit ihrer teilweise beachtlichen Länge jedoch das zweifelsohne vorhandene Bemühen um eine differenzierte Darstellung der eigenen Lebensverhältnisse und Anschauungen. Die Masse der zwischen Feld und Heimat ausgetauschten Post

---

91 Neben BSB, Schinnereriana, vor allem die Postüberwachungsberichte der 5. Armee: BA/MA, W-10/50794. Zu diesem heute in Freiburg befindlichen Bestand vgl. H. Otto, Der Bestand Kriegsgeschichtliche Forschungsanstalt des Heeres im Bundesarchiv, Militärisches Zwischenarchiv Potsdam, in: MGM 51 (1992), S. 429-441. Die Masse der periodischen Postüberwachungsberichte ging an die Abt. IIIb der OHL und muß daher mit dem übrigen Material des Reichsarchivs als verschollen gelten.
92 Vgl. Wehler, Gesellschaftsgeschichte, Bd. 3, S. 1192-1196.
93 Vgl. S. Grosse u.a., „Denn das Schreiben gehört nicht zu meiner täglichen Beschäftigung". Der Alltag kleiner Leute in Bittschriften, Briefen und Berichten aus dem 19. Jahrhundert, Bonn 1989; Bidlingmaier, Bäuerin, S. 143f.; B.J. Warneken, Populare Autobiographik. Empirische Studien zu einer Quellengattung der Alltagsgeschichtsforschung, Tübingen 1985, v.a. S. 11-15.

waren Postkarten, die mit ihren knappen und stereotypen Wendungen primär den Zweck eines gegenseitigen ‚Lebensbeweises' erfüllten. In unterschiedlichem Ausmaß nutzten aber nahezu alle Soldaten, auch junge Bauernsöhne und Dienstboten, die Gelegenheit, sich auf brieflichem Wege ausführlich und keineswegs nur in formalen Redewendungen zu äußern. Gerade die meist völlig fehlende Interpunktion deutet darauf hin, daß es sich bei den Briefen um eine Art verschriftlichter mündlicher Rede handelt, die dem spontanen Fluß der Gedanken folgte.

Deshalb werden aus den überlieferten Selbstzeugnissen wiederholt einzelne Beispiele ausführlicher zitiert, da selbst eine detaillierte Paraphrase den Aussagegehalt nicht nachvollziehbar machen kann, den allein die unorthodoxe Prägung und Schreibweise einzelner Wörter über kollektive Deutungsmuster bei in der Schriftsprache wenig geübten Bevölkerungsschichten vermittelt. Die im Original oder einer autorisierten Abschrift vorliegenden Briefe wurden dabei in ihrer ursprünglichen Textgestalt belassen.[94]

94 Allein bei den in Kap. 5 zitierten längeren Briefabschriften von Adolf Schinnerer wurde durch eine behutsame Kommasetzung die Lesbarkeit erleichtert.

2. Erfahrungsräume ländlicher Gesellschaft bis Ende 1914

Als südliches Bayern werden gemeinhin die altbayerischen Gebiete Ober- und Niederbayerns und der Oberpfalz sowie Schwaben bezeichnet. Im folgenden wird darunter ein durch militärische Kompetenzen abgegrenztes Gebiet verstanden, nämlich der in die Zuständigkeit des sogenannten stellvertretenden Generalkommandos des I. bayerischen Armeekorps fallende Bezirk. Dieser Institution und dem an ihrer Spitze stehenden Militärbefehlshaber fielen während der Dauer des militärischen Belagerungszustandes vielfältige Kompetenzen und Aufgaben zu. Zunächst waren dies genuin militärische Fragen wie die Sicherung des Nachschubs an Soldaten und Material für die in diesem Bezirk aufgestellten Truppen und die Ausübung der Befehlsgewalt über die unterstellten Truppenteile des Besatzungsheeres. Daneben gewannen bald Steuerungsfunktionen bei der Arbeitskräftepolitik und der Ernährungswirtschaft sowie die Pressezensur an Bedeutung. Geographisch umfaßte das I. Armeekorps die Regierungsbezirke Oberbayern – ohne die Bezirke Ingolstadt, Schrobenhausen und Pfaffenhofen – und Schwaben sowie die südliche Hälfte des Bezirks Niederbayern mit zehn der dortigen Bezirksämter.[1]

In die Auseinandersetzung der ländlichen Bevölkerung des südlichen Bayern mit der neuartigen Erfahrung eines modernen Krieges gingen Vorprägungen aus der Friedenszeit ein. Faktoren wie die Größe des bäuerlichen Besitzes oder die Struktur der ländlichen Arbeitsverhältnisse bildeten Differenzierungslinien innerhalb des dörflichen Erfahrungsraumes, die im folgenden kurz zu erörtern sind. Anders als in den Städten erhielt bereits die Reaktion der ländlichen Bevölkerung auf den Kriegsbeginn ihre spezifische Gestalt nur zu einem geringen Teil durch bestimmte positive Erwartungen, die mit Blick auf einen kommenden Krieg gehegt wurden. Die ängstliche Reaktion der Bauern und Bäuerinnen basierte primär auf langüberlieferten negativen Erfahrungen, die Kriege in früheren Zeiten mit sich gebracht hatten. Deshalb wird das ‚Augusterlebnis' in dieser Arbeit, von der ansonsten üblichen Gliederungsweise abweichend, noch der Behandlung der Vorkriegszeit zugeschlagen.

---

1 Vgl. die Karte in: Deist, Militär und Innenpolitik, S. 1530f. Zu Kompetenzen und Stellung der stellvertretenden Generalkommandos vgl. ebd., S. XLff.; Albrecht, S. 74ff.

2.1. Wirtschaftliche und soziale Strukturen ländlicher Gesellschaft im südlichen Bayern

In den Jahren vor dem Krieg ging die Bevölkerung im südlichen Bayern in ihrer Mehrheit noch einer landwirtschaftlichen Arbeit nach. 1907 beschäftigte die Landwirtschaft in Niederbayern knapp 70%, in Schwaben rund 53% und in Oberbayern – nimmt man die prosperierende und zunehmend in das Umland hineinwirkende Großstadt München aus der Betrachtung aus – rund 59% der erwerbstätigen Bevölkerung.[2] Die ländliche Bevölkerung siedelte verstreut in zahllosen Dörfern und Marktflecken, wobei mit größerer Nähe zu den Alpen die Ansiedlung in Einödhöfen und kleinen Weilern noch zunahm. Während im Reich 1925 nur rund ein Drittel der Bevölkerung in Landgemeinden wohnte, lebten zur gleichen Zeit etwas mehr als 50% der Bayern in diesen Gemeinden mit weniger als 2.000, fast 20% in solchen mit weniger als 500 Einwohnern.[3] In wechselseitiger Abhängigkeit von der Industrialisierung blieb auch die Urbanisierung in Altbayern bis weit in die zwanziger Jahre dieses Jahrhunderts hinein ein „punktuelles Phänomen", neben den wenigen Großstädten konzentriert auf eher kleine, monostrukturell ausgerichtete Industriestädte. Erst ungefähr seit der Jahrhundertwende vertiefte sich die Wahrnehmung der Unterschiede in der Lebensweise zwischen Stadt und Land deshalb merklich und wurde zudem durch die Abwanderung ländlicher Arbeitskräfte in die Städte auch für die Bauern negativ erfahrungsprägend.[4] Für den Erfahrungsraum der im Dorf verbleibenden ländlichen Bevölkerung selbst blieben die lokale Beschränkung und eine geringe Einbindung in nationale, außerhalb des eng umgrenzten Interessenkreises liegende Kommunikationsstrukturen dominierend. Nur periodisch, bei Festen, Wallfahrten oder dem Besuch von Märkten, wurde dieser Horizont erweitert, und auch dann nur in regional eng gefaßtem Umfeld.[5]

Im Unterschied zur Rheinpfalz und zu Unterfranken, wo die Realteilung eine starke Besitzzersplitterung zur Folge hatte, begünstigte das in Altbayern herrschende Anerbenrecht die Kontinuität der bäuerlichen Betriebe, die zu nahezu 100% eigenes Land bebauten.[6] Das südliche Bayern war eine klassische Bauernlandschaft, wobei die stärkste Gruppe, sowohl nach der Zahl der Betriebe als auch nach der bewirtschafteten Fläche, die mittelbäuerlichen Betriebe von 5-20 ha waren.[7] Mittelbäuerliche Betriebe bebauten in Ober- und Niederbayern rund 42 bzw. 45% der

---

2 Insgesamt betrug der Anteil in Oberbayern knapp 40%. Errechnet nach den hier vergleichsweise abgedruckten Zahlen für 1907 in: Kriegs-Volkszählungen, S. 164.
3 Eberl, Verhältnisse, S. 25ff.; Schulte, Dorf im Verhör, S. 32; Zahlen: Bergmann, Bauernbund, S. 12.
4 Vgl. Tenfelde, Stadt und Land, S. 41ff., Zitat S. 42.
5 Vgl. Mattes, Bauernräte, S. 8-14; auch allgemein: Blessing, Umwelt, S. 10ff.
6 Sandberger, Landwirtschaft, S. 738; Schnorbus, Unterschichten, S. 831.
7 Vgl., auch zum Folgenden: Landwirtschaft in Bayern, S. 15*-36*, Tabelle 1 zusammengestellt nach ebd., S. 17*, 21*, 23*, 32*.

Fläche, in Schwaben sogar rund 56%. Ein Vergleich mit den Zahlen für das gesamte Reich zeigt dabei, daß diese Gruppe von Betrieben im südlichen Bayern häufiger als sonst an der Obergrenze von 20 ha lag. Großgrundbesitz über 100 ha besaß dagegen in Altbayern nur eine äußerst marginale Bedeutung.

Tabelle 1: Prozentualer Anteil der landwirtschaftlichen Betriebe im südlichen Bayern und Gesamtbayern an den Betriebsgrößenklassen (in ha) 1907

	< 2	2 – 5	5 – 20	20 – 100	>100
Obb.	23.7	21.5	41.4	13.2	0.2
Ndb.	26.6	26.6	36.1	10.6	0.1
Schw.	24.0	24.0	45.7	6.2	0.1
Bayern	36.1	24.2	33.5	6.1	0.1

Ein Betrieb mit einer Fläche von rund 9 ha und mehr konnte 1890 in Oberbayern allein mit den Erträgen der Landwirtschaft bestehen, ein Wert, der sich infolge der anhaltenden Agrarkonjunktur bis 1914 eher noch verringert haben dürfte. Ein großer Teil der Kleinbauern bzw. ‚Gütler' war damit gezwungen, neben der Landwirtschaft einen Verdienst vornehmlich im ländlichen Handwerk oder in einem der niederbayerischen Steinbrüche zu suchen. Für die ‚Söldner', Besitzer eines Hauses und einer kleinen Parzelle, galt der Zwang zum Nebenerwerb dagegen stets und dauerhaft. Die Söldner halfen in der Ernte und Bestellung bei größeren Landwirten, vornehmlich für deren im Gegenzug geleistete Gespannhilfe, und gingen in der auf dem Bauernhof arbeitsarmen Winterzeit einem Handwerk oder der Waldarbeit nach.[8] Wenngleich es im Verlauf des 19. Jahrhunderts vielen Kleinbauern gelungen war, ihren Besitz aus der Konkursmasse ‚zertrümmerter' Anwesen zu vergrößern, verblieb diese Gruppe mehrheitlich in einer prekären ökonomischen Situation. Die Abhängigkeit von gewerblichem Nebenverdienst sorgte für saisonale und konjunkturelle Schwankungen des Einkommens, das nur mit angestrengtester Arbeit zu sichern war. Die Grenzen der eigenen Landwirtschaft in Ertrag und Beschäftigung zwangen dazu, die von früh auf zur Feldarbeit oder anderen Beschäftigungen herangezogenen Kinder zeitig als Dienstboten zu den vermögenden Bauern zu verdingen.[9]

Die bäuerliche Wirtschaft war ganz überwiegend eine Familienwirtschaft. 1907 stellten mithelfende Familienangehörige 64.5% der nichtselbständigen landwirt-

---

8 Schulte, S. 33f. (Zahl); Mattes, S. 18ff.; Schrader, Landarbeiterverhältnisse, S. 22-27; Waldarbeit z.B. WB BA Aichach 3.10.1914: StAM, LRA 99497; Fried, Sozialentwicklung, S. 759-765. Die Bemerkung von Fried auf S. 764 über das Verschwinden der Bezeichnung „Söldner" ist irreführend, da sie auch nach dem Krieg noch als eigene Standesbezeichnung gebräuchlich war; vgl. z.B. den Hinweis in Kap. 6.3.

9 Vgl. die Schilderungen in: M. Hartl, Häuslerleut, München 1986; Kreuztragen, S. 95-132.

schaftlichen Arbeiter in den drei südbayerischen Kreisen. Bei den Mithelfenden handelte es sich überwiegend (zu 72.7%) um Frauen.[10] Bis zu einer Betriebsgröße von 5 bzw. 20 ha machten familienfremde Arbeiter nur rund 10% bzw. 20% der Beschäftigten aus, während sie bei Betrieben über 50 ha rund drei Viertel der Arbeitskraft stellten.[11] Nicht nur in abgelegenen Einödhöfen bildete die bäuerliche Familie deshalb die entscheidende Instanz für die sozialen Beziehungen der ländlichen Bevölkerung. Deren Regeln waren für die Angehörigen und die im Haushalt lebenden Arbeitskräfte bindend und in hohem Maße erfahrungsprägend. Ohne die Zugehörigkeit zu einem Haushalt und einer Familie konnte man sich im Dorf nicht dauerhaft ansiedeln. Die Familie bot ihren Mitgliedern Geborgenheit und sozialen Kontakt, andererseits waren diese „existenziell" auf ihre mühevoll erkämpfte und ausbalancierte Solidarität angewiesen.[12]

Bei den familienfremden Arbeitskräften im südlichen Bayern handelte es sich zu rund drei Vierteln um Dienstboten, während Taglöhner nur ein Viertel stellten. Das Gesinde war zu 46% weiblich und zu 54% männlich.[13] Im Durchschnitt waren auf einem Betrieb der Größenklasse von 10-20 ha 0.9, von 20-50 ha 2.4 und von 50-100 ha 5.8 Dienstboten beschäftigt.[14] Knechte und Mägde waren nicht nur durch die faktisch wirksame Einschränkung ihrer Koalitionsfreiheit und die Bestimmungen des Gesinderechtes, das bis 1918 eine strafrechtliche Verfolgung des Kontraktbruchs erlaubte, auch rechtlich diskriminiert. Da sie im Haushalt des Bauern lebten, unterlagen sie zudem tagtäglich einer drückenden Form patriarchalischer Herrschaft. Allerdings war ihr Dienst in der Regel nur eine transitorische Lebensphase, der die Verheiratung und Selbständigmachung als Söldner auf kleinem Besitz folgte. Nicht mehr als ein knappes Fünftel der Dienstboten war bei der Zählung von 1907 älter als 30 Jahre. Nur ansatzweise kam es bis 1914 zu einer „Versachlichung" der sozialen Beziehungen zwischen den Dienstboten und ihrem bäuerlichem Arbeitgeber, wenn zum Beispiel das Gesinde in größeren Betrieben die Mahlzeiten nicht mehr zusammen mit der bäuerlichen Familie, sondern getrennt von ihr an einem eigenen Tisch einnahm. Die kollektive Normierung der Arbeitsverhältnisse durch Tarifverträge war bis zur Revolution von 1918 in der bayerischen Landwirtschaft nicht in Gebrauch. Nicht zuletzt deshalb war die Qualität des jeweiligen Arbeitsplatzes in starkem Maße von den im Dorf allgemein bekannten individuellen Eigenheiten des bäuerlichen Arbeitgebers sowie den Strukturen seines Betriebes abhängig und höchst verschieden.[15]

---

10 Errechnet nach den Angaben nur für die landwirtschaftliche Berufsabteilung Ia in: Bayerische Berufsstatistik 1907, S. 140, 160, 286.
11 Schnorbus, S. 834.
12 Mit der Erhellung der anthropologischen und emotionalen Bezüge dazu eindringlich Schulte, passim, Zitat S. 277.
13 Errechnet nach Bayerische Berufsstatistik 1907, S. 140, 160, 286.
14 Landwirtschaft in Bayern, S. 82*.
15 Vgl. Haushofer, Dienstboten; Schnorbus, S. 835-849, Zitat/Zahl S. 849; Blessing, Umwelt, S. 32; Schulte, S. 130-140. Die soziokulturelle Dimension des Gesindedienstes bei bäuerlichen Besitzern

Die vorherrschenden Anbauformen waren nicht zuletzt bedingt durch geographische Faktoren wie das Klima und die Beschaffenheit des Bodens.[16] Auf den Wiesen und Almen des Alpenraumes in Schwaben und Oberbayern dominierten die Rindviehzucht und die Milchproduktion, die im südlichen Allgäu unterhalb der Linie Memmingen-Buchloe die Haupteinnahmequelle bildete. Reine Milchwirtschaftsbetriebe, die nicht einmal den Eigenbedarf an Getreide erzeugten, gab es aber nur in den Bezirken Füssen, Lindau, Sonthofen und südlich von Kempten. Am Unterlauf des Inn und in der Donauebene dominierte dagegen der Getreidebau, wobei in Oberbayern der Hafer, in Niederbayern der Roggen die größte Fläche einnahm. Der Anbau von Kartoffeln umfaßte 1913 in Bayern nur knapp 13% des Ackerlandes. Sonderkulturen wie Zuckerrüben oder Hopfen besaßen im südlichen Bayern abgesehen von regionalen Schwerpunkten wie der Hallertau keine Bedeutung.

Der Maschinisierungsgrad der landwirtschaftlichen Produktion am Anfang des 20. Jahrhunderts war gering. Allein der maschinelle Ausdrusch des Getreides auf Lohnbasis oder im Genossenschaftsbetrieb hatte den Dreschflegel zuerst auf größeren Höfen weitgehend verdrängt. Zum Teil ersetzte zudem die Sämaschine die Aussaat von Hand. Nur etwa 40% der Betriebe benützten 1907 in irgendeiner Form Maschinen. Ansonsten blieb die bäuerliche Arbeit geprägt durch die mühselige und kraftraubende manuelle Verrichtung der verschiedenen Arbeitsgänge, unterstützt nur durch die schwer zu führenden Pferde- oder Rindergespanne.[17]

Die im Kaiserreich allgemeine Tendenz einer zunehmenden Politisierung erfaßte die ländliche Bevölkerung nur in geringem Umfang und blieb allein auf die männlichen Bauern beschränkt. Die Agrarkrise der 1890er Jahre hatte die Landwirte mit dem Bayerischen Bauernbund zur Gründung einer Partei motiviert, in der sich der Einsatz für agrarpolitische Interessen mit dem Kampf gegen die klerikale Kuratel des Zentrums, die einer ernsthaften Verfolgung bäuerlicher Ziele bisher entgegengestanden hatte, vermischte. Die neue Partei eroberte sich ihre Hochburgen vor allem im südlichen Bayern, insbesondere im niederbayerischen Gäuboden und Rottal sowie, abhängig vom Einfluß lokaler Führungsgrößen, in

ist – im Unterschied zur ostelbischen Situation – ein weitgehend vernachlässigtes Forschungsfeld. Am weitesten führt neben Schulte m.E.: M. Scharfe, Bäuerliches Gesinde im Württemberg des 19. Jahrhunderts: Lebensweise und Lebensperspektiven, in: H. Haumann (Hg.), Arbeiteralltag in Stadt und Land, Berlin 1982, S. 40-61. Autobiographien vermitteln Anschaulichkeit: M. Bauer, Kopfsteinpflaster; B. Kienzle, Julie die Magd, Reinbek 1983.

16 Vgl. Sandberger, S. 732-737; HMB RP Schw. 7.4.1923: BHStA/II, MA 102147; Landwirtschaft in Bayern, S. 91*-131*; Statistisches Jahrbuch für den Freistaat Bayern 15.1921, S. 62, 66.

17 Eberl, S. 23f.; C.A. Hoffmann, Aspekte des wirtschaftlichen und sozialen Wandels im ländlichen Bereich Altbayerns. Dargestellt am Beispiel des Bezirks Bruck im 19. Jahrhundert, in: ZBLG 54.1991, S. 435-488, hier S. 474; Landwirtschaft in Bayern, S. 165*-186*; Zahl: Mattes, S. 8. 1918 gab es in ganz Bayern nur 22.886 motorgetriebene Maschinen, davon die Hälfte Dreschmaschinen: Statistisches Jahrbuch für den Freistaat Bayern 14.1919, S. 87. Vgl. an niederbayerischen Beispielen aus den zwanziger Jahren: L. Ries, Als der Bauer noch keine Maschinen hatte, Frankfurt/M. 1985.

einzelnen Bezirken Schwabens und Oberbayerns (u.a. Nördlingen, Traunstein). Ihre Erfolge blieben jedoch abhängig von wirtschaftlichen Konjunkturen. Zudem gelang es dem Zentrum, das unter dem Druck der seit den 1890er Jahren von Georg Heim machtvoll organisierten christlichen Bauernvereine vermehrt zur Berücksichtigung bäuerlicher Interessen gezwungen war, verlorenes Terrain wieder zurückzugewinnen.[18] Die Etablierung einer eigenständigen bäuerlichen Partei war ein beachtlicher Schritt der Emanzipation aus klerikaler Bevormundung. Der Bauernbund trug in seinen zahlreichen Versammlungen zur Einübung eigenständiger politischer Diskussionen bei und veränderte durch die von ihm betriebene Entklerikalisierung der Politik die politische Kultur auf dem Lande.[19] Dennoch bewegte sich die bäuerliche Politik weiterhin primär in den Bahnen einer populistischen und anlaßbezogenen „Konjunktur- und Stimmungspolitik". Ein Grund dafür war, daß die Landwirte wegen ihrer persönlichen Unabkömmlichkeit zur dauerhaften Partizipation an geregelten Organisationsgeschäften nur mit Mühe fähig waren.[20] Landwirte waren somit, dies ist mit Blick auf Hemmnisse für die Artikulation des zunehmenden Protestpotentials im Weltkriegsheer festzuhalten, im Umgang mit den modernen Formen eines kontinuierlichen und institutionell geregelten Konflikt- und Interessenausgleichs nur wenig geübt. In noch stärkerem Maße galt dies für die Dienstknechte, deren Protestverhalten sich weitgehend archaischer Mittel wie etwa der Brandstiftung bei einem ungeliebten Dienstherren bediente.[21]

Insbesondere in ärmlichen und von urbanem Umfeld weit entfernten Regionen wiesen die traditionellen Formen des Brauchtums eine hohe Persistenz und Verbindlichkeit für das soziale Leben der Dorfbewohner auf, während in stadtnahen Gemeinden die Konsumformen und Verhaltensmuster einer durch Industriearbeit geprägten Lebensweise vermehrt in das ländliche Alltagsleben eingriffen.[22] Eine schleppende Urbanisierung und die nur verhalten voranschreitende Intensivierung und Kapitalisierung der Landwirtschaft haben im südbayerischen Raum traditionale Verhaltens- und Kulturmuster der dörflichen Bevölkerung in hohem Maße bis an die Schwelle des Ersten Weltkrieges konserviert, während sie in manchen

---

18 Am besten dazu: I. Farr, Peasant Protest in the Empire – The Bavarian Example, in: R.G. Moeller (Hg.), Peasants and Lords in Modern Germany. Recent Studies in Agricultural History, Boston 1986, S. 110-139; ders., Populism; vgl. ferner: A. Hochberger, Der Bayerische Bauernbund 1893-1914, München 1991.

19 Vgl. I. Farr, From Anti-Catholicism to Anticlericalism: Catholic Politics and the Peasantry in Bavaria, 1860-1900, in: European Studies Review 13.1983, S. 249-269; Anzenberger-Meyer, Politisierung, v.a. S. 203-207, 211-213, 231-234.

20 Mattes, S. 24-33, Zitat S. 27; Blessing, Umwelt, S. 40f.; D. Blackbourn, Peasants and Politics in Germany, 1871-1914, in: European History Quarterly 14.1984, S. 47-75; theoretisch anregend: E.J. Hobsbawm, Peasants and Politics, in: Journal of Peasant Studies 1.1973/74, S. 3-22.

21 Vgl. Schulte, S. 45-54.

22 Vgl. z.B. R. Kriss, Sitte und Brauch im Berchtesgadener Land, München 1947; Blessing, Umwelt, S. 29. Diese These wäre allerdings nach den Ergebnissen von A. Gestrich, Traditionelle Jugendkultur und Industrialisierung. Sozialgeschichte der Jugend in einer ländlichen Arbeitergemeinde Württembergs, Göttingen 1986, evtl. auch für Bayern teilweise zu relativieren, und bedarf weiterer Forschung.

agrarischen Gegenden des norddeutschen Raumes dem Modernisierungsdruck längst gewichen waren.[23]

2.2. August 1914: Differenzierungslinien der Kriegsangst

Lange Zeit blieben die Bemühungen gering, das rätselhafte Phänomen der ‚Kriegsbegeisterung' des August 1914 zunächst einmal empirisch in seinem Umfang zu bestimmen. Stattdessen wurden wohlfeile Erklärungsansätze angeboten, wobei man die in der Bevölkerung weit verbreiteten militaristischen Einstellungen ebenso bemühte wie die These einer an 1813 und 1870 anknüpfenden „nationalen Selbstbegeisterung", deren Anlaß, aber nicht deren Grund durch den Krieg gegeben war.[24] Ansonsten begnügte man sich mit dem Hinweis auf die jubelnden Menschenmassen in Berlin und die Fülle von Gedichten und anderen intellektuellen Ideologisierungen, die von den bildungsbürgerlichen Eliten unter dem Signum der ‚Ideen von 1914' entworfen wurden.[25] Eine Einwirkung dieser Ideen auf die Interpretation des Kriegsbeginns vor allem durch die bürgerlichen Schichten ist sicher nicht zu bestreiten. Gleichwohl muß methodisch strikt unterschieden werden zwischen den in den ersten Wochen und Monaten nach der Mobilmachung entstandenen und veröffentlichten Sinndeutungen und Legitimationen des Krieges einerseits und den unmittelbaren Reaktionen der Bevölkerung auf den Kriegsbeginn andererseits, wie sie gemeinhin im Bild der jubelnden Massen unterstellt werden.[26] Auf diese Art vorgehende Untersuchungen haben inzwischen für den städtischen Raum gezeigt, daß die dem Krieg zustimmenden Massen sich zum größten Teil aus Mitgliedern der nationalen Kreise des Bürgertums zusammensetzten, insbesondere aus Anhängern der bürgerlichen Jugendbewegung und der studentischen Korporationen. Vor allem die Arbeiterschaft reagierte dagegen überwiegend mit Niedergeschlagenheit auf den Kriegsbeginn.[27]

Im ländlichen Raum stellt sich einer Klärung dieses Phänomens vor allem entgegen, daß die Provinzpresse, die selbst durch eine tendenziöse Berichterstattung

---

23 Dazu insgesamt die vorzüglichen Arbeiten von Blessing, Umwelt; Schulte. Gesichtspunkte für den Vergleich jetzt v.a. bei Jacobeit u.a., Idylle oder Aufbruch (Beiträge von Harnisch, Müller, Plaul, Rach, mit den wichtigen Ergebnissen der in der DDR zur Magdeburger Börde betriebenen Forschung; ferner Achilles, Ottenjann).

24 Vgl. Rohkrämer, Gesinnungsmilitarismus; Jeismann, Vaterland, S. 299-318, v.a. 301 (Zitat). Unseriös ist die Bemühung des männlichen Geschlechtscharakters durch I. Modelmog, Kriegsbegeisterung! Kriegsbegeisterung? Zur soziologischen Dimension des Kriegserlebnisses, in: M. van der Linden/G. Mergner (Hg.), Kriegsbegeisterung und mentale Kriegsvorbereitung. Interdisziplinäre Studien, Berlin 1991, S. 161-178.

25 Vgl. dazu Rürup, „Geist von 1914"; Vondung, Deutsche Apokalypse. Zu Berlin vgl. die einseitige Darstellung bei Eksteins, S. 93-105.

26 Diese methodisch zwingende Differenz wird verfehlt bei Rohkrämer, August 1914, S. 759f.

27 Verhey, S. 97-194; Kruse, Kriegsbegeisterung, v.a. S. 73-81; ders., Krieg und nationale Integration, S. 54-61, 91-98, 158-164; Stöcker, „Augusterlebnis 1914".

zum Schüren einer Kriegsstimmung beitrug, zumal für den mit Zensurmaßnahmen verbundenen Zeitraum nach Verhängung des Belagerungszustandes als Quelle weitgehend ausfällt. Auch in den Provinzblättern konzentrierte man sich meist auf die Ereignisse in Berlin und widmete, eine nationale ‚Zuverlässigkeit‘ der ländlichen Bevölkerung als selbstverständlich voraussetzend, den Ereignissen auf dem Land wegen des Mangels an spektakulären Massenansammlungen keine Beachtung.[28] Auch die vereinzelt vorhandenen Erinnerungsberichte sind zum Teil in der Rückschau durch den erfolgreichen Mythos der Kriegsbegeisterung entstellt und überlagert. So kolportiert ein mainfränkischer Bauer in seinen Aufzeichnungen das Bild der Begeisterung in der breiten Bevölkerung. Aus eigenem Erleben berichtet er aber von seiner Schwester, die am Tag der Mobilmachung weinend auf ein Feld zu den Erntearbeitern gerannt kam und einem der Knechte seine Einberufung verkündete. Die Leute auf dem Feld „schienen wie erstarrt“, erst beim Auszug der Soldaten stellte sich dann in diesem Dorf eine gewisse Begeisterung ein.[29]

Dennoch gibt es genügend Berichte, mit denen sich die Stimmungslage der ländlichen Bevölkerung kurz vor und nach der Mobilmachung detailliert nachzeichnen läßt. Der damalige Staatsrat im Innenministerium Gustav v. Kahr hatte die Bezirksamtmänner im Oktober 1914 zum Erstellen von Kriegschroniken aufgefordert, in denen unter anderem auch die Ereignisse im Zusammenhang der Mobilmachung aufgezeichnet werden sollten. Einzelne Bezirksämter haben dann, anscheinend durch diesen Aufruf veranlaßt, die Anfertigung diesbezüglicher Berichte von den Lehrern und Pfarrern gefordert.[30] Um einen genauen Einblick zu erhalten, sind solche auf Gemeindeebene angefertigten Berichte unverzichtbar.

Dagegen sind Formulierungen wie die des Regierungspräsidenten von Niederbayern, der in einem Wochenbericht von „Entschlossenheit und ernster Begeisterung“ bei Kriegsbeginn sprach, zeitlich zu undifferenziert und wegen der Rechenschaftspflicht, die der Regierungspräsident für seinen Bezirk gegenüber der Regierung übernahm, quellenkritisch zu betrachten.[31]

In den meisten ländlichen Gemeinden hatte sich bereits in den Wochen der Julikrise eine zunehmend gespannte Atmosphäre aufgebaut. Vor allem nach dem

---

28 Vgl. Verhey, S. 79, sowie S. 103, Anm. 56. Zum ländlichen Raum vgl. ebd., S. 167f., nur die knappe Feststellung einer eher depressiven Stimmungslage, mit Belegen vor allem aus Baden und Württemberg. Unergiebig, da auf der Lokalzeitung beruhend: Trapp, Ausbruch.

29 Dürr, Erinnerungen, S. 51 (Zitat), 83f.

30 Vgl. Gustav v. Kahr 6.10.1914 an die Bezirksamtsvorstände: StAM, LRA 82665. Durch Nachforschungen in Gemeindearchiven ließen sich sicherlich weitere gemeindliche Kriegschroniken ermitteln, deren Anfertigung von zahlreichen Gemeinden z.B. in diesem Akt gemeldet wurde. Berichte der Lehrer und Pfarrer sind für die Bezirksämter Neuburg und Pfarrkirchen überliefert.

31 WB RP Ndb. 3.8.1914: StAL, Rep. 168/5, 1117. Quellenkritisch gegenüber den Regierungspräsidentenberichten ist in diesem Punkt auch: P. Hattenkofer, Regierende und Regierte, Wähler und Gewählte in der Oberpfalz 1870-1914. Eine Strukturanalyse der öffentlichen Meinung dargestellt anhand der Wochenberichte der Regierungspräsidenten der Oberpfalz und von Regensburg, München 1978, S. 219ff. Nicht eindeutig ist auch die Formulierung von einem „tiefem Ernst, aber auch (..) voller Hingabe an das Vaterland“ bei Kriegsbeginn; WB BA Sonthofen 8.8.1914: StAA, Regierung 9761.

Ultimatum Österreichs an Serbien am 23. Juli gab es in vielen Orten eine „erste ernste Kriegsbesorgnis", wie z.B. aus der Gemeinde Walda im Bezirksamt Neuburg berichtet wurde.[32] Mit diesen Nachrichten wurde die „Spannung, ja Erregung" in den Dörfern geschürt, und es wuchsen nun die Befürchtungen, daß Deutschland in einen Krieg zwischen Österreich und Serbien verwickelt werden würde.[33] Die Kriegserklärung Österreich-Ungarns an Serbien am 28. Juli „steigert(e) diese Besorgnisse" vor einem Krieg dann noch einmal.[34] Ein weitere Verdichtung der Vorahnungen eines Krieges konnte sich aus der Tatsache ergeben, daß die turnusgemäß zur Erntearbeit beurlaubten Wehrpflichtigen teilweise bereits vor der Ausrufung der drohenden Kriegsgefahr am 31. Juli in die Kasernen zurückgerufen wurden.[35]

Die Sorgen und Befürchtungen in Bezug auf einen möglichen Krieg hatten sich also bereits in den Wochen vor der Mobilmachung schrittweise aufgebaut. Nur in wenigen Gemeinden war man so sehr mit den Erntearbeiten beschäftigt, daß die Mobilmachung wie ein „Blitz aus heiterem Himmel" eintraf.[36] Ebenfalls nur vereinzelt gibt es Hinweise darauf, daß nach den Wochen zunehmender Anspannung die Mobilmachung dann vor allem als das Ende von einem „Zustand der Ungewißheit" empfunden wurde. In solchen Orten war zumeist eine allgemeine „Bestürzung" die erste Reaktion auf diese Meldung.[37] Den Kriegsbeginn als positiv empfundenen Ausweg aus einer in den Wochen der Julikrise aufgebauten Ungewißheit zu interpretieren, wie dies bereits zeitgenössisch für die Städte geschehen ist, geht also an der Situation im ländlichen Bayern vorbei.[38]

Noch vor der Mobilmachung wurde am 31. Juli der Kriegszustand bzw. Belagerungszustand verhängt, womit in Bayern die vollziehende Gewalt auf die kommandierenden Generale der drei Armeekorps überging.[39] Dadurch war die letzte Schwelle überschritten, nach der nur noch Mobilmachung und Kriegsbeginn folgen konnten. „Wie überall", wurde für diesen Zeitpunkt aus einer Gemeinde berichtet, „so hat auch hier schon die Verhängung des Kriegszustandes (...) allenthalben große Bestürzung hervorgerufen (...)". Eine „sehr geängstigte Stimmung" konnte sich jetzt

---

32 Kath. Pfarramt Walda 29.11.1914, Kath. Pfarramt Illdorf 25.11.1914, Kath. Pfarramt Dezenacker 27.11.1914 und Kath. Pfarramt Bonsal 25.11.1914 an BA Neuburg; alles in: StAA, BA Neuburg 7214.
33 Zitat: Hauptlehrer Wagner aus Neuschwetzingen 21.12.1914 an BA Neuburg: StAA, BA Neuburg 7214. Vgl. Gendarmerie-Einzelposten Dietersburg 8.2.1915 und Gendarmerie-Station Pfarrkirchen 19.2.1915 an BA Pfarrkirchen: StAL, Rep. 164/14, 8724.
34 Volksschullehrer Ganshorn aus Karlshuld 4.12.1914 an BA Neuburg: StAA, BA Neuburg 7214.
35 Kath. Pfarramt Dezenacker 27.11.1914 an BA Neuburg: StAA, BA Neuburg 7214. Vgl. Die Bayern im Großen Kriege, Bd. 1, S. 6.
36 Lehrer Körber aus Oberhausen an BA Neuburg o.D.: StAA, BA Neuburg 7214; Gemeindeverwaltungen Sandsbach und Leitenhausen 31.12.1914 an BA Rottenburg: StAL, Rep. 164/16, Fasz. 139, Nr. 1553.
37 Hauptlehrer von Obermaxfeld 3.12.1914 an BA Neuburg. Vgl. protestant. Pfarramt Untermaxfeld 28.11.1914 und Herr Schaeble aus Klingsmoor o.D. an dass.; alles in: StAA, BA Neuburg 7214.
38 Vgl. Verhey, S. 162.
39 Vgl. Albrecht, S. 74ff.

ergeben, wenn der innenpolitische Kriegszustand mit einer Kriegserklärung nach außen verwechselt wurde.[40] Meist in den Abendstunden des 1. August erreichte die Dörfer dann die Nachricht, daß der erste Mobilmachungstag auf Sonntag, den 2. August 1914 festgesetzt worden war.

Unter den Berichten, die sich auf die Reaktion direkt nach Verkündung der Mobilmachung beziehen, spiegeln nur zwei allgemeine Entschlossenheit zum Krieg wieder: In der Gemeinde Karlskron herrschte die Meinung, „einmal muß es losgehen, die Franzosen geben doch keine Ruhe, bevor sie nicht noch mal Prügel haben." „Stets eine begeisterte" Stimmung herrschte auch in der niederbayerischen Gemeinde Baumgarten.[41] Ein direktes Nebeneinander von „Bestürzung und Abschiedsschmerz und andererseits großer vaterländischer Begeisterung" wird noch aus zwei weiteren Dörfern berichtet.[42] Alle übrigen Berichte lassen als Reaktion auf die Verkündung der deutschen Mobilmachung eine ausgesprochen niedergeschlagene und pessimistisch gefärbte Stimmungslage erkennen. Bevor die Ursachen und Differenzierungslinien dieses Befundes im Detail erörtert werden, scheint es angebracht, zunächst einen Eindruck von der Breite und dem Charakter dieses Phänomens zu vermitteln:

„Als am 1. August 1914 die Mobilmachungserklärung an der Gemeindetafel angeschlagen und bekannt gemacht wurde, herrschte unter den Einwohnern der Gemeinde große Aufregung und Bestürzung. Stundenlang wurde die Gemeindetafel von einer großen Anzahl Personen umlagert und die Ehefrauen militärpflichtiger Männer brachten ihren Jammer laut zum Ausdruck."
„In den Tagen, als die Verhängung des Kriegszustandes und die Mobilmachung bekannt gegeben wurde, herrschte im allgemeinen eine gedrückte ernste Stimmung. Fast die ganze Bevölkerung ging auf die Straßen, versammelte sich dort zu Gruppen (...), wobei die allgemeine Entrüstung gegen die serbischen Mörder wieder in den Vordergrund trat."
„Die Stimmung unter der Bevölkerung in den ersten Tagen der Kriegserklärung und der Mobilmachung war im allgemeinen gedrückt. Die Gemüter waren mit Bestürzung und Schrecken erfüllt; eine offensichtliche Beklemmung, die fast den Atem anhielt, trug jeder zur Schau. Eine gewisse innere Unruhe war nicht zu verbergen. Alle Lustbarkeit war mit einem Schlag dahin. Das Gespräch untereinander drehte sich nur mehr um den Krieg und um die momentane Regelung häuslicher und familiärer Angelegenheiten."
„Als aber am 1. August abends nach dem gemeinsamen Rosenkranzgebet telefonisch die Nachricht von der Mobilmachung eintraf, wirkte diese Mitteilung im ersten Augenblicke wie eine Erlösung aus der gespannten Stimmung; doch als der Bürger-

---

40 Zitate: Lehrer Ihlmeider aus Bertoldsheim 5.12.1914 an BA Neuburg; Pfarrer Heldwein aus Bonsal 25.11.1914 an BA Neuburg. „Mit tausend Ängsten" erwarteten am 31. Juli die Eltern die Rückkehr von außerhalb des Dorfes befindlichen Söhnen: Aufzeichnungen der Lehrerin von Heinrichsheim; alles in: StAA, BA Neuburg 7214. Vgl. Mindelheimer Neueste Nachrichten Nr. 175 vom 2.8.1914, S. 6.
41 Hauptlehrer Kriß aus Karlskron 29.11.1914 an BA Neuburg: StAA, BA Neuburg 7214; Gendarmerie-Station Baumgarten 5.2.1915 an BA Pfarrkirchen: StAL, Rep. 164/14, 8724.
42 Zitat: Pfarrkuratie Niederschönenfeld an BA Neuburg 29.11.1914. Vgl. Pfarramt Hütting an BA Neuburg 9.12.1914. Beides in: StAA, BA Neuburg 7214.

meister von Haus zu Haus ging und überall die Mobilmachung bekannt gab, als die Männer in Gruppen zusammenstanden und aufzählten, wer nun fortziehen müsse und wann der einzelne einrücken müsse, da war die Angst und Besorgnis groß."
„Als am 1. August dieses Jahres die Nachricht von der Mobilmachung hierher gebracht wurde, erfüllte bange Sorge und große Betrübnis die Ortsangehörigen."
„Die Verhängung des Kriegszustandes am 31. Juli und der Mobilmachungsbefehl vom 1. August haben in Marienheim dieselbe Aufregung, ja Bestürzung hervorgerufen wie anderswo. War doch die Ernte noch nicht hereingebracht und waren doch im Ort selbst wie in der ganzen reformierten Pfarrgemeinde eine Anzahl von Militärdienstpflichtigen, die sich sofort zum Abschied von den Ihrigen rüsten mußten."[43]

Offensichtlich vermochte der Beginn des Krieges also nahezu nirgendwo auf dem Land Begeisterung zu erzeugen. Vielmehr war das ganze Gegenteil der Fall. Nicht von Bedeutung war in diesem Zusammenhang, daß erst mit den folgenden Kriegserklärungen des Deutschen Reiches vom 1. August an Rußland und vom 3. August an Frankreich der Krieg zur festen Tatsache wurde. In der populären Wahrnehmung sah man diesen Sachverhalt bereits als mit der Mobilmachung gegeben an. Auf diese mußte gewöhnlich die Kriegserklärung unmittelbar folgen, „was besonders gediente Soldaten wußten".[44]

Für diese Reaktion auf den Kriegsbeginn lassen sich im wesentlichen vier im ländlichen Raum tradierte Erfahrungen als Ursachen benennen. Die erste und wichtigste ist, daß nationalistische Kriegsbegründungen und Feindbilder unter der ländlichen Bevölkerung nicht verbreitet waren. Für den ganzen Verlauf von Julikrise und Kriegsbeginn wurden solche Argumentationsmuster aus keiner der ländlichen Gemeinden berichtet. Mit dem Nationalstaat verbanden sich keine positiv besetzten Erwartungen, die auf den Krieg bezogen werden konnten. Im ländlichen Raum Bayerns war es der Inszenierung des wilhelminischen Reichskultes nur in der Rheinpfalz und in den protestantischen Gebieten Frankens gelungen, den Bindungen an die regionale Loyalität und den Kult um die Wittelsbacher gleichzukommen.[45]

---

43 Zitate: Gde. Walburgskirchen 25.1.1919, Gendarmerie-Station Pfarrkirchen 19.2.1915, Gendarmerie-Station Ering 7.2.1915 an BA Pfarrkirchen. Alles in: StAL, Rep. 164/14, 8724. Pfarramt Bonsal 25.11.1914, Pfarramt Holzkirchen 30.11.1914, Reformiertes Pfarramt Marienheim 30.11.1914 an BA Neuburg. Alles in: StAA, BA Neuburg 7214. Vgl. als weitere Belege noch die übrigen Berichte aus den BA Neuburg und Pfarrkirchen sowie: Göttler, Sozialgeschichte, S. 77-79; Begleitschrift zur Sonderausstellung: Gott mit uns, S. 18; A. Fischer, Krieg und Heimat, in: Bayerischer Heimatschutz 12 (1914), S. 126f., hier: 126 (Der Verfasser war der Bezirksamtmann des BA Tölz); Schnieringer, Lachen, S. 69; Stiegele, Dorf im Weltkrieg, S. 7f. (Lehrer in Silheim bei Neu-Ulm); ABA, Pfa 99, Nr. 7: undatierte Aufzeichnungen des Pfarrer Josef Lutz aus Villenbach, Dekanat Wertingen; Tagebuch des Pfarrers Karl Heichele aus Aretsried: ABA, Pfa 6/I; Gemeindeverwaltungen Sandsbach und Leitenhausen 31.12.1914 an BA Rottenburg: StAL, Rep. 164/16, Fasz. 139, Nr. 1553.
44 Hauptlehrer Genzner aus Untermaxfeld 31.12.1914 an BA Neuburg: StAA, BA Neuburg 7214.
45 Blessing, Staat und Kirche, S. 228ff., v.a. S. 235; vgl. Hardtwig, Nationsbildung, v.a. S. 279-286.

Weiterhin fürchteten die Landwirte vor allem die Gefahren, die aus der mit dem Krieg verbundenen Abwesenheit vieler männlicher Arbeitskräfte für die Bewirtschaftung der Höfe und besonders für die Einbringung der laufenden Ernte erwachsen würden. Der Hof und seine Arbeitskräfte waren in der eigenen Wahrnehmung untrennbar miteinander verknüpft, und eine gewaltsame Trennung mußte demnach schwerwiegende ökonomische Konsequenzen haben. So hörte man im Bezirk Kempten nach der Mobilmachung viele jammern, „Männer und Russen müßten jetzt fort, die Ernte könne nicht eingebracht werden und müsse auf dem Felde verfaulen, viele Existenzen würden zusammenbrechen (...)."[46] Zusätzlich genährt wurden solche Befürchtungen durch den alsbald einsetzenden Ankauf von Pferden für die Armee. Diese teilweise bereits vor dem Krieg von den Militärbehörden vorgemusterten Remonten wurden nun durch Kommissionen nochmals begutachtet und dann ausgehoben. Trotz der guten Preise wurde der Zwangsverkauf von den Landwirten teilweise mit Tränen begleitet.[47]

Eine weitere Ursache für die ängstlich-besorgte Reaktion auf den Kriegsbeginn lag in dem Bewußtsein, daß ein Krieg auf jeden Fall ein Ereignis sein würde, bei dem viele Opfer und Verwüstungen zu beklagen wären, so daß er selbst bei „gutem Ausgang" für Deutschland „eine schwere Heimsuchung" werden würde.[48] Diese Ängste hingen vor allem mit der bedrohlichen und noch aus den Zeiten der napoleonischen Kriege überlieferten Erfahrung zusammen, daß jeder Feldzug Einquartierungen und Verwüstungen auch im eigenen Land bedeuten konnte. In den ersten Wochen nach Kriegsbeginn wurde den Truppen von den Dorfbewohnern deshalb Anerkennung dafür gezollt, daß sie die „Heimat vor der Verwüstung durch den Feind bewahrt haben."[49] Auch die Soldaten knüpften an solche Befürchtungen an, wenn sie in ihren Feldpostbriefen die Zerstörungen in Belgien und Frankreich schilderten und deshalb zur Zufriedenheit darüber mahnten, daß der Krieg nicht das eigene Land verwüste.[50] Aus Furcht vor einer feindlichen Invasion wurde in den ersten Wochen des Krieges auch an einigen Orten Bargeld gehortet.[51]

---

46 WB BA Kempten 14.8.1914: StAA, BA Kempten 6224. Vgl. Gendarmerie-Station Triftern u. Gendarmerie-Station Tann, beide 8.2.1915 an BA Pfarrkirchen: StAL, Rep. 164/14, 8724.

47 Vgl. Föst, Versorgung; S. 39ff.; Gendarmerie-Station Pfarrkirchen 19.2.1915 an BA Pfarrkirchen: StAL, Rep. 164/14, 8724; Hauptlehrer Genzner aus Untermaxfeld 31.12.1914 und Lehrer Ganshorn aus Karlshuld 4.12.1914 an BA Neuburg: StAA, BA Neuburg 7214; Stiegele, S. 8.

48 Kath. Pfarramt Illdorf 25.11.1914 an BA Neuburg: StAA, BA Neuburg 7214.

49 Lehrer Braun aus Karlshuld 14.12.1914 an BA Neuburg: StAA, BA Neuburg 7214; vgl. WB BA Markt-Oberdorf 20.12.1914: StAA, Regierung 9761. Zur Prägung solcher Erfahrungen vgl. Blessing, Umbruchkrise, S. 78ff.; Frauenholz, Armee, S. 44.

50 Für die ersten Kriegswochen vgl. Lehrer Herzog aus Unterhausen 6.12.1914 an BA Neuburg: StAA, BA Neuburg 7214; Andreas Simbürger 7.9.1914 an seine Eltern: Privatbesitz; in der Rückschau der Brief des Bürgermeisters Mayer von Thalhofen an seinen im Felde befindlichen Sohn vom 12.2.1916, vom RP Schw. 18.2.1916 an stv. GK I. AK gesandt: BHStA/IV, MKr 2330. Matthias Huber aus Voggenöd 8.9.1914 aus dem Feld an seine Eltern (Abschrift): AEM, Kriegschronik Altenerding B 1837.

51 MInn 9.10.1914 an die Bezirksämter: BHStA/II, MInn 54013.

Schließlich war es die unmittelbare Sorge um das Leben der Soldaten, die zu einer pessimistischen Reaktion auf den Kriegsbeginn führte. Besonders die Mütter und Ehefrauen waren durch die Einberufung der Söhne und Männer betroffen, und aus vielen Orten wird von „den weinenden Müttern, Ehefrauen und Schwestern" vor allem bei der Verabschiedung der Soldaten berichtet.[52] In solchen Äußerungen liegt auch eine gewisse Stilisierung, welche den öffentlich kursierenden Stereotypen über die im Krieg den Frauen zukommenden Aufgaben entsprach, welche man primär in caritativer Sorge um die Feldgrauen sah. So hatte auch die bayerische Königin Marie Therese in einem Aufruf an die Frauen, der sie zur „Linderung der Not jener Braven" bewegen sollte, festgestellt: „Draußen fließt Blut, herinnen fließen Tränen, am bittersten da, wo zur Sorge der Seele die Not des Leibes kommt."[53]

In den Berichten aus den Dörfern bezog sich diese Stilisierung jedoch eher auf die Männer, bei denen im Gegensatz zu den weinenden Frauen ihre Bereitschaft hervorgehoben werden sollte, pflichtbewußt zu den Fahnen zu eilen. Inmitten der Niedergeschlagenheit der ländlichen Bevölkerung im allgemeinen ist die besondere Intensität der negativen Reaktionen von Bäuerinnen und Dienstmägden so ein noch geschlechtsspezifisch zugespitztes Phänomen.[54] Die weiblichen Bewohner des Dorfes hatten bei einer weitgehenden geschlechtsspezifischen Segregation der dörflichen Öffentlichkeit keinen Anteil an dem in den Wirtshäusern gepflegten Austausch der männlichen Militärerfahrungen und dem mit ihnen verbundenen Prestige.[55] Für die Bäuerinnen stand nicht zuletzt die Sorge darum im Vordergrund, wie sie nun ohne die Männer die Erntearbeit bewältigen sollten.

Zudem wußten sie, daß die Abwesenheit des Mannes ihren Status im Dorf vermindern und bei der Durchsetzung von ökonomischen Ansprüchen innerhalb der Gemeinde erhebliche Schwierigkeiten erzeugen würde. Mit Bezug auf einen Streit um die Gewährung der den Soldatenfrauen zukommenden Familienunterstützung sprach ein Bauer das Wissen um diese Zusammenhänge an, als er seiner Frau aus dem Feld schrieb:

---

52 Zitat: Gemeinde Walburgskirchen an BA Pfarrkirchen 25.1.1919: StAL, Rep. 164/14, 8724. Vgl. Kriegs-Ereignisse Pfarrei Tann o.D. (1914 verfaßtes Tagebuch des Pfarrers): „Man sah [in den Tagen nach der Mobilmachung; B.Z.] weinende Frauen u. Kinder in Hülle u. Fülle. Die Männer sind gefaßt, die Burschen erst recht." StAL, Rep. 164/14, 8724; Kriegschronik der Lehrerin Schreier aus Heinrichsheim, Notiz vom 7.8.1914; Lehrer Kriß aus Karlskron 29.11.1914 an BA Neuburg; Lehrer Herzog aus Unterhausen 6.12.1914 an BA Neuburg; alles in: StAA, BA Neuburg 7214. Vgl. Reitzenstein, Lieb Heimatland, S. 7f.; Fragebogen über Kriegsseelsorge von der Zentralstelle für kirchliche Statistik, o.D.: ABA, Pfarrarchiv Windach.
53 „Aufruf der Königin Marie Therese an die Frauen und Jungfrauen Bayerns" vom 2.8.1914: Kriegs-Beilage 1914, S. 47f.
54 Als Stilisierung vgl. Lehrer Körber aus Oberhausen o.D. [Dezember 1914] an BA Neuburg: StAA, BA Neuburg 7214. Damit korrigiere ich die These, Frauen seien in gleichem Umfang wie Männer in die angebliche Aufbruchstimmung des August 1914 einbezogen gewesen: Daniel, S. 24f. Weitere Belege aus dem ländlichen Raum außerhalb Bayerns: Ziemann, Augusterlebnis, S. 193, 195ff. Literarische Stilisierung bei: Thoma, Der erste August.
55 Zur Geschlechtssegregation dörflicher Öffentlichkeit zahlreiche Hinweise in: Schulte, v.a. S. 166ff., passim. Vgl. Sieder, Sozialgeschichte, S. 33ff.

„Ich sage Dir unterseichnet Dich nicht was Du nicht verstest frage den Vater u. wenn nicht dan sage das verstehe ich nicht das kann mein Mann dun wenn er komt, u. wenn auch der Bürgermeister komt. Sage im er soll auch ins Feld gehen dann weiß er wie es ist, eine Frau welcher der Mann fort ist die wiel man drugen [drücken]."[56]

Auf diese neuartige Situation, bei einer Vielzahl alltäglicher Probleme selbständig um Anerkennung im Dorf ringen zu müssen, waren die Bäuerinnen nicht vorbereitet, was als erste Reaktion ein Gefühl der Unsicherheit erzeugte. Ihre Tränen wie auch die Äußerungen von Gefühlen gegenseitiger Zuneigung in den Feldpostbriefen der Ehegatten deuten aber darauf hin, daß sie auch aus einer emotionalen Bindung an den Ehemann gerade auf dessen Abschied mit Bestürzung reagierten.[57] In der durch beängstigende Nachrichten und Gerüchte aufgewühlten Atmosphäre des Kriegsbeginns begingen einige Ehefrauen nach der Einziehung ihres Gatten sogar Selbstmord.[58]

In den Tagen nach dem 2. August wurden die Reservisten und Landwehrleute durch die Bezirkskommandos gesammelt ihren Truppenteilen zugeführt. Dies begann für die Jäger und Kavalleristen teilweise sofort, für die anderen Reservisten und Landwehrmänner erst drei bis sechs Tage nach Beginn der Mobilmachung.[59] In dieser Woche kam es also mehrfach zur Verabschiedung von Soldaten in den ländlichen Gemeinden, die zum nächstgelegenen Bahnhof zogen bzw. am örtlichen Bahnhof verabschiedet wurden.

Vor allem bei diesen Gelegenheiten ergab sich eine deutliche Entspannung der pessimistisch eingefärbten Stimmungslage, und zugleich wurde eine weitere Differenzierungslinie sichtbar, die sich teilweise schon direkt nach der Mobilmachungserklärung angekündigt hatte. Denn beim Ausmarsch aus den Gemeinden zeigten die Soldaten, daß bei ihnen „Vaterlandspflicht und militärischer Geist" erwacht waren, und folgten „freudig dem Rufe unter die Fahne, wenn auch für manchen

---

56 Jakob Eberhard aus Bruck (BA Neuburg) 26.5.1915 an seine Frau Anna: Privatbesitz. Viehhändler nutzten die Abwesenheit der Männer alsbald dazu aus, um die unerfahrenen Bäuerinnen beim Verkauf von Vieh zu übervorteilen. Vgl. Mitteilungen der K. Staatsministerien, S. 43. Zur Familienunterstützung vgl. Daniel, S. 169-183; Kundrus, Kriegerfrauen, S. 43-220.

57 Dies erfordert m.E. eine Modifizierung der gängigen familienhistorischen These einer rein instrumentellen Ausrichtung bäuerlicher Ehen. Auch wenn bei der Eheschließung gewiß ökonomische Erfordernisse im Vordergrund standen, konnten bäuerliche Ehen offenbar im Verlauf der Jahre durchaus eine eigenständige emotionale Qualität entwickeln. Diese These z.B. bei Sieder, S. 59ff.; Rosenbaum, Formen der Familie, S. 72ff. Kritik an der Unterstellung einer ‚gefühllosen' bäuerlichen Familie üben H. Medick/D. Sabean, Emotionen und materielle Interessen in Familie und Verwandtschaft: Überlegungen zu neuen Wegen und Bereichen einer historischen und sozialanthropologischen Familienforschung, in: dies. (Hg.), Emotionen und materielle Interessen. Sozialanthropologische und historische Beiträge zur Familienforschung, Göttingen 1984, S. 27-54, hier S. 29ff. Vgl. Kap. 5.1.

58 Vgl. Ebersberger Anzeiger Nr. 88 vom 4.8.1914 und Nr. 89 vom 6.8.1914; Ulrich/Ziemann, Frontalltag, Dok. 3 d.; S. 30.

59 Zu den technischen Details der Mobilmachung vgl. Die Bayern im Großen Kriege, Bd. 1, S. 5ff.

der Abschied schmerzlich war."[60] An den Bahnhöfen konzentrierte sich dieses Phänomen, weil die Gemeinden bestrebt waren, ihren Soldaten einen repräsentativen Abschied zu bereiten und damit auch Mut zuzusprechen. Deshalb wurden Bahnhöfe und Züge geschmückt und die Reservisten dann in festlicher Stimmung verabschiedet.[61] Nur hier an den Bahnhöfen gab es zumindest teilweise ein ländliches Pendant zu den städtischen Massenversammlungen mit festartigem Charakter, die dort eine wichtige Voraussetzung für überschwengliche Begeisterungsszenen waren. Gerade bei dieser Gelegenheit flossen allerdings aus Abschiedsschmerz viele Tränen, auf Seiten der Männer jedoch nur von den Verheirateten, die von der Sorge um ihre Familie bewegt waren.[62] Die Altersgruppe der etwa 20-30jährigen, die den Militärdienst bereits abgeleistet hatte, aber noch nicht verheiratet war, zeigte hier wie schon teilweise nach der Mobilmachungserklärung, daß sich für sie durchaus positive Erwartungen mit einem Krieg verbanden, die nicht durch die Sorge um geschäftliche oder familiäre Verhältnisse überdeckt wurden.[63] Bei Abschiedsfeiern in den Wirtshäusern und später beim Abmarsch gaben sie ihre Begeisterung kund.

Der Hintergrund für dieses Verhalten lag in der großen Bedeutung, die der gerade abgeleistete Militärdienst für die persönliche Geltung junger Männer in der Öffentlichkeit des Dorfes besaß. Diese wurde von den durch Verheiratung und Besitzübernahme etablierten Landwirten dominiert. Der Militärdienst bildete für die Burschen einen Respekt und den Eintritt in diese Sphäre gewährenden Initiationsritus.[64] Denn ungeachtet der häufig entwürdigenden Mannschaftsbehandlung hob die in den Garnisonsstädten abgeleistete zweijährige Dienstzeit lokale Beschränkungen auf und vermittelte im dienstlichen Unterricht sowie beim alltäglichen Umgang mit den Kameraden praktische Fertigkeiten und Kenntnisse bis dahin fremder Lebensformen.[65] Noch in der Rückschau bedauerte deshalb der

---

60 Gendarmerie-Station Ering 7.2.1915 an BA Pfarrkirchen: StAL, Rep. 164/14, 8724. Vgl. ebd.: Die Zurückbleibenden versuchten durch ein „vernünftiges" Verhalten, den „Kriegern das Herz (nicht) schwerer zu machen".

61 Vgl. Lehrer Körber aus Oberhausen o.D. an BA Neuburg, der deshalb diejenigen „glücklich" nannte, die an der Bahn wohnten und dort die Mobilmachung beobachten konnten. Ferner Lehrer Herzog aus Unterhausen 6.12.1914 an BA Neuburg. Beides in: StAA, BA Neuburg 7214. Vgl. Winter, Experience, S. 166.

62 Pfarramt Karlshuld 2.12.1914 an BA Neuburg: StAA, BA Neuburg 7214. Bichler, Hartpenning, S. 48. Zur Diskrepanz zwischen Stadt und Land vgl. Ulrich/Ziemann, Frontalltag, Dok 4 a., S. 31.

63 Vgl. Gendarmerie-Station Pfarrkirchen 19.2.1915 an BA Pfarrkirchen: StAL Rep. 164/14, 8724. Das durchschnittliche Alter der ledigen männlichen Ehegatten bei Erstverheiratung lag im Deutschen Reich 1911/13 bei 27.4 Jahren. Im ländlichen Raum lag dieser Wert wegen der Verknüpfung mit der Hofübernahme etwas höher. J. Knodel errechnete für Anhausen (Schwaben) 1900-1939 ein durchschnittliches Alter bei Erstehen von 29.7 Jahren. Vgl. Hubbard, Familiengeschichte, S. 78f.

64 Vgl. D.E. Showalter, Army, State and Society in Germany 1871-1914. An Interpretation, in: J.R. Dukes/J. Remak (Hg.), Another Germany. A Reconsideration of the Imperial Era, Boulder. London 1988, S. 1-18, hier S. 8ff.; Rohrkrämer, Militarismus, S. 147ff.; Rehbein, Leben, S. 168.

65 Vgl. Blessing, Disziplinierung und Qualifizierung, S. 461ff. Viele Knechte bewog die gewonnene Kenntnis städtischer Lebensformen und Arbeitsverhältnisse, nach der Militärzeit der landwirt-

Bauernbundführer Georg Eisenberger, ein aus der Nähe von Ruhpolding stammender Bauernsohn, daß sein Vater einstmals mit Eingaben an die Behörden seine Einberufung verhindert hatte:

> „Mir persönlich war es nicht recht, daß ich zum aktiven Heeresdienst nicht einberufen wurde, weil ich immer den Drang hatte, mehr zu lernen und in der Welt etwas zu sehen."[66]

Mit dem in der Militärzeit erworbenen Wissen und Ansehen konnte man im Wirtshaus und auf dem Marktplatz mitreden. Der Kriegsbeginn weckte somit die Hoffnung, daß sich das mit der Erfüllung der Wehrpflicht verbundene, neugewonnene Prestige mit einem Kriegseinsatz noch beträchtlich vermehren ließ. Voraussetzung dieser Hoffnungen waren bei den jungen Männern verbreitete Vorstellungen über den Charakter des nun beginnenden Krieges, die aus den Berichten deutlich ablesbar sind. Auch bei ihnen fand die von der Reichsleitung ausgegebene und von den bayerischen Bischöfen in ihrem von den Kanzeln verlesenen Hirtenbrief zum Kriegsbeginn übernommene Interpretation Zustimmung, der Krieg sei ein dem deutschen Reich nur aufgezwungener Verteidigungskrieg.[67] Wichtig war auch die verbreitete Auffassung, daß der Krieg spätestens zu Weihnachten beendet sein würde.[68] Dies verband sich mit der von den jungen Männern allgemein geäußerten Siegeshoffnung. Zwar gab es die Gewißheit, daß auch ein schneller Sieg viele Opfer kosten würde, und mancher Reservist zeigte Beklemmung, „der in früheren Tagen in übermütiger Weise über einen Krieg sprach."[69] Das Kriegsbild der Soldaten war aber geprägt durch die üblichen Darstellungen des Krieges von 1870/71. Aus Schulbüchern und den populären Bilderbogen – die mit diesem Motiv eine Auflage von drei Millionen erreicht hatten – kannte man den Kriegsdienst vornehmlich als individuellen Heldenmut attackierender Kavalleristen oder als den direkt Mann gegen Mann ausgefochtenen Bajonettkampf bei den Infanteristen.[70] Diese die unvermeidlichen Opfer verharmlosenden Reminiszenzen an den letzten Krieg und die Verlängerung der Erfahrung eigener dörflicher Raufhändel auf das Schlachtfeld stimulierten zur Zuversicht, „die Franzosen und Russen derart

schaftlichen Arbeit den Rücken zu kehren; Schnorbus, S. 849. Zur Behandlung Wiedner, Soldatenmißhandlungen.

66 Aus den Lebenserinnerungen, zit. nach Eisenberger, Eisenberger, ohne Paginierung.

67 Pfarramt Ortlfing 2.12.1914 und Hauptlehrer Wieland aus Obermaxfeld 3.12.1914 an BA Neuburg: StAA, BA Neuburg 7214. Vgl. den Hirtenbrief der Erzbischöfe und Bischöfe Bayerns vom 3.8.1914, in: Amtsblatt für die Diözese Augsburg 24.1914, S. 185-187; diese Haltung wurde bekräftigt im gemeinsamen Hirtenbrief der Bischöfe und Erzbischöfe des Deutschen Reiches vom 13.12.1914: Amtsblatt für die Erzdiözese München und Freising 1914, S. 227-233, hier S. 229.

68 Bauer, S. 27; Strohmeier, Hofendorf, S. 45.

69 Lehrer Ihlmeider aus Bertoldsheim 5.12.1914 an BA Neuburg: StAA, BA Neuburg 7214. Zitat: Lehrer Neumaier aus Seibersdorf 19.4.1916 an BA Pfarrkirchen: StAL, Rep. 164/14, 8724.

70 Vgl. Blessing, Staat und Kirche, S. 212ff.; S. Brakensiek u.a. (Hg.), Alltag, Klatsch und Weltgeschehen: Neuruppiner Bilderbogen. Ein Massenmedium des 19. Jahrhunderts, Bielefeld 1993, S. 129ff. Vgl. Müller, Bis zur letzten Konsequenz, S. 28; Rehbein, S. 168.

zu verprügeln, daß in kurzer Zeit wieder Frieden sein werde."[71] Mit einem solchen – wie sich bald herausstellen sollte – antiquierten Kriegsbild verband sich die Erwartung, ein Krieg werde zur Erweiterung des bisher auf das Dorf und seine Umgebung beschränkten Horizontes beitragen und damit eine gewisse Weltläufigkeit vermitteln. Der Krieg hatte, auch wenn das heute nur schwer nachvollziehbar ist, gerade für die jungen Burschen einen touristischen Aspekt. Im niederbayerischen Zweikirchen begrüßten sie den Kriegsbeginn mit den Worten „Jetzt kommen wir auch einmal hinaus!"[72] Die Rhetorik des ‚Burgfriedens', die in der Zustimmung der SPD zu den Kriegskrediten Nahrung fand, wirkte dagegen nur ausnahmsweise motivierend.[73] Diese vor allem an den Militärdienst als Quelle sozialen Prestiges geknüpften Erwartungshaltungen der noch nicht verheirateten Burschen lassen sich eher als Militärbegeisterung denn als Kriegsbegeisterung bezeichnen.

Die von den abziehenden ledigen Reservisten ausstrahlende Begeisterung konnte jedoch die niedergeschlagene Stimmung der übrigen Dorfbewohner nur kurzfristig überdecken und blieb als allgemeine Stimmungsverbesserung punktuell auf die Verabschiedung an der Bahn beschränkt.[74] Die Kriegserklärung Englands am 4. August, aber auch die am 23. August erfolgende Kriegserklärung Japans gegen Deutschland rückten für die Zurückbleibenden jegliche Siegeshoffnung in weite Ferne und vertieften die herrschende Atmosphäre von „Bestürzung" und „tiefer Niedergeschlagenheit".[75] Eine vorläufige Stabilisierung setzte nach der mit dem Kriegsbeginn verbundenen Niedergeschlagenheit erst ein, als durch die militärischen Erfolge in der Schlacht von Lothringen (20. bis 22. August) – an der hauptsächlich die in der 6. Armee zusammengefaßten bayerischen Truppen beteiligt waren – und bei Tannenberg (26. bis 31. August) die Siegeshoffnungen wieder wuchsen und damit zugleich die Erwartung eines schnellen Kriegsendes.[76] Teilweise gab es nun mit der Beflaggung der Häuser und dem Glockengeläut nach Siegesmeldungen ein ländliches Pendant zu den euphorischen Siegesfeiern in den Städten. Die optimistische Stimmung der letzten Augusttage war auch für die Durchsetzung des Mythos von der Kriegsbegeisterung von Bedeutung, da sie in der Erinnerung die zunächst ausgesprochen negative Reaktion auf den Kriegsbeginn überspielen

---

71 Zitat: Gemeinde Walburgskirchen 25.1.1919 an BA Pfarrkirchen: StAL, Rep. 164/14, 8724. Vgl. Gendarmerie-Station Baumgarten 5.2.1915 an BA Pfarrkirchen: ebd.; Pfarramt Dezenacker 27.11.1914 an BA Neuburg: StAA, BA Neuburg 7214.

72 Hartl, Damals, S. 53. Vgl. Fehrenbach, „Mein langer Weg nach Hause", S. 62; Deutschland-Berichte, Jg. 2, 1935, S. 278.

73 Hauptlehrer Genzner aus Untermaxfeld 31.12.1914 an BA Neuburg: StAA, BA Neuburg 7214.

74 Vgl. noch Tagebuch des Pfarrers Karl Heichele aus Aretsried: ABA, Pfa 6/I, Eintragung vom 4.8.1914.

75 Zitate: Gendarmerie-Station Dietersburg 8.2.1915 und Gde. Reichenberg o.D. [Januar 1915] an BA Pfarrkirchen: StAL, Rep. 164/14, 8724. Vgl. Gde. Koppenwall 1.1.1915 und Gemeinden Sandsbach und Leitenhausen 31.12.1914 an BA Rottenburg: StAL, Rep. 164/16, Fasz. 139, Nr. 1553. Ferner weitere Berichte in: StAA, BA Neuburg 7214.

76 Vgl. z.B. Gendarmerie-Station Dietersburg 8.2.1915, Hauptlehrer Stoiber aus Julbach 18.12.1914 und Hauptlehrer Hof aus Reichenberg o.D. [Januar 1915] an BA Pfarrkirchen: StAL, Rep.164/14, 8724; WB BA Ebersberg 5.9.1914: StAM, LRA 79889.

konnte.[77] An dieser nun optimistischer eingefärbten Gesamtlage änderten dann auch die neuerlichen tränenreichen Abschiedsszenen nichts, als Ende August der bisher noch nicht eingezogene Teil des Landsturms aufgerufen wurde.[78]

Der Beginn des Weltkrieges hatte auch Auswirkungen auf die Religiosität der Bevölkerung. Rasch entfaltete sich die Kriegstheologie der Bischöfe und Priester, die sich in öffentlichen Bekenntnissen nationaler Zuverlässigkeit der Katholiken überboten. Kirchliche Eliten und die Spitzen des gesellschaftlich organisierten Katholizismus stimmten in die publizistische Beschwörung nationaler Kriegsbegeisterung ein und nutzten damit die Möglichkeit, bestehende Vorurteile über den Ultramontanismus der Katholiken zu zerstreuen.[79] Wichtiger als diese ideologischen Überhöhungen ist hier aber die Frage, ob und wie sich der in der Kriegstheologie behauptete religiöse Aufschwung durch den Krieg im ländlichen Raum vollzogen hat.

Am Sonntag, dem 2. August, waren die Gemeinden vollständig beim Gottesdienst versammelt. An diesem Tag mußten sich die Pfarrer vor allem mit der depressiven Stimmungslage der Gläubigen auseinandersetzen, die sich in der Kirche als ein „vielfaches, bitteres Schluchzen" zeigte.[80] Dies setzte sich in den kommenden Tagen fort, als gewöhnlich alle aufgerufenen Soldaten den Seelsorger, meist mit tränenden Augen, zur Beichte aufsuchten.[81] Es entwickelte sich eine Intensivierung des religiösen Lebens, die als spezifische Kriegsfrömmigkeit bezeichnet werden kann. Der Krieg als eine die alltäglichen Lebenszusammenhänge durchbrechende Not- und Ausnahmesituation verstärkte das Bedürfnis nach Sinngewißheit und damit auch religiöser Sinnstiftung und Trostspendung. Unmittelbar auf den Kriegsbeginn folgend zeigte sich dies in den an vielen Orten stattfindenden Bittgängen und kollektiven Bittprozessionen zu nahegelegenen Wallfahrtskirchen. Bereits die Soldaten suchten noch vereinzelt Wallfahrtsorte auf, bevor sie zu den Kasernen abfuhren.[82] In den kommenden Wochen und Monaten waren es dann die Frauen und Kinder, die in zahlreichen gut frequentierten Wallfahrten ein glückliches und rasches Ende des Krieges erflehten.[83] Beteiligt waren daran auch bisher dem

77 Gde. Walburgskirchen 25.1.1919 an BA Pfarrkirchen: StAL, Rep. 164/14, 8724. Vgl. Verhey, S. 194ff.

78 Kriegs-Ereignisse Pfarrei Tann o.D.: StAL, Rep. 164/14, 8724. Vgl. Die Bayern im Großen Kriege, Bd. 1, S. 7.

79 Vgl. Missalla, Kriegspredigt; Hammer, Kriegstheologie, S. 73-85, sowie zahlreiche katholische Kriegspredigten ebd., S. 241f., 265ff., 296ff., 305ff.; v. Dülmen, Katholizismus; Rutz, Obrigkeitliche Seelsorge, S. 340f.

80 L. Bobinger, Kriegsarbeit des Klerus in der Heimat, in: Theologisch-praktische Monats-Schrift 27.1917, S. 314-321, 315; Tagebuch des Pfarrers Karl Heichele von Aretsried: ABA, Pfa 6/I. Friedrich Schwald, Chronik von Osterbuch, S. 284, nannte dies eine „Sacktüchleinpredigt, die Männer weinten, die Weiber schluchzten." ABA, Pfarrarchiv Osterbuch.

81 L. Bobinger, Kriegsarbeit des Klerus, S. 315; Kriegs-Ereignisse Pfarrei Tann o.D.: StAL, Rep. 164/14, 8724; Pfarrer Heldwein aus Bonsal 25.11.1914 an BA Neuburg: StAA, BA Neuburg 7214.

82 Begleitschrift zur Sonderausstellung: Gott mit uns, S. 18; Pfarramt Neukirchen 1.12.1914 an BA Neuburg: StAA, BA Neuburg 7214.

83 Pfarramt Friesenried 19.7.1919 an Ord. Augsburg: In der 700 Einwohner zählenden Gemeinde

religiösen Leben fern stehende Dorfbewohner.[84] Vor allem der Bitte um einen raschen und siegreichen Ausgang des Krieges gewidmet waren die teilweise täglich stattfindenden Kriegsandachten, die man meist mit einem Rosenkranzgebet verband.[85]

Nur schwer bestimmbar ist die Spezifik der religiösen Symbolwelt, mit der man auf den Krieg reagierte. Von Seiten der Bischöfe und Pfarrer wurde in den Predigten der Krieg vor allem als eine religiöse Prüfung bzw. ein Strafgericht Gottes interpretiert, dessen Notwendigkeit sich aus dem moralischen und sittlichen Niedergang der Bevölkerung ergeben habe.[86] Insbesondere den Herz-Jesu-Kult förderten die Bischöfe als „spezifischen Kriegsbewältigungskult". Durch die von den Gläubigen dem Herzen zu leistende Sühne für vergangene religiöse Nachlässigkeit sollte der Kult zum Garanten des Sieges avancieren. Im ersten Kriegsjahr erlebte der Kult einen starken Aufschwung, insbesondere im Zusammenhang mit der nationalen Herz-Jesu-Weihe am 10. Januar 1915.[87] Gerade im ländlichen Raum trafen solche Interpretationen auf Widerhall, wie Berichte über eine Intensivierung der Herz-Jesu-Andachten nach Kriegsbeginn und die Verbreitung der Auffassung, daß man „im Krieg ein Strafgericht Gottes" erkenne, belegen.[88]

Deutlich erkennbar ist die allgemeine Steigerung der Intensität, mit der die pastoralen Angebote der Kirche in der Zeit nach Kriegsbeginn wahrgenommen wurden. Ein wichtiger Indikator dafür ist vor allem die Zahl der Kommunikanten. Zwar wurden erst seit der Errichtung der Zentralstelle für kirchliche Statistik 1915 flächendeckend Kommunikantenziffern erhoben, so daß ein allgemeiner Vergleich

---

gab es zu Kriegsbeginn zwei Wallfahrten mit 180 bzw. 150 Teilnehmern, weiterhin wöchentlich kleinere Wallfahrten, deren Frequentierung nach einem Jahr merklich nachließ. In: ABA, DA 6, Karton 13; Pfarramt Neukirchen 20.7.1915 an Ord. Passau: ABP, DekA II, Pfarrkirchen 12/I; Pfarramt Kirchweidach 4.5.1915 an Ord. Passau: ABP, DekA II, Burghausen 12/I.

84 Kriegs-Ereignisse Pfarrei Tann o.D. [1914]: StAL, Rep. 164/14, 8724.

85 Pfarramt Bidingen 1.9.1919 an Ord. Augsburg: ABA, DA 6, Karton 13; Expositur Dreifaltigkeitsberg 11.7.1916 an Ord. Regensburg: BZAR, OA 2748; Strohmeier, S. 45; vgl. Bauer, S. 27f., der über das allgemeine Unverständnis der zum Trost- und Bittgebet Versammelten auf die Frage einer Bäuerin berichtet, was Gott denn tun solle, wenn die Franzosen auch um einen Sieg bitten sollten. Der Bischof von Passau hatte für den 9.8.1914 zu einem Bittgottesdienst für einen glücklichen Ausgang des Krieges aufgerufen: Rutz, S. 345f. Anna Eberhard aus Bruck (BA Neuburg) schickte ihre älteren Kinder jeden Tag zu einer Messe und zu einem Rosenkranzgebet in eine Kapelle; Brief an Jakob Eberhard vom 19.10.1914: Privatbesitz.

86 Vgl. Missalla, S. 52ff.; Klier, Kriegspredigt, S. 164ff.

87 Vgl. Busch, Katholische Frömmigkeit, S. 101ff., Zitat S. 112.

88 Pfarramt Waldhof 28.5.1915 (Zitat) und noch 25.5.1917 an Ord. Passau; Pfarramt Asenham 30.6.1915 an dass.: „Die Leute selbst sagen: dieser Krieg mußte kommen; die Leute waren schon zu schlecht und unzufrieden." Expositur Anzenkirchen o.D. [1915] an dass. berichtete über die Teilnahme der ganzen Gemeinde an der vom 7.-10.1.1915 abgehaltenen Sühnfeier an das Herz Jesu. Alles in: ABP, DekA II, Pfarrkirchen 12/I. In der Gemeinde Obernzell empfand die Mehrzahl der Gläubigen den Krieg als eine Mahnung zur Buße und Umkehr; Pfarramt Obernzell 1.8.1916 an Ord. Passau: ABP, DekA II, Obernzell 12/I. Über einen Aufschwung der Herz-Jesu-Andachten weitere Hinweise in Pfarramt Wegscheid 26.6.1916 u. 1.7.1918 an dass.; Pfarramt Wildenranna 17.6.1916 an dass.; beides in: ebd.; Hörger, Strukturen, S. 118f.

mit der Vorkriegszeit nicht möglich ist.[89] Doch die Seelsorgsberichte der Pfarrämter bieten sowohl mit allgemeinen Bemerkungen als auch mit vereinzelten Zahlen eine Reihe von Hinweisen darauf, daß seit dem Kriegsbeginn ein vor allem angesichts der Abwesenheit vieler Männer rapider Anstieg der Kommunionen stattgefunden hat.[90] Besonders die gegenüber der Vorkriegszeit aktivere Teilnahme der noch nicht eingezogenen Männer am kirchlichen Leben fand dabei Beachtung. Allerdings wurde auch festgestellt, daß deren größere Sakramentsfrequenz bereits im Verlauf des ersten Kriegsjahres wieder abflaute. Eine allgemeine Erschütterung der Frömmigkeit zeichnete sich jedoch erst seit 1916, teilweise seit 1917 ab.[91]

Einen weiteren Aspekt des Kriegsbeginns stellten die teilweise manipulativ verstärkten Ketten von Gerüchten dar, in denen sich die Beunruhigung der Bevölkerung angesichts der sich überstürzenden Ereignisse artikulierte. Die ohnehin vorhandene Erregung wurde von der Regierung noch weiter geschürt und in eine bestimmte Richtung gelenkt, um die Bereitschaft zum Krieg unter den Massen zu erhöhen und diese gleichzeitig von dem propagierten Charakter eines Verteidigungskrieges zu überzeugen. Zu diesem Zweck bedienten sich die Behörden einer Reihe von offiziellen Verlautbarungen, die in den Tagen nach der Mobilmachung an die Presse gegeben wurden.[92] Am 2. August meldete man einen fiktiven Bombenangriff auf eine Eisenbahnstrecke bei Nürnberg durch die Franzosen, der diese als Aggressoren kennzeichnen sollte.[93] In den Tagen danach lancierte die Regierung Meldungen über feindliche Spione, mögliche Anschläge auf Brücken und Eisenbahnen sowie Gerüchte über Autos, die angeblich Gold von Frankreich nach Rußland bringen sollten, und rief deshalb die Bevölkerung zur Wachsamkeit auf.[94]

Diese Meldungen induzierten eine Kette von Gerüchten, welche – teilweise mit einer gewissen Verzögerung – auch das Land erreichten und eine skurril anmutende Verfolgung der vermeintlichen Spione in Gang setzte. In einer Gemeinde, wo man angeblich beobachtete Luftschiffe verfolgte, „mutete es ganz mittelalterlich an, wenn man den größeren Teil der Verfolger mit Gabeln und dergleichen ausrücken

89 Vgl. Rutz, S. 320f.
90 Allgemeine Berichte z.B. in: ABP, DekA II, Pfarrkirchen 12/I, passim. Pfarramt Stötten 1.8.1919 an Ord. Augsburg: Zahl der Kommunionen 1913=5829, 1914=7336, 1915=8061, 1916=7580; Pfarramt Apfeltrang 22.9.1919 an Ord. Augsburg: Zahl der Kommunionen 1913=3130, 1914=3890, 1915=3967, 1916=4333, 1917=4106. Eine Verdreifachung der Kommunikantenzahlen gegenüber der Friedenszeit berichtete Pfarramt Blöcktach 1.8.1919 an Ord. Augsburg. Alles in: ABA, DA 6, Karton 13.
91 Vgl. hier nur: Pfarramt Biessenhofen 1.8.1919 an Ord. Augsburg; Pfarramt Friesenried 19.7.1919 an Ord. Pfarramt Huttenwang 1.9.1919 an Ord. Augsburg. Einen Rückgang bei den Männern erst ab 1917 berichtete Pfarramt Unterthingau 24.7.1919 an Ord. Augsburg. Alles in: ABA, DA 6, Karton 13.
92 Vgl. Verhey, S. 178ff.
93 Bayerische Staatszeitung Nr. 180 vom 2.8.1914, Extra-Ausgabe, „Bombenwurf auf Eisenbahnschienen“.
94 Bayerische Staatszeitung Nr. 181 vom 3.8.1914: „Spione und feindliche Flieger“. Ebd., Nr. 182 vom 4.8.1914: „Der Fortgang der Mobilmachung“. Vgl. Verhey, S. 179ff.

sah."[95] Die an vielen Orten gebildeten Zivilschutzwachen, die – den regulären militärischen Bahnschutz ergänzend – Bahnlinien, Brücken und Straßenkreuzungen kontrollierten, waren infolge der durch die Verlautbarungen geschürten Anspannung für zahlreiche Zwischenfälle verantwortlich. Bei verdächtigen Geräuschen oder beim Herannahen der eigenen Ablösung wurde in Panik geschossen, Automobile wahllos angehalten und häufig auch beschossen. Insgesamt sechs Personen wurden im Untersuchungsgebiet durch Zivilschutzwachen getötet.[96] Allerdings war auch die durch die Erntearbeit diktierte Auswahl von offenbar ungeeigneten Personen für manchen Unfall verantwortlich, was der Umstand verdeutlicht, „daß verschiedene Wächter vom Zuge überfahren wurden."[97]

Unabhängig von behördlichen Einflüssen verbreitete sich in den oberbayerischen Gebirgsregionen ein weiteres Gerücht. Hier war die Wilderei seit langem ein Residuum bäuerlicher Freiheit gegenüber dem bürgerlichen Verwaltungsstaat. Ab dem August 1914 nahm die Zahl der Wildfrevel rapide zu, veranlaßt durch ein Gerücht, mit Kriegsbeginn seit die Jagd nunmehr freigegeben. Offenbar interpretierte man hier das mit dem Kriegszustand gegebene Gefühl einer Aufhebung der bisherigen Ordnung des zivilen Lebens einseitig in die Richtung der eigenen Interessen.[98]

Größere wirtschaftliche Schwierigkeiten gab es im Gegensatz zu den Städten, wo die Einberufungen die Stillegung zahlreicher Fabriken und damit eine rapide anwachsende Arbeitslosigkeit zur Folge hatten[99], auf dem Lande in der ersten

---

95 Lehrer Ihlmeider aus Bertoldsheim 5.12.1914 an BA Neuburg: StAA, BA Neuburg 7214. Vgl. auch WB BA Füssen 8.8.1914: StAA, Regierung 9761. Die Welle der Gerüchte scheint aber nicht alle ländlichen Gemeinden erreicht zu haben, und einige mit gewisser Verzögerung. „Angst und Aufregung" als Reaktion auf diese Gerüchte gab es in Ering erst acht bis zehn Tage nach der Mobilmachung: Gendarmerie-Station Ering 7.2.1915 an BA Pfarrkirchen. Erst Mitte August verbreitete sich das Gerücht von den Goldautos in Walburgskirchen und führte dort zur Bildung einer Bürgerwehr: Gemeinde Walburgskirchen 25.1.1919 an BA Pfarrkirchen. Beides in: StAL, Rep. 164/14, 8724. Bereits am 9. bzw. 11.8. war durch amtliche Verlautbarungen vor weiterer Flugzeug- und Autojagd gewarnt worden: Bayerische Staatszeitung Nr. 186 vom 9.8.1914 („Vorsicht! Vorsicht!") und Nr. 187 vom 11.8.1914: „Freier Automobilverkehr".

96 Vgl. die am 9.9.1914 vom stv. GK I. AK an das K.M. übersandte Zusammenstellung: BHStA/IV, stv. GK I. AK 524. Die bei Verhey, S. 182 genannte Zahl von 28 Todesopfern im Reichsgebiet ist deshalb vermutlich nach oben zu korrigieren. Nach einem Schuß des regulären Bahnschutzes feuerte der Zivilschutz der Gemeinde Rain in der Nacht zum 4.8. 300 Schüsse ab. Drei umliegende Gemeinden, dadurch aufgeschreckt, läuteten daraufhin Sturm; Stadtpfarrer Rieger aus Rain 23.12.1914 an BA Neuburg: StAA, BA Neuburg 7214.

97 Vgl. „Erfahrungen über Mobilmachung", verfaßt von Hptm. Hans Frhr. v. Malsen im stv. GK I. AK 7.11.1914, S. 5ff., Zitat S. 6: BHStA/IV, stv. GK I. AK 111. Über mangelnde Meldung zum Bahnschutz wegen der Ernte vgl. auch Hauptlehrer Kriß aus Karlskron 29.11.1914 an BA Neuburg: StAA, BA Neuburg 7214.

98 RP Obb. 14.9.1914 an MInn: BHStA/II, MInn 66134. Vgl. Albrecht, S. 82. Zum Hintergrund: Schulte, S. 179ff. Eine ähnliche Haltung dokumentiert sich in der auf dem Lande verbreiteten Meinung, „während des Krieges seien die Zahlungsverpflichtungen aufgehoben, die Bezahlung fälliger Schulden dürfe ruhig unterbleiben oder die Abnahme bestellter Waren abgelehnt werden." MInn 9.10.1914 an die BA: BHStA/II, MInn 54013.

99 Vgl. Albrecht, S. 82ff.; Mitteilungen der K. Staatsministerien, S. 189-191.

Kriegszeit kaum. Den von vielen Landwirten gehegten Befürchtungen bezüglich der Einbringung der Ernte wurde von den Behörden ebenso erfolgreich aufklärend entgegengetreten wie Versuchen der Viehhändler, zu Schleuderpreisen an Vieh zu gelangen, indem man den Landwirtsfrauen vorspiegelte, dieses werde ohnehin vom Militär weggenommen.[100] Durch Vermittlung der Behörden kamen an vielen Orten kurzfristig städtische Arbeitslose zu den Erntearbeiten auf das Land.[101] In den meisten Gemeinden gelang es aber, allein durch gegenseitige Unterstützung und Gespannhilfe sowie die Anspannung aller noch vorhandenen Arbeitskräfte die Ernte rechtzeitig einzubringen.[102]

Die zwischenzeitlich durch die ersten Siegesmeldungen stabilisierte Stimmungslage erfuhr seit dem Herbst 1914 durch von Urlaubern verbreitete Gerüchte über große Verluste, die bald in jedem Dorf eine Bestätigung finden sollten, einen ebenso rapiden wie dauerhaften Wandel zum schlechten.[103] Noch vor Weihnachten 1914 wurden die Postbehörden angewiesen, neue Todesmeldungen aus dem Feld nur mit Vermittlung der Geistlichen zuzustellen.[104] Der Krieg und seine destruktiven Folgen waren rasch zu einer bedrückenden Normalität geworden.

---

100 Stv. GK I. AK 11.8.1914 an die RP des Korpsbezirkes: StAA, BA Donauwörth n.S. 5403; WB BA Füssen 8.8.1914, WB BA Neu-Ulm 23.8.1914: StAA, Regierung 9761; Mitteilungen der K. Staatsministerien, S. 43; Ebersberger Anzeiger Nr. 93 vom 15.8.1914.

101 RP Obb. 14.9.1914 an MInn: BHStA/II, MInn 66134. Der Innenminister hatte die Gemeinden dazu aufgefordert, ihren Bedarf bei den Arbeitsämtern anzumelden, die dann Arbeitslose vermitteln würden. Vgl. die Entschließung vom 2.8.1914 in: Kriegs-Beilage 1914, S. 58-60.

102 Vgl. WB BA Nördlingen 19.12.1914, WB BA Füssen 22.8.1914: StAA, Regierung 9761; WB RP Ndb. 17.8.1914: StAL, Rep. 168/5, 1117.

103 Für Gerüchte von Urlaubern über Verluste vgl. BA Erding 8.10.1914 an stv. GK I. AK: BHStA/IV, stv. GK I. AK 948. Vgl. WB BA Füssen 19.12.1914: StAA, Regierung 9761; WB RP Ndb. 28.12.1914: StAL, Rep. 168/5, 1117; Gendarmerie-Station Pfarrkirchen 19.2.1915 an BA Pfarrkirchen: StAL, Rep. 164/14, 8724.

104 Ministerium für Verkehrsangelegenheiten 16.12.1914 an Oberpostdirektionen: BHStA/II, MInn 54032. Im Bezirk Ebersberg verbreitete sich das Gerücht, beim Bezirksamt lägen soviele Todesnachrichten, daß man dort eine Veröffentlichung nicht wage; WB BA Ebersberg 29.11.1914: StAM, LRA 79889.

3. Soldaten vom Land im bayerischen Heer 1914-1918

Für den wehrpflichtigen Teil der männlichen Bevölkerung bedeutete die Mobilmachung einen tiefen Einschnitt in Lebensführung und sozialer Lage. Mit der Einberufung zum Militär unterlagen Hunderttausende von Männern fortan der abweichend von zivilen Vergesellschaftungsmustern organisierten militärischen Disziplin. Die einzelnen Soldaten gerieten in das Räderwerk eines nahezu immer, gegenwärtigen und strikt hierarchisch strukturierten Apparates, dessen Zuweisung einer bestimmten Position über ihre Lebens- und Überlebenschancen im Krieg entschied. Für die Mannschaftssoldaten, denen die folgenden Abschnitte gelten[1], war dabei ihre subalterne Position im militärischen Befehlsgefüge die primäre Existenzbedingung. Diese erlaubte nur in geringem Umfang und gewöhnlich nur in konformem Verhalten, wie etwa bei einer freiwilligen Meldung, eine eigene Initiative. Ihre militärische Rangposition förderte bei den Soldaten damit vor allem die Suche nach individuellen Überlebensstrategien.

Die Sozialgeschichte der Mannschaftssoldaten erschöpft sich allerdings nicht in einer Beschreibung des Krieges aus der Perspektive ,von unten'.[2] In der literarischen und militärtheoretischen Diskussion ist seit langem umstritten, ob die Froschperspektive des einzelnen Soldaten überhaupt einen vernünftigen Zugang für denjenigen bietet, der das Geschehen auf dem Schlachtfeld begreifen will.[3] Aber auch die Einstellungen, Handlungsstrategien und Verweigerungsformen der Soldaten lassen sich nicht allein dadurch erklären, daß man die Wahrnehmungsperspektive der Soldaten einnimmt bzw. nachvollzieht. Vielmehr konstituierten sie sich erst im wechselseitigen Zusammenhang mit den intendierten und unintendierten Folgen, die das Handeln der militärischen Führung direkt und indirekt für die Lebensbedingungen der Mannschaften hatte. Um diese Ebene zu erschließen, muß im Fortgang der Argumentation wiederholt die Perspektive gewechselt und das Verhalten von Offizieren und höheren Militärbehörden thematisiert werden.

Auf den ersten Blick stellt sich die Armee dem Betrachter als ein kompliziertes Geflecht organisatorischer Einheiten dar. Diese sind in hierarchischer Staffelung

---

1 Die Gruppe der Unteroffiziere kann in die Analyse nur kursorisch und an überlieferten Einzelfällen einbezogen werden. Den Forschungsstand repräsentieren: Bald, Vom Kaiserheer zur Bundeswehr, S. 49-75; Lahne, Unteroffiziere.

2 Dies suggeriert Wette, Militärgeschichte, u.a. S. 12, wenn er dem vorherrschenden historiographischen Interesse für die militärischen Eliten eine Berechtigung deshalb zuspricht, weil aufgrund des Befehlsprinzips die „Bewegungsabläufe" einer militärischen Organisation weitgehend anhand der Befehle und Lagebeurteilungen der höheren Vorgesetzten nachvollziehbar seien. Eine derart abstrakte Entgegensetzung der Perspektiven von ,oben' und von ,unten' verfehlt das Beziehungsgeflecht, das zwischen Aktionen und Reaktionen von Soldaten und militärischer Führung bestand und besonders deutlich im Bereich der Heeresmißstände erkennbar ist.

3 Vgl. Münkler, Schlachtbeschreibung.

angeordnet und entsprechend ihrer technischen Funktionszuweisung ausdifferenziert. Auf der jeweils untersten Ebene erfassen sie die Soldaten als nicht weiter untergliederbaren Teil des Organisationsgefüges.[4] Einem solchen Befund folgte der Gang der militärgeschichtlichen Forschung, die sich lange Zeit vornehmlich dem organisatorischen Aufbau des Heeres im Weltkrieg gewidmet hat.[5]

Trotz seiner engen methodischen Grenzen entspricht ein solcher Zugriff in gewisser Hinsicht dem Standpunkt, von dem aus die einfachen Soldaten den militärische Apparat subjektiv wahrnahmen. Denn für sie war die je besondere Qualität und Einsatzgeschichte ihres Truppenteiles von entscheidender Bedeutung für die individuelle Verlaufsgeschichte des Militärdienstes im Krieg.[6] Bei allen strukturellen Regelmäßigkeiten, die eine sozialhistorische Analyse feststellen kann, hing das persönliche Erlebnis des Krieges auch von der konkreten Ausformung des Einsatzes ab. Mit ihrer buchhalterisch-trockenen Auflistung von Truppenteilen, Stellungsorten und Kampfeinsätzen vermittelt so selbst die traditionelle Militärgeschichtsschreibung noch einen Einblick in die vielfältigen Möglichkeiten und Zufälligkeiten, welche die Kriegsteilnahme des Einzelnen bestimmten.

Die Bindung der Soldaten an die einzelnen Truppenteile folgt auch der Entwicklung der bayerischen Armee, die im Krieg schnell auseinandergerissen wurde. Nur im August 1914 kam sie bei den Kämpfen in Lothringen und den Vogesen geschlossen zum Einsatz, wo die vier bayerischen Armeekorps den Kern der

---

4 Für eine nützliche graphische Darstellung der Staffelung der verschiedenen Einheiten vgl. die Abbildung in Winter, Experience, S. 127.

5 Vgl. speziell zur bayerischen Armee: Die Bayern im Großen Kriege [Bd. 1 enthält eine fortlaufende Chronologie des Kampfgeschehens, Bd. 2 die Kriegsgliederungen der bayerischen Divisionen]; Heyl, Militärwesen; Feeser/Krafft von Dellmensingen, Bayernbuch. Der geplante, den Weltkrieg behandelnde neunte Band der Geschichte des bayerischen Heeres ist nie erschienen: Heyl, Militärgeschichte, S. 32ff. Das 1956 bis 1963 von Generalmajor a.D. Hubert v. Hößlin erstellte, 1.493 Seiten starke Manuskript ist über eine reine Schlachtbeschreibung nicht hinausgekommen und entsprach bereits zum Zeitpunkt der Entstehung nicht mehr dem methodischen Stand der Militärgeschichte: BHStA/IV, HS 934.
Zur deutschen Armee allgemein: Cron, Geschichte; v. Matuschka, Organisationsgeschichte, S. 157-282.
Ebenso nützlich wie präzise ist die auf erbeuteten Akten, Gefangenenaussagen und Berichten der Feindaufklärung basierende Darstellung der einzelnen deutschen Divisionen bei: Histories, hier S. 7 zur Materialbasis. Daneben wurde eine Auswahl der in den zwanziger und dreißiger Jahren unter Mitwirkung der bayerischen Zweigstelle des Reichsarchivs erarbeiteten Regimentsgeschichten ausgewertet; vgl. BHStA/IV, MKr 1098; bibliographischer Nachweis: E. Mohr, Heeres- und Truppengeschichte des Deutschen Reiches und seiner Länder 1806 bis 1918. Eine Bibliographie, Osnabrück 1989, S. 595-660. Als einzige neuere truppengeschichtliche Arbeit liegt vor: Hebert, Alpenkorps.
Die bayerische Luftwaffe, deren Stärke gegen Ende des Krieges 10.724 Mann betrug, wird hier nicht berücksichtigt; vgl. dazu H. Schmidt, Föderalismus und Zentralismus.

6 Auch in der Wahrnehmung der Soldaten hatte diese Perspektive Bedeutung, wie Tagebücher mit überwiegend deskriptiven Beschreibungen von Einsatzorten und Versetzungen erkennen lassen. Vgl. z.B. Kriegstagebuch Johann Georg Hummel aus Laubenzedel (BA Gunzenhausen): BHStA/IV, HS 2674; Tagebuch des Jägers Leonhard Ziegler aus Lülsfeld: Privatbesitz.

6. Armee bildeten.[7] Bereits im September schieden einzelne Armeekorps und Divisionen aus dem Verband der 6. Armee aus. Seit dem Frühjahr 1915 wurde auch der starre Verband der Armeekorps, denen gewöhnlich zwei Divisionen unterstanden, weitgehend aufgelöst.[8] Die Korpsstäbe entwickelten sich in der Folgezeit immer mehr zu reinen „Zwischeninstanzen" ohne nähere Kenntnis der ihnen unterstellten Truppen. Ihre Aufgaben beschränkten sich demnach weitgehend auf das Verschieben von Reserven und die Vorbereitung der Artillerietaktik.[9] Demgemäß lassen sich divergierende Entwicklungen am besten auf der Ebene der einzelnen bayerischen Divisionen verfolgen, die die größten eigenständigen homogenen Verbände der bayerischen Armee bildeten. Bevor Formen und Problematik militärischer Vergesellschaftung im Krieg untersucht werden, soll im folgenden die soziale Zusammensetzung der Truppen und die dort anzutreffende Fluktuation untersucht werden.

3.1. Soziale Zusammensetzung und Fluktuation der Truppen

Die Formen und Risiken des Militärdienstes im Krieg waren zunächst abhängig von strukturellen Bedingungen, die über Dauer und Ort des Einsatzes bestimmten. Dabei lassen sich Zusammenhänge erkennen, durch deren Wirkung Risiken wie Tod oder Verwundung, die prinzipiell für jeden Frontsoldaten eine mögliche Bedrohung darstellten, zwischen den verschiedenen Truppenteilen sowie Alters- und Berufsgruppen ungleich verteilt waren. Diese Verteilung war abhängig von den militärischen Anforderungen, die an die Kampfkraft der Mannschaften in bestimmten Einheiten gestellt wurden, sowie von kriegswirtschaftlichen Erfordernissen. Die Höhe und Verteilung der Verluste stellte eine wichtige Bedingung für die Stabilität militärischer Vergesellschaftung dar. Ihre quantitative Verteilung war darüber hinaus auch ein Faktor für die Wahrnehmung der Qualität des Einsatzes.

Das Ausmaß der militärischen Massenmobilisierung in den Jahren 1914-1918 erreichte bis dahin nie gekannte Dimensionen. Die Friedensstärke des bayerischen Heeres lag bei 4.089 Offizieren und Beamten sowie 83.125 Unteroffizieren und Mannschaften. Die planmäßige Kriegsstärke von 12.753 Offizieren, Beamten, Ärzten und Veterinären sowie von 406.000 Unteroffizieren und Mannschaften wurde bereits am 20. August 1914 leicht überschritten.[10] In den folgenden Jahren wuchs das bayerische Heer auf mehr als das zehnfache des Friedensstandes an.

7 Vgl. Die Bayern im Großen Kriege, Bd. 1, S. 11-61, v.a. S. 11.
8 Ebd., Bd. 1, S. 9.
9 Thaer, Generalstabsdienst, S. 181f., Zitat S. 182.
10 Die Bayern im Großen Kriege, Bd. 1, S. 5, 7.

Tabelle 2: Stärke des bayerischen Heeres (Feld- und Besatzungsheer) an Mannschaften und Unteroffizieren[11]

	Feld	Besatzung	Gesamt
20.8.1914	270.000	137.000	407.000
20.1.1915	382.550	107.500	490.050
1.10.1915	440.000	256.000	696.000
1.9.1917	530.000	350.000	880.000
Anfang 1918	550.000	360.000	910.000

Hieraus ist ersichtlich, daß, abgesehen von einem kurzen Einschnitt zu Beginn des Jahres 1915, stets mehr als ein Drittel der Soldaten den Krieg beim Heimat- bzw. Besatzungsheer, d.h. innerhalb der bayerischen Grenzen verlebte.[12] Im Schnitt der Jahre 1914 bis 1918 dienten vom gesamten deutschen Heer rund 4.18 Mio. Soldaten im Feldheer (inklusive der Etappe und den besetzten Gebieten), während das Besatzungsheer 2.19 Mio. Soldaten umfaßte.[13] Bis zum 1.11.1918 wurden in Bayern insgesamt 1.43 Mio. Soldaten ins Feld gesandt, davon zwei Drittel zur Infanterie.[14] Insgesamt wurden in Bayern im Verlauf des Krieges rund 1.4 Mio. Männer zum Militärdienst eingezogen.[15] Für die deutsche Armee im Ganzen ergibt sich eine Gesamtzahl von 13.38 Mio. Eingezogenen, von denen zum einen oder anderen Zeitpunkt insgesamt 10.57 Mio. im Feldheer Dienst taten.[16]

Damit leistete rund ein Fünftel der gesamten deutschen Bevölkerung Militärdienst.[17] Im Verlauf der Jahre 1914-1918 wurde die Alterskohorte der Jahrgänge 1869 bis 1900 militärdienstpflichtig.[18] Von dieser 1918 18 bis 49 Jahre alten

11 Ebd., Bd. 1, S. 9 (Anfang 1918), Bd. 2, S. 46; BHStA/IV, MKr 17114 (20.1.1915).
12 Bayern: 1.10.1915= 36.8%, 1.9.1917= 39.8%, Anfang 1918= 39.6%. Der Anteil des Besatzungs-heeres lag im Reich insgesamt 1914/15 mit 35.0% am höchsten, sank dann auf 31.1% bzw. 28.8% und stieg im letzten Kriegsjahr wieder auf 32.4%: Sanitätsbericht, Bd. III, S. 32. Der Tiefstand Anfang 1915 lag an den hohen Verlustzahlen der ersten Kriegsmonate und den daraus resultieren-den Ersatzanforderungen. Vgl. BA/MA, W-10/50900, Bl. 9; Dreetz, Methoden, S. 701.
13 Die gesamte durchschnittliche Stärke des Heeres betrug 6.37 Mio. (alle Angaben inklusive der Offiziere etc.): Sanitätsbericht, Bd. III, S. 5*.
14 Im Bereich des stv. GK I. AK waren es 539.511: Undatierte Zusammenstellung der Kriegsamtsstelle München: BHStA/IV, MKr 17114; dieselben Zahlen stellte das Heeresabwicklungsamt Bayern am 6.4.1920 zusammen: BHStA/IV, MKr 622. Die Bayern im Großen Kriege, Bd. 2, S. 46, nennt eine geringfügig geringere Zahl bereits für den Sommer 1918.
15 Heyl, Militärwesen, S. 382.
16 Sanitätsbericht, Bd. III, S. 31f.
17 Bessel, Germany, S. 5.
18 Der im Sommer eingezogene Jahrgang 1900 wurde allerdings erst im Herbst 1918 einsatzbereit und gelangte überwiegend nicht mehr an die Front: Dreetz, Methoden, S. 705. In frappierender Unkenntnis der Fakten behauptet Afflerbach, Wehrpflicht, S. 76, im Verlauf des Krieges sei die Wehrpflicht auf die bis zu 60 Jahre alten Männer erweitert worden. Solche Forderungen hatte zwar die 3. OHL im Vorfeld der Beratungen über das Hilfsdienstgesetz aufgestellt. Sie waren jedoch rasch am Durch Blick auf die Wirkung im Ausland geprägten Veto Bethmann-Hollwegs gescheitert. Vgl. Feldman, Armee, S. 148-183, insbesondere S. 161ff., 396f.

Gruppe der männlichen Bevölkerung wurden rund 85% zu irgendeinem Zeitpunkt des Krieges zum Heer eingezogen.[19] Die militärische Teilnahme am Krieg war damit die prägende Erfahrung einer ganzen Generation von Männern. Allerdings traf die Wehrpflicht diese Generation in einer Fülle von verschiedenen Abstufungen und Formen, die nichts weniger gerechtfertigt erscheinen lassen als die Vorstellung einer Millionenschar von Männern, die im August 1914 in das Feld zog und im November 1918 nach Hause zurückkehrte.[20] Ganz im Gegenteil gab es nur wenige Soldaten, die eine über die ganzen knapp 52 Monate des Krieges gehende Feld-dienstleistung aufweisen konnten. Von den Soldaten, die beim Versorgungsamt München-Stadt einen Rentenantrag wegen allgemein-nervöser Beschwerden stell-ten, war zwar die Hälfte bereits zu Kriegsbeginn eingezogen worden und hätte demnach eine über den ganzen Krieg reichende Dienstmöglichkeit gehabt. Die durchschnittliche Felddienstdauer lag aber nur bei 15 Monaten, und ganze 2.7% der Antragsteller standen den gesamten Krieg über im Feld.[21]

Ein wesentlicher Faktor der Ungleichheit unter den Soldaten war die Art und Zahl der Verluste. Knapp 200.000 Soldaten, Unteroffiziere und Offiziere der bayerischen Armee sind im Krieg gestorben.[22] Ein vorzeitiges Ende der Kampfhand-lungen, aber zumeist auch eine Verlängerung des Krieges über sein Ende hinaus bedeutete die Gefangennahme. Davon waren im Reich insgesamt 0.93 Mio. Soldaten betroffen, von denen 0.84 Mio. lebend nach Deutschland oder in die abgetretenen Gebiete zurückkehrten.[23]

Bei den Angehörigen des deutschen Feldheeres wurden 4.8 Mio. Verwundete und knapp 14.7 Mio. Krankheitsfälle registriert. Viele der Betroffenen wies man zur Behandlung in die Heimatlazarette ein, so daß bis zum Juli 1918 insgesamt 3.2 Mio. Soldaten von einem Heimataufenthalt, bei dem sie nach Abschluß der

---

19 Whalen, S. 39. Zu niedrig ist die auf der Grundlage der Bevölkerung des Jahres 1918 berechnete Zahl bei Meerwarth, Bevölkerung, S. 57.

20 Vgl. die treffende Bemerkung bei Bessel, Germany, S. 8.

21 Vgl. Weiler, Störungen, S. 106f., 217. Die Gruppe umfaßte 4.247 Soldaten. Allerdings gibt dieses Beispiel ein zu optimistisches Bild, da die Beschwerden eine längere Verweildauer in Besatzungs-heer und Lazaretten zur Folge hatten. Antragsteller mit nervöser Erschöpfung, die allerdings gerade auf langem Frontdienst beruhte, wiesen eine durchschnittliche Felddienstdauer von über 40 Monaten auf: ebd., S. 108f.

22 1930 stellte das Zentralnachweisamt München eine Zahl von 198.779 bayerischen Kriegstoten fest, davon 12.489 an Krankheit gestorbene und 9.972 Vermißte: Weiler, Störungen, S. 71. Die des öfteren genannte Zahl von 188.000 Kriegstoten, basierend auf den bis Mitte 1922 festgestellten Zahlen, ist zu niedrig; vgl. Die Bayern im Großen Kriege, Bd. 1, S. 592, übernommen bei D. Albrecht, Von der Reichsgründung bis zum Ende des Ersten Weltkrieges (1871-1918), in: M. Spindler (Hg.), Handbuch der Bayerischen Geschichte, Bd. IV/1, München 1974, S. 283-386, hier S. 367. Vgl. zum Verfahren die Fortschreibung der Verluste für das deutsche Heer, wo die Zahl der Toten insgesamt rund 2.0 Mio. betrug, in: Sanitätsbericht, Bd. III, S. 12. Die des öfteren zitierte Schätzzahl von 2.4 Mio. ist dagegen zu hoch; vgl. etwa P. Marschalck, Bevölkerungsge-schichte Deutschlands im 19. und 20. Jahrhundert, Frankfurt/M. 1984, S. 148.

23 Sanitätsbericht, Bd. III, S. 13. 424.157 Gefangene gelangten nach Frankreich, 328.020 nach Großbritannien und 168.104 nach Rußland, wo von allen Ländern die meisten, nämlich knapp 40% der Gefangenen starben: BA/MA, W-10/50603.

Behandlung zunächst in das Besatzungsheer eingestellt wurden, wieder dienstfähig an die Front zurückkehrten.[24] In Bayern kehrten rund 345.000 Verwundete oder Kranke nach einem Aufenthalt in der Heimat einmal oder mehrfach wieder in das Feld zurück.[25] Von 100 Soldaten des Feldheeres mußten im Verlauf des Krieges 60 ganz oder längerfristig ersetzt werden, was jeweils zur Häfte durch neuen Ersatz und durch wieder dienstfähig Gewordene geschah. In jedem Kriegsjahr verlor das Feldheer ein Drittel seines Mannschaftsbestandes durch Tod, Verwundung oder Krankheit.[26]

Die Verluste waren äußerst ungleichmäßig auf die einzelnen Phasen des Krieges verteilt. Vor allem die drei ersten, durch den Bewegungskrieg geprägten Kriegsmonate brachten im Westen Verlustraten für die gesamte Armee, die auch während der Materialschlachten des Jahres 1916 im Durchschnitt der Truppen an diesem Frontabschnitt nicht annähernd wieder erreicht wurden. Der Gesamtausfall aller Truppen an der Westfront betrug jeweils 12.4% im August und 16.8% im September 1914, während die monatliche Durchschnittsquote im Kriegsjahr 1915/16 hier bei 2.9% und über den ganzen Krieg bis Juli 1918 gesehen bei 3.5% lag.[27] Einen Anstieg der Verlustzahlen, der bei den beteiligten Armeen den Verhältnissen der ersten Kriegsmonate gleichkam, hatten dann die Frühjahrsoffensive des Jahres 1918 und, in nochmals gesteigertem Umfang, die Rückzugskämpfe der letzten Kriegsmonate zur Folge.[28]

Die in den Materialschlachten des Jahres 1916 erlittenen Verluste konzentrierten sich auf die dort eingesetzten Armeen. Diese hatten allerdings Verluste in enormem Umfang, so die 5. Armee vor Verdun rund 350.000 Mann oder 60% der Ist-Stärke an längerfristigem Ausfall und die 1. bzw. 2. Armee an der Somme jeweils rund die Hälfte der Ist-Stärke.[29] Die aus einem Feuer des Gegners herrührenden Gefahren

---

24 Sanitätsbericht, Bd. III, S. 20, 31.
25 Die Bayern im Großen Kriege, Bd. 2, S. 46.
26 Sanitätsbericht, Bd. III, S. 33; Whalen, S. 39.
27 Berechnet wird hier der längerfristige Ausfall an Gefallenen, Vermißten, Kranken und Verwundeten: Sanitätsbericht, Bd. III, S. 140*-141*; im Osten waren die Verluste in den ersten drei Kriegsmonaten ähnlich hoch, stiegen aber auch im Juli und August 1915 wieder über 10% an: ebd.
28 Vgl. Deist, Militärstreik, S. 149ff.
29 Die Zahl der Toten und Vermißten bei Verdun betrug 81.668: Sanitätsbericht, Bd. III, S. 49f.; vgl. Hebert, S. 95. Die Angabe von 281.000 deutschen Gefallenen bei Verdun bei Mosse, S. 87, ist ebenso aus der Luft gegriffen wie die von je 250.000 Gefallenen auf beiden Seiten bei Krumeich, Kriegsfotografie, S. 119. Von sogar 336.000 Toten auf deutscher Seite spricht J.P. Reemtsma, Die Idee des Vernichtungskrieges. Clausewitz-Ludendorff-Hitler, in: H. Heer/K. Naumann (Hg.), Vernichtungskrieg. Verbrechen der Wehrmacht 1941-1944, Hamburg 1995, S. 377-401, hier S. 391. Abgesehen von der Schludrigkeit, die sich in solchen Angaben äußert: Die insbesondere bei Reemtsma erkennbare Absicht, Verdun zum Menetekel der deutschen Gewaltgeschichte des 20. Jahrhunderts zu stilisieren, ist trotz alles Schreckens dieser Schlacht völlig verfehlt. Dies gilt vor allem dann, wenn man ein wesentliches Charakteristikum dieser Entwicklung in der „Vergesellschaftung der Gewalt" (Michael Geyer) sieht. Wie noch zu erörtern sein wird, zerstörten Verdun und die Somme militärische Vergesellschaftung tendenziell, anstatt sie zu neu zu amalgamieren. Gerade das Beispiel Verdun ist Anlaß zur Warnung davor, Form und Funktion organisierter

waren bei der Infanterie am größten, während sie bei der Artillerie, aber auch bei den MG-Abteilungen geringer waren.[30]

Vornehmlich aus den hohen Verlustquoten ergab sich eine wesentliche Rahmenbedingung militärischer Vergesellschaftung im Krieg, nämlich die große Fluktuationsrate unter den Truppen. Eine Reihe von Faktoren verstärkten diese Tendenz noch. So wurden viele Verwundete und Kranke nach ihrer Genesung zu einem neuen Truppenteil versetzt, wo sie „immer wieder unter ihnen völlig unbekannten Verhältnissen, unbekannten Kameraden, unbekannten Vorgesetzten wieder erneut (...) ihren Befähigungsnachweis erbringen" mußten.[31] Unterbrochen von Urlaubssperren vor größeren Offensiven, befand sich stets ein gewisser Prozentsatz der Soldaten im Heimaturlaub.[32] Zwischen den Truppenteilen fanden weiterhin laufend Versetzungen einzelner Soldaten statt.[33] Zudem gab es vorübergehende Abkommandierungen zur Ausbildung an speziellen Waffen oder zur Verwendung im rückwärtigen Wirtschaftsdienst der Truppe, die bei vielen Kompanien einen Umfang von bis zu 100 Mann bei einer Verpflegungsstärke von 250 Köpfen erreichten.[34]

Nicht alle Einheiten waren von dieser Situation gleichermaßen betroffen. Divisionen an ruhigen Frontabschnitten waren sowohl personell als auch hinsichtlich der bei kampfstarken Einheiten extrem hohen räumlichen Mobilität eher durch Kontinuität geprägt.[35] Dagegen mußte ein Truppenteil wie das bayerische 20. Infanterie-Regiment, das im Verband einer der laut alliierter Einschätzung besten deutschen Eingreifdivisionen operierte, im Verlauf des Krieges einen der Ausgangsstärke entsprechenden Verlust an Gefallenen ersetzen. Der Gesamtdurchsatz an

Gewalt im Ersten und Zweiten Weltkrieg zu eng aneinanderzurücken.
30 Hebert, S. 47, nennt für zwei Infanterie-Kompanien im Verlauf des Krieges rund 10% Gefallene, für eine MG-Abteilung 5.6%. Zur Artillerie vgl. Klemperer, Curriculum Vitae, S. 421; Kuchtner, 9. Feld-Artillerie-Regiment, S. 365, 367. Demnach hatte das Regiment bei einer planmäßigen Gesamt-Ausgangsstärke von 1.390 Mannschaften, Unteroffizieren und Offizieren 370 Tote und Vermißte zu beklagen. Infanterie-Regimenter der 2. Inf.-Div. oder anderer Eingreifdivisionen hatten dagegen in der Höhe der Ausgangsstärke oder noch darüber liegende Gefallenenverluste; vgl. weiter unten in diesem Kap.
31 Thaer, Generalstabsdienst, S. 122. Thaer bezog aus der Perspektive des Generalstabsoffiziers dieses Problem im Mai 1917 noch auf die militärische Anerkennung der Soldaten. Aus der Perspektive der Mannschaften läßt es sich jedoch auch als Hindernis kollektiver Verweigerung begreifen. Vgl. Wrisberg, Heer und Heimat, S. 90.
32 Vgl. Kap. 3.2.1.1.
33 Einen Einblick in die Häufigkeit dieses Phänomens vermittelt die Durchsicht der den Militärgerichtsakten beigelegten Stammrollenauszüge. Vgl. Hebert, S. 45, 53.
34 Preuß. K.M. 13.8.1916 an sämtliche Armee-Oberkommandos: BHStA/IV, stv. GK I. AK 114; vgl. 1. Ldw.-Div. 21.12.1916 an K.M.: BHStA/IV, MKr 1803; 2. Inf.-Div. 19.4.1918 an die Regimenter: BHStA/IV, 2. Inf.-Div. Bund 97; OHL 26.11.1917 an AOK 5: BHStA/IV, 2. Inf.-Div. Bund 109. Nach der letzten Meldung lagen die Grabenstärken der Kompanien vereinzelt deshalb nur noch bei 12-40 Mann.
35 Das L.I.R. 1 zählte z.B. im Krieg einen Gesamtverlust (inklusive Offiziere und Unteroffiziere) von 781 Gefallenen, Gestorbenen und Vermißten: Kreuter, Landwehr-Infanterie-Regiment Nr. 1, S. 212.

Mannschaften betrug bei dieser Einheit insgesamt rund das sechsfache des Sollbestandes.[36]

Ungleichheit herrschte auch bei der Belastung verschiedener Altersgruppen durch die Verluste, durch die vor allem die jüngeren Jahrgänge überproportional betroffen waren.

Tabelle 3: Gestorbene bayerische Militärpersonen 1914-1918 nach Altersklassen[37]

Alter	15-19	20-24	25-29	30-34	35-39	40-44	> 44
%	8.43	41.98	23.61	14.61	8.15	2.6	0.62

Die 15-18jährigen stellten nur 2.26% der gestorbenen Soldaten. Annähernd die Hälfte aller Gefallenen kam demnach aus den sechs Jahrgängen von 19 bis 24 Jahren, während 35 Jahre und mehr zählende Soldaten nur gut ein Zehntel der Toten ausmachten. Dabei gab es im Verlauf des Krieges Verschiebungen zwischen den Altersklassen. Die Gruppe der 25-29jährigen, die zu Beginn des Krieges die Mehrzahl der Truppen ausmachte, stellte dementsprechend gut 30% der Gefallenen in der verlustreichen Phase des Jahres 1914. Ähnlich wie bei der nächstjüngeren Kohorte sank ihr Anteil jedoch bis Kriegsende um zehn Prozentpunkte ab. Die Gruppe der 18-20 Jahre alten Soldaten stellte dagegen 1914 erst 7.6% der Gestorbenen. In den Jahren 1917 und 1918 schnellte dieser Anteil auf knapp ein Viertel empor.[38] Vor allem die während der Krieges neu eingestellten Wehrpflichtigen waren somit einem extrem hohen Risiko ausgesetzt, während des Einsatzes zu sterben.

Diese Entwicklung war das Resultat von Umschichtungen, die seitens der Militärbehörden bei der Verteilung der Soldaten auf einzelne Truppenarten und bei deren Einsatzplanung vorgenommen wurden. Die bei Kriegsbeginn mobilisierten Truppen waren überwiegend Verbände mit den gerade dienenden Wehrpflichtigen, die durch Einstellung von 46% Reservisten auf Kriegsstärke gebracht wurden.[39] Dazu wurden in geringerem Umfang Reservetruppen, die aus einem Drittel Reservisten und zwei Drittel Landwehr des 1. Aufgebots gebildet wurden, sowie Land-

---

36 Vgl. die Zahlen bei Höfl, 20. Infanterie-Regiment, S. 304f.; ähnliche Zahl an Gefallenen beim 15. I.R.: Haupt, 15. Infanterie-Regiment, S. 89. Vgl. zur 2. Inf.-Div.: Histories, S. 67. Ferner Hebert, S. 43; Die 5. Kompanie des Infanterie-Leib-Regiments, S. 300-330. Beim 3. I.R., dem Regiment mit den höchsten Verlusten in der bayerischen Armee, ging die Zahl der Toten mit 5.320 noch über die Ausgangsstärke hinaus. Vgl. die Bemerkungen zur 11. Inf.-Div in: BHStA/IV, HS 2348; beim 9. I.R. betrugen die Gesamtverluste 4.238 Offiziere, Unteroffiziere und Mannschaften: Das Königlich Bayerische 9. Infanterie-Regiment, S. 3.
37 Zusammengestellt auf der Basis der bis 1919 festgestellten Zahlen nach: Statistik des Deutschen Reichs, Bd. 276, S. LVII.
38 Vgl. ebd.
39 Die Bayern im Großen Kriege, Bd. 1, S. 6f. Vgl. Dreetz, Methoden, S. 700f. In Bayern handelte es sich dabei um die 1. bis 6. Infanterie-Division und die Kavallerie-Division.

wehrverbände mobilisiert.[40] Bereits im Oktober 1914 und Januar 1915 kamen zwei weitere bayerische Reserve-Divisionen dazu.[41]

Im Zuge der Aufstellung weiterer Formationen[42] war es unumgänglich, prinzipiell alle Wehrpflichtigen unabhängig von ihrem Alter einzusetzen, was bis 1916 mit der weitgehenden Heranziehung auch des unausgebildeten Landsturms geschehen ist.[43] Angesichts der Schwierigkeiten bei der Ersatzbeschaffung begann man in diesem Jahr damit, Soldaten unterschiedlicher Altersklassen zwischen den Einheiten auszutauschen. Als Reaktion auf die hohen Anforderungen vieler Ersatz-und Reservedivisionen ordnete das Kriegsministerium im August 1916 an, daß die k.v.-Mannschaften[44] der Jahrgänge 1876 und jünger ausschließlich in die Ersatztruppenteile der Feld- und Reservedivisionen einzustellen seien. Allerdings sollten von den letzteren nur solche mit wichtigen Kampfaufgaben den jüngeren Teil dieses Ersatzes erhalten.[45] Im April 1917 stellte die OHL fest, daß über 35 Jahre alte Mannschaften an der Westfront bei der Infanterie und vor allem den Pionieren den Anforderungen nicht mehr gewachsen seien. Deshalb sollten sie nur noch bei „völliger körperlicher Widerstandskraft" an Feld- und Reserve-Divisionen überwiesen werden.[46]

40 Die Bayern im Großen Kriege, Bd. 1, S. 6f. Es handelte sich dabei um die 1. und 5. Res.-Div. und vier gemischte Landwehr-Brigaden, dazu die Ersatz-Division. Dazu zählten die 30. und die im Oktober 1914 geschaffene 39. Res.-Div., die vornehmlich aus bayerischen Einheiten bestanden, aber erst im Januar 1917 bzw. Februar 1916 bayerischem Kommando unterstellt wurden: ebd., S. 8f.

41 Ebd., S. 8.

42 Vom 1.8.1914 bis zum 29.2.1916 waren 28.8% des durchschnittlich pro Monat von Bayern aus gestellten Ersatzes von 32.338 Mann für Neuformationen bestimmt. Zusammenstellung des Heeresabwicklungsamts Bayern vom 6.4.1920: BHStA/IV, MKr 622.

43 Lt. Aktennotiz K.M.-Abt. A I v. 2.9.1916 war bis zu diesem Zeitpunkt in Bayern der unausgebildete Landsturm bis zum Jahrgang 1869 einberufen und gemustert, nur die vor dem Krieg ausgemusterten Angehörigen der Jahrgänge 1870-75, die durch eine Änderung des Reichsmilitärgesetzes vom 4.9.1915 militärdienstpflichtig wurden, standen noch aus: BHStA/IV, MKr 538. Vgl. K.M. 26.6.1917 an die stv. GK: BHStA/IV, stv. GK I. AK 587, und Dreetz, Methoden, S. 702-704. Im Krieg schieden die Soldaten auch nach dem 45. Lebensjahr nicht aus dem Landsturm aus: BA/MA, W-10/50900, Bl. 8. Bereits seit dem Frühjahr 1915 wurde die ursprüngliche Politik der Kriegsministerien, zuerst die älteren ausgebildeten Männer an die Front zu schicken, zugunsten einer bevorzugten Heranziehung jüngerer Wehrpflichtiger geändert: Feldman, Armee, S. 72.

44 Seit Februar 1915 wurden die Wehrpflichtigen und Soldaten von den Militärärzten entsprechend ihrer körperlichen Leistungsfähigkeit als k.v. (kriegsverwendungsfähig), g.v. (garnisonsverwendungsfähig) und a.v. (arbeitsverwendungsfähig) klassifiziert: BA/MA, W-10/50900, Bl. 18. Ziel dieser Einteilung war, k.v.-Mannschaften nur direkt an der Front einzusetzen und auch die a.v.-Mannschaften einer militärischen Verwendung zuführen zu können. Vgl. Wrisberg, S. 88.

45 Vgl. K.M. 8.11.1916 an Ersatzbehörden, unter Bezug auf K.M.E. 76786 v. 2.8.1916 (dieser Erlaß liegt nicht vor): BHStA/IV, stv. GK I. AK 277. Zu den betreffenden Einheiten wurden die 1., 5., 6., 8. und 9. Res.-Div sowie die Ersatz-Div. gezählt. Vgl. dagegen den Bericht des I. bayer. Res.-Korps vom 15.10.1916 an K.M., der sich beklagte, daß 24% der Mannschaften in den sechs unterstellten Reserve-Regimentern 35 Jahre und älter seien: BHStA/IV, MKr 1802.

46 Chef des Generalstabes des Feldheeres 27.4.1917 an die Kriegsministerien; K.M. 20.11.1917 an stv. GK I. AK (Zitat, aus einem Schreiben der OHL). Das bayer. K.M. verfolgte dieses Ziel bereits seit 1916; vgl. K.M. 20.10.1916 an Chef des Generalstabes des Feldheeres; alles in: BHStA/IV, stv. GK I. AK 277.

Im Gegenzug wurde im Sommer 1916 damit begonnen, jüngere Soldaten aus den an ruhigen Fronten befindlichen Landwehr- und Reservedivisionen herauszuziehen. Zunächst mußten die 30. und 39. Reserve-Division insgesamt 6.000 Mannschaften unter 35 Jahren gegen älteren Ersatz an das Besatzungsheer abgeben.[47] Im Oktober 1916 wurde dieses Vorgehen auf die 1. und 6. Landwehr-Division ausgeweitet.[48] Proteste der Divisionskommandeure gegen diesen Austausch wies das Kriegsministerium angesichts der schlechten Ersatzlage ab.[49]

Die bei dieser Gelegenheit eingereichten Ziffern zur Altersverteilung machen deutlich, in welch hohem Ausmaß diese Divisionen in der zweiten Kriegshälfte durch eine Überalterung ihres Mannschaftsbestandes geprägt waren. Die 1. Landwehr-Division bestand zu 89% aus über 35 Jahre alten Mannschaften, der Anteil des ungedienten Landsturms machte 40% aus.[50] Die 39. Reserve-Division hatte rund 47% an Mannschaften zwischen 30 und 40 Jahren und rund 25% an solchen über 40 Jahren in ihren Reihen.[51] Zur Vorbereitung der Frühjahrsoffensive des Jahres 1918 zog man schließlich die noch verbliebenen Reste an jüngeren Soldaten aus den Stellungsdivisionen weitgehend ab.[52] Aus diesem Grund wurden in der zweiten Häfte des Jahres 1917 jüngere Soldaten unter 35 Jahren auch von der Ostfront nach dem Westen verlegt.[53] Als Ersatz bekamen die Truppen Mannschaf-

---

47 K.M. 29.8.1916 an 30./39. Res.-Div. und die stv. GK, K.M. 17.8.1916 an 30./39. Res.-Div.: BHStA/IV, MKr 1802.

48 K.M. 19.10.1916 an 6. Ldw.-Div.; vgl. 1. Ldw.-Div. 26.1.1917 an K.M.: BHStA/IV, MKr 1802. Das K.M. fragte um weiteren Ausweitung der Verschiebungen am 20.10.1916 beim Chef des Generalstabes des Feldheeres an, ob l. und 6. Ldw.-Div., 1., 5. und 9. Res.-Div. weiter an ruhigen Fronten verbleiben würden: BHStA/IV, stv. GK I. AK 277.

49 Einer Bitte der Armeeabteilung Gaede vom 27.10.1916 an das K.M. um Belassung jüngerer Mann-schaften für Spezialtruppen bei der 6. Ldw.-Div. wurde vom K.M. am 6.11.1916 nur hinsichtlich der Granatwerfertrupps und der Fernsprecher entsprochen: BHStA/IV, MKr 1802. Die Forderung nach 900 jüngeren Mannschaften (im Austausch gegen ältere) für die Bildung von Stoßtrupps bei jeder Kompanie der 1. Ldw.-Div. wurde in einer Aktennotiz der K.M.-Abt. A I v. 22.1.1917 als „unerfüllbar" bezeichnet: BHStA/IV, MKr 1803.

50 1. Ldw.-Div. 26.1.1917 an K.M.; das GK XV. Res.-Korps bezifferte 7.1.1917 an K.M. den Anteil der unter 25jährigen in der 1. Ldw.-Div. auf 0.43%: BHStA/IV, MKr 1803. Vgl. Histories, S. 46. Die Mannschaften der 2. Ldw.-Div. hatten 1918 ein Durchschnittsalter von 37 Jahren. Bericht der 2. Ldw.-Div. vom 31.10.1918: WUA, Bd. 6, S. 382.

51 Errechnet nach: 39. Res.-Div. 31.12.1916 an K.M.; eine frühere Eingabe dieser Division vom 24.11.1916 an K.M. wurde trotz des Hinweises auf den bevorstehenden Einsatz bei Verdun am 3.12.1916, unter Hinweis auf den hohen Bestand älterer Soldaten auch in 1. und 5. Res.-Div., abgelehnt: BHStA/IV, MKr 1803. Vgl. Histories, S. 441.

52 Histories, S. 143 (6. Ldw.-Div., mit Ausnahme der MG-Kompanien und Stoßtrupps), 441 (39. Res.-Div.). Aufgrund zahlreicher Beschwerden wurden aber seit Ende 1915 die ältesten Jahrgänge des Landsturms aus dem Feldheer abgezogen. Im März 1916 war die geplante Ablösung der Jahrgänge 1872 und älter allerdings noch nicht überall durchgeführt. K.M. 21.3.1916 an die stv. GK: BHStA/IV, stv. GK I. AK 849.

53 Auch die vom Osten an die Westfront verlegten Divisionen ersetzten vorher die älteren Mannschaften durch jüngere. Vgl. WUA, Bd. 3: Gutachten der Sachverständigen General d. Inf. a.D. von Kuhl und Geheimrat Prof. Dr. Hans Delbrück, S. 6f., 61ff.; Histories, S. 68 (2. Ldw.-Div.), S. 272 (preuß. 16. Ldw.-Div.). Ebenso zog man 1918 jüngere Soldaten aus der Etappe im Osten heraus; vgl. die Verfügung der OHL vom 15.5.1918: Militarismus gegen Sowjetmacht, Dok. 16, S. 228f.

ten des 2. Landsturm-Aufgebots von über 40 Jahren zugewiesen, darunter viele nur garnison- und arbeitsverwendungsfähige.[54]

Die jüngeren Soldaten konzentrierten sich vor allem in der zweiten Kriegshälfte bei den ständig an wechselnden Kampfplätzen eingesetzten Einheiten. Dort machten sie nach dem Eintreffen der ersten größeren Ersatztransporte einen erheblichen Anteil der Mannschaften aus. Ab Mitte des Jahres 1916 stellten bei drei Kompanien verschiedener Kategorie aus dem Alpenkorps die Jahrgänge 1894 und jünger jeweils rund 50% der Soldaten.[55] Allein durch die von den Eingreifdivisionen gewünschten Soldaten unter 35 Jahren waren deren Ersatzanforderungen aber bereits 1917 nicht mehr abzudecken.[56]

Die Folge der Verwendung jüngerer Soldaten vornehmlich bei Einheiten mit intensiver Gefechtstätigkeit war ihre erhöhte Sterblichkeit. Der Anteil der ledigen Soldaten unter den Gefallenen aus Bayern lag dementsprechend bei 75%.[57] Im Ganzen war jedoch nur etwas mehr als die Hälfte der Soldaten verheiratet.[58] Aufschluß über die Altersverteilung der im Besatzungsheer dienenden Soldaten bieten die Daten der Volkszählung vom 1. Dezember 1916.

Tabelle 4: Am 1.12.1916 in Bayern ortsanwesende Militärpersonen nach Altersklassen[59]

Alter	16-19	20-24	25-29	30-34	35-39	40-44	> 44
%	13.2	21.1	17.6	17.0	16.0	12.6	2.5

Diese Zahlen dürften ungefähr die Altersverteilung der in Feld- und Besatzungsheer dienenden Männer insgesamt wiedergeben. Denn auch bei den für die Ersatzgestellung der Infanterie in Betracht kommenden Truppenteilen des Besatzungsheeres, die kontinuierlich Soldaten an die Front abstellten, gab es 1917 noch rund ein Drittel Mannschaften im Alter von über 35 Jahren.[60]

---

54 Vgl. die Briefauszüge vom 7.12.1917 und 8.12.1917: BSB, Schinnereriana; Dreetz, Methoden, S. 705. In dieser Alterszusammensetzung und der daraus folgenden geringen Kampfkraft, nicht aber in der starken ‚Revolutionierung' des Ostheeres – wie die DDR-Historiographie meinte – ist der Grund dafür zu suchen, daß von den 29 Divisionen, die im Verlauf des Jahres 1918 aufgelöst wurden, 16 von der Ostfront stammten; vgl. z.B. Kästner, Revolution und Heer, S. 17 (Einleitung).

55 Für 1./Inf.-Leib-Rgt., 1./1. Jäger-Btl., 3./Res.-Btl. 2 errechnet nach Hebert, S. 44. Dies traf auch für die im März 1917 aus drei neuaufgestellten Regimentern gebildete 15. Inf.-Div. zu, der neben vielen Wiedergenesenen eine großer Anteil gerade ausgebildeter Rekruten angehörte: Histories, S. 260f.

56 Vgl. stv. GK I. AK 20.6.1917 an 2. Inf.-Div.: BHStA/IV, 2. Inf.-Div. Bund 109.

57 Im Reichsdurchschnitt bei knapp 69%: Statistik des Deutschen Reichs Bd. 276, S. LVII.

58 Vgl. Daniel, S. 27f., 128. Im Besatzungsheer waren es 45.2%: Kriegs-Volkszählungen, S. 100.

59 Kriegs-Volkszählungen, S. 100. Gezählt wurden 347.556 Militärpersonen, darunter rund 1/10 Urlauber; vgl. ebd., S. 102.

60 Die nach einem Erlaß des K.M. vom 27.8.1917 (vgl. BHStA/IV, stv. GK I. AK 432) erhobenen Zahlen für den 1.9.1917 ergaben im Bereich des I. Armeekorps bei 58.801 für die Ersatzgestellung in Frage kommenden Mannschaften einen Anteil der unter 35jährigen von 66.6%: BHStA/IV, stv. GK I. AK 431.

Wichtig für die Verteilung der Risiken an der Front ist weiterhin die Frage nach der sozialen Zusammensetzung der Mannschaften. Verläßlichen Aufschluß über den Anteil verschiedener Berufsgruppen unter den Truppen bieten allein die Kriegsstammrollen einzelner Einheiten. Diese enthalten eine Eintragung über das vom einzelnen Soldaten ausgeübte „Gewerbe" und führen für jede Einheit alle von Mobilmachung bis Kriegsende eingestellten Soldaten auf, sofern sie nicht dauerhaft zu einem anderen Truppenteil versetzt worden sind.[61]

Die Auszählung der Stammrollen verschiedener Truppenteile des Alpenkorps ergab bei insgesamt 6.186 erfaßten Unteroffizieren und Soldaten einen Anteil landwirtschaftlicher Erwerbstätiger von rund der Hälfte. Daneben gab es einen großen Anteil von Handwerkern.[62] Damit waren in der Landwirtschaft tätige Soldaten unter den Truppen des Alpenkorps nur geringfügig stärker vertreten, als es ihrem Anteil von knapp 45% an den männlichen Erwerbstätigen im südlichen Bayern entsprach.[63] Gegen eine deutlich überproportionale Einberufung landwirtschaftlicher Erwerbstätiger sprechen neben dieser vereinzelten Zählung auch während der Demobilmachung vorgenommene globale Schätzungen, die von insgesamt nur rund 3 bis 4 Mio. in Deutschland während des Krieges eingezogenen landwirtschaftlichen Arbeitskräften ausgingen.[64] Die Beantwortung der sich aus diesem Befund ergebenden Frage, warum trotz der großen Zahl von zur Arbeit in der Kriegsindustrie reklamierten Facharbeitern der Anteil der landwirtschaftlich Beschäftigten im Feldheer nicht höher lag, erfordert eine systematische Aufarbeitung des Wechselspiels von Arbeitskräftepolitik und Ersatzgestellung, die an dieser Stelle nicht geleistet werden kann. Zumindest vier wichtige Gründe sollen aber kurz erwähnt werden.

An erster Stelle ist dabei die ungleiche Verteilung der landwirtschaftlichen bzw. industriellen männlichen Erwerbstätigen auf die verschiedenen Altersgruppen zu nennen. Die 20-40jährigen, d.h. diejenige Altersgruppe, die im Krieg die große Mehrheit der Wehrpflichtigen umfaßte, stellte 1907 im Reich 52% der männlichen Erwerbspersonen in der Industrie, aber nur 36.3% in der Landwirtschaft. Dies war ein Ergebnis der anhaltenden Abwanderung gerade der jungen, leistungsfähigen

61 Vgl. Böhn, Kriegsstammrollen, S. 36f.
62 Vgl. Hebert, S. 45f.; in der 3. Kompanie des Res.-Jäger-Btl. 2 gab es demnach ebensoviele Handwerker wie landwirtschaftliche Erwerbstätige, dazu knapp ein Viertel (Industrie-)Arbeiter, in der 1./Inf.-Leib-Rgt. ein Viertel Handwerker. Leider hat Hebert die soziale Zusammensetzung anders als die Alters- und Gefallenenverteilung nicht tabellarisch aufgeschlüsselt.
63 Für Oberbayern, Niederbayern und Schwaben errechnet nach den Zahlen von 1907 nach: Bayerische Berufsstatistik 1907, S. 158, 160, 178, 180, 304, 306.
64 Auch nach diesen Zahlen läge der Anteil landwirtschaftlich tätiger Soldaten nur geringfügig über ihrem Anteil an der männlichen Erwerbsbevölkerung im Reich von rund 28.5%. Errechnet nach Statistik des Deutschen Reichs Bd. 202, S. 4f. Vgl. Protokoll der 6. Sitzung des Arbeitsausschusses der Kommission für Demobilmachung der Arbeiterschaft am 28.10.1918; eine andere Schätzung nannte 3.5 Mio. eingezogene landwirtschaftliche Arbeitskräfte für Ende 1917: Niederschrift über die 1. Sitzung des Arbeitsausschusses der Kommission für wirtschaftliche Demobilmachung der Arbeiterschaft am 17. Oktober 1918; beides in: BHStA/IV, MKr 14412.

Alterskohorten vom Land in die Städte und führte im Krieg dazu, daß ein proportional größeres Reservoir an Männern im wehrpflichtigen Alter in der industriellen Erwerbsbevölkerung zur Verfügung stand.[65]

Zweitens ist zu berücksichtigen, daß unabhängig vom Kampf um die knappste menschliche Ressource der Kriegführung, die Facharbeiter, dem Heer neue Reserven z.b. durch die ab September 1915 erfolgende Nachmusterung von Wehrpflichtigen zugeführt wurden. Allein diese Maßnahme brachte 500.000 neue Taugliche. Dazu kamen Senkungen der Tauglichkeitsanforderungen und die Freimachung von Kriegsverwendungsfähigen aus Etappe und Besatzungsheer. Weiterhin ist zu bedenken, daß spätestens seit der durch das Hilfsdienstgesetz vollzogenen Institutionalisierung des zwischen Heer und Industrie stattfindenden Ringens um die Facharbeiter diese der Front nicht mehr dauerhaft entzogen wurden. Vielmehr versetzten die Militärbehörden nur noch Monat für Monat eine gewisse Anzahl von Arbeitern an die Front, während zugleich eine ähnlich große Zahl in die Heimat gelangte.[66] Schließlich mußte die weitere Reklamierung aus dem Feldheer bereits im März 1917 gänzlich gestoppt werden. In einem Erlaß der O.H.L. vom 25.9.1917 wurde dies nochmals bekräftigt. Für Frontsoldaten der Jahrgänge 1876 und jünger sollte eine Reklamierung nur noch im Ausnahmefall gestattet werden. Ein großer Teil der reklamierten Facharbeiter dürfte deshalb dem Besatzungsheer und der Etappe entnommen worden sein.[67]

Von einer deutlich überproportionalen Heranziehung ländlicher Arbeitskräfte zum Militärdienst und damit auch einem entsprechend erhöhten Anteil an den Soldaten und Gefallenen war man dagegen bereits in den Nachkriegsjahren ausgegangen. Neben der höheren Militärtauglichkeit der ländlichen Bevölkerung verwies man dabei auf die hohe Zahl der Arbeiter, die für die Kriegsindustrie reklamiert waren.[68] Wilhelm Mattes führte als Begründung für die größeren Kriegsverluste der Landwirtschaft an, die ländlichen Soldaten hätten weniger „in Schreibstuben, für Fernsprecher, für Spezialtruppen irgendwelcher Art" mit ihren geringeren Verlusten verwendet werden können.[69]

Die Aussagekraft der zur Verfügung stehenden Meßziffern wurde dabei jedoch nicht ausreichend geprüft. Rudolf Meerwarth verglich für die preußischen Provinzen und die übrigen Länder des Reiches den prozentualen Anteil der gestorbenen Soldaten an der jeweiligen männlichen Bevölkerung im wehrpflichtigen Alter.

---

65 Zahl: G. Neuhaus, Die berufliche und soziale Gliederung der Bevölkerung im Zeitalter des Kapitalismus, in: Grundriß der Sozialökonomik, IX. Abt., I. Teil, Tübingen 1926, S. 360-459, hier S. 399; vgl. Ritter/Tenfelde, Arbeiter, S. 178, 186ff., 193; Oltmer, Ökonomie, S. 119.

66 Vgl. Dreetz, Methoden, S. 702f., 705; WUA, Bd. 11/2: Gutachten des Sachverständigen Volkmann, Soziale Heeresmißstände als Mitursache des deutschen Zusammenbruchs von 1918, S. 128; Daniel, S. 94, sowie allgemein die der Arbeitskräftepolitik gewidmeten Abschnitte ebd., S. 51-61, 88-97.

67 Vgl. Feldman, Armee, S. 243, 336; Ludendorff, Urkunden, S. 93f., sowie Anm. 111 zu diesem Kapitel.

68 Weiler, Störungen, S. 66; Meerwarth, S. 69.

69 Mattes, S. 52; WUA, Bd. 4, S. 126.

Dabei ergaben sich Spitzenwerte in einigen preußischen Provinzen, die als dominant agrarisch klassifiziert werden können. Andererseits lag das ‚agrarische' Bayern mit 12.7% noch unter dem Reichsdurchschnitt von 12.9%, und nur unwesentlich über dem ‚industriellen' Königreich Sachsen mit 11.9%.[70]

Die geringe Streubreite der von Meerwarth ermittelten Werte weist zunächst darauf hin, daß zu Kriegsbeginn noch vorhandene regionale Disparitäten bei der Heranziehung zum Militärdienst, die sich aus der bevorzugten Aushebung ländlicher Wehrpflichtiger ergeben hatten[71], im Verlauf des Krieges abgeschliffen wurden. Die Ersatzanforderungen der Truppen wurden üblicherweise dem stellvertretenden Generalkommando des zuständigen Armeekorps mitgeteilt. Bereits in der ersten Kriegsphase mußten die Generalkommandos jedoch teilweise das entsprechende Kriegsministerium um Überweisung von Ersatz aus anderen Korpsbezirken ersuchen.[72] Im Mai 1915 wurde die Verfügung über die noch nicht einberufenen Wehrpflichtigen den Kriegsministerien übertragen, die je nach den Meldungen über die für einzelne Waffengattungen benötigten und die verfügbaren Mannschaften einen Ausgleich zwischen den einzelnen Armeekorpsbezirken vornahmen.[73]

Neben den zahlreichen Abkommandierungen war die Durchbrechung des Prinzips, den Ersatz nur aus dem Bereich des jeweiligen Armeekorps zu gewinnen, auch dafür verantwortlich, daß in bayerischen Truppenteilen stets ein gewisser Anteil nicht in Bayern wohnhafter Soldaten diente. Die Gefallenen des 20. Infanterie-Regiments, dessen Ersatzbataillon in Lindau stationiert war, kamen in der Mehrzahl aus Schwaben, zu einem geringen Teil aus Oberbayern und Niederbayern. Knapp ein Zehntel der Gefallenen stammte aus dem übrigen Bayern oder anderen Gebieten des Reiches, wobei der Anteil der letzteren überwog.[74] 1916 stammten knapp 11% der Angehörigen des bayerischen Besatzungsheeres nicht aus Bayern.[75] 1917 versuchten die Militärbehörden, diese Vermischung durch eine Rückversetzung in das jeweilige Kontingent einzudämmen, da man negative Auswirkungen auf das „Kameradschaftsgefühl" und damit die Disziplin der Truppen befürchtete.[76]

---

70 Vgl. Meerwarth, S. 69f., der z.B. die hohen Werte in Pommern (16.4%) und Ostpreußen (15.3%) hervorhebt. In Sachsen waren 1907 nur rund 11.5% der erwerbstätigen Männer in der Landwirtschaft beschäftigt. Errechnet nach: Statistik des Deutschen Reichs Bd. 205, S. 283f. Selbst bei einer gleichmäßigen Einziehung der Erwerbsgruppen hätte demnach der relative Anteil der Gefallenen in Bayern rund das vierfache des sächsischen Wertes betragen müssen.
71 Vgl. Wehler, Gesellschaftsgeschichte, Bd. 3, S. 1123f.
72 BA/MA, W-10/50900, Bl. 6f.
73 Ebd., Bl. 16ff.; Feldman, Armee, S. 70.
74 Vgl. die nach Geburtsort bzw. Wohnort aufgeschlüsselten Zahlen bei: Höfl, S. 300f.
75 Errechnet nach Kriegs-Volkszählungen, S. 101. Diese Angabe umfaßt auch Urlauber und Lazarettinsassen.
76 Vgl. den K.M.-Erlaß vom 16.10.1917: Armee-Verordnungsblatt 51.1917, S. 563; Telegramm Ludendorffs (o.D.) an K.M., von diesem 29.12.1917 an die stv. GK weitergeleitet (Zitat): BHStA/IV, stv. GK I. AK 311. Unterlagen über den Umfang des Austauschs liegen meines Wissens nicht vor. Aus identischem Grund wurden Soldaten aus derselben Region Bayerns in die gleiche Kompanie eingestellt; Demmler/v. Wucher/Leupold, Reserve-Infanterie-Regiment 12, S. 18f.

Für die Ermittlung der sozialen Zusammensetzung des Heeres sind regionale Unterschiede der Gefallenenziffern insgesamt nicht geeignet.[77] Die geringe Diskrepanz z.b. zwischen den in Sachsen und Bayern gefallenen Soldaten weist vielmehr darauf hin, daß landwirtschaftliche Erwerbstätige *weniger* von den tödlichen Risiken an der Front betroffen waren, als es ihrem Anteil an den Truppen im Feld entsprach. Dies bestätigt auch die Auszählung der Berufsangaben von Gefallenen bei ausgewählten Einheiten des Alpenkorps. Dort betrug der Anteil der in der Landwirtschaft beschäftigten Soldaten nur 31.3%.[78] In die gleiche Richtung weist auch eine Übersicht über die durch Kriegsverletzungen völlig erblindeten Angehörigen des deutschen Heeres. Im September 1920 wurden 2.450 Erblindete festgestellt, von denen vor dem Krieg nur 20.8% einer landwirtschaftlichen Erwerbstätigkeit nachgingen, jedoch 53.1% in Handwerk und Industrie tätig waren.[79]

Der geringere Anteil von Soldaten mit landwirtschaftlichem Beruf unter den Gefallenen deutet entgegen der von Wilhelm Mattes geäußerten Vermutung darauf hin, daß diese für einen Einsatz in vorderster Linie zunehmend weniger verwendet wurden. Das lag an den mit fortschreitender Technisierung der Kriegführung enorm gestiegenen Anforderungen an das intellektuelle und technische Verständnis der Soldaten. Aus dem Feld kommende Klagen über die mangelnde Ausbildung des Ersatzes hoben neben der nachlassenden Disziplin auch die fehlende, den Veränderungen der Kampftechnik nicht mehr angemessene Beherrschung der Kampfmittel hervor.[80]

Die Schwierigkeiten der Ersatztruppenteile bei der Rekrutenausbildung resultierten zum einen aus der geringen Qualität und dem häufigen Wechsel des Ausbildungspersonals, das nur zu einem geringen Teil aus kriegserfahrenen Offizieren und Unteroffizieren bestand.[81] Gerade die Fronterfahrung war aber Voraussetzung für eine Anerkennung der Ausbilder durch die Mannschaften.[82] Andererseits war die

---

77 Dies gilt auch für die Argumentation bei Weiler, Störungen, S. 66-72, sowie Tab. 5, S. 207. Er nennt auf 10.000 erwerbstätige Männer z.B. im Bereich des Versorgungsamtes Nürnberg die Zahl von 1.504 Landwirten und 681 im Krieg gestorbenen Soldaten, in Landshut entsprechend 5.919 und 770. Einen überproportionalen Anteil der Bevölkerung mit landwirtschaftlicher Erwerbstätigkeit am Feldheer vorausgesetzt, müßte der Anteil der Gefallenen im Landshuter Bereich gegenüber dem in Nürnberg jedoch mehr als das vierfache ausmachen. Noch extremer ist das Weilers Argumentation widersprechende Mißverhältnis zwischen den Versorgungsamtsbereichen München-Stadt und München-Land.

78 Errechnet nach Hebert, S. 48, auf der Basis von 699 Gefallenen.

79 Sanitätsbericht, Bd. III, S. 30.

80 Zur frontnahen Ausbildung und Bereitstellung einer ständigen Reserve wurden deshalb zusätzlich bei fast allen Divisionen Rekruten-Depots hinter der Front errichtet: BA/MA, W-10/50900, Bl. 15f. Vgl. Hebert, S. 51; 8. Res.-Div. 20.6.1917 an Armeegruppe Litzmann; Chef des Generalstabes des Feldheeres, Verfügung v. 25.12.1917; vgl. Verfügung des Armee-Oberkommando 6 v. 27.9.1916; alles in: BHStA/IV, stv. GK I. AK 451.

81 BA/MA, W-10/50900, Bl. 21; stv. 1. Inf.-Brigade 22.10.1918 an stv. GK I. AK; 2. Komp. E.-Btl./R.I.R. 1 16.10.1918 an E.-Btl.; 8. Res.-Div. 20.6.1917 an Armeegruppe Litzmann: BHStA/IV, stv. GK I. AK 451.

82 K.M. 8.1.1918 an die stv. GK: BHStA/IV, stv. GK I. AK 451.

zur Verfügung stehende Ausbildungszeit von 12 Wochen für die infanteristische Grundausbildung und die obligatorische Sonderausbildung an leichtem Maschinengewehr, Minenwerfer und Fernsprecher bei weitem zu kurz. Zudem unterbrach oftmals bereits nach wenigen Wochen der Ernteurlaub die Ausbildung der landwirtschaftlichen Rekruten. Diese waren danach „verbummelt" und blieben trotz einer Wiederholung der ausgefallenen Ausbildungsschritte in ihren Leistungen zurück.[83] Erschwerend wirkte die aufgrund mangelnder Übung im Umgang mit abstrakten Zusammenhängen geringere Auffassungsgabe der ländlichen Rekruten, bei denen bereits die Einprägung von Namen und Rangstufen der Offiziere eine langwierige Instruktionstätigkeit erforderte.[84] Auch bei kompliziertem technischen Gerät trat das Unvermögen ländlicher Rekruten hervor, wie die folgende Äußerung eines Ersatztruppenteils ungeachtet ihres Vorurteils über die generelle Rückständigkeit der bäuerlichen Bevölkerung erkennen läßt:

> „Es muß (...) gesagt werden, daß für eine gründliche Ausbildung am M.G. 08/15 die Zeit von fünf Wochen bei halbtägiger Übungsdauer unzureichend ist. Der Mann lernt in dieser Zeit zwar das taktische und die Schießtechnik und läßt sich zu einem guten Schützen erziehen, es bleibt aber für ein geistig ungeschultes Bauerngehirn eine unerfüllbare Zumutung, das Technische der Waffe so beherrschen zu lernen, daß er im Stande ist, Hemmungen zu erkennen und zu beseitigen."[85]

Derartige Ausbildungsmängel dürften viele Truppenführer an der Front dazu bewogen haben, die entsprechenden Ersatzmannschaften zumindest teilweise in rückwärtigen Diensten zu verwenden, anstatt sie im Grabendienst einzusetzen.[86]

---

83 Stv. 1. Inf.-Brigade 22.10.1918 an stv. GK I. AK; 2. Komp. E./R.I.R. 1 16.10.1918 an Ers.-Btl.; stv. 3. Inf.Brigade 20.10.1918 an stv. GK I. AK: BHStA/IV, stv. GK I. AK 451. Vgl. E./1. I.R. 23.8.1917 an stv. 1. Inf.-Brigade (Zitat): BHStA/IV, stv. GK I. AK 452.

84 Vgl. Schoenberner, Bekenntnisse, S. 94; Schlittgen, Erinnerungen, S. 67; Blessing, Disziplinierung und Qualifizierung, S. 467; Klemperer, Curriculum Vitae, S. 301. Klemperer berichtet, wie anläßlich einer Besichtigung den Rekruten stundenlang beigebracht wurde, den Inspekteur der Feldartillerie, Herrn Generalmajor Hopf, in dieser Weise auf die Frage nach seiner Person hin zu begrüßen. Das Ergebnis war: „Einer sagte: ,Exzellenz sein der Inspektor', ein anderer: ,Das weiß ich nicht, Herr General!', und ein Bauernjunge schrie: ,Du bisch der Hopf!'" Letzterer wurde vor der Besichtigung abkommandiert: ebd., S. 312. Zur geringen körperlichen Gewandtheit vgl. MdL Hoffmann (SPD) 29.3.1916: KdA, Sten. Ber. Bd. 13, S. 576.

85 2. Komp. E./R.I.R. 1 16.10.1918 an das Ers.-Btl.: BHStA/IV, stv. GK I. AK 451. Dieser Bericht monierte auch die ungenügende Disziplin der ländlichen Rekruten, bei denen viele Disziplinarstrafen zu weiteren Ausbildungsmängeln führten. Zu den für die Bedienung des schweren M.G. nötigen Fertigkeiten vgl. die Erinnerungen eines badischen Bauernsohnes, zit. in: Hug, Soldatsein, S. 149.

86 In Frage kommt hier bei der Infanterie eine Verwendung als Offiziersbursche, im Wach- und Wirtschaftsdienst, bei der Artillerie als Fahrer, anstelle eines Einsatzes als Geschützbedienung. Zur großen Zahl der im Wirtschaftsdienst beschäftigten Soldaten vgl. oben in diesem Kap. Die benutzten Archivalien bieten keinerlei Hinweise darauf, daß die Verteilung einzelner Berufe auf bestimmte Funktionen oder Einheiten auf irgendeiner Hierarchieebene durch Erlasse gesteuert wurde. Demnach ist davon auszugehen, daß dies abhängig vom Bedarf, durch freiwillige Meldungen und die subjektive Beurteilung der zuständigen Vorgesetzten geschah. Psychologische Eignungsprüfungen gab es im Ersten Weltkrieg nur ansatzweise bei der Kraftfahrtruppe, dann ab 1925 institutionell verankert für Offiziere und später vor allem für technische Spezialtruppen. Vgl.

Vor allem in den Feldartillerie-Regimentern, die für den Transport der Geschütze jeweils mehrere Hundert Pferde und nahezu ebenso viele Fahrer und Pferdeknechte benötigten, dienten in dieser Position zumeist Landwirte und Landwirtssöhne. Ihre Qualifikation im Umgang mit den Tieren ließ sich dabei nutzbringend verwenden, und diese Tätigkeit vermittelte den Landwirten ähnlich wie die Arbeit mit Pferden im zivilen Leben ein hohes Prestige. Der dem Militärdienst immanente Aspekt einer beruflichen Qualifizierung folgte somit gerade bei ländlichen Rekruten den gewohnten Bahnen und hatte keinen modernisierenden Effekt.[87] Auch die zum Wach- und Arbeitsdienst hinter der Front eingesetzten Landsturmbataillone konnten problemlos größere Mengen an Landwirten einstellen.[88] Sonderformationen mit hohen Anforderungen an das technische Verständnis der Soldaten wie insbesondere die Maschinengewehrtruppen rekrutierten sich dagegen überwiegend aus Industriearbeitern.[89] Abgesehen von technischen Spezialtruppen war die Alterszusammensetzung des Ersatzes jedoch für die Erhaltung der Kampfkraft insgesamt von weitaus größerer Bedeutung als seine berufliche Gliederung.

Deutlich über ihrem Anteil an der Erwerbsbevölkerung lag die Zahl der in den Formationen des Besatzungsheeres befindlichen Soldaten, die einer landwirtschaftlichen Beschäftigung nachgingen. Eine Zählung vom Juni 1917 ergab, allerdings nur bei den zum Zeitpunkt der Erhebung im Bereich des I. Armeekorps für die Ersatzgestellung verfügbaren 32.891 Mannschaften, einen Anteil von 65.5% in der Landwirtschaft Beschäftigter.[90] Der tatsächliche Anteil an Landwirten dürfte eher noch darüber gelegen haben, da sich unter den übrigen Mannschaften neben

U. Geuter, Die Professionalisierung der deutschen Psychologie im Nationalsozialismus, Frankfurt/M. 1988, S. 193ff., 229ff., 255ff.

87 Vgl. Klemperer, Curriculum Vitae, S. 304; Otto Saam 8.10.1916 an seine Eltern: Privatbesitz; ferner die eindringliche Schilderung bei V. Mann, Wir waren fünf, S. 238, 241ff. Mann diente 1909/10 bei einem Münchener Feldartillerie-Regiment. Damit wäre Blessing, Disziplinierung und Qualifizierung, S. 475, zu widersprechen. Vgl. auch die Hinweise in Kap. 3.2.3.

88 So bestand das Ldst.-Btl. Mindelheim zu 80% aus Landwirten; Ldst.-Btl. I B 14 28.6.1918 an K.M.: BHStA/IV, MKr 2419.

89 Das in Anhang 2 zum Gutachten Hobohm abgedruckte Hilfsgutachten des Polizeiobersts a.D. Hermann Schützinger berichtet von „großenteils dem Industrie-Proletariat" entnommenen MG-Abteilungen u.a. beim 13. I.R.: WUA, Bd 11/1, S. 423. (Zur wechselhaften Biographie Schützingers, der sich vom monarchistischen, noch 1919 an einem Versuch zur Niederschlagung der Räteherrschaft in Regensburg beteiligten Offizier zum SPD-Mitglied, Republikaner und Reichsbanner-Führer wandelte, der bereits 1920 in der Münchener Post wiederholt die Einwohnerwehren kritisierte, vgl. die Hinweise bei W. Schmidt, Garnisonsstadt, S. 421-428). Dies belegen auch die Hinweise, die Michael Geyer für seine insgesamt überzogene These einer „Proletarisierung der Armee" anführt: M. Geyer, Vorbote des Wohlfahrtsstaates, S. 254. Vgl. etwa Brüning, Memoiren, S. 18, dessen Maschinengewehr-Scharfschützenabteilung „überwiegend" aus jungen Metallarbeitern bestand. Für die Vorkriegszeit: Frauenholz, Armee, S. 44.

90 Die auf dem Verpflegungsrapport basierenden Meldungen wurden aufgrund des Erlasses des stv. GK I. AK vom 30.5.1917 erstattet, der auf die Möglichkeit weiterer Beurlaubungen zur Heuernte zielte. Vgl. stv. 1., 2., 3. und 4. Inf.-Brigade 7.6.1917 bzw. 2.6.1917 und 4.6.1917, sowie Ers.-Abt. der Feldartillerie 9.6.1917, Kommandeur Ers.-MG-Trupp 4.6.1917, Inspektion der Feldartillerie 2.6.1917, Inspektion der Ers.-Eskadron 8.6.1917 und Train-Ersatz-Abteilung 8.6.1917 an stv. GK I. AK: BHStA/IV, stv. GK I. AK 620.

Kranken, im Arrest Befindlichen und zu anderen Truppenteilen Abkommandierten auch die große Zahl der bereits zur Heuernte beurlaubten garnisonsverwendungs-fähigen Landwirte befand.[91] Zahlreiche Hinweise auf überwiegend oder praktisch zur Gänze aus Landwirten bestehende Ersatztruppenteile vor allem der Landwehr- und Reserve-Regimenter mit älteren Mannschaften geben auch die Berichte der Vertrauensmänner für Aufklärungstätigkeit aus den Jahren 1917 und 1918.[92]

Die Häufung von Landwirten im Besatzungsheer erwuchs aus dem Bemühen der Militärbehörden um die Sicherung des landwirtschaftlichen Arbeitskräftepo-tentials. Zumindest für die Ersatzreservisten und Landsturmpflichtigen wurde in der Verfolgung dieses Ziels bereits Anfang 1915 den zuständigen Bezirkskomman-dos auferlegt, Landwirte dieser Kategorien nur dann einzuberufen, wenn dies nach Absprache mit den Bezirksämtern ohne Schädigung der Felderbestellung möglich war.[93] Soweit noch nicht eingezogene Mannschaften des Landsturms vorhanden waren, wurde diese Vorgabe bis 1918 aufrechterhalten, wobei die älteren Mann-schaften stets zuletzt einzuberufen waren.[94] Auch bei den Rekruten aus Getreide-anbaugebieten wurde 1916 die Einberufung auf die Zeit nach der Ernte verscho-ben.[95]

Eine längerfristige Reklamation aus dem Feldheer kam dagegen bei der Priorität der Gewinnung industrieller Arbeitskräfte nur in geringem Umfang in Frage.[96] Sie wurde allein für die Bürgermeister und Gemeindeschreiber aus Orten mit starker Landwirtschaft sowie die mit landwirtschaftlichen Maschinen befaßten Handwer-ker und Bedienungskräfte als vordringlich erachtet.[97] Dementsprechend waren von den im Juli 1918 im Bereich des I. Armeekorps 37.577 k.v.-Zurückgestellten nur 6.048, von den 56.501 g.v.-und a.v.-Zurückgestellten nur 13.683 für die Landwirt-schaft bestimmt.[98]

---

91 Der Gesamtbestand der betreffenden Einheiten lag bei 70.233 Mannschaften. Vgl. ebd.
92 Vgl. Vertrauensmänner Ldst.-Ersatz-Btl. I B 17 29.8.1917 an Ersatz-Btl.; Flakzug IIIb München 29.8.1917 an stv. GK; Ldst.-Ersatz-Btl. Augsburg I B 18 29.9.1917 und E./L.I.R. 3 29.9.1917 an stv. 3. Inf.-Brigade: BHStA/IV, stv. GK I. AK 2401; E./R.I.R. 3 28.9.1917 und E./L.I.R. 2 24.1.1918 an Ersatz-Btl.: ebd., stv. GK I. AK 2405; E./L.I.R. 12 28.3.1918 an stv. 4. Inf.-Brigade; E./R.I.R. 12 28.3.1918 an Ersatz-Btl.: ebd., stv. GK I. AK 2407. E./L.I.R. 1 25.5.1918 an stv. GK I. AK: ebd., stv. GK I. AK 2409. Vgl. auch Sebastian Schlittenbauer 1.7.1918 an K.M.: ebd., MKr 2454.
93 K.M. 23.2.1915 an die stv. GK: BHStA/IV, MKr 324.
94 Vgl. K.M. 13.10.1915 an die stv. GK: BHStA/IV, stv. GK I. AK 277; K.M.-Erlaß vom 21.1.1917: ebd., MKr 2450; K.M.-Erlaß vom 15.1.1918: ebd., stv. GK I. AK 2768.
95 K.M. 18.7.1916 an die stv. GK: BHStA/IV, MKr 2451.
96 Vgl. K.M. 8.2.1918 an die stv. GK: BHStA/IV, MKr 580.
97 Vgl. den K.M.-Erlaß vom 21.1.1917: BHStA/IV, MKr 2450; K.M.-Erlaß vom 15.1.1918: ebd., stv. GK I. AK 2768.
98 Stv. GK I. AK 22.7.1918 an K.M.: BHStA/IV, MKr 622. Diese Zahlen waren das Ergebnis einer vom Kriegsministerium angeordneten Sonderzählung und weichen von den in monatlichen Meldungen der stv. Generalkommandos ermittelten ab. Vgl. Aktennotiz Heeresabwicklungsamt Bayern vom 18.6.1920: ebd., sowie insges. zur Problematik der Reklamiertenziffern Daniel, S. 305, Anm. 240. Nach einer anderen Angabe wurden in Bayern von November 1917 bis November 1918 insgesamt 91.023 k.v.-Wehrpflichtige zurückgestellt, davon 17.021 für die Landwirtschaft: WUA, Bd. 11/2, S. 129.

Für die Sicherstellung des dringlichsten Arbeitskräftebedarfs der Landwirtschaft lag es nahe, dem saisonalen Rhythmus ihrer Arbeitsspitzen zu folgen und nur für diese jeweils dreimal im Jahr Landwirte und ländliche Arbeiter aus Feld- und Besatzungsheer zu beurlauben. Vor allem das Besatzungsheer wurde dabei systematisch als Reservoir an Arbeitskräften für die Landwirtschaft genutzt.[99] Einen dauerhaften Austausch von Landwirten zwischen Feld- und Besatzungsheer, den Feldtruppenteile wiederholt forderten, um überhaupt die Anforderungen an den Urlaub für Landwirte erfüllen zu können, lehnten die Heimatbehörden jedoch ab. 1915 machte das Kriegsministerium dafür „psychologische Gründe" geltend, da durch die „friedliche Arbeit des Felderbestellens" der „kriegerische Geist" nicht erhalten würde.[100]

Seit Anfang 1916 wurde zumindest für die in Etappe und besetzten Gebieten befindlichen Landsturmbatailllone wiederholt ein vorübergehender Austausch praktiziert.[101] In einer einmaligen Aktion im April 1917 wurden auch den mobilen Landsturm-Bataillonen in vorderer Linie Nicht-Landwirte zugeteilt und auf die Ersatzanforderung angerechnet. Dem Besatzungsheer waren sie damit dauerhaft entzogen.[102] Von Fronttruppenteilen wurden auch 1916 wieder Anträge auf Überweisung von nicht in der Landwirtschaft tätigem Ersatz gestellt.[103] Daraufhin wurde im Mai 1916 in einer einmaligen Aktion allen Kompanien, Batterien usw. des Feldheeres eine einmalige Überweisung von jeweils maximal acht nicht der Landwirtschaft angehörigen Mannschaften aus dem Besatzungsheer gestattet, die auf weitere Anforderungen anzurechnen waren.[104]

Eine flächendeckende Umschichtung war zu diesem Zeitpunkt nicht mehr möglich, da im Besatzungsheer bereits jeweils rund ein Drittel der Mannschaften zu den landwirtschaftlichen Arbeitsspitzen beurlaubt wurde und damit der für eine

---

99 Vgl. Kap. 3.2.1.1.

100 Aktennotiz K.M.-Abt. A I vom 24.3.1915, als Reaktion auf ein Schreiben der 1. Ldw.-Div. vom 12.3.1915: BHStA/IV, MKr 2417.

101 K.M.-Erlaß vom 28.1.1916: BHStA/IV, stv. GK 250. Seit dem K.M.-Erlaß vom 28.1.1916 war für die Etappentruppen ein vorübergehender Austausch von Landwirten jederzeit möglich: ebd., MKr 2450. Das Generalgouvernement Belgien hatte einen Austausch bereits mit Telegramm vom 3.4.1915 an das K.M. angeboten, der mit K.M.-Erlaß vom 3.4.1915 durchgeführt wurde; vgl. stv. GK I. AK 7.4.1915 an K.M.: ebd., MKr 2417.

102 Stv. GK I. AK 2.4.1917 an die Ersatz-Truppenteile: BHStA/IV, stv. GK I. AK 1097. Damit reagierte man auf eine Reihe von Klagen der Landsturm-Bataillone, die bei einem hohen Anteil an Landwirten und fehlendem Abgang durch Verluste nicht in der Lage waren, die Margen für den Ernteurlaub einzuhalten. Vgl. etwa Ldst.-Btl. I B 9 8.3.1917 an das Ers.-Btl. I B 18 Augsburg; Ldst.-Btl. I B 20 15.3.1917 an Ers.-Btl. I B 16 München; Ldst.-Btl. I B 15 Mindelheim 21.2.1917 an Ers.-Btl.: ebd., stv. GK I. AK 250.

103 Vgl. stv. GK I. AK 11.3.1916 an stv. Inf.-Brigaden; GK I. bayer. Reserve-Korps 20.3.1916 an stv. GK I. AK: BHStA/IV, stv. GK I. AK 250; dass. 26.4.1916 an K.M. und stv. GK I. und III. AK: ebd., MKr 2418.

104 K.M. 10.5.1916 an mobile und immobile Truppenteile: BHStA/IV, MKr 2450. Zahlen über den Umfang des Austausches liegen meiner Kenntnis nach nicht vor. In Württemberg brachte eine vergleichbare Maßnahme 1916 21.000 Landwirte in die Heimat: G. Mai, Kriegswirtschaft und Arbeiterbewegung in Württemberg 1914-1918, Stuttgart 1983, S. 272.

Abstellung in das Feld zur Verfügung stehende Bestand bereits deutlich eingeschränkt war.[105] Die Abgabe von k.v.-Landwirten an das Feldheer war deshalb auf
Dauer nicht zu verhindern, wenngleich sie vor Beendigung der Feldarbeiten nur
dann aus dem Urlaub zurückberufen werden sollten, falls der Nachschub nicht
anders zu decken war.[106] Eine Erhebung des Anfang 1916 zum R.I.R. 15 abgestell-
ten Ersatzes ergab allerdings, daß bei zwei Bataillonen nur 21.2% bzw. 22.3% der
1.049 Männer zählenden Ersatzmannschaften einer landwirtschaftlichen Berufstätigkeit nachgingen.[107]

Die Garnisonsdienstfähigen wurden dagegen bereits frühzeitig bei der Einberufung möglichst in einen Truppenteil in der Nähe des Heimatortes verlegt, damit sie
dann von dort aus problemlos beurlaubt werden konnten.[108] Seit 1915 war trotz
energischer Mahnungen des Kriegsministeriums, für den Dienstbetrieb überflüssige g.v.- und a.v.-Mannschaften dauerhaft zu entlassen, ihr Bestand im Besatzungsheer stetig angewachsen. Wurden im Frühjahr 1915 erst 50.000 Unteroffiziere und
Mannschaften dieser Kategorie im bayerischen Besatzungsheer gezählt, waren es im
März 1916 bereits rund 134.000 und damit annähernd die Hälfte der Truppen im
Heimatgebiet.[109] Offenbar befürchteten dort vor allem kleinere Truppenteile ihre
Auflösung, und behielten zum Nachweis ihrer Berechtigung deshalb einen über-
höhten Mannschaftsbestand bei.[110] Da die Ersatztruppenteile seit 1916 gezwungen
waren, Facharbeiter und andere gewerbliche Arbeitskräfte dieser Kategorie „rück-
sichtslos" an die Industrie abzugeben, verblieben überwiegend die während ihrer
Beurlaubung unabkömmlichen g.v.-Landwirte in den Garnisonen.[111]

---

105 In seinem Schreiben vom 26.4.1916 an das K.M. führte das GK I. bayer. Reserve-Korps dies als
Begründung für die Ablehnung durch die Immobile Fußartillerie-Brigade an: BHStA/IV, MKr
2418. Vgl. allgemein Kap. 3.2.1.1.
106 K.M. Erlaß vom 16.3.1917: BHStA/IV, stv. GK I. AK 849. Vgl. K.M. 25.8.1917 an stv. GK I.
AK: ebd., stv. GK I. AK 2789. 1917 und 1918 geschah dies jeweils für die zu Infanterie,
MG-Truppen und Feldartillerie bestimmten Mannschaften der Jahrgänge 1878 bzw. 1879 und
jünger; stv. GK I. AK 2.8.1917 und 23.4.1918 an stv. Inf.-Brigaden u.a.: ebd, stv. GK I. AK 250.
107 Vgl. I./R.I.R. 15 22.4.1916 und II./R.I.R. 15 29.4.1916 an das Regiment: BHStA/IV, stv. GK I.
AK 452.
108 K.M. 23.2.1915 an die stv. GK: BHStA/IV, MKr 324; MInn 3.3.1915 an die Bezirksämter: ebd.,
MKr 2423.
109 Vgl. K.M. 15.5.1915 und 25.11.1915 an die stv. GK: BHStA/IV, stv. GK I. AK 2865; K.M.
21.3.1916 an die stv. GK: ebd., stv. GK I. AK 849. Seit Januar 1916 widmete sich auch das preuß.
K.M. energisch diesem Ziel; vgl. Deist, Militär und Innenpolitik, Dok. 186, S. 477. In Bayern
blieb, ungeachtet gewisser Schwankungen, die Zahl der g.v.-Mannschaften bis Kriegsende hoch.
Am 1.12.1917 meldete das stv. GK I. AK an K.M. einen Bestand von 88.074 Mannschaften, davon
41.649 g.v. und a.v.: ebd., stv. GK I. AK 396. Am 1.3.1918 ergab die entsprechende Meldung
82.029 Mannschaften, davon 44.887 g.v. und a.v.: ebd., stv. GK I. AK 397. Seit Mitte 1917
wurden die Ersatztruppenteile zumindest verpflichtet, nur arbeitsverwendungsfähige Landwirte
dauerhaft zu entlassen. Vgl. 3./1. Jäger-Btl. 2.10.1917 an K.M.: ebd., MKr 2453; K.M. 28.1.1918
an die stv. GK: ebd., MKr 2454.
110 Dies vermuteten z.B. die MdL Mattil (Freie Vereinigung) 23.6.1916 und Teufel (Liberale
Vereinigung) 14.2.1918: KdA, Sten. Ber. Bd. 14, S. 357, Bd. 17, S. 849.
111 Vgl. Wrisberg, Heer und Heimat, S. 91 (Zitat); 3./Jäger-Btl. 1 2.10.1917 an das K.M.: BHStA/IV,
MKr 2453; Telefonmitteilung K.M. 15.8.1918 an stv. GK I. AK: ebd., stv GK I. AK 397; Deist,

Die nahezu vollständige Ausschöpfung des vorhandenen Potentials an Wehrpflichtigen im Verlauf des Krieges stieß an Grenzen, durch deren Überschreitung die Effektivität militärischer Mobilisierung letzlich starke Einbußen erlitt. Im Hinblick auf die berufliche Gliederung der zur Verfügung stehenden Männer lag das Interesse an einer bestimmten Gruppe, den Facharbeitern, in erster Linie bei den für die Kriegswirtschaft verantwortlichen Instanzen in der Heimat. Aus der Sicht der militärischen Behörden im Feld kam dagegen der Alterszusammensetzung der Mannschaften entscheidende Bedeutung zu, wie sich in ihrem stetigen Bemühen um möglichst jungen Ersatz zeigt.

Das durch diese divergierenden Interessenlagen und die äußeren Bedingungen des Kampfes reproduzierte Verteilungsmuster hatte allerdings auch Folgen, welche die Motivation positiv beeinflussen konnten. Der große Umfang der in der Heimat zurückbehaltenen Truppen und die hohe Fluktuation unter den Mannschaften des Feldheeres bewirkten zusammen, daß die Soldaten insgesamt Zeiträume heftiger Kämpfe mit extremen Belastungen im Durchschnitt nur für relativ kurze Zeit erlebten. Wehrpflichtige jüngeren Alters waren davon überproportional betroffen, und damit genau jene Gruppe, die im Vergleich zu älteren Soldaten generell durch eine höhere Bereitschaft zur Erfüllung ihrer militärischen Dienstpflicht geprägt war.[112] Diese strukturellen Zusammenhänge bieten bereits einen ersten Erklärungsansatz dafür, warum trotz der Dauer und Heftigkeit der Kampfhandlungen die Moral der Truppen erst gegen Ende des Krieges ernsthaft erschüttert wurde.

3.2. Bedingungen militärischer Vergesellschaftung I: Faktoren der Kohäsion

Dem heutigen Betrachter mag es zuweilen rätselhaft erscheinen, was die Soldaten dazu bewogen hat, für längere Zeit an der Front auszuharren oder sogar nach einer Verwundung wieder dorthin zurückzukehren. Das bis dahin ungeahnte Zerstörungspotential der industriellen Kriegführung läßt den Aufenthalt im Schützengraben als eine Extremerfahrung erscheinen, zu deren Bewältigung außerordentliche emotionale Ressourcen nötig waren. Solange in der Historiographie als Voraussetzung galt, daß die Soldaten mit Begeisterung in den Krieg zogen und erst allmählich desillusioniert wurden, konnte diese Frage noch durch den Hinweis auf die militärische Disziplin und den angeblich entstandenen „Frontgeist" als hinreichend und relativ leicht beantwortet erscheinen.[113] Je offensichtlicher es jedoch wird, daß viele Soldaten bereits ohne Begeisterung einrückten und wohl die meisten nach wenigen

---

Militär und Innenpolitik, Dok. 186 (Niederschrift über eine Besprechung im preuß. K.M. vom 9.6.1916 betr. Grundsätze für die Beschäftigung kriegsverwendungsfähiger Arbeiter in der Industrie), S. 476-481, hier S. 477, sowie S. 520, Anm. 4.
112 Vgl. Kap. 3.3.2.
113 Vgl. z.B. Stephan, S. 29; Nipperdey, Deutsche Geschichte, S. 777 (Zitat), 853.

Wochen von der Realität des Krieges ernüchtert waren, um so drängender stellt sich die Frage nach den Gründen für den Zusammenhalt der Truppen.

Eine Antwort auf diese Frage darf sich nicht vorschnell auf die Betrachtung subjektiver Motivationen und Wahrnehmungsmuster konzentrieren. Vielmehr erfordert sie zunächst eine differenzierende Analyse der Formen militärischer Vergesellschaftung im Krieg, die Faktoren für die Stabilität und Instabilität der Armee erarbeitet. Dabei ist die Äußerlichkeit solcher Zuschreibungen stets zu beachten. A priori als stabilisierend erkannte Faktoren wirkten als solche nur, wenn sie in die sozialspezifischen Deutungsmuster der Soldaten auch tatsächlich ‚einrasteten'. Weil ihre Reichweite im Regelfall nur begrenzt war, konnten sie ebenso die subjektive Wahrnehmung von Ungerechtigkeit vorantreiben und damit destabilisierend wirken.[114] Genauso wenig schlugen Konflikte automatisch in eine der militärischer Unterordnung direkt widersprechenden Verweigerungsformen um.

Mit der systematischen Behandlung der Leitfrage nach den Gründen für Stabilität und Instabilität der Truppen lassen sich die wichtigsten Faktoren militärischer Sozialisation im Krieg aufschlüsseln. Nicht immer können dabei spezifische Unterschiede in den Reaktionsmustern und Verhaltensweisen von Mannschaften bestimmter Schichten, Altersgruppen oder städtischer bzw. ländlicher Herkunft festgestellt werden. Zusammenhänge, von denen die Soldaten mit landwirtschaftlicher Beschäftigung als eine klar umrissene Gruppe der Mannschaften betroffen waren, werden deshalb explizit als solche benannt. Daneben gab es eine Fülle von Interessenlagen und Verhaltensweisen, welche die Mehrzahl der Soldaten teilten.

3.2.1. Rhythmen des Frontalltages: Belastung und Entspannung

Von zivilen Lebenszusammenhängen nicht grundlegend abweichend, zerfiel auch der Alltag an der Front in Zeitabschnitte unterschiedlicher Dauer. Perioden äußerster Anstrengung und Gefährdung wechselten mit solchen relativer Ruhe und Entspannung.[115] Diese wiederkehrenden und sich überlagernden Rhythmen gliederten den Aufenthalt an der Front in verschiedene Zeitabschnitte, die den Soldaten stets einen überschaubaren Horizont für ihre Erwartungen boten. Die regelmäßige Wiederholung bestimmter Abläufe und Handlungen bot, gemessen an der allgemeinen Unwägbarkeit des Lebens an der Front, eine stabilisierend wirkende Verhaltenssicherheit.[116]   .

---

114 Vgl. als Einstieg in diese Problematik: Moore, Ungerechtigkeit.
115 Hans Carossa beobachtete, daß nur wenige Soldaten sich eingestehen wollten, daß die „Stunden eigentlich höchster Kraftanstrengung und Gefahr meist nur kurze Zeit dauern (...)". Carossa, Tagebücher, S. 343 (Eintrag vom 14.11.1917).
116 Vgl. Knoch, Kriegsalltag, S. 224.

3.2.1.1. Ruhephasen und Urlaub

Im Stellungskrieg folgten in kurzen Abständen verschiedene Einsatzphasen aufeinander. Die Mannschaften eines Infanterie-Bataillons verbrachten in der Regel fünf bis sieben, manchmal bis zu zehn Tagen in vorderer Linie im Graben. Darauf folgte ein Bereitschaftsdienst gleicher Dauer in einem nicht weit hinter der ersten Linie befindlichen Graben oder provisorischen Quartier. Am Ende dieses Zyklus standen drei bis fünf Tage Aufenthalt im wenige Kilometer hinter der Front befindlichen Ruhequartier.[117]

Vor allem in der Anfangsphase des Krieges praktizierte man einen Wechsel zwischen Ruhe und Bereitschafts- bzw. Grabendienst im kürzeren Intervall von je zwei Tagen.[118] Dies wurde auch in den späteren Jahren vor allem dann notwendig, wenn die Truppen unter heftigen Artilleriebeschuß des Gegners gerieten und Angriffe abweisen mußten. An Orten schwerer Kämpfe empfahl es sich zudem, noch eine weitere Linie mit Truppen in Bereitschaft einzurichten und von vornherein ein Regiment als Korpsreserve bereitzuhalten.[119] Bei dieser Einteilung konnten auch komplette Regimenter für mehrere Tage in eine nicht durch Artilleriebeschuß gefährdete Ruhestellung gebracht werden.[120] Für die Einrichtung von zwei Reservestellungen hinter der ersten Linie mußte allerdings der eingenommene Frontabschnitt schmal gehalten werden.[121]

Über das normale Maß hinaus verlängerte sich der Ablösungsturnus bei Einheiten an ruhigen Abschnitten wie der 1. Landwehr-Division, wo jede Kompanie einen Abschnitt von einem Kilometer Länge sichern mußte. Dort waren zwölf Tage Dienst in vorderer Linie und weitere sechs in der Bereitschaftsstellung erforderlich.[122] Auch an Orten heftigen Feuers waren Truppen

117 Ablösungs-Übersicht 2. Inf.-Div. vom 1.-31.5.1916: BHStA/IV, 2. Inf.-Div. Bund 68; 5. Kompanie des Infanterie-Leib-Regiments, S. 65; Tagebuch Josef Ullrich aus Kleinochsenfurt (April 1916, Januar 1917): BHStA/IV, HS 3262; Georg Teufel 16.3.1916 an die 2. Inf.-Div: BHStA/IV, MilGer 6459; Dienst-Einteilung 9./20. Inf.-Rgt. für April 1915: ebd., MilGer 6265; Brief von Kaspar Huber vom 26.1.1916 (Abschrift): AEM, Kriegschronik Altenerding B 1837.

118 Stefan Schimmer 18.10.1914 an seine Frau: BHStA/IV, Amtsbibliothek 9584. Andreas Amend 2.12.1914 an Michael Amend: BHStA/IV, Kriegsbriefe 339; J.T. 30.3.1915 an Familie T. in Gollhofen: Privatbesitz. Zwei Tage Graben und Bereitschaft, vier Tage Ruhe: Haupt, 15. Infanterie-Regiment, S. 37. Zur Verlängerung im Stellungskrieg vgl. Aussage v. Rudolph: Dolchstoß-Prozeß, S. 445.

119 GK I. bayer. Res.-Korps 18.9.1916, „Erfahrungen aus der Somme-Schlacht im August-September 1916", S. 5f.: BHStA/IV, stv. GK I. AK 451. In den andauernden Abwehrkämpfen des Herbstes 1918 befahl die OHL, zwei Bataillone in der vorderen Linie in der Tiefe zu gliedern und eines in Bereitschaft zu halten; Verfügung des Chefs des Generalstabes des Feldheeres vom 20.9.1918: BHStA/IV, 2. Inf.-Div Bund 68.

120 2. Inf.-Div. 2.3.1915 an GK I. bayer. AK: BHStA/IV, GK I. AK Bund 173.

121 Vgl. ebd.; Höfl, S. 63.

122 Die gesamte Frontlänge der Division betrug 35 Kilometer: 1. Ldw.-Div. 21.12.1916 an K.M.: BHStA/IV, MKr 1803. Vgl. Kreuter, S. 141; G.T., 3. Ersatz-Inf.-Rgt., 39. Res.-Div., 24.11.1916 an seine Frau F. in Gollhofen: Privatbesitz. Auch bei der Artillerie dauerte die Phase des Fronteinsatzes länger, oder die Artilleristen lebten, was an der Ostfront vorkam, dauerhaft in der

zuweilen gezwungen, längere Phasen ohne ausreichende Ruhepausen in der Stellung zu verbringen.[123]

Eine allgemeine Verlängerung des Kampfeinsatzes erfolgte dann gegen Ende des Krieges. Seit dem Beginn der Rückzugskämpfe im Juli 1918 konnten selbst als ruhebedürftig erkannte Divisionen nicht aus der Front herausgezogen werden.[124] Stattdessen wurden abgelöste Divisionen sofort an andere Kampfabschnitte verladen oder mußten diese selbst in anstrengenden Marschtagen erreichen.[125] In der Endphase des Krieges kamen deshalb viele Einheiten wochenlang nicht mehr in eine Ruhestellung, was zusammen mit den heftigen Rückzugskämpfen auf Seiten der Mannschaften eine starke physische und psychische Erschöpfung zur Folge hatte.[126]

Beim Aufenthalt in der Stellung wurde der Rhythmus von Tag und Nacht verschoben. Während des Tages herrschte relative Ruhe. Angriffe – die gewöhnlich frühmorgens in der Dämmerung begannen – oder Patrouillenunternehmungen des Gegners waren auf Grund der Einsehbarkeit des Niemandslandes nicht zu befürchten. Der Postendienst konnte somit reduziert werden, und die Mannschaften hatten, soweit sie nicht auch am Tag an der Ausbesserung der Stellungen arbeiten mußten, Gelegenheit zum Schlafen.[127]

Die meisten Aktivitäten fanden dagegen in der Nacht statt. Die Dunkelheit erforderte eine dichte Besetzung des Schützengrabens mit Horchposten. Diese wurden je nach Entfernung des Feindes alle 20 bis 50 Meter aufgestellt und in der Regel alle zwei Stunden abgelöst.[128] Auch an der Ausbesserung der Gräben und

---

allerdings weit hinter der 1. Linie liegenden Feuerstellung. Vgl. Heinz Mayer 18.9.1916 und Herr Nauer 20.1.1917 an den Akademischen Gesangverein München: BSB, Ana 313; Toller, S. 51; Kuchtner, 9. Feldartillerie-Regiment, S. 114, 232f.; Klemperer, Curriculum Vitae, S. 364.

123 Vgl. WUA, Bd. 11/1, Dok. 48 (preuß. K.M. 13.9.1918 an OHL), S. 403f.; O.H. 12.9.1917 an Otto Freiherr v. Aufseß: Gemeinde Kochel. Aufseß, Kriegs-Chronik, Teil II, enthält Angaben zu den biographischen und sozialen Daten der Kriegsteilnehmer aus Kochel und ihrem Militärdienst.

124 Vgl. WUA, Bd. 11/1, Dok. 45 (Chef des Generalstabes des Feldheeres 20.8.1918 an mobile Verbände), S. 397f.; Dok. 47 (Verfügung der Heeresgruppe Boehn vom 9.9.1918), S. 401-403, hier: S. 403. Vgl. das Schreiben des Chefs des Generalstabes vom 12.8.1918 an die Heeresgruppen u.a., in dem er dazu aufforderte, daß sich die Kampfdivisionen ähnlich wie die ruhigen Fronten „in den Stellungen erholen" sollten! Ebd., Dok. 42, S. 393.

125 Vgl. Hans Spieß 3.7.1918, 2.8.1918 und 21.10.1918 an seine Eltern und Geschwister: BHStA/IV, Kriegsbriefe 340; Kriegstagebuch Kurt Raschig, Ende August 1918: WUA, Bd. 5, S. 302, 305.

126 WUA, Bd. 11/1, S. 329; ebd., Dok. 44 (Chef des Generalstabes des Feldheeres 26.8.1918 an den bayer. Militär-Bevollmächtigten), S. 396f., hier: S. 396. Carl Lawrenz 15.7.1918 an seine Tante, Gefreiter Reinmann 6.10.1918 an seine Eltern: WUA, Bd. 5, S. 298, 320; Ulrich/Ziemann, Frontalltag, S. 187. Über den hohen Grad an Erschöpfung geben die Berichte der Divisionen aus dem Oktober/November 1918 Auskunft: WUA, Bd. 6, S. 321ff.

127 Vgl. Uffz. der Reserve Johann Preisinger 31.10.1914 an den Bankvorstand Müller in München; Uffz. der Reserve Rasso Grimm 8.4.1915 an den Pfarrer und Reichstagsabgeordneten Benedikt Hebel: BHStA/IV, MilGer 6382, 6265; Brief von Stefan Schimmer vom 20.4.1915: BHStA/IV, Amtsbibliothek 9584.

128 Vgl. BHStA/IV, MilGer 6394, 6465; Militärgericht 6. Ldw.-Div. B 50. Dabei wurde besonders über die in der Nacht spürbare Kälte geklagt. Vgl. z.B. Kriegstagebuch Josef Ullrich 14.1.1917: BHStA/IV, HS 3262; Feldpostbrief vom 17.10.1914, vom MdR Trendel 2.11.1914 beim K.M.

Befestigungen arbeiteten die Mannschaften nachts.[129] Die dauernde Tätigkeit gab nur wenig Gelegenheit zum Schlaf und führte dazu, daß die Mannschaften in der Regel übermüdet waren.[130] Als Folge der permanenten nächtlichen Aktivität schliefen Soldaten zuweilen beim Postendienst ein. Dies war eine Straftat, die im schwersten Fall, bei „Gefahr eines erheblichen Nachteils (...) vor dem Feind" begangen, mit Freiheitsstrafe nicht unter zehn Jahren bewehrt war und dann auch entsprechend geahndet wurde.[131]

Auch ohne Gefechtstätigkeit waren die Horchposten in der Nacht steter Verunsicherung ausgesetzt. Von beiden Seiten wurden regelmäßig Patrouillengänge unternommen, um Veränderungen in den Befestigungen zu erkunden und Gefangene zu machen, die Auskunft über Identität, Stärke und Absichten des Gegners geben konnten. Angst, Aufregung und schlechte Sicht bewogen manchen Horchposten, ohne Anruf zu schießen, auch wenn er darüber informiert war, daß zu diesem Zeitpunkt eigene Patrouillen im Niemandsland unterwegs waren. Dabei kam es wiederholt zur unfreiwilligen Tötung von Soldaten der eigenen Einheit.[132] In der Reservestellung drohte keine ständige Gefahr, aber beim Vor- oder Rückmarsch dorthin konnten die Mannschaften dem Artilleriefeuer ausgesetzt sein.[133]

Die Soldaten reagierten deshalb mit Erleichterung, wenn sie abgelöst wurden und aus dem Graben in die Ruhestellungen zurückkamen.[134] Für eine Weile waren sie den Gefahren entronnen. Nun bot sich die willkommene Gelegenheit, von den Anstrengungen der vergangenen Tage zu entspannen. Im Vordergrund stand zunächst das Bedürfnis, den herkömmlichen Rhythmus von Tag und Nacht wieder aufzunehmen und gründlich auszuschlafen:

eingereicht: BHStA/IV, MKr 13346; ebd., MilGer 6316; L.S. 16.6.1915 an Otto Freiherr v. Aufseß: Gemeinde Kochel.

129 Brief von Kaspar Huber vom 4.6.1915 (Abschrift): AEM, Kriegschronik Altenerding B 1837.

130 O.H. 12.9.1917 an Otto Freiherr v. Aufseß: Gemeinde Kochel; Matthias Heinzl 26.10.1914 an seine Eltern (Abschrift): AEM, Kriegschronik Altenerding B 1837; vgl. die beiden Briefe von Stefan Schimmer vom 15.11.1914, ferner vom 1.12.1914 und 17.12.1914 an seine Frau, 2.1.1915 an einen Freund: BHStA/IV, Amtsbibliothek 9584; Knoch, Erleben und Nacherleben, S. 210.

131 Vgl. BHStA/IV, MilGer 6346, 6394, 6443; Militärgericht 6. Ldw.-Div. A 1, B 46, B 50, K 6. Militärstrafgesetzbuch, S. 210 (Paragraph 141 des MStGB).

132 Vgl. BHStA/IV, MilGer 6250, 6274, 6436, 6465; Militärgericht 6. Ldw.-Div. B 47. Angst und Aufregung als Motiv treten vor allem in den Verfahren gegen zwei landwirtschaftliche Dienstknechte hervor: ebd., MilGer 6205, 6430.

133 Vgl. BHStA/IV, MilGer 6412; Landwirt Johann Baptist Blehle aus Wiederhofen (BA Sonthofen) 8.5.1915 an seine Frau Regina: StAA, Amtsgericht Immenstadt, Zivilsachen, E 29/1920.

134 Vgl. Franz Fendt an seine Schwester Marie Fendt in Bad Aibling o.D.: BHStA/IV, HS 3362; B.G. 30.3.1915 an Otto Freiherr v. Aufseß: Gemeinde Kochel; G.T. 8.1.1917 und 22.1.1917 an seine Frau F. in Gollhofen: Privatbesitz; Krase, Tagebuch, S. 30. Die stimmungsverbessernde Wirkung ausreichender Ruhe hob auch der Postüberwachungsbericht der 5. Armee vom 12.7.1917 hervor: BA/MA, W-10/50794, Bl. 13; vgl. ebd., Bl. 71. Beunruhigung löste es dagegen aus, wenn auch die Ruhequartiere unter Beschuß gerieten. Vgl. den Brief des Landwirtssohnes Luitpold Lerchenmüller vom 4.4.1917 an seine Eltern in Adelharz: StAA, Amtsgericht Immenstadt, Zivilsachen E 154/1921.

„Wir sind jetzt wieder fünf Tage in Ruh, ist das wieder ein Wohl, wen man wieder richtig schlafen kan, wir haben ja kein schönes Quatier, u keine Betten, aber wir sind zufrieden mit dem, wen wir nur Nachts unser Ruh haben, diesmal waren wir blos fünf Tage in Stellung, aber eine schlechte Stellung, u ein Mineurloch, da war ich froh daß ich wieder Glücklich wekgekommen bin, die haben uns hübsch warm gemacht, ein Kamerad der auch beim Pferde Depot war, von Rott ist durch einen Minensplitter leicht verwundet worden, da muß man sich schon hübsch tuken, daß einen nicht erwischt (...).“[135]

Daneben konnte bzw. mußte man die Ruhezeit zur Reinigung von Körper, Uniform und Ausrüstungsgegenständen benutzen. Bei der Einquartierung in einer Stadt ließen sich Spaziergänge und Besichtigungen des Ortes vornehmen.[136] Größere Mengen requirierten Alkohols boten Gelegenheit für ausgiebige Trinkgelage.[137]

Um so ärgerlicher war es, wenn die Kompanie bereits kurz nach dem Eintreffen im Quartier unvorhergesehen wieder in die Stellung abrücken mußte.[138] Zudem konnten sich die Mannschaften auch während der Ruhezeit nicht ungestört von dienstlichen Anforderungen erholen. Abhängig von den Gewohnheiten der Kompanie- und Regimentskommandeure unterbrachen häufige Appelle und Exerzierübungen die dem einzelnen Soldaten verbleibende Zeit:

„Bin soeben auf 8 Tage in Ruhe (...), aber haben es sehr streng, mit exerzieren, früh 6 Uhr geht es schon wieder los, dieser verfluchte Schwindel, hab ihn schon satt jetzt, kaum kommt man zurük, geht es schon wieder los, nicht einmal eine Ruhe vergönnen sie einem, jetzt waren wir 16 Tage in Stellung ununterbrochen, voll Trek und Spek kamen wir zurük, früh morgens um 1/2 6 Uhr, mit harter Müh das Sie uns Zeit liesen 5 Stunden zum schlafen, in der Stellung gab es überhaupt bei Nacht nichts zu schlafen und hatten strenge Ausschau vor dem Feind, wegen dem Überfallen, wir haben ein haufen Leutnant in der Kompani, aber wie es in die Stellung geht, da sieht man keinen da muß ein Unterofizier den Zug übernehmen, der Mann darf den Kopf schon hinheben, aber wenn man hinten in Ruhe ist, da spazeln sie einen richtig umher, das haben sie los, es sind nur lauter junge Leutnant, ein älterer war vernünftiger und würde sich schämen vor den Mannschaften, die haben so keinen Respekt mehr davon.“[139]

135 Die Bemerkung zum „Mineurloch" bezieht sich auf die seit 1915 praktizierte Verfahrensweise, die gegnerischen Gräben durch in der Tiefe vorgetriebene Stollen zu unterminieren und dann zu sprengen. Joseph Reininger 18.3.1917 an seine Eltern und Geschwister: Privatbesitz. Vgl. Karl Burgmaier 19.7.1916 an die „Ökonomstochter" Anna Gründl in Hochschatzen bei Wasserburg: Slg. Roubin.
136 Vgl. Ulrich/Ziemann, Frontalltag, Dok. 13 a., S. 52; Briefauszug vom 17.7.1917: BSB, Schinnereriana; R. Herbst 12.10.1916 an August Bedall: ebd., Ana 313. Jaud/v. Weech, Reserve-Infanterie-Regiment 19, S. 58, 100ff. Entsprechende Möglichkeiten gab es teilweise auch in den Ruhelagern. Vgl. die Briefauszüge zum Postüberwachungsbericht der 5. Armee vom 28.9.1917: BA/MA, W-10/50794, Bl. 30.
137 Vgl. den Briefauszug vom 17.5.1917: BSB, Schinnereriana.
138 Vgl. BHStA/IV, MilGer 6433; Kreuter, S. 87; Jaud/v. Weech, S. 32.
139 O.H. 12.9.1917 an Otto Freiherr v. Aufseß: Gemeinde Kochel. Vgl. Uffz. d.Res. Rasso Grimm 9./20. IR, im Zivilberuf Säger, am 8.4.1915 an den Pfarrer und MdR (Zentrum) Benedikt Hebel in Wiedergeltingen: BHStA/IV, MilGer 6265. Grimm wurde wegen Beleidigung eines 25jährigen Leutnants durch diesen Brief zu neun Monaten Gefängnis bei Strafaussetzung verurteilt. Hebel

Aus der Perspektive der Mannschaften war es nicht einsichtig, warum die ohnehin karg bemessene und dringend nötige Ruhezeit noch durch für den Grabenkrieg unnötige Parademärsche und anderen Drill gestört werden mußte. Sie machten ihrer Empörung über unzumutbare Anforderungen während der Ruhe deshalb in Schimpfen, Beschwerden und Gehorsamsverweigerungen[140] sowie in brieflichen Klagen an die Angehörigen Luft.[141] Ein Landwirt konstatierte in einem Schreiben an Georg Heim, daß viele Soldaten die zum Exerzieren verwendete Zeit lieber zum Schneiden von Heu verwenden würden, um die Rauhfutterversorgung der Militärpferde zu verbessern.[142]

Zwar traten einige höhere Feldbehörden in Erlassen dafür ein, die Ruhezeiten nicht durch Exerzierübungen und Arbeitsdienst zu stören und dem Schlafbedürfnis der Mannschaften durch einen regelmäßigen vollen Ruhetag entgegenzukommen.[143] Schließlich konnte durch ausreichende Ruhephasen noch im Sommer 1918 die Stimmung der Truppen sofort wieder spürbar gehoben werden.[144] Dennoch ließen viele Offiziere hinter der Front von Drill und Exerzierübungen weiterhin nicht ab, da sie davon eine Festigung der Disziplin erwarteten und gegenüber den Vorgesetzten die militärische „Straffheit" ihrer Untergebenen demonstrieren wollten.[145] Zwar drängte auch die dritte OHL in den Anfang 1917 von ihr neugefaßten Ausbildungsvorschriften auf eine Reduzierung des Exerzierens zugunsten der Ausbildung an der Waffe.[146] Die Klagen über sinnloses Exerzieren rissen dennoch bis

---

hatte den im Namen der Unteroffiziere der 9. Kompanie mit der Bitte um Abhilfe an ihn gesandten Brief in Abschrift am 14.4.1915 beim K.M. eingereicht: BHStA/IV, MKr 13346; Anton Wittmann 29.5.1918 an Georg Heim: StaA Regensburg, NL Heim 1316.

140 Vgl. WUA, Bd. 11/1, S. 92ff., und Dok. 46 (Verfügung des Chefs des Generalstabes des Feldheeres vom 23.8.1918), S. 399; BHStA/IV, MilGer 3593, 6377 (Gehorsamsverweigerung), 6309 (Tätlichkeit gegen einen Reserveleutnant), 6459 (anonyme Beschwerdebriefe des Ersatzreservisten Georg Teufel vom 26.2.1916 an den Oberst und Kommandeur des 15. I.R. Abel und vom 16.3.1916 an die 2. Inf.-Div.). In der Gerichtsverhandlung am 16.8.1917 sagte Teufel aus, daß andere ihrem Ärger über das Exerzieren und Üben von Ehrenbezeigungen dadurch „Luft gemacht" haben, „daß sie geschrieen und geschimpft haben. Ich aber habe nicht geschrieen, weil ja damit nichts erreicht wird, sondern ich legte meine Gedanken schriftlich nieder und habe deshalb den Brief an Oberst Abel geschrieben." Ebd.

141 Eine Reihe von Beispielen findet sich in den Postüberwachungsberichten der 5. Armee aus den Jahren 1917 und 1918: BA/MA, W-10/50794, Bl. 31, 65f., 77, 88.

142 Anton Wittmann, Obmann des christlichen Bauernvereins in Ottmaring (Post Dietfurt) 20.5.1918 an Georg Heim: StaA Regensburg, NL Heim 1316.

143 Vgl. Armee-Abteilung C 20.4.1917 an unterstellte Generalkommandos und Divisionen und Erlaß des Chefs des Generalstabes des Feldheeres vom 14.4.1917: BHStA/IV, HS 2348; GK I. bayer. AK 26.1.1917 an 1. und 2. Inf.-Div.: ebd., I. AK Bund 173. Das AOK 6 war bereits in einem Erlaß vom 27.9.1916 dem „Paradedrill" hinter der Front entgegengetreten und hatte zur Beschränkung der Ausbildung auf die „Bedürfnisse des Gefechtes" gedrängt: ebd., stv. GK I. AK 451.

144 Vgl. Unterrichtsoffiziere preuß. 4. Inf.-Div. 30.6.1918 und preuß. 12. Res.-Div. 1.6.1918 an AOK 6: BHStA/IV, AOK 6, Bund 121.

145 Vgl. WUA, Bd 11/1, S. 239f. (Zitat 239), 323ff.; Demmler u.a., Reserve-Infanterie-Regiment 12, S. 140.

146 Der Präsentiergriff wurde für die Kriegszeit gänzlich abgeschafft. Vgl. Borgert, Grundzüge, S. 517f.

in den Sommer 1918 nicht ab.[147] Auch die seit Mitte 1917 nur noch sporadisch kämpfenden Truppen an der Ostfront wurden dennoch mehr „gebimst als je vorher".[148] Eine entlastende Wirkung ging deshalb von den Ruhephasen nur hinsichtlich der Abwesenheit von Gefahren für Leib und Leben aus. Aus dem gewohnten wöchentlichen Rhythmus von Werktagen und Sonntag scherte auch die freie Zeit der Soldaten aus, die deshalb über den Verlust dieses Orientierungsschemas klagten.[149]

Generell erstrebenswert war der Einsatz bei einer nicht im Schützengraben liegenden Formation. Im Dezember 1917 formulierte ein Soldat deshalb ironisch: „Der Krieg ist wie ein Kino. Vorn flimmerts und hinten sind die besten Plätze."[150] Bereits bei den Artillerieformationen war die Gefahr von Verlusten geringer als bei der Infanterie, weshalb die Artilleristen in einer zwischen „leiser Verachtung" und „schauderndem Mitleid und ehrlicher Bewunderung" schwankenden Weise über die von ihnen „Schniggel" genannten Infanteristen sprachen.[151]

Vom Wechsel zwischen Gefahr und Entspannung dauernd ausgenommen waren diejenigen Soldaten, die nicht an der Waffe Dienst taten, sondern in rückwärtigen Positionen. Dazu zählten z.B. die Soldaten des für den Nachschub an Munition und Verpflegung zuständigen Trains, der bei jedem Armeekorps mit rund 5.500 Mannschaften und Unteroffizieren etatisiert war.[152] Von diesen waren nur die Angehörigen der Munitionskolonnen im Ausnahmefall dem Artilleriefeuer ausgesetzt, wenn sie bis in die Nähe von stark beschossenen Stellungen vordringen mußten.[153] Die Tätigkeit bei der „Bagage", wie die populäre Bezeichnung lautete,

147 Vgl. Karl Gandorfer 17.6.1918 an K.M. über Beschwerden der 7./12. I.R.; K.M.-Abt. A II 18.5.1918 an R.I.R. 4 und den folgenden Schriftwechsel. Gegen den Beschwerdeführer wurde ein Verfahren wegen ungerechtfertigter Beschwerdeführung nach Paragraph 152 MStGB eingeleitet: BHStA/IV, MKr 13359; Brief des Uffz. Johann des R.I.R. 18 vom 11.7.1918 an Georg Heim: BHStA/IV, MKr 13360; Ulrich/Ziemann, Frontalltag, Dok. 25 a., S. 118f. Die Meinung von M. Geyer, Rüstungspolitik, S. 101, mit den neuen Ausbildungsvorschriften für den Stellungskrieg habe man auf „Drill (...) fortan fast gänzlich verzichtet", überschätzt die Fähigkeit der Offiziere zur Anpassung an neue Formen des funktionalen Kriegführung. Es ist vielmehr charakteristisch für das wilhelminische Offizierkorps, daß es die neuentwickelte Verteidigung in der Tiefe forcierte, ohne auf Drill gänzlich verzichten zu wollen. Vgl. auch Kap. 4.1.
148 Briefauszug vom 8.12.1917: BSB, Schinnereriana.
149 Vgl. Stefan Schimmer 15.11.1914 an seine Frau: BHStA/IV, Amtsbibliothek 9584; G.T. 25.2.1917 und 17.6.1917 an seine Frau F.: Privatbesitz; Krase, S. 27.
150 Briefauszug eines Soldaten im Feld vom 24.9.1917: BSB, Schinnereriana.
151 Zitat: Klemperer, Curriculum Vitae, S. 334; vgl. den Briefauszug in: Cron, Studentendienst, S. 39 (der Deutsche Studentendienst war eine Kriegsorganisation der stark pietistisch eingefärbten „Deutschen Christlichen Studentenvereinigung"); Jakob Osthuber 27.7.1915 an seine Eltern und Jakob Maier 23.1.1915 an seine Eltern (Abschriften): AEM, Kriegschronik Altenerding B 1837. Zu Wahrnehmung aus Sicht eines Artilleristen vgl. Otto Saam 30.7., 3.10.1916, 3.7.1918 an seine Eltern: Privatbesitz. Aus diesem Grund wünschten viele Wehrpflichtige bereits bei der Musterung eine Einteilung zur Feldartillerie; WB BA Aichach 3.7.1915: StAM, LRA 99497.
152 Errechnet nach den Angaben bei Matuschka, S. 246, 264f. Die Reserve-Korps hatten eine etwas geringere Ausstattung. Ein Armeekorps umfaßte 1914 rund 40.000 Mann.
153 Von 292 Angehörigen der Gebirgs-Artillerie-Munitions-Kolonne 202 sind im Krieg drei gestorben: Hebert, S. 44, 46. Vgl. BHStA/IV, MilGer 6300.

wurde deshalb allgemein als vergleichsweise angenehm empfunden bzw. eingeschätzt.[154]

Noch begehrter war eine Stelle als Offiziersbursche, die wegen der dafür notwendigen Kenntnisse im Umgang mit Pferden oftmals mit landwirtschaftlichen Dienstknechten oder Bauernsöhnen besetzt wurde.[155] Diese verfügten auch über die Möglichkeit, sich ihrem ‚Herrn' mit Lebensmittelsendungen aus der Heimat gefällig zu erweisen und damit dem Verlust dieses Postens vorzubeugen.[156] Um so größer war das Gespött der neidischen Kameraden, wenn ein Bursche oder auch Fahrer auf Grund einer Unachtsamkeit oder der fehlerhaften Ausführung eines Befehls zum Grabendienst versetzt wurde. In ihrer Erregung und Verzweiflung blieben einige dann dem neuen Truppenteil zunächst für eine Weile fern und machten sich dadurch noch strafbar.[157] Seit Herbst 1916 wurden die kriegsverwendungsfähigen unter den im rückwärtigen Dienst beschäftigten Mannschaften allerdings schrittweise durch nur garnisondienstfähige aus der Heimat ersetzt.[158] Seitdem lebten die kriegsverwendungsfähigen unter den Offiziersburschen in der steten Angst, durch diesen Ersatz „abgesägt" zu werden.[159]

Nur im Ausnahmefall dem Feuer ausgesetzt waren auch die „Schipper" oder Armierungssoldaten, wie ihre dienstliche Bezeichnung lautete. Sie wurden zu den im Stellungskrieg enorm angewachsenen Arbeiten beim Ausbau der rückwärtigen Befestigungen und dem Aushub von Schützengräben hinter der ersten Linie herangezogen. In den 217 Armierungsbataillonen des deutschen Heeres taten rund 200.000 ältere Mannschaften Dienst.[160] Wenn die Arbeit der Schipper in weit vorgeschobenen Stellungen stattfand, konnten sie allerdings unter Beschuß durch

---

154 Vgl. Tagebucheintrag Josef Ullrich vom 14.7.1916: BHStA/IV, HS 3262; Alfons Müller 3.12.1914 an Max Plänitz: BA Potsdam, 92, 277, Bl. 22f.; Hans Spieß 30.12.1917 an Eltern und Geschwister: BHStA/IV, Kriegsbriefe 340; Stefan Schimmer 15.11.1914 an seine Frau: ebd., Amtsbibliothek 9584.

155 B.G. 27.6.1915 an Otto Freiherr v. Aufseß: Gemeinde Kochel; K.B. 8.5.1915 und 19.6.1915 an seine Eltern: BfZ, Slg. Schüling Bd. 14, Nr. 3/4; Hans Spieß 1.4.1917 an seine Eltern und 2.9.1917 an seine Mutter: „(...) ich brauch ja zur Zeit auch nicht jammern, denn ich habs ja wunderschön bei meinem Herrn, und jetzt braucht Euch überhaupt nicht kümmern um mich (...)". BHStA/IV, Kriegsbriefe 340. Vgl. allgemein Frauenholz, Armee, S. 104f.

156 Vgl. Hans Spieß 7.1.1917 an seine Eltern sowie 24.3.1917 und 15.11.1917 an seine Mutter: BHStA/IV, Kriegsbriefe 340; WUA, Bd. 5, S. 290.

157 Vgl. BHStA/IV, MilGer 6342, 6357, 6386 (Schlosser in einer Werkstatt der 2. Inf.-Div.), 6439; Militärgericht 1. Res.-Div. B 37. Im Fall der Gehorsamsverweigerung des Dienstknechtes Georg Reiter bewertete das Gericht der 2. Inf.-Div. in seinem Urteil vom 19.12.1917 die Erregung des Angeklagten über seine ungerechtfertigte Ablösung als mildernden Umstand: ebd., MilGer 6403.

158 Vgl. preuß. K.M. 13.8.1916 an sämtliche Armee-Oberkommandos; K.M. 5.9.1916 an stv. GK I. AK und Erlaß des K.M. vom 8.11.1916: BHStA/IV, stv. GK I. AK 114. Die Trainformationen blieben davon allerdings ausgenommen.

159 Hans Spieß 2.11.1917 an seine Eltern und Geschwister: BHStA/IV, Kriegsbriefe 340.

160 Matuschka, S. 269f. Vgl. als literarisch-autobiographische Darstellung des Alltags der Armierungssoldaten: Beradt, Schipper an der Front (zuerst 1919 erschienen als: Erdarbeiter. Aufzeichnungen eines Schanzsoldaten).

die gegnerische Artillerie geraten. Die von der Norm abweichende Tätigkeit in solchen gefährlichen Abschnitten rief heftigen Protest der Soldaten hervor.[161] Die größten Erwartungen an eine periodische Befreiung von den Bedrängnissen des Frontalltages verbanden alle Soldaten mit dem Heimaturlaub. Außer der Verpflegung gab es kaum eine Thematik, der sie in ihrer Korrespondenz stärkere Aufmerksamkeit widmeten, und die größere Bedeutung für die Stimmung der Mannschaften besaß.[162] Zugleich barg die ungleiche Verteilung des Urlaubs und die Beschränkung seines Umfangs erheblichen Konfliktstoff in sich:

> „Mit dem Urlaub ist es jetzt wohl auf absehbare Zeit vorbei. Die neuen Verfügungen zeigen das auf das deutlichste. Keine Verfügung kann demoralisierender wirken als diese. Was hat der Feldsoldat weiter als die Hoffnung, in jedem Jahr zweimal auf Urlaub zu kommen."[163]

Im Feldheer war die Gewährung von Urlaub zunächst an die Vorgaben der OHL gebunden. Diese legte abhängig von der Gefechtslage und den Transportkapazitäten der Eisenbahn eine Obergrenze an Mannschaften fest, die jeweils abwesend sein konnten. Einzelne Armeen und Divisionen konnten dann noch Einschränkungen vornehmen, was insbesondere in der letzten Kriegsphase erforderlich wurde.[164] Seit dem Frühjahr 1915 wurden regelmäßig zwischen drei bis sieben Prozent der Mannschaften gleichzeitig beurlaubt, wobei „auch mit Hinblick auf den im Verlauf des Krieges eingetretenen außerordentlichen Geburtenrückgang" als Ziel galt,

---

161 „Es ist geradezu unheimlich unter welchem Feuerregen unsere Komp. arbeiten muß und viele meiner Kameraden die noch bedeutend jünger sind als ich, sind infolge der ungeheuern nerventödenten Tätigkeit in der Stellung grau geworden daß man meinen könnte, sie seien schon längst über die fünfzig weg. Oft nur 20 Meter und manchmal noch weniger von den feindlichen Sappen entfernt ist man außerdem noch dem Hand und Gewehrgranatenfeuer ausgesetzt. Kürzlich habe ich mit noch 3 Kameraden einen Postenunterstand in einer vorgetriebenen Sappe, nur wenige Meter vom franz. Posten entfernt miniert. Wir mußten aushalten während die 2 Posten von uns sich auf französisch empfahlen aus Furcht vor dem Handgranatenfeuer. (...) Es ist ein himmelschreiendes Verbrechen, unbewaffnete Truppen in solchen Stellungen arbeiten zu lassen, im wahrhaften Sinne des Wortes nur als Kanonenfutter zu verwenden." Emil Herbst, geb. 1877, 2./Armierungs-Btl. 76 Armee-Abt. Gaede, am 7.4.1916 an seine Eltern in Sinsheim (Elsaß): BHStA/IV, Militärgericht 6. Ldw.-Div. H 15. Vgl. den Brief eines anonymen Armierungssoldaten aus Frankreich vom 16.5.1916 an den König von Bayern: BHStA/IV, MKr 13349.
162 Vgl. zu diesem Punkt übereinstimmenden Urteile zu: Ludendorff, Kriegserinnerungen, S. 275; Protokoll des Parteitages der Sozialdemokratischen Partei 1917, S. 91f.
163 Schütze Ludwig Schröder 30.10.1917 an seine Eltern: WUA, Bd. 5, S. 275. Ein ähnliches Zitat findet sich im Postüberwachungsbericht der 5. Armee vom 31.8.1918: BA/MA, W-10/50794, Bl. 90f.; vgl. Uffz. Adolf Hieber 21.5.1918 an seine Mutter: StaA München, NL Adolf Hieber Nr. 44. Der Hinweis auf die „Verfügungen" bezieht sich auf eine im November 1917 an der Westfront geltende zehntägige Urlaubssperre. Vgl. Chef des Generalstabes des Feldheeres 31.12.1917 an K.M.: BHStA/IV, stv. GK I. AK 869.
164 Vgl. die Mitteilung der OHL vom 26.8.1918 an das K.M., nach der die seit Mai 1918 möglichen Herabsetzungen nur noch mit Zustimmung der OHL vorgenommen werden durften: BHStA/IV, stv. GK I. AK 869. Vgl. auch den Erlaß des Chefs des Generalstabes des Feldheeres vom 17.8.1918: WUA, Bd. 11/2, Anlage 18 a., S. 133; Ldst.-Btl. München I B 20 15.3.1917 an Ers.-Btl. München; GK I. bayer. Res.-Korps 26.4.1916 an K.M.: BHStA/IV, stv. GK I. AK 250.

jedem Soldaten mindestens einmal im Jahr einen Heimaturlaub zu ermöglichen.[165] Vor und während größerer Offensiven unterbrachen allerdings Urlaubssperren den Reiseverkehr. Die abrupte Unterbrechung des regelmäßigen Zustroms von Soldaten löste im Herbst 1917 in der Heimat Beunruhigung und Gerüchte über eine im Feldheer ausgebrochene Seuche aus.[166] An der Westfront sorgte vor allem die dort seit dem 11. Februar 1918 geltende Urlaubssperre für eine gravierende Verstimmung, die erst durch ihre Aufhebung ab dem 1. Juni eine schlagartige Besserung erfuhr.[167]

Landwirte waren von dieser Sperre allerdings ausgenommen. Auf Drängen des christlichen Bauernvereins konnte das bayerische Kriegsministerium bei der OHL erreichen, daß diese mit Ausnahme einer Reihe von Armeen seit dem 5. April 1918 an der Westfront wieder in Urlaub fahren durften.[168] Seit Anfang Mai war auch diese Einschränkung aufgehoben.[169]

Diese zu einem Zeitpunkt rapide sinkender Mannschaftsstärken bei allen Truppenteilen getroffene Ausnahmeregelung war der Schlußpunkt einer Politik, die seit 1915 den Urlaub in Feld- und Besatzungsheer zu einem Mittel der Sicherung des landwirtschaftlichen Arbeitskräftebedarfs gemacht hatte.[170] Den Truppenteilen an der Front wurde bereits für die Frühjahrsbestellung 1915 die möglichst umfassende Berücksichtigung eintreffender Urlaubsgesuche auferlegt.[171] Hier und bei der folgenden Urlaubswelle zur Ernte 1915 war es jedoch offensichtlich, daß Beurlaubungen aus dem Feldheer die Grenzen der Priorität taktischer Erwägungen auf Seiten der Kommandeure nicht überschreiten konnten.[172] Zudem mußten den Feldstellen

---

165 Vgl. ebd. Ferner preuß. K.M. 23.8.1916 an K.M. (Zitat); das bayerische K.M. schloß sich dieser Ansicht mit Erlaß vom 18.12.1916 an; beides in: BHStA/IV, MKr 2418.

166 Vgl. Bad Reichenhaller Grenzbote 28.11.1917 an stv. GK I. AK: BHStA/IV, stv. GK I. AK 1723; Hans Spieß 2.12.1917 an seine Mutter, der diesen Gerüchten aufklärend entgegentrat: ebd., Kriegsbriefe 340. Grund für die Sperre im November 1917 waren die Truppenverschiebungen von der Ost- an die Westfront.

167 K.M. 5.6.1918 an die aktiven bayer. General-Kommandos: BHStA/IV, stv. GK I. AK 869. Dort auch weiteres Material zu den verschiedenen Urlaubssperren. Ab 17.6.1918 durften 7% aller Formationen an der Westfront in Urlaub fahren: Erlaß des Chefs des Generalstabes des Feldheeres vom 17.6.1918: ebd., MKr 2418. Vgl. die Berichte der Unterrichts-Offiziere der preuß. 4. Inf.-Div. vom 30.6.1918, bayer. 4. Inf.-Div. vom 28.6.1918, preuß. 42. Inf.-Div. vom 18.6.1918, preuß. 12. Res.-Div. vom 1.6.1918 und des Feldartillerie-Rekruten-Depots 6 vom 27.6.1918 an das AOK 6: ebd., AOK 6, Bund 121. Vgl. WUA, Bd. 11/1, S. 96, 99.

168 Vgl. Sebastian Schlittenbauer 1.3.1918 an K.M.; K.M. 16.3.1918 an Ludendorff; Chef des Generalstabes des Feldheeres 2.4.1918 an K.M., worin die 2., 6. 7., 17. und 18. Armee ausgenommen wurden. Landwirte aus Landwehr- und Landsturmeinheiten konnten aber auch bei diesen Armeen Urlaub erhalten. Alles in: BHStA/IV, MKr 2418.

169 Preuß. K.M. 2.5.1918 an K.M.: BHStA/IV, MKr 2418.

170 Martin Hobohm gab in seinem Gutachten noch an, hinsichtlich der „Bevorzugung einzelner Erwerbsstände" kein deutliches Bild zu haben: WUA, Bd. 11/1, S. 96. Vgl. allgemein auch WUA, Bd. 11/2, S. 95-99.

171 K.M. 9.3.1915 an die aktiven bayer. Generalkommandos und selbständigen Divisionen: BHStA/IV, stv. GK I. AK 2865.

172 Vgl. K.M. 17.4.1915 an die mobilen Verbände: BHStA/IV, MKr 2417. Die Bevölkerung sollte deshalb vor übertriebenen Hoffnungen gewarnt werden. MInn 13.4.1915 an die RP: ebd., MKr 2423.

Maßstäbe an die Hand gegeben werden, um die Dringlichkeit der vielen auch direkt an der Front einlaufenden Gesuche beurteilen zu können.[173] Denn die uneinheitliche Handhabung der Urlaubserteilung gab den nicht berücksichtigten Mannschaften Anlaß zu Klagen:

„Der Kompaniechef hätt mir gern Urlaub gegeben, allein er sagt, nur drei dürfe er beurlauben. Und kommen 50 mit Zeugnissen daher, und was für Zeugnisse. Daß ihr paar Zipfel Feld, wo sie haben, aufs Verderben steht. Ja, wenn dann so ein Herr die Sache gerecht verfahren will, muß er solche mit Urlaub vorziehen, als wie ich, wo ich nur wegen Arbeitsmangel Urlaub will."[174]

Deshalb wurde im Januar 1916 nach Absprache mit dem Innenministerium und Vertretern der Landwirtschaft[175] ein einheitliches Antrags- und Bewilligungsverfahren geschaffen, das in seinen Grundzügen bis 1918 Bestand hatte. Grundlage dieses Verfahrens war ein von jedem Betrieb über 2 ha auszufüllender Fragebogen mit Daten über Größe und Arbeitskräftebesatz des Betriebes.[176] Dieser war von der Gemeinde mit den Angaben über den voraussichtlich nötigen Termin der Beurlaubung beim Bezirksamt einzureichen, das ihn bei positiver Begutachtung an den Truppenteil, ansonsten an das stellvertretende Generalkommando weiterleitete.[177] Seit Anfang 1918 gingen alle Gesuche direkt an die Wirtschaftsstellen der stellvertretenden Generalkommandos.[178]

Bei der Beurteilung der Dringlichkeit genoß die Beurlaubung von Besitzern bzw. Betriebsleitern, und zwar hier wiederum von größeren Betrieben, den Vorrang vor landwirtschaftlichen Arbeitern. Landwirte, deren Betrieb z.B. nach dem Tod der Frau stillgelegt war, rangierten vor solchen, deren Ehefrau den Hof mit fremden Arbeitskräften bzw. Verwandten bewirtschaftete. Bei Feld- wie Besatzungsheer

---

173 Vgl. K.M. 21.8.1915 an mobile Stellen und die stv. GK; Notiz des stv. GK I. AK vom 7.7.1915 zu K.M.-Erlaß vom 3.7.1915: BHStA/IV, MKr 2417. Etappen-Inspektion 6 26.2.1915 an K.M.: ebd., MKr 2423. In diesem Akt findet sich auch eine Reihe von Urlaubsgesuchen alleinstehender Bäuerinnen an König Ludwig III. und Wilhelm II. aus dem Jahr 1915. Durch K.M.-Erlaß vom 3.7.1915 waren die mobilen Stellen beauftragt worden, auch direkt einlaufende Gesuche nur nach Begutachtung durch die Bezirksämter zu genehmigen: ebd., MKr 2417.

174 Stefan Schimmer o.D. [Anfang Juni 1915] an seine Frau: BHStA/IV, Amtsbibliothek 9584; vgl. K.M. 18.8.1915 an mobile Formationen: ebd., HS 2348; Karl Gandorfer 17.12.1915: KdA, Sten. Ber. Bd. 13, S. 230; Ulrich/Ziemann, Frontalltag, Dok. 34 a., S. 131f.

175 Vgl. „Protokoll über die Besprechung am Montag, 24.1.1916 betreffend Sicherung der Frühjahrsbestellung": StaA Regensburg, NL Heim 1623. Auf dieser Sitzung herrschte zwischen den Vertretern der Landwirtschaft und Generalmajor Köberle vom K.M. Übereinstimmung darüber, daß die Beurlaubung garnisondienstfähiger Landwirte aus dem Besatzungsheer am effektivsten sei: ebd., S. 8.

176 Vgl. MInn 29.1.1916 an die RP und BA: BHStA/IV, stv. GK I. AK 849. Betriebe unter 2 ha kamen normalerweise für eine Beurlaubung nicht in Betracht. Ein Exemplar des Fragebogens z.B. in BHStA/IV, MKr 2453.

177 Vgl. den K.M.-Erlaß vom 28.1.1916: BHStA/IV, MKr 2450. Nach der ersten Revision des Verfahrens wurden auch die Gesuche an Truppenteile im Feld direkt dort eingereicht. K.M.-Erlaß vom 21.1.1917: ebd.

178 Vgl. Anm. 198 zu diesem Kapitel.

sollten während der Ernte sowie Frühjahrs und Herbstbestellung alle anderen Urlaubsgesuche hinter den landwirtschaftlichen zurücktreten.[179] Bei Truppenteilen mit vielen Landwirten wie den Landsturmbataillonen und dort, wo die geringe Verlustquote eine Umschichtung durch den ‚natürlichen' Abgang verhinderte, konnte allein der sich ergebende hohe landwirtschaftliche Urlaubsbedarf nur durch temporären Austausch von Mannschaften gedeckt werden.[180] Die nicht der Landwirtschaft angehörigen Soldaten mußten dagegen über die Kriegsjahre hinweg beobachten, daß ihre ländlichen ‚Kameraden' mehrmals jährlich Urlaub bekamen, während viele von ihnen selbst nach zwei Jahren Felddienst noch immer nicht in der Heimat gewesen waren.[181] Die eigene, von der Ehefrau brieflich genährte „Urlaubssehnsucht" bewog den Magazineur Gustav Bährle Ende November 1916 dazu, den Kommandeur der 2. Infanterie-Division in einem anonymen Brief über die schlechte Urlaubslage aufzuklären, da dieser vermutlich von „seinen Vertrauten niemals die Wirklichkeit" erfahre:

> „Nachdem wir nun im 27. Kriegsmonat stehen, gibt es noch immer Kompagnien, in denen Mannschaften, welche seit August 1914 im Felde stehen, erst einmal im Urlaub waren. Exzl., jeder hat doch Angehörige zu Hause und man bedenke, wenn man stets fort ist, verliert man alle Liebe zu den Seinen das teure Vaterland wird einem wertlos, jeder sagt sich, für was kämpfe ich noch, mit einem Wort, die Demoralisation im 20. I.R. hat angefangen und welchen Kampfwert solche Truppe besitzt, weiß Exz. selbst."[182]

Während Bährle hinsichtlich der Gründe für die seiner Meinung nach unzureichende Urlaubserteilung keine Angaben machte, waren sich die meisten anderen Soldaten in ihrer Beurteilung einig. Nach ihrer Auffassung verhinderten die Landwirte eine hinreichende Verteilung des so begehrten Gutes, was zu einer andauernden Stimmungsverschlechterung sowie zu tiefgreifenden Antipathien und „gehässigster Kritik" gegen diese derart privilegierte Berufsgruppe führte.[183] Zudem

179 Diese Vorgaben blieben seit 1916 unverändert. Vgl. die K.M.-Erlasse vom 28.1.1916, 21.1.1917; 15.1.1918: BHStA/IV, MKr 2450; MKr 2418.
180 Vgl. GK I. bayer. Reserve-Korps 26.4.1916 an K.M.: BHStA/IV, MKr 2418, sowie Kap. 3.1.
181 Vgl. WUA, Bd. 11/1, S. 423; Ulrich/Ziemann, Frontalltag, Dok. 34 c., S. 132; K.M. 6.11.1915 an mobile Formationen: BHStA/IV, stv. GK I. AK 849; GK I. bayer. Reserve-Korps 26.4.1916 an K.M. und preuß. K.M. 23.8.1916 an K.M.: ebd., MKr 2418.
182 Anonymer Brief des Gustav Bährle an Exzl. v. Hartz vom November 1916 (Abschrift). Die Aussage über seine „Urlaubssehnsucht" traf Bährle in der Voruntersuchung, aufgrund des Briefes wurde er wegen Beleidigung Vorgesetzter – da er durch Behauptung der „Demoralisation" die Ehre des Regiments-Kommandeurs verletzt habe – und Mißbrauch des Beschwerderechtes zu einem Jahr Gefängnis verurteilt. BHStA/IV, MilGer 6223. Vgl. die Briefauszüge vom August 1918 in: BA/MA, W-10/50794, Bl. 77, 90.
183 Vgl. die Briefauszüge in BA/MA, W-10/50794, Bl. 31, sowie die wiederholten Bemerkungen in den Postüberwachungsberichten der 5. Armee vom 12.7.1917, 28.9.1917 und 31.8.1918: ebd., Bl. 15 (Zitat), 26, 76; Briefauszug vom 24.6.1917: BSB, Schinnereriana; L.I.R. 6 11.10.1917 an 5. Ldw.-Brigade: BHStA/IV, MKr 2338; Auszug aus dem Wochenbericht der Postüberwachungshilfsstelle der 5. Inf.-Div. vom 21.6.1918: ebd., 5. Inf.-Div. Bund 96. Unterrichtsoffizier preuß. 39. Inf.-Div. 1.6.1918 an AOK 6: ebd., AOK 6, Bund 121. Vgl. „Büntjes Sturmlied", in: Zweig, Grischa, S. 272f.

standen die Landwirte im Verdacht, das Entgegenkommen der für die Urlaubserteilung zuständigen Vorgesetzten noch durch die Bestechung mit aus der Heimat mitgebrachten Lebensmittelpaketen zu forcieren.[184] Landtags- und Reichstagsabgeordnete sowie sozialdemokratische Presseorgane erhielten auf Abhilfe zielende Beschwerden über die Vorzugsbehandlung der Landwirte.[185] Interessenverbände des kaufmännischen und gewerblichen Mittelstandes mahnten bei den Militärbehörden eine Berücksichtigung der Urlaubsbedürfnisse ihrer Klientel an, die dafür ebenfalls wirtschaftliche Gründe geltend machen konnte.[186]

Trotz dieser Eingaben und obwohl 1917 eine Reihe von Truppenteilen sogar eine zweimalige Beurlaubung pro Jahr zur Hebung der Stimmung als wünschenswert erachtete[187], reagierten die heimischen Militärbehörden nur hinhaltend auf das Dilemma der Urlaubsnot. Sie empfahlen den Feldstellen, die Mannschaften über den Vorrang der im allgemeinen Interesse liegenden landwirtschaftlichen Produktion vor Wünschen Einzelner zu belehren. Ansonsten sollte versucht werden, während des Winters einen Ausgleich für die nicht zum Ernteurlaub fahrenden Soldaten zu schaffen.[188]

---

184 Darüber klagte z.B. die Ehefrau des Landsturm-Mannes Bolek der 2./Ldst.Ers.Btl. Landau: Aktennotiz K.M.-Abt. A II vom 23.6.1918: BHStA/IV, MKr 13359. Briefauszug vom 7.6.1917: BSB, Schinnereriana: „Das traurige an dem ganzen Schwindel ist, daß sich die höheren Herrn gar so schmieren lassen. Wenn ein Bauer bei einer Komp [anie] ist, dann kriegt er 8 Tage Urlaub von seinem Hauptmann, wenn er ihm dafür Eier, Butter, Schmalz vielleicht auch Gselchts bringt." Vgl. BA Traunstein 1.3.1917 an stv. GK I. AK: BHStA/IV, stv. GK I. AK 1950; Militärisches Lebensmittelamt Augsburg 21.4.1918 an Garnison-Kommando Augsburg: ebd., stv. GK I. AK 1964.

185 Vgl. das Schreiben des MdL Klement vom 26.4.1916 an das K.M.: BHStA/IV, MKr 13349; Anton Dobler 23.9.1915 an die Redaktion der Münchener Post: ebd., MKr 13952; Kanonier Ziegler 25.5.1916 an Konrad Haußmann: WUA, Bd. 5, S. 266. In einer Verfügung vom 31.12.1917 an die mobilen und immobilen Dienststellen nannte der bayer. Kriegsminister Klagen über unzureichende Urlaubserteilung und die „Bevorzugung einzelner Erwerbsstände" unter den hauptsächlichen Beschwerdepunkten parlamentarischer Kritik: BHStA/IV, GK I. AK Bund 173.

186 Soziale Arbeitsgemeinschaft der kaufmännischen Verbände 25.7.1916 an K.M., Hansa-Bund Südbayern 23.11.1916 an K.M., Felix Marquart, MdR und Sekretär des Deutschen Handlungsgehilfenverbandes 22.6.1917 an K.M.: BHStA/IV, MKr 2418. Vgl. den Bericht des MdL Loibl vom 21.11.1917 über die im Finanzausschuß geäußerten Wünsche: KdA, Sten. Ber. Bd. 16, S. 651, 653, 657.

187 Dies war das Ergebnis der „Zusammenfassenden Auswertung der Stimmungsberichte von Fronttruppenteilen" gemäß K.M.-Erlaß vom 11.8.1917 durch das Pressereferat des Kriegsministeriums am 8.1.1918, S. 5: BHStA/IV, MKr 2338. Vgl. ebd. das Schreiben der 16. Inf.-Div. vom 9.10.1917 an das K.M. Vgl. auch die Äußerung des Abgeordneten Schmitt (SPD) vom 22.11.1917: KdA, Sten. Ber. Bd. 16, S. 707.

188 Vgl. K.M. 11.12.1917 an die stv. GK: BHStA/IV, HS 2348; K.M.-Pressereferat 30.1.1918 an die mobilen Stellen (Entwurf): ebd., MKr 2338. Dies war auch der Vorschlag des L.I.R. 6 am 11.10.1917 an die 5. Ldw.-Brigade gewesen: ebd. Ebenso eine undatierte Aktennotiz des K.M. auf eine Anfrage des MdL Schmitt (SPD) vom 18.4.1918 im Landtag: ebd., MKr 2418. In scharfer Diktion reagierte man allerdings auf vom Innenministerium vorgetragene Klagen der Landwirte über mangelnde Urlaubsgewährung. Vgl. MInn 7.7.1917 an K.M. und K.M. 11.7.1917 an MInn: ebd., MKr 2453.

Als Konsequenz dieser Situation war die Überschreitung des einmal gewährten Urlaubs eines der gängigsten vor den Militärgerichten verhandelten Delikte.[189] Bezeichnenderweise fand die Urlaubsüberschreitung nahezu unter Ausschluß der Landwirte statt. Der wichtigste Grund dafür dürfte gewesen sein, daß deren Bedürfnisse in dieser Hinsicht hinreichend erfüllt wurden. Dagegen war eine Reihe von landwirtschaftlichen Dienstknechten, die in der Gewährung von Ernteurlaub nur geringe Priorität genossen, in solche Verfahren verwickelt.[190] Den Militärbehörden war bekannt, daß die schlechte Urlaubslage eine erhöhte Bereitschaft zur unerlaubten Entfernung zur Folge hatte.[191] Aber auch mit Zusammenhang mit anderen Delikten wie Gehorsamsverweigerung, Feigheit oder Selbstverstümmelung traten der Ärger über fehlenden Urlaub oder die Nichtberücksichtigung durch die zur Erteilung befugten Vorgesetzten wiederholt als ausgesprochen stereotype Begründung der Angeklagten für ihr Verhalten hervor. Offenbar rechneten sie damit, auf diese Weise ein angesichts der allgemein anerkannten Bedeutung des Urlaubs für die Soldaten in besonderem Maße exkulpierendes Motiv zu nennen.[192] Besonders erregt waren Mannschaften, denen auch bei einem Todesfall in der Verwandtschaft der Urlaub versagt blieb.[193]

Im Besatzungsheer fiel die im Feld bei der Urlaubserteilung nötige Rücksicht auf die taktische Lage fort. Bereits im Sommer 1915 rief das Kriegsministerium die Ersatztruppenteile dazu auf, den Dienst effizienter zu organisieren, um weitere

---

189 Die Häufigkeit der Urlaubsüberschreitung wird dadurch nicht annähernd wiedergespiegelt, da unerlaubte Entfernung in leichteren Fällen auch auf dem Disziplinarweg geahndet werden konnte. Vgl. Kap. 3.2.2. und 3.3.3. In den Akten der 2. Inf.-Div. sind – ohne die in der folgenden Anmerkung belegten – insgesamt 29 Fälle von Urlaubsüberschreitung, die als unerlaubte Entfernung nach den Paragraphen 66/67 des MStGB mit bis zu zwei Jahren, bei Abwesenheit über sieben Tagen mit bis zu fünf Jahren Gefängnis geahndet werden konnte, erhalten. BHStA/IV, MilGer 6199, 6213, 6222, 6226, 6238, 6249, 6251, 6252, 6260, 6275, 6298, 6322, 6333, 6338, 6351, 6358, 6362, 6366, 6367, 6399, 6428, 6432, 6440, 6447, 6468, 6471, 6494, 6495. In diesen Zusammenhang gehört auch die Fälschung eines Urlaubsscheines: ebd., MilGer 6325, 6483; Militärgericht 1.-Res.-Div. B 84. Mit abgelaufenen und gefälschten Urlaubsscheinen wurde ein schwunghafter Handel betrieben. Insbesondere Fahnenflüchtige nutzten sie für eine Fahrt in Urlauberzügen; vgl. stv. GK I. AK 5.12.1917 an Sanitätsamt stv. GK I. AK: BHStA/IV, stv. GK I. AK 1327.

190 BHStA/IV, MilGer 6196, 6501 (Dieser Landwirt gab an, es habe als Dreschmaschinenführer für ihn keinen Ersatz gegeben). Dienstknechte: ebd., MilGer 6214, 6281, 6310, 6323, 6467.

191 Vgl. den vom Chef des Generalstabes des Feldheeres im Schreiben vom 23.8.1918 mitgeteilten Bericht eines Eisenbahnüberwachungsreisenden: WUA, Bd. 11/1, S. 398-401, hier S. 400. Vgl. ebd., S. 99, sowie den auf S. 32 abgedruckten Briefauszug vom Juli 1917: „Wenn ich keinen Urlaub bekomme, mache ich's wie der Emil und fahre ohne Urlaub heim; man meint, der Fluch steckte drin: jetzt sind's verdammt schon zwei Jahre und kein Urlaub."

192 Vgl. u.a. BHStA/IV, MilGer 6270, 6279, 6298, 6302, 6336, 6360, 6426, 6436, 6439, 6459; Militärgericht 1. Res.-Div. B 14, B 43, B 58. Die Vorgesetzten waren am 31.10.1917 durch Schreiben des K.M. an die mobilen Stellen darüber belehrt worden, daß die Führung des einzelnen Soldaten auf die Erteilung des Urlaubs keinen Einfluß mehr haben dürfe, da er vor allem wirtschaftlichen Zwecken diene: ebd., MKr 2418.

193 Johann Brandl 6.5.1917 an Michael Schmalhofer in Garham: BHStA/IV, Militärgericht 6. Ldw.-Div. B 22; vgl. ebd., B 12; Ulrich/Ziemann, Frontalltag, Dok. 34 f., S. 134.

Mannschaften für die Beurlaubung freizumachen.[194] In den folgenden Jahren wurden die Befehlshaber wiederholt gemahnt, nur die für den Nachschub unbedingt notwendige Zahl an Mannschaften zurückzuhalten, den inneren Dienst soweit wie möglich einzuschränken und die Zahl der wachtfreien Nächte zu verringern.[195] Die Kommandeure des Besatzungsheeres sollten sich nicht scheuen, während der Arbeitsspitzen in der Landwirtschaft einzelne Truppenteile „geradezu aufzulösen".[196] Auch Rekruten konnten nach der ersten Ausbildungsphase beurlaubt werden.[197]

Die durch den Fragebogen beglaubigten Urlaubsgesuche gingen beim Besatzungsheer direkt an die Truppenteile, ab Anfang 1918 an die zuständige Wirtschaftsstelle, deren Gutachten die Grundlage für die Entscheidung der Kommandeure bildeten.[198]

Neben den namentlich angeforderten Betriebsleitern und Arbeitern konnten die Gemeinden auch Gesuche um zahlenmäßige Abstellung von Arbeitskräften einreichen. In jeder Bestellungsperiode konnten bis zu anderthalb Monaten Urlaub gewährt werden. Die militärischen Gebühren wurden den Landwirten dabei einen Monat lang weitergezahlt. Seit März 1918 hatten auch die Landwirte den bei ihnen beschäftigten Arbeitern einen Lohn von täglich zwei Mark auszuzahlen.[199]

---

194 K.M. 19.7.1915 an die stv. GK: BHStA/IV, MKr 2417.
195 Stv. GK I. AK 25.5.1916 an immobile Verbände, K.M. 21.9.1917 an immobile Verbände: BHStA/IV, stv. GK I. AK 849. Stv. GK I. AK 9.7.1917 und 4.3.1918 an Ersatztruppenteile: ebd., stv. GK I. AK 865.
196 K.M.-Erlaß vom 23.3.1917 an die Kommandeure des Besatzungsheeres: BHStA/IV, stv. GK I. AK 1097.
197 Vgl. die K.M.-Erlasse vom 28.1.1916, 21.1.1917; 15.1.1918: BHStA/IV, MKr 2450; 2418.
198 Vgl. ebd. Seit dem Erlaß vom 21.1.1917 konnten die Wirtschaftsstellen die Beurlaubten und Zurückgestellten innerhalb ihres Bezirkes je nach Notwendigkeit verschieben, sowie Arbeitsunwillige zu ihrem Truppenteil zurückschicken. Zur Vereinfachung des Verfahrens wurde im Sommer 1918 gestattet, Gesuche wieder direkt an die Truppenteile zu senden. K.M. 29.7.1918 an mobile und immobile Truppenteile: BHStA/IV, MKr 2454.
Die Errichtung von Wirtschaftsstellen bei den stv. Generalkommandos war am 7.12.1916 bei einer Sitzung im Kriegsministerium von Georg Heim vorgeschlagen worden, da die Bezirksämter mit der Sicherung des landwirtschaftlichen Arbeitskräftebedarfs völlig überlastet seien. Daraufhin wurden durch Erlaß vom 15.1.1917 die unter Leitung eines Wirtschaftsoffiziers stehenden Stellen gebildet. Zu ihrem Aufgabenkreis zählten die Beschaffung und Verteilung landwirtschaftlicher Arbeitskräfte, die Aufsicht über durch militärische Anordnung zugewiesene Arbeitskräfte, Drängen auf restlose Bebauung der Flächen sowie allgemein die Förderung des Anbaus. Im Bereich des stv. GK I. AK wurden 12 Wirtschaftsstellen errichtet. Vgl. Niederschrift über die am 7. Dezember 1916 beim Kriegsministerium stattgefundene Beratung über die zur Sicherung der Frühjahrsfelderbestellung zu treffenden Maßnahmen, sowie MInn und K.M. 15.1.1917 an die stv. GK und RP: BHStA/IV, MKr 2451. Die Wirtschaftsstellen beriefen landwirtschaftliche Sachverständige, die sie durch die Erstellung von Gutachten bei Zurückstellung oder Entlassung von Soldaten unterstützten, sowie Nachschauoffiziere, welche die Verteilung der Arbeitskräfte überprüften. Vgl. ebd., stv. GK I. AK 2804, passim.
199 Vgl. K.M.-Erlasse vom 28.1.1916, 21.1.1917; 15.1.1918: BHStA/IV, MKr 2450; 2418. G.K.-Erlaß vom 4.3.1918 und stv. GK I. AK 1.6.1918 an Ersatztruppenteile: ebd., stv. GK I. AK 2768. Die Ungleichbehandlung hinsichtlich der Löhnung war zuvor wiederholt Gegenstand von Klagen der landwirtschaftlichen Arbeiter gewesen. Vgl. Vertrauensmann E./R.I.R. 15 1.12.1917 an stv.

Die Zahl der gewährten Urlaubstage stieg seit 1915 kontinuierlich an, folgte damit aber nur der steigenden Stärke des Besatzungsheeres.[200] Für das Jahr 1917 vorliegende Prozentzahlen machen deutlich, in welchem Umfang die Landwirte das Besatzungsheer dreimal jährlich verließen. Am 30.4.1917 waren 43% der Mannschaften und Unteroffiziere im Bereich des I. Armeekorps beurlaubt, Ende Juli waren es 35%.[201] Angesichts ihres weitaus höheren Anteils an den Soldaten im Besatzungsheer gab es dennoch Klagen von Landwirten, die untätig auf eine Abstellung in das Feld warteten, ohne zu Hause bei der Ernte helfen zu können.[202]

Weitaus gravierender war allerdings die auch durch Aufklärungsarbeit nicht zu beseitigende Unruhe, die sich unter den verbliebenen Handwerkern und anderen Angehörigen des gewerblichen Mittelstandes über die andauernde Bevorzugung der Landwirte entwickelte.[203] Sie beklagten gerade vor dem Hintergrund der Kriegsanleihe-Werbung die Schädigung ihrer eigenen wirtschaftlichen Existenz, da sie nicht regelmäßig in ihren Betrieben arbeiten konnten, während die Landwirte ihrer Meinung nach Gewinne erwirtschafteten.[204] Deprimierend wirkte zudem die

---

4. Inf.-Brigade; 2. Ers.-Btl./12. I.R. 13.4.1916 an stv. 4. Inf.-Brigade; „Erfahrungen eines alten Feldwebels über die Urlaubsbewilligung für zum Heeresdienst eingezogene Mannschaften", vom K.M. 17.4.1917 an stv. GK I. AK übersandt: ebd., stv. GK I. AK 2403; 3782; 3781.

200 Zahl der Urlaubstage im Bereich des stv. GK I.AK: Frühjahr 1915: 855.294 namentlich und 52.229 zahlenmäßig Angeforderte; Sommer 1915: 719.485 (gesamt); Herbst 1915: 244.230 (gesamt); Heuernte 1916: 1.008.748 namentlich und 80.952 zahlenmäßig angeforderte; Getreideernte 1916: 791.595 namentlich und 125.365 zahlenmäßig Angeforderte. stv. GK I. AK 13.9.1915, 8.5.1916, 10.7.1916 und 17.9.1916 an K.M. BHStA/IV, stv. GK I. AK 3782. Im Frühjahr 1917 wurden 1.040.666 Urlaubstage von 37.793 zur Frühjahrsbestellung Beurlaubten bei einer durchschnittlichen Urlaubsdauer von 27.5 Tagen gezählt. Undatierte Zusammenstellung stv. GK I. AK: ebd., MKr 2452.

201 In absoluten Zahlen waren dies am 30.4.1917 32.956 von 77.059 Mann. Undatierte Zusammenstellungen: BHStA/IV, MKr 2452, 2453.

202 Beratungsstelle für Truppenaufklärung 8.9.1917 an stv. GK I. AK: BHStA/IV, stv. GK I. AK 2398. Solche Beschwerden sind auch vor dem Hintergrund der gegenüber den Feldtruppen noch weitaus engeren Bindung zu betrachten, die bei den von der Sorge um die direkte Lebensgefahr befreiten Soldaten im Heimatheer nicht ihrer zivilen Existenz bestanden. Untätig verbrachte Zeiten waren für die direkt an der Front befindlichen Truppen eine Entspannung. In der Etappe und im Besatzungsheer warfen sie dagegen prompt die Frage auf, warum man denn überhaupt noch eingezogen sei. So notierte der in der Etappe eingesetzte Jakob Eberhard in seinem Tagebuch: „Am 15. April 16 Ich habe schon 14 Tg keinen Dienst aber das man in Urlaub fahren könt, das ist nicht, daß ist schreklig. Des Morgens Essen wir den schwarzen Kaffe, u. dann gehen wir in hl. Messe. Des Mittags Essen wir Fleisch u. Supe, um 3 Apel um 5 Uhr Essen wieder den schwarzen Kaffe um 6 Uhr wird Post verteilt u. dann wieder Appel u. dann können wir ins Bett legen, u. an die Heimat denken, das ist unßere Arbeitszeit 14 Tage. O schmerz las nach O schwindel, O schwindel hör auf." Privatbesitz; vgl. Otto Saam 30.8.1917 an seine Eltern: Privatbesitz; MdR Lederer 24.4.1916 an K.M.: BHStA/IV, MKr 13349.

203 Vgl. BA Eggenfelden 1.10.1917 an stv. GK I. AK: BHStA/IV, stv. GK I. AK 1958. Vertrauensmänner Flak-Batterie 58 31.8.1917 an Flak-Gruppe München; II. E./12. I.R. 2.9.1917 an stv. 4. Inf.-Brigade; Garnison-Btl. 2 Kaufbeuren 28.10.1917 an stv. GK I. AK; II. E./Inf.-Leib-Rgt. 3.12.1917 an Ersatz-Btl.: ebd., stv. GK I. AK 2400; 2401; 2402; 2403.

204 Vertrauensmänner Flak-Batterie 58 28.9.1917 an Flakgruppe und E./L.I.R. 12 2.10.1917 an stv. GK I. AK; Res.-Lazarett München K 9.12.1917 an Sanitätsamt: BHStA/IV, stv. GK I. AK 2401; 2403. Stv. 4. Inf.-Brigade 22.5.1918 an stv. GK I. AK: ebd., stv. GK I. AK 1965.

Wahrnehmung, daß die Landwirte durch den dauernden Urlaub praktisch kaum noch Soldaten waren, während man selbst vermehrt zu Wach- und Dienstarbeiten in der Kaserne herangezogen wurde:

> „Am besten wärs die Buben würden alle Bauern, wenn der Krieg noch lange dauert, denn die sind bei uns wenigstens am wenigsten Soldat sondern Dauerurlauber mit Gebühren. Und die lachen dich aus weil du als Handwerker für sie fleißig Dienst machen kannst u. eher daß sie dir was geben um's Geld, lassen sie es zugrunde gehen. Und dies alles mit anzusehen u. zu kosten ist wahrlich nicht dazu angethan hoffnungsfreudige Stimmen zu erregen. Nun weißt den Grund meiner Mißstimmigkeit in letzter Zeit."[205]

Im Besatzungsheer noch mehr als an der Front waren die Bauern im Bewußtsein ihrer ‚Kameraden' so vor allem als diejenige Gruppe der Soldaten profiliert, die permanent in Urlaub fahren konnte.

Vor allem für die Soldaten im Feldheer vermochte allerdings auch die Fülle der mit der Urlaubserteilung verbundenen Mißstände und Ungerechtigkeiten die subjektiv entlastende Funktion der Hoffnung auf einen befristeten Aufenthalt in der Heimat nicht zu zerstören. Die Erwartung, in überschaubarer Zeit zumindest für eine Weile der Front entkommen zu können, gliederte das zeitliche Kontinuum des Einsatzes in eine Folge überschaubarer Abschnitte. Die meisten Soldaten lebten gewissermaßen von einem Urlaub zum nächsten, da nichts außer dem Frieden ihnen verheißungsvoller erschien:

> „Vierzehn Tage sind nun bereits vergangen, seit ich mich wieder an der Front befinde, von meinem Urlaub zurück. So lange ich diesen vor mir hatte, gab es immer Hoffnung auf ein paar bessere Tage. Jetzt sind diese vorüber, mit was trösten wir uns nun? Mit baldigem Frieden? Es sieht wirklich nicht danach aus, als ob diese unsere größte Hoffnung sich in Kürze erfüllen sollte."[206]

Mit der Aussicht auf eine Beurlaubung verband sich im allgemeinen das Verlangen nach einem Bündel eng miteinander verknüpfter Möglichkeiten, die an der Front nur ausnahmsweise realisierbar waren.[207] Für eine gewisse Zeit der Todesgefahr entkommen konnte man auch dort, weshalb die in der Heimat gewährleistete persönliche Sicherheit nur selten im Vordergrund stand.[208] Größere Bedeutung

---

205 Brief eines Landwehrmannes aus dem Lager Lechfeld vom 9.9.1917: BSB, Schinnereriana. Vgl. Wilhelm Rütjerodt 18.7.1916 an den Verband der Bergarbeiter Deutschlands: BAP, 92, 271, Bl. 281; Vertrauensmänner Ersatz-Depot 4. Chev.-Rgt. 22.3.1918 an stv. GK I. AK, Flakzug IIb 23.3.1918 an Flakgruppe, E./R.I.R. 12 28.3.1918 an Ers.-Btl.; Lager Lechfeld 24.4.1918 an Kommandantur: BHStA/IV, stv. GK I. AK 2407; 2408.

206 Briefauszug vom 25.6.1917: BSB, Schinnereriana.

207 Vgl. zum Folgenden bereits die hellsichtigen Ausführungen von Martin Hobohm: WUA, Bd. 11/1, S. 97.

208 „Meine Lieben es ist hier sehr schön u. ruhig u. hat auch Bier hier, u. ist Kugelsicher u. man muß sich nicht vergrüchen wenn es über einem saust, ins bombensichere es macht manchmal spas wenn es so gracht u. saust, aber wenn es zu nahe einem auf den Haufen kommt, dann kann man auch nichts mehr denken, u. ich habe müßen in letzter immer mit Regimentskommandör jeden Tagen mit Reiten u. zwar ganz nahe an der Stellung u. da hat es immer gegracht aber doch noch nichts

hatte der Wunsch nach einer Folge von Tagen, an denen man sich ohne Unterbrechung entspannen und, wenn möglich, sattessen sowie eine Abwechslung vom Einerlei des Frontalltages genießen konnte.[209] Insbesondere im Zusammenhang mit kollektiven Trinkgelagen war dies zuweilen der Grund für die Überschreitung des Urlaubs um einige Tage.[210] Entgegen den Vorurteilen ihrer städtischen ‚Kameraden' und einzelner militärischer Stellen[211] nutzten die Landwirte den Urlaub zur Arbeit im eigenen oder bei benachbarten Betrieben.[212] Je nach der Wetterlage trat der Wunsch nach Urlaub deshalb zurück, wenn wegen schlechter Witterung in der Heimat keine Arbeitsspitze absehbar war, und wurde bei guten Arbeitsbedingungen wieder dringlicher.[213] Der Urlaub bot so periodisch eine Bestätigung der eigenen zivilen Identität als Landwirt. Mit zunehmender Dauer des Krieges zwangen allerdings die andauernden körperlichen Strapazen und die schlechte Ernährung im Feld die meisten Bauern dazu, die gegebene Zeit gänzlich zur Erholung zu verwenden.[214]

Weitere Anziehungskraft gewann der Urlaub auf Grund des Bedürfnisses, zumindest für eine Weile unbedrängt von dem permanenten Zwang zu militärischer Unterordnung leben zu können. Das mit einem Aufenthalt in der Heimat verbundene Gefühl der Befreiung hat der Landwirt und Landsturmmann Jakob Eberhard 1915 in ein emphatisches Bild gekleidet:

> „Am 27 Juli bis 9 August war ich in Ernte Urlaub das war ein vergnügen. Das ist wie wen ein Vogel aus seinem Käfig komt."[215]

---

erwüscht u. alle Kranaden grachen auch nicht u. Treffen auch nicht u. hat auch blindgänger dabei aber mir sind die Brogen schon manchmal am Kopf vorbei gesaust u. an den Pferden u. habe noch immer Glück gehabt, meine lieben aber so kommt ein Tag um der andere Tag herum u. wenn es ein Tag Ruhig ist, so meint man gleich die Rußen machen Frieden u. wir sagen es auch u. ich glaube auch an gar keinen Frieden u. habe auch keine Hoffnung außer wenn ich es sehe." Briefauszug eines im Urlaub in Heimhausen befindlichen Soldaten vom 15.10.1917: BSB, Schinnereriana. Vgl. BHStA/IV, MilGer 6252, 6428, 6429.

209 Vgl. Josef Thalmeier 10.6.1916 an seine Eltern (Abschrift): AEM, Kriegschronik Altenerding B 1837; Briefauszug zum Postüberwachungsbericht der 5. Armee vom 12.7.1917: BA/MA, W-10/50794, Bl. 22; Richert, S. 268.

210 Vgl. BHStA/IV, MilGer 6196, 6270, 6323, 6471, 6494.

211 Vgl. Josef Denk 10.9.1915 an Anna Voigt: StaA München, Familien 713; Wilhelm Rütjerodt 18.7.1916 an den Verband der Bergarbeiter Deutschlands: BAP, 92, 271, Bl. 281; Postüberwachungsbericht für die 5. Armee vom 28.9.1917: BA/MA, W-10/50794, Bl. 26; E./1. Inf.-Rgt. 28.8.1917 an stv. 1. Inf.-Brigade: BHStA/IV, stv. GK I. AK 452.

212 Vgl. den Briefauszug einer Bäuerin aus Bimwang vom 3.12.1917: BSB, Schinnereriana; BHStA/IV, MilGer 6358, 6501. Dienstknechte und Tagelöhner waren daran interessiert, durch eine Tätigkeit im Urlaub ihre finanzielle Situation zu verbessern. Vgl. ebd., MilGer 6281, 6367. Generell waren die Urlauber verpflichtet, nach ihrer Rückkehr eine vom Bürgermeister unterzeichnete Bescheinigung über die Dauer der Arbeit vorzulegen: Erlaß des K.M. vom 28.1.1916: BHStA/IV, MKr 2450. Vgl. Karl Gandorfer (23.11.1917): KdA, Sten. Ber. Bd. 16, S. 752.

213 Vgl. die Briefe von Hans Spieß vom 1.4.1917 und 27.8.1918: BHStA/IV, Kriegsbriefe 340; ebd., Militärgericht 1. Res.-Div. B 55.

214 Vgl. Aufseß, Kochel, S. 23; Richert, S. 269.

215 Kriegstagebuch Jakob Eberhard: Privatbesitz. Vgl. den Briefauszug vom 29.6.1917: BSB, Schinnereriana; O.F. 24.9.1916 an Frau Köberlein: BfZ, Slg. Schüling Bd. 110.

Der stärkste Grund für den Wunsch nach einem Urlaub war die Sehnsucht danach, Freunde und vor allem die Angehörigen zu treffen.[216] Ledige Burschen nutzten die Gelegenheit für ein Treffen mit ihrer Geliebten.[217] Ehemänner freuten sich auf die Begegnung mit Gattin und Kindern. Vor allem bei ihnen wirkte das Heimweh mit seiner „bei vielen unaussprechlichen Gewalt", das „alle übrigen Motive" für den Urlaub aufnahm.[218]

Dementsprechend groß war die Erleichterung, wenn man nach langem Bangen und Hoffen endlich zu Hause eingetroffen war und die Freude über das Wiedersehen genießen konnte.[219] Allerdings konnte das Erschrecken über den schlechten Gesundheitszustand und die unzureichende Ernährung der Ehefrau den Urlaub auch zu einem bedrückenden Erlebnis machen.[220] Die Begegnung mit dem Mangel in der Heimat war nicht auf städtische Soldaten beschränkt, wie der Brief eines Landwirtes mit vermutlich kleinerem Besitz aus der Rheinpfalz belegt:

> „Nach 3jährigem Kriege, habe ich zum 3. male die erlaubnis gehabt meine liebe Frau u. Kinder zu besuchen, (...) die Kinder sind in den 9 Monaten die ich von inen fort war so stark gewachsen, daß ich sie fast nicht gekannt hätte, aber auch meine liebe Frau hätte ich bereitzt nicht gekannt, den sie hat so stark abgenommen daß fast nichts mehr an Ihr ist als Haut u. Knochen."[221]

Solche Eindrücke waren geeignet, die andauernde Sorge um die Angehörigen nach der Rückkehr an die Front noch zu verstärken. In bezug auf die sozialen Verhältnisse in der Heimat nahmen die ländlichen Urlauber mit Ausnahme der Einschränkungen durch die Zwangswirtschaft eine vom Krieg weitgehend unberührte Normalität wahr.[222] Dagegen erregte das materielle Wohlergehen der bessergestellten Kreise in den Städten ebenso ihren Zorn wie die Äußerungen der heimatlichen ‚Stammtischstrategen', denen jede Offensive zu langsam voranging.[223] Die Mehrheit der Urlauber nutzte die Gelegenheit, um ihren Angehörigen ein ungeschminktes Bild von den Verhältnissen an der Front zu vermitteln. Nur wenige schwiegen stattdessen über das Erlebte, weil sie „froh" waren, „wenn man nicht daran zu denken braucht".[224]

---

216 Die Militärbehörden waren bemüht, auch Soldaten ohne familiäre Bindungen eine Unterkunft in der Heimat zu verschaffen. Vgl. BHStA/IV, stv. GK I. AK 838, passim.
217 Vgl. BHStA/IV, MilGer 6275, 6351, 6483; Pfarrämter Triftern 15.8.1918 und Thalberg 21.6.1916 an Ordinariat Passau: ABP, DekA II, Pfarrkirchen bzw. Obernzell 12/I.
218 WUA, Bd. 11/1, S. 97. Vgl. Kap. 4.1.
219 Vgl. die Briefauszüge vom 11.5.1917 und 26.10.1917: BSB, Schinnereriana; Kriegstagebuch Josef Ullrich vom Januar 1917: BHStA/IV, HS 3262.
220 Vgl. den Briefauszug im Postüberwachungsbericht der 5. Armee vom 31.8.1918: BA/MA, W-10/50794, Bl. 84-87.
221 Briefauszug eines Urlaubers aus Beinderkheim (Pfalz) vom 26.8.1917: BSB, Schinnereriana.
222 Vgl. den Briefauszug eines Urlaubers aus Osterhofen vom 20.3.1918: ebd.
223 „Ich bin wärend meines Urlaub nach Ludwigshafen Mannheim u. Heidelberg gekommen, da hab ich Leute gesehen die keine Felder haben u. nichts pflanzen, die haben dicke Köpfe u. dicke Bäuche gehabt, die waren im Frieden auch nicht dicker, von was sind die so dick?" So der eben zitierte Briefauszug eines Urlaubers aus der Pfalz vom 26.8.1917: ebd. Vgl. Aufseß, S. 24.
224 Aufseß, S. 23; Briefauszug Fritz Einert 8.12.1916 (Zitat): BAP, 92, 275, Bl. 18. Bedenkt man die

Die Tage in der Heimat gingen schnell vorüber und der Urlaub schien den Soldaten immer zu kurz zu sein.[225] Nun kam der schwierigste Moment des Urlaubes. Dies war – ganz im Gegensatz zum Stereotyp des seiner Heimat entfremdeten Frontsoldaten[226] – für die Urlauber wie ihre Ehefrauen das Abschiednehmen.[227] Auf beiden Seiten wurde dieser Moment durch die quälende Ungewißheit überschattet, daß es keineswegs ausgemacht war, ob man sich noch einmal würde sehen können:

> „Am 1. März 1915 Um Urlaub gebetet. Dienstfrei Am 2. März 15 Die Schuhe geholt. Nachmittag 2 Uhr in Urlaub gefahren bis zum 12.III.15 (...). Das fortgehen war nicht schwer aber das Abschiednehmen u. die beehrung das komt hart an u. das zu überwinden da weind man es drugt ein das Herz ab. Den ich weiß auch nicht ob ich noch heim kom.“[228]

Durch eine wiederholte Beurlaubung gewann diese Problematik noch an Schärfe, da die Trennung von Mal zu Mal schwerer fiel.[229] Während die Bedeutung des Urlaubs als kurzfristige Befreiung von physischer Belastung im Verlauf des Krieges eher noch zunahm, verringerte der Abschiedsschmerz seine psychologische Ventil-

---

Intensität, mit der die ländliche Bevölkerung in der Heimat die von der Front hereingetragenen Auffassungen übernahm, ist die vereinzelt beobachtete Haltung, daß Zivilisten vom Urlauber über den Krieg „nicht mehr viel hören" wollten, primär auf die Städte zu beziehen. Für die Reaktion des Urlaubers waren zudem seine Erwartungshaltung und familiäre Einbindung entscheidend, bei der unter den Landwirten mit ihrem ausgeprägten Heimweh andere Voraussetzungen als bei Städtern vorlagen. Vgl., mit Blick auf eigene Erfahrungen in Nürnberg, Aussage v. Rudolph: Dolchstoß-Prozeß, S. 449; Kap. 3.2.3.

225 Kriegstagebuch Georg Schenk Mitte August 1917: BHStA/IV, HS 3410.

226 Dieses Stereotyp knüpfte in erheblichem Umfang an literarische Stilisierungen an, die den Urlaub primär als die Wahrnehmung einer fremd gewordenen zivilen Welt schilderten, die in ihren Werten und Wünschen den Frontsoldaten im Gegensatz zur vertrauten ‚Kameradschaft' unverständlich erschien. Vgl. z.B. die klassische Version dieses Topos bei Remarque, Im Westen nichts Neues, S. 98-118, v.a. 108f.

227 Bereits bei Beginn der ersten Urlaubswelle im Frühjahr 1915 hatte Stefan Schimmer am 10.5.1915 in einem Brief an seine Frau diese Ambivalenz des Urlaubs ermessen: BHStA/IV, Amtsbibliothek 9584. Als Einzelfall bezeichnete der Pressereferent des Kriegsministeriums v. Sonnenburg einen Bericht der 1./Inf.-Rgt. 6, daß Urlauber nach der Rückkehr in das Feld froh seien, da sie u.a. in der Heimat vor allem von Familien mit mehreren Gefallenen als „Drückeberger" bezeichnet würden. Zusammenfassende Auswertung der Berichte von Fronttruppenteilen vom 8.1.1918, S. 16: ebd., MKr 2338.

228 Kriegstagebuch Jakob Eberhard: Privatbesitz. Nahezu wortgleich auch die Eintragungen im Kriegstagebuch von Josef Ullrich vom Juli 1916 und Januar 1917: BHStA/IV, HS 3262. Vgl. B.G. 12.6.1915 und S.S. 11.9.1915 an Otto Freiherr v. Aufseß: Gemeinde Kochel; M.W. 20.9.1915 an G.W.: BfZ, Slg. Schüling Bd. 19, Nr. 5; Frau S. aus Oberschur 23.6.1915 an ihren Ehemann P.S.: ebd., Bd. 25, Nr. 62; G.W. 29.1.1917 an seine Frau in Marktzeuln: ebd., Bd. 19, Nr. 1; BHStA/IV, MilGer 6399; L.T. 12.1.1916 an seinen Bruder G.: Privatbesitz; Richert, S. 217f.

229 Vgl. Franz Fendt 5.4.1916 an seine Schwester Maria in Dillingen: BHStA/IV, HS 3362; Aufseß, S. 23f.; Bericht der SD-Hauptaußenstelle Würzburg vom 14.12.1942: „Mit jedem Urlaub, den der Vater von Zeit zu Zeit erhält, geht er schwerer wieder von Daheim fort, eine Erscheinung, die sich auch im vergangenen Krieg bemerkbar machte." Broszat, Bayern in der NS-Zeit, S. 632.

funktion zunehmend.[230] Der wiederholte Kontakt mit der angestammten Lebenswelt vergrößerte vielmehr die Friedenssehnsucht der Soldaten. Diese Wirkung war umso stärker, je ausgeprägter die „Gebundenheit" an die „natürliche Umgebung" der eigenen zivilen Vergangenheit war. Dies traf vor allem für die Bauern zu, während Gebildete und auch organisierte Arbeiter gelernt hatten, von ihren eigenen Lebensbedürfnissen und -verhältnissen zu abstrahieren.[231] Bei den Landwirten wog allerdings ihre Privilegierung bei der Urlaubsgewährung diesen Effekt wieder auf. Auch in den bedrückendsten Phasen des Fronteinsatzes konnten sie zumeist die begründete Hoffnung hegen, daß ihnen demnächst Urlaub gewährt würde, oder ansonsten, gerade auch angesichts einer drohenden Abstellung in das Feld, ihre Verwandten selbst zum Einreichen eines Urlaubsgesuches auffordern.[232] Detaillierte Anweisungen an die Angehörigen sollten die Erfolgsaussichten der Gesuche verbessern, auch wenn man sich der „Beschwererei" der ‚Kameraden' bewußt war, die über die Bevorzugung der Landwirte klagten.[233] Die Freude über ein aussichtsreiches Gesuch wechselte sich mit der Erbitterung über von den Vorgesetzten trotz des Gutachtens der Heimatbehörden nicht genehmigte Gesuche ab.[234]

Die quantitativ ungleich stärkere Beurlaubung der Landwirte im Besatzungsheer vermochte es bis zum Kriegsende, dort die durch starke Friedenssehnsucht geprägte Stimmungslage wiederholt zumindest kurzfristig optimistisch einzufärben.[235]

230 Vgl. gegen Kriegsende L.S. 19.9.1918 an Otto Freiherr v. Aufseß: Gemeinde Kochel.
231 Dies war bereits die u.a. auf eigener Anschauung beruhende Auffassung von Ludwig Bergsträsser: WUA, Bd. 4, S. 128ff., Zitat S. 131. Vgl. Kap. 3.3.2. Als Äußerung eines Bauern vgl. z.B. Luitpold Lerchenmüller 4.4.1917 an seine Eltern: „Mit dem Urlaub wäre es mir ja ganz recht kann schon sein daß ich hinaus komme, aber wenn ich draußen bin werde ich nicht mehr *herein wollen* Ihr könnt machen wie Ihr wollt eine Eingab machen oder nicht ich gehe ja gerne heim sehr gerne. Ich habe gedacht ich will wieder machen daß ich auf der Heuet wieder heim kom, wenn ich dann noch herin bin und noch nicht aus ist der Krieg. es ist mir weg[en] dem Heuet. aber wenn mich gerne vorher notwendig wollt macht eine Eingab (...)." Hervorhebung im Original: StAA, Amtsgericht Immenstadt, Zivilsachen E 154/1921.
232 Vgl. L.R. 30.3.1918, 15.7.1918 und 8.9.1918 an seine Frau und Kinder: BfZ, Slg. Schüling, Bd. 5, Nr. 88, 91, 95; Georg Meier 20.8.1914 an Sophie (Abschrift): AEM, Kriegschronik Altenerding B 1837; B.G. 31.8.1918, J.H. 13.10.1915 und 27.6.1916 an Otto Freiherr v. Aufseß: Gemeinde Kochel; Joseph Reininger 12.12.1916 an seine Eltern und Geschwister: Privatbesitz; G.S. 15.7.1917 an F.T. in Gollhofen: Privatbesitz; Josef Aichele 5.5.1916 an seine Mutter Resie in Stiefenhofen: Slg. Roubin; Otto Saam 20.2.1917 an seine Eltern: Privatbesitz.
233 Vgl. Stefan Schimmer o.D. [Mitte Mai 1915] und 11.6.1915 an seine Frau: BHStA/IV, Amtsbibliothek 9584. Zitat: Hans Spieß 12.1.1917 an Eltern und Geschwister: ebd., Kriegsbriefe 340.
234 Hans Spieß 12.3.1917 an Eltern und Geschwister: „(...) ich kann vor Freude kaum schreiben weil die Mutter ein Gesuch machen läßt, es muß halt schlau gemacht werden, es kommen Gesuche an wo bloß 3 oder 4 Tage da sind, es ist halt der Grund das ich das Frühjahr noch dran kom weil sonst der Herbst kommen könnte (...)." Vgl. ders. 31.8.1917 an die.: BHStA/IV, Kriegsbriefe 340; Stefan Schimmer 6.6.1915 an seine Frau: ebd., Amtsbibliothek 9584; Alois Deuringer 25.3.1917 an seine Frau: ebd., Militärgericht 6. Ldw.-Div. D 9; L.I.R. 6 11.10.1917 an die 5. Inf.-Brigade: ebd., MKr 2338; J.H. 21.11.1915 an Otto Freiherr v. Aufseß: Gemeinde Kochel; G.T. 11.2.1915 an seine Frau in Gollhofen: Privatbesitz.
235 Vertrauensmänner E./Inf.-Leib-Rgt. 23.8.1918 an stv. GK I. AK; E./R.I.R. 12 28.5.1918 an

Allerdings wurde unter den nur garnisonsverwendungsfähigen Landwirten die Frage laut, warum man dann dem Zivilberuf nicht gänzlich wieder zugeführt werden könne.[236] Die Folgen eines auch nur kurzfristigen Lebens in zivilen Verhältnissen zeigten sich nach der Rückkehr in das Feld noch geraume Zeit. Der Abschiedsschmerz blieb spürbar:

„Erst jetzt nach so langem schweren Abschied obwohl ich mir nicht so arg ankommen ließ wars mir doch schwer ums Herz u. aber jetzt ist es schon so lang her u. wir kommen nicht zusammen aber ich glaube die Mutter Gottes verläßt uns zwei doch nicht, aber das will ich Dir sagen, die Wahlfahrtigung [Wallfahrt; B.Z.] machen wir so bald es möglich ist wenn ich wieder zu Dir heimkehren darf."[237]

An den alltäglichen Rhythmus des Lebens an der Front gewöhnten sich die Soldaten jedoch erst mühsam nach einigen Wochen wieder. In dieser Zeit schilderten sie ihre Teilnahms- und auch Appetitlosigkeit ebenso wie die andauernde Präsenz der Erinnerungen an die Heimat.[238] Manche weigerten sich auch, wenn sie direkt nach der Rückkehr in eine stark umkämpfte Stellung wie an der Somme 1916 oder der Aisne 1917 vorrücken sollten.[239]

3.2.1.2. Ruhige Frontabschnitte und stille Vereinbarungen

Neben dem kurzfristigen Wechsel von Graben und Ruhestellung sowie der periodischen Beurlaubung gliederte sich der Frontalltag noch in einen längerfristigen Rhythmus von Belastung und Entspannung. Denn nach dem im Oktober und November 1914 an der Westfront, im Verlauf des Jahres 1915 auch im Osten vollzogenen Übergang zum Stellungskrieg wurde nicht an allen Frontbereichen mit gleicher Intensität gekämpft.[240] Die bereits bei Kriegsbeginn bestehenden aktiven Infanterie-Divisionen waren im gesamten Kriegsverlauf an ständig wechselnden Einsatzorten schweren und schwersten Belastungen ausgesetzt. Dies traf auch für

Ersatz-Btl.; Lager Lechfeld 24.6.1918 an die Kommandantur: BHStA/IV, stv. GK I. AK 1980; 2409; 2410.

236 Wirtschaftsstelle Augsburg 19.7.1918 an stv. GK I. AK: BHStA/IV, stv. GK I. AK 1967.

237 Johann Baptist Blehle 8.5.1915 an seine Frau: StAA, Amtsgericht Immenstadt, Zivilsachen E 29/1920. Blehle war seit einem Gefecht am 9.5.1915 vermißt. Seine Frau reichte den Brief 1920 im gerichtlichen Todeserklärungsverfahren ein, in dessen Akten er sich erhalten hat. Vgl. den Eintrag vom Dezember 1917 im Kriegstagebuch Kurt Raschig: WUA, Bd. 5, S. 278.

238 Briefauszug vom 26.10.1917: BSB, Schinnereriana. Vgl. S.S. 11.9.1915 und 29.9.1915, B.G. 15.8.1915 und F.L. 10.5.1918 an Otto Freiherr v. Aufseß: Gemeinde Kochel; G.T. 9.6.1917 an seine Frau in Gollhofen: Privatbesitz; Johann Friedrich 23.9.1917 an seine Frau in Schweinfurt: BHStA/IV, Militärgericht 6. Ldw.-Div. F 7; M.W. 20.9.1915 an G.W.: BfZ, Slg. Schüling Bd. 19, Nr. 5. Diese Problematik traf auch für die beurlaubten Landwirte des Besatzungsheeres zu. Vgl. Vertrauensmann E./L.I.R. 1 25.5.1918 an stv. GK I. AK: BHStA/IV, stv. GK I. AK 2409.

239 Vgl. BHStA/IV, MilGer 6398, 6431, 6433, 6446.

240 Teilweise wurden bereits im September 1914 die ersten Schützengräben bezogen. Vgl. Die 5. Kompanie des Infanterie-Leib-Regiments, S. 32f.

einige Reserve-Divisionen zu, insbesondere für diejenigen, die im Herbst 1914 unter Verwendung zahlreicher Kriegsfreiwilliger aufgestellt wurden.[241] Solche Eingreifdivisionen wurden wiederholt in den verlustreichen Materialschlachten der Jahre ab 1916 eingesetzt. In diesen „brennen", wie es in der zynischen Sprache der Generalstabsoffiziere hieß, „ganze Divisionen in wenigen Stunden zu Schlacken aus."[242]

Insbesondere das stundenlange Trommelfeuer der Artilleriegeschütze auf einen bestimmten Abschnitt zermürbte an den Großkampftagen die Infanteristen.[243] Der Munitionsverbrauch der Artillerie vermittelt einen Eindruck von dem unterschiedlichen Ausmaß der Feuerbelastung. Die 24 Geschütze der sechs Batterien des 9. Feldartillerie-Regiments verbrauchten in zwei relativ ruhigen Einsatzphasen, dem zweiten Viertel des Jahres 1915 und dem ersten Vierteljahr 1916, zusammen 8.288 bzw. 13.217 Schuß Munition. In der Somme-Schlacht verschoß dagegen allein jede Batterie zwischen 800 und 1.200, vereinzelt sogar bis zu 2.000 Granaten oder Schrapnells pro Tag.[244] Zur Erholung sowie der Auffüllung der entstandenen Verluste mit eintreffendem Ersatz kamen die stark beanspruchten Divisionen nach solchen Kämpfen für einen Zeitraum von wenigen Tagen bis mehreren Monaten an einen ruhigen Frontabschnitt.[245]

Einen generellen Unterschied hinsichtlich der Beanspruchung und Gefährdung der Soldaten gab es zwischen West- und Ostfront im allgemeinen. Während im ersten Kriegsjahr die Kämpfe im Osten noch verlustreicher waren als im Westen, verschob sich in den folgenden Jahren das Verhältnis zu Gunsten des Ostens.[246] Vor

---

241 Dazu zählen von den ganz oder teilweise im südbayerischen Raum rekrutierten Divisionen die 1., 2. und 11. Inf.-Div., die 6. Res.-Div., zumindest zeitweise die 1. Res.-Div. (bis Anfang 1917) sowie die 8. Res.-Div. Vgl. die Überblicke über den jeweiligen Gefechtskalender in Histories, S. 40f., 43f., 65ff., 139ff., 164f., 208ff.

242 Tagebucheintrag vom 31.7.1917: Thaer, S. 130. Zu den extremen Belastungen in diesen Schlachten liegen zahlreiche Schilderungen in der einschlägigen Literatur vor. Vgl. Blond, Verdun; Werth, Verdun; für die Somme: Keegan, S. 241-338; Middlebrook, Kaiserschlacht. Vergleichsweise wenig Beachtung finden hierzulande im historischen Bewußtsein immer noch die ausgesprochen heftigen Kämpfe der dritten Ypern-Schlacht im Sommer und Herbst 1917, auf die sich auch v. Thaers Äußerung bezieht. Vgl. aus der englischsprachigen Literatur: MacDonald, Passchendaele.

243 Vgl. Ulrich/Ziemann, Frontalltag, Dok. 20 f., S. 89f.

244 Bei Verdun verschossen sieben Batterien am 1.6.1916 zusammen 10.835 Schuß Munition: Kuchtner, S. 83, 118, 150, 191. Zur Geschützzahl vgl. v. Matuschka, S. 241f.

245 Der Gefechtskalender der 2. Inf.-Div. weist z.B. solche Phasen aus für den Sommer 1915, von Juli bis Oktober 1916 nach dem Einsatz bei Verdun, von Januar bis April 1917 nach dem Einsatz an der Somme, für jeweils 14 Tage im Juni 1917 nach den Kämpfen am Chemin des Dames und erneut Anfang 1918, sowie 1918 für knapp vier Wochen seit Anfang Mai und einen vollen Monat seit Ende Juni. Vgl. Histories, S. 65ff.; Haupt, S. 57; Höfl, S. 63, sowie S. 298f. die abschnittsweise Zusammenstellung der Gefallenenzahlen.

246 Dafür waren auch die durch starke Kälte geprägten natürlichen Bedingungen verantwortlich, im Winter in Rußland und Rumänien den Krieg mehr zu einem „Kampf mit den Gewalten der Natur" als mit dem Gegner machten. Bericht von Karl Bihler aus Buchloe vom 1.6.1928 über die Kämpfe des Jäger-Rgt. 3 in den Karpathen vom 30.11.1916 bis zum 21.1.1917 (Zitat): BHStA/IV, HS 1984; Aussage v. Rudolph: Dolchstoß-Prozeß, S. 447. Vgl. Die 5. Kompanie des Infanterie-Leib-Regiments, S. 150-186.

allem seit dem Frühjahr 1917, als nach dem Beginn der revolutionären Umwälzung in Rußland die Truppen zunehmend der Kontrolle durch die Regierung entglitten[247], fanden dort nur noch sporadisch Gefechte statt. Die deutsche Militärführung forcierte diese Situation durch die Anbahnung von Verbrüderungen. Mit Hilfe der dabei möglichen Entsendung von propagandistisch tätigen Offizieren sollten sie die Kampfkraft des Gegners weiter schwächen.[248] Aber auch unabhängig davon herrschte bei einzelnen Einheiten wie der 8. Reserve-Division ein informeller „Separatfriede" mit den russischen Einheiten.[249] Die seit dem 7.12.1917 geltende Waffenruhe und der Waffenstillstand vom 15.12.1917 sanktionierten diesen Zustand schließlich.[250] Die Verluste der im Osten befindlichen Truppen lagen deshalb in der zweiten Kriegshälfte weit unter denjenigen der im Westen eingesetzten Verbände:

Tabelle 5: Durchschnittlicher Ausfall der deutschen Truppen (Gefallene und Vermißte) an West- und Ostfront pro Monat (in Promille der Gesamtstärke) [251]

Kriegsjahr	Westen	Osten
1914/15	14.5	17.1
1915/16	6.5	5.8
1916/17	8.8	3.3
1917/18	8.4	0.7

Die Mannschaften, denen diese Zusammenhänge bekannt waren, reagierten dementsprechend mit Optimismus auf eine Verlegung ihrer Einheit an die Ostfront.[252] Der umgekehrte Weg war dagegen von einer unruhigen Stimmung begleitet.[253] Auch die hohe Zahl an Soldaten – teilweise bis zu zehn Prozent des Bestandes der Transporte – die sich im Herbst 1917 bei der Verlegung von Truppenteilen an die

247 Vgl. M. Ferro, The Russian Soldier in 1917: Undisciplined, Patriotic and Revolutionary, in: Slavic Review 30 (1971), S. 483-512.
248 Vgl. mit weiteren Literaturhinweisen Ziemann, Verweigerungsformen, S. 107.
249 Vgl. die Briefe von Hans Carossa, der als Bataillons-Arzt in der 8. Res.-Div. tätig war, vom 16.4.1917 (Zitat), 23.6.1917, 1.7.1917 und 24./25.8.1917: Carossa, Briefe, S. 145, 147, 148f., 155, sowie die Briefabschrift eines Reserve-Offiziers und Kompanieführers der 8. Res.-Div. vom 4.5.1917: BHStA/IV, MKr 2332; Briefauszug vom 23.11.1917: BSB, Schinnereriana.
250 Vgl. zur Wahrnehmung die Briefauszüge vom 12.12.1917 und 14.12.1917: BSB, Schinnereriana. Auch nach dem Frieden von Brest-Litowsk gab es allerdings Verluste bei Kämpfen gegen Partisanenverbände im okkupierten Gebiet. Vgl. dazu und zu dem brutalen Okkupationsregime der deutschen Truppen: Militarismus gegen Sowjetmacht, S. 80-95.
251 Sanitätsbericht, Bd. III, S. 140*-143*.
252 Vgl. Carossa, Tagebücher, S. 220 (Eintrag vom 13.10.1916); Jaud/v. Weech, S. 105; Die 5. Kompanie des Infanterie-Leib-Regiments, S. 193; Richert, S. 224.
253 Vgl. für die preuß. Garde-Ersatz-Division: Histories, S. 28; WUA, Bd. 11/1, S. 322f.

Westfront entfernten, und die massiven Ausschreitungen bei einigen Transporten sind primär vor diesem Hintergrund zu betrachten.[254] Eine angeblich durch die Oktoberrevolution ausgelöste „revolutionäre Politisierung" des Ostheeres als Ursache für das Verhalten der verlegten Mannschaften zu unterstellen, ist dagegen völlig verfehlt.[255] Hinweise darauf vermittelt auch ein Bericht über Ausschreitungen bei einem Transport von 600 Soldaten der bayerischen Reserve-Infanterie-Regimenter 4 und 15 an die Westfront im November 1917.[256] Während die Verladung ohne Probleme erfolgte, gab es im Verlauf der fünftägigen Fahrt bis zur deutschen Grenze aufgrund der unzureichenden Verpflegung mehrfach Schüsse und „Hunger"-Rufe aus den Waggons. Da der Transport deshalb als „wild" gemeldet wurde, hatte in Bebra eine Postenkette von Soldaten den Bahnhof umstellt, obwohl sich die Mannschaften auf der Fahrt durch Deutschland ruhig verhalten hatten. Das in der Absperrung offenbar werdende Mißtrauen der auf höhere Anordnung handelnden Bahnhofskommandantur quittierte man mit Rufen wie „Wir sind keine Verbrecher, wir verteidigen das Vaterland".[257] Nach einem längeren Aufenthalt in Frankfurt am Main entzog sich dort eine Reihe von Soldaten dem Transport. Bei weiteren Fahrtunterbrechungen auf der Strecke kam es zu weiteren unerlaubten Entfernungen, so daß schließlich knapp 90 Soldaten fehlten. Den Mannschaften aus einem der Bataillone war offenbar vor der Abfahrt versichert worden, der Transport gehe zum Ersatz-Bataillon nach Germersheim. In Frankfurt war man sich nun über den wahren Bestimmungsort klar geworden. Die Mannschaften bekundeten deshalb ihre Entschlossenheit, „nicht mehr" über den Rhein zu gehen. Einer der Rädelsführer wollte auf der Strecke im Zug Posten aufstellen, damit in der Rheinpfalz alle den Zug verlassen würden.[258]

Eine durch die dauerhafte Abwesenheit größerer Kampfhandlungen geprägte Situation fanden diejenigen Soldaten vor, die in einer der „Stellungsdivisionen"

254 Vgl. Verfügung des Chefs des Generalstabes des Feldheeres vom 19.11.1917: BHStA/IV, MKr 2324; Deist, Militär und Innenpolitik, S. 1226, Anm. 1; Ziemann, Verweigerungsformen, S. 120.
255 Dies tut ebenso wie die frühere DDR-Historiographie ohne jeden Beleg: Kruse, Klassenheer, S. 556.
256 Vgl. die Berichte des Transportführers, Oberltnt. d. Res. Fröhlich III./R.I.R. 4, vom 1.12. und 2.12.1917 an die 4. Inf.-Div. Dort auch die folgenden Zitate. Die Verladung erfolgte am 23.11.1917 Mittags in der Nähe der ukrainischen Stadt Tarnopol: BHStA/IV, MKr 2324; die beiden Regimenter gehörten zu diesem Zeitpunkt zur preuß. 199. Inf.-Div. bzw. bayerischen Ersatz-Division: Die Bayern im Großen Kriege, Bd. 2, S. 37. Vgl. auch Neter, Zusammenbruch, S. 27; Aussage v. Rudolph: Dolchstoß-Prozeß, S. 448; Frauenholz, Rupprecht, Bd. 2, S. 288.
257 In seinem Bericht vom 2.12.1917 notierte der Transportführer seine Bemühungen, derartige Absperrmaßnahmen, die das „Ehrgefühl" der Soldaten beleidigen mußten, zu verhindern. Trotzdem hatte man auch in Hanau, hinter einer Baracke verborgen, zwei Kompanien bereitgestellt, deren Existenz auch von den Mannschaften bemerkt wurde: BHStA/IV, MKr 2324.
258 Der Transportführer vermutete in seinem zweiten Bericht, daß es auf der ganzen Fahrt Ausschreitungen gegeben hätte, wenn den Mannschaften das Ziel der Fahrt von vornherein bekannt gewesen wäre. Die Truppen waren für die 1. Res.-Div. und 4. Inf.-Div. bestimmt. Zudem enthält der Bericht mehrere Hinweise darauf, daß die Mannschaften in ihrer Mehrheit noch nicht unter der Kontrolle ihrer Vorgesetzten standen.

Dienst taten. Dies waren Landwehr- und Reservedivisionen, die während der gesamten Dauer des Krieges nahezu unverändert den selben ruhigen Frontabschnitt besetzten. In der bayerischen Armee handelte es sich dabei um die 1. und 6. Landwehr-Division sowie die 30. und 39. Reserve-Division. Diese Einheiten hatten jeweils bei Beginn des Stellungskrieges – die 39. Reserve-Division bei ihrer Errichtung im Februar 1915 – passive Sektoren in den Vogesen bzw. Lothringen besetzt, bei denen beide Seiten nur auf eine defensive Sicherung der Frontlinie bedacht waren.[259]

Veränderungen traten im Verlauf des Krieges bei diesen Einheiten nur hinsichtlich der unterstellten Regimenter ein, die teilweise ausgetauscht wurden, sowie durch das 1916 vorgenommene Herausziehen der jüngeren Jahrgänge.[260] Seit diesem Zeitpunkt war man vor allem mit dem Ausbau der Stellungen beschäftigt, weshalb keine Ausbildung der Mannschaften im Sinne der Erfordernisse des modernen Stellungskrieges stattfinden konnte.[261] Größere Kampfhandlungen fanden – mit Ausnahme der 39. Reserve-Division, die im Dezember 1916 kurzzeitig bei Verdun eingesetzt wurde[262] – seit dem Herbst 1915 nicht mehr statt.[263] Ansonsten bestand die Aktivität dieser Divisionen ausschließlich in der Sicherung des übertragenen Abschnittes durch Wachtposten.

Für besondere Aufgaben standen den Divisionen seit dem Frühjahr 1916 besondere Sturmabteilungen zur Verfügung. Der Hauptmann Willy Rohr hatte ab September 1915 mit dem von ihm geleiteten „Sturmbataillon Rohr" an der Entwicklung neuer Techniken und Taktiken zur Überwindung der erstarrten Befestigungsysteme des Stellungskrieges gearbeitet. Mit Hilfe des massierten kombinierten Einsatzes von Handgranaten, Maschinengewehren und Granatwerfern sollten die Stoßtrupps in die Lage versetzt werden, in die feindlichen Gräben einzudringen und der nachfolgenden Infanterie den Weg zu bahnen.[264]

Die Erfolge verschiedener Erprobungen bewogen die OHL, im Mai 1916 den Divisionen die Errichtung eigener Sturmabteilungen für besondere Angriffsaufga-

---

259 Vgl. Die Bayern im Großen Kriege, Bd. 1, S. 585 (Zitat); Ashworth, Trench Warfare, S. 15ff.
260 Vgl. Histories, S. 46, 143, 393f., 441; Kap 3.1.
261 1. Ldw.-Div. 26.1.1917 an GK 63, sowie die Beurteilung des GK 63 im Schreiben vom 29.1.1917 an AOK A: „Die 1. Bayr. Landw. Division ist eine gute Stellungsbautruppe. Sie wird auch wahrscheinlich feindl. Unternehmungen kleinen Stils und kleinere Teilangriffe abweisen können, sie ist aber keine Kampftruppe, den gewaltigen physischen und moralischen Eindrücken des Großkampfes gewachsen erscheinen." BHStA/IV, MKr 1803.
262 Die Soldaten ließen sich dabei scharenweise freiwillig gefangennehmen. Vgl. dazu nach französischen Berichten Werth, S. 467.
263 Vgl. Histories, S. 441; Kreuter, S. 131-186, v.a. S. 135; Jordan, Landwehr-Infanterie-Regiment 3, S. 59-91. Die 30. Res.-Div. hatte zuletzt im Juni 1915 an Kämpfen bei Fontenelle teilgenommen, bei denen u.a. Stefan Schimmer am 22.6.1915 getötet wurde. Vgl. Histories, S. 393, sowie das Schreiben des Feldwebels Drechsel vom 1.7.1915 an Katharina Schimmer: BHStA/IV, Amtsbibliothek 9584.
264 Vgl. Gruss, Aufbau, v.a. S. 13ff., 21ff., 35ff., 73f. Die neuere Arbeit von Kincaide, Sturmabteilungen, bietet keine weiteren relevanten Erkenntnisse.

ben vorzuschreiben.[265] Dafür wurden körperlich besonders geeignete, unverheiratete Freiwillige unter 25 Jahren herangezogen, die gesonderte Verpflegung erhielten und vom normalen Grabendienst freigestellt waren.[266] Auch die Stellungsdivisionen verfügten in der Regel über eine eigene Sturmkompanie. Angesichts der schlechten physischen Verfassung der überalterten Mannschaften übernahmen diese alle über den Wachdienst und die Instandhaltung der Stellungen hinausgehenden Aufgaben. Dazu zählten vornehmlich periodische Patrouillenunternehmungen zur Aufklärung über Stärke und Position des Gegners, die vor allem durch die Einbringung von Gefangenen erfolgte.[267]

Die zeitweise oder dauernde Postierung an ruhigen Abschnitten wurde von den Soldaten mit der stereotypen Bemerkung kommentiert, „zur Zeit" habe man es „nicht schlecht".[268] Darüber hinaus kannten die Soldaten Möglichkeiten, durch eigene Initiative in ihrem Frontabschnitt ‚Ruhe' herzustellen. Bereits in den ersten Wochen des Stellungskrieges fraternisierten an verschiedenen Frontabschnitten die gegnerischen Truppen miteinander und vereinbarten Feuerpausen.[269] An den Weihnachtstagen des Jahres 1914 herrschte weitgehende Waffenruhe, und vor allem zwischen britischen und deutschen Truppen fanden Begegnungen im Niemandsland statt.[270] Aber auch französische Einheiten hielten die Waffenruhe ein, beteiligten sich an der gemeinsamen Bergung von Gefallenen und trafen sich mit bayerischen Truppen.[271] Verbrüderungsversuche gab es auch an Weihnachten 1915

265 Erlaß Falkenhayns vom 15.5.1916: Gruss, Anlage 4, S. 152.

266 Ebd., S. 43ff., 62, 87f., 133, 139f.

267 Vgl. Jordan, S. 64ff., 80ff.; Histories, S. 46, 143, 394, sowie für nichtbayerische Divisionen ebd., S. 235, 360, 369, 435, 463. In den aktiven Divisionen führte der Einsatz von Sturmtruppen dazu, daß „die Masse der Infanterie nicht angreift, weil sie glaubt, daß die eigentliche Arbeit von den Stoßtrupps geleistet werden soll. Es besteht der bestimmte Eindruck, daß wiederholt aus diesem Grunde Angriffe nicht zustande kamen." GK I. bayer. AK 2.8.1916 an AOK 5: BHStA/IV, GK I. AK Bund 104.

268 Zitat: G.T. 17.6.1917 an seine Frau in Gollhofen; vgl. ders. 22.6.1917 an dies., C.H. 8.7.1916 an F.T. in Gollhofen und 5.9.1916 an G.T.: Privatbesitz; Hans Spieß 30.12.1917 an Eltern und Geschwister: BHStA/IV, Kriegsbriefe 340; Josef [Nachname unleserlich] 3./L.I.R. 1 17.5.1915 an die Ökonomstochter Anni Krumbachner in Unterwaghofen bei Tittmoning: Slg. Roubin; Briefauszüge zum Postüberwachungsbericht der 5. Armee vom 30.9.1917: BA/MA, W-10/50794, Bl. 30f.

269 Erlaß des Chefs des Generalstabes des Feldheeres vom 28.11.1914: BHStA/IV, GK I. AK Bund 96. Vgl. GK I. bayer. AK 30.12.1914 an 1. und 2. Inf.-Div: ebd., GK I. AK Bund 178. Brown/Seaton, Christmas Truce, S. 41-53. Die stillen Vereinbarungen, der Sache nach eine Verweigerungsform, werden hier behandelt, da sie in den systematischen Kontext der ruhigen Frontabschnitte gehören. Zum vereinzelten Auftreten in Materialschlachten vgl. Werth, S. 335f., 424.

270 Vgl. Brown/Seaton, S. IX, 210f.; R. Frey, Weihnachten im Felde, in: Das Bayerland 32 (1920/21), S. 49-51; Ziemann, Verweigerungsformen, S. 101f.

271 Nach Schüssen eines Nachbartruppenteils wurden dabei einige Soldaten des I. bayer. AK gefangen genommen: GK I. bayer. AK 30.12.1914 an 1. und 2. Inf.-Div.: BHStA/IV, GK I. AK Bund 178. Vgl. Höfl, S. 52; Eksteins, S. 178f. Zur Bestattung Gefallener vgl. für das bayer. 17. I.R. auch Brown/Seaton, S. 96. Nicht zutreffend ist demnach die These von den beiden Autoren, ebd., S. 80-86, französische Truppen hätten nicht fraternisiert. Vgl. den Brief des Gefreiten Franz Stumpf 8./20.

wieder. Victor Klemperer hat beschrieben, wie sich der Zorn der üblicherweise „Schniggel" genannten Infanteristen gegen ihn, den zur Beobachtung im Graben befindlichen Artilleristen richtete, als ein Feldwebel der 5. Infanterie-Division die gegenüberliegenden Engländer daran hinderte, den bayerischen Graben aufzusuchen.[272] Gerade in ruhigen Frontabschnitten und bei sich dicht gegenüberliegenden Einheiten konnte der Kontakt zwischen den Truppen auch in den folgenden Jahren nicht unterbunden werden.[273]

Entgegen den einschlägigen Befehlen[274] wurde nicht sofort auf jeden sich zeigenden ‚Feind' geschossen. Ein auf Posten befindlicher landwirtschaftlicher Arbeiter des 15. Infanterie-Regiments ließ einen aus dem zehn Meter entfernten französischen Graben kommenden Soldaten auf sich zukommen und nahm ein Stück Brot an, das dieser ihm reichte, bevor er wieder verschwand.[275] In einem anderen Fall sah ein Infanterist untätig zu, wie ein Unteroffizier, der Ausbesserungsarbeiten am Drahthindernis vornahm, mit zwei Franzosen im gegnerischen Graben verschwand, wobei unklar blieb, ob es sich um eine Gefangennahme oder Fahnenflucht handelte. Nach diesem Vorfall erging ein Befehl, auch auf eigene Leute zu schießen, die mit dem Gegner in Verbindung treten.[276]

I.R. vom 27.12.1914 an seinen Bruder Martin, der auch über den Austausch von Zeitungen mit französischen Truppen berichtet: Slg. Roubin. Auch ein evangelischer Geistlicher sprach das Phänomen 1915 in einem Artikel mit dem Titel „Landesverrat" an: Hammer, S. 341f.

272 Klemperer, Curriculum Vitae, S. 388ff. Victor Klemperer hatte sich 1915 freiwillig gemeldet. Zu diesem Zeitpunkt war er Privatdozent für Romanistik in München. Seine Erinnerungen – in dem die Weltkriegszeit behandelnden Abschnitt 1941 in Dresden verfaßt, wo er sich mit Hilfe seiner „arischen" Ehegattin bis unmittelbar vor dem Bombardement 1945 unter prekären Umständen aufhalten konnte – stehen aufgrund der Redlichkeit, mit der sich der Verfasser auch über eigene Skrupel und Bedenken Rechenschaft ablegte, sowie ihrer intellektuellen und sprachlichen Brillanz weit über den bekannten Erinnerungsbüchern z.B. von Toller oder Zuckmayer. Die Präzision der Beobachtungen des Verfassers, der den Kulturschock, den alle Gebildeten beim Dienst in der Armee erlitten, als Bedingung seiner Wahrnehmung mit reflektiert, macht das Buch zu einer hoch einzuschätzenden Quelle für die Einstellungen der Soldaten. Klemperer diente im 6. bayer. Feldartillerie-Regiment, kam im April 1916 in ein Lazarett und wurde danach zu einem ‚Schreibtischposten' beim Befehlshaber Ober-Ost versetzt, weshalb sich Entwicklungen der zweiten Kriegshälfte leider nicht im Text niederschlagen. Eine ähnlich hohe Aussagekraft weisen die jüngst edierten Tagebücher Klemperers aus den Jahren 1933-1945 auf: Klemperer, Zeugnis. Vgl. zum Sachverhalt auch Ziemann, Verweigerungsformen, S. 102.

273 Das AOK 6 beklagte in einem Schreiben vom 4.1.1916 an alle unterstellten Armeekorps und Divisionen, daß sich wiederholt Mannschaften auf die Brustwehr beugten und zum Gegner hinüberriefen und deshalb als Bayern, Sachsen etc. identifiziert wurden: BHStA/IV, GK I. AK Bund 173. Vgl. Ashworth, S. 32ff.; Kreuter, S. 95; Stefan Schimmer 19.2.1915 an seine Frau: BHStA/IV, Amtsbibliothek 9584.

274 Vgl. GK I. bayer. AK 23.12.1916 an 1. und 2. Inf.-Div., zugleich mit dem Hinweis auf eine Waffenruhe zu Weihnachten 1915: BHStA/IV, 2. Inf.-Div. Bund 97.

275 Der Vorfall passierte am 19.1.1916 und wurde durch einen Unteroffizier und einen Leutnant beobachtet. Hier wie bei den meisten gerichtlich verfolgten Vorfällen dieser Art ergab sich der Hinweis auf eine Vorgeschichte, da die Franzosen bereits am Morgen dieses Tages mündlich einen Besuch angekündigt hatten. BHStA/IV, MilGer 6493. Vgl. Die 5. Kompanie des Infanterie-Leib-Regiments, S. 190f.

276 Der Angeklagte Xaver Kreithanner 7./12. I.R. wurde nach dem Vorgang in der Nacht vom

Auch zur Bergung von Verwundeten oder Toten aus dem Niemandsland zwischen den Gräben unterbrach man das Feuer.[277] Das hauptsächliche Ziel der stillschweigenden Vereinbarung informeller Waffenruhen lag jedoch in der Minimierung von Aggressionen. Die Infanteristen beider Seiten wollten unnötige Verluste vermeiden und verminderten daher das Feuer oder stellten es ganz ein:

> „Lieber Martin bei uns ist es soweit wieder ganz nett, wir unterhalten sich mit den Franzmänner ganz gut. Die unsern tragen Zigarreten nüber und die Franzmänner tragen Wein herüber. So geht es die ganze Nacht fort. Infanterie schießt den ganzen Tag nicht, blos hie und da ein Offiz. Wenn die Artll. nicht wehre dann kämen wir schon aus. Es sollen halt die Groß Köpfigen auch in Schützengraben gehen dann were der Krieg bald aus. Aber da hervor sied mann keinen."[278]

Das Wissen um solche Vereinbarungen wurde neu ankommenden Einheiten mitgeteilt.[279] Auch im Grabendienst tätige Offiziere, die in der Regel zum Feuer auf den Gegner ermahnten, meldeten den friedlichen Kontakt mit dem Gegner nicht unbedingt. So wurde eine informelle Waffenruhe im Bereich des 1. Infanterie-Regiments erst dann aktenkundig, als ein Unteroffizier sie Ende Mai 1917 am späten Abend zur Fahnenflucht nutzte. Bereits am Nachmittag hatte ein Leutnant die Mannschaften ermahnt, trotzdem dauerte der Austausch von Zigaretten zwischen den Gegnern fort.[280] Die Verfolgung solcher Vorfälle wurde durch die nur lückenhafte Präsenz der Offiziere in der vorderen Linie, aber auch durch eine gewisse Ahnungslosigkeit behindert. Davon legt ein Schreiben des Kommandeurs der 30. Reserve-Division Zeugnis ab. Nach einem gerichtlich verfolgten Vorfall bekannte er, daß er die bei Besuchen in der Stellung erkennbare „ungewöhnliche

11./12.2.1916 zu drei Monaten Festungshaft wegen Ungehorsams verurteilt, da er den bereits ergangenen Befehl, auf jeden sich zeigenden Gegner zu schießen, nicht befolgt hatte: BHStA/IV, Militärgericht 6. Ldw.-Div. K 12. Vgl. Jordan, S. 72; Demmler u.a., S. 200.

277 Vgl. Verordnungsblatt der Gruppe Ornes (d.i. das GK V. Res.-Korps) Nr. 78 vom 22.3.1918, das einen erbeuteten französischen Befehl vom 8.2.1918 zitiert und auf einen eigenen Befehl vom 22.11.1917 verweist, der wiederholte Verbrüderungsversuche unterbinden sollte: BHStA/IV, 2. Inf.-Div. Bund 97; Divisions-Pfarrer Erxleben 19.10.1916 an Bischof Michael v. Faulhaber: AEM, NL Faulhaber 6777; Keegan, S. 319f.

278 Brief des Gefreiten Michl [Nachname unbekannt] der 12./12. I.R. vom 24.12.1915 an Unteroffizier Martin Stumpf E./20. I.R. in Lindau: Slg. Roubin; Brief von Kaspar Huber vom 26.1.1916 (Abschrift): AEM, Kriegschronik Altenerding B 1837; Cron, Sekretariat, S. 48; Heß, Briefe, S. 139f. Vgl. allgemein den Erlaß des Chefs des Generalstabes des Feldheeres vom 20.11.1916: BHStA/IV, GK I. AK Bund 173.

279 Dies wurde im Verfahren gegen den Unteroffizier Friedrich Ammon des 9./Ldw.-Feld-Art.-Rgt. aktenkundig, der sich am 17.8.1916 mit einem Kameraden den Franzosen genähert und mit ihnen unterhalten sowie Lebensmittel ausgetauscht hatte: BHStA/IV, Militärgericht 6. Ldw.-Div. A 10. Das gleiche gilt für den folgenden Fall. Vgl. Ashworth, S. 28ff.

280 Vgl. die Aussagen in BHStA/IV, MilGer 3361. Ein Gefreiter und Gruppenführer rechtfertigte seine Toleranz gegenüber diesem Verhalten in der Untersuchung mit der Gefahr unnötiger Verluste, da der eigene Graben leicht unter Feuer zu nehmen war. Die Absicht der Fahnenflucht wurde durch einen Brief des flüchtigen Unteroffiziers und Zimmermans Georg Benz, Jg. 1895, an seine Eltern vom 3.5.1917 dokumentiert. Die Datierung des Vorfalls schwankt zwischen dem 21. und 22.5.1917.

Sorglosigkeit" bei der Arbeit in Sichtweite des Feindes bis zu diesem Zeitpunkt „für besonderen Schneid" der Mannschaften gehalten habe.[281] Eventuell hat dieser Kommandeur einer nur unzureichend mit Ersatz versorgten Stellungsdivision wie andere Offiziere die Waffenruhe aber auch wissentlich gebilligt, um unnötige Verluste zu vermeiden.[282]

Zu einem längerfristigen Übereinkommen entwickelten sich stille Vereinbarungen insbesondere dann, wenn die Truppen auf beiden Seiten aufgrund widriger Witterungsverhältnisse wie vor allem andauernden Regens gezwungen waren, zum Vormarsch in ihre Stellungen die Gräben zu verlassen und sich auf offenem Gelände dem Gegner zu zeigen.[283] Wenn sich dieselben Einheiten dann längere Zeit gegenüberlagen, konnte ein solcher „Schlammfriede" mit Verbrüderungen einhergehen.[284]

Von der Infanterie angebahnte stille Vereinbarungen wurden oftmals durch Artilleriefeuer unterbrochen oder zerstört.[285] Doch auch die Geschützbedienungen konnten durch die „Ritualisierung" des Feuers zur Zufriedenheit ihrer Vorgesetzten Aktivitäten demonstrieren, die auf Grund ihrer Regelmäßigkeit für die Gegenseite berechenbar waren:

> „Jeden Mittag um elf Uhr platzen mit automatischer Pünktlichkeit über unseren Geschützen ein Dutzend Schrapnellschüsse. Wir sind daran gewöhnt, wir wissen,

---

281 Kommandeur 30. Res.-Div. 10.3.1916 an GK XV. Res.-Korps. Der Vorfall ereignete sich im Dezember 1915 beim II. Btl. des R.I.R. 11 und wurde den Behörden durch die Einsendung eines Briefes aus dem Feld bekannt, der von einer Strafversetzung des betreffenden Bataillons sprach. Vgl. Pfarrer und MdR Franz Seraphim Lederer 18.2.1916 an K.M.; R.I.R. 11 1.3.1916 an 10. Res.-Inf.Brigade. Alles in: BHStA/IV, MKr 2330.

282 Zum Verhalten der Offiziere, die zum Teil Verbrüderungen zur Vermeidung von Verlusten zuließen oder gar förderten, da sich dabei Informationen über den Gegner gewinnen ließen, vgl. Ziemann, Verweigerungsformen, S. 103f. Höhere Kommandeure verlangten dagegen Feuer bei jeder „erkennbaren Bewegung des Feindes", um die „Gefahr des gelegentlich hervortretenden Burgfriedens unter dem Motto ‚Tu du mir nichts, ich tu dir nichts' niederzuhalten". Erfahrungsbericht des Chefs des Generalstabes der 5. Armee, v. Knobelsdorf, vom 4.6.1915 an die OHL: Otto/Schmiedel, Weltkrieg, S. 132-134, hier S. 132. Wenn man wie Kruse, Klassenheer, S. 544, das rücksichtslose „Verheizen" der Mannschaften durch die Vorgesetzten betont, sollte man auch das entgegensetzte Verhalten zur Kenntnis nehmen. Der durch Kruses Überzeichnung von Mißständen ausgelöste Erklärungsnotstand für die Kohäsion der Truppe kommt in seiner blassen Spekulation ebd., S. 549f., klar zum Ausdruck.

283 Vgl. Die 5. Kompanie des Infanterie-Leib-Regiments, S. 65ff.; Haupt, S. 38f. In seinem anonymen Brief vom 26.2.1916 an den Kommandeur des 15. I.R. bezog sich Gottfried Teufel auf diese Vorgänge gegen Jahresende 1915, als er ausführte, „Unsere Feinde (Franzosen) sind uns oft lieber wie unsere Vorgesetzten." In der Verhandlung am 16.8.1917 sagte er dazu aus, daß Mannschaften, die angesichts ihrer zusammengefallenen Gräben auf offenem Feld in Stellung gingen, nicht beschossen worden seien, während andere, die deshalb nicht vorgingen, durch Anbinden bestraft wurden: BHStA/IV, MilGer 6459.

284 Vgl. die 1928 verfaßte Schilderung von Otto Weber über die Mitte Oktober bis Ende Dezember 1915 andauernde Waffenruhe im Bereich des 1. I.R. Über wiederholte längere Waffenruhen beim Jäger-Rgt. 3 in den Karpathen vom 30.11.1916-21.1.1917 trotz verschiedener Patrouillenunternehmungen und eines Verbotes durch die Offiziere berichtete 1928 auch Karl Bihler. Beides in: BHStA/IV, HS 1984; Heß, S. 159. Das Zitat gebrauchte Dr. Eugen Fischer in seiner Aussage in: Dolchstoß-Prozeß, S. 362.

285 Vgl. Ziemann, Verweigerungsformen, S. 103f.; Kreuter, S. 148f.

welche feindlichen Geschütze uns zum Ziel ausersehen, wir schießen die Antwort eine Stunde später. (...) Die französischen Geschosse tun unseren Kanonen nichts, die deutschen Geschosse tun den französischen Kanonen nichts, man schießt als Zeichen, daß noch Krieg ist, daß die drüben da sind, daß wir da sind."[286] Wenn dagegen die gegnerische Artillerie eine Ruhephase mutwillig störte, wurde mit eigenem „Straffeuer" geantwortet.[287] Auch wenn die Häufigkeit stiller Vereinbarungen kaum exakt zu bestimmen ist[288], belegen sie, daß entgegen den nationalen Feindbildern auf beiden Seiten ein innerhalb der Truppen verallgemeinerbares und nicht an bestimmte soziale Voraussetzungen gebundenes Interesse an einer Deeskalation der Gewalt bestand.[289] Unter Ausnutzung der ohnehin vorhandenen räumlichen und zeitlichen Unterschiede in der Intensität der Kampfhandlungen waren die Soldaten in der Lage, aktiv an einer Minderung der Gefahren für Leib und Leben mitzuwirken, solange die im Grabendienst tätigen Vorgesetzten dies tolerierten.

Die Soldaten waren insgesamt weder dauerhaft in Kampfhandlungen verwickelt, noch waren diese in der Regel so extrem wie in den bekannten Materialschlachten. Selbst unter den an der Front dienenden Mannschaften war ein Teil sogar dauerhaft nicht an Gefechten beteiligt. Vor allem zwischen verschiedenen Frontabschnitten bzw. den dort üblicherweise postierten Truppenteilen wich das Ausmaß des Feuers gravierend voneinander ab. Ist bereits jenes Bild verfehlt, alle Soldaten hätten von 1914-1918 gedient, so gilt dies noch mehr für die Vorstellung, die vier Kriegsjahre hätten an der Front eine ununterbrochene Kette von Gefechten dargestellt. Da Kampfhandlungen stets die extremste Belastungsprobe für das System militärischer Vergesellschaftung darstellen, waren Rhythmen und Verteilung der Gefahren somit ein wichtiger Faktor für die Kohäsion der Truppe.

3.2.2. Mechanismen der Disziplinierung

Neben einem durch die Wirkungen der Rekrutenausbildung in Friedenszeiten internalisierten Normenkodex[290] wirkten auch im Kriege verschiedene Disziplinierungsmechanismen möglichen Pflichtverletzungen der Mannschaftssoldaten ent-

---

286 Zitat: Toller, S. 50; Toller diente im 1. bayer. Fußartillerie-Regiment: Zorn, Bayerns Geschichte, S. 85. Vgl. Ashworth, S. 99-128; Kreuter, S. 141. Zum täglichen „Abendsegen" vgl. auch Klemperer, Curriculum Vitae, S. 341, 345; Benedikt Deubele 21.11.1914 an Familie Gruber in Wiedmannsdorf: StAA, Amtsgericht Immenstadt E 20/1918; Scholz, Seelenleben, S. 198.
287 Jordan, S. 47.
288 Vgl. Ziemann, Verweigerungsformen, S. 105f.
289 Vgl. für die britische Armee Ashworth, S. 129-152, 153-175.
290 Vgl. Blessing, Disziplinierung und Qualifizierung, S. 466ff.; zur historischen Dimension der Disziplinvorstellungen im preußisch-deutschen Heer vgl. M. Messerschmidt, „Zur Aufrechterhaltung der Mannszucht". Historische und ideologische Grundlagen militärischer Disziplin im NS-Staat, in: N. Haase/G. Paul (Hg.), Die anderen Soldaten. Wehrkraftzersetzung, Gehorsamsverweigerung und Fahnenflucht im Zweiten Weltkrieg, Frankfurt/M. 1995, S. 19-36.

gegen. Diese waren vor allem in der abschreckenden Wirkung disziplinarischer und militärgerichtlicher Bestrafung und der durch die Familienangehörigen bzw. Dorfnachbarn und Kameraden ausgeübten sozialen Kontrolle begründet. Mit der einfachen Ermahnung durch die Vorgesetzten beginnend und bis zu einer Verurteilung zur Todesstrafe aufsteigend, werden sie im folgenden untersucht.

Zum Zweck der Disziplinierung wurden die Offiziere wiederholt angehalten, auf die gewissenhafte Ausführung der ihnen gegenüber erforderlichen Ehrenbezeigungen zu achten und vor allem hinter der Front die Einhaltung der üblichen Marschdisziplin sowie des vorschriftsgemäßen Zustandes von Uniform und Ausrüstungsstücken durchzusetzen.[291] Im Sommer 1918 geäußerte Klagen über geöffnete Uniformknöpfe, eine nicht umgeschnallte Koppel oder mangelndes Stillstehen gegenüber vorbeifahrenden [!] Offizieren mögen angesichts des Zustandes der Truppen zu dieser Zeit als eine die Grenze zur Lächerlichkeit streifende Banalität erscheinen.[292] Das Insistieren auf solchen Details zeigt jedoch, daß man eine disziplinierende Wirkung davon erwartete, den Soldaten die Permanenz der über sie ausgeübten Kontrolle und die Unabdingbarkeit des Respekts gegenüber Vorgesetzten stets vor Augen zu führen.[293]

Letzteres war auch der Grund dafür, die Unteroffiziere anzuhalten, sich nicht mit den Mannschaften zu duzen. Dies war zumindest außerhalb des Dienstes, teilweise aber auch im Graben gewöhnlich im Umgang mit den älteren Gemeinen der Fall.[294] Aus einer solchen Praxis entstanden jedoch wiederholt Reibereien, da sich der Unteroffizier jederzeit den ungezwungenen Umgang verbeten und die dienstlich gegebene Distanz hervorkehren konnte. Dies wiederum erregte die Mannschaften und brachte zum Beispiel einen Dienstknecht und Fahrer dazu, einen ihm noch aus der Ersatz-Abteilung bekannten Vizewachtmeister nachts aufzusuchen und als „Gscherter Lackl, Bauernlackl, Kohldampfschieber, Saukerl" zu beschimpfen.[295]

Eine stark einschüchternde Wirkung ging von der wiederholten Verlesung der Kriegsartikel aus, die neben einer Art soldatischen Pflichtenlehre auch die ausgesprochen schweren Strafandrohungen für ‚im Felde' begangene Straftaten – im Extremfall jeweils die Todesstrafe – auflisteten.[296] Den Soldaten führte dies ihre

291 Vgl. die Anordnungen des GK I. bayer. AK vom 22.3.1915 (Korpstagesbefehl), 23.9.1915, 18.9.1917: BHStA/IV, GK I. AK Bund 104. Zahlreiche Beschwerden einzelner Offiziere über mangelnde Ehrenbezeigungen der Truppen aus den ersten Kriegsjahren finden sich in: ebd., MKr 2323; WUA, Bd.11/2, S. 119f.; vgl. Hebert, S. 49, sowie seine im Ton unerträgliche Äußerung ebd., S. 90f. Die Ehrenbezeigungen bei: Frauenholz, Armee, S. 253f.

292 Vgl. AOK 6 8.5.1918 an die unterstellten Truppenteile: BHStA/IV, AOK 6 Bund 22; GK I. AK 16.10.1918 an die Truppenteile: ebd., GK I. AK Bund 104; Dolchstoß-Prozeß, S. 553; WUA, Bd. 11/1, Dok. 41 (Eingabe an die OHL vom 5.8.1918).

293 Vgl. für das Besatzungsheer: BHStA/IV, MilGer 6217.

294 2. Inf.-Div. 12.12.1917 an die Regimenter: BHStA/IV, 2. Inf.-Div. Bund 110; ebd., MilGer 6301; Richert, S. 286f.; Klemperer, Curriculum Vitae, S. 400, 406; Renn, Anstöße, S. 237.

295 BHStA/IV, MilGer 6282. Hintergrund der Distanzierung war offenbar eine Beförderung vom Unteroffizier zum Vizewachtmeister. Vgl. die Belege in voriger Anm.; Sonntag, Erfahrungen, S. 710.

296 Vgl. Pelz, Kriegsartikel, S. 246f.; Kriegsartikel für das Heer vom 22.9.1902 ebd. in Anlage P (ohne

„Willenlosigkeit und Ohnmacht" vor Augen.[297] Die Verunsicherung angesichts der in den Kriegsartikeln ausgesprochenen Drohung, daß Vorgesetzte sich auch mit der Waffe Gehorsam verschaffen könnten, bewog den Metzgergesellen Michael Kappelmeier, Abhilfe hinsichtlich erfahrener Mißstände eher von der Informierung eines Abgeordneten zu erhoffen als durch eigene Beschwerdeführung:

> „Bitte sagen Sie daß eimal zu Möggenried ob er Siech nicht an einen Abgeordtneten wenden könnte mit der Feldpost ists daß gleiche. Die gibt der Herr Feldwebel erst her wens im natürlich paßt den wir können da heraus nichts machen uns droht man gleich mit niederschießen."[298]

Im alltäglichen Umgang mit den Mannschaften stand den Offizieren und Unteroffiziere eine große Bandbreite verschiedener Disziplinierungsmittel zur Verfügung. Viele Soldaten ließen sich bereits durch das häufig praktizierte Anbrüllen einschüchtern, das einen Bergarbeiter zu der Äußerung veranlaßte, nach seiner Erfahrung bestünde „das Geheimnis der militärischen Erziehung im Schnauzen, Schnauzen und wieder Schnauzen".[299] Auch das Strafexerzieren war in Feld- und Besatzungsheer ein übliches Disziplinierungsmittel.[300]

Einsichtsvolle Vorgesetzte griffen vor einer Bestrafung zunächst zu paternalistischen Ermahnungen, sich doch „nicht ins Unglück zu stürzen", und konnten bei gerechter Behandlung der Mannschaften dadurch deren Gehorsam erreichen.[301] Eine bei den Soldaten gültige Maxime besagte ohnehin, daß es ratsam sei, möglichst nicht aufzufallen und sich durch gute Führung das Wohlwollen der Vorgesetzten zu sichern.[302] Das Vertrauen in die Gültigkeit dieser Übereinkunft verringerte sich allerdings, wenn das Entgegenkommen bei wichtigen Wünschen ausblieb:

Paginierung).

297 Vgl. Richert, S. 135f. (Zitat S. 135), 152.

298 Michael Kappelmeier, Metzgergeselle und Unteroffizier der Reserve 10./12. I.R. 11.10.1914 an seine ehemalige Dienstherrin Frau Burger in Sonthofen: BHStA/IV, MilGer 6313. Der erwähnte Möggenried, Schreinermeister in Sonthofen, gab den Brief an das Kriegsministerium weiter. Eine Ermahnung unter Hinweis auf die Möglichkeit des Erschießens, um seinen Befehlen Gehorsam zu verschaffen, wurde vom Komp.-Führer, Lt. Schandel, am 13.11.1914 an das 3. Btl. des 12. I.R. bestätigt: ebd.

299 Theodor Wagner 25.12.1916 an Hermann Sachse: BAP, 92, 271, Bl. 257. Vgl. Klemperer, Curriculum Vitae, S. 320; WUA, Bd. 11/1, S. 80-84, 198. Zur Wirkung z.b. die Schilderung in E./R.I.R. 10 25.9.1916 an K.M.: BHStA/IV, MKr 11105.

300 Vgl. z.B. Karl Otten 27.8.1916 an den Verband der Bergarbeiter Deutschlands: BAP, 92, 271, Bl. 186; Gütlerssohn Josef Pfaffinger, Feldrekrutendepot 2. Inf.-Div., 25.6.1917 an seine Eltern: BHStA/IV, MilGer 6241.

301 Vgl. Klemperer, Curriculum Vitae, S. 406 (Zitat), 419f.; Cron, Sekretariat, S. 24f.; Sachverständiger Katzenstein: WUA, Bd. 4, S. 23; Renn, S. 237f.

302 Vgl. Klemperer, Curriculum Vitae, S. 321. Zwei gerade in das Feld gekommene Pioniere reisten deshalb im September 1917 sofort wieder zum Ersatz-Btl. zurück. Sie hatten erfahren, daß ein Leutnant Kompanieführer sei, der sie noch von einem früheren Einsatz her in schlechter Erinnerung hatte: BHStA/IV, MilGer 6224.

„Wegen dem Urlaub muß ich Dir schreiben, daß ich keinen bekommen habe. Es ist traurig, als ältester Jahrgang in der Kompanie. Hab mich gut geführt, noch keine Strafe bis jetzt. Beim Militär hat man dafür einen schlechten Lohn."[303]

Ähnlich flexibel und damit auch unberechenbar wie mit dem Wechsel von Drohungen und Ermahnungen konnten die Offiziere auch bei der Handhabung der Disziplinarstrafgewalt vorgehen. Bei der Abwägung über die Erfordernis und die Höhe einer Bestrafung hatten die Kompanie-, Batterie- und Eskadron-Führer, in deren primärer Befugnis die Strafgewalt lag[304], völlig freie Hand. Ein Strafzwang für Übertretungen fehlte. Sowohl die Einstufung bestimmter Handlungen als Pflichtverletzungen als auch die Höhe und Art der Bestrafung lag im Ermessen der Vorgesetzten. Diese konnte durch disziplinarische Maßnahmen (Entzug von Bequemlichkeiten wie dem Urlaub), Auferlegung besonderer Dienstverrichtungen (Strafwachen, Strafexerzieren), den Entzug der freien Verfügung über die Löhnung oder durch Arreststrafen erfolgen.[305]

Den Offizieren wurde dabei geraten, in der Regel mit einer milden Bestrafung zu beginnen und diese erst im Wiederholungsfalle zu steigern.[306] In der Praxis neigten allerdings viele Offiziere dazu, bereits wegen geringer Übertretungen an die Grenze des zulässigen Strafmaßes zu gehen. Damit vergaben sie nicht nur den intendierten ‚erzieherischen' Charakter der Bestrafung vorzeitig, sondern verloren zudem bei den über ungerechtfertigt hohe Strafen erbitterten Mannschaften an Autorität.[307] Auch als Folge einer entwürdigenden Behandlung durch die Vorge-

303 Stefan Schimmer 5.6.1915 an seinen Bruder, 6.6.1915 an seine Frau (Zitat): BHStA/IV, Amtsbibliothek 9584. „Wir werden gerade behandelt wie ferbrecher, die dürfen nicht zu ihren Familien, das nend man deutsche Kultur. Ich weiß nicht was ich verbrochen habe, habe noch nicht die geringste Strafe doch heißt es wer sich gut führt, hat das Wohlwollen seiner Forgesetzten, das nenne ich aber tirekte Verbauerung, wenn man nicht einmal nach drei Jahr Kriegszeit zu seiner Familie darf. Ich kenne keine Vaterlandsliebe mehr." Briefauszug eines Soldaten aus München vom 15.7.1917: BSB, Schinnereriana.
304 Die Strafgewalt wurde im Krieg auch auf Feldwebelleutnants und Offiziersstellvertreter der Kompanieführer ausgedehnt. K.M.-Erlaß 1284 vom 8.1.1915: BHStA/IV, MKr 11231; Dietz, Disziplinarstrafrecht, S. 41ff. Bei strengem Arrest über drei Tagen mußte die Strafe vom Bataillons-Kommandeur verhängt werden. Vgl. Dietz, Disziplinarstrafordnung, S. 78ff., 216.
305 Vgl. Dietz, Disziplinarstrafrecht, S. 13, 23 (Ermessen), 25 (kein Strafzwang), 36 (Strafarten); ders., Disziplinarstrafordnung, S. 7 (Ermessen), 49-64 (Strafarten). Die bayerische Disziplinarstrafordnung – Disziplinarfragen fielen in die Kompetenz der Kontingentsherren – vom 12.12.1872 stimmte nahezu wörtlich mit der preußischen überein: ebd., S. 19. Zu den durch Paragraph 3 des Einführungsgesetzes zum MStGB geregelten Fragen vgl. Anm. 329 zu diesem Kap.
306 Vgl. Dietz, Disziplinarstrafrecht, S. 50; Lahne, S. 350. Gelinder Arrest galt allerdings für Gemeine als keine wirksame Strafe und nicht üblich: Wagner, Gerichtsoffizier, S. 62. Demnach verblieben neben den Disziplinarmaßnahmen als Strafen nur noch mittlerer und strenger Arrest – Arrestierung bei Wasser und Brot bzw. zusätzlich in einer dunklen Arrestzelle.
307 Vgl. die in K.M. 23.12.1915 an stv. GK I. AK genannten Beschwerden, und das Antwortschreiben des stv. GK I. AK vom 18.1.1916 an K.M.: BHStA/IV, MKr 11104; Wagner, Gerichtsoffizier, S. 57f. Einzelhinweise in: WUA, Bd. 5, S. 289, Bd. 11/1, S. 60, 62, 85f.; Klemperer, Curriculum Vitae, S. 330; Postüberwachungsbericht der 7. Armee vom 31.8.1918: BA/MA, W-10/50794, Bl. 77. Eine weitere Objektivierung dieses Sachverhalts mit Hilfe der von den Kompanien zu führenden Strafbücher ist nicht mehr möglich, da die Akten der Regimenter nahezu vollständig

setzten verloren manche Soldaten ihren Respekt vor drohenden Disziplinarstrafen:

„Ärger hab ich zum davonlaufen weis gar nichts anfangen, man ist überhaupt kein
Mensch, man könnte glauben wir wären nur Hunde u. Schw... man ist eben kein
freier Mann mehr, es ist schrecklich daran zu denken, 5 Jahre Soldat sein und so
behandelt werden, für 5.30 M. [die zehntägig ausgezahlte Löhnung; B.Z.] Wenn so
weiter geht, weis ich nicht wie es noch kommt, dann ist leicht möglich das ich noch
eine Strafe zuziehe, ist aber gleich in einem solchen Krieg, wenn man sieht wie so
junge Buben befördert werden, und uns alte Leute schlauchen wollen, da soll man
sich nicht ärgern, da könnt man oft davon laufen. Wenn ich wieder auf die Welt
komme, setze ich auch einen Zwicker auf u. spiel den Herrn. Dienst haben wir wie
in der Kaserne und nichts."[308]

Im allgemeinen ging von disziplinarischen Maßnahmen jedoch weiterhin eine
abschreckende Wirkung aus. Diese ist in ihrem Umfang und in ihrer sozialen
Abstufung kaum näher zu bestimmen, da die Soldaten in der Regel ihre Einstellung
dazu nicht artikulierten.[309] Eine Ausnahme bildet allerdings das Anbinden, das
beispielhaft die Schwierigkeiten verdeutlicht, die bei der Ausübung der Disziplinarstrafgewalt auftraten.

Beim Fehlen eines geeigneten Arrestlokales wurde im Kriege, wenn ein Aufschub
der Bestrafung dienstlich nicht angemessen schien, der strenge Arrest durch das
täglich zweistündige Anbinden des Bestraften in aufrechter Stellung an einer Wand
oder einem Baum ersetzt.[310] In erster Linie im Bewegungskrieg des Jahres 1914,
aber auch noch in den folgenden Jahren griffen die Vorgesetzten auf diese Strafart
zurück.[311] Die Strafe wurde von den Mannschaften als ausgesprochen demütigend
empfunden, vereinzelt kam es unmittelbar nach der Vollstreckung sogar zu Selbst-
morden.[312] Entwürdigende Begleitumstände verschärften diese Wirkung noch. Ein

---

makuliert wurden. Vgl. zum Verfahren Dietz, Disziplinarstrafordnung, S. 267, 286-295.

308 Briefauszug eines Frontsoldaten vom 1.7.1917: BSB, Schinnereriana. Vgl. Anlagen zum Postüberwachungsbericht der 5. Armee vom 12.7.1917: BA/MA, W-10/50794, Bl. 23.

309 Vereinzelte Hinweise auf die Angst vor einer Bestrafung in: BHStA/IV, MilGer 6362, 6447, 6494;
ebd., Militärgericht 1. Res.-Div. B 7; WB BA Miesbach 22.9.1918: ebd., stv. GK I. AK 1969.
Carlo Schmid, Kriegsfreiwilliger des Jahres 1914, beobachtete als Unteroffizier einer Pioniereinheit
in Ulm, die vornehmlich aus im Handwerk tätigen Gesellen und Meistern bestand: „Diese Männer
dachten und fühlten anders als die Bauernburschen, die bisher meine Kameraden gewesen waren.
Sie hingen an ihren Berufen, an ihren alten Zunftbräuchen und verlangten Respekt. (...) Eine
Kompanie aus solchen Männern war ein gesellschaftlich gegliederter Verband und kein ‚Haufen'.
Die militärische Disziplin war ausgezeichnet. Die Gebote der Hierarchie waren unbestritten, man
befolgte sie aus Einsicht in ihre Notwendigkeit, nicht aus Furcht vor Disziplinarstrafen."
Schmid, Erinnerungen, S. 55.

310 Dazu kam während der dienstfreien Zeit die Zuweisung auf eine Wache. Am vierten, achten und
jedem weiteren dritten Tag fiel das Anbinden fort. Dietz, Disziplinarstrafordnung, S. 239f.

311 Vgl. GK I. bayer. Res.-Korps 30.12.1915 an K.M.: BHStA/IV, MKr 11231; ebd., MilGer 6284;
1915: ebd., MilGer 6459; 1916: Hebert, S. 8; 1917, vor Vollstreckung erlassen: Erinnerungen von
Alois Hengl (geschrieben 1982), S. 2: BHStA/V, Slg. Varia 1697/2a.

312 Ulrich/Ziemann, Frontalltag, Dok. 27, S. 121f.; Richert, S. 113, 116; preuß. K.M. 23.8.1918 an
Chef des Generalstabes des Feldheeres: WUA, Bd. 11/1, Dok. 43 b., S. 395.

Offizier bereitete im November 1914 die Vollstreckung des Anbindens in unmittelbarer Nähe des Grabens vor. Er kommentierte dies mit den Worten, wenn der Delinquent vom Gegner erschossen werde, so gelte dies „gleich als Strafe", und versetzte dem bestraften Soldaten zugleich noch mehrere Ohrfeigen.[313]

Bereits wenige Monate nach Kriegsbeginn erreichten folglich zahlreiche Beschwerden über das wegen leichter Disziplinübertretungen auch bei widrigen Witterungsbedingungen verhängte Anbinden das Kriegsministerium.[314] Im Dezember 1915 entschloß man sich deshalb zu einer Umfrage bei den Feldtruppenteilen über die Erfordernis einer Beibehaltung des Anbindens.[315] Dabei überwogen diejenigen Stimmen, die diese Strafart gerade auf Grund ihres entwürdigenden Charakters als nützlich erachteten. Wegen der damit verbundenen Verletzung des Ehrgefühls der Bestraften sei das Anbinden „allgemein gefürchtet" und wirke damit abschreckend.[316] Das Kriegsministerium sprach sich deshalb für die Fortführung der bereits geübten Praxis aus. Es schlug allerdings vor, die militärische Öffentlichkeit möglichst auszuschließen und anstelle der Kompanieführer die Bataillonskommandeure als zur Verhängung berechtigte Vorgesetzte zu bestimmen.[317]

Diese Argumentation verdeutlicht den das Anbinden charakterisierenden Zwiespalt. Seine extreme Abschreckungswirkung beruhte darauf, daß die meisten Soldaten die Verletzung ihrer persönlichen Integrität scheuten, die jemand erlitt, der hilf- und regungslos den mitleidig-spöttischen Blicken seiner Kameraden und Vorgesetzten preisgegeben war. Andererseits zerstörte die leichtfertige und mißbräuchliche Anordnung des Anbindens durch junge und dienstunerfahrene

---

313 Aussage des Angeklagten, eines Bahnarbeiters aus Miesbach; der betreffende Leutnant gab die Ohrfeigen im Verfahren zu, ohne daß eine Bestrafung erfolgte; 5.11.1914 bei 10./12. I.R.: BHStA/IV, MilGer 6417. Vgl. MdL Buttmann (Liberale Vereinigung) 7.3.1917: KdA, Sten. Ber. Bd. 15, S. 381; Dolchstoß-Prozeß, S. 150 (Aussage von Erhard Auer).
314 Vgl. einen anonym an das K.M. gesandten Feldpostbrief vom Bruder des Einsenders aus dem 1. Fußartillerie-Rgt., eingegangen am 30.9.1914: BHStA/IV, MKr 2822; Aktennotiz K.M.-Abt. A I vom 6.11.1914: ebd., MKr 11103; Brief von Martin Suiter, Fahrer der 3. Batt./9. Feld-Artillerie-Rgt., vom 20.11.1914 an die Eltern (Abschrift), vom Redakteur J.K. Fischer aus München 22.12.1914 an K.M. übersandt: ebd., MKr 13346; Schreiben des MdL (Zentrum) Thomas Mayer aus Kaufbeuren über Klagen von Landwirten an den König v. 22.12.1914: ebd., MKr 2417; Aktennotiz K.M.-Abt. A I vom 15.12.1915: ebd., MKr 11231. Das Kriegsministerium sah wegen der Rechtmäßigkeit des Anbindens zunächst keinen Handlungsbedarf.
315 K.M. 16.12.1915 an die bayer. AK und die anderen bayer. Divisionen; das preuß. K.M. war durch Schreiben vom 4.12.1915 ähnlich vorgegangen und hatte das bayer. K.M. um Äußerung gebeten: BHStA/IV, MKr 11231.
316 Vgl. Kav.-Div. 31.12.1915, GK I. bayer. Res.-Korps 30.12.1915, 1. Ldw.-Div. 28.12.1915, Ersatz-Div. 27.12.1915 und 6. Ldw.-Div. 25.12.1915 (Zitat) an K.M., II./3. I.R. 27.12.1915 an 3. I.R.; ablehnend äußerte sich nur III./3. I.R. 25.12.1915 an 3. I.R., da das Anbinden in der Praxis nur als Ersatz für eine bei schwieriger Gefechtslage nicht mögliche gerichtliche Untersuchung verwandt werde und das Ehrgefühl der Bestraften, das den Grund für die abschreckende Wirkung bilde, ohnehin meist bereits erstorben sei: BHStA/IV, MKr 11231. Vgl. Georg Maier 30.4.1915 an seine Eltern (Abschrift): AEM, Kriegschronik Altenerding B 1837.
317 K.M. 18.1.1916 an preuß. K.M.: BHStA/IV, MKr 11231. Das Anbinden war unter militärischer Aufsicht an einem „vor den Augen des [sc. zivilen; B.Z.] Publikums möglichst geschützten Ort" zu vollstrecken: Dietz, Disziplinarstrafordnung, S. 240.

Offiziere den Bezugsrahmen des moralischen Ehrgefühls, auf dessen Gültigkeit die Wirkung des Anbindens wie des Strafsystems im Ganzen gerade beruhte.[318] In einem zwischen den Kriegsministerien in Berlin und München abgestimmten Vorgehen wurde bis zum März 1917 deshalb die Vollstreckung des Anbindens durch Ausschluß auch der militärischen Öffentlichkeit und eine verstärkte Kontrolle der höheren Vorgesetzten in ihrer Schärfe gemildert.[319] Andauernde Kritik der Parlamentarier im Reichstag, der sich neben Abgeordneten der SPD und USPD auch Nationalliberale wie Gustav Stresemann und Konservative anschlossen, bewog die Militärbehörden schließlich im Mai 1917 dazu, es gänzlich abzuschaffen.[320] Im August 1918 machte sich Hindenburg in der Armee angeblich vorhandene Wünsche nach der Wiedereinführung des Anbindens zu eigen. Der für Fragen der Disziplinarstrafgewalt zuständige Kriegsminister lehnte dieses Ansinnen jedoch ab.[321]

Neben den angedrohten Strafen wirkte auch soziale Kontrolle durch die Familie schweren Disziplinverstößen entgegen. Direkt und indirekt hielten die Angehörigen Soldaten von Straftaten ab. Eltern und Ehefrauen forderten zuweilen Soldaten, die sich unerlaubt entfernt hatten, zur Rückkehr zum Truppenteil auf.[322] Schwer wog gerade im ländlichen Raum auch die Schande, die sich mit dem Bekanntwerden einer Arreststrafe oder gar einer längeren Freiheitsstrafe im Dorf für die Familie des Verurteilten verband.[323] Des öfteren belehrten die Angehörigen verurteilte Soldaten über ihre Pflichten und den von ihnen verursachten moralischen Makel. So erhielt ein Korbmacher dörflicher Herkunft, der sich nach wiederholter Krank-

318 Diese Gedankengang lag auch der Begründung des preuß. K.M. für die Abschaffung des Anbindens in der Drahtmeldung vom 14.5.1917 an den stv. bayer. Militärbevollmächtigten beim Kriegsministerium zugrunde: BHStA/IV, MKr 11232. Eine zuweilen mißbräuchliche Anwendung bestätigte II./3. I.R. 27.12.1915 an 3. I.R.: ebd., MKr 11231. Vgl. auch WUA, Bd. 11/1, S. 87.

319 In einer Verordnung des Kaisers vom 21.3.1917 wurden die Kompanieführer zu sofortiger Meldung an den nächsthöheren Vorgesetzten, dem eine intensive Kontrolle auferlegt wurde, verpflichtet. Fiel das Fehlen eines Lokals als Grund fort, war das Anbinden sofort zu unterbrechen: BHStA/IV, MKr 11232. Vorangegangen war ein vergleichbarer Entwurf des preuß. K.M. vom 29.8.1916, dem das K.M. am 8.9.1916 zustimmte: ebd., MKr 11231, sowie weiterer Schriftwechsel ebd., MKr 11232. Die Abstimmung war erforderlich, da die Vorschriften über das auf gerichtlichem Weg verhängte Anbinden vom Kaiser, für das auf disziplinarischem Weg verhängte jedoch von den Kontingentsherren erlassen wurden.

320 Armeebefehl von Wilhelm II. vom 18.5.1917, K.M.-Erlaß 89708 vom 15.6.1917: BHStA/IV, MKr 11232. Zu den Gründen vgl. Drahtmeldung preuß. K.M. 14.5.1917 an den stv. bayer. Militärbevollmächtigten beim preuß. K.M.: ebd.; WUA, Bd. III, S. 86; Schiffers/Koch, Hauptausschuß, Bd. III, S. 1303, 1320, 1324f., 1333, 1335 (Sitzungen v. 25./26.4.1917).

321 Vgl. Chef des Generalstabes des Feldheeres 16.8.1918 an den preuß. Kriegsminister v. Stein, und dessen Antwort vom 23.8.1918: WUA, Bd. 11/1, Dok. 43 a-b., S. 393-396, sowie ebd., S. 86.

322 BHStA/IV, MilGer 6279, 6302, 6471. Im Bezirk Altötting wurden im Herbst 1918 kriegsmüde beurlaubte Soldaten von ihren Angehörigen zur Rückkehr zum Truppenteil aufgefordert: WB BA Altötting 26.10.1918: ebd., stv. GK I. AK 1970.

323 Vgl. das Schreiben des Gütlers Josef Zach aus Eiselsried (BA Schrobenhausen) o.D. [Januar 1918] an Georg Heim, in dem er seine Besorgnis über die Verurteilung seines Sohnes Paul zu zehn Jahren Zuchthaus wegen seiner Beteiligung an einer kollektiven Gehorsamsverweigerung schilderte: StaA Regensburg, NL Heim 1316.

meldung geweigert hatte, in die Stellung vorzugehen, im August 1917 von seiner Schwester die briefliche Ermahnung:

„Lieber Ludwig was denks Du dir mach doch keine so Sachen erfülle deine Pflicht wie ein anderer und schreibe auch öfters. Geh lieber in Stellung als das Du dich einsperren laßt. Die Mutter sinniert ganze Nächte um dich weil Du so Sachen magst müssens ja die andern auch mitmachen. Wir müssen uns herausen schämen. Also lieber Ludwig mache es wie wir meinen. Der Krampf kann nicht ewig dauern."[324]

Für jüngere Soldaten war insbesondere die vermutlich aus einer Mischung von Besorgnis und Vorwürfen bestehende Reaktion ihrer Mutter ein heikles Problem. Der wegen einer unerlaubten Entfernung im Dezember 1915 arrestierte Knecht Jakob Wirth betonte gegenüber seinem ebenfalls eingezogenen Bruder offenherzig, daß ihm auch eine längere Strafe „recht" sei, da er es in der Stellung „satt" habe. Seiner Schwester, die er zur Aufklärung der Mutter eigens autorisierte, versicherte er dagegen, daß es „nicht so schlimm" sei und sich noch andere Soldaten im Arrest befinden würden.[325] Im Fall des Überlaufens lag es unabhängig von der Rücksichtnahme auf die Eltern wegen der Briefzensur ohnehin nahe, sich über den wahren Sachverhalt auszuschweigen.[326]

In einer allerdings nicht genauer bestimmbaren Stärke hat neben der Rücksichtnahme auf die Familie auch die Furcht vor Sticheleien durch die Kameraden viele Soldaten von Disziplinverletzungen abgehalten. Vor allem in der Stellung wirkte bei seit längerem in derselben Einheit dienenden Gruppen ein Anpassungsdruck, der verhinderte, daß Einzelne allzu leicht aus den gemeinsam ertragenen Belastungen ausbrachen. Soldaten, die ihre Furcht offen zeigten oder sich beim Einsatz wiederholt drückten, wurden als „Schißbruder" abqualifiziert oder von ihren Kameraden mit Mißachtung gestraft.[327] Diese den Zusammenhalt der Truppen

---

324 Marie Blunder 20.8.1917 an ihren Bruder, den ledigen Korbmacher Ludwig Blunder 1./R.I.R. 3 aus Neuschwetzingen (Post Weichering) bei Ingolstadt (Abschrift): BHStA/IV, Militärgericht 1. Res.-Div. B 32. Blunder war zu 24 Tagen strengen Arrest verurteilt worden. Vgl. Frau Kleinbeck 15.5.1918 an ihren fahnenflüchtigen Neffen Ferdinand Groß aus Saargemünd in Bergen (Holland): ebd., Militärgericht 6. Ldw.-Div. G 23; M. Leitner, Ein wenig bebautes Feld der Soldatenseelsorge, in: Theologisch-praktische Monats-Schrift 26 (1916), S. 260-263, der S. 261 berichtet, daß einige Ehegattinnen in einem solchen Fall zur Scheidung entschlossen waren. Dies lag auch daran, daß im Falle der Fahnenflucht oder bei einer gerichtlichen Verurteilung zu mehr als sechs Monaten Gefängnis die Zahlung der Familienunterstützung an die Angehörigen ausgesetzt wurde; vgl. Armee-Verordnungsblatt 50 (1916), S. 63; 51 (1917), S. 24.
325 Jakob Wirth 9.12.1915 an seinen Bruder Ludwig, Ldst.-Btl. Kitzingen: Ulrich/Ziemann, Frontalltag, S. 165. Wirth wurde zu 44 Tage Gefängnis verurteilt. Ders. 10.12.1915 an seine Schwester, Frau Bernhard Lang in Neukirchen bei Kaiserslautern: „Ich will Dir zugleich mitteilen. daß ich eben in Arest sitze, weil ich ein paar Tage von meiner Kompanie fort war. Aber ich denke es wird nicht so schlimm sein, denn es sind noch mehr da. Du kannst es mir Mutter auch mitteilen u. soll mir Papier schicken (...)." BHStA/IV, MilGer 6580. Vgl. ebd., MilGer 6432.
326 Vgl. den Brief des Dienstknechtes Otto Brunner aus Niederaichbach (BA Landshut) an seine Eltern vom 2.1.1916 aus französischer Gefangenschaft, in dem er behauptete, zwei Franzosen hätten ihn in ihren Graben gezogen. Brunner war durch Indizien eindeutig als Überläufer ausgewiesen: BHStA/IV, MilGer 3348.
327 Vgl. die Hinweise in: BHStA/IV, MilGer 6232, 6334, 6352 (Zitat); Militärgericht 1. Res.-Div. B

fördernde soziale Kontrolle entspricht der gegenseitigen Verpflichtung innerhalb der informellen ‚Primärgruppen' einer Einheit, welche die heutige Militärsoziologie als entscheidenden Faktor für die Kohäsion militärischer Einheiten ansieht. Der hierbei entstehende Gruppenzwang, der die Soldaten zur gegenseitigen Unterstützung im Kampf anhielt, ist allerdings nicht als deckungsgleich mit dem ideologisch aufgeladenen Begriff der ‚Kameradschaft' zu betrachten.[328]

Neben dem disziplinarischen Vorgehen wurden im militärgerichtlichen Verfahren die durch das Militärstrafgesetzbuch mit Strafe bewehrten Vergehen und Verbrechen geahndet.[329] Die Abschreckungswirkung längerer Haftstrafen lag erheblich über der von Disziplinarstrafen, zumal sich die Soldaten während des Krieges nicht sicher sein konnten, ob ihnen eine bei Kriegsende erlassene Amnestie zumindest im Frieden den Weg aus dem Gefängnis bahnen würde.[330] Die Regierung Eisner und der Rat der Volksbeauftragten beschlossen dann allerdings kurz nach Kriegsende zwei weitreichende Amnestien.[331] Ähnlich wie im disziplinarischen Verfahren verringerte sich auch die präventive Funktion einer gerichtlichen Bestrafung mit der Zeit. Für einzelne Soldaten, die wegen in ihren Augen geringer Verfehlungen in die Maschinerie der Militärjustiz gerieten, blieben die Verhaftung und die Aussicht auf eine längere Gefängnisstrafe eine entmutigende Erfahrung, die ihnen die eigene Ohnmacht gegenüber dem Repressionsapparat des Militärs verdeutlichte:

---

43. Frauenholz, Schwere-Reiter-Regiment, S. 144; Klemperer, Curriculum Vitae, S. 379; Zuckmayer, Stück von mir, S. 193; Werth, S. 259. In der Kaserne: Graf, Gefangene, S. 148.

328 Vgl. den Überblick bei Roghmann/Ziegler, Militärsoziologie, S. 168-179. Voraussetzung für die
Bildung von Primärgruppen ist, daß der Kernbestand einer Einheit mindestens eine Gefechtssi-
tuation übersteht. Dementsprechend verloren die Primärgruppen im Zweiten Weltkrieg an der
Ostfront rapide an Bedeutung, weil 1941 während des Vormarsches gegen die Sowjetunion viele
Einheiten binnen weniger Wochen extreme Verluste erlitten. Vgl. die aufschlußreiche Erörterung
bei Bartov, Hitlers Wehrmacht, S. 51-92.

329 Nach Paragraph 3 des Einführungsgesetzes zum MStGB vom 20.6.1872 konnte in „leichteren
Fällen" von unerlaubter Entfernung, Achtungsverletzung, Beleidigung eines Vorgesetzten, Wach-
vergehen und anderen Delikten die Bestrafung auf dem Disziplinarweg erfolgen, solange das
Strafmaß zwei Wochen schweren Arrest nicht überschritt. Vgl. Militärstrafgesetzbuch, S. 169f.

330 Dies läßt sich aus einem Schreiben des Chefs des Generalstabes des Feldheeres vom 16.8.1918 an
den preuß. Kriegsminister erkennen: WUA, Bd. 11/1, Dok. 43 a., S. 393f. Hindenburg konstatierte hier, daß nunmehr in der „sicheren Erwartung" einer Generalamnestie die „schwersten
Vergehen" begangen würden. Vgl. auch Deist, Militär und Innenpolitik, S. 1288, Anm. 2 (Brief
des ehemaligen Kommandeurs der preuß. 35. Inf.-Div. vom 30.9.1918). Bereits die Amnestie von 1916 auch
im bayer. Kontingent regelmäßig zum Geburtstag des Kaisers erlassenen Amnestien für noch nicht
vollstreckte Disziplinar- und Freiheitsstrafen von weniger als sechs Monaten Dauer hatten nach
Meinung höherer Kommandeure negative Folgen; vgl. Gallwitz, Erleben, S. 161, 500; Ludendorff,
Kriegserinnerungen, S. 492; Armee-Verordnungsblatt 50 (1916), S. 23; 51 (1917), S. 35f., 38; 52
(1918), S. 39, 42.

331 Vgl. die bayer. Verordnung vom 22.11.1918 und das in der Sache weitergehende Reichsgesetz vom
7.12.1918, das alle Haftstrafen über drei Jahren erließ, sowie unabhängig von ihrer Höhe jede
Bestrafung wegen Fahnenflucht, Feigheit und Handlungen gegen die Pflichten militärischer
Unterordnung: Armee-Verordnungsblatt 52 (1918), S. 731-735, 717-722.

„M. Liebe Frau! Ich teile dir mit daß ich am Samstag in das Landsgerichts Gefängnis gekommen bin und zwar so daß sich die Leute in K.[aisers]lautern darüber auf gehalten haben mit einem Unterofizier und 2 Mann Also gerade wie ein schwerverbrecher das ist jetzt der Dank da vür daß ich meinen dummen Schädel hin gehalten habe. Aber meine liebe Frau mache dir nur keine gedanken darüber das ist nicht so schlim ich habe am Freitag habe ich ins Feld wieder gesolt da bin ich nicht mit denn sie haben mich schließen wollen wie ein stück Vieh und das will ich nicht da kann es gerade kommen wie es will das geht in einer sauerei hin."[332]

Für weitaus mehr Soldaten verloren die verhängten Freiheitsstrafen jedoch mit zunehmender Kriegsdauer ihre abschreckende Wirkung. Am Ende des Jahres 1915 waren die Dienstvorgesetzten und die in gerichtlichen Verfahren tätigen Offiziere erstmals mit Mannschaften konfrontiert, die bei dienstlichen Auseinandersetzungen oder bei der Anordnung von Untersuchungshaft offen erklärten, daß es ihnen durchaus recht sei, wenn sie einmal „ordentlich brummen" müßten.[333]

Auch kurz nach der Verbüßung einer Strafe oder aus der Untersuchungshaft äußerten sich einzelne Soldaten in Briefen freimütig darüber, daß ihnen eine Bestrafung die willkommene Gelegenheit bieten würde, womöglich auch für eine längere Zeit dem gefährlichen Fronteinsatz zu entkommen.[334] Diese Auffassung formulierte im Juni 1917 auch ein an der Ostfront stationierter Soldat. Sein Brief belegt nochmals, daß die mit einer Bestrafung verbundene Verletzung des Ehrgefühls der Soldaten in der zweiten Kriegshälfte an Geltung verloren hatte. Vor einer

---

332 Brief des Fabrikarbeiters Josef Wahl aus Pirmasens vom 1.9.1918 an seine Frau Luise: BHStA/IV, MilGer 7365. Wahl war nach einer Urlaubsüberschreitung im Februar 1918 zweimal beim Rücktransport in das Feld seinen Bewachern entkommen und hatte zwischenzeitlich zu Hause in seinem angestammten Beruf gearbeitet. Wahl begründete dieses Verhalten in einer Vernehmung am 26.9.1918 im Feld, wohin er inzwischen überstellt war, mit der Sorge um die wirtschaftliche Not seiner Frau. Ebd.
Georg Teufel, bereits 1916 wegen Gehorsamsverweigerung zu drei Jahren Gefängnis verurteilt, war wegen der in drei anonymen Briefen (vgl. Anm. 140 zu diesem Kap.) ausgesprochenen Beleidigungen von Offizieren am 16.8.1917 zu einer Gesamtstrafe von zweieinhalb Jahren Gefängnis verurteilt worden. Nach Strafaussetzung und einer erneuten Weigerung, unter das Gewehr zu treten, erkannte das Gericht der 2. Inf.-Div. am 2.1.1918 auf drei Jahre und drei Monate Gefängnis. Am 3.1.1918 schrieb Teufel aus der Haft an Eltern und Bruder (modernisierte Abschrift): „Was man mit mir noch alles machen will, bzw. vorhat, weiß ich nicht. Die Zeit wird bringen. Das ich mit mir nicht Schluß mache, ist nur Eure große Liebe zu mir, wie auch die meine zu Euch schuld. Das ist das einzige noch, was mich erhält." Ebd., MilGer 6459.
333 Vgl. III./Inf.-Leib-Rgt. 20.7.1917 an das Rgt.: BHStA/IV, MKr 14160. Einzelfälle: ebd., MilGer 6257 (Zitat: Äußerung eines Fahrers der Fernsprech-Abteilung 37 am 15.11.1915 bei einer Auseinandersetzung mit einem Leutnant), 6379, 6387, 6446, 6487; WUA, Bd. 11/1, S. 339. Der Äußerung von Hobohm ist ebenso wie dem Zeitpunkt des Schreibens von III./Inf.-Leib-Rgt. zu entnehmen, daß dieses Phänomen ab der Mitte des Jahres 1917 in nennenswertem, allerdings wohl nicht allzu großem Umfang auftrat.
334 Vgl. die Briefe des landwirtschaftlichen Arbeiters Georg Heinle vom 28.7.1917 an „Fanny" (Franziska Brendle in Augsburg), und des Webers Stefan Lechner vom 5.3.1918 an seinen Bruder Jakob: BHStA/IV, MilGer 6299, 6337 (abgedruckt in: Ulrich/Ziemann, Frontalltag, Dok. 42 e., S. 165). Für den Wunsch nach einer Bestrafung vgl. auch den Briefauszug vom Oktober 1918: BA/MA, W-10/50794, Bl. 115; Josef Denk 9./R.I.R. 19 11.3.1918 an Anna Voigt in München: StaA München, Familien 713.

längeren Gefängnisstrafe ließ allerdings auch zu diesem Zeitpunkt noch manchen Soldaten die Befürchtung zurückschrecken, sich damit ‚fürs Leben unglücklich' zu machen:

„Komme was da wolle, jede Strafe ist mir genehm, die militärischen Strafen sind nicht entehrend u. keine Strafe ist härter als die, die wir nun schon lange verbüßen: das Leben im Schützengraben. Man wird hier vollständig gleichgültig u. würde ein paar Wochen Arrest mit Freude begrüßen, nur um für einige Zeit von dieser unglaublichen, unnötigen Plagerei wegzukommen, und die zum Himmel schreienden Ungerechtigkeiten nicht mehr zu sehen, die man uns antut und die man doch alle stillschweigend hinnehmen muß, da doch alle Organe u. Gesetze gegen uns sich wenden und wir uns doch nicht fürs Leben unglücklich machen wollen. In welche Sklaverei sind wir doch geraten, wir, die wir uns früher als freie Menschen fühlten und doch nicht glaubten, auch nur die geringste Beleidigung oder sonstige Ungerechtigkeit ungestraft hinnehmen zu können. Wie lange noch?"[335]

Im Besatzungsheer versuchten die Soldaten, durch die Provozierung einer Kette von aufeinanderfolgenden gerichtlichen Verfahren der Abstellung an die Front zu entgehen.[336]

Vornehmlich die Gerichtsherren stark beanspruchter aktiver Divisionen setzten ohnehin bei einem großen Teil der militärgerichtlich Verurteilten die Verbüßung der Strafe aus, um den Einheiten dienstfähige Mannschaften nicht unnötig zu entziehen.[337] Seit April 1915 war es möglich, gerichtliche Strafen unter der Bedingung auszusetzen, daß die betroffenen Soldaten sich unter fortdauernder Strafdrohung beim weiteren Frontdienst bewährten.[338] Da man von dem Verbleiben bereits durch Disziplinlosigkeit aufgefallener Soldaten bei der Truppe eine negative Wirkung auf die übrigen Soldaten fürchtete[339], wurde allerdings eine zunehmend restriktivere Handhabung der bedingten Strafaussetzung vorgeschrieben.[340] Der Kommandeur der 3. Infanterie-Division betonte jedoch im Sommer 1918, daß

335 Brief eines Soldaten aus dem Feld (Ostfront) vom 25.6.1917: BSB, Schinnereriana.
336 Vgl. K.M. 23.12.1916 an die Stellen der Gerichtsbarkeit des Besatzungsheeres und Frontverteiler B: BHStA/IV, GK I. AK Bund 179; Vertrauensmann 4. Ers.-MG-Komp. 23.9.1918 an stv. GK I. AK: ebd., stv. GK I. AK 1981. Auch die Einlegung von Rechtsmitteln diente diesem Zweck: Ulrich/Ziemann, Frontalltag, Dok. 43 d., S. 168.
337 Bei der 1., 5. und 11. Inf.-Div. wurden bis zum 9.11.1918 49.5%, 43.9% bzw. 31.8% der Strafen ganz oder teilweise erlassen. Bei der 2. Ldw.-Div. und der stv. 3. Inf.-Brigade war dies dagegen nur bei 35.9% bzw. 24.4% der verhängten Strafen der Fall. BHStA/IV, HS 2348.
338 Vgl. „Strafrechtspflege und Mannszucht in der zweiten Hälfte des Weltkrieges": BA/MA, W-10/50606, Bl. 13f.; Kollmann, Begnadigung.
339 Vgl. ebd.; AOK 6 23.4.1916 an unterstellte Armeekorps und Divisionen: BHStA/IV, GK I. AK, Bund 179.
340 Der K.M.-Erlaß 185911 v. 18.8.1918 bestimmte, daß die Gerichtsherren – im Normalfall die Divisionskommandeure – den Truppenkommandeur stets darüber zu hören hatten, ob eine Strafaussetzung ohne „Gefährdung der Mannszucht" angängig sei, und ob besondere dienstliche Gründe für die Aussetzung vorlägen. BHStA/IV, GK I. AK, Bund 104. Der K.M.-Erlaß 13073 v. 2.2.1917 hatte bereits bestimmt, daß die Gründe für eine Strafaussetzung immer in den Akten festzuhalten und einer Fortdauer entgegenstehende Sachverhalte dem Gerichtsherren mitzuteilen seien: ebd., GK I. AK, Bund 179.

angesichts von Soldaten, die „mit zynischer Offenheit dem Kriegsgerichtsrat" ihren Wunsch nach einer Bestrafung erklärten, die Anordnung eines Haftbefehls nur bei Rückfalltätern sinnvoll sei.[341] Angesichts dieser Entwicklung wurde es nötig, die Verbüßung der Strafe für militärgerichtlich Verurteilte möglichst unattraktiv zu gestalten. Eine Möglichkeit dazu war die Bildung von Militärgefangenen-Kompanien. Im Oktober 1917 ordnete das preußische Kriegsministerium die Aufstellung solcher Kompanien, die beim Besatzungsheer bereits seit dem September 1916 existierten, auch für das Feldheer an.[342]

Für bayerische Feldsoldaten, die zu mehr als drei Monaten Freiheitsstrafe verurteilt worden waren, richtete die 6. Armee im Herbst 1917 sechs solcher Kompanien ein.[343] Dort wurden die Gefangenen bei Arbeitsdiensten und im Stellungsbau hinter der Front beschäftigt. Aufgrund der Zersplitterung der verschiedenen Arbeitstrupps gelang allerdings vielen Soldaten die Flucht, zumal einzelne der zur Bewachung abkommandierten Soldaten dies tolerierten.[344] Im Oktober 1918 waren in die inzwischen sieben Militärgefangenen-Kompanien der 6. Armee 2.112 Soldaten eingestellt.[345]

Gegen Ende des Krieges waren jedoch auch Verschärfungen bei der Androhung und Exekution von Strafen nicht mehr in der Lage, den Desintegrationsprozeß der Armee aufzuhalten. Höhere Kommandeure hatten zwar bereits 1915 die Urteilssprüche der Militärgerichte bei den Divisionen wegen der ihrer Ansicht nach vorherrschenden „Scheu" vor einer Verhängung der für ‚im Feld' begangene Vergehen vorgesehenen scharfen Strafen gerügt.[346] Im Widerspruch dazu wurden jedoch im April 1917 die für eine Reihe von Delikten zu verhängenden Mindeststrafen gesenkt und die Zahl der in leichteren Fällen auch auf dem Disziplinarweg ahnbaren Vergehen erweitert.[347] Diese Vorgehensweise fand ihre Berechtigung

---

341 Vgl. 3. Inf.-Div. 18.8.1918 an K.M.: BHStA/IV, MKr 2325. Vgl. die zustimmenden Äußerungen höherer Kommandeure WUA, Bd. 11/1, Dok. 39 c-g., S. 389-391.

342 Vgl. Dreetz, Bildung; im Besatzungsheer betrug die Stärke dieser Kompanien im Herbst 1917 bereits rund 10.000 Mann: ebd., S. 464.

343 Aktennotiz K.M.-Abt. A 1 v. 10.12.1917. Die Verurteilten der bundesstaatlichen Kontingente sollten bei der 3., 6. und 7. Armee eingestellt werden; preuß. K.M. 5.12.1917 an K.M. Abweichend vom preußischen Vorgehen wurden im bayerischen Heer nur Strafen über drei Monate in der Militärstrafanstalt Oberhaus in Passau verbüßt. Im Herbst 1918 glich man dies an die sonst übliche Praxis an und überstellte Verurteilte ab sechs Wochen Freiheitsstrafe an die Gefangenenkompanien; Aktennotiz K.M. vom 12.9.1918. Alles in: BHStA/IV, MKr 14160.

344 AOK 6 22.2.1918 an K.M.: BHStA/IV, MKr 14160. Vgl. Gallwitz, S. 267f.

345 Kommandeur der Militärgefangenen-Kompanien der 6. Armee 9.10.1918 an K.M.: BHStA/IV, MKr 14160. Abweichende Angaben zur Zahl der Kompanien bei Dreetz, Bildung, S. 468. Dreetz gibt für den Herbst 1918 einen Gesamtstand von 59 Kompanien an, was bei einer im April 1918 auf 300 Mann festgelegten Etatstärke eine Zahl von rund 17.700 zu Freiheitsstrafen von mehr als sechs Wochen verurteilten Soldaten ergibt; vgl. zur Etatstärke preuß. K.M. 21.4.1918 an K.M.: BHStA/IV, MKr 14160.

346 Vgl. GK I. bayer. AK 9.4.1915 und AOK 2 27.4.1915 (Zitat) an die unterstellten Truppenteile: BHStA/IV, MKr 11231.

347 Vgl. Armee-Verordnungs-Blatt 51 (1917), S. 281-283, 633f.; 1918 fand bei weiteren Delikten

darin, daß der für Vergehen ,im Feld' oder ,vor dem Feind' im Militärstrafgesetz-buch vorgesehene erhöhte Strafrahmen auf die Verhältnisse eines Bewegungskrieges zugeschnitten war. Unter den Bedingungen des Stellungskrieges war z.b. die Mindeststrafe von zehn Jahren für ein Wachvergehen wie das Einschlafen auf dem Posten „vor dem Feinde" nicht mehr angemessen. Die Mindeststrafe wurde deshalb in diesem Fall auf ein Jahr herabgesetzt.[348] Die Erweiterung der Disziplinarbefug-nisse war auch angesichts der chronischen Langwierigkeit des militärgerichtlichen Verfahrens sinnvoll.[349] Von der – in diesem Jahr allerdings rapide zunehmenden – Zahl an Verfahren kamen 1918 bei verschiedenen bayerischen Infanterie-Divisio-nen durch Verteilung zum Abschluß: Bei der ersten Infanterie-Division 35 von 413, bei der zweiten 25 von 198, bei der dritten 183 von 671, und bei der 14. sogar nur 120 von 856 Verfahren.[350]

Im Sommer 1918 forderten angesichts der beginnenden Desintegration der Truppen dann allerdings mehrere kurz aufeinanderfolgende Erlasse der Kriegs-ministerien in Berlin und München die Feldstellen auf, die zur Verfügung stehenden Zwangsmittel nunmehr „rücksichtslos" anzuwenden. Bei der Weigerung einzelner Soldaten, in Stellung zu gehen oder in das Feld abzurücken, sollten die Offiziere ihr Recht zum Waffengebrauch benutzen. Insbesondere im Falle ausdrücklicher Gehorsamsverweigerung vor dem Feind[351] sollten die Gerichte auch vor der Ver-hängung der Todesstrafe nicht zurückschrecken.[352]

Wie die Feldstellen auf diese Anweisungen reagierten und insbesondere die Todesstrafe vollstreckten, läßt sich heute nicht mehr einwandfrei rekonstruieren.

eine Herabsetzung der Mindeststrafe von strengem auf mittleren Arrest statt: ebd., 52 (1918), S. 439.
348 Reichs-Gesetzblatt 1917, S. 383. Vgl. zur Begründung das Manuskript „Strafrechtspflege und Mannszucht in der zweiten Hälfte des Weltkrieges": BA/MA, W-10/50606, Bl. 2-6; Sonntag, S. 716. Aufgrund der durch die erhöhte Flexibilität gegebenen Funktionalität dieser Maßnahme – die Höchststrafen blieben unverändert! – geht die in der Nachkriegszeit geäußerte konservative Kritik an der Sache vorbei. Erich Otto Volkmann unterstellte z.B., die Herabsetzung des Strafrah-mens habe neben der üblichen Verhängung der „mildesten" Strafen zur „Folge" gehabt, daß die Fälle von Feigheit, Fahnenflucht etc. zunahmen: WUA, Bd. 11/2, S. 62; vgl. die bei Hebert, S. 58, zitierte Kritik eines Offiziers an der Herabsetzung der Arreststrafen 1918. Die leichtfertig geäußerte Kritik an der Strafzumessung der Gerichte wäre im übrigen erst zu belegen. Ohne einer detaillierten Untersuchung vorgreifen zu wollen: Die Durchsicht der Militärgerichtsakten kann diesen Befund im allgemeinen nicht bestätigen.
349 Vgl. BA/MA, W-10/50606, Bl. 6; [?] Schlott, Erweiterung der im Disziplinarwege zu ahndenden gerichtlichen Vergehen, Ausdehnung der Strafverfügung, Abschaffung der Standgerichte, in: Archiv für Militärrecht 7 (1916/17), S. 237-248.
350 BHStA/IV, HS 2348; vgl. WUA, Bd. 11/2, S. 121.
351 Paragraph 95, Abs. 2, Satz 2 MStGB: Militärstrafgesetzbuch, S. 197.
352 Verfügung des preuß. K.M. vom 22.7.1918: WUA, Bd. 11/1, Dok. 38, S. 385-387, sowie die ähnliche Verfügung des bayer. K.M. vom 18.8.1918 (Zitat): BHStA/IV, GK I. AK Bund 104. Von der Verhängung der Untersuchungshaft im Feld war nach dem Erlassen abzusehen. Vgl. die noch schärfere, ohne Spezifizierung von den „Drückebergerei" zuzurechnenden Straftaten die Todesstrafe nahelegende Verfügung des preuß. K.M. vom 5.11.1918, unter Hinweis auf weitere Erlasse vom August 1918: ebd., MKr 11232. Die Verfügungen gingen auf eine Forderung der OHL im Schreiben vom 9.7.1918 an das preuß. K.M. zurück: Volkmann, Marxismus, S. 313f.

Das Reichsarchiv hat für die deutsche Armee als Ganzes eine Gesamtzahl von 150 Todesurteilen – davon 48 vollstreckte – angegeben.[353] Angesichts der bereits in verstreuten Hinweisen belegten Fälle, in denen Soldaten zu einer Todesstrafe verurteilt wurden oder diese vollstreckt wurde, muß diese Zahl jedoch als zu niedrig bezeichnet werden.[354] So berichtete der Befehlshaber Ober-Ost im Oktober 1918 über eine Meuterei bei einem für die Westfront bestimmten Transport des 1. bayerischen Landsturm-Infanterie-Regiments in Luck, bei der auch Vorgesetzte tätlich angegriffen wurden. Von den Beteiligten wurden zwei Unteroffiziere und zwei Mannschaftssoldaten zum Tode verurteilt.[355] Der Mehrzahl der Kommandeure dürfte im Sommer und Herbst 1918 allerdings klar gewesen sein, daß die Erzwingung des Gehorsams durch das Niederschießen einzelner Soldaten zu diesem Zeitpunkt den Übergang zu offener Rebellion eher begünstigen als verhindern würde.[356] Zur Einschüchterung der Mannschaften ließ sich aber bereits die Be-

---

353 Vgl. WUA, Bd. 11/2, S. 63. Der Reichsarchivrat Volkmann schlüsselte diese Angaben allerdings weder zeitlich auf, noch berücksichtigte er das Fehlen vieler Strafprozeßlisten, dem er nur „kleine unwesentliche Veränderungen" zubilligen wollte: ebd. In der bayer. Armee ergingen bei bayer. Militärgerichten acht Todesurteile, von denen eines im Oktober 1914 vollstreckt wurde. Dazu kommen die in der übernächsten Anmerkung notierten Fälle: BHStA/IV, HS 2348.

354 Der Militärseelsorger Karl Lang berichtet in seinen 1934 geschriebenen Kriegserinnerungen, daß er Ende Februar 1917 vom evangelischen Divisionsgeistlichen zu einem in Koworsk befindlichen Regiment gerufen wurde. Dort sollte er anstelle des abwesenden katholischen Feldseelsorgers einen Soldaten elsässischer Herkunft seelsorgerisch betreuen, der wegen Fahnenflucht zum Tode verurteilt war. Nach der Anfang März zur Abschreckung in Gegenwart einer Kompanie mit elsässischen Soldaten vollzogenen Erschießung, sagte der Gerichtsoffizier der Division zu ihm: „Wir wissen, daß wir 10% unschuldig erschießen, aber wir müssen so streng sein, weil wir sonst nicht mehr Krieg führen können." ABA, NL Karl Lang, Kriegschronik Karl Lang, S. 50-56, Zitat S. 54. (Die Chronik enthält hinter der S. 52 eine Fotografie, die drei erhängte Zivilisten zeigt, die von deutschen Soldaten beobachtet werden.) Es handelt sich vermutlich um ein Regiment der preuß. 86. Inf.-Div., die von Juli 1916 bis April 1917 an der sog. Stochod-Front bei Kovel eingesetzt war: Histories, S. 561. Die Regimentsgeschichte des I.R. 343 vermerkt, daß es im Verlauf der langfristigen Vorbereitung eines am 3.4.1917 stattfindenden Angriffsunternehmens gegen den russischen Brückenkopf bei Toboly einige Überläufer gab; vgl. G. Neumann, Infanterie-Regiment Nr. 343, S. 256-266, hier S. 265. Für die Vollstreckung einer Todesstrafe wegen Gehorsamsverweigerung im Juni 1918 vgl. Richert, S. 345f. Für die Erschießung mehrerer Gruppen zum Tode verurteilter Soldaten 1918 an der Ostfront vgl. Militarismus gegen Sowjetmacht, S. 101.

355 Drahtmeldung Ober-Ost vom 20.10.1918 an die OHL (Abschrift): BHStA/IV, MKr 2325. Ein in der Meldung angekündigter Bericht ist im Akt nicht überliefert. Die Zusammenstellung in: BHStA/IV, HS 2348, erwähnt nur zwei Todesstrafen gegen einen Infanteristen und einen Gefreiten dieses Regiments, die durch Urteil des Feldkriegsgerichts der preuß. Etappen-Kommandantur 162 am 17.9.1918 ergingen und durch Gnadenerlaß des bayer. Königs vom 29.10.1918 in lebenslängliche Zuchthausstrafe umgewandelt wurden.

356 Vgl. WUA, Bd. 11/1, S. 340ff., sowie Gallwitz, S. 451, der berichtet, daß der Kommandeur der preuß. 18. Ldw.-Div. Ende Oktober 1918 bei der Bestätigung von Todesurteilen Bedenken hatte, daß diese nach der bisher eher milden Vorgehensweise innenpolitisch ‚ausgeschlachtet' werden könnten. Hintergrund war vermutlich, daß Teile der 6./86. I.R. am 25.10.1918 den Vormarsch in die Stellung verweigert hatten, bis sie mit der sofortigen Erschießung bedroht wurden. Vgl. Histories, S. 288.

kanntgabe der Warnung verwenden, daß im Fall kollektiver Widersetzlichkeit „der
erste beste herausgegriffen wird und erschossen wird".[357]
Der einschüchternde Effekt des Disziplinarsystems ist insgesamt sehr hoch zu
veranschlagen, auch wenn sich dies vornehmlich indirekt an der mit der Zeit
nachlassenden Wirkung nachweisen läßt. Das Ausmaß, in dem die Furcht der
Soldaten vor einer möglichen Bestrafung abnahm, dürfte dabei – gemessen an der
Ausgangslage – hinsichtlich der militärgerichtlichen Freiheitsstrafen weitaus größer
gewesen sein als gegenüber der disziplinarischen Ahndung von Vergehen. Denn
eine längere Gefängnisstrafe, deren abschreckende Wirkung auch wegen der noch
unabsehbaren Folgen für das weitere zivile Leben zunächst sehr hoch war, erschien
vor allem seit 1917 einer zunehmenden Zahl von Soldaten nunmehr als sicherer
Weg, um für eine geraume Zeit den Risiken des Fronteinsatzes zu entkommen.
Dagegen bot die Handhabung ihrer disziplinarischen Kompetenzen gerade dem
kleineren Teil der um das Wohlergehen und Vertrauen ihrer Untergebenen redlich
bemühten Offiziere einen großen Vorteil. Denn diese mußten dabei nicht allein
auf Strafe als Mittel der Disziplinierung zurückgreifen. Zumindest bei einem Teil
der Mannschaften ließ sich für eine geraume Zeit Respekt vor den Vorgesetzten und
Gehorsam gegenüber ihren Befehlen erzwingen, indem die den Offizieren zur
Verfügung stehende Bandbreite von Mitteln wie Ermahnung, Einschüchterung
und letztlich Bestrafung flexibel und im Einzelfall jeweils unberechenbar zur
Herrschaftssicherung eingesetzt wurde.[358] Das disziplinarische Korsett, in dem sich
die Mannschaften bewegten, bot ihnen praktisch keine Freiräume und unterdrückte im Zusammenspiel mit dem faktisch wirkungslosen Beschwerderecht auf effek-
tive Art für lange Zeit Ansätze zu ernsthaften Formen von Widersetzlichkeit.[359]

3.2.3. Ideologisierung durch Aufklärungsarbeit

Die Bemühungen der Offiziere und Militärbehörden, durch Androhung und
Exekution von Strafen Disziplinverstöße zu unterbinden, bildeten nur die eine und
eher traditionelle Seite der Bemühungen um eine Herrschaftssicherung im Militär.
Angesichts der Entfaltung der maschinisierten Kriegführung[360] und der engen

---

357 Zitat aus einem Feldpostbrief vom 27.8.1918, der sich offenbar auf ein schlesisches Regiment
   bezieht: WUA, Bd. 11/1, S. 329; vgl. für die preuß. 41. Inf.-Div.: Histories, S. 450. Über die nach
   einer Befehlsverweigerung vorgenommene sofortige Liquidierung eines Soldaten bei Verdun 1916
   berichtet nach einem privaten schriftlichen Zeugnis Werth, S. 412.
358 Dietz, Militärstrafrecht, S. 73, betrachtete den Arrest als das „wirksamste Strafmittel". Seine flexibel
   mögliche Bemessung und Anwendung und die kurze Dauer vermeide Störungen des Dienstbetrie-
   bes. Darüber hinaus ist zu bedenken, daß sich der Arrest wiederholt zur Disziplinierung verwenden
   ließ, während eine zuerst ausgesetzte Gefängnisstrafe in der Regel nach einem erneuten Vergehen
   vollstreckt wurde. Kollmann, passim, hebt den Übergang von einer generalpräventiven zur
   spezialpräventiven Vorgehensweise auch im militärgerichtlichen Verfahren hervor.
359 Zum Beschwerderecht vgl. Kap. 3.3.1.
360 Geyer, Rüstungspolitik, S. 101f., weist darauf hin, daß die Funktionalisierung der militärischen

„Wechselwirkung zwischen Heimat und Feldheer"[361] genügte es nicht mehr allein, wenn die Soldaten mehr oder minder widerwillig den Befehlen ihrer Vorgesetzten gehorchten.[362] Die Stimmung der Bevölkerung an der Front und in der Heimat wurde selbst zu einer Ressource der Kriegführung, insofern deren Zustimmung zu weiteren Anstrengungen die Voraussetzung für eine erfolgreiche Mobilisierung war. Trotz der lange Zeit fraglosen Einhaltung der Disziplin sorgte die an der Front entstehende Ablehnung der staatlichen Sinnstiftung des Krieges für zunehmende Beunruhigung.

Der Beginn dieser Mißstimmung und ihre Folgen waren zwar schon seit Anfang 1916 erkennbar und provozierten erste Gegenmaßnahmen. Umfassende Konsequenzen daraus zog jedoch erst die 3. OHL. Für den von ihr betriebenen Übergang zu einer „nationalisierten Gewaltorganisation" war die sich in der Kommunikation zwischen den Soldaten und ihren Angehörigen wechselseitig steigernde Kriegskritik ein elementares Hindernis.[363] Ausgehend vom Ziel eines Siegfriedens versuchte sie der 1917 auch unter den Frontsoldaten erkennbar werdenden Politisierung des Friedenswunsches durch vermehrte Propaganda entgegenzutreten und damit das für den Übergang zu offensiven Aktivitäten nötige „Siegesbewußtsein" zu fördern.[364]

Eine Rückwirkung der unter den Soldaten anwachsenden kriegskritischen Stimmung auf die Heimat wurde allgemein vor allem in Gestalt der Urlauber faßbar. Ende 1915 wurden erste Klagen über den negativen Einfluß laut, den sie auf die Stimmung der Zivilbevölkerung ausübten.[365] Im Februar 1916 sah sich der Kriegsminister veranlaßt, angesichts von Erzählungen der Urlauber über Heeresmißstände, welche die „Stimmung ganzer Ortschaften vergiften", die Kommandeure im Feld zur Abhilfe in Form von Vorträgen, Ermahnungen und Belehrungen aufzufordern.[366]

Führung im Maschinenkrieg mit den Versuchen zu ideologischer Indoktrination einherging. Vgl. dazu die Formulierungen des ebenso einseitigen wie aufschlußreichen Erfahrungsberichtes der preuß. Jäger-Division, zitiert in einer Verfügung der OHL vom 1.8.1918: WUA, Bd. 11/1, Dok. 39 a., S. 387f.

361 Erlaß des K.M. an die höheren Kommandeure des bayer. Kontingents vom 1.2.1916: Deist, Militär und Innenpolitik, Dok. 127, S. 300-302, hier S. 300. Von dieser Einsicht ging auch der grundlegende Befehl des Chefs des Generalstabes des Feldheeres vom 29.7.1917 über die „Leitsätze für die Aufklärungstätigkeit unter den Truppen" aus. Vgl. ebd., Dok. 331, S. 841-846, v.a. S. 842.

362 Gleichwohl wurde auch die „Notwendigkeit der Führung auf allen Gebieten" zum Gegenstand der Truppenaufklärung, die einen „Gehorsam gegen militärische Befehle und Anordnungen" erziehen sollte. Vgl. die „Vorträge über Vaterländischen Unterricht" von Hptm. d.R. Bruno Kreuter, Unterrichtsoffizier der 6. Ldw.-Div., 4. Vortrag vom 31.3.1918: BHStA/IV, Amtsbibliothek 29.

363 Für den durch die 3. OHL vollzogenen Wechsel vgl. Geyer, Rüstungspolitik, S. 97ff., Zitat S. 98.

364 Vgl. Deist, Zensur, S. 161. Zitat: Deist, Militär und Innenpolitik, Dok. 331, S. 845. Vgl. die einzige zusammenhängende Darstellung bei Höhn, Armee, S. 518-569, geringfügig erweitert in ders., Sozialismus und Heer, S. 745ff., 757-777, hier S. 763; ferner Mai, „Aufklärung der Bevölkerung", S. 213-216.

365 Ay, S. 25.

366 K.M.-Erlaß an die höheren Kommandeure des bayer. Kontingents Nr. 7094 vom 1.2.1916: Deist,

Dort war man jedoch kaum bereit, den Realitätsgehalt solcher Schilderungen anzuerkennen. Wenn dies überhaupt einmal der Fall war, so empörte man sich, der über Mißstände berichtende Urlauber sei ein „Schuft" und „Lügner, ein Ehrvergessener, nicht wert, das Ehrenkleid des deutschen Soldaten zu tragen".[367] Die Kommandeure an der Front beharrten mehrheitlich auf der Ansicht, ein ungünstiger Einfluß gehe vielmehr von der Heimat auf die Frontsoldaten aus. Ersatzmannschaften und Urlauber kämen wegen der wirtschaftlichen Notlage ihrer Angehörigen und einer „planmäßigen Verhetzung" mißgestimmt an die Front, weshalb Aufklärung eher in der Heimat notwendig sei.[368] Oder die Behörden im Feld versuchten, vor allem den Etappensoldaten die Verbreitung negativer Gerüchte und Stimmungen anzulasten.[369] Den heimischen Militärbehörden und aufmerksamen Beobachtern der Stimmung in der Bevölkerung war jedoch klar:

„Man kann nicht trennen zwischen [der] Stimmung an der Front und in der Heimat."[370]

Für das Kriegsministerium waren die nachteiligen Wirkungen der Erzählungen von Urlaubern Anlaß genug, im August 1917 die bayerischen Formationen im Feld erneut aufzufordern, vor dem Abgang in den Urlaub die Mannschaften vor solchen Erzählungen zu warnen sowie zuverlässige Soldaten zum Versuch zu ermuntern, durch ihre Schilderungen die Stimmung in der Heimat zu heben.[371] Diese Belehrungen wurden zumeist durch die Kompanieführer durchgeführt.[372] Im Rahmen

Militär und Innenpolitik, Dok. 127, S. 300-302, Zitat S. 300. Zu den daraufhin auch im Besatzungsheer ergriffenen Maßnahmen, neben Vorträgen vor allem die Verteilung von Broschüren, vgl. die Aufzeichnung Falkner v. Sonnenburgs vom 5.12.1916: ebd., Dok. 137, S. 339-342. Diese Maßnahmen standen allerdings in engem Zusammenhang mit der in Bayern unter Federführung des Innenministeriums stehenden Propaganda unter der Zivilbevölkerung, auf die in dieser Arbeit nicht weiter eingegangen wird. Vgl. Albrecht, S. 124-131, 198-208, 242-252.
367 Schreiben des kommandierenden Generals des GK I. bayer. AK Oskar v. Xylander 27.8.1916 an die unterstellten Verbände: BHStA/IV, GK I. AK Bund 104.
368 Zitat: G.K. I. AK 23.9.1917 an K.M.: BHStA/IV, MKr 2337; „Zusammenfassende Auswertung der Stimmungsberichte von Fronttruppenteilen gemäß K.M.E. vom 11.8.1917" im Pressereferat des K.M. vom 8.1.1918, S. 2: ebd., MKr 2338. Dieser Auffassung trat auch die OHL im Schreiben vom 31.7.1917 bei der Einführung des „Vaterländischen Unterrichts" trotz einer Anerkennung der „engen Beziehungen" von Heer und Heimat bei: Deist, Militär und Innenpolitik, Dok. 332, S. 846ff., Zitat S. 846. Vgl. die Kritik von Martin Hobohm an solchen noch 1918 vertretenen Auffassungen in WUA, Bd. 11/1, S. 97f., sowie das Schreiben des AOK 17 vom 6.11.1918 an Heeresgruppe Kronprinz Rupprecht: ebd., Dok. 57 a., S. 415-417, hier S. 417.
369 R.I.R. 23 11.10.1917 an 16. Res.-Inf.-Brigade: BHStA/IV, MKr 2338; Vorträge über Vaterländischen Unterricht von Bruno Kreuter, Unterrichts-Offizier der 6. Ldw.-Div., 1. Vortrag vom 11.3.1918: ebd., Amtsbibliothek 29.
370 Zitat: „Zusammenfassende Auswertung..." vom 8.1.1918 durch das Pressereferat des K.M., S. 2: BHStA/IV, MKr 2338; Karl Alexander v. Müller 31.8.1916 an den königlichen Kabinettschef Otto v. Dandl: ebd., MKr 2335.
371 K.M.-Erlaß Nr. 121418 vom 11.8.1917 an die Kommandeure der mobilen bayer. Formationen: Deist, Militär und Innenpolitik, Dok. 334, S. 855-857. Eine Ausfertigung findet sich in: BHStA/IV, 2. Inf.-Div. Bund 97. Die beigegebene Aufforderung, die Urschrift zu vernichten und nur einen Auszug zu den Akten zu nehmen, wurde offenbar nicht befolgt.
372 „Zusammenfassende Auswertung..." durch das Pressereferat des K.M. vom 8.1.1918, S. 15:

des „Vaterländischen Unterrichts" setzte man diese Tätigkeit systematisch fort. Unterstützt durch ein vor der Abreise in das Soldbuch eingeklebtes Merkblatt, warnte man vor Übertreibungen und schilderte die schwierige Ernährungslage in der Heimat.[373] Im September 1918 verfügte die OHL als Gegenmaßnahme, „unzuverlässige Elemente nötigenfalls vom Urlaub auszuschließen" und in der Heimat aufgefallene Mannschaften zur Bestrafung sofort an die Front zurückzuschicken.[374]

Trotz dieser Bemühungen blieb die von Fronturlaubern in die Heimat getragene Unruhe für die Zivilbehörden ein dauerhaft wahrnehmbares und nicht durch Aufklärungsarbeit zu bekämpfendes Problem.[375] Für die Soldaten war der persönliche Aufenthalt in der Heimat mehr noch als die von der Zensur beaufsichtigten brieflichen Mitteilungen geeignet, um sich unbehelligt von der Rücksichtnahme auf mögliche Disziplinarstrafen rückhaltlos über ihre Wahrnehmungen und alle, vornehmlich jedoch die negativen Aspekte ihres Dienstes zu äußern.[376]

Die enorme Wirkung dieser Schilderungen beruhte darauf, daß sie von der Bevölkerung angesichts ihrer unmittelbaren Zeugenschaft und dem Mißtrauen in die veröffentlichte Meinung[377] „wie ein Evangelium hingenommen und geglaubt" wurden.[378] Einem Dorfpfarrer in Niederbayern, der den Erzählungen der Urlauber kritisch entgegentrat, erwiderten die Zivilisten, daß „er nichts wisse und im übrigen auch zu den Großen halten müsse."[379] Zudem blieb die Verbreitung des Erzählten nicht auf den privaten Raum der einzelnen Familien beschränkt. Wirtshäuser und Eisenbahnabteile der auch von Zivilisten benutzten Züge ließen sich als Multiplikatoren benutzen, in denen die Soldaten Erfahrungen, Meinungen und Gerüchte massenwirksam verbreiten konnten.[380]

BHStA/IV, MKr 2338; Res.-Feldartillerie-Rgt. 5 29.9.1917 an bayer. Artillerie-Kommandeur 17: ebd.; Höhn, Armee, S. 553.

373 Armee-Oberkommando 19 (Hg.), Die Aufgaben des Vaterländischen Unterrichts bei den Truppen der 19. Armee, o.O. 1918, S. 7ff. Ein undatiertes und unsigniertes „Merkblatt für Fronturlauber in der Heimat" in: BHStA/IV, stv. GK I. AK 1724; Ulrich/Ziemann, Frontalltag, Dok. 33, S. 131. Vgl. „Leitsätze" vom 29.7.1917, und stv. GK [württembergisches] XIII. AK an württembergische Feldtruppenteile: Deist, Militär und Innenpolitik, Dok. 331, hier S. 844, Dok. 329, S. 837f.; WUA, Bd. 11/1, S. 294.

374 Geheime Rundverfügung der OHL vom 3.9.1918: Militarismus gegen Sowjetmacht, Dok. 34, S. 249f.

375 Vgl. z.B. WB BA Kempten 1.7.1916: StAA, Regierung 9763; WUA, Bd. 11/1, Dok. 23 a., S. 56-58.

376 Vgl. WB BA Miesbach 22.9.1918: BHStA/IV, stv. GK I. AK 1969.

377 Vgl. WB BA Ebersberg 8.9.1918: BHStA/IV, stv. GK I. AK 1969.

378 Zitat: Brief eines Pfarrers aus Mittelfranken vom 20.7.1916, vom bayerischen Kriegsminister v. Kreß 29.7.1916 an AOK 6 übersandt: BHStA/IV, HS 2348. Vgl. den K.M.-Erlaß vom 11.8.1917 an die Kommandeure der mobilen bayer. Formationen: Deist, Militär und Innenpolitik, Dok. 334, hier S. 856.

379 Pfarramt Sulzbach 12.6.1916 an Ord. Passau: ABP, DekA II, Fürstenzell 12/I.

380 Eisenbahnen: WB BA Altötting 5.1.1917: BHStA/IV, stv. GK I. AK 1949; BA Miesbach 27.5.917 an RP Obb.: ebd., stv. GK I. AK 1953; vgl. Vertrauensmann Reserve-Lazarett München B 27.8.1918 an Sanitätsamt stv. GK I. AK: ebd., stv. GK I. AK 1980. Wirtshäuser: Polizei-Direktion

Die Gegenstände der Urlauberberichte waren zunächst ihrer unmittelbaren Erlebnissphäre entnommen. Schilderungen von schwerwiegenden Spannungen zwischen preußischen und bayerischen Truppen fanden ebenso eine aufmerksame Zuhörerschaft wie Gerüchte über ungeheure Verluste.[381] Auch Berichte über die im Gegensatz zu den Offizieren unzureichende Verpflegung[382] und deren ausschweifenden Lebenswandel fanden den Weg in die Heimat.[383] Zusammen mit Erzählungen über die schlechte Behandlung der Soldaten an der Front erschütterten sie unter der zivilen ländlichen Bevölkerung nachhaltig die Legitimität des Militärapparates.[384]

Durch den „Klassenhaß aufpeitschende Reden"[385] der Urlauber wurde aber auch die Loyalität gegenüber den traditionellen Autoritäten des zivilen Lebens zersetzt. Neben den Pfarrern gerieten dabei zunächst die behördlichen Maßnahmen vor allem auf dem Gebiet der Ernährungswirtschaft in das Visier der Kritik. Mit den Worten „tut das was ihr wollt, und nicht was die oben anschaffen" forderten die Soldaten ihre Angehörigen zum Widerstand gegen amtliche Verfügungen auf.[386]

Auch die Notwendigkeit der monarchischen Spitzen in Bayern und im Reich bezweifelten die Urlauber.[387] Zusammen mit der im Herbst 1918 allgemein verbreiteten Auffassung, ein Sieg sei unmöglich und der Krieg ohnehin verloren[388], hatte der Einfluß der Urlauber auf dem Land eine „revolutionäre Stimmung" zur

---

München 1.6.1916 an stv. GK I. AK: ebd., stv. GK I. AK 1723; WB RP Schwaben 25.6.1917: BHStA/II, MInn 66328. Ein Pfarrer berichtete, „man habe in der Stadt keine Ahnung, was jetzt auf dem Lande an den Biertischen alles gesprochen werde, besonders wenn Kriegsurlauber dabei sind. Die unentwegtesten Sozialisten um Dr. Liebknecht seien nichts gegen diese Thronstützen." WB BA Augsburg 2.12.1916: StAA, Regierung 9763.

381 Verluste: Garnisonältester Bad Reichenhall 23.5.1918 an stv. GK I. AK: BHStA/IV, stv. GK I. AK 1965; WB BA Friedberg 3.8.1918: ebd., stv. GK I. AK 1968. Zum „Preußenhaß" vgl. Kap. 4.3.

382 WB BA Lindau 29.9.1917: StAA, Regierung 9764; BA Mühldorf 4.5.1918 an RP Obb.: BHStA/IV, stv. GK I. AK 1965; WB BA Friedberg 22.6.1918: ebd., stv. GK I. AK 1966; WB BA Freising 12.10.1918: ebd., stv. GK I. AK 1970.

383 BA Miesbach 7.10.1917 an stv. GK I. AK: BHStA/IV, stv. GK I. AK 1958; Garnison-Ältester Bad Reichenhall 23.10.1918 an dass.: ebd., stv. GK I. AK 1970; MA 15.5.1917 an MInn: BHStA/II, MInn 66328.

384 BA Memmingen 27.10.1916 an stv. GK I. AK: BHStA/IV, stv. GK I. AK 1946; Garnisonältester Kaufbeuren 16.11.1916 an dass.: ebd., stv. GK I. AK 1947; BA Weilheim 7.7.1917 an dass.: ebd., stv. GK I. AK 1955.

385 BA Tölz 27.10.1916 an stv. GK I. AK: BHStA/IV, stv. GK I. AK 1946. Dem lag die Auffassung zugrunde, der Krieg werde nur „für die Großen" geführt. Vgl. dazu MInn 21.7.1917 an K.M.: BHStA/II, MInn 66328; Kap. 4.3.

386 Unteroffizierschule Fürstenfeldbruck 24.7.1917 an stv. GK I. AK: BHStA/IV, stv. GK I. AK 1957; BA Eggenfelden 4.1.1918 und BA Mühldorf 26.1.1918 an dass.: ebd., stv. GK I. AK 1961; Wirtschaftsstelle Weilheim 19.9.1918 an stv. GK I. AK (Zitat): ebd., stv. GK I. AK 1969. Zu den Pfarrern vgl. Kap. 4.2., 6.1.

387 MdL Kaspar Puffer 9.7.1917 an den Staatsminister des Innern, Friedrich v. Brettreich: BHStA/IV, MKr 2333; MK 22.10.1917 an K.M.: ebd., MKr 2335.

388 BA Dachau 21.7.1917 an stv. GK I. AK: BHStA/IV, stv. GK I. AK 1955; Wirtschaftsstelle Passau 19.9.1918 an dass., WB BA Aichach 4.9.1918: ebd., stv. GK I. AK 1969; BA Wertingen 20.9.1918 an RP Schw.: BHStA/II, MInn 66332.

Folge.[389] Durch die nachhaltige Wirkung ihrer unverblümten Reden und ihre besondere Autorität in allen den Krieg betreffenden Fragen leisteten die Frontsoldaten so einen erheblichen Beitrag dazu, die Legitimität des Staates bei der ländlichen Bevölkerung zu untergraben. Problematisch war die von Soldaten genährte Unzufriedenheit in der Zivilbevölkerung auch hinsichtlich der Kriegsanleihezeichnung. Damit wurde sie zum Auslöser für die Aufklärungsarbeit unter den Truppen. Die seit September 1914 zweimal jährlich zur Zeichnung aufgelegten Anleihepapiere waren für die Reichsregierung angesichts des Verzichts auf eine durchgreifende Erhöhung der Steuerlast das wichtigste Mittel zur Sicherung der Kriegsfinanzierung.[390] Darüber hinaus wurde der Erfolg der Anleihewerbung im Verlauf des Krieges zu einem Symbol für die Bereitschaft breiter Bevölkerungskreise zum Durchhalten und zur Identifikation mit der nationalen Kriegsanstrengung.[391] Ihrer finanziellen und mobilisierenden Bedeutung entsprechend wurden die Zeichnungsperioden von Beginn an regelmäßig durch umfassende propagandistische Maßnahmen unter Zuhilfenahme von Tagespresse, Bildplakaten und Vortragsveranstaltungen begleitet.[392]

Die damit allgemein im Bewußtsein der Bevölkerung erreichte Verankerung der Anleihen als Zeichen für den Durchhaltewillen des deutschen Volkes löste jedoch einen für die Behörden negativen Effekt aus. An der Front, wo die Folgen des fortdauernden Krieges tagtäglich am intensivsten verspürbar waren, entwickelte sich mit der Verallgemeinerung einer kriegskritischen Stimmung wachsende Ablehnung gegen die Anleihen. Bereits während der Zeichnungsauflegung der 4. Anleihe im März 1916 berichteten die Zivilverwaltungsbehörden mehrerer ländlicher Bezirke, daß Frontsoldaten in Feldpostbriefen ihre Angehörigen aufforderten, nicht zu zeichnen, damit der Krieg ein baldiges Ende nehme. Das Reich, so ihre Analyse, müsse das „Kriegführen aufhören", wenn es kein Geld mehr habe.[393] Mannschaften ländlicher Herkunft aus Schwaben forderten ihre Angehörigen während des Urlaubs darüber hinaus dazu auf, kein Schlachtvieh für die Versorgung der Truppen mehr zu verkaufen.[394]

Im Vorfeld der 5. Anleihe wandte sich das Innenministerium deshalb mit der Forderung an das Kriegsministerium, diesem Mißstand durch Kontrollen im Rahmen der Feldpostzensur und eine entsprechende Belehrung der Mannschaften

---

389 Zitat: WB BA Miesbach 20.10.1918: BHStA/IV, stv. GK I. AK 1970; BA Friedberg 6.10.1917 an stv. GK I. AK: ebd., stv. GK I. AK 1958.

390 Vgl. Roesler, Finanzpolitik, S. 54-58, 74-80, 130-134; Zeidler, Kriegsfinanzierung.

391 Albrecht, S. 201.

392 Vgl. ebd., S. 199ff., 206; Koszyk, Pressepolitik, S. 136-145; Vorsteher, Bilder für den Sieg, S. 158ff.

393 Zitat: MInn 15.3.1916 an K.M.: BHStA/IV, MKr 2330; WB BA Mühldorf 11.3.1916: StAM, LRA 188445; WB BA Augsburg 19.3.1916 und 19.8.1916: StAA, Regierung 9763; WB RP Ndb. 20.3.1916: StAL, Rep. 168/5, 1117. Vgl. bereits am 11.6.1915 den Brief von Stefan Schimmer an seine Frau: BHStA/IV, Amtsbibliothek 9584.

394 RP Schwaben 20.6.1916 an stv. GK I. AK: BHStA/IV, MKr 2330.

abzuhelfen.[395] Dieses reagierte mit dem Hinweis auf die bereits bestehende Praxis der Briefzensur und die zu Beginn des Jahres angeordneten Maßnahmen zur Einwirkung auf die Urlauber. Zugleich wurden die stellvertretenden Generalkommandos ersucht, in Zusammenarbeit mit den Zivilbehörden die Verbreiter solcher Auffassungen zu ermitteln. Durch Belehrungen im Besatzungsheer sollten die Mannschaften ermutigt werden, gegen die Kriegsanleihe gerichteten Gerüchten entgegenzutreten.[396] Auch im Feld fanden zumindest bei einer Armee-Abteilung im Herbst 1916 Belehrungen über die Bedeutung der 5. Kriegsanleihe statt.[397] Die Truppen im Feld wurden seit Ende 1916 auf eine Initiative der OHL hin auch über die wirtschaftliche Lage Deutschlands aufgeklärt.[398] Zur Anordnung von Maßnahmen hinsichtlich der Anleihen im Feldheer konnte sich das inzwischen auch mehrfach direkt über das Verhalten der Soldaten informierte bayerische Kriegsministerium jedoch nicht entschließen, da man dort für die erfolgreiche Durchführung einer Aufklärung kaum hinreichende Voraussetzungen vermutete.[399] Offenbar empfanden die Kommandobehörden im Feld Hinweise auf die schlechte Stimmung der ihnen unterstellten Mannschaften als unerbetene Einmischung in ihre Kompetenzen.[400]

395 MInn 24.8.1916 an K.M., unter Berufung auf den Wochenbericht des schwäbischen Regierungspräsidenten vom 21.8.1916: BHStA/IV, stv. GK I. AK 916.
396 K.M. 1.9.1916 an MInn und K.M. 1.9.1916 an die stv. GK: BHStA/IV, stv. GK I. AK 916. Bereits am 9.3.1916 hatte das K.M. an die stv. GK 600 Exemplare eines Vortrags versandt, den das preuß. K.M. zur Werbung für die 4. Kriegsanleihe empfohlen hatte. Dies geschah auf ein Anschreiben des preuß. K.M. vom 4.3.1916 hin, das auch persönliche Belehrungen, Vorträge und die Schaffung von speziellen Zimmern für die Zeichnung vorschlug: ebd. Zur Umsetzung der Mithilfe durch die Zivilbehörden vgl. RP Obb. 9.9.1916 an die BA: StAM, LRA 99498.
397 Verfügung der Armee-Abteilung B vom 19.9.1916 an die unterstellten Divisionen: BHStA/IV, 6. Ldw.-Div. Bund 56. Es ist unwahrscheinlich, daß dies auf die Verfügung des K.M. zurückging, da es sich um keine bayerische Stelle handelt. Vgl. Cron, Geschichte, S. 82. Zu vermuten ist eher eine eigene Initiative, ähnlich den des Marine-Korps vom Oktober 1916: Ulrich/Ziemann, Frontalltag, Dok. 41 a., S. 160. Für einen entsprechenden Erlaß des Generalquartiermeisters von Ende September 1916, dessen Umsetzung wahrscheinlich, aber nur durch weitere Verteilung durch das AOK 5 belegt ist, vgl. WUA, Bd. 11/1, Dok. 4 d-e., S. 20. Der K.M.-Erlaß vom 1.9.1916 war den bayer. Fronttruppenteilen durch Verteiler B zur Kenntnis gebracht worden. Vgl. die Ausfertigung in: BHStA/IV, 1. Res.-Div. Bund 86.
398 Vgl. den Befehl des Chefs des Generalstabes des Feldheeres vom 18.10.1916: Deist, Militär und Innenpolitik, Dok. 135, S. 326-328, sowie 1. Res.-Div. 30.10.1916 an die Brigade- und Regiments-Kommandeure; GK I. bayer. Res.-Korps 3.1.1917 an die Divisionen: BHStA/IV, 1. Res.-Div. Bund 48.
399 Vgl. Aktennotiz K.M.-Pressereferat vom 15.9.1916. Die entsprechenden Maßnahmen wurden durch K.M.-Erlaß Nr. 96730 vom 12.9.1916 als erledigt betrachtet. Informiert worden war man durch ein Schreiben von Dr. Albert Meßmer, Leiter des bayer. Landessekretariats des Volksvereins für das katholische Deutschland, vom 27.5.1916 an K.M., durch Schreiben des MdL (Liberale Vereinigung) Karl Kohl vom 8.7.1916 an K.M., sowie durch weitere in der Notiz aufgeführte Schreiben. Alles in: BHStA/IV, MKr 2330.
400 Dies läßt eine Aktennotiz der Armee-Abteilung I des K.M. vom 6.6.1916 vermuten, die sich auf dem Referenten privat zugekommene Nachrichten über die „nicht günstige" Wirkung des K.M.-Erlasses Nr. 7094 vom 1.2.1916 (Deist, Militär und Innenpolitik, Dok. 127, S. 300ff.) bei den Feldstellen bezieht: BHStA/IV, MKr 2330. De jure und de facto wären weitreichende Initiativen

Erfolgversprechender schienen deshalb weitere Maßnahmen im Besatzungsheer. Diese wurden noch im September 1916 für die 5. Anleihe angeordnet, zumal auch in der Heimat befindliche Soldaten gegen die Kriegsanleihe agitiert hatten. Dazu empfahl man Vorträge durch Offiziere oder andere geeignete Militärpersonen anhand vom Kriegsministerium verteilter Drucksachen sowie die Erlaubnis, mit den Angehörigen Rücksprache über eine mögliche Zeichnung zu halten.[401]

Dennoch wurde im Herbst 1916 weiterhin von vielen Unteroffizieren und Soldaten brieflich oder im Urlaub dazu aufgefordert, keine Kriegsanleihe zu zeichnen.[402] Insbesondere bei den wohlhabenden Landwirten des Rottales sorgten Mitteilungen aus dem Feld bis zum Kriegsende für eine nahezu vollständige Verweigerung gegenüber der Anleihewerbung.[403] Die militärischen Behörden meinten jedoch, vereinzelte Erfolge der Werbearbeit zu erkennen, weshalb man ihre organisatorische Verankerung beschloß.[404] Bei jeder Stelle des Besatzungsheeres wurde ein Vertrauensmann geschaffen, der geeignete Hilfsvertrauensmänner gewinnen konnte, sowie ein Obmann bei jedem stellvertretenden Generalkommando und den drei technischen Inspektionen. Während der Auflegung der Anleihen sollten jede Woche Belehrungen stattfinden, wenn gewünscht auch vor zivilem Publikum. Anleihekritische Stimmen und Feldpostbriefe sollten sofort dem Kriegsministerium gemeldet werden.[405]

Diese Maßnahmen wurden auch den bayerischen Truppenteilen im Feld bekanntgegeben. In einer Erläuterung wies das Kriegsministerium darauf hin, es wäre „von größter Wichtigkeit, wenn auch bei den Feldtruppenteilen schon jetzt eine belehrende Werbearbeit einsetzen würde." Art und Ausführung der Aufklärung legte man aber in das Ermessen der Feldstellen.[406] Zur Werbung für die 6. Anleihe

---

des K.M. auch an den Kompetenzen der OHL für die Truppen im Feld gescheitert.

401 K.M.-Erlaß Nr. 96730 vom 12.9.1916 an die Truppenteile des Besatzungsheeres: BHStA/IV, stv. GK I. AK 916. Zur Umsetzung vgl. Aktenvermerk K.M.-Pressereferat vom 19.1.1917: ebd., MKr 2331.

402 Vgl. WB BA Füssen 9.9.1916: StAA, Regierung 9763; WB BA Miesbach 17.9.1916: BHStA/IV, stv. GK I. AK 1946. Die fünfte Anleihe erzielte in Bayern noch weniger Zeichnungen als die vierte: Albrecht, S. 200. Unteroffiziere als Urheber nennt K.M.-Erlaß Nr. 1540a vom 13.1.1917 an die Fronttruppenteile: BHStA/IV, stv. GK I. AK 916. Vgl. auch MInn 20.10.1916 an MK, das deshalb eine Intensivierung der Aufklärung auch in der Heimat forderte: BHStA/II, MK 19288.

403 Vgl. das Schreiben von Hans Mauss, Prokurist des Bankhauses Leuze, Schropp & Cie. aus Passau vom 30.9.1916 an das stv. GK I. AK: BHStA/IV, stv. GK I. AK 2414; WB RP Ndb. 11.9.1916: StAL, Rep. 168/5, 1117; Protokoll der Vertrauensmännerbesprechung in Augsburg am 27.2.1918: BHStA/IV, stv. GK I. AK 2396.

404 K.M. 27.12.1916 an die stv. GK: BHStA/IV, stv. GK I. AK 916. Bis zum 10.1.1917 sollten namentliche Verzeichnisse von zur Werbung bzw. zur Aufsicht darüber geeigneten Personen vorgelegt werden. Einziger Beleg für die Wahrnehmung einer Wirkung der Aufklärung im Feld ist BA Miesbach 18.3.1917 an RP Obb.: ebd., stv. GK I. AK 1951.

405 K.M.-Erlasse Nr. 1540 vom 13.1.1917 und vom 19.2.1917 an stv. GK: BHStA/IV, stv. GK I. AK 916.

406 K.M.-Erlaß 1540a vom 13.1.1917 an die mobilen Stellen mit Verteiler B: BHStA/IV, stv. GK I. AK 916. Die zitierten Passagen finden sich in einem nur für das Feld bestimmten Zusatz zu diesem Erlaß. Unterlagen über eine Umsetzung liegen nicht vor. Ein Zusammenhang mit den in folgenden

wurden auch bei einzelnen Armeen Aufklärungsorganisationen geschaffen.[407] Stellvertretende Generalkommandos in Baden, Württemberg und Preußen hatten ebenfalls schon im Frühjahr 1917 mit der Aufklärung der Truppen des Besatzungsheeres begonnen.[408] Die Anfang 1917 in Bayern für die 6. Anleihe geschaffene Organisation wurde im Sommer desselben Jahres ohne größere Modifikationen in den „Vaterländischen Unterricht" überführt.[409]

Die im Sommer 1917 schließlich allgemein erfolgende Institutionalisierung der Aufklärungsarbeit unter den Truppen ging auf die Initiative der Obersten Heeresleitung zurück.[410] Der Zeitpunkt legt es nahe, den Aufbau des „Vaterländischen Unterrichts"[411] als eine „unmittelbare Reaktion" auf die Bildung des Interfraktionellen Ausschusses und die für einen Verständigungsfrieden eintretende Friedensresolution des Reichstages vom 19. Juli 1917 zu betrachten.[412] Das nachträgliche Zeugnis der Urheber, die auf längerfristig gehegte Pläne hinwiesen, trägt zwar apologetische Züge, da damit der unpolitische Charakter der Truppenpropaganda belegen werden sollte.[413] Dennoch enthält es eine Teilwahrheit, da die OHL den Zeitpunkt von Friedensresolution und Kanzlerwechsel nur zu einer Ausweitung und Systematisierung der bereits vorher bestehenden militärischen Aufklärungsarbeiten unter ihrer Federführung nutzte.[414]

Anm. erwähnten Aktivitäten ist nicht belegbar. Dagegen spricht, daß durch K.M.-Erlaß 16676 vom 7.2.1917 den Feldstellen mitgeteilt wurde, daß Unterrichtsmaterialien nunmehr direkt von der OHL kämen und nicht mehr vom K.M.: ebd., 1. Res.-Div. Bund 86. Dies läßt vermuten, daß die OHL zeitgleich eigene Initiativen in Bezug auf das Feldheer entwickelt hat.

407 Die 6. Armee bezeichnete dabei Soldaten aus dem Mannschaftsstand als für die Werbung am geeignetsten. Zugleich wurde die besondere Prüfung der Post auf eine Agitation gegen die Anleihe angeordnet: AOK 6 18.2.1917 an die Armeekorps und Divisionen: BHStA/IV, 1. Res.-Div. Bund 86. Ebd. auch eine Reihe von Vollzugsmeldungen einzelner Regimenter. Vgl. Anm. 413.

408 Vgl. den „Bericht des Aufklärungsoffiziers des stellv. Generalkommandos des XIII. [württembergischen] AK über die bisherigen Ergebnisse der Aufklärungstätigkeit" vom 19.9.1917: Deist, Militär und Innenpolitik, Dok. 338, S. 864-867, sowie ebd., Dok. 325, S. 823f., und S. 842, Anm. 4; Ausführungen des Lt. Spickernagel vom stv. GK X. AK in einer Sitzung am 27.12.1917: ebd., Dok. 346, S. 901.

409 Neben der Berichtspflicht bestand die einzige wesentliche Veränderung darin, daß fortan die Truppenkommandeure die Aufsicht führten. Vgl. K.M. 30.7.1917 an die stv. GK, sowie die mitversandten „Richtlinien für die Durchführung der Aufklärungsarbeit im Besatzungsheer": BHStA/IV, stv. GK I. AK 916. Vgl. auch die Ausführungen des Kriegsministers v. Hellingrath auf einer Sitzung der mit dem „Vaterländischen Unterricht" beauftragten Militärbehörden am 27.12.1917: Deist, Militär und Innenpolitik, Dok. 346, S. 894-911, hier S. 905ff.

410 Vgl. die Befehle bzw. das Schreiben des Chefs des Generalstabes des Feldheeres vom 17.7.1917, 29.7.1917, 31.7.1917, die auch über inhaltliche und organisatorische Grundzüge informieren: Deist, Militär und Innenpolitik, Dok. 328, 331, 332, S. 835-837, 841-848.

411 Diesen Namen erhielt die Truppenpropaganda durch Befehl des Chefs des Generalstabes des Feldheeres vom 15.9.1917, nachdem verschiedene Truppenteile berichtet hatten, daß der Terminus „Aufklärungstätigkeit" den Anschein politischer Beeinflussung hervorrufen könne: ebd., Dok. 337, S. 860-864, v.a. S. 861.

412 Deist, Zusammenbruch, S. 104; vgl. jetzt aber die modifizierte, die Kontinuität der Aufklärungsarbeit stärker betonende Darstellung in ders., Armee, S. 103f.

413 Vgl. Ludendorff, Kriegserinnerungen, S. 366; Nicolai, Nachrichtendienst, S. 118, 124.

414 Bereits der erste Befehl der OHL vom 17.7.1917 hob die organisatorische Anknüpfung an die bei

Von nun an lag die Leitung der Propaganda unter den Truppen bei der Abteilung IIIb der OHL, die sich dafür des im Oktober 1915 geschaffenen Kriegspresseamtes bediente. Die Armeeoberkommandos im Feld und die stellvertretenden Generalkommandos in der Heimat trugen die Verantwortung für die Umsetzung und etatisierten auch hauptamtliche Kräfte.[415] Die bayerischen Behörden versuchten dabei, Eingriffe vorgesetzter preußischer Stellen in die praktische Arbeit bei den Divisionen zurückzudrängen.[416] Ab Mitte Oktober 1918 wurde auch bei jeder Division die Stelle eines Unterrichtsoffiziers geschaffen.[417] Als Mittel der Aufklärungsarbeit dienten Vorträge, Kino- und Theatervorführungen, Predigten der Feldgeistlichen sowie die Verteilung einer Fülle von verschiedenstem gedrucktem Material.[418]

In der Praxis stieß die Aufklärungsarbeit im Feldheer auf mannigfache Hindernisse, die letztlich einem weitgehenden Scheitern gleichkamen.[419] Die Stabsoffiziere, aber auch die meisten der Truppenoffiziere, die als Träger des Vaterländischen Unterrichts fungieren sollten, standen dieser als Einmischung in die Verantwortung

verschiedenen Armeen für die 6. Kriegsanleihe im März/April 1917 geschaffene Organisation hervor. Die inhaltliche Übereinstimmung mit den Kriegsanleihekampagnen stellte die OHL in ihrem Befehl vom 15.9.1917 heraus: Deist, Militär und Innenpolitik, Dok. 328, S. 835; Dok. 337, S. 863f. Vgl. Verhey, S. 434ff.; Thimme, Weltkrieg, S. 190f., der nach verlorenen Akten der OHL berichtet, seit dem Winter 1916/17 sei die Aufklärung im Feld „mit erhöhtem Eifer" betrieben worden, und der Beschluß zum Ausbau der Organisation bereits im April 1917 nach Ablauf der Zeichnungsfrist für die 6. Anleihe von der OHL getroffen worden.

415 Vgl. die in Anm. 364 genannte Literatur, sowie allgemein zu den zentralen Instanzen der Propagandapolitik: W. Vogel, Zur Organisation der amtlichen Presse- und Propagandapolitik des Deutschen Reiches von den Anfängen unter Bismarck bis zum Beginn des Jahres 1933, Berlin 1941 (= Zeitungswissenschaft 16.1941, Sonderheft), S. 26-67. In Bayern stand die Aufklärungsarbeit der stellvertretenden Generalkommandos unter Federführung des Kriegsministeriums (Presseferat): Fischer, Zensurstelle, S. 90, 103.

416 Notiz des K.M. (Pressereferat) vom 3.10.1917 über entsprechende Klagen der 2. Inf.-Div.: BHStA/IV, MKr 2335. Vgl. K.M. 3.10.1917 an den Kommandeur der 2. Inf.-Div., unter Berufung auf Ziffer II, 2 der „Leitsätze" vom 29.9.1917 (Deist, Militär und Innenpolitik, Dok. 331, S. 842), der die Art der Aufklärung den Truppenteilen überließ: ebd., GK I. AK Bund 174. Dieses Schreiben wurden allen bayer. Kommandeuren im Feld in Abschrift zugesandt. Zum andauernden Kampf der bayerischen Zensurbehörden um Eigenständigkeit vgl. auch Fischer, S. 41f., 227ff., 242ff., sowie den dort dokumentierten Schriftwechsel zwischen Ludendorff und Hellingrath von November 1917 bis Januar 1918, ebd., S. 274-284, der auf S. 283 einen Hinweis darauf enthält, daß die bayerischen Feldtruppenteile seit Anfang Dezember 1917 zunächst mit speziell für sie entworfenen Aufklärungsmaterialien versorgt wurden.

417 Thimme, S. 193. Bei der Armee-Abteilung C war dies bereits 1917 geschehen. Vgl. den dortigen „Leitfaden" für die Vertrauensmänner der Aufklärungsarbeit vom 6.9.1917: BHStA/IV, GK I. AK Bund 174. Vgl. den Befehl der OHL vom 15.9.1917: Deist, Militär und Innenpolitik, Dok. 337, S. 862.

418 Vgl. die „Leitsätze" vom 29.7.1917: Deist, Militär und Innenpolitik, Dok. 331, S. 844. Zum Pressevertrieb vgl. auch ebd., S. 952, Anm. 2. Vgl. ferner: „Leitfaden" für die Vertrauensmänner der Aufklärungsarbeit der Armee-Abteilung C vom 6.9.1917: BHStA/IV, GK I. AK Bund 174. AOK 6 4.9.1917 an die Divisionen: ebd., 1. Res.-Div. Bund 48. Zahlreiche Vortragsmanuskripte in: ebd., stv. GK I. AK 2377, 2385.

419 So auch die Einschätzung von Thimme, S. 200.

für ihre Einheiten empfundenen Einrichtung ablehnend gegenüber.[420] Zudem waren die Offiziere auf die neue Tätigkeit schlecht vorbereitet und stießen bei ihren mühsam abgelesenen Vorträgen auf den „passiven Widerstand" der des öfteren einschlafenden Zuhörer.[421] Dies lag auch daran, daß im Unterschied zum Besatzungsheer an der Front keine Diskussionen im Anschluß an die Vorträge zugelassen waren.[422] Ohnehin konnte man nur dann mit Zuhörern rechnen, wenn der Vortrag innerhalb der Dienstzeit sowie nicht am Abend gehalten wurde und keinesfalls länger als eine dreiviertel Stunde dauerte.[423]

Die Einbettung der Belehrung in den militärischen Dienst gab ihr den Charakter des „Bestellten" und forcierte damit die Ablehnung.[424] Als „Wanderprediger" umherreisende Unterrichtsoffiziere und die verteilten Broschüren machten auf die Soldaten ohnehin „keinen Eindruck".[425] Um auftretende Gerüchte und kritische Stimmungen unter den Mannschaften zu erkennen, bedienten sich die mit der Aufklärungsarbeit befaßten Offiziere der Hilfe von Vertrauensmännern aus dem Mannschafts- und Unteroffiziersstand.[426] Diese liefen jedoch Gefahr, von ihren Kameraden als „Spitzel" angesehen oder schlicht ignoriert zu werden, falls sie den gebildeten Schichten angehörten.[427] Angesichts des im Feld weit verbreiteten

---

420 16. Inf.-Div. 9.10.1917 an K.M.: BHStA/IV, MKr 2338. Vgl. Höhn, Armee, S. 533ff.; Thimme, S. 197. Auch der häufige Wechsel der Unterrichts-Offiziere wirkte sich hinderlich aus. Vgl. ebd., S. 199; Unterrichts-Offizier 1. Res.-Div. 1.6.1918 an AOK 6: BHStA/IV, AOK 6 Bund 121.

421 Zitat: „Denkschrift über Truppenaufklärungs- und Aufmunterungsvorträge" von Th. J. Jansen, Abteilungsvorstehr der Bildungszentrale beim Generalgouvernement Belgien, am 21.10.1917 an K.M. übersandt: BHStA/IV, MKr 2336. Vgl. Artillerie-Kommandeur 2 15.10.1917 an 2. Inf.-Div.: ebd., 2. Inf.-Div., Bund 97; R.I.R. 23 11.10.1917 an 16. Reserve-Infanterie-Brigade: ebd., MKr 2338. Das Kriegsministerium versandte ab September 1917 in der Regel monatlich die „Mitteilungen des K.M. für die Truppenaufklärung" an die Kommandeure in Feld und Heimat, um diese über mögliche Inhalte der Aufklärung zu informieren: ebd., stv. GK I. AK 2371, passim.

422 „Leitsätze" vom 29.7.1917: Deist, Militär und Innenpolitik, Dok. 331, S. 844. Dieses Verbot wurde vereinzelt übertreten. Vgl. R.I.R. 23 11.10.1917 an 16. Reserve-Infanterie-Brigade: BHStA/IV, MKr 2338. Besatzungsheer: „Die Truppenaufklärung. Zusammenfassung sämtlicher für die Aufklärung im bayerischen Besatzungsheer zurzeit geltenden Erlasse, Bestimmungen, Anweisungen usw." vom 19.2.1918, S. 4: ebd., stv. GK I. AK 2369.

423 „Leitfaden" für die Vertrauensmänner der Armee-Abteilung C. vom 6.9.1917, Anlage 4: BHStA/IV, GK I. AK Bund 174. Eine halbe Stunde als Maximum nannte Vertrauensmann E./R.I.R. 12 29.1.1918 an stv. 4. Inf.-Brigade: ebd., stv. GK I. AK 2405.

424 6. Inf.-Div. 3.11.1917 an K.M.: BHStA/IV, MKr 2338; 9. Feld-Artillerie-Rgt. 14.10.1917 an Artillerie-Kommandeur 2: ebd., 2. Inf.-Div. Bund 97; Postüberwachungsbericht des GK II. bayer. AK v. 8.7.1918: ebd., 5. Inf.-Div. Bund 96; Vertrauensmann Reserve-Lazarett München A 1.10.1917 an den Chefarzt: ebd., stv. GK I. AK 2401. Vgl. Thimme, S. 197ff.

425 Notiz des K.M.-Pressereferates vom 3.10.1917 über die Stimmung bei der 2. Inf.-Div.: BHStA/IV, MKr 2335; Thimme, S. 198.

426 „Leitfaden" der Armee-Abteilung C vom 6.9.1917: BHStA/IV, GK I. AK Bund 174. Die OHL hatte in ihren Richtlinien gemahnt, die Einbeziehung von Unteroffizieren und Mannschaften möglichst zu begrenzen. Befehl des Chefs des Generalstabs vom 15.9.1917: Deist, Militär und Innenpolitik, Dok. 337, S. 860; vgl. ebd., S. 842, Anm. 4, sowie die Äußerung von Major Nicolai bei einer Besprechung sämtlicher mit der Durchführung des „Vaterländischen Unterrichts" beauftragten Militärbehörden am 27.12.1917: ebd., Dok. 346, S. 894-911, hier S. 896.

427 Zitat: Unterrichts-Offizier preuß. 18. Inf.-Div. 7.6.1918 an AOK 6: BHStA/IV, AOK 6 Bund

Wunsches nach einem Verständigungsfrieden mußte der Vaterländische Unterricht vor allem deshalb auf Ablehnung stoßen, weil dort bei vielen Truppenteilen bis in die letzten Kriegsmonate offensive Kriegsziele propagiert wurden. Bei der 9. Armee antwortete man den Mannschaften auf die „sehr häufig gestellt(e)" Frage nach den Kriegszielen, mit dem Frieden, den Hindenburg wolle, müsse „jeder Offizier und Musketier zufrieden sein".[428]

Insgesamt scheint an der Front jedoch die Gleichgültigkeit und das Desinteresse der Mannschaften das größte Hemmnis der Aufklärungsarbeit gewesen zu sein, wie das Echo in der Feldpost ex negativo erkennen läßt:

> „Der Soldat kritisiert jede militärische Einrichtung. Kritiken über [das] Wirken der Unterrichts- oder Aufklärungsoffiziere fehlen aber gänzlich in der Heerespost. Es gewinnt daher den Anschein, als stehe diese Einrichtung nicht im richtigen Konnex mit dem gemeinen Mann."[429]

Allein die vornehmlich der Ablenkung und Zerstreuung dienenden Maßnahmen der Truppenbetreuung wie Unterhaltungsabende, Theater- und Filmvorführungen sowie die Verteilung von Marketenderwaren und Freibier konnten auf eine Zustimmung bei den Soldaten rechnen.[430] Die 1. bayerische Reserve-Division verfügte lapidar: „Jede Gelegenheit, bei der Freibier verabfolgt wird, ist für die Aufklärung auszunutzen."[431]

Differenzierte Einblicke in die sozialen und dienstlichen Gründe für das Scheitern der Truppenpropaganda erlaubt die ausgiebig dokumentierte Praxis der Aufklärungsarbeit im Besatzungsheer, deren Berichtsmaterialien auch einen guten Einblick in die dortige Stimmungsentwicklung vermitteln.[432] Als Problem erwies

---

121. 6. Inf.-Div. 3.11.1917 an K.M.: ebd., MKr 2338. Die Einbringung nützlicher und gegenüber den Vorgesetzten nicht geäußerter Hinweise auf die Stimmung durch die Vertrauensmänner konstatierte das GK I. bayer. AK in einem Schreiben vom 23.9.1917 an das K.M.: ebd., MKr 2337.

428 Zitat: Chef des Generalstabes des Feldheeres IIIb Nr. 13140/II 7.11.1917, „Aufzeichnung über die Besprechung über den Vaterländischen Unterricht am 4. November 1917 in Charleville und am 5. November 1917 im Großen Hauptquartier", S. 47f.: BHStA/IV, MKr 2336; Thimme, S. 200-204.

429 Postüberwachungsbericht der 5. Armee vom 31.8.1918: BA/MA, W-10/50794, Bl. 78. Die Durchsicht der herangezogenen Feldpostbestände bestätigt diesen Befund.

430 Vgl. Höhn, Armee, S. 530ff.; Unterrichts-Offizier 1. Res.-Div. 1.6.1918 an AOK 6: BHStA/IV, AOK 6 Bund 121.

431 1. Res.-Div. 16.9.1917 an die Regimenter: BHStA/IV, 1. Res.-Div. Bund 48. Vgl. das Schreiben des Unterrichts-Offiziers der 1. Res.-Div. vom 2.9.1918: ebd. Religiös eingestellte Soldaten klagten darüber, daß bei Kino-Vorführungen in Kirchen die „Würde und Heiligkeit" des Ortes durch Rauchen, Ausspucken und Schädigung des Inventars gestört werde; Schreiben desselben vom 11.1.1918: ebd.

432 Die Vertrauensmänner der Truppenteile des Besatzungsheeres bzw. die Obmänner der drei stv. Generalkommandos und der technischen Inspektionen wurden durch den K.M.-Erlaß Nr. 69960 vom 30.7.1917 verpflichtet, dem stv. Generalkommando bzw. dem Kriegsministerium ab dem 10.9.1917 monatlich Berichte über den Verlauf der Aufklärungsarbeit vorzulegen: BHStA/IV, stv. GK I. AK 916. Die Berichterstattung sollte sich erstrecken auf A: Aufklärungstätigkeit, B: Stimmung bei den Angehörigen der Truppe, C. Beobachtungen und Erfahrungen, D: Erfolge.

sich bereits die soziale Herkunft der Vertrauensmänner in den einzelnen Truppenteilen. Entsprechend der bei den Anfängen der Aufklärungsarbeit in der Werbung
für die Kriegsanleihe nötigen praktischen Qualifikation waren sie in der Mehrheit
Bankbeamte, Rechtsanwälte oder Kaufleute.[433] Die aus ihrer bürgerlichen Herkunft
herrührende soziale Distanz zu den Mannschaften verhinderte ebenso wie das
dienstliche Rangverhältnis – die meisten Vertrauensmänner waren Reserveoffiziere
– eine offene Aussprache und damit die Kenntnis und Bekämpfung kritischer
Stimmungen.[434] Viele Vertrauensmänner bedienten sich deshalb der Hilfe von
Hilfsvertrauensleuten aus dem Mannschaftsstand, denen man gerade bei Truppenteilen mit vielen Landwirten durch die Kenntnis des bayerischen Dialekts noch am
ehesten zutraute, das Vertrauen der Soldaten zu gewinnen.[435]

Hemmend wirkte auch die dienstliche Inanspruchnahme der Vertrauensmänner,
die nur für die Zeit der Anleihewerbung, in der abweichend vom ansonsten
monatlichen Turnus jede Woche Vorträge gehalten wurden, vom militärischen
Dienst freigestellt waren.[436] Eine vorbehaltlose Diskussion der gewonnenen Erkenntnisse über die Mißstimmung der Soldaten und nötige Konsequenzen war
nicht möglich, da die Berichte der Vertrauensmänner durch die Hände der Kommandeure gingen, bevor sie an das stellvertretende Generalkommando weitergeleitet wurden.[437]

Da sich Erfolge am ehesten noch im persönlichen Gespräch erzielen ließen, hatte
die mangelnde Vertrautheit der Aufklärer mit den Mannschaften negative Folgen.
Denn bei Aussprachen im größeren Kreise wurden die wenigen Zeichnungswilligen

---

Vgl. stv. GK I. AK 5.9.1917 an immobile Stellen: ebd. Die Berichte sind überliefert: ebd., stv. GK
I. AK 1980, 1981, 2400-2412, sowie die Obmännerberichte ebd., 2398, 2399. Bereits bei der
Einrichtung der Vertrauensmännerorganisation im Januar 1917 waren diese durch K.M.-Erlaß
1540 vom 13.1.1917, Ziff. 5, verpflichtet worden, während der Auflegung der Kriegsanleihen
wöchentlich Bericht über den Fortgang der Zeichnung zu erstatten: ebd., stv. GK I. AK 916. Diese
inhaltlich unergiebigen Berichte sind überliefert in: ebd., stv. GK I. AK 2417-2422.

433 Vgl. mehrere Listen mit Namen und Berufen der Vertrauensmänner in: BHStA/IV, stv. GK I. AK
2386. Im Bereich des stv. GK I. AK gab es 147 Vertrauensmänner. Stv. GK I. AK 6.11.1917 an
K.M.: ebd., stv. GK I. AK 2372. Die soziale Zusammensetzung der Leiter des „Vaterländischen
Unterrichts" an der Front war ähnlich. Vgl. Deist, Militär und Innenpolitik, Dok. 346, hier S. 899.

434 Vgl. Vertrauensmann Reserve-Lazarett München P 30.8.1917 an das Lazarett; Obmann für
Aufklärungsarbeit bei der Inspektion des Ingenieur-Korps 9.4.1918 an die Inspektion: BHStA/IV,
stv. GK I. AK 2400; 2408; K.M. 13.1.1917 an stv. GK I. AK 916.

435 Vertrauensmänner Ldst.-Inf.-Ersatz-Btl. Augsburg I B 18 29.9.1917 an stv. 3. Inf.-Brigade; E./1.
I.R. 27.4.1918 an stv. GK I. AK: BHStA/IV, stv. GK I. AK 2401; 2408. Dieses Verfahren war
durch die Richtlinien gedeckt. Vgl. „Die Truppenaufklärung" (wie Anm. 422), S. 3.

436 Beratungsstelle 9.11.1917 an stv. GK I. AK: BHStA/IV, stv. GK I. AK 2398. Vgl. „Die
Truppenaufklärung" (wie Anm. 422), S. 6. Die Vertrauensmänner wurden deshalb vornehmlich
als Werber für die Kriegsanleihe angesehen: Vertrauensmann II. E./Inf.-Leib-Rgt. 28.11.1917 an
Ersatz-Btl.: BHStA/IV, stv. GK I. AK 2403.

437 Äußerung des Vertrauensmannes Ldst.-Btl. I B 18 in der Vertrauensmänner-Sitzung in Augsburg
am 23.1.1918: BHStA/IV, stv. GK I. AK 2396. Vgl. Res.-Ltnt. Preissinger, stv. Vertrauensmann
E./R.I.R. 12 7.9.1918 an den Obmann für Aufklärungsarbeit des stv. GK I. AK: ebd., stv. GK I.
AK 2397. Die Berichte der Unterrichts-Offiziere an der Front wurden in großem Umfang
‚schöngefärbt': Thimme, S. 163; Lambach, Ursachen, S. 56f.

durch „Stichelreden und witzelnde Worte" ihrer Kameraden von offenen Meinungsäußerungen abgehalten.[438] Deshalb und wegen des geringen Nutzens von
Text- und Bildmaterialien – Werbeplakate wurden vereinzelt abgerissen – mußte
während der Zeichnungsperiode der Schwerpunkt der Arbeit in Gesprächen mit
einzelnen Soldaten liegen.[439]

Das Vertrauen in die Seriosität der vermittelten Informationen war wie generell
gegenüber amtlichen Verlautbarungen, den Heeresberichten usw., gering.[440] Darin
unterschied sich die militärische Propaganda aber nicht von den Zeitungsveröffent-
lichungen, denen die Soldaten gerade bei der Behandlung der Kriegsanleihe keine
Glaubwürdigkeit einräumten.[441]

Speziell auf die Landwirte zielten Belehrungen über die Notwendigkeit kriegswirtschaftlicher Anordnungen wie etwa des Frühdrusches, die darauf gerichtete
Kritik zerstreuen sollten.[442] Vorträge über Fragen des Berufs- und Wirtschaftslebens
fanden die ungeteilte Zustimmung der bäuerlichen Soldaten. Auf Themen wie
Darlehenskassenvereine oder landwirtschaftliche Buchführung reagierte man mit
regem Interesse und holte teilweise auch von Zuhause auf Anregung der in Garnison
befindlichen Söhne briefliche Auskünfte ein.[443] Das Vertrauen in die Anleihen ließ

---

438 Vertrauensmänner I. E./1. Jäger-Btl. Kempten 26.10.1917 an Ersatz-Btl.; E./3. I.R. 23.3.1918 an
3. stv. Inf.-Brigade, Res.-Lazarett Landsberg 27.3.1918 an Chefarzt (Zitat); E./1. Schwere-Reiter-
Rgt. 27.4.1918 an Ersatz-Eskadron-Inspektion: BHStA/IV, stv. GK I. AK 2402; 2407; 2408.

439 Die Truppenaufklärung (wie Anm. 422), S. 6; vgl. Vertrauensmann Reserve-Lazarett Neuburg
27.6.1918 an Lazarett: BHStA/IV, stv. GK I. AK 2410. Denkschrift des Vertrauensmannes im
Reserve-Lazarett Passau vom November 1917: ebd., stv. GK I. AK 2403. Plakate: Vertrauensmann
E./Inf.-Leib-Rgt. 25.4.1918 an stv. GK I. AK: ebd., stv. GK I. AK 2408. Das K.M. empfahl in
einem Schreiben vom 28.8.1917 an die immobilen Dienststellen die Verwendung von Fotografien
aus Privatbesitz, die eine „wahrheitsgetreue Darstellung im Bild von dem Leben an der Front"
böten, als „beste Propaganda" für die Anleihe: ebd., stv. GK I. AK 2369. Damit machte man sich
den bereits während des Krieges diskutierten Charakter der Privatphotographien als eines ‚authentischen' Zeugnisses von der Front zu Nutze; vgl. Dewitz, Kriegsphotographie.

440 Vertrauensmänner E./R.I.R. 12 11.12.1917 an Ersatz-Btl.; II. E./3. I.R. 1.12.1917 an Ersatz-Btl.:
BHStA/IV, stv. GK I. AK 2378; 2403. Heeresberichte: WB BA Füssen 12.10.1918 und WB BA
Lindau 26.10.1918: StAA, Regierung 9765; Klemperer, Curriculum Vitae, S. 368f. Gegen Kriegsende wurde das Kriegspresseamt mit massiver Kritik der Zeitungen an der Darstellung der
militärischen Lage in den Heeresberichten konfrontiert; vgl. die Aufzeichnungen aus den Presse-
besprechungen vom 23.7. und 13.8.1918: Deist, Militär und Innenpolitik, Dok. 463, 465,
S. 1234ff., 1247ff.

441 Vertrauensmänner E./Ldst.-Btl. I B 18 20.9.1918 an Ersatz-Btl.: BHStA/IV, stv. GK I. AK 1981;
Reserve-Lazarett Bad Reichenhall 1.9.1917 an Chefarzt, Flak-Zug IIIb München 29.8.1917 an
stv. GK I. AK: ebd., stv. GK I. AK 2400; stv. GK I. AK 8.9.1917 an K.M.: ebd., stv. GK I. AK
2403. Vgl. Stefan Schimmer 7.2.1915 und 11.2.1915 an seine Frau: BHStA/IV, Amtsbibliothek
9584; Joseph Reininger 19.11.1915 an seine Eltern und Geschwister: Privatbesitz.

442 Frühdrusch: K.M. 29.6.1917 an stv. GK I. AK: BHStA/IV, stv. GK I. AK 2371. Vgl. Vertrauensmänner 2. E./1. I.R. 4.12.1917 an stv. 1. Inf.-Brigade; Reserve-Lazarett München F 27.12.1917
an Chefarzt: ebd., stv. GK I. AK 2403; 2404.

443 Vertrauensmänner Flak-Zug IIIb München 29.8.1917 an stv. GK I. AK; II. E./16. I.R. 21.10.1917
an Ersatz-Btl.; E./R.I.R. 12 29.1.1918 an stv. 4. Inf.-Brigade; Ersatz-Eskadron 8. Chevauleger-Rgt.
22.2.1918 an Ersatz-Eskadron; Flakbatterie 57 25.5.1918 an Flakgruppe: BHStA/IV, stv. GK I.
AK 2400; 2402; 2405; 2406; 2409. Vgl. Die Truppenaufklärung (wie Anm. 422), S. 4. An den

sich durch die Versprechung steigern, daß man mit Anleihescheinen bei der Demobilmachung ein Vorkaufsrecht auf Militärpferde genießen würde.[444] Diese Präferenzen hatten ihren Grund in der gegenüber dem Feldheer noch intensiveren Rückbindung der landwirtschaftlichen Besatzungssoldaten an ihre heimischen Betriebe. Angesichts der komplexen und für Laien kaum durchschaubaren Problematik in Fragen des Versorgungs- und Unterstützungswesens wurde eine juristische Fachberatung allerdings allgemein oft in Anspruch genommen.[445]

Während die Aufklärungsarbeit in praktischen Fragen angenommen wurde, blieben Erfolge bei ihrem wesentlichen Aufgabenfeld, der Kriegsanleihewerbung, aus. Auch die Behandlung wirtschaftlicher Fragen war dem Ziel untergeordnet, die Soldaten davon zu überzeugen, daß ein Erfolg der Anleihen „den Krieg verkürzt", und höhere Zeichnungsergebnisse bei der Truppe zu erreichen.[446] Neben praktischen Gründen lag eine Ursache für das Scheitern dieses angesichts der vorherrschenden Stimmungslage ohnehin ehrgeizigen Zieles darin, daß auch die ideologische Beeinflussung wieder auf handfeste Konzessionen oder offenen Druck als Mittel zurückfiel.[447] So zwang man im Feld die Mannschaften wiederholt zum Kauf von Kriegssparmarken, mit denen auch geringe Beträge für die Zeichnung einsetzbar waren. Die Vorgesetzten behielten dabei einfach den entsprechenden Betrag der Löhnung ein. Dies hatte zwangsläufig zur Folge, daß die Betroffenen nach ihrer Versetzung in das Besatzungsheer keine Zahlungen leisten wollten.[448]

Um die Soldaten zur Anleihezeichnung zu bewegen, griff man auch auf das Mittel der Urlaubserteilung zurück. Die vorgesetzten Behörden gaben zwar als Sprachregelung aus, daß der Urlaub nicht als „Belohnung" für eine freiwillige Zeichnung gewährt werden dürfe, sondern nur zur Rücksprache mit den Angehörigen und zur

---

die Arbeiterschaft berührenden Problemen ging der Vaterländische Unterricht dagegen völlig vorbei: Höhn, Sozialismus, S. 773; Verhey, S. 440ff.

444 Vertrauensmänner Reserve-Lazarett München P 27.4.1918 an Chefarzt sowie Gebirgs-Artillerie Ersatz-Abt. 2 und 4 26.4.1918 an die Ersatz-Abt.: BHStA/IV, stv. GK I. AK 2408.

445 Insbesondere hinsichtlich der Familienunterstützung gab es Beratungsbedarf. Vgl. die Übersicht über oft gestellte Fragen im Schreiben des stv. GK I. AK vom 6.12.1917 an K.M.: BHStA/IV, stv. GK I. AK 2398, sowie Vertrauensmänner E./L.I.R. 1 30.11.1917 an Ersatz-Btl.; Reserve-Lazarett München P 26.3.1918 an Chefarzt: ebd., stv. GK I. AK 2403; 2408.

446 Die Truppenaufklärung (wie Anm 422), S. 6.

447 Dies scheint auch bei der Belehrung der Urlauber vereinzelt der Fall gewesen zu sein. So wurde ein Urlauber vor der Abreise schlicht dazu verpflichtet, in der Heimat „über Kost und Behandlung nichts auszusagen." Stv. GK VII. AK in Münster 22.1.1918 an preuß. K.M.: WUA, Bd. 11/1, Dok. 23 e., S. 59-61, hier S. 61.

448 Vertrauensmann Reserve-Lazarett Landsberg 31.10.1917 an Chefarzt; Obmann für Aufklärung in der Inspektion des Ingenieur-Korps 9.4.1918 an die Inspektion: BHStA/IV, stv. GK I. AK 2402; 2408; Schober, Briefe, S. 176. Nach einem entsprechenden Vorfall bei einer Ersatzkompanie sah sich das K.M. in einem Erlaß vom 12.7.1918 an die stv. GK gezwungen, das Verbot der Ausübung von Zwang für die Zeichnung in Erinnerung zu rufen: BHStA/IV, stv. GK I. AK 916. Zu den Sparmarken, die das Ansparen bis zur kleinsten Stückelung von 100.– Mark ermöglichen sollten, vgl. K.M. 7.3.1917 an die stv. GK: ebd., stv. GK I. AK 916; Die Truppenaufklärung (wie Anm. 422), S. 7.

Regelung der notwendigen finanziellen Transaktionen.[449] Dies war jedoch nur ein formaler Unterschied, und ein Vertrauensmann beklagte ungeniert, daß bei seiner Einheit nicht wie bei „anderen Truppenteilen entsprechend der Höhe der Zeichnungen (...) Urlaubserteilung erfolgen könne".[450] Urlaub war letztlich das einzige, wodurch man die Soldaten mit Gewißheit und wiederholt für die Kriegsanleihen mobilisieren konnte:

> „Es ist unmöglich, Zeichnungen zu erzielen, wenn es keinen Urlaub gibt. Man muß entgegenkommen, weil es sonst keine Zeichnungen gibt. Ohne Urlaub geht es nicht."[451]

Wenngleich es für die militärischen Behörden erfreulich war, wenigstens auf diesem Wege Zustimmung zur patriotischen Kriegsanstrengung zu erzielen, so hatte diese rein mechanische Vorgehensweise doch einen gravierenden Haken. Gab es eine Sperre oder Einschränkung des Urlaubs, dann sank das Interesse an der Anleihe schlagartig ab.[452] Und die zahlreichen Landwirte des Besatzungsheeres konnte man mit der Aussicht auf eine Beurlaubung ohnehin nicht locken, da sie mit diesem kostbaren Gut ausreichend versorgt waren. Dies traf zudem gerade für den Zeitraum der Anleihewerbung im Frühjahr und Herbst zu, so daß die Landwirte der ‚Bearbeitung' durch die Vertrauensleute in dieser Phase entzogen waren und der „Vaterländische Unterricht" nur ein äußerst spärliches Auditorium vorfand.[453]

Erschwerend für die Arbeit der Vertrauensmänner war auch, daß die von ihnen verbreiteten Durchhalteparolen leicht mit den Zielen der Vaterlandspartei identi-

---

449 Die Truppenaufklärung (wie Anm. 422), S. 7 (Zitat); Protokoll über die Vertrauensmännersitzung am 27.9.1918 in Augsburg: BHStA/IV, stv. GK I. AK 2396.

450 Vertrauensmann Flak-Gruppe Ingolstadt 23.8.1917 an die Flak-Gruppe: BHStA/IV, stv. GK I. AK 2400. Wegen der ständigen Feuerbereitschaft und der geringen Fluktuation konnten den Flak-Batterien nur wenig Urlaub erteilen. Auch ein anderer Vertrauensmann bekannte, daß man mit der „an sich abstoßenden Erscheinung des ‚Urlaubskaufes'" rechnen müsse, und schlug zur Steigerung der Effektivität vor, den Urlaub kurz vor und nach der Zeichnungsperiode einzuschränken. Vertrauensmann Major Kuhn E./R.I.R. 7 21.11.1917 an den Obmann für Aufklärungsarbeit im stv. GK III. AK: ebd., MKr 2339; Otto Saam 29.3., 8.4.1917 an seine Eltern: Privatbesitz. Vgl. für das Feldheer: F.T. 17.4.1917 an ihren Mann G.: Privatbesitz; Klemperer, Curriculum Vitae, S. 427; Ulrich/Ziemann, Frontalltag, Dok. 34 e., S. 133f.; WUA, Bd. 11/1, S. 98.

451 Protokoll der Vertrauensmännerbesprechung in Kempten am 29.9.1917: BHStA/IV, stv. GK I. AK 2396. Vgl. Vertrauensmänner E./L.I.R. 3 31.8.1917 an stv. 3. Inf.-Brigade; II. E./16. I.R. 21.10.1917 an Ersatz-Btl.; E./3. I.R. 23.3.1918 an stv. 3. Inf.-Brigade; E./L.I.R. 3 22.4.1918 an stv. 3. Inf.-Brigade und E./7. Feldartillerie-Rgt. 25.4.1918 an Ersatz-Btl.: ebd., stv. GK I. AK 2400; 2402; 2407; 2408.

452 Vgl. Vertrauensmänner E./12. I.R. Neu-Ulm 20.9.1917 an den Obmann für Aufklärungsarbeit; 4. Ersatz-MG-Kompanie 31.3.1917 an denselben; E./Ldst.-Btl. I B 17 25.10.1918 an Ersatz-Btl.: BHStA/IV, stv. GK I. AK 2400; 2417; 2412.

453 Vgl. folgende Vertrauensmännerberichte, von denen deshalb einige die Verlegung der Werbephase forderten: E./L.I.R. 3 29.9.1917 an stv. 3. Inf.-Brigade; E./R.I.R. 3 28.9.1917 an Ersatz-Btl.; E./L.I.R. 2 23.3.1918 an Ersatz-Btl. und E./R.I.R. 12 28.3.1918 an Ersatz-Btl.; E./9. Feldartillerie-Rgt. 23.4.1918 an Ersatz-Abt., Reserve-Lazarett Landsberg 26.4.1918 an Chefarzt und E./1. I.R. 27.4.1918 an stv. GK I. AK: BHStA/IV, stv. GK I. AK 2401; 2405; 2407; 2408. Für die Übriggebliebenen bot dies wiederum Anlaß, sich der Zeichnung zu enthalten. Vertrauensmann Lager Lechfeld 24.4.1918 an Kommandantur: ebd., stv. GK I. AK 2408.

fiziert werden konnten. Ein nicht mit „äußerster Vorsicht" vorgehender Vertrauensmann machte sich schnell einer entsprechenden politischen Voreingenommenheit verdächtig.[454] Ohnehin kursierten in den Garnisonen Gerüchte, es bestehe ein „Geheimbund der Kriegsverlängerer", dem neben den Spitzen von Hochfinanz und Schwerindustrie auch Offiziere angehören würden.[455]

Agitation für die Vaterlandspartei und Erörterungen über Kriegsziele waren den Aufklärungsorganen zwar ausdrücklich verboten, wurden aber im Einzelfall dennoch praktiziert.[456] Bei der allgemeinen Ablehnung aller auf Annexionen gerichteten Bestrebungen unter den Soldaten konnte dies ihre Autorität gänzlich zerstören.[457] Bereits das Verbleiben Elsaß-Lothringens beim Reich mußte in Vorträgen argumentativ abgesichert werden, da es den Mannschaften als überflüssig erschien.[458]

Doch auch rein praktische Probleme behinderten die Anleihepropaganda. So war das Vertrauen in die Bonität und Sicherheit der Papiere nicht gerade ausgeprägt. Gerüchte über Anleiheschwindler machten die Runde, und es erweckte Mißtrauen, daß die endgültigen Anleihestücke nur mit Verzögerung die Zeichner erreichten.[459] Bauernsöhne und Dienstknechte verfügten in der Regel nicht über Ersparnisse oder hatten diese während des Kriegsdienstes aufgebraucht.[460] Ihre Väter konnten sie

---

454 Vertrauensmänner 1. E./1. I.R. 28.1.1918 an Ersatz-Btl. (Zitat); Reserve-Lazarett Landsberg 26.2.1918 an Chefarzt: BHStA/IV, stv. GK I. AK 2405; 2406.

455 Stv. GK I. AK o.D. [Februar 1918] an K.M. (Zitat): BHStA/IV, stv. GK I. AK 2372; Vertrauensmann Res.-Lazarett Landsberg 26.1.1918 an Chefarzt: ebd., stv. GK I. AK 2405.

456 Vgl. Die Truppenaufklärung (wie Anm. 422), S. 6, und stv. GK I. AK 22.2.1918 an immobile Stellen: BHStA/IV, stv. GK I. AK 916. Deist, Militär und Innenpolitik, Dok. 337 (Befehl der OHL vom 15.9.1917), S. 862f., und S. 872, Anm. 1. Zur Kritik der Behandlung politischer Fragen durch das Kriegspresseamt von Seiten bayer. Behörden sowie zur (ablehnenden) Einschätzung der Vaterlandspartei als parteipolitische Organisation durch das K.M. vgl. ebd., S. 876, Anm. 16, S. 1101, Anm. 4; Albrecht, S. 288f.

457 Vgl. Kap. 4.3.; Vertrauensmänner II. E./3. I.R. 1.12.1917 an Ersatz-Btl.; Flakzug IIIb 25.12.1917 an Flakzug; Lager Lechfeld 24.1.1918 an Kommandantur, Festungslazarett Neu-Ulm 27.1.1918 an Chefarzt; E./Ldst.-Btl. I B 18 23.4.1918 an Btl.: BHStA/IV, stv. GK I. AK 2403; 2404; 2405; 2408. Eine Versammlung der Vaterlandspartei in München am 21.1.1918 wurde von Soldaten gesprengt: Verhey, S. 425.

458 Vgl. Vertrauensmänner Reserve-Lazarette München P 2.12.1917 bzw. München H o.D. [November 1917] an Chefarzt: BHStA/IV, stv. GK I. AK 2403. Ein undatiertes und ungezeichnetes Vortragsmanuskript beginnt mit den Worten: „Die Bauern sagen vielfach, daß es ihnen ganz gleichgültig sei, ob Elsaß-Lothringen deutsch bliebe oder französisch werde, da sie ja doch ihre Saat weiter säen, ihr Getreide und ihre Kartoffel weiter ernten und ihre Felder weiter pflügen würden, ob nun die französische oder deutsche Fahne über Straßburg wehe." Dieses und eine Reihe weiterer die Bedeutung des „Reichslandes" rechtfertigender Manuskripte in: ebd., stv. GK I. AK 2385.

459 Vertrauensmänner 2. Ersatz-Abt. 4. Feldartillerie-Rgt. 30.9.1917 an Inspektion der Ersatz-Abt. der Feldartillerie; Res.-Lazarett Fürstenfeldbruck 4.11.1917 an stv. GK I. AK; Ldw.-Inspektion München 23.4.1918 an dass.: BHStA/IV, stv. GK I. AK 2401; 2403; 2408. Dieses Problem begegnet auch in den „häufig wiederkehrenden Fragen". Vgl. stv. GK I. AK 6.12.1917 an K.M.: ebd., stv. GK I. AK 2398. Zum Zeichnungsverfahren vgl. Die Truppenaufklärung (wie Anm. 422), S. 6f.

460 Vertrauensmann Reserve-Lazarett Landsberg 30.9.1917 an Chefarzt; ders. 26.4.1918 an dens.: BHStA/IV, stv. GK I. AK 2401; 2408.

auch dann nicht zur Zeichnung bewegen, wenn sie selbst dafür gewonnen worden waren, da diese sich von jungen Leuten in ihren Entscheidungen nicht beeinflussen ließen.[461] Die Landwirte verfügten zu Hause zwar über hinreichende Mengen baren Geldes, waren aber trotz intensiver Ermahnungen nicht dazu bereit, dieses für eine Anleihezeichnung zu verwenden.[462] Zudem erfolgten trotz aller Aufklärungsbemühungen weiterhin der Kriegsanleihe abträgliche Einsendungen aus dem Feld:

> „Jetzt wird das Korn bald reif sein, dann geht die Arbeit wieder richtig an, es wird ja jedes Jahr schlimmer und der Krieg will kein Ende nehmen. Nun kommt jetzt wieder eine Kriegsanleihe, da wird euch wieder was weisgemacht, es ist ja alles lauter Schwindel, ist fast gar nicht zu zahlen nach dem Krieg jetzt. Ist die Friedensanleihe auch schon wieder aufgezehrt, wo bleibt der Frieden?"[463]

Als Folge der Beeinflussung aus dem Feld nahm das Vertrauen in die Anleihepapiere und die Bereitschaft zur Zeichnung unter der ländlichen Zivilbevölkerung kontinuierlich ab.[464] Wo auf dem Land in größerem Umfang Zeichnungen erfolgten, wurden sie vornehmlich von den Darlehenskassen getätigt, teilweise über die Köpfe ihrer Mitglieder hinweg. Die Landwirte zogen deshalb vereinzelt ihre Einlagen zurück.[465] Auch das Zeichnungsergebnis der ländlichen Kassen sank jedoch ab.[466]

Die Zahlungsfreudigkeit der Landwirte im Besatzungsheer blieb ebenso bei der seit Anfang des Jahres 1918 mit großem propagandistischen Aufwand inszenierten „Ludendorff-Spende" für Kriegsbeschädigte hinter der von Arbeitern und Angestellten zurück.[467] Allein die durch die deutsche Frühjahrsoffensive genährte Hoff-

---

461 Vertrauensmann II. E./16. I.R. 26.9.1917 an Ersatz-Btl.: BHStA/IV, stv. GK I. AK 2401.

462 Vertrauensmann E./1. I.R. 27.4.1918 an stv. GK I. AK; ders. 27.5.1918 an Ersatz-Btl.: BHStA/IV, stv. GK I. AK 2408; 2409. Für Rückwirkungen auf die Zivilbevölkerung vgl. WB BA Ebersberg 8.9.1918 und WB BA Aichach 6.10.1918: ebd., stv. GK I. AK 1969.

463 G.T. 1.8.1917 an seine Frau F. in Gollhofen: Privatbesitz. Vgl. Anlagen zum Postüberwachungsbericht der 5. Armee vom 28.9.1917 und 24.2.1918: BA/MA, W-10/50794, Bl. 31ff. (die ausgesprochen scharfen Äußerungen von Soldaten der bayer. 15. Inf.-Div. sind hier besonders hervorgehoben), 67; WB BA Miesbach 4.2.1917: BHStA/IV, stv. GK I. AK 1949; BA Dachau 21.7.1917 an stv. GK I. AK: ebd., stv GK I. AK 1955; BA Altötting 6.10.1917 an stv. GK I. AK: ebd., stv. GK I. AK 1958.

464 Vgl. WB BA Traunstein 1.3.1917: BHStA/IV, stv. GK I. AK 1950; WB BA Ebersberg 9.9.1917: ebd., stv. GK I. AK 1957; dass. 7.10.1917, WB BA Dachau 6.10.1917, WB BA Friedberg 6.10.1917: ebd., stv. GK I. AK 1958; WB BA Ebersberg 8.9.1918: ebd., stv. GK I. AK 1969; WB BA Zusmarshausen 20.10.1917, WB BA Sonthofen 13.10.1917: StAA, Regierung 9764.

465 Stv. GK I. AK 8.10.1917 an K.M.: BHStA/IV, MKr 2336. Vgl. Jakob Mattes, Sekretär des Gewerkvereins christlicher Bergarbeiter, 30.5.1916 an K.M.: ebd., MKr 2330; WB RP Ndb. 9.10.1916: StAL, Rep. 168/5, 1117; Anlagen zum Postüberwachungsbericht der 5. Armee vom 28.9.1917: BA/MA, W-10/50794, Bl. 32.

466 Vgl. MInn 19.9.1916 an die Zentralgenossenschaft des Bayer. Bauernvereins und deren Antwortschreiben vom 23.9.1916: StAA Regensburg, NL Heim 2012.

467 Vertrauensmänner Ersatz-MG-Trupp Immenstadt 3.7.1918 an stv. GK I. AK und Kommandeur Ersatz-MG-Trupp 30.6.1918 an dass.: BHStA/IV, stv. GK I. AK 2410. Vgl. den Aufruf vom Februar 1918: Ludendorff, Urkunden, S. 246-253; J. Nothaas, Die Kriegsbeschädigtenfürsorge (Unter besonderer Berücksichtigung Bayerns), in: ZBSL 53 (1921), S. 148-209, hier S. 154, sowie die Abbildung einer bukolischen Propagandapostkarte in Hirschfeld/Krumeich, Keiner fühlt sich hier mehr als Mensch..., S. 119. Die Kriegsinvaliden waren in ihrer Ablehnung der Anleihen

nung auf ein nahes Kriegsende lockerte im März 1918 die Abwehrhaltung der Soldaten kurzfristig auf.[468] Die jüngeren Mannschaften waren im allgemeinen empfänglicher für die Aufklärungsbemühungen, während speziell die älteren Landwirte sich als ebenso unwissend im Hinblick auf abstrakte volkswirtschaftliche Zusammenhänge wie allgemein unbelehrbar erwiesen.[469] Die Propagierung ideologischer Ziele und Überzeugungen hatte für die Motivation der Soldaten insgesamt jedoch keine förderliche Wirkung. Der Rückgriff auf direkten Zwang oder materielle Konzessionen durch die mit der Aufklärungsarbeit befaßten Stellen ist ein Beleg dafür, daß die Anpassung des Militärapparates an die Erfordernisse der modernen ideologisierten Kriegführung nur ansatzweise gelang. An den Interessen der Landwirte ging der Vaterländische Unterricht außer bei praktischen Problemen vorbei. Insbesondere im Feldheer stieß er auf weitgehendes Desinteresse. Diese Tatsache weist bereits darauf hin, daß die Auseinandersetzung mit politischen Tagesfragen – abgesehen von der entschiedenen Ablehnung annexionistischer Positionen – für die Soldaten nur von sekundärer Bedeutung war.

Angesichts des nur „schwer zu bekämpfenden Mißtrauens" der Bevölkerung gegen die staatliche Aufklärungsarbeit und deren zahllosen handfesten Problemen verblieb den Vertrauensmännern ansonsten als lohnendes Betätigungsfeld nur die Aufgabe, die Vielzahl der in Kasernen und den umliegenden Orten kursierenden Gerüchte zu notieren, denen „besonders die ländliche Bevölkerung (...) bedingungslos Glauben zu schenken" geneigt war.[470]

Den Gerüchten entgegenzutreten und sie richtig zu stellen, wie dies eigentlich von den Vertrauensmännern gefordert wurde, war ein aussichtsloses Unterfangen.[471] Die Verbeitung von Gerüchten war an der Front[472] wie in der Heimat die weder durch Dementis noch durch Versuche zur Verfolgung und Bestrafung der Urheber von den Behörden kontrollierbare Form einer spontanen und informellen Kommunikation. In ihr spiegelt sich eine angesichts des Mißtrauens der Bevölke-

---

ohnehin noch entschiedener als die Landwirte. Vgl. Vertrauensmann Reserve-Lazarett Landsberg 30.9.1917 bzw. 26.4.1918 an Chefarzt; BHStA/IV, stv. GK I. AK 2401; 2408.

468 Vgl. Vertrauensmänner Ersatz-Depot 4. Chevauleger-Rgt. 22.3.1918 an stv. GK I. AK, Flakzug IIb 23.3.1918 an Flakgruppe, E./L.I.R. 12 28.3.1918 an stv. 4. Inf.-Brigade: BHStA/IV, stv. GK I. AK 2407.

469 Vertrauensmänner E./9. Feldartillerie-Rgt. 27.8.1918 an Ersatz-Btl.; E./Inf.-Leib-Rgt. 25.4.1918 an stv. GK I. AK und Obmann für Aufklärungsarbeit der Inspektion des Ingenieur-Korps 9.4.1918 an Inspektion: BHStA/IV, stv. GK I. AK 1980; 2408. Die Unkenntnis abstrakter Zusammenhänge notierte der Vertrauensmann Reserve-Lazarett Landsberg 30.8.1917 bzw. 27.12.1917 an Chefarzt: ebd., stv. GK I. AK 2400, 2404. Vgl. auch die diesbezüglichen Feststellungen in stv. GK I. AK 10.1.1918 an K.M.: ebd., MKr 2338.

470 Vertrauensmann E./R.I.R. 12 11.12.1917 an Ersatz-Btl.: BHStA/IV, stv. GK I. AK 2378; vgl. WB BA Berchtesgaden 6.5.1916: ebd., stv. GK I. AK 1723.

471 Vertrauensmänner II. E./4. Feldartillerie-Rgt. 29.8.1918 bzw. 26.5.1918 an Ersatz-Btl.; Reserve-Lazarett Landsberg 26.1.1918 an Chefarzt: BHStA/IV, stv. GK I. AK 1980; 2409; 2405. Vgl. Die Truppenaufklärung (wie Anm. 422), S. 2.

472 Vgl. dazu Bloch, Apologie, S. 83-86; Fussell, S. 115-125.

rung gegenüber amtlichen Verlautbarungen eigenständige Sicht des Kriegsgeschehens wieder, die bestimmte Inhalte und Themen übersteigerte und zu einem kollektiven Deutungsmuster verfestigte.[473] Gerade in den Kasernen und an der Front gaben die Gerüchte jedoch auch Raum für die Artikulation von Wunschvorstellungen und Ängsten. So konnten sie z.b. in der Form von häufig kolportierten Meldungen über Meutereien und Massendesertionen angesichts einer weitgehenden Handlungsblockade entlastend wirken.[474]

3.3. Bedingungen militärischer Vergesellschaftung II: Konfliktpotentiale

Ein sich über mehr als vier Jahre erstreckender Krieg brachte zwangsläufig hohe physische und psychische Anforderungen an die Soldaten mit sich. Inwieweit diese geeignet waren, die Legitimität militärischer Herrschaft zu mindern oder sogar zu erschüttern, hing jedoch nicht zuletzt von den professionellen Fähigkeiten des Offizierkorps und der Bereitschaft der militärischen Führung ab, vorhandene Konfliktpotentiale zu erkennen und möglichst umfassend zu beseitigen.[475] Die Unvermeidlichkeit der Niederlage des deutschen Heeres läßt sich sicherlich durch die Überlegenheit der materiellen Ressourcen auf Seiten der Ententemächte hinreichend erklären.[476]

Gleichwohl sollte bei den folgenden Analysen die innenpolitische Kräftekonstellation des wilhelminischen Kaiserreichs, die sich einer Reform veralteter militärischer Strukturen und Verantwortlichkeiten hemmend entgegenstellte, als Hintergrund stets bedacht werden.[477] Sie stellte den äußeren Rahmen, innerhalb dessen die Mißstände und Mißstimmigkeiten im Heer ihre 1918 zutage tretende Sprengkraft erst entfalten konnten.[478] Einige höhere bayerische Offiziere und die Kriegs-

---

473 Vgl. Daniel, S. 241-245.
474 Ay, S. 178; allgemein Raulff, Clio, S. 104, 112f. Der von Daniel, S. 245f., vertretenen These, durch Gerüchte sei die Bevölkerung bis an die Schwelle kollektiven Handelns radikalisiert worden, wäre damit für das Militär empirisch und auch hinsichtlich des theoretischen Bezugsrahmens zu widersprechen. Vgl. die Hinweise in Kap. 3.3.3.
475 Erhellend sind im Vergleich die in der französischen Armee als Reaktion auf die Krise des Jahres 1917 erfolgten Reformen hinsichtlich der von den Meuterern monierten Mißstände. Vgl. Pedroncini, S. 234ff.
476 Vgl. z.B. B. Kaulisch, Strategie der Niederlage. Betrachtungen zur deutschen Frühjahrsoffensive 1918, in: Zeitschrift für Militärgeschichte 7 (1968), S. 661-675.
477 Diese Problematik hat in der linksliberalen Militärkritik der Weimarer Zeit große Beachtung gefunden. Aufschlußreich ist z.b. der Vergleich zwischen der rein technizistisch vorgehenden Analyse der deutschen Frühjahrsoffensive 1918 im Gutachten des Sachverständigen Hermann v. Kuhl mit der Behandlung der politischen Verantwortlichkeiten durch Martin Hobohm. Vgl. WUA, Bd. 3, S. 1-89; WUA, Bd. 11/1, S. 255-277.
478 Eine solche Analyse, die außerhalb des Rahmens dieser Arbeit steht, fände reiches Material in den Nachlässen führender Politiker und Militärs sowie den Verhandlungen des Reichstages in Plenum und Hauptausschuß. Aufschlußreich sind Pläne von Staatssekretär Conrad Haußmann im Rah-

minister Kreß v. Kressenstein bzw. später v. Hellingrath hatten zwar im Verlauf des Krieges erkannt, daß die von der Bevölkerung verlangten Opfer nur dann erbracht werden würden, wenn sie mit vermehrten Partizipationschancen und einer gerechten Verteilung der Lasten verbunden wären.[479] Einsichten dieser Art schlugen sich jedoch nicht in einer von der OHL abweichenden Marschroute bei den für die Mannschaften entscheidenden Vorgängen nieder.[480] Angesichts der faktischen Kompetenzen der OHL trugen Bemühungen um die Wahrung des rechtlichen Scheins bayerischer Hoheitsrechte auch über die Feldtruppen im Krieg ohnehin einen antiquierten Charakter.[481]

3.3.1. Soziale Heeresmißstände

Zu einer erheblichen Belastung für die Stabilität militärischer Vergesellschaftung entwickelte sich das soziale Konfliktpotential, das an der Scheidelinie zwischen Offizieren und Mannschaften bestand. Voraussetzung dafür war zunächst, daß diese Grenze auch im Krieg nur vereinzelt übersprungen werden konnte. Das aktive Offizierkorps hatte bereits im ersten Kriegsjahr große Verluste erlitten.[482] Doch obwohl die Militärbehörden Hinweise darauf erhielten, welchen Nutzen die Beförderung fronterfahrener Unteroffiziere haben könnte[483], blieb der Aufstieg zum Reserve-Leutnant weiterhin an den höhere Schulbildung voraussetzenden Einjährig-Freiwilligenschein gebunden.[484] Ganze 91 Unteroffiziere ohne dieses Bildungspatent wurden 1914-1918 in der bayerischen Armee wegen Tapferkeit vor dem

men der ‚nationalen Verteidigung' gegen Kriegsende. Haußmann schlug unter dem Druck der militärischen Situation die Bildung von freiwilligen Brigaden mit weitgehenden Rechten der Soldaten vor. Der preußische Kriegsminister Scheüch lehnte ab, da damit dem Bolschewismus Tür und Tor geöffnet werde: Deutschland im ersten Weltkrieg, Bd. 3, S. 510.
479 Vgl. Deist, Armee, S. 101ff.; ders., Militär und Innenpolitik, Dok. 190, S. 492-497 (Kreß v. Kressenstein 9.10.1916), Dok. 275, S. 700ff. (v. Hellingrath 2.4.1917), Dok. 314, S. 782-785, hier v.a. S. 783 (Mertz v. Quirnheim 9.4.1917).
480 Jedenfalls bietet der archivalische Befund den im folgenden behandelten Fragen keine Anzeichen für eigenständige Initiativen des bayerischen Kriegsministeriums. Eine liberalere Politik verfolgte man allerdings im Bereich der Zensur- und Pressepolitik. Vgl. dazu allgemein Fischer.
481 Vgl. Rumschöttel, Offizierkorps, S. 39f. Von einem „gelösteren" Verhältnis zwischen Dienstgraden und Mannschaften in der bayerischen Armee auszugehen, wie es Rumschöttel ebd., S. 41 tut, ist gedanklich reizvoll, bleibt angesichts der Problematik möglicher Kriterien und Quellen für einen solchen Vergleich aber spekulativ.
482 Im preußischen Kontingent fielen bis zum 15.11.1915 rund 17% der aktiven Offiziere: WUA, Bd.11/2, S. 34.
483 Vgl. den 1915/16 geführten Schriftwechsel des Bundes deutscher Militäranwärter mit dem preuß. K.M.: WUA, Bd. 11/2, Anlage 4 a-c., S. 115-119.
484 Vgl. WUA, Bd. 11/1, S. 108-110. Durch K.M.-Erlaß vom 4.4.1915 konnten Kriegsfreiwillige und Mannschaften mit Einjährig-Freiwilligen-Schein auch bei immobilen Truppenteilen nach einer Kriegsdienstleistung von acht Monaten zum Reserveoffiziersaspiranten ernannt werden. Zu den verkürzten Beförderungsfristen an der Front vgl. den K.M.-Erlaß vom 5.10.1914; beides in: BHStA/IV, HS 2348.

Feind in einen Offiziersrang befördert.[485] Stattdessen beförderte man die Offiziers-
dienste versehenden Unteroffiziere ohne ein Einjährigenzeugnis zum Feldwebelleutnant. Damit rangierten sie allerdings noch hinter dem rangniedrigsten Reser-
veoffizier und waren nur „Offiziere zweiten Grades".[486]

Gegenüber den Mannschaften waren die Offiziere nicht nur durch ihre Befehlsgewalt, sondern auch in Bezug auf alltägliche Lebensumstände in vielerlei Hinsicht
privilegiert. Angesichts der im Ganzen schweren Entbehrungen und Gefahren, die
der Dienst an der Front mit sich brachte, gewann die Wahrnehmung der Ungleichheit im Verhältnis zwischen Mannschaften und Offizieren besondere Schärfe. Die
im Krieg fortgeschriebene soziale Exklusivität des Offizierkorps förderte dabei die
Tendenz zur Abschottung von den sozialen Notlagen der Untergebenen und zu
einer unverhohlenen Inanspruchnahme der zustehenden Vergünstigungen.[487]

Die Liste von Feldern, auf denen die Mannschaften den Offizieren einen
Mißbrauch ihrer Stellung zum Vorwurf machten, war lang. Die einzelnen Mißstände waren allerdings von unterschiedlicher Brisanz. Vergleichsweise geringe Bedeutung besaßen etwa die im Vergleich zu den Ruhequartieren der Mannschaft oftmals
luxuriöse Unterbringung der Offiziere oder ihre Bevorzugung bei der Verteilung
von Auszeichnungen.[488] Schwerer wog angesichts der Bedeutung dieses Sachver hal-
tes für die Mannschaften die größere Urlaubsfrequenz bei den Offizieren, die zudem
auch in der Zeit von Urlaubssperren ihre Burschen unter dienstlichem Vorwand
zur Beschaffung von Lebensmitteln in die Heimat entsandten.[489]

Erbitterung erzeugte auch die im Vergleich zum Gehalt der Offiziere ausgesprochen geringe Löhnung der Mannschaften. Ein einfacher Soldat bekam 15.90 Mark
im Monat ausbezahlt, während bereits ein Leutnant 310.– Mark verdiente.[490] Auch
Soldaten vom Land beschwerten sich über dieses Mißverhältnis, insbesondere wenn

---

485 Dazu kamen 44 Unteroffiziere, die zwar das Bildungspatent besaßen, aber ausdrücklich wegen
    ihrer Tapferkeit vorgeschlagen wurden: WUA, Bd. 11/2, S. 36. Allein aufgrund der höheren
    Löhnung erstrebenswert blieb eine Position als Unteroffizier, deren Bedarf die Feldtruppen v.a.
    durch Beförderung geeigneter Mannschaften deckten. Vgl. Beförderungen der Mannschaften [im
    K.M. gedruckte Sammlung der einschlägigen Bestimmungen], S. 41f.; Georg Maier 9.1.1915 an
    seine Eltern (Abschrift): AEM, Kriegschronik Altenerding B 1837.
486 Vgl. Schmidt-Richberg, Regierungszeit, S. 91; WUA, Bd. 11/2, S. 36 (Zitat). Zusammen mit den
    Offizieren a.D. und z.D. dienten im Krieg in der bayerischen Armee insgesamt 4.900 Feldwebel-
    leutnants: Rumschöttel, S. 282.
487 Vgl. allgemein WUA, Bd. 11/1, S. 259-264. Dies war auch der Grund dafür, daß mahnende Erlasse
    von OHL und Kriegsministerien in der Regel wirkungslos blieben; vgl. z.B. Müller-Meiningen,
    Erinnerungen, S. 324.
488 Vgl. WUA, Bd. 11/1, S. 113-123, 100-104; Emil Herbst 7.4.1916 an seine Eltern: BHStA/IV,
    Militärgericht 6. Ldw.-Div. H 15 (Quartiere).
489 Vgl. z.B. Generalquartiermeister 29.5.1918 an preuß. K.M.: BHStA/IV, stv. GK I. AK 869; Uffz.
    Johann (R.I.R. 18) 11.7.1918 an Georg Heim: ebd., MKr 13360; Anlagen zum Postüberwa-
    chungsbericht der 5. Armee vom 12.7.1917: BA/MA, W-10/50794, Bl. 18.
490 Vgl. WUA, Bd. 11/1, S. 111ff.; Bd. 11/2, S. 85f.

sich das höhere Offiziersgehalt mit der Wahrnehmung verband, daß die von den Offizieren im Dienst und Gefecht erbrachte Leistung dem nicht entsprach.[491]

Die mit Abstand „wichtigste Rolle im Soldatenleben" spielte die „Verpflegungs-frage".[492] Nach Beendigung des Vormarsches im Herbst 1914, bei dem die Truppe noch Nahrungsmittel in großem Umfang aus dem besetzten Gebiet requirieren konnte[493], war die Versorgung des Heeres überwiegend von der Belieferung aus der Heimat abhängig.[494] Eine im August 1914 gegründete „Zentralstelle zur Beschaffung der Heeresverpflegung" bestellte bei den für die Zwangsbewirtschaftung zuständigen Reichsstellen den nötigen Bedarf, der durch die Feldintendanturen der Armeen zur Verteilung gelangte.[495] Demgemäß verschlechterte sich die Ernährungslage im Heer in demselben Maße wie in der Heimat. Da die Heeresversorgung Priorität genoß, lagen die Rationen der Soldaten jedoch stets über denen der versorgungsberechtigten Zivilbevölkerung.[496]

Bereits in den Jahren 1915 und 1916 kamen von Soldaten Klagen über die unzureichende Ernährung.[497] Eine im Frühjahr 1916 bei der 6. Armee durchgeführte Sonderprüfung der Post ergab, daß „die Mehrzahl aller Klagen sich auf unzureichende Ernährung" bezog.[498] Seit Ende 1916, als die Heeresverwaltung dazu überging, die nicht mehr ausreichende Kartoffelration mit Rüben zu strecken, verschlechterte sich die Ernährung in der Armee zunehmend.[499] Ab Ende März

---

491 Vgl. Michael Kitzelmann o.D. [1917] und 21.4.1918 an Georg Heim: StaA Regensburg, NL Heim 1316; Herr Schwager an das stv. GK I. AK, empfangen 18.10.1917: BHStA/IV, stv. GK I. AK 1722; Bericht von Pfarrer Strominger aus Pleß bei Memmingen 27.10.1917 an Kriegsminister Hellingrath über einen Frontbesuch bei der 6. Res.-Div.: ebd., MKr 2336; Aktennotiz K.M.-Abt. A I vom 13.11.1916 über die anonyme Zuschrift eines Bauern an MInn: ebd., MKr 2822; Dolchstoß-Prozeß, S. 351 (Aussage von Dr. Eugen Fischer).

492 Postüberwachungsbericht der 5. Armee vom 12.7.1917: BA/MA, W-10/50794, Bl. 14; vgl. Klemperer, Curriculum Vitae, S. 374.

493 Lau, Heeresverpflegung, S. 13f.

494 Die Maßnahmen zur Ausbeutung der besetzten Gebiete schildert Lau, S. 36-43. In Serbien und Rumänien bezog das Alpenkorps die Verpflegung ausschließlich aus dem Operationsgebiet: Hebert, S. 70-75.

495 Vgl. Daniel, S. 200f.; Lau, S. 4, 43-46, 88.

496 Daniel, S. 201. Vgl. die bei Flemming, Interessen, S. 87 wiedergegebenen Vergleichszahlen der militärischen und zivilen Fleischrationen. Die Angaben bei Lau, S. 51, 96, über die Fleischrationen des Heeres liegen durchweg höher als die bei Flemming genannten Zahlen. In einem Schreiben vom 23.3.1917 schätzte die OHL, daß das Heer 70% der offiziell verfügbaren Nahrungsmittel verbrauche: WUA, Bd. 11/1, Dok. 31, S. 377f.

497 Brief des Maurers Johann Georg Saam vom 22.4.1915 an seine Frau in Heroldsbach (BA Forchheim): BHStA/IV, MilGer 6409; B. Meier 5.11.1915 an den Verband der Bergarbeiter Deutschlands: BAP, 92, 271, Bl. 158; Sebastian Schlittenbauer 11.3.1916 an K.M. über Mißstände bei der Pionierpark-Komp. der 8. Res.-Div.: BHStA/IV, MKr 13349; Emil Herbst 2./Armierungs-Btl. 76 7.4.1916 an seine Eltern: ebd., Militärgericht 6. Ldw.-Div. H 15. Vgl. Chef des stv. Generalstabes 20.1.1916 an die stv. GK: BHStA/IV, stv. GK I. AK 1590; Hebert, S. 69.

498 GK XXVII. Res.-Korps 15.5.1916 an die Vorgesetzten bis zum Kompanieführer: SHStAD, Kriegsarchiv (P) 20155, Bl. 16f.

499 Vgl. Postüberwachungsbericht der 5. Armee vom 12.7.1917: BA/MA, W-10/50794, Bl. 14; Lau, S. 57ff.

1917 wurde die tägliche Brotration um ein knappes Drittel gekürzt.[500] Insbesondere auf diese Maßnahme, die den generellen Mangel an Nahrungsmitteln im Heer offensichtlich machte, reagierten die Soldaten mit boshaften Kommentaren und kritischen Analysen der durch den Krieg verschärften sozialen Ungleichheit:

> „(...) dann muß ich dir noch mitheilen das wir jetzt auch wieder gekürzt worden sind mit dem Baraß vorher haben wir alle Tage 1/2 Brot u. jetzt 1/3 Brot aber ich glaube das machen die nicht lange mit uns sonst ist es gefellt den da wird schon schwer tobt über das, die sollen den Krieg aufhören wenns es nicht mehr machen können, den wir weren Tot fro wenn Grampf mal ein Ende hätte, den bezwecken duns ja doch nichts mehr, als blos die armen Leute hinmachen u. die armen Soldaten die müßen büßen, die werden so hingemacht das bald keiner mehr laufen kann, warum weils nichts mehr zu Essen bekommen, u. die Großen fressen sich doll an, u. lachen sich den Buckel foll, so ist heut zu Tage der Krieg, weil der Große das Geld einschdeckt und der kleine hat den Dreck, aber die werden schon sehen wenn der Krieg mall zu Ende ist, was dan los ist, den wir sind nicht mehr dum u. rennen so blödsinnig ins Feuer wie im Anfang, den wir sind jetzt schon heller geworden in dem Krieg (...).“[501]

Die Eintönigkeit und der geringe Nährwert der Mahlzeiten – berüchtigt und in Soldatenliedern oft persifliert war insbesondere die seit 1915 anstelle von Butter oder anderem Fett zum Abendbrot ausgegebene Marmelade – ließen den Gehalt der Kost zusätzlich absinken.[502] Zudem waren die empfangenen Rationen des öfteren schlecht zubereitet oder sogar gänzlich ungenießbar.[503]

---

500 Die tägliche Brotration von 740 Gramm wurde auf 500 Gramm herabgesetzt, Truppen im Kampf sollten 750 Gramm bekommen. Ende Juni 1917 wurde die Grundration wieder auf 600 Gramm erhöht: Lau, S. 46; Ludendorff, Urkunden, S. 195f. Nach einer in WUA, Bd. 11/1, S. 126 zitierten Verfügung der OHL vom 23.6.1917 wurde die Brotportion allerdings auf 500 Gramm festgesetzt. Bei den schwankenden Angaben über die Rationen ist zu berücksichtigen, daß nach dem Zeugnis zahlreicher Feldpostbriefe insbesondere die tatsächlich ausgegebene Fleisch- und Brotmenge oftmals oder dauerhaft unter dem Sollzahl lag. Joseph Reininger berichtete z.B. bereits am 18.2.1915 seinen Eltern, daß er nur alle drei Tage 750 Gramm Brot bekomme: Privatbesitz. Die höhere Ration der Kampftruppen konnte vereinzelt den Wunsch nach einer Rückkehr in die erste Linie wecken; vgl. Postprüfungsoffizier bei der Feldpoststation 46 4.2.1918 an Etappen-Inspektion 3 (Anlagen): SHStAD, Kriegsarchiv (P) 21133, Bl. 94.

501 Briefauszug eines im Elsaß in Ruhe befindlichen Feldsoldaten vom 17.4.1917; vgl. den Briefauszug vom 1.4.1917, sowie die Persiflage in einem Brief vom 19.5.1917: BSB, Schinnereriana; Martin Geiger 12./1. I.R. 7.9.1917 an Georg Heim: StAA Regensburg, NL Heim 1316; Schober, S. 175f.

502 Vgl. Lau, S. 59, 61. Zu den Soldatenliedern vgl. Steinitz, Volkslieder, S. 363-367, 371ff., 383f. Ein Soldat schrieb am 15.10.1917: „(...) aber die schlechte Verpflegung wo man hat u. es würd von Tag zu Tag immer schlechter anstatt beser, u. Kohldampf schüben muß man daß einem die Augen überlaufen, u. Kohlrüben u. Dorrgemüse müßen wir fressen u. Marmelade u. das solle unser Kraftfutter sein, denn da würd man so schlab daß man fast auf das Pferd nicht kommt wo 1.70 Meter hoch ist." BSB, Schinnereriana.

503 Vgl. Johann Reininger 3.11.1916 an seine Eltern: Privatbesitz; Oberbefehlshaber Ost 9.9.1917 an Generalquartiermeister: WUA, Bd. 11/1, S. 35; Schriftwechsel mit dem Proviantamt Tongern vom Juli 1918: WUA, Bd. 11/1, Dok. 37 a-c., S. 383ff.; Zeugenaussagen über eine Gehorsamsverweigerung bei der 7./1. I.R. am 7.5.1918: BHStA/IV, MilGer 3374; Bericht der Postüberwachungsstelle der 6. Armee vom 4.9.1918: Thimme, S. 270.

Als Ergebnis der schlechten Versorgung litten seit 1917 im Feldheer an der Ost-
wie an der Westfront sehr viele Soldaten dauerhaft an Hunger. Neben zahlreichen
Feldpostbriefen lassen die Berichte der Postüberwachungsstellen dies klar erkennen,
die allerdings auch einzelne zufriedene Stimmen notierten und im Herbst 1917
über eine kurzfristige allgemeine Verbesserung der Kost berichteten.[504] Die mangelhafte Ernährung bewirkte zusammen mit den starken körperlichen Belastungen
der Soldaten vor allem beim Stellungsbau eine anhaltende Erschöpfung:

> „Es wird ein Unterstand gebaut und ist lauter Steinarbeit. Ich arbeite gern und Ihr
> wißt ja von jeher daß ich die schwere Arbeit gewöhnt bin aber hier muß ich
> nachlassen wenn ich einen halben Tag schaff dann bin ich so mat daß ich kein Glied
> mehr heben kann, man soll es nicht glauben daß man so lang aushalten kann den
> so ein Essen habe ich meinen Leben noch nicht gegessen in der Früh gekochtes
> Wasser Kaffe genannt Mittags hie und da kaum zu sehen ists Fleisch und sonst
> Fleischlos und andauernt gelbe und weiße Rüben aber schon so gekocht daß unsere
> Schweine Zuhause nicht fressen würden, ich weiß nicht wie daß sein kann bei der
> Schwadron wo wir in der Stellung fassen da gibt es ein tadelloses Essen."[505]

Für die Frühjahrsoffensive des Jahres 1918 wurden den Angriffsdivisionen deshalb
zusätzliche Verpflegungs- und Genußmittel zur Verfügung gestellt.[506]

Angesichts des andauernden Nahrungsmangels traten Ungleichheiten in der
Versorgung umso schärfer hervor. Dies betraf zunächst angeblich bestehende
gravierende Unterschiede in der Verpflegung zwischen vergleichbaren Truppenteilen.[507] Erbitternd wirkte jedoch vor allem die mit Selbstverständlichkeit von den
Offizieren in Anspruch genommene Bevorzugung gegenüber den Mannschaften.
Bereits während des Bewegungskrieges klagten Soldaten über die Benachteiligung
durch die Vorgesetzten bei der Verteilung von Liebesgaben sowie requirierten oder
aus der Heimat gelieferten Lebensmitteln.[508]

---

504 Für die Ostfront: Briefauszüge der 8. Armee von Ende Juni/Anfang Juli 1917: WUA, Bd. 11/1,
    Dok. 11, S. 31-34; für die Westfront Briefauszüge in den Postüberwachungsberichten der 5. Armee
    vom 12.7.1917 28.9.1917 (Besserung), 24.2.1918, 23.6.1918: BA/MA, W-10/50794, Bl. 17ff.,
    21ff., 29f., 65f., 70-74. Zur Besserung gegenüber dem Frühsommer 1917 vgl. auch Bericht der
    Postüberwachungsstelle 40, Deutsche Feldpost 402 (Abschrift) vom 25.8.1917: BHStA/IV, 6.
    Inf.-Div. Bund 81. Einzelbelege für den Hunger: WUA, Bd. 5, S. 268, 283; Briefauszug vom
    1.11.1917: BSB, Schinnereriana; Johann Brandl 6.5.1917 an Michael Schmalhofer: BHStA/IV,
    Militärgericht 6. Ldw.-Div. B 22; J.N. 19.4.1917 an G.S.: BfZ, Slg. Schüling Bd. 3, Nr. 90; M.G.
    8.12.1917 an Otto Frhr. v. Aufseß: Gemeinde Kochel.
505 Hans Spieß 28.12.1916 an die Eltern und Geschwister: BHStA/IV, Kriegsbriefe 340. Auf dem Papier
    war ab April 1916 nur ein Tag in der Woche fleischlos: Lau, S. 51. Vgl. Josef Beigel 20.3.1917 an
    seine Frau Juliane: BHStA/IV, Militärgericht 6. Ldw.-Div. B 11; Richert, S. 326; Josef Lidl (6./R.I.R.
    8) 18.6.1916 an seine Schwester (Abschrift): AEM, Kriegschronik Altenerding B 1837.
506 WUA, Bd. 11/1, S. 124. Vgl. WUA, Bd. 5, S. 287; Richert, S. 350.
507 Preuß. K.M., Armee-Verwaltungs-Departement, 11.11.1915 an den Generalintendanten des
    Feldheeres: BHStA/IV, Feldintendantur 1. Res.-Div., Bund 27.
508 Vgl. Michael Kappelmeier 11.10.1914 an Frau Burger in Sonthofen: BHStA/IV, MilGer 6313;
    Feldpostbrief vom 17.10.1914, von MdR Trendel am 2.11.1914 beim K.M. eingereicht; vom
    Neuen Münchener Tageblatt 26.10.1914 in Abschrift an K.M. gesandte Feldpostbriefe; beides in:
    ebd., MKr 13346.

Zu einer gravierenden Belastung für das Ansehen der Offiziere entwickelten sich solche Praktiken allerdings erst ab 1916 angesichts der allgemeinen Mangelsituation.[509] Nicht nur die Mannschaften, sondern auch Unteroffiziere klagten über die bessere Verpflegung der Offiziere.[510] Ende 1916 sah sich der Generalquartiermeister gezwungen, in einem Erlaß der offenbar weitverbreiteten Praxis entgegenzutreten, daß in den Offiziersküchen auf Kosten der Mannschaftsverpflegung größere und bessere Portionen über die auch für Offiziere gültige Feldration hinaus zubereitet wurden.[511] Die Möglichkeit dazu ergab sich zum einen durch die mehr oder minder unverhohlene Unterschlagung der für die Mannschaften vorgesehenen Lebensmittel.[512] Ansonsten sorgte die dienstliche Abhängigkeit der Verpflegungsoffiziere, die für die Verteilung der von den Feldmagazinen empfangenen Vorräte verantwortlich waren, gewöhnlich für die Begünstigung der Offiziere.[513]

Zur Kontrolle der korrekten Austeilung der Verpflegungsportionen sollten die Truppenteile seit Ende 1916 Küchenkommissionen bilden, die in der Regel aus einem Offizier und je einem gewählten Vertreter der Mannschaften und Unteroffiziere bestanden.[514] In der Realität konnten diese Organe jedoch die durch das Subordinationsverhältnis gesetzten Grenzen nicht überschreiten und blieben daher weitgehend wirkungslos.[515] Ein 1917 von Abgeordneten des Bayerischen Bauern-

---

509 Vgl. z.b. die Hinweise auf diesbezügliche Klagen in: WUA, Bd. 5, S. 271, 277; WUA, Bd. 11/1, S. 159, Dok. 36, S. 382 (Schreiben des Leiters des Vaterländischen Unterrichts der 1. Armee vom 21.6.1918); Brief des Tagelöhners Johann Bernatzky 11./L.I.R. 1 an seine Schwester Amalie vom 2.1.1917: BHStA/IV, Militärgericht 6. Ldw.-Div. B 30; Klemperer, Curriculum Vitae, S. 373f.; Cron, Sekretariat, S. 24; Briefauszüge zum Postüberwachungsbericht der 5. Armee vom 12.7.1917: BA/MA, W-10/50794, Bl. 21, 23; MdL Schmitt (SPD) 1.7.1916: KdA, Sten. Ber. Bd. 14, S. 490; Dolchstoß-Prozeß, S. 107, 150 (Aussagen Erich Kuttner, Erhard Auer).

510 Vgl. den Brief des Uffz. Johann R.I.R. 18 vom 11.7.1918 an Georg Heim: BHStA/IV, MKr 13360; Brief eines Uffz. vom 5.8.1917, von einem inaktiven Offizier beim K.M. eingereicht: ebd., MKr 2334.

511 Verfügung des Generalquartiermeisters vom 26.12.1916: BHStA/IV, HS 2348. Die Offiziere waren bereits in Verfügungen des Chefs des Generalstabes des Feldheeres vom 10.5.1916 und des AOK der Armee-Abt. Strantz vom 8.6.1916 zur Einschränkung ihrer Kost aufgefordert worden: Ebd. Von erheblicher Realitätsferne zeugt die Bemerkung von Hebert, S. 69, ein „eherner Grundsatz im deutschen Militär" besage, daß der Offizier erst nach den Mannschaften und Unteroffizieren Essen fasse.

512 Vgl. AOK Armee-Abteilung C 12.8.1917 an die Offiziere bis zum Regiments-Kommandeur: BHStA/IV, HS 2348; Generalintendant des Feldheeres 26.5.1918 an den Generalquartiermeister und dessen Antwortschreiben vom 30.5.1918: WUA. Bd. 11/1, Dok. 24 a-b., S. 65f., sowie ebd., S. 138-141, 148f.

513 Kriegstagebuch Karl Fricke vom April 1918: WUA, Bd. 5, S. 291; Brief des Johann Wilhelm Entz, Uffz. der Reserve 8./L.I.R. 1 vom 20.7.1917 an seine Frau (Abschrift); Entz wurde aufgrund dieses Briefes wegen Beleidigung von Offizieren zu einem Jahr Gefängnis verurteilt: BHStA/IV, Militärgericht 6. Ldw.-Div. E 13; vgl. ebd., G 14; MdL Lutz (BBB) 22.11.1917: KdA, Sten. Ber., Bd. 16, S. 714; Lambach, S. 21. Zum Verfahren: Lau, S. 16.

514 Verfügung des Generalquartiermeisters vom 26.12.1916: BHStA/IV, HS 2348; vgl. 1. Res.-Div. 1.7.1917 an die Truppenteile: ebd., Feldintendantur 1. Res.-Div. Bund 27. Dieser Befehl legt von der offenbar des öfteren verzögerten Umsetzung der höheren Verfügung Zeugnis ab. Vgl. dazu auch das Schreiben des preuß. K.M. vom 3.6.1917: WUA, Bd. 11/1, Dok. 8, S. 26f.

515 Vgl. Cron, Transportarbeiter-Verband, S. 2; MdL Schmitt (SPD) 8.3.1917: KdA, Sten. Ber. Bd.

bundes eingebrachter Antrag auf Einführung einer Einheitsküche für Offiziere und Mannschaften in Front und Etappe wurde in der Abgeordnetenkammer des Landtages mit Mehrheit befürwortet, stieß allerdings auf die Ablehnung des Kriegsministers.[516]

Unbeeindruckt von den sich im Herbst 1918 noch einmal häufenden Ermahnungen höherer militärischer Stellen zu einfacher Lebensführung[517], pflegten die Offiziere weiterhin ein zu zahlreichen Klagen Anlaß gebendes „üppiges Leben".[518] Der kleinere Teil einsichtsvoller Offiziere erkannte dagegen, daß sich mit einer Gleichstellung in der Verpflegung auch die allgemeine Unzufriedenheit der Mannschaften verringern ließ.[519]

Allerdings richtete sich die Kritik der Soldaten über die gute Lebensmittelversorgung anderer Gruppen in der Armee nicht allein gegen die Offiziere. Betroffen waren auch die Landwirte, von denen der liberale Abgeordnete Schrepfer im Landtag unter allgemeinem Gelächter behauptete, daß sie wohl „Zeter und Mordio schreien würden", wenn sie ihre aus der Heimat zahlreich erhaltenen Wurstpakete für die „Einheitsküche" zur Verfügung stellen müßten.[520]

In der Tat wurden die bäuerlichen Feldsoldaten von ihren Angehörigen kontinuierlich und in großen Mengen mit Lebensmittelpaketen versorgt, deren Versand bis zu einem Pfund Gewicht portofrei war.[521] Vor allem die Buttersendungen nahmen einen solchen Umfang an, daß sie mit der Ablieferungspflicht kollidierten.[522]

15, S. 392; Briefauszug vom August 1918: BA/MA, W-10/50794, Bl. 86; WUA, Bd. 11/1, S. 142, 198, 274, sowie Dok. 13 a., S. 39 den Brief des MdR Pastor D. Mumm vom 3.8.1917 an das preuß. K.M., in dem es bezeichnend heißt: „Es handelt sich nicht um die Verfügungen, sondern um ihre Durchführung." Vgl. dazu auch Müller-Meiningen, S. 324.

516 Im März 1917 war der Antrag noch abgelehnt worden: KdA, Sten. Ber. Bd. 15, S. 449; zu der im November 1917 stattfinden Debatte vgl. KdA, Sten. Ber. Bd. 16, v.a. S. 653, 699, 737, 750, 801 (Annahme). Ablehnung durch v. Hellingrath: ebd., S. 661f. Formal war die Regierung nur zur Begründung einer Ablehnung gezwungen, wenn beide Kammern des Landtages einem Antrag zugestimmt hatten: Albrecht, S. 219f.

517 Vgl. WUA, Bd. 11/1, S. 77; zuletzt der Erlaß des Chefs des Generalstabes des Feldheeres vom 22.10.1918: BHStA/IV, MKr 2325.

518 Vgl. AOK Armee-Abt. C 28.5.1917 an die Offiziere: BHStA/IV, HS 2348. Schreiben des preuß. K.M. vom 3.6.1917 (Zitat); Verfügungen der OHL vom 17.6.1917 und 4.10.1917; alles in: WUA, Bd. 11/1, Dok. 8, 10, 16a., S. 26f., 29f., 43f.; Pfarrer von Oberbernbach bei Aichach o.D. [1917] an Heinrich Held: BHStA/IV, NL Held 581.

519 Vgl. den Bericht der Postüberwachungsstelle der 6. Armee vom 4.9.1918: Thimme, S. 271; WUA, Bd. 11/1, Dok. 19, S. 50.

520 22.11.1917: KdA, Sten. Ber. Bd. 16, S. 730.

521 Vgl. Garnisonälteste Kaufbeuren 17.12.1916 und Lindau 23.12.1916 an stv. GK I. AK: BHStA/IV, stv. GK I. AK 1948. Bei einer Heeresgruppe kamen in einem Monat Päckchen im Gesamtgewicht von 934.000 Kilogramm an, die zu 70% Lebensmittel enthielten; Mitteilungen des K.M. für Truppenaufklärung Nr. 3 v. 1.11.1917: ebd., MKr 2335. Der Generalquartiermeister trat in einer Verfügung vom 1.4.1917 den Lebensmittelsendungen entgegen: ebd., 2. Inf.-Div., Bund 97.

522 WB BA Traunstein 13.12.1916: BHStA/IV, stv. GK I. AK 1947; WB BA Dachau 31.12.1916: ebd., stv. GK I. AK 1948; WB BA Miesbach 29.1.1917, WB BA Ebersberg 29.1.1917: ebd., stv. GK I. AK 1949; Amper-Bote Nr. 2, Nr. 6 v. 6.1., 20.1.1917.

Reichte die Kost nicht aus, erfolgte sofort der briefliche Wunsch nach einem Paket.[523] Auch angesichts der hohen Preise für Marketenderwaren, die für eine Zusatzversorgung zur Verfügung standen, gewannen die regelmäßigen Sendungen an Wert:

> „Hier ist es auch sehr Bruch weil man sich nichts kaufen kan, oder ungemein teuher, drum wäre mein Wunsch wen ich alle 8 Tage ein Paket mit Butter bekommen würde, das wäre mir am liebsten, oder Geselchtes wen Ihr eins habt."[524]

Durch, wie bei diesem Beispiel, in wöchentlichem Turnus erhaltene Sendungen konnten die Landwirte insbesondere die karge Fettversorgung kompensieren, zumal die Frequenz im Einzelfall noch höher war.[525] Bei den detaillierten brieflichen Anweisungen über die gewünschte Art der Sendungen spielten Wurst und Schinken deshalb eine hervorgehobene Rolle.[526] Zuweilen fielen die Zuwendungen aus der Heimat derart umfangreich aus, daß den Angehörigen eine Einschränkung nahegelegt wurde.[527]

Ausschlaggebend für einen solchen Wunsch konnte aber auch der Neid sein, den die Soldaten städtischer Herkunft gegen die aus der Heimat gut versorgten Landwirte hegten.[528] Die Behebung von Mißständen bei der Ernährung hatte angesichts des eklatanten Mangels große Bedeutung für die Mannschaften. Im Kampf um die karge Ernährung standen die Landwirte allerdings auf der Seite der vergleichsweise Satten und Privilegierten. Zudem konnten sie sich vereinzelt durch die Abgabe von Lebensmitteln an die Vorgesetzten deren Wohlwollen ,erkaufen'.[529] Die Landwirte

---

523 Vgl. G.T. 19.2.1916 und 24.6.1917 an seine Frau F., J.B. 20.5.1916 an dieselbe: Privatbesitz; Stefan Schimmer 13.10.1914 an seine Frau: BHStA/IV, Amtsbibliothek 9584; L.W. 14.5.1916 an seine Frau R.: Slg. Aicher. Verschollene Pakete lösten Beschwerden der Angehörigen über die an der Front Hunger leidenden Soldaten aus; vgl. die Beispiele in: BHStA/IV, MKr 12896.

524 Joseph Reininger 3.11.1916 an seine Eltern; ders 18.3.1917 an Eltern und Geschwister: Privatbesitz. Vgl. Lau, S. 66-69.

525 Vgl. Stefan Schimmer 15.2.1915 an seine Frau: BHStA/IV, Amtsbibliothek 9584; J.V. 18.3.1917 an F.T. in Gollhofen: Privatbesitz. Hans Spieß schrieb am 12.3.1917 an die Eltern und Geschwister, er habe am Vortag zwei und an diesem Tag ein weiteres Paket erhalten: ebd., Kriegsbriefe 340; Joseph Reininger schrieb am 7.6.1917 an seine Eltern, daß er „alle Tage" ein Paket wolle: Privatbesitz.

526 Vgl. Stefan Schimmer 29.10.1914, o.D. [Dezember 1914], 24.12.1914, 20.3.1915, 24.3.1915 an seine Frau: BHStA/IV, Amtsbibliothek 9584.

527 G.T. 24.11.1916, 14.1.1917, 9.6.1917 an seine Frau F.: Privatbesitz; Stefan Schimmer 6.12.1914 und 2.1.1915 (mit der Klage über Mangel an Appetit) an seine Frau: BHStA/IV, Amtsbibliothek 9584. Im Brief vom 19.4.1917 an seinen Sohn August (7./2. I.R.) kündigte Georg Stempfle ihm ein demnächst eintreffendes Paket mit der fortlaufenden Nummer 109 an: ebd., MilGer 3344.

528 Vgl. den Briefauszug vom August 1918: BA/MA, W-10/50794, Bl. 88.

529 Ein solches Verhalten war nach Paragraph 114 MStGB strafbar: Militärstrafgesetzbuch, S. 203. Georg Teufel bezeugte dies im Schreiben vom 11.8.1917 an den Gerichtsoffizier des 12. I.R., Ltn. Sporer, für seinen Kompanieführer, der sich von zwei Bauernsöhnen gegen Bezahlung Eier geben ließ. Obwohl Obltn. d. Res. Winter dies in der Verhandlung am 16.8.1917 zugab, erfolgte offenbar ein weiteres Verfahren: BHStA/IV, MilGer 6459. Vgl. Briefauszug aus Postüberwachungsbericht der 5. Armee vom 12.7.1917: BA/MA, W-10/50794, Bl. 18. Wegen des Gesamtkomplexes Mißbrauch der Dienstgewalt (Paragraphen 114-120 MStGB) gab es in der bayerischen Armee insgesamt 217 militärgerichtliche Verurteilungen: BHStA/IV, HS 2348.

gerieten deshalb in das Visier der Kritik ihrer ,Kameraden', die voller Zorn auf ihre Versorgung aus der Heimat blickten:

„Weiß auch was Hunger ist, da schon meine Sachen gegen Brod u. Kartofeln getauscht habe, um mich hie u. da satt zu essen, und sich satt essen heist hier ein Festessen. Wie Weh es thut zuzusehen, wie andere ihre Pakete mit guten Sachen auspaken u. verzehren, während ich nicht einmahl die Hoffnung haben darf, auch einmal so ein Paket zu erhalten. (...) Auch von Cameradschaft habe einen besonderen Begriff. Am schlimmsten sind hier die vollgefressenen, reichen Bauern, die wenn irgend etwas eßbares zu kaufen wäre, sofort bereit sind, den armen Teufeln den Bissen vom Mund wegzunehmen. So niedrige Gesinnung hätte doch nirgends erwartet."[530]

Eine gängige Reaktion auf das unkameradschaftliche Verhalten der Landwirte bestand darin, ihnen Nahrungsmittel zu stehlen. Dies war eine an der Front und im Besatzungsheer weit verbreitete Praxis, obwohl die Feldgeistlichen ihr in ihren Predigten entgegentraten.[531] Ziel von Diebstählen waren aber auch hinter der Front zugängliche Obst- und Gemüsepflanzungen[532] sowie Feldküchen und Marketendereien.[533] Soldaten des Besatzungsheeres zogen während des Wochenendes mit den anderen Hamsterern über das Land, um Vorräte aufzukaufen.[534] Der Hunger trieb die Soldaten schließlich auch zum Verzehr der eisernen Reserve, der selbst durch Disziplinarstrafen nicht abzustellen war.[535]

Während es den Landwirten gelang, dem Problem der mangelnden Ernährung durch Rückgriff auf die heimischen Ressourcen auszuweichen, standen sie einem anderen gravierenden Mißstand, der rücksichtslosen Be- und auch Mißhandlung durch viele Vorgesetzte, weitgehend ohnmächtig gegenüber.

Bereits bei der Ausbildung in den Ersatztruppenteilen wurden die Landwirte zur Zielscheibe von Beschimpfungen wie „Saubauer", „Stinkbauer" und „Bauernschä-

---

530 Brief eines Armierungssoldaten vom 22.1.1918; vgl. den Brief eines Soldaten aus Oppeln vom 23.12.1917 an seine Frau; beides in: BSB, Schinnereriana. Vgl. zum Neid auf die Bauern auch Johann Zaumer (Rekruten-Depot 39. Res.-Div.) 29.7.1916 an Georg Heim: StaA Regensburg, NL Heim 1630; Kachulle, Pöhlands, S. 188; WB BA Tölz 20.1.1917: BHStA/IV, stv. GK I. AK 1949, sowie die in Anm. 521 genannten Berichte der Garnisonältesten.
531 Klemperer, Curriculum Vitae, S. 403f.; F.S. 8.1.1917 an C.S.: BfZ, Slg. Schüling Bd. 4; Kriegserinnerungen Heinrich Heymer aus Sallinghausen: Privatbesitz; BHStA/IV, MilGer 3429; WUA, Bd. 11/1, S. 397, 415; Besatzungsheer: Garnisonältester Lindau 17.12.1916 an stv. GK I. AK: BHStA/IV, stv. GK I. AK 1948. Vgl. Klier, S. 211f.
532 Vgl. den Tagebefehl der 30. Res.-Div. vom 4.8.1917: WUA, Bd. 11/1, Dok. 33, S. 379f.; BHStA/IV, Militärgericht 6. Ldw.-Div. A 2, A 3, H 9, H 25.
533 Vgl. AOK 6 10.5.1918 an die unterstellten Verbände: BHStA/IV, Feldintendantur 1. Res.-Div. Bund 27; ebd., MilGer 6262, 6282, 6462; Militärgericht 1. Res.-Div. B 62, B 85, B 86. Bezeichnenderweise sagte ein Landwirt nach einem Diebstahl in einem Lebensmitteldepot der 8./20. I.R. im Februar 1917 aus, er habe zwar gemerkt, daß seine Kameraden wegen ungenügender Ernährung Hunger litten, er selbst sei aber durch Pakete ausreichend versorgt gewesen: ebd., Mil Ger 6198.
534 Vgl. BA Eggenfelden 26.12.1916 an MInn: BHStA/IV, MKr 12833; WB BA Dachau 1.7.1917: ebd., stv. GK I. AK 1954; Ay, S. 106f.
535 1. Res.-Inf.-Brigade 21.11.1917 an 1. Res.-Div.: BHStA/IV, Feldintendantur 1. Res.-Div. Bund 27; vgl. bereits den Eintrag im Kriegstagebuch von Georg Schenk vom 26.9.1914: ebd., HS 3410.

del" durch die Ausbilder und Offiziere, mit denen sie als Berufsstand kollektiv herabgewürdigt wurden.[536] Die Stellungnahme des stellvertretenden kommandierenden Generals im I. Armeekorps, Ludwig Frhr. von der Tann, zu einem dieser Fälle verrät viel sowohl über die Rechtsauffassungen höherer Kommandeure als auch über die Schwierigkeiten ländlicher Rekruten bei der Einübung militärischer Umgangsformen.[537] Einen „objektiv beleidigenden Charakter" der Bezeichnung „Bauernbuben" gestand von der Tann zwar zu. Eine Strafbarkeit sei dennoch nicht gegeben, da der Vorsatz einer Beleidigung gefehlt habe. Einem Vorgesetzten stehe es zudem im Rahmen seines Aufsichtsrechtes frei, seinem Unwillen über „ungelenke" Mannschaften, die mehr leisten müßten, Ausdruck zu geben.[538]

Besonders demütigend war das von einigen Vorgesetzten geübte Verfahren, mißliebige oder beim Dienst negativ aufgefallene Untergebene vortreten zu lassen. Darauf mußte dann gezwungenermaßen die Meldung mit den Worten „Ich bin ein Rindvieh" oder „Ich bin eine Schlafmütze" erfolgen.[539] Auch an der Front waren Mannschaften und Dienstgrade den „entmutigenden Anreden und Beschimpfungen" der „Herren Offiziere" ausgesetzt, was dort angesichts der Nähe zur Gefahr um so mehr erbitterte.[540]

Neben einem verletzenden Umgang mit den Soldaten dauerten auch die handfesten körperlichen Mißhandlungen durch Vorgesetzte im Krieg an. Im Besatzungsheer traktierten Offiziere „wiederholt" während des Dienstes Soldaten mit dem Reitstock oder der Reitpeitsche.[541] Doch auch an der Front kam es zu Schlägen durch Offiziere und Unteroffiziere.[542]

536 Vgl. MdR Matzinger 28.1.1916 an K.M. (Zitat): BHStA/IV, MKr 13348; Aktennotiz K.M.-Abt. A I vom 6.12.1914 über durch MdR Benedikt Hebel vorgetragene Beschwerden: ebd., MKr 13346; Aktennotiz K.M.-Abt. A I vom 2.11.1915 über durch Sebastian Schlittenbauer vorgebrachte Beschwerden bezüglich eines Feldwebels beim Rekruten-Depot E./L.I.R. 3. Eine Untersuchung bestätigte den Sachverhalt, die Bestrafung erfolgte durch zwei Tage gelinden Arrest: ebd., MKr 11103; K.M. 13.12.1916 an immob. Ldw.-Inf.-Rgt. 13: ebd., stv. GK I. AK 549.

537 Dem Folgenden ähnliche Entschuldigungen waren bereits in der Vorkriegszeit gängig: Wiedner, S. 173f. Vgl. zur Kritik solcher Argumentationsmuster auch MdL Wasner (BBB) 29.3.1916: KdA, Sten. Ber. Bd. 13, S. 579.

538 K.M. 23.12.1915 an stv. GK I. AK bezüglich des Btl.-Kommandeurs II. E./12. I.R., Major Rindle, Punkt 7; Stellungnahme stv. GK I. AK, gez. v.d. Tann, 18.1.1916 an K.M. (Zitat); beides in: ebd., MKr 11104; vgl. auch 5./9. I.R. 13.9.1915 an II./9. I.R., Aktennotiz K.M.-Abt. A I vom 11.2.1916: BHStA/IV, MKr 11104.

539 Stv. GK I. AK 9.12.1915 an K.M.: BHStA/IV, MKr 11104; vgl. dass. 31.1.1916 an Ersatztruppenteile: ebd., stv. GK I. AK 591.

540 Vgl. BHStA/IV, MilGer 3593, 6215, 6382 (Zitat: Brief des Uffz. d.Res. Johann Preisinger vom 31.10.1914 an seinen früheren Chef, den Bankvorstand Müller in München; Preisinger wurde wegen der Erregung von Mißvergnügen durch das Vorlesen des Briefes im Kameradenkreis und der mit dem Brief verbundenen Beleidigung eines Offiziers zu zweieinhalb Jahren Gefängnis verurteilt); ebd., Militärgericht 6. Ldw.-Div. A 4; Briefauszüge zum Postüberwachungsbericht der 5. Armee vom 12.7.1917: BA/MA, W-10/50794, Bl. 19; Richert, S. 118.

541 K.M. 13.12.1916 an immobile Stellen: BHStA/IV, MKr 11100.

542 Vgl. die im Bereich der 2. Inf.-Div. geahndeten Fälle: BHStA/IV, MilGer 6235, 6372, 6449, 6489, sowie die Schilderungen im Schreiben des 9. I.R. 7.3.1916 an 7. Inf.-Brigade: ebd., MKr 11104; 17. I.R. 25.4.1918 an 6. Inf.-Brigade: ebd., MKr 11106. Wie selbstverständlich manche Vorge-

Es war vor allem die Angst der niederen Vorgesetzten vor einer Beanstandung ihrer Tätigkeit durch die Offiziere, die den Unteroffizieren Anlaß zu einem intensiven und in seinen schikanösen Begleitumständen des öfteren maßlosen Exerzierdrill gab.[543] Vor allem vor Besichtigungen des Truppenteils durch den Kommandeur oder höhere Vorgesetzte wurde deshalb exerziert, bis den Soldaten „das Wasser zu den Hoßen" hinablief.[544] Zwar waren es zu einem großen Teil Unteroffiziere oder Gefreite, die sich den Untergebenen gegenüber eines Mißbrauchs ihrer dienstlichen Gewalt schuldig machten. Doch im Rahmen der Befehlshierarchie fiel die Verantwortung dafür auf die vorgesetzten Offiziere zurück, die der von höherer Stelle ausgesprochenen Forderung, gegen Mißstände einzuschreiten, nicht Folge leisteten.[545] Den zwischen dem Verlangen nach Disziplinierung durch die Militärbehörden und vermehrten Übergriffen der Vorgesetzten bestehenden Zusammenhang hob 1918 auch das Kriegsministerium hervor. In einem auf die „Hebung der Mannszucht" zielenden Erlaß ermahnte man die Stellen des Besatzungsheeres, einer daraus folgenden Zunahme vorschriftswidriger Behandlung entgegenzutreten.[546]

Gegen eine ungerechte oder gar unwürdige Behandlung und Mißhandlungen durch Vorgesetzte stand den Soldaten das Recht der Beschwerde zu. Die Vorschriften über eine formal korrekte Beschwerdeführung waren jedoch ausgesprochen kompliziert und bedrohten zudem leichtfertig, fahrlässig oder nicht form- und fristgerecht vorgebrachte Beschwerden selbst mit Strafe. So mußte eine Beschwerde stets erst am auf den Vorfall folgenden Tag, dann aber binnen fünf Tagen vorgebracht werden. Bei einer disziplinarischen Bestrafung durfte sich der Soldat dagegen erst nach der Verbüßung beschweren.[547]

Das Kriegsministerium forderte die Kompaniechefs zwar frühzeitig dazu auf, z.B. anläßlich der Löhnungsappelle Belehrungen über das Beschwerderecht abzuhal-

setzte im Fall einer Gehorsamsverweigerung eine Ohrfeige zumindest in Betracht zogen, illustriert eine in ebd., MilGer 6470 belegte Episode.
543 MdL Schmitt (SPD) 8.3.1917: KdA, Sten. Ber. Bd. 15, S. 391. Diesen Sachverhalt führte auch der Gefreite Otto Schlaucher des E./2. I.R. zur Entschuldigung für verschiedene, zum Teil fortgesetzte Vergehen gegenüber den Mannschaften seiner Korporalschaft an. Vgl. das Urteil des Kriegsgerichts der stv. 2. Inf.-Brigade vom 11.1.1916 (Abschrift): BHStA/IV, MKr 11105.
544 Christoph Erhardt 12.7.1916 an seine Frau: BfZ, Slg. Knoch.
545 Vgl. WUA, Bd. 11/1, S. 225ff.
546 K.M.-Erlaß vom 8.1.1918 an die stv. GK: BHStA/IV, stv. GK I. AK 451. Der Auffassung von Wiedner, S. 181, es gäbe im Zusammenhang mit dem Drill keine besondere Häufung von Mißhandlungsfällen, würde ich zumindest für das Besatzungsheer widersprechen. Den hier bestehenden engen Zusammenhang zwischen Disziplinierung und vorschriftswidriger Behandlung der Mannschaften belegen zahlreiche Einzelberichte über auf dem Exerzierplatz vorgekommene Mißhandlungen in: BHStA/IV, stv. GK I. AK 2173, passim.
547 Vgl. Dietz, Beschwerdeordnungen, S. 65-140, v.a. S. 71, 74f., 81, 93, 138ff. Um den formalen Fußangeln des Beschwerderechts zu entgehen, empfahl der Kommentar den Soldaten, bei unter das MStGB fallenden Tatbeständen den Weg einer Anzeige zu beschreiten. Vgl. ebd., S. 69; Wiedner, S. 171. Allerdings empfahl Heinrich Dietz, bis in die Zweite Weltkrieg der einflußreiche Nestor der deutschen Militärrechtslehre, in einem anderen Kommentar den Vorgesetzten mit Blick auf die Beschwerden, zu „verlangen", daß „auch empfindsamere Naturen (...) sich mit den natürlichen Rauheiten des militärischen Lebens" abfinden; Dietz, Disziplinarstrafrecht, S. 61.

ten.[548] Die völlige Abhängigkeit vom Wohlwollen des Vorgesetzten ließ jedoch viele Soldaten vor einer Beschwerde zurückschrecken.[549] Zudem kam auch die direkte und im übrigen strafbare Einschüchterung eines Untergebenen mit dem Ziel, ihn von einer Beschwerde abzuhalten, zuweilen vor.[550] Der Fahrer einer Munitionskolonne mußte 1915 gar erleben, daß er nach einer Beschwerde gegen die Beleidigung durch einen Unteroffizier nicht nur vom Kolonnenführer, einem Oberleutnant der Reserve, noch einmal in derselben Weise beleidigt wurde. Sondern zudem ahndete dieser das Beharren auf der Beschwerde, die bereits der Unteroffizier unterdrücken wollte, mit einem Tag Strafexerzieren.[551]

Nach im Finanzausschuß der Abgeordnetenkammer vorgetragenen Informationen über zahlreiche Fälle vorschriftswidriger Behandlung von Mannschaften sah sich der Kriegsminister deshalb Ende 1915 gezwungen, den Vorgesetzten die Sorge dafür einzuschärfen, daß das Beschwerderecht „nicht nur auf dem Papier steht". Dem lag die richtige Vermutung zugrunde, daß beschwerdeführende Soldaten „Quälereien oder nicht faßbaren Nadelstichen ausgesetzt" seien.[552]

Die mit dem unzulänglichen Beschwerderecht verbundene Entmündigung der Mannschaften wurde als gravierender Mißstand empfunden. Dies läßt sich daran erkennen, daß zu den von der ersten revolutionären Kundgebung am 7. November 1918 auf der Theresienwiese in München vorgebrachten Forderungen auch die Schaffung von Garantien für das Beschwerderecht der Soldaten gehörte.[553] Während des Krieges haben die Schwierigkeiten einer Beschwerde jedoch gerade bei den

---

548 K.M.-Erlaß 80186 vom 7.9.1915 an sämtliche mobilen und immobilen Truppenteile: BHStA/IV, stv. GK I. AK 591.

549 Unter allen sozialen Problemen im Militär bezeichnete Müller-Meiningen, S. 327, das „völlige Versagen" des Beschwerderechts als das „wichtigste", über das sich „Bände schreiben ließen!" Vgl. WUA, Bd. 11/1, S. 84, 195ff., sowie die mit der Forderung nach einer Reform des Beschwerderechts verbundenen Äußerungen im Landtag; Schmitt (SPD) 16.12.1915, Süßheim (SPD) 9.5.1916, Günther (Liberale Vereinigung) 7.3.1917, Buttmann (Liberale Vereinigung) 7.3.1917, Dirr als Berichterstatter im Finanzausschuß 1917: KdA, Sten. Ber. Bd. 13, S. 106f., 853-857, Bd. 15, S. 366f., 381, Bd. 16, S. 651.

550 Anklageverfügung nach Paragraph 117 MStGB gegen den Hauptmann d. Res. Schneider II. E./21. I.R., vom Gericht der stv. 9. Inf.-Brigade am 8.11.1915 an das stv. GK III. AK übersandt: BHStA/IV, MKr 11104; Urteil des Oberkriegsgerichts des stv. GK I. AK gegen den Gefreiten Otto Schlaucher E./2. I.R. vom 15.3.1916 (Abschrift): ebd., MKr 11105; Ulrich/Ziemann, Frontalltag, Dok. 37 c., S. 146. Vgl. Militärstrafgesetzbuch, S. 203f.

551 Bericht des 2. Feldart.-Rgt. 11.4.1916 an 4. Feldart.-Brigade über das Verfahren gegen Oberltn. d. Res. Kratz und den Wachtmeister Amrhein der 2. leichten Munitionskolonne. Beide wurden rechtskräftig verurteilt, der Oberltn. noch wegen der Unterdrückung einer weiteren Beschwerde. Der Fahrer hatte erst durch einen anonymen Brief an den Abteilungskommandeur eine Untersuchung erreicht: BHStA/IV, MKr 11105.

552 K.M.-Erlaß vom 9.11.1915 an die stv. GK: BHStA/IV, stv. GK I. AK 591; vgl. auch Sebastian Schlittenbauer 2.4.1916 an K.M.: BHStA/IV, MKr 13349. Im Ganzen ist das vom Sachverständigen Volkmann geforderte „Tatsachenmaterial" über die Sabotierung des Beschwerderechts durch Vorgesetzte wohl beibringbar. Vgl. seine direkt gegen WUA, Bd. 11/1, S. 195ff. gerichteten Ausführungen: WUA, Bd. 11/2, S. 83f., Zitat 83.

553 Vgl. Beyer, Revolution, Dok. 1, S. 161f.; sowie bereits Vertrauensmann Stabs-Offizier der Flugabwehrkanonen München 5.12.1917 an stv. 1. Inf.-Brigade: BHStA/IV, stv. GK I. AK 2403.

in der Austragung von Konflikten ungeübten ländlichen Soldaten primär ein Gefühl der Ohnmacht hervorgerufen, das zunächst disziplinierend wirkte.[554] Allerdings wurde das den Beschwerden zugrundeliegende Konfliktpotential deshalb nicht entschärft, sondern stattdessen zunehmend angestaut. Dies dürfte den im Sommer 1918 schließlich durch die Aussichtslosigkeit der Kriegslage ausgelösten Übergang zu massenhafter Verweigerung beschleunigt haben.

Dieser Mechanismus gilt auch für andere Formen, mit denen die Mannschaften auf aus ihrer Sicht defizitäre Verhältnisse aufmerksam zu machen suchten. Das unzureichende Beschwerderecht hatte zwangsläufig zur Folge, daß sich Soldaten bei Mißständen Adressaten in der Heimat mit der Bitte um Abhilfe zuwandten. Dazu zählten neben Landtags- und Reichstagsabgeordneten auch Geistliche und Zeitungsredaktionen.[555] Für die Landbevölkerung fungierten insbesondere die Funktionäre des Bayerischen christlichen Bauernvereins Georg Heim und Sebastian Schlittenbauer als vielfrequentierte Anlaufstelle für Eingaben.[556] Die Korrespondenz an und von Abgeordneten unterlag allerdings einer besonderen Prüfung, und vereinzelt versuchten die Vorgesetzten, die Soldaten durch Strafen und Verbote von Beschwerden an Abgeordnete abzuhalten.[557]

Die als Anwälte der Soldaten fungierenden Persönlichkeiten reichten einen kleinen Teil der erhaltenen Beschwerden an die stellvertretenden Generalkommandos oder das Kriegsministerium weiter, ohne allerdings den Namen des Beschwerdeführers zu nennen.[558] Die Truppenkommandeure waren über solche an sie zur Untersuchung herangetragenen anonymen Beschwerden empört.[559] Von den Kriegsministerien wurden sie aber zur Behandlung solcher Hinweise gezwungen. Dies geschah mit dem Hinweis auf die durch das Abgeordnetenmandat gegebene Vertrauensstellung und den daraus folgenden Schutz vor einem Zeugniszwangsverfahren.[560] Das

---

554 Vgl. den Hinweis in Anm. 576 zu diesem Kapitel.

555 Vgl. z.B. Müller-Meiningen, S. 323. Der Landtagsabgeordnete Erhard Auer (SPD) erhielt in der zweiten Kriegshälfte wöchentlich rund 2.000 Briefe aus dem Feld: Ay, S. 25.

556 Eine Reihe von bäuerlichen Beschwerdebriefen aus dem Feld enthält: StaA Regensburg, NL Heim 1316.

557 Vgl. MdL Süßheim (SPD) 22.1.1916 an K.M., und die Bestätigung widerrechtlichen Vorgehens in diesem Fall durch GK I. bayer. Res.-Korps 12.2.1916 an K.M.: BHStA/IV, MKr 13349; Ulrich/Ziemann, Frontalltag, Dok. 36 d., S. 140; Schiffers/Koch, Bd. III, S. 1316 (bayer. 16. I.R., 25.4.1917); Ulrich, Feldpostbriefe, S. 56; Müller-Meiningen, S. 322, 327; Anton Wittmann, im Feld beim 32. I.R., am 20.5.1918 aus Ottmaring an Georg Heim, der diesen deshalb aufforderte, bei der Verfolgung seiner Beschwerden seinen Namen nicht zu nennen: StaA Regensburg, NL Heim 1316.

558 Eine Fülle dieses Materials ist überliefert in den entsprechenden Akten des Kriegsministeriums. Durchgesehen wurden die Bände: BHStA/IV, MKr 13346-13349, 13359, 13360.

559 Vgl. das Schreiben von Major Habersbrunner 23.3.1916 an die stv. 2. Inf.-Brigade: BHStA/IV, MKr 13349. Ein Feldwebelleutnant des II. E./12. I.R. äußerte 1915 gegenüber den Mannschaften: „Da soll mal so ein Landtagsabgeordneter hergehen und soll die Rindviecher abrichten. Ich weiß gewiß, er würde genauso verfahren." K.M. 23.12.1915 an stv. GK I. AK: ebd., MKr 11104.

560 Vgl. Aktennotiz K.M.-Abt. A I vom 19.10.1915: BHStA/IV, MKr 11254; K.M.-Erlaß vom 21.7.1916: ebd., stv. GK I. AK 591; Schreiben des preuß. K.M. vom 15.9.1917, vom bayer. K.M. mit Schreiben vom 22.10.1917 unter Verweis auf den vorigen Erlaß den Truppenteilen zur

Unbehagen der Militärbehörden an der Einschaltung von Abgeordneten hielt aber bis Kriegsende an.[561] Die Verfolgung von außen hereingetragener Beschwerden bei den Truppenteilen stieß zunächst auf das Problem, daß bei der üblicherweise erfolgenden Nachfrage unter den Mannschaften niemand mehr bereit war, Zeugnis abzulegen.[562] Die betreffenden Soldaten mochten gehofft haben, daß ein höherer Vorgesetzter sich der Sache annehmen und eine gründliche Untersuchung durchführen werde. Dies war jedoch in der Regel nicht der Fall. Stattdessen kam es des öfteren vor, daß beschuldigte Vorgesetzte selbst bei ihren Untergebenen Berichte über sich anforderten oder sich von diesen eine Bestätigung darüber ausstellen ließen, daß ihr Verhalten nicht zu beanstanden sei.[563] Deshalb lag es nahe, die eigene Beschwerde zu verleugnen, da nun mit einer Strafe wegen Nichtbeachtung des dienstlichen Beschwerdeweges gerechnet werden mußte. Diese Befürchtung wurde Realität, wenn die Verfasser von Petitionen an Abgeordnete durch Details ihrer Beschwerde oder einen Schriftvergleich überführt werden konnten.[564]

Ohnehin war dem Kriegsministerium nach Auswertung der in Einzelfällen durchgeführten Erhebungen frühzeitig klar geworden, daß deren Durchführung durch unmittelbare Dienstvorgesetzte des Beschuldigten keine objektiven Ergebnisse erbringen konnte. Deshalb legte man die Aufklärung des Sachverhalts Ende 1915 in die Hände unparteiischer Offiziere.[565] Es ist bezeichnend für die im stellvertretenden Generalkommando des I. Armeekorps betriebene Obstruktionspolitik gegenüber der Ahndung vorschriftswidriger Behandlung, daß diese Behörde in einem die Vorgaben umsetzenden Erlaß den betreffenden Punkt gar nicht erwähnte. Stattdessen enthielt der Erlaß des Generalkommandos eine – in der Vorlage nicht vorhandene – moralisierende Ausführung darüber, daß ein

---

Kenntnis gebracht: ebd., HS 2348. Ungenau hinsichtlich der Vorgehensweise des preuß. K.M.: WUA, Bd. 11/1, S. 201f. Die Abgeordneten waren aber aufgefordert, keine unbestimmten Klagen ohne Angabe des Truppenteils vorzubringen. Vgl. K.M. 5.4.1916 an MdL Oswald (Zentrum): ebd., MKr 11100.

561 Vgl. den Entwurf eines Schreibens des Staatssekretärs im Reichsmarineamt vom Juli 1918 an den preuß. Kriegsminister: Deist, Militär und Innenpolitik, Dok. 462, S. 1232f.

562 Dies war selbst bei kollektiv eingereichten Beschwerden der Fall. Vgl. MdL Simon an K.M. (empfangen 30.6.1915) über eine Beschwerde von 12 Rekruten des E./R.I.R. 7; ein Oberleutnant meldete 10.7.1915 an E./R.I.R. 7, daß eine eindringliche Befragung ergebnislos geblieben sei: BHStA/IV, MKr 11103.

563 Erlaß des stv. GK I. AK 31.12.1915 an die unterstellten Truppenteile: BHStA/IV, stv. GK I. AK 591.

564 Vgl. den aufgrund eines Vermerks der K.M.-Abt. A I v. 4.10.1915 angefertigten Entwurf einer Landtagsnotiz und die im Anhang aufgeführten Einzelfälle: BHStA/IV, MKr 13347. Wegen der Blockierung des Beschwerdeweges griffen viele Soldaten als Ausweg zu anonymen Beschwerdebriefen an höhere Vorgesetzte oder Militärbehörden; vgl. Ulrich/Ziemann, Frontalltag, Dok. 37, S. 145-149.

565 K.M.-Erlaß vom 9.11.1915 an die stv. GK: BHStA/IV, stv. GK I. AK 591. Diese Ausfertigung trägt den handschriftlichen Vermerk „erledigt durch G.K.V. [General-Kommando-Verordnung] v. 17.11.15 No. 142422", abgezeichnet durch den Chef des Stabes der stv. GK I. AK, Oberst z.D. Ernst Kleemann (vgl. Feeser, Bayernbuch, Bd. 1, S. 229).

„ehrliebender" Soldat sich nicht mit Beschwerden an Außenstehende anstatt seines Vorgesetzten wenden solle.[566] Dennoch protestierte der betreffende kommandierende General erbittert gegen die neue Regelung, als das Kriegsministerium unter Hinweis auf weitere Klagen der Parlamentarier über eine schlechte Mannschaftsbehandlung und eine bevorstehende Interpellation im Finanzausschuß der Abgeordnetenkammer Berichte über die damit gemachten Erfahrungen verlangte.[567] Durch das vom Kriegsministerium angeordnete Verfahren sah er die „Ehre" des direkten Vorgesetzten gekränkt. Durch diese Argumentation erreichte man nach kurzer Zeit wieder den Ausschluß unbeteiligter Offiziere vom Untersuchungsverfahren.[568]

Wenn schließlich trotz all dieser Hindernisse in Fällen vorschriftswidriger Behandlung eine gerichtliche Untersuchung erfolgte, waren die erkennenden Gerichte nicht immer zu einer objektiven Beurteilung bereit. Des öfteren wurden „einwandfreie Zeugenaussagen zugunsten subjektiven Vorbringens von Beschuldigten" übergangen.[569] Auf Grund der geschilderten Probleme bei der Wahrnehmung des Beschwerderechts und der Durchführung von Untersuchungen kam es nur zu wenigen Verurteilungen wegen vorschriftswidriger Behandlung oder Mißhandlung von Untergebenen.[570]

Im Feldheer kam es während des Krieges zur Verurteilung von 36 Offizieren und 98 Unteroffizieren und Gefreiten, im Besatzungsheer lag die entsprechende Zahl bei 19 bzw. 102. Den höchsten Stand erreichte man dabei im Feldheer 1915, im Besatzungsheer erst 1916.[571] Dazu kamen noch die auf dem Disziplinarweg bestraften Fälle, deren Zahl im Besatzungsheer etwas über derjenigen der gericht-

566 Vgl. General-Kommando-Verordnung 142422 vom 17.11.1915 des stv. GK I. AK: BHStA/IV, stv. GK I. AK 591.
567 Vgl. K.M.-Erlaß vom 26.2.1916 an die stv. kommandierenden Generale: BHStA/IV, stv. GK I. AK 549.
568 Das Verfahren war zwischenzeitlich durch K.M.-Erlaß 5426 vom 21.1.1916 noch einmal modifiziert worden. Dieser Erlaß liegt nicht vor. Vgl. stv. GK I. AK (gez. v. d. Tann) 1.3.1916 an K.M. (Zitat): BHStA/IV, MKr 11100. Danach hatten sich von den seit Ende 1915 durch Abgeordnete eingebrachten Beschwerden, deren Untersuchung abgeschlossen war, 16 als unberechtigt und acht als berechtigt erwiesen. Diese Zahl gibt einen ungefähren Einblick in die Verbreitung von Mißhandlungen, bedenkt man die große Zahl der Beschwerden, die nicht an Militärstellen weitergeleitet wurden. Die Rückkehr zum alten Verfahren durch K.M.-Erlaß 35180 vom 20.4.1916 an die stv. GK: ebd., stv. GK I. AK 591. Ein beim K.M. einlaufender Vorschlag des preuß. K.M. vom 30.11.1916, wegen der partiellen Handhabung des Untersuchungsverfahrens im Besatzungsheer sofort einen Vertreter des K.M. zu entsenden, fand deshalb keine weitere Beachtung; Aktennotiz K.M.-Abt. A I vom 5.12.1916: ebd., MKr 11100.
569 Stv. GK III. AK 25.10.1916 an K.M.: BHStA/IV, MKr 11108. Das stv. GK plante deshalb für 1917 Veränderungen in der Besetzung der Richterstellen.
570 Die Ziffern für die Jahre vor dem Krieg bei Wiedner, S. 199. Die entsprechenden Tatbestände sind beschrieben in den Paragraphen 121 und 122 des MStGB: Militärstrafgesetzbuch, S. 204f.
571 Dazu kamen elf Verurteilungen in der Etappe. Zusammengestellt nach der Auflistung in: BHStA/IV, HS 2348. Die Armee-Abteilung I des K.M. stellte in einem Aktenvermerk vom 7.9.1915 fest, daß nach ihren Informationen Mißhandlungen im Feldheer häufiger vorkämen als im Besatzungsheer: ebd., MKr 11100.

gerichtlich Verurteilten lag.[572] Ein vergleichbares Verhältnis im Feldheer ist anzunehmen.[573] Angesichts der im Krieg enorm gestiegenen Mannschaftsstärken war die Zahl der Verurteilungen gering. Sie gibt jedoch keinen vollständigen Einblick in das Ausmaß vorschriftswidriger Behandlung, da von einer allerdings nicht genau bestimmbaren Dunkelziffer auszugehen ist.[574] Es kam vereinzelt vor, daß im Zuge gerichtlicher Ermittlungen gegen einzelne Soldaten Aussagen über Mißhandlungen vorgebracht wurden, die später zu einer Verurteilung führten.[575] Ein im Ausmaß sicherlich extremes Beispiel dafür bietet der Fall des Hauptmanns Kaltenegger. Der Ersatzreservist Georg Teufel verwies, nachdem er als Verfasser von drei anonymen Beschwerdebriefen an Vorgesetzte entdeckt worden war, zur Begründung seines Verhaltens in der Vernehmung u.a. darauf, daß der Bataillonskommandeur Kaltenegger ihn im November 1914 mißhandelt habe. Teufel war damals mit einem Kameraden als Posten vor dem Haus des Bataillonsstabes eingeteilt worden. Als der Hauptmann die beiden bemerkte, warf er ihnen vor, nur zum Zwecke der Unterhaltung beisammenzustehen, und versetzte Teufel zwei Ohrfeigen.[576] Daraufhin angestellte Untersuchungen ergaben Indizien dafür, daß Kaltenegger in der Zeit vom September 1914 bis zum September 1915 in 26 Fällen Untergebene aus zumeist gering-

---

572 1915 im stv. GK I. AK sechs disziplinarische und vier gerichtliche Strafen, 1916 zwölf bzw. acht. Vgl. stv. GK I. AK 3.3.1916 und 25.2.1917 an K.M.: BHStA/IV, MKr 11108. Nachweise für die Jahre 1917 und 1918 liegen nicht vor, ebensowenig Zahlen für das Feldheer, da die mobilen Generalkommandos durch K.M.-Erlaß vom 5.3.1915 von der Führung eines in Friedenszeiten jährlich vorzulegenden Verzeichnisses der Mißhandlungen und vorschriftswidrigen Behandlungen befreit wurden: BHStA/IV, MKr 11107. Bei Unteroffizieren und Gefreiten mußte demnach nur noch in „schwere(n) oder fortgesetzten" Fällen berichtet werden. Vgl. den für die Berichterstattung grundlegenden K.M.-Erlaß vom 9.11.1912, Ziffer 10-12: ebd., 2. Inf.-Div. Bund 97.

573 Für die 2. Inf.-Div. ist dies nachweisbar. Dort wurden nach Ausweis der Strafprozeßlisten zwei Unteroffiziere gerichtlich belangt, disziplinarisches Vorgehen in drei weiteren Fällen ist jedoch in den Akten belegt. Vgl. BHStA/IV, HS 2348, sowie ebd., MilGer 6235, 6372, 6419, 6449, 6489.

574 Vgl. Wiedner, S. 178.

575 So brachte die Vernehmung des Metzgergesellen Michael Kappelmeier aufgrund seines Briefes vom 11.10.1914 an seine ehemalige Dienstherrin Frau Burger an das Tageslicht, daß er sowohl von einem Offiziersstellvertreter als auch vom Kompanieführer geschlagen worden war. Beide wurden wegen vorschriftswidriger Behandlung zu drei Tagen gelindem Arrest bzw. sechs Tagen Stubenarrest verurteilt. Kappelmeier wurde dagegen wegen der in diesem Brief ausgesprochenen Beleidigung von Offizieren zu einem Jahr Gefängnis verurteilt. Vgl. BHStA/IV, MilGer 6313, 6372, 6419. Als Beispiele für Fälle, bei denen militärgerichtlichen Verfahren beigebrachte Aussagen über vorschriftswidrige Behandlung nicht weiter verfolgt wurden, vgl. BHStA/IV, MilGer 6337, 6417.

576 Kaltenegger war zu diesem Zeitpunkt Kommandeur des III./15. I.R. Aussage des Georg Teufel vom 29.3.1916. Aufschlußreich ist in diesem Zusammenhang auch von dem Dienstknecht Albert Kreuzer, der zur fraglichen Zeit im selben Zug wie Teufel diente, am 6.4.1916 gemachte Aussage. Er bestätigte die Ohrfeige des Hauptmanns, und gab an, damals zu Teufel gesagt zu haben: „Ja mei, was kannst da machen." Auf den Hinweis auf das Beschwerderecht sagte er aus: „Wir dachten, da sind schon soviele Fälle da, wo er es so gemacht hat, da lassen wir es halt hocken." BHStA/IV, MilGer 6459. Die Beschwerde eines Uffz. der 4./4. Feldart.-Rgt. förderte insgesamt 12 zur Aburteilung kommende Fälle von Beleidigung und Mißhandlung durch den Batteriechef, Hauptmann August Diehl, in der Zeit von August bis Dezember 1914 zutage. Die Bestrafung erfolgte durch 14 Tage Stubenarrest: ebd., MilGer 6235.

fügigem Anlaß gestoßen und geschlagen hatte. Da einige Fälle nicht mehr eindeutig nachweisbar waren, erfolgte wegen Mißhandlung in 23 Fällen eine Verurteilung zu zwei Monaten Festungshaft.[577] Trotz einer gewissen Dunkelziffer blieb die direkte Mißhandlung auf einige wenige Vorgesetzte beschränkt.[578] Einige Indizien deuten zudem auf eine Abnahme gegen Ende des Krieges hin.[579] Das Kriegsministerium reagierte dennoch frühzeitig mit einer Reihe von Erlassen, die auch der Beschwichtigung der im Finanzausschuß der Abgeordnetenkammer geäußerten Kritik an den Mißhandlungen dienen sollten. Die besondere Aufmerksamkeit, die Soldatenmißhandlungen bei den Militärbehörden und unter Parlamentariern fanden, folgte neben der starken Verletzung des Gerechtigkeitsempfindens, die daraus bei den einzelnen Betroffenen und vielen zivilen Beobachtern resultierte, auch aus den andauernden Debatten, die bereits in der Vorkriegszeit um dieses Problem geführt worden waren.[580] Für den aus den verschiedenen Mißständen resultierenden Legitimitätsverlust militärischer Herrschaft bei den Soldaten war die Ungleichheit in Ernährung und Löhnung jedoch in höherem Maße verantwortlich als die Mißhandlungen.

Zusammen mit dem die Soldaten verletzenden und entwürdigenden Auftreten vieler Vorgesetzter führten die Mißstände zu wachsender Erbitterung bei den Mannschaften.[581] Ein generelles Urteil ist hier nicht statthaft, da sich ein kleiner

577 Anklageverfügung des Gerichts der 1. Inf.-Div. vom 19.11.1916 – Kaltenegger war inzwischen Bataillonskommandeur des III./2. I.R. – und Bericht des 2. I.R. an 1. Inf.-Brigade vom 16.12.1916. Kaltenegger wurde auf Antrag des Regimentskommandeurs zu einem anderen Armeekorps versetzt, da seine Vergehen in der 1. und 2. Inf.-Div. allgemein bekannt geworden waren; Aktenvermerk K.M.-Abt. P vom 13.1.1917. Alles in: BHStA/IV, MKr 11105; vgl. ebd., MilGer 6459.

578 Dies war 1916 trotz der Fülle des aufgelaufenen Materials das einhellige Votum der Abgeordneten im Finanzausschuß der Abgeordnetenkammer des Landtags. Vgl. KdA, Sten. Ber. Bd. 14, S. 488f. Anders als „Beschimpfungen" und „Schikanen" waren „Mißhandlungen" mit Sicherheit *nicht* „alltägliche Praxis", wie Kruse, Klassenheer, S. 543, zudem mit einem entscheidend verfälschenden Zitat aus Ay, hier S. 104, zu behaupten können vermeint.

579 So entwickelte sich die Zahl der Anzeigen im stv. GK II. AK von 1915=13 über 1916=42 auf 1917=22. Zusammenstellung der Mißhandlungen und vorschriftswidrigen Behandlungen durch K.M.-Abt. R vom 29.10.1917: BHStA/IV, MKr 11106; stv. GK II. AK 18.3.1918 an K.M.: ebd., MKr 11108. Vgl. auch MdL Speck (Zentrum) 7.3.1917: KdA, Sten. Ber. Bd. 15, S. 373; Protokoll des Parteitages der SPD 1917, S. 90.

580 Diese Motivation wird z.B. ersichtlich aus dem Aktenvermerk des K.M.-Abt A I vom 7.9.1915 zu einem vom preuß. K.M. eingelaufenen Erlaß über vorschriftswidrige Begründung: „Politische Gründe sprechen dafür, in der Bekämpfung der Soldatenmißhandlungen hinter dem preußischen Kriegsministerium nicht zurückzustehen (...)." Vgl. den daraufhin am selben Tag ergangenen, leicht abgeänderten K.M.-Erlaß an alle mobilen und immobilen Truppenteile: BHStA/IV, MKr 11100. Vgl. ferner die auf Klagen von Abgeordneten rekurrierenden K.M.-Erlasse vom 9.11.1915 und 20.4.1916 an die stv. GK (letzterer unter Beilage einer am 10.3.1916 im Finanzausschuß abgegebenen Erklärung des Kriegsministers): ebd., stv. GK I. AK 591.

581 Vgl. dazu allgemein den Erlaß des Chefs des Generalstabes des Feldheeres vom 18.9.1916 an die preuß. stv. GK: BHStA/IV, MKr 2331. (Laut WUA, Bd. 11/1, S. 19, mit anderem Verteilungsplan bis an die Divisionen gelangt). Beispiele sind z.B. die Herabwürdigung von Soldaten, die Briefe mit dem Zusatz „Herr" in der Adresse erhielten, oder an Wirtschaften und Friseurgeschäften angebrachte Schilder mit der Aufschrift „Nur für Offiziere". Vgl. K.M. 19.2.1916 an die stv. GK: ebd., stv. GK I. AK 591; Schreiben des Generalquartiermeisters des Feldheeres vom 12.3.1917:

Teil der Truppenoffiziere zweifellos um einen angemessenen Umgang mit den Soldaten bemühte.[582] Selbst wenn sie persönlich zu einem von der Mehrheit abweichenden Verhalten bereit waren, konnten sich diese einsichtsvollen Offiziere jedoch dem herrschenden Korpsgeist kaum entziehen, der z.b. die Teilnahme am Kasinobetrieb zu einer weitgehend unabdingbaren Voraussetzung für die eigene Karriere machte.[583] Die von tiefgreifender Erbitterung über die Offiziere geprägte Wahrnehmung der Mannschaften konnten die aufgeschlossenen Vorgesetzten deshalb kaum verändern. Welche Auffassung bei der Truppe über den Anteil gutwilliger Vorgesetzter herrschte, hat Victor Klemperer geschildert:

> „Im Ganzen lag es so, daß auf hundert böse Äußerungen über die Offiziere höchstens eine freundliche kam und daß diese eine unfehlbar den Zusatz erhielt: ‚Der ist anders als die andern'."[584]

Die inneren Differenzierungslinien des Offizierkorps wurden von den Soldaten aber genau registriert. Hoher Wertschätzung erfreuten sich die aktiven Offiziere des Friedensstandes. Ihre größtenteils um Gerechtigkeit bemühte und auch im Hinblick auf die äußeren Umstände des Frontalltages fürsorgliche Behandlung der Untergebenen sicherte ihnen gerade in der Anfangsphase des Krieges deren Anerkennung.[585] Infolge der großen Verluste in der ersten Kriegszeit und des mit der Vergrößerung des Heeres stark gestiegenen Offiziersbedarfes stellten aktive Offiziere jedoch 1918 nur noch weniger als ein Sechstel der Offiziere im Regimentsdienst der Infanterie.[586]

---

ebd., Inf.-Leib-Rgt. Bund 21; vgl. dazu auch WUA, Bd. 5, S. 263. Vgl. ferner die Aussage von Erich Kuttner mit dem Hinweis auf ein gegen Mannschaften und Unteroffiziere ausgesprochenes Verbot, Trauerflore zu tragen: Dolchstoß-Prozeß, S. 108.

582 Vgl. z.B. die anerkennenden Stimmen in: Cron, Holzarbeiter, S. 3; ders., Studentendienst, S. 47.

583 WUA, Bd. 11/1, Dok. 16 b., S. 45f. („Mahnruf" eines Pfarrers „an unsere Offiziere", am 4.10.1917 von der OHL zusammen mit einem Erlaß den Truppenteilen zugänglich gemacht), Dok. 22 (Schreiben des preuß. K.M. vom 14.12.1917), S. 55f.; vgl. ebd., S. 230, 240. Auch die höheren Behörden wandten sich gegen eine ‚Verflachung' des Standesbewußtseins: Rumschöttel, S. 281.

584 Klemperer, Curriculum Vitae, S. 372. In WUA, Bd. 11/1, S. 260, und Dok. 50 b., S. 406ff. (Eingabe von Carl Rapp vom 14.10.1918 an Philipp Scheidemann) finden sich zeitgenössische Stimmen mit einer ähnlichen Einschätzung; vgl. allgemein ebd., S. 219-223. Die konservative Apologetik der Weimarer Zeit leugnete dagegen eine Verantwortung des Offizierkorps für die Heeresmißstände ab. Vgl. WUA, Bd. 11/2, S. 11ff., sowie das für die in seinem Gutachten eingeschlagene Marschroute aufschlußreiche Schreiben von Erich Otto Volkmann an den Mitarbeiter des bayerischen Kriegsarchivs Oberstleutnant a.D. Schad vom 2.2.1928: BHStA/IV, HS 2348.

585 Vgl. Klemperer, Curriculum Vitae, S. 371f.; Cron, Sekretariat, S. 21f.; ders., Studentendienst, S. 47f.; WUA, Bd. 11/1, Dok. 27 b. (Eingabe des Deutschen Werkmeisterverbandes vom 12.8.1918 an Generalquartiermeister Ludendorff), S. 73, S. 226.

586 Vgl. WUA, Bd. 11/2, S. 33ff., Anlage 1, S. 111 (Zahl). In der bayerischen Armee dienten insgesamt rund 5.900 aktive Offiziere und Fähnriche, von denen knapp 22% fielen, sowie 30.200 Offiziere des Beurlaubtenstandes, von denen rund 11% fielen: Rumschöttel, S. 282. Die von Rumschöttel ebd., S. 281f., daran geknüpften Bemerkungen über den „Frontsozialismus" entbehren jeder Grundlage.

Der Hauptteil der „niederen Truppenoffiziere" bis zum Kompanieführer rekrutierte sich deshalb aus den Offizieren des Beurlaubtenstandes sowie den erst während des Krieges beförderten ‚Kriegsleutnants'.[587] Gerade diese meist erst 19 oder 20 Jahre alten, „kaum der Gymnasialbank entwachsenen" Offiziere ließen im Umgang mit älteren, verheirateten Soldaten des öfteren jegliches Fingerspitzengefühl vermissen und erweckten damit bei diesen das Gefühl, „nichtsnutzige Hundsfotte" zu sein.[588] Neben mancher gewiß vorhandenen individuellen Überheblichkeit[589] war für ein solches Verhalten vornehmlich objektive Überforderung verantwortlich. Binnen kurzer Frist beförderte, dienstunerfahrene junge Offiziere erbrachten die angesichts der äußeren Bedingungen des Krieges und der sich verschlechternden Stimmung der Mannschaften für die Führung einer Einheit nötigen Leistungen in vielen Fällen nur zum Teil.[590] Gerade im Hinblick auf die für das Wohlbefinden der Mannschaften wichtige Sorge für Verpflegung und Quartiere fehlte jungen Kompanieführern Kompetenz und Interesse. Die deshalb um sich greifende „Unteroffizierswirtschaft" erschwerte den Soldaten die Durchsetzung ihrer Interessen.[591]

Die negative Reaktion gerade der älteren Mannschaften beruhte aber auch auf dem damit verbundenen generationellen Gegensatz. Für im zivilen Leben seit langem etablierte und einen ihrem Alter entsprechenden Respekt gewohnte Soldaten war es ausgesprochen problematisch, einem bis zu zwanzig Jahre jüngeren Vorgesetzten unterstellt zu sein. Ein badischer Landwirt sprach seiner Frau gegenüber diese Schwierigkeit vor dem Hintergrund fehlender Aussicht auf eine Beurlaubung an:

„denn der kompagnieführer wo ich habe ist nicht so wie der letzte ich habe auch viel mitzumachen u mus schweigen das ist halt hart wenn mann schon so alt ist u muß dem jungen horchen. Liebe Frau der Liebe Gott wird sich doch einmal Erbarmen mit solchen ungerechten sachen u wird doch auch einmal die Zeit wieder komen wo uns doch niemand befiehlt (...)"[592]

---

587 Zitat: WUA, Bd. 11/1, S. 105.
588 Zitat aus dem Schreiben eines „angesehenen" Kaufmanns, von der München-Augsburger Abendzeitung am 22.9.1917 an das K.M.-Pressereferat übersandt: BHStA/IV, MKr 2335; MdL Müller (Liberale Vereinigung) 21.11.1917: KdA, Sten. Ber. Bd. 16, S. 692; Müller-Meiningen, S. 326; Cron, Studentendienst, S. 48.
589 Vgl. Cron, Sekretariat, S. 22.
590 Vgl. WUA, Bd. 11/1, S. 228, sowie die ebd., Dok. 28, S. 77f. (Verfügung der OHL vom 26.9.1918), S. 230-236 geschilderten Ermahnungen zu einer besseren Ausbildung der Truppenoffiziere; Cron, Sekretariat, S. 27.
591 Vgl. Armee und Revolution, S. 17 (Zitat); WUA, Bd. 11/1, S. 192f.; Weiler, Erfahrungen, S. 298.
592 Brief des Landwirtes Josef Beigel, geb. 1882, aus Malschenberg bei Wiesloch in Baden vom 20.3.1917 an seine Frau Juliane: BHStA/IV, Militärgericht 6. Ldw.-Div B 11. Vgl. MK 22.10.1917 an K.M.: BHStA/IV, MKr 2335; Cron, Sekretariat, S. 24; Heinrich Rominger 31.10.1915 an MdR Konrad Haußmann: WUA, Bd. 5, S. 263f. Selbst eine Person wie der preußische Thronfolger Wilhelm, geb. 1882, konnte keinen Respekt erwarten. Vgl. den Tagebucheintrag von Jakob Eberhard, geb. 1874: „Am 23 September 1915 Nachmittag 1/2 4 Uhr kam der Kaiser mit dem Thronfolger mit dem Generalstab, eine halbe Stunde von St. Blaiße mitten im

Ähnlich wie bei den aktiven Offizieren gab es positive Stimmen auch zum Verhalten derjenigen Reserveoffiziere, die bereits im Frieden Dienst geleistet hatten.[593] Die Abneigung der Mannschaften richtete sich hier vor allem gegen im Zivilberuf als Volksschullehrer arbeitende Vorgesetzte, die „nie anders" als „Arschpauker" genannt wurden.[594] Die hervorgehobene Nennung dieser Gruppe ist ein Indiz dafür, daß ein sich aus dem Vorgesetztenverhältnis ergebendes Überlegenheitsgefühl durch in der zivilen Tätigkeit entwickelte Dispositionen zu autoritärem Verhalten überformt und noch verstärkt werden konnte.[595] Auch an Feldwebelleutnants aus im Staatsdienst arbeitenden Berufen wie Gerichtsdiener und Schutzpolizist wurde kritisiert, daß sie „einen Herrn (markieren)".[596]

Die verschiedenen Vorwürfe gegen die Offiziere – eine pauschalisierende Beurteilung ist wie gesagt weder intendiert noch belegbar – summierten sich zu einem unter den Mannschaften weit verbreiteten „Offiziershaß".[597] Wenngleich die Mehrheit der Soldaten diese Haltung teilte, so waren die daraus gezogenen Schlußfolgerungen je nach dem sozialen Hintergrund doch durchaus verschiedene. Soldaten aus der städtischen Arbeiterschaft, insbesondere soweit sie in der SPD oder den freien Gewerkschaften organisiert waren, interpretierten die privilegierte Stellung der Offiziere als eine Bestätigung bereits vor dem Krieg gewonnener Einsichten in den Klassencharakter der wilhelminischen Gesellschaftsordnung.[598]

Schlachtfeld. (...) Beim vorbei Marsch war ich 20 m gegen im gestanden. er ist recht schneidig der Thronfolger ein schlanger Man aber ein jungliche gesicht, der braucht noch hilf." Privatbesitz.

593 Vgl. Cron, Sekretariat, S. 21.

594 Zitat: Klemperer, Curriculum Vitae, S. 372; vgl. Pfarramt Holzkirchen 16.7.1916 an Ord. Passau: ABP, DekA II, Fürstenzell 12/I; Cron, Sekretariat, S. 16f.; WUA, Bd. 11/1, Dok. 27 b. (Eingabe des Deutschen Werkmeisterverbandes vom 12.8.1918 an Generalquartiermeister Ludendorff), S. 73.

595 Vgl. den Brief eines Landsturmmannes der 2. Feldrekruten-Komp. 15. Res.-Korps, vom MdL Stang (Zentrum) 8.6.1916 an K.M. gesandt: „Diese Herren behandeln uns in einer Weise, die oft jedem menschlichen Gefühl Hohn spricht, besonders der Lehrer scheint in uns seine Schulbuben zu erblicken." BHStA/IV, MKr 13349; Toller, S. 56.

596 Briefauszug zum Postüberwachungsbericht der 5. Armee vom 12.7.1917: BA/MA, W-10/50794, Bl. 18.

597 Vgl. Kantorowicz, Offiziershaß, v.a. S. 11-23 (Text der von ihm im September 1916 verfaßten Denkschrift).

598 So bereits Martin Hobohm in WUA, Bd. 11/1, S. 266 (Zitat), 346: „So war unser auf seine Art großartiger Militarismus der klassische Ausdruck der sozialen Verbildung des deutschen Bürgertums, dieses Erbes einer überholten Zeit. Der Proletarier im Heer und daheim sah es und ballte die Faust. Er sah sich im Heer mit den Klassengegensätzen zugleich die kapitalistischen Verhältnisse abspiegeln." Vgl. den Brief von Robert Pöhland vom 25.6.1916: Kachulle, S. 133; Schober, S. 152f.; Briefauszug zum Postüberwachungsbericht der 5. Armee vom 12.7.1917: BA/MA, W-10/50794, Bl. 19; Kruse, Klassenheer, S. 539-547. Kruse verwischt allerdings den Unterschied zwischen einer an der Privilegierung der Offiziere ansetzenden Analyse des Klassencharakters der Armee und der Verantwortlichkeit der zivilen Eliten für die Verlängerung des Krieges. In der Kritik an Offizieren, die der Vaterlandspartei angehörten, waren beide Phänomene miteinander verbunden. Ansonsten sind sie analytisch klar zu unterscheiden und die von Kruse gezogenen Schlußfolgerungen somit weitgehend haltlos. Vgl. Kap. 4.3.

Aus Rücksicht auf die Briefzensur kolportierten die vielen politisch unorganisierten Soldaten ländlicher Herkunft Berichte über Mißstände wie die bessere Verpflegung der Offiziere und ihre schlechte Behandlung der Mannschaften vornehmlich während des Urlaubes in der Heimat. Denn bei der Entdeckung einer die Offiziere beleidigenden Äußerung in Feldpostbriefen drohte eine empfindliche Strafe.[599] In einzelnen Fällen demütigender Behandlung brach die Empörung über Vorgesetzte jedoch unvermittelt und heftig hervor, wie bei einem Bauernsohn, der sich krank melden wollte, nachdem er bei einem gegnerischen Gasangriff mit dem Giftstoff in Kontakt gekommen war:

„(...) weil Ich nun das getan hab, hat mich der Komp. Füh. nicht zum Arzt gehen laßen, sondern Er spert mich ein, da kann man es sehen wie Sie sind, der wär froh wenn Ich kaput wär, u. dann hat Er mich so zamgeschimpft als wie noch keiner einen Feigling u. Drükeberger hat Er mich geheißen u. zum Arzt hat Er mich nicht gehen laßen. Liebste Mutter, Ist das mehr zum aushalten, du wenns nicht wärst würde Ich mir das Leben nehmen. (...) Da wennst noch so viele Gesuche machen laßt, gibt der mir auch keinen Url.[aub] keinen Namen weiß Ich so nicht für Ihn, ein solcher gehört sich wirklich erschoß (...)".[600]

Im Vordergrund der Wahrnehmung ländlicher Soldaten stand dagegen ein anderer Aspekt des Verhaltens der Offiziere. Aufmerksam registrierte man sittliche Verfehlungen von Offizieren und das Intimleben der Mannschaften verletzende Äußerungen aus ihrem Munde. Dies galt ebenso für das provokative, vereinzelt mit Kritik an katholischen Pfarrern verbundene Zurschautragen irreligiöser Auffassungen.[601]

---

599 Vgl. Kap. 3.2.3. Im Brief vom 7.11.1916 an seine Eltern, in dem er sich auf Nachfrage lobend über die Kost äußerte, bemerkte Hans Spieß: „Ich darf den Brief nicht schließen." Vgl. auch den Brief vom 13.12.1916 an Eltern und Geschwister. Im Brief vom 28.12.1916 bemerkte er einleitend: „Ich kann es nicht mehr erdrücken und muß Euch einmal schreiben wie es mir geht, ich weiß es ja daß ich es nicht schreiben darf aber doch meine es ist mir leichter (...)." BHStA/IV, Kriegsbriefe 340. Nach Paragraph 91 MStGB waren bis zu zwei Jahre Gefängnis für Beleidigung von Vorgesetzten möglich, bei Bezug auf eine Diensthandlung bis zu drei, bei verleumderischer Beleidigung bis zu fünf Jahre: Militärstrafgesetzbuch, S. 195. Vgl. die Einzelnachweise in den Anm. zu diesem Kap. und Kap. 3.2.1.1. Die in diesem Zusammenhang von Kruse, Klassenheer, S. 545 geäußerte These teilweise „drakonische(r)" Strafen läßt jegliche Kenntnis von Rechtslage und -praxis vermissen.
600 Brief des Infanteristen Birzer 11./6. I.R. vom 20.8.1917 an seine Mutter, die Bauernwitwe Anna Birzer in Haselbach (Post Schwandorf): BHStA/IV, 6. Inf.-Div., Bund 81. Der Kompanieführer 11./6. I.R., Ltn. d. Res. Münch, wurde vom Regimentskommandeur mit einem Tag Stubenarrest bestraft. Vgl. den – die Angaben Birzers bestätigenden – Bericht der 6. Inf.-Div. vom 14.9.1917 an K.M.: ebd., MKr 11106. Der Brief Birzers ist im übrigen ein eindringlicher Beleg dafür, daß selbst der Eindruck eines ausgesprochen erschreckenden Kampfmittels wie des Gases noch durch die Wahrnehmung ungerechter Behandlung überlagert bzw. sogar überboten werden konnte.
601 Pfarrämter Triftern 10.9.1916 und Waldhof 14.6.1916 an Ord. Passau: ABP, DeKa II, Pfarrkirchen 12/I; Pfarrämter Höhenstadt 13.6.1916 und Holzkirchen 16.7.1916 an dass.: ABP, DeKa II, Fürstenzell 12/I; Anton Wittmann, Obmann der christlichen Bauernvereins, im Feld beim 32. I.R., am 20.5.1918 aus Ottmaring (Post Dietfurt) an Georg Heim: StaA Regensburg, NL Heim 1316; MK 22.10.1917 an K.M.: BHStA/IV, MKr 2335; Brief an MdL Klement (SPD) vom 10.5.1918 über die Abhaltung einer Tanzmusik durch österreichische Offiziere, von diesem am 22.5.1918 an K.M. übersandt: ebd., MKr 13359. Vgl. zum Folgenden auch Kap. 4.2. und die dort genannte Literatur.

Aufgrund des als Eintrittsvoraussetzung allein in Bayern zwingend erforderlichen Abiturs war das Offizierkorps vor dem Krieg zu 40% protestantisch.[602] Bei frommen katholischen Soldaten mochte bereits dieser Tatbestand den Eindruck der Glaubenslosigkeit erwecken.[603] Beobachter wie etwa die Feldgeistlichen schätzten die Intensität religiöser Betätigung der katholischen Offiziere, die vielfach eine ausgesprochene „Kirchenscheu" zeigten, gering ein.[604] Ausgesprochen gläubige Soldaten wie etwa Stefan Schimmer bemühten sich selbst um Mäßigung. Dieser verzichtete deshalb „Gott zulieb(e)" auf Wein und trank stattdessen Wasser.[605] Bei einer solchen, um eine moralisch einwandfreie Lebensführung bemühten Einstellung mußte der Anblick von Offizieren, die sich des öfteren maßlos betranken oder Verhältnisse mit Bewohnerinnen des besetzten Gebietes pflegten, eine große Enttäuschung bedeuten:

> „Von 12 Uhr an frei Abens war Bismarkfeier die Kp. sammelten sich zu Singen um 7 Uhr kam der General hielt eine Ansprache dan wurde das Bergfeuer angesunden dan wurde geschoßen u. die Herrn Offizire haben bis 3 Uhr Morgen gesufen u. geschrieen was Sie konten u. geschoßen die gehen mit den guten Beispiel voran dan habens den Esel mit der Eselinn von Stall rausgetan u. aufgelaßen das dun sieh jedes mal wens besofen sind."[606]

Die erlebten Ungerechtigkeiten verbanden sich mit ernüchternden Bildern des sittlichen Versagens der Vorgesetzten und gewannen dadurch ihre Brisanz. Letztlich folgte daraus eine mit Ausnahme der aktiven Offiziere des Friedensstandes weitgehende Desillusionierung über die moralischen Qualitäten einer Elite, deren Vorbildcharakter vor und noch während des Krieges von der veröffentlichten Meinung gepriesen wurde, der praktischen Bewährungsprobe aber nicht stand hielt:

---

602 Rumschöttel, S. 45-54, 237 (Zahl).
603 Vgl. Kriegstagebuch Jakob Eberhard vom 24.12.1915, Privatbesitz: „O wie hart ist das für einen Grist wen man an solchen Tag nicht in heilige Messe gehen kan. Hir sind die Leute Protestanten die haben wenig Glauben." Möglich, aber vorerst nicht belegbar ist zudem, daß katholische Soldaten, damit den im 19. Jahrhundert gängigen konfessionellen Stereotypen folgend, protestantische Offiziere nicht nur als wenig religiös, sondern bereits aufgrund ihrer Konfession als ‚sittenlos' wahrnahmen; vgl. C. Köhle-Hezinger, Evangelisch-Katholisch. Untersuchungen zu konfessionellem Vorurteil und Konflikt im 19. und 20. Jahrhundert vornehmlich am Beispiel Württembergs, Tübingen 1976, S. 103f.
604 Vgl. Seelsorgsbericht des Kommandanturpfarrers Josef Holzner für den 1.6.-31.8.1916 (Zitat): AEM, „Akten des DK Buchberger"; Cron, Sekretariat, S. 41, 56f.; Klier, S. 100; F.-X. Eggersdorfer, Felderfahrung und Heimatseelsorge, in: Theologisch-praktische Monats-Schrift 27 (1917), S. 576-581, 631-643, hier S. 637ff. Der Verfasser führte dies u.a. auf das Fehlen einer hauptamtlichen Militärseelsorge im Frieden zurück, daneben auf die mangelnde „Weltgewandtheit" der Geistlichen, die sich im Umgang mit Gebildeten negativ bemerkbar machte.
605 Vgl. die in dieser Hinsicht gleichlautenden Briefe von Stefan Schimmer vom Dezember 1914 [o.D.], 30.12.1914, 2.1.1915, 3.1.1915 und 8.1.1915 an seine Frau: BHStA/IV, Amtsbibliothek 9584. Pakete mit Schnaps nahm Schimmer dagegen gerne an.
606 Kriegstagebuch Jakob Eberhard, 1.4.1915: Privatbesitz. Vgl. ebd. noch seine Eintragung vom 27.3.1915 sowie vom 2.1.1916: „Am 2.I. [1916] war ich beim Schorsch noch [einem Kameraden; B.Z.] der Leutnant Surdner firt sich schön auf der geht mit der Kartier wirte firt sich bei Arm und noch mehr. das sind helten."

„In einem Unterstande in den Vogesen sind Photographien von nackten Französinnen aufgehängt? Wer hat das gemacht? Die Offiziere, welche als gutes Beispiel dienen sollen, welche man schon als Heilige, ja als unfehlbare Götter betrachten muß, und darum bleibt auch für den einen unfehlbaren Gott nichts mehr übrig, und wer ist schuldig an diesem Unglauben der einreißt, an dieser Sittenlosigkeit, an diesem Auflehnen gegen die Vorschriften? Der Offiziersstand, der nie eine Religion, nie einen Glauben besessen hat, die Behandlung, die man der Mannschaft zu Teil werden läßt, die Sittenlosigkeit der Vorgesetzten, die Rechtlosigkeit der Untergebenen, das Trachten nach Orden und Ehrenzeichen, mögen dadurch unnützerweise so oder so viel Mann zugrunde gehen."[607]

Eine solche vor allem an der sozialmoralischen Verantwortung der Offiziere für bestehende Mißstände orientierte Wahrnehmung bot nur in beschränktem Umfang Ansatzpunkte für eine Politisierung des Offiziershasses. Ähnlich wie bei einer an klassengesellschaftlichen Mustern der Ungleichheit ausgerichteten Deutung schwand auch hier die Legitimität militärischer Herrschaft. Direkte Verbindungslinien zur kriegskritischen Politik von SPD und USPD und ihrer Programmatik ergaben sich daraus aber nicht zwangsläufig. An diesem Punkt wird zugleich deutlich, daß die sozialen Mißstände ihre Sprengkraft für das Herrschaftsgefüge der Armee nicht quasi automatisch entfalteten. Dies geschah nur insoweit, als sie bei den Mannschaften im Rahmen eines Deutungsmusters gesellschaftlicher Ordnung wahrgenommen wurden, das den unüberbrückbaren Gegensatz von Herrschern und Beherrschten in den Vordergrund stellte.

Die südbayerischen Soldaten ländlicher Herkunft waren in dieser Hinsicht jedoch durch die katholische Soziallehre geprägt, welche die Existenz eines gegliederten Systems subsidiär voneinander abhängiger und prinzipiell dem Gemeinwohl verpflichteter „Korporation(en)" als Grundlage der Sozialordnung postulierte.[608] Gerade im „Gesellschaftsbild" der ländlichen Katholiken besaß eine „moralisch-religiöse Deutung von Sozialproblemen" großes Gewicht, „die vor allem auf Gesinnungen abstellte". Bei den Heeresmißständen stand für sie deshalb weniger die strukturelle, im militärischen Herrschaftssystem angelegte ungleiche und ungerechte Chancenverteilung im Vordergrund, als vielmehr die subjektive Verantwortung derjenigen Offiziere, deren Verhalten als sittenlos und ungerecht empfunden wurde. Nur in dem Maße, in dem bei einem Teil der bäuerlichen Soldaten die

---

607 Modernisierte Teilabschrift eines Briefes von Michael Stapfer o.D. [vermutlich 1918] an Georg Heim: StaA Regensburg, NL Heim 1316. Vgl. das Schreiben eines offenkundig bäuerlichen Kriegsgefangenen aus Marseille vom 22.4.1917: „Ja ich denke jetzt werdet ihr in der wichtigsten Bauzeit stehen, ja das ist was kein Ende des Krieges schaut sich gar nicht es geht nur alles der armen Menschheit aus die können sich naus hängen u. ihr Leben einbüßen wenn die Vorgesetzten noch ein Büschen gefüll hätten deren ihr Herz muß wie Stahl u. Eißen sein mit dem Volke macht man es so das tröstet man von einer zeit auf die andere damit sie sich doch nicht ganz verzagen (...)". BSB, Schinnereriana.

608 Vgl. H. Sacher (Hg.), Staatslexikon, Bd. IV, Freiburg/Br. 1931 (5. Aufl.), Sp. 1673-1680, Zitat Sp. 1676, s.v. Soziale Ordnung; F.-J. Stegmann, Geschichte der sozialen Ideen im deutschen Katholizismus, in: H. Grebing (Hg.), Geschichte der sozialen Ideen in Deutschland, München 1969, S. 325-560, hier v.a. S. 372-435.

Überzeugungskraft religiöser Deutungsmuster während des Krieges nachließ, konnten sozialdemokratische Interpretationen des Krieges auch in Bezug auf die sozialen Heeresmißstände Plausibilität gewinnen.[609]

3.3.2. Stationen der Stimmungsverschlechterung

Im Laufe der vier Kriegsjahre verschoben sich die von den Soldaten gehegten Erwartungen mehrfach. Die anfängliche Hoffnung auf ein schnelles Ende wurde enttäuscht. Je öfter die Aussicht eines nahen Friedens durch die Ereignisse überholt wurde, umso mehr wuchs unter den Mannschaften die Intensität ihres Friedenswunsches. Dabei gab es fortwährend kurzfristige Schwankungen der Stimmungslage, die auf den Rhythmen von Belastung und Entspannung sowie den momentanen Eindrücken der eigenen und gegnerischen Feueraktivitäten beruhten. Als belastend empfundene Eindrücke konnten in kurzer Zeit durch positive Ereignisse kompensiert werden. Der Pressereferent des bayerischen Kriegsministeriums hielt 1917 über den Erwartungshorizont der Soldaten zutreffend fest:

> „Der Mann an der Front hat sich daran gewöhnt, dem Augenblick zu leben, sich vom Augenblick beeinflussen zu lassen – es ist daher äußerst schwierig, seine Stimmung zu fixieren."[610]

Die Akkumulation negativer Erfahrungen in der Begegnung mit dem Kampfgeschehen und den Mißständen innerhalb des Heeres schuf jedoch die Grundlage für eine langfristig unaufhaltsam schwindende Bereitschaft zur Fortsetzung des Krieges. Dieser Prozeß schlug sich auch in der Zunahme der verschiedenen Verweigerungsformen nieder, mit denen die Soldaten den Entbehrungen des Frontalltages entkommen konnten. Die Bereitschaft zur Verweigerung ist mittelbar als ein Indikator für die Abnahme der Kampfmotivation zu werten. Allerdings bestand zwischen beiden Phänomenen kein automatischer Zusammenhang, da eine Verschlechterung der Stimmung nicht immer sofort in Verweigerung umschlagen mußte.

Im Vergleich zur französischen Armee, für die ab 1916 die Stimmungsberichte der Postüberwachungsstellen detaillierten Aufschluß über Veränderungen in der Einstellung der Soldaten bieten[611], bewegt sich eine Analyse der Stimmungsentwicklung für die bayerische bzw. deutsche Armee auf eher unsicherem Terrain. Denn Berichtsmaterialien von ähnlicher Qualität sind hier nur vereinzelt und erst ab dem Jahr 1917 überliefert.[612] Unabhängig davon ist eine Zurückhaltung gegen-

---

609 T. Nipperdey, Religion im Umbruch. Deutschland 1870-1918, München 1988, S. 51-62, Zitat S. 55; Blessing, Staat und Kirche, S. 192. Vgl. die Hinweise in Kap. 4.3., 6.1.
610 Aktenvermerk K.M.-Pressereferat, gez. v. Sonnenburg, vom 16.9.1917: BHStA/IV, MKr 2334; Aschl, Kriegspost, S. 19f.
611 Vgl. Jeanneney, Les Archives.
612 Vgl. die Postüberwachungsberichte der 5. Armee: BA/MA, W-10/50794, sowie die in Kap. 3.2.3. genannten Vertrauensmännerberichte des Besatzungsheeres, deren Befunde insbesondere dort, wo sie von der Front hereingetragene Stimmungen und Gerüchte schildern, auch für das Feldheer

über weitgehenden Verallgemeinerungen generell geboten, da bereits innerhalb desselben Truppenteiles zum gleichen Zeitpunkt gänzlich verschiedene Stimmungslagen bestehen konnten.[613] Trotz dieser Einschränkungen lassen sich aus der Menge der überlieferten Feldpostbriefe und anderen Hinweisen die Stationen der Stimmungsverschlechterung zumindest in groben Umrissen nachzeichnen.

Auch wenn das durch diese Quellen vermittelte Bild nicht lückenlos ist, liegt ihr Aussagewert in der Regel über dem von Berichten militärischer Stellen im Feld. Denn verfälschende Angaben in dienstlichen Meldungen und Berichten waren weit verbreitet. Im Hinblick auf operative Vorgänge hatten die Kommandeure dabei auch den „Nutzen der Truppe" im Auge, wenn diese dadurch vor unnötigen Belastungen und vor allem sie selbst vor ebensolchen Verlusten bewahrt werden konnten.[614] Rangniedere Offiziere waren angesichts der negativen Konsequenzen – zu pessimistische Berichte wurden vom Regiment zur ‚Überarbeitung' zurückgereicht – oftmals nicht bereit, auf dem Dienstweg reelle Einblicke in die Stimmung der ihnen unterstellten Mannschaften zu gewähren.[615] Aufschluß über das Zustandekommen der Berichte von Fronttruppenteilen gewährt der Feldpostbrief eines Soldaten vom Januar 1918, als verschiedene höhere Feldstellen Berichte über die Stellung der Mannschaften zu den Friedensverhandlungen mit Rußland verlangten:

> „Wie ich Dir im vorigen Briefe schon so einiges geschrieben habe, haben die Komp.-Feldwebel eine Meldung schreiben müssen, wie die Stimmung ist über die Friedensverhandlungen. Da haben 3 Komp. folgendes geschrieben: Die Freude wäre groß über die Ereignisse mit Rußland, aber noch größer wäre die Freude wenn der allgemeine Friede da wäre. Die eine Komp. schreibt folgendes, natürlich ohne die Leute überhaupt zu fragen: Der Geist der Komp. sei groß über die Ereignisse im Osten, aber nun müßte der Engländer und Franzmann erst noch seine Dresche

---

aussagekräftig sind. Einen gewissen Ersatz für die ersten Kriegsjahre bieten die verschiedenen von Hermann Cron zusammengestellten Inventare der früher im Reichsarchiv befindlichen Feldpostsammlungen. Insbesondere der mehrere tausend Briefe umfassende Bestand des Sekretariats Soziale Studentenarbeit – archiviert wurden 2.867 Schriftstücke –, bietet verläßlichen Aufschluß über die Einstellungen katholischer Soldaten. Die Verfasser der Briefe – Geistliche, katholische Studenten, aber auch katholische Gewerkschaftsbeamten und einfache Arbeiter, zeichneten sich durch eine präzise Beobachtungsgabe aus. Zudem wurden sie von ihrem Ansprechpartner, Dr. Carl Sonnenschein, dem Gründer und Leiter des Sekretariats, wiederholt zu Äußerungen über das Verhalten und die Gegensätze der verschiedenen sozialen Gruppen im Feld angehalten. Vgl. Cron, Sekretariat, S. 3-6. Zur Person Sonnenscheins vgl. E. Thrasolt, Dr. Carl Sonnenschein. Der Mensch und sein Werk, München 1930, insbes. S. 157-190.

613 Vgl. den Bericht der (nichtbayerischen) Überwachungsstelle Feldpoststation 50 vom 4.2.1918 an die Etappen-Inspektion 3: SHStAD, Kriegsarchiv (P) 21133, Bl. 90.

614 Vgl. den mahnenden Erlaß der OHL vom 31.5.1917 (Zitat): BHStA/IV, MKr 2324; Erlaß der OHL vom 11.7.1917: WUA, Bd. 11/1, Dok. 12, S. 36f.; Schreiben („streng vertraulich") des stv. kommandierenden Generals des II. AK, Ludwig Frhr. v. Gebsattel, vom 27.6.1917 an Kriegsminister v. Hellingrath: BHStA/IV, MKr 2324.

615 Vgl. Kriegschronik Karl Lang, S. 80: ABA, NL Karl Lang; WUA, Bd. 11/1, S. 211-216. Allerdings färbten auch Generalstabsoffiziere ihre Stimmungsberichte ‚schön': Thaer, S. 187f.; Der Weg zur Wahrheit, S. 12. Dazu kam, daß die Mannschaften, wie Fritz Einert berichtet, sich mit vorbehaltlosen Äußerungen zurückhielten, da sie eine Bestrafung fürchteten: BAP, 92, 275, Bl. 7.

haben, und dies hat natürlich unser Bataillonskommandeur an's Regiment berichtet, das ist doch nicht wahr?"[616]

Die Oberste Heeresleitung mißtraute bei politisch heiklen Fragen jedoch selbst solchen ‚Stimmungsbildern' und dem mit einer Befragung der Mannschaften verbundenen Mobilisierungseffekt. In Bekräftigung der im Vaterländischen Unterricht allgemein geltenden Vorgabe, daß Diskussionen nicht zuzulassen seien, wies man die Heeresgruppen an, nur „vertrauliche Äußerungen" der Unterrichtsoffiziere und Kommandeure über die Haltung der Truppe zu den Friedensverhandlungen herbeizuführen.[617]

In den ersten Wochen und Monaten des Krieges waren vor allem viele junge Soldaten aus den gebildeten Schichten durch Opferbereitschaft und eine aus der positiven Einschätzung des Krieges erwachsende starke Kampfmotivation geprägt.[618] In einem nicht näher bestimmbaren Umfang teilten junge Soldaten ländlicher Herkunft diese Einstellung.[619] Bereits im August 1914 gab es jedoch ebenfalls, vor allem nach dem Erlebnis der ersten Kampfhandlungen, durch Ernüchterung geprägte Stimmen. Symptomatisch für einen solchen schnellen Desillusionierungsprozeß sind Tagebucheintragungen des Schreinergesellen Georg Schenk. Ende August, nachdem er in den zehn Tagen zuvor seine ‚Feuertaufe' und ein weiteres Gefecht erlebt hatte, äußerte er noch eine prinzipiell positive Einstellung zum Soldatenleben, auch wenn diese bereits durch negative Begleitumstände des Krieges erschüttert wurde:

> „Das Kriegsleben ist ganz schön wenn keine Gefechte sind, doch haben wir einen Führer der daheim bleiben hätte dürfen denn der hat unsere Kompanie noch schlechter gemacht. Hätten wir sonst nichts gehabt als Gefecht, so hätten wir das schönste Leben gehabt, aber wir hatten keine Minute Ruhe, den es konte es niemand sehen, wenn wir nichts taten."[620]

Doch bereits eine Woche später, nachdem Schenk in einem weiteren Gefecht die Folgen des vom Gegner und auch vom ‚Freund', also aus den eigenen Reihen

---

616 Briefauszug vom Januar 1918: BA/MA, W-10/50794, Bl. 39; vgl. die Hinweise auf eine direkte Befragung einzelner Truppenteile: Dolchstoß-Prozeß, S. 109 (Aussage Erich Kuttner); Schiffers/Koch, Bd. IV, S. 1896 (Friedrich Ebert).

617 Befehl des Chefs des Generalstabes des Feldheeres (IIIb 14784/II. Geheim) vom 21.1.1918 an die Oberkommandos der Heeresgruppen und die Kriegsministerien der Bundesstaaten: BHStA/IV, MKr 2339; vgl. WUA, Bd. 4, S. 132f.

618 Vgl. als locus classicus die entsprechenden Belege bei Witkop, Kriegsbriefe, passim, sowie den bei Stöcker, S. 132 zitierten Brief vom 20.8.1914.

619 Vgl. die Karten des Bauernsohnes J.R. vom 1.9. und 26.9.1914 sowie 9.12.1914 – er spricht hier von dem „schönen Tod fürs Vaterland", den ein Kamerad gestorben sei – an Otto Frhr. v. Aufseß. In seinen Karten vom 7.1.1915 und 22.2.1915 an denselben äußerte er dann seinen Wunsch nach einem baldigen Frieden: Gemeinde Kochel. Vgl. Otto Saam 7.3.1920 aus Bukarest an seine Eltern, der rückblickend über seinen am 11.11.1914 gefallenen Bruder Adalbert urteilte: Privatbesitz.

620 Kriegstagebuch des Gefreiten Georg Schenk 6./21. I.R., Eintragung vom 31.8.1914: BHStA/IV, HS 3410.

kommenden Feuers beobachtet hatte, war diese Beurteilung einer grundsätzlichen Einsicht in die Destruktivität des Krieges gewichen:

„Die 8. komp. war Vorne und wurde von der eigenen Artillerie so zusamen geschossen, daß vom 1. Zug kein Mann mehr liegen konnte und was nicht tot oder verwundet war, ging selbst zurück. Es war schreklich mitanzusehen wie die Verwundeten zurükkommen oft waren 3 4 und 5 beisammen. (...) In der Nacht von 6 auf 7 [September; B.Z.] brannte Remereville lichterloh. Es waren noch 4 andere Ortschaften in Brand geschossen worden und die ganze Gegend beleuchtet. Remereville ist jetzt ein Ort der Verwüstung, es ist fast kein ganzes Haus mehr da. (...) Wenn man den Krieg so recht betrachtet muß jeder zugeben, daß es nichts schrecklicheres geben kann als Krieg. Vor uns ungefähr 300 m liegen jetzt die Toten von gestern die meisten von unserer eigenen Abteilung, das heißt Art. beschossen."[621]

Auch eine Reihe von Landwirten äußerte den Wunsch nach baldigem Frieden bereits im August 1914.[622] In der Zeit vom September bis zum Ende des Jahres 1914 kam aus dem Feld eine steigende Zahl von Feldpostbriefen, die der Sehnsucht nach Frieden Ausdruck gab.[623] Diese Haltung erwuchs zum einen aus der Beobachtung der enormen Verluste in den ersten Kriegsmonaten, durch die schnell „tiefe Wunden (..) in den Familien eingegraben" wurden.[624] Aber auch die schikanöse Behandlung durch viele Vorgesetzte erbitterte insbesondere die mit patriotischen Idealen in den Krieg gezogenen Kriegsfreiwilligen.[625] Schon während des Bewegungskrieges und in der folgenden Zeit des Übergangs zum Stellungskrieg war Desillusionierung über die Wirklichkeit des Krieges somit bei vielen Soldaten

621 'Death by friendly fire' ist der in der U.S. Army heute gebräuchliche Begriff für den durch Treffer in den eigenen Reihen verursachten Tod. Kriegstagebuch Georg Schenk, Eintragung vom 7.9.1914: BHStA/IV, HS 3410. Vgl. Georg Maier 22.8.1914 an seine Eltern (Abschrift): AEM, Kriegs- chronik Altenerding B 1837; Tagebucheintragung eines Malergesellen vom 23.8.1914: Knoch, Kriegsverarbeitung, S. 186; Richert, S. 18, 25-29; Brocks/Ziemann, Soldatenleben, S. 111.
622 Vgl. Stefan Schimmer 11.8.1914 an seine Schwiegereltern: BHStA/IV, Amtsbibliothek 9584; Andreas Simbürger rückblickend 8.10.1914 an seine Eltern: Privatbesitz; Sebastian Elsenberger 11.8.1914 an seine Mutter, Georg Maier 9.5.1915 an seine Eltern (Abschriften): AEM, Kriegschronik Altenerding B 1837.
623 „Die Mannschaft samt den Unteroffizieren haben es alle satt. Ein jeder sagt, wenn nur einmal Frieden wäre." Stefan Schimmer 20.11.1914 an seine Frau; vgl. Andreas Schimmer 29.12.1914 an Katharina Schimmer: BHStA/IV, Amtsbibliothek 9584; Gemeinde Koppenwall 1.1.1915 an BA Rottenburg: StAL, Rep. 164/16, Fasz. 139, Nr. 1553; Gütlerssohn Peter Faltermeier 13.11.1914 an seine Eltern (Abschrift): AEM, Kriegschronik Altenerding B 1837; S.S. 13.11.1914 an Otto Frhr. v. Aufseß: Gemeinde Kochel; Alois Fischer 3.10.1914 an seine Frau (Abschrift): ABA, Pfa 6/I; Ulrich/Ziemann, Frontalltag, Dok. 15, S. 61f.; Briefauszüge bei Kruse, Krieg und nationale Integration, S. 185ff., sowie die bereits in den vorigen Abschnitten des Kap. 3 angeführten Belege.
624 Zitat: G.T. (R.I.R. 12) 10.11.1914 an seinen Paten L.T.: Privatbesitz; H.M. 5.10.1914 an seine Eltern: BfZ, Slg. Schüling, Bd. 8, Nr. 94; Jakob Maier 13.1.1915 an seine Eltern (Abschrift): AEM, Kriegschronik Altenerding B 1837; Kriegstagebuch Jakob Eberhard, Eintragung vom 18.12.1914: Privatbesitz.
625 Ulrich/Ziemann, Frontalltag, Dok. 9 d-e., S. 43ff.; vgl. Ulrich, Desillusionierung, S. 116ff.

verbreitet.[626] Die extrem verlustreichen und anstrengenden Kämpfe der ersten Monate hatten eine tiefgehende Erschöpfung und den Wunsch nach einer Pause zur Folge, als dessen Ergebnis – neben der Wahrung des christlichen Feiertages – die Verbrüderungen der Weihnachtstage 1914 in erster Linie gesehen werden müssen.[627]

Hinsichtlich der Dauer des Krieges waren die Mannschaften zunächst allgemein auf die Gewißheit fixiert, daß er bis zu den Weihnachtstagen ein Ende finden werde. Als der Termin näher rückte, fand diese Auffassung vereinzelt sogar in Berichten über Erscheinungen der Mutter Gottes Ausdruck, die Soldaten das nahe Ende des Krieges verkündete.[628] Die Hoffnung auf ein rasches Ende wirkte zunächst motivierend.[629] Dieser Faktor mußte in dem Umfang an Bedeutung verlieren, in dem die Aussicht auf eine siegreiche Beendigung der Kämpfe in zunehmende Ferne rückte. Die Briefe von Stefan Schimmer machen diesen Zusammenhang exemplarisch deutlich. Im August 1914 war er von einem Sieg der deutschen Seite überzeugt, nahm aber an, daß dieser nicht eher als im Frühjahr 1915 erwartet werden könne. Der Beginn der Marne-Schlacht weckte dann kurzfristig die Hoffnung auf ein baldiges Ende. Nachdem durchgreifende Erfolge ausblieben, setzte sich bis zum Beginn des Jahres 1915 die alte Zielvorstellung vom Frühjahr 1915 wieder durch, nun allerdings ohne die Zuversicht eines deutschen Sieges. Der stationäre Charakter der Stellungskämpfe brachte Schimmer nun zu der Überzeugung, daß der Krieg solange dauern würde, „bis ein Staat völlig aufgerieben ist". Bis in den April 1915 hinein hatte er als Termin dafür noch den kommenden Herbst im Blick. Der Kriegseintritt Italiens am 23. Mai 1915 machte diese Hoffnung jedoch obsolet. Schimmer fürchtete jetzt eine Bedrohung der Völker durch Cholera oder Typhus – eine Vorstellung, die noch den Bildern des vormodernen Krieges entsprach – und ein baldiges „Ende der Welt". Er gab seiner Überzeugung Ausdruck, daß nun vor dem Winter 1915/1916 an ein Ende des Krieges nicht mehr zu denken sei.[630]

Seit Ende 1914 erreichte die Einsicht in den längerfristigen Charakter des Krieges eine zunehmende Zahl von Soldaten. Zusammen mit der ersten Urlaubswelle im

---

626 Vgl. auch Thimme, S. 164. Nur für das studentische Kriegserlebnis zutreffend ist die Meinung von Hettling/Jeismann, S. 185, bis zur Jahreswende 1914/15 könne man „wirklich von Kriegsbegeisterung sprechen."

627 Vgl. Kap. 3.2.1.2.; Deist, Le moral, S. 94f.

628 Franz Jetzlsperger 2.12.1914 an seine Eltern (Abschrift), von Hauptlehrer Stoiber aus Julbach 18.12.1914 an das BA Pfarrkirchen gesandt: StAL, Rep. 164/14, 8724; Friedrich Amend 6.12.1914 an seine Mutter: BHStA/IV, Kriegsbriefe 339. In diese Richtung ist auch die Marienerscheinung Stefan Schimmers vom 10. Dezember zu interpretieren; vgl. die Briefe an seine Frau vom 14.12. und 29.12.1914: ebd., Amtsbibliothek 9584.

629 Vgl. Georg Maier 20.8.1914 und 22.8.1914 an seine Eltern (Abschrift): AEM, Kriegschronik Altenerding B 1837; B.G. 21.12.1914 an Otto Frhr. v. Aufseß: Gemeinde Kochel.

630 Vgl. Stefan Schimmer 21.8. und 25.8.1914, 1.9., 4.9. und 7.9.1914, 20.11., 1.12., 17.12. und 29.12.1914, 7.2. (Zitat), 4.3., 27.3., 15.4. und 27.4.1915, 10.5. (Zitat), 22.5., 5.6., 6.6., 11.6., 17.6. und 21.6.1915 an seine Frau: BHStA/IV, Amtsbibliothek 9584.

folgenden Frühjahr, die die Frage nach dem Zeitpunkt der Rückkehr zu zivilen Verhältnissen aufwarf[631], bewirkte dies im Verlauf des Jahres 1915 den Übergang zu einer „allgemein(n) Sehnsucht nach Frieden".[632] Die genaue Datierung dieses Vorganges ist zwar bei verschiedenen Beobachtern schwankend, spiegelt damit aber nur den Vorgang der zunehmenden Verbreitung dieser Einstellung wieder.[633]

Der Wunsch nach Frieden war zu diesem Zeitpunkt inhaltlich noch kaum definiert, verband sich also weder mit politischen oder territorialen Vorstellungen. Seinen häufigsten Ausdruck fand er in der stereotypen Frage, wann es denn nun endlich „gar würde".[634] Anfang 1916 kleidete ein Soldat seine Friedenssehnsucht in die Worte, „jazt wan der Krig no lang dauert, wer i ungemütlich."[635] Gegenüber den noch in der Heimat befindlichen Soldaten und Freunden drückte man den Wunsch aus, daß sie möglichst nicht auch noch in das Feld einrücken müßten.[636] Zum weit verbreiteten Schlüsselwort für die Ablehnung des Krieges entwickelte sich unter den Soldaten seit 1915 die Bezeichnung „Schwindel". In einer „spielerischen" Weise brachten sie damit neben dem Unbehagen an ihrer Situation zum Ausdruck, daß die Bevölkerung über den wahren Charakter des Krieges von den meinungsbildenden Instanzen der Gesellschaft getäuscht werde.[637]

Im Oktober 1915 konstatierte ein Bergarbeiter in einem Brief aus Westflandern:

> „Ich kann Dir die ganz bestimmte Versicherung geben, daß hier draußen unter den Truppen die Stimmung derart ist, daß ich mir mit dem besten Willen nicht vorstellen kann, daß man damit noch einen Winter erfolgreich kämpfen kann. Ich habe nach

631 Vgl. dazu WUA, Bd. 4, S. 130f.

632 Cron, Sekretariat, S. 28 (mit Datierung auf den Januar 1915).

633 Vgl. Dolchstoßprozeß, S. 447 (Aussage v. Rudolph, März 1915; der Nürnberger Volksschullehrer Ludwig v. Rudolph hatte den Krieg als Ltn. und Oberltnt. der Res. in verschiedenen bayerischen Regimentern erlebt. Zuletzt diente er seit Februar 1918 in den Feldrekrutendepots der 6. Res.-Div. und der 10. Inf.-Div. Zur Unterstützung der beklagten Partei, der Münchener Post, hatte er seine Zeugenaussage angeboten; vgl. ebd., S. 443f. In den zwanziger Jahren war v. Rudolph auch im Reichsbanner aktiv. Er hielt z.B. am 2.4.1927 in Kronach einen Vortrag über „Ypern 1914 und 1926"; vgl. den Lagebericht der Polizei-Direktion Nürnberg Nr. 110/27 v. 13.6.1927: StAM, Pol.-Dir. 6890); Lambach, S. 19-28, 41 (Herbst 1915); L. Bergsträsser, Front und Friede (1926), in: WUA, Bd. 5, S. 258 (Sommer 1915); Metken, Bildpostkarten, S. 148.

634 Vgl. O.H. 3.9.1915 (Zitat) und S.S. 3.3.1915 an Otto Frhr. v. Aufseß: Gemeinde Kochel; Peter Muehle 15.5.1915 an die Bauerstochter Anni Schlickenrieder in Peretshofen: Slg. Roubin; Briefauszüge vom 3.4., 29.11. und 30.11.1915 in: Festschrift Alburg, S. 60, 63f.; Martin Aicher 22.8.1915 an Michel, Franz Pichlmann 5.6.1915 an seine Eltern, Georg Maier 14.1., 24.1. und 20.11.1915 an seine Eltern (Abschriften): AEM, Kriegschronik Altenerding B 1837; J.A. 10.4.1915 an seine Schwester C.H.: BfZ, Slg. Schüling, Bd. 60; Wieland Gruhle 15.8.1915 an Max Plänitz: BAP, 92, 277, Bl. 8f.

635 Marc, Briefe, S. 143. Franz Marc, Ltn. der Ldw. bei einem bayer. Artillerie-Rgt., teilte in einem Brief vom 13.2.1916 seiner Frau diese Formulierung aus einem von ihm kontrollierten Mannschaftsbrief mit.

636 C.H. 3.12.1915 an G.T.: Privatbesitz; A.R. 27.6.1915 an F.H.: BfZ, Slg. Schüling, Bd. 93; O.S. 25.2.1917 an K.H.: ebd., Bd. 28, Nr. 21; Michl [Nachname unbekannt] 24.9.1915 an Uffz. Martin Stumpf E./20. I.R.: Slg. Roubin.

637 Zitat: Aussage v. Rudolph: Dolchstoß-Prozeß, S. 447; vgl. stellvertretend für viele Belege Ulrich/Ziemann, Frontalltag, Dok. 17 b., S. 73.

dieser Richtung hin zu viel gehört und rücksichtslose Urteile von Soldaten vernommen, über die ich selbst überrascht war."[638]

Ganz entgegen dieser Voraussage kämpften die Truppen allerdings noch fast drei weitere Jahre mit einem zumindest die Offensiven des Gegners hinhaltenden Erfolg. Seit 1916 hegten die Mannschaften in ihrer Mehrheit den Wunsch nach Frieden.[639] Dies und die zunehmende Verschlechterung ihrer Stimmung mußten den an ihre Kampfkraft und Disziplin gestellten Anforderungen keineswegs automatisch widersprechen. Vielmehr konnten sich von 1915 bis Anfang 1918 in verschiedener Hinsicht „Pflichterfüllung und Friedenssehnsucht" miteinander „verbinden, in gewissem Sinne geradezu bedingen".[640] Diesen aus dem chronologischen Ablauf ausscherenden Zusammenhängen soll im folgenden in Form eines Exkurses nachgegangen werden.

Das Zusammenwirken beider Faktoren konnte zunächst eine offensive Färbung annehmen. Dies war bei Soldaten der Fall, die bevorstehende Angriffsaktionen in der Erwartung begrüßten, daß jede erfolgreiche militärische Operation sie dem Frieden näher bringen würde.[641] Aus demselben Grund stießen Siegesnachrichten auf Zustimmung.[642] Der Wunsch nach einem baldigen siegreichen Ausgang des Krieges konnte auch in dem damit verbundenen Ende weiterer Verluste begründet sein:

> „Möge Gott der Herr uns bald den endgültigen Sieg über unsere Feinde verleihen damit wir bald den Frieden bekommen nach dem wir uns so sehnen denn es hat schon viel Blut gekostet."[643]

---

638 Richard Schiller 13.10.1915 an Hermann Sachse: BAP, 92, 271, Bl. 228f.

639 Der Generalquartiermeister verfügte am 14.4.1916, daß dem Friedenswunsch im Heer „scharf entgegengetreten" werden solle. Der Erlaß liegt nicht vor, ist aber – angesichts der gewöhnlich guten Kenntnis von SPD und selbst Spartakusgruppe von nicht streng vertraulichen Verfügungen zuverlässig – erwähnt in einer Rede von Artur Stadthagen in der Sitzung des Parteiausschusses der SPD vom 20./21.7.1916: Dowe, Protokolle, Bd. I, S. 316. Vgl. auch MdR Schiffer 18.8.1916 an Michael Erzberger und Staatssekretär Wahnschaffe: „Seit Monaten erhält man keinen Feldpostbrief mehr, worin nicht nach Frieden gejammert wird". Ulrich/Ziemann, Frontalltag, Dok. 16 f., S. 67; Josef [Nachname nicht angegeben] 16.7.1916 aus Frankreich an Hermann Sachse: „Alles ist auf den Frieden gestimmt. Ob dieser, oder jener früher Geschäftsmann, Handwerker, Arbeiter usw., ob Zentrumsmann, Liberaler usf. er war, alles sehnt sich nach Frieden." BAP, 92, 271, Bl. 273.

640 L. Bergsträsser, Front und Friede (1926), in: WUA, Bd. 5, S. 257-261, hier S. 258. Die folgende Typologisierung ist in ihrem sich gegenseitig ausschließender Alternativen zu verstehen. So schrieb Hans Spieß (vgl. Anm. 655) am 2.12.1917 an seine Mutter: „(...) jetzt freut mich das Ding überhaupt wieder, es kann gar nicht genug krachen wenns um vorwärts geht (...)". BHStA/IV, Kriegsbriefe 340.

641 Vgl. Bergsträsser, Front und Friede, in: WUA, Bd. 5, S. 258f., und die dort aufgeführten Beispiele; B.L. 27.4.1916 an Otto Frhr. v. Aufseß: Gemeinde Kochel; „Lieber Schwager, du schreibst mir der Friede kommt bald, macht daß ihr nur mit den Franzosen u. Engländer fertig wird dann werden wir den Frieden haben." Johann Frank 15.9.1915 an Jakob Eberhard: Privatbesitz.

642 Vgl. Scholz, S. 85f.; Heß, S. 150.

643 Uffz. E.H. 12.3.1915 an K.D.: BfZ, Slg. Schüling, Bd. 20, Nr. 2; B.G. 18.5.1915 an Otto Frhr. v. Aufseß: Gemeinde Kochel.

In Partei und freien Gewerkschaften organisierte sozialdemokratische Arbeiter, die in der deutschen Armee insgesamt etwa ein Sechstel der Mannschaften stellten, wurden in ihrer Bereitschaft zum Ausharren durch die Vorgaben der Parteiführung bestärkt.[644] Bis zur Spaltung der Partei und der Neuorientierung ihrer Friedenskonzeption im Frühjahr 1917 war, ungeachtet gewisser Divergenzen im einzelnen und mit Ausnahme der radikalen Linken, die Notwendigkeit der Landesverteidigung in den Debatten innerhalb der SPD unbestritten.[645] Diese übereinstimmende inhaltliche Vorgabe beider Flügel der Parteiführung und ihre Verbreitung in der Partei- und Gewerkschaftspresse bestärkte die Arbeiter an der Front in ihrem Willen zum Durchhalten. Dies lassen insbesondere eine Reihe von Feldpostbriefen im „Alten Verband" organisierter Bergarbeiter erkennen. Bei ihrer Interpretation ist allerdings zu berücksichtigen, daß die Bergarbeiterschaft des Ruhrgebietes anders als die Mehrheit der organisierten Arbeiterschaft bereits beim Beginn des Krieges ein erhebliches Maß an Begeisterung gezeigt hatte, und die Führung des Verbandes zu den entschiedenen Verfechtern der Burgfriedenspolitik zählte.[646] Auch der traditionell in der SPD vorhandene und mit der Abwälzung der Kriegsschuld auf Rußland durch die Reichsleitung bei Kriegsbeginn verstärkt aktivierte Antizarismus war unter den Arbeitern im Feld verbreitet.[647] Einige gewerkschaftlich organisierte Arbeiter waren von den aggressiven Kriegszielen der Ententemächte, die angeblich mit Hilfe der „russischen Unkultur" die „Vernichtung" Deutschlands erstrebten,

644 Zahl: Kruse, Krieg und nationale Integration, S. 184.
645 Vgl. Boll, Frieden, S. 117-145; Miller, Burgfrieden, S. 179-183; Bieber, Gewerkschaften, S. 232-248.
646 Vgl. Kruse, Krieg und nationale Integration, S. 189; Feldpostbrief eines Mehrheitssozialdemokraten vom 1.3.1917: Cron, Transportarbeiter, S. 4f. Zu der vom Mehrheitsflügel vertretenen Auffassung eines Verteidigungskrieges vgl. Nikolaus Osterroth 29.12.1915 aus Rußland an den Alten Verband: „Ich habe hier die Bernsteinschen ‚Dokumente zum Weltkrieg' gelesen, teilweise wiederholt, deren Lektüre allein schon nir den ganz schlüssigen Beweis liefert, daß von deutschen Angriffsabsichten gar keine Rede sein kann. Und seit deren Publikation kam so manches dazu, was umgekehrt auf die franko-russisch-britische Überfallsabsichten schließen läßt. (...) Und waren wir vor 17 Monaten im Abwehrkrieg, so sind wirs wohl auch heute noch, wo der französische Sozialismus in seinen populärsten Vertretern sich festlegen läßt auf die Rückeroberung Elsaß-Lothringens, wo die Zerschmetterungseseleien englischer und französischer Minister und Parteimänner noch alle Tage neu heruntergerappelt werden. (...) Ich bin auch für die Wiederherstellung des Status quo [gemeint ist wohl: ante; B.Z.] im Westen; aber ganz anders sieht doch die Sache im Osten aus." BAP, 92, 271, Bl. 192. Hier und im folgenden wird ausführlich zitiert, da Kruse, Krieg und nationale Integration, S. 187ff.; ebenso ders., Klassenheer, S. 538, diese Problematik nahezu völlig vernachlässigt. Dies gilt auch für die allerdings vermutlich nicht weit verbreitete Burgfriedensmentalität organisierter Arbeiter. Vgl. Fritz Busche 10.3.1915 an den Alten Verband: BAP, 92, 271, Bl. 47f. Zu Begeisterung und „Altem Verband": J. Reulecke, Der Erste Weltkrieg und die Arbeiterbewegung im rheinisch-westfälischen Industriegebiet, in: ders. (Hg.), Arbeiterbewegung an Rhein und Ruhr, Wuppertal 1974, S. 205-239, hier S. 211, 215; Bessel, Germany, S. 3.
647 Vgl. Kruse, Krieg und nationale Integration, S. 65-76, der überzeugend nachweist, daß antizaristische Begründungen des Krieges von führenden Funktionären der SPD verbreitet wurden, obwohl sie teilweise erkannt hatten, daß der Krieg zu Unrecht als Verteidigungskrieg hingestellt wurde.

fest überzeugt.[648] Vereinzelt floß in diese Deutung eine auch bei bürgerlichen Soldaten des öfteren anzutreffende, diese abwertende Wahrnehmung der ärmlichen Lebensverhältnisse der Bevölkerung in Rußland verstärkend ein:

> „Für uns giebt es jetzt nur eins: Gewähr zu schaffen gegen russische Invasion. Und dazu gehört, daß Ihr das, was zum Kriegführen notwendig ist, bewilligt. Für ewige Zeiten muß dem Russen die Lust, wieder nach Deutschland zu kommen, genommen werden. Jeder Deutsche, der die Zustände hier auch nur flüchtig kennen gelernt hat, wird und muß diesen Wunsch unterstützen. Diejenigen aber, die der deutschen Arbeiterschaft andere sog. ‚gute' Ratschläge geben wollen, sollen in *ihr* Vaterland gehen; hier giebt es viel, sehr viel mehr zu bessern! Wir Gewerkschaftler müssen uns, auch auf die Gefahr mit Schmähungen belegt zu werden, von diesen Elementen rein halten. Das gilt zunächst für die Daheimgebliebenen. Sollten wir zurückkehren, dann tun wir schon das Unsrige."[649]

In der Sozialdemokratie organisierte Soldaten aus der städtischen Arbeiterschaft forderten zwar bereits ab 1915 in wachsender Zahl von ihrer Partei eine aktive Politik der Kriegsbeendigung. Nach seiner Ablehnung weiterer Kriegskredite bei der Reichstagsabstimmung im Dezember 1914 erlangte auch Karl Liebknecht unter Arbeitern im Feld rasch eine gewisse Popularität. Bei der Gewichtung dieses Momentes ist jedoch zu berücksichtigen, daß die kriegskritische Minderheit in der SPD immer, auch und gerade nach der organisatorischen Abspaltung 1917, eine Minderheit blieb.[650]

Die unter organisierten Arbeitern vorhandene Akzeptanz für die von der SPD verbreiteten Sinnstiftungen des Krieges ist zumindest bis 1917 auch deshalb höher zu veranschlagen als die sich daran entzündende Kritik, da sie in ihrer Wirkung durch einen spezifischen Mechanismus verstärkt wurde. Dies war die Organisationsdisziplin der Arbeiterbewegung, die in den Jahren vor dem Krieg eigenständige und spontane Impulse und Aktivitäten der Arbeiter zugunsten langfristiger Strategien der Funktionäreliten teilweise zurückgedrängt hatte. Insbesondere in den Gewerkschaften propagierte man einen mit dem „Kriegsheere" vergleichbaren Disziplinbegriff.[651] Für die durch solche Loyalitäten geprägten Soldaten ließ sich

---

648 Wilhelm Rütjerodt 15.4.1916 aus Hannover an den Verband der Bergarbeiter Deutschlands: BAP, 92, 271, Bl. 218f. Vgl. O. Hinniger 15.1.1915 an dens.: „Mein Wunsch ist, daß es Deutschland gelingen möge einen Frieden zu erkämpfen, der so leicht durch russisches Moskowitertum, oder englischen Imperialismus nicht gebrochen werden kann." Ebd., Bl. 20.

649 So August Balke, preuß. 75. Res.-Div., 8.8.1915 an den Verband der Bergarbeiter Deutschlands, nachdem er zuvor die ärmlichen Lebensverhältnisse in Russisch-Polen geschildert hatte (Hervorhebung im Original): BAP, 92, 271, Bl. 98. Vgl. Latzel, Tourismus und Gewalt, S. 451f.

650 Vgl. Kruse, Krieg und nationale Integration, S. 188, 194f. Ders., Klassenheer, S. 538f., 548, weicht dieser Relativierung in tendenziöser Absicht aus. Scharfe Urteile von der Mehrheit angehörenden Soldaten über Liebknecht und Luxemburg bei Cron, Bergarbeiter, S. 9-12; vgl. Kap. 4.3.

651 Zitat, aus einer Broschüre des Zimmererverbandes von 1909: K. Schönhoven, Expansion und Konzentration. Studien zur Entwicklung der Freien Gewerkschaften im Wilhelminischen Deutschland 1890 bis 1914, Stuttgart 1980, S. 240; vgl. Boll, S. 69-75; Ritter/Tenfelde, S. 742; eine differenzierende Bewertung dieses Prozesses bei Mooser, Arbeiterleben, S. 184-190. Zur Datierung auch Cron, Bergarbeiter, S. 5; vgl. die ebd., S. 6, 12 abgedruckten Briefe aus dem Jahr

der dringliche Wunsch nach einem friedlichen Ende des Krieges mit der Bereitschaft verbinden, bis zu einem siegreichen Abschluß weiterzukämpfen. Dies lassen mehrere Briefe von Bergarbeitern erkennen, die im freigewerkschaftlichen Bergarbeiterverband organisiert waren:

„Hoffentlich hat dieser schreckliche Krieg bald ein Ende und kann ich möglichst bald zu meiner Familie und meiner früheren Tätigkeit zurückkehren. Vorläufig heißt es jedoch aushalten und so wie jeder andere seine volle Pflicht und Schuldigkeit tun. Zu tun, damit der Feind besiegt und ein baldiger Friede geschlossen werden kann. Die Daheimgebliebenen wissen in ihrer Mehrzahl gar nicht, was es heißt, Krieg im Lande zu haben. Ungeheuer großen Dank sind die zu Haus gebliebenen unseren tapferen Soldaten schuldig. Groß sind die Anstrengungen und Entbehrungen, die die Soldaten zu ertragen haben. Sie werden getragen, getragen auch von uns organisierten Arbeitern im Kriegerkleide; getragen unter der Voraussetzung, daß die daheim gebliebenen Partei- und Gewerkschaftsgenossen weiter ihre Pflicht gegenüber den Organisationen tun."[652]

Nachdem sie mit der Übernahme der Friedensformel des Petrograder Sowjets im April 1917 zunächst den Friedenswunsch breiter Bevölkerungskreise aufgenommen

---

1918. Vor allem der zweite vom 27.8.1918 belegt, daß die disziplinierende Wirkung bis zur Erkenntnis der Unmöglichkeit eines deutschen Sieges im Sommer 1918 anhalten konnte.
652 Friedrich Husemann 23.3.1915 an den Verband der Bergarbeiter Deutschlands (Abschrift): BAP, 92, 271, Bl. 9f.; vgl. ebd., Bl. 144ff. den bereits mit Blick auf die Nachkriegszeit geschriebenen Brief von Heinrich Krahn vom 30.10.1918, bei dem in nationaler Färbung auch das durch die Arbeiterorganisationen vermittelte Selbstbewußtsein deutlich wird: „Möge uns nach all dem schweren Leid doch ein Rußland erspart bleiben. Möge deutsche Ordnung und deutscher Fleiß siegen. Diese deutschen Eigenschaften lernt man erst recht lieben wenn man die Unordnung in anderen Ländern sieht. Es geht doch nichts über deutsche Ordnung und Sitte. Gerät es uns ein Chaos zu verhüten, so kann es den deutschen Arbeiterorganisationen verdankt werden." Einen Hinweis auf den Disziplinierungsgrad organisierter Arbeiter vermittelt auch der Brief des Gefreiten Karl Gerhard vom 3.1.1915 an dens.: ebd., Bl. 41f. Die ca. 45 Autoren der in diesem Bestand überlieferten Briefe waren überwiegend, aber nicht ausschließlich Funktionäre des Alten Verbandes. Die Vermutung von Cron, Bergarbeiter, S. 1, die Autoren seien mehrheitlich Angehörige der Bochumer Verbandsverwaltung gewesen, ist jedoch falsch. Viele waren bezirkliche Funktionäre in verschiedenen Orten des Ruhrgebiets und anderen Bergbaurevieren. Vgl. die einzelnen Namen und Hinweise bei: Heinrich Klöpfel 29.6.1915 an den alten Verband: BAP, 92, 271, Bl. 141f.; Bieber, S. 330; W.H. Schröder (Bearb.), Sozialdemokratische Reichstagsabgeordnete und Reichstagskandidaten 1898-1918, Düsseldorf 1986, S. 136, 175; Protokoll der 20. Generalversammlung zu Hannover [21. zu Bielefeld], Bochum 1913 [1919], hg. vom Verband der Bergarbeiter Deutschlands, S. 5-7 [S. 5-8].
SPD und Gewerkschaften versuchten, durch den Abdruck von Feldpostbriefen in der Presse und die Herausgabe einer „Sozialdemokratischen Feldpost" ab 1916 in der Heimat und an der Front Stimmung für die Position der Mehrheit zu machen; vgl. Bieber, S. 268. Es ist jedoch nicht anzunehmen, daß es sich bei dem geschilderten Bestand um das Ergebnis einer von der Verbandsführung gesteuerten Aktion handelt, da er vereinzelt auch Briefe enthält, die sich kritisch über die Durchhalteappelle der Parteiführung äußerten oder ernüchternde Urteile über ihre Akzeptanz im Feld enthielten. Vgl. z.B. Karl Otten 27.8.1916, Jakob Siegler 31.1.1916, Willy Hauffe 15.5.1916: BAP, 92, 271, Bl. 183f., 236, 34f. Cron, Bergarbeiter, S. 1 hat vermutet, die Briefe seien mit dem Ziel der Information des Verbandsvorsitzenden und MdR Hermann Sachse über die Stimmung im Feld geschrieben worden. Der Inhalt vieler Briefe bestätigt diese Vermutung. Vgl. zum Sachverhalt ferner WUA, Bd. 11/1, S. 349-353; Cron, Sekretariat, S. 45.

und öffentlich vertreten hatte, gewann in der Mehrheitssozialdemokratie nach der Verabschiedung der Friedensresolution des Reichstages wieder das Ziel der Landesverteidigung Vorrang. Seit dem Sommer 1917 formte die MSPD ihr propagandistisches Eintreten für den Frieden „allmählich" wieder zu einer „Durchhaltekampagne" um.[653] Bei organisierten Arbeitern war deshalb auch weiterhin die Bereitschaft zur Pflichterfüllung vorhanden, wie der MSPD-Landtagsabgeordnete und Münchener Arbeitersekretär Johannes Timm im November 1917 feststellte. Allerdings bedürfe es zur Bestärkung dieser Haltung nach Meinung seiner soldatischen Briefpartner der Nennung idealer Ziele wie „Deutschlands Sicherheit und Freiheit". Die unter den Arbeitern zunehmende „Besorgnis", der Krieg würde in einen nur den Interessen des Kapitalismus dienenden „Eroberungskrieg" überführt, machte die Disziplin gegenüber der Partei offenbar zunehmend problematisch.[654]

Im Gegensatz zu solchen Soldaten, deren Bereitschaft zur Pflichterfüllung offensiv gefärbt war, geschah dies bei anderen aus einer eher passiven Haltung heraus. Diese Soldaten harrten in der Stellung aus und gaben dabei die einfache „Hoffnung" nicht auf, „daß es nicht mehr lange dauern wird."[655] Die Erwartung eines in wenigen Monaten bevorstehenden Friedens mußte notgedrungen wiederholt verschoben werden, solange es keine Indizien für eine entscheidende Wendung des Krieges gab.[656] Andere Soldaten dachten dagegen in kürzeren Zeiträumen. Als es ihm im Februar 1917 schien, „als wolle der Krieg gar kein Ende mehr nehmen", schrieb ein Landwirt seiner Frau:

„Vom Frieden hört man ja gar nichts mehr, wie wird das harte Ringen noch ausgehn? Wir hoffen immer von einem Tag zum andern, und immer ists das gleiche. Wo die Offensive losgeht, wissen wir auch nicht, wo es aber losgeht, da kostets wieder tausende von Menschenleben."[657]

---

653 Vgl. zu den Ursachen dafür Boll, S. 221-230, Zitat S. 227. Untersuchungen zur südbayerischen SPD im Krieg fehlen bisher.
654 Niederschrift über die Sitzung des Beirats für Aufklärungsfragen am 3.11.1917, S. 7f.: BHStA/II, MK 19289. In einem Feldpostbrief vom 1.11.1918 beklagte ein organisierter Transportarbeiter die „Disziplinlosigkeit" der Truppe, und hoffte, es komme zum Waffenstillstand, bevor „die Zerrüttung der Armee eintritt." Cron, Transportarbeiter, S. 3f. Vgl. den Postüberwachungsbericht der 5. Armee v. 12.7.1917: BA/MA, W-10/50794, Bl. 14; Kap. 4.3.
655 G.S. 1.3.1917 an F.T. in Gollhofen: Privatbesitz; vgl. C.H. 9.5.1916 an dies.: ebd.; WUA, Bd. 5, S. 264f.; Hans Spieß 28.12.1916 an Eltern und Geschwister: BHStA/IV, Kriegsbriefe 340.
656 Vgl. die Briefe von Joseph Reininger an seine Eltern vom 14.7.1915: „Wie ihr meint ob ich auch nicht weis wann der Krieg gar wird, o das ist eine große frage, ich bin ja nicht in 3 Monate gar wäre, nun hoffen wir das beste." 19.11.1915: „(...) von einem Ende des Krieges glaub ich gar nichts mehr, erst dann wenn es heißt jetzt ist Frieden, wie in einem Blatt gelesen hab, der Krieg ist ein Prozeß, er war leicht zum anfangen aber zum aufhören nicht." 3.11.1916: „Es wäre bald höchste Zeit, wen dieser Schwindel gar würde, u. bin ganz satt bis oben, aber es ist wenig aussicht u. es kann noch ein halbes Jahr vorübergehen bis der Frieden geschloßen wird." 18.3.1917: „Ich glaub daß wir bis in 2-3 Monaten doch was anders erleben, u. dan doch bald der ersehnte Frieden komt." Privatbesitz; Brief eines „einfachen Bauern" an seinen Bruder Dr. Meßmer, den Leiter der Vaterländischen Volkshilfe, vom 12.2.1918. Meßner leitete diesen Brief an die Behörden weiter: BHStA/IV, MKr 2339; Lehmann-Rußbüldt, Zusammenbruch, S. 11.
657 G.T. 25.2.1917 an seine Frau F. in Gollhofen: Privatbesitz.

In dieser Perspektive war es bereits weitgehend bedeutungslos geworden, ob einen die Kämpfe dem Sieg näher bringen würden.[658] Wichtig war vor allem, daß sie eine „baldige Entscheidung" zur Folge haben würden.[659] Die Bereitschaft zur Pflichterfüllung ließ sich schließlich auch dann mit Friedenssehnsucht verbinden, solange die Aussicht bestand, mehr oder minder unbeschadet ‚durchzukommen' und in die Heimat zurückzukehren.[660] Wenn die Belastungen nicht zu extrem wurden und man die mit individuellen Verweigerungsformen verbundenen Risiken scheute, blieb es für viele Soldaten plausibel, ihre Erwartungen an das passive Abwarten der Möglichkeit zur Heimkehr zu binden.[661] Die Voraussetzung dafür war allerdings, daß dies der gesamten Kriegslage nach möglich erschien. Nach dem Scheitern der deutschen Frühjahrsoffensive 1918 waren deshalb viele Soldaten „mut- und hoffnungslos", die zuvor die „Hoffnung" gehegt hatten, daß eine „baldige Rückkehr in die Heimat" ein mögliches Ergebnis der Kämpfe sein werde.[662] Eine solche Haltung war gerade unter ländlichen Soldaten stark ausgeprägt. Da dabei die eigene individuelle Überlebenschance und -sicherung im Vordergrund stand, wurde die daraus erwachsende Bereitschaft zum Ausharren auch durch den Tod oder die Verwundung der Kameraden nicht automatisch erschüttert. Von Bedeutung war allein, daß man selbst noch stets „Glücklich wekgekommen" war.[663] Neu an der Front eingetroffene Soldaten wurden in dieser Haltung durch den Glauben an die weit verbreitete Vorstellung bestärkt, daß man selbst nicht getötet oder verwundet werden könne.[664] Dem lag wahrscheinlich der instinktive psychologische Mechanismus zugrunde, daß eine zufällige und rational nicht kontrollierbare Gefahr wie der plötzliche Tod im Feld durch ihre Verdrängung leichter zu ertragen sei. Der Glaube an die eigene Unverwundbarkeit konnte – falls man die ersten Wochen im Feld heil überstand – mit dem Ablauf einer gewissen Zeit sogar

---

658 Nach Cron, Sekretariat, S. 28, war im Durchschnitt für den „Sieg im imperialistischen Sinne" nur in den ersten Monaten des Krieges „Verständnis vorhanden".

659 G.T. 9.7.1916 an seine Frau F. in Gollhofen: Privatbesitz.

660 „(...) haben schwere Tage erlebt, mitmachen will ich es mit Geduld, wen nur der liebe Gott mich gesund am Leben erhalten läßt." Brief des Landwirtes Josef Aichele (L.I.R. 3) vom 28.7.1915 an seine Frau Resi in Stiefenhofen: Slg. Roubin. Vgl. Josef Holzmann (L.I.R. 12) 15.10.1915 an die „Ökonomstochter" Marie Forst.. [Namensrest unleserlich] in Frasbach (Obb.): ebd.

661 Präzise formuliert wurde dieser Zusammenhang in dem allerdings frühzeitigen Brief an den Bauern Michael Schauer in Witzenthal (Ndb.) von seinem Schwager [Name nicht angegeben, 1. Res.-Div.] vom 30.8.1914: „(...) ich bin bis jetzt Glüklich durch gekomen u. hofe das besere es wär nicht zum Glauben was man da aushalten mus aber ich halts gern aus wen ich nur wieder heim kom." Slg. Roubin. Vgl. die Briefe des Vizefeldwebels J. Birk (L.I.R. 12) vom 4.6.1916 und 23.12.1916: WUA, Bd. 5, S. 266f.

662 Vgl. das Kriegstagebuch des Kanoniers Rustenbach vom 5.5.1918: WUA, Bd. 5, S. 293.

663 Zitat: Joseph Reininger 18.3.1917 an Eltern und Geschwister: Privatbesitz. Vgl. Alois Wagner (12./17. I.R.) 15.11.1915 an seine Mutter, den Gütlerin Maria Wagner in Baigertsham: Besitz des Verfassers; Brief vom 24.7.1917: Weck, Expositus, S. 320f.

664 Vgl. Ulrich/Ziemann, Frontalltag, Dok. 19 b-d., S. 77ff.

noch an Plausibilität gewinnen, da fronterfahrene Soldaten zunehmend an Sicherheit in der Einschätzung der ihnen drohenden Gefahren gewannen:

„Durchgemacht haben wir viel. In all den großen Schlachten seit August 16, die an der Westfront tobten, sind wir eingesetzt gewesen u. ich bin immer heil durchgekommen, ein Wunder! Da ich noch nicht verwundet war, bin ich sehr schußsicher geworden. Das spart viel Nerven. Je größer die Schweinerei, desto ruhiger werde ich. Ich habe bisher eine gute Nase im Ausweichen aus dem Feuer – an Ort u. Stelle kann man in dem Massenfeuer nicht mehr bleiben.“[665]

Die ersten Tage an der Front, insbesondere bei der eigenen ‚Feuertaufe‘, aber auch nach der Rückkehr aus einem Urlaub, waren für die Soldaten am schwersten zu überstehen.[666] Doch nach zwei bis drei Wochen Erfahrung im Umgang mit den für einen Aufenthalt in der Stellung nötigen Verhaltensregeln und Vorsichtsmaßnahmen, bei manchem Soldaten sogar bereits „nach zwei Tagen“, war das stärkste „Angstgefühl schon vorbei“.[667] In der Folgezeit entwickelte sich der Dienst im Feld dann zunehmend zu einer Routine. Die Soldaten erfüllten die an sie gestellten Anforderungen zwar widerwillig, aber sie fielen ihnen für eine gewisse Zeit zunächst zunehmend leichter. Denn an die alltäglichen Belastungen „gewöhnt(e)“ man sich. Der subjektiven Bewältigung der drohenden Risiken kam es dabei entgegen, wenn diese unter den Mannschaften einer Einheit gleichmäßig verteilt waren, es den anderen also „nicht besser“ ging.[668] In der Regel sorgte dafür bereits der innerhalb der Primärgruppen wirkende Anpassungsdruck. Für übertriebenen Wagemut, der nur unnötige Gefahren mit sich brachte, sahen gerade Landwirte und Bauernsöhne ohnehin keinen Anlaß. Sie verzichteten auf eine freiwillige Meldung zu risikoreichen Unternehmungen und damit auch „die eisernen Kreuze“, da ihnen ihr „Leben lieber“ war.[669]

665 Brief eines Frontsoldaten vom 14.9.1917: BSB, Schinnereriana; vgl. Hans Spieß 31.12.1917 an Eltern und Geschwister: BHStA/IV, Kriegsbriefe 340. Mit zunehmender Kriegsdauer entwickelte sich dieser Glaube allerdings zur Naivität, da es im deutschen Heer insgesamt rund 5.5 Mio. Verwundungen gab, an denen mehr als eine Million Soldaten starben; Whalen, S. 40.

666 Vgl. Kriegstagebuch Georg Schenk, Eintragung vom 20.8.1914: BHStA/IV, HS 3410. Dies zeigt sich daran, daß erstmals oder neu im Feld eingetroffene Soldaten wiederholt den Weg der individuellen Verweigerung wählten; vgl. Kap. 3.2.1.1. und 3.3.3.

667 Zitat: Kriegstagebuch Josef Ullrich, 9.4.1916: BHStA/IV, HS 3262; Ulrich/Ziemann, Frontalltag, Dok. 12 a., S. 50. Einsichtsvolle Vorgesetzte wie Ludwig Renn (d.i. Ludwig Vieth v. Golßenau), u.a. als Leutnant in einem Rekrutendepot der Westfront tätig, bereiteten die Soldaten bereits bei der Ausbildung auf die im Graben nötigen Anpassungsleistungen und Routinen vor. Vgl. seine auch hinsichtlich des tatsächlich vorhandenen Gefahrenpotentials aufschlußreiche Schilderung in: Renn, S. 231ff.

668 Zitate: Hans Spieß 26.10.1916 an seine Familie: BHStA/IV, Kriegsbriefe 340; vgl. Michl Weingartner, 1. Inf.-Div., 18.2.1915 an die Gütlerin Maria Kasbergers in Ruhmannsdorf, Post Hauzenberg (BA Passau): Slg. Roubin.

669 Vgl. Hans Spieß 12.2.1918 an seine Schwester (Zitat): BHStA/IV, Kriegsbriefe 340; Stefan Schimmer 23.1.1915 an seine Frau: ebd., Amtsbibliothek 9584; Georg Maier hatte sich einmal freiwillig gemeldet, wollte dies aber danach nicht wieder tun; vgl. seinen Brief vom 4.12.1914 an Sofie (Abschrift): AEM, Kriegschronik Altenerding B 1837. Sowohl Dominik Richert als auch Heinrich Heymer waren von ihren Vätern ermahnt worden, sich im Feld nie freiwillig zu melden.

Diese hier zusammenfassend dargestellten Zusammenhänge von Friedenssehnsucht und Pflichterfüllung im Feld bestanden seit Anfang 1915 bis zur Frühjahrsoffensive des Jahres 1918.[670] Weitgehend unabhängig vom zeitlichen Ablauf des Krieges gab es daneben zum Teil gravierende Unterschiede in der Stimmungslage zwischen verschiedenen Gruppen von Soldaten. Sie sollen im folgenden für das Besatzungs- und Feldheer jeweils gesondert in einem weiteren Exkurs erörtert werden.

An der Front war das Erlebnis schwerer Kampfhandlungen stets von wesentlichem Einfluß auf die Motivation der Truppen. Im Besatzungsheer wirkte die Gefährdung des eigenen Lebens dagegen nur vermittelt durch die Umstände der wiederholten Abstellung von Ersatzmannschaften als stimmungsbildender Faktor. Truppenteile wie etwa Garnisonverwaltungen und -kompanien oder Gefangenenlager, die für eine Ersatzgestellung nicht in Betracht kamen, waren von den negativen Wirkungen eines bevorstehenden Fronteinsatzes naturgemäß nicht betroffen.[671] Bei den Ersatztruppenteilen sorgten die kurz vor der Abstellung befindlichen Mannschaften dagegen für Unruhe, die sich jedoch nach diesem Termin schnell wieder legte.[672] Zu einer dauerhaften Stimmungsverschlechterung führten vermeintliche oder wirkliche Ungerechtigkeiten bei der Auswahl der an die Front kommenden Soldaten. Viele der Kompaniefeldwebel, denen die Auswahl der Mannschaften in der Praxis oblag, standen im Verdacht, ihre Entscheidung von persönlichem Wohlwollen gegenüber Einzelnen oder handfester Bestechung abhängig zu machen.[673] Zur Beseitigung dieses Mißtrauens hatten die Militärbehörden – jedoch offenkundig ohne durchgreifenden Erfolg – den Kompanieführern bereits 1916 verboten, die Auswahl den Feldwebeln zu überlassen.[674]

Negative Auswirkungen auf die Stimmung hatten auch die wiederholt vorgenommenen Nachmusterungen durch Militärärzte.[675] Deren Praxis, unter Vernach-

---

Bezeichnend ist, bei welcher Gelegenheit sie gegen den väterlichen Rat verstießen. Richert meldete sich zu einem MG-Kursus, um für eine Weile von der Front wegzukommen und da bei dieser Waffe kein Angriff mit dem Bajonett drohte. Heymer meldete sich, als Soldaten mit „Pferdeverstand" gesucht wurden. Vgl. Richert, S. 16, 195; Kriegserinnerungen H. Heymer: Privatbesitz.

670 Für die sozialdemokratischen Sinnstiftungen des Krieges trifft dies nur teilweise zu, da ihre Wirkung bereits früher einsetzte und nach dem Wandel der Friedensziele der Partei im Frühjahr 1917 nachließ.

671 Vgl. Vertrauensmann E./3. I.R. 21.6.1918 an Ers.-Btl.: BHStA/IV, stv. GK I. AK 2410.

672 Vertrauensmänner E./Ldst.-Btl. I B 17 1.8.1918 an Ers.-Btl.: BHStA/IV, stv. GK I. AK 1980; E./L.I.R. 12 28.1.1918 an stv. GK I. AK: ebd., stv. GK I. AK 2405; E./1. I.R. 27.4.1918 an dass.: ebd., stv. GK I. AK 2408; E./L.I.R. 1 25.5.1918 an dass.: ebd., stv. GK I. AK 2409; E./3. I.R. 23.7.1918 an Ers.-Btl.: ebd., stv. GK I. AK 2411.

673 Herr Sandner von der Garnison-Verwaltung Neu-Ulm 31.5.1918 an stv. GK I. AK: BHStA/IV, stv. GK I. AK 2397; Bericht des kath. Feldgeistlichen Dr. Eggersdorfer vom 15.11.1917 an K.M. über in Niederbayern gehaltene Aufklärungsvorträge: ebd., MKr 2337; vgl. WUA, Bd. 11/1, S. 167.

674 Verfügung des stv. GK I. AK I.11.1916 an die stv. Inf.-Brigaden: BHStA/IV, stv. GK I. AK 311.

675 Vertrauensmann E./2. Schwere-Reiter-Rgt. 23.9.1918 an Inspektion der Ersatz-Eskadron: BHStA/IV, stv. GK I. AK 1981. Ein Teil der Ärzte sah in vielen ihrer Patienten ohnehin nur ‚Drückeberger' und behandelte sie entsprechend grob; vgl. etwa den Brief vom 22.3.1917 an Georg

lässigung medizinischer Bedenken möglichst viele Soldaten wieder für den Fronteinsatz tauglich zu erklären[676], fand in Spottversen wie „Stille Nacht, stille Nacht, Alles wird k.v. gemacht" oder „Gestern noch auf stolzen Rossen, Heute durch die Brust geschossen, Morgen wieder an der Front" erbitterten Widerhall.[677] Die zumeist nach Verwundungen wiederholt im Feld gewesenen Mannschaften bildeten einen besonderen Unruheherd.[678] Zahlreiche Wiedergenesene waren maßgeblich an Ausschreitungen bei einem Ersatztransport des 5. Infanterie-Regiments beteiligt, dessen Marschordnung sich in Bamberg am 12.2.1917 auf dem Weg zum Bahnhof auflöste, und dessen Mannschaften später auf der Bahnfahrt mehrmals scharf aus dem Zug schossen. Neben dem Unmut über alle mehrmals lautstark als „Blindgänger" titulierten Offiziere, die noch nie im Feld gewesen waren, bildete die k.v.-Erklärung zahlreicher eigentlich untauglicher Soldaten durch eine Musterungskommission den Hauptauslöser für diese Ereignisse.[679]

Eher depressiv eingefärbt war dagegen die Stimmungslage derjenigen Soldaten, die, obwohl dauerhaft dienstunbrauchbar, dennoch nicht in ihren zivilen Beruf entlassen wurden:

> „Ohne dieses Gesuch würde ich ja nicht wegkommen da kann der Spezialarzt 10 mal sagen „dienstunbrauchbar" so schreien 5, 6 andere Ärzte wieder „ja bisl was kann er doch machen, den entlassen wir nicht vielleicht bessert sich der Zustand." Das Militär ist wie ein Fliegenleim, da gibts kein Loskommen mehr u. wenn man nur mehr ein kleines bisl lebt. Ich möcht nur die Menschenmenge sehen die vollständig gesund u. nicht eingerückt ist."[680]

Eisenberger: Eisenberger, ohne Pagninierung; undatierte Aktennotiz der Medizinalabteilung des K.M. über das „Auftreten den Kranken gegenüber": BHStA/IV, MKr 18389.

676 Damit folgten sie auf die schlechte Ersatzlage zurückgehenden Aufforderungen der Militärbehörden, vgl. z.B. K.M.-Erlaß Nr. 97334 vom 4.11.1916 an die stv. GK: BHStA/IV, MKr 538.

677 Vertrauensmann 4. Ersatz-MG-Komp. 23.9.1918 an stv. GK I. AK: BHStA/IV, stv. GK I. AK 1981. Vgl. K.B. 1.4.1915 an seine Eltern: BfZ, Slg. Schüling, Bd. 14, Nr. 2; Albert Angerer 30.1.1917 an Heinrich Held: BHStA/V, NL Held 581. Für entsprechende Klagen aus dem rückwärtigen Frontbereich vgl. den Feldpostbrief vom 10.12.1917: „Ich habe nun einen tadellosen Posten bekommen u. hoffe ihn bis Kriegsende behalten zu können, wenn nur die Aushebungskommission mir nicht wieder den Posten entreißt, u. einen Kriegsinvaliden dahinstellt, denn mein Äußeres läßt mich noch um viele Jahre jünger erscheinen u. dies war schon vielen ihr Verderben. Hier in Deutschland ist man ja nicht krank, wenn man nicht den Kopf unterm Arm trägt, aber ich kann ja auch mal Glück haben. Ich bin nun wieder im Westen, aber ich finde, es ist doch noch heimeliger wenn auch gefährlicher als in Rußland." BSB, Schinnereriana.

678 Vertrauensmann E./Ldst.-Btl. I B 16 28.9.1918 an stv. 1. Inf.-Brigade: BHStA/IV, stv. GK I. AK 1981; Herr Sandner von der Garnison-Verwaltung Neu-Ulm 31.5.1918 an GK I. AK: ebd., stv. GK I. AK 2397.

679 Vgl. den ausführlichen Bericht der stv. 7. Inf.-Brigade vom 23.2.1917 an das stv. GK II. AK: BHStA/IV, MKr 2324.

680 Briefauszug eines Soldaten aus München vom 7.11.1917: BSB, Schinnereriana. Vgl. Vertrauensmann Garnison-Ältester Bad Reichenhall 30.1.1918 an stv. GK I. AK: BHStA/IV, stv. GK I. AK 2405. Mit Unwillen reagierten auch Untaugliche oder Invaliden, die für kurze Zeit nochmals eingezogen wurden und in dieser Zeit ihren Arbeitsplatz verloren. Vertrauensmann E./Ldst.-Btl. I B 18 29.9.1917 an stv. 3. Inf.-Brigade: ebd., stv. GK I. AK 2401.

Mit einer Mischung aus Verachtung und Empörung blickte man im Besatzungsheer auf Personengruppen, die für längere Zeit vor einer Abstellung an die Front geschützt waren. Dazu zählten neben den für eine periodische Beurlaubung zurückgehaltenen Landwirten[681] vor allem die für eine Arbeit in der Kriegsindustrie reklamierten Wehrpflichtigen. Bei diesen erregte neben ihrer Sicherheit vor persönlicher Gefahr der im Vergleich zum Sold sehr hohe Verdienst den Neid der beim Militär Verbliebenen.[682] Angesichts der gegenüber dem Feldheer noch engeren Rückbindung der Mannschaften im Besatzungsheer an ihre zivile Umgebung veränderten hier Ernteaussichten und Geschäfte die Stimmung der Landwirte sofort. Waren die Erwartungen positiv, konnte dies bis zum Kriegsende die Stimmung heben.[683]

Gravierende Unterschiede in der Stimmungslage herrschten schließlich allgemein zwischen den verschiedenen Altersgruppen.[684] Vor allem verheiratete Soldaten von mehr als dreißig Jahren waren mit zunehmendem Alter körperlich geschwächt und in steter Sorge um ihre Familie begriffen:

> „In letzter Zeit sind uns viele Uffz. genommen worden, sodaß nur noch zwei anstatt 12 sind. Leider ist es trotzdem nicht genug, was man hier schafft und werden bis 15. alle K.V. zur Front beordert, wobei auch ich bin. Das schlimmste ist aber, daß ich nun zur Infanterie komme, also in Schützengraben – Kanonenfutter. – Ich diene nun das 7. Jahr, bin 42 durch, habe immer meine Pflicht getan – nun ist's aber Zeit wieder ins's Feuer, trotzdem ich noch vom 1ten Jahr genug habe. ‚Hält er's aus ist er gesund, hält er's nicht aus geht er zu Grund'. – Lieber Herr A.! Man könnte heulen vor Wut, daß 4te Jahr quält man sich ab – nur ein Knochengestell ist übrig von 150 Pf. auf 120, knapp. – Wo soll das noch hin. Viele meiner Freunde sind immer noch zuhause u. so viele tausend anders.– An die Familie darf man gar nicht denken – alles geht zu Grunde – wenn sie nicht verhungern möchten sie vor Kummer u. Sorge vergehen. Der Urlaub ist dauernd gesperrt u. hat man nur seine Pflicht zu tun, möglichst auch Kriegsanleihe zeichnen. Jedenfalls habe ich den Kram so satt wie Millionen andere."[685]

681 Vertrauensmann II. E./4. Feldartillerie-Rgt. 26.9.1918 an Ers.-Btl.: BHStA/IV, stv. GK I. AK 1981.
682 Vertrauensmänner 4. Ers.-MG-Komp. 23.9.1918 an stv. GK I. AK: BHStA/IV, stv. GK I. AK 1981; E./Ldst-Btl. I B 16 28.6.1918 an stv. 1. Inf.-Brigade: ebd. stv. GK I. AK 2410; E./1. I.R. 27.10.1918 an stv. GK I. AK: ebd., stv. GK I. AK 2412. Stv. 4. Inf.-Brigade 22.5.1918 an stv. GK I. AK: ebd., stv. GK I. AK 1965; Standort-Ältester Neu-Ulm 22.10.1918 an stv. GK I. AK: ebd., stv. GK I. AK 1970; AOK 4 10.6.1918 an Heeresgruppe Kronprinz Rupprecht: ebd., Heeresgruppe Kronprinz Rupprecht, Bund 30.
683 Vgl. Vertrauensmänner Ldst.-Ersatzbataillon I B 17 29.8.1917 an Ers.-Btl. und Ers.-Eskadron 1. Schwere-Reiter-Rgt. 31.8.1917 an Inspektion der Ersatz-Eskadron; E./1. I.R. 4.12.1917 an stv. 1. Inf.-Brigade; E./L.I.R. 1 27.6.1918 an stv. GK I. AK: BHStA/IV, stv. GK I. AK 2400; 2403; 2410.
684 Vgl. allgemein Standort-Ältester Neu-Ulm 22.10.1918 an stv. GK I. AK: BHStA/IV, stv. GK I. AK 1970; Vertrauensmänner II. E./1. Feld-Artillerie-Rgt. 28.8.1918 an Inspektion der Ersatz-Abt. der Feldartillerie: ebd., stv. GK I. AK 1980; Ers.-Eskadron 1. Schwere-Reiter-Rgt. 31.8.1917 an Inspektion der Ers.-Eskadron: ebd., stv. GK I. AK 2400.
685 Brief eines Unteroffiziers vom 10.10.1917: BSB, Schinnereriana. Vgl. Vertrauensmann Tragtierkolonne Miesbach 24.11.1917 an 1. Train-Ers.-Abt.: BHStA/IV, stv. GK I. AK 2403.

Insbesondere diejenigen unter den älteren Mannschaften, die bereits im Feld gewesen waren, gaben gegen Ende des Krieges ihren Wunsch nach einem Frieden um jeden Preis offen kund und versuchten sich häufig vor einer erneuten Abstellung zu drücken.[686] Soldaten im Alter von 20-30 Jahren gaben zwar auch an, daß sie den Aufenthalt in der Garnison vorzögen. Einem Abstellungsbefehl wollten sie aber noch bereitwillig folgen.[687] Eine positive Einstellung war dagegen bei den jungen Rekruten im Alter von 18-19 Jahren vorherrschend.[688] In einer Mischung aus Abenteuerlust, Unerfahrenheit und tatsächlich vorhandener Kriegsbereitschaft meldeten sich noch nach dem Scheitern der Frühjahrsoffensive des Jahres 1918 einige Soldaten dieser Altersgruppe freiwillig für einen Einsatz im Feld.[689] Zu diesem Zeitpunkt sorgte die aussichtslose Lage an der Front dann allerdings für eine rasche und gründliche Desillusionierung.[690]

Auch im Feldheer bestand hinsichtlich der Stimmung eine wichtige Differenzierungslinie zwischen jungen und älteren Soldaten.[691] Unverheiratete Mannschaften ertrugen auch schwere Anstrengungen und Entbehrungen, ohne daß ihre Bereitschaft zur Dienstausübung dadurch unbedingt dauerhaft gemindert werden mußte.[692] Ein Teil der jungen Soldaten hatte den Wunsch sich zu bewähren, und einzelne nahmen aus „Rauflust" sogar gerne an gefährlichen Unternehmungen wie Patrouillengängen teil.[693] Einer der Gründe für diese Haltung war das von den

686 Vgl. Vertrauensmänner Ers.-MG-Trupp 30.5.1918 an stv. GK I. AK: BHStA/IV, stv. GK I. AK 2409; 1. Train-Ers-Abt. 25.7.1918 an den Kommandeur: ebd., stv. GK I. AK 2411; Briefauszug eines vor der dritten Abstellung in das Feld stehenden Soldaten aus Breslau vom 3.10.1917: BSB, Schinnereriana, sowie die folgende Anm.

687 Vertrauensmann Gebirgs-Art.-Ers.-Abt. 2 und 4 23.10.1918 an stv. GK I. AK: BHStA/IV, stv. GK I. AK 2412. Vgl. den Brief des Bahnarbeiters und Infanteristen E./20. I.R. Richard Steinsberger, Jahrgang 1893 vom 22.11.1915 an seine Eltern aus Lindau: ebd., MKr 13349; Brief des Dienstknechtes O.H., geb. 1887, aus Passau vom 6.1.1918 an Otto Frhr. v. Aufseß: Gemeinde Kochel.

688 Vertrauensmänner Gebirgs-Inf.-Ers.-Btl. Immenstadt 3.9.1917 an stv. 1. Inf.-Brigade: BHStA/IV, stv. GK I. AK 2400; E./12. I.R. 27.7.1918 an Ers.-Btl.: ebd., stv. GK I. AK 2411; Brief des Bauernsohnes J.W., geb. 1896, vom 17.2.1916 aus Lindau an Otto Frhr. v. Aufseß: Gemeinde Kochel.

689 Vertrauensmänner Ers.-MG-Trupp 30.5.1918 an stv. GK I. AK: BHStA/IV, stv. GK I. AK 2409; Gebirgs-Artillerie Ers.-Abt. 2 und 4 23.10.1918 an dass.: ebd., stv. GK I. AK 2412. Über die genannten Gründe hinaus spielte hier vielleicht auch die Weigerung eine Rolle, den Erzählungen der älteren Feldsoldaten über die Realität des Frontalltages Glauben zu schenken. Vgl. für den Zweiten Weltkrieg den Hinweis bei M. Zimmermann, Ausbruchshoffnung. Junge Bergleute in den Dreißiger Jahren, in: L. Niethammer (Hg.), „Die Jahre weiß man nicht, wo man die heute hinsetzen soll." Faschismuserfahrungen im Ruhrgebiet, Berlin. Bonn 1983, S. 97-132, hier S. 123.

690 Vgl. Cron, Sekretariat, S. 31; WUA, Bd. 5, S. 39; Hans Spieß 27.8.1918 an Eltern und Geschwister: „(...) und den Nachersatz den wir immer bekommen ja daß sind so die reinsten Kinder und müssens ins Feuer schreien sie Ihrer Mutter und weinen." BHStA/IV, Kriegsbriefe 340.

691 Vgl. Niederschrift über die Besprechung mit den Vertretern landwirtschaftlicher Organisationen am 28. Juni 1917, S. 20 (Michael Melchner): BHStA/II, MInn 66328.

692 Vgl. z.B. die Feldpostbriefe von Andreas Simbürger aus der Zeit vom September 1914 bis zu seinem Tod im Alter von 24 Jahren im Dezember 1916: Privatbesitz; Feldpostbriefe von Joseph Reininger, geb. 1889, insbes. der Brief an seine Eltern und Geschwister vom 18.2.1915: Privatbesitz.

693 Vgl. Deist, Le moral, S. 92; Klemperer, Curriculum Vitae, S. 379.

jungen Männern von einem Aufenthalt im Feld erhoffte und teilweise vielleicht auch damit verbundene Befreiungserlebnis, dessen Erwartung ein verheirateter Landwirt 1918 als aus seiner Sicht illusionär tadelte:

> „Der Hans soll nur nicht so viel Sprüch machen mit seinem Soldat werden, der würde sein Schlappmaul hängen, wenn er hausen wär, da saget er nicht, wens nicht recht gehe ich fort, die lernen es ihm noch."[694]

Die verheirateten Soldaten im Alter von mehr als 30 Jahren litten dagegen frühzeitig unter den mit dem Fronteinsatz verbundenen Belastungen.[695] Ihre gegenüber den jungen Leuten durchweg schlechtere Stimmungslage findet einen zuverlässigen Beleg in der Verteilung der beim Kriegsministerium eingereichten Klagen aus dem Feld. Diese stammten in der Mehrzahl von Mannschaften der Landwehr- und Landsturm-Truppenteile oder „Formationen", welche wie etwa die Armierungstruppen „nicht körperlich vollwertiges Material enthielten".[696] Von der 6. Landwehr-Division, die an einem der ruhigsten Abschnitte der Westfront stand, wurde für das Jahr 1918 berichtet, daß die Stimmung der überwiegend älteren Mannschaften ausgesprochen schlecht war, und diese auch gegenüber den Offizieren ihre Kriegsverdrossenheit offen zugaben.[697] Unter älteren Soldaten, die nicht direkt an Kampfhandlungen beteiligt waren, war die Stimmung zuweilen schlechter als bei jungen Leuten, bei deren Truppe heftige Kämpfe mit Phasen der Entspannung wechselten.[698]

Den älteren Soldaten fielen vor allem die körperlichen Strapazen des Stellungskrieges schwer, wie etwa die anstrengende Arbeit an den Stellungen bei wenig Schlaf und unzureichender Kost:

> „Ich bin immer noch glücklich durchgekommen was das beste ist. Wir sind öfters wo anderst darum get es mit der Schreiberei u Post ungleich. Wir haben jetzt warmes wetter und get scharf zu. Es were halt gut wens einmal ein ende neme mit dem Krig. Wir müßen fil mit machen und wenn man schon so alt ist."[699]

Zudem bewegte die permanente Sorge um das Wohlergehen von Frau und Kindern in der Heimat die Verheirateten.[700] Soldaten städtischer Herkunft, deren Familien

---

694 L.R. 8.6.1918 an seine Frau in Michelfeld (Unterfranken): BfZ, Slg. Schüling, Bd. 5, Nr. 89; vgl. Klemperer, Curriculum Vitae, S. 305; Hans Spieß 12.3.1917 an seine Eltern: BHStA/IV, Kriegsbriefe 340.

695 „Es ist traurig, wenn man mit 39 Jahren im fremden Land unter Lebensgefahr sein muß, und eine solch lange Zeit. Meine Gesundheit ist dahin." Stefan Schimmer o.D. [März 1915], 27.3.1915 an seine Frau und 5.6.1915 (Zitat) an seinen Bruder: BHStA/IV, Amtsbibliothek 9584.

696 Undatierte Ausarbeitung [1928] des bayer. Kriegsarchivs über das in den Akten mit „Klagen und Beschwerden" enthaltene Material: BHStA/IV, HS 2348; vgl. Müller-Meiningen, S. 322.

697 Histories, S. 143; vgl. für die preuß. 25. Ldw.-Div. ebd., S. 360.

698 Vgl. Gendarmerie-Station Baumgarten 8.9.1918 an BA Pfarrkirchen: StAL, Rep. 164/14, 8724.

699 Brief des Dienstknechtes und Landsturmmannes (1./R.I.R. 15) Josef Huber, geb. 1878, an seinen Vater Xaver Huber in Gnadenberg (Allgäu) vom 24.7.1916: StAA, Amtsgericht Immenstadt E 88/1919. Vgl. Clemens Billig 10.2.1915 an Familie Peißner in Albaching bei Wasserburg: BHStA/IV, HS 3362; Histories, S. 394 (30. Res.-Div.); WUA, Bd. 5, S. 262.

700 Vgl. Löwith, Leben, S. 2 (Löwith diente im Inf.-Leib-Regiment); Kruse, Krieg und nationale

hungerten und deren Frauen für den Erwerb der kargen Lebensmittel Tag für Tag Schlange stehen mußten, waren „manchmal ganz besinnungslos".[701] Die ‚Jammerbriefe' der städtischen Arbeiterfrauen entwickelten sich seit Ende 1915 zu einem durch die Behörden nicht kontrollierbaren negativen Faktor der Stimmungsentwicklung an der Front.[702] Im Feldheer dienende Landwirte wurden dagegen durch Berichte ihrer Frauen über die eigene große Arbeitsüberlastung, das aggressive Auftreten von Hamsterern und die Handhabung der Zwangswirtschaft in Mißstimmung versetzt.[703] Nach langem Aufenthalt und schwieriger werdenden Bedingungen an der Front steigerte sich schließlich zum Kriegsende hin auch das elementare Verlangen danach, wieder zu Frau und Kindern zurückkehren zu können:

> „Die Sache macht uns allen keinen Spaß mehr, es ist zu viel was den Menschen zugemutet wird, wir möchten alle nach der lieben Heimat, zu Weib und Kind."[704]

Im Frieden hatten die Soldaten bei der Erfüllung ihrer Militärpflicht immer das feststehende Ende der Dienstzeit vor Augen gehabt.[705] Daß dieser Zeitpunkt im Krieg in unbestimmte Ferne rückte, konnte nach Erreichen einer bestimmten Altersstufe wie etwa derjenigen, bei der man zur Landwehr überging, unabhängig von den konkreten Umständen des Einsatzes erbittern.[706] Zu bedenken ist aber auch, daß zahlreiche ältere Soldaten ohne jegliche Militärerfahrung, die vor dem Krieg ungeachtet ihrer Tauglichkeit keinen Wehrdienst ableisten mußten, im Verlauf des Krieges eingezogen wurden.[707] Diese waren nunmehr gezwungen, sich

---

Integration, S. 194.

701 Feldpostbrief vom 16.8.1917, von einem inaktiven Offizier dem Kriegsminister übergeben: BHStA/IV, MKr 2334. Vgl. Briefauszug zum Postüberwachungsbericht der 5. Armee vom 28.9.1918: BA/MA, W-10/50794, Bl. 103; Cron, Studentendienst, S. 32f.

702 Vgl. Daniel, S. 149f. Zur Datierung Thimme, S. 165; vgl. Richard Schiller 13.10.1915 an den Verband der Bergarbeiter Deutschlands: BAP, 92, 271, Bl. 228f. Beispiele für diesen Brieftypus finden sich in: Ulrich/Ziemann, Frontalltag, Dok. 23 c., S. 114ff.; BSB, Schinnereriana, passim.

703 Vgl. Michael Melchner, Kreissekretär des christlichen obb. Bauernvereins 20.6.1916 an K.M., S. 10: BHStA/IV, MKr 2330; Wirtschaftsstelle München-Süd 21.1.1918 an stv. GK I. AK: ebd., stv. GK I. AK 1961.

704 Briefauszug zum Postüberwachungsbericht der 5. Armee vom 31.8.1918 (Zitat): BA/MA, W-10/50794, Bl. 87; Postprüfungsoffizier bei der sächsischen Feldpoststation 46 4.2.1918 an Etappeninspektion 3: SHStAD, Kriegsarchiv (P), 21133, Bl. 93.

705 Vgl. Rohrkrämer, Militarismus, S. 168.

706 Die Eltern eines fahnenflüchtigen ledigen Fabrikarbeiters, der bei einem Urlaub im August 1917 entwich, berichteten über sein Motiv: Wenn er wieder in das Feld gehe, dann nur zu einem Landwehr-Regiment. Er sei jetzt 34 Jahre alt und gehöre zur Landwehr. Das Verfahren gelangte nicht über die Fahnenfluchtmeldung hinaus: BHStA/IV, MilGer 6484. In diesem Zusammenhang gehören auch die Bitten von Landsturmleuten um Ablösung aus dem Operationsgebiet. Eine am 16.10.1915 eingegangene Eingabe an König Ludwig III. lautete: „Viele bayerische Landsturmmänner möchten unseren König u Landesvater bitten daß die Landsturmmänner die am 2. August dieses Jahres 1915 fünfundvierzig Jahr alt sind zu beurlauben oder wenigstens nicht im Feindesland zu verwenden u. auch im Jahrgang 44 auch möglicherweise berücksichtigen." BHStA/IV, MKr 2822. Vgl. Stefan Schimmer 21.4.1915 an seine Frau: ebd., Amtsbibliothek 9584.

707 1914 gab es im Reich rund 5.5 Mio. unausgebildete Männer in wehrpflichtigem Alter: Sanitätsbericht, Bd. III, S. 12.

gewissermaßen im Schnelldurchlauf an die Anforderungen des Dienstes anzupassen, was sich in einer gegenüber den gedienten Soldaten schlechteren Stimmungslage niederschlug.[708] Die damit verbundene physische und psychische Überforderung hatte sich frühzeitig bereits bei älteren Kriegsfreiwilligen gezeigt, die auch aufgrund ihrer „unsoldatischen Eigenschaften (...) nur eine Last für die Truppe" bildeten.[709]

Insgesamt tritt der Gegensatz zwischen jungen, unverheirateten Mannschaften und älteren Familienvätern in Feld- und Besatzungsheer am stärksten als Faktor für Unterschiede in der Stimmung der Soldaten hervor. In der subjektiven Wahrnehmung zeigt sich darin eine Folge der völligen Ausschöpfung des Wehrpflichtigenpotentials, die für die Militärbehörden auch strukturell ein Problem war. Ältere Mannschaften ließen sich für die Armeeführung gewinnbringend letztlich nur an ruhigen Frontabschnitten einsetzen, weshalb sie, überspitzt formuliert, im Regelfall einen gänzlich anderen Krieg erlebten als die jungen Soldaten. Hinweise auf offene generationelle Spannungen zwischen den Altersgruppen liegen zwar nur vereinzelt vor.[710] Dennoch sollte man deshalb als durch eine gemeinsame „Erlebnisschichtung" geprägte ‚Frontgeneration' nur die in den 1890er Jahren geborenen Männer bezeichnen. Bei ihnen fiel das Fronterlebnis in seiner mit großen Belastungen verbundenen Form noch in eine formative Phase der Persönlichkeitsentwicklung. Die in der vorherigen Dekade geborenen Soldaten waren dagegen zu Kriegsbeginn überwiegend bereits verheiratet und etabliert.[711] Diese Einschränkung gilt auch dann, wenn man die Idee der Frontgeneration primär als ein zur Sinnstiftung geschaffenes, mythisches Konstrukt der Nachkriegszeit begreift.[712] Denn in der

---

708 Die 6. Ldw.-Div. berichtete am 29.9.1917 an das GK z.b.V. 64 als „allgemeine Beobachtung", „daß zu Kritik und Unzufriedenheit die Leute am meisten neigen, die nicht gedient haben und vor ihrer Abstellung ins Feld aus wirtschaftlichen und sonstigen Gründen in weitestgehendem Maße beurlaubt waren, während diejenigen Mannschaften, die während ihrer Dienstzeit im Kriege schon schlimmere Zeiten erlebt haben, ruhiger und zufriedener sind." BHStA/IV, MKr 2338; vgl. das Protokoll über die Konferenz der kathol. Feldgeistlichen der Armee-Abteilungen A und B am 26.9.1916 in Straßburg: AEM, „Ordinariat 310"; Richard Schiller 13.10.1915 an Hermann Sachse: BAP, 92, 271, Bl. 228f.

709 Auf Antrag des stv. GK III. AK konnten solche Freiwilligen deshalb im dienstlichen Interesse wieder entlassen werden. Vgl. K.M. 18.5.1915 an die stv. GK (Zitat): BHStA/IV, MKr 579; Ulrich, Desillusionierung, S. 112.

710 Vgl. den in Kap. 4.1. zitierten Brief eines älteren Soldaten. Müller-Meiningen, S. 326, bezeichnete die Einteilung von jungen und alten Soldaten in dieselbe Truppe als eine „psychologische Unmöglichkeit".

711 So auch Weniger, S. 16. Das Zitat nach dem klassischen Aufsatz von K. Mannheim, Das Problem der Generationen, in: ders., Wissenssoziologie, Berlin. Neuwied 1964, S. 509-565, S. 536. Die aus dieser formativen Erfahrung folgende „Generationseinheit" nahm natürlich je nach Milieu durchaus unterschiedliche Gestalt an. Die Binnendifferenzierung der globalen ‚Kriegsteilnehmergeneration' nach Altersgruppen im ländlichen Raum nach dem Krieg nur ansatzweise zu erkennen (vgl. die Hinweise in Kap. 6., bes. 6.3.), und müßte im städtischen Raum noch ausführlich erforscht werden. Peukert, Weimarer Republik, S. 25ff., periodisiert dagegen unter Einbezug der in den 1880ern Geborenen. Trotz aller Grenzen dieses Prozesses ist ebenso zu betonen, daß „politische Erfahrungen" (ebd., S. 30) der ‚Frontgeneration' bereits im Krieg geprägt wurden. Vgl. Kap. 4.3.

712 Vgl. R. Bessel, The ‚Front Generation' and the Politics of Weimar Germany, in: M. Roseman

symbolischen Darstellung ‚des' Frontsoldaten in der Weimarer Zeit spielte der bärtige und dickbäuchige Landwehr- oder Landsturmmann keine Rolle. Nach dieser Betrachtung der langfristig wirksamen stimmungsbildenden Faktoren soll nun die Analyse der im Zeitablauf erfolgenden Veränderungen wieder aufgenommen werden. Im Verlauf des Jahres 1916 bewirkten vor allem die großen Materialschlachten bei Verdun und an der Somme eine Wende hin zu einer massiver werdenden Stimmungsverschlechterung. Vor allem das extreme Ausmaß der artilleristischen Aktivität setzte dabei den Infanteristen zu. Die Wirkungen der als Drohkulisse zur Eindämmung von Verbrüderungen benutzten und seit 1915 auch in der Form des stundenlangen Trommelfeuers eingesetzten Artillerie waren den Mannschaften bereits bekannt und besonders gefürchtet.[713]

Bei Verdun und an der Somme begegnete den Truppen jedoch „ein ganz anderer Krieg".[714] Ein an der Somme eingesetzter Artillerist beschrieb seine Eindrücke mit den Worten:

> „Einfach schreklich. Mit Gottes Hilfe wird ich auch aus diesem Höllenloch wider gesund kommen. Da wenn einer Nerven von Stahl und Eisen hat werden sie auch gerüttelt."[715]

Gerade der an der Somme zur Vorbereitung des Angriffs der Alliierten durchgeführte, sieben Tage lang andauernde intensive Artilleriebeschuß mit verschiedensten Kalibern besaß eine neue Intensität. Die in den Unterständen ausharrenden Soldaten wurden durch die lähmende Ungewißheit über ihr Schicksal teilweise mehr noch als durch die direkte Waffenwirkung zermürbt.[716] Artilleriefeuer diesen Ausmaßes hatte durch die Schockwirkung explodierender Geschosse – in Großbritannien bürgerte sich dafür die Bezeichnung „shell-shock" ein – oder die Zerstörung von Unterständen, die darin befindliche Soldaten lebendig begrub, zahlreiche psychische Erkrankungen zur Folge.[717] Bei Verdun sorgte zudem die steigende Zahl an Verlusten durch Treffer der eigenen Artillerie für Erbitterung, die auf mangelnder

---

(Hg.), Generations in Conflict, Cambridge 1995, S. 121-136, v.a. S. 126.

713 Vgl. den Brief des Landwirtes und Infanteristen L.W. 8./R.I.R. 15 vom 21.4.1916 an seine Frau R.: Slg. Aicher; Georg Maier 1.3.1915 an Sophie und 11.3.1915 an seine Eltern (Abschrift): AEM, Kriegschronik Altenerding B 1837; Ulrich/Ziemann, Frontalltag, Dok. 20 f., S. 89f.; G.T. (E.I.R. 3) 28.9.1916 an seine Frau: „Man könnte als meinen, der Himmel müßte sich aufthun und den Erdboden verschlingen." Privatbesitz.

714 Josef Uebele, Kriegserlebnisse eines Pionier-Unteroffiziers der 3. bayer. Feld-Pion.-Komp. vor Verdun im Mai 1916 (1926): BHStA/IV, HS 1984; vgl. Weck, S. 319 (Brief eines Offizierstellvertreters des R.I.R. 14 vom 23.9.1916).

715 O.F. (6./11. Feld-Art.-Rgt.) 24.9.1916 an seine Dienstherrin, die Bäckerin T.K.: BfZ, Slg. Schüling, Bd. 110. Die vom 25.8. bis zum 15.9.1916 im Gefecht eingesetzte 4. Inf.-Div. hatte dabei einen Ausfall von 60% ihres Bestandes erlitten: Histories, S. 102.

716 Vgl. Keegan, S. 269-281. Zu den Folgen: Brief von Erich Winhart 8./15. I.R. vom 2.7.1916 vor Verdun (Abschrift): BHStA/V, Slg. Varia 1697/58; Gallwitz, S. 115f. Vgl. auch „Erfahrungen aus der Somme-Schlacht im August-September 1916" vom GK I. bayer. Res.-Korps 18.9.1916, S. 1, mit der Feststellung, daß „alle bisherigen Begriffe von einem Artilleriemassenfeuer weit übertroffen wurden." BHStA/IV, stv. GK I. AK 451.

717 Vgl. Ulrich/Ziemann, Frontalltag, Dok. 21 a-f., S. 102-105; allgemein: Ulrich, Nerven und Krieg.

Kommunikation zwischen Infanterie und Artillerie sowie dem Materialverschleiß der Geschütze beruhten.[718] Den furchterregenden „dumpfen Donner der schweren Geschütze" konnte man dort schon „von weither" hören.[719] Auch an der Somme waren neu ankommende Truppen und Ersatzmannschaften bereits vor dem ersten Einsatz durch Erzählungen über den erschreckenden Charakter des Feuers informiert und dadurch in Angst versetzt:

> „Als wir an die Somme kamen, ging es dort schrecklich zu. Ich traf einige Kameraden, welche dort schon in Stellung waren, und diese erzählten auch, wie es da vorne zuginge, daß so viele schwer Verwundete vorne liegen, welche wegen des furchtbaren Artilleriefeuers nicht mehr zurückgebracht werden können, und somit rettungslos verloren sind, und noch mehr so schreckliche Geschichten."[720]

Die in den Materialschlachten eingesetzten Mannschaften waren nach kurzer Zeit depressiv und erschöpft, und der von ihnen geäußerte Wunsch nach baldigem Frieden gewann an Dringlichkeit.[721] Feldpostbriefe aus dem Jahr 1916 berichteten erstmals von Gedanken über eine auf den Krieg folgende „Revolution".[722] Auch die Oberste Heeresleitung und höhere Vorgesetzte waren über den durch die Schlachten bei Verdun und an der Somme verursachten Stimmungsumschwung orientiert und beunruhigt.[723] Bei den beteiligten Divisionen schlugen sich die enormen Anforderungen neben vereinzelten Meutereien vor allem in einer Zunahme individueller Verweigerungsformen nieder. Erstmals registrierte man eine größere Zahl von Versprengten, die sich beim Vormarsch in die Stellung entfernten und sich dann für einige Tage bis zur Rückkehr der Einheit verborgen hielten.[724]

718 Werth, S. 178f., 336, 349; Heß, S. 184; Die 5. Kompanie des Infanterie-Leib-Regiments, S. 125; vgl. Eksteins, S. 234; Thaer, S. 146 (4.11.1917). Dieses Phänomen trat im Sommer 1918 nochmals gehäuft auf: Deist, Militärstreik, S. 155; Richert, S. 314.
719 Kriegstagebuch Josef Ullrich (10./24. I.R.) Mitte Mai 1916: BHStA/IV, HS 3262.
720 In der Krankenuntersuchung geschriebener Lebenslauf des ledigen Dienstknechtes Georg Karr aus Wang, BA Wasserburg (12./2. I.R.), der im Oktober 1916 an der Somme mit einem Kameraden beim Vormarsch zurückblieb. Karr hatte sich bereits im Mai vor Verdun wiederholt erfolgreich und ohne Bestrafung dem Einsatz entzogen. Er wurde nun wegen Feigheit in zwei Fällen zu vier Jahren Gefängnis verurteilt: BHStA/IV, MilGer 3454. Gegen Matthäus Birner (10./R.I.R. 1) wurde ermittelt, weil er am 29.11.16 in der Ortsunterkunft Mannschaften des vor dem Einsatz an der Somme stehenden Regiments aufwiegelte, dort seien sie nur „Kanonenfutter": ebd., Militärgericht 1. Res.-Div. B 20. Vgl. Gallwitz, S. 115f.
721 Vgl. Thimme, S. 165, der sich u.a. auf eine 1916 in Frankreich veröffentlichte Sammlung von Briefen bei Verdun gefallener deutscher Soldaten stützt, die dort propagandistischen Zwecken diente; Cron, Sekretariat, S. 29; Werth, S. 411; Ulrich/Ziemann, Frontalltag, Dok. 20 h., S. 90ff.
722 Cron, Studentendienst, S. 33; ders., Sekretariat, S. 47.
723 Vgl. Volkmann, S. 160f.; Armee und Revolution, S. 13. Faßbare Konsequenzen für den Umgang mit den Mannschaften scheint dies allerdings nicht gehabt zu haben. Auf Verdun und die Somme nimmt in dieser Hinsicht nur eine Verfügung der OHL vom 29.9.1916 Nr. 36017 Bezug, die den erkennbar gewordene besondere Bedeutung der „unteren Führung" vom Kompanieführer abwärts hervorhob und insbesondere die Bataillonsführer zur weiteren Schulung der ihnen unterstellten Vorgesetzten aufforderte: BHStA/IV, stv. GK I. AK 451. Über die widersprüchliche Beurteilung der Motivation der Mannschaften durch die OHL vgl. WUA, Bd. 11/1, S. 308f.
724 Armee und Revolution, S. 25; vgl. Gallwitz, S. 142; Werth, S. 410, sowie Kap. 3.3.3.

Vorläufig nur schwer zu bestimmen bleibt, welchen Einfluß diese Ereignisse des Jahres 1916 über die dort eingesetzten Verbände hinaus auf die allgemeine Stimmungslage hatten. Einerseits gibt es Hinweise darauf, daß die Somme-Schlacht abseits der unmittelbaren Einwirkung des Kampfgeschehens teilweise einen „Geist grimmiger Entschlossenheit" weckte.[725] Starke Kriegsmüdigkeit konnte sich auch zu diesem Zeitpunkt noch mit ausgeprägter Abwehrbereitschaft verbinden.[726] Dieses Phänomen gewinnt eine gewisse Plausibilität dadurch, daß sich die deutschen Truppen in bezug auf die Somme in der Position des Verteidigers begreifen konnten.[727] Andererseits ist die 1916 in großem Umfang aus dem Feld einsetzende Bewegung gegen eine weitere Kriegsanleihezeichnung als ein wichtiges Indiz dafür zu werten, daß viele Soldaten angesichts der langen Dauer des Krieges erstmals mit dem Ziel seiner Beendigung aktiv wurden.

Die Schlachten des Jahres 1916, in denen an einem Ort zehntausende von Menschen von den Apparaten des Maschinenkrieges als bloßes, objektiviertes ‚Material' verbraucht und nach kürzester Zeit mehr oder minder beschädigt wieder ersetzt werden mußten, machten die dem Stellungskrieg innewohnende Absurdität vollends offensichtlich. Ein Krieg, der weitgehend ohne nennenswerte Veränderungen oder Folgen – außer den destruktiven – über Jahre hinweg fortgeführt wurde, war kein Krieg im herkömmlichen Verständnis eines begrenzten und auf eine definierte Entscheidung hinführenden Waffenganges mehr.[728] Den Soldaten erschien er vielmehr nur noch als ein ‚Morden':

> „(...) es hat sich alle Menschliche *Gerechtigkeit* aufgehört zu Existieren. Also alles blos um den *Willen* des *Groskapitalismus* halber, ebenso den *Preusischen Militarismuß*, wegen dem das arme Volk so zu leiden hat. Immer wieder werden Neue Reserven herangezogen in das öffentliche *Schlachthaus* und auf *grausame* Art und weise *hingeschlachtet* zu werden. (...) Zu was es nur führen möchte dieß einzigen *hinmorden?* Die Frage zu beantworten ist nicht schwer, die Großköpfigen wollen allein sein mit ihrem von dem Volk mit *Wucherhänden erpreßtes* geraubten Gelde, um sagen zu können, so jetzt haben wir wieder freie Hand, und sind unseres Lebens sicher, nichts anderes wars als das Volk zu viel war, und *sie* haben (..) sich gesagt, wir wollen ihnen zeigen das *wir* kraft haben, um sie zu vernichten, müßen *wir* eine Politik verfolgen, um es zu einen krieg kommen zu laßen sagen *wir* das wollen unsere

---

725 Cron, Sekretariat, S. 29f., Zitat S. 30.
726 Vgl. Cron, Holzarbeiter, S. 1f. Die Briefschreiber dienten überwiegend in der Etappe oder im Besatzungsheer. Ein Frontsoldat schrieb dagegen am 9.10.1916: „Es ist hier an der Somme nur noch ein gegenseitiges unnützes Morden um jeden Meter Graben. Ich denke sehr oft an die Kundgebung im Juni 1914, wo unsere jetzigen Feinde ihre Freundschaft zu uns wiederholt betonten und man nicht weiß, was man dazu sagen soll." Ebd., S. 5.
727 Vgl., allerdings auf der Basis ideologischer Quellen: Krumeich, Le soldat allemand. Bei den beteiligten Verbänden begünstigte auch die Topographie des Kampfgeländes den Verteidiger: Keegan, S. 330ff. Nicht nur Dominik Richert wußte, daß das Stürmen die „beste Gelegenheit zum Sterben" ist: Richert, S. 147.
728 „Es ist ein Massenmorden, ohne das viel erreicht wird." G.T. 12.4.1917 an seine Frau: Privatbesitz.

Feinde, das volk ist schon so dumm und glaubte es, und wir haben gewonnenes Spiel."[729]

Zur formelhaften Charakterisierung eines ihnen zunehmend ebenso sinn- wie endlos erscheinenden Krieges benutzten die Soldaten seit 1916 des öfteren den Vergleich mit einem ‚Morden' oder einem ‚Schlachthaus', eine Bezeichnung, die Wilhelm Lamszus bereits 1912 in seiner visionären Beschreibung des kommenden Krieges verwandt hatte.[730] Diese Begrifflichkeit fand bald ein Echo in Briefen aus der Heimat.[731] Der stationäre Charakter des Krieges setzte zur gleichen Zeit auch in zunehmendem Maße Überlegungen in Gang, die sich mit den Ursachen für die Fortdauer des Krieges beschäftigten. Neben der kriegstreiberischen Politik des preußischen ‚Militarismus' standen aus Sicht der Soldaten dabei schlagwortartig umrissene Interessen einzelner gesellschaftlicher Gruppen im Vordergrund.[732] Am Ende dieses ereignisreichen Jahres weckte – wie jede Friedensinitiative – das von den Alliierten bald zurückgewiesene Friedensangebot der Mittelmächte vom 12.12.1916 neue Hoffnungen. Bei kriegsmüden Soldaten wurde nach der Enttäuschung über die Erfolglosigkeit der Initiative die Friedenssehnsucht durch das offizielle Angebot weiter vermehrt. Patriotisch gesonnene und zum Durchhalten bereite Soldaten bestärkte die Ablehnung dagegen eher in ihrer Entschlossenheit.[733]

Im Verlauf des Jahres 1917 erfuhr die Stimmungslage der Soldaten zunächst eine weitere allgemeine Verschlechterung. Der Tonfall, mit dem sie in Feldpostbriefen ihrer Kriegsmüdigkeit Ausdruck gaben, wurde allgemein aggressiver, und insbesondere in der Kritik an der Verschlechterung ihrer Lebensbedingungen wie z.b. der Kürzung der Verpflegungsrationen ausgesprochen scharf.[734] Vor allem anonyme Beschwerden von Soldaten enthielten nunmehr des öfteren „versteckte und auch

729 Brief des Hausierers Matthäus Birner vom 4.12.1916 aus der Haft an Theres Birner (Hervorhebungen im Original): BHStA/IV, Militärgericht 1. Res.-Div. B 20.
730 Ein erster Beleg datiert bereits aus dem Jahr 1915; vgl. Wilhelm Platta 19.5.1915 an den Verband der Bergarbeiter Deutschlands: BAP, 92, 271, Bl. 196. Für das Jahr 1916: Hans Spieß o.D. [1916] an seine Eltern: BHStA/IV, Kriegsbriefe 340; Briefe des Spenglers und Uffz. Ernst Dreher vom 24.2.1916 an die 2. Feldpionier-Komp. I. AK aus Zürich, wo er nach einem Heimaturlaub verblieb: ebd., MilGer 6237; Briefe von F. Tholl vom 10.5.1916 und Wilhelm Pfuhl vom 17.11.1916: Ulrich/Ziemann, Frontalltag, Dok. 20 j., S. 95, Dok. 21 c., S. 103; Weck, S. 320. Vgl. W. Lamszus, Das Menschenschlachthaus. Bilder vom kommenden Krieg (1912), München 1980.
731 „Es ist schrecklich wie die kerngesunden Leute zugerichtet sind, man könnte schreien gerade naus den ganzen Tag, wenn man die jungen Leute sieht, in ihrer schönsten Blüte, da lebt ihr dort ruig u. könt zufrieden sein, daß euch dieses Los getroffen hat, denn das ist jetzt keine Welt mehr, nur kein Krieg, daß ist eine richtige Menschenschlächterei." Brief einer Waldarbeiterin aus Weißenstadt (Oberfranken) vom 20.5.1917 an einen Kriegsgefangenen: BSB, Schinnereriana. Vgl. den Briefauszug aus Ndb. vom März 1917: BHStA/IV, stv. GK I. AK 1979.
732 Vgl. Kap. 4.3.
733 Vgl. B.G. 20.12.1916 an Otto Frhr. v. Aufseß: Gemeinde Kochel; Ulrich/Ziemann, Frontalltag, Dok. 31 a., S. 126; Deist, Le moral, S. 100; Paul Mai 6.2.1917 an Frau Vortmann: WUA, Bd. 5, S. 267f. Von weitgehend „stumpf(er)" Gleichgültigkeit bei den Mannschaften seiner Kompanie berichtete allerdings v. Rudolph: Dolchstoß-Prozeß, S. 447.
734 Vgl. Kap. 3.3.1., sowie die Briefauszüge zu den Postüberwachungsberichten der 5. Armee vom 12.7. und 28.9.1917: BA/MA, W-10/50794, Bl. 17-23, 29-34.

offene Drohungen mit einer kommenden Revolution".[735] Ein oberpfälzischer Landwirt stellte im Juli 1917 fest, daß auf das Heer „kein Verlaß" mehr sei. Die vorherrschende Stimmungslage charakterisierte er mit den Worten, daß die meisten Soldaten seiner Beobachtung nach „weder aus Königstreue noch aus Vaterlandsliebe" kämpften, „sondern mit tiefem finsteren Groll im Herzen". Statt der „Landesfeinde" würden sie „mit größerer Freude" lieber „die Großen unseres Landes" beseitigen.[736] Der Mehrheitssozialdemokrat Paul Löbe hatte kurz zuvor auch unter der SPD nicht nahestehenden Frontsoldaten wie etwa Landwirten und Kaufleuten eine weit verbreitete „Wut gegen das eigene Land" festgestellt, die bis zu dem „Wunsch" reiche, „daß Deutschland unterliegt".[737]

Aber auch 1917 kam es ähnlich wie an der Somme dem Durchhaltewillen der deutschen Truppen zugute, daß sie aus einer defensiven Position heraus kämpften. Dies gilt insbesondere für den französischen Durchbruchsversuch im April 1917 im Artois und in der Champagne. In der französischen Armee führte die verlustreiche und schlecht vorbereitete Offensive zu einer massiven Krise der Disziplin, die sich in zahlreichen Meutereien niederschlug.[738] Bei den sich verteidigenden Truppen auf deutscher Seite blieb eine derartig gravierende Krise aus. Stattdessen wurde bei einem Teil der durch Pflichtbewußtsein geprägten Soldaten eher der Wille zur Abwehr gestärkt.[739]

---

735 Auch die „Hochflut" der Klagen setzte ungefähr im Frühjahr 1917 ein: Undatierte Zusammenstellung [1928] des bayer. Kriegsarchivs über das in den Akten mit „Klagen und Beschwerden" enthaltene Material: BHStA/IV, HS 2348.

736 Schreiben eines Landwirtes an das BA Parsberg vom 8.7.1917 (StA Amberg, BA Parsberg 4053), zit. nach Fuchs, Oberpfalz, S. 21. Herrn Dr. Achim Fuchs bin ich für die Einsicht in dieses Manuskript zu Dank verpflichtet. Vgl. die hinsichtlich des ‚Grolls' übereinstimmenden Schilderungen in: Briefauszug eines ehemaligen Feldsoldaten aus München vom 8.7.1917, sowie den Briefauszug eines Soldaten im Feld vom September 1917: BSB, Schinnereriana; Feldpostbrief vom 16.8.1917 (mit dem Hinweis auf eine 1918 drohende „Explosion" in Volk und Armee), dem Kriegsminister v. Hellingrath von einem inaktiven Offizier übergeben: BHStA/IV, MKr 2334.

737 In der Sitzung des Parteiausschusses der SPD vom 26.6.1917: Dowe, Bd. I, S. 535. Boll, S. 223ff., betont den Schlüsselcharakter dieser Sitzung, in der die Partei kurz vor der Ablehnung weiterer Kriegskredite stand. Umso bemerkenswerter ist es, wie folgenlos die Feststellung Löbes geblieben ist. Vor allem Eduard David warnte vor der Preisgabe des ‚Reichslandes' und milliardenschweren Kriegskosten. Dies geschah zu einem Zeitpunkt, an dem die Soldaten mehrheitlich zur Preisgabe Elsaß-Lothringens bereit waren und selbst einfache Bauern erkannt hatten, daß die finanziellen Folgen des Krieges unabhängig von Sieg oder Niederlage in jedem Fall verheerend sein würden. Vgl. Kap. 4.3. Es bleibt eine eigene Untersuchung wert, warum die MSPD-Spitze das in den Soldatenmassen liegende, bei entsprechender Agitation wahrscheinlich noch stärker zukommende kriegskritische Potential auch in der Revolution nicht systematisch ausgeschöpft hat. Stattdessen bewegte man sich, wie die Protokolle belegen, während des Krieges weitgehend in den aus der Vorkriegszeit gewohnten Bahnen der Kritik an den Mißhandlungen und anderen Mißständen, die inzwischen auch von Zentrum und BBB vertreten wurde.

738 Vgl. Pedroncini.

739 Vgl. Cron, Sekretariat, S. 30; ders., Studentendienst, S. 33, sowie die folgende Anm. Sebastian Schlittenbauer stellte allerdings in einem Brief an Kriegsminister v. Hellingrath vom 4.8.1917 unter Berufung auf die Äußerung eines Offiziers fest, daß sich Presseberichte über die Meutereien beim Gegner negativ auf die eigenen Truppen auswirken würden: BHStA/IV, MKr 2334. Vgl. Kap. 3.3.3. Die München-Augsburger-Abendzeitung übermittelte dem K.M.-Pressereferat am

Heftige und verlustreiche Kämpfe diesen Zuschnitts steigerten aber ungeachtet ihres defensiven Charakters die Kriegsmüdigkeit der Mannschaften in besonderem Maße:

„(...) Soll es den nicht einmal gar werden, wir kommen jetzt von der großen Schlacht vonn Du vielleicht gehört haben solltest. Die haben sich wieder einmal die Köpfe richtig eingerant vielleicht komens doch bald zur Einsicht. Mein lieber wer hätte geglaubt daß dis solang dauern würde. jetzt sind wir noch 5 Alte bei der Kompagnie. Ich hatte immer das glück ohne verwundung davon zu komen schon fast drei Jahre. haben viel erleben müssen und durchmachen. Wie Du vielleicht weist lb. Joseph sind wir seit Oktober 15 beim 11. Res. ist vollständig gemacht worden. Mein lb. die Vogesen haben wir mit schmerzen verlassen voriges Jahr schon sind derweilen schon die ganze Front abgerutscht. Am 25. mus ich wieder zur Front bin jetzt das 3te mal schon da wann wird es einmal gar werden mit der Menschenschlächterei weiter ist es ja so nichts das dumme Europa spielt der ganzen Welt ein blutiges schauspiel und ruiniert dabei die schönsten Kulturen, nennen sich *Kulturvölker* nicht war aber nur ein Kampf für die großen. Mein lieber möge der Himmel bald den Frieden bringen daß wir uns wieder glücklich finden möchten in der Heimat es wird jetzt nicht nur langweilig sondern ekelhaft immer das eintönige Platzen der Kranaten. nur einmal wen wir wider diese ganze Gluft abwerfen könnten u. in unser Zivilgluft kriechen könnten."[740]

Die Auffassung, daß eine sinnlose Fortsetzung des ‚Völkerringens' durch ihre destruktiven Folgen auf allen Seiten die gesellschaftlichen Grundlagen der modernen Zivilisation angreifen und ihren kulturellen Überlegenheitsanspruch desavouieren würde, äußerte in den letzten beiden Kriegsjahren eine Reihe von Soldaten. Wiederholt stellte man dabei diese Entwicklung in einen Zusammenhang mit der Verantwortlichkeit der Eliten bzw. ‚Großen' für den Krieg. Dies ist bereits ein erster Hinweis darauf, daß die Einsicht in die interessenpolitischen Ursachen des Krieges bei politisch bis dahin nicht aktiven Soldaten statt der Suche nach politischen

22.9.1917 einen Brief, den sie am 6.8.1917 aus dem Feld von einem „angesehenen" Kaufmann erhalten hatte. Dieser bemerkte zu den Gründen der trotz verbreiteter Kriegsmüdigkeit erzielten Erfolge, daß Vorstöße im Westen allein den „herrlichen Sturmtrupps und Sturmregimentern" zu danken seien. Weiter führte er aus: „Daß unsere Artillerie in den Abwehrschlachten funktioniert, geschieht aus ihrem Pflichtbewußtsein, aber was glauben Sie wohl, wie so eine Batterie oft nach einigen Stunden schon aussieht? Glauben Sie die noch Überlebenden hatten, wenn sie nach 14 Tagen oder 4 Wochen aus der Offensive herausgezogen werden, noch Gefechtsfähigkeit in den nächsten Tagen, Angriffslust?" BHStA/IV, MKr 2335.

740 Brief aus dem Feld vom 24.4.1917 (Hervorhebung im Original); vgl. den Briefauszug vom 9.5.1917: BSB, Schinnereriana. Das R.I.R. 11 war bis September 1916 der einen passiven Sektor in den Vogesen haltenden 30. Res.-Div. unterstellt, was die ‚Schmerzen' beim Verlassen dieses Abschnitts erklärt. Das Regiment kam dann zur 9. Res.-Div., wo es am 16.4.1917 an heftigen und verlustreichen Abwehrkämpfen gegen die beginnende Nivelle-Offensive am Chemin des Dames beteiligt war. Vgl. Die Bayern im Großen Kriege, Bd. 2, S. 35; Histories, S. 176f., 393. Die alliierte Analyse hob allerdings die starke Defensivkraft der Division in diesen Kämpfen hervor. Auch der bei der Vernehmung von Gefangenen der bayer. 4. Inf.-Div. gewonnene Eindruck einer energischen und hartnäckigen Einstellung fand besondere Erwähnung. Diese Division hatte im Oktober 1917 bei Abwehrkämpfen in der Nähe von Passchendaele 30% Verluste erlitten; vgl. ebd., S. 177, 103.

Handlungsstrategien eher eine tiefgreifende Resignation über die scheinbar unabänderliche Zerstörung der Lebensgrundlagen des Volkes durch die bürgerlich-kapitalistische Gesellschaft auslöste.[741]

Eine Intensivierung des Überdrusses am Krieg in gegenüber dem Frühjahr 1917 noch verstärktem Ausmaß bewirkten die von Ende Juli bis Anfang November andauernden Kämpfe der dritten Ypern-Schlacht in Flandern. Ihren Anforderungen waren die eingesetzten Truppen teilweise „nicht mehr gewachsen".[742] Bei zumindest fünf beteiligten nichtbayerischen Divisionen ist für diesen Zeitraum eine kollektive Verweigerung des Vormarsches in die Stellung oder das Verlassen derselben durch Teile einzelner Einheiten belegt.[743] Die Offiziere des bayerischen 16. Infanterie-Regiments konnten nach Informationen britischer Abwehrstellen nur mit Mühe eine Meuterei verhindern, als die 10. Infanterie-Division Ende September 1917 von St. Quentin an die Ypern-Front verlegt wurde.[744] Ein Indiz für die sich in der zweiten Jahreshälfte gravierend verschlechternde Stimmungslage ist auch, daß seit Mitte 1917 die Fahnenfluchtfälle und damit die Zahl der die extremste und risikoreichste individuelle Verweigerungsform wählenden Soldaten an der Front stark anstiegen.[745]

Neben ihrer allgemeinen Zunahme gewann die Kriegsmüdigkeit der Soldaten im Verlauf des Jahres 1917 aber auch an inhaltlicher Bestimmtheit. Dies lag an den verstärkten innenpolitischen Auseinandersetzungen um die Friedensfrage, die durch die scharfe Abgrenzung gegensätzlicher Positionen in der Wahrnehmung der Truppen im Feld an Kontur gewannen. Auf Ablehnung stießen die Vertreter annexionistischer Positionen, die sich im Herbst in der Vaterlandspartei organisiert hatten.[746] Die herrschenden Eliten und einflußreiche gesellschaftliche Interessengruppen, denen man ein Interesse an der Verlängerung des Krieges unterstellte,

---

741 „Wenn nur mal ein Ende käme, wie lange soll denn der Krampf noch dauern, bis alles verhungert, ist denn die Menschheit total wahnsinnig, die Hottentotten sollen Missionen rüberschicken u. der weißen Rasse, dieser Bestie in Menschengestalt, ihre Kultur beibringen (...).“ Brief eines Soldaten aus dem Feld vom 9.5.1917: BSB, Schinnereriana. Vgl. den Briefauszug zum Postüberwachungsbericht der 5. Armee vom 31.8.1918: BA/MA, W-10/50794, Bl. 80; WUA, Bd. 5, S. 301. Vgl. Kap. 4.3.

742 Thimme, S. 166. Eine Gegenstimme bei Cron, Sekretariat, S. 30.

743 Vgl. für folgende nichtbayerische Einheiten: Histories, S. 85 (8./R.I.R. 49, 26.9.1917), S. 217 (R.I.R. 51, August 1917), S. 363 (26. Inf.-Div., August 1917), S. 466 (212. I.R., 30.9.1917). Bei den ersten beiden Einheiten kamen in diesem Zusammenhang auch zahlreiche Desertionen vor allem in das rückwärtige Gebiet vor. Dieses Phänomen wird auch für die in der ersten Augusthälfte bei Ypern eingesetzten und ansonsten als in ihrem Abwehrverhalten erstklassig bewertete 54. Inf.-Div. berichtet: ebd., S. 512f. Teile der in der ersten Linie befindlichen Truppen der 49. Res.-Div. flohen Ende Juli 1917 nach heftigem Artilleriefeuer, von den verbliebenen Soldaten desertierten 30 Mann: ebd., S. 492.

744 Histories, S. 196.

745 Vgl. „Disziplin und Strafen im Weltkriege", S. 4 (mit Bezug auf Überläufer, auch zur Datierung): BA/MA, W-10/50606; Thimme, S. 166. Die Zahl der militärgerichtlichen Verurteilungen bestätigt diesen Befund; vgl. Ziemann, Verweigerungsformen, S. 115.

746 Vgl., auch zum Folgenden, Kap. 4.3.

wurden von den Mannschaften generell scharf kritisiert.[747] Der allgemein verbreitete Friedenswunsch erfuhr dagegen 1917 eine Politisierung, die sich an der nunmehr von der Mehrheits-SPD vertretenen Formel eines Friedens ,ohne Annexionen und Kontributionen' orientierte.

Seit dem Spätherbst 1917 nährte allerdings die militärische Gesamtkonstellation unter den Mannschaften die Hoffnung, daß an der Westfront bald eine entscheidende Auseinandersetzung und damit der Friede möglich sein würde. Dazu trugen zunächst die Ende Oktober 1917 von österreichischen und deutschen Truppen – unter maßgeblicher Beteiligung des Alpenkorps – am Isonzo gegen Italien erzielten Erfolge bei, in deren Gefolge sich die Stimmungslage deutlich verbesserte.[748] Als einen wichtigen Wendepunkt des Krieges betrachteten die Soldaten einhellig die Anbahnung des Waffenstillstandes mit Rußland und die darauf folgenden Friedensverhandlungen im Dezember 1917. An der Front wurden diese Ereignisse „außerordentlich freudig aufgenommen", da jetzt „so mancher das Kriegsende in wenigen Monaten voraussagen zu können glaubte." Allgemein erwartete man nun einen „großen Schlag" im Westen, der eine endgültige Entscheidung bringen müsse.[749] Einige Urlauber verbreiteten sogar die optimistische Sichtweise, daß die eigenen Truppen binnen kurzer Zeit bis nach Paris marschieren würden und der Krieg dann bald vorüber sei.[750] Auch im Besatzungsheer begrüßte man diese Entwicklung wegen der dadurch „gesteigerten Friedensaussichten".[751]

Der erwartete erneute Übergang zum Bewegungskrieg weckte bei den des Stellungskampfes überdrüssigen Truppen Erinnerungen an das Jahr 1914. Diese verbanden sich teilweise mit der Entschlossenheit, nach Jahren der Stagnation in einem entscheidenden „Titanenkampf" noch einmal die eigene militärische Schlag-

---

747 „Vielleicht weißt Du schon von zuhause aus, daß ich wieder eine Wanderung gemacht habe, bin also nicht mehr an dem Ort, wo ich s. Zt. vom Urlaub war, u. zwar bin da oben bei den Anderen in –. [Auslassung von Schinnerer; B.Z.] Weißt schon wo die Zeitungen so schrecklich schildern. Also, wieder eine Station weiter auf dem großen Kreuzwege des furchtbaren Weltkrieges. Ich kann Dir berichten, daß ich bis heute noch gesund bin nun krank kann ich ja nicht werden trotz aller Leiden u. Strapazen, es ist halt wieder Winter geworden u. die Völker morden noch fort, jeder um seine gerechte Sache. Ist besser ich schweige. Doch mein täglicher Wunsch, Fluch dem Kriege, tausend Fluch all denen, wo nur am geringsten beitragen zur Verlängerung des flotten Geschäfts, den Wunsch muß ich auch heute wiederholen. Ja, sollte so ein feiner Herr mal die Leiden u. Grausen vom hiesigen Kriegsschauplatz sehen, doch sowas sieht keiner, weil keiner vorkommt. – Doch will ich nicht verzagen noch, bin jetzt schon so lange durchgekommen, habe schon zwei Winter mitgemacht, auch die Zeit muß einmal kommen wo es heißt: Friede auf Erden!" Feldpostbrief vom 21.10.1917: BSB, Schinnereriana.

748 Vgl. Obmann für Aufklärungstätigkeit im Bereich der Feldzeugmeisterei 6.12.1917 an die Feldzeugmeisterei: BHStA/IV, MKr 2339; Garnisonältester Bad Reichenhall 24.12.1917 an stv. GK I. AK: ebd., stv. GK I. AK 1960; Vertrauensmann Bezirks-Kommando Kempten 30.11.1917 an Bezirks-Kommando: ebd., stv. GK I. AK 2403, sowie die weiteren Berichte in diesem Akt.

749 Postüberwachungsbericht der 5. Armee vom 10.1.1918 (Zitate): BA/MA, W-10/50794, Bl. 35; WUA, Bd. 5, S. 276ff.; J.P. 14.2.1918 an F.H.: BfZ, Slg. Schüling, Bd. 134.

750 WB BA Neu-Ulm 22.12.1917: StAA, Regierung 9764.

751 Vgl. Vertrauensmann I. E./1. I.R. 24.12.1917 an stv. 1. Inf.-Brigade, sowie die weiteren Berichte in diesem Akt, passim: BHStA/IV, stv. GK I. AK 2404.

kraft beweisen zu können.[752] Durch den unmittelbar vor und in der Anfangsphase des Vormarsches verbreiteten „Siegesrausch" erhielt kurzfristig sogar die Ablehnung von Gebietsverzichten und der Wunsch nach einem für Deutschland vorteilhaften Friedensschluß Auftrieb.[753]

Andere Soldaten blieben wegen der bei einer Offensive erneut zu erwartenden großen Opfer zurückhaltender und äußerten ihre Befürchtung, daß der Krieg „seine blutigsten Tage" noch nicht gebracht habe.[754] Ohnehin wurde die unter den Mannschaften weit verbreitete Kriegsverdrossenheit durch die Erwartung einer nahen Entscheidung nicht gänzlich in den Hintergrund gedrängt. Unbeeindruckt von der Zuversicht der Mehrzahl ihrer Kameraden gab es aus dem Feld weiterhin Äußerungen von Soldaten, bei denen die aus der langen Kriegsdauer folgende Resignation und die Erbitterung über die Heeresmißstände im Vordergrund standen.[755] Die angesichts der bevorstehenden Ereignisse aufgewühlte und zwischen Furcht und Vorfreude schwankende Stimmungslage fand im Februar 1918 ihren Niederschlag auch in einer bis dahin noch nie verzeichneten Vielzahl „von mystischen Prophezeiungen, Schutzbriefen, Zitaten aus dem Buch Daniel und der Apokalypse".[756]

Zudem erschütterten im Vorfeld der Frühjahrsoffensive zeitweilig zwei politische Ereignisse die im Feld vorhandene Zuversicht. Ein gespaltenes Echo fand die Ende Januar 1918 kurzfristig in vielen deutschen Industrieorten hervortretende massive Streikbewegung der Arbeiterschaft, der sich im südlichen Bayern nur in München rund 9.000 Arbeiter anschlossen.[757] Ein kleiner Teil der Soldaten äußerte sich

---

752 Vgl. die Briefauszüge vom Februar 1918: BA/MA, W-10/50794, Bl. 62ff., Zitat Bl. 63; WUA, Bd. 5, S. 285f.; Vertrauensmann E./L.I.R. 12 28.12.1917 an stv. GK I. AK: BHStA/IV, stv. GK I. AK 2404.

753 Zitat: Heinrich Aufderstrasse 1.5.1918 an Hermann Sachse: BAP, 92, 271, Bl. 88ff. Vgl. Cron, Studentendienst, S. 34f.; Garnisonältester Bad Reichenhall 24.12.1917 an stv. GK I. AK: BHStA/IV, stv. GK I. AK 1960; Vertrauensmann I. E./1. I.R. 24.12.1917 an stv. 1. Inf.-Brigade: ebd., stv. GK I. AK 2404.

754 Hans Spieß 31.12.1917 an Eltern und Geschwister (Zitat) und 12.2.1918 an seine Schwester: BHStA/IV, Kriegsbriefe 340; Briefauszüge von Fritz Einert vom 14.2. und 20.2.1918: BAP, 92, 275, Bl. 21; vgl. auch den hinsichtlich eines durch die Offensive erzielbaren Friedens skeptischen Briefauszug vom Februar 1918: BA/MA, W-10/50794, Bl. 59.

755 „Schon mehrere Wochen lang nur selten ein Brief – warum kann ich mir nicht denken, man wird überhaupt ganz stumpfsinnig es ist am besten man denkt gar nichts mehr u. lebt in Tag hinein wie ein Stück Vieh mehr ist man ja auch nicht mehr man wird wenigstens für nichts mehr angesehen für daß ist mann Soldat." Briefauszug eines Soldaten im Feld vom 11.3.1918: BSB, Schinnereriana; vgl. WUA, Bd. 5, S. 283; Briefauszüge zum Postüberwachungsbericht der 5. Armee vom 24.2.1918: BA/MA, W-10/50794, Bl. 65ff.; Cron, Studentendienst, S. 35.

756 Diesen Befund notierte Adolf Schinnerer in seinen „Eindrücken" aus der Briefzensur im Februar 1918: BSB, Schinnereriana.

757 Vgl. für Bayern: Albrecht, S. 297-301; Ay, S. 196-200; für München: Grau, Januarstreik, Zahl S. 285. Die Einziehung von im Reich insgesamt ungefähr 6.000 „Rädelsführern" des Streiks dürfte die Stimmung an der Front nicht verbessert haben, zumal ihnen mit einem Vermerk in den Militärpapieren die Möglichkeit weiterer Reklamation oder Beurlaubung genommen sowie ihre besondere Beaufsichtigung beim Truppenteil angeordnet wurde. Vgl. Albrecht, S. 282, 296, 304; K.M.-Erlaß vom 27.1.1918 an die stv. GK: Deist, Militär und Innenpolitik, Dok. 426, S. 1137ff.,

zustimmend zu den Streiks. Überwiegend waren an der Front allerdings jene Stimmen, die angesichts der bevorstehenden Offensive in den Streiks eine Ermutigung des Gegners sahen und sie deshalb wegen ihrer vermutlich den Krieg verlängernden Wirkung in zum Teil scharfen Worten ablehnten.

Auch bei durchaus vorhandener Zustimmung zu den Friedenszielen der Streikenden erbitterte die Soldaten der Vergleich zwischen ihrer Situation und den dagegen ausgesprochen guten Verdiensten der reklamierten Arbeiter. „Schatz", schrieb ein Frontsoldat seiner Frau über die Streikenden, „die wissen noch gar nicht, was die für ein gutes Leben in der Heimat haben." Viele Soldaten, so fügte er hinzu, „gehen heute lieber als morgen nach der Heimat, um zu arbeiten."[758] Im Besatzungsheer stieß der Januarstreik als Manifestation der durch die Anti-Kriegsbewegung der Arbeiterschaft repräsentierten Kräfte dagegen überwiegend auf Zustimmung.[759]

Für Unruhe sorgte andererseits der stockende Verlauf der seit dem 22. Dezember geführten Friedensverhandlungen in Brest-Litowsk, der am 10.2.1918 zum Abbruch der Gespräche durch die Bolschewiki und der kurzfristigen Wiederaufnahme der Kampfhandlungen im sogenannten ‚Eisenbahnvormarsch' führte. Die Arbeiter in der Heimat hatten mit ihrem Streik beabsichtigt, die deutsche Regierung zu einem Frieden ohne Annexionen zu drängen.[760] An der Front schwankte die Reaktion auf den Stand der Verhandlungen dagegen zwischen einer ausgesprochen resignativen oder einer zumindest äußerlich unbeeindruckten Haltung. Andererseits äußerten einige Soldaten die Überzeugung, daß der Friedensschluß durch die Intervention der britischen Seite erschwert würde.[761] Der Separatfriede mit der

---

Zitat S. 1138; vgl. zur Zahl ebd., S. 1169, Anm. 2; zum Urlaub: WUA, Bd. 11/1, S. 174f.

758 Vgl. die Briefauszüge zum Postüberwachungsbericht der 5. Armee vom 24.2.1918: BA/MA, W-10/50794, Bl. 47-61, Zitat Bl. 54; Cron, Studentendienst, S. 36; stv. Unterrichts-Offizier (nichtbayer.) 52. Inf.-Div. 10.2.1918 an Gruppe Py: SHStAD, Kriegsarchiv (P) 21133, Bl. 82; WUA, Bd. 5, S. 282. Kruse, Klassenheer, S. 549, mag diesen eindeutigen Befund aufgrund seiner tendenziösen Voreingenommenheit nicht akzeptieren. Wie des öfteren, entgeht ihm aufgrund mangelnder Kenntnis der Stimmungsentwicklung zudem der wichtigste Grund für diese Einstellung, die Hoffnung auf die Frühjahrsoffensive.

759 Vertrauensmann Gebirgs-Art.-Ersatz-Abt. 2 und 4 24.2.1918 an die Ers.-Abt.: BHStA/IV, stv. GK I. AK 2406. Vgl. die Feststellung des K.M.-Pressereferenten v. Sonnenburg vom 24.3.1918 in einem Votenwechsel über die Erfordernis einer Antistreikpropaganda im Besatzungsheer, daß nach den Februarberichten der Obmänner für Aufklärungsarbeit in den stv. GK die Soldaten „vielfach mit ihren Sympathien auf Seite der Streikenden" standen. Die für den März konstatierte Verurteilung des Streiks dürfte mit dem anstehenden Offensive zusammenhängen: Deist, Militär und Innenpolitik, Dok. 353, S. 932-936, hier S. 934.

760 Vgl. Albrecht, S. 297; Grau, S. 280; Deutschland im ersten Weltkrieg, Bd. 3, S. 150, 154, 166.

761 Vgl. die Briefauszüge zum Postüberwachungsbericht der 5. Armee vom 10.1.1918: BA/MA, W-10/50794, Bl. 37-43; WUA, Bd. 5, S. 280f.; Hans Spieß 12.2.1918 an seine Schwester: „(...) vielleicht essen wir das nächste mal die Bratwürst doch mitsamen. Indem es mit Rußland, so gut geht, es kommt einer nach dem andern, so wie sie es angefangt haben (...)." BHStA/IV, Kriegsbriefe 340. In welchem Umfang sich die Truppe das Ziel eines Friedens ohne Annexionen zu eigen machte, ist an diesem konkreten Fall schwer zu erkennen. Vgl. aber Cron, Transportarbeiter, S. 5f. Die Forderung nach weitgehenden Friedenszielen scheint vorwiegend von Offizieren und Unteroffizieren vertreten worden zu sein, die auch der SPD wegen ihrer Friedensforderung Vorwürfe machten. Vgl. die entsprechend gekennzeichneten Briefauszüge in: BA/MA, W-10/50794, Bl. 37,

Ukraine vom 9. Februar 1918 verstärkte die Zuversicht wieder.[762] Nach dem Urteil der mit der Postüberwachung befaßten Stellen standen Äußerungen zu diesen Problemen jedoch quantitativ hinter dem Interesse an der Offensive im Westen zurück.[763] Bei einem in Augsburg stationierten Ersatztruppenteil weckte der Verlauf der Friedensverhandlungen antipreußische Ressentiments, die in der Behauptung gipfelten, der Friede könne nicht zustande kommen, da die Preußen ihn „in der Hand" hätten.[764]

Nach dem Beginn der Offensive am 21. März 1918 traten derartige Erwägungen weitgehend in den Hintergrund. Man konzentrierte sich nunmehr auf den Verlauf der Kämpfe, von denen man erhoffte, daß sie nach dieser letzten Anstrengung endlich den lang ersehnten Frieden bringen würden.[765] Die Erfahrung der vergangenen Entbehrungen rückte für kurze Zeit in den Hintergrund, und die meisten Soldaten waren zu diesem Zeitpunkt zuversichtlich gestimmt:

> „Hier an der Westfront sind auch seit Beginn der Offensive geistige Interessen in den Hintergrund getreten. So einmütigen Drang und Kampfesfreude sah ich nur in den Augusttagen 1914. Die beklemmende Spannung ist endlich von uns gewichen, endlich können wir hoffen, nach einem Endkampfe wieder in Kürze in die Heimat zurückzukehren."[766]

Auch im Besatzungsheer bot die mit der Offensive verbundene freudige Erwartung eines nahen Kriegsendes keinen „Raum für momentane Mißstimmung".[767] Eine gute Stimmung herrschte im Frühjahr 1918 zunächst auch bei den von der Westfront in die Heimat kommenden Verwundeten. Sie erholten sich rasch von den körperlichen Strapazen und waren nach den ersten Eindrücken des wieder begonnenen Bewegungskrieges überzeugt, daß der Krieg nun schnell ein Ende finden würde.[768] Diese Auffassung wich allerdings bald einer gedrückten und fatalistischen Haltung.[769]

41ff.; ferner WUA, Bd. 5, S. 282f.

762 Vgl. Leiter des vaterländischen Unterrichts der 1. bayer. Inf.-Div. 15.2.1918 an Generalkommando Gruppe Argonnen: SHStAD, Kriegsarchiv (P) 21133, Bl. 51; Vertrauensmann Flakzug IIIb 25.2.1918 an Flakgruppe: BHStA/IV, stv. GK I. AK 2406.

763 Vgl. Postüberwachungsbericht der 5. Armee vom 10.1.1918: BA/MA, W-10/50794, Bl. 36.

764 Vertrauensmann II. E./4. Feldart.-Rgt. 26.1.1918 an Ersatz-Abt.: BHStA/IV, stv. GK I. AK 2405. Die zahlreichen Berichte über die Ablehnung einer jeden auf Gebietserweiterung zielenden Forderung im Besatzungsheer stützen die Vermutung, daß im Besatzungsheer die deutsche Seite für den Verlauf der Verhandlungen verantwortlich gemacht wurde.

765 Vgl. noch Thaer, S. 182 (Tagebucheintrag vom 18.4.1918), S. 188.

766 Feldpostbrief vom 30.3.1918, zit. nach Cron, Studentendienst, S. 35; vgl. Ulrich/Ziemann, Frontalltag, Dok. 54 c., S. 197; WUA, Bd. 5, S. 288f.; Cron, Sekretariat, S. 32; Deist, Militärstreik, S. 148.

767 Vertrauensmänner E./Ldst.-Btl. I B 18 23.3.1918 an Ers.-Btl. (Zitat) und Garnison-Verwaltungs-Inspektion Augsburg 30.3.1918 an stv. GK I. AK: BHStA/IV, stv. GK I. AK 2407.

768 Vertrauensmänner Lazarettstützpunkt Eglfing 27.4.1918 an Chefarzt: BHStA/IV, stv. GK I. AK 2408; Res.-Laz. Neuburg 27.6.1918 an Chefarzt: ebd., stv. GK I. AK 2410.

769 Vgl. Vertrauensmann Res.-Laz. München A 25.6.1918 an Chefarzt: BHStA/IV, stv. GK I. AK 2410; Obmann für Aufklärungsarbeit stv. GK I. AK 9.5.1918 an K.M.: ebd., MKr 2343.

Hellsichtige Beobachter hatten frühzeitig erkannt, daß die Mannschaften auf ein Mißlingen der Offensive mit einem „Katzenjammer" reagieren würden. Die Einsicht in die Unmöglichkeit, einen Sieg noch erzwingen zu können, mußte nach ihrer Einschätzung dann die Bereitschaft zur Verteidigung schwinden und den definitiven Wunsch nach einem sofortigen Frieden wachsen lassen.[770] Diese Voraussagen sollten sich bewahrheiten, als die Phase des Bewegungskrieges nach kurzer Zeit „wie ein Traum" vorüber war.[771] Die vordringenden Truppen waren dabei trotz der großen Anfangserfolge bereits frühzeitig mit in ihrer Wirkung niederschmetternden Eindrücken konfrontiert. Wiederholt trafen Einheiten auf von den Alliierten zurückgelassene Versorgungslager mit Lebensmittelvorräten, die in dieser Fülle und Qualität den mangelhaft versorgten deutschen Soldaten nicht zur Verfügung standen.[772] Wenngleich vereinzelt Freude über die kurzfristig gegebene Verpflegungsmöglichkeit herrschte, lag die primäre Wirkung dieser Erlebnisse in dem gewonnenen Einblick in die materielle Überlegenheit des Gegners.[773] Ein Bergarbeiter berichtete im Juni vom Vormarsch an der Aisne:

> „Jede Ortschaft, die wir passierten, bot das Bild eines riesigen Viehmarktes. So sieht es bei den ‚verhungerten' Franzosen aus."[774]

Regelrechte „Paniken bei der Infanterie" lösten auch die extremen Verluste aus, von denen die an der Offensive beteiligten Einheiten binnen kurzer Zeit betroffen waren.[775] Im Besatzungsheer gaben die hohen Ausfallziffern bereits direkt vor und

---

770 Vgl. Heinrich Aufderstrasse 1.5.1918 an den Verband der Bergarbeiter Deutschlands (Zitat): BAP, 92, 271, Bl. 88ff.; Thimme, S. 167.

771 Brief des Gefreiten Kurt Raschig (1. Feldart.-Rgt.) vom 25.4.1918: WUA, Bd. 5, S. 292. Die 1. Inf.-Div. war nach drei kurzen Einsätzen mit schweren Verlusten bereits am 12. April aus der Front herausgezogen und in einen ruhigen Abschnitt in der Champagne verlegt worden: Histories, S. 41. Die erste, Michael genannte Offensive wurde am 4.4.1918 abgebrochen. Zum Operationsgeschehen bis zum Juli vgl. Deutschland im ersten Weltkrieg, Bd. 3, S. 248-267.

772 Ein Zugreisender über die Strecke Berlin-München berichtete im Juni von Soldaten, die sich über das täglich vorkommende Schlachten von Pferden durch ausgehungerte Mannschaften ausließen; Auswärtiges Amt 23.6.1918 an Reichsministerium des Innern: BAP, 15.01, 12476/1, Bl. 299f.; vgl., auch zu den hohen Verlusten, Hans Spieß 3.7.1918 an Eltern und Geschwister: BHStA/IV, Kriegsbriefe 340.

773 Vgl. Briefauszug zum Postüberwachungsbericht der 5. Armee vom 23.6.1918: BA/MA, W-10/50794, Bl. 72; WUA, Bd. 5, S. 296, 325; Deist, Militärstreik, S. 152, 154. Die auf die Entdeckung solcher Lager folgenden vereinzelten Plünderungen und Alkoholexzesse waren selbst ein den Vormarsch verlangsamender Faktor. Ein von MdL Klement am 22.5.1918 beim K.M. eingereichter Feldpostbrief vom 1.5.1918 berichtete, daß die sich vom Fleisch verendeter Pferde ernährenden Truppen nur des Hungers wegen bis zu den feindlichen Proviantämtern, aber nicht darüber hinaus vorgestürmt seien: BHStA/IV, MKr 13359; vgl. Thaer, S. 183 mit Anm. 106, 197f., sowie die aus abstinenzlerischer Absicht, aber mit zahlreichen zuverlässigen Belegen geschriebene Broschüre: H. Schmidt, Scheitern, passim. Das Vorgehen nur bis zum ersten Proviantamt wurde in Gerüchten auch in der Heimat kolportiert; vgl. Vertrauensmann II. E./4. Feld-Art.-Rgt. 29.8.1918 an II. Ers.-Btl.: BHStA/IV, stv. GK I. AK 1980.

774 Jakob Siegler 8.6.1918 an den Verband der Bergarbeiter Deutschlands: BAP, 92, 271, Bl. 239.

775 Vgl. Thaer, S. 188 (Zitat, Tagebucheintrag vom 26./27.4.1918); WUA, Bd. 5, S. 292f., 302f. Ludwig Bergsträsser notierte ebd., S. 292, daß der „Gedanke an die ungeheuren Verluste (..) in allen Briefen und Tagebüchern" aus der Offensive wiederkehre.

unmittelbar nach dem Beginn des Vormarsches Anlaß für eine Fülle von Gerüchten, die ungeheure Verluste und das Verschwinden ganzer Regimenter zum Gegenstand hatten. Heeresberichte, nach denen 60-70% der Verluste nur leicht Verwundete seien, wurden dahin interpretiert, daß die Verluste „überhaupt 60-70% ausmachen".[776] Einem anderen Gerücht zufolge beabsichtigten die Soldaten an der Front, am 1. Mai kollektiv die Waffen niederzulegen.[777]

Die schlechte Versorgungslage, die extrem hohen Verluste und die spürbare materielle und personelle Überlegenheit des Gegners hatten die Moral der Truppe bis zum Juni 1918 bereits in hohem Maße beeinträchtigt.[778] Nachdem ein am 15. Juli begonnenes erneutes Angriffsunternehmen binnen weniger Tage gescheitert war, befanden sich die deutschen Truppen in der Folgezeit bis zum Ende des Krieges fortwährend in einer defensiven Position, die seit Anfang August nur noch in verlustreichen Rückzugskämpfen aufrechterhalten werden konnte.[779] Als Folge dieser Zusammenhänge machte sich ungefähr seit Anfang August eine letztmalige und nunmehr unumkehrbare Stimmungsveränderung geltend. Die Soldaten waren ihrer „letzten Hoffnungen" auf eine erfolgreiche Beendigung des Krieges beraubt. In dieser Situation ließ allein noch das offizielle und unumwundene Eingeständnis der deutschen Niederlage den Frieden erwarten. Im Feld war man nunmehr bereit, dafür jeden politischen und finanziellen Preis oder Gebietsverzicht zu akzeptieren. Mit der faktischen Unausweichlichkeit der Niederlage hatte sich die überweigende Mehrheit der Mannschaften in „unüberwindlichem Fatalismus" abgefunden.[780]

---

776 Vgl. Vertrauensmänner E./3. I.R. 22.3.1918 an Ers.-Btl. und Garnison-Verwaltungs-Inspektion 30.3.1918 an stv. GK I. AK (Zitat): BHStA/IV, stv. GK I. AK 2407; E./3. I.R. 21.5.1918 an Ers.-Btl. und E./Ldst.-Btl. I B 18 24.5.1918 an Ers.-Btl.: ebd., stv. GK I. AK 2409.

777 Aktenvermerk K.M.-Pressereferat vom 2.5.1918: BHStA/IV, MKr 2341.

778 Vgl. als „typisches Beispiel" (Adolf Schinnerer) eines Briefes von der Front den Briefauszug vom 28.6.1918: „Vielleicht wird doch bald der Schwindel aus. Mir bleibt es gleich, nur baldigen Frieden. Um uns handelt es sich nicht nur um die Deutschen. Wenn Österreich aufhört muß Deutschland auch aufhören. Dieses Jahr muß der – doch ein Ende nehmen, denn der Zustand ist zu schlecht." Vgl. ferner den Brief vom 9.7.1918: „Zeitweise so stark bin ich müde, daß das Leben auch nicht mehr den geringsten Reiz für mich besitzt. Letztere Stimmung ist ja noch selten aber sie stellt sich zuweilen ein. Meistenteils jedoch ist es nichts anderes als Kriegsmüdigkeit, in einem Grade, der sich kaum mehr steigern läßt, dieses Gefühl der absoluten Ohnmacht all diesen Geschehnissen gegenüber lähmt förmlich. (...) Dieser in's Unabsehbare sich hinziehende Krieg mit all seinen furchtbaren Begleiterscheinungen ists, der mich in müde Resignation geraten, meine Arbeitslust erlahmen läßt und mit unauslöschlichem Haß gegen diejenigen entflammt, die die Vernunft durch die Waffen totzuschlagen versuchen, denen die rohe Gewalt als der Stein der Weisen erscheint." Beides in: BSB, Schinnereriana; Thimme, S. 167.

779 Vgl. allgemein Deist, Militärstreik, S. 148-156.

780 Zitate: Cron, Sekretariat, S. 32f., vgl. S. 46; Neter, S. 24. Cron datiert diesen Vorgang auf den August 1918. Thimme, S. 168, 170, bestätigt die Datierung. Diese beiden untrennbar miteinander verknüpften Sachverhalte sind vielfach belegt. Vgl. die Briefauszüge zum Postüberwachungsbericht der 5. Armee vom 31.8.1918: BA/MA, W-10/50794, Bl. 80-91; Auszug aus dem Bericht der Postüberwachungsstelle der 6. Armee vom 4.9.1918 (basierend auf der Prüfung von 53.781 Feldpostsendungen), abgedruckt bei Thimme, S. 264-271, hier S. 268; Bericht des Hauptmanns im Generalstab Loose vom 5.11.1918 an die OHL: ebd., S. 278-283, hier S. 279; Cron, Transportarbeiter, S. 3f.; ders., Studentendienst, S. 37f.; H. Aufderstrasse 27.8.1918 an H. Sachse: BAP,

Zögerliche diplomatische Friedensmanöver konnten die Situation zu diesem Zeitpunkt nicht mehr bereinigen, zumal das Vertrauen in die Kunst der angeblich nur durch Protektion zu ihren Posten gelangten Diplomaten und den Politikern generell auf einem Tiefstand angelangt war.[781] So betrachtete die Mehrheit der Soldaten das österreichische Angebot separater Friedensverhandlungen vom 14. September 1918 nur als ein Mittel, die Bevölkerung hinzuhalten und die Bereitschaft zur Zeichnung der neunten Kriegsanleihe zu fördern.[782] Eher setzte man sein Vertrauen, ungeachtet der durch ihn personifizierten Friedensbedingungen, in den amerikanischen Präsidenten Wilson.[783] Gegen Ende Oktober brachten Truppen, die von Donauwörth nach Ulm verladen werden sollten, an den Eisenbahnwaggons Aufschriften mit dem Text „Nieder mit dem Kaiser, hoch die Revolution, hoch Wilson" an, die erst auf wiederholtes Drängen der Offiziere wieder entfernt wurden.[784]

Ein Kleinbauer aus Kochel am See gab in zwei Feldpostbriefen vom Oktober 1918 Auskunft über die zu dieser Zeit vorherrschende Stimmungslage:

„H. Baron meint doch auch daß der Fride / der Fride bald komt um jeden preiß wens sein kan da ist gleich blos Fride wünschen wihr uns."

„Na vieleicht kumt doch bald der Friede den wihr müßen uns halt als besiegt erklären es hilft alles nichts mehr na wen wihr nur gesund Heim komen es ist hart wenn man noch in den letzten Tachen der schon 4 Jahr mitt läuft noch felt."[785]

In den seit August noch verbleibenden Monaten bis zum Erreichen des Waffenstillstandes waren für die erschöpften und kriegsmüden Mannschaften vor allem zwei Dinge wichtig. Mit dem nunmehr in greifbarer Nähe befindlichen Waffenstillstand

---

92, 271, Bl. 101; WUA, Bd. 5, S. 295, 298, 300, 303, 309, 311; bereits im Mai 1918: Richert, S. 336f. Zum „stürmisch(en)" Verlangen nach Frieden um jeden Preis vgl. auch den Postüberwachungsbericht der 5. Armee vom 17.10.1918: BA/MA, W-10/50794, Bl. 106. Für das Besatzungsheer: Vertrauensmänner E./9. Feldart.-Rgt. 26.7.1918 an Ers.-Btl.: BHStA/IV, stv. GK I. AK 2410; E./9. Feldart.-Rgt. 27.8.1918 an Ers.-Btl.: ebd., stv. GK I. AK 1980; E./3. I.R. 20.9.1918 an Ers.-Btl. und 4. Ers.-MG-Komp. 23.9.1918 an stv. GK I. AK: ebd., stv. GK I. AK 1981; E./Inf.-Leib-Rgt. 25.10.1918 an stv. 1. Inf.-Brigade: ebd., stv. GK I. AK 2412.

781 Dies war v.a. eine Folge des am 8.10.1918 in der Vossischen Zeitung veröffentlichten Artikels des liberalen MdR v. Schulze-Gaevernitz, der behauptete, daß die Entscheidung für den uneingeschränkten U-Boot-Krieg Anfang 1917 eine aussichtsreiche Friedensinitiative blockiert und den Kriegseintritt der USA provoziert habe; vgl. Vertrauensmänner E./1. Jäger-Btl. 23.10.1918 an stv. 2. Inf.-Brigade und E./3. I.R. 19.10.1918 an Ers.-Btl.: BHStA/IV, stv. GK I. AK 2412; Garnison-Kommando Augsburg 23.10.1918 an stv. GK I. AK: ebd., MKr 12850. Vgl. allgemein sächsische Etappen-Kommandantur 47 24.9.1918 an Etappen-Inspektion 3: SHStAD, Kriegsarchiv (P) 21133, Bl. 6; Protektion: Vertrauensmann E./R.I.R. 12 2.12.1917 an stv. 4. Inf.-Brigade: BHStA/IV, stv. GK I. AK 2403.

782 Vgl. die zahlreichen Äußerungen in den Briefauszügen zum Postüberwachungsbericht der 5. Armee vom 28.9.1918: BA/MA, W-10/50794, Bl. 94-105.

783 Vgl. J.B., Nachrichten-Zug preuß. I.R. 138, 3.11.1918 an L.M. in Ober-Gleen: BfZ, Slg. Schüling, Bd. 7, Nr. 139; H. Aufderstrasse 27.8.1918 an Hermann Sachse: BAP, 92, 271, Bl. 101.

784 WB BA Donauwörth 31.10.1918: BHStA/IV, MKr 2325. Zur von den erwarteten Friedensbedingungen unbeeindruckten Haltung vgl. Vertrauensmann E./Ldst.-Btl. I B 16 28.10.1918 an stv. 1. Inf.-Brigade: ebd., stv. GK I. AK 2412.

785 B.G. 12.10.1918 und 18.10.1918 an Otto Frhr. v. Aufseß: Gemeinde Kochel.

verband sich der Wunsch nach dem „Kriegsziel des Volkes", letztlich doch noch in die Heimat und zu den Angehörigen heimkehren zu können.[786] Voraussetzung dafür war allerdings, daß man so kurz vor Schluß nicht noch zu Schaden kam, weshalb die meisten Soldaten nicht mehr bereit waren, noch „zwecklos ihr Leben auf's Spiel zu setzen".[787]

Diese Einstellung erhellt die Schwierigkeiten, die sich noch kurz vor dem Ende des Krieges dem Übergang von einer stark ausgeprägten Kriegsmüdigkeit zu kollektiver Verweigerung entgegenstellten. Das primäre Ziel der Soldaten blieb die individuelle Überlebenssicherung, welche entsprechend die Wahl von individuellen und möglichst risikoarmen Verweigerungsformen förderte. Gerade unter Mannschaften ländlicher Herkunft war zudem eine gegenüber den sich verschlechternden Bedingungen des Frontalltages passiv und defensiv ausgerichtete Haltung verbreitet, die dazu führte, daß man sich bis zum Juli 1918 „krampfhaft" mit seinen Hoffnungen an jede Wendung der Ereignisse geklammert hatte, die ein nahes Ende des Krieges erwarten ließ.[788]

Insbesondere 1917 hatten „angebliche und wirkliche" Friedensbemühungen – man denke nur an den Kongreß der sozialistischen Parteien in Stockholm oder die Friedensnote von Papst Benedikt XV. – die Truppen „das ganze Jahr in Bewegung versetzt. Jede leiseste Aussicht auf Frieden", so resümierte Anfang 1918 ein Soldat, hatte dabei „einen starken Sturm der begeisterten Hoffnung" erregt.[789] Wenngleich die Stimmung sich seit dem Herbst 1914 insgesamt kontinuierlich verschlechtert hatte, boten die in solche kurzfristigen politischen Manöver gesetzten Erwartungen immer wieder positive Aussichten, die ein völliges Abgleiten der Motivation verhinderten. Nach dem Scheitern der von großen Erwartungen begleiteten Frühjahrsoffensive war dieser Weg einer periodischen Stimmungsverbesserung allerdings versperrt, wie die Reaktion auf das österreichische Friedensangebot deutlich zeigt. Die Analyse der Stimmungsverschlechterung bietet somit ein wichtiges Argument dafür, Formen und Ausmaß des ‚verdeckten Militärstreiks' im Sommer und Herbst 1918 primär mit der allgemeinen Erschöpfung der Truppe und der für sie erkennbaren Aussichtslosigkeit jeder weiteren Anstrengung zu erklären, und nicht als Äußerung eines Protests gegen die „herrschende Ordnung".[790]

786 Vgl. Aussage v. Rudolph: Dolchstoß-Prozeß, S. 451 (Zitat), 453; WUA, Bd. 5, S. 333f.; Ulrich/Ziemann, Frontalltag, Dok. 58 e-f., S. 205ff.

787 Dies bezeichnete der Postüberwachungsbericht der 5. Armee vom 17.10.1918 als typische Äußerung von der Front: BA/MA, W-10/50794, Bl. 106; vgl. Neter, S. 17.

788 Das Zitat stammt aus einer 1920 erschienenen, gegen die Dolchstoßlegende gerichteten Broschüre: Ulrich/Ziemann, Frontalltag, Dok. 58 f., S. 206f, hier S. 207. Von diesen verbreiteten „Trostparolen" berichtet auch Schmid, S. 71.

789 Kriegstagebuch Dr. Croner v. 11.1.1918: WUA, Bd. 5, S. 281.

790 Dies gegen Kruse, Klassenheer, S. 558, und seinen völligen Verzicht auf eine differenzierte Analyse der Stimmungsentwicklung.

3.3.3. Verweigerungsformen

Die zunehmende Unzufriedenheit der Mannschaften mit den Belastungen des Frontalltages mußte sich nicht in brieflichen oder mündlichen Äußerungen über die eigene Kriegsmüdigkeit erschöpfen. Vielmehr stand ihnen eine ganze Reihe verschiedener Verweigerungsformen zur Verfügung, mit denen sie der Lebensgefahr dauerhaft oder zumindest für eine gewisse Zeit entkommen konnten. Als die Verweigerung bedingende Faktoren kann man eine längerfristige Motivation, einen kurzfristigen Auslöser für den Entschluß zum Handeln sowie das Vorhandensein einer möglichst gefahrlosen Gelegenheit unterscheiden. Das dominante Motiv der Verweigerung war der mit zunehmender Dauer des Krieges allgemein steigende Unwille, die massive und womöglich tödliche Waffengewalt noch länger am eigenen Körper erleiden zu müssen. Als alleiniger Auslöser der Verweigerung ist dieses Motiv allerdings nur vereinzelt anzutreffen. Vielmehr war es in der Regel mit der Unzufriedenheit über die dienstlichen Verhältnisse oder privaten Beweggründen des einzelnen Kriegsteilnehmers verknüpft.

Die Ablehnung der Ausübung von Gewalt gegen den Gegner ist dagegen nur selten als handlungsleitendes Motiv der Soldaten zu erkennen.[791] In den stillen Vereinbarungen trat zwar die Bereitschaft hervor, mit dem Gegner bei der Minderung der für beide Seiten gleichermaßen bedrohlichen Gefahren zu kooperieren. Die eigene Gewalterfahrung war aber derartig intensiv, daß sie den Mannschaften bereits hinreichenden Anlaß zur Verweigerung bot.

Ohnehin standen die ersten Wochen des Krieges im Zeichen der Eskalation von Gewalt durch die Mannschaften der deutschen Armee. Im August 1914 kam es während des Vormarsches durch Belgien und Frankreich zu Greueltaten an der Zivilbevölkerung, der ungefähr 6.000 Menschen zum Opfer fielen. Dafür läßt sich ein komplexes Bündel von Ursachen ausmachen, unter denen die in der Truppe verbreitete Vorstellung eines von bewaffneten Zivilisten getragenen ‚Franktireur'-Krieges die wichtigste war.[792] Berichte über diese Ereignisse fanden durch Feldpostbriefe schnell ihren Weg in die Heimat.[793] Dort verbreiteten sich auch Gerüchte über die Erschießung von französischen und belgischen Geistlichen, die an ‚Frank-

---

791 Dominik Richert etwa hinderte einen Unteroffizier seiner Kompanie am 26.8.1914 daran, einen französischen Verwundeten zu töten. Generalmajor Stenger, Kommandeur der preuß. 58. Infanterie-Brigade, hatte vorher an alle Kompanieführer den – völkerrechtswidrigen – Befehl ausgegeben, Verwundete und Gefangene sofort zu töten. Richert, S. 36ff., 44f., 88ff. Im Rahmen der auf Druck der Alliierten durchgeführten Verfahren wegen Kriegsverbrechen wurde Stenger 1921 vom Reichsgericht freigesprochen; vgl. W. Schwengler, Völkerrecht, Versailler Vertrag und Auslieferungsfrage. Die Strafverfolgung wegen Kriegsverbrechen als Problem des Friedensschlusses 1919/20, Stuttgart 1982, S. 341, 347, 350.

792 Vgl. dazu ausführlich Kramer, „Greueltaten".

793 „Löwen ist eine Stadt in Frankreich [in Belgien; B.Z.] mit 7.000 Einwohnern. Ist auch zusammengeschossen worden, weil sie sich am Militär verfehlten." Stefan Schimmer 24.8.1914 und 3.9.1914 (Zitat) an seine Frau: BHStA/IV, Amtsbibliothek 9584.

tireur'-Kämpfen beteiligt waren. Dies führte zu Unruhe unter der katholischen Bevölkerung Bayerns.[794]

In den ersten Wochen und Monaten des Krieges kursierten unter den Mannschaften und in der Bevölkerung ebenfalls Legenden über die „Tapferkeit" und „Grausamkeit" der bayerischen Truppen. Diese sollten demnach angeblich mit dem blanken Messer, dem Seitengewehr oder gar dem Gewehrkolben auf den Gegner losgegangen sein und auch Gefangene getötet haben.[795] Der Realitätsgehalt solcher Schilderungen läßt sich kaum noch zweifelsfrei feststellen.[796] Die sich aus dem strategischen Zwang zum raschen Vormarsch ergebende enorme Anspannung von Offizieren wie Mannschaften – die auch eine der Ursachen der Greuel an der Zivilbevölkerung war –, verleiht solchen Berichten eine gewisse Plausibilität.[797] Die hervorgehobene Nennung bayerischer Truppen verweist allerdings auf die seit langem überlieferte Selbst- und Fremdstilisierung der besonders rauflustigen und jähzornigen bayerischen Bevölkerung als Hintergrund der Legendenbildung.[798]

Die aktive Eskalation der Gewalt in Verbrechen an der Zivilbevölkerung und Grausamkeiten gegen Gefangene, aber auch der sorglose Umgang mit Gewalt, wie er sich im ungeschützten Vorrücken gegen überlegenes Feindfeuer zeigte[799], war an die Bedingungen des schnellen Vormarsches in den ersten Wochen des Bewegungskrieges geknüpft.[800] Unter den im Stellungskrieg herrschenden Verhältnissen bot

---

794 Vgl. GK I. bayer. AK 31.1.1915 an die Divisionen; die 2. Inf.-Div. bestätigte am 10.2.1915 an das GK I. bayer. AK einen solchen Vorfall, der sich am 10.8.1914 im französischen Nontigny bei Blâmont ereignet hatte. Leutnant Wüstner des 20. I.R. meldete der Division am 3.2.1915, daß ein Unteroffizier seiner „im Häuserkampf gegen die Bewohner, die [angeblich; B.Z.] auf deutsche Truppen geschossen hatten" befindlichen Kompanie einen seiner Meinung nach in Kleidung und Hut deutlich erkennbaren Geistlichen erschossen hatte, der vom Kirchturm aus auf ihn selbst das Gewehr angelegt hatte: BHStA/IV, GK I. AK Bund 178. Die belgischen katholischen Priester wurden als Organisatoren des ‚Franktireurkrieges' angesehen, mindestens 50 von ihnen getötet: Kramer, S. 105f. Hinweise für französische Geistliche liegen bei Kramer nicht vor.

795 Auszug aus einem Bericht des bayer. Gesandten in Württemberg vom 27.8.1914 (Zitat), vom MA 31.8.1914 an K.M. übersandt: BHStA/IV, MKr 1765; Stefan Schimmer 24.8.1914 an seine Frau: BHStA/IV, Amtsbibliothek 9584; Albert Hanhart, Garnisonpfarrer in Colmar, 22.6.1915 an Kardinal Bettinger (Hanhart hob hervor, daß die Soldaten äußerten, Gefangene auf höheren Befehl zu töten), sowie das eine amtliche Stellungnahme fordernde Schreiben von Michael v. Faulhaber an Michael Buchberger vom 29.6.1915: AEM, „Briefe von Faulhaber an Buchberger".

796 Georg Maier berichtete in einem Brief vom 13.2.1915 an seine Eltern (Abschrift), daß im Kampf gegen englische Truppen keine Gefangenen gemacht würden, sondern man diese sofort erschlage: AEM, Kriegschronik Altenerding B 1837.

797 Kramer, S. 87-92, vgl. S. 107.

798 Vgl. Gockerell, Bayernbild, S. 239ff. Der Stilisierung des Draufgängertums der bayerischen Truppen 1914 diente z.B. die Edition entsprechender Feldpostbriefe in: Gärtner, Die bayerischen Löwen; vgl. MdR Johann Baptist Rauch (BVP): WUA, Bd. 4, S. 262.

799 Vgl. Ulrich/Ziemann, Frontalltag, Dok. 20 a-b., S. 86f. Schlußpunkt dieser Entwicklung war die Opferung der nur notdürftig ausgebildeten, neugebildeten Reserveformationen Ende Oktober/Anfang November in Flandern, die sogleich zum ‚Opferung der deutschen Jugend' stilisiert wurde; vgl. Unruh, Langemarck.

800 Vgl. die in WUA, Bd. 11/1, S. 304, wiedergegebenen Äußerungen u.a. des Kronprinzen Rupprecht bereits vom Oktober 1914, nach denen die Truppe anfing, „das Artilleriefeuer zu scheuen".

sich auch der Infanterie nur selten Gelegenheit für den direkten Kontakt mit dem Gegner. Mit zunehmender Erfahrung paßten sich die Mannschaften den neuen Gegebenheiten an und waren um ein unnötige eigene Opfer vermeidendes Verhalten auf dem Gefechtsfeld bemüht.[801] Die Handgranate entwickelte sich deshalb seit Ende 1916 zur „Hauptwaffe" der Infanteristen, da sie aus dem Graben geworfen werden konnte. Für den in „Vergessenheit" geratenen Gebrauch des Gewehrs mußte man dagegen in nicht sorgfältig ausgebauten Schützengräben die Deckung verlassen.[802] In den Kämpfen an der Westfront wurde im Frühjahr 1918 vielfach beobachtet, daß die Infanteristen von ihrem Gewehr „nahezu keinen Gebrauch mehr" machten. Das Rattern eines feindlichen Maschinengewehres war für sie das Signal, „volle Deckung" zu suchen und abzuwarten, bis die M.G.-Stellungen durch eigene Artillerie zerstört waren.[803] Wenn vornehmlich der individuelle Schutz vor weiteren Gefahren gesucht wurde, bot es sich als Vorstufe zur direkten Verweigerung zunächst an, die durch einen ‚Heimatschuß' oder „Pelzschuß", wie er bei den bayerischen Truppen hieß, gebotene Gelegenheit zu nutzen.[804] Viele Soldaten hegten frühzeitig den Wunsch

801 Generell ist dabei die durch Interviews mit amerikanischen Soldaten im Zweiten Weltkrieg erstmals bestätigte Tatsache zu beachten, daß selbst in Eliteeinheiten im Gefechtseinsatz nie mehr als 25% der Soldaten von ihrer Waffe Gebrauch machen. Es handelt sich dabei nicht um direkte Verweigerung – solche Soldaten würden versuchen wegzulaufen. Dieses Verhalten ist vielmehr durch die unter den Soldaten allgemein herrschende Angst bestimmt und durch ihre besondere Furcht davor, sich durch eigenes Feuer auf dem Gefechtsfeld unnötig zu exponieren und damit feindliches Feuer auf sich zu lenken. Die aggressive und zur Verwirrung des Gegners beitragende Wirkung des eigenen Feuers ist den Mannschaften und Unteroffizieren dagegen in der Regel nicht bewußt. Vgl. die grundlegende, in ihren Ergebnissen auch auf den Ersten Weltkrieg übertragbare Arbeit von S.L.A. Marshall, Men against Fire. The Problem of Battle Command in Future War, Washington. New York 1947, v.a. S. 50-63. Im Ersten Weltkrieg bestanden dementsprechend Spannungen zwischen der normalen Infanterie und den die Gewalt punktuell eskalierenden Stoßtrupps. Diese hatten ihren Grund allerdings auch darin, daß die Stoßtrupps den Abschnitt nach dem Angriff sofort wieder verlassen konnten; Gruss, S. 135, 140f.
802 Für eine Darstellung des ‚idealen' Schützengrabens vgl. die Abbildung in Ulrich/Ziemann, Frontalltag, S. 54f. Die Mehrheit der Grabenbefestigungen dürfte dem allerdings nicht entsprochen haben. Vgl. Ludendorff, Kriegserinnerungen, S. 213 (Zitat); Verfügung des AOK 6 vom 27.9.1916 bezüglich der „Ausbildung hinter der Front" (die OHL trat mit Schreiben vom 8.10.1916 dieser Verfügung inhaltlich bei); die Abschrift einer Verfügung der 8. Res.-Div. vom 24.7.1915; alles in: BHStA/IV, stv. GK I. AK 451. Diese – von Ludendorff kritisierte – Entwicklung folgte allerdings auch funktionalen Gesichtspunkten, da das normale Infanteriegewehr für den Gebrauch im Grabenkrieg zu groß und unhandlich war. Vgl. dazu M. Samuels, Doctrine and Dogma. German and British Infantry Tactics in the First World War, New York 1992, S. 40, 46f.
803 Dementsprechend konnte man auf dem Gefechtsfeld „stundenlang" keinen einzigen Gewehrschuß hören: K.M. 17.5.1918 an die stv. GK und die Chefs der technischen Inspektionen: BHStA/IV, stv. GK I. AK 451.
804 Zitat: Otto Biegner 12.8.1917 an seine Schwester Anna in München: BHStA/IV, MilGer 3524; 5. Kompanie des Infanterie-Leib-Regiments, S. 197; vgl. auch die Aussage eines Zeugen vom 18.4.1918 bezüglich der Körperverletzung eines Fahrers der 1./4. Feldart.-Rgt. Dieser behauptete, der im Juli 1917 bei einer Rauferei Verletzte habe einen Kameraden beim Kartenspiel aufgefordert, ihn mit einem Messer zu stechen, damit er sich „pelzen" könne: ebd., MilGer 6451. Das Verfahren wurde nicht abgeschlossen.

nach einer derartigen Verletzung an Händen, Armen oder Beinen, die ihnen für längere Zeit die Befreiung vom Fronteinsatz sichern würde:

> „Hatte mich auch schon zum Arzt gemeldet wegen Gicht; anders wird auch keiner angenommen, wenn er nicht verwundet. Wenn mir nur bald ein Finger abgeschossen würde, wollte es gern ertragen, daß ich fortkomme von der Gesellschaft".[805]

Im Unterschied zu dem Versuch, sich mit tatsächlichen oder übertriebenen körperlichen Beschwerden krank zu melden, lag der Vorteil eines Heimatschusses darin, daß seine Behandlung durch die Militärärzte nicht abgewiesen werden konnte. Nur in der Anfangsphase des Krieges war es Leichtverwundeten gelungen, sich an den rückwärtigen Krankensammelstellen vorbei in Lazaretten zu melden und dort sogar eine Verlegung in die Heimat zu erreichen.[806] Die Grenzen zwischen einer zufälligen und einer vorsätzlich herbeigeführten Verwundung, die man durch Herausstrecken der Hand über den Grabenrand leicht erreichen konnte, waren beim Heimatschuß fließend.[807]

Den eigenen Körper tatsächlich oder nur vorgetäuscht für eine weitere Verwendung untauglich zu machen, war die erste wichtige Verweigerungsform.[808] Für die zielgerichtet selbst durchgeführte Verstümmelung stand den Soldaten eine Reihe von Möglichkeiten zur Verfügung.[809] Vor allem der Wachdienst bot den einzeln im vorderen Graben postierten Soldaten regelmäßig eine gute Gelegenheit zur Selbstverstümmelung. Die gängigste Vorgehensweise bestand darin, sich mit dem eigenen Gewehr eine Wunde am Fuß oder öfter noch an der Hand bzw. dem Zeigefinger zuzufügen. In der Regel wurde dabei die linke Hand gewählt, deren Verletzung für Rechtshänder ohne größere Schädigung ihrer Arbeitsfähigkeit im späteren Zivilleben durchführbar erschien.[810] Auch die gezielte Ansteckung mit einer Geschlechts-

---

805 Vgl. Stefan Schimmer 18.10.1914 (Zitat), 15.11.1914 und 21.12.1914 an seine Frau Katharina: BHStA/IV, Amtsbibliothek 9584; Klemperer, Curriculum Vitae, S. 333, 345, 378, 387; Toller, S. 49; WUA, Bd. 11/1, S. 305; Zuckmayer, S. 193; Thimme, S. 269; Brief vom 1.9.1916: Kachulle, S. 173.

806 Ulrich/Ziemann, Frontalltag, Dok. 38, S. 150f. Vgl. Stefan Schimmer 13.1.1915 an seine Frau: BHStA/IV, Amtsbibliothek 9584.

807 Vgl. WUA, Bd. 11/1, S. 306.

808 Selbstmord als bewußte oder unbewußte Verweigerungsform zu klassifizieren, oder im Gegenzug geringe Selbstmordziffern als Beleg für das große Durchhaltevermögen der Soldaten aufzufassen, wie dies seit den zwanziger Jahren des öfteren geschah, scheint angesichts der komplexen Hintergründe für eine solche Tat und ihrer an der Front kaum faßbaren Dunkelziffer methodisch nicht statthaft. Vgl. WUA, Bd. 11/1, S. 337; dies gegen Linse, S. 103f.

809 Die folgenden Ausführungen basieren vor allem auf den überlieferten Akten der durch einen Tatbericht wegen Verdachts auf Selbstverstümmelung ausgelösten Verfahren in der 2. Inf.-Div.: BHStA/IV, MilGer 6200, 6208-6210, 6220, 6233, 6253, 6268, 6283, 6289, 6305, 6308, 6318, 6336, 6344, 6345, 6369, 6374-6376, 6390, 6406, 6416, 6418, 6425, 6448, 6452, 6464.

810 Nach Aussage des Stabsarztes Dr. Klein in einer Verhandlung am 16.3.1916 betraf auch wegen der relativ geringen Schmerzen einer Handverletzung die überwiegende Mehrzahl aller Selbstverstümmelungen die linke Hand: BHStA/IV, MilGer 6425; vgl. Sonntag, S. 718. Finger- und Handverletzungen hob bereits der K.M.-Erlaß vom 29.1.1915 hervor: BHStA/IV, 2. Inf.-Div. Bund 109.

krankheit, für die sich Prostituierte in der Etappe und an Bahnhöfen im Heimatgebiet anboten, war eine Möglichkeit zur zeitweiligen Befreiung vom Dienst.[811] An
der Ostfront ließen die Mannschaften im Winter vereinzelt durch Ablegen der
Stiefel die Füße erfrieren.[812] Gegen Ende des Krieges nahmen Formen und Bereitschaft zur Selbstverstümmelung zu.[813] Einige Soldaten verwandten nun Salben und andere Mittel, die Ge-
schwüre an den Beinen hervorriefen bzw. das Verheilen von Wunden verhinderten.[814] Durch das Einspritzen von Petroleum unter die Haut ließen sich Zellgewebs-
entzündungen hervorrufen. Die Einnahme eines Pikrinsäure enthaltenden Pulvers
führte zu Gelbsucht, während ein anderes Pulver Entzündungen der Nasenschleim-
häute verursachte.[815] Im Juli 1918 bekannte ein junger Soldat des Leib-Regiments
sogar in einem Feldpostbrief offen seine Absicht zur Verweigerung:

> „Bin immer noch in Ruhestellung komme aber übermorgen in Stellung. Da geht es
> wild drauf. Denn ich bin jetzt bei den Sturmtruppen eingeteilt worden, bin also
> nicht mehr bei den Masch. Gew. Das ist mir nicht recht da wird es mich am ersten
> dahauen. (...) Jetzt weiß ich erst wie schön es in Garnison war. Und wegkommen
> kann ich auch nicht. Aber ich lasse nicht aus. Das unverschämte ist, daß Sie uns
> gleich mit Lastautos in die Front fahren, daß man unterwegs nicht müde wird, u.
> sagen kann, ich kann nicht mehr marschieren. Auf daß hätte ich mich nähmlich am
> meisten gestützt. (...) Närrisch könnte ich werden. Ich schieße mir gleich draußen
> eine Kugel durch den Arm, daß ich retour komme."[816]

Das Kriegsarchiv in München bezeichnete bei der 1928 vorgenommenen Auswertung der Strafprozeßlisten des bayerischen Kontingentes Selbstverstümmelung als
einen „verhältnismäßig oft" auftretenden Sachverhalt. Allerdings wurde sie als
Deliktgruppe hier nicht zahlenmäßig ausgewiesen.[817] Diese sich offensichtlich auf

---

811 Vgl. preuß. K.M. 16.3.1917 an K.M.; Chef des Generalstabes des Feldheeres 17.5.1918 an die stv.
   GK: BHStA/IV, stv. GK I. AK 967.
812 Vgl. Scholz, S. 141.
813 Vgl. Militarismus gegen Sowjetmacht, S. 109; Deutschland im ersten Weltkrieg, Bd. 3, S. 263.
814 K.M. 29.5.1918 an die stv. GK: BHStA/IV, stv. GK I. AK 593; Vertrauensmann Res.-Lazarett
   Kempten 3.7.1918 an Chefarzt: ebd., stv. GK I. AK 2410. Vgl. das bis Kriegsende nicht
   abgeschlossene Verfahren gegen einen Soldaten des 15. I.R., der sich im Frühjahr 1918 Geschwüre
   an den Beinen beigebracht hatte: ebd., MilGer 6416.
815 Vgl. R. Rauch, Methodik und Verfahren der Selbstverstümmler, in: Medizinische Klinik.
   Wochenschrift für praktische Ärzte 14 (1918), S. 439f.; O. Seifert, Kurzer Beitrag zur Selbstverstümmelung, in: ebd., S. 778.
816 Brief vom 23.7.1918, von einer Postüberwachungsstelle abgefangen, am 31.7.1918 in einer
   Abschrift vom Kommandeur des Inf.-Leib-Rgt. an die Btl.-Kommandeure gesandt: BHStA/IV,
   Inf.-Leib-Rgt. Bund 21. Die Altersbestimmung ergibt sich aus der Einteilung zum Sturmtrupp,
   die zugleich belegt, daß gegen Kriegsende freiwillige Meldungen dafür offenbar nicht mehr
   ausreichten.
817 Undatierte Zusammenstellung [1928] des bayerischen Kriegsarchivs. Im bayerischen Feldheer –
   ohne die Etappe – gab es in der Selbstverstümmelung enthaltenden Rubrik der „sonstigen"
   Straftaten 1.236 Verurteilungen. Diese Rubrik nahm demnach hinter Fahnenflucht/unerlaubter
   Entfernung (3.975) und Gehorsamsverweigerung (2.116) den dritten Rang ein: BHStA/IV, HS
   2348. Die Strafprozeßlisten des 6. Ldw.-Div. fehlen ganz; bei vier weiteren Divisionen gilt dies für

die Zahl der Verurteilungen beziehende Angabe läßt den Rückschluß auf ein häufiges Vorkommen dieses Deliktes zu, da von 28 Soldaten der 2. Infanterie-Division, gegen die ein überlieferter Tatbericht wegen Selbstverstümmelung erstattet wurde, nur sieben verurteilt wurden.[818] Der gerichtlichen Ahndung von Selbstverstümmelungsfällen stand eine Reihe von Hindernissen im Weg. Zunächst mußte die Aufmerksamkeit des Sanitätspersonals auf einschlägig verdächtige Verletzungen gelenkt werden, damit diese in solchen Fällen stets dem Sanitätsoffizier oder dem Dienstvorgesetzten eine Meldung erstatteten.[819] Um dieses Risiko zu umgehen, suchten in der Anfangsphase des Krieges viele bayerische Soldaten Verbandsplätze von Truppenteilen anderer Kontingente auf.[820] Nach dem ärztlichen Hinweis oder wenn sich der Betreffende direkt beim Truppenteil verbinden ließ, konnte der Vorgesetzte über die Erstellung eines Tatberichtes entscheiden. Eine Denunziation durch ihre Kameraden in der folgenden Untersuchung hatten Selbstverstümmeler normalerweise nicht zu befürchten.[821] Allerdings konnten diese durch Bestätigung der vom Verdächtigen gemachten Angaben oder durch positive Aussagen über seine Dienstfreudigkeit die Untersuchung beeinflussen.[822]

Das größte Gewicht hatte in der Regel die Aussage des Verdächtigen selbst, da die meisten Verletzungen sich ereigneten, während sich der Soldat alleine im Graben bzw. Beobachtungsposten aufhielt. In diesem Fall kam alles auf die den äußeren Umständen entsprechende Glaubwürdigkeit der von ihm über den Tathergang verbreiteten Geschichte an sowie darauf, daß die zunächst gewählte Version bei weiteren Vernehmungen aufrecht erhalten wurde bzw. werden konnte.[823] Gerade der „Wechsel in der Schilderung" des Vorgangs wurde nach Meinung eines Mili-

---

drei bis vier Kalenderjahre, davon in drei Fällen für 1917, das Jahr mit den meisten Verurteilungen; bei einer weiteren Division fehlen die Listen für die erste Hälfte des Jahres 1917 und 1918. Die bayerische Armee umfaßte im Ersten Weltkrieg insgesamt 25 Divisionen. Die ermittelte Gesamtzahl der militärgerichtlichen Verurteilungen im Feldheer von 8.824 dürfte deshalb um rund ein Fünftel höher anzusetzen sein.

818 Von den in Anm. 809 aufgeführten Verfahren: BHStA/IV, MilGer 6200 (einer der beiden Angeklagten), 6208, 6220, 6268, 6318, 6336, 6425.

819 Vgl. die entsprechenden Verfügungen des Korpsarztes im GK I. bayer. AK vom 26.11.1914 und 18.12.1914 an die 1. und 2. Inf.-Div: BHStA/IV, 2. Inf.-Div. Bund 97, Bund 109.

820 Vgl. K.M.-Erlaß vom 29.1.1915 an die mobilen und immobilen Truppenteile: BHStA/IV, 2. Inf.-Div. Bund 109.

821 Zwei landwirtschaftliche Dienstknechte, die im August 1917 im Unterstand ein Gespräch zwischen zwei Einjährig-Freiwilligen (6./20. I.R.) über die günstige Möglichkeit der Verstümmelung durch eine Stielhandgranate hörten – bei der man angeben müsse, der Stiel habe sich bei einer Prüfung der Granate gelöst –, gaben dies erst nach der Tat, die von einem der beiden Täter gestanden wurde, in der Vernehmung zu Protokoll: BHStA/IV, MilGer 6200. Eine Denunziation ist in keinem der gerichtlich untersuchten Fälle überliefert; vgl. Ziemann, Verweigerungsformen.

822 Vgl. BHStA/IV, MilGer 6289, 6418. Der gute Leumund des Verdächtigen konnte nach dem Tatbericht die Untersuchung schnell zum Erliegen bringen. Vgl. ebd., MilGer 6374, 6390.

823 Bei zwei Verurteilungen wurden Selbstverstümmler das Opfer der offensichtlichen Unwahrscheinlichkeit der von ihnen gemachten Angaben. Vgl. BHStA/IV, MilGer 6268, 6318. Im zweiten Verhör mußte ein Dienstknecht der 11./2. I.R. deshalb ein Geständnis ablegen: ebd., MilGer 3565.

tärrichters den Verdächtigen „in der überwiegenden Zahl der zur Aburteilung gelangenden Fälle" zum Verhängnis.[824] Der ärztliche Nachweis von Pulverspuren und anderen Wundmerkmalen reichte als Hauptindiz nur vereinzelt für eine Verurteilung aus. Dies lag u.a. daran, daß der Nachweis eines Schusses aus der eigenen Waffe nur die kaum widerlegbare Behauptung zur Folge hatte, daß dies beim Reinigen des Gewehrs passiert sei.[825] Ein Geständnis des Verdächtigen war deshalb der einzig sichere Weg zu einer erfolgreichen Anklage.[826]

Neben dem offensichtlichen Wunsch nach dauerhafter Dienstbefreiung läßt sich über mögliche spezifische Motivlagen, die zur Selbstverstümmelung führten, anhand der wenigen bekannten Beispiele kaum etwas aussagen.[827] Auffällig ist aber, daß nahezu ein Drittel der Verdächtigen einer einzigen Berufsgruppe angehörte, nämlich den landwirtschaftlichen Dienstboten und Taglöhnern.[828] Dieser Befund legt es nahe, Selbstverstümmelung als eine Verweigerungsform zu betrachten, die vornehmlich von einem passiven, in der ‚Kunst' der geschickten Verweigerung unerfahrenen sowie durch das Risiko einer Bestrafung in hohem Maße eingeschüchterten Soldatentypus gewählt wurde. Das durch die Nähe zum ‚Heimatschuß' und der unvorsichtigen Waffenbehandlung[829] gegebene, ausgesprochen

824 Urteilsbegründung des Militärgerichts der 2. Inf.-Div. vom 16.3.1916 im Verfahren gegen einen ledigen Kutscher der 5./20. I.R.: BHStA/IV, MilGer 6425.
825 Vgl. allein BHStA/IV, MilGer 6208. Ferner, auch zum Folgenden: A. Glienke, Selbstverstümmelung und unvorsichtige Waffenbehandlung, in: Archiv für Militärrecht 7 (1916/17), S. 299-301, hier S. 299; Sonntag, S. 718f.
826 Vgl. BHStA/IV, MilGer 6200, 6220, 6336; ebd., Militärgericht 1. Res.-Div. B 14. Im Zweiten Weltkrieg rückte dagegen das aufgrund verbesserter Methoden aussagekräftigere medizinische Gutachten in das Zentrum der Anklage, zumal Geständnisse angesichts der drohenden Todesstrafe wegen Wehrkraftzersetzung kaum zu erreichen waren: Seidler, Prostitution, S. 251-262.
827 Ein Bauernsohn (geboren 1898) des M.G.-Trupp der 4./R.I.R. 3 sagte über das Motiv für seine Tat vom 26.7.1917 aus: „Wie ich auf dem Rückweg von der Latrine war, schlugen feindliche Granaten ein, vielleicht 15 Meter von mir entfernt. Da bekam ich Angst, und ich kam auf den Gedanken, mich mit meiner Pistole zu schießen. Ich wollte hinter die Front kommen, aus dem Dienst im Schützengraben wegkommen. Ich hielt meine rechte Hand vor die Mündung der Pistole und drückte mit der linken Hand los. Ich arbeite zuhaus mit der linken Hand, bin allerdings mit der rechten Hand am Gewehr ausgebildet. Ich schäme mich jetzt. Ich hab's nur getan wegen meiner Mutter. [Der Vater war verstorben; B.Z.] Sie hat gesagt, wenn ich falle stirbt sie auch. Wie so stark geschossen wurde, hab ich mir gedacht, ich könnte fallen. Meine Mutter hat so geweint, wie ich in's Feld mußte. Ich hab immer an die Mutter denken müssen." Es hatte sofort Verdacht erregt, daß Blut an der Pistole des Soldaten klebte und er seine Angst geäußert hatte: BHStA/IV, Militärgericht 1. Res.-Div. B 29. Sehnsucht nach einer Geliebten im Garnisonort war das primäre Motiv in einem anderen Fall: ebd., MilGer 6268.
828 Acht von 27 Fällen, ferner ein Söldner und ein Landwirt: BHStA/IV, MilGer 6220, 6253, 6268, 6289, 6344, 6345, 6369, 6375, 6418, 6464. Auch im Zweiten Weltkrieg handelte es sich bei Selbstverstümmelern zumeist um „sehr junge Soldaten" überwiegend aus „landwirtschaftlichen Berufen"; Seidler, S. 264. In der überwiegend aus Industriearbeitern rekrutierten britischen Armee war Selbstverstümmelung ein marginales Phänomen: Englander/Osborne, Jack, S. 598.
829 Beim Reinigen des Gewehrs oder Revolvers im Unterstand oder Graben kam es vor allem in den ersten Kriegsjahren wiederholt zur fahrlässigen Tötung oder Verletzung anderer Soldaten. Insbesondere Dienstknechte oder Kleinbauernsöhne hantierten ungeschickt und unvorsichtig mit ihrer Waffe. Vgl. BHStA/IV, MilGer 6216, 6254, 6321, 6332, 6341, 6373, 6408, 6427; Verfügung

geringe moralische und juristische Risiko lassen diesen Zusammenhang plausibel erscheinen.[830] Um sich selbst eine Verletzung zuzufügen, war zwar eine große Entschlossenheit erforderlich.[831] Mehrere der überführten Selbstverstümmeler waren zur Tatzeit allerdings erst kurze Zeit im Feld oder handelten direkt nach einem entmutigenden, als Auslöser fungierenden Erlebnis. Dies deutet auf eine spontane, den körperlichen Schaden weniger als eine bei anderen Verweigerungsformen sichere Strafe fürchtende Entscheidung hin.[832]

Ohne die Notwendigkeit einer körperlichen Beschädigung konnte man die typischen Symptome psychischer Erkrankungen, der sogenannten ‚Kriegsneurosen', simulieren. Diese Möglichkeit wurde vor allem in der zweiten Kriegshälfte von einer steigenden Zahl von Soldaten genutzt.[833]

Das zeitweilige oder dauerhafte Fernbleiben von der eigenen Einheit war neben der Selbstverstümmelung bzw. Simulation die zweite wichtige individuelle Verweigerungsform. Die einfache, nur vorübergehende „unerlaubte Entfernung" war das von den Militärgerichten des Feldheeres am häufigsten abgeurteilte Vergehen.[834] Dieser militärjuristische Begriff zielte neben dem „eigenmächtigen" Fernbleiben von der Truppe auch auf das Versäumnis, sich dieser wieder anzuschließen, falls man im Feld von ihr abgekommen war.[835]

Damit waren in der Realität des Frontalltages Handlungen verschiedensten Charakters bezeichnet. Nicht alle können als gezielte Verweigerungsform klassifiziert werden, sofern man darunter nicht jede durch das Militärstrafgesetzbuch sanktionierte Übertretung der Pflichten soldatischer Unterordnung verstehen will. Ohne daß es eines besonderen Auslösers bedurfte, nutzte man bei Vorfällen dieser Art zumeist ungeplant eine sich zufällig ergebende Gelegenheit. Diese konnte in der Überschreitung des Urlaubs, der Abkommandierung zu einem anderen Truppenteil, der Entlassung aus einem Feldlazarett oder einem mehrtägigen ‚Ausflug' in

der 2. Inf.-Div vom 4.2.1915; die bei Verletzungen am eigenen Körper gegebene Nähe zur Selbstverstümmelung hatte bereits der Korpsarzt I. bayer. AK in seinem Schreiben an die 1. und 2. Inf.-Div. vom 26.11.1914 hervorgehoben; beides in: ebd., 2. Inf.-Div. Bund 97.

830 Daneben ist zu bedenken, daß z.B. für eine längere unerlaubte Entfernung als Verweigerungsform mit ähnlicher Wirkung eine vergleichsweise hohe Zielstrebigkeit erforderlich war und dieser mit großer Wahrscheinlichkeit eine Bestrafung folgte.

831 Vgl. Sonntag, S. 718; Richert, S. 101. Richert schreckte wegen fehlenden „Mut(es)" zwar vor der Tat zurück. Der Gesamteindruck der von ihm benutzten Verweigerungsformen legt aber den Schluß nahe, daß Richert aufgrund der von ihm vielfältig bewiesenen Findigkeit auf eine Verstümmelung nicht ‚angewiesen' war.

832 Vgl. BHStA/IV, MilGer 3565, 6220, 6268; Militärgericht 1. Res.-Div. B 29. Im Zweiten Weltkrieg ließ sich der Unterschied zwischen einer Gruppe „erfahrene(r)" Soldaten, die eine Verstümmelung mit Bedacht planten und sich Ausreden überlegten, und einer spontan handelnden Gruppe deutlich erkennen; Seidler, S. 263. Die Existenz einer sorgsam kalkulierenden Gruppe dürfte dem hohen Verfolgungsdruck in der Wehrmacht zuzuschreiben sein.

833 Vgl., mit weiteren Literatur- und Quellenangaben: Ziemann, Verweigerungsformen, S. 110f.

834 Wegen Fahnenflucht und unerlaubter Entfernung gab es im Feld 3.975 Verurteilungen. Bei den Verurteilungen gab es ein Verhältnis von 1:18. Vgl. ebd., S. 115f.

835 Unterschieden wurden im Feld leichte unerlaubte Entfernung (bis drei Tage) und schwere (darüber); Paragraphen 64-68 MStGB: Militärstrafgesetzbuch, S. 189f.

eine nahegelegene Ortschaft bestehen.[836] Auf diese Weise befriedigten die Soldaten nichts weiter als ihr Bedürfnis, zumindest für kurze Zeit von den Zwängen des Militärdienstes befreit zu sein und sich „ein paar schöne Tage" zu machen, wie sie in der gerichtlichen Untersuchung ohne übertriebene Verharmlosung des Sachverhalts zuweilen bekannten.[837] Eine dauerhafte Entfernung von der Truppe und damit eine Fahnenflucht lag nicht in ihrer Absicht. Dies konnten den Militärrichtern selbst Soldaten als plausibel darstellen, die nicht aus eigenem Antrieb zum Truppenteil zurückkehrten, sondern erst nach längerer Zeit gefaßt wurden.[838] Das lag allerdings auch daran, daß für eine Verurteilung wegen Fahnenflucht in jedem Einzelfall die Absicht, sich dem Dienst „dauernd" entziehen zu wollen, nachgewiesen werden mußte.[839]

Ein explizites und mit den auslösenden Bedingungen unmittelbar zusammenfallendes Motiv lag dagegen bei jenen Soldaten – nahezu ausschließlich Infanteristen – vor, die sich in Zeiten extremen Artilleriefeuers beim oder vor dem Abmarsch in die Stellung von der Truppe entfernten. Dieses Phänomen blieb weitgehend auf die Materialschlachten der zweiten Kriegshälfte beschränkt, wurde dort aber von Soldaten verschiedenster sozialer Herkunft praktiziert. In der 2. Infanterie-Division nutzten die Mannschaften diese Möglichkeit vornehmlich während der Einsatzphasen bei Verdun, an der Somme und im Frühjahr 1917 an der Aisne.[840] Bei den Stellungsdivisionen kam eine derart zielgerichtete unerlaubte Entfernung dementsprechend nicht vor.[841] Seit dem Sommer 1918 nahm die unerlaubte Entfernung

---

836 Vgl. z.B. folgende Einzelfälle: BHStA/IV, MilGer 6256, 6291, 6302, 6329, 6335, 6355, 6438, 6445, 6498. Die Zahl solcher Vorfälle dürfte außerordentlich hoch gewesen sein, da in leichteren Fällen unerlaubter Entfernung, und darum handelte es sich zweifelsohne, auch eine disziplinarische Bestrafung möglich war. Vgl. Kap. 3.2.2.

837 Vgl. die Aussagen der Angeklagten in zwei Vorfällen aus dem Jahr 1916: BHStA/IV, MilGer 6270 (Zitat), 6319.

838 Vgl. BHStA/IV, MilGer 6337, 6440. Im ersten Fall hatte ein Soldat der 11./20. I.R. sich seit Ende November 1917 für drei Monate im belgischen Etappengebiet aufgehalten, wo er u.a. bei einem Bauern arbeitete. Er hatte Probleme sich zu verpflegen und deshalb die Rückkehr geplant. Beim zweiten Vorfall hatte ein Soldat der Pionierkompanie 4 im Juni 1918 den Urlaub überschritten und dann in München gearbeitet, wobei er Zivilkleidung trug. Zur Erklärung führte er an, daß er sonst keine Arbeit bekommen hätte. Beiden Vorfällen lag als Motiv die Beschimpfung durch einen Vorgesetzten bzw. Arzt zugrunde. Beide erhielten Gefängnisstrafen wegen unerlaubter Entfernung.

839 Paragraph 69 MStGB: Militärstrafgesetzbuch, S. 190. Vgl. Ziemann, Verweigerungsformen, S. 115.

840 Vgl. auch zum folgenden, soweit nicht besonders angegeben, für Verdun: BHStA/IV, MilGer 6214, 6334, 6412; für die Somme: ebd., MilGer 6197, 6218, 6221, 6261, 6272, 6277, 6297, 6320, 6352, 6378, 6396, 6398, 6413, 6429, 6446, 6457, 6463, 6475, 6478, 6480, 6486; an der Aisne: ebd., MilGer 6227, 6229, 6230, 6239, 6300, 6336, 6357, 6401, 6431, 6431, 6433, 6499. Bei großzügiger Klassifizierung verbleiben als in den Gerichtsakten der 2. Inf.-Div. überlieferte Vorfälle bis 1917: ebd., MilGer 6245, 6264, 6279, 6299, 6303, 6379 [in diesem Fall erfolgte eine Verurteilung wegen Fahnenflucht], 6407.

841 In den Akten der 6. Ldw.-Div. findet sich nur der Fall eines Dreschmaschinenbesitzers der 8./L.I.R. 1, der sich am 17.3.1915 vor dem Abmarsch aus der Unterkunft entfernte und erst nach der Rückkehr seiner Kompanie aus dem Gefecht wieder einfand: BHStA/IV, Militärgericht 6. Ldw.-Div. F 22.

einen enormen Umfang an.[842] Die OHL stellte bereits Anfang Juli in einem Schreiben an das preußische Kriegsministerium fest:

„Die zunehmende Zahl von unerlaubten Entfernungen, Feigheitsdelikten und Gehorsamsverweigerungen vor dem Feinde an der Westfront in Verbindung mit der milden Beurteilung, die solche Straftaten vielfach bei den Kriegsgerichten finden, bildet eine schwere Gefahr für die Disziplin und die Schlagfertigkeit des Heeres."[843]

Bei einem Teil der verurteilten Infanteristen handelte es sich um ‚Versprengte'. Schlugen während des Vormarsches in die Stellung in unmittelbarer Nähe Artilleriegeschosse ein, so löste sich die Marschkolonne auf. Die eigene Furcht vor dem Feuer bewog dann Einzelne oder kleinere Gruppen von Soldaten, in der entstehenden panikartigen Situation zu flüchten.[844] In der Mehrzahl der Fälle entfernten sich die Soldaten bereits vor dem Abmarsch der Kompanie aus dem Ruhequartier oder nutzten während des Vormarsches einen Vorwand, um aus der Marschkolonne auszutreten. Danach bot ihnen die unübersichtliche und durch die Anwesenheit vieler Verbände gekennzeichnete Situation auf dem rückwärtigen Gelände Gelegenheit, sich für eine Weile zu verstecken. Auch kleinere Gruppen von Soldaten konnten so für eine gewisse Zeit unentdeckt bleiben.[845] Zum Teil versuchten die Soldaten auch, sich wiederholt krank zu melden.

Alleiniger Auslöser für den Entschluß zur Entfernung in Zeiten heftiger Kämpfe war die unmittelbare Angst um das eigene Leben. Vereinzelt gaben die betreffenden Mannschaften dies sogar gegenüber den Vorgesetzten oder in der gerichtlichen Untersuchung offen zu, obwohl sie aufgrund ihrer Kenntnis der wiederholt verlesenen Kriegsartikel wissen konnten, daß dies eine Verurteilung wegen Feigheit und damit eine beträchtlich höhere Strafe zur Folge haben mußte.[846] Ihre zielgerichtete

---

842 Vgl. Deist, Militärstreik, S. 156ff. Aufgrund der Langwierigkeit des militärgerichtlichen Verfahrens und der Massivität dieses Phänomens schlägt sich dies in den Gerichtsakten nicht mehr nieder. Bei der nichtbayerischen 33. Inf.-Div. waren im August 1918 500 Tatberichte wegen unerlaubter Entfernung anhängig: Gallwitz, S. 349.

843 OHL 9.7.1918 an preuß. K.M., zit. nach dem Manuskript „Strafrechtspflege und Mannszucht in der zweiten Hälfte des Weltkrieges": BA/MA, W-10/50606, Bl. 8. Eine Ausfertigung liegt in den Akten nicht vor. Vgl. die bereits am 24.6.1918 ergangene Verfügung des AOK 6 zur „Verhütung der unerlaubten Entfernung von der Truppe", die u.a. auf eine sofortige Fahndung, strengere Ausweiskontrollen im Etappengebiet und die Einrichtung „fliegende(r) Verkehrswachen" an rückwärtigen Straßenzügen abzielte; ferner die Verfügung der OHL IIIb. Nr. 52862 vom 20.7.1918; beides in: BHStA/IV, AOK 6, Bund 22.

844 Vgl. BHStA/IV, MilGer 6320, 6320, 6357, 6475, 6401, 6412, 6475. Von Mannschaften der Artillerie ist nur der Fall eines Fahrers einer Munitionskolonne belegt, der in eine heftig umkämpfte Stellung Munition vorbringen sollte: ebd., MilGer 6300.

845 Ein extremes Beispiel bietet der Fall eines Soldaten der 11./15. I.R., der sich am 11.7.1916 beim Vormarsch in den Fosses-Wald bei Verdun entfernte. Mit mindestens sechs anderen Soldaten verschiedener Regimenter hielt er sich dann in der Küchenschlucht versteckt, wo man bei Feldküchen Essen fassen konnte. Als er Mitte August von Soldaten des 11. I.R. erfuhr, daß sein Regiment in eine weniger gefährliche Stellung gekommen war, verließ der Soldat die Gruppe und wurde am 17.8. in Billy festgenommen: BHStA/IV, MilGer 6334.

846 Vgl. z.B. die Aussagen der Angeklagten in: BHStA/IV, MilGer 6229, 6230, 6261, 6272, 6334, 6401, 6412, 6429, 6457. Zur Definition vgl. Militärstrafgesetzbuch, S. 194f.

und allein auf diesem Motiv beruhende Vorgehensweise wird auch daran deutlich, daß die Mannschaften zumeist schnell wieder zu ihrem Truppenteil zurückkehrten, sobald sie erfahren hatten, daß dieser aus der Stellung in das Ruhequartier zurückgekehrt war.

Angesichts des extremen Feuers in den Materialschlachten entfernten sich auch Soldaten, die in früheren Kämpfen ihre Tapferkeit bewiesen hatten und ausgezeichnet worden waren.[847] Auch bei Soldaten, die stets hohen Einsatzwillen und Wagemut zeigten, hatte das Artilleriefeuer nach mehreren Kriegsjahren die „Nerven (..) vollständig zerrüttet".[848] Zur Beruhigung wurde den Mannschaften zwar vor Großkampftagen starker Alkohol als „Offensiv-Verpflegung" verabreicht. Aber davon konnten in der Regel nur diejenigen Gebrauch machen, die bereits im vordersten Graben ausharrten.[849] Während des Vormarsches in die Stellung waren die Vorgesetzten machtlos, wenn sich einzelne Soldaten entfernten. Gerade in noch unbekanntem Gelände oder bei gegnerischem Beschuß waren sie vollauf damit beschäftigt, den richtigen Weg einzuhalten und die Gruppe möglichst unbeschadet nach vorne zu führen.[850] Als Maßnahme zur Eindämmung der unerlaubten Entfernung wurde es deshalb seit 1916 in Zeiten heftiger Kämpfe notwendig, die von den Reservestellungen an die Front führenden Wege und auch die Ortsunterkünfte durch Feldgendarmerie-Patrouillen zu kontrollieren. Jeder aus der Gefechtslinie zurückkommende Soldat mußten sich ihnen gegenüber als verwundet oder mit einem Auftrag versehen ausweisen können.[851]

Die quantitative Verteilung der Verurteilungen bestätigt insgesamt, daß die Entfernung aus ‚Feigheit' erst in den Jahren ab 1916 an Häufigkeit zunahm. Auch in der zweiten Kriegshälfte blieb sie allerdings, gemessen an der seit 1917 rapide zunehmenden Zahl der Fälle von unerlaubter Entfernung im allgemeinen und Fahnenflucht im besonderen, ein marginales Phänomen. Im Rahmen der Auswertung der Strafprozeßlisten wurde festgestellt, daß Feigheit nur „selten als selbständiges Delikt, häufig aber" im Zusammenhang mit unerlaubter Entfernung vorkam.

---

847 Vgl. die entsprechenden Hinweise in: BHStA/IV, MilGer 6396, 6398, 6463, 6475.
848 Aussage des Bauern Xaver Kraus 5./2. I.R., der sich am 7.4.1918 beim Vormarsch entfernt hatte. Sowohl seine Tapferkeit als auch ein Zustand ‚nervöser Erschöpfung' wurden durch Vorgesetzte bzw. den Stabsarzt Prof. Berger bestätigt. Sein Gruppenführer sagte aus, er fange bei Beschuß an zu zittern, und schreie im Schlaf oft beim Träumen: BHStA/IV, MilGer 3465.
849 Vgl. Armee-Oberkommando 6 (Hg.), Zusammenstellung Besonderer Anordnungen, o.O. o.J. [Douai 1917], S. 56f.; Zitat: BAP, 92, 275, Bl. 13; Urteilsbegründung des Gerichts der 2. Inf.-Div. vom 8.1.1917 (Somme-Schlacht): BHStA/IV, MilGer 6463; Verdun: Kriegschronik Pfarrer Karl Lang, S. 33: ABA, NL Karl Lang; Werth, S. 410; für die britische Seite: Keegan, S. 285. Der Landarbeiter Martin Bergmann schrieb am 4.12.1917: „Haben auch ganz gute Verpflegung jetzt, weil wir erhöhte Kampfverpflegung erhalten. Wir bekommen auch viel Branntwein da vergißt man so manches." Zit. nach Schober, S. 152.
850 Dies bestätigten Vorgesetzte in ihren Aussagen in: BHStA/IV, MilGer 6218, 6398.
851 Vgl. 4. Inf.-Brigade 28.7.1916 an 2. Inf.-Div. über „Erfahrungen aus den Kämpfen bei Verdun": BHStA/IV, MilGer 6320; Demmler u.a., S. 194; Hebert, S. 49; Ulrich/Ziemann, Frontalltag, Dok. 47 b., S. 176f. Die Zahl der Feldgendarmerietrupps stieg von ursprünglich 33 bis zum Kriegsende auf 115 an: Lahne, S. 347.

Gab es Verurteilungen wegen mehrerer Delikte, wurde das schwerste ausgewiesen, in diesem Fall also die Feigheit. Bei der Interpretation der folgenden Aufstellungen ist stets zu berücksichtigen, daß die 1918 sinkende Zahl an Verurteilungen allein auf den langwierigen Arbeitsgang der Militärgerichte zurückzuführen ist. Bei allen Deliktgruppen ist in diesem Jahr dagegen von einer tatsächlich stark ansteigenden Zahl von Fällen auszugehen.[852]

Tabelle 6: Kriegsgerichtliche Verurteilungen wegen Feigheit und unerlaubter Entfernung/Fahnenflucht im bayerischen Feldheer 1914-1918

	1914	1915	1916	1917	1918	Summe
Feigheit	6	22	100	268	187	583
Entfernung	85	331	513	1.743	1.303	3.975

Im Vergleich zur unerlaubten Entfernung hatte eine Fahnenflucht für die betreffenden Soldaten wie für die militärische Führung weitaus gravierendere Folgen.[853] Das persönliche Risiko des Überlaufens zum Feind war, abhängig von der jeweiligen Intensität des Feuers, hoch. Im Extremfall mußte man zur eigenen Linie und damit zu einer sicheren Verurteilung zurückkehren.[854] Zudem konnte ein Soldat beim Überlaufen nicht sicher sein, ob der Gegner überhaupt gewillt war, Gefangene zu machen.[855] Problemloser war die von vielen Soldaten genutzte Möglichkeit, beim Heimaturlaub oder aus Etappe und Besatzungsheer in das neutrale Ausland zu entkommen. Auch dann mußte der Fahnenflüchtige allerdings bereit sein, unter noch ungewissen Bedingungen voraussichtlich mehrere Jahre getrennt von der Familie in einem fremden Land zu verbringen.[856] Der Entschluß zu einer Fahnen-

---

852 Undatierte Zusammenstellung [1928] des bayerischen Kriegsarchivs. Danach auch die folgende Tabelle: BHStA/IV, HS 2348. Verurteilungen von Offizieren wegen dieser Delikte gab es nicht. Eine Dunkelziffer ist bei unerlaubter Entfernung nicht anzunehmen, da es die Vorgesetzten vermutlich nur in leichteren Fällen bei einer Ermahnung beließen. Vgl. auch Anm. 817 zu diesem Kapitel.

853 Vgl. im folgenden, soweit nicht besonders angegeben: Ziemann, Verweigerungsformen, S. 111-117; ders., Fahnenflucht.

854 Vgl. Kriegsgerichtsrat Zschorn, Zu Paragraph 73 MStGB, in: Archiv für Militärrecht 8 (1919/20), S. 174-177.

855 Entsprechende Bedenken versuchten die Alliierten durch Flugblätter zu zerstreuen. Vgl. etwa ein französisches Flugblatt aus dem Jahr 1916: Ulrich/Ziemann, Frontalltag, S. 172.

856 Die Bereitschaft zum Aufenthalt in der Gefangenschaft trat in vorheriger Aussage eines ledigen Schiffsheizers der 4./20.I.R. hervor, der in der Nacht zum 10.4.1915 überlief: BHStA/IV, MilGer 6410. Das Problem der Trennung von der Familie läßt sich bei einigen Soldaten erkennen, die eine Verfügung des preuß. K.M. vom 29.5.1917 nutzten (Armee-Verordnungsblatt 51 (1917), S. 307), die Fahnenflüchtigen – Überläufern nicht – Strafaufschub, Erlaß der Untersuchungshaft und Aussicht auf Begnadigung zusicherte, falls sie sich bis zum 15.7.1917 bei einer Grenzstelle meldeten. Mit Rücksicht auf fehlende Kenntnis des Erlasses wurde die Frist später verlängert: ebd., S. 457. Vgl. das Protokoll der Vernehmung des Fahnenflüchtigen Hermann Unverhau vom 4.9.1917, dessen Frau ihm den Erlaß mit dem Wunsch nach seiner Rückkehr in die Niederlande gesandt hatte, sowie den Brief des Fahnenflüchtigen Max Gotthardt vom 13.11.1917 an seine Frau

flucht und ihre Durchführung erforderten deshalb insgesamt ein hohes Maß an Zielstrebigkeit, Selbstbewußtsein und Durchsetzungsvermögen.

Fahnenflüchtig wurden vor allem die Angehörigen der nationalen Minderheiten, also Elsaß-Lothringer, Polen (vor allem aus Posen und Westpreußen) sowie Dänen aus Nordschleswig. Diese brachten nicht nur von vornherein eine geringe Motivation für den Kampf in der deutschen Armee mit. Vor allem bei den Elsaß-Lothringern und den Polen wurde die Bereitschaft zum Überlaufen durch die schikanöse und diskriminierende Behandlung verstärkt, der sie in der preußisch-deutschen Armee ausgesetzt waren. Die preußischen Militärbehörden trugen zur Herausbildung der Gruppe der unzufriedensten umd am stärksten zum Überlaufen bereiten Soldaten auf diese Weise selbst bei. In der bayerischen Armee waren Elsaß-Lothringer allerdings nur in äußerst geringer Zahl vertreten.[857] Unter den Mannschaften stieß die pauschale mißtrauische Behandlung der elsässischen Soldaten durch die Militärbehörden auf Ablehnung.[858] Zu Beginn des Krieges ergriff auch eine Reihe von Soldaten aus dem saarländischen Bergbaugebiet die Gelegenheit zum Überlaufen.[859]

Vornehmlich aus politischen Motiven handelte eine kleinere Zahl von in der USPD oder der Spartakusgruppe organisierten Arbeitern, die nach der Fahnenflucht in der Heimat oder im neutralen Ausland ihre politische Arbeit fortsetzten.[860] Eine besondere Häufung von Fahnenfluchtfällen bei bestimmten sozialen Gruppen ist insgesamt nicht zu erkennen. In der Landwirtschaft beschäftigte Soldaten griffen allerdings nur ganz vereinzelt zu dieser Verweigerungsform.[861] Sie dürften eine

in Burgstädt bei Chemnitz: SHStAD, Kriegsarchiv (P) 24179, Bl. 91, 162; Schütze Ferdinand Groß 3./MG-Scharfschützen-Abteilung 56, lediger Postbote aus Saargemünd in Lothringen, aus Venlo (Niederlande) 6.2.1918 an seine Mutter: BHStA/IV, Militärgericht 6. Ldw.-Div. G 23.

857 Unter den 3.203 Toten des 20. I.R. waren zehn im Reichsland gebürtige Soldaten: Höfl, S. 301. Ein „Ausweis der im Besatzungsheere vorhandenen Unteroffiziere und Mannschaften elsässisch-lothringiscer Staatsangehörigkeit" vom 10.5.1916 ergab im stv. GK I. AK die Zahl von 230 Elsaß-Lothringern. Die Zählung ging zurück auf den K.M.-Erlaß vom 1.5.1916, mit dem die diskriminierende Behandlung der Elsässer einen nur noch mit der berüchtigten ‚Judenzählung' vergleichbaren Höhepunkt erreichte: BHStA/IV, stv. GK I. AK 618. Die seit Juli 1915 im Elsaß liegende 8. Res.-Div. hatte bereits im April 1916 die Elsässer zählen lassen, und verweigerte mit Zustimmung des K.M., das diese Praxis auf alle im Reichsland liegenden Truppenteile ausweitete, jede weitere Überweisung von Soldaten aus dem Reichsland. K.M.-Erlaß vom 15.4.1916: ebd., stv. GK I. AK 277; vgl. Histories, S. 164. Durch die verschiedenen, seit März 1915 ergangenen Erlasse des preuß. K.M. war angeordnet worden, daß dort nur als unzuverlässig erachteten Elsaß-Lothringer an die Ostfront zu versetzen waren. Vgl. den anläßlich einer Verfahrensänderung ergangenen Erlaß des preuß. K.M. vom 18.5.1917 Nr. 14254/17 A.1: SHStAD, Kriegsarchiv (P) 24170, Bl. 64.

858 Cron, Sekretariat, S. 48.

859 Vgl. für die primär aus dem elsaß-lothringischen Reichsland rekrutierte 85. Ldw.-Div.: Histories, S. 559. Die Division wurde deshalb frühzeitig in den Osten verlegt.

860 Vgl. z.B. F. Zikelsky, Das Gewehr in meiner Hand. Erinnerungen eines Arbeiterveteranen, Berlin 1958, S. 135ff.; H. Voßke/G. Nitzsche, Wilhelm Pieck, Biographischer Abriß, Frankfurt/M. 1975, S. 68ff.

861 In der 2. Inf.-Div. ist kein Fall überliefert. Für den Fall eines Dienstknechtes der 1. Feldpionierkompanie I. bayer. AK, der Ende 1915 überlief, vgl. BHStA/IV, MilGer 3348. Der Dienstknecht

Fahnenflucht vor allem wegen der beim Überlaufen zum Gegner drohenden Gefahren und des zu erwartenden langen Aufenthalts in der Fremde vermutlich von vornherein sinnlos gefunden haben.[862]

Neben den primären Wunsch nach Sicherung des eigenen Lebens traten bei den Angehörigen der nationalen Minderheiten wie den übrigen Soldaten weitere Motive, die letztlich den Entschluß zur Fahnenflucht auslösten. Das Heimweh nach den Familienangehörigen, die Unzufriedenheit mit den dienstlichen Verhältnissen oder die Angst vor der Bestrafung nach einer Disziplinverletzung oder Urlaubsüberschreitung waren mögliche Auslöser für eine Fahnenflucht.[863] Aufgrund der hohen Risiken beim Versuch einer Fahnenflucht lag es nahe, nach dem einmal gefaßten Entschluß eine möglichst günstige Gelegenheit abzuwarten.[864]

Die Zahl der fahnenflüchtigen Mannschaften und Unteroffiziere entwickelte sich im Verlauf des Krieges zu einer schwerwiegenden Belastung für den militärischen Apparat. Im Ausmaß der kriegsgerichtlichen Verurteilungen spiegelt sich dieses Phänomen nur sehr unvollkommen wieder, da beim erfolgreichen Überlaufen zum Feind oder der Entfernung in das neutrale Ausland eine strafrechtliche Verfolgung nicht mehr möglich war. Im deutschen Feldheer läßt sich die Zahl der verurteilten Soldaten auf eine Mindestzahl von insgesamt knapp 2.000 schätzen, im Besatzungsheer entsprechend auf ungefähr 8-10.000. Die Verurteilungen häuften sich dabei vor allem im letzten Kriegsjahr, waren aber bereits 1917 erheblich angestiegen.[865] Insbesondere seit dem Sommer 1918 stieg die Bereitschaft zum Überlaufen rapide an, wie die Postüberwachungsstellen notierten:

Otto Resele, geb. 1895, flüchtete 1917 noch vor seiner Einberufung in die Schweiz; Gendarmeriestation Kellmünz (BA Memmingen) 13.2.1918 an stv. GK I. AK: ebd., stv. GK I. AK 1584.

862 Vgl. Klemperer, Curriculum Vitae, S. 379. Die Erklärung einer nicht vorhandenen individuellen Handlung bleibt zwangsläufig hypothetisch. Der Gesamteindruck des Verhaltens bäuerlicher Soldaten legt diesen Schluß jedoch nahe.

863 Ungeachtet ihres einseitigen Kategorienrasters geben darüber verschiedene Veröffentlichungen der Militärärzte Auskunft. Vgl. Pönitz, Psychologie, S. 270f., 273f.; Meier, Fahnenflucht, S. 26; Hösslin, Fahnenflucht, S. 348. Die Sehnsucht nach den Angehörigen war für Dominik Richert nach der Rückverlegung an die Westfront der Auslöser; vgl. Richert, S. 367. Die Sinnlosigkeit des Krieges als Beweggrund tritt hervor im Schreiben des Werkmeisters in einem Steinbruch, Adolf Armbrust, vom 15.1.1918 an seine frühere Einheit 11./15. I.R.: BHStA/IV, MilGer 6201.

864 Vgl. BHStA/IV, MilGer 6479; Richert, S. 367-384. Dieses Verhalten wird insbesondere für die nationalen Minderheiten geschildert. So waren schlesische Soldaten polnischer Nationalität der preuß. 11. Inf.-Div. „generally ready to desert when they had a chance." Vereinzelt nutzten Polen oder Elsässer sogar truppweise eine sich bietende Gelegenheit – fahnenflüchtig wurden in der Regel nur Einzelne oder zwei Kameraden –, so etwa bei der preuß. 19. Res.-Div., bei der am 28.9.1917 in Rußland 67 Soldaten des R.I.R. 73 flüchteten. Das R.I.R. 224 der preuß. 48. Res.-Div. hatte in Rußland von August bis Oktober 1915 3.100 Vermißte, der größte Teil elsaß-lothringische Fahnenflüchtige: Histories, S. 199 (Zitat), 302, 480f. Diese Berichte der Alliierten liefern zuverlässige Belege dafür, daß Desertion bei Elsaß-Lothringern tatsächlich ein Massenphänomen war. Die hervorgehobene Nennung dieser Gruppe ist demnach nicht nur der Tatsache geschuldet, daß ein vermißter Elsässer von den preußischen Militärs oftmals umstandslos als Fahnenflüchtiger angesehen wurde; vgl. Ziemann, Verweigerungsformen, S. 113f.

865 Vgl. Ziemann, Verweigerungsformen, S. 115f., sowie Kap. 3.3.2.

„Wenn früher von Neigung zum Überlaufen und in Gefangenschaft geraten in Briefen die Rede war, so blieb dies auf geringe Fälle beschränkt, aus denen eine Rückwirkung auf die Allgemeinheit nicht zu befürchten war. Jetzt sind diese Äußerungen zu einer erschreckenden Höhe angewachsen. Am Zustandekommen solcher Gesinnung kann die in letzter Zeit besonders rege Propaganda des Feindes allein nicht schuld sein."[866]

Auch die Zahl der an der Westfront tatsächlich wegen Fahnenflucht zur Fahndung ausgeschriebenen Soldaten erreichte 1918 einen immensen Umfang. Für den Zeitraum bis Mitte Juli wurde ihre Zahl auf mehr als 40.000 geschätzt. Ausgehend von Unterlagen der 3. Armee, bei der im Juli täglich rund 100 Soldaten als fahnenflüchtig gemeldet wurden, läßt sich ihre Gesamtziffer von Juli bis Kriegsende auf etwa 120-180.000 schätzen.[867] Diese Zahlen geben aber keinen Aufschluß über den Anteil der Überläufer. Zudem werden sie in ihrer Bedeutung dadurch relativiert, daß sich in den letzten Monaten des Krieges insgesamt rund 750.000 bis 1.000.000 Soldaten des Feldheeres dem Dienst entzogen, von denen wohl der überwiegende Teil auf keinen Fall die Absicht hegte, bis zum Waffenstillstand nochmals zur Truppe zurückzukehren.[868]

Die Bestimmung des Umfanges der Fahnenflucht wird nicht zuletzt dadurch erschwert, daß sie nur schwer von einer freiwilligen Gefangennahme abgrenzbar war. Nur wenn eindeutige Indizien wie das Zurücklassen von Ausrüstungsgegenständen in der Unterkunft, vorherige Äußerungen gegenüber Kameraden oder beschlagnahmte Briefe an die Angehörigen vorlagen, konnte ein vermißter Soldat eindeutig als Fahnenflüchtiger identifiziert werden.[869] Die Bereitschaft zu einer freiwilligen Gefangennahme stieg ebenso wie die zur Fahnenflucht in den beiden letzten Kriegsjahren an. Die Gefangenschaft hatte ihren propagandistisch aufgebauschten Schrecken weithin verloren, und erschien deswegen als sicherer Aufenthaltsort nunmehr erstrebenswert.[870] Dies bestätigen die Briefe gefangengenomme-

866 Postüberwachungsbericht der 5. Armee vom 31.8.1918: BA/MA, W-10/50794, Bl. 77f.; Ulrich/Ziemann, Frontalltag, Dok. 58 d., S. 205. Die Virulenz des Problems verdeutlicht auch die Verfügung der OHL vom 23.6.1918, in der die Truppenteile aufgefordert wurden, den Mannschaften die schweren Sanktionen gegen Überläufer „öfters scharf in Erinnerung zu bringen." Kästner, Dok. 22, S. 55f. Nicht ohne jeden Erfolg versuchte die französische Armee im Sommer 1918, mit von Flugzeugen abgeworfenen Flugblättern die Soldaten zum Überlaufen zu animieren, wobei „Republik" als Losungswort dienen sollte. Vgl. Thimme, S. 173; Ulrich/Ziemann, Frontalltag, Dok. 58 a-b., S. 203f.; MInn 18.9.1918 an die RP: BHStA/IV, MKr 11486.
867 Vgl. für die Zeit bis Juli die aufgrund von Unterlagen des Reichsarchivs erhobene Schätzung von Martin Hobohm: WUA, Bd. 11/1, S. 184. Für die Zeit ab Juli: Dreetz, Rückführung, S. 580. Die höhere Ziffer stammt von Dreetz, ist aber nur unter Vorbehalt zu akzeptieren, da Dreetz das behauptete weitere Ansteigen der Zahlen ab Juli nicht belegt hat.
868 Vgl. Deist, Militärstreik, S. 156, sowie den vereinzelten Hinweis für häufiges Überlaufen in: WUA, Bd. 6, S. 327 (Bericht der preuß. 119. Inf.-Div. vom 2.11.1918).
869 Vgl. z.B. BHStA/IV, MilGer 3348; Indizien waren hier eine frühere Äußerung gegenüber einem Kameraden, die Mitnahme der Briefschaften, das Anlegen frischer Wäsche und die Meldung zum Dienst, obwohl der Soldat noch krank geschrieben war. Die Abgrenzungsprobleme treten in zahlreichen Einzelfallberichten deutlich hervor. Vgl. SHStAD, Kriegsarchiv (P) 20533, passim.
870 Vgl. die Briefauszüge zum Postüberwachungsbericht der 5. Armee vom 31.8.1918: BA/MA,

ner Soldaten, die zuweilen ein ausgesprochen positives Bild ihrer Situation zeichneten:

> „Ihr werdet euch wundern daß ich Euch so unendlich lange nicht geschrieben hab. Ich bin nämlich so zufälligerweise in franz. Gefangenschaft geraten. Aber Ihr müßt nun nicht gleich das schlimmste denken denn bis jetzt gefällt's mir tadellos hier. Ja besser noch als die letzte Zeit bei der Kompagnie, denn hier giebt's keine Angriffe mehr auch kein Trommelfeuer. Natürlich würde's mir bei Euch noch besser gefallen. Aber soviel Grauenhaftes wie uns immer erzählt wurde von der Gefangenschaft, das ist alles Schwindel."[871]

Bereits Ende 1917 hob die OHL in einem Erlaß das Problem der steigenden Gefangenenzahlen bei Abwehrkämpfen hervor. Dem Erfahrungsbericht einer Armee zufolge machten die hohen Verluste größerer Kampfhandlungen ein „Zusammenschweißen" der Truppe unmöglich. Die mangelhafte Kenntnis der Unterführer von den ihnen unterstellten Mannschaften steigerte offenbar nach Auffassung der OHL die Bereitschaft des frisch eingetroffenen Ersatzes, sich gefangen nehmen zu lassen.[872] In den Rückzugskämpfen seit dem Sommer 1918 entwickelte sich die freiwillige Gefangennahme zu einem Massenphänomen, wie die steil ansteigenden und an die Verwundetenziffern heranreichenden Vermißtenzahlen dieser Monate bestätigen. „Teile der Infanterie" nahmen die Hände hoch, selbst „wenn der Feind noch über 1 km entfernt" war.[873]

W-10/50794, Bl. 82, 89; Brief des Steinhauers August Horn, 3./Ldst.-Inf.-Btl. Bamberg, aus Fechenbach (BA Marktheidenfeld) vom 22.9.1917 an Frau und Kinder: BHStA/IV, Militärgericht 6. Ldw.-Div. H 31; Richert, S. 309; Ulrich/Ziemann, Frontalltag, Dok. 56 d., S. 201. Die Alliierten versuchten durch den Abwurf von Briefabschriften deutscher Gefangener und andere Propagandamaßnahmen die Bereitschaft zur Gefangennahme unter den deutschen Soldaten zu vergrößern; Thimme, S. 144ff.

871 Brief eines Kriegsgefangenen aus Frankreich vom 17.10.1917: BSB, Schinnereriana. Die militärische Überwachungsstelle I. bayer. AK beim Bahnpostamt München I stellte in einem Schreiben an den Chef des stv. Generalstabes der Armee Abt. IIIb vom 12.5.1917 fest, daß durchschnittlich fünf der täglich geprüften 9.000 Gefangenenbriefe ein „auffallendes Lob" über ihre Situation enthielten: BHStA/IV, stv. GK I. AK 1539. Vgl. auch die dort mitgeteilten Beispiele, sowie weitere Briefe in: ebd., stv. GK I. AK 1527. Neuere Untersuchungen zur Lage der Kriegsgefangenen fehlen weitgehend; vgl. aber G.H. Davis, Deutsche Kriegsgefangene im Ersten Weltkrieg in Rußland, in: MGM 31.1982, S. 37-49. Nach der Rückkehr eingereichte Beschwerden berichteten von Mißhandlungen durch Unteroffiziere der eigenen Armee und deren Bemühungen, sich Privilegien zu verschaffen; vgl. Heeresabwicklungsamt Bayern 29.5.1920 an Abwicklungsamt I. bayer. AK: BHStA/IV, stv. GK I. AK 547.

872 Erlaß des Chefs des Generalstabes des Feldheeres vom 25.12.1917: BHStA/IV, stv. GK I. AK 451. Der verwendete Erklärungsansatz ist mit Vorbehalt zu betrachten, da die OHL nur zu oft geneigt war, alle Probleme auf den in der Heimat ‚verhetzten' Ersatz abzuwälzen. Das allgemeine Phänomen wird bestätigt bei Thimme, S. 166.

873 Vgl. Deutschland im Ersten Weltkrieg, Bd. 3, S. 355, 359, 447f. (Zitat, aus dem Bericht einer Radfahrerbrigade der 2. Armee); Deist, Militärstreik, S. 151 (Zahlen); 158; Thimme, S. 170, 173; Kronprinz Rupprecht 18.0.1918 an Prinz Max v. Baden: Mann/Burckhardt, Max von Baden, S. 439. Für diesbezügliche Versicherungen von Urlaubern vgl. Garnisonältester Bad Reichenhall 23.9.1918 an stv. GK I. AK: BHStA/IV, stv. GK I. AK 1969; zur Wahrnehmung der Gefangenenziffern an der Front Hans Spieß 16.8.1918 an Eltern und Geschwister: ebd., Kriegsbriefe 340.

Neben der Selbstverstümmelung und der Entfernung von der Truppe gab es schließlich noch die Möglichkeit der direkten und offenen Befehlsverweigerung gegenüber den Vorgesetzten. Diese war, gemessen an der Zahl militärgerichtlicher Verurteilungen und im Vergleich mit den übrigen Deliktgruppen, ein verbreitetes Phänomen.[874]

Tabelle 7: Kriegsgerichtliche Verurteilungen wegen Gehorsamsverweigerung im bayerischen Besatzungs- bzw. Feldheer 1914-1918

	1914	1915	1916	1917	1918	Summe
Heimat	75	238	335	496	491	1.639
Front	39	309	389	917	462	2.116

Die im Feldheer 1917 stark ansteigende Zahl von Verurteilungen weist nochmals auf die massive Stimmungsverschlechterung hin, die in diesem Jahr stattfand. Im Ganzen handelt es sich bei der überwiegenden Zahl dieser Verurteilungen allerdings um Fälle individueller Gehorsamsverweigerung. Bei der 1., 5. und 11. Infanterie-Division sowie der 2. Landwehr-Division gab es im Verlauf des Krieges zusammen 102 Verurteilungen wegen Meuterei und militärischem Aufruhr, jedoch 254 wegen Gehorsamsverweigerung.[875] Die wegen individueller Vergehen verurteilten Soldaten handelten vor allem in den Ruhequartieren. Dort begannen sie zumeist nach geringfügigen Verfehlungen im Dienst Streitereien mit ihren Vorgesetzten und machten ihrer Verärgerung und Kriegsverdrossenheit auf diese Weise Luft.[876] Zum Teil erleichterte es der Einfluß des Alkohols den Mannschaften, ihrer Empörung freien Lauf zu lassen und dabei des öfteren auch gegen Vorgesetzte tätlich zu werden.[877]

Die besonders unzufriedenen Soldaten konnten sich zwar auf diese Art gewissermaßen ein Ventil für ihren Ärger verschaffen. Für das Entstehen kollektiver Verweigerung wirkten individuelle Gehorsamsverweigerungen jedoch hinderlich.

---

874 Tabelle 7 nach der Zusammenstellung in: BHStA/IV, HS 2348. Dazu kamen noch 200 Verurteilungen in der Etappe.

875 Bei einem ausgewählten Militärgericht des Besatzungsheeres, dem der stv. 3. Inf.-Brigade, gab es keine Verurteilungen wegen Meuterei. Zusammengestellt nach der Auswertung der Strafprozeßlisten: ebd. Die gemeinsame Rubrizierung beider Delikte in der Zusammenstellung für die gesamte Armee ergibt sich aus dem Vergleich mit den für die vier Divisionen einzeln ausgewiesenen Deliktgruppen. Vgl. zur Definition der Vergehen, zu denen auch die Tätlichkeit gegen einen Vorgesetzten zählt, die in der Regel mit einer Achtungsverletzung (Paragraph 89) verbunden war, die Paragraphen 92ff. bzw. 103ff. und 106ff. in: Militärstrafgesetzbuch, S. 196-202.

876 Vgl. z.B. folgende Vorfälle: BHStA/IV, MilGer 6244, 6287, 6304, 6316, 6354, 6356, 6377, 6386, 6387, 6400, 6455, 6470.

877 Vgl. BHStA/IV, MilGer 6206, 6248, 6257; ebd., Militärgericht 6. Ldw.-Div. H 11; Kommandeur der 2. Inf.-Div. 11.3.1915 an 3. und 4. Inf.-Brigade: ebd., 2. Inf.-Div., Bund 109; allgemein die Denkschrift von Dr. Karl Weiler, „Zur Behandlung der Morphiumsüchtigen und der Alkoholkranken" vom 6.7.1917: ebd., MKr 10097; ders., Erfahrungen, S. 303; Sonntag, S. 732.

Dies gilt ebenso für kleinere Widersetzlichkeiten einer Gruppe von Soldaten. Georg Schenk, Unteroffizier in der 2. Kompanie des neu aufgestellten 32. Infanterie-Regiments, das ab Januar 1917 in Murnau am Staffelsee Übungen abhielt, beschreibt in seinem Kriegstagebuch, wie nach stundenlangem Gruppenexerzieren ein Gefreiter sein Gewehr wegwarf. Anschließend verweigerte eine Reihe von Soldaten Griffübungen am Gewehr und Ehrenbezeigungen gegenüber einem Major. Beim folgenden Marsch durch Murnau wurde laut geschimpft. Vermutlich auch deshalb, weil der Hauptmann und Kompanieführer danach beim Regiment „eine richtige Nase bekam" und sich sein Verhalten in der Folgezeit besserte, bezeichnete Schenk dies als den „schönste(n) Tag, den wir erlebten, nämlich der 12. Feb.[ruar 1917], der Tag der Meuterei und des Aufruhrs."[878]

Wirkliche Meutereien kamen dagegen nur ausgesprochen selten vor. Vereinzelte Vorfälle gab es erstmals in den Materialschlachten der Jahre 1916 und 1917.[879] Insbesondere bei Verdun und an der Somme sowie in der Ypern-Schlacht im Herbst 1917 verweigerten kleinere Gruppen von Soldaten bis maximal zur Kompaniestärke das Vorrücken in die Stellung.[880] Bei Verdun konnten einige Einheiten nur durch die vorgehaltene Waffe von ihren Offizieren zur Durchführung sinnlos erscheinender Angriffsbefehle gezwungen werden.[881] In den letzten Monaten des Krieges kam die kollektive Weigerung zum Vorgehen in die Stellung wiederholt vor.[882] Gegen Ende des Oktober 1918 erstreckte sich die Weigerung, in Stellung zu gehen, bei Metz sogar über die Truppenteile einer ganzen Landwehr-Division.[883] Im Rahmen der massenhaften individuellen Verweigerung dieser Zeit blieben selbst solche Vorgänge aber ohne größere Bedeutung.

Erst in der zweiten Kriegshälfte konnte der Eindruck heftigster Kämpfe das Motiv für eine Meuterei darstellen, wie die genannten Beispiele belegen. Hinweise auf die

878 Kriegstagebuch Georg Schenk: BHStA/IV, HS 3410. Vgl. Ulrich/Ziemann, Frontalltag, Dok. 46 b., S. 173f.
879 Die genannten 102 Verurteilungen wegen kollektiver Gehorsamsverweigerung verteilen sich auf die Jahre wie folgt: 1914/1915= 1, 1916= 2, 1917= 84, 1918= 15: BHStA/IV, HS 2348. Die 2. Landwehr-Division wurde erst im Januar 1917 errichtet. Eine vereinzelte Verurteilung wegen Meuterei scheint ein Widerspruch in sich zu sein. Die gemeinschaftliche Abrede zur Befehlsverweigerung und ihre Durchführung konnte aber bereits bei zwei Soldaten als Meuterei belangt werden. Dies geschah bei zwei Soldaten der 6./17. I.R., die sich im April 1917 zusammen weigerten, in Stellung zu gehen: ebd., MilGer 6742. Tod oder Versetzung eines Angeklagten konnten dann zur Verurteilung eines einzelnen Soldaten führen.
880 In diesem Punkt macht sich das Fehlen der preußischen Überlieferung und die nur für drei bayerische Divisionen durchgeführte Repertorisierung der Gerichtsakten schmerzlich bemerkbar. Die Suche nach gerichtlich verfolgten Vorfällen wäre mit dem Bemühen um die sprichwörtliche Stecknadel vergleichbar. Vgl. die spärlich überlieferten, nicht über die Schilderung des Tatbestands hinausgehenden Hinweise in: Lambach, S. 85 (Feldpostbrief vom Juli 1916); Thaer, S. 92 (13.10.1916); Neter, S. 39; Kap. 3.3.2.
881 Vgl. nach mündlichen Erinnerungsberichten: Werth, S. 305, 410.
882 Vgl. die Belege bei Deist, Militärstreik, S. 158.
883 Aussage Groener: Dolchstoß-Prozeß, S. 213; vgl. für die im Herbst 1918 aus dem Osten verlegte, aus zahlreichen Polen und Elsässern bestehende nichtbayerische 18. Inf.-Div.: Deutschland im Ersten Weltkrieg, Bd. 3, S. 511.

den Übergang zu kollektivem Handeln auslösenden Zusammenhänge bieten Vorfälle, die sich im Frühjahr 1917 bei der 16. Infanterie-Division ereigneten.[884] Dort verweigerten am 4. April mindestens 30 Mann von zwei Kompanien des 11. Infanterie-Regiments den Vormarsch in eine Stellung an der Vimy-Höhe im Artois, da ein Angriffsunternehmen der englischen Truppen unmmittelbar bevorstand und die Stellung als unterminiert galt. Der am 9. April nach mehrtägigem Trommelfeuer erfolgende Angriff bestätigte diese Befürchtungen. Drei Kompanien des Regiments wurden durch Sprengungen nahezu völlig aufgerieben.[885] Nachrichten über eine Meuterei beim 11. Infanterie-Regiment verbreiteten sich mit einer gewissen Verzögerung auch in der Heimat. Kolportiert wurde hier die Vernichtung zweier Regimenter durch die Sprengung einer unterminierten Stellung sowie die anschließende Weigerung einer ungefähr Kompaniestärke umfassenden Anzahl von Soldaten des 11. Infanterie-Regiments, nunmehr zum Gegenangriff vorzurücken.[886]

Ihrem nur seltenen Vorkommen entsprechend blieb die Bedeutung von Meutereien im Gesamtbild soldatischer Verweigerung bis zum Kriegsende gering. Allerdings konnten sie bei den teilnehmenden Soldaten vereinzelt die Bereitschaft zu fortgesetzter Verweigerung vergrößern.[887] Die geringe Häufigkeit kollektiver Ver-

---

884 Diese Division war Ende Januar 1917 aus dem 11. und 14. I.R. sowie dem R.I.R. 21 gebildet worden. Das letztere hatte seit Kriegsbeginn in der 6. Res.-Div. gefochten. Vgl. Die Bayern im Großen Kriege, Bd. 2, S. 32. Den alliierten Abwehrstellen ist dieser Vorfall entgangen. Sie bezeichneten die Division nach dem britischen Angriff nur als „very much exhausted", und bescheinigten ihr für das Jahr 1917 einen insgesamt guten Kampfwert: Histories, S. 273f. Für die britische Unwissenheit über die Meuterei dürfte ihre Ablösung am 12. April verantwortlich sein, die weitere Gefangennahmen verhinderte.

885 Vgl. die Schilderung im Schreiben von Josef Zach, dessen Sohn an diesen Vorgängen beteiligt war, o.D. [1918] an Georg Heim: StaA Regensburg, NL Heim 1316. Ein Gerichtsakt ist nicht überliefert; zur Datierung vgl. aber den Hinweis im Akt des Johann Rauscher 6./11. I.R.: BHStA/IV, Militärgericht 16. Inf.-Div., Bund P-S 1917. Daneben kam es mehrfach zu individuellen Gehorsamsverweigerungen; vgl. ebd. die Verfahrensakte gegen X. Reitberger u. G. Krauchauf 10./11. I.R., wo im Urteil v. 8.5.1917 die Vorfälle angesprochen wurden. Strafprozeßlisten der 16. Inf.-Div. fehlen für die Zeit vom Januar bis Juni 1917: BHStA/IV, HS 2348. Hintergrund: A. Dunzinger, Das K.-B. 11. Infanterie-Regiment von der Tann, München 1921, S. 47f. Darüber hinaus sollen Mannschaften des 11. I.R. nach der Rückkehr aus dieser Stellung gemeutert haben, weil inzwischen eine preußische Einheit das Quartier belegt hatte; vgl. Sebastian Schlittenbauer 4.8.1917 an Kriegsminister v. Hellingrath: BHStA/IV, MKr 2334. Dieser Sachverhalt läßt sich momentan nicht verifizieren.

886 Vgl. die Protokolle über die Vernehmung eines Sekretärs des Münchener Stadtmagistrats und eines Infanteristen des E./R.I.R. 2. vom 22./23.6.1917 bei der Münchener Polizeidirektion. Letzterer hatte den Vorfall im Juni in Lille von zwei mutmaßlichen Angehörigen des 11. I.R. und kurze Zeit darauf in einem Urlauberzug geschildert bekommen: BHStA/IV, stv. GK I. AK 1723.

887 Aufschluß darüber gibt der Stammrollenauszug des in Anm. 885 erwähnten landwirtschaftlichen Dienstknechtes Johann Rauscher aus dem BA Vilshofen. Seit 1914 im Feld, war er im Mai 1917 vom Militärgericht der 16. Inf.-Div. wegen Meuterei, Ungehorsam und Feigheit zu vier Jahren Gefängnis verurteilt worden. Im November 1917 folgte eine erneute Verurteilung wegen eines Ausbruchsversuchs aus der Militärstrafanstalt Oberhaus in Passau und im Februar 1918 die Überstellung zur bayer. Militärgefangenen-Kompanie 5. Dort nahm er mit vier anderen Gefangenen an einem Befreiungsversuch teil und war nach der Überstellung in eine andere Gefangenenkompanie seit dem 13.4.1918 flüchtig: BHStA/IV, Militärgericht 1. Res.-Div. B 83.

weigerung hatte verschiedene Ursachen. Zu bedenken ist zunächst, daß die Soldaten ihrer Entrüstung über unzumutbare Belastungen und eine ungerechte Behandlung direkt nach der Rückkehr in die Ruhestellung in heftigen Worten Ausdruck verliehen. Das Schimpfen bot ihrem Unwillen ein Ventil, und in der Regel erschöpfte sich die Empörung darin.[888] Diesen Zusammenhang erkannte 1917 auch der Bauernbündler Friedrich Lutz, als er feststellte, „solange" die Soldaten „schimpfen, ist es noch lange nicht gefehlt, wenn sie einmal nicht mehr schimpfen, dann ist's gefehlt."[889] Eine vergleichbare entlastende Wirkung besaßen Feldpostbriefe, in denen die Soldaten ihrer Unzufriedenheit Raum gaben:

> „Nun mus ich mit meinem schimpfen aufhören, aber es geht nicht anders und pakt einen die Wut oft an und man meint halt es ist beßer, wenn man sich ausschimpfen kann denn man hat schon zur genüge mitmachen müßen und weis halt schon zu viel (...)".[890]

Auch während des Urlaubs in der Heimat wurde des öfteren in übertriebener Weise mit der Absicht zu disziplinlosem Verhalten geprahlt.[891] Die Bereitschaft zu kollektiver Widersetzlichkeit existierte jedoch vornehmlich in der Phantasie der Soldaten. Davon legen Gerüchte über ganze Regimenter oder gar Divisionen betreffende Meutereien Zeugnis ab.[892] Auch über die Erschießung mißliebiger Offiziere durch

---

888 Vgl. den hellsichtigen Brief von Heinrich Aufderstrasse vom 1.5.1918 an den Verband der Bergarbeiter Deutschlands: BAP, 92, 271, Bl. 88-91; vgl. dazu auch die Bemerkung des Kriegsfreiwilligen Felix Fonrobert in seinen Lebenserinnerungen, daß er wie viele andere Soldaten vornehmlich in der Ruhestellung „bockbeinig" wurde, vor dem ‚Feind' jedoch keinen Gedanken an eine Fahnenflucht verschwendete, auch wenn er „noch so laut schimpfte": Privatbesitz. Es war eine „alte Beobachtung der militärischen Überwachungsstellen", daß die Truppen nicht auf dem Weg in das Gefecht, sondern in der Ruhestellung schimpften; Postüberwachungsbericht der 5. Armee vom 28.9.1917: BA/MA, W-10/50794, Bl. 25.
889 MdL Lutz (BBB) 22.11.1917: KdA, Sten. Ber. Bd. 16, S. 717; vgl. Eggersdorfer, Felderfahrung, S. 577; Das alte Heer, S. 46. Am 6.7.1918 und damit am Wendepunkt zu massenhafter Verweigerung hieß in einem Feldpostbrief: „Zu Hause mehrt sich die Unzufriedenheit, und hier draußen ist man bereits über das Stadium des Schimpfens hinaus und ist still. Kein gutes Zeichen!" Cron, Studentendienst, S. 36. Bei den Fahrern der Artillerie konnten sich Zorn und Überdruß am Krieg gegen die Pferde richten; vgl. die bei Klemperer, Curriculum Vitae, S. 376f., beschriebene und von ihm zu Recht als „scheußlich" qualifizierte Episode, in der ein wütender und enttäuschter Fahrer sich durch das des öfteren vorkommende und mit Arrest bewehrte Reißen an der Zunge des Pferdes abreagierte.
890 Schreiben des landwirtschaftlichen Dienstboten O.H. vom 12.9.1917 an Otto Frhr. v. Aufseß: Gemeinde Kochel. Gerade in diesem Zusammenhang kamen in den Briefen Übertreibungen vor, die konservativen Offizieren und Abgeordneten nach dem Krieg Anlaß für eine Pauschalkritik des Quellenwertes von Feldpostbriefen boten. Vgl. dazu WUA, Bd. 11/1, S. 187ff., 202ff.
891 Vgl. Ziemann, Verweigerungsformen, S. 119; Aufzeichnung des Unterrichtsoffiziers des stv. GK [württembergisches] XIII. AK vom 16.9.1918: Deist, Militär und Innenpolitik, Dok. 365, hier S. 963.
892 Vgl. Vertrauensmänner Res.-Lazarett Eglfing 1.10.1917 an den Chefarzt: BHStA/IV, stv. GK I. AK 2401; Res.-Lazarett Landsberg 26.1.1918 an den Chefarzt: ebd., stv. GK I. AK 2405; Toller, S. 56; Briefauszüge zum Postüberwachungsbericht der 5. Armee vom 31.8.1918: BA/MA, W-10/50794, Bl. 81, 84.

ihre Untergebenen wurde des öfteren berichtet.[893] Eine Entsprechung in der Realität besaßen solche Gerüchte nicht. In ihnen fanden von den Mannschaften gehegte Hoffnungen ihren Ausdruck, die sich angesichts der Meutereien entgegenstehenden Hemmnisse jedoch nur in der Imagination erfüllten. Allein durch ihre Artikulation konnten derartige Wünsche allerdings zur Beruhigung einer bestehenden Unzufriedenheit beitragen.[894] Für eine kollektive Befehlsverweigerung mußte man sich weiterhin der Entschlossenheit seiner Kameraden gewiß sein, tatsächlich offen gegen die militärische Befehlsgewalt vorgehen zu wollen. Im Gegensatz zu zivilen Arbeitszusammenhängen trafen an der Front Männer unterschiedlichster sozialer Herkunft zusammen, die in ihren Motivationen und Anschauungen entsprechend differierten.[895] Selbst wenn in einer Einheit viele Soldaten die Bereitschaft zur aktiven Umsetzung ihrer kriegskritischen Anschauungen besaßen, mußte dies noch nicht in eine gemeinschaftliche Erörterung der möglichen Chancen oder Risiken einmünden. Denn der beim Militär übliche rauhe Umgangston und die Furcht davor, möglicherweise als Feigling zu gelten, bewogen manchen Soldaten dazu, seine wahren Ansichten zu verbergen:

„Die zu erwartende Neuordnung der menschlichen Gesellschaft nach dem Kriege, die Umwertung der sozialen Verhältnisse, an deren Werden ich nicht allein das denkbar größte Interesse habe, sondern auch nach Möglichkeit aktiv beteiligt sein möchte, der unerschütterliche Wille an der Mitarbeit dieser größten aller Revolutionen auf wirtschaftlichem Gebiete entfacht anderseits eine wilde Lust am Leben, das ich um dieser Ziele willen gerne aus diesem Kriege retten möchte. Sollte dies vielleicht der Grund sein der feigen Angst, die ich stets dann empfinde, wenn ich in Stellung fahre oder Flieger nachts Bomben abwerfen oder die feindliche Artillerie ihr Feuer auf die Ruhequartiere richtet. Oder ists der natürliche Hang zum Leben? Blicke ich um im Kreise meiner Kameraden, dann sehe ich, daß ich nicht der einzige bin. Freilich sagt von ihnen nicht jeder seine Gefühle aus, sondern verschweigt sie aus Furcht vor der Spottsucht seiner ‚lieben Kameraden', oder prahlt gar mit Worten, die seinem wahren Empfinden direkt zuwider sind."[896]

Aber selbst von den Soldaten, die im Kreise ihrer Kameraden laut über den Krieg schimpften, dachten viele sicherlich gar nicht daran, sich zu widersetzen. Denn individuelle und sozialspezifische Deutungsmuster erleichterten den Soldaten die passive und konfliktscheue Einfügung in die Zwänge der Subordination. Dazu zählte ein vor allem bei vom Lande stammenden Soldaten weit verbreiteter Fatalismus, der in religiösen Überzeugungen wurzelte.[897] Eine Reihe von Soldaten länd-

893 Vgl. MdR Lederer 18.2.1916 an K.M.: BHStA/IV, MKr 2330; stv. GK III. AK 26.3.1917 an BA Traunstein (Abschrift): ebd., stv. GK I. AK 1723; Ziemann, Verweigerungsformen, S. 117.
894 Diese Schlußfolgerung ergibt sich aus dem in Kap. 3.2.3. erörterten Kontext der Rolle von Gerüchten.
895 Vgl. aus der Sicht organisierter Arbeiter Robert Pöhland 23.8.1916 an seine Frau: Kachulle, S. 169; Wilhelm Platta 19.5.1915 an den Verband der Bergarbeiter Deutschlands: BAP, 92, 271, Bl. 196.
896 Brief aus dem Feld vom 9.7.1918: BSB, Schinnereriana.
897 Vgl. Kap. 4.2.

licher Herkunft äußerte ein allgemeines Gefühl der Machtlosigkeit gegenüber dem im militärischen Dienstbetrieb herrschenden Konformitätsdruck. Unabhängig von der konkreten Disziplinierungspraxis waren sie der Überzeugung, daß man „eben beim Kommis nicht machen (kann) wie man will".[898] Die Chancen einer möglichen Verweigerung lagen außerhalb des Vorstellungshorizontes ländlicher Soldaten. Dies war die Folge eines durch die Erfahrung extrem patriarchalischer Formen sozialer Abhängigkeit, geringe soziale und horizontale Mobilität sowie den Zwang zur Einfügung in eine große Ausdauer erfordernde Arbeit geprägten Habitus.[899]

Zwischen den sozialen Gruppen der ländlichen Soldaten gab es in dieser Hinsicht allerdings Unterschiede. Ein Dorfpfarrer aus Schwaben beschrieb einen an das „Wohlleben" gewöhnten vermögenden Landwirt, der als unausgebildeter Reservist in das Feld zog und deshalb ein „strammes Kommando" beklagte. Das „Heimweh", versicherte seine Frau dem Pfarrer, tue ihm aber noch „mehr weh als die Strapazen". Insbesondere den an Entbehrungen gewöhnten landwirtschaftlichen Dienstboten fielen die Belastungen des Feldzuges dagegen weitaus leichter als anderen Soldaten, wie der Pfarrer weiter berichtete:

> „Alle solche Männer und Jünglinge, die zu Hause oder bei fremden Leuten den Knechte machen mußten, ertragen den Feldzug leicht, klagen auch nicht wegen der Kost; ausdauerndere Soldaten mag es kaum geben."[900]

Vornehmlich Angehörige der bürgerlichen Mittelschichten besaßen andererseits ein durch positive Überzeugungen geprägtes Pflichtbewußtsein, das ihre Dienst- und Opferbereitschaft stärkte.[901]

Die Wirkung solcher verschiedenen Bewältigungsstrategien wurde durch die hohe Fluktuation unter den Truppen noch verstärkt. Diese sorgte nicht nur vor allem bei stark beanspruchten Einheiten für individuell jeweils kurze Zyklen

---

898 Christoph Erhardt o.D. [Juni 1917] an seine Frau: BfZ, Slg. Knoch; Georg Meier 27.5.1915 an seine Eltern (Abschrift): AEM, Kriegschronik Altenerding B 1837; Hans Saam 13.9.1916 an seinen Bruder Otto, Otto Saam 16.2.1918 an seine Eltern: Privatbesitz; Brocks/Ziemann, S. 117. Die allgemeine Erfahrung der eigenen Ohmacht gegenüber dem Kriegsgeschehen äußerten auch städtische Soldaten; vgl. Knoch, Erleben und Nacherleben, S. 210.

899 Vgl. Kap. 2.1.; Kaschuba, Lebenswelt, S. 34ff. Einzelne Einblicke vermitteln: Brief von Dr. Meßmer vom 18.2.1918 an den K.M.-Pressereferenten, in dem er ihm einen Brief seines Bruders, „eines einfachen Bauern" (Aktenvermerk v. Sonnenburg 24.2.1918), aus dem Feld übersandte: BHStA/IV, MKr 2339. Die Mutter von Christoph Erhardt schrieb ihrem Sohn am 22. 9.1918: „Lieber Christoph Du schreibst, es sei Dir so schwer, ja so ist es Mir, so lang Ich denken kann, aber man kann eben nichts machen, weißt es heißt Auf Christenmensch, auf, auf zum Streit! Auf, auf, zum überwinden! In dieser Welt, in dieser Zeit ist keine Ruh zu finden! Wer nicht will streiten, drägt die Kron des ewgen Lebens nicht davon (...)." BfZ, Slg. Knoch.

900 Kath. Pfarramt Neukirchen 1.12.1914 an BA Neuburg: StAA, BA Neuburg 7214. Die Zeitschrift der katholischen Arbeitervereine Bayerns gab in einer Polemik gegen die Bauernschaft einen Hinweis auf mögliche Gründe für die Genügsamkeit ländlicher Arbeiter im Feld, als sie unterstellte, der „feldgraue Bauernknecht" schlafe im Unterstand ohnehin „bequemer" als in seiner Dienstbotenkammer. Vgl. Bayerisches Bauernblatt Nr. 30 v. 23.7.1918.

901 Vgl. Fonrobert, Lebenserinnerungen: Privatbesitz; Eksteins, S. 269-291, 296ff.; Hettling/Jeismann, S. 186ff.

momentaner Belastung. Eine hohe Ausfallquote erschwerte zudem die Entwicklung kollektiver Erfahrungszusammenhänge in den Einheiten und damit eine mögliche Vergesellschaftung der Mannschaften gegen den Krieg. Die längerfristige und gleichmäßige Verteilung der Belastungen auf die Mannschaften erleichterte dagegen die solidarische und kollektive Auseinandersetzung mit dem System militärischer Herrschaft. Dies wird vergleichend vor allem am Beispiel der Hochseeflotte deutlich.[902] Aufgrund der strategischen Zwänge der Seekriegführung war diese mit Ausnahme der Skagerrak-Schlacht vom Mai 1916 weitgehend zur Untätigkeit verurteilt. Die Mannschaften auf Schiffen bestanden zu einem weitaus höheren Teil als in der Armee aus gewerkschaftlich organisierten Arbeitern. Bei ihnen akkumulierte sich die Unzufriedenheit mit der schlechten Behandlung durch die Offiziere, die aufgrund der fehlenden Beanspruchung durch Gefechte offenbar noch stärker hervortrat als in der Armee, sowie deren weitaus besserer Ernährung. Die relativ homogene Zusammensetzung der Schiffsbesatzungen und ihr oftmals mehrjähriger kontinuierlicher Dienst auf den Schiffen führte im Juli und August 1917 dazu, daß sich der Unwille über die Mißstände und der Wunsch nach einem sofortigen Frieden in einer Reihe von Fällen kollektiver Verweigerung entladen konnte. Rund 5.000 Mannschaften der Flotte bekundeten durch ihre Unterschrift ihre Unterstützung für die USPD und ihre Übereinstimmung mit deren Friedenszielen. Mit der Bildung der von den Kommandeuren bisher trotz Befehl des Reichsmarineamtes nur schleppend umgesetzten Menagekommissionen konnten die Mannschaften auch Erfolge verbuchen. Durch die Verhängung einer Reihe von Todes- und langdauernden Haftstrafen und andere Repressalien konnte der Widerstand der Matrosen allerdings gebrochen werden.

Weniger spektakulär zeigen diesen Zusammenhang auch vereinzelte Vorfälle bei den Mineurkompanien. Diese trieben die für Sprengungen im Grabensystem des Gegners benötigten Stollen voran. Die Arbeit erfolgte im Schichtbetrieb, wobei die von der Gruppe in einer Schicht jeweils zu erbringende Vortriebsleistung vorgegeben war. Eine Erhöhung des Arbeitspensums konnte dann eine kollektive Arbeitsverweigerung zur Folge haben.[903]

902 Vgl. für das Folgende Horn, Mutinies, S. 10-168; zu den strategischen Zwängen W. Rahn, Strategische Probleme der deutschen Seekriegführung 1914-1918, in: W. Michalka (Hg.), Der Erste Weltkrieg, München 1994, S. 341-365. Anschaulichkeit vermittelt: H. Beckers, Wie ich zum Tode verurteilt wurde. Die Marinetragödie im Sommer 1917 (1928), Frankfurt/M. 1986. Die Flotte gleichrangig in eine Betrachtung der Revolutionierung der Armee einzubeziehen, wie es Kruse, Klassenheer, S. 552ff., tut, verfehlt völlig im Vergleich erhellende, gänzlich unterschiedliche Struktur der beiden Teilstreitkräfte. Zudem weist seine Schilderung sachliche Fehler auf, die daran zweifeln lassen, ob Kruse die einschlägige Literatur tatsächlich gründlich rezipiert hat. So kam es nach den ersten Festnahmen nicht zu „Widersetzlichkeiten, Demonstrationen und Streiks" von 5.000 Matrosen, sondern dies war die Zahl der für die USPD gesammelten Unterschriften. Die Idee eines Flottenstreiks wurde zwar in 4. und später 1. Geschwader diskutiert, konkrete Planungen existierten allerdings nicht.
903 Vgl. BHStA/IV, MilGer 6273; ebd., Militär-Gericht 1. Res.-Div. B 87.

Die hohe Fluktuation unter den Truppen, die an der Front kollektiver Verweigerung entgegenwirkte, entwickelte sich allerdings an einer Nahtstelle des militärischen Disziplinarsystems in der zweiten Kriegshäfte zu einem die kollektive Verweigerung begünstigenden Faktor. Davon waren die Transporte mit Ersatzmannschaften betroffen, die von den heimischen Garnisonen an die Front abgingen. Der Unwille der Soldaten über die Abstellung in das Feld zeigte sich offen erstmals im Verlauf des Jahres 1916 im unfallträchtigen Herumlaufen in und auf den Waggons während der Fahrt, womit man entsprechenden Befehlen zuwiderhandelte, und dem Anbringen von kriegskritischen Aufschriften.[904] Ende September 1916 kam es dann bei einem für das Alpenkorps bestimmten Ersatztransport erstmals zu Disziplinlosigkeiten während der Verladung am Bahnhof und Rufen mit dem Verlangen nach Urlaub aus der Truppe, kurz darauf bei einem anderen Transport zudem zum Abfeuern scharfer Munition während der Fahrt.[905] Vom Februar 1917 bis zum September 1918 ereigneten sich dann noch insgesamt 23 weitere, größtenteils schwerwiegende kollektive Befehlsverweigerungen bei Truppenteilen des bayerischen Besatzungsheeres.[906]

Ein typisches Beispiel für Vorfälle dieser Art sind die Ausschreitungen, die sich am 28./29. Mai 1918 in Neu-Ulm ereigneten. Bereits am 24. April war es bei einem für die 2. Infanterie-Division bestimmten, 1.000 Mann starken Transport in Neu-Ulm zu Unruhe am Bahnhof und Schüssen aus dem Zug während der Fahrt gekommen.[907] Im Verlauf des 27. Mai trafen in Neu-Ulm Mannschaften verschiedener Ersatztruppenteile aus München und Augsburg ein, die für ein rund 500 Mann starkes Marsch-Bataillon mit Ersatz für die 2. Infanterie-Division bestimmt

---

904 Vgl. K.M. 10.5.1916 an die stv. GK und K.M.-Erlaß vom 19.10.1916 an die Ersatztruppenteile: BHStA/IV, MKr 2323.

905 Gebirgs-Infanterie-Ersatz-Bataillon Immenstadt 16.10.1916 an die stv. 1. Inf.-Brigade, sowie dass. 2.10.1916 an das bayer. 1. Jäger-Btl.; beides in: BHStA/IV, stv. GK I. AK 557; vgl. I. E./17. I.R. 5.11.1916 an K.M.: ebd., MKr 2323.

906 Undatierte Zusammenstellung des K.M.: BHStA/IV, MKr 2324; auch in: Herzfeld, Sozialdemokratie, S. 402f. Ein Krawall am Münchener Hauptbahnhof am 23./24.8.1918, an dessen Auslösung zahlreiche Soldaten beteiligt waren, ist hier nicht mitgezählt. Darin enthalten sind aber die schweren Ausschreitungen in Ingolstadt am 23./24.5.1918, in deren Verlauf eine große Menschenmenge das Rathaus verwüstete. Auslöser war eine Gruppe von Soldaten, die in das Feld abgestellt werden sollte, obwohl ihnen zuvor ein Urlaub versprochen worden war. Ferner der Krawall in Hof im Juli 1918 unter Beteiligung zahlreicher zur Behandlung in die Heimat verlegter Kriegsneurotiker. Vgl. Ay, S. 88, 109, 186f.; Albrecht, S. 335ff. Zum letzteren vgl. auch die Aktennotiz der K.M.-Medizinalabteilung vom 21.8.1918 und die am gleichen Tag ergangene Verfügung an die Sanitätsämter der drei stv. GK. Darin wird auf die schon am 5.12.1917 verfügte Einziehung bereits entlassener Neurotiker hingewiesen. Noch in Behandlung befindliche Soldaten sollten nun zudem das Lazarett nicht mehr verlassen, solange sie noch auffällige Symptome zeigten. Ferner waren sie darauf hinzuweisen, daß sie im Fall strafbarer Handlungen nicht auf den Milderungsgrund der Unzurechnungsfähigkeit im Sinne des Paragraphen 51 RStGB rechnen könnten: BHStA/IV, MKr 2325; Ziemann, Verweigerungsformen, S. 110.

907 Vgl. Kaiserliches Gouvernement der Festung Ulm 30.4.1918 an K.M.; ein K.M.-Erlaß vom 18.4.1918, der die Aushändigung von Taschenmunition an in das Feld abgehende Mannschaften verbot, war zu diesem Zeitpunkt noch nicht bekannt: BHStA/IV, MKr 2324.

waren.[908] Diese Mannschaften hatten überwiegend erst am Tag vor dem Abtransport nach Neu-Ulm erfahren, daß sie in das Feld abgehen würden, und wurden am Ankunftstag nur notdürftig verpflegt. Am Morgen des 28. war eine Kontrolle der Ausrüstung und Bekleidung anberaumt, wobei vom Kommandeur des örtlichen Ersatz-Bataillons zum Mißfallen einzelner Soldaten der nicht korrekte Haarschnitt der Mannschaften gerügt wurde. Die Festnahme eines der lärmenden Soldaten gelang dem Brigade-Kommandeur nur, indem er nachdrängende Mannschaften mit gezogenem Säbel zurückhielt.

Für den Vormittag des 29. Mai war ein Marsch zum Exerzierplatz angeordnet, um dort eine Belehrung über das Verhalten auf dem Transport erfolgen zu lassen. Wie bereits am Vortag hatten sich jedoch bereits am frühen Morgen des 29. ungefähr 200 Soldaten nach Ulm begeben, nachdem ein Gerücht über bevorstehende Exerzierübungen die Runde gemacht hatte. Beim Übergang über die Donaubrücke waren sie auch von Schutzleuten und Festungsgendarmerie nicht aufzuhalten, wobei es zu einzelnen Handgreiflichkeiten kam. Angesichts des drohenden Auftretens der Soldaten war eine Erzwingung des Gehorsams mit Waffengewalt nicht möglich, zumal dabei das zivile Publikum in die Schußlinie geraten wäre.[909] Etwa 180 Soldaten zwangen dann die Betreiber einer Wirtschaft zum Ausschank von Bier und zogen noch am Vormittag pfeifend nach Neu-Ulm zurück. Auf dem Kasernenhof über ihre Motive vernommen, gaben sie neben dem Unwillen über eine eventuell stattfindende Exerzierübung vor allem den Unmut darüber an, daß sie nach der Entlassung aus dem Lazarett ohne vorherige Beurlaubung wieder in das Feld abgestellt würden.

Dem Kommandeur des den Transport organisierenden Ersatz-Bataillons gelang es am Nachmittag des 29. April nur durch Zugeständnisse, die Mannschaften zum Antreten zu bewegen. Auf seine Nachfrage traten einzelne Soldaten vor, die sich der Abstellung offen verweigerten. Diesen sicherte der Major neben der gerichtlichen Untersuchung eine nochmalige Kontrolle ihres Gesundheitszustandes zu.[910] Weiterhin erreichten die Soldaten, daß inzwischen zur Sicherung des Transportes aus Ulm heranbeorderte württembergische Truppen soweit zurückgezogen wurden,

908 Vgl. zum Ablauf die in der Beurteilung und der Schilderung der Sachlage weitgehend übereinstimmenden Berichte der stv. 4. Inf.-Brigade vom 31.5.1918 an das K.M., des Major Spielhagen, Kommandeur E./12. I.R. vom 1.6.1918 an die stv. 4. Inf.-Brigade, Kaiserliches Gouvernement der Festung Ulm 4.6.1918 an das K.M. und stv. GK I. AK 4.6.1918 an dass.: BHStA/IV, MKr 2324.

909 Hinweise für eine Solidarisierung von Soldaten und Zivilisten liegen nur für die Vorgänge in Ingolstadt und Erlangen vor; vgl. Ay, S. 186f. Bei den Ausschreitungen am 24.4.1918 in Neu-Ulm wurden kurzfristig zur Verabschiedung mitgekommene Angehörige aus dem Bahnhof entfernt, da sie das Einladen behinderten. Für das Herandrängen der Zivilisten waren allerdings persönliche Gründe ausschlaggebend. Vgl. den Bericht des Kommandanten der stv. 4. Inf.-Brigade vom 29.4.1918 an das stv. GK I. AK: BHStA/IV, stv. GK I. AK 557.

910 68 Mann wurden schließlich zurückgelassen, die z.T. schwere gesundheitliche Mängel aufwiesen, Jahrgängen über der für die Abstellung zu Feldtruppen üblichen Altersgrenze angehörten oder bei ihnen Gesuche als „letzte Söhne" (vgl. Kap. 5.1.) anhängig waren; stv. GK I. AK 4.6.1918 an K.M.: BHStA/IV, MKr 2324.

daß die Mannschaften sie auf dem Marsch zum Bahnhof nicht sehen konnten. Dort versuchten wiederum einzelne Soldaten aus München, das Verladen zu verhindern. Dennoch konnte nach längerer Verzögerung schließlich die Abfahrt erfolgen. Obwohl man bereits bei der Ankunft in Neu-Ulm eine Durchsuchung auf Munitionsvorräte durchgeführt hatte, wurden bei der Abfahrt mehrere Schüsse in die Luft abgefeuert und Steine aus dem Zug geworfen. Bei einem Halt in der Nähe von Göppingen stürmten die Soldaten mehrere Wirtschaften.[911]

Ein Teil der an den Ausschreitungen bei Ersatztransporten beteiligten Mannschaften hegte vor allem die Absicht, sich durch Begehung einer Straftat der Abstellung an die Front zu entziehen.[912] Das hauptsächliche Motiv für die Bereitschaft zu Ausschreitungen lag jedoch darin, daß gerade aus einem Heimatlazarett entlassene Mannschaften sofort wieder einrücken sollten, bzw. im generellen Wunsch nach einer kurzen Beurlaubung vor der erneuten Abstellung an die Front.[913] Die Gewährung eines ausreichenden Urlaubs vor der Abstellung war zwar bereits 1917 angeordnet worden.[914] Die 1918 bestehende schlechte Ersatzlage machte es jedoch erforderlich, zur Einhaltung des Termins der Abstellung bei dringenden Anforderungen Mannschaften zur Verfügung zu stellen, die erst in den Tagen unmittelbar vor dem Transport aus den Lazaretten entlassen worden waren.[915] Zum Wunsch nach Urlaub kam die bereits im Zusammenhang der Stimmungsentwicklung erörterte Wahrnehmung von Ungerechtigkeiten bei der Auswahl der abgehenden Mannschaften ebenso hinzu wie der Umstand, daß durch den häufigen Wechsel der Offiziersdienstgrade im Besatzungsheer die Vorgesetzten

---

911 Vgl. stv. GK I. AK 15.6.1918 an K.M.: BHStA/IV, MKr 2324.

912 Vgl., auch zum Folgenden, Feldjustizbeamter 4. Inf.-Div. 9.6.1918 an GK Garde-Res.-Korps: BHStA/IV, MKr 2325. Diesem Wunsch stellte sich jedoch bereits der K.M.-Erlaß vom 23.12.1916 entgegen, nach dem in der Regel nach Möglichkeit die Abgabe des Verfahrens an den Gerichtsherren des Feldtruppenteils erfolgen sollte: ebd., GK I. AK Bund 179. Diese Regelung wurde im Erlaß des preuß. K.M. vom 22.7.1918 unter Bezugnahme auf eine erneute Verfügung vom 17.4.1918 bekräftigt: WUA, Bd. 11/1, Dok. 38, S. 385ff.

913 Vgl. Feldjustizbeamter 2. Inf.-Div. 28.6.1918 an K.M. und Generalleutnant Rist, Kommandeur der stv. 12. Inf.-Brigade, 20.7.1918 an dass.: BHStA/IV, MKr 2325; AOK 17 16.6.1918 an Heeresgruppe Kronprinz Rupprecht: ebd., Heeresgruppe Kronprinz Rupprecht Bund 30. Als die zahlreichen unerlaubten Entfernungen auf dem Transport begünstigende Umstände hob dieser Bericht daneben die vorherige Bekanntgabe von Haltepunkte und die Verpflegungshalte bei Nacht und in großen Städten hervor, wo zahlreiche Soldaten entkamen. Elsaß-Lothringer waren offenbar zur Entfernung besonders geneigt. Der Grund dafür war, daß sie auf dem Transport getrennt von den übrigen Mannschaften zusammengefaßt wurden! Vgl. ferner Ulrich/Ziemann, Frontalltag, Dok. 46 d., S. 174f.

914 Vgl. stv. GK I. AK 14.6.1918 an die Ersatztruppenteile, unter Hinweis auf K.M.-Erlasse vom 9.5., 14.5. und 21.12.1917. Das Schreiben hob hervor, daß in der Vergangenheit eine Verzögerung des Transportes des öfteren die Hoffnung auf erneute Beurlaubung geweckt hatte, deren Enttäuschung dann offenbar den Beginn von Ausschreitungen bilden konnte. Äußerungen, die Anlaß zu einer solchen Hoffnung boten, sollten unbedingt vermieden werden: BHStA/IV, MKr 2324.

915 Vgl. stv. GK I. AK 4.6.1918 an K.M. Die Dringlichkeit der Ersatzanforderung war in dem geschilderten Fall auch der Grund dafür gewesen, daß trotz der am 28. und 29.5.1918 erkennbar werdenden Widersetzlichkeit der Mannschaften das stv. GK I. AK telefonisch die Durchführung des Transportes zur 2. Inf.-Div. verlangte: BHStA/IV, MKr 2324.

keine nähere Kenntnis der ihnen unterstellten Mannschaften erlangen konnten.[916] Politische Motive sind dagegen nur vereinzelt zu erkennen.[917] Die Zusammenführung von Mannschaften verschiedener Truppenteile zu einem Transport und die Nachgiebigkeit der Vorgesetzten gegenüber den ersten aus der Menge laut werdenden Unmutsäußerungen waren Faktoren, welche kollektive Ausschreitungen als Auslöser begünstigten. Zur Vermeidung weiterer Unruhen beschloß man deshalb im Juni 1918, die zu den Marsch-Bataillonen zusammengestellten Truppen erst während des Bahntransportes zusammenzuführen. Die Ausgeherlaubnis vor dem Abtransport wurde eingeschränkt, und über 150 Mann hinausgehende Transporte wurden in München nicht mehr am Hauptbahnhof, sondern am vorher abgesperrten Rangierbahnhof München-Laim verladen. Zudem verstärkten Polizeibeamte das Bewachungspersonal.[918] Trotz der verschiedenen Maßnahmen nahm die Zahl der Ausschreitungen aber im Sommer 1918 weiter zu.[919] Das Gerede über vergangene Vorfälle untergrub die Disziplin im Besatzungsheer noch weiter.[920] Auch die Nachgiebigkeit einzelner Kommandeure dürfte die Bereitschaft zur Verweigerung noch weiter gestärkt haben. Selbst wenn man die Soldaten ohne Probleme bis zum Bahnhof bringen konnte, war allerdings die Bereitstellung des Ersatzes für die Front noch nicht gesichert. Im Verlauf des Jahres 1918 entfernten sich während der Ersatztransporte in zunehmenden Maße Soldaten und Unteroffiziere, so daß bei der Ankunft im Feld teilweise bis zu 20% der Ausgangsstärke fehlten.[921]

In den Jahren bis 1918 war es stets nur ein kleiner Prozentsatz der Frontsoldaten gewesen, der sich mit Hilfe der verschiedenen Verweigerungsformen dem Kriegsdienst zu entziehen suchte. In der zweiten Kriegshälfte, insbesondere seit 1917,

916 Aktenvermerk K.M.-Abt. A II vom 1.7.1918: BHStA/IV, MKr 2325.
917 General a.D. v. Kuhl verwies in seinem Gutachten zur Dolchstoß-Frage auf Beispiele von Ausschreitungen, wo das Hissen roter Fahnen und politische Forderungen auf revolutionäre Ziele hinwiesen: WUA, Bd. 6, S. 14f. Eine solche Auswahl diente jedoch vornehmlich dem Ziel einer Untermauerung des Dolchstoß-Vorwurfes. Politische Kundgebungen sind bei den bayerischen Ersatzausschreitungen nur in zwei Fällen belegt. Vgl. Kap. 3.3.2.; „Nieder mit dem preußischen Militarismus" lautete die Waggonaufschrift bei einem Transport am 31.8.1918; bayer. Militärbevollmächtigter im Großen Hauptquartier 2.9.1918: BHStA/IV, MKr 2325.
918 Vgl. Verfügung des stv. GK I. AK vom 6.6.1918: BHStA/IV, MKr 2324; Niederschrift über die Besprechung am 20.6.1918 beim stellv. Generalkommando I. AK über die Verhinderung von Ausschreitungen bei Truppentransporten: ebd., MKr 2325.
919 Vgl. die Verfügung des preuß. K.M. vom 22.7.1918 an die preuß. stv. GK, sowie die scharfe, das Recht des Waffengebrauchs nochmals in Erinnerung rufende Verfügung des preuß. K.M. vom 15.8.1918: Militarismus gegen Sowjetmacht, Dok. 29, S. 242ff., Dok. 32, S. 247; zum letzteren auch der K.M.-Erlaß vom 7.9.1918: BHStA/IV, GK I. AK Bund 104.
920 Vertrauensmann E./2. I.R. 22.6.1918 an stv. 2. Inf.-Brigade: BHStA/IV, stv. GK I. AK 2410.
921 Vgl. Heeresgruppe Kronprinz Rupprecht 27.6.1918 an die OHL (Entwurf): BHStA/IV, Heeresgruppe Kronprinz Rupprecht Bund 30; Deist, Militärstreik, S. 157. Auch bei den Unteroffizieren war 1918 die Kriegsmüdigkeit stark angewachsen. In einem preuß. Ersatztruppenteil ermunterten zwei Unteroffiziere die Rekruten des Jahrgangs 1900 dazu, nach der Abstellung an die Front „sobald als möglich zum Feinde überzulaufen, um dadurch die Beendigung des Krieges herbeizuführen." Verfügung des sächsischen stv. GK XII. AK vom 9.9.1918: Kästner, Dok. 31, S. 66-69, hier S. 67.

nahm zwar die Häufigkeit und Intensität der Verweigerung zu, wie sich insbesondere an der steigenden Zahl von Fahnenfluchtfällen ablesen läßt. Dennoch bedeutete auch diese Entwicklung noch keine ernsthafte Gefährdung für die Stabilität des militärischen Herrschaftssystems im Ganzen. Erst die im Sommer 1918 erkennbar werdende Aussichtslosigkeit weiterer Anstrengungen bereitete den Boden für das Umschlagen der verbreiteten kriegskritischen Stimmung unter den Mannschaften in die massenhafte Verweigerung einzelner Soldaten.[922]

Das Muster der dabei benutzten Verweigerungsformen gibt Aufschluß darüber, daß sich die Ziele der Verweigerer allerdings auch in den letzten Monaten des Krieges nicht grundlegend von den vorherigen Kriegsjahren unterschieden. Fälle offener kollektiver Befehlsverweigerung blieben vereinzelt und im Gesamtgeschehen weitgehend bedeutungslos. Stattdessen suchte man nach Wegen, um das Risiko einer tödlichen Verwundung möglichst auszuschließen. So verließen zahlreiche Geschützbedienungen bei Anzeichen drohender Gefahr sofort ihr Gerät.[923]

Neben der freiwilligen Gefangennahme und in geringerem Umfang dem Überlaufen wählte man vor allem die Möglichkeit der ‚Drückebergerei‘, die sich flüchtigen Frontsoldaten, Urlaubern, aus dem Lazarett entlassenen Kranken oder Ersatzmannschaften, die sich nicht bei ihrem Truppenteil einfinden wollten, im Etappengebiet boten. Die zahlreichen Truppenverschiebungen erleichterten das Umhertreiben im Etappengebiet, das auch durch die Einrichtung von „Versprengten-Sammelstellen" bei den Divisionen und höheren Verbänden sowie die Errichtung von Sperrlinien gegen ‚Drückeberger‘ durch die Feldgendarmerie nicht zu verhindern war.[924] Die Plünderung von Lebensmitteldepots oder die Benutzung von Küchen fremder Truppenteile, zum Teil mit gefälschten oder gestohlenen Ausweispapieren, ermöglichte den flüchtigen Soldaten das Überleben im rückwärtigen Heeresgebiet.[925]

Die Furcht vor den tödlichen Risiken des Fronteinsatzes war in den letzten Kriegsmonaten das primäre Motiv der Verweigerung. Dieses Motiv konnte angesichts der absehbaren Niederlage zum entscheidenden Auslöser massenhafter individueller Verweigerung werden, da die Mehrheit der Mannschaften nicht mehr bereit war, unmittelbar vor dem Kriegsende noch ihr Leben auf das Spiel zu

---

922 Formen und Ausmaß dieses Prozesses hat grundlegend und ausführlich analysiert: Deist, Zusammenbruch; ders., Militärstreik, passim. Absetzbewegungen von der Truppe fanden auch in der Heimat statt. So desertierten zahlreiche Mannschaften der für den Einmarsch in Tirol vorgesehenen Truppenteile. Sie konnten erst nach einigen Tagen in Füssen wieder gesammelt werden. WB BA Füssen 9.11.1918: StAA, Regierung 9765.

923 Verfügung der Heeresgruppe Kronprinz Rupprecht vom 19.9.1918: Militarismus gegen Sowjetmacht, Dok. 35, S. 250.

924 Vgl. die vom Chef des Generalstabes des Feldheeres am 13.9.1918 erlassenen Bestimmungen über die „Sammlung und Weiterleitung von Versprengten an der Westfront"; Verfügung des AOK 6 vom 18.10.1918 über die Errichtung von „Sperrlinien gegen Drückeberger". Zum Scheitern dieser Bemühungen vgl. 5. Inf.-Div. 25.10.1918 an GK z.b.V. 55; Verfügung des AOK 4 vom 18.10.1918; alles in: BHStA/IV, AOK 6, Bund 22.

925 Vgl. die Verfügung des AOK 6 Ia/Iv Nr. 84337 vom 29.10.1918: BHStA/IV, AOK 6, Bund 22.

setzen.[926] Dies zeigen auch die Reaktionen auf das von Richard von Kühlmann, Staatssekretär im Auswärtigen Amt, in seiner berühmten Reichstagsrede am 24. Juni 1918 gemachte Eingeständnis, daß ein militärischer Sieg nicht mehr zu erzwingen sei. Kühlmann wurde auf Betreiben Ludendorffs aus seinem Amt entlassen. An der Westfront motivierte die Rede so viele Soldaten wie noch nie zuvor, sich selbst durch das Überlaufen zum Gegner aus dem Militärdienst zu entlassen, da sie nun „wenigstens" noch ihr „Leben retten" wollten.[927] Bei einem kleineren Teil städtischer Soldaten verband sich die Verweigerung des von den Vorgesetzten geforderten Einsatzes an der Front mit einer zunehmend radikaleren Bereitschaft zur Durchsetzung revolutionärer Ziele.[928] Es ist aber verfehlt, den ‚verdeckten Militärstreik' der Soldaten des Feldheeres als die Folge einer „revolutionäre(n) Politisierung" der unter den Soldaten verbreiteten Kriegsmüdigkeit zu interpretieren.[929] „Revolutionär" war, wie Wilhelm Deist zutreffend festgestellt hat, die Massenbewegung der Soldaten „nur insofern", als sie der Armee als „dem Garanten des bestehenden Herrschaftssystems (...) die Basis entzog". Der verdeckte Militärstreik war kein auf Vergesellschaftsprozessen beruhender gebündelter Protest, sondern in seinem inneren Sinnzusammenhang – um die Terminologie Max Webers aufzugreifen – ein „Massenhandeln".[930] Vor einer Überschätzung des unter den Soldaten vorhandenen Grades an Politisierung ist zu warnen, zumal die politischen Strömungen der Heimat für das Geschehen im Herbst 1918

---

926 Vgl. Ludwig Bergsträsser: WUA, Bd. 4, S. 135f. Bezeichnend ist in diesem Zusammenhang eine Bemerkung in einem Schreiben der Heeresgruppe Kronprinz Rupprecht vom 8.11.1918 an die OHL, mit dem ein Bericht des AOK 17 über Disziplinlosigkeiten der Fronttruppen in Vorlage gebracht wurde: „Die Heeresgruppe glaubt jedoch, daß mit dem Eintritt der Waffenruhe alsbald eine erhebliche Besserung bei den Fronttruppen eintreten wird." WUA, Bd. 11/1, Dok. 57 b., S. 418.

927 Zitat: Brief von Gustav Stresemann vom 1.8.1918, zit. bei Deist, Militär und Innenpolitik, S. 1242, Anm. 22; vgl. ebd. die Aufzeichung des in der OHL tätigen Oberstleutnants Bauer, auf dessen Informationen vermutlich auch der Brief von Stresemann beruhte, über die Rückwirkung der innenpolitischen Situation auf das Feldheer. Zusammenhang: Feldman, Armee, S. 399.

928 Vgl. auch zum Folgenden Kap. 4.3.

929 Kruse, Klassenheer, S. 556-559, Zitat S. 556. Die Argumentation von Kruse kann überall dort nicht überzeugen, wo er über die Thesen von Deist hinausgeht. Er stützt sich auf eindeutig apologetische Quellen, wie z.b. eine Äußerung Ludendorffs (S. 557), und kann für politische Ziele wiederum nur auf die Flotte verweisen. Einen vereinzelten Beleg für die Verweigerung eines weiteren Vorgehens in die Stellung umstandslos als Ausdruck einer ‚revolutionär(en) (...) Situation an der [!] Front" zu deuten (S. 558), geht an der Sache völlig vorbei. Es lassen sich ebenso viele Belege für die weitaus plausiblere These finden, daß die wenigen Meutereien des Spätsommer und Herbst 1918 primär auf dem von Kruse heruntergespielten Moment der völligen physischen und psychischen Erschöpfung der Mannschaften beruhten. Vgl. WUA, Bd. 5, S. 300; B. Ulrich (unter Mitarbeit von B. Ziemann), Das soldatische Kriegserlebnis 1914-1918, Hagen 1995 (Studienbrief der Fernuniversität Hagen: The Great War, Kurseinheit 4), S. 89f.

930 Deist, Militärstreik, S. 160; Weber, Wirtschaft und Gesellschaft, S. 681 (Zitat), 16f. Die Bedeutung der Soldatenbewegung für die Revolution ist in früheren Studien allerdings überhaupt nicht gesehen worden. Vgl. etwa Kocka, S. 173-180. Die Grunddaten dieses Prozesses, die Zahl der ‚Drückeberger' und die Delegitimierung des Militärapparates, sind seit den zwanziger Jahren bekannt. Vgl. WUA, Bd. 11/2, S. 66, Bd. 11/1, passim.

praktisch keine Rolle spielten. Dennoch bleiben Ausmaß und Ergebnis der Soldatenbewegung beachtlich, dokumentieren sie doch, daß auch in der bewaffneten Macht der Zerfall der Legitimität des Staates ein der zivilen Gesellschaft vergleichbares Maß erreicht hatte. Auch das Muster der Verweigerungsformen, um es nochmals zu betonen, stützt die zurückhaltendere Auffassung von Deist.[931] Denn die Verweigerung der kriegsmüden Soldaten richtete sich nur vereinzelt gegen die Befehlsgewalt an sich. Eher nutzten sie die Verwerfungen und Lücken in der disziplinarischen Kontrolle, die sich aus der in diesen Monaten extrem gesteigerten Mobilität unter den Truppen ergaben. Die Mannschaften wandten sich nicht gegen die Offiziere – auch wenn sich der bei ihnen aufgestaute Zorn bereits in den letzten Kriegswochen des öfteren in Schmähungen entlud[932] –, sondern die zahlreichen Verwundeten und Grippekranken strömten einfach in die Heimat zurück. Der nachkommende Ersatz fand Wege, um die Front erst gar nicht erreichen zu müssen.

Zum Zeitpunkt des Waffenstillstandes befanden sich nach Auffassung zeitgenössischer Beobachter nicht mehr als 750.000 Soldaten in der Kampflinie der deutschen Armee an der Westfront.[933] Diese Schätzung scheint eher noch zu optimistisch, bedenkt man, daß nach einem Zeugnis des Kronprinzen Rupprecht aus dem Oktober 1918 die Divisionen seiner Heeresgruppe im Durchschnitt während des Gefechts nur noch rund 1.000 Mann Infanterie einsetzen konnten.[934]

Eine soziale Verortung der bis zum Schluß des Krieges einsatzbereiten Soldaten ist nicht möglich. Eine Häufung bestimmter sozialer Gruppen bei den bis zum 11. November an der Front ausharrenden Soldaten ist allerdings ohnehin nicht anzunehmen. Eher scheint die Vermutung plausibel, daß es sich einerseits vor allem um den gewissermaßen ,harten Kern' ausgesprochen national denkender Mannschaften handelte. Andererseits belegen einige Zeugnisse, daß vor allem solche Einheiten bis

---

931 Kruse, Klassenheer, S. 533f., unterstellt einen funktionalistischen Revolutionsbegriff, der implizit auch den Arbeiten von Deist zugrundeliegt. Im Verlauf seiner Argumentation fällt Kruse jedoch wiederholt auf eine intentionalistische Begrifflichkeit zurück, die in der realen Entwicklung nicht fundiert ist. Zwischen dem Verfall der Legitimität und „Autorität" des Staates und einer „Gegnerschaft" zum Staat mit dem Ziel seiner revolutionären Aufhebung (ebd., S. 534) ist klar zu unterscheiden. Vgl. für die hier vertretene Revolutionsdeutung W.J. Mommsen, Die deutsche Revolution 1918-1920. Politische Revolution und soziale Protestbewegung, in: GG 4 (1978), S. 362-391, v.a. S. 366. Der Unterschied zum Militär in der Heimat war, daß die Soldaten an der Front zur „demokratischen Selbstorganisation" (ebd.) kaum in der Lage waren.

932 Erinnert sei z.B. an die sprichwörtlichen, vor allem im rückwärtigen Heeresgebiet üblichen Rufe „Haut ihn!, Licht aus! Messer raus!", sobald sich ein Offizier zeigte: Thimme, S. 167 (Zitat); AOK 17 6.11.1918 an Heeresgruppe Kronprinz Rupprecht: WUA, Bd. 11/1, Dok. 57 a., S. 415-417. Für die Zeit nach dem 11.11.1918 vgl. Bessel, Germany, S. 88.

933 Vgl. Deist, Militärstreik, S. 151.

934 Die Gesamtstärke der Divisionen belief sich demnach im Schnitt auf rund 3.000 Infanteristen, davon an noch nicht eingestelltem Ersatz und unausgebildeten Rekruten rund 1.100, dazu viele Garnisondienstfähige, Kranke und Unabkömmliche. Kronprinz Rupprecht 19.10.1918 an Max v. Baden: Mann/Burckhardt, S. 440. Gegen Ende des Krieges standen an der Westfront 176 Divisionen; Aktennotiz v. 12.5.1920: BA/MA, W-10/50603. Die Gefechtsstärke des R.I.R. 12 betrug Anfang November 204 Mannschaften und Dienstgrade; Demmler u.a., S. 284.

zum Schluß intakt blieben, bei denen Offiziere mit ausgeprägten Führungseigenschaften einen Stamm „bewährter Kräfte" zur Hand hatten.[935] Angesichts des massenhaften und damit schichtübergreifenden Charakters der Verweigerung im Herbst 1918 muß man davon ausgehen, daß auch viele Soldaten ländlicher Herkunft eine sich bietende Gelegenheit zur vorzeitigen Beendigung des Krieges nutzten.

Insgesamt hat diese große soziale Gruppe aber die Mobilisierung der Mannschaften gegen den Krieg eher verzögert. Ihre privilegierte Stellung bei der für die Stimmung der Mannschaften ausgesprochen bedeutsamen Versorgung mit Urlaub und Nahrungsmitteln erleichterte den Soldaten vom Land die Einfügung in die Zwänge militärischer Unterordnung. Aufgrund ihrer passiven und fatalistischen Einstellung gegenüber den Belastungen des Frontalltages sowie dem gravierenden moralischen Makel, der sich im ländlichen Raum mit einer militärischen Haftstrafe verband, schöpften ländliche Soldaten erst die in den Nischen des Militärapparates und den ‚kleinen Fluchten' vom Frontalltag gegebenen Möglichkeiten der Überlebenssicherung aus, ehe sie die Chance zur Verweigerung ergriffen. Bevor die Aussichtslosigkeit der militärischen Situation Deutschlands definitiv feststand, blieb Verweigerung ohnehin – mit Ausnahme der Fahnenflucht bei den nationalen Minderheiten – überwiegend ein situativ, bei einer sich bietenden Gelegenheit oder bei hohem Nutzen für das Überleben beschrittener Weg.

---

935 Vgl. Neter, S. 23, der die in den letzten Kriegsmonaten nochmals extrem gestiegene Bedeutung der Führungsqualität des Vorgesetzten für den Zusammenhalt der Truppen betont. Vgl. dazu auch den Vortrag des Majors v.d. Bussche vom 2.10.1918: Bihl, Quellen, S. 471-474, hier S. 473; WUA, Bd. 6, S. 336. Im Gegenzug geben zahlreiche Berichte der Divisionen ebd., S. 338ff., Hinweise darauf, daß in den meisten Verbänden der Mangel an geeigneten Truppenführern ein ‚Zusammenschweißen' der verbliebenen Mannschaften unmöglich machte.

4. Deutungsmuster ländlicher Soldaten im Krieg 1914-1918

„Endlich sind wir in Ruhestellung. Seit Wochen hängt mir die Uniform am Leib, seit Wochen habe ich mich nicht mehr reinigen können. Ich hole mir einen Eimer Wasser, ich reiße mir die Kleider herunter, ich seife und bürste mich mit genießerischer Freude. Wie ich so dastehe, nackt, prustend, nähert sich Sebastian, der Bauernknecht aus Berchtesgaden. Er ist fromm, und er begreift nicht, warum dieser Krieg tobt. Wenn sie ihm von Hause Schinken und Speck schicken, setzt er sich mit abgewandtem krummen Rücken in einen Winkel und ißt und stiert und sinnt. Vielleicht sind die Preußen ‚an der Gaudi‘ schuld, bestimmt sind sie schuld. (...) Sebastian bleibt stehen, erblickt mich nackt und schließt vor Schreck die Augen. Er öffnet die Augen, er stopft seine Pfeife und sieht schief über mich hinweg in die Bäume. ‚Jetzt woaß ma ja, warum der Krieg hat kemma müssn‘, brummt er. ‚Der Preiß wascht sich nackad‘.“[1]

Mit dieser ironischen Beschreibung hat Ernst Toller versucht, in stilisierender Überzeichnung aus seiner Sicht charakteristische Verhaltens- und Deutungsmuster ländlicher Soldaten darzustellen. Die historische Analyse muß sich zwar in der diffizilen Aufgabe der Interpretation früherer Sinnstiftungsweisen und Wertvorstellungen Zurückhaltung vor derart überpointierten Aussagen auferlegen. Gleichwohl fördert die kritische Betrachtung der für dieses Vorhaben verfügbaren Quellen Einstellungen zu Tage, die dem literarischen Zeugnis ähneln.

Die sich in vier langen Kriegsjahren überschlagenden Ereignisse und die vielfältigen Eindrücke an der Front fanden bei den unmittelbar Betroffenen wie zeitgenössischen Beobachtern ihren Niederschlag in einer Fülle von individuell verschiedenartigen Deutungsversuchen. Dennoch lassen sich, ohne diese Deutungsvielfalt dabei unangemessen zu verkürzen, drei Themenfelder ausmachen, die für die Soldaten in der Wahrnehmung des Krieges und als eigene Identifikationsmuster von hervorgehobener Bedeutung waren.

Zum einen ist zu fragen, in welchem Ausmaß sich die Soldaten überhaupt mit ihrer Rolle in einer militärisch geprägten Lebenswelt zu identifizieren vermochten. Nahmen sie die von den Zeitgenossen viel gepriesene ‚Frontkameradschaft‘ als neuen, die zivile Identität zumindest teilweise ersetzenden Bezugspunkt wahr? Weiterhin ist gerade im Hinblick auf die ländlichen Soldaten nach der Bedeutung von Religiosität für die Deutung des Krieges und ihre emotionale Stabilisierung zu fragen. Schließlich ist zu überprüfen, ob die nationalen Sinnstiftungsangebote und Feindbilder der Kriegszeit bei den Mannschaften im Feld und in der Heimat an

---

1 Toller, S. 51f. Zur Tabuisierung von Nacktheit bei gläubigen Katholiken vgl., diese Beobachtung bestätigend: Bauer, S. 78; Gerlach, Erinnerungen, S. 128; Mitterauer, Religion, S. 76.

Überzeugungskraft gewinnen konnten, oder ob diese anderen politischen Erklärungsangeboten mehr Gewicht beimaßen.

4.1. Bäuerliches Heimweh

Die angebliche ‚Frontgemeinschaft' des Schützengrabens ist weithin zum Symbol für die Akzeptanz und Verbreitung einer neuartigen, militärisch geprägten Sozial- und Wertordnung unter den Soldaten geworden. In der nachträglichen ideologischen Überhöhung, wie sie vor allem in den Kameradschaftsmythen der nationalsozialistischen Bewegung Gestalt gefunden hat, galt die Schichten und Rangstufen gleichermaßen übergreifende Kameradschaft als auch auf zivile Verhältnisse übertragbares Modell für einen neuartigen Vergesellschaftungstypus. Der Begriff implizierte dabei eine nicht nur äußeren Zwängen gehorchende „Not-Gemeinschaft", sondern eine auf freier subjektiver Übereinkunft beruhende „Schicksalsgemeinschaft".[2] Für die Zwecke einer kritischen Rekonstruktion der Realität des Gemeinschaftserlebnisses ist es allerdings ratsam, eine eher nüchterne und das in der Kooperation liegende Moment des Zwanges in den Vordergrund rückende Definition als Ausgangspunkt zu wählen.

> Demnach gehört es „zum Wesen der Kameradschaft, daß sie, unbeschadet ihrer positiven Seiten, gerade nicht im Persönlichen und Individuellen der Partner gründet, sondern von der vorgegebenen Situation der Gruppe, vom jeweiligen ‚Einsatz' her bestimmt und unterschiedlos jedem gewährt wird, der ‚dazugehört'. Sie ist Kodex und Pflicht und erfordert gerade nicht das Sich-einlassen auf das Besondere und Individuelle des Partners, sondern gilt im Gegensatz zur Freundschaft ohne Ansehen der Person."[3]

Im hierarchischen Verhältnis zwischen Offizieren und Mannschaften stellten sich die sozialen Mißstände der Ausbildung eines kameradschaftlichen Verhältnisses entgegen. Im Hinblick auf ihre Lebensverhältnisse – und diese waren bei den Mannschaftssoldaten von entscheidender Bedeutung für ihre Wahrnehmung des Fronteinsatzes – lagen Welten zwischen beiden Gruppen.

Zwar boten durch die dritte OHL vollzogene Veränderungen der Taktik Ansatzpunkte für ein Zusammenrücken von Mannschaften und Vorgesetzten in den Kampfverbänden, die der späteren Stilisierung Vorschub leisten konnten. Zunächst im Rahmen der Ende 1916 ergangenen Vorschriften über die „Abwehrschlacht im

---

2 Vgl. die Materialsammlung bei Lutz, Frontgemeinschaft, Zitat S. 86.
3 M. Broszat, Einleitung, in: ders. (Hg.), Kommandant in Auschwitz. Autobiographische Aufzeichnungen von Rudolf Höß, Stuttgart 1958, S. 7-21, hier S. 20. Höß, geb. 1900, Sohn eines badischen Kaufmanns und Kriegsfreiwilliger des Jahres 1916, ist selbst ein Beispiel dafür, daß für Soldaten bürgerlicher Herkunft die mit dem Aufenthalt im Feld verbundene Hoffnung auf Befreiung aus der Enge ziviler Verhältnisse – der Vater hatte Höß für den Priesterberuf vorgesehen – Akzeptanz für das Erleben der ‚Kameradschaft' schaffen konnte. Vgl. ohne klare Begrifflichkeit auch Bahrdt, S. 94ff.; Kühne, Kriegskameradschaft.

Stellungskrieg", später in anderen Erlassen auch für das Angriffsverhalten, stärkte man die Verantwortlichkeit der unteren Führungsränge. Im Rahmen der – abhängig vom Gelände – tiefer gestaffelten Gruppen konnten die unmittelbaren Vorgesetzten nun einem Angriff zunächst ausweichen und den Zeitpunkt zum Gegenstoß selbständig bestimmen.[4] Die niederen Truppenoffiziere gewannen dadurch an Selbstbewußtsein im Umgang mit höheren Befehlsstellen. Und für den kleinen Teil der Soldaten, für den sich mit dem Kampfeinsatz ein Gefühl des Stolzes verband, rückten Gemeine und Vorgesetzte zusammen in einen Gegensatz zu der als Hort der Korruption angesehenen Etappe und den dort fern der Kampfhandlungen postierten höheren Stäben:

> „Hier studiere ich, auf der Rückreise vom Lazarett zur Front, kurze Stunden in der Etappe. Ich sage Dir – ich muß am liebsten schweigen! Sie wissen nicht, was Krieg ist. Und darauf haben wir von vorne solchen Stolz, wohl manchmal ein wenig zu blinden, aber doch rechtmäßigen."[5]

Allerdings liegt in der Wahrnehmung der ‚korrupten' Etappe nicht die ganze Wahrheit, da wegen der dort vorhandenen Freiheit von persönlicher Gefahr der Stolz der Frontsoldaten stets mit Neid gemischt war.[6]

Dieser die Konsequenzen des Rangunterschiedes minimierende Mechanismus wirkte jedoch nur während des Einsatzes in der vorderen Linie. Auch dort war er an die Voraussetzung gebunden, daß die unmittelbaren Vorgesetzten sich im Umgang mit den im Einsatz drohenden Gefahren vorbildlich verhielten, was nicht immer der Fall war.[7] In den Ruhestellungen behielt das hierarchische Gefälle zwischen Offizieren und Mannschaften samt den damit verbundenen Mißständen unverändert seine Bedeutung:

---

4 Vgl. Borgert, S. 511-517, 520-524; Ulrich/Ziemann, Frontalltag, Dok. 20 l., S. 98f.; Geyer, Rüstungspolitik, S. 99ff. Aus dem Blickwinkel der Mannschaftssoldaten sind Geyers Formulierungen m.E. aber überzogen, da die Interpretation dieser Veränderungen im Sinne einer Kameradschaft eine positive subjektive Identifikation mit dem Kampfgeschehen voraussetzte, die nur bei einer Minderheit der Soldaten gegeben war. Nicht zuletzt deshalb waren vorwiegend die Frontoffiziere an der Verbreitung des Kameradschaftsmythos beteiligt. Vgl. Kap. 1.1.
5 Briefauszug vom 23.9.1917: BSB, Schinnereriana. Vgl. Neter, S. 29; Deist, Zusammenbruch, S. 107, dessen Entscheidung, die Etappe jenseits des feindlichen Artilleriefeuers beginnen zu lassen, ich allerdings für terminologisch zweifelhaft halte, da damit der Gegensatz zu den dauerhaft außerhalb des Feuers liegenden Truppen verschwimmt. Zur Etappe vgl. WUA, Bd. 11/1, S. 159f.; Ulrich/Ziemann, Frontalltag, Dok. 35 a-d., S. 135ff.; Cron, Studentendienst, S. 51.
6 Vgl. Klemperer, Curriculum Vitae, S. 369ff. Dies verbietet auch, die Etappenverhältnisse unmittelbar den Heeresmißständen zu subsumieren, da der Nachkriegszeit auf Seiten der linken Militärkritik die Regel war, da diese Art von ‚Mißständen' viele Soldaten begehrten.
7 „Am Nachmittag war ich mit Lt. Merz Patrouille wir sahen jedoch nichts und dann haten wir wieder etwas Ruhe. Unser Oberl. hat die Hose gestrichen voll wenn er etwas vom Feinde hört, er hat Angst und wenn er weiß daß der Feind weiter weg ist, dann ist er furchtbar grob und saudumm. Wir haben den richtigen Komp. Führer erwischt, der versteht weniger als ein Rekrut und hat mehr Angst wie ein Hase." Kriegstagebuch Georg Schenk, Gefreiter im 6./21. I.R., Eintragung vom 3.9.1914: BHStA/IV, HS 3410. Vgl. Klemperer, Curriculum Vitae, S. 373; Ulrich/Ziemann, Frontalltag, Dok. 28 d., S. 124.

„Das Wort ‚Kameradschaftlichkeit' hat nur noch direkt in der Front Bedeutung, da drücken sich häufiger die Herren Offiziere und Feldgraue die Hand. Doch hinter der Front gibts im Allgemeinen keine Kameradschaftlichkeit; ich meine keine zwischen diesen beiden Gruppen."[8]

Das Vertrauen zu den Vorgesetzten wurde zudem dadurch nicht gerade vergrößert, daß manche Offiziere und Unteroffiziere eine Befriedigung ihrer aufgestauten sexuellen Begierde bei jungen Gemeinen oder Gefreiten suchten.[9] In einigen Fällen kam es dabei zu einer Nötigung durch Unteroffiziere, die gegenüber Soldaten handgreiflich wurden oder diese zur manuellen Befriedigung der eigenen Person aufforderten. Derartige Vorkommnisse waren in einem Millionenheer nicht zu vermeiden und marginal. Auffällig ist jedoch, daß gerade Dienstknechte oder Bauernsöhne das Objekt solcher Handlungen waren, da sie offenbar als leicht einzuschüchtern galten.[10]

Ähnlich wie zwischen Offizieren und Soldaten war auch im Verhältnis zwischen den Mannschaftssoldaten untereinander das kameradschaftliche Moment vor allem ‚vom Einsatz her bestimmt'. Während der Kampfhandlungen und insbesondere in Situationen großer Gefahr traten die Mitglieder einer Einheit vorbehaltlos füreinander ein.[11] Trotzdem konnte es aber auch direkt im Schützengraben zu Schlägereien kommen, wenn sich beispielsweise die Ablösung einer Horchpostenbesatzung verspätete.[12]

Um außerhalb des Fronteinsatzes ein subjektives Zusammengehörigkeitsgefühl in der Gruppe entwickeln zu können, mußten die Soldaten zumindest eine gewisse Zeit miteinander in derselben Einheit gedient haben. Genau dies war jedoch unter den Bedingungen des Krieges nicht mehr allzu häufig gegeben. Die hohe Fluktuation unter den Truppen war bereits im Besatzungsheer ein Faktor, der gemessen an den Friedensverhältnissen die gegenseitige Gleichgültigkeit förderte:

„Im Frieden liegt die Wurzel des Zusammengehörigkeitsgefühls in der Zimmerkameradschaft, das zeigt schon der von den Leuten selbst geprägte Ausdruck ‚mein

---

8 Josef [Nachname unbekannt] 16.7.1916 an den Verband der Bergarbeiter Deutschlands: BAP, 92, 271, Bl. 274; vgl. Lehmann-Russbüldt, S. 9; WUA, Bd. 11/1, S. 262ff.

9 In verklausulierter Form erwähnt das Phänomen: Aschaffenburg, Psychopathen, S. 151. Vereinzelt boten Pferde auch Gelegenheit zu sodomitischen Praktiken. Vgl. das Verfahren gegen einen verheirateten Uffz. der Reserve, geb. 1888. Der Vorgang fand am 22./23.11.1914 statt. Der Angeklagte wurde wegen Vergehens gegen den Paragraphen 175 StGB zu zwei Wochen Gefängnis verurteilt: BHStA/IV, MilGer 6466.

10 Vgl. BHStA/IV, MilGer 6395, Militärgericht 6. Ldw.-Div. B 8 (in diesem Fall wurde der Vorfall erst durch einen anderen Soldaten publik gemacht, dem der betroffene Bauernsohn von seinem Erlebnis berichtet hatte); vgl. auch ebd., Militärgericht 6. Ldw.-Div. I 12.

11 Vgl. Cron, Studentendienst, S. 44; ders., Sekretariat, S. 26; Plaut, Psychographie, S. 82; Klemperer, Curriculum Vitae, S. 383.

12 Vgl. BHStA/IV, MilGer 6219 (bei diesem Vorfall am 16.12.1916 um zwei Uhr Nachts bei der 5./15. I.R. gerieten die beiden verspäteten Soldaten in französische Gefangenschaft, da just in diesem Moment eine Patrouille auftauchte); ebd., Militärgericht 1. Res.-Div. B 9. Ein lediger Bäcker der 11./R.I.R. 1 klagte im Herbst 1917 darüber, daß auch in der Stellung der „kameradschaftliche Geist" gesunken sei: ebd., Militärgericht 1. Res.-Div. B 38.

Zimmerkamerad'. Dieser wichtige Faktor hat im Kriege wegen des häufigen Wechsels der Mannschaften, der starken Belegung und im Winter besonders wegen der schwachen Beheizungsmöglichkeit seine Bedeutung verloren. (...) Die Leute fühlen sich in der Kaserne nicht daheim und suchen nach Beendigung des Dienstes möglichst bald das Wirtshaus auf."[13]

Im Feld waren es vornehmlich bei stark beanspruchten Einheiten die hohen Verluste, die immer wieder dafür sorgten, daß an den alltäglichen Umgang miteinander gewöhnte Soldaten ihre Kameraden verloren und deshalb in ihrer Einheit stets „auf viele unbekannte Gesichter" trafen.[14] Diese Erfahrung machte auch der bekannteste Kriegsteilnehmer der bayerischen Armee, der Anfang Dezember 1914, nachdem er das Eiserne Kreuz II. Klasse erhalten hatte, einem Bekannten schrieb: „(...) freilich, meine Kameraden, die es auch verdient haben, sind fast alle tod".[15] Es war allerdings nicht nur die Fluktuation unter den Mannschaften, welche die Bildung kameradschaftlicher Bindungen behinderte. Verschiedene Beobachter stellten fest, daß die im Verlauf des Krieges allgemein sinkende Kameradschaftlichkeit überall dort, wo sie überhaupt noch praktiziert wurde, vor allem eigennützigen Zwecken diente.[16] Die sich im Laufe der Zeit rapide verschlechternden äußeren Lebensbedingungen der Soldaten bewirkten nicht nur, daß eine ideellen Motiven gehorchende Kameradschaft, wie sie bei kriegsbegeisterten Mannschaften in den ersten Kriegsmonaten bestanden haben mochte, in den Hintergrund trat. Zudem zwangen sie einen jeden, zuerst an die Befriedigung der eigenen Grundbedürfnisse wie Essen, Trinken, Quartier und Kleidung zu denken, und erzeugten dadurch einen weit verbreiteten „Geist des Egoismus", der auch in den zahllosen Kameradendiebstählen zutage trat.[17]

Weiterhin führten die geringen Aufstiegschancen innerhalb des Mannschaftsstandes zur gegenseitigen Abgrenzung zwischen Aktiven und Reservisten einerseits, Landwehrleuten und Ersatzreservisten andererseits.[18] Jemanden gar ungerechtfertigterweise als ‚Rekruten' zu titulieren, war eine der schlimmsten Beleidigungen,

---

13 Vertrauensmann E./R.I.R. 12 11.12.1917 an Ers.-Btl.: BHStA/IV, stv. GK I. AK 2378; vgl. Klemperer, Curriculum Vitae, S. 304, 306.

14 Vgl. Plaut, S. 82; Richert, S. 158 (Zitat), 176, 323; Georg Maier 14.1.1915 an seine Eltern (Abschrift): AEM, Kriegschronik Altenerding B 1837.

15 Brief an Joseph Popp vom 3.12.1914, zit. nach Fest, Hitler, S. 103. Wegen seiner besonderen Diensteifrigkeit war Hitler bei den Kameraden offenbar nicht besonders beliebt; vgl. ebd., 102ff. Bei der des öfteren zitierten Äußerung, das Regiment List sei für Hitler zur „Heimat" geworden, ist zu beachten, daß sie von einem Vorgesetzten stammt, der aus der Rückschau urteilte; ebd., S. 104. Vgl. hinsichtlich der äußeren Umstände von Hitlers Militärdienst im Krieg ausführlich A. Joachimsthaler, Korrektur einer Biographie. Adolf Hitler 1908-1920, München 1989, S. 99-178.

16 Vgl. Cron, Sekretariat, S. 14, 26; ders., Studentendienst, S. 44; Scholz, S. 48f.; Lehmann-Russbüldt, S. 8.

17 Jacob Weis [zu diesem Zeitpunkt Lazarettgeistlicher, später Divisionsgeistlicher bei der 1. Inf.-Div.], Feldseelsorge bei den Truppen u. im Feldlazarett der Front im Stellungskrieg [Ostern 1916] (Zitat): AEM, NL Faulhaber 6776; Müller-Meiningen, S. 322; Plaut, S. 82f. Vgl. Kap. 3.3.1.

18 Cron, Sekretariat, S. 14f.

die man gegen einen Soldaten aussprechen konnte.[19] Die akademischen Kriegsfreiwilligen stießen wegen ihrer Aufstiegschancen auf die Abneigung der wehrpflichtigen Soldaten, die zur Einschüchterung der „Kriegsmutwilligen" auch zu körperlichen Mißhandlungen griffen.[20] Frühzeitig gab es Klagen darüber, daß die älteren
Soldaten alle anstrengenden Arbeiten im Feld auf die Kriegsfreiwilligen abwälzten.[21]
Die Abneigung konnte sich bis zur Boshaftigkeit steigern, wenn seine ‚Kameraden'
einem Kriegsfreiwilligen zudem noch einen schlechten Charakter unterstellten. Als
bei einem Patrouillenunternehmen des 32. Infanterie-Regiments drei der beteiligten Soldaten gefangengenommen worden waren, notierte ein Soldat in seinem
Tagebuch:

> „Der Spielmann der dabei war, war der größte Fresser unserer Komp. und die größte
> Dreksau. Die Franzosen werden sich eines gelacht haben, sie brauchten nicht auf
> Patr und bekamen doch heraus wer ihnen gegenüber liegt, an demselben Tag mußten
> wir immer lachen denn alle freuten sich weil der Kriegsfreiw Gesicht in Gef[angen-
> schaft] war. Die Franz. sind sehr anständig, denn es kam nicht einmal Sperrfeuer."[22]

Darüber hinaus gab es ein subjektives Moment, das einer Identifikation mit der
beim Militär gegebenen sozialen Situation entgegenwirkte. In der Erfüllung ihrer
Dienstaufgaben mußten die Soldaten in der für die Zeit des Krieges zwangsweise
geschaffenen Vergesellschaftung notgedrungen miteinander kooperieren. Angesichts einer quer durch alle Gesellschaftsschichten und Altersgruppen zusammen-
gewürfelten Mannschaft und einer durch räumliche Enge geprägten Situation war
es allerdings kaum zu erwarten, daß Reibereien unter den ‚Kameraden' dabei
ausblieben. Viele Soldaten verbargen ihre Angst und Unsicherheit unter einer
Maske äußerlicher Unbeeindrucktheit und einem rauhen Umgangston, der empfindsamere Naturen zwangsläufig erbittern mußte:

> „Dein Feldkissen benützte ich gestern zum ersten mal und es schlief sich so weich,
> aber es fielen auch meine ersten Tränen darauf. Schau Bettl am Tag unter diesen
> vielen verschiedenen und fremden Menschen (und was da für Kerl und Charakter
> darunter sind, davon hast Du gottseilob keinen Begriff) darf man sich nichts
> ankennen lassen sonst wird man verlacht und verspottet, aber am Abend als ich allein
> im Strohsack lag betrachtete ich deine liebe Photographie, es wurde mir so weh und
> Tränen stahlen sich in meine Augen."[23]

19 Vgl. BHStA/IV, MilGer 3355, 6414.
20 Allerdings blieb ihnen aus unverständlich, wie man sich überhaupt freiwillig zum ‚Schwindel'
   melden konnte: Klemperer, Curriculum Vitae, S. 377. Vgl. Zuckmayer, S. 184-189; Leed, S. 80-
   96; Ulrich, Desillusionierung, S. 118f. (Zitat); R. Maier, Feldpostbriefe aus dem Ersten Weltkrieg
   1914-1918, Stuttgart 1966, S. 48; Cron, Sekretariat, S. 18f. Anderseits war es für die Einjährig-
   Freiwilligen, die anfangs größte Hoffnungen in das Kameradschaftserlebnis gesetzt hatten, eine
   bedrückende Erfahrung, mit dem „Pöbel zusammenzuleben"; Brief von H. Casper vom 11.9.1918:
   WUA, Bd. 5, S. 308f.
21 Preuß. K.M. 19.12.1914 an den Chef des Generalstabes des Feldheeres: BHStA/IV, MKr 2285;
   vgl. allgemein Frauenholz, Rupprecht, Bd. 1, S. 401; Renn, S. 147.
22 Kriegstagebuch Georg Schenk, 4.5.1917: BHStA/IV, HS 3410.
23 Ersatzreservist M.E. (Rekrutendepot Ldst.-Inf.-Ers.-Btl. Passau) 21.2.1915 an B.K.: BfZ, Slg.

Andere Soldaten waren aufgrund ihres Charakters oder der in ihrem Herkunftsmilieu üblichen Umgangsformen dagegen von vornherein nicht unbedingt gewillt, den mit ihnen zusammen dienenden Männern das im alltäglichen Zusammenleben normalerweise nötige Maß an Rücksichtnahme entgegenzubringen:

> „Es gibt beim Militär sehr viel, was einem absolut nicht paßt. In erster Linie sind es die Kameraden, abgesehen von einigen, mit denen man sehr gut harmoniert. Aber die jungen, besonders Sprößlinge vom Lande, sind sehr schwer zu behandeln. Diese Jünglinge glauben nämlich sich uns Alten gegenüber alle Frechheiten herausnehmen zu können. Gesehen von der Welt haben diese jungen Burschen noch nichts, nur den Bauerndünkel haben sie mitgebracht und ihre herzlose Art zu sprechen, hat mich schon manchmal empört. (...) Die sogenannte Kameradschaft steht nur auf dem Papier. Noch nirgends habe ich soviel Egoismus gefunden wie hier beim Militär."[24]

Angesichts dieser einem kameradschaftlichen Verhältnis entgegenwirkenden Tendenzen lag es nahe, daß viele Soldaten engere Bindungen allein zu einzelnen Kameraden entwickelten, auf die sie sich unbedingt verlassen konnten. Diese wurden damit, je mehr individuelle Besonderheiten und Chraraktereigenschaften im Laufe der Zeit an Bedeutung gewannen, jedoch zu ihren Freunden. Die Wichtigkeit solcher nicht mehr allein von der gemeinsamen Militärdienstleistung abhängigen Beziehungen zeigte sich vor allem in der Erbitterung, die auf den Tod eines solchen, zumeist als ‚bester Kamerad' bezeichneten Freundes folgte:

> „Ich bin soweit gesund nur die Offensive hat mich ziemlich mitgenommen. Aber Gott sei Dank bin ich gut durchgekommen. Aber ich dachte schon ich komme in Gefangenschaft. Oder jeden Augenblick wirst in tausend Stücke zerrissen. Es war ein solches Granatfeuer, das ich noch keins erlebt habe. Aber viele mußten wieder in's Gras beißen. Mein bester Kamerad wurde verschüttet, einfach lebendig begraben und als er herausgegraben wurde war er bereits tot. Er war verheiratet, hat eine Frau, so alt wie du u. ein Mädel mit 6 Jahren. Das ist doch traurig wie die Familienglück zerstört werden. Und wegen was? Jeder der im Schützengraben ist schimpft u. flucht über diesen Massenmord."[25]

Schüling Bd. 63; vgl. den Brief des Landwirtes Alois Deuringer aus Göggingen vom 25.3.1917 an seine Frau: BHStA/IV, Militärgericht 6. Ldw.-Div. D 9. In der auf die Zensur des Briefes folgenden Vernehmung gab Deuringer zu Protokoll, daß eine Passage sich auf die vielen Kameraden bezöge, die ihm nicht „passen" würden. Manche verheirateten Landwirte berichteten ihren Frauen brieflich von den angesichts des Trennungsschmerzes und der Entbehrungen im Feld vergossenen Tränen. Vgl. Christoph Erhardt 29.9.1917 an seine Frau: „Liebe Katharine wir sind gestern den halben Tag, und heut schon wieder fast den halben Tag marschiert, mir ist das Wasser immer herunter gelofen und habe oft geweint jetzt gehts nicht mehr, aber man hält fiel aus." BfZ, Slg. Knoch; Stefan Schimmer 17.10. und 10.12.1914 an seine Frau: BHStA/IV, Amtsbibliothek 9584.

24 Briefauszug eines Soldaten aus Augsburg vom 12.7.1917: BSB, Schinnereriana.

25 Briefauszug vom 6.5.1917 (Zitat); Briefauszug vom 28.4.1918 im Feld (Ruhe): BSB, Schinnereriana; vgl. J.A., 3./13. I.R., 10.4.1915 an C.H.: BfZ, Slg. Schüling Bd. 60; Hans Spieß o.D. [1916] an die Eltern: BHStA/IV, Kriegsbriefe 340; Weck, S. 319. Allerdings kam es auch zur Beraubung gefallener Kameraden, wie entsprechende Belehrungen belegen; Unterrichtsoffizier preuß. 18. Inf.-Div. 7.6.1918 an AOK Tournai: BHStA/IV, AOK 6 Bund 121.

Soldaten ländlicher Herkunft verließen sich im Feld vor allem auf persönliche Kontakte, die sich mit Berufskollegen und Kameraden aus der engeren Heimatregion ergaben.[26] Für sie war es beklagenswert, wenn man unter „lauter fremden Kameraden" war und bei der eigenen Kompanie „keine Bekannten" dienten.[27] Begegnungen mit verwandten oder befreundeten Soldaten aus dem Heimatdorf oder dessen näherer Umgebung fanden in Briefen oder den Kriegserinnerungen von Bauern und Bauernsöhnen als besonders freudige Ereignisse eine hervorgehobene Erwähnung.[28] Der Kontakt mit ihnen war problemlos und weckte ein Gefühl der Vertrautheit, das sich im Feld ansonsten nur selten einstellte. Zudem konnte man im Gespräch mit ihnen Neuigkeiten über das Schicksal von Bekannten oder Verwandten austauschen. Der Umgang mit den anderen Soldaten bot für die Landwirte somit vorwiegend dort Identifikationsmöglichkeiten, wo man an das bereits im zivilen Leben gewohnte Geflecht von Beziehungen anknüpfen konnte.

Allerdings ist darüber hinaus noch zu fragen, ob nicht die während des Kriegsbeginns unter den jungen Burschen vorhandene Hoffnung, während des Feldzuges etwas von der ‚Welt' sehen zu können, einen Anknüpfungspunkt für die positive Beurteilung der Kriegsteilnahme bot. Ein Bergarbeiter etwa erwartete 1915 anläßlich einer bevorstehenden Verlegung seiner Kompanie, daß die im Krieg verbrachte Zeit ihm nicht näher definierte ‚Kenntnisse' vermitteln würde, die auch im zivilen Leben gut zu gebrauchen wären:

> „Ich für meinen Teil bin froh, wenn ich etwas weiter komme um möglichst viel zu sehen und kennen zu lernen. Die Kenntnisse, die man sich hier zueignen kann, sind später gut zu brauchen. Der Krieg kann doch nicht ewig dauern, es muß doch mal Schluß werden. Wenn ich dann wie früher weiter tätig sein darf, dann wird so manches, was zu sehen, zu hören und zu beobachten ist, gut zu verwenden sein."[29]

Bei Landwirten finden sich vereinzelt zwar Notizen über beeindruckende Wahrnehmungen wie imposante Kirchenbauten oder Städte von einer bis dahin noch nicht gesehenen Größe, denen man entnehmen kann, daß sie nicht achtlos an den

---

26 Auf die große Bedeutung beruflicher und regionaler Identitäten hat Klemperer, Curriculum Vitae, S. 367, hingewiesen.

27 Stefan Schimmer 25.8.1914 und 26.10.1914 (Zitate), 29.10.1914 an seine Frau: BHStA/IV, Amtsbibliothek 9584; vgl. Christoph Erhardt 1.4. und 9.4.1916 an seine Frau. Im zweiten Brief schrieb er: „Du schreibst der Metzger [ein bis vor kurzem bei seiner Einheit befindlicher Soldat aus seinem Heimatdorf] sei in Urlaub gekommen ja er sollte noch bei mir sein nun es geht auch so, nur ist ein großer Unterschied unter den Leuten." BfZ, Slg. Knoch.

28 Vgl. die Briefe des Söldners B.G. vom 30.10.1918, des Bauern M.P. vom 28.8.1915 und des Knechtes L.S. vom 11.3.1916 an Otto Frhr. v. Aufseß: Gemeinde Kochel; Christoph Erhardt 20.5.1917 an seine Frau, sowie deren Brief vom 15.7.1917: BfZ, Slg. Knoch; Richert, passim; Kriegserinnerungen Heinrich Heymer, passim: Privatbesitz; Stefan Kleinschrodt (E.I.R. 1) 17.5.1915 an Stefan Schimmer: BHStA/IV, Amtsbibliothek 9584. Joseph Reininger hoffte, nicht weit entfernt stationierte Bekannte besuchen zu können, sowie auf Versetzung zu einer Kompanie, bei der sein Freund befand; Briefe vom 19.11.1915 und 12.12.1916 an die Eltern und Geschwister: Privatbesitz.

29 K. Grüttner 6.8.1915 aus Rußland an den Alten Verband: BAP, 92, 271, Bl. 54; vgl. Bieber, S. 81.

‚touristischen' Gelegenheiten des Aufenthalts im Feld vorbeigingen.[30] Auch bei Interviews mit früheren Dienstknechten läßt sich erkennen, daß sie eine Kriegsteilnahme als Erweiterung ihres Horizontes begrüßten.[31] Dabei sind allerdings die in der retrospektiven Verklärung liegenden Grenzen des Aussagewertes einer solchen Quelle zu beachten. Die aktuelle Begegnung mit dem Geschehen an der Front drängte diesen Aspekt des Kriegserlebnisses jedoch in den Hintergrund:

> „Ich erinnere daran wie Fritz es damals für gut begrüßte, daß ich in die ‚weite Welt' naus mußte. ‚Bereicherung des Erlebnisschatzes' u. solche schöne Dinge schwebten ihm für mich vor Augen. O ja negatives genug doch schöne Dinge? Du lieber Himmel!"[32]

Ein junger Soldat notierte 1917 den Unmut seiner Altersgenossen darüber, daß man „nutzlos" seine „besten Jahre" im Feld zubringen mußte, anstatt am beruflichen Fortkommen arbeiten zu können.[33] Zu Beginn des letzten Kriegsjahres äußerten einige Frontsoldaten ihren Unwillen über das andauernde „Zigeunerleben".[34] Spätestens wenn Dienstboten und Landwirte für eine längere Zeit an der Front gedient hatten, machte sich primär der Wunsch nach baldigem Frieden und Heimkehr in das Heimatdorf geltend:

> „Liebe Kathrine ich bin jetzt beinahe ein halbes Jahr in diesem Schlawakenland u. hätte schon genug gesehen wenn nur der Schwindel einmahl ausginge."[35]

Mit dem Verlangen nach der Heimkehr gerät ein Wahrnehmungsmuster der Soldaten in das Blickfeld, dessen Bedeutung bereits im Zusammenhang mit dem Wunsch nach einer Beurlaubung und der allgemeinen Stimmungsentwicklung zu erkennen war. Die Heimkehr bezeichnete nicht nur ein geographisches Ziel, das man lebend zu erreichen gewillt war. Ihren Sinn bezog sie aus dem Geflecht sozialer Beziehungen, die den Soldaten mit diesem Ort verbanden.[36] Die Sehnsucht nach Heimkehr war somit unmittelbar verknüpft mit dem Heimweh, das, wie ein an der

---

30 Vgl. das Kriegstagebuch Jakob Eberhard vom 28.2.1915, wo er seinen „großartig(en)" Eindruck von einer Besichtigung der Turmuhr des Straßburger Münster notierte: Privatbesitz; Hans Spieß 14.10.1916 an seine Eltern: BHStA/IV, Kriegsbriefe 340; Karte des Landwirtes L.W. 8./R.I.R. 15 vom 21.2.1917 an seine Frau R. in Oed bei Haag (Obb.): Slg. Aicher; Richert, S. 267, 270.

31 Kapfhammer, Knechte, S. 138f. Die Ergebnisse der Befragung bezogen sich hier offenbar vor allem auf den Zweiten Weltkrieg.

32 Briefauszug vom 28.4.1918 im Feld (Ruhe): BSB, Schinnereriana.

33 Brief von Ludwig Schröder vom 23.11.1917: WUA, Bd. 5, S. 275.

34 Briefauszüge zum Postüberwachungsbericht der 5. Armee vom 10.1.1918: BA/MA, W-10/50794, Bl. 41f.; vgl. auch Otto Saam 23.11.1917 an seine Eltern: Privatbesitz.

35 Brief von Christoph Erhardt, seit Mai 1917 an der Westfront im Feld, an seine Frau vom 30.10.1917: BfZ, Slg. Knoch; vgl. die Briefe des Dienstboten L.S. vom 18.4.1916 und 22.5.1916 an Otto Frhr. v. Aufseß: Gemeinde Kochel; M.A., Deutsche Feldpost 411, 31.1.1918 an seine bei Teisendorf (BA Laufen) lebenden Eltern: Slg. Aicher.

36 Bereits am 31.10.1914 hatte der Bankbeamte und Uffz. der Res. Johann Preisinger an den Bankvorstand Müller in München geschrieben: „Mein & aller, seit Anfang im Felde Stehenden, Wunsch ist die gesunde Rückkehr zu unseren Angehörigen zu friedlicher Arbeit." BHStA/IV, MilGer 6382.

Westfront in einem Feldlazarett tätiger Feldgeistlicher meinte, eine „Krankheit" war, „die uns alle angesteckt hat".[37] Der erstmals in der medizinisch-psychiatrischen Diskussion des 18. Jahrhunderts ausführlich diskutierte Begriff des Heimwehs hatte seinen Platz später vor allem in der romantischen Verwendung als literarisch überhöhte Chiffre für den Trennungsschmerz gefunden. In beiden Diskussionssträngen richtete man sein Augenmerk besonders auf eine Figur, die bereits vor der Industrialisierung das mit dem Weggang vom Zuhause entstehende Verlustgefühl verkörperte: den Soldaten.[38]

Ohne seine romantische Überfrachtung war dieser Begriff auch bei den Wehrpflichtsoldaten der Jahre ab 1914 als Deutungsmuster im Gebrauch. Die Mehrheit der Mannschaften an der Front war stets bemüht, die Bindung an ihre zivile Identität und die eigene Familien nicht abreißen zu lassen. Die Fülle der in ihrem militärischen Umfeld auf sie wirkenden Eindrücke bestimmte nicht vollständig ihre Selbstdeutung, da sie „die Gedanken an die Heimat nicht vergessen" konnten.[39] Voraussetzung dafür war, daß mittels der Feldpost ein kontinuierlicher Strom von Informationen und Deutungen das Feld erreichte. Blieb die Post einmal aus, konnte dies Reflexionen über die Ausweglosigkeit der eigenen Lage auslösen:

> „Wenn nun mal am Sonntag kein Brief kommt, so bin ich eben verstimmt. Übrigens ist es jetzt sehr leicht verstimmt zu werden. Man lebt nur mit dem halben Menschen hier. Die andere [Hälfte] ist immer in der Heimat. Man lebt also gewissermaßen hier auf Abbruch u. nimmt alles nur halb in sich auf, weil die Seele sich stets auf der Heimreise befindet. Hoffentlich nimmt nun dieses unhaltbare Doppelleben bald ein Ende."[40]

Die selbständigen Landwirte und auch die Bauernsöhne zeigten dabei vor allem Interesse am Zustand der heimischen Wirtschaft und den von ihren Angehörigen gemachten Fortschritten in der Arbeit auf dem Feld. In bäuerlichen Feldpostbriefen findet sich vornehmlich eine an eine Litanei erinnernde Abfolge von Erörterungen über Viehpreise, den Saatenstand, die Schlachtgewichte von Schweinen und anderes mehr. Damit dokumentierten die Briefschreiber ihre andauernde emotionale Verbindung zu den zivilen Lebenszusammenhängen, denen sie entstammten.[41]

---

37 Gulielminetti, Heimweh und Heimkehr, S. 4.
38 Vgl. Greverus, Heimat, S. 106-148. Daneben bestanden auch Verbindungslinien zu dem seit der Hochindustrialisierung durch die Heimatschutzbewegung propagierten Heimatbegriff und dem damit verbundenen Programm einer territorialen ‚heilen Welt'; vgl. ebd., S. 62-69.
39 Brief eines schwäbischen Bauernsohnes, zit. bei Brocks/Ziemann, S. 118; vgl. Alois Lautenmayer, Uffz. in der 39. Res.-Div., 5.1.1917 an die „Ökonoms-Witwe" Maria Wagner in Aretsried: Slg. Roubin.
40 Soldat aus Warschau 6.1.1918 an seine Frau: BSB, Schinnereriana. Zur stabilisierenden Wirkung des Briefverkehrs vgl. z.B. Hans Spieß 2.12.1917 an Mutter und Schwester: „(...) denn die Post erhält einen noch so aufrecht, weil wir sonst gar in Verzweiflung übergehen würden." BHStA/IV, Kriegsbriefe 340; Michl Weingartner 18.2.1915 an Maria Kasbergers: Slg. Roubin. Zu der durch zahlreiche militärische Postsperren verursachten Mißstimmung vgl. Ulrich, Feldpostbriefe, S. 45ff.
41 Vgl. z.B. Jakob Eberhard 26.5.1915 an seine Frau: Privatbesitz; Stefan Schimmer an seine Frau, passim: BHStA/IV, Amtsbibliothek 9584; G.T. an seine Frau F., v.a. die Briefe und Karten vom 3.12.1915, 11.12.1915, 15.2.1916, 19.2.1916, 4.6.1916, 9.7.1916 und öfter: Privatbesitz; Chri-

Es läßt sich dagegen einwenden, daß es für die Konzentration auf diesen Themenkreis auch andere Gründe gab. Denn in seiner Behandlung waren die Landwirte geübt, und sie konnten damit einer Beschreibung der sprachlich nur schwer vermittelbaren Extremsituationen des Krieges ausweichen.[42] In der Tat berichteten viele Soldaten ihren Angehörigen über Augenblicke besonderer Gefahr oder vereinzelt auch Verwundungen allein deshalb nur zögerlich, um ihren „Lieben das Herz nicht noch schwerer zu machen".[43] Bei der Gewichtung dieses Momentes ist aber zu bedenken, daß detaillierte Beschreibungen von Kampfhandlungen und der eigenen Leistungen im Gefecht eine positive Identifikation des Schreibers mit dem Kriegsgeschehen voraussetzten, die nur bei einer Minderheit der Soldaten vorhanden war.[44] Vor allem junge, akademisch gebildete Soldaten verfügten über eine ausgeprägte Kriegsbereitschaft ebenso wie über die sprachliche Ausdrucksfähigkeit, um Gefechtsszenen in romantisierender Art zu verfassen.[45] Wenn Landwirte kurze Schilderungen von Gefechten machten, betrachteten sie dagegen vornehmlich deren destruktive Folgen, die „Greuel der Verwüstung".[46] Eine Idealisierung ihrer Rolle als Soldat beabsichtigten sie damit aber nicht. Ein Bauernsohn schrieb 1917 an Georg Heim:

> „Ferner wäre dringend zu wünschen, daß in den Schulbüchern, wenn wieder solche frisch herausgegeben werden, die Krieger nicht gepriesen und verhimmelt werden, sondern als Niederträchtigkeit, Schande u. Mörder hingestellt werden, denn etwas anderes ist ein Krieg nicht."[47]

---

stoph Erhardt an seine Frau, passim: BfZ, Slg. Knoch; Otto Saam an seine Eltern, passim: Privatbesitz; Joseph Reininger 11.9.1915 an seine Schwester und 19.11.1915, 7.6.1917 an seine Eltern, Johann Reininger 3.11.1916 an seine Eltern: Privatbesitz; Alois Wagner 15.11.1915 an seine Mutter: Besitz des Verfassers.

42 Den ersten Einwand formuliert der Protagonist des Romans: Frey, Kastan und die Dirnen, S. 152. Vgl. Schikorsky, Kommunikation. Der Wert dieses Aufsatzes wird gravierend dadurch beschränkt, daß er sich fast ausschließlich auf edierte Briefe stützt.

43 Günther Simroth 25.12.1914: WUA, Bd. 5, S. 262; vgl. den Brief des Uffz. der Res. Johann Preisinger vom 31.10.1914: BHStA/IV, MilGer 6382; Friedrich und Andreas Amend 16.12.1914 an ihre Mutter: BHStA/IV, Kriegsbriefe 339; N. Strauß 14.5.1916 an seine Frau Monika in Hainsfarth: StAA, Amtsgericht Immenstadt E 62/1918; Schikorsky, S. 302.

44 Als Briefbeispiele aus der ‚Täterperspektive' vgl. Ulrich/Ziemann, Frontalltag, Dok. 19 j-k., S. 85; Kanonier O.F., 6./11. Feld-Art.-Rgt., 14.5.1915 an T.K.: BfZ, Slg. Schüling Bd. 110. Die Meinung von Schikorsky, S. 298, allein die Erwartungshaltung der Briefempfänger habe Schilderungen des Heldenmutes veranlaßt, wird durch zahllose Briefe widerlegt.

45 Insofern ist Krumeich, Kriegsfotografie, hier Anm. 5, S. 226 zuzustimmen, daß die Sammlung von Witkop, Studentenbriefe, ausgesprochen „untypisch" für den Durchschnitt der Feldpostbriefe ist. Eine extremes Beispiel ist ein in der maschinenschriftlichen Abschrift 13 Seiten langer Feldpostbrief von Friedrich Burgdörfer, dem späteren Statistiker und Bevölkerungspolitiker, vom 2.11.1914: BHStA/IV, stv. GK I. AK 1706. Auch für organisierte Arbeiter ließen sich eine prinzipielle Ablehnung des Krieges und seine Wahrnehmung als romantisches und technisches Faszinosum vereinzelt miteinander verbinden. Vgl. von den Briefen an den Alten Verband u.a. F. Husemann 23.3.1915 und Wilhelm Platta 19.5.1915: BAP, 92, 271, Bl. 8, 196.

46 Stefan Schimmer 18.10.1914 an seine Frau: BHStA/IV, Amtsbibliothek 9584.

47 Michael Kitzelmann, 3./bayer. Ldst.-Fußart.-Btl. o.D. [1917] an Georg Heim: StaA Regensburg, NL Heim 1316. Die soziale Zuordnung des Verfassers ergibt sich aus einem Schreiben Heims an

Der große Gegensatz zwischen den eigenen Wahrnehmungen und der Stilisierung des soldatischen Heldenlebens, der die in Zeitungen abgedruckten Feldpostbriefe auszeichnete, war manchem Soldaten bewußt.[48] Letztlich waren die Kampfhandlungen aber nur ein, wenn auch besonders problematischer Ausschnitt des Frontalltages, den die Sorge um die Befriedigung der täglichen Grundbedürfnisse oftmals in den Hintergrund drängte.[49] Ohnehin bezogen sich bäuerliche Soldaten nicht allein durch formelhafte Nachfragen auf das heimatliche Leben. Die Landwirte blieben ihrem Hof vielmehr eng verbunden und gaben ihren Ehefrauen ausführliche Anweisungen für die notwendigen Arbeiten. Allerdings mußten sie nach einem längeren Aufenthalt im Feld zuweilen feststellen, daß sie die dafür notwendigen Erinnerungen und Kompetenzen zum Teil verloren hatten und deshalb auf brieflichem Wege nicht mehr eingreifen konnten:

„Seit deinem Brief v. 23. nichts mehr erhalten. Fehlt den was daheim, oder hast du liebe Babet keine Zeit? oder mich ganz, vor Arbeit, vergessen. Ich pfeif Dir auf die Arbeit, sorge lieber für Dich u. l. Kinder u. denke auch alsmal an mich – u. für das Andere u. das daheim, last die Felder liegen, wen Ihr nur zu essen habt für Euch! (...) Wie weit ists mit der Ernde u. mit dem Dreschen, habt Ihr alles Daheim (...). Mache nur was Du meine Liebe kans u. ist Dein Nutzen – ich kann nichts machen!"[50]

Diejenigen Landwirte, die im rückwärtigen Heeresgebiet für die Zwecke der Truppenverpflegung landwirtschaftlichen Arbeiten nachgingen oder etwa für ein Pferdelazarett Gras mähen mußten, konnten sich als Soldaten in ihrem angestammten Beruf auch praktisch betätigen.[51]

---

den Kriegsminister vom 2.10.1917, in dem er einen anderen Brief des Verfassers referierte. Kitzelmann berichtete darin über die Begegnung mit einem preußischen Eisenbahnarbeiter, der meinte, gegen die „Kriegshetzer helfe nur der Mord". BHStA/IV, MKr 2335. Der Brief ist im Original überliefert in: StaA Regensburg, NL Heim 1316.

48 Vgl. Brocks/Ziemann, S. 120; Ulrich/Ziemann, Frontalltag, Dok. 36 k., S. 144.

49 Der mit patriotischen Idealen freiwillig in den Krieg gezogene Klemperer schrieb seiner Frau: „Weißt Du noch, wie ich in Rochlitz über das Kriegstagebuch des alten Haberkorn die Nase rümpfte. Nichts von Königgrätz, nichts als Essen und Stiefel. Und was steht jetzt in meinen Briefen aus dem Feld? Zu 99 Prozent dasselbe. Alles andere, den eventuellen Heldentod y compris, ist wahrhaftig weniger wichtig." Klemperer, Curriculum Vitae, S. 401. In diesem Zusammenhang sind auch Klagen von Feldgeistlichen darüber zu sehen, daß „Idealismus" bei den Soldaten nicht vorhanden sei, sondern ihr Interesse primär „Verpflegung", „Vergnügen" und „Urlaub" gelte; Cron, Sekretariat, S. 53.

50 Zitat: L.R. 7.8.1917 an seine Frau: BfZ, Slg. Schüling Bd. 5, Nr. 83; Stefan Schimmer 3.1.1915 und 15.4.1915 an seine Frau: BHStA/IV, Amtsbibliothek 9584; Weck, S. 318. Vgl. Kap. 5.1.

51 Vgl. Lau, S. 40ff.; Klemperer, Curriculum Vitae, S. 425; Christoph Erhardt 24.6. und 26.6.1917, wo er es als „verkehrt" bezeichnete, daß er nicht zu Hause helfen konnte, an seine Frau. Kurz darauf kam er aushilfsweise als Fahrer zur Bagage; 6.7.1917 an dies.: BfZ, Slg. Knoch; Ersatzreservist H.M. 21.8.1914 an seine Eltern: BfZ, Slg. Schüling Bd. 8, Nr. 92. Die Etappenlandwirtschaft fand auch ohne eigene Beteiligung das Interesse ländlicher Soldaten und ihrer Angehörigen; vgl. z.B. K.B. 21.6.1915 an seine Eltern: ebd., Bd. 14, Nr. 5.

Die andauernde gedankliche Beschäftigung mit den Geschicken des heimischen Hofes und die wiederholte Beurlaubung gab bei den Landwirten der Sehnsucht nach einer baldigen Rückkehr zu ihrer Familie zusätzliche Nahrung. Vor allem verheiratete Landwirte waren vom Gefühl des Heimwehs erfüllt, das mit zunehmender Kriegsdauer noch an Dringlichkeit gewann. Die erzwungene Trennung von ihrem zivilen Lebensumfeld empfanden sie als eine der am schwersten zu ertragenden Folgen des Fronteinsatzes und hegten deshalb, wie ein Landwirt im März 1917 schrieb, „schon lang heimwehe nach Hauße".[52] Besondere Dringlichkeit entwickelte der mit dem Heimweh verbundene Wunsch nach Heimkehr während der Zeiten von Saat und Ernte, in denen die Unzufriedenheit mit dem militärischen Leben und die Nutzlosigkeit der dort verbrachten Zeit schmerzlich empfunden wurde:

> „Jetzt geht zu Hause wieder die Arbeit los, ach wie gern, wie gern möchte ich da zuhause sein u. mit helfen von morgens früh bis abends spät u. auf jedes Vergnügen verzichten, wenn ich bei meinen Lieben wäre. In meinem Leben hätte ich mir nicht vorgestellt, daß ich einmal in eine solch elende Lage käme. Aber hoffendlich wird es jetzt bald besser. (...) Ich habe jetzt schon 4 Monate keine Montur mehr vom Leibe gehabt. Wenn nur einmal dieser Krieg ein Ende hätte, Krieg kann man da gar nicht mehr sagen, wir haben dafür ein ganz anderes Wort. Am liebsten wäre es mir ich wäre überhaupt nicht mehr am Leben, ich wäre nicht geboren."[53]

Einzelne Landwirte, bei denen sich die jahreszeitlichen Rhythmen des bäuerlichen Lebens fest in ihre Wahrnehmungsmuster eingeschrieben hatten, reagierten bereits auf eine Verbesserung der Wetterlage mit einem intensiven Gefühl des Heimwehs.[54] Bei einigen Soldaten konnte der Gedanke an die Heimat allerdings auch beruhigend oder sogar als Motivation für die Bereitschaft zu weiteren Anstrengungen wirken. Denn solange man selbst im Land des Gegners kämpfte, blieben die heimischen Dörfer und Städte zumindest von den im Kriegsgebiet sichtbaren Zerstörungen von Gebäuden und Feldfluren verschont. Bei den Landwirten bezog sich die daraus resultierende Motivation primär auf den eigenen Besitz und die Heimatge-

---

52 Vgl. z.B. folgende Briefe von Landwirten: Josef Beigel vom 20.3.1917 an seine Frau (Zitat): BHStA/IV, Militärgericht 6. Ldw.-Div. B 11; L.R. aus Michelfeld (Unterfranken), zuerst II. E./Feld-Art.-Rgt. 11, im Feld bei der 3./L.I.R. 1, 16.7.1917, 15.7.1918 und 8.9.1918 an seine Frau: BfZ, Slg. Schüling Bd. 5, Nr. 81, 91, 95; G.T. 24.11.1916 und 17.6.1917 an seine Frau F. in Gollhofen: Privatbesitz; Alois Deuringer 25.3.1917 an seine Frau: BHStA/IV, Militärgericht 6. Ldw.-Div. D 9; Christoph Erhardt 6.2.1916 an seine Frau Katharine: BfZ, Slg. Knoch.

53 Brief eines im Feld – vermutlich an der Ostfront – befindlichen Soldaten vom 7.3.1917 an seinen kriegsgefangenen Bruder: BSB, Schinnereriana; vgl. O.K. 28.5.1916 an seine Frau in Stadtschwarzach: BfZ, Slg. Schüling Bd. 110; L.R. 10.7.1918 an seine Frau: ebd., Bd. 5, Nr. 90; Christoph Erhardt 5.7.1918 an seine Frau: BfZ, Slg. Knoch; Hans Spieß 16.8.1917 an seine Mutter und 27.8.1918 an Eltern und Geschwister: BHStA/IV, Kriegsbriefe 340; „Das ist traurig, wenn in einer solch notwendigen Jahreszeit, wie sie jetzt ist, muß alles liegen lassen. Kann auch nichts arbeiten helfen. Das wird bis nächstes Frühjahr schlecht werden." Stefan Schimmer 25.5.1915 an seine Frau: ebd., Amtsbibliothek 9584.

54 „Es ist heut recht schönes Wetter bei uns wie im Frühling und ich sehne mich heute so nach der Heimat, aber wenn wird diese Zeit wieder kommen, daß wir Heim können." Christoph Erhardt 12.5. und 15.8.1917, 27.1.1918 (Zitat), 19.5.1918 an seine Frau: BfZ, Slg. Knoch.

meinde.[55] Staatliche Propaganda und Feldpredigten versuchten dagegen, dieses Motiv in nationalistischer Färbung im Sinne des Durchhaltens zu verwenden bzw. zu bestärken.[56] Neben der Verbindung zur angestammten Berufsarbeit bezog sich das Heimweh vor allem auf ein Wiedersehen mit den engsten Angehörigen, mit Frau und Kindern:

„Wen der lb. Gott bald uns erhöhren möge u. uns den lb. Frieden senden möge wir hätten so sat als wie es mit den Löfel gegessen hätten, den das Heimwe das ist hart. Den man möchte halt auch wieder zu seinen lieben Kinder u. Frau heim."[57]

Im Umkreis des Oster-, Pfingst- und Weihnachtsfestes gewann die Sehnsucht nach der Familie besondere Intensität.[58] Das lag nicht zuletzt daran, daß an diesen gewöhnlich dienstfreien Tagen nicht die alltägliche Arbeit von Reflexionen über die eigene Situation ablenkte.[59] Bei religiösen Soldaten lösten auch Gottesdienste und andere kirchliche Feste Erinnerungen an die Heimat aus.[60] Im Besatzungsheer konnte jeder Sonntag der Anlaß für schmerzliche Gedanken an die Familie sein.[61] Bei den Bauernsöhnen war das Heimweh nicht so stark ausgeprägt wie bei verheirateten Soldaten. Aber auch sie hegten den Wunsch nach einem Wiedersehen in friedlichen, zivilen Verhältnissen.[62]

Soldaten ländlicher Herkunft, vor allem die verheirateten Landwirte, blieben auch während des Fronteinsatzes primär an ihren zivilen Lebenszusammenhängen orientiert. Die Stärke des Heimwehs und des Wunsches nach einem zivilen Leben bei den Mannschaften aus anderen sozialen Schichten läßt sich momentan nicht genau ausmachen. Der Wunsch danach, sich „in der Heimat einander wieder sehen" zu können, war aber zweifelsohne auch bei Soldaten städtischer Herkunft vorhan-

---

55 Vgl. O.K. 2.11.1917 an seine Frau: BfZ, Slg. Schüling Bd. 110; Brocks/Ziemann, S. 118; Kruse, Krieg und nationale Integration, S. 189; Bieber, S. 233; Wieland Gruhle 13.9.1915 an Max Plänitz: BAP, 92, 277, Bl. 10f.; Kap. 2.2.
56 Vgl. Albrecht, S. 205; Klier, S. 109.
57 Kriegstagebuch Jakob Eberhard, Eintragung vom 26.2.1915 (Zitat): Privatbesitz; S.S. 22.3.1915 an Otto Frhr. v. Aufseß: Gemeinde Kochel; L.W. 7.4.1916 und 21.4.1916 an seine Frau R. in Oed bei Haag (Obb.): Slg. Aicher; Aufseß, II. Teil (Die Krieger), S. 4ff. (Aufseß stützt sich hier auf die Einsichtnahme des internen Briefwechsels zahlreicher Familien).
58 L.R. 30.3.1918 an seine Frau: BfZ, Slg. Schüling Bd. 5, Nr. 88; Tagebucheintrag Jakob Eberhard 24.12.1915: Privatbesitz; Brief des Söldners J.H. vom 26.12.1916 an Otto Frhr. v. Aufseß: Gemeinde Kochel; Brief eines Landwirts vom 1.6.1917: Weck, S. 320.
59 Vgl. Christoph Erhardt 25.12.1917 an seine Frau: BfZ, Slg. Knoch.
60 Vgl. die Tagebucheinträge von Jakob Eberhard vom 28.3.1915 und 3.6.1915: Privatbesitz.
61 „Am meisten empfindet man die Trennung von der Familie am Sonntag, wenn man die Leute in Familiengruppen spazieren gehen sieht, frei zu tun u. zu lassen was sie wollen. Ich und meines gleichen laufen in der Welt herum, von niemandem geachtet wie so obdachlose Handwerksbursschen." Briefauszug eines in München befindlichen Soldaten vom 23.7.1917: BSB, Schinnereriana.
62 Vgl. Baumgartner, Feldpostbrief, S. 33; Alois Wagner 15.11.1915 an seine Mutter: Besitz des Verfassers; Hans Spieß 13.12.1916 und 16.6.1918 an seine Eltern: BHStA/IV, Kriegsbriefe 340; Joseph Reininger 7.6.1917 an seine Eltern: Privatbesitz.

den.[63] Die dem Heimweh besondere Intensität verleihende Verknüpfung der Sehnsucht nach der Familie mit jener nach der zivilen Arbeit und ihren jahreszeitlichen Rhythmen war jedoch ein Spezifikum bäuerlicher Soldaten.[64] Dies lag an der extrem hohen prägenden Wirkung, welche die bäuerliche Familie auf ihre Mitglieder ausübte, da sie zugleich eine ökonomische Einheit, den Ort sozialer Reproduktion sowie den Bezugspunkt emotional bedeutsamer Beziehungen darstellte.

Ihr stark empfundenes Heimweh und die im Verlauf des Krieges abnehmende Kameradschaftlichkeit unter den Soldaten boten für eine an den Chiffren einer militärischen Identifikation wie Kameradschaft, Heldentum oder Kämpfertum ausgerichtete Selbstdeutung keinen Raum. In der Rekonstruktion lebensgeschichtlicher Erfahrungszusammenhänge wird üblicherweise erwartet, daß bei der Bewältigung der die Routinen des herkömmlichen Alltags durchbrechenden Ausnahmesituation des Kriegsdienstes die im zivilen Leben eingeübten Deutungsmuster versagen mußten.[65] Für die Gesamtdeutung des Krieges adaptierten die Soldaten ländlicher Herkunft Elemente politischer Ideologien, die bis dahin bei ihnen noch nicht verbreitet waren.

Im Hinblick auf ihre eigene Lebenssituation griffen die bäuerlichen Soldaten jedoch auf ein anderes Verarbeitungsmuster zurück. Unterstützt durch strukturelle Mechanismen wie die häufige Beurlaubung, begriffen sie den Aufenthalt an der Front primär als eine nur vorübergehende Entfernung von ihrem angestammten Wirkungskreis, dessen strukturierende Kraft für die bäuerliche Selbstwahrnehmung selbst bei einer längeren Einsatzdauer nur partiell nachließ. Die große Bedeutung traditionell gültiger Identifikationsmuster wie der Familie und der Arbeit auf dem eigenen Hof als Zielprojektion für ein mit der Heimkehr wieder in das rechte Gleis geratendes Leben läßt auch an der oftmals behaupteten zunehmenden Entfremdung der Soldaten von der Heimat zweifeln. Der Topos des entfremdeten Frontsoldaten hat seinen Ursprung vornehmlich in der Wahrnehmung national eingestellter Soldaten, die bei eigenem unbedingten Willen zum Durchhalten während des Urlaubs und vor allem nach Kriegsende die dort verbreitete, politisch radikalisierte und kriegsablehnende Stimmung registrieren mußten.[66]

---

63 Brief des Steinhauers August Horn vom 22.9.1917 an seine Frau: BHStA/IV, Militärgericht 6. Ldw.-Div. H 31; vgl. Ernst Freese 30.10.1918: WUA, Bd. 5, S. 329f.; Brief von Georg Wirth, L.I.R. 2, vom 20.12.1917: WUA, Bd. 5, S. 278; Feldpostbriefe des Kriegsfreiwilligen Oskar v. Hinüber, v.a. die Briefe an seine Eltern vom 25.7.1917 und 1.8.1917: Privatbesitz; Brief eines Schlossers vom 19.12.1915 an seine Verlobte, zit. bei Knoch, Erleben und Nacherleben, S. 203.

64 Für die Bauern in der französischen Armee vgl. Englander, French Soldier, S. 62f., 67; Cochet, S. 364.

65 In lebensgeschichtlichen Interviews zeigt sich dieser Zusammenhang an der Häufigkeit „assoziativer Geschichten" bei Erzählungen aus dem Krieg; vgl. L. Niethammer, Fragen-Antworten-Fragen. Methodische Erfahrungen und Erwägungen zur Oral History, in: ders./A. v. Plato (Hg.), Wir kriegen jetzt andere Zeiten. Auf der Suche nach der Erfahrung des Volkes in nachfaschistischen Ländern, Berlin. Bonn 1985, S. 392-445, hier S. 405.

66 Vgl. Bochow, Stahlhelm, S. 20.

Möglicher Ansatzpunkt für Konflikte im Verhältnis zwischen den Frontsoldaten und ihren Ehefrauen waren auf beiden Seiten allerdings außereheliche Liebesbeziehungen.[67] Bei den Soldaten an der Front sorgten Erzählungen über Liebschaften von Kriegerfrauen für Unruhe und führten zu mahnenden Briefen in die Heimat.[68] Ein für die öffentliche Diskussion weitaus gravierenderes Problem war jedoch die außereheliche Sexualität der Frontsoldaten, da sie eng mit bevölkerungspolitischen und sozialhygienischen Diskursen verknüpft war. Insbesondere mit Blick auf die Demobilmachung ergriffen die Militärbehörden Maßnahmen, um die Ausbreitung von Geschlechtskrankheiten unter den Soldaten zu verhindern. Dieses Vorhaben stieß jedoch an Grenzen, da man vor der Propagierung mechanischer Schutzmittel wegen der befürchteten bevölkerungspolitischen Folgen zurückschreckte.[69]

Gelegenheit zum Geschlechtsverkehr fanden die Soldaten vornehmlich in der Etappe, wo zahlreiche von den Militärbehörden sanktionierte und kontrollierte Bordelle existierten. Die den Mannschaften zugänglichen Etablissements waren dabei säuberlich von eigens für Offiziere errichteten Bordellen geschieden, deren Aufhebung den heimischen Militärbehörden „aus disziplinären Gründen" nicht empfehlenswert schien.[70] Auch aufgrund des an der Löhnung gemessen hohen Preises – verlangt wurden zwischen zwei und zehn Mark – ergriffen die Soldaten zudem Gelegenheiten, die sich abseits des geregelten Bordellbetriebes ergaben.[71] So standen ihnen aus den Reihen der im Operationsgebiet verbliebenen Zivilbevölkerung Mädchen zur Verfügung, die sich wegen ihrer großen Armut bereits für ein „Kommißbrot" prostituierten.[72]

---

67 Vgl. Cron, Sekretariat, S. 38; Kriegschronik Karl Lang, S. 103: ABA, NL Karl Lang. Lang konnte einen von ihm getrauten Soldaten dazu bewegen, seiner Frau zu verzeihen, die sich 1918 mit seinem Bruder eingelassen hatte.

68 Vgl. den Briefauszug eines Frontsoldaten vom 29.5.1917: BSB, Schinnereriana; Aufseß, II. Teil, S. 5. Die Penetranz, mit der ein Krankenträger der 9./20. I.R. in Erzählungen die Treue seiner Frau hervorhob, bewog im April 1915 drei seiner Kameraden, dieser eine anonyme Karte mit Andeutungen über die angebliche Untreue des Mannes zu senden: BHStA/IV, MilGer 6269.

69 Vgl. Daniel, S. 139-144; Bessel, Germany, S. 233-239. Aus begreiflichen Gründen registrierten die Militärgeistlichen die Propagierung von Schutzmitteln durch die Vorgesetzten mit Unwillen. Vgl. Feldgeistlicher Lang, bayer. Feldlazarett 11, 7.3.1917 an Domkapitular Buchberger: AEM, „Feldseelsorge 1914-1917. Allgemeines". Bei dieser und anderen, v.a. in Kap. 4.2. zitierten Akten handelt es sich um unverzeichnete Handakten des Domkapitulars M. Buchberger, die dieser offenbar in seiner Eigenschaft als Referent für Militärseelsorge für den bayer. Feldprobst Kardinal Bettinger angelegt hat. Zitiert wird unter Angabe eines Titels für die Aufschrift auf dem Aktendeckel.

70 Zitat: Chef des Feldsanitätswesens 11.6.1918 an preuß. K.M.: WUA, Bd. 11/1, S. 161; vgl. WUA, Bd. 5, S. 263; Ulrich/Ziemann, Frontalltag, Dok. 35 e-g., S. 137f.; Daniel, S. 140. Zahlreiche Offiziere und Militärbeamte unterhielten auch Beziehungen zu den durch das Hilfsdienstgesetz verpflichteten Etappenhelferinnen zumeist bürgerlicher Herkunft; Verfügung der Etappen-Inspektion 1 vom 7.6.1917: WUA, Bd. 11/1, Dok. 25, S. 67.

71 Vgl. Richert, S. 279; Ulrich/Ziemann, Frontalltag, Dok. 35f., S. 138; „Preisverzeichnis" der Sittenpolizei Lodz vom Juli 1915. Sigismund Brettle, Militärgeistlicher des Militärgouvernements Lodz, hatte Domkapitular Michael Buchberger [o.D.] diese Liste mit dem Hinweis übersandt, daß der hohe Preis auf die Bemühungen eines Leutnants zurückgehe, der damit die Frequentierung einzudämmen versuchte: AEM, unverzeichneter Akt „Feldseelsorge 1914-1917".

72 Klemperer, Curriculum Vitae, S. 387; vgl. Zuckmayer, S. 202.

Aufschluß über Unterschiede in der Bereitschaft der Mannschaften, die Möglichkeit sexueller Kontakte im Feld zu nutzen, bietet allgemein die Altersverteilung der während des Krieges erstmals geschlechtskrank gewordenen Soldaten. Diese waren zu knapp 60% im Alter von bis zu 30 Jahren und demnach überwiegend noch nicht verheiratet.[73] Wenngleich ein derart heikles Thema für eine offenherzige briefliche Behandlung nicht gerade prädestiniert war, so machen einige Zeugnisse doch deutlich, daß verheiratete katholische Landwirte die außerehelichen Geschlechtsbeziehungen anderer Soldaten als einen Verstoß gegen religiöse Moralvorstellungen verurteilten:

> „Liebe Gattin! (...) Du glaubst nicht wie lieb ich Dich habe, so bald ich einen Brief von Dir bekome lege ich alles nieder der Brief muß noch gelesen werden um alles in der Welt. (...) Wenn nur der Krieg auch einmal ein Ende nehme. Schiken brauchst mir nichts als mit Gelegenheit Tapak dann bin ich recht zufrieden mit Dir liebe Gattin noch etwas: Wenn Du mir Tapak schikst dann bist so gut u. legst mir den Rosenkranz bei wo Du mir einmal gekauft hast. Will doch gern sehen ob es im Marien-Monat nicht Frieden gibt der Krieg ist halt eine Strafe Gottes u. das Volk will sich nicht gern bessern es ist mit unsern Soldaten auch ein rechtes Kreuz da führen sich viele u. oft verheirate Männer so auf; wenn sie wieder ein paar Tage zurück kommen, oder solche wo schon Monate abkomantiert sind es ist unglaublich. In Duaige sind blos über 300 im Latzaret (Geschlechtskrank) ist das nicht traurig u. solche möchten dann *Frieden* haben? Liebe Gattin lieber will sterben zu jeder Stund als Dir die treue brechen u. einander so lieb haben, freut mich immer noch beßer wen ich wieder einen Brief von Dir bekomme. aber Du mir es mir verzeihe die Briefe hebe ich nicht auf, weißt wegen dem das mir niemand die Briefe zu lesen bekommt mann weiß nie wie es geht Du hast es doch auch für beßer oder liebe Gattin. Hoffendlich kommen wir ziehmlich bald wieder zusammen das wäre eine Freude für uns. Wir wollen vertrauen auf die Mutter Gottes haben dann wirde es schon recht werden".[74]

Junge, unverheiratete Männer waren eher in der Lage, die durch die katholische Sozialmoral markierten Schranken zu überspringen. Die Kontrolle der Sexualität bildete eine der „Zentralachsen der christlichen Sozialisation" in der katholischen Volksreligion.[75] An der Front und in der Anonymität des Massenbetriebes der Garnisonsstädte in der Heimat sank während des Krieges die Hemmschwelle für Verstöße gegen den religiösen Normenkodex, für die sich gerade im Umfeld der

---

73 Errechnet nach Sanitätsbericht, Bd. III, S. 166 (ausschließlich der Soldaten ohne Altersangabe); vgl. die Aktennotiz der K.M.-Medizinalabteilung vom 12.7.1918: BHStA/IV, MKr 18389.
74 Brief des Landwirtes und Gefreiten Johann Baptist Blehle vom 8.5.1915 an seine Frau Regina (Hervorhebung im Original): StAA, Amtsgericht Immenstadt E 29/1920; vgl. den Brief des verheirateten Söldners B.G., geb. 1885, vom 6.10.1915 an Otto Frhr. v. Aufseß, in dem er berichtete, daß geschlechtskranke Soldaten in den Graben kommandiert wurden: Gemeinde Kochel. Auch ein junger Soldat wie Dominik Richert fand den Bordellbetrieb „menschenunwürdig"; vgl. Richert, S. 279ff. Die moralische Empörung vieler Soldaten ländlicher Herkunft über die Bordelle ebenso wie die sittliche Gefährdung jugendlicher Soldaten hielt das Erzbischöfliche Ordinariat Bamberg in einem Schreiben vom 21.9.1916 an das MInn fest: BHStA/IV, MKr 2331.
75 Mooser, Volksreligion, S. 156.

Kasernen gute Bedingungen boten. Auch ohne Bezahlung waren in München zahlreiche Frauen eingezogener Männer „zur körperlichen Hingabe an Heeresangehörige besonders geneigt."[76] Sexuelle Kontakte konnten nunmehr unabhängig von der Einflußnahme der Eltern und dem möglichen Gerede der Nachbarn vollzogen werden, und vor allem fiel der gerade in der Beichte wirksame disziplinierende Einfluß des Ortsklerus weg.[77] Nicht jeder junge Soldat mag die gebotene Chance mit derselben Emphase genutzt haben wie ein 18jähriger, der Ende 1917 voller Renommiersucht aus Landau einem Freund berichtete:

> „Also von meinen Erlebnissen möchtest du wissen. Da weiß ich gar nicht wo ich anfangen soll. Seit 2 Monaten bin ich hier u. da habe ich jetzt das 6. Weib, d.h. die 4 letzten poussiere ich z.Z. zugleich. Das ist sehr interessant. Die Weiber hier sind sehr scharf u. man kann gleich richtig in's Zeug gehen. Sie verstehen sich alle sehr gut darauf. Nur obacht geben, weil hier Tripperl u. Schanker etz. sehr vorherrscht."[78]

Die durch unkontrollierte sexuelle Beziehungen verminderte Wirksamkeit religiöser Disziplinierung wurde als Problem jedoch von Feldgeistlichen und den katholischen Jungmännervereinen registriert und sollte als bedingender Faktor für den nach dem Krieg sichtbar werdenden Verhaltenswandel der männlichen landwirtschaftlichen Dienstboten bedacht werden.[79]

4.2. Formen und Grenzen religiöser Stabilisierung

Religiosität stellte für die zu Beginn des 20. Jahrhunderts in Schwaben zu rund 90%, ansonsten zu nahezu 100% katholische Bevölkerung des ländlichen Südbayern das wichtigste Medium der „Weltinterpretation und Daseinsorientierung" dar.[80] Die volksfromme Religiosität ‚der Vielen' begleitete die Bevölkerung auf allen Lebensstationen. Sie stützte sich dabei auf ein dicht gewobenes, zum Milieu verfestigtes Netz von Organisationen wie etwa den Standesvereinen und Kongregationen und war in den liturgischen Formen kultischer Frömmigkeit wie dem vielfältigen populären Brauchtum eng mit den Rhythmen des ländlichen Arbeitsalltags verwoben. Mit Ausnahme jener Regionen, in denen der Bayerische Bauern-

76 Polizeidirektion München 25.9.1915 an Kommandantur München: BHStA/IV, stv. GK I. AK 2278; vgl. Daniel, S. 143.
77 Vgl. Mitterauer, Religion, S. 76, 79f.
78 Briefauszug eines 18jährigen Soldaten vom 15.11.1917: BSB, Schinnereriana.
79 Vgl. Kap. 5.4.2.; Armee-Oberpfarrer Esch (S.J.), in: Buchberger, Seelsorgsaufgaben, S. 59; Die Jungmannschaft. Halbmonatsschrift für katholische junge Männer Nr. 12 v. 15.6.1918.
80 Vgl. zum Folgenden Hörger; Blessing, Kirchenfromm; ders., Staat und Kirche, S. 238-250; ders., Umwelt, S. 13f. (Zitat); vgl. dazu die kritischen Bemerkungen bei M.L. Anderson, Piety and Politics: Recent Work on German Catholicism, in: JMH 63 (1991), S. 681-716, hier S. 690ff.; Zahlen von 1907 für die verschiedenen Berufsabteilungen: Statistisches Jahrbuch für den Freistaat Bayern 14 (1919), S. 34; vgl. ferner aus der Perspektive des Herz-Jesu-Kultes mit vielen Hinweisen Busch, Katholische Frömmigkeit; zusammenfassend: Mooser, Volksreligion.

bund über eine große Anhängerschaft verfügte, genossen die Priester als Meinungsführer unter der bäuerlichen Bevölkerung ein hohes Prestige. Sie stießen allerdings
dort an Grenzen ihres Einflusses, wo sie den gerade im ländlichen Raum noch stark
ausgeprägten magisch-wundergläubigen Grundzug der Frömmigkeit einzudämmen versuchten.

Die Erörterung der Frage, welche Bedeutung die Religiosität für die Mannschaften ländlicher Herkunft besaß, stößt an eine Reihe durch die Quellenlage gezogener
Grenzen.[81] Dem legendenhaften Charakter mancher Überlieferung aus der Vorkriegszeit ähnlich, wiesen insbesondere mit nach 1918 zunehmendem zeitlichem
Abstand viele Berichte und Veröffentlichungen von Pfarrern über die Religiosität
der Soldaten eine deutliche stilisierende und überzeichnende Tendenz auf.[82] Die
erhaltenen periodischen Berichte der Feldseelsorger und der Dorfgeistlichen in der
Heimat vermitteln jedoch in der Wahrnehmung von Krisensymptomen ein relativ
ungeschminktes Bild. Eine genaue soziale Differenzierung ist zumindest mit Hilfe
der ersten Quellengruppe nicht möglich. Einzelne Beobachter hoben jedoch die
besondere Frömmigkeit der Landwirte an der Front besonders hervor.[83]

Ebenfalls nur ansatzweise erkennbar sind das Ausmaß der Rezeption und die
Wirkungen theologischer Argumentationsfiguren. Die Frage nach solchen Diffe-
renzierungen geht allerdings an der Sache vorbei. Denn die im 19. Jahrhundert
unter dem Einfluß des Ultramontanismus spezifisch formierte und organisierte
katholische Volksreligiosität setzte eine vertiefte intellektuelle Durchdringung dog-
matischer Streitpunkte nicht unbedingt voraus. Vielmehr „forderte und belohnte"
sie vor allem die öffentlich „sichtbare Demonstration des Glaubens".[84] Zur Erzie-
lung pastoraler Erfolge hatten die Jesuiten ein solches ‚äußerliches' Frömmigkeits-
modell in der Vorkriegszeit direkt gefördert. Im Krieg mußten die Feldgeistlichen
die dadurch bewirkten Folgen notieren. Einer von ihnen bemerkte 1916 kritisch,

---

81 Forschungsergebnisse liegen noch nicht vor; vgl. E. Greipl, Am Ende der Monarchie 1890-1918,
in: W. Brandmüller (Hg.), Handbuch der Bayerischen Kirchengeschichte, Bd. 3, St. Ottilien 1991,
S. 263-335, S. 332. Hinweise bei Klier; für den Vergleich mit dem Zweiten Weltkrieg: Katholisches Militärbischofsamt (Hg.), Mensch, was wollt ihr denen sagen? Katholische Feldseelsorger im
Zweiten Weltkrieg, Augsburg 1991.

82 Vgl. etwa die deutliche Nennung der Krisensymptome bei E. Schlund (O.F.M.), Aufgaben der
Volksmission nach dem Kriege, in: Theologisch-praktische Monats-Schrift 29 (1919), S. 51-59,
im Vergleich mit der späteren, durch die Welle der Kriegsromane zur Hervorhebung des religiösen
Moments motivierten, weitgehend apologetischen Darstellung: ders., Religion, trotz des Vorab-
Dementis auf S. 5; Klier, S. 84.

83 Vgl. Klemperer, Curriculum Vitae, S. 363; Kriegschronik Pfarrer Karl Lang, S. 13: ABA, NL Karl
Lang. In seiner 1934 verfaßten Chronik berichtet Lang präzise über seine Erlebnisse als Lazarett-
geistlicher bzw. überetatmäßiger Divisionsgeistlicher bei der 11. Inf.-Div. Vgl. S. Miedaner (Hg.),
Aus zwölf Jahrhunderten Augsburger Bistumsgeschichte, Augsburg 1993, S. 43f.

84 Mooser, Volksreligion, S. 148. Grundlegend zu diesem Formierungsprozeß: M.N. Ebertz, Die
Organisierung von Massenreligiosität im 19. Jahrhundert, in: Jahrbuch für Volkskunde N.F. 2
(1979), S. 38-72; ders., Herrschaft in der Kirche. Hierarchie, Tradition und Charisma im 19.
Jahrhundert, in: K. Gabriel/F.-X. Kaufmann (Hg.), Zur Soziologie des Katholizismus, Mainz
1980, S. 89-111.

bei den Soldaten aus Altbayern zeige sich „viel Schwerfälligkeit, Mangel an Fortbildung und religiöser Mechanismus".[85] Und wie ein anderer Militärseelsorger konstatierte, war Gott für Mannschaften altbayerischer Herkunft zuallererst „der Helfer in der Not", ihr Gebet „Bittgebet, und die Erprobung seines Wertes die Erhörung".[86] Auf einer Pastoralkonferenz des Erzbistums Münchens wurde im April 1918 festgestellt, daß nach dem übereinstimmenden Zeugnis zahlreicher Feldgeistlicher der Fundus „apologetischen Wissens" bei den Soldaten aus dem südlichen Bayern „auf ein Minimum beschränkt war."[87] Selbst das liturgische Grundwissen der gläubigen Männer war offenbar außerordentlich gering. In einer Eingabe betonten frühere Feldgeistliche 1926 die erschreckende Unkenntnis bereits der Gebete des Meßformulars, die sich ohne das sonst vorhandene Gebetbuch bei den Feldmessen gezeigt habe. Bei vielen Soldaten schien ihnen die gottesdienstliche Betätigung nicht mehr als „ein frommes Dahinbrüten in der Gegenwart Gottes" gewesen zu sein.[88]

Die Intensität der religiösen Betätigung der Soldaten war zunächst abhängig von den Bedingungen, unter denen sich das pastorale Wirken der Feldgeistlichen an der Front vollzog.[89] Anders als in Preußen bestand in Bayern im Frieden keine exemte Militärseelsorge, die Truppen blieben in den Pfarrsprengel ihres jeweiligen Garnisonsortes einbezogen. Im Krieg übernahm der Erzbischof von München und Freising, Kardinal Franz v. Bettinger, die Stelle des Feldprobstes der bayerischen Armee und damit die Federführung in kirchlicher Hinsicht.[90] Die Feldgeistlichen, obere Militärbeamte im Rang eines Offiziers, trugen Uniform. In der vorab kaum geregelten und damit stark vom persönlichen Engagement abhängigen Ausübung ihres Dienstes waren sie auf den Divisionskommandeur angewiesen, da die organisatorische Leitung der Militärseelsorge den Militärbehörden oblag.

Seelsorge an der Front war eine ausgesprochene Notpastoral. Truppenverschiebungen, der zum Teil unregelmäßige Wechsel zwischen Front und Ruhequartier, die Existenz zahlreicher abgelegener kleiner Truppenteile und vor allem die große Ausdehnung der Frontlinie einer Division erschwerten die geregelte, maximal im zwei- bis dreiwöchentlichen Turnus mögliche Abhaltung von Gottesdiensten.[91]

85 Jacob Weis, Feldseelsorge bei den Truppen..., Ostern 1916: AEM, NL Faulhaber 6776. Zu den Jesuiten vgl. Busch, Katholische Frömmigkeit, S. 205-216.

86 Vgl., auch zum Folgenden, Eggersdorfer, Felderfahrung, S. 631-635, Zitat S. 634. Der Verfasser war Divisionsgeistlicher der 5. Inf.-Div.

87 Pfarrer G. Lunghammer: Buchberger, S. 48.

88 Eingabe von 141 ehemaligen Feldseelsorgern vom 10.7.1926 an die deutschen Diözesanbischöfe und die Feldprobstei der Reichswehr: ABA, Bischöfliches Ordinariat 6045.

89 Vgl. zum Folgenden Vogt, Religion, S. 260-282, 466-474, 504-519; Klier, S. 68-72.

90 Organisatorische Aufgaben übernahm der Münchener Domkapitular Michael Buchberger. Maßgeblichen Einfluß auf die Militärseelsorge hatte auch Bischof Michael v. Faulhaber als stellvertretender und – nach Übernahme des Münchener Erzbistums im September 1917 – amtierender Feldprobst.

91 Zahl: Eggersdorfer, Felderfahrung, S. 578ff.; Kriegschronik Karl Lang, S. 113f.: ABA, NL Karl Lang; Divisionsgeistlicher Kasimir (O.M.Cap.) 3.3.1917 an Faulhaber: AEM, NL Faulhaber 6776; Pfarrer C. Benz 27.4.1917 und Herigar Mekes (O.F.M.) 7.6.1916 an dens.: AEM, NL Faulhaber

Insbesondere in den ersten Monaten des Krieges, aber auch noch später gab es eine Reihe von Klagen frommer Soldaten, die wochen- und monatelang keine Gelegenheit zum Besuch eines Gottesdienstes hatten.[92] Nur für einen dauerhaft im Etappengebiet stationierten Soldaten wie den Landwirt Jakob Eberhard war es möglich, „imer in [die] Kirche [zu] gehen alle Tage" und „jeden Sontag die Heilige Comion [zu] empfangen, was mein liebstes ist."[93]

Für die Intensität des kirchlichen Lebens an der Front war der militärische Dienstbetrieb von entscheidender Bedeutung. Eine zufriedenstellende Teilnahme an den Gottesdiensten wurde bei vielen Truppenteilen allein dadurch erreicht, daß der Kirchgang von den Vorgesetzten als Dienstverpflichtung angesetzt wurde oder sogar ein „Offizier vom Kirchendienst" die Mannschaften „geschlossen zur Kirche" führte.[94] Waren die Vorgesetzten dagegen nicht bereit, dem Feldgeistlichen durch den Befehl zur Teilnahme am Gottesdienst oder auch nur eine passende Terminverschiebung von Dienstverpflichtungen entgegenzukommen, so machte sich dies in einer geringen Teilnahme der Mannschaften bemerkbar.[95] Ein Nervenarzt hat die Bedeutung dieser äußeren Bedingung für die pastorale Situation an der Front ebenso prägnant wie kritisch zusammengefaßt:

> „Später [im Krieg; B.Z.] ist die Neigung zum Besuch der Gottesdienste stark zurückgegangen. Fällt um ihretwillen die Arbeit aus, gut, so sind sie willkommen. Sie geben ja auch eine Abwechslung, und neuerdings begleitet die Regimentskapelle den Choralgesang. (...) Und würden die Mannschaften nicht zur Teilnahme befohlen, der Geistliche hätte keinen größeren Kreis um sich als das Häuflein der kirchlich Bedürftigen, die auch im bürgerlichen Leben das Gotteshaus aufsuchen."[96]

Bevor die Bedeutung ihres religiösen Engagements für die Soldaten und ihm entgegenwirkende Tendenzen untersucht werden, sollen die im Verlauf des Krieges

---

6777; Heinrich Vogels, Div.-Geistlicher 14. Inf.-Div., 1.2.1917 an Kardinal Bettinger: AEM, „Akten des DK Buchberger".

92 Vgl. Ordinariat Regensburg 28.12.1914 an Ordinariat München-Freising, Expositus Joseph Laurer 26.12.1915 und den Bischof von Regensburg, und weitere Klagen in: BZAR, OA 1328; K.M. 23.5.1916 an Ers.-Rgt., S. Schlittenbauer 11.3.1916 an K.M.: BHStA/IV, MKr 13349; Pfarrer Nachtigall 12.7.1915 an Faulhaber: AEM, NL Faulhaber 6774.

93 Jakob Eberhard 26.5.1915 an seine Frau Anna: Privatbesitz; vgl. den Seelsorgsbericht des Kommandanturpfarrers in der Etappe Douai, Josef Holzner, für den 1.6.-31.8.1916: AEM, „Akten des DK Buchberger".

94 Vgl. die Seelsorgsberichte des Pfarrers Josef Holzner für das letzte Quartal 1916 (Zitat), des Lazarettgeistlichen Karl Lang vom 7.1.1917 und von Hugo Straßer (Feldgeistlicher bei der 9. Res.-Div.) vom 28.2.1917 (im Anhang zwei entsprechende Divisionsbefehle vom 20.10.1916 und 2.12.1916), und Norbert Stumpf (O.M.Cap.) 6.2.1917 an Kardinal Bettinger: AEM, „Akten des DK Buchberger"; Kriegschronik Pfarrer Karl Lang, S. 66f.: ABA, NL Karl Lang. Vgl. auch 2. Ldw.-Brigade 22.10.1917 an 6. Ldw.-Div. BHStA/IV, 6. Ldw.-Div. Bund 56.

95 Seelsorgsbericht von Michael Schaumberger an das Ord. Regensburg, empfangen 3.4.1918: BZAR, OA 1328; Jacob Weis 2.2.1915 an Faulhaber: AEM, NL Faulhaber 6777; Michael Drummer 7.2.1917 und Alois Oeller, Divisionsgeistlicher 1. Res.-Div., 12.2.1917 an Kardinal Bettinger: AEM, „Akten des DK Buchberger".

96 Scholz, S. 172. Zur Abwechslung auch J. Weis, Feldseelsorge..., Ostern 1916: AEM, NL Faulhaber 6776.

erkennbaren Schwankungen in dessen äußerer Intensität nachgezeichnet werden.

Dafür liegen eine Reihe in einzelnen Punkten zuweilen abweichender Beobachtungen und Einschätzungen vor, die sich aber insgesamt zu einer klar erkennbaren Tendenz zusammenfügen lassen.

Zeitgenössischen Beobachtern erschien es selbstverständlich, daß der Krieg zu einer religiösen Erneuerung beitragen würde und gerade im Feld ein verstärktes Bedürfnis nach Sinnstiftung durch den Glauben zur Folge haben mußte. Die bereits bei der Mobilmachung anhebende religiöse Welle bestätigte diese Vermutung.[97] Dieser Trend setzte sich in den ersten Monaten des Krieges fort. Der Andrang zu den Gottesdiensten und Andachten an der Front war groß. Möglichkeiten zur Beichte wurden häufig in Anspruch genommen, und mancher Soldat fand dabei wieder zum Glauben zurück. Zahlreiche Feldpostbriefe aus dieser Zeit bezeugten, daß von den katholischen Mannschaften viel gebetet wurde.[98]

In den Anfängen bereits 1915, in erheblichem Umfang dann ab 1916 ließ der religiöse Eifer der Mannschaften und ihre Gottesdienst- und Sakramentfrequenz allerdings wieder nach. Ein Landwehrmann schrieb seiner Frau im Juni 1915:

„Will nur sehen, wie lang unser Herrgott noch zusieht, wie die Mannschaft behandelt und hingeschlachtet wird. Viele glauben an gar nichts mehr."[99]

Ein im Reserve-Infanterie-Regiment 14 dienender Offiziersstellvertreter berichtete Anfang September 1916 gar, daß unter den Soldaten „von einem Beten (..) keine Spur" mehr zu sehen sei und von einer Kompanie nur noch sechs Mann die sonntägliche Beichtgelegenheit genutzt hätten.[100] Verallgemeinernde und diese Datierung bestätigende Stellungnahmen zu derartigen Krisentendenzen liegen auch von Feldgeistlichen vor. Ein Divisionspfarrer hielt im Juli 1916 auf einer Konferenz von Feldgeistlichen fest, die anfängliche religiöse „Begeisterung" habe „infolge des Stellungskampfes und der langen Dauer des Krieges allmählich nachgelassen".[101] Wenig später klagte ein anderer Pfarrer neben dem allgemeinen „Ermatten des religiösen Eifers" auch über Fälle des „Irrewerdens am Glauben, sogar des Abfallens von demselben."[102] Bei einem Bataillon, das zu rund einem Viertel aus Katholiken bestand, gingen im letzten

97 Vgl. Kap. 2.2.; Busch, Katholische Frömmigkeit, S. 102f.; v. Dülmen, S. 175ff., mit Anm. 18 auf S. 194; Ulrich/Ziemann, Frontalltag, Dok. 22 a., S. 109f.
98 Vgl. die entsprechenden Notizen in: Cron, Sekretariat, S. 40; Armee-Oberpfarrer Esch (S.J.), in: Buchberger, S. 53; J. Weis, Feldseelsorge bei den Truppen...: AEM, NL Faulhaber 6776; Strohmeier, S. 45; Pfarramt Waldhof 28.5.1915 an Ord. Passau: ABP, DekA II, Pfarrkirchen 12/I. Matthias Meier 11.2.1915 an seinen Vater (Abschrift): AEM, Kriegschronik Altenerding B 1837.
99 Stefan Schimmer 17.6.1915 an seine Frau: BHStA/IV, Amtsbibliothek 9584.
100 Zit. nach Weck, S. 319; nach Neter, S. 17, erlitt das religiöse Leben in seinen „äußeren Formen" erst im letzten Kriegsjahr eine „starke Einbuße".
101 Pfarrer Karl Booz, Protokoll der am 4.7.1916 in Zabern stattgefundenen Konferenz der katholischen Feld- und Etappengeistlichen der Armeeabteilung A: AEM, NL Faulhaber 6776.
102 Divisionspfarrer Gregoire, 6. Ldw.-Div., auf der Konferenz der kathol. Feldgeistlichen der Armee-Abteilungen A und B am 26.9.1916 in Straßburg; ähnlich äußerte sich Michael Buchberger: AEM, „Ordinariat 310".

Quartal des Jahres 1916 nur fünf Soldaten zur Beichte, und bei einem mit rund 5.500 Soldaten belegten Krankenrevier konnten im selben Zeitraum durchschnittlich nicht mehr als 80 Mann zum Gottesdienst versammelt werden.[103] Für das Jahr 1916 liegt eine Ziffer von rund 10.000 Osterkommunionen bei der 1. Landwehr-Division vor. Angesichts der Tatsache, daß der Division zu diesem Zeitpunkt allein sechs bayerische Landwehr-Infanterie-Regimenter mit jeweils rund 3.000 Mann unterstanden, muß dies im Vergleich mit den im Frieden üblichen Gepflogenheiten als ausgesprochen niedrig bezeichnet werden.[104]

Das genaue Ausmaß der Abnahme religiöser Überzeugungen und der Teilnahme am kirchlichen Leben war unter den mit der Militärseelsorge befaßten Geistlichen umstritten. Einige Divisionspfarrer beharrten darauf, daß sich das religiöse Engagement ungeachtet der deutlichen Abnahme gegenüber den ersten Kriegsmonaten noch auf einer „guten Durchschnittshöhe" bewege.[105] Eine Beteiligung von rund zwei Dritteln der Mannschaften an den Adventsbeichten z.b. wurde als der im Frieden bei der Seelsorge in den Garnisonen üblichen Frequenz ähnlich angesehen.[106] Und als Anton Kobl, der Divisionsgeistliche der 6. Infanterie-Division, im Juli 1917 einen auch von anderen Feldgeistlichen unterstützten, offenbar ausgesprochen pessimistischen Bericht über den Stand des religiösen Lebens der Mannschaften vorlegte, mußte er sich gegenüber kritischen Einwänden rechtfertigen. Der Münchener Domkapitular Michael Buchberger beharrte darauf, daß Kobl die religiöse „Krisis" trotz des erkennbaren Rückgangs der Beteiligung am kirchlichen Leben überzeichnet habe. Kobl selbst mußte nach nochmaliger Rücksprache mit seinen „Confratres" einräumen, daß ein von ihm beobachteter drastischer Rückgang der Sakramentsfrequenz auch an der ausgesprochen guten, durch die räumliche Konzentration seiner Division gegebenen Ausgangslage gelegen habe. Unterstützung fand Kobl aber weiterhin für seine These, man könne an der Front „einen nicht unbedeutenden Rückgang des religiösen Lebens" beobachten.[107]

---

103 Seelsorgsberichte des überetatmäßigen Divisionsgeistlichen Josef Husterer, 1. Ldw.-Div., vom 15.1.1917 und von Friedrich Reinhardt vom 4.1.1917; für sinkenden Gottesdienstbesuch vgl. auch den Seelsorgsbericht für 1916 des Lazarettgeistlichen 1. Res.-Div. Michael Drummer vom 7.2.1917. Alles in: AEM, „Akten des DK Buchberger". Die offenkundige „Entwöhnung" vieler Soldaten vom „regelmäßigen kirchlichen Leben" konstatierte auch Armee-Oberpfarrer Esch (S.J.): Buchberger, S. 60.

104 Seelsorgsbericht des Divisionsgeistlichen der 1. Ldw.-Div., Heinrich Frhr. v. Hausen, für das Jahr 1916 vom 7.3.1917. Hausen verzeichnete monatlich rund 2.500-3.000 Beichten, und insgesamt rund 45.000 Kommunionen im gesamten Jahr: AEM, „Akten des DK Buchberger"; vgl. Die Bayern im Großen Kriege, Bd. 2, S. 38.

105 Seelsorgsbericht des Lazarettgeistlichen Constantin Jochmann (O.S.B.) vom 31.1.1917: AEM, „Akten des DK Buchberger".

106 J. Weis, Feldseelsorge bei den Truppen...: AEM, NL Faulhaber 6776. Zwischen 5-6.000 Einzelbeichten im Monat (bei einer geschätzten Gesamtstärke von rund 12.000 Mann) fand Norbert Stumpf (O.M.Cap.), Divisionsgeistlicher der 6. Res.-Div., in seinem Seelsorgsbericht vom 6.2.1917 anerkennenswert: AEM, „Akten des DK Buchberger".

107 Vgl. Ord. Regensburg 10.7.1917 an Michael Buchberger, dessen Antwort vom 12.7.1917, und die undatierte Ergänzung von Anton Kobl, Divisionspfarrer der 6. Inf.-Div., zu seinem ersten,

In der ab 1916 verbreiteten Krise der Religiösität unter den Soldaten trat bis zum Kriegsende keine grundlegende Änderung mehr ein. Allein während der Frühjahrsoffensive 1918 kehrten – parallel zu dem allgemeinen Stimmungshoch dieser Zeit – manche Soldaten zum Sakramentenempfang zurück, die ihm vorher jahrelang fern geblieben waren.[108] Gegen Ende des Krieges warteten die Soldaten vor der Kirche, obwohl sie zum Gottesdienst befohlen waren.[109] Über die nur fragmentarisch überlieferten Seelsorgsberichte der Feldseelsorger hinaus bestätigen auch die Berichte der Dorfgeistlichen die negativen Wirkungen des Kriegsdienstes auf die Religiosität der Soldaten, die ihnen während des Urlaubs in der Heimat auffielen. Zahlreiche Urlauber blieben dem Gottesdienst fern, ergingen sich in glaubenslosen und gotteslästerischen Reden und vermehrten dadurch die gegen Gott murrenden „Kleingläubigen" unter den Dorfbewohnern. Wie die Pfarrer des öfteren feststellten, war es jedoch immer nur ein Teil der Urlauber, bei dem diese Krisensymptome zu beobachten waren.[110] Einige Pfarrer in der Heimat wiesen explizit darauf hin, daß ein beachtlicher Teil der im Urlaub befindlichen Soldaten bis zum Kriegsende weiterhin gewissenhaft seinen religiösen Pflichten nachging, keinerlei Anzeichen für einen aufkeimenden Glaubenszweifel zeigte und vereinzelt sogar die Gelegenheit zu einem Pilgerzug nach Altötting nutzte.[111]

Auch die im Feld befindlichen studentischen Korrespondenzpartner von Carl Sonnenschein notierten, daß die Abwendung der Mannschaften vom Glauben sich keineswegs einheitlich vollziehe:

> „Aber solche Stimmen [über eine religiöse Erneuerung; B.Z.] verstummten allmählich, und schon von Ende 1915 liegt ein Urteil vor, das in der Folgezeit immer wieder Bestätigung fand, nämlich daß die Religiosität durch den Krieg je nach der Veranlagung des Einzelnen gefördert oder gemindert wurde. Der Gläubige kam zu der Überzeugung: In cruce salus. Im übrigen aber machte sich ein ausgesprochener Fatalismus breit."[112]

Insgesamt zeigen diese Befunde, daß nachlassende Kirchenbindung und die Verminderung religiöser Deutungsmacht nur einen Teil der Mannschaften betrafen. Eine große Gruppe hielt bis zum Ende des Krieges an ihrer religiösen Einstellung fest. Unter der extremen Belastungsprobe, die das Fronterlebnis für die weltan-

---

leider nicht überlieferten Bericht: BZAR, OA 1328.

108 Vgl. Seelsorgsbericht Michael Schaumberger, bayer. Feldlazarett 56 an Ord. Regensburg vom 3.4.1918: BZAR, OA 1328; Buchberger, S. 7.

109 Kriegschronik Karl Lang, S. 106: ABA, NL Karl Lang.

110 Vgl. z.B. Pfarrämter Birnbach o.D. [Mai 1915], Triftern 13.9.1915, Anzenkirchen 30.6.1916, Kirchberg 5.7.1917; Holzkirchen 16.7.1916 und 10.7.1918, Sulzbach 12.6.1916 (Zitat); Kirchweidach 22.5.1917; Obernzell o.D. [August 1918] an Ord. Passau: ABP, DekA II, Pfarrkirchen 12/I; Fürstenzell 12/I; Burghausen 12/I; Obernzell 12/I.

111 Vgl. Pfarrämter Ulbering 30.6.1916; Haiming 3.8.1917 (Altötting); Wegscheid 30.6.1917 an Ord. Passau: ABP, DekA II, Pfarrkirchen 12/I; Burghausen 12/I; Obernzell 12/I.

112 Cron, Sekretariat, S. 40. Ähnlich der Seelsorgsbericht des Lazarettpfarrers Constantin Jochmann (O.S.B.) vom 31.1.1917 für das letzte Quartal 1916: AEM, „Akten des DK Buchberger"; vgl. Pfarrer Karl Lang, Kriegschronik, S. 13: ABA, NL Karl Lang.

schaulichen Überzeugungen eines jeden Einzelnen darstellte, und angesichts der in religiösen Fragen stattfindenden Polarisierung unter den Mannschaften traten bereits vor dem Krieg vorhandene Differenzen in der Intensität des Glaubens zutage. Bislang waren sie im Rahmen der im katholischen Milieu fest gefügten Kirchlichkeit noch verdeckt worden. Nunmehr artikulierten viele Soldaten jedoch offen ihren Glaubenszweifel, und die am individuellem Verhalten und den kollektiven Formen religiöser Betätigung ablesbaren Krisentendenzen äußerten sich in einer für die Geistlichen bedrohlich anmutenden Intensität.[113] Das quantitative Verhältnis beider Gruppen von Soldaten läßt sich nur ansatzweise bestimmen. Vereinzelte Hinweise deuten darauf hin, daß für annähernd die Hälfte der Mannschaften religiöse Überzeugungen als Mittel der mentalen Orientierung und Stabilisierung an Bedeutung verloren hatten.[114]

Ein Überblick über Formen und Verteilung der von den Soldaten geübten Frömmigkeit zeigt, daß für sie der katholische Glaube vor allem für die Auseinandersetzung mit einem bestimmten, besonders prekären Aspekt des Frontalltages von Bedeutung war. Mit der Furcht vor einer schweren Verwundung und dem möglichen eigenen Tod mußten die meisten an der Front eingesetzten Soldaten leben. Viele von ihnen verdrängten diese mögliche Gefahr.[115] Für religiöse Soldaten bot der Glaube dagegen die Möglichkeit, sich mit diesem im Feuerbereich universell drohenden, existenziellen, zugleich aber auch unvorhersehbaren und kontingenten Risiko auseinanderzusetzen. Die vorhandenen Selbstzeugnisse lassen die eschatologische Qualität der christlich-katholischen Todesbewältigung nicht erkennen.[116] Deutlich wird allerdings, daß die kirchlichen „Gnadenmittel" besonders „im Angesichte des Todes" geschätzt waren und daß sich unter den Mannschaften ländlicher Herkunft Reste jenes ‚gezähmten Todes' (Ariès) erhalten hatten, der diesen als

---

113 Schlund, Aufgaben, S. 52, differenzierte bei den Soldaten zwischen den Gruppen der „Religionshasser", „Ungläubigen", „Gleichgültigen", „Zweifelnden", „bloß Glaubenden" und „Übenden", und konstatierte eine „bedeutend(e)" Abnahme der beiden letzten Gruppen. Schlund war während des Krieges Feldgeistlicher u.a. bei der 39. Res.-Div. Vgl. J. Steiner, Interkonfessionalismus und die Seelsorge nach dem Kriege, in: Theologisch-praktische Monats-Schrift 29 (1919), S. 32-51, hier S. 46.

114 Einen Hinweis auf die quantitative Verteilung liefert der Bericht des Pfarramtes Dietersburg vom 1.7.1916 an das Ord. Passau, der – allerdings wohl primär mit Blick auf die Zivilbevölkerung – konstatierte, daß die Hälfte der Gemeinde noch religiösen Eifer zeige, ein Viertel „mutlos" sei, während der übrige Teil die Symptome der Kritik zeige: ABP, DekA II, Pfarrkirchen 12/I. Schlund, Religion, S. 36 stellte die Behauptung auf, von rund 2.000 in seinem Besitz befindlichen privaten Feldpostbriefen würden in ungefähr der Hälfte über den gesamten Zeitraum des Krieges religiöse Themen angesprochen.

115 Vgl. Kap. 3.3.2.

116 Einen Hinweis bietet der nach einer Todesnachricht im Verwandtenkreis geschriebene Brief eines evangelischen Soldaten: „Überhaupt, wenn man über dieses Erdenleben etwas tiefer nachdenkt, so muß jeder zu dem Entschluß kommen, daß es nur ein Kommen und ein Gehen ist. Ob reich oder arm, ob die Frist etwas länger oder etwas kürzer ist, im Grunde genommen doch nur ein Traum. Die Hauptsache bleibt ein für allemal felsenfest für uns: Unsere Heimat ist nicht hier, gebe Gott, daß wir alle, jeder für seine Person, dafür sorgt, daß uns dort eine Hütte bereitet ist, die ewig bleibt." J.B. (4./Ldst.-Btl. Ansbach) 20.5.1916 an F.T. in Gollhofen: Privatbesitz.

Teil des menschlichen Daseins anerkannte und damit leichter erträglich machte.[117] Der „drohende Tod" war, wie der schwäbische Pfarrer Karl Lang die Erfahrungen aus seiner jahrelangen Tätigkeit an der Front resümierte, ein „großer Verbündeter" der Feldseelsorger.[118] Gottesdienste und Andachten als Formen einer kollektiv vollzogenen und erlebten Religiosität besaßen für fromme Soldaten erhebliche Bedeutung.[119] Die folgende Analyse beschränkt sich jedoch auf individuell vollzogene religiöse Praktiken, da aufgrund des verbreiteten militärischen Zwanges zur Gottesdienstteilnahme kaum genau abschätzbar ist, ob dem Engagement des einzelnen Soldaten tatsächlich eine ernsthafte Überzeugung zugrunde lag.

Bereits die zwischen den verschiedenen Truppenteilen bestehenden Unterschiede in der Intensität religiöser Betätigung weisen auf die Bedeutung des Glaubens für die Bewältigung von Extremsituationen hin. Dem Feuer weniger ausgesetzte Mannschaften wie etwa bei der Bagage und der Artillerie, und dort besonders der Munitionskolonnen, zeigten gegenüber den Infanteristen eine deutlich geringere Neigung zum Gottesdienstbesuch.[120] Vor dem Abmarsch der Truppen in ein ausgesprochen heftiges Gefecht, wie etwa im Sommer 1916 an der Somme, herrschte ein gegenüber ruhigeren Zeiten bis um das fünffache größerer Andrang an den Beichtstühlen der Militärseelsorger. Dies zeige den „wahren Geist der Glaubenssachen", urteilte ein betroffener Geistlicher. In „Not und Gefahr" müsse der „Glaube aus der Ecke heraus". Seien sie vorüber, so werde er „wieder dahin verwiesen".[121]

Dem Bemühen um übernatürlichen Beistand diente vor allem die permanente Gebetsübung frommer Soldaten. In der ländlichen Gesellschaft des Alpenraumes hatte die Individualisierung der Gebetspraxis bis in das 20. Jahrhundert hinein nur geringe Fortschritte gemacht, auch wenn es im Rahmen des Herz-Jesu-Gebetsapostolates Tendenzen zu individuelleren Formen der „Heilsversicherung" gab. Vorherrschend blieb aber die traditionelle Form des Familiengebets.[122] Dieser Zusammenhang wurde während des Krieges auseinandergerissen. Eine kollektive Gebetsübung scheint an der Front nur in geringem Maße verbreitet gewesen zu sein. 1915 berichtete ein Feldgeistlicher über die Existenz von Rosenkranzandachten, bei denen im kleineren Kreis ein Soldat vorbetete, und versäumte nicht den

117 Vgl. dazu umfassend den beeindruckenden Aufsatz von Wiebel-Fanderl, Todesbewältigung. Zitat: Buchberger, S. 7.
118 Kriegschronik Karl Lang, S. 113: ABA, NL Karl Lang.
119 Vgl. z.B. Kriegstagebuch Jakob Eberhard 28.3.1915: Privatbesitz.
120 Seelsorgsberichte von Heinrich Frhr. v. Hausen vom 7.3.1917 und von Michael Drummer vom 7.2.1917 (auch zum Folgenden): AEM, „Akten des DK Buchberger"; Feldgeistlicher Jakob Fischer 23.2.1917 an Michael Buchberger: ebd., „Briefe an Kard. Bettinger"; Jacob Weis 2.2.1915 an Michael v. Faulhaber: AEM, NL Faulhaber 6777; Lazarettgeistlicher Leopold Haffner (O.F.M.) 13.4.1915 an dens.: AEM, NL Faulhaber 6773; Baumgartner, S. 12.
121 Seelsorgsberichte von Balthasar Meier, Div.-Geistlicher der 5. Res.-Div., vom 7.2.1917 (Zitat) und von Norbert Stumpf (O.M.Cap.) vom 6.2.1917: AEM, „Akten des DK Buchberger".
122 Vgl. Mitterauer, Kreuzzeichen; Busch, Katholische Frömmigkeit, v.a. S. 283-290, Zitat S. 289.

Hinweis darauf, daß man „grenzenloses Vertrauen auf die Fürbitte" der Mutter Gottes setze und damit den „Winterfeldzug wegbeten" wolle.[123] Die Frontsoldaten blieben allerdings durch wechselseitige briefliche Gebetsermahnungen und -bekräftigungen in die familiäre Ausübung des Glaubens eingebunden. Die heimischen Familienmitglieder versahen ihre Angehörigen im Feld mit guten Wünschen für den Schutz Gottes oder der Versicherung, zur Mutter Gottes oder Heiligen wie etwa dem Hl. Josef für ihren Schutz zu beten.[124] Fromme Soldaten bestärkte dies in der Überzeugung, auch im Feld von den Angehörigen „nicht verlassen" zu sein.[125] Ihre eigene fortwährende Gebetspraxis fand ebenso Erwähnung in den Briefen in die Heimat. Im Gegenzug forderten sie Angehörige und Freunde dazu auf, ihrerseits im Gebet für die eigene Errettung und eine glückliche Heimkehr aus dem Feld nicht nachzulassen:

> „Betet soviel ihr könnt. Ich bete alle Tage 3-4 Rosenkränze. Ich bete fast Tag und Nacht um die Gnade zur Erhaltung für mein Leben."[126]

In der Beteuerung des eigenen Gebets fand zuweilen die gegenüber dem Frieden gesteigerte Intensität der Fürbitte, die sich in Momenten der „Lebensgefahr" als ein „inbrünstiges, qualvolles Schreien nach oben" äußerte, besondere Erwähnung:

> „Gebetet habe ich ja immer, und vielleicht war das Gebet im Schützengraben d.l.G. lieber, als im Frieden manchmal das leichtsinnige Gebet im Gotteshaus."[127]

Bei solchen besonderen Anlässen schickten auch Soldaten, deren Erinnerungen ansonsten keine ausgeprägte Religiosität erkennen lassen, ein kurzes, inniges „Stoßgebet" gen Himmel oder flehten die Heiligen an.[128] Andere verpflichteten sich für den Fall ihrer Errettung zu einer zukünftigen permanenten Gebetsübung:

> „Der 25. Aug. [1914] denkt uns so lange wir leben es kostete auf beiden Seiten viele Menschenleben an die Verwundeten war gar nicht zu denken. Ich versprach wenn

---

123 Norbert Stumpf (O.M.Cap.) 17.10.1915 an Michael v. Faulhaber: AEM, NL Faulhaber 6779. Ein gemeinschaftliches Rosenkranzgebet ist mit einem vollkommenen Ablaß prämiert; Marienlexikon, Bd. 5, S. 553-559, hier S. 555, s.v. Rosenkranz.

124 Vgl. den Brief an den Landwehrmann P.S. (L.I.R. 8) vom 23.6.1915 von seiner Frau: BfZ, Slg. Schüling, Bd. 25, Nr. 62; Familie Vonficht aus Zell 8.3.1916 an Jakob Eberhard: Privatbesitz; Georg Stempfle 19.4.1917 an seinen Sohn Georg: BHStA/IV, MilGer 3344; Barbara Saam 9.10.1916 an ihren Sohn Hans: Privatbesitz.

125 Briefe von Georg Maier vom 14.11.1914 an Sophie (Zitat) und von Kaspar Huber vom 27.1.1916 und 29.5.1916 (Abschriften): AEM, Kriegschronik Altenerding B 1837.

126 Stefan Schimmer 14.10., 18.10., 4.11. (Zitat) und 7.11.1914 an seine Frau: BHStA/IV, Amtsbibliothek 9584; vgl. Georg Maier 22.8.1914 und Peter Faltermeier 13.11.1914, jeweils an ihre Eltern (Abschriften): AEM, Kriegschronik Altenerding B 1837; Alois Fischer 3.10.1914 an seine Frau (Abschrift): ABA, Pfa 6/I; Pfarramt Neukirchen 1.12.1914 an BA Neuburg: StAA, BA Neuburg 7214.

127 R.W., 1. Ulanen-Rgt., 4.7.1915 an T.K.: BfZ, Slg. Schüling, Bd. 110. Vorheriges Zitat: Richert, S. 35; vgl. Pfarramt Bergen 27.11.1914 an BA Neuburg: StAA, BA Neuburg 7214.

128 Vgl. Richert, S. 67 (Zitat), 121; Buchner, In Stellung nach Vauquois, S. 134f., 156.

ich gesund vom Feldzug zurückkehren würde täglich einen Rosenkranz in der Famielie zu beten oder beten zu lassen."[129] Eine intensive, gelegentlich durch die Stiftung von Ämtern ergänzte Gebetspraxis bestärkte fromme Soldaten in dem Glauben, sich dadurch der Gnade und des Schutzes Gottes gewiß sein zu können. Zugleich wies die Gebetsakkumulation einen starken Bezug auf den jenseits des Todes zu erwartenden Raum auf. Insofern dessen Gestalt als durch eine permanente Gebetsverrichtung positiv beeinflußbar erschien, konnte dadurch die Angst vor dem eigenen Tod erträglicher gestaltet werden:

> „Im Fall, wenn ich erschossen werde, so darfst Du sicher sein, daß ich gut vorbereitet war. Ich bete Tag und Nacht. (...) Ich schicke auch einen Zweimarkschein. Du läßt Gottesdienste dafür halten."[130]

Im vermutlich eher vereinzelten Extremfall konnte aus der Hoffnung auf die mit eifrigem Gebet erstrebte Vermehrung der Gnade und dem Bewußtsein der Unergründlichkeit der göttlichen Vorsehung ein ausgeprägt stoische Haltung folgen. Victor Klemperer berichtet in seinen Erinnerungen über die Reaktion eines ausgesprochen frommen Bauernsohnes, als er selbst einer plötzlich herannahenden Granate, die sich als Blindgänger erwies, durch einen Sprung auswich. Sein Kamerad blieb stehen und tadelte ihn freundlich:

> „Sei mir net böse (...), aber was soll das Beiseitespringen? Gott schickt dir den Tod oder beschützt dich, wie Er es für gut hält. Ich bin ganz ruhig."[131]

Die in Gebet und Beichte geübte Buße zielte jedoch nicht allein auf die individuelle Errettung des einzelnen Gläubigen in einer gefahrvollen Zeit. Bereits vor dem Krieg hatte sich die katholische Volksreligiosität in einen Gegensatz zur bürgerlichen Gesellschaft und den zur Entchristlichung führenden Folgen der industriellen Moderne gesetzt, deren Niedergang die Schar der frommen Beter aufhalten sollte und konnte.[132] Die katastrophischen Konsequenzen dieser Entwicklung waren nunmehr im Verständnis der Gläubigen durch den Krieg offensichtlich geworden. Für viele Bewohner des ländlichen Raumes lag es demnach nahe, der von Bischöfen

---

129 Kriegstagebuch des Schreinergesellen Georg Schenk, Eintragung vom 25.8.1914: BHStA/IV, HS 3410.

130 Hörger, S. 120f., zeigt diesen Zusammenhang an den in dörflichen „Seelenbüchern" verzeichneten Gebeten für Verstorbene auf. Zitat: Stefan Schimmer 10.12.1914 an seine Frau: BHStA/IV, Amtsbibliothek 9584. Vgl. B.G. 12.5. und 22.5.1915 an Otto Frhr. v. Aufseß: Gemeinde Kochel; Briefe des Landwirtes L.R. vom 21.2.1918 (Zitat), 7.8.1917 und 30.3.1918 an seine Frau: BfZ, Slg. Schüling, Bd. 5, Nr. 87, 83, 88: „(...) der l. gute Gott hat mich bisher so gnädig erhalten u. auch Euch daheim, wollen wir Ihm immer kommend, uns in seiner väterlichen Vatertreue u. Helferhand empfehlen! Befiehl Du Deine Wege u. was Dein Herze (...)".

131 Klemperer, Curriculum Vitae, S. 407. Der Verfasser garantiert die Glaubwürdigkeit dieser Episode. Nach zeitgenössischer Auffassung kulminierte der Sinn des Gebets in der Bitte um die Vermehrung geistlicher Güter wie der Gnade; LThK, Bd. IV, Sp. 308-316, s.v. Gebet; ebd., Bd. X, Sp. 695-699 s.v. Vorsehung.

132 Vgl. Mooser, Volksreligion, S. 149, 154f.

und Theologen verbreiteten Auffassung zu folgen, daß der Krieg eine Strafe Gottes sei.[133] Das eigene Gebet rückte damit, wie ein Landwirt aus Schwaben in seinem Tagebuch erkennen läßt, in den Kontext der Abwehr des ‚weltlichen Geistes'. Die Widmung dieser Passage an seine „Mutter" genannte Frau zeigt dabei, daß dieser Gedanke offenbar den Charakter eines Vermächtnisses trug:

> „Aber der große Welt-Krieg muste komen den die Leute sind zu böß geweßen u. sind noch bös. Den es giebt noch böse Elementen wo noch an keinen Gott glauben, wo noch der verführer Welt-Geist drinen stegt in die Welt; aber es sind schon viele zu unsern lb. Gott zurückgegehrt u. haben die gnade Gottes ereicht. Meine lb Mutter ich gehe alle Tage in die Kirche u. bete den Rosenkranz, wen ich kan. Das ist warheit u. soll ich nicht mehr heim kommen, so komt das Buch heim u. das soll dich trösten, den ich stehe unter dem schutze der lb Gottes-Mutter den ich bette alle Tage um den Schutz Maria um den schutze Gottes."[134]

Im Zusammenhang der Frömmigkeit der Mannschaften besaß das Gebet eine primär stabilisierende Funktion, gerade mit Bezug auf die Extremerfahrung einer schweren Verwundung oder des möglichen Todes. Darüber hinaus gibt die im Feld gepflegte Gebetspraxis auch Aufschluß über die Akzeptanz verschiedener Kultformen. Aufgrund ihres kirchenoffiziösen Charakters als spezifischer „Kriegsbewältigungskult" konnte die Verehrung des Herzen Jesu im Feld beachtlichen Zulauf verzeichnen. Die damit verbundene Stilisierung des Herzens zum „Siegesgaranten" mußte seine Attraktivität jedoch zwangsläufig erschüttern, je mehr ein Sieg in weite Ferne rückte und den Mannschaften zudem als Ziel gleichgültig wurde.[135]

Die erste Stelle in der Kultpräferenz der südbayerischen Soldaten nahm demgegenüber, wie bereits eine Reihe von Zitaten gezeigt hat, eindeutig der marianische Rosenkranz ein. Ein Feldgeistlicher betonte Ende 1915, der Rosenkranz sei eines „der besten Seelsorgsgeschenke im Feld", bei dessen Verteilung sich dem Pfarrer stets „viele schwarze Soldatenhände" entgegenstreckten. Zugleich führte er einen praktischen Grund für die Dominanz des in seiner Stereotypisierung traditionalen Rosenkranzes an, indem er darauf hinwies, daß für seine Übung in langen Winternächten kein Licht benötigt werde.[136]

Die Ursachen für die marianische Gebetspräferenz der Mannschaften lagen zum einen in der traditionell vorwiegend marianischen Ausrichtung populärer Frömmigkeit in Bayern, wie sie etwa an dem immensen Zustrom von jährlich rund

133 Vgl. Peter Faltermeier 13.11.1914 an seine Eltern (Abschrift): AEM, Kriegschronik Altenerding B 1837, sowie die Belege und Hinweise in Kap. 2.2.

134 Kriegstagebuch Jakob Eberhard, Eintragung vom 26.2.1915: Privatbesitz.

135 Vgl. Busch, Katholische Frömmigkeit, S. 108, 110-114; Kap. 3.3.2. und 4.3.

136 Pater Christ (S.J.) 18.12.1915 an Faulhaber: AEM, NL Faulhaber 6777. Zahlreiche Bitten einzelner oder mehrerer Soldaten um Zusendung von Rosenkränzen vor allem aus dem Jahr 1915 enthalten: AEM, NL Faulhaber 6773, 6779. Die Nachmittagsandachten an der Front widmeten sich „jahraus, jahrein" dem Rosenkranzgebet; Buchberger, S. 24. Der Rosenkranz begegnet auch auf einem privaten Grabmal in Oberammergau, wo ein Soldat mit demütig gebeugtem Kopf ihn aus der Hand des im Arme Marias befindlichen Christkinds empfängt: Christliche Kunst 17 (1920/21), S. 128, 136.

300.000 Gläubigen zur Gnadenkapelle in Altötting ablesbar ist. Darüber hinaus war der Rosenkranz bereits vor und auch nach dem Ersten Weltkrieg als ein besonders in „Krisenzeiten" hilfreiches Gebet gebräuchlich.[137] Schließlich ist zu bedenken, daß Maria als „Königin des Friedens" – diesen Beinamen ließ Papst Benedikt XV. 1917 in das responsorische Bittgebet der Lauretanischen Litanei einfügen – den Soldaten besonders geeignet erscheinen konnte, durch ihre Fürbitte ein baldiges Ende des Krieges zu erwirken.[138]

Eine weitere Möglichkeit, um sich des göttlichen Beistandes zu versichern, bestand in der Ausführung oder dem Gelöbnis einer Tat, die den jeweiligen Soldaten üblicherweise als einen durch besondere Frömmigkeit ausgezeichneten Menschen erscheinen ließ. Ein Landwirt beteiligte sich deshalb freiwillig an der gefährlichen nächtlichen Bergung eines Toten aus dem Niemandsland, da ihm dies als ein „geistliches Werk der Barmherzigkeit" erschien.[139] Für den Fall einer glücklichen Rückkehr aus dem Feldzug oder der Errettung aus einer Gefahrensituation versprachen die Soldaten, nach dem Krieg eine Wallfahrt zu einem der Gnadenorte des südlichen Bayern durchzuführen. Wie zahlreiche in altbayerischen Wallfahrtskapellen vorhandene, anläßlich einer solcher Gelegenheit gestiftete Votivtafeln belegen, ließen es viele Veteranen nicht mit dem Gelöbnis bewenden, sondern setzten ihr einstiges Versprechen auch in die Tat um.[140] Ein niederbayerisches Pfarramt berichtete 1923, ein Landwirt habe, einem „Gelöbnis aus der Kriegszeit" folgend, an einer Straßenkreuzung eine Kapelle errichtet. Ebenso wurden für den Fall der glücklichen Heimkehr Spenden für den Kirchenbau versprochen.[141]

Für die Vorbereitung auf den möglichen Tod war schließlich der vorherige Ablaß der Sündenstrafen eine zwingende Voraussetzung. Die Angst vor einem plötzlichen Tod ohne den Empfang der Sterbesakramente gehörte zu den größten Schrecken für die katholische Bevölkerung.[142] Der Feldgeistliche Karl Lang erlebte im April 1918, daß ein schwer verwundeter junger Soldat auf einem Verbandplatz „laut

---

137 Zudem war er im ländlichen Raum *das* gemeinsame Abendgebet, dessen Monotonie der Monotonie der bäuerlichen Abendmahlzeit entsprach. Vgl. Mitterauer, Kreuzzeichen, S. 181-188, Zitat S. 183; LThK, Bd. I, Sp. 324f. s.v. Altötting.

138 Vgl. Marienlexikon, Bd. 2, S. 543f. s.v. Friede. Explizit deutlich wird dieser Zusammenhang bei dem auf S. 245 zitierten Feldpostbrief. Für den Hinweis auf eine entsprechende Feldpredigt vgl. Klier, S. 197.

139 Stefan Schimmer 6.12.1914 an seine Frau: BHStA/IV, Amtsbibliothek 9584.

140 Entsprechende Hinweise enthält nach eigenem Augenschein: Kriss, Gnadenstätten, S. 52f., 104f., 133, 140 (Maria Schwarzlack, mit einer von einem bayerischen Matrosen gestifteten Tafel!), 153, 236. Vgl. Matthias Meier 11.2.1915 an seinen Vater (Abschrift): AEM, Kriegschronik Altenerding B 1837. Ein beeindruckendes Beispiel dafür, wie die individuelle Kriegserfahrung im Rahmen einer Wallfahrt verarbeitet werden konnte, bietet der Landwirt Ferdinand Eicher, geb. 1894, der jahrzehntelang als ‚Vorbeter' des Kärntner Vierbergelaufes fungierte: H. Gerndt, Vierbergelauf. Gegenwart und Geschichte eines Kärntner Brauchs, Klagenfurt 1977, S. 67-87.

141 Pfarramt Engertsham 16.7.1923 an Ord. Passau: ABP, DekA II, Fürstenzell 12/I; Pfarramt Ulbering 30.6.1916 an dass: ABP, DekA II, Pfarrkirchen 12/I.

142 Wiebel-Fanderl, Todesbewältigung, S. 220.

schrie und seine Sünden bekannte".[143] Bei den Fronttruppenteilen, besonders vor dem Abmarsch in eine heftig umkämpfte Stellung, herrschte deshalb großer Andrang an den Beichtstühlen. Reichte die Zeit nicht mehr für alle Soldaten aus, wurde die ersatzweise vorgenommene Generalabsolution „sehr dankbar entgegengenommen".[144]

Einem frommen Soldaten konnten Bußfrömmigkeit und die Gnadenmittel der Kirche die Gewißheit vermitteln, auf die Extremsituationen des Frontalltages hinreichend vorbereitet zu sein.[145] Gerade beim kirchlich nicht gebundenen Teil der Mannschaften, aber auch bei vielen Gläubigen weckte die Größe und Permanenz der Bedrohung das Verlangen nach einer weitergehenden Versicherung für die Abwehr von Gefahren. Deshalb erlangte eine Reihe bereits in früheren Kriegen verwandter Devotionalien abergläubisch-magischer Prägung große Verbreitung unter den Soldaten, die primär und unmittelbar auf den Schutz vor einer Verwundung zielten. Dazu zählten zunächst die im Feld zirkulierenden Gebetsketten sowie von den Soldaten mitzuführende Schutz- bzw. Himmelsbriefe.[146] Beide Formen fanden auch unter der ländlichen Bevölkerung Anklang. Ein Dorfpfarrer klagte 1915, daß er für seine Kanzelabmahnung einer Bäuerin, die jeden ausziehenden Soldaten mit einem Schutzbrief ausgestattet hatte, nur „Haß und Verfolgung" in der Gemeinde geerntet habe.[147] Geschäftstüchtige Verleger vertrieben auch gedruckte Schutzbriefe. Die Soldaten vertrauten zumeist aber eher der Wirkung von im Familien- und Bekanntenkreis verbreiteten handschriftlichen Ausführungen.[148] Wie überlieferte Schutzbriefe belegen, waren die darin enthaltenen Gebete üblicherweise christologisch ausgerichtet. Jesus habe demnach durch seine „hlg. 5 Wunden" und das aus ihnen geflossene Blut alle „Degen" und sonstigen Waffen

143 Kriegschronik Pfarrer Karl Lang, S. 85: ABA, NL Karl Lang.
144 Vgl. oben; Seelsorgsbericht von Pfarrer Josef Holzner für das letzte Quartal 1916: AEM, „Akten des DK Buchberger"; Kriegschronik Karl Lang, S. 58 (Zitat), 69, 100: ABA, NL Karl Lang; Max Brand 9.5.1915 an seine Schwester und Georg Meier 14.3.1915 an seine Eltern (Abschriften): AEM, Kriegschronik Altenerding B 1837; Armee-Oberpfarrer Esch (S.J.), in: Buchberger, S. 54f.; LThK, Bd. IV, Sp. 371f. s.v. Generalabsolution. Bei der 3. Inf.-Div. beichteten die Soldaten in der Regel alle drei Wochen, manche sogar jeden neunten Tag; Dr. Johann Moser, Feldgeistlicher bei der 3. Inf.-Div., 16.2.1917 an Michael Buchberger: AEM, „Briefe an Kard. Bettinger".
145 Bei einem Gottesdienst in Rußland 1916 wurde die Truppe „verwirrt und irre", als sie während eines Gottesdienstes beschossen wurde. Man glaubte, „daß man während des Gottesdienstes nicht fallen könne." Kriegschronik Karl Lang, S. 96: ABA, NL Karl Lang.
146 Vgl. allgemein Bächtold, Soldatenbrauch, S. 1f., 14-25; Jacob Weis, Feldseelsorge bei den Truppen..., Ostern 1916: AEM, NL Faulhaber 6776; LThK, Bd. IX, Sp. 359 s.v. Schutzbrief; R. Stübe, Der Himmelsbrief, Tübingen 1918.
147 Pfarramt Neuhofen 13.6.1915 an Ord. Passau: ABP, DekA II, Pfarrkirchen 12/I.
148 Vgl. Hellwig, Himmelsbriefe, S. 142; A. Spamer, Der Krieg, unser Archiv und unsere Freunde, in: Bayerische Hefte für Volkskunde 2 (1915), S. 1-72, hier S. 47f. Adolf Spamer (1883-1953) war einer der wenigen zeitgenössischen Volkskundler, der sich als Sammler und Forscher (ein geplantes Werk wurde allerdings nie veröffentlicht) mit den spezifischen Formen des Brauchtums und Volksglaubens im Weltkrieg beschäftigte. Vgl. I. Weber-Kellermann/A.C. Bimmer, Einführung in die Volkskunde/Europäische Ethnologie. Eine Wissenschaftsgeschichte, Stuttgart 1985 (2. Aufl.), S. 77.

bereits „gebunden", so daß dem Träger des Briefes keine Gefahr mehr drohen könne.[149] Viele katholische Soldaten trugen außerdem Amulette wie etwa Ringe oder Geschoßsplitter.[150] Während die genannten Devotionalien allesamt nicht kirchlich lizensiert waren, gab es mit dem Skapulier auch ein offizelles römisch-katholisches Amulett. Dabei handelte es sich um einen geweihten, mit verschiedenen Ablässen versehenen Überwurf aus Tuchstreifen, der insbesondere im Rahmen des Herz-Jesu-Kultes gebräuchlich und auch während des Weltkrieges im Feld verbreitet war.[151] Schließlich war den Soldaten auch die Vorstellung des Schadenzaubers geläufig. Spielkarten etwa standen in dem Ruf, feindliche Geschosse anzuziehen, und wurden deshalb auf dem Schlachtfeld weggeworfen.[152]

Die Folgen der Akzeptanz religiöser Sinnstiftungen unter den Soldaten waren ambivalent. Demjenigen Teil der Mannschaften, der bis zum Kriegsende kein Nachlassen der Glaubenspraxis erkennen ließ, half der Glaube bei der Bewältigung existenzieller Risiken wie vor allem dem möglichen Tod. Andererseits wurde dadurch die Einfügung in das System militärischer Unterordnung erleichtert, insofern die religiöse Überzeugung, Gott würde „es schon wieder recht machen", die mit dem Kriegsdienst verbundenen Anforderungen leichter erträglich erscheinen ließ.[153] Die Religiosität der Soldaten fand in einem starken „Fatalismus" gegenüber den Belastungen des Frontalltages eine ihrer verbreitetsten „Ausdrucksformen".[154]

Zudem blieb nicht nur die jeweils individuelle Hoffnung der eigenen Errettung auf Gott bezogen.[155] Gläubige Soldaten sahen auch den Krieg als Ganzes allein durch göttliche Fügung gelenkt. Die Entscheidung über Fortsetzung oder Beendigung des Krieges schien ihnen einem menschlicher Einflußnahme entzogenen göttlichen Heilsplan zu folgen. In bezug auf den „heiß ersehnte(n) Frieden" waren

---

149 Im April 1917 aus Augsburg an eine Schwägerin versandter, für deren Mann bestimmter Schutzbrief. Der Absender bemerkte: „Wir haben für dich u. unseren guten Xaver einen Brief geschrieben u. diesen soll der Xaver stets bei sich haben, wir haben festes Vertrauen auf den Brief u. wirst sehen Xaver kehrt gesund wieder nach Hause." Vgl. den Schutzbrief aus der oberbayerischen Bergarbeitergemeinde Penzberg vom 1.7.1917; beides in: BSB, Schinnereriana; von Lothar Ziegler (4. Inf.-Div.) am 3.6.1915 an Michael v. Faulhaber gesandter Kettenbrief: AEM, NL Faulhaber 6774; Bächtold, S. 20f.; Briefabschnitt in: ABA, Pfa 54/1.
150 Vgl. Spamer, Krieg, S. 50; Scholz, S. 179f.; LThK, Bd. I, Sp. 381ff. s.v. Amulette.
151 Vgl. Busch, Katholische Frömmigkeit, S. 308f.; Bächtold-Stäubli, Handwörterbuch des Deutschen Aberglaubens, Bd. VIII, Sp. 12-16 s.v. Skapulier.
152 Vgl. L. v. Egloffstein, Kriegssagen von heute, in: Bayerische Hefte für Volkskunde 2 (1915), S. 188-193, S. 190.
153 Vgl. Georg Meier 22.8.1914 und 24.1.1915 (Zitat) an seine Eltern (Abschrift): AEM, Kriegschronik Altenerding B 1837.
154 Cron, Sekretariat, S. 42.
155 Vgl. noch die Briefe des Gütlers Peter Faltermeier vom 13.11.1914 und 13.3.1918 an seine Eltern (Abschriften): AEM, Kriegschronik Altenerding B 1837; Brief des Bauernsohnes Jakob Altenbuchner (2./1. Jäger-Btl.) aus Kemmerting (BA Burghausen) vom 28.10.1914 an seinen Vater: StAM, AG 38476.

fromme Soldaten der festen Überzeugung, daß „niemand anderer helfen kan, als unser lb. Gott und der hat uns bis jetzt noch immer beschützt."[156] Der katholischen Kriegspredigt folgend, gingen sie dabei mehrheitlich davon aus, daß der Beistand Gottes allein der eigenen Seite zugute kommen würde.[157] Die von beiden Kriegsparteien in Kauf genommenen Zerstörungen an den Kirchen im Operationsgebiet ließen einen frommen Soldaten allerdings daran zweifeln, wie nun noch „Gottes Zorn besänftigt" werden und der Krieg ein Ende nehmen könne. Nachrichten über die willkürliche Entfernung der Monstranz aus französischen Kirchen erregten bis in das Heimatheer hinein „böses Blut" unter den Katholiken.[158]

Ebenso deutlich wie die stabilisierende Funktion religiöser Einstellungen der Mannschaften sind auch die Grenzen erkennbar, die der Verbreitung und Überzeugungskraft solcher Deutungsmuster gesetzt waren. Zum einen sorgte ein sozialer Anpassungsmechanismus dafür, daß die offensive Vertretung frommer oder kirchentreuer Überzeugungen nur selten von Erfolg gekrönt war. Im September 1915 schilderte ein Soldat dem Bischof Michael v. Faulhaber, auf welchen Widerstand sein Bemühen stieß, „kalte und laue Katholiken", die sich ihrer „schmutzigen Reden" sogar rühmten, zur Rede zu stellen. Wenngleich er dafür nur „Schpott und Hohn" erntete, fand er im Gedanken an den „h. Erzengel Michael", den „Verteidiger" des Glaubens, Trost.[159] Der unter den Mannschaften bestehende soziale Anpassungsdruck und der damit korrespondierende, ausgesprochen rauhe Umgangston stellte sich der öffentlichen religiösen Betätigung frommer Soldaten entgegen.[160] Die von den Feldgeistlichen konstatierte „Menschenfurcht" vieler religiös eingestellter Soldaten hatte zudem zur Folge, daß Spötter, die sich herablassend über die Gläubigkeit und religiöse Betätigung ihrer Kameraden äußerten, unter den Mannschaften im Verlauf des Krieges immer mehr die Oberhand

---

156 S.S. 13.11.1914 und O.H. 18.10.1918 (Zitat) an Otto Frhr. v. Aufseß: Gemeinde Kochel. Dies galt auch für protestantische Soldaten: „Vielleicht ist es in Gottes gnädigem Willen doch beschlossen, daß dieses verzweifelte Ringen bald zu einem guten Ende führt. Wer es freilich erlebt, das weiß nur Gott allein. Will mich auch weiterhin in seinen Willen fügen und getrost in die Zukunft blicken." C.H. 8.7.1916 an F.T. in Gollhofen: Privatbesitz.

157 „(...) der liebe Gott gibt uns imer Segen u Sieg u er verlast uns nicht den unsere Sache ist Gehrecht die Mutter Gottes ist mit uns." Jakob Eberhard 26.5.1915 an seine Frau: Privatbesitz; vgl. Knoch, Erleben und Nacherleben, S. 209. Heinrich Lier gab am 10.9.1915 in einem Schreiben an Pfarrer Blum in Gernsheim allerdings zu bedenken, ob denn die „Feinde" Gott in „weniger aufrichtiger Meinung" anrufen würden: StAA Regensburg, NL Heim 1632. Vgl. Missalla, S. 72ff.

158 Erstes Zitat: Klemperer, Curriculum Vitae, S. 363; zweites Zitat: Vertrauensmann II. E./4. Feld-Art-Rgt. 26.2.1918 an Ers.-Abt.: BHStA/IV, stv. GK I. AK 2406.

159 Franz St. Buscher 28.9.1915 aus Poigny an Faulhaber: AEM, NL Faulhaber 6774; LThK, Bd. VII, Sp. 161-164 s.v. Michael. Zu Beginn des Krieges wurde noch nicht gespottet; vgl. Jakob Altenbuchner 28.10.1914 an seinen Vater: StAM, AG 38476.

160 Vgl. Schlund, Aufgaben, S. 52; Protokoll der am 4.7.1916 in Zabern stattgefundenen Konferenz der kath. Feld- und Etappengeistlichen der Armeeabteilung A: AEM, NL Faulhaber 6776; Seelsorgsbericht des Feldlazarettgeistlichen Michael Schaumberger an das Ord. Regensburg, empfangen 3.4.1918: BZAR, OA 1328.

gewannen. Die von ihnen lautstark geäußerten ungläubigen Redensarten nährten auch bei vielen überzeugten Katholiken den Glaubenszweifel.[161] Sodann ließen die lange Dauer des Krieges und die eher noch zunehmende Schwere der Kämpfe und Opfer zunehmenden Zweifel an der göttlichen Vorsehung aufkommen. Dadurch wurde nicht nur die Vorstellung, daß auch dem Kriegsgeschehen noch ein Heilsplan Gottes zugrunde liegen würde, in den Augen der einfachen Soldaten ad absurdum geführt. Die Überzeugung, daß ein gerechter und „allgütiger Gott" gewiß ein „solches Morden nicht mit ansehen" würde, provozierte zudem die vermehrt negativ beantwortete Frage, ob man von der Existenz Gottes überhaupt noch ausgehen könne.[162] Selbst ein Feldgeistlicher mußte sich im nachhinein eingestehen, daß er 1916 beim Anblick der zahlreichen Toten auf einem Verbandsplatz bei Verdun gedacht hatte: „Da tritt an mich der Versucher heran. ,Kann es noch einen Gott geben'." In seiner Verzweiflung flehte er Gott an: „O Herr vermehre meinen Glauben! Du hast das alles nicht gewollt!"[163] Die Militärseelsorger reagierten auf die Frage „wo blieb denn Gott?" zum Teil mit der Betonung der Unergründlichkeit des göttlichen Heilsplanes. Andere versuchten dagegen bis zum Kriegsende, dem Leiden unter Hinweis auf die Vorsehung einen Sinn zu verleihen.[164]

Die Soldaten mußten außerdem erfahren, daß ihre Gebete nicht erhört wurden. Dies zerstörte das Vertrauen in die Sinnhaftigkeit religiöser Betätigung um so mehr, als dieser ohnehin oftmals ein stark mechanistisches Glaubensverständnis zugrunde lag. Dies galt sowohl für die altbayerischen Soldaten ländlicher Herkunft, die eine solche Praxis traditionell gewohnt waren, als auch für jene, die erst unter dem Eindruck des Krieges im Gebet einen Halt gesucht hatten:

> „(...) bei den heutigen Kampfmitteln muß man mit dem schlimmsten rechnen, stärkeres Artilleriefeuer als die letzten 14 Tage giebts nicht mehr (...). Lieber Franz wer hätte denn 14 geglaubt, daß es 3 Jahre gehn soll u. noch keine Aussicht auf Schluß ist, es wär doch besser ich wär an den beiden Schüssen 14 bei Wytschäte hin geworden, als jetzt in dieser Hölle zu Grunde zu gehen. Wenns doch mal 3 Tage Pulver regnete u. dann der Blitz nein schlagen würde, so daß mal alles hin wär, dann ist auch ein Frevel ein frommer Wunsch, wenn daraus die Welt den Frieden erhalten könnte, so ist es ein Gott gefälliges Werk, aber wo steckt Gott jetzt? habe ich 15 im Mai bis August in den Kämpfen an der Loretto-Höhe beten gelernt, so ist es jetzt verflogen, und man flucht jetzt, daß es einem Landsknecht alle Ehre machen würde,

161 Zitat: Armee-Oberpfarrer Esch (S.J.), in: Buchberger, S. 57; Seelsorgsberichte von Pfarrer Josef Holzner, Kommandantur Douai, für den 1.6.-31.8.1916 und 1.10.-31.12.1916: AEM, „Akten des DK Buchberger"; Baumgartner, S. 14. Katholische Soldaten, die sich in ihrem Truppenteil in der Diaspora befanden, hatten ohnehin einen schweren Stand: Cron, Sekretariat, S. 39.

162 Zitat: Baumgartner, S. 9; F. Buchner, Die dem gegenwärtigen Krieg eigentümlichen Seelengefahren, in: Theologisch-praktische Monats-Schrift 28 (1918), S. 357-363, hier S. 361; Schlund, Aufgaben, S. 54f.; Feldgeistlicher Brauner 25.5.1917 an Faulhaber: AEM, NL Faulhaber 6779; Michael Buchberger und Ludwig Esch (S.J.), in: Buchberger, S. 10, 56f.

163 Kriegschronik Pfarrer Karl Lang, S. 36: ABA, NL Karl Lang.

164 Vgl. z.B. Die Jungmannschaft Nr. 4 v. 15.2.1919 (Zitat); Ludwig Esch (S.J.), in: Buchberger, S. 57; Klier, S. 218.

und es ist doch noch besser als daß die Nerven kaput wirden. ich habs jetzt satt wie mit Löffeln gefressen 5 Jahre seines Lebens dem Vaterland zu opfern ist würklich zu viel verlangt, von den 3 Eisen, welche man im Körper erhalten will ich noch gar nicht reden."[165]

Schließlich provozierte das pastorale Wirken der Feldgeistlichen selbst Kritik, vor allem insofern diese im Sinne der Durchhaltepropaganda handelten. Kirchliche Amtsträger und der organisierte wie politische Katholizismus hatten den Krieg von Beginn an als Chance begriffen, das den Katholiken immer noch anhaftende Odium nationaler Unzuverlässigkeit endgültig abzustreifen und eine den etablierten politischen Kräften gleichwertige Anerkennung zu finden. Die dafür notwendige Bereitschaft zu nationaler Pflichterfüllung und Opferbereitschaft sowie die Anerkennung der militärischen Autoritäten war ohne Einschränkung vorhanden.[166]

Die Geistlichen im Feld wie in der Heimat mahnten in ihren Predigten in diesem Sinne. Das nationale Pathos „homiletische(r) Munition" konnte sich dabei bis zu der vom bayerischen Feldprobst Kardinal v. Bettinger vertretenen Auffassung steigern, der „gläubige Christ" habe im „Vorgesetzten" den „Stellvertreter Gottes in diesem Machtbereiche" zu erblicken, und in der Befolgung seiner Anordnungen die „Erfüllung des göttlichen Willens."[167] Dazu kam, daß vornehmlich zu Beginn des Krieges viele Feldgeistliche im persönlichen Umgang mit den Mannschaften einen „militärischen Ton" pflegten.[168]

Katholischen Feldgeistlichen, deren Predigten den Charakter von „geistlichen Kriegervereinstiraden" trugen, da sie zum Durchhalten und zur Befolgung des Fahneneides mahnten, schlug die Abneigung der kriegsmüden Mannschaften entgegen. Diese bezeichneten die Pfarrer als „Kriegshetzer".[169] Die nationale Ausrichtung der Feldgeistlichen und ihre Bindung an das militärische System trugen somit dazu bei, ihre Leistungen als Seelsorger in den Augen der Soldaten zu entwerten. Die zunehmende Erkenntnis, daß das „fortwährende Aufpeitschen

---

165 Brief eines Frontsoldaten vom 3.8.1917 in die Schweiz: BSB, Schinnereriana. Zeitpunkt und Charakterisierung des Artilleriefeuers lassen eine Teilnahme an der dritten Ypern-Schlacht vermuten. Vgl. E. Harth, Welche Aufgaben treten infolge der Kriegslage an den Seelsorger heran, in: Theologisch-praktische Monats-Schrift 25 (1915), S. 741-748, hier S. 746; Eggersdorfer, Felderfahrung, S. 577f., 634; Michael Buchberger und Ludwig Esch (S.J.), in: Buchberger, S. 10, 56f. Von den Seelsorgsberichten über die Urlauber z.B.: Pfarrämter Kirchweidach 17.5.1916 und Wald an der Alz 10.6.1916; Holzkirchen 16.7.1916; Anzenkirchen 30.6.1916 an Ord. Passau: ABP, DekA II, Burghausen 12/I; Fürstenzell 12/I; Pfarrkirchen 12/I.

166 Vgl. dazu am klarsten Loth, Katholiken, S. 278-289; tendenziös verharmlosend: Hürten, Die katholische Kirche.

167 Vgl. die Materialien in: v. Dülmen; Hammer; Missalla, Zitat S. 104f.; Klier, S. 164-168, 208-212. Als „homiletische Munition" bezeichnete der Rottenburger Bischof Keppler eine von ihm herausgegebene Sammlung von Feldpredigten: ebd., S. 148.

168 Kriegschronik Karl Lang, S. 112: ABA, NL Karl Lang.

169 Zitate: J. Weis, Seelsorge bei den Truppen... [Ostern 1916]: AEM, NL Faulhaber 6776; Klier, S. 140 (Michael v. Faulhaber bei der Begrüßung der aus dem Krieg heimgekehrten Theologen im Februar 1919), S. 214.

patriotischer Gefühle" in der Predigt „abstoßend" auf die Mannschaften wirken mußte, setzte allerdings bei einer Reihe von Feldgeistlichen einen Prozeß des Umdenkens in Gang. Um weitere negative Konsequenzen für die Feldpastoral zu vermeiden, rückten sie in der zweiten Hälfte des Krieges in ihren Predigten das „Problem des Jenseits" und den „inneren Wert des Leidens" in den Vordergrund.[170] Darüber hinaus wurde schließlich das persönliche Engagement des einzelnen Pfarrers für den Erfolg pastoralen Wirkens an der Front zunehmend wichtiger, je mehr die Überzeugungskraft religiöser Deutungsmuster nachließ. Ein Divisionsgeistlicher konstatierte Anfang 1917, daß die Feldgeistlichen ähnlich wie die Offiziere nur noch „in dem Maße geschätzt" würden, als sie die Mannschaften vorne im Schützengraben aufsuchten und mit ihnen redeten.[171] Entsprechende Rechtfertigungen in der homiletischen Literatur deuten darauf hin, daß den katholischen Priestern vereinzelt auch ihre Befreiung vom Dienst an der Waffe von den Soldaten als eine ungerechte Bevorteilung angekreidet wurde.[172] Das große Ansehen, das Pater Rupert Mayer (S.J.) in den zwanziger Jahren in München und darüber hinaus genoß, beruhte nicht zuletzt auf dem permanenten Einsatz, den er als oftmals in vorderster Linie befindlicher Feldgeistlicher gezeigt und im Dezember 1916 mit einer schweren Verwundung gebüßt hatte. Mayer selbst hat 1918 in einer Betrachtung über die „Persönlichkeit des Seelsorgers im Feld" hervorgehoben, dieser müsse sich „hüten", den „Offizier herauszukehren". Im „rastlosen Eifer" bei der „Einzelseelsorge" im Schützengraben habe der Pfarrer die eigentliche „Quintessenz der Feldseelsorge" zu sehen.[173] Der Kontakt mit den vereinzelten „feldseelsorglichen Blindgänger(n) und geistlichen Offizierskarikaturen" mußte demgegenüber das Prestige der Pfarrer unter den Soldaten vermindern.[174] In der katholischen Militärseelsorge bestätigte somit ein Zusammenhang seine Geltung, der bereits für die Entwicklung des Verhältnisses von Laien und Klerus im 19. Jahrhundert prägend gewesen war. Die Aktivität der klerikalen „Milieumanager" war stets von entschei-

---

170 Vgl. Pfarrer Gregoire (Zitate), M. Buchberger, in: Protokoll über die Konferenz der kathol. Feldgeistlichen der Armee-Abteilungen A und B vom 26.9.1916 in Straßburg: AEM, „Ordinariat 310"; Kommandanturpfarrer Dr. Brem, Hofprediger G. Stipberger, in: Buchberger, S. 68, 82f.

171 Seelsorgsbericht von Norbert Stumpf (O.M.Cap.), Divisionsgeistlicher der 6. Res.-Div., für die zweite Hälfte des Jahres 1916, 6.2.1917 an Kardinal Bettinger: AEM, „Akten des DK Buchberger"; M. Buchberger auf der Konferenz... am 26.9.1916 in Straßburg: AEM, „Ordinariat 310"; Kooperator J. Landstorfer aus Reißing sandte dem Bischof von Regensburg am 28.1.1915 den Brief eines Offiziersstellvertreters im Leib-Regiment, der behauptete, daß der „größte Teil" der Feldgeistlichen „kugelscheu" sei: BZAR, OA 1328. Für protestantische Militärpfarrer vgl. Cron, Studentendienst, S. 18.

172 Vgl. anonym, Warum dient der katholische Priester im Kriege nicht mit der Waffe?, in: Chrysologus 57 (1916/17), S. 454-464, v.a. S. 455. Allerdings gab es viele freiwillige Meldungen zum Dienst an der Waffe: Vogt, S. 573ff.

173 R. Mayer, in: Buchberger, S. 85-88. Zu Mayer vgl. R. Bleistein (Hg.), Rupert Mayer S.J. Leben im Widerspruch, Frankfurt/M. 1991.

174 J. Weis, Feldseelsorge bei den Truppen..., Ostern 1916: AEM, NL Faulhaber 6776.

dender Bedeutung für die inhaltliche Ausgestaltung und Intensität religiöser Betätigung der Gläubigen.[175]

4.3. ‚Für Preußen und Großkapitalisten': Das Scheitern nationaler Identitätsstiftung

> „Führ die verdammten Preußen u. Großkapitalisten halte ich meinen Schädel nicht länger hin."[176]

Ebenso wie religiöse Deutungsmuster hatten auch politische Überzeugungen der Soldaten Auswirkungen auf ihre Bereitschaft zum Durchhalten, wie das Eingangszitat belegt. Die allgemein sinkende Erklärungskraft nationaler Sinnstiftungsangebote bei den Truppen mußte, solange von staatlichen Stellen und veröffentlichter Meinung die Nation als primärer Wert gepriesen wurde, für die es auszuhalten gelte und sein Leben auf dem ‚Altar des Vaterlandes' zu opfern lohne, notwendigerweise zu einer der Kampfmotivation schädlichen Gegenbewegung auf Seiten der Soldaten führen. Durch das Fronterlebnis hervorgerufene Veränderungen in der politischen Einstellung und die Reaktion der Mannschaften auf die politischen Strömungen der Kriegszeit sind darüber hinaus für eine Mentalitäts- und Erfahrungsgeschichte von allgemeinem Interesse. Neben dem Wandel der politischen Auffassungen unter den Soldaten ist dabei die Frage zu berücksichtigen, welchen Differenzierungsgrad und welche inhaltlich-programmatische Bestimmtheit diese aufwiesen.

Mit patriotischem Überschwang waren die südbayerischen Landwirte und Dienstknechte nicht in den Krieg gezogen. Allerdings besaß für sie der monarchische Kult der Wittelsbacher Überzeugungskraft. Dieser vermittelte Werte, die schlagwortartig in der Formel mit „Gott für König und Heimatsland" zusammengefaßt waren und für die es ihrer Meinung nach auszuhalten lohne. Von den allein defensiven Absichten der eigenen Kriegführung gingen die Soldaten zunächst aus und waren deshalb fraglos bereit, als „Bayer(n)" ihr „Bayerland" zu verteidigen.[177] Den Monarchen umgab dabei ein besonderer Nimbus, der vor allem bei der Abnahme von Paraden durch seine Person aktualisiert werden konnte. Für die Betroffenen bedeutete dies eine hervorgehobene Ehre.[178] Das Vertrauen, welches

---

175 Vgl. Busch, Katholische Frömmigkeit, S. 232-243; O. Blaschke, Die Kolonialisierung der Laienwelt. Priester als Milieumanager oder die Kanäle klerikaler Kuratel, in: ders./Frank-Michael Kuhlemann (Hg.), Religion im Kaiserreich, Gütersloh 1996, S. 93-135.

176 Brief des Bauschlossers Otto Biegner vom 12.8.1917 an seine Schwester Anna: BHStA/IV, MilGer 3524.

177 B.G. 18.12.1914, 21.12.1914 (zweites Zitat) und 12.2.1915 (erstes Zitat) an Otto Frhr. v. Aufseß: Gemeinde Kochel; Ulrich/Ziemann, Frontalltag, Dok. 36 j., S. 143; vgl. allgemein Blessing, Staat und Kirche, S. 228-238; ders., Der monarchische Kult.

178 „Am 17. August 1915. War der König III. von Bayern mittag 1/2 12 Uhr in St. Blaißei da er hat bei dem Landsturm-Btl Dillingen den Berademarsch abgenommen der gut ausgefahlen ist. Und ein schönes Lob erhalten. Es war die 1.2.3.4. Komp. je 30 Man. Er ist dan Senone gefahren, aber

man in den König als eine über politischen und gesellschaftlichen Interessen stehende, vermittelnde Instanz setzte, wird vornehmlich in den zumeist anonymen Eingaben von Soldaten wie Zivilisten deutlich. Diese wandten sich in untertänigem Gestus mit Wünschen oder Beschwerden an ihn oder verlangten in offensiverer Tonart, daß er das „Bayerland" vor dem „Preußischen Größenwahn" rette und der „Menschenschlächterei" ein Ende mache.[179] Die Hoffnungen, die man im Feld zunächst in den bayerischen König setzte, zeigen sich auch einem Gerücht, das 1916 in Oberbayern und im bayerischen Wald verbreitet war. Danach habe Ludwig III. angeblich dem Kaiser die Freundschaft aufgekündigt, weil der ein bayerisches Regiment dezimieren wollte. Dieses solle sich gegen preußische Truppen gewandt haben, für die es bei Verdun mehrmals eine Stellung zurückerobern mußte.[180]

Neben dem monarchischen Kult boten auch hohe Generäle populäre, aber nur partielle Identifikationsangebote, solange sie Erfolge vorzuweisen hatten und nicht in dem Ruf standen, das Leben der ihnen unterstellten Truppen sinnlos zu gefährden. Als Folge der an der Ostfront errungenen militärischen Siege war Paul v. Hindenburg für bayerische Soldaten bereits vor der Übernahme der Obersten Heeresleitung 1916 mit dem Nimbus eines erfolgreichen Heerführers umgeben.[181] Wie die Postüberwachungsstellen notierten, stand die Oberste Heeresleitung auch in den folgenden Jahren im Unterschied etwa zur Reichsregierung „außerhalb jeder Kritik". Dies mag ähnlich wie bei den Divisionskommandeuren, an die man deshalb verschiedentlich Eingaben richtete, auch an der Vorstellung gelegen haben, die OHL trage an den Heeresmißständen keine Schuld und sei über sie nicht informiert.[182] Mit der sich abzeichnenden Niederlage und den rapide zunehmenden und sinnlosen Verlustzahlen der letzten Kriegsmonate verflüchtigte sich dieser Vertrauensvorschuß allerdings. Die Mannschaften stuften in der Schlußphase des Krieges Hindenburg deshalb als „Massenmörder" und „Menschenschlächter" ein.[183] Stattdessen setzten die Soldaten ihre letzten Hoffnungen in den bayerischen

---

den Frieden hat er nicht dabei." Kriegstagebuch Jakob Eberhard: Privatbesitz; vgl. J.G. 26.8.1915 an Otto Frhr. v. Aufseß: Gemeinde Kochel.

179 Vgl. die verschiedenen Beispiele in Kap. 3.; Hinweise auch bei Ay, z.B. S. 104, 137 (Zitat).

180 Bericht eines höheren Feld-Polizei-Beamten, vom stv. preuß. Kriegsminister v. Wandel am 31.8.1916 an den bayer. Kriegsminister v. Kreß in Abschrift gesandt: BHStA/IV, MKr 2335.

181 „Abends 6 Uhr wurde wieder mit allen Glocken geläutet da habens 70.000 Man gefangen das ist ein Wunder das sagt ein jeder. Ja der Hinterburg der ist der Man des Glückes, dem sind alle hohe Generäle neidig." Tagebucheintrag Jakob Eberhard vom 22.2.1915: Privatbesitz. Die „unnütze(n)" Opfer der Offensive bei Verdun habe Hindenburg im Gegensatz zum bei vielen Soldaten verhaßten preußischen Thronfolger nicht gewollt, berichtete das BA Memmingen am 20.2.1917 als Meinung der Soldaten an das stv. GK I. AK: BHStA/IV, stv. GK I. AK 1723; vgl. Ulrich/Ziemann, Frontalltag, Dok. 37 b., S. 145. Zur Verbreitung des Hindenburg-Mythos in der bayer. Presse Albrecht, S. 178ff.

182 Postüberwachungsberichte der 5. Armee vom 28.9.1917 und 10.1.1918: BA/MA, W-10/50794, Bl. 26f., 35f. (Zitat).

183 Vgl. Vertrauensmänner II. E./4. Feld-Art.-Rgt. 29.8.1918 an Ers.-Btl. (Zitat) und E./3. I.R. 28.8.1918 an Ers.-Btl.: BHStA/IV, stv. GK I. AK 1980; Thimme, S. 279; Deist, Militär und Innenpolitik. S. 1268f., Anm 7. Vgl. die positive Reaktion auf die Demission Ludendorffs, der

Kronprinzen Rupprecht, den Kommandeur der gleichnamigen Heeresgruppe an der Westfront. Gerüchten zufolge wollte dieser gegen die gut ausgebauten Stellungen der Gegner mit seinen Truppen nicht mehr vorgehen und habe Hindenburg, der genau dies von ihm verlangte, deshalb in einem Duell erschossen.[184] Nationale Feindbilder und die damit verbundenen Stereotypen besaßen bei den Soldaten ländlicher Herkunft für die Deutung des Krieges kein Gewicht.[185] Einzig der Kriegseintritt Italiens an der Seite der Alliierten im Frühjahr 1915 löste Empörung aus. Das lag allerdings weniger an einem klar umrissenen und fest verankerten anti-italienischen Stereotyp, sondern daran, daß der Bündniswechsel des früheren Dreibundpartners in personalisierter Form als Verrat interpretiert wurde:

> „Am 24. Mai 1915 hat der Lumpige der treulose Italiener dem Krieg erglert an Östreich. Aber in Feld trausen wurd der Zorn noch größer."[186]

Mit zunehmender Dauer des Krieges verloren nationalistische Deutungsmuster auch bei denjenigen Soldaten an Überzeugungskraft, die den Fronteinsatz zunächst fraglos als Dienst für die gerechte Sache ihres Vaterlandes aufgefaßt hatten. Die dieser Entwicklung zugrundeliegenden Wahrnehmungen dürften ebenso dafür verantwortlich sein, daß das Kriegserlebnis bei den bäuerlichen und kleinbäuerlichen Soldaten keine Einbruchstelle für die Akzeptanz nationalistischer Ideologien öffnete.[187] Zum einen beobachteten die Soldaten, daß das Kriegsengagement nationaler und bürgerlicher Kreise keineswegs in erster Linie auf ideellen vaterländischen Motiven beruhte, für welche die deutsche Sendung vornehmlich im Kampf um eine innerlich definierte ‚Kultur' bestand.[188] Solche Behauptungen wurden in ihren Augen durch die Tatsache desavouiert, daß neben ausgesprochenen Kriegsgewinnlern wie den Schleichhändlern viele Großunternehmen aus Industrie und Handel rapide steigende Gewinne verzeichnen konnten. Im Gegensatz dazu sank der Lebensstandard der Angehörigen in der Heimat, und die niedrige Löhnung

allgemein in der Aufmerksamkeit hinter Hindenburg zurückstand, im Brief des Gefreiten Ludwig Schröder vom 27.10.1918: WUA, Bd. 5, S. 329.

184 Vgl. Priester Josef Schleich aus Dorfen 22.6.1918 und katholisches Pfarramt Taiting 26.7.1918 an stv. GK I. AK: BHStA/IV, stv. GK I. AK 1723; Vertrauensmann Garnison-Verwaltungs-Inspektion 27.7.1918 an stv. 3. Inf.-Brigade: ebd., stv. GK I. AK 2411. Rupprecht hatte in der Tat die OHL mehrfach kritisiert, ohne daß dies allerdings der Öffentlichkeit bekannt geworden wäre; vgl. Zorn, S. 102.

185 Dies konstatiert allgemein Neter, S. 31. Nicht stichhaltig ist der methodische Einwand von Jeismann, S. 389, das Fehlen nationaler Interpretationen in Selbstzeugnissen sei kein Beweis dafür, daß diese nicht geteilt worden seien. Im Sinne des mentalitätsgeschichtlichen Ansatzes ist davon auszugehen, daß als „selbstverständlich empfundene Anschauungen" (ebd.), auf die sich dessen Interesse ja richtet, als solche gerade wegen ihrer Selbstverständlichkeit wiederholt artikuliert werden.

186 Vgl. Kriegstagebuch Jakob Eberhard (Zitat): Privatbesitz; Stefan Schimmer 22.5. und 25.5.1915 an seine Frau: BHStA/IV, Amtsbibliothek 9584; Ay, S. 24.

187 Der Söldner und gelegentlich als Zimmermann arbeitende S.S. schrieb am 3.3.1915 an Otto Frhr. v. Aufseß: „(...) wie viel werden wohl Reich durch den Krig? u wieviel Arm?" (Gemeinde Kochel).

188 Vgl. Ay, S. 77ff., sowie mit weiteren Literaturhinweisen Rürup; Jeismann, S. 318-334.

machte den Soldaten selbst geringfügige Verbesserungen ihrer Lebenssituation unmöglich. Nationale Überzeugung wurde damit allein zu einer Angelegenheit derjenigen, die aus dem Krieg Gewinn ziehen konnten. In prägnanter Form fand dieser Zusammenhang in dem Schlagwort Ausdruck:

„Wäre die Löhnung größer, so wäre auch der Patriotismus nicht dahin."[189]

Zugleich wird darin die Vorstellung eines auf einem reziproken Anerkennungsverhältnis beruhenden Gesellschaftsvertrages erkennbar, der dem einzelnen Bürger und Soldaten für seine Pflichterfüllung auch eine entsprechende Gegenleistung hätte zukommen lassen müssen, im Krieg aber nicht eingelöst wurde.[190] Wie die Postüberwachungsstelle der 6. Armee im September 1918 feststellte, war unter den Soldaten zu diesem Zeitpunkt die Ablehnung nationaler Vorstellungen aus solchen Motiven weit verbreitet:

> „Eine gewisse Anzahl [der Briefschreiber; B.Z.] mahnt wohl zum Durchhalten, und manche Zeilen zeugen neben den vielen Stimmen des Mißmuts und der Unzufriedenheit von Königstreue und unveränderter Liebe zum [deutschen; B.Z.] Vaterlande, das aller Opfer wert sei. Die Ziffer der Briefschreiber, die dem Vaterlande offen den Tod wünschen, ist indes nicht viel geringer. (...) Ein Gefühl der Vaterlandsliebe wird in den Briefen fast gar nicht geäußert. Wie der Gesamteindruck der Postprüfung ergab, scheint beinahe ein gewisses Schamgefühl zu bestehen, einen vaterländischen Gedanken auch nur in Worte zu kleiden. Manchen Briefen liegt die Ansicht zugrunde: ‚Wer eine gute vaterländische Gesinnung zeigt, hat Interesse am Kriege und durch ihn Gewinst und Vorteil'."[191]

Einige wenige Soldaten gaben diesem Gedankengang eine antisemitische Wendung, indem sie primär in Kommunalverbänden und Kriegsgesellschaften tätige Juden als Kriegsgewinnler identifizierten. Antisemitische Stimmen finden sich in den Feldpostbriefen aber insgesamt nur sehr selten.[192] Dieser Befund steht im

---

189 Vertrauensmänner Res.-Lazarett München H o.D. [November 1917] an den Chefarzt (Zitat): BHStA/IV, stv. GK I. AK 2403; E./Ldst.-Bat. I B 18 an Ers.-Btl 23.3.1918: ebd., stv. GK I. AK 2407; vgl. die Briefauszüge zum Postüberwachungsbericht der 5. Armee vom 24.2.1918: BA/MA, W-10/50794, Bl. 66f. Adolf Schinnerer notierte in seinen „Eindrücken" aus der Briefzensur im Juli 1917: „Krieg bedeutet heute für das Volk nicht mehr Kämpfe an den Fronten gegen äußere Feinde, sondern lediglich Kampf um Selbstbehauptung. Wenn von Haß geredet wird, ist es der Haß gegen Wucher, gegen Gesellschaftskreise, die anscheinend besser leben u. mehr zu essen haben, nicht der Haß auf Engländer u. Franzosen." BHStA/IV, stv. GK I. AK 1957. Zu Kriegsgewinnen und Lebensstandard vgl. Kocka, S. 37-51, 27-37.

190 Vgl. den Hinweis bei Kundrus, S. 453, Anm. 69; Tenfelde, Proletarische Provinz, S. 60, weist darauf hin, daß die hier ebenfalls angesprochene Kontrastierung des Hungers und Elends mit dem Patriotismus zu den gängigen Redefiguren der Arbeiterbewegung gehörte.

191 Bericht der Postüberwachungsstelle der 6. Armee vom 4.9.1918, auf der Basis von 53.781 geprüften Sendungen: Thimme, S. 268f. Ein Soldat war sich in einem Brief vom 15.9.1918 sicher, daß „95 Prozent" der Truppen ihren „Patriotismus (...) schon alle längst begraben" hatten; ebd., S. 169; vgl. den ebd., S. 180 zitierten Brief eines Unteroffiziers aus einer Eingabe des Deutschnationalen-Handlungsgehilfenverbandes vom 4.10.1918 an die OHL.

192 Vgl. den Brief eines offenbar bäuerlichen Soldaten vom 29.7.1917, von einem inaktiven Offizier in einer Abschrift beim K.M. eingereicht. Der Verfasser machte die „Juden" für die Politik der

Gegensatz zur These einer „antisemitische(n) Stimmung in der Truppe", die insbesondere in den zahlreichen Denunziationen über unabkömmliche oder in der Etappe verwendete Juden deutlich geworden sei, welche dem preußischen Kriegsministerium schließlich 1916 den Anlaß für die Durchführung der ,Judenzählung' mit ihren fatalen Folgen lieferten. Archivalisch überlieferte Denunziationen diesen Typs stammen jedoch mehrheitlich aus der Heimat, vornehmlich den Städten.[193] Zum anderen entwertete die herabsetzende Behandlung der Mannschaften durch die Offiziere nationale Deutungsmuster, insofern ihnen die Vorstellung einer die Rangstufen überspringenden Kameradschaft im Heer zugrundegelegen hatte. Stattdessen konnte man auch bei vielen Offizieren beobachten, daß sie vornehmlich auf ihren persönlichen Nutzen bedacht waren und den Krieg als ein Mittel zur persönlichen Bereicherung betrachteten. Die dadurch ausgelöste Abkehr von nationalistischem Gedankengut findet einen zuverlässigen Beleg in der Feldpost von Soldaten, die dem Deutschnationalen-Handlungsgehilfen-Verband, einer völkisch-nationalen Interessenorganisation der kaufmännischen Angestellten, angehörten.[194] Rund 100.000 Mitglieder dieses Verbandes waren im Krieg eingezogen, und die meisten berichteten von ähnlichen Wahrnehmungen wie ein Briefschreiber im Mai 1917:

> „Meiner Ansicht nach liegt das Übel an der Unkameradschaftlichkeit der Offiziere den Mannschaften gegenüber. Ausnahmen, die wahrlich gering sind, bestätigen nur die Regel. Der krasseste, zügellose Egoismus macht sich breit und wird von oben

Kommunalverbände verantwortlich: BHStA/IV, MKr 2334. Uffz. Johann Wilhelm Entz schrieb seiner Frau am 20.7.1917 (Abschrift): „In dem Nest liegt auch der Ballonzug 90. Die haben als Marketender auch einen Juden, wie wir. Ist unserer schon ein großer ,Herr', so ist dieser noch der größere Gauner. Was der sich leistet, grenzt an das unglaubliche." BHStA/IV, Militärgericht 6. Ldw.-Div. E 13. Das im Krieg weit verbreitete antisemitische Vorurteil des „jüdischen Elements", daß sich in den heimischen Kriegsgesellschaften unabkömmlich mache und Interesse an der Kriegsverlängerung habe, gebrauchte der Konvertit und Inhaber eines Futtermittelgeschäfts Heinrich Lier in einem Brief an seinen katholischen Ortspfarrer in Gernsheim vom 10.9.1915: StaA Regensburg, NL Heim 1632.

193 Zitat: H. Berding, Moderner Antisemitismus in Deutschland, Frankfurt/M. 1988, S. 168. Eine enttäuschte Kriegsbegeisterung (S. 167) als Erklärungsansatz für die antisemitische Welle ist durch den Forschungsstand zum Augusterlebnis ohnehin überholt. Vgl. die verschiedenen Materialien in: BHStA/IV, MKr 2822, 13346, 13424; Brief aus München vom 7.6.1917: BSB, Schinnereriana. Zur ,Judenzählung': W.T. Angress, Das deutsche Militär und die Juden im Ersten Weltkrieg in: MGM 19.1976, S. 77-146. Damit soll weder die antisemitische Intention des preuß. K.M. noch die massive Verbreitung entsprechender Ressentiments im Offizierkorps bestritten werden. Für eine pauschalisierende Beurteilung der Mannschaftssoldaten reicht m.E. der gegenwärtige Forschungsstand jedoch nicht aus. Im übrigen beharrten zwei gewichtige Zeugen darauf, an der eigenen Person unter den Mannschaften keine antisemitischen Vorurteile verspürt zu haben. Vgl. Klemperer, Curriculum Vitae, S. 362; Löwith, S. 3. Mit Blick auf die folgende Argumentation sei hier angemerkt, daß der Vorwurf ökonomischer Bereicherung – der in der Heimat die maßgebliche Ursache für die Konjunktur des Antisemitismus war – an der Front immer unter dem Blickwinkel der Friedens- bzw. Annexionsfrage gesehen wurde. Dies bietet eine Erklärung dafür, warum unter den Soldaten nicht zwangsläufig die Gleichsetzung von Kriegsgewinnler und ,Jude' nachvollzogen wurde.

194 Vgl. Fricke, Lexikon, Bd. 2, S. 457-475.

> herab noch befördert. (...) Ich bin am dritten Mobilmachungstage als Landsturm-
> mann ins Feld gezogen, voller Ideale, getreu meiner Zugehörigkeit zum Deutschna-
> tionalen Verbande. Was ich jedoch im Laufe der Zeit von unseren Offizieren erfahren
> mußte, hat meinen Idealismus längst getötet. (...) Der Krieg wird nur als gutes
> Geschäft betrachtet, wovon jeder soviel wie möglich zu verdienen sucht."[195]

Auf scharfe und offene Ablehnung stieß bei den Soldaten die Position eines extremen Nationalismus. Diese Problematik wurde vor allem seit dem September 1917 virulent, als sich die Befürworter einer Fortsetzung des Krieges mit dem Ziel der Durchsetzung extrem annexionistischer Forderungen als Reaktion auf die Friedensresolution des Reichstages in der Deutschen Vaterlandspartei organisierten.[196] Den Gründungsaufruf des bayerischen Landesvereins der Partei hatten auch einige Zentrumsabgeordnete des Landtages unterschrieben.[197] Dies dürfte nicht dazu beigetragen haben, daß die bayerischen Soldaten in der Friedensfrage dem Zentrum großes Vertrauen schenkten.

Das entschiedene Eintreten der Vaterlandspartei für einen ‚Hindenburgfrieden' hatte einen polarisierenden Effekt, der die bei der Mobilisierung für die neue Partei erzielten Erfolge bei weitem übertraf. Die gegensätzlichen politischen Positionen in Bezug auf die Friedensziele hatten damit auch in der Wahrnehmung der Soldaten seit dem Herbst 1917 endgültig an Kontur gewonnen. Mit der auch von Landwirten geäußerten Ablehnung der Vaterlandspartei verband sich gemeinhin die Überzeugung, daß deren Vertreter, die ohnehin überwiegend ‚Reklamierte' und Vertreter kapitalistischer Interessen seien, bei einem Aufenthalt im Schützengraben ihre maßlosen Ziele rasch aufgeben würden. Ein Bauernsohn schrieb im April 1918 an Georg Heim:

> „Die größten Vaterlandsverräter sind die Vaterlandsparteiler. Die Anführer dieser
> Kerls gehören ins Zuchthaus. Sie verderben, mit ihren großschnautzigen Anforde-
> rungen, den Mut der Soldaten an der Front. Die Soldaten sind alle der Ansicht, daß
> nichts von unserm Vaterland wegkomme. Aber die Herrn des Geldes haben die
> Regierungen in der Hand in allen Ländern, diese machen Ansprüche, daß man nie
> in Verhandlungen kommen kann. Diese wollen Landvergrößerung, Entschädigung

195 Vgl. Lambach, passim, Zitat S. 59, Zahl S. 24. Der von Kocka, S. 105-112 beschriebene „Links-
    rutsch der Angestellten" findet somit auch an anderen Motiven ein Äquivalent bei den eingezogenen
    Angestellten; vgl. auch Bieber, S. 425-432. Ein Etappensoldat schrieb Anfang 1918: „Die Großen
    Deutschlands sind mehr unsere Feinde als der Franzmann, aber durch die Kleinen Uneinigkeit
    können sies [das Volk; B.Z.] jetzt auf die Schlachtbank führen." Postprüfungsoffizier bei Feldpost-
    station 46 4.2.1918 an Etappen-Inspektion 3 (Anlagen): SHStAD, Kriegsarchiv (P) 21133, Bl. 98.
196 Vgl. Fricke, Bd. 2, S. 391-403; Stegmann, Neo-Konservatismus, S. 215-223; Verhey, S. 413-427.
    Aufgrund neu erschlossener archivalischer Quellen kann Verhey die stark überhöhten Angaben
    über die Mitgliederzahl der Partei korrigieren und bezeichnet sie, gemessen an ihren Plänen zur
    Schaffung einer breiten Massenbasis, zu Recht als „decided failure"; ebd., S. 425f.
197 Der Fraktionsvorsitzende im Landtag, Heinrich Held, bezeichnete sie als überflüssig, allerdings
    nur deshalb, da ihre „berechtigten" Interessen bereits von den etablierten bürgerlichen Parteien
    wahrgenommen würden; vgl. Albrecht, S. 286-291.

und alles mögliche. Wenn diese Leute bloß 70 Pf. täglich hätten u. Granatsplitter fliegen sehen würden, wäre manches anders."[198]

Angesichts dieser Einstellung der Mannschaften mußte es darüber hinaus die Legitimität militärischer Herrschaft verringern, daß ein Teil der Offiziere der Vaterlandspartei beitrat.[199] Der Vertrauensmann für Aufklärungsarbeit im Ersatzbataillon eines Infanterie-Regiments bezeichnete als von den Mannschaften am häufigsten gestellte Fragen unter anderem:

„Warum wird den Offizieren nicht der Beitritt zur Vaterlandspartei verboten? (...) Wie lange dürfen die ‚Alldeutschen', die ja Interesse an einer Kriegsverlängerung haben, ihren Mund so voll nehmen?"[200]

Mit ähnlichen Schwierigkeiten hatte die evangelische Feldpredigt zu kämpfen, da sich auch viele Pfarrer der Vaterlandspartei angeschlossen hatten. Ihre zum Durchhalten auffordernden Feldpredigten stießen auf den Widerstand der Soldaten, denen „jeder Patriotismus des Worts und auch jeder Idealismus des Worts (...) ein Greuel" war.[201] Die lautstarke Propagierung weitgesteckter Annexionsziele durch nationalistische Gruppierungen mußte bei den Mannschaften, die im Glauben an die defensiven Absichten der deutschen Kriegführung in das Feld gezogen waren, das Vertrauen in die Notwendigkeit weiterer Anstrengungen zwangsläufig erschüttern.[202]

---

198 Brief von Michael Kitzelmann, 3. Batt./bayer. Ldst.-Fußart.-Batl., vom 21.4.1918 an Georg Heim: StaA Regensburg, NL Heim 1316; Heim antwortete am 30.4.1918 beschwichtigend, er sei nicht in der Vaterlandspartei, kenne aber viele der Mitglieder, und diese seien keine ‚Geldleute' und ‚Kriegsverlängerer': ebd.; vgl. den Brief des Landwirtes Otto Meßmer vom 12.2.1918 an seinen Bruder Albert Meßmer: BHStA/IV, MKr 2339. Allgemein: Kap. 3.2.3.; Bericht über „häufig wiederkehrende Fragen" des Vertrauensmannes Res.-Lazarett München H an den Chefarzt o.D. [November 1917]: ebd., stv. GK I. AK 2403; Briefe des Uffz. Karl Rehm vom 25.9.1917 und des Schützen Ludwig Schröder vom 13.10. und 25.11.1917: WUA, Bd. 5, S. 273, 274f., 276; Aussage Erhard Auer: Dolchstoß-Prozeß, S. 151; Briefauszüge zum Postüberwachungsbericht der 5. Armee vom 24.2.1918: BA/MA, W-10/50794, Bl. 51, 67f.; Cron, Transportarbeiter, S. 4, 6; Postprüfungsoffizier bei der Feldpoststation 46 an Etappen-Inspektion 3 (Anlagen): SHStAD, Kriegsarchiv (P) 21133, Bl. 98. Der Wunsch, sie mögen selbst einmal mit dem Graben Bekanntschaft machen, wurde auch gegenüber ‚rechten' Sozialdemokraten vertreten; vgl. Kruse, Krieg und nationale Integration, S. 185.

199 Diese Problematik bedürfte wie die Geschichte des Offizierkorps im Krieg insgesamt weiterer Forschung. Vgl. den Hinweis bei Deist, Militär und Innenpolitik, S. 1050, Anm. 7; bei den stv. komm. Generälen in Würzburg und München bestanden Sympathien für die Partei: Albrecht, S. 289. Anders als das preuß. K.M. stufte das K.M. die Vaterlandspartei als politischen Verein im Sinne des Paragraphen 49 des Reichs-Militär-Gesetzes ein, womit Militärpersonen der Beitritt untersagt war. Eine entsprechende Weisung an die stv. GK erging am 13.10.1917. Man beschränkte sich allerdings darauf, die politische Betätigung „innerhalb der Armee" zu untersagen; vgl. Deist, Militär und Innenpolitik, S. 1101, Anm. 4, sowie Dok. 416 (Zitat, Weisung des K.M. an die stv. GK vom 27.12.1917), S. 1117ff.

200 Vertrauensmann II. E./3.I.R. 1.12.1917 an Ers.-Btl.: BHStA/IV, stv. GK I. AK 2403; vgl. Michael Kitzelmann 8.10.1917 an Georg Heim: StaA Regensburg, NL Heim 1316.

201 Briefauszug eines protestantischen Feldgeistlichen aus Stuttgart vom Februar 1918: BSB, Schinnereriana; vgl. Stegmann, Neo-Konservatismus, S. 221.

202 Vgl. den am 25.9.1918 vom AOK 6 an das GK z.b.V. 55 übersandten Brief eines Leutnants, zit. bei Thimme, S. 205.

Insgesamt bot das Fronterlebnis bei den Soldaten somit keine Ansatzpunkte für eine verstärkte Akzeptanz nationalistischer Sinnstiftungsversuche und Deutungsmuster. Ebensowenig bewirkte der gemeinsame Kampf mit den Verbänden der übrigen Kontingente des Heeres bei den bayerischen Soldaten eine Vertiefung der nationalstaatlichen Integration.[203] Stattdessen entwickelten regionale Antagonismen eine zunehmende und von den Behörden nicht kontrollierbare Deutungsmacht bei den Mannschaften.

Unter Mannschaften verschiedener regionaler Herkunft machte allein der unterschiedliche Dialekt die gegenseitige Verständigung schwierig.[204] Bereits innerhalb der bayerischen Verbände war das Verhältnis von Soldaten aus der Rheinpfalz zu denjenigen aus Altbayern, Schwaben und Franken durch gegenseitiges Unverständnis belastet. Die Pfälzer wurden von den „eigentlichen Bayern" als ‚moralisch minderwertig' betrachtet, während sie selbst sich bei einem primär im rechtsrheinischen Bayern rekrutierten Truppenteil isoliert fühlten:

> „Sonst ist noch alles dasselbe hier, es ist halt nicht schön als Pfälzer Halbfranzose bei einem deutsch-bayrischen Regiment zu sein, wenn man sein Vaterland so gern hat, hier lernt man es hassen."[205]

Weitaus gravierender war allerdings der unter den bayerischen Soldaten verbreitete ‚Preußenhaß'. Ressentiments gegen Preußen waren in der Heimat seit 1916, in erheblichem Umfang dann ab 1917 zu einem unkontrollierbaren Faktor der Stimmung in der Zivilbevölkerung geworden. Von den darüber beunruhigten Behörden wurde eine Fülle von Ursachen für diese Entwicklung diskutiert und ausfindig gemacht. Preußische Bemühungen um die Zurückdrängung föderativer Strukturen des Reiches zog man dabei ebenso in Betracht wie die wirtschaftliche Benachteiligung Bayerns insbesondere in Ernährungsfragen und die gute Verpflegung norddeutscher Touristen in den Fremdenverkehrsorten im bayerischen Allgäu und in Oberbayern.[206] In diesem Zusammenhang ließ sich beobachten, daß es gerade die Erzählungen der Urlauber aus dem Feld waren, die verstärkend für den Preußenhaß in der Zivilbevölkerung wirkten.[207] Im August 1916 hielt ein Beobachter der Volksstimmung in der Gegend von Miesbach die dort herrschende Auffassung fest:

---

203 Diese These bei Landauer, Bavarian Problem, S. 98.

204 Vgl. Christoph Erhardt 30.10.1917 an seine Frau: BfZ, Slg. Knoch; Hans Saam 8.7.1916 an seinen Bruder Otto: Privatbesitz; Hug, S. 150; Richert, S. 99.

205 Brief des ledigen „Tagerers" Jakob Hoock aus Altrig (BA Ludwigshafen), Schütze beim MG-Zug des L.I.R. 1, vom 2.3.1916 an seine Mutter und Schwester: BHStA/IV, Militärgericht 6. Ldw.-Div. H 49. Vorheriges Zitat: Klemperer, Curriculum Vitae, S. 366f.

206 Vgl. Ay, S. 134-148; Albrecht, S. 232-235; zum letzten Punkt auch die Briefauszüge aus Füssen vom 7.8.1917 und aus Kaufbeuren vom 10.8.1917: BSB, Schinnereriana.

207 Vgl. „Stimmung zwischen Nord und Süd". Denkschrift, verfaßt vom K.M.-Pressereferat auf Befehl des Kriegsministers vom 23.6.1918: BHStA/II, MA 97566.

„Nach dem Krieg werden wir halt französisch werden, lieber aber schon noch als preußisch, das haben wir jetzt satt, das sagt jeder Soldat zu uns, der aus dem Feld kommt."[208]

An der Front lieferten Gerüchte über die Benachteiligung bayerischer Einheiten durch preußische Truppenteile den Anlaß für den dort grassierenden Preußenhaß. „Eifersüchteleien und Neckereien" gab es 1915 auch zwischen verschiedenen Einheiten innerhalb der bayerischen Armee und anläßlich der Verlegung von Truppenteilen der Ostfront in den Westen, da diese sich den dort stationierten Einheiten überlegen fühlten.[209] Bereits im Juni 1916 traten die Militärbehörden dann unter den Mannschaften verbreiteten Gerüchten über eine „Mißstimmung" zwischen den Truppen der verschiedenen Kontingente entgegen.[210] In der Folgezeit kam es wiederholt sogar zu Schlägereien zwischen Soldaten bayerischer und preußischer Truppenteile im Feld.[211] Aber auch zwischen deutschen und österreichischen Truppen, deren Wert von den deutschen Soldaten ausgesprochen gering eingeschätzt wurde, entwickelten sich gewalttätige Zusammenstöße.[212]

Bayerische Soldaten hatten vereinzelt bereits frühzeitig notiert, daß preußische Soldaten die Erfolge eigener Anstrengungen stets für sich beanspruchen würden.[213] Seit Ende 1915 war bei ihnen dann allgemein die Auffassung verbreitet, daß bayerische Einheiten von preußischen Befehlsstellen im Feld wiederholt dazu benützt würden, um für preußische Truppenteile besonders gefährdete Frontabschnitte zu halten oder schwierige Angriffsunternehmungen durchzuführen. Die von Frontsoldaten in der Heimat verbreitete Auffassung, daß sie „die Kastanien für Preußen aus dem Feuer" holen müßten, fand insbesondere in Gerüchten über Verlustzahlen bayerischer Einheiten seinen Niederschlag, die das bei preußischen Truppen übliche Maß weit überstiegen.[214]

208 Bericht von Karl Alexander v. Müller vom 31.8.1916 aus der Gegend um Miesbach: BHStA/IV, MKr 2335. Vgl. z.B. Pfarramt Wald a.d. Alz 10.6.1916 an Ord. Passau: ABP, DekA II, Burghausen 12/I; Pfarramt Holzkirchen 16.7.1916 an dass.: ebd., DekA II, Fürstenzell 12/I; Stimmungsbericht aus dem Westallgäu, von Michael Meßmer am 22.10.1918 an den Presserefrenten des K.M. übersandt: BHStA/IV, MKr 2346; ders. 3.9.1918 an das K.M.: ebd., MKr 2345.

209 Vgl. GK I. bayer. AK 27.2.1915 an 1. und 2. Inf.-Div: BHStA/IV, 2. Inf.-Div. Bund 97; Frauenholz, Rupprecht, Bd. I, S. 399f. (23.10.1915).

210 Verfügung des stv. GK I. AK vom 9.6.1916: Ulrich/Ziemann, Frontalltag, Dok. 18 d., S. 76.

211 Vertrauensmann E./20. I.R. 24.8.1918 an Ers.-Btl.: BHStA/IV, stv. GK I. AK 1980; Bericht von Michael Melchner vom 20.6.1916 an das K.M.: ebd., MKr 2330; ebd., Militärgericht 6. Ldw.-Div. A 9; Werth, S. 166f.; Heß, S. 156f.

212 Vgl. den Brief eines deutschen Soldaten aus Villach (Kärnten) vom März 1918 [o.D.]: BSB, Schinnereriana; zur Einschätzung den Auszug aus dem Wochenbericht der Postüberwachungshilfsstelle Deutsche Feldpost 396 vom 28.6.1918 für die 5. Inf.-Div: BHStA/IV, 5. Inf.-Div. Bund 96; Briefauszug zum Postüberwachungsbericht der 5. Armee vom 31.8.1918: BA/MA, W-10/50794, Bl. 81; WUA, Bd. 5, S. 332; Vertrauensmann E./L.I.R. 1. 23.5.1918 an Ers.-Btl.: BHStA/IV, stv. GK I. AK 2409 (Im Sommer 1918 setzte die OHL an der Westfront einige österreichische Divisionen ein).

213 Vgl. Matthias Meier 16.10.1914 an seine Eltern (Abschrift): AEM, Kriegschronik Altenerding B 1837.

214 Zitat: Anonyme Eingabe „alle(r) Bauersleute" aus Unterfranken vom 4.6.1916 an König Ludwig

In der Schlußphase des Krieges schimpften allerdings neben bayerischen und badischen Truppen auch Rheinländer, Hannoveraner, Hessen und sogar Schlesier auf die ‚Preußen'.[215] Diese Tatsache weist darauf hin, daß dem ‚Preußenhaß' der bayerischen Soldaten eine Bedeutung zukam, die allein durch die Reaktivierung partikularistischer Identifikationsmuster oder die Wahrnehmung vermeintlicher Ungerechtigkeiten nicht hinreichend erklärt ist. Die Artikulation antipreußischer Ressentiments besaß vielmehr die Funktion, ein populäres Deutungsmuster bereitzustellen, in dessen Rahmen die Ursachen für die aus Sicht der Mannschaften zunehmend sinnlose Fortführung des Krieges schlagwortartig auf einen Begriff gebracht werden konnten. Unter den bayerischen Soldaten stießen die ‚Preußen' vornehmlich deshalb auf Ablehnung, weil sie in der von preußischen Machtinteressen dominierten deutschen Politik einen wichtigen Grund für die Verlängerung des Krieges sahen.[216] Ein Überwachungsreisender notierte im August 1917 über ein während der Eisenbahnfahrt geführtes Gespräch unter Soldaten und einem Unteroffizier:

> „Die Soldaten wünschten hauptsächlich ein baldiges Kriegsende herbei und erwähnten, daß auch Deutschland an der Verlängerung des Krieges mit Schuld sei. Deutschland hätte sich einen gewissen Plan gesetzt, und diesen wolle es auch durchführen. Solange Bayern bei Preußen sei, gäbe es Krieg, denn noch bei jedem Krieg seien die Preußen mit ihrer großen Schnauze beteiligt gewesen."[217]

Als Erklärungsansatz für die Verortung kriegstreiberischer politischer Interessen stand der Verweis auf ‚die Preußen' in keinem Zusammenhang mit einer politischen Programmatik, sondern zielte eher auf eine Deformation des Charakters und blieb damit weitgehend diffus.

Allerdings verband sich diese Vorstellung in der zweiten Kriegshälfte bei einer zunehmenden Zahl von Soldaten mit Interpretationsmustern des Krieges, die diesen primär von den Interessen gesellschaftlich einflußreicher Gruppen gelenkt sahen. Diese Entwicklung sorgte für eine steigende Akzeptanz von kriegskritischen Argumenten, die von der sozialdemokratischen Parteiminderheit und den in der Spartakusgruppe organisierten radikalen Linken vertreten wurden. Damit war eine Abwendung von traditionellen politischen Loyalitäten verbunden, die auch bei bisher üblicherweise dem Zentrum verbundenen Soldaten ländlicher Herkunft aus

III.: BHStA/II, MA 97566. Vgl. Kriegsminister v. Hellingrath 23.2.1917 an Hertling: BHStA/II, MK 19288; Klemperer, Curriculum Vitae, S. 366; Mathias Huber 18.1.1915 an seine Eltern (Abschrift): AEM, Kriegschronik Altenerding B 1837; Albrecht, S. 125, 213.

215 Postüberwachungsbericht der 5. Armee vom 31.8.1918: BA/MA, W-10/50794, Bl. 79; vgl. Thimme, S. 181; K.-P. Müller, Politik und Gesellschaft im Krieg. Der Legitimitätsverlust des badischen Staates 1914-1918, Stuttgart 1988, S. 248ff.; J.B. 3.11.1918 an L.M. in Ober-Gleen (Hessen): BfZ, Slg. Schüling, Bd. 7, Nr. 139.

216 Vgl. „Stimmung zwischen Nord und Süd". Denkschrift, verfaßt vom K.M.-Pressereferat auf Befehl des Kriegsministers vom 23.6.1918: BHStA/II, MA 97566.

217 Bericht der Zentralpolizeistelle Bayern vom 10.8.1917 an das K.M. über die Eisenbahnüberwachung: BHStA/IV, MKr 11484; vgl. das Schreiben von Helene Wendtlandt vom 9.8.1918 an den preuß. Kriegsminister: ebd., MKr 2345; Ludendorff, Kriegserinnerungen, S. 518.

Bayern zu beobachten war und damit als weitreichender Einstellungswandel besondere Beachtung fand. Die im Feld befindlichen Mitglieder des Sekretariats Sozialer Studentenarbeit, die eine von den Mannschaften ausgehende allgemeine „rote Hochflut" als Folge des Krieges bereits um die Jahreswende 1915/16 prophezeiten, berichteten:

> „In Sonderheit ließ sich bei den bayerischen Bauern und Industriearbeitern ein Ruck nach links infolge des Krieges feststellen. Demnach muß das in einem bayerischen Truppenteil mit Erfolg angewendete Mittel, den ärgsten Schreiern durch Dekorationen den Mund zu stopfen, auf die Dauer versagt haben."[218]

Den Ausgangspunkt für diesen ab 1916 erkennbaren Einstellungswandel bildete neben den Kriegsgewinnen der industriellen Großunternehmen die Kriegszieldiskussion. Im Frühjahr 1915 hatten die führenden industriellen Interessenverbände erstmals massiv ihre Kriegsziele in einer Eingabe an den Reichstag präsentiert. Die zunehmend intensivere Propagierung weitgesteckter Kriegszielforderungen, in gegenüber den Industriellen etwas gemäßigterer Form auch vom Reichskanzler Bethmann-Hollweg öffentlich im Reichstag vertreten, mündete schließlich im November 1916 in die völlige Freigabe von Kriegszielerörterungen in der Presse.[219] Die deutlich erkennbare unternehmerisch-großindustrielle „Klassenbasis" annexionistischer Forderungen nährte in der Heimat unter der zivilen Arbeiterschaft und darüber hinaus die Überzeugung, der Krieg werde nur noch im Interesse der „Reichen und Mächtigen" fortgeführt.[220]

Auffassungen dieser Art waren auch an der Front verbreitet, was deutlich werden läßt, daß im Hinblick auf die Interpretation des Kriegsverlaufs zwischen den Zivilisten und den Mannschaften in der Armee in vielen Punkten Übereinstimmung herrschte. Ressentiments gegen das kapitalistische System und der Gedanke, daß der Krieg nur aufgrund der Interessen des „Kapital(s)" andauere, waren zunächst vor allem bei Soldaten aus der Arbeiterschaft verbreitet.[221] Auch die bäuerlichen Soldaten kamen bald zu der Überzeugung, daß diejenigen Gruppen der Gesellschaft den Krieg ausgelöst und forciert haben mußten, die sich während seiner Dauer bereichern konnten. Ein Landwirt formulierte diesen Gedanken im Juli 1915 in einem Brief an seine Schwägerin so:

> „Denn diejenigen, die dieses Elend in die Welt beschworen haben, denen kommt es nicht auf den letzten Mann an. Die füllen sich die Taschen, daß sie nicht mehr wissen, wohin sie's zuletzt thun sollen. Da hört keiner eine Kugel pfeifen, und der arme Tropf muß sich für diese erschießen lassen. Eine ungerechtere Sache, als es dieser Krieg ist, ist gar nicht mehr zu erdenken. (...) Ich meine, uns könnte es gleich sein, ob unser Vaterland so groß oder halb so groß wäre, und bezahlen müssen wir, ob wir gewinnen oder verlieren, daß es schrecklich ist."[222]

218 Cron, Sekretariat, S. 21 (zweites Zitat), 46f. (erstes Zitat).
219 Vgl. F. Fischer, Griff nach der Weltmacht, Düsseldorf 1984, S. 132-207; Deist, Zensur, S. 158.
220 Vgl. Kocka, S. 67ff., Zitat S. 69.
221 Vgl. Cron, Studiendienst, S. 50, 52; ders., Sekretariat, S. 35, 38; ders., Transportarbeiter, S. 3.
222 Johann Bätz 7.7.1915 an seine Schwägerin Katharina Schimmer: BHStA/IV, Amtsbibliothek

Eine derartige, sich bald zu den Vorwürfen gegen die ‚Großkapitalisten' konkretisierende Idee traf auf breite Zustimmung unter den Mannschaften und würde auch von vielen Soldaten ländlicher Herkunft geteilt. Aufgrund des öfteren gemachter eigener Beobachtungen und Berichten aus seiner Organisation stellte der Generalsekretär des bayerischen christlichen Bauernvereins, Sebastian Schlittenbauer, im Juni 1916 fest, daß die Bevölkerung auf dem Lande in den Wirtshäusern von Urlaubern „direkt verhetzt" werde. Die Soldaten stellten der heimischen Zivilbevölkerung dabei den „Krieg als ein(en) Kampf für die Großkapitalisten" hin.[223] Frontsoldaten verbreiteten diese Auffassung auch in Feldpostbriefen.[224] Die Postüberwachungsstellen stellten fest, daß „die Ansicht, der Krieg werde nur noch im Interesse unserer Großkapitalisten fortgesetzt, im Heere weit verbreitet zu sein scheint". Kritische Bemerkungen über die „Kapitalisten", „Großköpfe" und den „Wucher" waren in Feldpostbriefen „an der Tagesordnung".[225]

Die oppositionelle Minderheit innerhalb der SPD und die sich später im Spartakusbund zusammenfindenden Linksradikalen hatten mit seit dem Frühjahr 1915 zunehmender Beharrlichkeit in der Öffentlichkeit die deutsche Kriegführung als einen von kapitalistischen Interessen dominierten „Eroberungskrieg" analysiert.[226] Bei den Militärbehörden herrschte die Besorgnis, daß derartige Anschauungen durch eine zielgerichtete Propaganda unter den Truppen verbreitet würden. Vornehmlich nach der Konstituierung der USPD und den von ihr mitgetragenen

---

9584. Vgl. Pfarramt Triftern 13.9.1915 an Ord. Passau: ABP, DekA II, Pfarrkirchen 12/I.

223 Sebastian Schlittenbauer 5.6.1916 an Michael Melchner, den Direktor des oberbayerischen christlichen Bauernvereins: BHStA/II, MInn 66327. Vgl. das daraufhin vom K.M. am 10.6.1916 an die stv. kommandierenden Generale gesandte Schreiben, in dem dazu aufgefordert wurde, derartigen Auffassungen entgegenzutreten: BHStA/IV, stv. GK I. AK 589. Pfarramt Triftern 13.9.1915 an Ord. Passau: ABP, DekA II, Pfarrkirchen 12/I.

224 Der Schreiner Franz Xaver Wimmer der bayer. Sanitäts-Kompanie 2 schrieb am 21.6.1918 seinem Bruder Matthias in Aichach: „Habe den Brief erhalten hin halt wieder bei diesem übernatürlichen Riesenschwindl. Als Sklave der Großkapitalisten. Mir geht es soweit ganz gut. Aber leider das Essen viel zu wenig und schlecht. Wie es halt üeral ist von den Offizieren wird dem Hanes alles abgestohlen." Der Brief wurde bei der Postüberwachung moniert, Wimmer wegen Beleidigung von Offizieren zu einem Jahr Gefängnis verurteilt: BHStA/IV, MilGer 6488; vgl. WUA, Bd. 5, S. 276.

225 Erstes Zitat: Bericht der Postüberwachungsstelle 40, Deutsche Feldpost 402, vom 25.8.1917 (Abschrift), über die Prüfung der Post von zehn Infanterie-Divisionen, u.a. der 6. Inf.-Div.: BHStA/IV, 6. Inf.-Div. Bund 81. Zweites Zitat: Auszug aus dem Wochenbericht der Postüberwachungsstelle Deutsche Feldpost 396 für die 5. Inf.-Div. vom 26.6.1918: ebd., 5. Inf.-Div. Bund 96; vgl. Frauenholz, Rupprecht, Bd. 2, S. 430 (3.8.1918); für das Besatzungsheer vgl. Vertrauensmänner II. E./20.I.R. 28.9.1917 an Ers.-Btl.: ebd., stv. GK I. AK 2401; Res.-Lazarett München P 2.12.1917 an Chefarzt: ebd., stv. GK I. AK 2403; I. E./12. I.R. 27.12.1917 an Ers.-Btl.: ebd., stv. GK I. AK 2404; E./Ldst.-Btl. I B 18 23.3.1918 an Ers.-Btl.: ebd., stv. GK I. AK 2407. Für das Echo in der Zivilbevölkerung vgl. Gendarmerie-Station Triftern 31.1.1918 an BA Pfarrkirchen: StAL, Rep. 164/14, 8724.

226 Vgl. Kruse, Krieg und nationale Integration, S. 208-214; Boll, v.a. S. 133, 142f. Das Zitat entstammt dem bekannten Aufruf „Das Gebot der Stunde" von Bernstein, Haase und Kautsky vom 19.6.1915, mit dem die Opposition erstmals gezielt an die Öffentlichkeit trat; zit. nach Bihl, S. 118-121.

Streikbewegungen in Berlin und Sachsen im April 1917 griffen sie zu Maßnahmen wie einer verschärften Postkontrolle und der Durchsuchung von an die Front zurückkehrenden Urlaubern, um die Verbreitung von linksradikalen Flugschriften im Feldheer zu verhindern.[227] Die bayerischen Ersatztruppenteile wurden 1918 angewiesen, bei Versetzungen und Abstellungen den neuen Truppenteil auf als „Anhänger" der USPD festgestellte Soldaten mit gesondertem Schreiben hinzuweisen, um ihre Verwendung in „Vertrauensstellungen" zu verhindern.[228]

Nach dem Krieg gehörte die Behauptung einer gezielten revolutionären Beeinflussung der Soldaten durch die USPD zum Kern des ‚Dolchstoß'-Vorwurfes.[229] Der Umfang solcher Aktivitäten wurde dabei zweifelsohne enorm übertrieben, und zuverlässige Belege für eine etwaige direkte Wirkung liegen nicht vor.[230] Zeitgenössische Beobachter wie Sebastian Schlittenbauer beharrten dagegen darauf, daß derartige Interpretationsmuster vornehmlich „durch eine mündliche Agitation systematisch" verbreitet würden.[231] Diese These kommt der Realität näher, da eingezogene sozialdemokratisch oder gewerkschaftlich organisierte Arbeiter bemüht waren, den übrigen Soldaten ihre Ansichten näher zu bringen. Grenzen setzte dabei allerdings das Mißtrauen der Vorgesetzten, die ihnen als Sozialdemokraten bekannte Soldaten argwöhnisch überwachten.[232] Die Mitglieder des evangelischen „Deutschen Studentendienstes" stellten fest, daß einzelne „Hetzer (...) im Schüt-

---

227 Vgl. das Schreiben des preuß. K.M. vom 12.5.1917 an die OHL: Deist, Militär und Innenpolitik, Dok. 295, S. 747, sowie die daraufhin ergangene Verfügung der OHL vom 24.5.1917 an die höheren Kommandobehörden im Feld: Kästner, Dok. 1, S. 23; WUA, Bd. 11/1, S. 356ff.

228 K.M. 4.5.1918 an die stv. GK: BHStA/IV, stv. GK I. AK 593. Anders als bei der Vaterlandspartei verlangten die Militärbehörden auch, den Besuch von Parteiveranstaltungen der USPD durch Soldaten generell zu verbieten und zu ahnden; stv. GK I. AK 27.2.1918 an die Ersatztruppenteile: ebd.; preuß. K.M. 12.11.1917 an die Militärbefehlshaber: Deist, Militär und Innenpolitik, Dok. 408, S. 1097f.

229 Dies war u.a. der Gegenstand des Dolchstoß-Prozesses in München 1925, der sich an entsprechenden Vorwürfen in zwei Heften der Süddeutschen Monatshefte entzündet hatte. Seriöse Belege für eine umfangreiche Propaganda der USPD wurden im Prozeß nicht vorgelegt. Vgl. Beckmann, Der Dolchstoß-Prozeß; Dolchstoß-Prozeß, passim. Eine vergleichsweise seriöse Behandlung der Thematik bei Volkmann, S. 160, 194.

230 Der einschlägige Aktenband über „revolutionäre Propaganda" des Kriegsministeriums enthält an Einzelfallberichten vornehmlich Meldungen über die Verbreitung des französischen Propagandaflugblattes „Bayern! Landsleute!", das 1918 zur Vertiefung antipreußischer Ressentiments unter den bayerischen Truppen abgeworfen wurde: BHStA/IV, MKr 11486; Abbildung in: K. Kirchner u.a., Bayern und der Frieden. Kriegsflugblätter in Bayern, Erlangen 1983, S. 57. Vgl. auch Thimme, S. 182.

231 Sebastian Schlittenbauer 5.6.1916 an Michael Melchner: BHStA/II, MInn 66327; vgl. MK 22.10.1917 an K.M.: BHStA/IV, MKr 2335. Ein Dorfpfarrer machte dagegen eher die unsystematische Beeinflussung durch ‚schlechte Elemente' in der Garnison dafür verantwortlich, daß „brave, christliche" Männer zu „Krakehler(n) und Sozialdemokraten" würden; Pfarramt Mehring 13.6.1916 an Ord. Passau: ABP, DekA II, Burghausen 12/I.

232 Wilhelm Platta 19.5.1915 aus Galizien und B. Meier, preuß. 1. Ldw.-Div., am 5.11.1915 aus dem Osten an den Verband der Bergarbeiter Deutschlands: BAP, 92, 271, Bl. 196, 159. Vgl. Robert Pöhland 11.9.1915 an seine Frau: Kachulle, S. 37ff.; Emmerich, Proletarische Lebensläufe, Bd. 2, S. 106f. (Erinnerungen von Otto Buchwitz).

zengraben von Mann zu Mann weitersagen: Wir kämpfen für das Kapital, und so oft wird das vorgeplappert, bis es sich im Gehirn des einfachen Mannes festgesetzt hat.["233]

Wenngleich Diskussionen zwischen den Soldaten zur Verbreitung der Vorstellung beigetragen haben, der Krieg diene vornehmlich kapitalistischen Interessen, so fanden Ansichten dieser Art bereits in der Wahrnehmung der eigenen Lebensumstände und jener der Angehörigen in der Heimat hinreichend Nahrung. Eine Reihe von Feldpostbriefen läßt dies klar erkennen. Zugleich wird bei ihrer Lektüre deutlich, daß die schlagwortartige Übernahme einzelner Interpretamente der sozialdemokratischen Minderheit oder der Spartakusgruppe keineswegs gleichbedeutend war mit einer auch nur ansatzweise gezielten Auseinandersetzung mit der politischen Programmatik dieser Gruppierungen. Dagegen spricht bereits die Tatsache, daß Karl Liebknecht, Symbolfigur der Spartakusgruppe, die solche Interpretationen am deutlichsten vertrat, im Feld neben vereinzelter Zustimmung auf entschiedene Ablehnung stieß. Karl Kautsky urteilte im Sommer 1916, daß Liebknecht unter den Soldaten – wenn überhaupt – nicht wegen „seiner besonderen Politik" populär sei, sondern deshalb, weil er „für das Ende des Krieges wirbt".[234] Ohnehin war auch bei in der Sozialdemokratie organisierten Soldaten zu beobachten, daß sie „zum guten Teil keine Ahnung von den Grundbestrebungen ihrer Partei besaßen und ihre Zugehörigkeit nur mit Mißständen wirtschaftlicher und politischer Art begründen konnten."[235]

Wie ein Kriegsfreiwilliger und Sohn sozialdemokratischer Eltern im Herbst 1915 feststellte, war die „Hinwendung der Soldaten zur Sozialdemokratie (...) im wesentlichen negativ" motiviert und bestand primär aus einer „Wut auf die gesamte verrottete bürgerliche Gesellschaft".[236] Mit dieser ‚Wut' verbanden sich über die Friedenssehnsucht hinaus keine klar definierten politischen Fortschritts- oder Sozialisierungsziele, denen gerade bei Landwirten ohnehin wohl kaum eine Überzeugungskraft zukommen konnte. Vielmehr speiste sie sich aus einem verbreiteten Gefühl der Abhängigkeit und der Ohnmacht gegenüber dem Krieg und seinen Folgen.

Eine Reihe verschiedener Wahrnehmungen und Deutungen bildete dabei die Ursache für die Ablehnung der ‚Großkapitalisten' unter den Mannschaften. Offensichtlich schien ihnen zunächst, daß ein unter der Bevölkerung an der Front und

---

233 Cron, Studentendienst, S. 50.
234 Zit. nach Kruse, Klassenheer, S. 539. Zustimmung: Georg Heim 17.2.1916 an das K.M., abgedruckt in: Dolchstoßprozeß, S. 145f.; Deist, Militär und Innenpolitik, S. 300, Anm. 4; Witkop, S. 163. Ablehnung: Cron, Sekretariat, S. 45; vgl. ferner, trotz seines parteilichen Standpunktes, die von Erhard Auer in der Sitzung des Parteiausschusses vom 8.1.1916 aufgrund eigener Beobachtungen im Feld gemachte Aussage: Dowe, Bd. I, S. 258. Bei den zustimmenden Äußerungen sollte zudem bedacht werden, daß sie mehrheitlich in die Zeit vor der Umorientierung des MSPD-Friedenskonzeption im Frühjahr 1917 fallen.
235 Cron, Sekretariat, S. 19f.
236 Otto Braun 12.9.1915 an seine Eltern; zit. nach WUA, Bd. 11/1, S. 345.

in der Heimat allgemein verbreiteter Friedenswunsch nicht erfüllt wurde. Dafür machten die Soldaten die ‚Großen' oder ‚Herren' verantwortlich, was sowohl die Regierungen in Reich und Bundesstaaten als auch die herrschenden Eliten der ‚oberen Zehntausend'[237] meinen konnte:

> „Alles schimpft doch auf den Krieg, doch was stört dies die regierenden Häupter?"[238]

Dieser Widerspruch zwischen den Zielen der einfachen Bevölkerung und jenen der Mächtigen führte den Mannschaftssoldaten ihre Einflußlosigkeit und die Unterdrückung freier Meinungsäußerungen als generelle Wesensmerkmale des Militärdienstes besonders schmerzlich vor Augen:

> „Nur eins wäre für mich noch die Rettung, der Krieg nimmt dies Jahr noch sein Ende und man könnte einmal frei sprechen, denn solange man die Sklavenkleider anhat, darf man die Wahrheit nicht sprechen, zwar weiß es ja schon ein jeder, der auch nicht Soldat ist, wie man gedrückt wird, aber der Krieg hat ein jeden zum Sozialdemokraten gemacht."[239]

Darüber hinaus nährten vor allem die sich rapide verschlechternden Lebensverhältnisse an der Front und bei den Angehörigen in der Heimat unter den Soldaten die Gewißheit, daß der Krieg allein für die wenigen Kriegsgewinnler von Nutzen sei. Wie der folgende Brief eines Landsturmmannes und verheirateten Korbmachers aus dem ländlichen Schwaben an seine Frau vom November 1916 eindringlich deutlich macht, waren die Wahrnehmung der individuellen Lebenslage und die schlagwortartige Analyse gesamtgesellschaftlicher Entwicklungstendenzen dabei untrennbar miteinander verknüpft:

> „Was wirst du vier ein Elend haben wen du diesen Monat in das [Wochen-] Bett kombst u. ich bin nicht bei dir keine Hielfe als die Kinder. Und der Teufels Schwindel wird nicht gar ich weis mir bald keinen Rad mehr was ich anfang von lauter studiren mit dir Liebe Frau Rosina. Da schreiben die Hurn Bande imer herein dir wird so geholfen u. bekombst so viel die Schwindelnazion (...).
> Liebe Frau es kan gehen wie es wil ich hab sat Ich bin Etliche Tag länger bei dir geblieben u. jezt habe ich zwei Monat Gefängnis bekomen. Es ist kleich Liebe Frau Rosina ich weis meine gedanken. Ich hab es Ihnen schon gesagt in der Verhandlung Ich wil entlasen sein ich wil nichts mehr wissen von den Elent. Das wär der Lohn vier die Jahre wo man die Groskapaliesten ihre Sachen Schützt die solens ihnen selbst Schützen u. nicht solche die in der Welt drausend ihr Fortkomen Suchen müssen ich habe nichts von ihnen u. wil auch nichts als zu dir heim jezt ist es über zwei Jahr

---

237 Vgl. Briefauszug zum Postüberwachungsbericht der 5. Armee vom 10.1.1918: BA/MA, W-10/50794, Bl. 38; Vertrauensmann Reservelazarett München H über „häufig wiederkehrende Fragen" November 1917 [o.D.] an den Chefarzt: BHStA/IV, stv. GK I. AK 2403; Otto Saam 11.1.1918 an seine Eltern und Geschwister: Privatbesitz.

238 Briefauszug eines Frontsoldaten vom September 1917: BSB, Schinnereriana; vgl. ebd. den Brief eines deutschen Soldaten aus Villach (Kärnten) vom März 1918 [o.D.]: „Ich hoffe, daß es jetzt bald Frieden gibt, denn meiner Meinung nach wäre es bald Zeit. Sie können aber auch von mir aus noch weiter machen, bis sie auch recht genug bekommen, die Großen natürlich."

239 Briefauszug zum Postüberwachungsbericht der 5. Armee vom 31.8.1918: BA/MA, W-10/50794, Bl. 89.

das du u. die Kinder Not u. Elent habt u. ich selbst. Ich hab nichts zum Verteidigen jezt wil ich hinaus ich wil mir meine Sachen selbst Verdienen ich brauche nichts von ihnen als Hunger u. Not zu fressen gebens uns auch nichts mehr als Kolasch aber das sind nur Kartofel u. das andre Fresen die wo hinter uns sind. Die tragen Schädel rum das es nicht mehr schön ist u. haben ihren Groser gehalt dazu Liebe Frau du kanst es dir nicht denken wie schlecht es uns geht es wird ale Tag schlechter für beser. Darin ist es das gleiche wie drausend hast es schon gesehen in Kempten die Grosen die haben heisen Fleisch zu Fresen das kein Hirt übersprüngen kan. Und darin ist das Kleiche. Liebe Frau ich kan dir blos miteilen das diejenigen in der Gefangenschaft viel beser haben als wier. Da heist es was der im Feld zum Anspruch hat ja dopelte Minarsch u. nichts zu fressen wie Kartofel u. Kraut. Wegs den ist es so die haben Grosen gehalt u. beser zu Esen damit sie die Manschaften dum machen. Aber das ist Rum es kents jeder das Schwindel ist. (...) Viele von ihnen sind Reich geworden [durch; B.Z.] den Krieg u. da sind noch viele da die noch Reich werden wohlen u. das sind die wo wier für ihnen da sein müssen aber ich habe Sat die Solen in die Schützenkräben selbst hünein u. nicht die Armen fier ihnen. Das hört man in jeder Vront u. jeder sagd es das der Krieg nur blos für diese Groskabaliesten ist das diesen ihre Sachen nicht kabut sind u. diese sind Schuld das es solange dauert u. sonzt nimant. Weil sie den Nutzen haben davon. Diese bekomen Teuherungs zulag drausend wie herin u. die Armen Weiber mit ihre Kinder bekomen blos die par Mark warum das. Wen es einen Hergott gibt dan häte er es schon längst geregelt aber es gibt keinen das kan man sich denken."[240]

Für diesen Briefschreiber bedurfte es offensichtlich keiner parteipolitischen Propaganda, um zu erkennen, daß die Vertreter der herrschenden Ordnung im Feld die ‚Mannschaften dumm machen' wollten.[241] Dieser und ähnliche Feldpostbriefe belegen zudem, daß die enge emotionale Verbindung der Soldaten mit ihren Angehörigen einer Politisierung des Gegensatzes zu den gesellschaftlichen Eliten eher entgegenwirkte, anstatt sie zu befördern. Die ‚Jammerbriefe' der Ehefrauen lösten keine Reflexionen über mögliche Zielvorstellungen einer gerechteren Gesellschaftsordnung aus. Im Zusammenwirken mit dem verbreiteten Heimweh bestärkten sie vielmehr das Verlangen der Soldaten danach, mit der Heimkehr die Arbeit

---

240 Brief von Peter Hammerer 1./L.I.R. 12, geb. 1878, aus Markt Wertach, sechs Kinder, vom 3.11.1916 an seine Frau Rosina in Haslach bei Kempten (Allgäu): BHStA/IV, Militärgericht 6. Ldw.-Div. H 5. Hammerer hatte den Urlaub um sechs Tage überschritten, nach seiner Aussage, um durch die Arbeit als Korbflechter die materielle Not seiner Frau zu lindern. Die Bestrafung erfolgte durch zwei Monate Gefängnis, deren Aussetzung u.a. aufgrund dieses Briefes am 7.11.1916 durch das L.I.R. 12 abgelehnt wurde: ebd. Bereits im März 1916 wurde gegen Hammerer ermittelt, da die Briefe an seine Frau, in denen er die „Privatiere und Millionähre" für den „Schwindel" verantwortlich machte, teilweise eine „vaterlandsfeindliche Gesinnung" zeigen würden; Tatbericht des Hauptmanns Bauerschmidt 1./L.I.R. 12 vom 28.3.1916. Dieses Verfahren wurde nach einem Gutachten des Bataillonsarztes vom 21.4.1916, das Hammerer als „minderwertiges, willensschwaches, leicht reizbares" und daher unzurechnungsfähiges „Individuum" charakterisierte, eingestellt: ebd., Militärgericht 6. Ldw.-Div. H 5a.
241 Dies gilt ebenso für die gegenerische Propaganda. Postüberwachungsstellen, die vereinzelt Analysen über sprachliche Ähnlichkeiten zwischen alliierten Propagandaflugblättern und Soldatenbriefen anfertigten, stellten fest, daß die Wirkung von Schlagworten wie „Junker, Kapitalist, Agrarier, Alldeutsche" gerade auf ihrer Anpassung an die in der „Soldatensprache geläufigen Ausdrücke" beruhte: Thimme, S. 177f.

am eigenen ,Fortkommen', dem individuellen Lebensentwurf und der dafür notwendigen materiellen Grundlage fortsetzen zu können.[242]

Im Zusammenhang damit ließ die tendenzielle Zerstörung der wirtschaftlichen Subsistenzgrundlagen breiter Bevölkerungskreise im Verlauf des Krieges ein weiteres Deutungsmuster hervortreten, das von einer Feldpostprüfstelle als „erstaunlich" qualifiziert wurde. Demnach sei der Krieg nur deshalb „angestiftet" worden, um die arbeitende Bevölkerung „auszurotten".[243] Den großen Verlusten unter den Soldaten aus dem ,Volk' kam in dieser Sicht für die Machtausübung der Eliten eine funktionale Bedeutung zu, da eine mögliche Gegenwehr der Beherrschten durch ihre Dezimierung verhindert würde.[244] In dieser Vorstellung kommt die ausgesprochen starke Ohnmachtserfahrung zum Ausdruck, welche die Mannschaften angesichts der gesellschaftlichen Entwicklungen des Krieges empfanden. Dieser forcierte ihrer Meinung nach nicht nur die soziale Ungleichheit, sondern schaltete zugleich durch das andauernde Massensterben an den Fronten möglichen Widerstand dagegen aus.

Mit dem Vorwurf gegen die ,Großkapitalisten' verbanden sich insgesamt also ausgesprochen pessimistische Beurteilungen des Krieges und seiner sozialen Folgen, die eine gewisse Affinität zu Analysen der sozialdemokratischen Minderheit aufwiesen, diesen allerdings programmatisch nicht nahestanden.[245] Eine positive „Hinwendung" zu den „gesellschaftsverändernden Zielsetzungen" der Sozialdemokratie war damit jedoch nicht verbunden.[246] Für Soldaten ländlicher Herkunft war die sozialdemokratische Programmatik, und zwar die der MSPD, allein in der Friedensfrage attraktiv, wie sich 1917 zeigen sollte.

---

242 Vgl. die Briefauszüge zu den Postüberwachungsberichten der 5. Armee vom 31.8.1918 und 28.9.1918: BA/MA, W-10/50794, Bl. 80, 90, 103. Der Hinweis auf die ,Teuerungszulage' im Brief von Peter Hammerer – den Offizieren wurden während des Krieges verschiedene Zulagen zu ihrem Friedensgehalt ausbezahlt – deutet darüber hinaus darauf hin, daß vereinzelt auch bei durch den Kontext des katholischen Soziallehre geprägten Soldaten die sozialen Heeresmißstände Akzeptanz für ein ,arm' und ,reich' polarisierendes Gesellschaftsmodell schaffen konnten. Die unmittelbar folgende Klage über das Fehlen einer ausgleichenden göttlichen Gerechtigkeit weist darauf hin, daß Ordnungsvorstellungen katholischer Prägung für Hammerer bis dahin Gültigkeit besessen hatten.

243 Postüberwachungsbericht der 6. Armee vom 4.9.1918, abgedruckt bei Thimme, S. 268f.

244 Vgl. den oben auf S. 185 zitierten Feldpostbrief, der diese Deutung mit den gängigen Vorwürfen gegen ,Preußen' und ,Großkapitalisten' verbindet. Die des öfteren anzutreffende Kongruenz dieser verschiedenen Interpretamente belegt nochmals, daß es sich um originär populäre Deutungen handelt und nicht um Destillate sozialdemokratischer Fortschrittshoffnungen. Vgl. auch den Briefauszug zum Postüberwachungsbericht der 5. Armee vom 31.8.1918: BA/MA, W-10/50794, Bl. 80.

245 Nur bei politisch bewußteren Soldaten war damit die Vorstellung eines Gesellschaftsvertrages verbunden, dessen Zerstörung im Krieg von den staatsbürgerlichen Pflichten entbinde. Vgl. den Brief eines Feldsoldaten und der Sozialdemokratie zumindest nahestehenden städtischen Arbeiters aus Württemberg vom 24.6.1917: BSB, Schinnereriana; Brief des Werkmeisters in einem Steinbruch Adolf Armbrust vom 15.1.1918: Ulrich/Ziemann, Frontalltag, Dok. 42 a., S. 161ff. Ob eine derartige Deutung auch unter Soldaten ländlicher Herkunft verbreitet war, läßt sich momentan nicht erkennen.

246 Dies gegen Kruse, Klassenheer, Zitat S. 547.

Das Jahr 1917 brachte weitreichende außen- und innenpolitische Veränderungen, die auch eine Intensivierung des politischen Interesses unter den Mannschaften zur Folge hatten. Ihre „Mißstimmung" zielte nun anstelle wirtschaftlicher Probleme vermehrt auf politische Fragen.[247] Der Kriegseintritt der Vereinigten Staaten im April 1917 und die russische Revolution bewirkten einen globalen Wandel der Mächtekonstellation. Die revolutionären Ereignisse im März wurden im Feld als „Anfang vom Ende" des Krieges begrüßt.[248]

Von größerer Bedeutung war in der Wahrnehmung der Mannschaften aber die Intensivierung des innenpolitischen Streits um die Friedensfrage, der nunmehr offen zwischen den Parteien ausgetragen wurde und den Reichstag als Forum dieser Auseinandersetzung zunehmend in das Blickfeld der Öffentlichkeit rückte. Als zu Beginn des Juli 1917 mit der Bildung des Interfraktionellen Ausschusses die parlamentarischen Debatten um den Frieden einem Höhepunkt zustrebten, schrieb ein durchaus patriotisch gesonnener Soldat:

> „Für was' haben wir alles ertragen u. ,Für was' ertragen u. entbehren wir weiter? Und wer wäre wohl berechtigter zu dieser Frage als wir 3jährigen Feldsoldaten. Was haben wir für unsere Aufopferung bisher geerntet? Ich für meine Person blutiges Unrecht. (...) Unsere Regierung mit ihren veralteten Systemen von anno Tobak ist Schuld an allem. Augenblicklich rasselts ja bei uns im Reichstag u. eine Entscheidung – so oder so – scheint unmittelbar bevor zu stehen. Ein Rekrut, der sich den Teufel um Politik scherte, ein halbes Jahr wenn er draußen war, weiß jetzt was er will und was ihm nottut. Jeder ist von Groll und Verbitterung voll bis oben."[249]

Mit der am 19. Juli erfolgten Verabschiedung der für einen Verständigungsfrieden eintretenden Friedensresolution mit den Stimmen von Fortschrittspartei, Zentrum und Mehrheitssozialdemokraten hatte der Einsatz des Reichstages für einen baldigen Frieden einen Höhepunkt erreicht. An der Front stieß die Resolution mehrheitlich auf Zustimmung.[250] Innerhalb des Zentrums war sie allerdings nicht unumstritten. Matthias Erzberger hatte durch sein entschiedenes Auftreten im Hauptausschuß des Reichstages, wo er erdrückende Belege für das Scheitern des U-Bootkrieges präsentierte, seine Partei mehrheitlich für das Ziel eines Verständigungsfriedens gewonnen. Der Vorstand der bayerischen Landtagsfraktion des Zentrums wandte sich kurz vor ihrer Verabschiedung aber ebenso wie die ihm nahestehenden Zeitungen gegen die Resolution. Bereits 1916 hatten bayerische Zentrumspolitiker annexionistische Forderungen vertreten, und der agrarische

---

247 Cron, Sekretariat, S. 31; vgl. Aussage v. Rudolph: Dolchstoß-Prozeß, S. 447.
248 Vgl. den Brief des Leutnant d.R. Simroth vom 16.3.1917 (Zitat): WUA, Bd. 5, S. 269; Richert, S. 238. Für erste Rückwirkungen der Behandlung der Ereignisse in der liberalen und sozialdemokratischen Presse auf die politische Einstellung der Soldaten, vermutlich insbesondere in der Friedensfrage, vgl. das Schreiben des preuß. K.M. vom 26.3.1917 an den Reichskanzler: Volkmann, S. 286f.
249 Brief eines Soldaten aus München vom 8.7.1917 an eine Frau: BSB, Schinnereriana. Vgl. den Brief des Uffz. Karl Rehm vom 25.9.1917: WUA, Bd. 5, S. 273.
250 Cron, Sekretariat, S. 46; Text des Resolutionsantrags vom 12.7.1917: Bihl, Dok. 150, S. 296f. Vgl. Miller, S. 299-320; Bieber, S. 488f.

selbst zum vernichtigen Mahnungkampf
getrieben
4.3. ,Für Preußen und Großkapitalisten': Das Scheitern nationaler Identitätsstiftung

Flügel der Partei hatte sich vehement für eine Radikalisierung der Kriegführung mit der Eröffnung des uneingeschränkten U-Bootkrieges eingesetzt.[251] Die Soldaten im Feld mußte dies zwangsläufig zu der Ansicht bringen, daß vom bayerischen Zentrum eine energische politische Umsetzung ihres Friedenswunsches nur bedingt zu erwarten war:

> „Tieftraurig ist es, daß viele Abgeordnete noch immer gegen den Frieden sind sogar Zentrumsabgeordnete. (...) Wer diesen Krieg weiter zu führen wünscht gehört an die Front. Der Abg. Erzberger hat alle Soldaten auf seiner Seite dem sind wir sehr dankbar. (...) Wenn es nicht wegen der Kirche wäre, würde ich ja auch Revolution wünschen. Man muß sich gerade als Mensch schämen vor unserem Herrgott, die wilden Tiere sind noch Heilige gegen unsere Völker. Ich bitt Sie innigst, wenn möglich dahin zu wirken, daß unsere Zentrumsabgeordneten für einen sehr baldigen Frieden eintreten, es wäre schon Unglück genug da."[252]

Diese Haltung des bayerischen Zentrums machte die Position der Mehrheitssozialdemokratie in der Friedensfrage auch für Soldaten ländlicher Herkunft attraktiv. Bisher hatte sich die Parteimehrheit in der Vertretung ihrer Friedensforderungen nicht offen gegen die Reichsleitung gestellt. Noch die im Herbst 1916 durchgeführte Unterschriftensammlung für ein baldiges Kriegsende, die keinen offenen Verzicht auf Annexionen beinhaltete, blieb „eingebettet" in die Strategie Bethmann-Hollwegs, ohne die Nennung konkreter Bedingungen die Friedensbereitschaft des Reiches zu betonen. Nach der Formierung der USPD im April 1917 sah sich die Mehrheit allerdings gezwungen, sich öffentlich in Opposition zur Reichsleitung zu begeben, damit die sich vertiefende Friedenssehnsucht den Zulauf zur früheren innerparteilichen Konkurrenz nicht vermehrte. Durch die Übernahme der Formel des Petrograder Sowjets von einem Frieden „ohne Annexionen und Kriegsentschädigungen" am 19.4.1917 begann die MSPD eine massenwirksame propagandistische Offensive. Abgestützt durch eine publizistische Kampagne gelang es der MSPD damit, sich gegenüber der USPD als friedenspolitische Kraft zu profilieren und den Begriff des ,Scheidemannfriedens' zum Synonym für einen Verständigungsfrieden zu machen.[253]

Bald darauf zeigte sich die enorme Wirkung, die mit diesem geschickten Vorgehen auch bei den Soldaten im Feld erzielt wurde. Die dem rechten Zentrumsflügel nahestehende Kölnische Volkszeitung hatte ihre Leser im Mai 1917 zur Unterzeichnung einer Resolution für einen ,Hindenburgfrieden' aufgerufen. Daraufhin wandte sich die mehrheitssozialdemokratische Münchener Post gegen Ende des Monats mit einem Aufruf für den „sofortigen Frieden" auch an ihre Leser an der Front.[254]

251 Vgl. Albrecht, S. 237f., 157-172. Zu Erzberger vgl. immer noch K. Epstein, Matthias Erzberger und das Dilemma der deutschen Demokratie, Frankfurt/M. Berlin. Wien 1976, S. 204-236; ferner Loth, S. 326ff.

252 Michael Kitzelmann 26.9.1917 an Georg Heim: StaA Regensburg, NL Heim 1316.

253 Vgl. ausführlich Boll, S. 194-221, Zitat S. 202. Das Zitat aus der am 19.4.1917 vom Parteiausschuß angenommenen Resolution: Dowe, Bd. I, S. 504.

254 Die Kriegsministerien in Berlin und München reagierten darauf mit Verboten für die Presse,

Die Reaktion war überwältigend. Binnen kürzester Zeit liefen mehrere Tausend unterstützende Schreiben aus dem Feld mit zum Teil bis zu 200 Unterschriften ein. Eine Reihe von Kompanien zeichnete kollektiv unter Einschluß der Unteroffiziere. Aus anderen Truppenteilen wurde versichert, daß nur der Mangel an Papier oder die Einschüchterungsversuche der Vorgesetzten eine größere Beteiligung verhindern würden. Zudem versuchten die militärischen Behörden im Feld vereinzelt, die Beförderung der Briefe nach München durch die Feldpostämter zu unterbinden.[255] Wie der Pressereferent des Kriegsministeriums notierte, war es „auffallend", „daß die Landbevölkerung bei den Unterschriften ganz besonders stark vertreten sei." Als Ergebnis hielt er zutreffend fest: „Die Briefe dürften Zeugnis geben von den in größeren Teilen des Feldheeres herrschenden Anschauungen."[256]

Eine Reihe von überlieferten Auszügen aus den Begleitbriefen macht deutlich, daß die Zustimmung zu der sozialdemokratischen Friedensoffensive aus einer tiefen Enttäuschung über das Verhalten des Zentrums und der anderen bürgerlichen Parteien heraus erfolgte. Ebenso deutlich wird aber auch, daß sich die Soldaten primär deshalb der SPD zuwandten, da sie ihre „letzte Hoffnung" in der Friedensfrage darstellte. Darüber hinaus erschien sie den Mannschaften vereinzelt als Vertreterin der demokratischen „Rechte", „die auch den unteren Schichten des Volkes zustehen".

Die Akzeptanz für einen ‚Scheidemannfrieden' auch unter den bäuerlichen Soldaten müßte dagegen den Eindruck erwecken, daß diese zunehmend sozialdemokratischen Überzeugungen zuneigen würden. Dies spiegelt sich vereinzelt in Berichten militärischer und ziviler Stellen wieder. Anhand von Äußerungen, die bei Gesprächen im Kreise der Mannschaften zu hören waren, und den in der Briefkontrolle gemachten Beobachtungen stellte die 8. Reserve-Division im Juni 1917 als „Gefahr" fest, daß „viele Bauernburschen in ihren Garnisonen zu Sozialdemokraten werden".[257] Das Kultusministerium erhielt im Herbst desselben Jahres von den bischöflichen Ordinariaten Nachrichten über eine „sozialdemokratische Verhetzung an der Front", der sich „besonders die unerfahrenen Mannschaften vom Land" als „leicht zugänglich erwiesen".[258] Rückwirkungen der sozialdemokratischen Frie-

Heeresangehörige zu politischen Stellungnahmen aufzufordern. Vgl. Albrecht, S. 236; Deist, Militär und Innenpolitik, Dok. 312, S. 778f., mit Anm. 5. Für die internen Rückwirkungen dieses „Skandal(s)" im Zentrum vgl. Loth, S. 323f.

255 Der Hinweis auf den Vorhalt der Strafbarkeit findet sich in einem der beigelegten Briefauszüge (vgl. folgende Anm.). Möglich gewesen wäre eine disziplinarische Bestrafung oder eine Verurteilung wegen Erregung von Mißvergnügen, bei großzügiger Auslegung evtl. auch wegen kollektiver Beratung über militärische Angelegenheiten (Paragraph 102, 101 MStGB): Militärstrafgesetzbuch, S. 199f. Briefsperre: 39. Res.-Div. 8.6.1917 an K.M.: BHStA/IV, MKr 13372.

256 Aktennotiz des K.M.-Pressereferenten v. Sonnenburg vom 15.6.1917: BHStA/IV, MKr 2332. Dort auch die von der Münchener Post übermittelten, im folgenden zitierten Briefauszüge. Der Hinweis auf die Landbevölkerung dürfte sich aus der damals üblichen Praxis ergeben haben, namentlich unter Hinzufügung der Berufsangabe zu unterzeichnen. Vgl. weiterhin Cron, Sekretariat, S. 46; für ein bayer. Artillerie-Rgt.: Der Etappensumpf, S. 16.

257 8. Res.-Div. 20.6.1917 an Armeegruppe Litzmann (Abdruck): BHStA/IV, stv. GK I. AK 451.

258 MK 22.10.1917 an K.M.: BHStA/IV, MKr 2335.

densoffensive zeigten sich auch unter der ländlichen Bevölkerung in der Heimat. Werbeversammlungen der MSPD auf dem Land blieben nicht mehr „ohne Erfolg".[259]

Ein innenpolitischer Vorgang mit ähnlicher Mobilisierungswirkung bei den Soldaten wie das Eintreten der SPD für einen Verständigungsfrieden ist im letzten Kriegsjahr nicht zu verzeichnen. Demzufolge ist es derzeit nicht möglich, eventuelle weitere Veränderungen ihrer politischen Loyalität detailliert zu verfolgen. Der Überblick über die allgemeine Stimmungsentwicklung hat gezeigt, daß weiterhin das Ziel eines Verständigungsfriedens und schließlich sogar ein Frieden um jeden Preis vertreten wurde. Die seit dem Winter 1917 bestehende Aussicht auf einen ‚letzten Schlag' drängte politische Erwägungen allerdings in den Hintergrund, wie auch die zwiespältige Reaktion der Soldaten auf den Januarstreik verdeutlicht hat. Generell sollte der Politisierungsgrad der Mannschaften auch in der zweiten Kriegshälfte nicht überschätzt werden. Als nach dem Kanzlerwechsel, der Friedensresolution und der Gründung der Vaterlandspartei der innenpolitische Streit im September 1917 einem Höhepunkt entgegenstrebte, notierte eine Postüberwachungsstelle:

> „In der ganzen Korrespondenz ist auch nicht ein einziger Brief gefunden worden, in dem sich [ein] Schreiber mit den im Inland jetzt so heiß umstrittenen politischen Fragen beschäftigt. Auch die sonstigen Beobachtungen der militärischen Überwachungsstellen haben ergeben, daß der Soldat zur Beschäftigung mit politischen Tagesfragen keine große Neigung besitzt."[260]

Ein derartiges Zeugnis darf nicht überbewertet werden, da die Rücksichtnahme auf die Postzensur politische Erörterungen vielfach in den Heimaturlaub verlagerte und die Definition dessen, was die Postprüfer unter ‚politischen Tagesfragen' verstanden, nicht nachvollziehbar ist. Zudem kann den militärischen Stellen ein Interesse daran unterstellt werden, die Haltung der Mannschaften zu einem stoischen, unpolitischen Fatalismus zu stilisieren. Gleichwohl gibt es auch andere Hinweise darauf, daß das Interesse an politischen Fragen und Diskussionen im Feld angesichts der primären Sorge um die äußeren Lebensbedingungen nicht allzu stark ausgeprägt war.[261]

259 Volksstimmungsbericht des K.M.-Pressereferats für den Februar 1918: BHStA/II, MA 97553; vgl. dass. für den September 1917, vom K.M. 30.10.1917 an MK übersandt: ebd., MK 19289; Dr. Rudolf Einhäuser 26.4.1917 an MInn (Abschrift): BHStA/IV, MKr 2332. Auch die sich bis zum „Wahn" steigernde Vorstellung, der Krieg werde definitiv im August 1917 beendet, ist vor dem Hintergrund der Friedensresolution zu sehen; vgl. den Hinweis in Kap. 1.2. (Zitat), sowie den Stimmungsbericht von Dr. Meßmer über das südliche Bayern, vom K.M.-Pressereferat am 4.10.1917 an Otto v. Dandl übersandt: BHStA/IV, MKr 2335.

260 Postüberwachungsbericht der 5. Armee vom 28.9.1917: BA/MA, W-10/50794, Bl. 28.

261 Vgl. die auf eigener Anschauung basierende Argumentation bei Göhre, Front, S. 14-21; Abschrift eines Briefes vom 5.8.1917, von einem inaktiven Offizier beim Kriegsminister eingereicht: BHStA/IV, MKr 2334; Bericht über die Stimmung bei der 2. Inf.-Div. für die Zeit von Mai bis August 1917, referiert in einer Aktennotiz des K.M.-Pressereferats vom 3.10.1917: „Die Leute interessieren sich wenig für innerpolitische Verhältnisse und lesen nur selten Zeitungen, noch

Den Landwirten stand jedoch auch ein weitgehend unpolitisches Mittel zur Verfügung, um ihrem Friedenswunsch Nachdruck zu verleihen:

> „Die Postüberwachungsstelle Straßburg hat in letzter Zeit in erheblicher Zahl Briefe angehalten, in denen Soldaten der Ersatztruppenteile ihre Angehörigen auffordern, den Anbau von Feldfrüchten auf ihren eigenen Bedarf einzuschränken. Als Grund wird meistens angeführt, daß sie sich nicht bei dem Leutemangel zu sehr quälen sollten, daß ihnen der Überschuß doch weggenommen würde, in verschiedenen Fällen auch, daß durch eine derartige Einschränkung die Regierungen genötigt würden, baldigst Frieden zu schließen. (...) Da dem Vernehmen nach auch in anderen Korpsbezirken ähnliche Übelstände bemerkt werden, bringt das Stellv. Generalkommando [Straßburg] dies zur Kenntnis."[262]

Briefliche Erwägungen über einen Anbaustreik besaßen aber wohl eher symbolische Bedeutung und konnten sich nahtlos mit Erkundigungen über den Fortgang der Bestellungsarbeiten verbinden. Sie trugen den Charakter eines durch die im Krieg deutlich werdenden Ungerechtigkeiten und die bäuerliche Arbeitsüberlastung motivierten Gedankenspiels. Dem lag die Überlegung zugrunde, was denn geschehen würde, wenn die Bauern einmal nicht mehr arbeiten würden.[263]

Aufschluß über ein Ensemble grundlegender politischer Überzeugungen, das in den letzten beiden Kriegsjahren bei der Gesamtheit der Soldaten mehrheitlich verbreitet war, bietet eine im November 1917 erhobene Zusammenstellung „häufiger Fragen", mit denen die Vertrauensmänner des Vaterländischen Unterrichts im Besatzungsheer konfrontiert wurden. Im Hinblick auf politische Zusammenhänge handelte es sich aber vielmehr um Antworten, welche die Vertrauensmänner ohne die Chance einer Einwirkung notieren mußten. Die Ansicht, daß Deutschland durch seine Rüstung die größte Schuld am Kriegsausbruch trage – was auch an der großen Zahl seiner Gegner ablesbar sei – wurde dabei ebenso genannt wie die gängige These, der Krieg werde nur im Interesse von Großkapitalisten und „Hochfinanz" geführt. An einem Verbleib Elsaß-Lothringens im Reich bestand kein

---

weniger ernsthafte Bücher. Diese Tatsache und die Unlust, zu oft an die unangenehmen Dinge erinnert zu werden, unter denen sie selbst und ihre Angehörigen leiden, setzen der von der OHL befohlenen Aufklärung gewisse Grenzen." BHStA/IV, MKr 2335.

262 Bericht des stv. GK XV. AK, Abt. Id Abwehr Nr. 200992 vom 5.9.1917 an preuß. K.M., Heeresgruppe Herzog Albrecht und Kriegswirtschaftsamt Straßburg (Abschrift). Mit Schreiben vom 14.10.1917 ließ das K.M.-Pressereferat diesen Bericht für Belehrungen den Truppenteilen des Besatzungsheeres zukommen. Beides in: BHStA/IV, MKr 2335; vgl. Wirtschaftsstelle Weilheim 19.9.1918 an stv. GK I. AK: ebd., stv. GK I. AK 1969.

263 Vgl. Christoph Erhardt 10.5.1918 an seine Frau: „Liebe Kathrine ich habe in deinem Brief ersehen daß ihr viel Arbeit habt, ja das glaube ich, und wir müssen immer mit diesem Schwindel mitmachen und geht keinen Weg. Daß ihr habt müssen auch wieder noch Korn abgeben habe ich auch gelesen man sollte nichts mehr verpflanzen, und sollte auf die Haut hinlegen, die wo nichts verpflanzen und fast nichts tun dürfen, die Fressen das beste und genug, wo man hinschaut in diesem Schwindel geht es ungerecht zu. Daß du meinst diese Woche könnt ihr noch Kartoffel stecken habe ich auch gelesen, hoffentlich ist das Wetter ordentlich das ihr arbeiten könnt. (...) Wenn man das schöne Frühlingswetter anschaut und mus immer in diesem Schwindel sein dann könnte man aus der Haut fahren und kann nichts machen." BfZ, Slg. Knoch.

Interesse, und die Auffassung, Kaiser- und Königtum seien „veraltet", führte zur Propagierung der Losung: „Republik".[264]

Für die Ablehnung der Monarchie war primär die Tatsache verantwortlich, daß Ludwig III. seit 1915 auch öffentlich annexionistische Ziele vertreten hatte.[265] Das Ansehen der Monarchie verlor sich deshalb im Strudel der anti-annexionistischen und anti-preußischen Ressentiments der Soldaten, die den König als Erfüllungsgehilfen preußischer Machtinteressen ansahen, weshalb er als „halber Preuß" bezeichnet wurde. Ein für landwirtschaftliche Wirtschaftsfragen zuständiger Offizier berichtete im August 1917 als Meinung vieler ländlicher Fronturlauber, „daß es bei uns wie in Rußland gehen sollte; auch wir bräuchten keinen Kaiser und keinen König, dann würde der Krieg wohl bald zu Ende gehen."[266] In der zweiten Kriegshälfte ergingen sich zahlreiche Fronturlauber in öffentlichen Majestätsbeleidigungen, und in einem Ersatztruppenteil äußerte man drastisch: „Der Kaiser und der König sollen tot geschlagen werden."[267]

Gemessen an der durch den monarchischen Kult bezeichneten Ausgangslage hat sich somit unter den Eindrücken des Krieges bei den Soldaten ländlicher Herkunft ein bemerkenswerter politischer Einstellungswandel vollzogen. Mit einer Akzeptanz für sozialdemokratische Friedensvorschläge und eine republikanische Staatsform, einem analytisch wenig differenzierten, aber stark ausgeprägten Bewußtsein für interessenpolitische Ursachen des Krieges und die durch ihn verursachte soziale Ungleichheit sowie dem Wissen um die Unvermeidlichkeit der Niederlage traten sie bei Kriegsende in den neuen republikanischen Staat ein.

Die Ahnung einer bevorstehenden Revolution war verbreitet, und aus der weitgehenden Diskreditierung der alten Eliten folgte die Einsicht in die Unabdingbarkeit einer politischen Umwälzung.[268] Über die skizzierten politischen Grundeinsichten hinaus blieben die Vorstellungen über Charakter und Inhalte einer politi-

264 Die Erhebung ging auf einen K.M.-Erlaß vom 21.11.1917 zurück. Vgl. Vertrauensmänner Grenzschutz-Aufsichtsbezirk Reutin 4.12.1917 an stv. GK I. AK (erstes Zitat); Res.-Lazarett München H o.D. [November 1917] an Chefarzt (zweites Zitat); E./R.I.R. 12 2.12.1917 an stv. 4. Inf.-Brigade; alles in: BHStA/IV, stv. GK I. AK 2404; stv. GK I. AK 6.12.1917 an K.M.: ebd., stv. GK I. AK 2398. Zum Schluß fanden sich sogar Offiziere mit dem Verlust des ‚Reichslandes' ab: WUA, Bd. 5, S. 303. Zur republikanischen Überzeugung ländlicher Soldaten auch Steiner, Interkonfessionalismus, S. 46.
265 Vgl. Albrecht, S. 154-157.
266 Ober-Wirtschaftsoffizier 14.8.1917 an stv. GK I. AK: BHStA/IV, stv. GK I. AK 2762; vgl. das Schreiben des MdL (Zentrum) und Landwirtes Kaspar Puffer 9.7.1917 an den Innenminister v. Brettreich (Abschrift): ebd., MKr 2333; Michael Meßmer 28.6.1917 an das K.M.: ebd., MKr 2332; Karl Alexander v. Müller 31.8.1916 an Otto v. Dandl: ebd., MKr 2335; MdL Osel 2.6.1917 an Innenminister v. Brettreich, G. Heim 6.6.1917 an MInn (erstes Zitat): BHStA/II, ML 1353; Ay, S. 122, 147f. Der Unterrichtsoffizier der preuß. 2. Inf.-Div. notierte in einer Denkschrift vom 6.8.1918, daß die Soldaten „vom Lande" beim Wort ‚Demokratie' aufhorchten und zur Bestimmung des Begriffs anführten, „das Volk soll selbst herrschen"; Thimme, S. 260f.
267 Zitat: Vertrauensmann II. E./Feld-Art.-Rgt. 4 26.9.1918 an Ers.-Btl.: BHStA/IV, stv. GK I. AK 1981; vgl. MK 22.10.1917 an K.M.: MKr 2335; Ludendorff, Kriegserinnerungen, S. 518.
268 Vgl. z.B. WUA, Bd. 5, S. 282, 289; Klemperer, Curriculum Vitae, S. 402, sowie die frühen Hinweise, zit. in Kap. 3.3.2.

schen Neuordnung allerdings weitgehend diffus.[269] Der Vertrauensmann für Aufklärungsarbeit eines überwiegend aus Landwirten bestehenden Landsturm-Ersatzbataillons berichtete seinen Vorgesetzten im Juni 1918:

> „In Bezug auf das in vielen Hirnen spukende Dogma, als würde nach dem Krieg die Revolution kommen, wurde den Leuten von den Schrecken der französischen Revolution erzählt u. auch die Zustände im heutigen Rußland erzählt, wo keiner mehr seines Lebens sicher ist und es wurde hierbei die Wahrnehmung gemacht, daß, so verbreitet die Ansicht von einer kommenden Revolution ist, so doch die meisten Leute sich absolut kein Bild machen, was eigentlich Revolution heißt. Auf die diesbezügliche Frage (...) wurde [dem] Berichterstatter geantwortet: ‚die große Hetz‘, u. [der] Berichterstatter ist auch der Ansicht, daß dies die Vorstellung ist, die sich die Mehrzahl von der Revolution macht."[270]

Ein geringer Teil der Mannschaften städtischer Herkunft entwickelte eine zunehmend radikalere Bereitschaft zur Durchsetzung revolutionärer Ziele auch mit gewaltsamen Mitteln.[271] Bei der überwiegenden Mehrzahl der Truppen war jedoch wohl auch noch im Herbst 1918 jener Verbalradikalismus vorherrschend, den ein bayerischer Soldat ein Jahr zuvor erkennen ließ:

> „Wenn doch einmal dieser Krieg gar wäre, aber alles Schimpfen und Revolutionieren hilft nichts, sogar gebetet habe ich schon darum, aber scheinbar ist alles umsonst, nur jetzt habe ich feste Hoffnung auf Vermittlung durch den Papst, wenn unsere großköpfigen Lumpen nicht gar zu weitgehende Forderungen aufstellen, dann bekommen wir, das ist meine feste Überzeugung, bald Frieden, wenn sie aber wieder die halbe Welt annektieren wollen, dann gehören sie gehenkt, diese Lumpen hätten es schon lange verdient."[272]

Zudem verschoben viele Soldaten die Auseinandersetzung mit den beobachteten gesellschaftlichen Mißständen auf die Nachkriegszeit, da sie unter den durch Zensur und Subordination geprägten Verhältnissen des Militärdienstes für sich keinen Handlungsspielraum sahen, und das Ziel des Friedens vorerst wichtiger war.[273] In

269 Vgl. Deist, Zusammenbruch, S. 119f. Die These von Deist, Militärstreik, S. 160, daß die „politischen Strömungen der Heimat" für die Soldaten in den letzten Monaten des Krieges nur eine „sekundäre Rolle" spielten, findet in allen Feldpostbriefbeständen der letzten Kriegsmonate eine Bestätigung. Carlo Schmid berichtet in seinen Erinnerungen, S. 77: „In unserer Einheit gab es niemanden, dem an einer radikalen Umwälzung von Staat und Gesellschaft gelegen gewesen wäre. Hauptsache war doch, daß Frieden gemacht würde und Handel und Wandel wieder ins rechte Geleise kamen, daß man sein eigener freier Herr war wie einst, wenn möglich mit weniger Obrigkeit über sich als bisher."

270 Vertrauensmann E./Ldst.-Btl. I B 18 20.6.1918 an Ersatz-Btl.: BHStA/IV, stv. GK I. AK 2410. Dieser Truppenteil bestand „in der Hauptsache" aus Soldaten mit landwirtschaftlicher Beschäftigung; ders. 29.9.1917 an stv. 3. Inf.-Brigade: ebd., stv. GK I. AK 2401.

271 Vgl. Ulrich/Ziemann, Frontalltag, Dok. 59, S. 207f.

272 Briefauszug eines Soldaten der bayer. 15. Inf.-Div. zum Postüberwachungsbericht der 5. Armee vom 28.9.1917: BA/MA, W-10/50794, Bl. 34.

273 Vgl. Thimme, S. 163. Der Schütze Ludwig Schröder schrieb am 20.1.1918 seinen Eltern: „Es soll und muß anders werden in Deutschland. Der preußische Offizier darf nicht der Mann im Staate sein. Doch das liegt alles noch weit, erst mal Frieden, dann kommt die große Abrechnung." WUA, Bd. 5, S. 281.

der geradezu obsessiven Fixierung des allgemeinen und politischen Interesses der Mannschaften auf den Frieden ist ein wesentlicher Grund dafür zu sehen, daß die politische Stoßkraft der Soldatenbewegung nach dem Waffenstillstand in ihrer Intensität sehr schnell nicht mehr dem Protestpotential entsprach, das sich während des Krieges an der Front angehäuft hatte.[274]

---

274 Vgl. die Feldpostbriefe vom 14.8. und 30.10.1918: WUA, Bd. 5, S. 301, 330. Kruse, Klassenheer, S. 560 weist zu Recht darauf hin, daß die Demobilisierung die Schubkraft der Soldatenbewegung gebremst hat. Da er die mit der Politisierung in engem Zusammenhang stehende Stimmungsentwicklung nicht untersucht, entgeht ihm jedoch der genannte Zusammenhang.

5. Kontinuität und Wandel dörflicher Erfahrung 1914-1923

Der Zeitraum von Weltkrieg und Inflation markierte auch für die dörfliche Gesellschaft und Wirtschaft einen tiefen Einschnitt. Während der Kriegsjahre waren davon zunächst primär die in der Heimat verbliebenen weiblichen Arbeitskräfte betroffen. Für die Bäuerinnen und ihre 1918 heimkehrenden Männer wurden vor allem die bis 1923 andauernden Maßnahmen der ‚Zwangswirtschaft' mit Agrarprodukten erfahrungspägend. Die zunehmend durch die inflationäre Entwicklung geprägten Jahre von 1919 bis 1923 waren zugleich jedoch eine Zeit der ökonomischen „Scheinblüte" für die Landwirtschaft.[1] Durch die kurzfristigen wirtschaftlichen Vorteile und zusammen mit dem sich verstärkenden Standesbewußtsein der Landwirte schuf dies Bedingungen, unter denen die Reintegration der Veteranen vergleichsweise schmerzlos gelingen sowie die Erinnerung an die negativen Seiten ihrer Kriegserfahrung rasch in den Hintergrund treten konnte. Andererseits intensivierte die Rückkehr der Soldaten den Protest gegen die agrarpolitischen Maßnahmen ebenso wie, unter den mit der Revolution gravierend veränderten Rahmenbedingungen, die Konfliktbereitschaft der männlichen Dienstboten.

5.1. Allein im Krieg: Bäuerinnen 1914-1918

In den Kriegsjahren herrschte eine in dieser Form noch nicht vorgekommene Ausnahmesituation in der ländlichen Gesellschaft. Die Dörfer waren mit der Einziehung der Wehrpflichtigen für mehrere Jahre eines erheblichen Teiles der männlichen Bevölkerung beraubt. Welche Folgen dies für die verbliebenen weiblichen Arbeitskräfte der Landwirtschaft – und zwar in erster Linie für die Bäuerinnen – hatte, ist Gegenstand dieses Kapitels. Im Vordergrund steht dabei die Frage, wie die Bäuerinnen den Krieg und die damit verbundenen Veränderungen ihrer Lebenssituation deuteten. Die Analyse konzentriert sich dabei zum einen auf ihre Tätigkeit als agrarische Produzenten und damit einhergehend auf Veränderungen der geschlechtsspezifischen Arbeitsteilung. Zum anderen ist der Blick auf das Binnenverhältnis der bäuerlichen Familien zu richten.[2] Hatte die Abwesenheit der Ehegatten Einfluß auf das weibliche Rollenverständnis und die emotionalen Beziehungen der Bäuerinnen zu ihren Männern?

---

1 Aereboe, Einfluß, S. 108.
2 Die wichtigsten demographischen Auswirkungen des Krieges diskutiert im Stadt-Land-Vergleich: Daniel, S. 127-139.

In der subjektiven Wahrnehmung der Bäuerinnen waren diese beiden Problemfelder eng miteinander verknüpft. Darin spiegeln sich die Strukturen der bäuerlichen Familienwirtschaft wieder, in der „sich eine vom Arbeitsleben losgelöste Idealvorstellung" geschlechtsspezifischer Rollenbilder „kaum entwickeln" konnte. „Die gesellschaftlich normierten Erwartungen an Frauen und Männer bezogen sich primär auf die Erfüllung bestimmter Arbeitsaufgaben."[3] Darüber hinaus wird allerdings auch eine moralische Ordnung der Geschlechter erkennbar. Die während des Krieges vorkommenden Verletzungen der darin gültigen Regeln machen deutlich, daß Bäuerinnen mit der Einordnung in die patriarchalische Struktur des Hofes auch einen gewissen Schutz genossen.

Die Quellenbasis zur Beantwortung dieser Fragen, insbesondere die erhaltenen Feldpostbriefe von Bäuerinnen, ist erheblich kleiner als die für das Heer verfügbare. Dies liegt unter anderem daran, daß nur wenige Soldaten die aus der Heimat erhaltenen Briefe aufbewahrten oder bei einem Urlaub wieder mit nach Hause nahmen. Die mit dem Bemühen um Repräsentativität erstellten Briefauszüge von Adolf Schinnerer bieten hier einen wichtigen Ausgleich für die weitgehend fehlende private Überlieferung.[4]

Für eine annähernd genaue Bestimmung des Anteils der durch Einberufung ihrem Hof entzogenen Betriebsleiter liegen die für Bayern veröffentlichten Zahlen der reichsweit durchgeführten Volkszählung des Jahres 1916 vor. Diese ergab einen Rückgang der männlichen selbständigen Erwerbstätigen in der Landwirtschaft um 36.3%.[5] Da die Erhebung abweichend von den sonstigen Berufszählungen im arbeitsarmen Winter durchgeführt wurde, spiegelt sich dieser Rückgang nicht vollständig in der Zunahme der weiblichen Betriebsleiter wieder. Unterstellt man eine gegenüber 1907 konstante Zahl von Selbständigen in der Landwirtschaft, so wurden 1916 rund 44% aller landwirtschaftlichen Betriebe von einer Frau geführt.[6]

---

3 Mitterauer, Arbeitsteilung, S. 819. Zur Situation von Bäuerinnen im Ersten Weltkrieg liegen noch keine Studien vor. Allgemein aufschlußreich: Schulte; Rosenbaum, S. 59-120; J. Werckmeister (Hg.), Land-Frauen-Alltag. Hundert Jahre Lebens- und Arbeitsbedingungen der Frauen im ländlichen Raum, Marburg 1989; Winkel, Frau.

4 Dies ist neben dem Seltenheitswert direkter Aussagen von Bäuerinnen auch der Grund dafür, die erhaltenen Briefauszüge zum Teil unverkürzt zu dokumentieren. Die im folgenden gebrachten Belege sind deshalb gewissermaßen en bloc zu lesen. Vgl. jeweils auch die in den folgenden Abschnitten des Kap. 5. zitierten Briefe von Bäuerinnen. Zur Beantwortung dieser komplexen Fragen sind gerade für die im historischen Geschehen weit mehr als andere Bevölkerungsgruppen ‚stumm' bleibenden Bäuerinnen die Möglichkeiten der durch den Krieg bedingten Briefkommunikation gewinnbringend nutzbar.

5 Kriegs-Volkszählungen, S. 185f. Die soziale Gliederung der einzelnen Berufsabteilungen wurde nicht für die einzelnen Regierungsbezirke aufgeschlüsselt. Die Kritik von Oltmer, S. 105f. an der Validität dieser Daten halte ich für überzogen. Die Auswertung der Zahlen für Bayern ist ihm entgangen. Vgl. für das Emsland seine Erhebungen ebd., S. 105-127. Auf die sozialen und subjektiven Folgen des Arbeitskräftemangels geht Oltmer nur in seinen interessanten Ausführungen zur Nachbarschaftshilfe, ebd., S. 157-172, ein.

6 Errechnet nach den Zahlen in: Kriegs-Volkszählungen, S. 185f. Neben dem formalen Grund der Durchführung der Zählung im arbeitsarmen Winter ist auch die Unsicherheit zahlreicher Bäuerinnen bei der erstmaligen Ausfüllung des Zählbogens ein Grund für ihre unzureichende Selbstein-

Zu hoch sind demnach zeitgenössische Schätzungen, nach denen rund zwei Drittel aller Bauernhöfe von den Bäuerinnen ohne den Ehemann bewirtschaftet wurden.[7] Diese Zahl dürfte allerdings ungefähr den Anteil weiblicher Arbeitskräfte in der Landwirtschaft insgesamt wiedergeben.[8] Einen Großteil der verbliebenen männlichen Arbeitskräfte stellten Jugendliche und alte Leute. Nach der Zählung von 1916 waren knapp 27% der männlichen Landarbeitskräfte jünger als 16 Jahre und gut 16% älter als 60 Jahre.[9] Zumindest in Teilen Schwabens reichten 1915 die Beurlaubung aus Front- und Besatzungsheer sowie die gegenseitige Nachbarschaftshilfe zur Bewältigung der Ernte noch aus.[10] Zur Deckung des in den folgenden Jahren stärker werdenden Arbeitskräftemangels standen daneben vor allem Kriegsgefangene zur Verfügung, die überwiegend in der Landwirtschaft beschäftigt wurden. Ende 1916 arbeiteten in der bayerischen Landwirtschaft 46.305 Kriegsgefangene, im Frühjahr 1917 war diese Zahl auf rund 62.000 gestiegen.[11] Die Landwirte zogen Kriegsgefangene aufgrund ihrer Arbeitsleistung und der relativ geringen Kosten von insgesamt drei bis vier Mark pro Tag der Vermittlung von städtischen Frauen oder Hilfsdienstpflichtigen vor, denen man vornehmlich das Interesse an einer besseren Ernährung unterstellte.[12] Teilweise genossen Gefangene deshalb auch gegenüber den verfügbaren Dienstboten Vorrang, zumal wenn deren Einberufung zu erwarten war.[13] Einen auch nur annähernden Ersatz für die Wehrpflichtigen konnten Kriegsgefangene allerdings nicht bieten, zumal die Arbeitskraft der russischen Gefangenen 1918 nach dem Friedensschluß rapide nachließ.[14] Der Arbeitskräftemangel war insgesamt bei den in hohem

schätzung als Betriebsleiter gewesen; vgl. ebd., S. 12, 187. Weiterhin ist zu vermuten, daß sich bei einer Sommerzählung die dann zahlreich beurlaubten Soldaten als Betriebsleiter eingetragen hätten.

7 Sebastian Schlittenbauer 25.2.1916: KdA, Sten. Ber. Bd. 13, S. 396; Daniel, S. 98.

8 Vgl. Kriegs-Volkszählungen, S. 142. Die Schätzung geht von einer gegenüber 1907 gleichbleibenden Zahl weiblicher Arbeitskräfte aus. 1907 lag der Anteil weiblicher Erwerbstätiger bei rund 51%. Errechnet nach ebd., S. 164.

9 Errechnet nach Kriegs-Volkszählungen, S. 278f.

10 Vgl. WB BA Sonthofen 10.7.1915, WB BA Zusmarshausen 17.7.1915, WB BA Nördlingen 8.5.1915 und weitere Berichte in: StAA, Regierung 9762.

11 Vgl. Kriegs-Volkszählungen, S. 279 (danach verblieb die Mehrzahl der Gefangenen ohne Beschäftigung in den Gefangenenlagern); K.M. 16.5.1917 an den bayerischen Landwirtschaftsrat: BHStA/IV, MKr 17251.

12 Mit Genehmigung des Stammlagers war auch die Einzelunterbringung möglich, neben der Ernährung sowie den Kosten für Transport und Bewachung waren pro Tag 30 Pfennig Lohn zu zahlen; Grundsätze für die Beschäftigung der Kriegsgefangenen in Industrie, Handwerk, Landwirtschaft o.D. [1917]: BHStA/IV, stv. GK I. AK 2772; Zahl: Mitteilungen, S. 27. Zum Kostenfaktor: Wirtschaftsstelle Rosenheim o.D. [Mai 1917] an Kriegsamtsstelle München: ebd., MKr 17166; Oberwirtschaftsoffizier 2.4.1917 an stv. GK I. AK: ebd., stv. GK I. AK 2762. Städtische Frauen: Daniel, S. 98ff.; Hilfsdienstpflichtige: K.M. 28.5.1917 an die stv. GK: BHStA/IV, stv. GK I. AK 2768.

13 WB BA Dachau 28.4.1917: BHStA/IV, stv. GK I. AK 1952.

14 Vgl. Wirtschaftsstelle München-Nord 21.8.1918, 20.9.1918 an stv. GK I. AK: BHStA/IV, stv. GK I. AK 1968; 1969; Volksstimmungsbericht des K.M.-Pressereferats für April 1918, S. 5: BHStA/II, MK 19290.

Maße auf familienfremde Arbeitskraft angewiesenen Großbetrieben am größten. Bei den kleinen und mittleren Betrieben bis 20 ha, die zudem in der Vorkriegszeit mehr Frauen als Männer beschäftigt hatten, schuf dagegen die Beurlaubung aus dem Besatzungsheer einen gewissen Ausgleich.[15] Die Arbeitslast der Bäuerinnen war bereits zu Friedenszeiten hoch gewesen.[16] Durch den Mangel an männlichen Arbeitskräften steigerten sich während des Krieges Art und Menge der von ihnen zu erledigenden Arbeiten nochmals in beträchtlichem Umfang. Abhängig von der Größe des Hofes und seiner Ausstattung mit familienfremden Arbeitskräften oblagen traditionsgemäß gerade die besonders kräftezehrenden Arbeiten der Feldbestellung, insbesondere das Pflügen und das Getreidemähen, sofern es nicht noch mit der Sichel erfolgte, zum größten Teil den Männern. Nur bei kleinbäuerlichen Betrieben oder solchen mit überwiegendem Hackfruchtbau und während der Arbeitsspitze in der Getreideernte mußten auch die Bäuerinnen regelmäßig Feldarbeit verrichten.[17] Während des Krieges waren sie nunmehr zu permanenter Tätigkeit auf dem Feld gezwungen:

> „Das Heu u. das Gedreite haben wir doch mit aller Mühe heimgebracht, mit dem Sommergetreide schaut es nicht so gut aus wegen der langen düre die heur war, doch gibt es recht viele Kardopfln u. Kraut es wird schon alles wieder reichen, darf man ja so nicht viel brauchen, satt essen wir uns doch alle Tage, Liebe Schwester; jetzt muß ich halt dem Josef seine arbeit auch noch mit tun, es ist manchmal schwer für mich zum beispiel das Ackern geht wol nicht recht gut u. alles fahren was nur immer gibt, du weist ja selber wie es von einem Bauern zugeht, denk dir nur, wenn da keine Manberson da ist, was man da nicht alles leisten muß. Wir haben jetzt bereits zugesäht, jetzt sind wir über der Wintterstreue zum machen, dan geht das Kardopfln graben an, man ist wirklich ganz mit Arbeit eingenommen was mir nicht recht gefält, immer so stark an dem irtischen hängen wo man doch nicht dableiben darf. Ich schätze die Einsamkeit u. den vehrker mit Gott beßer als alles andere. Ich vertraue auf Gott in meinem Schicksal, u. Er wird es schon am besten richten."[18]

Von einer gesteigerten Arbeitslast aufgrund der Einberufungen waren auch die verbliebenen männlichen Arbeitskräfte betroffen. In der Erntezeit wurde nicht selten von morgens um drei bis abends nach neun Uhr auf dem Feld gearbeitet.[19]

---

15 Vgl. Wirtschaftsstelle Rosenheim o.D. [Mai 1917] an Kriegsamtsstelle München: BHStA/IV, MKr 17166; Zentralstelle für Lebensmittel-Versorgung der Truppenteile des Standortes Augsburg 21.2.1918 an stv. GK I. AK: ebd., stv. GK I. AK 1962; WB BA Markt-Oberdorf 30.6.1917: StAA, Regierung 9764; Achter, Einwirkungen, S. 39f.

16 In der Vorkriegszeit war im südlichen Bayern während des Sommers für die Bäuerinnen eine Arbeitszeit von rund 15 Stunden üblich. Die Arbeit konnte auch vor und nach einer Entbindung nur kurzfristig unterbrochen werden. Vgl. Kempf, Arbeits- und Lebensverhältnisse, S. 108, 119ff. Zu den demographischen Konsequenzen vgl. A.E. Imhof, Die Übersterblichkeit verheirateter Frauen im fruchtbaren Alter, in: Zeitschrift für Bevölkerungswissenschaft 5 (1979), S. 487-510.

17 Vgl. Kempf, S. 94-109; Schulte, S. 134f.; Rosenbaum, S. 80f.

18 Bäuerin aus Erdenwies 23.9.1917 an ihre Schwester; vgl. den Brief einer Bäuerin aus Haidlfing vom 22.4.1917 an ihre Schwester in der Schweiz; beides in: BSB, Schinnereriana; Roth, Lebenserinnerungen, S. 44ff. In ihrem Brief vom 6.4.1916 an ihren Mann Jakob kritisierte Anna Eberhard den Kriegsgefangenen, der bereits um halb acht Uhr abends die Arbeit beenden wollte: Privatbesitz.

19 WB BA Friedberg 14.7.1917: BHStA/IV, stv. GK I. AK 1955; vgl. WB BA Ebersberg 8.6.1917:

Ein Landwirt konstatierte im Frühjahr 1915 erschrocken, daß seine Frau erst gegen elf Uhr abends mit dem Schreiben der Feldpost beginnen konnte.[20] Die Frauen mußten die gestiegenen Anforderungen in der Außenarbeit bewältigen, was ohne die wegen der Abwesenheit der Männer rapide sinkenden Geburtenzahlen und den damit geringeren Umfang der Betreuung von Kleinkindern ohnehin kaum zu leisten gewesen wäre.[21] Darüber hinaus hatten sie aber auch noch die gewohnten Arbeiten im Stall und im Haushalt zu erledigen. Aufgrund der sich daraus ergebenden hohen physischen Belastung war die Stimmung der ohne erwachsene männliche Arbeitskräfte wirtschaftenden Bäuerinnen ausgesprochen niedergeschlagen:

„3 Jahre Arbeiten allein wie ein Riesen Vieh, das halten die Menschen nicht mehr aus, wir haben für Gott schon vieles getan, und kein Ende werde nicht mehr, (...) wir haben uns vor dem Krieg auch schon Arbeiten genug können aber so schlechtes wie man jetzt auszuhalten hat, das häte kein Mensch geglaubt."[22]

Zudem verschärfte die subjektive Wahrnehmung von Ungerechtigkeit das Gefühl der Überlastung. Die Landwirtsfrauen ordneten die von ihnen zu leistende Mehrarbeit in den Zusammenhang der Einschränkungen in Produktion und Konsumtion ein, die sich aus den kriegswirtschaftlichen Maßnahmen ergaben. Den Bezugspunkt des Vergleichs bildete dabei regelmäßig die städtische Bevölkerung. Diese wurde als Nutznießerin der agrarpolitischen Maßnahmen angesehen, ohne daß man selbst der Industriearbeiterschaft eine diese Begünstigung rechtfertigende, den ländlichen Verhältnissen entsprechende Arbeitsleistung zubilligen wollte.[23] Dadurch verfestigte sich der Eindruck, daß die eigenen Anstrengungen nur den Städtern zum Vorteil gereichen würden:

---

ebd., stv. GK I. AK 1954.
20 Stefan Schimmer 13.5.1915 an seine Frau, vgl. auch seinen Brief vom 27.1.1915: BHStA/IV, Amtsbibliothek 9584.
21 Da die Versorgung kleiner Kinder den Aktionsradius der Bäuerinnen stark einengte; Mitterauer, Arbeitsteilung, S. 822f., 891. Die Meßziffer der ehelich Geborenen auf 1.000 verheiratete Frauen von 16-50 Jahren sank in Gemeinden unter 2.000 Einwohner von 1913= 100 auf 1917= 52.5: Statistisches Jahrbuch für den Freistaat Bayern 14.1919, S. 56.
22 Brief an einen Kriegsgefangenen aus Grünbach (Niederbayern) vom 7.6.1917: BSB, Schinnereriana; vgl. BA Altötting 30.10.1916 an stv. GK I. AK: BHStA/IV, stv. GK I. AK 1946; Wirtschaftsstelle Landshut o.D. [Februar 1918] an dass.: ebd., stv. GK I. AK 1962; Wirtschaftsstelle Augsburg 19.7.1918 an dass.: ebd., stv. GK I. AK 1967.
23 Dies wurde u.a. bei den seit Herbst 1917 durchgeführten sog. „Bauernreisen" in Betriebe der Rüstungs-Industrie deutlich, die einem ausgewählten Publikum von Bauern und Bäuerinnen zur Förderung der Ablieferungsbereitschaft die Bedeutung und Mühe der Industriearbeit vor Augen führen sollten. Dieser Zweck wurde allerdings nicht erreicht. Stattdessen herrschte die einhellige Meinung, daß keiner der Schwerarbeiter eine Tätigkeit vor der Erntearbeit vorziehen würde. Zudem beobachtete man bei den Arbeitern „vielfach das von Friedenszeiten her gewohnte, höhnische Benehmen" gegenüber Landwirten. Die tatsächliche Arbeitsbelastung der Industriearbeiter spielte aufgrund des seit langem in der Wahrnehmung fest geprägten Gegensatzes von Stadt und Land offenkundig keine Rolle. Gemeindeverwaltung Mittbach 20.11.1917 an BA Wasserburg (Zitat), sowie weitere Berichte in: BHStA/IV, stv. GK I. AK 1722; vgl. Ay, S. 149f.

„Wie geht es Euch vielleicht wie bei uns, wir haben gar nichts mehr zum Esen alles bloß die vielle Schwehre Arbeit, uns nimth man die Stätter gibt man es, jetz haben sie uns die ganze Ernde genommen, ich thue nichts mehr, ver Hungern können wir so auch."[24]

Als Folge der andauernden körperlichen Überanstrengung häuften sich bei den alleine wirtschaftenden Bäuerinnen nach drei Kriegsjahren Unterleibsbeschwerden und Fehlgeburten.[25] Gegen Ende des Krieges ging ihre Arbeitskraft rapide zurück.[26] Aufgrund der besseren Ernährungslage nahm die Sterblichkeit in ländlichen Regionen jedoch weniger zu als in den Städten.[27]

Problematisch war nicht allein die quantitative Vergrößerung des Arbeitspensums, sondern auch die Bewältigung bis dahin allein den Männern vorbehaltener Arbeiten. Die Anlernung und Führung der für die Ackerwirtschaft nötigen Pferde- und Rindergespanne war im Rahmen der üblichen Aufgabenverteilung eine Domäne der Männer. Dies lag bei den Pferden an dem hohem Prestige, das sich sowohl mit ihrem Besitz als auch der Arbeit mit ihnen verband, aber auch an der großen Kraft und Geschicklichkeit, die die Führung der Gespanne erforderte.[28] In diesem Punkt konnte die männliche Arbeitskraft nur unter großen Mühen entbehrt werden, zumal bei unsachgemäßem Umgang mit den Tieren stets die Gefahr drohte, von ihnen verletzt zu werden:

„Jetzt sollte halt die Zeit bald kommen wo Du selbst umgehen könntest mit den Pferden, jetzt haben wir lauter Junge Pferde beinander und ist keiner als Einspanner abgerichtet höchste Zeit das Du kommst."[29]

Die Kompetenz und Entscheidungsgewalt für betriebswirtschaftliche Vorgänge wie die Zuteilung der einzelnen Ackerstücke entsprechend der gewünschten Fruchtfolge, die Festlegung von Saat- und Erntetermin sowie den Kauf und Verkauf von Großvieh wurden ebenfalls traditionell unter den männlichen Familienmitgliedern tradiert.[30] Auch hierbei waren die Bäuerinnen in der Regel auf den Rat ihres Mannes angewiesen, der in detaillierten brieflichen Anweisungen aus dem Feld gegeben wurde.[31]

---

24 Brief einer Bäuerin aus Kissing vom 8.7.1917: BSB, Schinnereriana. Vgl. Kap. 5.2., 5.4.1.
25 K.M. 4.4.1917 an die stv. GK: BHStA/II, ML 1008; Michael Melchner 1.3.1917 an K.M.: BHStA/IV, MKr 2451; Wirtschaftsstelle München-Süd 21.1.1918 an stv. GK I. AK: ebd., stv. GK I. AK 1961.
26 Wirtschaftsstellen Weilheim 18.1.1918 bzw. Mindelheim 22.6.1918 an stv. GK I. AK: BHStA/IV, stv. GK I. AK 1961, 1966.
27 Vgl. Mattes, S. 51f.; Daniel, S. 221.
28 Vgl. Mitterauer, Arbeitsteilung, S. 846; Bauer, S. 62f.
29 Auszug aus dem Brief einer Bäuerin in Schwaben an ihren kriegsgefangenen Mann vom 13.3.1917: BSB, Schinnereriana; vgl. speziell zur Verletzung den Brief einer Bäuerin aus Fischerdorf vom 21.4.1917 an ihren Mann: ebd.; Stefan Schimmer 13.5.1915 an seine Frau: BHStA/IV, Amtsbibliothek 9584; Anna Eberhard 11.2.1916 an ihren Mann Jakob: Privatbesitz; Wirtschaftsstelle München-Süd 21.1.1918 an stv. GK I. AK: BHStA/IV, stv. GK I. AK 1961.
30 Vgl. Mitterauer, Arbeitsteilung, S. 866ff.
31 Vgl. Mattes, S. 54; Anna Eberhard 11.2.1916 an ihren Mann Jakob: Privatbesitz; Feldpostbriefe

Diese Zusammenhänge lassen es fraglich erscheinen, ob die Bäuerinnen in den Kriegsjahren auf dem Weg zu einer „gleichberechtigten Partnerin" des Mannes bei der Führung des Betriebes Fortschritte machten.[32] Neben ihrer Abhängigkeit von Hilfe und Rat der Männer sprechen dagegen die großen Probleme, die alleinstehende Bäuerinnen bei der Disziplinierung der Dienstboten hatten, obwohl diese überwiegend jugendlichen Alters waren.[33] Auch unter den verbliebenen männlichen Hofbesitzern konnten die Bäuerinnen nicht auf eine gestiegene Rücksichtnahme rechnen. Diese waren offenbar nicht bereit, die als Folge des Krieges notwendigen Veränderungen des Aufgabenbereichs der Frauen zu akzeptieren. Eine anonyme Eingabe beklagte frühzeitig ihre „herzlose Tyrannei" gegenüber den „verlassenen Weibern", die sich unter anderem in der Abwerbung von Dienstboten äußerte.[34] Bei der Durchsetzung ihrer Ablieferungsverpflichtungen standen die Kriegerfrauen schließlich oftmals ohnmächtig den von in Bezirksamt und Kommunalverband tätigen Männern sowie den Bürgermeistern durchgesetzten Zwängen gegenüber:

> „(...) bin sehr zufrieden haben viel Getreide bekomen, aber kan keine Freude haben, weil man blos die Arbeit thun darf u. mit der Sach thun Sie was wollen, man mus ob man will oder nicht, es scheint uns ob wir in Sklaventhum gehören, den man möcht oft verzeifeln wies die Bauerleut fuchsen, aber einen Dreck solen bekomen den brauchen wir auch selbst ist ales vol Arbeit."[35]

Neben der Aufrechterhaltung und Steuerung der landwirtschaftlichen Produktion waren die alleinstehenden Bäuerinnen im Hinblick auf ihre persönlichen Bindungen an die im Feld befindlichen Familienmitglieder starken Belastungen ausgesetzt. Seine spürbarste und eindringlichste Auswirkung hatte der Krieg hier zunächst durch den Tod von Ehemännern und Söhnen. Die eintreffenden Verlustmeldungen gaben frühzeitig Anlaß für eine sich vertiefende Friedenssehnsucht.[36] Da sich die Klagen von gleich mehrfach betroffenen Familien häuften, wies das Kriegsministerium im Herbst 1916 die Truppenteile an der Front an, Väter von vielen Kindern

---

von Stefan Schimmer an seine Frau, passim: BHStA/IV, Amtsbibliothek 9584; O.K. 30.7.1915, 25.8.1915, 7.9.1915 an seine Frau: BfZ, Slg. Schüling Bd. 110; G.T. 3.12.1915 und 19.2.1916 an seine Frau F. in Gollhofen: Privatbesitz.

32 Winkel, S. 98.

33 Vgl. Kap. 5.4.2.

34 Vgl. die auf eine Freistellung ihrer Männer zielende anonyme Eingabe der „Frauen vom Landsturm" an König Ludwig III. vom Januar 1915: BHStA/IV, MKr 2822; Schreiben der Gütlerin Barbara Niedermeyer aus Niederscheyern (BA Pfaffenhofen) vom 5.8.1917 an Georg Heim: StaA Regensburg, NL Heim 1317.

35 Brief einer Bäuerin aus Thundorf (Ndb.) vom 11.9.1917: BSB, Schinnereriana. Vgl. den Brief einer oberbayerischen Bäuerin vom 4.3.1917 an einen Kriegsgefangenen: BHStA/IV, stv. GK I. AK 1979; Hubbard, Familiengeschichte, S. 185-189. Die Unentschlossenheit seiner Frau wird in den eindringlichen Ermahnungen in den Briefen von Stefan Schimmer vom 3.2., 19.2. und 20.2.1915 deutlich: BHStA/IV, Amtsbibliothek 9584.

36 Vgl. Kap. 2.2.; WB BA Kaufbeuren 11.12.1915: StAA, Regierung 9762; WB BA Griesbach 3.6.1915: StAL, Rep. 168/5, 1117.

und die „letzten Söhne" möglichst nicht in vorderster Linie einzusetzen.[37] Ende 1917 gab es in Bayern noch knapp 9.000 Familien, bei denen fünf oder mehr Söhne im Feld standen.[38]

Die vom Verlust eines Angehörigen betroffenen Frauen blieben mit ihrer Trauer weitgehend auf das private Mitgefühl der Angehörigen angewiesen, zumal selbst innerhalb des Dorfes ein den Nachbarn treffender größerer Verlust noch der eigenen Beruhigung dienen konnte.[39] Trost bot allerdings die mit der christlichen Todesdeutung verknüpfte Jenseitsvorstellung.[40] Religiöse Überzeugung bestärkte die Kriegerwitwen auch in einer durch Duldsamkeit geprägten Haltung:

> „Liebe Anna es ist gewis auch Schmerzlich für mich u. Dich das die Kinder so früh den Vater verloren haben, aber nun es ist jetzt Gottes Wille gewesen. Den der liebe Gott wird Weiter sorgen, Er ist ja unser bester Vater der sorget für witwen u. Weißen, wir wollen Täglich Bitten das Er uns nicht verlassen thut. Den es ist noch niemand Verstoßen worden, der die zuflucht zu ihm nam. Wir wollen auf Gott Vertrauen dan wird es schon wieder gehen."[41]

Dem Bericht eines Pfarrers zufolge ‚murrte' von den Frauen der Gefallenen in seiner Gemeinde nur ein Teil, während die anderen „gottergeben ihr Geschick" ertrugen.[42] Selbst extreme persönliche und wirtschaftliche Belastungen wurden von den Bäuerinnen im Namen des „heiligen Willen(s) Gottes ertragen".[43] Insbesondere der im Krieg in den ländlichen Gemeinden an Beliebtheit gewinnende Herz-Jesu-Kult propagierte eine durch „Demut" und „Selbstverleugnung" geprägte „Opfermenta-

---

37 K.M.-Erlaß vom 16.10.1916: Ulrich/Ziemann, Frontalltag, Dok. 29, S. 125.
38 MInn 7.12.1917 an das königliche Kabinett: BHStA/II, MInn 54021.
39 Vgl. das Schreiben einer Bäuerin aus Weiler vom 8.5.1917: BSB, Schinnereriana. Das Schicksal der „armen kleinen Weislein" bewog allerdings einen Dienstboten aus Zeholfing am 1.10.1917 dazu, Papst Benedikt XV. brieflich um Frieden zu bitten: ebd. Johann Bätz drückte seiner Schwägerin Katharina Schimmer am 7. und 10.7.1915 brieflich sein Beileid über den Tod ihres Mannes aus: BHStA/IV, Amtsbibliothek 9584.
40 Vgl. den Briefauszug aus dem Allgäu vom 1.4.1917: BSB, Schinnereriana; C.H. 9.5.1916 an F.T. in Gollhofen: Privatbesitz.
41 Brief einer Witwe aus Obergermaringen an eine Verwandte vom 22.5.1917: BSB, Schinnereriana; vgl. Barabara Saam 9.10.1916 an ihren Sohn Hans: Privatbesitz.
42 Pfarramt Unteriglbach 30.6.1916 an Ord. Passau: ABP, DekA II, Fürstenzell 12/I.
43 „Hab Dir schon geschrieben das der Michl in rechten Oberschenkel verwundet ist, er ist jetzt nach Erlangen gekomen ins Lazarett, er schreibt das die Wunde schon wieder gans zugeheilt ist, dan wird er hald gleich wieder hinmüßen zu den morden, die können jetzt nicht mehr aufhören bis alles aufgerieben ist, unser Knecht hat auch schon fort müß, zum feiern hab ich im gehabt jetzt das die Arbeit kommt habe ich niemanden, sind im schon 125 M gefallen ich darf nichts was zalen und mir gibt kein Mensch nichts, alles bekomt [Familien-] Unterstützung ich bin abgewisen, unser Haus darf zu Grunde gehen, was auch der Krieg wir ein Schaden ist, nimand zum Arbeiten alles komt herunter u. zahlen muß ich als wen alles recht Gewirtschaft wäre, Dir muß ich in der Gefangenschaft schmachten lasen der andere wird immer wieder verwundet u. der S. gar vermißt, wie kan man da die Wirtschaft auch noch führen u. mit den fremden Leuten möchte man vor Zorn zergehen, nun muß ich hald alles im heiligen Willen Gottes ertragen, weil das resenieren auch nichts hilf." Brief einer Bäuerin aus Cham an ihren kriegsgefangenen Sohn vom 28.5.1917: BSB, Schinnereriana.

lität" und fand damit gerade bei Frauen seine größte Anhängerschaft.[44] Die Bäuerin Katharina Schimmer, deren Mann im Feld eine intensive marianische Frömmigkeitspraxis gepflegt hatte, stiftete ihm nach seinem Tod für 300,– Mark ein Herz-Jesu-Sühneamt.[45] Im Fall der vielen vermißten Soldaten gab es noch nicht einmal Gewißheit darüber, ob der betreffende Angehörige nicht doch noch am Leben sein könnte. Gerade unter der bäuerlichen Bevölkerung des südlichen Bayern kursierten Gerüchte über seit längerem als vermißt gemeldete Angehörige, die angeblich in Wahrheit wegen ihrer entsetzlichen Verstümmelungen von den Militärbehörden in ‚Geheimlazaretten' verborgen gehalten würden. Die Gerüchte hielten sich derart hartnäckig, daß sich der Kriegsminister v. Hellingrath im November 1917 im Landtag zu einem ausführlichen Dementi gezwungen sah.[46]

Eine religiös eingefärbte Leidensbereitschaft zeigten die Bäuerinnen auch im Hinblick auf die steigenden Probleme, die das Fehlen der züchtigenden Autorität des Familienvaters bei der Disziplinierung der Kinder entstehen ließ:

„Betreffs unserer Kinder. Folgen tun sie schon wenn der Stecken hilft besonder der Jakob man muß auch sie wieder im Guten ermahnen sind halt noch kindische Köpfe jeder hat Schrecken er muß zuviel tun auch der Hans wie mehrer wie schlechter immer Streit Hans u. Mari spinnen zam sogar der Groß. Könnte Dir manches mitteilen, aber ich schweige ich trage mein Kreuz ich werde es so verdient haben."[47]

44 Zur geschlechtsspezifischen Verbreitung des Kultes, der eine ausgesprochene „Frauenangelegenheit" war, vgl. Busch, Feminisierung, Zitate S. 205, 209. Zur Beliebtheit des Kultes vgl. Kap. 2.2.
45 Diesen in der Kirchenrechnung der Pfarrgemeinde Oellingen aus dem Jahr 1917 befindlichen Hinweis hat der Bearbeiter des Briefwechsels, Peter Högler, notiert: BHStA/IV, Amtsbibliothek 9584. Vgl. die Briefe der westfälischen Bäuerin Veronika Töns, deren drei im Krieg gefallen sind. Am 11.1.1915 schrieb sie ihrem Sohn Franz: „Wie oft empfehle ich euch dem h. Herzen Jesu, und so hoffe ich mit Zuversicht daß ihr gesund zurückkehrt und daß uns der Friede nicht mehr fern sei." Am 25.10.1915, kurz nachdem ihr Sohn Alfred gefallen war, schrieb sie an Karl: „Du wirst sicher denken wie ich dieses überstehe. Ja von weltlicher Seite betrachtet könnte man verzweifeln, doch, wir haben auf unserer Pilgerfahrt einen goldenen Wanderstab, dieser Stab ist unser Glaube, stark und mächtig, schützt er uns. Groß ist meine Trauer um ihn, aber es war Gottes Wille, und dieses muß und soll mir genug sein." Herrn Alfred Töns in Hopsten bin ich für die Einsicht in die in seinem Besitz befindlichen Briefe zu Dank verpflichtet.
46 Vgl. Amtsgericht Sonthofen 17.6.1917 an Sanitätsamt stv. GK I. AK: BHStA/IV, stv. GK I. AK 1723; Vertrauensmann Res.-Lazarett Dillingen 31.10.1917 an Chefarzt: ebd., stv. GK I. AK 2402; B. Ulrich, „... als wenn nichts geschehen wäre". Anmerkungen zur Behandlung der Kriegsopfer während des Ersten Weltkriegs, in: G. Hirschfeld/G. Krumeich (Hg.), Keiner fühlt sich hier mehr als Mensch... Erlebnis und Wirkung des Ersten Weltkriegs, Essen 1993, S. 115-129, hier S. 125f.; v. Hellingrath 27.11.1917: KdA, Sten. Ber. Bd. 16, S. 775f.
47 Zitat: Anna Eberhard 19.10.1914 an ihren Mann Jakob: Privatbesitz; Brief einer Bäuerin aus Oberbayern vom 25.2.1917 an ihren kriegsgefangenen Mann: BHStA/IV, stv. GK I. AK 1979; vgl. Pfarrämter Asenham o.D. [Juli 1916] und Nöham 29.10.1916 an Ord. Passau: ABP, DekA II, Pfarrkirchen 12/I; Expositur Neuhaus 1.6.1917 an Ord. Passau: ABP, DekA II, Fürstenzell 12/I; Aufseß, Kochel, S. 24. Zur väterlichen Disziplinierungspraxis vgl. Bauer, S. 52f.; Rosenbaum, S. 98f. Für die Beaufsichtigung der kleineren Kinder ließen sich zumindest die zum Aufenthalt bei Landwirten vermittelten Stadtkinder verwenden, die ansonsten auf Ablehnung stießen, da ihre Eltern vornehmlich eine Gelegenheit zum Hamstern suchten. Auf diese Verwendung deuten entsprechende Vermerke in mehreren undatierten Namenslisten von Stadtkindern hin: ABA, Pfa 99, Karton 20, Nr. 7. Zur Ablehnung vgl. WB BA Eggenfelden 3.9.1918: BHStA/IV, stv. GK I.

Im Gegensatz zu den in der Heimat verbliebenen Männern, deren Teilnahme am Sakramentenempfang ungefähr ab der Mitte des Krieges im allgemeinen deutlich nachließ, blieb der religiöse Eifer der Frauen weitgehend ungebrochen.[48] Die Bäuerinnen wurden durch die Erwartung des letztlich allein durch göttliche Fügung gewährleisteten Friedens in ihrer extrem passiven Einstellung gegenüber den Lasten des Krieges bestärkt.[49] Ein solche auf religiösen Haltungen beruhende Deutung des Krieges war verbunden mit der Vorstellung einer moralisch fundierten gesellschaftlichen Ordnung, die auf einer gerechten Verteilung der Lasten beruhte. Die Überzeugungskraft dieses in der Heimat ebenso wie an der Front gängigen religiösen Deutungsmusters wurde mit der Zeit aber erschüttert.[50] Als Voraussetzung für die Einlösung dieser Hoffnung galt ein durch Reue und Bußfertigkeit gekennzeichnetes, religiös und sittlich tadelloses Verhalten der Menschen.[51] Der in den verschiedensten Bereichen des gesellschaftlichen Lebens erkennbare moralische Niedergang machte die Hoffnung auf göttlichen Beistand jedoch zunehmend obsolet.[52] Wenn „die Leute (...) immer minder u. schlechter" wurden, blieben die Bemühungen der tugendhaften Menschen vergeblich.[53] Der Verfall der moralischen Ordnung der Gesellschaft traf somit auch diejenigen, die noch an diesem Ideal festhielten. Mit Blick auf die Liebesbeziehungen verheirateter Kriegerfrauen hielt eine oberbayerische Bäuerin bedauernd fest:

„Die deutschen Weiber werden immer schlechter, jest kann Gott auch die guten Weiber auch den Frieden nicht geben."[54]

AK 1969; MInn 23.1.1918 an die RP: ebd., MKr 12883.

48 Vgl. die Berichte über die Kriegsseelsorge der Pfarrämter Biessenhofen vom 1.8.1919, Friesenried vom 19.7.1919, Unterthingau vom 24.7.1919 und Huttenwang vom 1.9.1919 an das Ord. Augsburg: ABA, DA 6, Karton 13.

49 Vgl. z.B. Anna Eberhard 13.3.1916 an ihren Mann Jakob: Privatbesitz. Allerdings wurden zunehmend Vorwürfe laut, daß Gott „den Krieg nicht zu Ende führt." Pfarrämter Triftern 13.9.1915 (Zitat); Sulzbach 12.6.1916 an Ord. Passau: ABP, DekA II, Pfarrkirchen 12/I; Fürstenzell 12/I.

50 Dies galt offenbar auch für die städtische Bevölkerung; vgl. den Brief aus Kolbermoor vom 29.6.1917: BSB, Schinnereriana.

51 Die Interpretamente dieses Deutungsangebotes sind in prägnanter Form im Hirtenbrief der deutschen Bischöfe und Erzbischöfe vom 13.12.1914 versammelt; Amtsblatt für die Erzdiözese München und Freising 1914, S. 227-233. Die im folge skizzierte Entwicklung legt es nahe, neben den schwindenden Siegeshoffnungen auch die Wahrnehmung eines moralischen Niederganges als Grund für die sinkende Popularität des Herz-Jesu-Kultes anzunehmen. Zumindest in dem zitierten Hirtenbrief – dem Schlüsseltext für die offiziöse Zielbestimmung des Kultes – wird die allgemeine Notwendigkeit einer religiös-moralischen Regeneration der Bevölkerung mehrmals betont. Obwohl die primäre Kultfunktion die eines „Siegesgaranten" blieb, hatte die in der Kriegstheologie allgemein vertretene läuternde Funktion eines Krieges auch für die Verehrung des Herzen Jesu Bedeutung. Vgl. Busch, Katholische Frömmigkeit, S. 112f.

52 Vgl. den Brief einer Frau aus Nürnberg an einen Kriegsgefangenen vom 8.4.1917: BSB, Schinnereriana.

53 Brief einer Bäuerin aus Bimwang, vermutlich an eine Bekannte oder Verwandte, vom 3.12.1917: ebd.

54 Bäuerin aus Mühldorf am Inn 23.8.1917 an eine Freundin oder Verwandte: ebd.

Es machte keinen Sinn mehr, wie die Pfarrer in ihren Predigten den Krieg als „Gottes Strafe für die Menschen" zu interpretieren, wenn sich Kriegsgewinnler unbeeinflußt von Gewissenszwängen zu Lasten der Allgemeinheit bereichern konnten.[55] An ihrem Handeln erkennbare Grenzen kannte der Langmut der Bäuerinnen gegenüber dem Verlust ihrer Angehörigen. Ähnlich wie bei einem Teil der Soldaten verbreitete sich in der Heimat die Auffassung, der Krieg werde von den Mächtigen nur geführt, um die arbeitende Bevölkerung zu dezimieren:

> „(...) was man nur so heimlich flüsterte wird jetzt offen gesagt, deswegen ist doch Krieg, daß die Menschen weniger werden, und die Großen wieder mehr Gewalt haben über das arme Volk."[56]

Ein Teil der Bäuerinnen zog aus dem von den ‚Großen' bezweckten Tod der von ihnen mühsam aufgezogenen Söhne direkte Konsequenzen, indem sie eine wachsende Bereitschaft zur Geburtenkontrolle entwickelten.[57] Zweifel am Sinn einer großen Kinderschar ließen auch soziale Notlagen entstehen, denn „man nimmt Ihnen den Ernährer und läßt die Kinder verhungern".[58]

Ebenso wichtig wie schwer zu beantworten ist die Frage, ob die Bäuerinnen, bedingt durch die lange Trennung, eine emotionale Entfremdung von ihren Ehemännern erlebten und sich in ihrer eigenen Wahrnehmung aus der ehelichen Bindung lösten.[59] Gegen eine solche Vermutung spricht eine Reihe von Befunden. Zunächst besaß für die Frauen ebenso wie für ihre Angehörigen im Feld die briefliche Kommunikation große Bedeutung. Ein stetiger Briefwechsel bot eine

---

55 Vgl. den Briefauszug einer Frau aus Oberbayern an eine jüngere Bekannte oder Verwandte in der Schweiz vom 24.3.1917: ebd.

56 Briefauszug aus Rosenheim vom 17.6.1917 an einen Kriegsgefangenen; vgl. den Briefauszug aus Dachau vom 13.6.1917: ebd.; Kooperator Josef Schleich aus Rechtmehring 5.7.1917 an das stv. GK I. AK: BHStA/IV, stv. GK I. AK 1723; Karl Alexander v. Müller 31.8.1916 an den Kabinettschef Otto v. Dandl über die Stimmung im Bezirk Miesbach: ebd., MKr 2335; Bericht des Feldgeistlichen F.-X. Eggersdorfer v. 15.11.1917 über in Niederbayern gehaltene Aufklärungsvorträge: ebd., MKr 2337.

57 Vgl. Aktennotiz K.M.-Pressereferat 19.9.1916: BHStA/IV, MKr 2330; Daniel, S. 153. Die hier angeführten qualitativen Belege sind allesamt im Kontext der ländlichen Gesellschaft Südbayerns situiert! Kenntnisse über Möglichkeiten der Empfängnisverhütung waren durch die Kriegsgefangenen verbreitet worden; Pfarramt Halsbach 20.6.1919 an Ord. Passau: ABP, DekA II, Burghausen 12/I.

58 Brief einer offenbar mit dem Besitzer eines kleinen Geschäftes verheirateten Frau aus Straßdorf vom 28.8.1917 an ihren kriegsgefangenen Mann: BSB, Schinnereriana.

59 Vgl. Daniel, S. 150f. Die Autorin bezeichnet Entfremdung als die „nachhaltigste" Wirkung des Krieges auf die familiären Verhältnisse. Sie bietet dafür allerdings nur drei Belege, davon nur einen aus der Perspektive der Frauen. Die beiden anderen – ein Romanauszug und ein Feldpostbrief, dessen Verfasser im übrigen gerade darauf beharrte, daß die „Mehrzahl" der Soldaten sich gegen eine drohende Entfremdung von der Familie stemmte – beziehen sich auf die Wahrnehmung der Soldaten. Ein solches Vorgehen ist methodisch nicht korrekt, da Entfremdung aus der Sicht eines der beiden Partner sinnvollerweise nur als Selbstentfremdung begriffen werden kann. Ute Daniel verkürzt ‚Entfremdung' dagegen weitgehend auf den Tatbestand der Trennung *an sich*.

Hilfe für die eigene emotionale Stabilisierung. Briefe aus dem Feld waren aber auch Beleg für die körperliche Unversehrtheit des Mannes:

„Lieber Gatte jetzt will ich wieder gern Arbeiten, weil ich nur von dir wieder ein Lebenszeichen hab, kan dir nicht unsere Freude schreiben die war groß."[60] Die Trennung vom Ehemann entwickelte sich mit der Zeit zu einer bedrückenden Normalität.[61] Beim Versuch der brieflichen ‚Fernsteuerung' der für den Betrieb nötigen Entscheidungen traten auch Konflikte zutage. Diese setzten auf Seiten der Frau ein Minimum an Selbstbewußtsein voraus, deuten aber insgesamt eher auf ein mit längerer Trennung vom Ehemann sinkendes Selbstvertrauen der Bäuerinnen und eine daraus erwachsende Verhaltensunsicherheit hin.[62]

Statt wachsender Entfremdung hatte die Trennung auf Seiten der Frauen im allgemeinen aber eine sich mit der Zeit noch steigernde, „schrankenlose Sehnsucht nach Frieden und Heimkehr der Männer" zur Folge.[63] Dieser Wunsch entsprang der Überzeugung der Bäuerinnen, es sei „halt nichts wenn man alleinig ist".[64] Er zielte gleichermaßen auf die Rückkehr einer qualifizierten Arbeitskraft wie der ihnen emotional am nähesten stehenden Person.[65] Die Sicherung der ökonomischen Stabilität des Hofes war dabei das dominierende Motiv.[66] In bäuerlichen Ehen konnte sich aber gleichermaßen die Sorge um das Wohlbefinden eines in der

---

60 Briefauszug einer Bäuerin aus dem bayerischen Schwaben vom 27.2.1917: BHStA/IV, stv. GK I. AK 1979; vgl. den Brief von Katharina Schimmer o.D. [vermutlich Ende 1914] an ihren Mann Stefan: ebd., Amtsbibliothek 9584. Dieser Sachverhalt trifft vermutlich für Kriegerfrauen verschiedenster Schichten zu; vgl. Brocks/Ziemann, S. 119.

61 Vgl. den Briefauszug einer Bäuerin aus dem Allgäu vom 18.3.1917: BHStA/IV, stv. GK I. AK 1979.

62 Vgl. den Brief einer Bäuerin aus Oberfranken an ihren kriegsgefangenen Mann vom März 1917: BSB, Schinnereriana.

63 Diese Feststellung traf der Kommandeur der 11. Inf.-Div. in einem Schreiben vom 15.12.1915 an das K.M. aufgrund seiner Kenntnis der Briefe von Kriegerfrauen: BHStA/IV, MKr 2330; vgl., mit Bezug auf die ländlichen Verhältnisse, RP Ndb. 21.4.1916 an MInn: BHStA/II, MInn 66327; Militärische Aufsichts-Behörde Garmisch-Partenkirchen 24.10.1916 an stv. GK I. AK: BHStA/IV, stv. GK I. AK 1946; Brief der hessischen Bäuerin K.A. aus Niederweidbach vom 17.3.1918 an ihren Mann: BfZ, Slg. Schüling Bd. 34, Nr. 36.

64 Anna Eberhard 11.2.1916 an ihren Mann Jakob: Privatbesitz; vgl. Klemperer, Curriculum Vitae, S. 424f.

65 Vgl. den Stimmungsbericht des K.M.-Pressereferats für Oktober 1917, vom K.M. 30.10.1917 an MK übersandt: BHStA/II, MK 19289. Bereits im Frühjahr 1915 hatte ein anonymer Einsender aus dem Bezirk Kempten berichtet, die Frauen wollten die Felder nicht mehr bestellen, weil die Männer fehlten: Ay, S. 110.

66 Vgl. Katharina Schimmer 30.9.1914 an ihren Mann Stefan; Mitte Dezember 1914 hatte Schimmer erfahren, daß seine Frau fürchtete, bei seinem Tode zum „Narr" zu werden. Er warnte sie vor den Folgen für das Anwesen und die Kinder und schrieb ihr: „Wenn Du wieder einen solchen Brief schreibst, antworte ich nichts mehr. Muß jedesmal über die Kinder weinen, wenn ich die Karte sehe. Und sie sollen dann Vater und Mutter auf einmal verlieren? Wenn wir zwei einander auch noch so lieb hatten, wir sind nicht schuld, wenn mich das Unglück treffen sollte." Stefan Schimmer 21.12.1914, 2.1.1915 (Zitate), 13.1.1915 und 28.4.1915 an seine Frau; alles in: BHStA/IV, Amtsbibliothek 9584.

Gewohnheit eines langen Zusammenlebens vertraut gewordenen Individuums entwickeln. Dies wird im Schreiben einer schwäbischen Bauersfrau aus dem Jahr 1918 deutlich:

„Lieber Christoph heute ist auch das Pfingstfest wie lange mußt du auch noch fort sein es kann gar nimmer sein daß du heimkommst, u. wenn du zulest gar nimmer kommst, wie mus ich es dann machen u. wie wird es mir dann auch noch gehen, dann wäre ich am liebsten auch bei dir mit den Kindern dann habe ich nichts schönes mehr auf der Welt (...)."[67]

Insbesondere im Verhältnis zwischen den bäuerlichen Ehegatten werden somit die Grenzen einer rein ökonomischen Interpretation der bäuerlichen Familienwirtschaft deutlich.[68] Die Sehnsucht nach dem Ehemann blieb selbst dann lebendig, wenn im Einzelfall ein gelungener Umgang mit der erzwungenen Selbständigkeit in der Arbeit Zufriedenheit auslöste.[69] Auch das Verhalten der Bäuerinnen im Zurückstellungs- und Beurlaubungsverfahren zeigt, daß der eingezogene Ehemann für sie nicht nur als beliebig ersetzbare Arbeitskraft von Interesse war. So kam es des öfteren vor, daß verfügbare Arbeitskräfte oder Kriegsgefangene abgewiesen wurden, „um die Notwendigkeit einer Zurückstellung und Entlassung damit zu beweisen" und auf diese Weise die „Angehörigen vom Feld hereinzubekommen".[70] Ebenso waren die Angaben über den für eine Beurlaubung bestehenden Bedarf notorisch überhöht.[71]

---

67 Katharine Erhardt 19.5.1918 an ihren Mann Christoph; ihre – in religiöse Sinnsprüche gekleidete – emotionale Verbundenheit und die häufigen Gedanken an ihren Mann hatte sie in ihren Briefen vom 14.2.1916 und 5.7.1917 an ihn geschildert. Für seine Freude über diese Form der Anteilnahme vgl. seinen Brief vom 12.5.1918: BfZ, Slg. Knoch.
68 Vgl. auch Kap. 2.2.; die gängige Typologisierung des bäuerlichen Ehelebens etwa bei Rosenbaum, S. 86ff.
69 Vgl. den Brief einer Bäuerin aus Münchsdorf (Ndb.) in die USA vom 20.4.1918: BSB, Schinnereriana. „Du glaubst vielleicht es geht bereiz gar nicht mehr, aber das darfst nicht glauben, bei uns geht es ganz gut wen nichts schlimmes kommt, wir daheim spieren nicht viel von Krieg nur das wir keine Mändliche Kräfte nicht mehr haben, aber es geht doch alles ganz schön wir sind es schon gewont. Wir haben drei Dienstboten u. lauter Weibstbilder, wir bringen alles verdig uns ist keine Arbeit zu schwer, wir bringen Dopelzentner Gedreite zur Bahn u. verladen es als wen lauder kräftige Männer da wären und derweil haben wir gar keinen, wir gewönen uns jetzt so daran das wen die Krieger einmal kommen das sie ale Priefatie [Privatiers; B.Z.] werden. Du würdest schauen wen Du uns sehen wirdest, eine macht den Baumann eine die Obertire u. eine die Untertire u. ich spiele den Bauern u. fest mitarbeiten, heute ist der 20. April, wir haben schon in 19 März zugebaut, nun ist jetzt alles getan u. haben eine sehr schöne Witterung das Gras und Getreide ist sehr schön die Bäume blüen schon, es wäre alles sehr schön wen auch unsere Krieger bald zurüg keren würden." Baumann war die Bezeichnung für den an der Spitze der männlichen Dienstbotenhierarchie stehenden Knecht, Oberdirn und Unterdirn (damit ist die Kleindirn gemeint) bezeichneten Rangpositionen unter weiblichen Dienstboten; vgl. Gebhard, Aus der Arbeitswelt, S. 131.
70 Vgl. stv. GK I. AK 28.4.1917 an die Wirtschaftsstellen: BHStA/IV, stv. GK I. AK 2768; dass. 18.1.1918 an K.M.: ebd., MKr 580; Wirtschaftsstelle Kempten 15.1.1918 an die landwirtschaftlichen Sachverständigen (erster Teil des Zitats): ebd., stv. GK I. AK 2804; WB BA Eggenfelden 2.11.1917 (zweiter Teil des Zitats): ebd., stv. GK I. AK 1960.
71 Vgl. stv. 1. Inf.-Brigade 28.6.1915 an stv. GK I. AK: BHStA/IV, stv. GK I. AK 3782.

Die mit dem Wunsch der Soldaten nach Heimkehr korrespondierende Sehnsucht der Frauen nach einem baldigen Wiedersehen mit ihren Männern ist ein wichtiges Indiz dafür, daß die räumliche Trennung nicht zu einer emotionalen Entfremdung führte. Nur schwer beurteilen läßt sich dagegen die Frage, ob die Bäuerinnen in der Gewöhnung ihrer Männer an das Kriegshandwerk eine Gefahr für das zukünftige friedliche und zivile Zusammenleben in der Ehe sahen.[72] Zu vermuten ist aber, daß eher das Mitleid mit den im Feld zu ertragenden Belastungen im Vordergrund stand.[73]

Eine Gefährdung für die bäuerlichen Ehen ging allerdings von der Möglichkeit aus, daß die Frauen insbesondere bei längerer Abwesenheit des Mannes andere Beziehungen eingehen konnten. Einen vom Verlauf gewiß nicht repräsentativen, aber ausgesprochen dichten Einblick in das mit einer außerehelichen Beziehung verknüpfte Problemgeflecht bietet das folgende Schreiben seiner Schwägerin, das einen in Kriegsgefangenschaft befindlichen Soldaten im Mai 1917 erreichte:

„Lieber Schwager Sepp! Muß dir heute eine traurige Sache mitteilen u. hoffe, daß dich das Brieflein so gesund antrifft wie es uns alle verlaßt. Lieber Schwager im Februar kam zu uns die Samenhändlerin her, von welcher auch immer die Hildegard ihren Runkelrübensamen kaufte. Und diese Händlerin erzählte uns, daß die Hildegard in der Hoffnung ist. Nun wir dachten uns nichts dabei u. sagten zueinander, hat halt der Sepp auch einen Urlauber hinten gelassen. Er wird auch groß werden, wenn nur der Sepp wieder kommt, dann machts nichts. Vor 8 Tagen schrieb die Hildegard deiner Mutter, sie soll so gut sein u. zu ihr hinunter gehen, weil sie im Wochenbett liegt. Die Mutter ist gleich hinunter gegangen u. wie sie hinunter kam mußte sie einen solchen Verdruß erleben. Die Hüterin war grad da u. erzählte der Mutter gleich alles was sich vorgetragen hätte, daß das kleine Kind vom Wastl ist. Und daß der Wastel öfter in der Kammer gelegen ist. Seit voriges Jahr Ostern geht das Geschäft schon, erzählt die Hildegard selbst der Hebamme. Die Hildegard hat es schon längst seinen Nachbarsweibern erzählt, daß sie sich nicht halten konnte vor dem Wastl, überall ist er ihr nachgegangen und die Kammer hat er gesprengt. Die Hildegard erzählte der Mutter selbst die ganze Sache u. sagte dabei, jetzt bin ich recht beim Wastl, zuerst hab ich mich so nicht halten können u. hat mir alles mit Fleiß gethan u. dann sagte sie, wie sie mal in der Hoffnung war, dann war ihr erst recht alles gleich, dann lebte sie mit dem Wastl ärger als wie mit einem Ehemann, weil der Wastl a so ist wie ein Stier.
Anfangs wie das Geschäft anging hatte sie sich fest gewehrt, dan drohte er ihr, er brennt sie weg, er erstich ihr die Ochsen und zerschlägt ihr seinen Motor. Das war voriges Jahr vor Ostern, u. am August warst im Urlaub da, hatte sie da gar nichts

72 Vornehmlich auf diesen Sachverhalt zielte Daniel, S. 150f. Eine Frau aus Faulbach begrüßte dies im Brief an ihren kriegsgefangenen Vater vom 6.5.1917 als Voraussetzung künftiger Radikalisierung: „Aber warte nur bis der Kriegsschwindel aus ist u. man soll Steuer zahlen! Sie haben ja das Schlachten u. metzel gelernt. (...) Da sollen die raus rücken, wo ihre Säcke gefüllt haben." BSB, Schinnereriana.
73 Vgl. Christoph Erhardt 3.8.1917 an seine Frau: „Liebe Kathrine du schreibst jetzt dauern dich die Soldaten erst recht, wenn man so in der fremden Welt draußen ist, ja das ist etwas anders da kommen viele Stunden wo es einem herb wird, und wo man nicht mehr aus noch ein weis (...)". BfZ, Slg. Knoch; F.T. aus Gollhofen 21.12.1916 an ihren Mann G.: Privatbesitz.

erzählt? Die Mutter war jetzt acht Tage drunten u. sah, daß sich der Wastl u. die Hildegard sehr gut vertragen miteinander und daß sie mit Dir gar nie so gut war wie mit dem Wastl. Die Mutter sagte ihnen überall das notwendige, aber der Wastl war gleich recht grob sie durfte nicht viel sagen. Mit der Arbeit geht es ganz schlecht, 4 Wiesen hat er gedüngt, den Mist hat er wieder heim jetzt mitte Mai, wie er ihn hinaus hat, er hat den Mist nicht geegt, wo der Mist haufenweis lag war das Gras abgestanden. Die Hildegard geht nirgends naus, sie laßt sich nicht mehr sehen, nicht einmal das Klauholz hat sie weggehackt. Die Leute von D. erzählten der Mutter auch allerhand, daß der Wastl alle Woche ein paarmal fort fährt einmal nach Freising u. auch nach München u. arbeitet recht viel Geld auf. Er weiß sich zu helfen wie er das Geld aus der Hildegard herauslocken kann, bald sagt er wir brauchen dieses u. jenes, da mußt mir ein Geld geben daß ichs kaufen kann. Also wir schreiben jetzt zum Lehrer nach G., daß die Gemeinde den Wastl ausschafft aus deinem Hause, den sie leben wie ein Ehepaar, dan ist nächstes Jahr wieder ein Kind da. Die Hilde kan ihn nicht weiter schaffen, er geht ihr nicht, dan sagt er er thut ihr was an. Also die Gemeinde muß sich rühren, daß man den Kerl weiter bringt, wen auch niemand zur Arbeit da ist u. bleibt alles draußen, dan ist es auch nicht schlechter, weil der Wastel so die ganzen Einnahmen aufarbeitet. Lieber Schwager der Wastl scheut es a so schon lange, daß ihn die Gemeinde wegthut, weil das überhaupt nicht sein durfte, daß der das Weib benütze. Also lieber Schwager die Mutter wills haben, daß ich dir alles so schreibe, sie hat alles gehört u. viel gesehen, und sie hat auch viel Verdruß, vielmehr als wen du gefallen wärest. Lieber Schwager, du wirst dir sehr viel Verdruß machen, aber lasse dir die Sache nicht zu arg in den Kopf und bitte recht zu unserer lieben Frau [der Mutter Gottes; B.Z.], daß die Sache bald anders wird. So ist das ein trauriges Schicksal."[74]

Auch wenn über die soziale Stellung des in diese Ehe einbrechenden Mannes und die Art seiner Bekanntschaft mit der Familie nichts bekannt ist, kann man vor allem ökonomische Motive für sein Verhalten annehmen.[75] Ein eindringliches Schlaglicht wirft dieser Brief vor allem auf die prekäre Position, in der sich alleinstehende Frauen in der ländlichen Gesellschaft befanden. Die Abwesenheit des Mannes und die Androhung von Gewalt gegen den Besitz machte die Frau schutzlos. Die Schande und soziale Stigmatisierung, die sich offenbar unabhängig von ihrem Zustandekommen mit einer solchen Beziehung verband, hielt die Frau nicht nur vom Aufenthalt im öffentlichen Raum der Gemeinde und auf dem Feld ab. Sogar gegenüber ihrem auf Urlaub in der Heimat befindlichen Mann bewahrte sie Stillschweigen, wenngleich dafür auch die Furcht ausschlaggebend gewesen sein mag, der Zorn des Gatten könne sich an ihr selbst oder dem Nebenbuhler entladen und damit die Familie gänzlich in das Unglück stürzen. Die Tatsache, daß niemand

74 Brief an einen Kriegsgefangenen aus Roehrmoos vom 14.5.1917: BSB, Schinnereriana.
75 Zu vermuten ist, daß es sich um einen auf dem Hof beschäftigten Dienstboten handelte, der unabhängig vom moralischen Druck seiner Familie handeln konnte. In diese Richtung weist auch das kurzfristige ökonomische Motiv, das im Verschleudern des Geldes klar hervortritt. Die für den Mann bestehende Möglichkeit, durch die Heirat in ein Anwesen einzutreten, sicherte Frauen mit einer illegitimen Beziehung aber auch ab. Des Besitzes wegen heiratete ein junger Bursche eine bäuerliche Kriegerwitwe, die eine Beziehung zu einem Kriegsgefangenen eingegangen war; Pfarramt Ulbering o.D. [Mai 1918] an Ord. Passau: ABP, DekA II, Pfarrkirchen 12/I.

aus dem Dorf den Soldaten während des Urlaubs über das Verhältnis seiner Frau informierte, ist vielleicht ein Hinweis darauf, daß er als von außerhalb kommender Landwirt in der Gemeinde nicht oder noch nicht voll akzeptiert wurde.

Neben der auch durch ihren sakramentalen Charakter gefestigten Bindung an den Ehemann war es vornehmlich die gravierende moralische Schande einer illegitimen Beziehung, welche die Bäuerinnen in dieser Hinsicht disziplinierte. Dies belegt ein anderes Schreiben an einen Kriegsgefangenen aus dem Jahr 1917:

> „Muß dir mitteilen, daß in R. mit dem Marderfangen hübsch viel geht, und nicht nur bei jungen Mädchen sondern bei verheirateten Weibern, wir haben drei solche im Dorf die eine Aufführung machen, daß es eine Schande ist für die ganze Gemeinde, die kanst dir beiläufig denken, als erste St.-Schorß seine Frau, für die ist's gut, daß Schorß gefangen ist, daß sie wenigstens in Sicherheit ist, zuvor war Frankl im Spiel, hat dan einrücken müssen, jetzt hat sie einen Feldwebel, hat ihr sogar einen Haarzopf gekauft. Dan F. Nandl u. O. Heinrich seine Frau, da gabs einmal bei Nacht eine furchtbare Gaudi, haben Ihnen die Thüre eingebrochen, da wirds noch allerhand Krenkungen abgeben. Was jezt alles paßiert u. wie schlecht die Leute werden, kann ich Dir gar nicht schreiben, dieser Krieg hat nichts besser gemacht. Ich werde Ihnen immer als Beispiel vorgestellt von verschiedenen Leuten, weil Du schon solange fort bist, und hat man noch nicht das geringste gehört, ich bilde mir zwar nichts darüber ein, es ist ja meine heiligste Pflicht, aber man ist nur froh, wen man ein gutes Gewissen hat und bei den Leuten als richtige Person betrachtet wird. Auch könnte ich das meinem lieben Manderl nicht antun."[76]

Die Rücksichtnahme auf das Urteil der dörflichen Bevölkerung hatte für die Liebeleien der unverheirateten Dienstmägde keine tiefgreifende Bedeutung. Da die bei Hofbesitzern durch den Zwang zur Besitzstandswahrung gültigen moralischen Beschränkungen bei ihnen fortfielen, gab es außer der Entlassung durch den Dienstherren kein wirksames Mittel der Kontrolle.[77] Dies dürfte auch ein Grund dafür gewesen sein, daß Dienstmägde häufiger als Bäuerinnen sexuelle Beziehungen zu den auf den Höfen beschäftigten Kriegsgefangenen aufnahmen. Vorwiegend Bäuerinnen, deren Männer gefallen oder vermißt waren, ließen sich durch die Gefahr einer moralischen und juristischen Verurteilung nicht von solchen Kontakten abhalten.[78]

Eine andere illegitime Beziehungen geradezu herausfordernde Bedingung war die während des Krieges rapide sinkende Zahl der Eheschließungen. In den ländlichen Gemeinden sank die Heiratsziffer dabei noch stärker als in den Städten. Das lag zum einen daran, daß dort mehr reklamierte Soldaten lebten als auf dem Land.

---

76 Brief (Abkürzungen von Schinnerer) an einen Kriegsgefangenen aus Rottau (BA Traunstein) vom 29.5.1917: BSB, Schinnereriana; vgl. auch Schulte, S. 144f.

77 Schulte, S. 142ff., 149ff.

78 Vgl. Pfarramt Haiming 14.7.1918 an Ord. Passau: ABP, DekA II, Burghausen 12/I; Pfarramt Postmünster 19.9.1918 an Ord. Passau: ABP, DekA II, Pfarrkirchen 12/I. Eine aus dem Krankenhaus in Weiden schreibende Frau versicherte im Brief vom 15.9.1917 an ihren in Kriegsgefangenschaft befindlichen Liebhaber, sie hätte nicht mit einem Franzosen „verkehrt", wenn der Liebhaber sie bereits zu einem früheren Zeitpunkt geheiratet hätte: BSB, Schinnereriana.

Zum anderen ist aber eine generelle Zurückhaltung der ländlichen Bevölkerung zu beobachten, die sich insbesondere darin zeigt, daß bereits in Städten ab 20.000 Einwohner, mehr noch in den Großstädten, im Jahr 1914 die Zahl der Eheschließungen auf 1.000 der mittleren Bevölkerung über der des Jahres 1913 lag. In den Gemeinden unter 2.000 Einwohnern fiel diese Zahl dagegen bereits 1914 rapide ab. Dies deutet darauf hin, daß auf dem Land eine Welle von ,Kriegstrauungen' im August und September 1914 ausblieb. Offenbar wollte man dort mit der für die bäuerliche Existenz entscheidenden Weichenstellung einer Heirat abwarten, „bis die unsicheren politischen und persönlichen Verhältnisse sich geklärt" hatten.[79] Dementsprechend sank auch die Zahl der unehelich geborenen Kinder auf dem Land weitaus weniger als in den Großstädten.[80]

Bauerstöchter und Dienstmägde gingen trotz der Strafandrohungen der stellvertretenden Generalkommandos in steigender Zahl Beziehungen zu Kriegsgefangenen ein, die oftmals erst im Fall einer Schwangerschaft bekannt wurden.[81] Zwar wurden zur Abschreckung die Namen betroffener Frauen im Amtsblatt abgedruckt, und vor allem die Pfarrer warnten von der Kanzel herab vor moralischen Verfehlungen und drohten ihr Einschreiten an.[82] Die Überwachung der Gefangenen wurde in den Dörfern aber nur oberflächlich gehandhabt, und da diese sich durch ihre Arbeitsleistung unentbehrlich machten, wurden sie zumeist weitgehend in die bäuerlichen Haushaltungen integriert.[83] Aus Furcht vor der Wegnahme des Gefangenen unterließ man zum Teil die Anzeige solcher Vorfälle.[84] Andererseits benutzten anonyme Denunzianten das die Liebe zu Kriegsgefangenen als Schamlosigkeit und nationale Pflichtverletzung verurteilende Klima der öffentlichen Meinung, um verfeindete Nachbarn im Dorf anzuschwärzen oder drohende Vaterschaftsklagen abzuwenden.[85]

---

79 Vgl. die Tabelle in Kap. 6.1. auf der Basis der mittleren Bevölkerung; ZBSL 51 (1919), S. 90ff., Zitat S. 92. Allein mit den Reklamierten argumentiert Daniel, S. 130.

80 Vgl. Statistisches Jahrbuch für den Freistaat Bayern 14 (1919), S. 56.

81 Vgl. Daniel, S. 145f. Im Bereich der Wirtschaftsstelle Passau wurden bis Herbst 1917 etwa 120 nach einer Beziehung zu Kriegsgefangenen schwangere Frauen gezählt; Oberwirtschafts-Offizier 12.9.1917 an stv. GK I. AK: BHStA/IV, stv. GK I. AK 2762.

82 Vgl. WB BA Neu-Ulm 15.12.1917: StAA, Regierung 9764; Pfarramt Haiming 30.7.1916 an Ord. Passau: ABP, DekA II, Burghausen 12/I. Ein Gutteil der Anzeigen ging offenbar auf die Pfarrer zurück; vgl. Pfarramt Hader 5.6.1916 und 1.6.1917 an Ord. Passau: ABP, DekA II, Fürstenzell 12/I. Diese Praxis folgte bischöflichen Aufforderungen; vgl. Oberhirtliches Verordnungsblatt für die Diözese Regensburg 1916, S. 141f.

83 Vgl. WB BA Eggenfelden 3.12.1917: BHStA/IV, stv. GK I. AK 1960; Oberwirtschafts-Offizier 6.8.1917 an stv. GK I. AK: ebd., stv. GK I. AK 2762; Bauer, S. 58; Brief einer Bäuerin aus Giseltshausen vom 6.7.1917: BSB, Schinneriana.

84 Vgl. Vertrauensmann E./Ldst.-Btl. Passau 26.4.1918 an Ers.-Btl.: BHStA/IV, stv. GK I. AK 2408; WB RP Schw. 31.12.1916, WB RP Oberpfalz 17.6.1917: BHStA/II, MInn 53977.

85 Vgl. Münchener Post Nr. 176 v. 31.7.1917, sowie die verschiedenen Einzelfallschilderungen in: BHStA/IV, stv. GK I. AK 985. Zur öffentlichen Meinung z.B. Mühldorfer Tagblatt Nr. 86 v. 17.4.1917, in: BHStA/II, MInn 53977.

Die an der Überempfindlichkeit ‚nationaler' Kreise gemessen ungezwungene Integration der Gefangenen[86] und ihre alltägliche enge Zusammenarbeit mit den Dienstmägden bot für engere Beziehungen günstige Bedingungen. Die jungen Frauen verliebten sich rasch und hegten vereinzelt sogar den Wunsch nach einer Heirat mit einem Gefangenen. Wenn die Verbindung eine Schwangerschaft zur Folge hatte, wurde den Mägden und Bauerstöchtern aber oft die in ihrer sozialen Lage liegenden Grenzen für die Austragung eines Kindes bewußt. Mit der Einnahme von leicht zugänglichen Mitteln wie Seifenlauge, Schießpulver oder heißem Rotwein versuchten sie dann, eine Abtreibung herbeizuführen.[87] Zuweilen wurde das der Beziehung mit einem Kriegsgefangenen entstammende Kind von der Mutter getötet.[88]

Ihre Lebensverhältnisse während des Krieges, vornehmlich geprägt durch eine extreme Arbeitsüberlastung und eine tiefgreifende Sorge um das Leben der Angehörigen, boten den Bäuerinnen weder Anlaß noch Gelegenheit, um in ihrem vorübergehend erweiterten Arbeitsfeld vermehrte Selbstbestätigung zu suchen. Hinweise darauf, daß die Übernahme von Männerarbeiten ihnen auch das damit verbundene Prestige zuwachsen ließ, liegen nicht vor.[89] Die prekäre Lage der alleinstehenden Bauersfrauen zeigte sich jedoch nicht nur in ihrer Arbeitsüberlastung, sondern auch im fehlenden Schutz gegenüber dem patriarchalischen Verhalten der verbliebenen Männer und staatlichen Behörden. Eine religiös motivierte Duldsamkeit bestärkte die Landwirtsfrauen in ihrer Bereitschaft, selbst extreme wirtschaftliche und persönliche Belastungen zu ertragen.[90] In dem Maße, in dem die Hoffnung auf eine moralische Erneuerung durch den Krieg enttäuscht wurde, verdichteten sich die verschiedensten Symptome schwindender gesellschaftlicher

86 Empört war man vor allem über ihre reichliche Ernährung; MInn 13.7.1917 an die BA: BHStA/IV, stv. GK I. AK 2773. Vgl. auch den Brief einer Frau aus Schonungen bei Schweinfurt vom 18.8.1918: BSB, Schinnereriana.

87 Vgl. die in verschiedenen Verfahren gegen die Abtreibung angeklagte Frauen vor dem Landgericht Landshut gemachten Schilderungen: StAL, Rep. 167/2, 1093, 1094, 1120, 1122, 1128. Sogar Eifersuchtsdramen zwischen verschiedenen Gefangenen entwickelten sich. Vgl. den Brief einer Bäuerin aus Bichl vom 25.11.1917: BSB, Schinnereriana.

88 Eine Bauerstochter aus Dietersburg gebar das Kind nachts im Stall und tötete es sofort; Pfarramt Dietersburg 1.7.1918 an Ord. Passau: ABP, DekA II, Pfarrkirchen 12/I; vgl. WB BA Weilheim 20.7.1918: BHStA/IV, stv. GK I. AK 1967; allgemein Schulte, S. 126-176.

89 Vgl. Mitterauer, Arbeitsteilung, S. 889.

90 Insofern greifen die in der Opposition gegen eine schichtentheoretische Argumentation zutreffenden Bemerkungen von Daniel, S. 235ff., über den geringeren Grad der Einbindung von Frauen in überindividuelle Relevanzstrukturen als Bedingung für die Entstehung eines ‚weiblichen' Protestpotentials zu kurz. Religiosität war für die meisten Frauen im Kaiserreich das Medium gesellschaftlicher Sinnstiftung schlechthin, und es ist bezeichnend, daß Daniel als an der „Symbolproduktion" beteiligte Instanzen zwar „Vereine, Sekten [!] und Gewerkschaften" nennt (S. 237), nicht aber die christlichen Kirchen und ihre Agenten. Die Bedeutung religiöser ‚Pazifizierung' ist, dem generellen Stadt-Land-Unterschied im Protestpotential folgend, zwar für städtische Arbeiterfrauen geringer zu veranschlagen. Trotz ihrer von der Lage der Bäuerinnen abweichenden Integration in eine moralische Ordnung der Geschlechter bleibt sie aber eine systematische Untersuchung wert.

und religiöser Moral allerdings zu einem Bild des Krieges, welches diesen primär als Auslöser eines Verfalls bis dahin gültiger sittlicher Wertvorstellungen deutete.

5.2. ‚Zwangswirtschaft' und ‚Wuchergeist': Entwicklungstendenzen bäuerlicher Wirtschaft 1914-1923

Im südlichen Bayern stand die Landwirtschaft ebenso wie in anderen Gegenden des Reichs während des Krieges einer Fülle von Produktionsschwierigkeiten gegenüber. Neben dem gravierenden Arbeitskräftemangel ging die Zahl der Gespannpferde, die das wichtigste Arbeitsmittel der Landwirte waren, als Folge der Remontierung von Militärpferden um ein Drittel zurück. Die Versorgung und damit der Verbrauch von künstlichen Düngemitteln, insbesondere bei dem vor dem Krieg überwiegend aus dem Ausland bezogenen Stickstoff, sank um schätzungsweise 40%. Dazu kam als Folge des geringeren Viehstapels eine Einbuße des Aufkommens an tierischem Dünger um rund die Hälfte. Die Zahl der Schweine nahm von 1913 bis 1918 um 55% ab, wobei der berüchtigte ‚Schweinemord' des Jahres 1915 in Bayern nur einen geringen Einschnitt zur Folge hatte, da die Mast hier überwiegend von Kleinbauern betrieben wurde. Die Unterbrechung ausländischer Futtermittelzufuhren führte zu einer dramatischen Verminderung der auf dem bewirtschafteten Futtermittelmarkt verfügbaren Mengen und schob der intensiven Milchproduktion damit einen Riegel vor. Angesichts des niedrigen Maschinisierungsgrades der bayerischen Landwirtschaft waren die Beschaffungsschwierigkeiten bei landwirtschaftlichen Maschinen, deren Preissteigerung den der Erzeugerpreise weit übertraf, nicht von allzu großer Bedeutung. Allerdings machte sich der Brenn- und Treibstoffmangel u.a. beim maschinellen Ausdrusch hinderlich bemerkbar.[91]

Als Folge dieser Hemmnisse sanken die Ernteergebnisse während des Krieges erheblich ab, wobei der Tiefstand erst im Jahr 1919 erreicht wurde. Gemessen an den Werten des Jahres 1913 lag in Bayern der Hektarertrag 1919 bei Winterweizen um 25%, bei Winterroggen um 30%, bei Sommergerste um 26%, bei Hafer um 30% und bei Kartoffeln um 38% niedriger.[92] Der Übergang zu einer extensiven Wirtschaftsweise spiegelt sich auch in der Veränderung der Anbauflächen wieder.

---

91 Vgl. Kap. 5.1., 5.4.2.; Zahlen: Achter, S. 64-90; Aereboe, S. 40-66; Osmond, Peasant Farming, S. 290f.; Futtermittel: Statistisches Jahrbuch für den Freistaat Bayern 14 (1919), S. 330; Schweine: ebd., S. 108; Schweinemord: Skalweit, Kriegsernährungswirtschaft, S. 92-98; Woerner, Ernährungswirtschaft, S. 107ff.; Brennstoff: WB BA Ebersberg 2.12.1917, WB BA Freising 17.11.1917, WB BA Mühldorf 1.12.1917: BHStA/IV, stv. GK I. AK 1959. Die Zahl der Kühe ging aufgrund der Preisrelationen dagegen nur geringfügig zurück. Allerdings sank mit dem geringeren Futter die Milchleistung um etwa 30-40%: Achter, S. 81, 92-101.

92 Unter Auf- und Abrundung berechnet nach Statistisches Jahrbuch für den Freistaat Bayern 16 (1924), S. 42; für die nicht allzu gravierenden regionalen Differenzen vgl. ebd. 14 (1919), S. 90; 15 (1921), S. 67.

Diese lagen für Weizen und Roggen 1923 nur noch bei rund 89 bzw. 75% des Standes von 1914, während sie bei Klee und Luzerne entsprechend auf rund 124 bzw. 148% gestiegen waren.[93] Der während des Krieges erlittene Substanzverlust und der an Arbeitskraft, Böden und Inventar betriebene „Raubbau" zeigten auch in den ersten Nachkriegsjahren noch Folgen, wenngleich sich die Produktionsbedingungen in dieser Zeit nur schwer bestimmen lassen. Die Rückkehr zu einer intensiveren Wirtschaftsweise wurde durch die hohen, stark schwankenden und damit schwer kalkulierbaren Preise für Kraftfuttermittel und Kunstdünger behindert. Die ausgelaugten Böden gewannen nur schrittweise ihre alte Ertragskraft zurück.[94] Die Hektarerträge aller pflanzlichen Produkte lagen demgemäß 1923 noch unter dem Vorkriegsstand, wobei vor allem 1922 eine ausgesprochene Mißernte zu verzeichnen war. Allerdings ist dabei zu berücksichtigen, daß die Landwirte angesichts der Ablieferungsverpflichtungen während und nach dem Krieg ihre Ernteergebnisse und Anbauflächen notorisch in einem nicht exakt zu bestimmenden Umfang – beim Anbau gingen Schätzungen von 5-10% aus – zu gering angaben.[95]

Die objektive ökonomische Rentabilität der landwirtschaftlichen Betriebe in der Kriegs- und Nachkriegszeit läßt sich aufgrund fehlender Buchführungsunterlagen nur annäherungsweise und global bestimmen, wobei die gewiß gravierenden individuellen Unterschiede nicht in die Betrachtung eingehen. Der Verkauf von Pferden an das Militär, steigende Preise für landwirtschaftliche Erzeugnisse auf dem bewirtschafteten und vor allem dem schwarzen Markt sowie die Einschränkung investiver Betriebsausgaben erzeugten bereits während des Krieges einen wachsenden Überhang an Geldkapital. Dies zeigte sich in einer steigenden Höhe der Spareinlagen bei den landwirtschaftlichen Zentralgenossenschaften sowie daran, daß bereits ab 1916 die Tilgung von Hypothekendarlehen die Neueintragungen weit überstieg.[96] Aufgrund der durch die Geldentwertung hervorgerufenen faktischen Sperre für Importe von Agrarprodukten und der daraus folgenden Stabilisierung der Erzeugerpreise über dem Niveau des Weltmarktes steigerte sich der Überhang an liquidem Kapital in der Nachkriegszeit nochmals. Die damit gegebenen Möglichkeiten zur investiven Verbesserung des Betriebskapitals wurde von der Mehrzahl der Landwirte jedoch nur ansatzweise und vor allem zu spät genutzt. Erst im Frühjahr

93 Errechnet nach Statistisches Jahrbuch für den Freistaat Bayern 16 (1924), S. 41.
94 Vgl. Achter, Zitat S. 127; Moeller, Winners, S. 270; HMB RP Schw. 7.4.1923: BHStA/II, MInn 72564; W.A. Boelcke, Wandlungen der deutschen Agrarwirtschaft in der Folge des Ersten Weltkrieges, in: Francia 3 (1975), S. 498-532, hier S. 505ff., 523ff. Die Zahl der Pferde hatte 1922 noch nicht den Vorkriegsstand erreicht: Statistisches Jahrbuch für den Freistaat Bayern 16 (1924), S. 66.
95 Vgl. Statistisches Jahrbuch für den Freistaat Bayern 16 (1924), S. 42; Aereboe, S. 84ff.
96 Vgl. Achter, S. 115-144; Lilgenau, Verschuldung, S. 22-86, v.a. S. 79ff.; Töpfner, Entschuldung, S. 105-121; Müller, Simbach, S. 119f. Dies hatte auch in der Wahrnehmung der Landwirte seine Bedeutung: „Den meisten Bauern geht es besser als vor dem Krieg. So ist Bruder Max mehr als Schuldenfrei und Sepp auch schuldenfrei. Bei uns alles Quitt. Und so ist es fast überall." Brief eines Fronturlaubers vom 20.3.1918 an einen Kriegsgefangenen: BSB, Schinnereriana.

1922 setzte die ‚Flucht in die Sachwerte' in großem Umfang ein, als in vielen Bezirken zahlreiche Neubauten und Renovierungen von Stallungen und Gebäuden sowie die Ausstattung mit elektrischem Strom erfolgten.[97] Zudem gab es eine allerdings nur ausgesprochen kleine Gruppe von Landwirten, deren ökonomische Kenntnis über das Wesen der Geldentwertung überhaupt nicht dazu ausreichte, den durch die Inflation für sie entstehenden Vorteil einer problemlosen Entschuldung zu nutzen. Dies machen eine Reihe von brieflichen Anfragen deutlich, in denen Georg Heim um Auskunft darüber gebeten wurde, in welcher Form die im Betrieb erwirtschafteten großen Summen zu verwenden seien. Die stereotype Frage lautete, ob man das Geld besser auf der Bank zurücklegen oder aber damit bestehende Hypothekenschulden zurückzahlen solle.[98]

Die seit dem Übergang zur Rentenmark einsetzende Stabilisierungskrise mit ihren sinkenden Erzeugerpreisen machte rasch deutlich, daß die landwirtschaftlichen Betriebe in der Inflation zwar äußerlich durch steigende Betriebseinnahmen profitiert hatten. Die mehrheitlich ungenügende und verzögerte Umsetzung der Gewinne in Investitionen hatte jedoch eine strukturelle Schwäche zur Folge, welche die Inflation insgesamt nur als eine Zeit der „Scheinblüte" erscheinen läßt.[99]

In der Agrarpolitik bedeutete der Kriegsbeginn einen entscheidenden Einschnitt, der in ökonomischer Hinsicht aus Sicht der Landwirte den gesamten Zeitraum von 1914 bis 1923 als eine Einheit markierte. Seit der Zollgesetzgebung von 1879 hatte sich die Landwirtschaft eines umfassenden Schutzes vor ausländischen Getreide- und Fleischimporten erfreut, der den Preisdruck der Importe zu den deutlich niedrigeren Weltmarktpreisen vom Inlandsmarkt fernhielt und den agrarischen Produzenten in erheblichem Maße Einkommensvergünstigungen auf Kosten der Konsumenten zukommen ließ.[100] Diese privilegierte Position wurde durch den im Herbst 1914 vollzogenen Übergang zu einer „konsumorientierten Ernährungspolitik" erschüttert. Diese Charakterisierung mag angesichts der katastrophalen Ernährungskrise in der zweiten Kriegshälfte erstaunlich klingen. Doch für den Mangel an Nahrungsmitteln waren primär die geschilderten Produktionshemmnisse sowie die Tatsache verantwortlich, daß das Reich zu rund einem Fünftel von Nahrungs- und Futtermittelimporten aus dem Ausland abhängig war, die nun infolge der alliierten Blockade ausblieben.[101] Zur Verwaltung des Mangels und zur Begrenzung des Preisauftriebs für die Konsumenten wurde mit anfänglicher Unterstützung der

97 HMB RP Schw. 20.3.1922: BHStA/II, MA 102147; HMB RP Obb. 22.8.1922, 6.6.1923: ebd., MA 102136; HMB BA Erding 15.3.1922: StAM, LRA 146315; HMB BA Ebersberg 15.2.1923: StAM, LRA 79889; Töpfner, S. 126-130.
98 Vgl. z.B. die Schreiben der Landwirte Josef Gehr 9.11.1920, Josef Meier 24.4.1922, Christoph Ernst 25.7.1923, und eine Reihe weiterer Schreiben an Georg Heim: StaA Regensburg, NL Heim 2305.
99 Vgl. Osmond, Peasant Farming, S. 294-301; Schumacher, Land, S. 273-286; Aereboe, S. 113-123, Zitat S. 108.
100 Wehler, Gesellschaftsgeschichte, Bd. 3, S. 648-653.
101 Schumacher, S. 271; Zahl: Daniel, S. 183.

agrarischen Verbände ein System der Zwangsbewirtschaftung geschaffen, das bis 1917 nahezu alle Nahrungsmittel und zudem die Futtermittel erfaßte.[102] Das komplexe und in seinen verästelten Details hier nicht weiter zu verfolgende Maßnahmenbündel wurde im Oktober 1914 mit der Einführung von Erzeugerhöchstpreisen für den Großhandel mit Brotgetreide in Gang gesetzt, worauf in schneller Folge solche für Futtergetreide, Kartoffeln u.a. folgten. Seit Januar 1915 waren die Vorräte an Brotgetreide und Mehl beschlagnahmt. Der Aufkauf des Getreides und aller weiteren später der Bewirtschaftung unterworfenen Produkte, die Feststellung der Vorräte und die Kontrolle der Ablieferung sowie nötigenfalls die Enteignung und schließlich die Lagerhaltung oblag auf lokaler Ebene den Kommunalverbänden, welche in der Regel jeweils von den kreisfreien Städten und den Bezirksämtern gebildet wurden.[103]

Für die Festlegung der allgemeinen Verteilungssätze für Getreide etc. und den Ausgleich zwischen Kommunalverbänden, die einen Überschuß erwirtschafteten, sowie denen, die einen Bedarf an einem bestimmten Produkt anmeldeten, wurden für die einzelnen bewirtschafteten Erzeugnisse jeweils Reichsstellen errichtet. Innerhalb Bayerns führten entsprechende Landesstellen diese Aufgaben durch.[104]

Die bald erkennbare chronische Insuffizienz der Bewirtschaftungsmaßnahmen resultierte auf der Erzeugerseite unter anderem daraus, daß die Landwirte auf die Festlegung eines Höchstpreises für ein bestimmtes Produkt sofort damit reagierten, daß sie dieses zurückhielten. Da die Höchstpreise um so höher lagen, je später sie eingeführt wurden, gerieten insbesondere zwischen Getreide und Schweinen bzw. Rindvieh, für die erst Ende 1915 bzw. im März 1916 eine Preisbemessung eingeführt wurde, die Preisrelationen aus dem Lot. Die Folge war ungeachtet eines seit Oktober 1914 geltenden Verbotes eine vermehrte Verfütterung von Brotgetreide an das Vieh. Ein im Wirtschaftsjahr 1917/18 durchgeführter Versuch, das Preisgefüge durch die Anhebung der Getreidepreise zuungunsten der Schweine zu entzerren, scheiterte daran, daß anstelle der kontrollierten Schlachtungen die Hausschlachtungen zunahmen. Mit der im Dezember 1916 für das gesamte Bayern eingeführten Milchlieferpflicht und den seit März 1916 durch Viehlieferungsausschüsse der Kommunalverbände aufzubringenden Pflichtquoten an Rindvieh war das Bewirtschaftungssystem weitgehend komplettiert.[105]

---

102 Ausführlich zur politischen Konstellation und den Debatten auf Reichsebene, die hier nicht weiter verfolgt werden: Schumacher, S. 33-69, Feldman, Armee, S. 94-107 u.ö.; für Bayern vgl. Anm. 179.

103 Vgl. Achter, S. 27-32; ausführlich: Skalweit, S. 118ff., 146-162; Die öffentliche Bewirtschaftung, S. 6f., 27-33; auch im folgenden jeweils mit Blick auf die gesamtbayerische Behördenorganisation: Thalmann, Pfalz, S. 58ff.

104 Vgl. Skalweit, S. 162-176; Thalmann, S. 65ff.; Bewirtschaftung, S. 7-22.

105 Skalweit, S. 99-114, 187-196; Thalmann, S. 85-94, 97-107; WB RP Ndb. 22.10.1917: StAL, Rep. 168/5, 1117. Den Schlußpunkt bildete die Einführung eines Höchstpreises für Geflügel im Juni 1917: Achter, S. 32.

Unter dem Druck der krisenhaften politischen Situation und der schlechten Ernährungslage sowie der Forderungen beider Flügel der Sozialdemokratie wurde die Zwangsbewirtschaftung auch nach dem Kriegsende fortgeführt. Angesichts des faktisch weitgehenden Scheiterns der Maßnahmen und nicht zuletzt aufgrund der geschickten Politik des seit 1920 amtierenden Reichsernährungsministers Andreas Hermes bildete sich jedoch allmählich ein weitreichender politischer Konsens über einen schrittweisen Abbau der Kontrollen heraus. Die Zwangswirtschaft für Schweine, Rinder und Kartoffeln wurde dann von August bis Oktober 1920, für Milch im wesentlichen 1921 aufgehoben.[106] Bei dem für die Versorgung und Wahrnehmung der Konsumenten besonders bedeutsamen Brotgetreide behielt man allerdings von 1921 bis zum Frühjahr 1923 mit dem Umlageverfahren eine Bewirtschaftung in modifizierter Form bei. Danach mußte eine jährlich festgelegte und entsprechend den früheren durchschnittlichen Ernteerträgen auf die Länder aufgeteilte Menge an Getreide zu einem reduzierten Preis an die Kommunalverbände abgeliefert werden. Der Rest konnte von den Landwirten zum jeweiligen Marktpreis verkauft werden.[107]

Die Maßnahmen der Zwangswirtschaft bedeuteten für die Landwirte einen kontinuierlichen und massiven Eingriff in die Planbarkeit ihrer individuellen ökonomischen Entscheidungen. Permanente und im einzelnen jeweils nicht vorhersehbare staatliche Eingriffe in den Markt mit Agrarprodukten, die sich verschiebenden Preisrelationen zwischen einzelnen Produkten sowie in erster Linie die dabei vorgenommenen Begrenzungen des offiziell erzielbaren Verkaufserlöses riefen bei den vor 1914 ökonomisch privilegierten Bauern das Gefühl relativer Benachteiligung gegenüber den nunmehr von der Regierung vertretenen Konsumenteninteressen hervor. Wichtiger als Unterschiede in der Intensität, mit der einzelne Gruppen der Bauernschaft durch die Zwangswirtschaft getroffen wurden, war die kollektive Frontstellung, welche die Produzenten insgesamt gegenüber den städtischen Konsumenten einnahmen. Letztlich hatten die Zwangsmaßnahmen eine rapide sinkende Legitimität und Autorität der Staates auf dem Land zur Folge sowie einen zunehmend intensiveren Protest der agrarischen Verbände, die sich dabei auf den Unwillen ihrer stark steigenden Mitgliedschaft stützen konnten.[108]

Im Zuge dieser zuerst am Beispiel der Landwirte Westfalens und des Rheinlandes entfalteten These wurde auch die traditionelle Interpretation der Verteilungswirkungen der Inflation relativiert. Üblicherweise zählt die Landwirtschaft mit den anderen Besitzern von Sachwerten zu den Gewinnern der Inflation, da es mit

---

106 Vgl. Schumacher, S. 130-160; Bergmann, S. 182.
107 Vgl. Schumacher, S. 161-186; Moeller, Peasants, S. 104-112; Aereboe, S. 108-113. Die Details in: Bewirtschaftung, S. 173-190.
108 Vgl. dazu Moeller, Peasants, passim; ders., Dimensions, v.a. S. 163ff. Der auf Bayern größtenteils übertragbare Kern der Argumentation dieser grundlegenden Studie wird hier nicht weiter verfolgt. Stattdessen zielt dieser Abschnitt, wie im folgenden erörtert, vor allem auf die Grenzen einer ‚rationalen‘ ökonomischen Interpretation. Zu der als Folge der Zwangswirtschaft rapide sinkenden Autorität staatlicher Behörden auf dem Land vgl. Ay, S. 109-122.

fortschreitender Geldentwertung möglich war, bestehende Hypothekenschulden problemlos zu tilgen.[109] Demgegenüber läßt sich in Anlehnung an die zeitgenössische Argumentation bäuerlicher Interessenvertreter betonen, daß die Regierung mit dem Umlageverfahren eine „Sondersteuer gegen einen einzelnen Stand" (Sebastian Schlittenbauer) geschaffen hatte, insofern dieses die vollständige Realisierung des auf dem freien Markt erzielbaren Erlöses verhinderte. Die auch nach Kriegsende fortgesetzten Staatseingriffe in die Preise für Agrarprodukte hatten in dieser Sicht zur Folge, daß sich die Landwirte ungeachtet der Entschuldung in diesem das Getreide betreffenden Punkt als relative Verlierer der Inflationszeit begreifen konnten.[110]

Diese Argumentation trifft zweifelsohne wesentliche Aspekte der bäuerlichen Wahrnehmung und Auseinandersetzung mit der Zwangswirtschaft sowie der politischen Reaktionen darauf. Ihr liegt eine modellhafte Vorstellung bäuerlicher Wirtschaft zugrunde, welche diese vornehmlich durch ein rationales ökonomisches Interessenkalkül bestimmt sieht, bei dem sich die Gewichte nunmehr partiell zuungunsten der Landwirte verschoben. Vor allem mit Blick auf die Nachkriegsinflation, bei deren Auswirkungen man sich nicht allein auf die spektakulären Krisenereignisse des Jahres 1923 beschränken darf, stößt eine rein ökonomische Kalkulation der Verteilungswirkungen bei aller Berechtigung jedoch an Grenzen. Denn zum einen ist nicht von vornherein ausgemacht, ob die Angehörigen einer sozialen Gruppe auf die Inflation primär und jeweils gleichermaßen als zweckrational agierende Subjekte reagierten. Zum anderen ist zu beachten, daß die Inflation auch soziale Arrangements und Ordnungen sowie die sie überwölbenden und legitimierenden Moralnormen zerstörte.[111]

Deshalb sollen im folgenden vornehmlich die Differenzen innerhalb der Bauernschaft verfolgt werden, welche Zwangswirtschaft und Inflation erzeugten, sowie Elemente eines moralischen Deutungsmusters, das ökonomische und gesellschaftliche Probleme integrierte. Dabei wird zugleich erkennbar, daß eine Reihe von Landwirten ungeachtet der Eingriffe in den Agrarmarkt ihre ökonomische Position durchaus positiv beurteilte. Als Ansatzpunkt dafür bietet sich die Fülle der in den Wochenberichten und anderen Quellen überlieferten einzelnen Beschwerden von Bauern über ihre wirtschaftliche Lage an. Die Tendenz der Landwirte zu unablässiger Klage über ihre ökonomischen Verhältnisse war zwar schon im Kaiserreich ein

---

109 Vgl. bereits Eulenburg, Währungsverhältnisse, S. 763f. Eine umfassende Erörterung der Ursachen und Verteilungswirkungen der Inflation bei Holtfrerich, Inflation; vgl. ebd., S. 13ff. zu den Inflationsrhythmen. Danach auch alle im Text folgenden Bezugnahmen auf den jeweiligen Wertverfall der Mark.

110 Vgl. Moeller, Winners, passim; Zitat: Sebastian Schlittenbauer 29.3.1922 an ML: BHStA/II, ML 1069. Die Differenz zwischen dem Preis für das Umlagegetreide und dem mittleren Marktpreis für das Wirtschaftsjahr 1921/22 und der daraus folgende Einnahmeausfall in Bayern wurde von den amtlichen Statistikern auf rund eine Milliarde Mark geschätzt: Bewirtschaftung, S. 193.

111 Vgl. die Überlegungen bei Flemming/Krohn/Witt, Sozialverhalten, S. 242f.; Geyer, Teuerungsprotest, S. 181ff.

wohlbekanntes Faktum.[112] Dennoch bietet der Versuch, die bäuerlichen Klagen über die Zwangswirtschaft zu kategorisieren, einen guten Überblick darüber, welche Aspekte der Eingriffe in die bäuerliche Wirtschaft als besonders gravierend empfunden wurden und wer sich davon vor allem betroffen fühlte.[113]

Zunächst einmal waren die Landwirte nicht nur als Produzenten, sondern auch als Konsumenten von Agrarprodukten in ihrer Verfügungsfreiheit eingeschränkt. Nach der Beschlagnahme des Brotgetreides wurde ihnen, ihren Angehörigen und den dauerhaft beschäftigten familienfremden Arbeitskräften eine Selbstversorgerration von neun Kilogramm Getreide pro Kopf und Monat, bei anderen Produkten entsprechende Mengen, zur eigenen Verwendung zugestanden. Zur Überprüfung der Rationierung dienten Mahlscheine, auf denen die bei den Mühlen angelieferte Getreidemenge jeweils zu quittieren war. Hausschlachtungen durften seit 1916 nur noch mit Genehmigung des Kommunalverbandes durchgeführt werden.[114]

Zweifelsohne war gemessen an den städtischen Verhältnissen die Ernährung der Landwirte, deren offiziell festgelegte Verbrauchsmengen über denen der städtischen Bevölkerung lagen, in der Regel auskömmlich und gesichert.[115] Zudem war es ohne weiteres möglich, das System der Mahlscheine mit Hilfe der Müller zu unterlaufen, welche dafür dann allerdings eine erhebliche Menge Getreide einbehielten und damit manchen Bauern als die eigentlichen Nutznießer der Zwangswirtschaft erschienen. Oder man konnte von der in Altbayern üblichen Mehlkost auf andere Lebensmittel ausweichen. Die Selbstversorgerquote für sich bedeutete jedoch bereits einen gravierenden Eingriff in einen sonst selbstverständlichen Bestandteil bäuerlicher Autonomie, die Verfügungsgewalt über die eigenen Produkte, und stieß deshalb insbesondere bei den Landwirtsfrauen auf erbitterte Ablehnung:

„... und erst wen der Krieg noch lang nicht ausgeht wie wird dan noch komen, dürfen schon jetzt keine Kartoffel mehr hollen vor am 15. Setember, da wird nichts anderes übrig bleiben als unser Eigenes sach stehlen, zum haken da hat man keine vorschrift gemacht, diß haben wir schon selbst thun dürfen."[116]

---

112 Der liberale Abgeordnete Eugen Richter hat diese Eigenart als die Maxime des „lerne zu klagen ohne zu leiden" verspottet; zit. nach H.-J. Puhle, Agrarische Interessenpolitik und preußischer Konservatismus im wilhelminischen Reich 1893-1914, Bonn-Bad Godesberg 1975 (2. Aufl.), S. 242.

113 Moeller, Peasants, S. 53ff., geht ähnlich vor.

114 Diese Regelung wurde für Brotgetreide bis zur Einführung des Umlageverfahrens 1921 beibehalten. Vgl. Bewirtschaftung, S. 3, 35-42; Achter, S. 32. Daneben gab es 1915 in Bayern rund 188.000 in der Landwirtschaft tätige Personen in Gegenden ohne Getreidebau, v.a. dem südlichen Allgäu, die zu den Versorgungsberechtigten zählten. Ihnen wurde die für Selbstversorger festgelegte Mehlmenge zugestanden: Mitteilungen der K. Staatsministerien, S. 60; BA Sonthofen 26.10.1917 an MInn: BHStA/II, ML 1329. Während des Krieges ging man allerdings auch hier zum Anbau des Eigenbedarfs an Lebensmitteln über; HMB RP Schw. 7.4.1923: ebd., MA 102147.

115 Skalweit, S. 210.

116 Brief einer Bäuerin aus Pfaffenhofen vom 3.8.1917: BSB, Schinnereriana; vgl. Wirtschaftsstellen München-Süd 21.1.1918 und München-Nord 19.1.1918 an stv. GK I. AK: BHStA/IV, stv. GK I. AK 1961; WB BA Ebersberg 10.7.1917, WB BA Friedberg 14.7.1917: ebd., stv. GK I. AK 1955; WB BA Altötting 19.1.1918: ebd., stv. GK I. AK 1961; WB BA Augsburg 19.1.1918: StAA,

Vor dem Hintergrund der eigenen Arbeitsüberlastung gewann die behördliche Einschränkung der Ernährung in der Wahrnehmung noch zusätzliche Schärfe.[117] Die Beobachtung der von Gerichten ausgesprochenen Geldstrafen, die für nachgewiesene Verstöße gegen die Vorschriften über Mahlscheine und Hausschlachtungen ausgesprochen wurden, verstärkte die Erbitterung. Im Zusammenhang damit konnte dieser Beschwerdepunkt in den Kontext der Vorstellung einer umfassenden, gegen die zu Hause verbliebenen Bäuerinnen bzw. die Bauern allgemein gerichteten Verschwörung gerückt werden:

> „Der dume Bauer muß Zahlen bis ihn der Teufel holt u. Arbeiten, und tan bekommt man die vorschrift heute darfst 100 gram Brod essen, u. reicht es für denen nicht die nicht Arbeiten und keine vorschrift haben dann bekomt nur 50gr Brot, und wen man 51gr ist dan bekomt man 1500 M Straf, man kann gar nichts anderes mehr lesen in den Zeitungen, der hat ein Pfund zuviel gegesen 6 Monat oder 1500 M., der andere hat gar ein Schwein geschlachtet wo er sich zuerst aufgezogen hat 1500 M Straf, u. 300 M bekomt der Belohnung der es sagt. Und jetzt begint die Ernte da müssen wir gleich Treschen, da komen dan schon 6 u. 7 u. stehen hin u. Zählen ein jedes Körnlein was aus einer Garbe fallen, das wissen sie gut wieviel da sind die nicht arbeiten, da bleibt warscheinlich dem Bauern keines mehr, es sind schon zu viele die da hocken und ausrechnen wie man den Bauernstand am schnelsten zu grunde richten kann. Der es am schnellsten kann der bekomt dann eine Riesen Lohnung, das geht zwar den Bauernstand stelt man im Krieg naus, kein anderes ist ja nicht draußen [an der Front; B.Z.], weil ja wir alles verschuldet haben, den wir haben ja sonst die wenige Arbeit und sehen uns noch nicht genug Arbeit und könen deshalb den Krieg noch nicht Aufhören, den die anderen müssen ja daheim bleiben, wer thät den uns Weibern alles nehmen sonst. (...) Man kann immer hören der Bauer ist schuld und der Bauer."[118]

Zusammen mit einer Reihe anderer Feldpostbriefe von Bäuerinnen verdeutlicht dieses Schreiben ein Spezifikum bäuerlicher Mentalität, nämlich ihr gewissermaßen holistisches Konstruktionsprinzip sozialer Wahrnehmung. Individuelle Schwierigkeiten und außerhalb des eigenen Interessenkreises liegende gesellschaftliche Probleme wurden von den Bauern nicht analytisch zergliedert und gedanklich getrennt verarbeitet. Stattdessen rückten sie in einen engen Kontext und wurden im Rahmen einer moralischen Argumentation verallgemeinert. Der Grund dafür ist vornehmlich in der geringen Rollenspezialisierung zu sehen, welche die Arbeits- und Lebenswelt der Landwirte auszeichnete. Die daraus folgende geringere Fähigkeit

---

Regierung 9765; dass. 1.5.1915, WB BA Günzburg 12.2.1915: ebd., Regierung 9762; Bäuerinnen: WB BA Mühldorf 27.3., 15.5.1915: StAM, LRA 188445. Zum Konflikt zwischen Bauern und Müllern vgl. auch Neue freie Volks-Zeitung Nr. 183 v. 27.8.1919.

117 Vgl. Michael Melchner 20.6.1916 an K.M.: BHStA/IV, MKr 2330; MdL Puffer 9.7.1917 an MInn: ebd., MKr 2333; WB BA Neu-Ulm 28.6.1917: ebd., stv. GK I. AK 1955; Georg Heim 20.6.1917 an Innenminister Brettreich: BHStA/II, ML 1353.

118 Briefauszug einer Bäuerin aus Altomünster an einen Kriegsgefangenen vom 30.6.1917: BSB, Schinnereriana. Zum ,dummen Bauern' vgl. Kap. 5.4.1. Ferner MdL Kaspar Puffer 9.7.1917 an Innenminister Brettreich, Georg Heim 20.6.1917 an dens.: BHStA/II, ML 1353; Müller, S. 197; Bayerisches Bauernblatt Nr. 47 v. 25.11.1919.

zur Abstraktion von den persönlichen Lebensverhältnissen hatte, wie bereits geschildert, z.b. Folgen bei der Wirkung des Urlaubs auf die bäuerlichen Soldaten.[119] Den Bezugspunkt dieser spezifischen Relevanzstruktur von Landwirten bildete dabei in der Regel die eigene Arbeit bzw. während des Krieges die Arbeitsüberlastung, durch die die gesellschaftliche Realität wie in einem Brennspiegel wahrgenommen wurde. Die Empörung der Bauern über die Zwangswirtschaft war deshalb nicht allein durch die direkte Wahrnehmung ihrer ökonomischen Nachteile motiviert. Problematisch wurden diese vielmehr erst durch ihre Interpretation im Kontext einer tief verwurzelten bäuerlichen Arbeitsmoral und der mangelnden Anerkennung, die diese im Krieg fand.[120] Dies vermag zugleich zu erklären, warum ein im Kontext der Zwangsmaßnahmen eher nachrangiges Problem wie die Selbstversorgerration als derart problematisch empfunden werden konnte.

Aus demselben Grund geriet die Beschränkung des eigenen Verbrauchs schließlich auch in das Fahrwasser des Gegensatzes von Stadt und Land, als Ende März 1918 die zwischenzeitlich bereits 1916/17 einmal verminderte Selbstversorgerquote für Getreide wiederum auf 6.5 Kilogramm gesenkt wurde.[121] Diese Maßnahme führte vor allem deshalb unter den Landwirten zu besonderer Entrüstung, da den Arbeitern in den kriegswichtigen Industriezweigen erhöhte Schwerund Schwerstarbeiterzulagen gewährt wurden. Die in der Landwirtschaft tätigen Arbeiter zählte das zuständige Kriegsernährungsamt jedoch nicht zu den Schwerstarbeitern, und nur wenige Kommunalverbände reihten sie unter die Schwerarbeiter ein. Gerade während der Belastungen in der frühjährlichen Bestellperiode und vor dem Hintergrund der Geringschätzung des in der Industrie geleisteten Arbeitspensums wurde dies von den Landwirten als eine eklatante Ungleichbehandlung empfunden. Im Bezirk Eggenfelden verpflichteten sich die Landwirte deshalb gegenseitig dazu, bis auf weiteres überhaupt nicht mehr abzuliefern.[122] Auch in der

---

119 Vgl. Kap. 3.2.1.1. Dies könnte auch eine Erklärung für das oben angedeutete Phänomen bieten, daß bäuerliche Klagen über einzelne Schwierigkeiten des ökonomischen Modernisierungsprozesses sich gewöhnlich rasch zu umfassenden Krisen- und Bedrohungsszenarien ausweiteten. Vgl. als Versuch, ähnliche Phänomene vor dem Hintergrund der Dorfgemeinde als moralischer Instanz zu interpretieren: F.G. Bailey, The Peasant View of the Bad Life, in: T. Shanin (Hg.), Peasants and Peasant Societies, Harmondsworth 1987 (2. Aufl.), S. 284-299. Ordnungskategorien katholischer Provenienz unterstützen diese Form der Wahrnehmung zudem.

120 Dies prägte auch den Gegensatz von Stadt und Land; vgl. Kap. 5.4.1.

121 Skalweit, S. 211f. Als allerdings nur geringer Ausgleich wurde den Landwirten für maximal acht Wochen im Jahr eine Schwerarbeiterzulage von bis zu 75 Gramm Mehl pro Tag gewährt: Bewirtschaftung, S. 52. 1917 hatte auch eine Einschränkung des Fleischverbrauchs für Erbitterung gesorgt: Albrecht, S. 238ff.; WB BA Ebersberg 4.5.1917: BHStA/IV, stv. GK I. AK 1953.

122 WB BA Illertissen 28.3.1918, WB BA Landsberg 9.4.1918, Wirtschaftsstelle München-Nord 20.4.1918; WB BA Eggenfelden 2.5.1918: BHStA/IV, stv. GK I. AK 1964; 1965; Landw. Kreisausschuß Obb. 27.6.1917 an den Bayerischen Landwirtschaftsrat: ebd., MKr 2335; WB RP Ndb. 25.3., 6.5.1918: StAL, Rep. 168/5, 1116; Volksstimmungsberichte des K.M.-Pressereferats für März und April 1918: BHStA/II, MK 19290; Bayerisches Bauernblatt Nr. 33 v. 14.8.1917. Vgl. Skalweit, S. 204-207, 233f.; Bewirtschaftung, S. 50f.; Ministerialrat Brand und S. Schlittenbauer auf der 26. Sitzung des Ernährungsbeirats am 15.6.1917: BHStA/II, ML 1353; Kap. 5.1.

unmittelbaren Nachkriegszeit war die „Erbitterung der Bauern gegen die Zwangs-wirtschaft (...) in der Hauptsache" auf die als zu niedrig empfundene Selbstversor-gerration und das System der Mahlscheine zurückzuführen.[123] Eine Versammlung der Bürgermeister des Bezirks Landau setzte die Forderung nach Aufhebung der Mahl- und Schlachtscheine im August 1919 an die erste Stelle ihrer Gravamina gegen die Zwangswirtschaft. Die Anhebung der verfügbaren Getreidemenge auf 12 Kilogramm ab Mitte August 1919 entspannte Situation jedoch weitgehend.[124]

Ebenso wie bei der Konsumtion riefen auch die bei der Produktion vorgenom-menen Beschränkungen der Verfügungsfreiheit als Eingriff in die Selbständigkeit der Bauern für sich genommen bereits Erbitterung hervor:

> „Der malefiz Krieg wird jedem so ekelhaft das man ganz trübsinnig werden möchte. Und doch vergeht ein Tag um den anderen und schaut immer noch nichts her auf einen Ausgang. Denn jetzt kommt wieder die Zeit wo man wieder anbauen soll, aber wir werden nicht soviel anbauen weil man doch nicht her ist über seine Sachen, denn wenn man ein paar Getreidekörner übrig hat, so muß man in schon wieder hergeben (...)".[125]

Gleichermaßen wie bei der Konsumtion gewann auch die kritische Wahrnehmung der Ablieferungsverpflichtungen vornehmlich angesichts der eigenen Arbeitsüber-lastung besondere Schärfe:

> „Die Selbsterzeuger sind nicht besser daran. Die Herren kommen schon früh genug um Vieh, Geflügel, Getreide, Kartoffel, Heu u. Stroh alles in Beschlag zu nehmen. Man rechnet es so vor, daß es an Maß u. Gewicht gerad so kümmerlich naus geht, fir uns Leut bleiben für 2 Pferd 6 Ztr Haber bis zur Erndte. Das Saatgut haben sie so geschätzt, daß es zu wenig ist pro Tagwerk. Muß man sich auf der Landwirtschaft so viel plagen u. Sorgen um Alles zu Ernähren. Und dabei bleibt man jezt u. Nachher der dumme Bauer."[126]

Wie der Brief eines Landwirtes aus dem Oktober 1917 verdeutlicht, erschien der Sinn einer trotz aller Produktionshemmnisse bis dahin vorgenommenen möglichst umfassenden Bebauung der Felder vor allem durch diesen Zusammenhang fraglich:

> „Es wäre halt einmal Zeit, daß der schreckliche Krieg einmal ein Ende nehme, den wir sind auch mit allen sehr eingeschränkt, alles ist beschlagnahmt, alles was wir bauen das Obst, das Getreide, die Kartoffel das Vieh, kurz alles was wir haben. Die

---

123 WB RP Ndb. 11.8.1919 (Zitat), 8.9.1919, HMB RP Ndb. 4.2.1921: BHStA/II, MA 102139;
WB RP Schw. 11.8.1919: ebd., MA 102145; WB BA Ebersberg 10.8.1919: StAM, LRA 79889;
WB BA Neuburg 8.5.1920: StAA, Regierung 9767; Woerner, S. 19. Die Begünstigung der Müller,
die bis zur Hälfte des Getreides beim Schwarzmahlen einbehielten, stand dabei wiederholt im
Mittelpunkt des Protests.
124 MdL Mayer 25.8.1919 an ML: BHStA/II, ML 1497; vgl. ebd. aber RP Ndb. 8.9.1919 an ML;
Bewirtschaftung, S. 27.
125 Brief aus Oberbayern vom 26.2.1917: BHStA/IV, stv. GK I. AK 1979; vgl. Volksstimmungsbericht des K.M.-Pressereferats, vom K.M. 30.10.1917 an MK gesandt: BHStA/II, MK 19289; WB
BA Neu-Ulm 30.9.1916: StAA, Regierung 9763.
126 Brief einer Bäuerin aus Amendingen vom 23.12.1917: BSB, Schinnereriana. Vgl. die Briefe in Kap.
5.1.

Arbeit ist aber noch nicht beschlagnahmt, diese dürfen wir machen, aber nicht viel essen sollen wir, Trotzdem wir wieder gut gebaut haben.“[127] Bereits unabhängig von den konkreten Preisfestsetzungen für einzelne Produkte und den dadurch hervorgerufenen Mindereinnahmen empfanden die Landwirte also die Zwangsmaßnahmen als eine gravierende Benachteiligung gegenüber anderen, vornehmlich den städtischen Bevölkerungsgruppen.

Bei der Preisbemessung selbst war es vor allem die wiederholte und bei den verschiedensten Produkten vorgenommene Erhöhung der Höchstpreise, welche zunächst Differenzen innerhalb der Bauernschaft erzeugte und auf Dauer negative Folgen für die Bereitschaft hatte, überhaupt noch Lebensmittel zu den festgesetzten Preisen abzuliefern. Wie das Bezirksamt Neu-Ulm im März 1920 anläßlich einer Erhöhung des Eierpreises feststellte, war dies „eine Erscheinung, die sich leider auf dem ganzen Gebiete des Ernährungswesens ständig wiederholt“. Zur Sicherung der Versorgung wurde bei schleppend verlaufender Einbringung des vorgeschriebenen Liefersolls der Preis für das jeweilige Produkt nachträglich erhöht. Dadurch fühlten sich jene Landwirte, die „bisher zu den ungenügenden Preisen redlich ablieferten“, nunmehr „gegenüber den säumigen Landwirten“, die nur teilweise und erst mit Verzögerung ablieferten sowie ihre Produkte stattdessen auf dem Schwarzmarkt veräußerten, „nicht wenig benachteiligt“.[128]

Seine gravierenden Wirkungen zeigte dieser Mechanismus erstmals bei einer im Januar 1916 vorgenommenen Erhöhung der Getreidepreise, insbesondere bei Futterhafer.[129] Über diese Maßnahme beschwerten sich viele, vornehmlich kleinere Landwirte sowohl in der Heimat als auch mit Protestbriefen aus dem Feldheer an den christlichen Bauernverein. Sie hatten ihren Hafer bereits abgeliefert, während andere Landwirte, die über Geld „in Hülle u. Fülle“ verfügten, abgewartet hatten und nunmehr mit dem im Preis angehobenen Hafer „Spekulationen“ treiben konnten.[130] Solche „nachträglichen Preiserhöhungen“, betonte Georg Heim, würden „schuld“ daran sein, „daß niemand mehr etwas glaubt“, und das „Vertrauen“ zu den Behörden „untergraben“.[131] Im Sommer des folgenden Jahres zeigte sich deshalb eine ausgesprochene Zurückhaltung gegenüber einer frühzeitigen Abliefe-

127 Brief eines Bauern aus Steinling an einen in der Schweiz internierten Kriegsgefangenen und Dorfnachbarn vom 4.10.1917: BSB, Schinnereriana. Ähnlich der Brief einer oberbayerischen Bäuerin vom 25.2.1917 an ihren kriegsgefangenen Mann: BHStA/IV, stv. GK I. AK 1979.
128 WB BA Neu-Ulm 20.3.1920: StAA, Regierung 9767; für den Kartoffelpreis vgl. z.B. HMB RP Ndb. 4.2.1921.
129 Vgl. Die öffentliche Futtermittelbewirtschaftung, S. 32; Bewirtschaftung, S. 101.
130 Josef Fischer aus Heinrichskirchen 31.1.1916 an Georg Heim. Dieses und zahlreiche weitere Protestschreiben aus der Heimat und dem Feld in: StaA Regensburg, NL Heim 1626. Vgl. Landwirtschaftliche Zentralgenossenschaft Regensburg 14.2.1916 an Statistisches Landesamt München: BHStA/IV, MKr 2330; WB BA Kaufbeuren 29.4.1916: StAA, Regierung 9763; RP Ndb. 21.4.1916 an MInn: BHStA/II, MInn 66327; Bayerisches Bauernblatt Nr. 7 v. 15.2.1916.
131 Erstes Zitat: München-Augsburger Abendzeitung Nr. 132 v. 8.3.1916: BHStA/IV, stv. GK I. AK 1035; zweites Zitat: G. Heim 17.2.1916 an K.M.: ebd., MKr 2330; vgl. M. Melchner 20.6.1916 an dass.: ebd.

rung des Hafers, da man eine neuerliche nachträgliche Preiserhöhung erwartete.
Eine im Frühjahr 1918 wiederum erfolgende kurzfristige Anhebung des Haferpreises mußte zwangsläufig die Legitimität der Bewirtschaftungsmaßnahmen weiter
erschüttern.[132]

Die Überzeugung der pflichtgemäß abliefernden Landwirte, daß ihre Rechtschaffenheit sinnvoll sei und allgemein respektiert werden würde, erlitt darüber
hinaus noch einen zusätzlichen Schlag durch die Kontrollen, bei denen auf allen
Höfen Gendarmerie und militärische Kommandos die vorhandenen Getreidevorräte überprüften. Dies galt ebenso für die zahlreichen Pressemeldungen und
Äußerungen im Landtag, in denen „allgemein die Säumigkeit der Erzeuger gerügt"
wurde.[133] Eine kurz nach Kriegsende erlassene Amnestie für die nach Verstößen
gegen Ablieferungsbestimmungen verhängten Strafen machte den „guten Lieferern", die eine solche Bestrafung in ihrer Gemeinde stets „begrüßt" hatten, nochmals deutlich, daß ihr Verhalten trotz seines systemkonformen Charakters nicht die
eigentlich erwartete Honorierung fand.[134]

Einen weiteren Schwund des Vertrauens in die Bewirtschaftungsmaßnahmen
lösten Prämien aus, die für die frühzeitige Ablieferung des Getreides oder zur
Steigerung der Ablieferungsbereitschaft gewährt wurden. Dies war zum einen die
erstmals 1917 allgemein eingeführte Frühdruschprämie für bis spätestens zum 1.
Oktober ausgedroschenes und abgeliefertes Getreide, die zum frühesten Liefertermin im August einen Zuschlag von ungefähr 20% auf den Erzeugerpreis brachte.
Die Prämie diente der unmittelbaren Sicherstellung des Bedarfs, da wegen der
geringen Vorräte die alte Ernte frühzeitig aufgebraucht war und deshalb in der
Übergangsphase Stockungen in der Versorgung drohten.[135]

Ungeachtet ihrer pekuniären Vorteile lehnten die Landwirte jedoch die Frühdruschprämie bis zu ihrer letztmaligen Gewährung 1920 mehrheitlich ab. Das lag
zunächst daran, daß man sich in Regionen mit einem aufgrund der klimatischen
Bedingungen späteren Erntetermin generell benachteiligt fühlte. Zudem beklagten
jene loyalen Landwirte, die sich um eine genaue und vollständige Erfüllung ihrer
Lieferpflicht bemühten, daß andere Berufskollegen oftmals unreifes und damit
rasch dem Verderb ausgesetztes Getreide ablieferten. Zudem drohte, wie ein Pfarrer
beobachtete, „Mord und Totschlag" unter den Dorfnachbarn, die sich alle um einen
günstigen, rechtzeitigen Zugangstermin für die in der Gemeinde von allen Landwirten gemeinsam benutzte Dreschmaschine bemühten. Anderseits würden jene
kleineren Landwirte, für welche der maschinelle Ausdrusch ohnehin nicht in Frage

132 Vgl. WB RP Ndb. 14.8.1916: StAL, Rep. 168/5, 1117; WB BA Augsburg 18.5.1918: StAA,
    Regierung 9765; BA Laufen 13.9.1917 an obb. christlichen Bauernverein: StAM, LRA 96053;
    Statistisches Jahrbuch für den Freistaat Bayern 15 (1921), S. 257. Für einen ähnlichen Vorgang
    beim Heupreis vgl. WB BA Memmingen 26.1.1918: StAA, Regierung 9765; WB BA Dachau
    27.1.1918: BHStA/IV, stv. GK I. AK 1961.
133 RP Schw. 27.6.1917 an MInn, MInn 12.11.1918 an die BA: BHStA/II, ML 1353.
134 Vgl. WB BA Donauwörth 20.12.1918: StAA, Regierung 9765.
135 Vgl. Bewirtschaftung, S. 102, 107-110.

komme, über dieses „Unrecht laut aufschreien".[136] Die Benachteiligung der Kleinbauern, welche nur geringe Mengen für eine Ablieferung zur Verfügung hatten und
den Zeit- und damit Geldvorteil des Maschinendruschs nicht nutzen konnten,
sorgte vor allem 1918 für eine massive Ablehnung der Frühdruschprämie.[137]
Durch das Gefühl relativer Benachteiligung ausgelöste Spannungen innerhalb
der Bauernschaft hatte schließlich eine Anreizprämie zur Folge, die 1920 zur
Förderung der Ablieferung gewährt wurde. Alle Landwirte, die nach dem 1. Februar
noch mindestens einen Doppelzentner Brotgetreide an den Kommnalverband
abgaben, sollten einen Zuschlag von 300,– Mark pro Tonne abgelieferten Getreides
erhalten. Der geltende Höchstpreis stieg damit bei allen Getreidearten auf nahezu
das doppelte.[138] Diese Maßnahme stieß auf erbitterte Ablehnung vor allem bei
kleineren Landwirten, die ihre geringen Getreidemengen bereits vollständig abgeliefert hatten, sowie vor allem bei jenen den Bezirksämtern aus der täglichen Arbeit
des Kommunalverbandes gut bekannten „gewissenhafte(n)" Lieferern, die dies aus
einer immer noch vorhandenen Einsicht in die allgemeine Notwendigkeit der
Zwangswirtschaft heraus getan hatten. Aufgrund des massiven Protests hoben die
Behörden die Einschränkung wieder auf, so daß die Prämie schließlich allen
Landwirten zukam. Der für die Bereitschaft zur Ablieferung angerichtete Schaden
ließ sich damit jedoch nur begrenzen, nicht beheben.[139]
Insgesamt gerieten durch die verschiedenen von den Behörden vorgenommenen
Preisanpassungen und -anreize stets diejenigen Landwirte ökonomisch ins Hinter-
treffen, welche zunächst noch bereit gewesen waren, zu den ursprünglich festgeleg-
ten Höchstpreisen abzuliefern. Damit war es vornehmlich die Art und Weise der
Preisbemessung, nicht aber ihre Durchführung an sich, durch die sich jener Teil der
landwirtschaftlichen Erzeuger benachteiligt fühlte, der dem System der Zwangs-

---

136 Pfarrer Josef Weidner aus Königsfeld 31.8.1917 an BA Ebermannstadt (Zitat), Schreiben des
Pfarrers Sebastian Wieser aus Waal (BA Kaufbeuren) vom 14.8.1917, Friedrich Loos aus Kranzberg
(BA Freising) 2.9.1917 an MInn: BHStA/II, ML 1015; landw. Bezirksverein Greding (BA
Hilpoltstein) 13.10.1918 an MInn, RP Schw. 27.6.1917 an MInn: ebd., ML 1353; zahlreiche
Protestschreiben in: StaA Regensburg, NL Heim 1718; Volksstimmungsbericht des K.M.-Presse-
referats für September 1917, S. 9: BHStA/II, MK 19289; Garnisonältester Dillingen 27.9.1917
an stv. GK I. AK: BHStA/IV, stv. GK I. AK 1957; WB BA Neuburg 20.10.1919: StAA, Regierung
9766; Bayerisches Bauernblatt Nr. 41 v. 8.10.1918; BA Neu-Ulm o.D. [1920] an RP Schw.:
BHStA/II, MK 19236.
137 Vgl. WB BA Freising 10.8.1918; WB BA Donauwörth 28.9.1918; Oberwirtschaftsoffizier
29.5.1918 an stv. GK I. AK: BHStA/IV, stv. GK I. AK 1968; 1970; 2788; ferner WB BA Mühldorf
7.9.1919: ebd., stv. GK I. AK 3920; WB BA Donauwörth 8.2.1919: StAA, Regierung 9766; WB
BA Neuburg 17.7.1920: StAA, Regierung 9767.
138 Vgl. Bewirtschaftung, S. 117-121.
139 Vgl. WB BA Augsburg 31.1.1920, landwirtschaftliches Lagerhaus Neuburg 13.2.1920 an BA
Neuburg (mit Hinweis auf einen ähnlichen Vorgang bei der Kartoffellieferung), WB BA Neu-Ulm
7.2.1920, WB BA Nördlingen 21.2.1920: Regierung 9767; WB BA Aichach 7.2., 13.3.1920:
StAM, LRA 99497; WB BA Erding 13.3.1920 (Zitat): StAM, LRA 146315; Bewirtschaftung,
S. 119. Dennoch wiederholte sich der Vorgang 1921 bei der ‚Maisaktion‘, bei der für abgeliefertes
Getreide verbilligter Futtermais zur Verfügung gestellt wurde; vgl. ebd., S. 121-126; Bergmann,
S. 178.

wirtschaft anfänglich noch loyal gegenübergestanden hatte. Mit der Zeit hatte dies zwangsläufig auch bei diesen Landwirten zur Folge, daß die Bereitschaft sank, den von den staatlichen Behörden gesetzten Verpflichtungen nachzukommen.

Wie bei den geschilderten Beispielen bereits verschiedentlich erkennbar, richtete sich die daraus resultierende Kritik dieser Gruppe von Bauern allerdings nicht allein gegen den Staat als Urheber der verfehlten Maßnahmen. Benachteiligt fühlte man sich gerade gegenüber jenen Landwirten, die von vornherein nur eine geringe Bereitschaft zur Ablieferung zeigten und stattdessen ihre Produkte auf dem Schwarzmarkt veräußerten. So klagten beispielsweise Landwirte, die das gegenüber dem Nutzvieh im Preis zu gering bemessene Schlachtvieh ordnungsgemäß an den Kommunalverband ablieferten, über die finanzielle Einbuße gegenüber denjenigen, die es entgegen den Vorschriften zu höheren Preisen an andere Händler verkauften.[140]

Dieser Gegensatz innerhalb der Bauernschaft fand wiederholt auch öffentliche Beachtung. Mahnende Presseartikel wandten sich an jene Landwirte, die „wuchern (...) wie der schäbigste Kastanjud", und damit bei den „rechtlich denkenden Bauern" den Wunsch nach energischer Verfolgung dieses „habgierigen Treiben(s)" weckten.[141] In symptomatischer Rhetorik kritisierte die Zeitung der christlichen Bauernvereine im Januar 1920 jene Landwirte, die ihr Getreide auf dem Schwarzmarkt verkauften, anstatt es abzuliefern, „was ein ehrlicher Christenmensch tun müßte". Noch vor den von Regierung und SPD eingeführten bzw. propagierten Höchstpreisen machte man diesen Teil der eigenen Klientel für die Benachteiligung der ablieferungswilligen Landwirte verantwortlich. Diese wurden deshalb wiederholt dazu aufgerufen, „selbst Kontrolle" zu üben und ihre Standesgenossen anzuzeigen.[142]

Die Umgehung der Ablieferungsvorschriften ließ sich jedoch insgesamt nicht wirkungsvoll eindämmen. Einige Bezirke führten Versuche durch, bei denen die Pfarrer in den Gemeinden Ausschüsse organisierten. Diese sollten die Ablieferung fördern und an Hamsterer verkaufende Landwirte denunzieren. Solche Bemühungen scheiterten weitgehend, da im überschaubaren dörflichen Umfeld Denunziationen mit präzisen Angaben auf die Urheber zurückfallen mußten und sich niemand mit seinem Nachbarn „verfeinden" wollte.[143] Wenn die mit enormem Arbeitsaufwand von den örtlichen Beamten und der Gendarmerie durchgeführten Erhebungen tatsächlich zum Nachweis von Verstößen gegen die Bestimmungen führte, so hatte die Tätigkeit der überwiegend bäuerlichen Schöffen bei den mit der

---

140 Vgl. WB BA Augsburg 3.5., 1.11., 8.11.1919: StAA, Regierung 9766.
141 Vgl. Amper-Bote Nr. 38 vom 10.5.1919 (Zitat), Nr. 117 v. 28.11.1919; Oberbayerische Landeszeitung. Traunsteiner Nachrichten Nr. 211 v. 12.9.1918. Vgl. Kap. 5.3.
142 Vgl. Bayerisches Bauernblatt Nr. 4 v. 27.1. (erstes Zitat), Nr. 30 v. 27.7. (zweites Zitat), Nr. 40 v. 5.10 und Nr. 48 v. 30.11.1920.
143 Vgl. WB BA Freising 29.9.1917: BHStA/IV, stv. GK I. AK 1957; WB BA Erding 21.12.1918: StAM, LRA 146315; WB BA Aichach 25.9.1920 (Zitat): StAM, LRA 99497; Neue freie Volks-Zeitung Nr. 227 v. 17.10.1919.

Aburteilung befaßten Amtsgerichten aus dem genannten Grund milde Strafen und zahlreiche Freisprüche zur Folge.[144] Das einzig erfolgreiche Mittel zur Durchsetzung der Ablieferungsverpflichtungen war während des Krieges, denjenigen Landwirten den Ernteurlaub zu versagen, bei denen der Kommunalverband eine notorisch unzureichende Erfüllung des Liefersolls meldete.[145]

Angesichts der Wirkungslosigkeit von Kontrollen ging im Verlauf des Krieges die weit überwiegende Mehrheit der Landwirte dazu über, regelmäßig Produkte auf dem Schwarzmarkt an für ihre Familien hamsternde Einzelpersonen oder an kommerziell arbeitende Schleichhändler zu verkaufen.[146] Die dort vertriebene Menge war bei verschiedenen Produkten unterschiedlich hoch. Bei Getreide und Kartoffeln war sie am geringsten, bei Eiern und Fleisch mit knapp der Hälfte am größten. Zeitgenössische Schätzungen gingen davon aus, daß insgesamt rund ein Drittel der Lebensmittel abseits des offiziellen Marktes den Weg zum Verbraucher fand.[147] Nach Abzug der Selbstversorgerration und des Saatgutbedarfs lag die offiziell verfügbare Menge an Brotgetreide in den Erntejahren 1919/20 bzw. 1920/21 bei rund 73% bzw. 68% des Ernteertrages.[148] Die auf dem Schwarzmarkt erzielbaren Preise lagen in den beiden letzten Kriegsjahren bei den meisten Produkten ungefähr doppelt so hoch wie die offiziellen Höchstpreise. Einzelnen Hinweisen zufolge stiegen sie bei Getreide und Vieh in der Nachkriegszeit bis auf das Dreifache dieses Betrages.[149]

Der Verkauf von Produkten auf dem Schwarzmarkt war dennoch nicht eine rein rationale ökonomische Entscheidung, die von allen Landwirten als sofortige Reaktion auf die höheren Preise vollzogen wurde.[150] Der zur Ablieferung an die Kommunalverbände zunächst fraglos bereite Teil der Landwirte bedurfte erst der wiederholten Erfahrung der immanenten Benachteiligung durch das Höchstpreissystem, bevor er dem Beispiel seiner in den Lieferpflichten säumigen Berufskollegen folgte. In einigen Bezirken beobachteten die Beamten aufmerksam, daß bei bislang loyalen Bauern erst in der zweiten Kriegshälfte durch die hohen Hamsterpreise der Wunsch nach höheren Gewinnen geweckt wurde. Zur Rechtfertigung wiesen sie

---

144 Vgl. WB BA Erding 24.2.1917, 15.3.1919: StAM, LRA 146315; WB BA Dillingen 4.11.1916; dass. 31.5.1919: StAA, Regierung 9763; 9766; WB BA Zusmarshausen 9.11.1917: StAA, Regierung 9764; WB BA Berchtesgaden 9.7.1918: BHStA/IV, stv. GK I. 1967; WB RP Schw. 22.12.1920: BHStA/II, MA 102146.

145 Wirtschaftsstellen Passau 23.7.1918, Kempten 20.7.1918, Landshut 23.7.1918 an stv. GK I. AK: BHStA/IV, stv. GK I. AK 3193; Müller, S. 203f.

146 Vgl. Ay, S. 160-165; Kap. 5.4.2.

147 Vgl. Kocka, S. 34 (mit Anm. 57).

148 Bewirtschaftung, S. 236.

149 Vgl. WB BA Freising 29.9.1917: BHStA/IV, stv. GK I. AK 1957; Ay, S. 165f.; WB BA Zusmarshausen 16.11.1919; WB BA Donauwörth 21.2.1920: StAA, Regierung 9766; 9767. Schweine wurden vereinzelt zum vierfachen Preis abgestoßen; Wirtschaftsstelle Landshut 20.8.1918: BHStA/IV, stv. GK I. AK 1968. Die Höchstpreise stiegen von 1914 bis zur Ernte 1920 in einem etwas unter der Geldentwertung liegenden Umfang; Bewirtschaftung, S. 101f.

150 Vgl. Moeller, Dimensions, S. 154; ders., Peasants, S. 51.

auf den Profit des Handels hin oder behaupteten unter Verweis auf den „Schwindel", man müsse „jetzt lügen".[151] Die Zurückhaltung vieler Landwirte gegenüber einer Umgehung der Zwangswirtschaft lag sicherlich primär an der verpflichtenden Autorität, welche die Staatsgewalt bei ihnen traditionell besaß. Darüber hinaus lassen sich auch religiöse Hemmnisse für eine derartige, in ökonomischer Hinsicht konsequent erscheinende Handlungsweise erkennen. In der katholischen Morallehre galten wucherische Geschäftspraktiken, die „Ausbeutung der Not des Nächsten zu unerlaubtem Gewinn", als ein Verstoß gegen elementare sittliche Prinzipien, welche allein einen den Beschaffungskosten entsprechenden Warenpreis erlaubten. In diesem Sinn verdammten auch Pfarrer und christlicher Bauernverein die Hamstereinnahmen als „Fluchgeld".[152] Geprägt durch diese Rhetorik, bekannte eine niederbayerische Bäuerin ihrem Gemeindepfarrer 1918, sie könne „keine Freude" an dem mit Verkäufen an Hamsterer erwirtschafteten „Blutgeld" haben. Auch die Pfarrer stellten während des Krieges in ihren Gemeinden fest, daß nur ein allerdings steigender Teil der Landwirte auf dem Schwarzmarkt handelte. In einigen Dörfern befolgten sogar alle Bauern die staatlichen Vorschriften.[153]

Eine auf religiösen Moralvorstellungen basierende Zurückhaltung gegenüber einer ‚wucherischen' Betätigung konnte, zumal vor dem Hintergrund des von den Bäuerinnen allgemein konstatierten Verfalls moralischer Werte, aber schon während des Krieges auf Dauer keine verpflichtende Wirkung mehr entfalten. Zudem hatte die Rückkehr der Männer von der Front 1918/19 eine massive Verweigerungshaltung gegenüber weiteren Ablieferungen zur Folge.[154] Durch die Tätigkeit zahlreicher Schleichhändler, die oftmals direkt mit dem Auto bei den Landwirten auf dem Hof vorfuhren und ihnen ihre Produkte abkauften, stieg die Berechenbarkeit des Schwarzmarktes in der Nachkriegszeit an.[155] Schließlich war, wie die Regierungspräsident von Schwaben im September 1919 notierte, nunmehr „bis in das fernste Dorf" der „Wuchergeist" vorgedrungen, „der Geist, die Zeit und Verhältnisse zu nützen und gleich nur zu vielen Vorbildern in Industrie, Gewerbe und Handel so viel Geld zu verdienen als möglich ist".[156]

151 WB BA Berchtesgaden 9.8.1917: BHStA/IV, stv. GK I. AK 1956; WB BA Ebersberg 9.9.1917; 2.12.1917: ebd., stv. GK I. AK 1957; 1959; vgl. Pfarramt Triftern o.D. [1917] an Ord. Passau (Zitat): ABP, DekA II, Pfarrkirchen 12/I.
152 Eberle, Katholische Wirtschaftsmoral, S. 83-89, Zitat S. 86; vgl. Bayerisches Bauernblatt Nr. 44 v. 30.10.1917; Pfarramt Neukirchen 13.8.1919 an Ord. Passau: ABP, DekA II, Pfarrkirchen 12/I.
153 Pfarrämter Engertsham 20.6.1918 (Zitat), Jägerwirth 5.6.1918; Nöham 1.10.1918, Hirschbach 28.5.1918; Mehring 4.6.1918; Sonnen 27.6.1917 an Ord. Passau: ABP, DekA II, Fürstenzell 12/I; Pfarrkirchen 12/I; Burghausen 12/I; Obernzell 12/I.
154 Vgl. Kap. 5.3.
155 WB RP Schw. 18.11.1919: BHStA/II, MA 102145; WB BA Ebersberg 2.3.1919, 14.3.1920: StAM, LRA 79889; WB BA Donauwörth 21.2.1920: StAA, Regierung 9767.
156 WB RP Schw. 9.9. (Zitat), 25.11.1919: BHStA/II, MA 102145; vgl. ähnlich z.B. HMB RP Ndb. 18.2.1923: ebd., MA 102140; HMB BA Aichach 16.11.1921: StAM, LRA 99497; WB BA Erding 19.6.1920: StAM, LRA 146315.

Diese in den folgenden Jahren oftmals wiederholte Feststellung spiegelt eine Folge des allgemeinen Preisauftriebs wieder, der sich seit dem Übergang zur galoppierenden Inflation im Herbst 1919 erheblich verstärkte. Die Landwirte reagierten in ihrer Mehrheit darauf, indem sie die auf dem Schwarzmarkt möglichen Erlöse konsequent ausreizten und auf erkennbare Einkommensanpassungen bei städtischen und ländlichen Arbeitnehmern sowie den Beamten mit einer sofortigen Anhebung des Preises ihrer Produkte reagierten. Bis 1920 sammelte sich deshalb bei den meisten Landwirten Bargeld in größeren Mengen an, wobei es sich teilweise um sechsstellige Markbeträge handelte. Zu dieser Zeit kursierten vor allem in Schwaben allerorten Gerüchte über einen drohenden Staatsbankrott, die eine widersprüchliche Reaktion auslösten. Ein Teil der Landwirte stapelte die ihren neuerworbenen, scheinbaren Reichtum symbolisierenden Geldscheine zu Hause auf, nicht zuletzt deshalb, um sie damit der Besteuerung entziehen zu können. Andere begannen dagegen mit einem panikartigen und den tatsächlichen Bedarf weit übertreffenden Ankauf beliebiger Handelswaren.[157]

Durch die Tätigkeit vieler Händler wurden nach der weitgehenden Aufhebung der Zwangswirtschaft und mit der sich 1922 rasant beschleunigenden Geldentwertung bei den meisten Produkten die Preise nochmals extrem in die Höhe getrieben. Aufkäufer aus Sachsen und Norddeutschland nahmen in Niederbayern 1922 vor allem Vieh, das die Landwirte aufgrund der Futternot bereitwillig abstießen, „zu jedem Preis" ab.[158] Seit dem Ende der relativen Stabilisierung im Spätsommer 1921 und in noch größerem Umfang seit dem Übergang zur Hyperinflation im Sommer 1922 zeigte sich dabei eine deutliche Tendenz zu einer spekulativen Wirtschaftsweise. Insbesondere in Ober- und Niederbayern erwarben viele Landwirte jeweils im Herbst bei den Bäckern und Müllern Mehl für den eigenen Bedarf. Das aufgesparte Getreide verkauften sie dann später zu höheren Preisen. Zur gleichen Zeit spekulierte ein Teil der Bauern in größerem Umfang mit für diesen Zweck zugekauftem Getreide oder Dollars. Andere versuchten ihr Glück sogar an der Börse. Ein Pfarrer äußerte deshalb, der Trostsuchende würde jetzt nicht mehr die Bibel, sondern den „Kurszettel" lesen.[159]

---

157 Vgl. WB BA Kempten 30.10., Memmingen 17.1., Zusmarshausen 31.7., Nördlingen 1.2., Illertissen 16.10. Dillingen 16.10., Lindau 18.9.1920, Donauwörth 4.12.1920: StAA, Regierung 9767; WB BA Aichach 24.5.1919, 6.10. (Zahl), 16.10., 30.10., 6.11.1920: StAM, LRA 99497; WB BA Ebersberg 14.12.1919, 1.8.1920: StAM, LRA 79889; WB RP Ndb. 13.9.1920, HMB RP Ndb. 18.2., 17.3., 3.9.1921: BHStA/II, MA 102139; WB RP Schw. 23.6.1920: ebd., MA 102146.

158 HMB RP Nbd. 3.3., 4.5., 18.10.1922 (Zitat): BHStA/II, MA 102140; HMB RP Obb. 5.4.1922: ebd., MA 102136; HMB BA Landshut 14.7.1922: StAL, Rep. 164/10, 2008; HMB BA Markt-Oberdorf 15.2.1922: StAA, BA Markt-Oberdorf VII/10; Feldman, Bayern, S. 596ff.

159 HMB BA Aichach 16.11.1921, 15.7., 15.11.1922: StAM, LRA 99497; WB BA Mindelheim 2.10.1920: StAA, Regierung 9767; HMB BA Mindelheim 14.11.1921: ebd., BA Mindelheim Abgabe 1941, Nr. 45; HMB RP Obb. 5.4., 21.11.1922: BHStA/II, MA 102136; HMB RP Ndb. 18.11.1922: ebd., MA 102140; HMB RP Schw. 18.11.1921 (Zitat): ebd., MA 102147.

Bereits im Verlauf des Krieges hatte die Zwangswirtschaft die traditionelle moralische Ordnung der ländlichen Gesellschaft teilweise untergraben, indem sie ein um moralische Normen unbekümmertes Verhalten belohnte und die Beachtung der Gesetze bestrafte. Dies hatte neben dem Gefühl ökonomischer Benachteiligung Streitereien und Neid innerhalb der Dörfer zur Folge, die teilweise quer zu den gängigen, Klein- und Großbauern voneinander trennenden Schichtungskriterien lagen. Gab es zunächst noch Widerstände gegen diese Entwicklung, so räumte die Inflation diese mit zunehmender Geschwindigkeit bei der Mehrheit der Landwirte beiseite. Der große Erfolg, der sich scheinbar mit der Anhäufung von Barmitteln durch eine an den maximal erzielbaren Verkaufspreisen orientierte und oftmals spekulative bäuerliche Geschäftspraxis erzielen ließ, schwemmte moralische und legalistische Bedenken bis in den Binnenraum der bäuerlichen Familien hinein weg.

Ein Beispiel dafür ist, daß „selbst reiche Bauersfrauen" aus Niederbayern 1923 Eier, Butter und Schmalz aufkauften und es dann in die Tschechoslowakei schmuggelten.[160] Im Bezirk Zusmarshausen beteiligten sich einige Landwirte 1920 an einer aus Metzgern und Viehhändlern bestehenden größeren Bande – zumeist waren es ehemalige Soldaten. Diese betrieb einen ausgedehnten kriminellen Schleichhandel mit Vieh und war dabei stets bereit, Gendarmen und andere Personen, die ihre Geschäfte zu behindern suchten, auch mit Gewalt aus dem Weg zu räumen.[161] In Schwaben stahlen selbst die Bauersöhne auf dem Hof ihrer Eltern Getreide und verkauften es dann.[162] Ein anderer Hinweis auf die aus dem ‚Wuchergeist' folgende moralische und politische Konfusion ist aus dem Bezirk Miesbach überliefert. Dort trat im März 1923 in einer Versammlung der KPD ein junger Bauer auf, der allgemein als Fürsprecher einer fortwährenden Erhöhung des Milchpreises bekannt war. Hier jedoch „hetzte" er die Versammelten gegen zwei Gutsbesitzer auf, die sich einer kürzlich erfolgten Steigerung des Milchpreises nicht angeschlossen hatten, indem er sie verdächtigte, an ihre Arbeiter überhaupt keine Milch abzugeben.[163]

Von Seiten des christlichen Bauernvereins und des Bauernbundes sowie der Bauernkammern fehlte es nicht an Mahnungen, sich mit den gegebenen Preisen zu begnügen und dem wucherischen Verhalten innerhalb der Bauernschaft entgegenzutreten. Die Landwirte wurden dazu angehalten, nicht den Verlockungen der zahlreichen Aufkäufer zu erliegen, die man als die Hauptschuldigen für das Herauftreiben der Preise hinstellte. Nur selten fehlte dabei der Hinweis auf die mögliche Folge, daß die ärmere Bevölkerung zur „Selbsthilfe auf die Straße getrieben" und dadurch letztlich eine „neue Revolution" hervorgerufen werden könnte.[164] Einzelne

---

160 HMB RP Ndb. 18.3. (Zitat), 17.7.1923: BHStA/II, MA 102140.
161 WB BA Zusmarshausen 20.3.1920: StAA, Regierung 9767.
162 HMB RP Schw. 21.11.1922: BHStA/II, MA 102147.
163 HMB RP Obb. 24.3.1923: BHStA/II, MA 102136. Ähnliches gilt für den Bauernbundführer Johann Wöstner, der sich in der Agitation gegen die Getreideumlage maßlos verhielt, aber 1923 in einer Versammlung von Erhard Auer auftrat. 1932 führte er die unabhängige Inntaler Bauernbewegung geschlossen der NSDAP zu. Vgl. dass. 3.10.1923: ebd.; Bergmann, S. 346.
164 Vgl. Neue freie Volks-Zeitung Nr. 183 v. 12.8.1921 (Zitat); Bayerisches Bauernblatt Nr. 34 v.

Landwirte distanzierten sich selbst vom Verhalten der Mehrheit ihrer Standesgenossen und betonten, sie seien keine „Kriegsgewinnler" und hätten „in der jetzigen Zeit der Not nur ehrlich gehandelt, also keinen Wucher getrieben."[165] Die Regierung v.

Kahr wählte 1920 den populistischen Weg einer Wuchergesetzgebung, welche die bereits während des Krieges geschaffenen Maßnahmen zur Preisprüfung verschärfte, um die „Preistreiberei" der Händler und Produzenten einzudämmen.[166] Dieses Vorgehen fand vereinzelt den Beifall bäuerlicher Interessenvertreter, die es bedauerten, daß für die „Verfehlungen einzelner Wucherer der gesamte ehrliche Bauernstand verantwortlich gemacht wird".[167] Das primär auf die Verhältnisse des Handels zugeschnittene Instrumentarium blieb jedoch stumpf, vor allem weil nach Aufhebung der Höchstpreise Beschuldigte ihre Preisforderungen regelmäßig mit dem Hinweis auf die Marktlage entkräften konnten. Die fortlaufende Festlegung von „angemessenen" Preisen überforderte dagegen die Kraft der Justizbehörden.[168]

Vor allem in der Zeit der relativen Stabilisierung der Währung 1920/21 war die Bereitschaft eines Teils der Bauernschaft zu erkennen, selbst zu einer Minderung des Preisauftriebs beizutragen.[169] Wiederholt äußerten die Landwirte in einigen Bezirken bei Preiserhöhungen für nicht mehr bewirtschaftete Produkte, daß sie einen niedrigeren Erlös für durchaus ausreichend halten würden. Dies war z.B. im Herbst 1920 bei Kartoffeln der Fall. Viele schwäbische Bauern waren mit einem Kartoffelpreis von 20,– Mark pro Zentner zufrieden, während andere sie mit Blick auf die teilweise bereits gezahlten Hamsterpreise keinesfalls unter 25,– bis 30,– Mark verkaufen wollten. Der Grund für diese Zurückhaltung lag neben der Zufriedenheit mit der wirtschaftlichen Lage und den bereits erzielten Gewinnen auch in einer Ankündigung des Landwirtschaftsministers, daß bei Verkäufen über 20,– Mark pro Zentner eine Anzeige bei der Landeswucherabwehrstelle drohen könne.[170] Daran zeigt sich, daß sich ein kleiner Teil der Landwirte auch zu dieser

23.8.1921, Nr. 36 v. 6.9.1921, Nr. 38 v. 20.9.1921; HMB RP Ndb. 18.2., 3.9.1921: BHStA/II, MA 102139; HMB BA Ebersberg 1.4.1923: StAM, LRA 79890.

165 Michael Holzmann aus Vorderburg 12.6.1921 an Georg Heim: StaA Regensburg, NL Heim 2305. Vgl. das am Ende von Kap. 5.4.1. zitierte Schreiben.

166 Vgl. Geyer, Teuerungsprotest, S. 198-206.

167 Zitat: WB BA Memmingen 6.11.1920: StAA, Regierung 9767; Neue freie Volks-Zeitung Nr. 286 v. 8.12.1920.

168 Vgl. den Bericht des Oberstaatsanwalts beim Oberlandesgericht München vom 1.2.1922, und weitere Materialien in: BHStA/II, ML 1426; HMB RP Ndb. 3.3., 18.5., 18.11.1922: ebd., MA 102140; HMB RP Obb. 24.8.1923: ebd., MA 102136; Osmond, Peasant Farming, S. 293; Geyer, Teuerungsprotest, S. 200ff.

169 Bereits im Krieg hatten die Erzeuger die Höchstpreise für landwirtschaftliche Produkte vereinzelt als genügend oder sogar zu hoch bezeichnet. Vgl. WB RP Ndb. 20.9., 1.11.1915: StAL, Rep. 168/5, 1117; Volksstimmungsbericht des K.M.-Pressereferates für November 1917: BHStA/II, MK 19289.

170 Vgl. WB RP Schw. 28.7., 5.10., 12.10.1920: BHStA/II, MA 102146; HMB BA Mindelheim 30.7.1921: StAA, BA Mindelheim Abgabe 1941, Nr. 45; HMB BA Aichach 1.3.1921: StAM, LRA 99497.

Zeit noch mit moralischem Druck – eine tatsächliche Bedrohung ging wie gesagt von solchen Verfahren kaum aus – dazu bewegen ließ, von einer Optimierung des Gewinns abzusehen. Die enormen Preissprünge nach der weitgehenden Freigabe des Getreidepreises im Sommer 1921 weckten in Schwaben aber auch die Furcht vor Selbsthilfeaktionen der Verbraucher, weshalb man sich als durchaus „zufrieden" mit den alten Höchstpreisen bezeichnete.[171]

Aber auch bei noch bewirtschafteten Produkten wie Getreide oder Milch gab es aus den Reihen selbst der niederbayerischen Bauern 1920 kritische Stimmen zur Anhebung der Höchstpreise. Dies geschah aus der Befürchtung heraus, daß eine starke Erhöhung der Erzeugerpreise nur die landwirtschaftlichen Dienstboten zu neuerlichen Lohnforderungen reizen könnte, die den erzielten Gewinn rasch wieder zunichte machen würden. Landwirte mit kleinerem Besitz äußerten, daß dies nur ein „Geschenk für die Großbauern" mit ihrer größeren Menge marktgängigen Getreides wäre.[172] Daneben bestand eine allgemeine Scheu vor einer weiteren Intensivierung des Preisauftriebs. Insbesondere unter der Voraussetzung, daß landwirtschaftliche Bedarfsartikel wie etwa Kunstdünger im Preis ermäßigt würden, zeigte ein Teil der Landwirte die Bereitschaft zu einer Senkung der Erzeugerpreise. Unbeeindruckt davon orientierten sich andere Bauern allein an den gebotenen Schwarzmarktpreisen.[173]

Seit dem Sommer 1922 wurde mit der beginnenden Hyperinflation offensichtlich, daß das Geld seine Rolle als stabiler Vermittler sozialer und ökonomischer Beziehungen endgültig verloren hatte. Der Preis für landwirtschaftliche Erzeugnisse orientierte sich nunmehr zunehmend am Stand des Dollars.[174] Im Herbst 1922 gingen ländliche Handwerker, Müller, Ärzte und Tierärzte dazu über, von den Landwirten die Begleichung ihrer Rechnungen durch eine bestimmte Menge von Getreide zu verlangen, das sie dann selbst weiterveräußerten.[175] Auf dem Höhepunkt der Inflation im Oktober und November 1923 hielten die Landwirte schließlich ihre Produkte nahezu vollständig zurück, „um sich vor der Geldentwertung zu schützen". Nur im direkten Tausch gegen auf dem Hof benötigte Waren oder bei einem dringenden Bedarf an Zahlungsmitteln waren sie noch zur Abgabe bereit. Vereinzelt verlangte man auch die Bezahlung in Goldmark.[176]

---

171 HMB RP Schw. 23.7.1921: BHStA/II, MA 102147.
172 WB BA Zusmarshausen 31.7. (Zitat), 14.8.1920, WB BA Markt-Oberdorf 27.6.1920: StAA, Regierung 9767; WB RP Schw. 13.7. (Bezirk Neu-Ulm), 3.8.1920: BHStA/II, MA 102146; WB RP Ndb. 5.7.1920: ebd., MA 102139.
173 WB BA Ebersberg 18.7.1920: StAM, LRA 79889; HMB RP Schw. 17.2.1921: BHStA/II, MA 102147.
174 HMB RP Ndb. 18.10.1922: BHStA/II, MA 102140.
175 HMB RP Ndb. 18.11.1922: BHStA/II, MA 102140; Sebastian Schlittenbauer 31.1.1923 an ML, Eingabe von 15 Landwirten aus Trostberg 25.1.1923 an dass.: ebd., ML 1101; HMB BA Ebersberg 15.10.1923: StAM, LRA 79890; Allgäuer Bauernblatt Nr. 1 v. 5.1.1923.
176 HMB RP Ndb. 3.10.1923 (Zitat): BHStA/II, MA 102140; HMB BA Markt-Oberdorf 29.9., 27.10.1923: StAA, BA Markt-Oberdorf VII/10; HMB BA Mindelheim 10.10.1923: StAA, BA Mindelheim Abgabe 1941, Nr. 45; HMB BA Ebersberg 15.10., 1.11., 15.11.1923: StAM, LRA

Die Folgen von Zwangswirtschaft und Inflation für die bäuerliche Wirtschaft waren insgesamt ambivalent. Die fortgesetzten Eingriffe in den Agrarmarkt erschienen den Landwirten als eine im Interesse der Konsumenten vorgenommene Benachteiligung. Dies geschah allerdings nicht unmittelbar wegen der ökonomischen Nachteile, sondern weil man diese vor dem Hintergrund der bäuerlichen Arbeitsbelastung interpretierte. Die eigentliche Ungerechtigkeit bestand für die Bauern darin, daß sie arbeiten, abliefern und den Verbrauch einschränken sollten, ohne daß man dies ihrer Ansicht nach in den Städten honorierte und zu vergleichbaren Einschränkungen bereit war. Zudem bestrafte das Höchstpreissystem wiederholt das, was es eigentlich erreichen wollte, nämlich die frühzeitige und vollständige Ablieferung.

Dadurch, und durch die Inflation noch vermehrt, wurde die moralische Ordnung angegriffen, auf der die bäuerliche Wirtschaft und ihre sozialen Grundlagen beruhten. In den ländlichen Gemeinden herrschte traditionell eine rigide Form sozialer Kontrolle. Der Lebenswandel und die wirtschaftliche Betätigung eines jeden Landwirtes wurden üblicherweise permanent der Begutachtung unterzogen. Abweichungen von der geltenden Norm fanden die Aufmerksamkeit des allgegenwärtigen ‚Geredes' der Dorfbewohner, die sich rasch ein Urteil darüber bildeten. In Fragen der Moral war man „hart und unerbittlich", eine einmal aufgefallene Familie wurde oftmals über Generationen an den Verfehlungen der Vorfahren gemessen.[177] In den Jahren nach dem Krieg schwanden auf diesem Normensystem beruhende Widerstände gegen ein unstetiges und spekulatives Wirtschaften dahin, und die Unmoral des ‚Wuchergeistes' zog in die Dörfer ein.

Ungeachtet ihres teilweise vehementen Kampfes gegen die Getreideumlage lassen sich die Landwirte, auch ihrer Selbstdeutung entsprechend, insgesamt als ‚Gewinner' der Inflation bezeichnen.[178] Diese globale Zuschreibung ist aber nur die halbe Wahrheit, da die Schwankungen des Wechselkurses und der zunehmende Funktionsverlust, den das Geld als Vermittler ökonomischer Beziehungen erlitt, eine auf Stabilität und Berechenbarkeit beruhende Wirtschaft unmöglich machten. Dies relativierte nicht nur den ökonomischen Statusgewinn, sondern zog auch, wie gleich zu zeigen sein wird, eine Woge politisch irrationaler Haltungen nach sich.

79890; HMB BA Aichach 13.10.1923: StAM, LRA 99497.
177 Vgl. Schulte, v.a. S. 166ff.; W. Latten, Das Dorf als Lebensgemeinschaft, in: L. v. Wiese (Hg.), Das Dorf als soziales Gebilde, München. Leipzig 1928, S. 71-77, Zitat S. 75.
178 Vgl. Kap. 5.3., 5.4.1.

5.3. Agrarische Mobilisierung: Protest und Politik

Der Übergang zu einer primär an den Belangen der Konsumenten orientierten Agrarpolitik im Krieg brachte auch die bäuerliche Interessenpolitik in Bewegung. Im Plenum des Landtages und in dem 1916 beim bayerischen Innenministerium gebildeten Ernährungsbeirat traten die Gegensätze zwischen den vor allem von der SPD vertretenen Konsumenteninteressen und den bäuerlichen Interessenvertretern offen und in scharfer Form hervor. Von Seiten der agrarischen Zentrumsvertreter, vor allem dem Abgeordneten Schlittenbauer, wurde dabei gegen die angebliche Benachteiligung Bayerns in der Ernährungswirtschaft durch die Zentralisation der Entscheidungskompetenzen bei den Berliner Kriegsgesellschaften protestiert. Die Vertreter des Bauernbundes wandten sich dagegen direkt gegen die bayerischen Behörden, denen man eine eklatante Benachteiligung der Bauern vorwarf. Vor allem Friedrich Lutz und Karl Gandorfer stellten sich damit in einer zunehmend „radikalen Opposition" gegen die Ernährungspolitik der Regierung.[179]

Der christliche Bauernverein kritisierte dagegen stets nur Details der Preispolitik, nicht aber das System der Zwangsbewirtschaftung insgesamt. Unterstützt durch Briefe von Mitgliedern seiner Organisation, äußerte Georg Heim in der Presse des Vereins entschiedene Kritik an einzelnen Maßnahmen der Höchstpreisbemessung, was eine anhaltende Kontroverse mit der Zensurstelle des Kriegsministeriums zur Folge hatte. Andererseits rief Heim die Landwirte wiederholt zur Erfüllung ihrer Ablieferungsverpflichtungen auf.[180] Die prinzipielle Bindung der Bauernvereine an den monarchischen Staat, die der Grund für dieses Verhalten war, setzte der Ausschöpfung des unter den Landwirten vorhandenen Protestpotentials Grenzen. Der Bauernverein konnte deshalb als einzige bäuerliche Interessenorganisation in der Kriegs- und Nachkriegszeit seine Mitgliederzahl nicht steigern.[181] Erschwerend kam hinzu, daß eine Reihe von Kommunalverbänden ihre Geschäftsführung ganz oder teilweise der in Regensburg angesiedelten Zentralgenossenschaft des Bauernvereins und ihren Lagerhäusern als Kommissionär übertragen hatten. Als Direktor

---

179 Vgl. Albrecht, S. 119-124, 140-145, 147-153, 214-219 (Zitat S. 218), 348ff., 390; Mattes, S. 55-59. Die bäuerliche Interessenpolitik ist durch die Arbeiten von Albrecht, Mattes und Bergmann ein relativ gut erforschtes Thema, weshalb dieser Abschnitt knapp gefaßt und vor allem auf den Antisemitismus fokussiert werden konnte.

180 Münch, Heim; vgl. verschiedene Briefe von Landwirten und Obmännern des christlichen Bauernvereins aus den Jahren 1916/17: StaA Regensburg, NL Heim 1711.

181 So waren etwa Landwirte in Cham „enttäuscht", die von Georg Heim eine „polternde Kritik" der Maßnahmen erwartet hatten, während er zur Ablieferung mahnte; München-Augsburger Abendzeitung Nr. 132 v. 8.3.1916: BHStA/IV, stv. GK I. AK 1035. Hier wie bei anderen Gelegenheiten mahnte Heim die Bauern mit der Bemerkung zur Zufriedenheit, daß ihre Höfe schließlich von einem feindlichen Einfall verschont seien; vgl. z.B. Bayerisches Bauernblatt Nr. 9 v. 27.2.1917. Osmond, Peasant Associations, S. 187, weist zu Recht darauf hin, daß angesichts der dominierenden Stellung des Bauernvereins unter den bäuerlichen Organisationen auch der Mitgliederzuwachs der Konkurrenz nahezu automatisch zu Verlusten führen mußte.

der Genossenschaft fungierte Georg Heim.[182] Dies hatte zur Folge, daß Heim selbst von der bäuerlichen Kritik an den Geschäftspraktiken der Kommunalverbände erfaßt wurde. So kursierten 1917 an der Front und in verschiedenen Bezirken Niederbayerns Gerüchte, denen zufolge Heim wegen Schweinelieferungen der Genossenschaft nach England verhaftet worden sei.[183] Kriegsmüdigkeit, Lebensmittelknappheit und Teuerung hatten in den Städten ein Protestpotential akkumuliert, das sich im Herbst 1918 von dem delegitimierten und im Besatzungsheer partiell selbst für eine revolutionäre Umwälzung mobilisierten staatlichen Machtapparat nicht mehr eindämmen und von der MSPD nicht mehr kanalisieren ließ. Die USPD um Kurt Eisner nutzte diese Chance zur revolutionären Umgestaltung, die seit dem 7. November von München ausgehend rasch die Provinz erreichte. Im Wechselspiel von sozialem Protest und politischer Mobilisierung radikalisierte sich die Revolution in München und vielen kleineren Städten bis zu den beiden kurzlebigen Räterepubliken im April 1919, deren von der KPD dominierte Spielart erst nach militärischen Kämpfen niedergeschlagen werden konnte.[184]

Die Revolution stieß bei den Bauern anfänglich auf Zustimmung, da man ihrem Wirken den Waffenstillstand und die Heimkehr der Soldaten zugute hielt. Doch dies wich rasch einer gewissen Ernüchterung. Unter der ländlichen Bevölkerung war man über die zunehmende Radikalisierung der Revolution in den Städten beunruhigt und äußerte den Wunsch nach baldigen Wahlen zur Nationalversammlung, von der man sich durch den Übergang zum geregelten politischen Geschäft eine Entspannung der politischen Situation erhoffte.[185] Aus diesem Grund ging auch das Geschehen in München an den Interessen der Bauern überwiegend vorbei. Dort kooperierte ein vom linken Flügel des Bauernbundes um Karl Gandorfer gebildeter Zentralbauernrat im Rahmen des Provisorischen Nationalrates mit der Regierung Eisner. Ohnehin standen die im Bauernverein organisierten Landwirte vorwiegend in den fränkischen Kreisen und der Oberpfalz von Beginn an in Opposition zum Zentralbauernrat. Aber auch im Bauernbund war der die Räteidee

---

182 Vgl. Eberl, S. 105; Bewirtschaftung, S. 15ff.; vgl. zur Genossenschaft Bergmann, S. 39f., 288-299.
183 Vgl. die Materialien in: StaA Regensburg, NL Heim 207. Vor allem in den bauernbündlerischen Kernregionen Niederbayerns, aber auch im Bezirk Wasserburg gab es vor allem 1921 wieder Gerüchte und Pressemeldungen, nach denen die Zentralgenossenschaft wucherische Geschäfte mit Getreide betreiben und beim Ankauf die Höchstpreise überbieten würde. Heim schritt gegen entsprechende Berichte stets gerichtlich ein. Vgl. ebd., NL Heim 2304; Bayerisches Bauernblatt Nr. 41 v. 14.10.1919. Der in einigen Bezirken Schwabens aktive BdL nutzte 1922 die Lagerhäuser der Genossenschaft für seine Agitation gegen die Zwischenhändler; Schutzmannschaft Neuburg 27.10.1922 an Stadtrat Neuburg: StAA, BA Neuburg 6776.
184 Vgl. dazu vorzüglich Geyer, Formen; ferner A. Mitchell, Revolution in Bayern 1918/19. Die Eisner-Regierung und die Räterepublik, München 1967; Beyer; Schwarz, Sturz der Monarchie. Zur Provinz: M. Müller-Aenis, Sozialdemokratie und Rätebewegung in der Provinz. Schwaben und Mittelfranken in der bayerischen Revolution 1918-1919, München 1986.
185 WB BA Aichach 24.11.1918: StAM, LRA 99497; WB BA Wertingen 7.12.1918, WB BA Memmingen 24.11.1918, WB BA Zusmarshausen 23.11., 7.12.1918: StAA, Regierung 9766; Mattes, S. 163; Kap. 6.1.

unterstützende linke Flügel um Gandorfer und Konrad Kübler seit der Regierungs-
bildung unter dem Ministerpräsidenten Hoffmann Mitte März 1919 isoliert.[186]
Die von der Regierung Eisner Ende November 1918 proklamierte Errichtung
von Gemeindebauernräten ging deshalb vielfach nur schleppend voran. Des öfteren
wurde die Bildung von Räten auf Gemeindebene von vornherein abgelehnt oder
ein Bauernrat nur pro forma bzw. vorbeugend gegen Eingriffe von Arbeiterräten
organisiert. Mancher Bauernrat widmete sich politisch kaum relevanten Dingen
wie einer Verkürzung der Sonntagspredigt auf eine Stunde oder der Eindämmung
des Gebrauchs von „Luxusautomobilen".[187] Die zweite Forderung hatte aber zumindest ein moralisches und generationelles Fundament, da ältere Landwirte,
zumal angesichts des herrschenden Treibstoffmangels, voller Empörung beobachteten, daß während der revolutionären Wirren vielfach „blutjunge Leute" in zivilen
und militärischen Autos aus ihrer Sicht nichtsnutzig auf dem Land umherfuhren.
Daran wird nochmals deutlich, welch entscheidende Bedeutung die Verteilung von
Arbeit und Muße für das Gesellschaftsbild der Landwirte hatte.

Wiederholt tauchten Arbeiterräte zur Erfassung von Lebensmitteln in den Dörfern auf, während die Bauernräte bei der Bekämpfung des Schleichhandels aus
Scheu vor „Feindschaft und Verdruß" mit den Dorfnachbarn oder gar eigener
Beteiligung überwiegend versagten. Deshalb gab es auch einen manifesten Gegensatz zur städtischen Rätebewegung, welche in der Ernährungsfrage die Interessen
der Arbeiterschaft vertrat. Insgesamt blieben die Räte auf dem Land eine ephemere
Episode, und die Mehrzahl der Bauern trat während der Revolution nicht als
selbständig agierende politische Kraft in Erscheinung.[188]

Von der revolutionären Regierung erwarteten die Landwirte zuallererst eine
möglichst umfassende Beseitigung der Zwangswirtschaftsmaßnahmen.[189] Da diese
Hoffnung enttäuscht wurde, griffen sie in den auf die Umwälzung folgenden
Wochen und Monaten in erheblichem Umfang zu Formen spontaner Selbsthilfe,
um Eingriffe in ihre wirtschaftliche Verfügungsfreiheit abzuwenden. Ihnen war
dabei bewußt, daß es den Behörden nach der revolutionären Umwälzung und dem

---

186 Vgl. Mattes, S. 66-87, 114-120, 143-195; Bergmann, S. 49-55, 63-69.
187 Mattes, S. 134; Automobile: Tenfelde, Proletarische Provinz, S. 108. Das folgende Zitat: Bayerisches Bauernblatt Nr. 34 v. 26.8.1919.
188 Vgl. insgesamt: WB BA Ebersberg 8.12.1918: StAM, LRA 79889; WB BA Aichach 29.12.1918:
ebd., LRA 99497; WB BA Füssen 28.12.1918: StAA, Regierung 9765; WB BA Illertissen
10.5.1919: ebd., Regierung 9766; WB BA Erding 21.12.1918 (Zitat): StAM, LRA 146315;
Mattes, S. 94-104, 126-135; Geyer, Formen, S. 75; F.L. Carsten, Revolution in Mitteleuropa
1918-1919, Köln 1973, S. 142-146. Carsten hat m.W. als erster Forscher den Bestand BHStA/II,
Arbeiter- und Soldatenrat umfassend ausgewertet, der in seinem die Bauernräte betreffenden Teil
(Bde. 7-14, 18, 30-33, 37) evtl. Aufschluß über Ansätze der Interessenartikulation von unter- und
kleinbäuerlichen Schichten – für die Mattes, dessen Arbeit auf 1920 versandten Fragebögen beruht,
einige Hinweise gibt – bietet. Vielleicht ließe sich damit auch die bäuerliche Interpretation der
Revolution erhellen. Aufgrund des politisch ephemeren Charakters der Rätebewegung wurde für
die Zwecke dieser Arbeit auf eine Durchsicht dieses umfänglichen Schriftwechsels verzichtet.
189 Mattes, S. 91.

„Zerfall der Armee" schwerer fiel, die Befolgung der ernährungswirtschaftlichen Vorschriften durchzusetzen.[190] Bereits in der Endphase des Krieges wurden beim Viehankauf tätige Mitarbeiter der Fleischversorgungsstelle und Mühlenkontrolleure von Militärurlaubern „tätlich bedroht".[191] Unmittelbar nach der Rückkehr der Soldaten wurde dann eine massive und offensive Protestbereitschaft erkennbar. Aus dem Feld zurückgekehrte Kriegsteilnehmer gaben offen zu, daß sie den Ablieferungsverpflichtungen Widerstand entgegensetzen und verstärkt auf den Schwarzmarkt ausweichen würden. Ein Landwirt erklärte den Behörden, er „sei nicht so dumm wie seine Frau, die vier Jahre lang an den Kommunalverband Getreide geliefert habe. Zuerst komme er, dann erst die anderen."[192] Von Seiten ehemaliger Soldaten richteten sich gegen die Kontrolleure bei Stallnachschauen „täglich tätliche Angriffe und gröbste Beleidigungen". Vereinzelt drohte man ihnen dabei mit den für die Einwohnerwehren ausgegebenen Gewehren.[193] Neben solchen individuellen Tätlichkeiten kam es 1919 wiederholt aber auch zu kollektiven Protestaktionen, an denen sich die Landwirte einer ganzen Gemeinde beteiligten. Dabei wurden Mühlenkontrolleure oder Beamte des Kriegswucheramtes am Ortseingang von einer Menschenmenge empfangen, mit Mistgabeln und anderen Arbeitsgeräten bedroht und am Betreten des Ortes gehindert.[194] In einer niederbayerischen Gemeinde wurden im Januar 1919 Kontrollbeamte erst von zwei jungen Männern mit Holzprügeln aus einem Anwesen, danach von einer mit Schaufeln und Hacken drohenden Menge, darunter Frauen und Kinder, unter weiteren Schlägen gänzlich aus dem Dorf vertrieben.[195] Zu einem ähnlichen Vorfall kam es nochmals im Herbst 1920 in der Gemeinde Weichshofen, nachdem Beamte der Landeswucherabwehrstelle mit Unterstützung eines 300 Mann starken Trupps Polizeiwehr in verschiedenen Gemeinden des Bezirks Dingolfing Mühlenkontrollen und Durchsuchungen bei Landwirten vorgenommen hatten.[196]

190 WB BA Augsburg 5.4.1919: StAA, Regierung 9766; WB RP Ndb. 4.8.1919: BHStA/II, MA 102139. Die bei Kriegsende erlassene Amnestie für frühere Verstöße, auf welche man die Gendarmen mit einem „höhnischen Hinweis" aufmerksam machte, kam erschwerend hinzu; WB RP Ndb. 16.12.1918: StAL, Rep. 168/5, 1116; WB BA Augsburg 28.12.1919 (Zitat): StAA, Regierung 9766.
191 K.M. 29.9.1918 an die stv. GK: BHStA/IV, stv. GK I. AK 557; WB RP Ndb. 21.10.1918: StAL, Rep. 168/5, 1116.
192 WB BA Zusmarshausen 8.2.1919 (Zitat), WB BA Nördlingen 18.1.1919: StAA, Regierung 9766; WB BA Altötting 18.10.1919: BHStA/IV, RwGruKdo 4, 255.
193 WB RP Ndb. 25.11. (Zitat), 30.12.1918, 3.2.1919: StAL, Rep. 168/5, 1116; WB BA Dingolfing 27.6.1919: ebd., Rep. 164/3, 2641; WB BA Donauwörth 17.5.1919, WB BA Günzburg 6.4.1919: StAA, Regierung 9766; WB BA Aichach 19.1.1919: StAM, LRA 99497.
194 Vgl. WB BA Markt-Oberdorf 15.10.1919, Auszug aus dem Markt-Oberdorfer Landboten v. 14.2.1919, WB BA Mindelheim 29.3.1919, WB BA Zusmarshausen 5.4.1919 (entsprechender Beschluß eines Gemeindebauernrates): StAA, Regierung 9766; WB BA Dingolfing 30.1.1919: StAL, Rep. 164/3, 2641; Woerner, S. 19.
195 Vgl. das Urteil des Landgerichts Landshut gegen acht der Beteiligten: StAL, Rep. 167/2, 1156.
196 WB BA Dingolfing 15.10, 22.10., 29.10.1920: StAL, Rep. 164/3, 2641.

Derart handgreifliche Protestformen hatten nur in den ersten Monaten nach der Demobilisierung ihre Konjunktur. Es handelte sich dabei wohl um die kurzfristige Entladung eines durch die Abwesenheit der im Dorf politisch allein handlungsfähigen Männer zurückgestauten Protestpotentials, welche unter Berufung auf die mit der Revolution gegebene „neue Freiheit" erfolgte und einen gewissen Ersatz für die politische Bedeutungslosigkeit der Bauernräte bot.[197] Die Rückkehr der Soldaten in die Dörfer ließ aber auch die Mitgliederzahlen aller bäuerlichen Interessenorganisationen mit Ausnahme des christlichen Bauernvereins nach oben schnellen, deren Agitation den Kampf gegen die Zwangswirtschaft rasch wieder in geregelte Bahnen lenkte. Bauernbund und Bund der Landwirte steigerten ihren Anhang gegenüber den Vorkriegsjahren um das sieben- bzw. beim BdL das zweieinhalbfache, und daneben konnte sich mit der Freien Bauernschaft noch eine neue Organisation etablieren. Auch im Bauernverein hatten sich offenbar antiklerikale Ressentiments angesammelt, da nach dem Krieg allerorten Landwirte die vorher zumeist von Geistlichen besetzten regionalen Funktionärsposten einnahmen.[198]

Der Bauernverein mußte die innerhalb der BVP organisierten konkurrierenden Interessen der Arbeiterschaft berücksichtigen und trat deshalb nur für einen schrittweisen Abbau der Zwangsmaßnahmen ein. Der linke Flügel des BBB, in dessen Wahlversammlungen Anfang 1919 Schwarzschlachten und -mahlen als selbstverständliches Recht der Bauern hingestellt wurde, setzte sich dagegen vehement für deren sofortige Beseitigung ein und drohte dabei auch mit einem Anbau- und Lieferstreik. Damit folgte man dem Druck des größeren Teils der Anhänger vor Ort, deren „Widerspenstigkeit" gegen weitere Zwänge „mit dem Zustand vieler Heeresteile im Oktober" 1918 vergleichbar war. Die gemäßigten Bauernbündler um Georg Eisenberger forderten die Landwirte dagegen zur gewissenhaften Erfüllung ihrer Lieferpflicht auf.[199]

Nach der 1920 erfolgten Aufhebung der meisten Bewirtschaftungsmaßnahmen konzentrierten sich die Verbände auf den Kampf gegen die Getreideumlage. Der Bauernbund geriet dabei auch aus den eigenen Reihen unter Druck, da er auf dem Höhepunkt der Agitationswelle 1922 sowohl im Reich als auch in Bayern den Ernährungs- bzw. Landwirtschaftsminister stellte. Gerade in den niederbayerischen Kerngebieten des Bauernbundes nutzten dies die Freie Bauernschaft und ihre zumeist großbäuerlich-vermögenden Mitglieder mit beachtlichem Erfolg für eine vehement antietatistische und beständig mit dem Lieferstreik drohende Agitation. Die Aufbringung des Umlagegetreides wurde dadurch aber stets nur verzögert,

197 Zitat: WB RP Ndb. 18.11.1918: StAL, Rep. 168/5, 1116; WB BA Dingolfing 15.11.1918: ebd., Rep. 164/3, 2641.

198 Vgl. Osmond, Peasant Associations, passim, Zahlen S. 187; Bergmann, S. 35-38. Zur Freien Bauernschaft, die ihren Schwerpunkt in der Rheinpfalz hatte: Osmond, Rural Protest.

199 WB RP Ndb. 13.1.1919: StAL, Rep. 168/5, 1117; dass. 11.8., 27.10.1919 (Eisenberger): BHStA/II, MA 102139; WB RP. Schw. 11.8., 9.9.1919: ebd., MA 102145; WB BA Erding 23.8.1919 (Zitat): StAM, LRA 146315; WB BA Augsburg 5.7.1919: StAA, Regierung 9766; Bergmann, S. 170-177, 180f.

niemals völlig blockiert. Denn die meisten Landwirte forderten primär eine Aufbesserung des als zu gering empfundenen Preises für das Umlagesoll. Daneben beklagten sie die alleinige Belastung der Getreideproduzenten, während die Industrie und die überwiegend Vieh, Milch oder Hopfen produzierenden Landwirte keine besondere „Steuer" bezahlen mußten.[200] 1921 wurde das Umlagegetreide auch in Niederbayern zeitig abgeliefert, da viele Landwirte Furcht vor Brandstiftungen durch aufgebrachte Verbraucher hatten.[201]

Nach Ablauf des Erntejahres 1921/22 gab es viele Klagen von kleineren Landwirten über ihre Benachteiligung durch das Umlageverfahren, da sie bei einer geringen Anbaufläche kaum umlagefreies Getreide auf den Markt bringen konnten.[202] Die von den verschiedenen Interessenorganisationen in ihren Versammlungen und Verlautbarungen angeschlagenen radikalen Töne dienten deshalb auch dazu, die Interessen der kleineren Landwirte zu bedienen und damit ihr Ausscheren aus den Verbänden zu verhindern.[203] Daneben gab es einen kleineren Teil „einsichtige(r)" Landwirte, welcher die eigene ökonomische Position als gut einschätzte. Ebenso wie vereinzelt bereits bei den früheren Bewirtschaftungsmaßnahmen geschehen, erkannten diese Bauern die Notwendigkeit der Umlage durchaus an und empfanden nur die fehlende Preisbindung bei industriellen Produkten als ungerecht. In diesen Kreisen äußerte man sich deshalb, wie z.b. aus einer Versammlung der Freien Bauernschaft berichtet wurde, „abfällig" über eine in ihrer Rhetorik derart hemmungslose Interessenpolitik. Damit wurde ihr Rückhalt innerhalb der Bauernschaft begrenzt und die gemäßigten Kräfte in den Verbänden gestärkt. Ein agrarpolitischer Maximalismus folgte damit vornehmlich den Bedürfnissen derjenigen Landwirte, die den Standpunkt eines „maßlosen Geldverdienens" vertraten.[204]

---

200 HMB BA Aichach 15.10.1922 (Zitat): StAM, LRA 99497; HMB BA Landshut 23.8., 13.10., 30.11., 15.12.1922, 16.1., 1.2., 15.3.1923: StAL, Rep. 164/10, 2008; HMB BA Rottenburg 30.8., 15.10., 30.11.1922: ebd., Rep. 164/16, Fasz. 38, 198; HMB RP Ndb. 17.7., 18.9., 3.12., 18.12.1922: BHStA/II, MA 102140; HMB RP Obb. 7.9.1922, 10.5.1923: ebd., MA 102136; Bergmann, S. 182-193 (S. 189 ungenau zur Ablieferung), 196-202. Zu den Forderungen auch Bezirksbauernkammer Dingolfing 24.7.1922 und BA Mühldorf 3.8.1922 an ML, Landshuter Zeitung Nr. 213 v. 8.8.1922: BHStA/II, ML 1070; Landwirtschaftl. Kreis-Ausschuß Dorfen 10.6.1922: ebd., ML 1069; zur Einbringung der Umlage vgl. ebd. Landesgetreidestelle 22.2.1922 an ML.
201 HMB RP 17.9.1921: BHStA/II, MA 102139; vgl. Kap. 5.4.1. Im südlichen Schwaben, dies sei der Proportionen halber erwähnt, gab es angesichts des marginalen Getreidebaus ohnehin keine Diskussionen um die Umlage; HMB BA Markt-Oberdorf 14.4.1921: StAA, BA Markt-Oberdrof VII/10.
202 HMB BA Neuburg 31.3.1922: StAA, BA Neuburg 6971a; HMB BA Ebersberg 15.5.1922: StAM, LRA 79889; HMB RP Obb. 6.3.1922: BHStA/II, MA 102136; vgl. bereits HMB BA Aichach 31.8.1921: StAM, LRA 99497. Bei der Ernte 1922/23 wurden deshalb bei Betrieben unter zehn Hektar Gesamtfläche zwei Hektar Getreidefläche von der Umlage befreit; Reichsministerium für Ernährung und Landwirtschaft 25.9.1922 an ML: BHStA/II, ML 1070.
203 Vgl. Bayerisches Bauernblatt Nr. 20/21 v. 16.5.1922; Flemming/Krohn/Witt, Sozialverhalten, S. 253; HMB BA Neuburg 31.1.1923: StAA, BA Neuburg 6971a; Bergmann, S. 183.
204 Zitat: HMB BA Landshut 23.8.1922: StAL, Rep. 164/10, 2008; HMB RP Obb. 23.5.1922:

Im Zusammenhang mit dem Kampf um eine Lockerung der Zwangsmaßnahmen wuchs in der Nachkriegszeit der Antisemitismus unter den Bauern und – mit Ausnahme des Bauernbundes – ihren Verbänden. Auf lange Sicht hatte die Inflation damit für die politische Kultur im ländlichen Raum eine verhängnisvolle Folge. In der zweiten Hälfte des Krieges hatten Versorgungsprobleme und die zunehmende Teuerung in den städtischen Mittelschichten eine Woge antisemitischer Ressentiments ausgelöst, die sich unter dem Eindruck der Inflationswellen nach dem Krieg nochmals verstärkte und ein fester Bestandteil der Teuerungsrhetorik wurde. Insbesondere bei den verschiedenen für die Bewirtschaftung von Rohstoffen und Nahrungsmitteln geschaffenen Gesellschaften auf Landes- und Reichsebene unterstellte man, daß die dort angeblich zahlreich beschäftigten Juden nur eigennützige Interessen verfolgen und damit „Unheil" über die „christliche Menschheit" bringen würden. Ein Münchener beharrte bereits 1917 darauf, daß diese „Spitzbuben" deshalb „längst schon an den Galgen" gehörten.[205]

Die bäuerliche Bevölkerung ist nach den Berichten der Bezirksämter während des Krieges von dieser Zunahme des Antisemitismus nur vereinzelt erfaßt worden, und auch an der Front gab es nur einige wenige Soldaten, die entsprechende Antipathien äußerten. Erst gegen Ende des Krieges wurde aus Oberbayern über die Auffassung berichtet, daß die „Juden" in den Berliner Kriegsgesellschaften genug Geld verdient hätten und deshalb jetzt einen Waffenstillstand wollten.[206]

Bereits die Revolution hatte hier weiteren Wandel zur Folge. Vor allem die prominente Rolle der vielen von der völkischen Rechten ebenso wie dem christlichen Bauernverein denunzierten jüdischen Politiker der radikalen Linken in der Revolution ließ die Juden in den Augen der ländlichen Bevölkerung zu den „hervorragendsten Kriegs- und Revolutionsgewinnlern" zählen.[207] Den hauptsächlichen Anlaß für das deutlichere Hervortreten antisemitischer Stimmungen in der Inflation lieferten jedoch ökonomische Motive. Dies wurde in dem Moment virulent, als bei weiterer Fortführung der Kontrolle bäuerlicher Erzeugnisse Ende

BHStA/II, MA 102136; HMB BA Aichach 31.8.1921: StAM, LRA 99497; vgl. für die Jahre davor WB RP Schw. 8.6., 24.8.1920: ebd., MA 102146; WB BA Ebersberg 18.7.1920: StAM, LRA 79889; WB BA Wolfratshausen 23.8.1919: ebd., LRA 40945.

205 Brief aus München vom 20.9.1917: BSB, Schinnereriana; vgl. ebd. den Brief aus Dresden vom 11.6.1917: „Leider haben wir soviel Juden die Wucher treiben – es wäre ja das Beste alle diese an den ersten besten Baum zu knüpfen – dann wären Knappheiten der Lebensmittel sofort verschwunden." Vgl. W. Jochmann, Die Ausbreitung des Antisemitismus, in: W.E. Mosse (Hg.), Deutsches Judentum in Krieg und Revolution 1916-1923, Tübingen 1971, S. 409-510; Kocka, S. 138ff.; Geyer, Teuerungsprotest, S. 194-198.

206 An Belegen für die Verbreitung von Ressentiments gegen die ‚unabkömmlichen' und in den Kriegsgesellschaften tätigen Juden bei Landwirten liegt vor: RP Ndb. 21.4.1916 an MInn: BHStA/II, MInn 66327; Michael Melchner 20.6.1916 an K.M.: BHStA/IV, MKr 2330; Zitat: Bericht eines landwirtschaftlichen Sachverständigen aus Oberbayern, mitgeteilt vom Militärischen Lebensmittelamt Augsburg 21.9.1918 an Garnison-Kommando Augsburg: ebd., stv. GK I. AK 1969. Vgl. Kap. 4.3.

207 Im Rückblick WB BA Nördlingen 13.12.1919: StAA, Regierung 9766; Aufseß, S. 150; Bayerisches Bauernblatt Nr. 7 v. 18.2.1919 („Ostjude Eisner"), Nr. 33 v. 19.8.1919.

1919 die Zwangsbewirtschaftung für Leder aufgehoben wurde, woraufhin die Preise für Schuhe und Lederwaren enorm anstiegen. Eine Reaktion waren Forderungen der Bauern nach Wiedereinführung der Zwangswirtschaft in diesem Bereich.[208] Darüber hinaus wurde durch diese Maßnahme eine Lawine antisemitischer Ressentiments losgetreten, die auf bei der katholischen Bevölkerung bereits vorhandenen antijüdischen Vorurteilen aufbauen konnte und in kurzer Zeit weite Teile vor allem der schwäbischen und oberbayerischen Bauernschaft erfaßte. Ansatzpunkt war die Tätigkeit von Juden im Handel, insbesondere mit Vieh. Dies war ein Wirtschaftszweig, in dem sie in persönlichen Kontakt mit den Landwirten traten sowie traditionell einen überproportional hohen Anteil der Firmeninhaber stellten.[209] Die Freigabe des Lederpreises wurde deshalb als „Judenmache" bezeichnet. Die Weigerung der Reichsregierung, der bäuerlichen Forderung nach Wiedereinführung der Lederbewirtschaftung nachzukommen, bestärkte viele Landwirte in der Überzeugung, daß die Regierung nur ein „willenloses Werkzeug" in den Händen kapitalistischer und damit insbesondere jüdischer Kreise sei.[210] Im Verlauf des Jahres 1920 stand zunehmend auch die Beteiligung von Handelsfirmen jüdischer Besitzer an den Geschäften der Kommunalverbände in der bäuerlichen Kritik. Dies galt ebenso für die Tätigkeit jüdischer Viehhändler beim Aufkauf von an die Siegermächte abzulieferndem Großvieh.[211] Gewalttätige Übergriffe wie in Memmingen, wo im August 1921 ein jüdischer Käsehändler von einer über die Erhöhung des Milchpreises empörten und von einem als Antisemiten bekannten Arzt aufgestachelten Menschenmenge über den Marktplatz zum Gefängnis geschleppt und geschlagen wurde, gab es im ländlichen Raum jedoch nicht. Ohnehin waren die „ortsansässigen" Juden, wie ein Bericht betonte, auf dem Land von der Kritik weitgehend ausgenommen.[212]

---

208 Bergmann, S. 179.
209 Vgl. die Zahlen für das Reich bei H. Reif, Antisemitismus in den Agrarverbänden Ostelbiens während der Weimarer Republik, in: ders. (Hg.), Ostelbische Agrargesellschaft im Kaiserreich und in der Weimarer Republik, Berlin 1994, S. 379-411, hier S. 398; M. Richarz, Landjuden – ein bürgerliches Element im Dorf?, in: W. Jacobeit u.a. (Hg.), Idylle oder Aufbruch?, Berlin 1990, S. 181-190.
210 Erstes Zitat: WB BA Altötting 27.9.1919: BHStA/IV, stv. GK I. AK 3920; WB BA Memmingen 22.2.1920 (zweites Zitat), WB BA Neuburg 27.11.1920: StAA, Regierung 9767; vgl. WB BA Aichach 5.12.1919: StAM, LRA 99497; WB BA Nördlingen 13.12.1919, WB BA Kempten 20.9.1919, WB BA Augsburg 16.10.1919: StAA, Regierung 9766; WB RP Schw. 9.9.1919: BHStA/II, MA 102145; für die Verbreitung antisemitischer Ressentiments in Niederbayern vgl. WB RP Ndb. 31.5.1920: ebd., MA 102139. Wochenberichte der Bezirksämter liegen hier für diese Zeit nicht vor.
211 WB RP Schw. 14.9.1920: BHStA/II, MA 102146; WB BA Nördlingen 11.9. und 23.10.1920, WB BA Zusmarshausen 1.5.1920: StAA, Regierung 9767; WB BA Ebersberg 14.3. und 28.3.1920: StAM, LRA 79889.
212 HMB RP Schw. 9.8.1921: BHStA/II, MA 102147, sowie der kritische Bericht in Neue freie Volks-Zeitung Nr. 183 v. 12.8.1921. Zitat: WB BA Nördlingen 13.12.1919: StAA, Regierung 9766. Vgl. zu dieser ambivalenten Einstellung der Landwirte auch F. Wiesemann, Juden auf dem Lande. Die wirtschaftliche Ausgrenzung der jüdischen Viehhändler in Bayern, in: D. Peukert/J.

Der Anlaß für diese Konjunktur des Antisemitismus zeigt, daß sich bei den Bauern das Gefühl der eigenen ökonomischen Benachteiligung durch die Zwangswirtschaft mit dem traditionellen antijüdischen Vorwurf der Bereicherungssucht und Wucherei verband.[213] Die rhetorische Verbindung von ‚jüdisch' und ‚kapitalistisch' deutet darüber hinaus darauf hin, daß es primär eine tiefgreifende Verunsicherung über die offenkundige krisenhafte Labilität der kapitalistischen Wirtschaft war, die in den Jahren der Inflation auf dem Land eine wachsende Akzeptanz für den Antisemitismus schuf. Im Bezirk Dillingen traten „antisemitische Äußerungen" hervor, als Anfang 1920 wie in vielen anderen Gegenden Schwabens das Gerücht von einem unmittelbar bevorstehenden Staatsbankrott und Meldungen über den spekulativen Ankauf von Goldmünzen die Runde machten.[214] Michael Melchner, der Direktor des oberbayerischen christlichen Bauernvereins, instrumentalisierte solche Ängste für seine Agitation, als er 1920 in Dachau versammelte Bauern belehrte, daß die Juden die Not des Volkes benutzen würden. Die Arbeiter würden irgendwann einsehen, daß sie nur „Judensklave(n)" seien. Die Landwirtschaft müsse sich dagegen „selbst helfen, um aus dem internationalen Großkapitalismus herauszukommen".[215]

Antisemitische Argumentationsfiguren gehörten bei den christlichen Bauernvereinen nach einer ersten Welle in den 1890er Jahren wieder seit der Endphase des Krieges zum ständig benutzten Repertoire politischer Propaganda.[216] Dabei wurden sowohl die Führer der sozialistischen und kommunistischen Arbeiterbewegung als auch die Kriegsgewinnler und „Großkapitalisten" als Juden denunziert. Demgemäß interpretierte man den Kampf zwischen Kapital und Arbeiterbewegung nur als eine „Spiegelfechterei". Andererseits stellte man die Juden als einflußreiche Interessen-

---

Reulecke (Hg.), Die Reihen fast geschlossen. Beiträge zur Geschichte des Alltags unterm Nationalsozialismus, Wuppertal 1981, S. 381-396.

213 Vgl. W.Z. Bacharach, Das Bild des Juden in katholischen Predigten des 19. Jahrhunderts, in: M. Treml/J. Kirmeier (Hg.), Geschichte und Kultur der Juden in Bayern, Bd. 1, München 1988, S. 313-319. Eine Aktualisierung dieser Stereotype bei Weigert, Bauer, S. 25-29. Das von einem Pfarrer verfaßte Buch ist Georg Heim gewidmet.

214 WB BA Dillingen 1.2.1920: StAA, Regierung 9767. Vgl. Kap. 5.2. Georg Heim trat den Gerüchten über einen Staatsbankrott in einem Artikel entgegen: Bayerisches Bauernblatt Nr. 42 v. 19.10.1920.

215 Amper-Bote Nr. 25 vom 28.2.1920.

216 Vgl. im folgenden z.B. Bayerisches Bauernblatt Nr. 7 v. 12.2.1918, Nr. 43 v. 22.10.1918, Nr. 21 v. 25.5.1920, Nr. 42 v. 19.10.1920 („Spiegelfechterei", zugleich mit einer Wendung gegen die Freimauererei), Nr. 27 v. 5.7.1921, Nr. 46 v. 15.11.1921, Nr. 48 v. 29.11.1921, Nr. 3 v. 17.1.1922 („Schieberjuden"); Sebastian Schlittenbauer: Oberbayerische Landeszeitung. Traunsteiner Nachrichten Nr. 214 v. 14.9.1922; MdL Michael Wackerl (BVP): Amper-Bote Nr. 117 v. 28.11.1919; Hinweise in: Bergmann, S. 135f., 146f. (eklatant verharmlosend); Kap. 6.1. Zu den antisemitischen Tendenzen in der BVP: K. Gossweiler, Kapital, Reichswehr und NSDAP 1919-1924, Köln 1982, S. 137f.; Jochmann, Antisemitismus, S. 494f. Für den BBB trat z.B. Georg Eisenberger im Reichstag dem „Rassenkampf" der nationalen und völkischen Parteien entgegen; vgl. Neue freie Volks-Zeitung Nr. v. 29.6.1921. Für die 1890er Jahre: D. Blackbourn, Catholics, the Centre Party and Anti-Semitism, in: ders., Populists and Patricians. Essays in Modern German History, Boston 1987, S. 168-187; Blaschke, „Herrschaft".

gruppe dar, von deren Willen die Regierung in Berlin vornehmlich abhängig sei. Mit dem Schlagwort von den „Schieberjuden" mit ihren „Diamantringen" und „Edelpelzen", die im Unterschied zum Vieh noch niemand gezählt habe, nutzte man Vorurteile über die Gewinne der Händler propagandistisch aus, die damit als eigentliche Profiteure der Zwangswirtschaft hingestellt wurden. Dies war allerdings ein zwiespältiges Argument, das sich nur begrenzt einsetzen ließ. Denn ungeachtet der „ehrlichen" Landwirte sahen weite Bevölkerungskreise die Bauern als die eigentlichen Wucherer an. Deshalb mußte man sich zugleich von jenen Landwirten distanzieren, die bereits ebenfalls „von jüdischem Wuchergeist (..) besessen" waren.[217]

Mit einer zugleich politischen und ökonomischen Argumentationsfigur thematisierte das Bayerische Bauernblatt den Auslöser des auf dem Land um sich greifenden Antisemitismus, die Freigabe des Lederpreises. Diese wurde den „Spartakisten" angelastet und als Ursache für angeblich verschärfte Ablieferungszwänge bei anderen Produkten hingestellt. Mit der Erinnerung an die „Räteherrlichkeit" der Arbeiterparteien verband sich der Hinweis auf ihre Führer, die zu „80 Prozent Juden" seien. Schließlich fügte der Verfasser des Artikels eine angesichts der bäuerlichen Kriegserfahrung ausgesprochen populistische Wendung hinzu, indem er die jüdischen „Führer der Proletarier" als „Leute" bezeichnete, „die studiert haben, aber nichts arbeiten möchten".[218]

Aggressive rassenantisemitische Stereotype lassen sich in der Bauernvereinspresse nicht finden. Diese griff vielmehr in der politischen Diskussion der Nachkriegszeit weit verbreitete politische und ökonomische Ressentiments gegenüber den Juden auf. Dabei scheint es, als ob man damit eher den Stimmungen der Basis folgte, als daß man den Antisemitismus noch gezielt zur Mobilisierung der Mitglieder instrumentalisieren mußte. Auf der Generalversammlung des Bauernvereins 1920, wo Georg Heim sich lautstark über die „Berliner Judenzwerge" empörte, war erkennbar, daß eine „starke antisemitische Strömung" sich „gerade aus den Kreisen der Mitglieder heraus" bemerkbar machte. Und bei einer Versammlung in Rosenheim Anfang 1923 fanden die anwesenden Bauern die von Heim vorgetragenen Äußerungen zur „Judenfrage" als zu „lau und unsicher", was eine „gewisse Enttäuschung" auslöste.[219]

Ein Ereignis von ähnlicher Mobilisierungskraft für antisemitische Stimmungen wie die Freigabe des Lederpreises ließ sich in der Folgezeit nicht mehr verzeichnen. Zweifelsohne bestanden diese bei den Bauern aber weiterhin, wie auf dem Höhepunkt der Inflation 1923 nochmals erkennbar wurde. So waren die vom Generalstaatskommissar v. Kahr im Herbst 1923 ventilierten Pläne zur Ausweisung osteu-

---

217 Aus Niederbayern wurde z.B. berichtet, der „Mißmut des werktätigen Volks" richte „sich in der Hauptsache gegen die Juden und Bauern." HMB RP Ndb. 18.11.1922: BHStA/II, MA 102140. 1923 wurde ein Gutsbesitzer als „Wucherer" und „Jude" beschimpft; Geyer, Teuerungsprotest, S. 194.
218 Bayerisches Bauernblatt Nr. 2 v. 13.1.1920.
219 Bayerisches Bauernblatt Nr. 6 v. 10.2.1920; HMB RP Obb. 6.2.1923: BHStA/II, MA 102136.

ropäischer Juden nicht nur bei der völkischen Rechten populär. Auch unter der niederbayerischen Bauernschaft wurden sie „begrüßt", während das Scheitern dieser Absichten aufgrund der Intervention des Reichs Verstimmung hervorrief.[220] Zur gleichen Zeit verhöhnte ein Redner auf einer Versammlung der Freien Bauernschaft Reichskanzler Stresemann und den sozialdemokratischen Finanzminister Hilferding als „jüdische internationale Lumpen". Ab 1924 kooperierte diese Organisation offen mit dem völkischen Block.[221]

Die weithin bekannten krisenhaften politischen Entwicklungen des Jahres 1923, die in den Wirren des Hitler-Putsches vom November kulminierten[222], brachten schließlich auch der NSDAP den Zulauf von Bauern. Eine Stichprobe der von September bis Anfang November 1923 beigetretenen Mitglieder ergab, daß der Anteil von Landwirten und Landwirtssöhnen in der süddeutschen Parteiorganisation bei 12%, auf dem Land bei 20.4% lag, womit diese Gruppe erstmals nennenswert vertreten war. Die bis zu 23 Jahre alten und damit im Krieg nicht mehr eingezogenen Mitglieder machten dabei sowohl unter den Landwirten als auch allgemein knapp die Hälfte aus.[223] Das Bezirksamt Neuburg berichtete, vor allem unter einigen Mitgliedern des Bauernbundes werde mit der NSDAP „geliebäugelt".[224]

Bei der Mehrheit der Bauern fand die NSDAP aber auch 1923 keinen Anklang, zumal da die beiden großen bäuerlichen Organisationen vor dieser Partei warnten. Dies zeigte sich insbesondere im Gefolge des Putschversuchs, wo man das Verhalten v. Kahrs auf dem Land allgemein billigte. Das lag nicht zuletzt daran, daß man gegenüber den „nicht bayerischen Führer(n)" der Partei und insbesondere auch Ludendorff „mißtrauisch" blieb.[225] Bereits 1924 verzeichnete die völkische Bewegung aber den Zulauf einer Reihe von Bauern und auch Landarbeitern. In der Folgezeit konnte die NSDAP vor allem überall dort Erfolge erringen, wo der

---

220 HMB BA Landshut 15.11.1923 und Gendarmerie-Station Achdorf 1.11.1923 an BA Landshut (Zitat): StAL, Rep. 164/10, 2008; vgl. R. Pommerin, Die Ausweisung von „Ostjuden" aus Bayern 1923. Ein Beitrag zum Krisenjahr der Weimarer Republik, in: VfZ 34 (1986), S. 311-340.
221 HMB BA Rottenburg 15.9.1923: StAL, Rep. 164/16, Fasz. 38, Nr. 198. Ein aus der Rheinpfalz stammender Bezirkssekretär der Freien Bauernschaft vertrat offen nationalsozialistische Ideen; dass. 15.8.1923: ebd.; vgl. Bergmann, S. 189. Zum Antisemitismus vgl. ferner den Hinweis bei Tenfelde, Stadt und Land, S. 48.
222 Vgl. Deuerlein, Hitler-Putsch; Gordon, Hitlerputsch.
223 Süddeutschland umfaßt dabei alle Gebiete südlich der Mainlinie, Bayern wurde leider nicht gesondert ausgewiesen. M. Kater, Zur Soziographie der frühen NSDAP, in: VfZ 19 (1971), S. 124-159. Kater vermutet vorwiegend antisemitische Motive für den Beitritt der Landwirte, und weist darauf hin, daß ähnlich wie in späteren Jahren der Beitritt einzelner Meinungsführer den Dutzender anderer Bewohner desselben Dorfes nach sich zog: ebd., S. 142f., 146. Um die Relationen kenntlich zu machen: Anfang 1923 hatte die Partei 15.000, Ende 1923 rund 55.000 Mitglieder: ebd. In Schwaben hatte die NSDAP Mitte April 1923 1.400 Mitglieder in 17 Ortsgruppen: HMB RP Schw. 7.5.1923: BHStA/II, MA 102147.
224 HMB BA Neuburg 14.4.1923 (Zitat), 14.11.1923: StAL, BA Neuburg 6971a.
225 Zitat: HMB BA Neuburg 14.11.1923: StAA, BA Neuburg 6971a; Gordon, Hitlerputsch, S. 78f., 371ff.; Bergmann, S. 147f.

Bauernbund die dominante politische Kraft war und sich damit politische Partizipation von den Bindungen des katholischen Milieus gelöst hatte.[226]

5.4. Soziale Konfliktlinien

„Eine grausame widersprüchliche Zeit. Einerseits fielen gewisse Leute auf die Knie, um vom Allmächtigen Barmherzigkeit zu erbitten und sich im selben Atemzug nicht um Menschen kümmerten, die in Not und Elend ihr Leben fristeten." (Der damals als Dienstknecht arbeitende Max Bauer über die Landwirte in der Inflation)[227]

Die ländliche Gesellschaft war keine konfliktfreie soziale Idylle. Auch wenn die besitzenden Bauern und die ländlichen Unterschichten durch gewisse gemeinsame, aus der Arbeit und ländlichen Umwelt herrührende Grundzüge ihrer Mentalität geprägt waren, gab es erhebliche Unterschiede in der sozialen Lage und gegensätzliche Interessen. Konflikte bestanden vor allem zwischen den Landwirten und den bei ihnen beschäftigten Dienstboten und Tagelöhnern, auch wenn diese in den Jahren vor 1914 praktisch keine Chance zur offenen Artikulation oder gar kollektiven Durchsetzung ihrer Forderungen hatten. Neben diesem traditionellen Gegensatz gewann in den Kriegsjahren und dann vor allem mit den sich steigernden Inflationswellen noch ein anderer Konflikt erfahrungsprägende Bedeutung. Indem Krieg und Inflation den normalen, kontinuierlichen Modus der Versorgung mit Nahrungsmitteln über kalkulierbare Märkte „aus den Angeln" hoben, intensivierten sie den sonst nachrangigen Konflikt zwischen Erzeugern und Konsumenten von Agrarprodukten.[228] Die bäuerlichen Produzenten standen damit in einem manifesten und teilweise handgreiflichen Gegensatz zu den primär in den Städten, aber auch in den ländlichen Bezirksämtern lebenden Versorgungsberechtigten.[229]

5.4.1. Bäuerliches Standesbewußtsein

Im Gegensatz zwischen Stadt und Land sowie ab 1918 in der Abwehr sozialer Errungenschaften der Republik fand ein Standesbewußtsein der Bauern seine Konturen, in dem sich die Repräsentation des aus einer vorübergehenden Konjunk-

226 Gordon, Hitlerputsch, S. 501f.; vgl. K.R. Holmes, The NSDAP and the Crisis of Agrarian Conservatism in Lower Bavaria. National Socialism and the Peasant's Road to Modernity, Diss. Washington D.C. 1982; Zofka, Ausbreitung.
227 Bauer, S. 66.
228 Vgl. Tenfelde, Stadt und Land, S. 55f.
229 In vielen Bezirksämtern reichte die Zahl der Versorgungsberechtigten an die der Selbstversorger heran, teilweise übertraf sie diese auch; vgl. die Aufstellung im „Vorläufigen Wirtschaftsplan für das Erntejahr 1917", am 7.1.1918 von der Reichsgetreidestelle an MInn übersandt: BHStA/II, ML 1039. Dies resultierte teilweise daraus, daß Verbraucher sich beim Wegzug aus ihrer Heimatgemeinde zum Erhalt der Rationen nicht abmeldeten, woraus allgemein eine beträchtliche Vermehrung der verbrauchenden über die tatsächlich existierende kommunale Bevölkerung folgte: Daniel, S. 344, Anm. 397.

tur gespeisten Wohlstandes und die Teilnahmslosigkeit gegenüber den sozialen Notlagen anderer Bevölkerungsgruppen miteinander vermischten. Dieses Standesbewußtsein wird hier nicht als eine Folge besonderer, den Bauern allein zukommender Rechte oder als eine traditioneller christlicher Sittlichkeit entsprechende „Standesehre" definiert. Wie die Presse des katholischen Bauernvereins 1921 vereinzelt beklagte, hatte der von konservativer Seite seit langem verklärte „Bauernstolz" zu dieser Zeit ohnehin durch den „schlimmen Egoismus" vieler Landwirte eine starke Einbuße erlitten.[230] An dieser Stelle wird als Standesbewußtsein vielmehr das Wissen um die zeittypische materielle Begünstigung durch den eigenen, für andere soziale Gruppen in der Regel unzugänglichen und damit exklusiven Besitz an Land bezeichnet, sowie das Bemühen um Abgrenzung gegenüber denjenigen, die nicht auf diese Weise privilegiert waren.[231] Seine spezifische Relevanz besaß dieses Standesbewußtsein, da es nicht nur eine äußerliche Zuschreibung von Beobachtern mit anderer sozialer Lage, sondern in einem emphatischen Sinne Selbstbewußtsein war.

In Konfrontation mit den Städtern gerieten die Landwirte während des Krieges vornehmlich durch die zunehmende Nahrungsmittelknappheit, welche die Behörden permanent beschäftigte und bereits 1916 zu ersten Hungerkrawallen in den Städten führte.[232] Die schlechte Versorgungslage zwang alle Kreise der städtischen Bevölkerung vornehmlich in der zweiten Kriegshälfte, mit Hamsterfahrten auf das Land für die Aufbesserung ihrer kargen Rationen zu sorgen.[233]

Vor allem am Wochenende überschwemmten nunmehr Hunderte mit der Bahn anreisende Hamsterer die ländlichen Bezirke, so daß die Landwirte „froh" waren, wenn Bahnhofskontrollen und andere Maßnahmen der Polizei den Strom der Städter zumindest zeitweise eindämmten.[234] Wurden die Hamsterer abgewiesen, so pflegten sie des öfteren in „nicht wiederzugebenden Worten" auf die Bauern zu schimpfen oder mit dem Anzünden des Hofes zu drohen. Diese mochten erwartet haben, daß Menschen, die um nahezu jeden Preis von ihnen ein knappes Gut zu erlangen suchten, ihnen mit einem entsprechend unterwürfigen Gestus entgegentreten würden. Stattdessen legten die Städter als Folge ihrer sozialen Notlage ein Verhalten an den Tag, das darauf schließen lassen konnte, daß sie sich ein Recht zur Versorgung anmaßten. Damit trugen sie selbst dazu bei, den ohnehin „harten Sinn

---

230 Vgl. Bayerisches Bauernblatt Nr. 16 (Zitat), Nr. 19 v. 19.4., 10.5.1921.
231 Der Sache nach läßt sich hier die Webersche Begrifflichkeit des Standes als einer auf spezifischer Lebensführung und Güterkonsum beruhenden Privilegierung in der sozialen Schätzung verwenden. Dies geschieht hier nicht explizit, um den Begriff der „Ehre" zu vermeiden. Dies könnte hier mißverständlich wirken, da mit der bäuerlichen ‚Ehre' in der zeitgenössischen Deutung das Gegenteil der im folgenden geschilderten Verhaltensweisen gemeint war. Vgl. Weber, Bd. 1, S. 226f.; Bd. 2, S. 683ff.
232 Vgl. Albrecht, S. 147-153, 238-242, 326-331, 343-348.
233 Vgl. Daniel, S. 215-226; Ay, S. 159-165.
234 Zitat: WB BA Ebersberg 11.3.1917: BHStA/IV, stv. GK I. AK 1951; dass. 4.5. und 20.5.1917: ebd., stv. GK I. AK 1953. Kontrollen: Ay, S. 170-178.

der Bauern" noch „weiter zu verhärten."[235] Vereinzelt vertrieben Landwirte durch Schüsse mit dem Gewehr im Pechkohlenbergbau tätige Arbeiter, die mit gezücktem Messer die Herausgabe von Lebensmitteln erzwingen wollten.[236] Die alleinstehenden Kriegerfrauen waren von dem aggressiven Auftreten der Hamsterer besonders betroffen und mußten oftmals hilflos mit ansehen, wie es diesen gelang, bei ihnen die Lebensmittel „förmlich" zu „requirieren."[237] Der Hamsterverkehr und seine Begleiterscheinungen brachten die Landwirte ungeachtet der dabei erzielten Gewinne zu der Überzeugung, von der städtischen Bevölkerung in ungebührlicher Weise ausgenutzt zu werden. Gegenüber der handfesten materiellen Not, welche die Städter zur Hamsterei zwang, zeigten die Bauern nur wenig Verständnis:

> „Wenn wir hätten nicht fast eine Stunde zur Station laufen müssen, hätte ich von unserer jetzigen Nahrung von dotschen mitgenommen denn ihr Vieh bekommt keine verfrorenen Runkelrüben aber wir. Ich beneide ganz das Vieh, das es so gut hat, die guten Bauern wollen es uns absolut nicht glauben."[238]

Vereinzelt kam unter den Landwirten sogar der Gedanke auf, die städtische Bevölkerung zur Radikalisierung ihres sozialen Protests und zu Aktionen für die Beendigung des Krieges treiben zu können, wenn man den Hamsterern die Herausgabe von Lebensmitteln verweigere:

> „(...) u. dann gehe ich viel aufs Land naus am Sonntag gehe ich fort zum Essen herschaffen das man nicht noch umfallt vor lauter Elend dann darfst dich auch recht saudumm anreden lassen von den Bauern. Letzten Sonntag haben wir 5 Ortschaften abgelaufen u. nichts bekommen nicht einmal ein Stückchen Brot die Bauern meinen wenn Sie die armen Leute nichts mehr geben dann werde der Krieg aus, die sagen dann wären die Bevölkerung schon was anfangen das sollte der Krieg aufhören."[239]

Die Zurückhaltung der Landwirte und die prekäre Ernährungssituation provozierten vor allem in der Nähe von Industrieorten ab 1916 Felddiebstähle in erheblichem Umfang, gegen die auch die Gendarmerie den Bauern keinen Schutz bieten konnte. 1918 wurde auf den Gebirgsalmen sogar Vieh gestohlen und auf der Stelle geschlachtet. Vornehmlich durch diese nach Kriegsende noch zunehmenden Diebstahlswellen wurde die Bauernschaft zur Organisation des Selbstschutzes in den Einwohnerwehren gedrängt. An der zwischen Stadt und Land verlaufenden Linie sozialen Konflikts war damit eine Seite bewaffnet.[240]

---

235 WB BA Augsburg 2.12.1916 (Zitat): StAA, Regierung 9763; WB BA Wolfratshausen 29.7.1917: BHStA/IV, stv. GK I. AK 1955; vgl. die Belege in voriger Anm.
236 WB BA Weilheim 20.10.1917: BHStA/IV, stv. GK I. AK 1958.
237 WB BA Miesbach 23.12.1916: BHStA/IV, stv. GK I. AK 1948; WB BA Freising 5.5.1917 (Zitat): ebd., stv. GK I. AK 1953; WB BA Dillingen 16.2.1918: StAA, Regierung 9765.
238 Brief eines Müncheners über eine Hamsterfahrt vom 19.4.1917: BSB, Schinnereriana; vgl. WB BA Altötting 28.7.1917: BHStA/IV, stv. GK I. AK 1955; Ay, S. 116.
239 Brief aus Augsburg vom 13.6.1917: BSB, Schinnereriana; vgl. Ay, S. 121.
240 WB BA Miesbach 24.9.1916: BHStA/IV, stv. GK I. AK 1945; WB BA Dachau 20.5.1917: ebd., stv. GK I. AK 1953; WB BA Miesbach 16.6.1918 (Vieh): ebd., stv. GK I. AK 1966; WB BA

Die von den für Lebensmittelkarten erhältlichen Nahrungsmitteln abhängige, nicht in der Landwirtschaft tätige Bevölkerung auf dem Land mußte dem Treiben der zum Teil durchaus finanzkräftigen städtischen Hamsterer, für die Geld „keine Rolle" spielte, ohnmächtig zusehen, während die „Armen auf den Land" kaum noch etwas bekamen.[241] Während des Krieges sammelte sich in der Erbitterung über die „kalte Zurückhaltung" der Bauern gegenüber den ländlichen Versorgungsberechtigten Konfliktstoff an, und das stereotype Bild der Bauernschaft, die nur an materieller Bereicherung interessiert sei, verfestigte sich allerorten zunehmend:

> „In der Bibel lese ich beständig, aber bei den Bauern betet man keinen Vaterunser, da geht man fluchend in's Bett u. ebenso erhebt man sich wieder von seinem Lager, nur an's Zeitliche denkt man da, ich habe jetzt das Bauernvolk kennen gelernt, keine Seele, blos der Gedanke, wie kann ich Geld bekommen u. wie verdiene ich viel, erfüllt sie ganz."[242]

Wie bereits bei zahlreichen Äußerungen der Bäuerinnen erkennbar, war es auch der Vergleich zwischen der eigenen extremen Arbeitsüberlastung und der als gering eingeschätzten Arbeitsleistung der städtischen Arbeiterschaft, der zumal vor dem Hintergrund der Produktionskontrollen für Gleichgültigkeit gegenüber der Not in den Städten sorgte.[243] Streiks in den Städten wie im Januar 1918 verstärkten dieses Ressentiment nachhaltig und ließen die Frage aufkommen, „was denn geschehen würde, wenn auch die Bauern ihre Arbeit und ihre Lieferung ganz einstellen würden".[244] Der Anblick von Spaziergängern aus der Stadt, die während der Erntezeit zur Erholung auf das Land kamen, ließ die eigene bessere Versorgung mit Nahrungsmitteln gerechtfertigt erscheinen:

> „Glaube, daß die Stadt heuer gut versorgt werden kann; doch wir auf dem Land haben noch nie zu klagen gehabt. Weißt die Tiere von welchen ich letzthin schrieb haben keine wirkliche Krankheit gehabt das war nur ein gedachte von den Bauern, nur wegen dem Braten. Ich versorge mich immer genügend mit Nahrungsmitteln wenn ich verreise, doch sehen dies die Städter nicht so gern weil sie rechnen wie gut das Land versorgt ist im Vergleich mit ihnen. Butter und Schinken sind doch in der Stadt rar und das essen wir in der Ernte viel. Wenn wir denn müsam in der heißen Sonne unsere Ernte unter Dach bringen u. dabei Städter so bequem spazieren gehen sehen so sagen wir uns oft, jetzt sparen wir erst recht nicht u. essen erst recht viel, was wir im Vergleich mit ihnen wohl verdienen!"[245]

Augsburg 14.7.1917: StAA, Regierung 9764; dass. 24.8.1918: StAA, Regierung 9765. Vgl. Kap. 6.2.

241 Brief einer Frau aus Oberndorf vom 9.9.1917 an ihre Schwester; vgl. den Brief aus Bernried vom 14.9.1917: BSB, Schinnereriana.

242 Briefauszug eines Müncheners vom 6.7.1917: ebd. Voriges Zitat: WB BA Augsburg 2.12.1916: StAA, Regierung 9763.

243 Vgl. Kap. 5.1.

244 WB BA Eggenfelden 4.2.1918 (Zitat): BHStA/IV, stv. GK I. AK 1962; WB BA Memmingen 9.2.1918: StAA, Regierung 9765; Stimmungsbericht K.M.-Pressereferat für März 1918: BHStA/II, MK 19290.

245 Brief einer Bauerstochter aus Weibletshofen vom 30.9.1917: BSB, Schinnereriana.

Auch wenn die verglichen mit der Arbeitsleistung ungenügende Höhe der bäuerlichen Selbstversorgerrationen Unwillen erregte, sorgte die landwirtschaftliche Subsistenz insgesamt dafür, daß die Landwirte, wie eine Bäuerin 1917 versicherte, „keinen Hunger leiden brauchen".[246] Gemessen an den dramatisch absinkenden Lebensmittelrationen der städtischen Bevölkerung und dem daraus resultierenden Hunger war dies eine gravierende Privilegierung der ländlichen Bevölkerung, die dort zugleich pazifizierend wirkte, während man in den Städten wegen der mit dem Hunger verbundenen „Ungerechtigkeiten" „auf Rache" sann.[247] Zudem war im Krieg Wandel auf einem Gebiet erkennbar, das für die Selbstwahrnehmung der Bauern vor 1914 wahrscheinlich noch von größerer Bedeutung war als jene zahllosen Versuche, die angeblich stabile und ‚ursprüngliche' bäuerliche Kultur als konservatives Bollwerk gegen die bürgerliche Moderne und die Demokratie ideologisch aufzurüsten.[248] Die Konturen dieser in der zivilisatorischen Differenz zwischen Stadt und Land gründenden Wahrnehmung sind noch nicht erforscht, aber aus der späteren Kritik deutlich erkennbar.[249] Mit dem sich spätestens seit der Jahrhundertwende rapide vertiefenden Unterschied zwischen den Lebensverhältnissen in Stadt und Land mußte der Bauer den Städtern nicht mehr allein ökonomisch als rückständig erscheinen. Auch in Kleidung, Umgangsformen und intellektuellem Horizont entsprach der auf dem Marktplatz oder bei Fahrten auf das Land begegnende Bauer nicht mehr städtischen Maßstäben, ein Bild, das unter anderen Bedingungen bereits die attische Komödie des vierten Jahrhunderts v. Chr. gekannt hatte. Den Bauern selbst war es bekannt, daß man sie in der Stadt geringer einschätzte als „ein Hund", weil sie „dumm" schienen, zumeist nach den Exkrementen des Viehs rochen und sich im permanenten „Gewühl" auf dem Feld plagen mußten.[250] Die Zeitschrift des Allgäuer Bauernverbandes hob 1923 rückblickend hervor, daß der Bauer früher als wegen seiner „Unbeholfenheit" und „derben Manieren" bespöttelte „Witzblattfigur" verunglimpft worden sei, während er nun als „Wucherer und Halsabschneider", „immer" aber als „der reiche Protz" gelte.[251]

246 Bäuerin aus Haidlfing 22.4.1917 in die Schweiz: ebd.; vgl. Stimmungsbericht K.M.-Pressereferat für September 1917: BHStA/II, MK 19289; Garnisonältester Passau 27.10.1916 an stv. GK I. AK: BHStA/IV, stv. GK I. AK 1946.

247 Vgl. die Briefe aus Kempten vom 17.5.1917 (Zitat) und aus Augsburg vom 21.10.1918: BSB, Schinnereriana; zu Rationen und Hunger vgl. die detaillierten Daten bei Kocka, S. 35ff.; Daniel, S. 212ff.

248 Vgl. dazu Kaschuba, Dörfliche Kultur; K. Bergmann, Agrarromantik und Großstadtfeindschaft, Meisenheim a. Gl. 1970 S. 33-85.

249 Für die vormoderne Konstellation vgl. H. Wunder, Der dumme und der schlaue Bauer, in: C. Meckseper/E. Schraut (Hg.), Mentalität und Alltag im Spätmittelalter, Göttingen 1985, S. 34-52.

250 Aus dem auch die eingetretene Veränderung notierenden Brief des Landwirtes Heinrich Rothenbücher aus dem Spessart vom 1.7.1917 an Sebastian Schlittenbauer: BHStA/II, ML 1353; Brief der Bäuerin Therese Hoggner aus dem BA Berchtesgaden o.D. [März 1917] an Georg Heim: StaA Regensburg, NL Heim 1701. Die „Geringschätzung" der Bauern durch die Städter wurde 1917 auch in einer der Versöhnung von Stadt und Land dienenden Predigt angesprochen: Bihl, S. 336ff.

251 Allgäuer Bauernblatt Nr. 5 v. 3.2.1923; vgl. Bayerisches Bauernblatt Nr. 16 v. 19.4.1921; Neue

Während des Krieges und danach wurde für die Landwirte jedoch deutlich spürbar, daß der Nahrungsmangel diese Wahrnehmung in den Hintergrund und sie selbst in eine privilegierte Position rückte, so daß selbst am Zuschnitt ihrer Kleidung als vermögend erkennbare Städter um ihre Gunst buhlen mußten:

> „Bis Mitte Juni bekommen wir ein Füllen, die Stute habe ich schon versichert. Das wird ein nettes Geschäft geben, ein Füllen die Heuernte u. kein Mannsbild im Haus. Man wäre am besten dran, wenn man gar nichts hätte, man muß sich blos plagen wie ein Hund u. wenn man einmal etwas daheim hat, muß man's hergeben u. selber soll man nicht mehr genug essen. Der Bauer ist blos noch der Ochs, der arbeiten muß, das ihn die anderen auslachen können. Früher mußte man immer hören, die dreckigen Bauern sollen ihre Kartoffel selber fressen, jetzt wären die feinen Herrn u. Damen in der Stadt froh, wenn sie von den dreckigen Bauern etwas bekommen könnten. Auch dürften wir jetzt Stadtkinder in Kost u. Pflege nehmen, aber für die Ehre danke ich recht schön. Wenn unsere Wünsche alle in Erfüllung gingen, dann wären schon etliche Millionen weniger auf der Welt, aber ich glaub, daß es keinen Teufel mehr gibt, sonst hätte er schon längst ganze Büschel geholt. So gibt noch genug, die tragen noch die gleich großen Bäuch herum, wie in Friedenszeit, da merkt man keinen Hunger. Aber für uns sind sie sehr besorgt, daß wir keine Fettsucht bekommen, die wissen aus Erfahrung, daß man dann nicht mehr leicht laufen u. arbeiten kann."[252]

Die hier erkennbare, in ihrer Bösartigkeit extrem anmutende und auf die Städter zielende Vernichtungsphantasie macht deutlich, welch großes Potential an Frustration und daraus erwachsenden Ressentiments sich aufgrund der zivilisatorischen Rückständigkeit der bäuerlichen Arbeits- und Lebenswelt auf dem Land angesammelt hatte. Am Verweis auf die einem Ochsen gleichkommende Arbeitslast wird zugleich erkennbar, warum sich ein aus wachsenden Einnahmen und einer auskömmlichen Ernährungslage resultierendes Standesbewußtsein der Bauern während des Krieges noch nicht voll entfalten konnte. Gerade bei den Bäuerinnen, deren Briefe auch aufgrund der Quellenüberlieferung die meisten Einblicke in die bäuerliche Selbstdeutung in den Jahren 1914-1918 bieten, wurde dies zudem durch die Trennung von den Männern und Söhnen und die schmerzliche Erfahrung ihres Todes an den Fronten verhindert. In die repräsentative Zurschaustellung des bäuerlichen Wohlstandes während der Inflationszeit, so läßt sich vermuten, floß die

---

freie Volks-Zeitung Nr. 36 v. 13./14.1921. Darüber hinaus verwandte der Bauernbund die Rede vom ,dummen' Bauern vor dem Krieg, um die klerikalistische Bevormundung der Landwirte in den christlichen Bauernvereinen und ihre Benachteiligung durch die staatliche Politik zu geißeln. Diese Verwendung des Begriffs richtete sich an die Bauern selbst, die sich nicht länger derart entmündigen lassen sollten. Vgl. Anzenberger-Meyer, S. 227ff.

252 Schreiben einer Bäuerin aus Schwaben vom 9.3.1917 an einen Kriegsgefangenen: BSB, Schinnereriana. Vgl. ebd. den Auszug aus dem Brief einer Bäuerin in Guttentag vom 1.7.1917 an ihren kriegsgefangenen Mann: „Man muß aleine arbeiten aber aufessen darf man nicht alein. Den es giebt solche fresser die nichts arbeiten und fressen müssen sie. Jetz sollen die Stinkigen Kuhbauern den Herren voll scheißen. Lieber Mann du solst jetz zuahuse sein da mächst du lachen wie die schönen Damen Beteln können wen sie in die Stube kommt da betet sie u. auf den Kni kricht sie durch die Stube um Krimchen Brot oder um Kartoffel jetz sind die Kuhbauern süß."

frühere negative Erfahrung einer herablassenden Einschätzung durch die Städter dann jedoch verstärkend mit ein.

Der Übergang zur Republik verschreckte die Landwirte bald durch die zunehmende Radikalisierung, welche die Revolution in München und anderen Großstädten erlebte und die im Frühjahr 1919 zu bürgerkriegsähnlichen Kämpfen führte. Auch wenn das Ausmaß der bäuerlichen Identifikation mit den konterrevolutionären Aktivitäten und den zahlreichen Wehrverbänden oftmals überschätzt worden ist, besteht kein Zweifel daran, daß die anfängliche Zustimmung der Bauern zur neuen Staatsform im Zuge dieser Entwicklung einer Ernüchterung wich.[253] In einen offenen Gegensatz zur Republik gerieten die Landwirte insofern, als diese wesentliche sozialstaatliche Erfolge für die Arbeiterschaft mit sich brachte.

Bereits kurz nach Beginn der Revolution hatte man auf dem Land vermutet, daß der neue „Volksstaat" sich primär der „Hebung des Arbeiterstandes" widmen werde.[254] Unmittelbar betroffen waren die Bauern zunächst durch die Abschaffung der Gesindeordnung.[255] Darüber hinaus gab es eine Frontstellung gegen die städtische Arbeiterschaft, die an die Erfahrung der extremen Arbeitslast aus dem Krieg anknüpfte. Diese war nach der Rückkehr der Soldaten zwar inzwischen wieder auf ein normales, den Vorkriegsverhältnissen entsprechendes Maß gesunken. Allerdings hatte sich der Referenzpunkt für die Beurteilung des Arbeitsaufkommens, nämlich die Verhältnisse der städtischen Arbeiterschaft, inzwischen erheblich verschoben. Für diese galt nun der Achtstundentag, welcher zu den „entscheidenden materiellen Errungenschaften der Novemberrevolution" zählte.[256] Dies hatte bei den ländlichen Arbeitern, bei denen die Vorläufige Landarbeitsordnung weiterhin eine längere Arbeitszeit festschrieb, den Wunsch nach einer Verkürzung des Arbeitstages geweckt.[257]

Stärker als dieser neue Streitpunkt zwischen ländlichen Arbeitgebern und -nehmern war aber das gemeinsame Gefühl der Benachteiligung gegenüber den Städtern, da gerade kleinere und mittlere Landwirte zusammen mit ihren Dienstboten lange Arbeitszeiten gewohnt waren. Während der besonders arbeitsintensiven Erntezeit war der Unterschied auch sinnlich erfahrbar, wenn bei Kanalarbeiten beschäftigte Arbeiter den auf dem Feld arbeitenden Männern und Frauen beim Nachhauseweg provokativ zuriefen, sie seien „Hammel", wenn sie sich „so lange" plagen müßten. Solche Begebenheiten riefen bei Dienstboten und Landwirten Verärgerung darüber hervor, „daß sie arbeiten müßten, um den ‚Faulenzern' das Essen zu beschaffen".[258]

253 Vgl. Kap. 6.1., 6.2.
254 WB BA Wolfratshausen 23.11.1918: StAM, LRA 40945.
255 Vgl. Kap. 5.4.2.
256 Peukert, S. 128.
257 WB BA Aichach 8.11.1919: StAM, LRA 99497; BA Traunstein 31.8.1919 an RP Obb.: BHStA/IV, stv. GK I. AK 3920. Vgl. Kap. 5.4.2.
258 Vgl. WB BA Mühldorf 9.8.1919 (zweites Zitat), 25.8.1919 (erstes Zitat), 15.5.1920: StAM, LRA 188445; HMB BA Aichach 15.6.1921: StAM, LRA 99497; WB RP Obb. 14.7.1919: BHStA/II,

Besonderen „Groll" riefen darüber hinaus selbst die nur aus der Distanz erlebten Streikbewegungen der Bergarbeiter im Ruhrgebiet hervor sowie die Auffassung, daß in den Städten angeblich „notorische Faulenzer" Erwerbslosenunterstützung bekamen, während die Landwirte für Verstöße gegen die Ablieferungspflicht bestraft wurden. Im Bezirk Altötting forderte man deshalb die Einführung eines Arbeitszwanges und die Verhängung von Freiheitsstrafen gegen die Anführer von Streiks in „lebenswichtigen" Betrieben, im Bezirk Neuburg die Ausweisung der vom Lande stammenden Erwerbslosen aus den Städten. Die Landwirte hatten es „satt", so stellte eine in Weilheim verabschiedete Resolution fest, „zu arbeiten und zu schuften, während andere streiken und faulenzen."[259]

Die Städter standen allgemein in dem Ruf, anstelle geregelter Arbeit nur Freizeitaktivitäten jeglicher Art nachzugehen. So waren die Landwirte Anfang 1919 „ergrimmt" über das „Treiben" in den Großstädten, die dortigen „Tanzbelustigungen und Vergnügungen aller Art". Die Tatsache, daß man zur selben Zeit auf dem Land allerorten Heimkehrerfeiern und festliche Bauernhochzeiten beging, vermochte wegen des bereits im Krieg emotional aufgeladenen Gegensatzes von Stadt und Land diese Wahrnehmung nicht zu relativieren.[260] Derlei Klagen über die „Genußsucht" und den geringeren Arbeitsfleiß der städtischen Bevölkerung gehörten zu den traditionellen Topoi bäuerlicher Stadtkritik.[261] Die der Arbeiterschaft zukommenden sozialstaatlichen Errungenschaften der Republik wie Achtstundentag und Erwerbslosenunterstützung verfestigten und institutionalisierten allerdings nunmehr den Eindruck, daß in den Städten die Werte der auf dem Land traditionell herrschenden Arbeitsmoral systematisch unterhöhlt würden. Da den Landwirten keine gesetzlich festgeschriebenen Erleichterungen ihrer Arbeitsverfassung zukamen, gerieten sie damit gerade in diesem für das bäuerliche Selbstverständnis wichtigen Punkt in einen Gegensatz zur Republik.[262]

MK 19236; WB RP Ndb. 9.9.1919: ebd., MA 102139; Joseph Klarhauser (BBB) 23.5.1919: Verhandlungen des Bayerischen Landtags 1919/20, Bd. 1, S. 101; G. Eisenberger 14.12.1918: Verhandlungen des Provisorischen Nationalrates, S. 34.

259 WB RP Schw. 9.9.1919 (erstes Zitat): BHStA/II, MA 102145; vgl. WB BA Neuburg 25.1.1919, WB BA Augsburg 25.1.1919: StAA, Regierung 9766; WB BA Ebersberg 14.12.1919: StAM, LRA 79889; Bericht des Wehrkommissars für Obb., Major Schnitzlein, vom 4.8.1919: BHStA/IV, stv. GK I. AK 3895; WB BA Altötting 8.11., 22.11.1919, WB BA Traunstein 28.9.1919: ebd., RwGruKdo 4, 255. Zweites Zitat: Auf der landwirtschaftl. Tagfahrt am 20.4.1920 beschlossene Resolution; BA Weilheim 4.5.1920 an ML: BHStA/II, ML 1913. Bezugspunkt dürften hier v.a. die Streikbewegungen in Penzberg 1920 z.B. anläßlich des Kapp-Putsches gewesen sein; vgl. Tenfelde, Proletarische Provinz, S. 114, 145ff.

260 WB RP Schw. 6.5.1919: BHStA/II, MA 102145; Verhandlungen des Bayerischen Landtags 1919/20, Bd. 2, S. 134. Vgl. Kap. 6.1.

261 Zitat: Brief des Obmanns Johann Menhard v. 26.2.1917 an Georg Heim: StaA Regensburg, NL Heim 1630; Tenfelde, Stadt und Land, S. 43.

262 Vgl. für die Zeit ab 1924, insbesondere im Gefolge der 1927 eingeführten Arbeitslosenversicherung, die Hinweise in Bergmann, S. 249ff.

Der Konflikt um die Versorgung mit Nahrungsmitteln blieb auch in der Nach-kriegszeit virulent. Die Ernährungslage der versorgungsberechtigten Bevölkerung verschlechterte sich nach einer vorübergehenden, an das Vorkriegsniveau allerdings bei weitem nicht heranreichenden Entspannung in den Jahren 1920 und 1921 in der Hyperinflation wiederum gravierend. Galt der Protest der städtischen Bevölke-rung zunächst nur den steigenden Preisen, so brach in der Krise des Jahres 1923 die Versorgung mit Lebensmitteln weitgehend zusammen.[263] 1920 und 1921 gab es demzufolge nur vereinzelt Klagen über das Auftreten einer größeren Zahl von Hamsterern auf dem Land.[264] Mit der rapiden Verelendung der städtischen Bevöl-kerung und ihrer katastrophalen Ernährungslage trat die Hamsterei dann seit Anfang 1923 in gegenüber dem Krieg noch vermehrtem Umfang auf. Im Verlauf dieses Jahres schlug sie bis zum Herbst immer mehr in offene Bettelei, neben den vielen Felddiebstählen vereinzelt gar in die kollektive Plünderung von Feldern um. Vor allem junge Männer durchzogen nun „scharenweise" das Land. Aber auch Schulkinder wurden zum Getreidebettel eingesetzt. Auf vielen Bauernhöfen mußte täglich eine Anzahl warmer Mahlzeiten oder Brotlaibe bereitgehalten werden, um die bis zu 200 Städter, die zum regulären Erwerb von Lebensmitteln nicht mehr in der Lage waren und auf dem Hof um eine Spende baten, möglichst schnell „weiterzubringen".[265]

Auf Seiten der bäuerlichen Produzenten blieb man jedoch unempfindlich gegen-über den materiellen Problemen der von Lebensmittelkäufen abhängigen Arbeiter und Angehörigen des Mittelstandes. Wegen der „Sorge und Not" der ärmeren Bevölkerungskreise ließen sich die Bauern, berichtete 1922 ein Beamter aus Nie-derbayern als seinen Eindruck aus den täglichen Gesprächen mit ihnen, kein „graues Haar wachsen". Die Hauptsache sei, „daß man selbst Geld hat und noch mehr zu verdienen hofft." Damit einher ging die Beobachtung, daß außen- und innenpolitische Vorgänge allgemeiner Natur von der bäuerlichen Bevölkerung nur

---

263 Zu Versorgungskonflikten und Teuerungsprotest vgl. jetzt v.a. am Beispiel Münchens Geyer, Teuerungsprotest; ferner M. Niehuss, Arbeiterschaft in Krieg und Inflation. Soziale Schichtung und Lage der Arbeiter in Augsburg und Linz 1910 bis 1925, Berlin. New York 1985, S. 128-156, 221-244; Tenfelde, Proletarische Provinz, S. 116-135; Hubbard, Inflation, S. 564f.; Holtfrerich, S. 260-264. Vereinzelt wurde die Ernährungslage bereits 1920 als kritisch bezeichnet; vgl. WB BA Zusmarshausen 17.4.1920, WB BA Füssen 23.4.1920: StAA, Regierung 9767. In den Städten im Gefolge der Inflation häufig anzutreffende ältere Protestformen wie beim Bierstreik konnten sich auf dem Land nicht durchsetzen, da konsumtive Ausgaben für die Landwirte nur untergeord-nete Bedeutung hatten. Vgl. WB BA Aichach 8.5., 24.5.1920: StAM, LRA 99497; WB RP Schw. 27.4., 4.5.1920: BHStA/II, MA 102146.
264 HMB RP Schw. 19.5.1921: BHStA/II, MA 102147.
265 HMB BA Neuburg 31.1., 15.12.1923 (Zitat): StAA, BA Neuburg 6971a; HMB BA Kempten 12.10.1923: StAA, BA Kempten 6224; HMB BA Mühldorf 14.12.1923: StAM, LRA 188445; HMB BA Aichach 1.10. und 30.10.1923 (Zahl): ebd., LRA 99497; HMB RP Schw. 22.12.1922: BHStA/II, MA 102147; Plünderung: Tenfelde, Proletarische Provinz, S. 135ff. Schulkinder: Bekanntmachung von MInn u.a. v. 14.3.1923, nach der die Gendarmerie Bettler mit Strafanzeigen verfolgen sollte: BHStA/II, MInn 72564. Dort auch ein ausführlicher, vom Stadtrat München 24.3.1923 an MInn gesandter Bericht über die Ernährungslage in München.

wenig beachtet würden, da man sich nur für die Preise der eigenen Erzeugnisse interessierte.[266] Drastischer äußerte sich im Herbst 1923 ein schwäbischer Landwirt in einer Dorfschenke, als er meinte, „die Fabrikler" sollten sich doch „Kuhdreck statt Butter aufs Brot streichen".[267] Bei der Freien Bauernschaft gehörten derart extreme Ausfälle zum Repertoire der Agitation. So äußerte ihr niederbayerischer Vorsitzender Johann Wüst Ende 1922 in einer Versammlung: „Abgeliefert wird nichts, und wenn die großstädtische Bevölkerung verreckt."[268]

Die restaurative Tendenz, die sich mit dieser Verständnislosigkeit der Bauern für die sozialen Notlagen der Zeit verband, wurde 1921 in der Kreisbauernkammer Niederbayern deutlich. Dort nahm man ohne Gegenstimme einen Antrag aus dem Bezirk Griesbach zustimmend zur Kenntnis. Dieser wollte den ohne „genügendes Einkommen" und die erforderlichen „sittlichen Eigenschaften" geschlossenen Ehen der minderbemittelten Bevölkerung Beschränkungen auferlegen. Wenn dies schon nicht mehr wie im 19. Jahrhundert durch das Heimatrecht geschehen konnte, so sollten die Gemeinden und Wohnungsämter doch zumindest angehalten werden, „solche Leute" nicht noch materiell zu unterstützen.[269]

Charakteristisch für das Verhalten der Bauern in der Inflationszeit ist darüber hinaus, daß man ungeachtet der deshalb bei den Lebensmittelkonsumenten in Städten und Dörfern anwachsenden Erbitterung gegenüber der sozialen Not anderer nicht nur kein Verständnis zeigte. Vielmehr verband sich diese Haltung mit der demonstrativen Repräsentation des eigenen Wohlstandes, mit der, so scheint es, die Bauern ihr Wissen darum dokumentieren wollten, daß sie selbst jetzt einmal auf der Gewinnerseite einer ökonomischen Konjunktur standen. Bereits bei den Heimkehrerfeiern und zahlreichen Bauernhochzeiten des Jahres 1919 und den sie begleitenden Schwarzschlachtungen und festlichen Mahlzeiten zeigte man ungeniert den vorhandenen Überfluß an Nahrungsmitteln, was bei der „versorgungsberechtigten Bevölkerung" eine wachsende „Erregung" hervorrief.[270] Auch bei der Pflege der Erinnerung an die Soldatenzeit legte man sich keine Zurückhaltung auf. Für Kriegerdenkmäler oder Fahnenweihen von Kriegervereinen konnten in kürzester Zeit auch in früher als ärmlich geltenden Gemeinden Summen von 30.000,– Mark und mehr aufgebracht werden. Dagegen erfreuten sich die periodischen Sammlungen von Spenden für die „notleidende Bevölkerung" oder die Kleinrent-

---

266 HMB RP Ndb. 2.6.1922 (Zitat) und 2.9.1922: BHStA/II, MA 102140; zum politischen Desinteresse vgl. z.B. noch HMB RP Obb. 6.2.1923: ebd., MA 102136; WB BA Erding 19.6.1920: StAM, LRA 146315; HMB BA Aichach 16.11.1921: StAM, LRA 99497.
267 In seinem Anwesen explodierte kurz darauf eine Bombe; HMB RP Schw. 8.9.1923: BHStA/II, MA 102147; vgl. eine ähnliche Äußerung in: HMB RP Ndb. 18.12.1922: ebd., MA 102140.
268 HMB RP Ndb. 18.4.1923: BHStA/II, MA 102140.
269 Sitzung der Kreisbauernkammer Niederbayern vom 18.3.1921: StAL, Rep. 168/1, Fasz. 949, Nr. 7432. Vgl. für ähnliche Beobachtungen unter den Bedingungen eines ,Arbeiterdorfes' Kaschuba/Lipp, Dörfliches Überleben, S. 178ff.
270 WB BA Erding 15.2.1919: StAM, LRA 146315; vgl. WB BA Ebersberg 26.1.1919: StAM, LRA 79889; Kap 6.1. Zur Bauernhochzeit als symbolischer Repräsentation des Wohlstandes vgl. Schulte, S. 121-125.

ner bei den Landwirten nur geringer „Beliebtheit". Ein Teil der Bauern verausgabte an einem Abend des öfteren Summen von bis zu 1.000,– Mark in Wirtshäusern – dies war 1922 mehr als der doppelte Tageslohn eines Bergarbeiters. Dabei zeigte man auch eine Vorliebe für Getränke wie Wein und vor allem Sekt, die von der altbayerischen Bauernschaft bislang kaum bzw. gar nicht konsumiert worden waren. Die Sammlungen brachten währenddessen nur ausgesprochen kärgliche Ergebnisse. Viele Bauern gaben nur ein bis zwei Mark.[271] Der 1923 durchgeführten Sammlung für die Bevölkerung im besetzten Ruhrgebiet standen die von ihren „hohen Einnahmen" wie „betäubt" wirkenden Landwirte verständnislos gegenüber. Dies war, wie die Beamten zurecht notierten, aber auch ein Zeichen ihrer Indifferenz in ‚nationalen' Fragen.[272]

Ein weiteres Anzeichen für das ihrem Wohlstand entspringende Standesbewußtsein der Landwirte ist die Tatsache, daß die Söhne und Töchter selbst kleinerer Bauern, die sich normalerweise als Dienstboten verdingten, nach dem Krieg zum Teil auf den Höfen ihrer Eltern verblieben. Der bei fremden Dienstherren erzielbare Verdienst erschien ihnen zu gering und war angesichts der daheim verfügbaren Geldsummen ohnehin zu vernachlässigen. Zudem mußte man sich bei der Arbeit auf dem Anwesen der Eltern weniger plagen.[273] Zum Teil gingen die Söhne vermögender Bauern bei einem prinzipiell gesicherten Auskommen noch zusätzlich einer gut bezahlten Gelegenheitsarbeit bei Straßen- oder Wasserbauarbeiten nach. Wie die Behörden zu Recht notierten, wurde die oft wiederholte Behauptung eines „Arbeitermangels" in der Landwirtschaft dadurch desavouiert. Sie erwies sich in Wahrheit als Klage über die steigenden Kosten familienfremder Arbeiter.[274]

Zu Zugeständnissen waren die Bauern auch dann nicht unbedingt bereit, wenn dadurch die ärmere Bevölkerung zur Selbsthilfe gewissermaßen gezwungen wurde. So nahm der Diebstahl von Brennholz seit 1919 angesichts der steigenden Holzpreise zu.[275] Die über Nutzungsrechte am Forst verfügenden Landwirte waren jedoch in ihrer „Selbstsucht" zunehmend unwillig, durch einen genügenden Einschlag von Holz oder angemessene Preise zur Sicherung des Brennholzbedarfs

271 HMB BA Ebersberg 15.5.1921 (Zitat), 1.1.1922 (Zahl), 15.3.1922, 1.5.1922: StAM, LRA 79889; HMB BA Aichach 1.3. (Wein), 16.4. und 14.5.1921, 15.2.1922 (1.000,– Mark), 16.8.1922: StAM, LRA 99497; vgl. die Hinweise in Kap. 6.3. und 6.4. Tageslohn: Tenfelde, Proletarische Provinz, S. 120.
272 HMB BA Ebersberg 1.3.1923: StAM, LRA 79889; HMB BA Aichach 2.7.1923: StAM, LRA 99497; HMB BA Mindelheim 15.2.1923: StAA, BA Mindelheim Abgabe 1941, Nr. 45; HMB RP Obb. 21.2.1923: BHStA/II, MA 102136.
273 WB RP Schw. 30.12.1919: BHStA/II, MA 102145; WB BA Aichach 15.2.1919: StAM, LRA 99497; WB BA Zusmarshausen 24.1. und 10.4.1920: StAA, Regierung 9767.
274 WB BA Zusmarshausen 8.5.1920: StAA, Regierung 9767; HMB RP Obb. 22.4.1923: BHStA/II, MA 102139; BA Günzburg 11.5.1920 an RP Schw.: StAA, BA Günzburg 6123. Die Beschäftigung der Söhne von Landwirten bei Kanalarbeiten führte zur Verdrängung von Gütlerssöhnen und Erwerbslosen, was vehemente Klagen hervorrief; vgl. neben dem Bericht des RP Obb. die Materialien in: StAA, BA Wertingen 2226. Vgl. Kap. 5.4.2.
275 Vgl. WB RP Schw. 11.8.1919: BHStA/II, MA 102145; HMB BA Kempten 29.7.1922: StAA, BA Kempten 6224.

beizutragen. Bereits 1920 häuften sich deshalb Verfahren wegen Preistreiberei für das bis Februar 1922 im Preis gebundene Brennholz. Die Staatswaldungen, die nur rund ein Drittel der bayerischen Forsten ausmachten, konnten zur Linderung der Not nur teilweise beitragen.[276] Gewerkschaften und Innungen führten Protestversammlungen zur Frage des Brennholzmangels durch. Dort forderte man die Bauern auf, die Einschlagquote zu erhöhen. Das zuständige Innen- und Finanzministerium unterstützten 1922 dieses Anliegen gegenüber den Bauernkammern. Dennoch mußten die Bezirksämter im folgenden Jahr registrieren, daß „die bäuerliche Bevölkerung bei ihrem jetzigen ungeheuren Geldüberfluß eben schlechterdings nicht zu bewegen ist, Brennholz bereit zu stellen." Während sich die Gendarmerie um die Eindämmung des dadurch noch vermehrt provozierten Forstfrevels bemühte, fand ein Beamter diese Reaktion zwar nicht entschuldbar, „aber menschlich vollständig begreiflich".[277]

Die mit sich beschleunigender Geldentwertung stattfindende ‚Flucht in die Sachwerte' schließlich richtete sich nur zum Teil auf für die bäuerliche Wirtschaft nützliche Anschaffungen. Repräsentative Luxusartikel wie Klaviere und Motorräder fanden Eingang in die bäuerlichen Haushalte, aber auch Fahrräder, Nähmaschinen, luxuriöse Stoffe, Kleider und Schuhe wurden in großen Mengen angeschafft. Das ländliche Handwerk wurde mit Aufträgen für die Neueinrichtung bäuerlicher Wohnstuben überhäuft.[278] Im Bezirk Kaufbeuren gingen die Landwirte 1922 dazu über, Möbel und andere Aussteuergegenstände bereits für ihre noch schulpflichtigen zehn- bis zwölfjährigen Töchter zu beschaffen. Wie der örtliche Beamte kritisch bemerkte, sei ihnen der Umstand, daß weite Teile der Bevölkerung sich nicht einmal die nötigste Wäsche kaufen könnten und hungern müßten, dabei durchaus bewußt.[279]

Die gegenüber ihrer Not rücksichtslose Haltung der Bauern führte bei den Arbeitern in den Provinzstädten, vereinzelt auch bei den vom Lebensmittelzukauf abhängigen Gütlersfamilien nicht nur zu einer „Fülle von Haß" gegen die vermögenden Landwirte.[280] Bei geringfügigem Anlaß brach der angestaute Zorn in handgreiflichen Auseinandersetzungen los. Nur mit Mühe gelang es der Gendar-

---

276 WB BA Zusmarshausen 24.4. und 10.7.1920: StAA, Regierung 9767. Vgl., auch zum Folgenden, die Sitzung der Kreisbauernkammer Niederbayern v. 8.7.1922, S. 4-16 des Protokolls und den dort wiedergebenen Schriftwechsel: StAL, Rep. 168/1, Fasz. 949, Nr. 7432.

277 HMB BA Landshut 15.6.1923 (Zitat) und 30.10.1923: StAL, Rep. 164/10, 2008; HMB RP Ndb. 18.5.1922, 18.4.1923, 4.11.1923: BHStA/II, MA 102140.

278 HMB BA Mindelheim 15.2.1923: StAA, BA Mindelheim Abgabe 1941, Nr. 45; WB RP Schw. 10.8.1920: BHStA/II, MA 102146; HMB RP Obb. 26.11.1921, 22.8. und 10.10.1922: ebd., MA 102136.

279 HMB RP Schw. 7.6.1922; vgl. HMB RP Schw. 22.8.1922: BHStA/II, MA 102147.

280 HMB BA Mühldorf 28.4.1921: StAM, LRA 188445; HMB RP Obb. 23.5.1922 (Zitat): BHStA/II, MA 102136. Im September 1923 warf ein Sekretär der freien Gewerkschaften den Landwirten in einer Bauernversammlung in Weilheim vor, daß sie während des Krieges „bei der Gewährung von Urlaub und auf sonstige Weise begünstigt worden seien". Er mußte daraufhin den Saal verlassen. Dass. 22.9.1923, hier zit. nach Deuerlein, S. 179.

merie im Spätsommer 1921 im Bezirk Ebersberg, einen gewalttätigen Zusammen-
stoß zwischen Landwirten und aufgebrachten Arbeitern zu verhindern, nachdem
die Erzeuger kurzfristig einen um 30 Pfennig pro Liter erhöhten Milchpreis verlangt
hatten.[281] Im Gegenzug wurden Angehörige der KPD, die auf dem Land unter den
Dienstboten und Häuslern zu agitieren versuchten, von Landwirten im Bezirk
Zusmarshausen und anderswo mit Gewalt aus den Dörfern vertrieben.[282] Auf den
Feldern kam es zuweilen zu Schußwechseln, so etwa bei Freising, wo ein Bauernsohn eine auf dem Acker eines Nachbarn in der Nachlese Kartoffeln sammelnde
Frau erschoß. Andererseits wurde auf Landwirte, die ihre Kartoffeläcker mit
besonderer Sorgfalt hüteten, aus Rache geschossen.[283]

Den ob solcher Zusammenstöße um die öffentliche Sicherheit besorgten Beamten gelang es trotz permanenter Mahnungen an die Bauern, „den Bogen nicht zu
überspannen", jedoch nicht, bei diesen das „soziale Gewissen zu wecken".[284] Die
aus einer allzu unnachgiebigen und nur auf den eigenen pekuniären Vorteil
bedachten Haltung drohenden Gefahren machten auf eindringliche Weise allerdings Briefe deutlich, die einzelnen Landwirten mit dem Anzünden ihres Hofes
drohten. Solche warnenden Schreiben und die erhebliche Zahl tatsächlich stattfin-
dender Brandstiftungen richteten sich gezielt gegen jene Landwirte, die allgemein
als notorisch schlechte Ablieferer bekannt waren oder gegenüber den „armen
Leuten recht wenig Erbarmen" zeigten und bettelnde Kinder abwiesen.[285]

Man mag sich fragen, warum es angesichts der schlechten Versorgungslage und
des Preisauftriebs nicht auch in den kleineren Provinzstädten vermehrt zu massiven
Demonstrationen und Verbraucherprotesten gekommen ist.[286] Ein Grund dafür ist
darin zu sehen, daß es in den Nachkriegsjahren gegenüber den ärmeren Bevölkerungsschichten aus der eigenen Gemeinde und der näheren Umgebung eine gewisse
Zurückhaltung gab, für Lebensmittel die von den Großstädtern bezahlten Ham-

281 HMB BA Ebersberg 1.9.1921: StAM, LRA 79889; vgl. Tenfelde, Stadt und Land, S. 52. Für
     verschiedene Protestdemonstrationen der Arbeiter in Traunstein und anderswo gegen die Teue-
     rung vgl. Oberbayerische Landeszeitung. Traunsteiner Nachrichten Nr. 151 v. 4.7.1920.
282 WB RP Schw. 28.7.1920: BHStA/II, MA 102146; WB BA Augsburg 24.7.1920: StAA, Regierung
     9767.
283 HMB RP Obb. 10.10.1922, 3.10.1923 (Erschießung eines Hamsterers): BHStA/II, MA 102136;
     Amper-Bote Nr. 16 v. 7.2.1920; Pfarramt Hauzenberg 1.7.1922 an Ord. Passau: ABP, DekA II,
     Obernzell 12/I; Gendarmerie-Station Karlskron 4.10.1922 an BA Neuburg: StAA, BA Neuburg
     6971a. Zum Schußwechsel zwischen Gutsarbeitern und Kartoffeldieben vgl. HMB BA Ebersberg
     15.10.1923: StAM, LRA 79890.
284 HMB RP Obb. 10.10.1922: BHStA/II, MA 102136.
285 Vgl. Bergmann, S. 179; Gendarmerie-Hauptstation Neuburg 28.9.1921 an BA Neuburg (Zitat):
     StAA, BA Neuburg 6971a; HMB BA Erding 15.7.1923: StAM, LRA 146315; WB BA Illertissen
     8.11.1919: StAA, Regierung 9766; Schulte, S. 41-90.
286 Für München vgl. Tenfelde, Stadt und Land, S. 49ff. In vielen Städten bildeten sich Verbrau-
     cherorganisationen, welche neben direkten Preisverhandlungen mit den Produzenten im Bezirk
     oftmals auch an den im folgenden geschilderten Aktivitäten beteiligt waren. Vgl. z.B. HMB BA
     Mindelheim 14.9.1923: StAA, BA Mindelheim Abgabe 1941, Nr. 45; HMB BA Markt-Oberdorf
     13.8.1921: StAA, BA Markt-Oberdorf VII/10.

sterpreise zu fordern. Statt dies zu tun, behaupteten die Landwirte eher, keine Lebensmittel mehr dafür zur Verfügung zu haben.[287] Offenbar existierte ein Bewußtsein für die innerhalb der Dorfgemeinde und in ihrem Umkreis bestehenden sozialen Verpflichtungen, das auch durch die Inflation nicht gänzlich aufgehoben wurde.

Das Entgegenkommen gegenüber der Bevölkerung in der ländlichen Provinz zeigt sich auch bei einem anderen Sachverhalt, der eine weitere Erklärung für das Ausbleiben von Protesten bietet. Nach der weitgehenden Aufhebung der Zwangswirtschaft 1920/21 gaben die Landwirte auf Druck der Behörden, teilweise auch aus eigenem Antrieb, verbilligte Lebensmittel an die ärmeren Familien der Bezirksämter ab. Bereits im Herbst 1920 wurden in einigen Gegenden auf Drängen des Bezirksamtes und in Zusammenarbeit mit der Bezirksbauernkammer von den Landwirten Kartoffeln innerhalb des Bezirks zu einem verminderten Preis abgegeben.[288] Für die Abgabe von Lebensmitteln an die Großstädte bestand dagegen keine Bereitschaft.[289] 1921 organisierte die Landesbauernkammer dann eine landesweite „Hilfsaktion der Bayerischen Landwirtschaft", deren Ertrag den bezirklichen Kommunalverbänden, nur zu einem kleineren Teil den Großstädten zugute kam. In Schwaben, wo man das beste Ergebnis der drei südbayerischen Kreise erzielte, wurden jeweils knapp 12.000 und 3.000 bzw. 15.000 und 5.000 Ztr. Getreide und Kartoffeln gratis bzw. zu einem reduzierten Preis abgegeben. Die Milchverbilligung erfolgte hier im Nennwert von 1.3 Mio. Mark. Durch eine solche propagandistisch geschickt aufbereitete Aktion ließ sich dem möglichen Protest die Spitze abbrechen, selbst wenn eine tiefgreifende Verbesserung der Versorgung damit nicht möglich war. Mit „einigen Zentnern Roggen und Weizen", so mahnte die lokale Presse zur Beteiligung, könne der „Bauer den Umsturzmächten ihr gefährliches Werkzeug", das „Schlagwort von der Brotverteuerung", „aus der Hand schlagen".[290] Das Motiv der Landwirte, durch diese Spenden möglichen Unruhen und Protestaktionen vorzubeugen, trat vor allem bei den eigenständig organisierten Aktionen hervor:

> „Besonders gegen die Bauernschaft hat sich infolge der Erhöhung des Milchpreises ein grimmiger Haß angesammelt. Offenbar in der Befürchtung, daß dieser Haß eines schönen Tages in recht unangenehmer Weise sich auf sie entladen könnte, hat

---

287 Vgl. HMB BA Aichach 1.8., 15.12.1922: StAM, LRA 99497; Pfarramt Nöham 8.12.1920 an Ord. Passau: ABP, DekA II, Pfarrkirchen 12/I.

288 ML 9.8.1921 an MInn: BHStA/II, ML 1598; WB BA Illertissen 18.9.1920, WB BA Donauwörth 16.10.1920, WB BA Dillingen 11.11.1920: StAA, Regierung 9767.

289 WB RP Schw. 12.10.1920: BHStA/II, MA 102146.

290 Vgl. die verschiedenen Materialien in: BHStA/II, ML 1598. Zur Aufbereitung insbes. das Schreiben des BA Memmingen 28.8.1921 an ML, in dem man hervorhob, daß das BA seine Einwirkung bei der Verbilligung des Getreides nicht hervortreten ließ, um die Aktion als ein „aus sich heraus" dargebrachtes Opfer der Landwirte erscheinen zu lassen: ebd. Vgl. Amper-Bote Nr. 114 v. 23.9.1922; Neue freie Volks-Zeitung Nr. 203 v. 6.9.1921; auch zur Priorität der versorgungsberechtigten Landbevölkerung: Oberbayerische Landeszeitung. Traunsteiner Nachrichten Nr. 190, 194, 206 v. 18.8., 23.8., 7.9.1921 (Zitat); zur positiven Wirkung der Milchverbilligung auf die Verbraucher: HMB RP Schw. 20.9.1921: BHStA/II, MA 102147.

die Bauernschaft eine Hilfsaktion zur Verbilligung der Milch für die minderbemittelte Bevölkerung in die Wege geleitet (...)."[291]

Im Bezirk Dingolfing wurde im Oktober 1923 die Abgabe verbilligter Kartoffeln als direkte Reaktion auf den Protest der Arbeiter einer Maschinenfabrik gegen die Erhöhung des Brotpreises durchgeführt. Zudem gab der Bezirksamtmann durch den Kommunalverband einen Posten verbilligtes Mehl ab.[292] Die Hilfsaktionen waren eine taktische Konzession zur „momentane(n) Beruhigung der Verbraucher".

Dies ist auch daran erkennbar, daß in Teilen Oberbayerns 1921 zeitgleich mit der Abgabe von Getreide der zunächst eingefrorene Milchpreis von den Landwirten wieder in die Höhe getrieben wurde. Eine Reihe von Landwirten setzte der in Schwaben betriebenen Milchverbilligung auch offenen Widerstand entgegen und gab erst unter dem Druck der Behörden nach. Dabei bestand vereinzelt vor allem deshalb keine Bereitschaft zur Beteiligung, da man nur den Verbrauchern in der eigenen Gemeinde helfen wollte.[293] Diesem Muster folgend, wurde im Bezirk Markt-Oberdorf auch 1922 nach einer Preiserhöhung in kleinen Gemeinden kostenlos Milch an die ortsansässige arme Bevölkerung abgegeben.[294]

Das ausgeprägte Bewußtsein der Landwirte dafür, daß die Bevölkerung mehr denn je von ihren Erzeugnissen abhängig war, wurde durch das Palliativ der Hilfsaktionen eher noch verstärkt. Dies läßt ein Zeugnis erkennen, in dem von Seiten eines Landwirtes Kritik an der unter seiner Berufskollegen verbreiteten Haltung geübt wurde. Ein Bauer aus dem Bezirk Krumbach, Mitglied und Vertrauensmann des christlichen Bauernvereins, geißelte 1921 in einem Brief an Georg Heim jene Bauern, die sich einbilden würden, „was für gute Werke" sie täten, wenn sie bei einer Sammlung für Städter Kartoffeln abgeben würden. Stattdessen sollten sie einsehen, daß dies „ihre heiligste Pflicht" sei, weil sie den meisten der angeblich Begünstigten das einstmals ersparte Geld doch „schon abgenommen" hätten. Auch die anderen Begleiterscheinungen jenes „Geldprotzenthum(s)" der Landwirte, das den „vollen Zorn des Hungernden erwecken" und schließlich seinen Wunsch nach der „Stunde der Vergeltung" herausfordern mußte, fanden die Aufmerksamkeit dieses vereinzelten Mahners. „Ganze Nächte" würden die Bauern im Wirtshaus sitzen und Wein trinken, Familienfeste mit einem für die Ärmeren „ärgernißerregende(n)" Aufwand feiern sowie Schmuck-, Luxus- und Aussteuergegenstände kaufen. Warnend erinnerte er an die nahe bevorstehende Erfüllung des Wortes vom „Gericht über die Reichen" (Jakobus 5, 1-4):

291 HMB BA Kempten 11.11.1921: StAA, BA Kempten 6224.
292 HMB BA Dingolfing 31.10.1923: StAL, Rep. 164/3, 2641.
293 Zitat: HMB RP Obb. 6.9.1921: BHStA/II, MA 102136. Vgl. HMB BA Markt-Oberdorf 13.8., 30.8., 2.11.1921: StAA, BA Markt-Oberdorf VII/10; HMB BA Kempten 11.11.1921: ebd., BA Kempten 6224. Eine 1922 vorgenommene neuerliche Milchverbilligung in diesem Bezirk machte nur noch wenig Eindruck auf die Verbraucher; dass. 30.10.1922: ebd.
294 HMB BA Markt-Oberdorf 14.9.1922: StAA, BA Markt-Oberdorf VII/10.

„Ihr Reichen: Weint und heult über das Elend, das über euch kommen wird! Euer Reichtum ist verfault, eure Kleider sind von Motten zerfressen. Euer Gold und Silber ist verrostet, und ihr Rost wird gegen euch Zeugnis geben und wird euer Fleisch fressen wie Feuer. Ihr habt Euch Schätze gesammelt in diesen letzten Tagen! Siehe, der Lohn der Arbeiter, die euer Land abgeerntet haben, den ihr ihnen vorenthalten habt, der schreit, und das Rufen der Schnitter ist gekommen vor die Ohren des Herrn Zebaoth.“

Allerdings, so fügte dieser Landwirt hinzu, hätten auch die „Lederjuden“ und die „Herren Fabrikanten“ den Armen das Geld abgenommen.[295]

Das geschilderte Verhalten der Landwirte als moralisch minderwertig zu qualifizieren, wie dies einige der zitierten Äußerungen aus den Berichten der Bezirksämter taten, lag für die Beamten angesichts des in der Inflation rapide sinkenden realen Wertes ihrer Gehälter nahe.[296] Die Hartherzigkeit der Bauern wurde von ihnen gewiß überzeichnet, existierte jedoch nicht allein in ihrer Wahrnehmung. Es war auch nicht das Streben nach Bereicherung an sich, das die Landwirte unempfänglich für die Not Anderer machte.

Dafür bedurfte es zum einen der generellen wirtschaftlichen und rechtlichen Unsicherheit, welche die permanenten Eingriffe der Zwangswirtschaft und der Fortfall des Geldes als stabiler Vermittler sozialer und ökonomischer Beziehungen mit sich brachte. Mochte das Gewissen für die ‚gewissenhaften‘ und deshalb zur Ablieferung bereiten Bauern zunächst noch ein Wert an sich gewesen sein, so wurde es angesichts wiederholter Höchstpreisanhebungen nicht nur ökonomisch irrational, sondern in seiner Substanz angegriffen. Eine auf Kontinuität und Stabilität ebenso beruhende wie angelegte moralische „Ehrbarkeit schändete“ in den Nachkriegsjahren diejenigen, die noch an ihr festhielten, „weil sie die Wolfsgesetze der Inflationsgesellschaft nicht beherrschte“.[297] Anders als der niederbayerische Regierungspräsident Anfang 1923 hoffte, konnte in diesem Punkt auch die Kirche, die einzige „wirkliche Autorität“ bei den Bauern, keinen „bessernden Einfluß“ ausüben.[298]

---

295 Michael Fischer, Landwirt in Nattenhausen bei Krumbach, 7.12.1921 an Georg Heim: StaA Regensburg, NL Heim 2305. Benutzt wurde folgende Ausgabe: Die Bibel. Nach der Übersetzung Martin Luthers, Stuttgart 1985.

296 A. Kunz, Verteilungskampf oder Interessenkonsens? Zur Entwicklung der Realeinkommen von Beamten, Arbeitern und Angestellten in der Inflationszeit 1914-1924, in: G.D. Feldman u.a. (Hg.), Die deutsche Inflation – eine Zwischenbilanz, Berlin. New York 1982, S. 347-384. Zu den bei Gustav v. Kahr vorhandenen starken Ressentiments gegen die Bauern vgl. Feldman, Bayern, S. 606; Bergmann, S. 183.

297 So die treffende Formulierung von Peukert, S. 76.

298 Sechs Zehntel der Bauern standen nach seiner Auffassung auf dem Standpunkt: „Wenn es nur uns gut geht, alles andere ist uns dann gleich.“ HMB RP Ndb. 18.2.1923: BHStA/II, MA 102140. Vgl. z.B. die Berichte der Pfarrämter Waldhof und Thalberg vom 30.6.1925 bzw. 30.6.1921 an das Ord. Passau. Beide betonten, daß mit der Inflation trotz ihrer Ermahnungen neben Gier und Hartherzigkeit auch Betrug und Unehrlichkeit innerhalb der Gemeinde eingezogen und die frühere Sparsamkeit als Wert außer Kurs geraten seien. ABP, DekA II, Pfarrkirchen 12/I; Obernzell 12/I.

Zum anderen nutzten die Bauern die sich bietende Chance, zumindest zeitweilig aus einer Situation relativer zivilisatorischer Rückständigkeit auszubrechen, aufgrund derer sie früher von den Städtern als ‚dumm' angesehen worden waren. Diese Erfahrung ließ sich durch den Wohlstand, der z.B. in die bäuerlichen Wohnstuben einzog, verdrängen bzw. kompensieren. Insofern diese Erfahrung durch eine beständige Arbeitslast und -überlastung geprägt war, schlug sie in eine politisch reaktionäre Abwehrhaltung gegenüber wesentlichen Errungenschaften der Republik um. Insgesamt jedoch wußten zumindest die Landwirte mit mittlerem und größerem Besitz, daß sie während der Inflationszeit auf der Seite der Gewinner standen. Ein Dorfbürgermeister aus Schwaben prägte in diesem Sinne 1922 die in heute merkwürdig anmutender Abwandlung an die Sprache der Arbeiterbewegung angelehnte Sentenz:

„Wenn unsere starke Hand es will, so stehen alle Mägen still."[299]

5.4.2. Grenzen der Unterordnung: Ländliche Dienstboten

Bäuerliche Klagen über die nachlassende Arbeitsleistung und das Entlaufen der Dienstboten sind so alt wie der Gesindedienst selbst. Sie sind ein Zeichen dafür, daß sich das Gesinde entgegen der patriarchalischen Ideologie der Bauern mit seiner Arbeit im allgemeinen nur begrenzt identifizieren konnte. Reale Möglichkeiten zur Verbesserung der eigenen Lebenslage kannten die meist noch jugendlichen Knechte und Mägde bis 1914 aber außer der Abwanderung in die Stadt nicht. Für einen Dienstboten, der durch nachlässige Arbeit oder das plötzliche Weglaufen in der Ernte seinen guten Ruf verspielt hatte, war es schwer, wieder eine gute Arbeitsstelle zu finden.[300]

Zunächst sollen die für die soziale Lage der Dienstboten bestimmenden Faktoren im Krieg untersucht werden. Für die Bewegung des Barlohnes liegen dabei verschiedene Erhebungen des Deutschen Landarbeiterverbandes und des Bayerischen Landwirtschaftsrates vor, die mit der Beschränkung auf wenige Großbetriebe und unsicheren Erhebungskriterien allerdings kein zureichendes Bild vermitteln.[301] Genaueren Aufschluß bietet eine vom Christlichen Bauernverein durchgeführte Befragung von Vertrauensleuten in den einzelnen Bezirken, welche einen Vergleich der 1914 ausbezahlten Löhne mit denen vom Anfang des Jahres 1919 bietet. Zudem lassen sich diese Angaben mit einer von den Demobilmachungsbehörden durchgeführten Befragung der Bezirksämter vergleichen. Dabei wird die Validität der vom

---

299 Bürgermeister Josef Bürle aus Bayerdilling 16.6.1922 an BA Neuburg: StAA, BA Neuburg 8025. Bürle war örtlicher Obmann des BdL; BA Neuburg 16.6.1922 an RP Schw.: ebd. In der Rhetorik ähnlich: Bayerisches Bauernblatt Nr. 39 v. 28.9.1920. Mit den für diese Arbeit benutzten Quellen läßt sich nicht feststellen, inwieweit die genannte These auch für die Kleinbauern zutrifft.
300 Vgl. Schulte, S. 46, 135; Schnorbus, S. 835; Bauer, S. 65f.
301 Vgl. Weissauer, Lohnbewegung, S. 78-83.

Bauernverein erhobenen Zahlen in der Regel bestätigt, zugleich aber die enorme Spannbreite der Löhne bereits innerhalb eines Bezirkes verdeutlicht.[302] Das gleiche gilt für die Zunahme innerhalb der einzelnen Regierungsbezirke. So schwankte die bis 1919 erzielte Nominallohnsteigerung in den oberbayerischen Bezirken zwischen 75 und 201%, in Niederbayern zwischen 66 und 284%.[303]

Tabelle 8: Nominale Steigerung der Jahresbarlöhne landwirtschaftlicher Dienstboten 1914 bis Anfang 1919 (in %) [304]

	Obb.	Ndb.	Schw.
1. Knecht	117	153	112
3. Knecht	146	151	148
1. Magd	98	137	127
3. Magd	108	147	138

Die durchschnittliche Lohnsteigerung der Dienstboten betrug in Oberbayern 121%, in Niederbayern 156% und in Schwaben 135%. Die nahezu durchweg höheren Steigerungsraten bei den Dienstknechten resultierten aus dem wegen der Einberufungen um rund ein Drittel geringeren Angebot männlicher Arbeitskräfte.[305] Darauf läßt sich auch der außer in Niederbayern höhere Lohnzuwachs der noch militärfreien jugendlichen Arbeiter zurückführen. Die Steigerung der Löhne war wesentlich durch die gegenseitige „Lohnüberbietung" der Landwirte induziert.[306]

Ein Vergleich des Barlohnes mit der Preisentwicklung für die üblichen ‚Warenkörbe' scheint wenig sinnvoll, da Wohnung und Kost für die Dienstboten frei waren. Problematisch waren allerdings die stark steigenden Preise für Kleidung und Schuhe.[307] Den Großteil des Barlohnes sparten die Mägde und Knechte traditionell an, da dies die Grundlage für ihre spätere Mitgift bzw. den Erwerb oder die

---

302 G. Klier, Die Lohnverhältnisse der Landwirtschaft in Bayern während des Krieges, in: ZBSL 52 (1920), S. 615-623; vgl. Kap. 6.1.; als Ergebnisse z.B. WB BA Ebersberg 16.2.1919: StAM, LRA 79889; WB BA Krumbach 23.2.1919, WB BA Füssen 15.2.1919, WB BA Donauwörth 22.2.1919, WB BA Neu-Ulm 15.2.1919, WB BA Memmingen 16.2.1919, WB BA Zusmarshausen 22.2.1919, WB BA Wertingen 22.2.1919: StAA, Regierung 9766; WB BA Rottenburg 21.2.1919: StAL, Rep. 164/16, Fasz. 38, Nr. 198.
303 Klier, Lohnverhältnisse, S. 617.
304 Zusammengestellt nach Klier, Lohnverhältnisse, S. 621ff.; vgl. dort auch für das Folgende.
305 Im Rahmen der Volkszählung 1916 wurde die Zahl der eingezogenen Männer auf rund 29% geschätzt. Bei den männlichen Arbeitern in der Landwirtschaft wurde gegenüber 1907 ein Rückgang um rund 38% festgestellt, der aufgrund der Winterzählung aber überhöht sein dürfte. Vgl. Kriegs-Volkszählungen, S. 29, 185ff. Eine vom christlichen Bauernverein 1916 durchgeführte Erhebung, nach der rund 70% der landwirtschaftlichen Arbeiter fehlen würden, diente offenkundig allein propagandistischen Zwecken; vgl. Achter, S. 50ff.
306 WB BA Eggenfelden 4.1. (Zitat), 4.2.1918: BHStA/IV, stv. GK I. AK 1961; Weissauer, S. 75.
307 WB BA Dachau 3.2.1918: BHStA/IV, stv. GK I. AK 1962; WB BA Zusmarshausen 16.3.1918: StAA, Regierung 9765.

Erweiterung eines Hauses und des dazugehörigen Grundstücks bildete.[308] Bis Anfang 1919 fing die Steigerung des Lohnes den eingetretenen Wertverlust der Mark gegenüber dem Dollar noch auf. Hinter den von 1914 bis April 1919 erzielten Nominallohnzuwächsen bayerischer Industriearbeiter, die bei Facharbeitern 332%, bei Frauen 354% und bei Jugendlichen 369% betrugen, blieben die ländlichen Arbeiter weit zurück.[309] Eine solche Gegenüberstellung bietet jedoch ein schiefes Bild, da wegen der extrem ansteigenden Nahrungsmittelpreise die Reallöhne städtischer Arbeiter, die mehr als 50% ihres Budgets für Ernährung ausgeben mußten, im Krieg erheblich sanken.[310] Demzufolge ist beim Vergleich neben dem eher gering zu veranschlagenden Wert der zumeist kärglichen Unterkunft bei den Dienstboten vor allem die Ernährung als Bestandteil des Einkommens zu berücksichtigen. Eine Erhebung des Bayerischen Landwirtschaftsrates aus dem Jahr 1918 veranschlagte den Wert der Kost bei den meisten Arbeiterkategorien höher als den des Barlohnes.[311] Von zwei Bezirksämtern wurde der Geldwert der täglichen Kost Anfang 1919 auf im Durchschnitt etwa 1.40 bzw. 2,– Mark geschätzt, wobei man bei Mägden mit einer etwas niedrigeren Summe rechnete.[312] Nimmt man diese angemessener erscheinenden Angaben zum Maßstab, so trat die Kost in einem den Umfang des Barlohnes knapp erreichenden Wert zu den Einkünften der Dienstboten hinzu.[313] Bedenkt man die angesichts des zusammenbrechenden Nahrungsgütermarktes durch den Reallohn nur teilweise wiedergespiegelte schlechte Versorgung städtischer Arbeiter, so erscheint im Vergleich die Kost bei den Dienstboten über den Geldwert hinaus als ein Faktor, der während des Krieges wesentlich zur Stabilisierung ihrer sozialen Lage auf einem gleichbleibenden Niveau beitrug. Wenn man die demoralisierende Wirkung unzureichender Ernährung einbezieht, waren ländliche Arbeiter sogar auf einem hohen Niveau abgesichert.[314]

Entsprechend ihrer großen Bedeutung bildete der Kampf um die Menge und Qualität der Kost wie bereits früher auch während des Krieges den Kern der Auseinandersetzungen zwischen Dienstboten und Bauern.[315] Bereits 1915 wurde aus Niederbayern berichtet, daß die Dienstboten bei einer Einschränkung der durch die Selbstversorgerration nach oben begrenzten Kost mit dem Verlassen des Hofes

308 Schulte, S. 137f.; Ernst, Arbeitsverhältnisse, S. 99f.; Hinweise in: J. Wysocki, Kapitalbildungsprozesse ländlicher Regionen Bayerns im 19. Jahrhundert, in: ZAA 24 (1976), S. 202-213.
309 Berechnet auf der Basis der Stundenverdienste im Durchschnitt aller Industriezweige; vgl. ZBSL 53 (1921), S. 34.
310 Vgl. Kocka, S. 32ff.; Daniel, S. 208ff.
311 Statistisches Jahrbuch für den Freistaat Bayern 14 (1919), S. 107.
312 WB BA Rottenburg 21.2.1919: StAL, Rep. 164/16, Fasz. 38, Nr. 198; WB BA Donauwörth 22.2.1919: StAA, Regierung 9766.
313 Verglichen mit den bei Klier, Lohnverhältnisse, S. 621, 623 angegebenen Barlöhnen für die betreffenden Bezirksämter.
314 Vgl. Weissauer, S. 90; zu negativ urteilt ohne hinreichende Belege: Ay, S. 152.
315 Vgl. Ernst, S. 58-78, v.a. S. 66.

drohten oder in der Arbeitsleistung nachließen.[316] Dies setzte sich in den folgenden Jahren fort. Auf eine ungenügende Kost oder ihre Verringerung reagierten die Dienstboten mit einer Verminderung der Arbeitsleistung oder dem Wechsel zu einem anderen Bauernhof, bei dem man bereit war, ihren Ansprüchen entgegenzukommen.[317] In Milchviehbetrieben tranken die Arbeiter bereits beim Melken einen Teil der Milch, und auf den Almen verkauften sie einen Teil der erzeugten Butter auf eigene Rechnung an Waldarbeiter. Beanstandeten die Bauern den geringen Ertrag, so minderten die Dienstboten durch schlechtes Abmelken die Leistung der Tiere.[318] In einem oberbayerischen Bezirk lagen den Behörden noch 1919 und 1920 sichere Hinweise dafür vor, daß eine Reihe von Landwirten aufgrund der die Selbstversorgerration überschreitenden Forderungen der Dienstboten gezwungen war, Getreide illegal vermahlen zu lassen.[319]

Angesichts der gravierenden Arbeitskräfteknappheit, der „schwerste(n) Kriegsgeißel" der Landwirtschaft, waren die Landwirte zumeist gezwungen und auch bereit, den Forderungen der „anspruchsvoll" gewordenen Dienstboten selbst im jugendlichen Alter nachzugeben.[320] In besonderem Maße betroffen waren dabei die in Abwesenheit des Mannes alleine wirtschaftenden Bäuerinnen, deren Kraft und Autorität zur Disziplinierung oftmals nicht ausreichte und bei denen die Dienstboten deshalb generell „weniger botmäßig" waren:

> „Jetzt wäre es dann genug, die Leute werden wie es mir scheint immer minder u. schlechter, wie länger der Krieg dauert. Die Jugend verwildert ganz. Die Dienstboten sind so frech, die fragen der Bäuerin keinen Dreck nach u. verlangen Lohn, eine Magd hat jetzt bis 500 M, die Buben aus der Schule haben 6 M Wochenlohn, mein Dienstbub kommt Ihm Frühjahr aus der Werktagsschule, hat 180 M Jahrlohn, die Hauptsache ist noch, daß er mir folgt. Jetzt sind die Leut kostbar. Wenn nur die Männer bis Frühjahr heim kämen."[321]

Noch nach dem Krieg waren Kriegerwitwen ohne erwachsene Kinder „völlig der Willkür der aufgehetzten landwirtschaftlichen Dienstboten preisgegeben."[322] An-

---

316 WB RP Ndb. 1.3., 8.3.1915: StAL, Rep. 168/5, 1117.
317 Garnisonältester Passau 31.7.1916 an stv. GK I. AK: BHStA/IV, stv. GK I. AK 1944; WB BA Traunstein 2.6.1917: ebd., stv. GK I. AK 1954; Wirtschaftsstelle München-Nord 21.6.1918 an stv. GK I. AK: ebd., stv. GK I. AK 1966; WB BA Aichach 4.8.1918: ebd., stv. GK I. AK 1968; Wirtschaftsstelle Landshut o.D. [Februar 1918] an stv. GK I. AK: ebd., stv. GK I. AK 1962; WB BA Dillingen 16.2.1918: StAA, Regierung 9765.
318 WB BA Miesbach 19.8.1917: BHStA/IV, stv. GK I. AK 1956; vgl. ähnlich dass. 22.9.1917: ebd., stv. GK I. AK 1957.
319 Vgl. WB BA Ebersberg 27.7., 2.11.1919, 25.4., 15.8.1920: StAM, LRA 79889.
320 Wirtschaftsstelle Kempten 19.1.1918 an stv. GK I. AK: BHStA/IV, stv. GK I. AK 1961; vgl. WB BA Ebersberg 29.1.1917, WB BA Traunstein 27.1.1917: ebd., stv. GK I. AK 1949.
321 Brief einer Bäuerin aus Bimwang vom 3.12.1917: BSB, Schinnereriana. Vgl. WB RP Ndb. 1.3.1915 (voriges Zitat), 14.2.1916: StAL, Rep. 168/5, 1117; Wirtschaftsstelle Landshut o.D. [Februar 1918] an stv. GK I. AK: BHStA/IV, stv. GK I. AK 1962; Oberwirtschaftsoffizier stv. GK I. AK 23.10.1917: ebd., stv. GK I. AK 1958; Pfarramt Nöham 29.10.1916 an Ord. Passau: ABP, DekA II, Pfarrkirchen 12/I; zahlreiche Hinweise in: BHStA/II, ML 1021.
322 WB RP Schw. 16.6.1919: BHStA/II, MA 102145.

dererseits führte die bei Höfen mit alleinstehenden Kriegerfrauen erheblich größere Arbeitslast für den einzelnen Arbeiter zuweilen dazu, daß die Dienstboten sich dort eine Beschäftigung suchten, wo der Landwirt selbst noch nicht eingezogen war.[323] Während des Krieges war Abwanderung in die Städte somit nicht mehr der einzige und angesichts der dortigen Versorgungslage auch nicht unbedingt sinnvollste Weg für die Dienstboten, ihre Lebenssituation zu verbessern.[324] Seit 1915 galt eine Verordnung, welche für die Abwanderung vor Beendigung der Ernte die Einwilligung des Arbeitgebers voraussetzte.[325] Bäuerliche Klagen über eine dessen ungeachtet fortschreitende Landflucht von Arbeitern sind generell an der Bedeutung zu messen, die angesichts der Arbeitskräfteknappheit jeder Einzelfall besaß. Sie bezogen sich vor allem auf weibliche Dienstboten, die häufiger als männliche Arbeitskräfte den Weg in die Städte suchten.[326] Vereinzelt fand aber auch ein Rückstrom vor dem Krieg abgewanderter Bauerntöchter statt.[327]

Bei den männlichen Dienstboten konnte die Abwanderung dem Zweck dienen, vor einem weiteren Einsatz an der Front bewahrt zu werden. So traten Ernteurlauber im Bezirk Miesbach nach wenigen Tagen eine Beschäftigung in einem Betrieb des Bergbaues an, um von diesem bald darauf als Arbeitskraft beim Militär reklamiert zu werden. Wie das Bezirksamt vermutete, hatten die Dienstboten diesen Schritt für die Bergwerksverwaltung durch den Beitritt zu einem ‚gelben', wirtschaftsfriedlichen Gewerkverein vorteilhaft erscheinen lassen.[328] Insgesamt sollte das Ausmaß der Abwanderung während des Krieges aber nicht überschätzt werden.[329]

Dies gilt auch für die Nachkriegszeit, in der eine bis März 1922 gültige Demobilmachungs-Verordnung die Einstellung landwirtschaftlicher Arbeiter in anderen Gewerbezweigen und damit faktisch die Abwanderung untersagte.[330] Für einige Bezirksämter überlieferte Zahlen einer durch die Klagen der Landwirte motivierten Erhebung ergaben, daß dort in den Jahren 1920 und 1921 ungefähr 200, nochmals

---

323 Vgl. das Schreiben einer Bäuerin aus Altusried vom 26.12.1915 an das stv. GK I. AK: BHStA/IV, stv. GK I. AK 1097; Gemeinde Kindlbach 16.8.1914 an BA Griesbach: StAL, Rep. 164/6, 5298.
324 Der Garnisonälteste Augsburg wies in einem Bericht vom 26.5.1917 explizit darauf hin, daß die dort schlechtere Ernährungslage Dienstboten von der Abwanderung in die Städte abhielt: BHStA/IV, stv. GK I. AK 1954; vgl. Müller, S. 216.
325 Stv. GK I. AK 18.3.1915 an die RP, sowie MInn 15.4.1915 an Gewerkschaftskartell Bayern und Zentralverband der Landarbeiter (mit Erläuterung der Rechtslage, die faktisch beim Gesinde bereits vorher ein solches Verbot umfaßte): BHStA/IV, stv. GK I. AK 1097.
326 Vgl. WB BA Dachau 11.3.1917: BHStA/IV, stv. GK I. AK 1951; WB BA Eggenfelden 4.2.1918: ebd., stv. GK I. AK 1962; Verband bayer. Arbeitsämter 13.3.1918 an MInn: BHStA/II, ML 1021.
327 WB BA Dillingen 29.4.1916: StAA, Regierung 9763.
328 BA Miesbach 12.8.1917; 22.9.1917 an stv. GK I. AK: BHStA/IV, stv. GK I. AK 1956; 1957; vgl. Landwirtschaftlicher Kreisausschuß Schw. 29.12.1917 an RP Schw.: BHStA/II, ML 1021.
329 So meldete das BA Weilheim 24.6.1920 an RP Obb., in den letzten fünf Jahren seien insgesamt 50 landwirtschaftliche Arbeitskräfte abgewandert, 30 wären momentan bei Bauarbeiten beschäftigt: StAM, LRA 6993; vgl. dagegen Daniel, S. 50.
330 Vgl. Wirtenberger, Sozialpolitik, S. 92; Ministerium für Soziale Fürsorge 2.6.1922 an RP Obb.: StAM, LRA 93207.

200, 346 bzw. 175 landwirtschaftliche Arbeiter eine Beschäftigung in der Industrie oder bei Kanal- und Bauarbeiten aufgenommen hatten. Eine Reihe von ihnen arbeitete aber nur im Winter in gewerblichen Betrieben und kehrte zur Ernte in die Landwirtschaft zurück. Neben den höheren Barlöhnen und der Schwierigkeit für ältere Dienstboten, sich selbständig zu machen, wurde als Grund vor allem der Wunsch nach einem „freieren, ungebundenen Leben" genannt, das sich nach wie vor in der Landwirtschaft nicht realisieren ließ.[331] Die trotz der eher geringen Zahl abströmender Arbeitskräfte erhobenen Klagen der Landwirte über einen gravierenden Arbeitermangel erwiesen sich nach dem Krieg als der Realität nicht entsprechend.[332]

Die Revolution brachte für die landwirtschaftlichen Arbeiter weitreichende Veränderungen, welche die „wichtigste Wirkung" der politischen Umwälzung auf dem Land darstellen.[333] Mit der Abschaffung der Gesindeordnungen durch den Rat der Volksbeauftragten waren die Dienstboten von der bisherigen strafrechtlichen Sanktionierung des Vertragsbruches befreit. Die landwirtschaftlichen Arbeiter besaßen nunmehr ein uneingeschränktes Koalitions- und Streikrecht. Alle drei Verbände ländlicher Arbeiter gewannen, wie das bei den Gewerkschaften insgesamt der Fall war, gegenüber der Vorkriegszeit in erheblichem Umfang Mitglieder dazu. Der Höchststand wurde 1919 erreicht, während bereits ab 1921 wieder ein bis 1924 rapide zunehmender Rückgang eintrat. Dieser dürfte vor allem auf das faktisch ein Vielfaches betragende Zurückbleiben der tarifvertraglichen Barlöhne hinter der Geldentwertung zurückzuführen sein.[334] Der freigewerkschaftliche Deutsche Landarbeiterverband (DLV) organisierte 1919 in Bayern 48.118, die christliche Gewerkschaft des Zentralverbandes der Landarbeiter 1920 18.462 und der Katholische ländliche Dienstbotenverein 1920 30.241 Mitglieder. Dem DLV und dem Zentralverband traten vornehmlich die Arbeiter auf den wenigen größeren Gütern bei, während sich Dienstboten hier kaum organisierten oder auf den Versammlungen einfanden.[335]

---

331 Vgl. in der Reihenfolge der Zahlen: BA Starnberg 19.1.1923 an Ministerium für Soziale Fürsorge: StAM, LRA 93207; (ebd. die maßgebliche Verfügung dieses Ministeriums v. 29.12.1922); BA Weilheim 25.1.1923 an dass.: StAM, LRA 6993; BA Traunstein 16.2.1923 an dass. (Zitat): StAM, RA 61434; BA Markt-Oberdorf 30.1.1923 an dass.: StAA, BA Markt-Oberdorf VII/1244. Vgl. BA Griesbach 15.1.1923 an dass.: StAL, Rep. 164/6, 6124; Pfarramt Asenham 30.6.1922 an Ord. Passau: ABP, DekA II, Pfarrkirchen 12/I.

332 Vgl., auch mit Hinweisen auf eine 1923 einsetzende Rückwanderungswelle und eine verstärkte Abwanderung nach der Stabilisierung, Bergmann, S. 246f.; Aktenvermerk BA Markt-Oberdorf 17.4.1920: StAA, BA Markt-Oberdorf VII/1244. Im Sommer 1923 strömten zahlreiche Städter als Erntearbeiter auf das Land; HMB RP Ndb. 20.8.1923: BHStA/II, MA 102140. Vgl. Kap. 6.1.

333 Mattes, S. 210; vgl. zum Folgenden Schrader, S. 75-90; Bergmann, S. 100f., 107ff. (Zahlen); D.-M. Krenn, Die Christliche Arbeiterbewegung in Bayern vom Ersten Weltkrieg bis 1933, Mainz 1991, S. 454f., zu den de facto nicht mehr beachteten, aber rechtlich weiter wirksamen Bestimmungen des bayer. Ausführungsgesetzes zum BGB, die ein Kündigungsrecht u.a. bei „liederlichem Lebenswandel" des Dienstboten vorsahen.

334 Vgl. Weissauer, S. 99-102.

335 BA Wolfratshausen 12.7.1919 an GK I. AK: BHStA/IV, stv. GK I. AK 3920; WB BA Ebersberg

Die von Arbeitnehmer- und Arbeitgebervereinigungen Ende 1918 verabschiedete Vorläufige Landarbeitsordnung stellte den Rahmen für den Abschluß von
Tarifverträgen bereit und schrieb einen acht-, zehn- bzw. elfstündigen Normalar-
beitstag in jeweils einem Drittel des Jahres vor. Zwischen den Arbeitnehmerverbän-
den und dem im November 1919 gegründeten Landesverband der land- und
forstwirtschaftlichen Arbeitgeber Bayerns wurde auf Kreis- und Landesebene eine
Arbeitsgemeinschaft zur Regelung von Tariffragen geschlossen. Der am 19.12.1919
abgeschlossene Landesmanteltarifvertrag, der den Rahmen für alle späteren in den
Kreisen abgeschlossenen Tarife bildete, sah für die Dienstboten allerdings nur die
Garantie der Nachtruhe vor, die z.b. in Niederbayern in der Ernte sieben, sonst
acht und im Winter zehn Stunden dauerte.[336]

Für die tatsächlichen Arbeits- und Lohnverhältnisse der Dienstboten, welche die
Mehrzahl der familienfremden Arbeitskräfte stellten, hatten die tariflichen Normie-
rungen kaum eine Bedeutung, weshalb ihre Regelungen hier auch nicht detailliert
erörtert werden sollen.[337] Das lag am geringen Organisationsgrad sowohl der
Dienstboten als auch der bäuerlichen Arbeitgeber. Selbst Großbauern waren im
Arbeitgeberverband kaum vertreten, Mittel- und Kleinbauern fast gar nicht. Neben
der geringen Zahl der bei ihnen jeweils beschäftigten Arbeiter und der Neuartigkeit
des Tarifwesens in der Landwirtschaft war dafür vor allem ihre „allgemeine Abneigung" gegenüber überörtlichen Regelungen verantwortlich. Selbst für eine bezirk-
lich einheitliche Festschreibung der Löhne – die einzelnen Bezirksämter wurden
jeweils verschiedenen Ortsklassen zugeschlagen – schienen den Landwirten die
jeweiligen Betriebsverhältnisse- und ergebnisse zu weit auseinanderzuliegen.[338]

Dazu kam, daß es den Bauern mehrheitlich trotz der notorischen Klagen über
die extrem gestiegenen Löhne wegen der insgesamt guten Ertragslage möglich war,
die tariflichen Löhne zu überschreiten. Über diese Möglichkeit hinaus ergab sich
die Notwendigkeit dazu aus dem intensiveren Arbeitskampfverhalten der Dienstboten, wie gleich zu schildern sein wird. Die Tatsache, daß die tarifvertraglich
vereinbarten Barlöhne zum Teil unterschritten, weitaus öfter jedoch durchaus
beachtlich überschritten wurden, ist vielfach belegt.

29.6.1919: StAM, LRA 79889; HMB BA Aichach 15.4.1922: StAM, LRA 99497; Weissauer,
S. 97; Schrader, S. 101. Eine Ausnahme bildete der Bezirk Zusmarshausen; vgl. WB BA Zusmarshausen 29.5.1920: StAA, Regierung 9767.
336 Vgl. Schrader, S. 57ff., 103-106, 113; Schumacher, S. 105-129.
337 Die Tariflöhne bis 1923 bei Weissauer, S. 119-138.
338 Vgl. Schrader, S. 97; WB BA Ebersberg 14.12.1919 (Zitat): StAM, LRA 79889; Oberbayerische
Landeszeitung. Traunsteiner Nachrichten Nr. 296 v. 31.12.1919; WB BA Markt-Oberdorf
8.11.1919: StAA, Regierung 9766; HMB RP Ndb. 3.3.1921: BHStA/II, MA 102139; Land- und
forstwirtschaftl. Arbeitgeberverband Ndb. 16.2.1921 an Reichsarbeitsministerium: BHStA/II,
MArb 401. Am geringen Organisationsgrad scheiterte auch die Verbindlichkeitserklärung von
Tarifverträgen nahezu völlig; vgl. dazu die Materialien in diesem Akt. Für das faktische Scheitern
der Arbeitgeberorganisation unter den Bauern trotz intensiver Bemühungen des Bezirksamtes vgl.
auch den Schriftwechsel zwischen dem BA Neuburg und Bürgermeister Bürle aus dem Jahr 1923
in: StAA, BA Neuburg 8025.

So waren im Bezirk Ebersberg 1920 nach Eingeständnis der Landwirte Arbeiter für den Tariflohn „gar nicht zu haben". Eine Reihe von Dienstboten erhielt dort 50,– Mark Barlohn pro Woche, während die tarifliche Bezahlung für den ersten Knecht bei 30,– Mark lag.[339] Im Bezirk Memmingen erhielten viele männliche Dienstboten bereits im Mai 1922 einen Wochenlohn in der Höhe, die erst später in dem ab 1. August geltenden Tarifvertrag festgeschrieben wurde. Bei nichtständigen Erntearbeitern lag der Lohn hier im Juni bereits über dem späteren Tarifniveau. Im Bezirk Wertingen bezahlten die Landwirte den Dienstboten im Juli 1922 das Doppelte des im August abgeschlossenen Tarifs.[340] Der DLV stellte 1923 fest, „daß bereits der größte Teil landwirtschaftlicher Dienstboten einen bedeutend über den Tarif hinausgehenden höheren Lohn erhält." Eine vereinzelte Unter- und teilweise deutliche Überschreitung der Tariflöhne konstatierte 1921 auch das Landwirtschaftsministerium.[341]

Die soziale Lage der Dienstboten in den Jahren bis 1923 läßt sich deshalb anhand der Tariflöhne kaum annähernd genau bestimmen. Immerhin führte die aufgrund des Geldüberhangs gestiegene Bautätigkeit in der Inflation auch dazu, daß die zumeist recht kärglichen Dienstbotenkammern, in denen sich bislang teilweise noch zwei Arbeiter ein Bett teilen mußten, eine erhebliche Verbesserung erfuhren.[342] Vor dem Krieg kam eine wöchentliche Lohnzahlung nur vereinzelt vor. Ab 1919 wurde sie offenbar aber mehrheitlich durchgeführt und war ab 1921 auch in den Tarifen vorgesehen. Damit ergab sich die Möglichkeit zur laufenden Anpassung der Löhne an die Geldentwertung, es wurde aber auch die Artikulation entsprechender Forderungen durch die Dienstboten erleichtert.[343] Selbst wenn die tatsächlich ausbezahlten Löhne um ein Mehrfaches höher lagen als die tariflichen, konnte spätestens seit dem Übergang zur Hyperinflation im Sommer 1922 auch durch übertarifliche Lohnzahlungen der Geldwertverfall nicht mehr kompensiert werden.[344] Seit 1923 wurde in den Tarifen die zusätzliche Gewährung von Deputaten

---

339 WB BA Ebersberg 15.2. (Zitat), 28.3.1920: StAM, LRA 79889; vgl. Weissauer, S. 128; vgl. ferner WB BA Neuburg 30.1.1920: StAA, Regierung 9767; HMB BA Aichach 15.9.1922: StAM, LRA 99497. Den Tariflohn von 1919 hatten viele Tagelöhner bereits im Sommer 1918 erreicht oder überschritten; WB BA Memmingen 31.7.1918: BHStA/IV, stv. GK I. AK 1967; Weissauer, S. 119.

340 HMB RP Schw. 23.5., 22.6. und 7.7.1922: BHStA/II, MA 102147; vgl. Weissauer, S. 124, 133. Gemessen an der bis Dezember 1919 eingetretenen Geldentwertung, lag in Obb. auch der Taglohn teilweise 1918 schon über dem späteren Tarifniveau; vgl. WB BA Altötting 20.7.1918: BHStA/IV, stv. GK I. AK 1967; Weissauer, S. 119. Ferner HMB RP. Ndb. 17.2.1922: BHStA/II, MA 102140.

341 DLV, Gau Oberpfalz/Ndb., 28.5.1923 an Ministerium für Soziale Fürsorge; ML 23.2.1921 an dass.: BHStA/II, MArb 401; vgl. Bichl, Organisation, S. 145; Amper-Bote Nr. 92 v. 3.8.1922.

342 Ernst, S. 81-89; Wirtenberger, S. 50, 74ff.

343 Vgl. Schulte, S. 137; Ernst, S. 44; Schrader, S. 115; WB RP Schw. 23.6.1919: BHStA/II, MA 102145. Wo noch jährliche Bezahlung üblich war, wurde der Lohn am Jahresende neu berechnet; vgl. das Schreiben des die Interessen der Dienstboten vertretenden Rechtsanwaltes Engelmayer v. 19.2.1923 an das BA Neuburg: StAA, BA Neuburg 8025.

344 Weissauer, S. 104ff.

an Getreide, Kartoffeln, Milch und Holz festgelegt. Mit dem Verkauf dieser Deputate zu den jeweils aktuellen Marktpreisen oder ihrem Tausch gegen andere Güter ließ sich die Entwertung des Barlohnes zumindest teilweise auffangen.[345] Da in vielen Bezirken wiederum weit über die Tarife hinausgehende und faktisch einer überwiegenden Naturalbezahlung gleichkommende Deputatmengen, dazu Fahrräder für die Knechte und Nähmaschinen für die Mägde gewährt wurden, stabilisierte sich das Einkommen der Dienstboten 1923 wohl in der Regel auf einem hohen Niveau.[346] Für den gesamten Nachkriegszeitraum ist neben dem positiven Faktum einer gesicherten Ernährung zu berücksichtigen, daß die Möglichkeit versperrt war, ein wertbeständiges Vermögen anzusparen. Dies erschwerte es den älteren Dienstboten, sich selbständig zu machen, und war, wie erwähnt, eine Ursache für die Abwanderung in die Industrie.[347]

Die deutlich verbesserte rechtliche Lage der Dienstboten induzierte zusammen mit der Notwendigkeit einer permanenten Anpassung der Löhne an die Geldentwertung in der Nachkriegszeit ein intensives und auch qualitativ neuartiges Arbeitskampfverhalten der ländlichen Arbeiter.[348] Zur Verbesserung der Kost, durch welche die Dienstboten auch nach dem Krieg „hauptsächlich" der „Landwirtschaft erhalten" blieben, fanden 1919 in Oberbayern des öfteren individuelle Arbeitsverweigerungen statt.[349] Wiederholt kam es in einzelnen Gemeinden oder Bezirksämtern zu kollektiven Streikdrohungen während der Erntezeit. In Verhandlungen zwischen den Arbeitern und Landwirten wurden dann die strittigen Lohnfragen geklärt. Vereinzelt flaute die Streikbereitschaft auch ohne Verhandlungen wieder ab, oder es wurden präventive Lohnerhöhungen gewährt.[350] Bei einem Landwirt im Bezirk Ebersberg erschienen 1922 an einem Sommertag früh um vier Uhr sämtliche Dienstboten im Schlafzimmer. Wenn der Wochenlohn nicht auf eine Summe erhöht werde, die fast dem vierfachen des gerade neu ausgehandelten Tariflohnes entsprach, wollten sie sofort die Arbeit niederlegen. Angesichts des

---

345 Vgl. ebd., S. 103f., 137f.
346 Vgl. ebd., S. 106f. Im Bezirk Neuburg wurde mit 30 Ztr. Weizen der festgelegte Satz um das 60fache übertroffen: HMB RP Schw. 23.2.1923: BHStA/II, MA 102147. Vereinzelt forderten Mägde sogar zusätzlich zum Lohn noch eine Kuh; HMB BA Landshut 16.1.1923: StAL, Rep. 164/10, 2008. Zum flächendeckenden Übergang zur Naturalbezahlung 1923 vgl. Verband land- und forstwirtschaftl. Arbeitgeber Schwabens 14.2.1923 und Landesverband der land- und forstwirtschaftl. Arbeitgeber-Vereinigungen Bayerns 27.2.1923 an ML: BHStA/II, ML 1101.
347 Vgl. auch Achter, S. 114.
348 Zu diesem Zusammenhang WB RP Schw. 30.12.1919: BHStA/II, MA 102145; zum Wissen der Dienstboten um ihre durch die Rechtslage verbesserte Verhandlungsmacht vgl. explizit HMB RP Schw. 22.8.1922: ebd., MA 102147.
349 WB BA Ebersberg 27.7.1919 (Zitat): StAM, LRA 79889; WB RP Obb. 14.7.1919: BHStA/II, MK 19236.
350 HMB BA Dingolfing 16.7. und 1.8.1921: StAL, Rep. 164/3, 2641; WB BA Dachau 9.8.1919: BHStA/IV, stv. GK I. AK 3920; WB RP Ndb. 16.8.1920 (Bezirk Straubing): BHStA/II, MA 102139; WB RP Ndb. 4.8.1919: StAL, Rep. 168/5, 1116; WB RP Schw. 4.8.1919: BHStA/II, MA 102145; Amper-Bote Nr. 79 v. 5.7.1921.

schlechten Erntewetters willigte der Landwirt ein.[351] In einer niederbayerischen Gemeinde erfolgte eine erfolgreiche Streikdrohung der Dienstboten, um eine Belastung mit dem in der Regel von den Landwirten übernommenen zehnprozentigen Lohnabzug für die Einkommensteuer zu verhindern.[352]

Ausmaß und Intensität der Lohnbewegungen hingen auch von der Bereitschaft der Landwirte ab, den Forderungen der Dienstboten entgegenzukommen. Während dies viele relativ rasch taten, ließ sich andererseits mancher Landwirt ungeachtet der dafür ausreichenden Einnahmen „lieber von seinen Dienstboten tyrannisieren, als sie so zu bezahlen, daß er Übergriffe" von ihrer Seite hätte abweisen können.[353] Charakteristisch für die Abhängigkeit des Arbeitskampfes der Dienstboten von den Präferenzen der Arbeitgeber in einem hochgradig individualisierten Arbeitsverhältnis waren die Ereignisse im Bezirk Zusmarshausen im Sommer 1920. Im Mai wurde dort bei einer Versammlung der Dienstboten über mögliche Lohnforderungen diskutiert. Während ein Teil der Bauern ihnen „freiwillig" mit einer Erhöhung um bis zu 25% entgegenkam, erklärten andere, eher Dienstboten zu entlassen als nachzugeben. Kurz darauf äußerten die Arbeiter vor der Heuernte Streikdrohungen auf einzelnen Höfen und in einer Versammlung von Arbeitgebern und -nehmern, worauf die Mehrheit der Landwirte ihrerseits mit der Drohung reagierte, streikende Dienstboten zu entlassen. Während der Ernte fand dann eine Reihe von individuellen Arbeitsverweigerungen statt, welche zumeist die Entlassung nach sich zogen. Ein Teil der Landwirte kam den Forderungen aber „ohne weiteres" nach, da sie den Mehraufwand „jederzeit" auf die Verbraucher abwälzen konnten.[354] In einigen Bezirken reagierten die Landwirte 1919 und 1920 auf hohe Lohnforderungen der Arbeiter mit einer vorübergehenden Verringerung der Einstellung von Erntearbeitern, teilweise auch von Dienstboten. Offenbar versuchte

---

351 Rückblickend HMB BA Ebersberg 15.9.1922: StAM, LRA 79889; vgl. Weissauer, S. 133.

352 Der Bürgermeister vermittelte die Einwilligung der Landwirte. WB BA Rottenburg 2.7.1920: StAL, Rep. 164/16, Fasz. 38, Nr. 198; vgl. zur Steuer WB BA Ebersberg 15.2., 4.7.1920 (Streikdrohung): StAM, LRA 79889; HMB BA Aichach 15.9.1922: StAM, LRA 99497; WB BA Zusmarshausen 17.7.1920: StAA, Regierung 9767. Auch der Arbeitnehmeranteil für die Kranken- und Invaliditätsversicherung wurde in der Nachkriegszeit zumeist auf den Bauern abgewälzt; vgl. z.B. Pfarrämter Pfarrkirchen 15.10.1923; Engertsham 16.7.1923 an Ord. Passau: ABP, DekA II, Pfarrkirchen 12/I; Fürstenzell 12/I; WB BA Krumbach 23.2.1919, WB BA Zusmarshausen 22.2.1919: StAA, Regierung 9766. Vgl. Wirtenberger, S. 101-108, 116ff.

353 Zitat: BA Griesbach 15.1.1923 an Ministerium für Soziale Fürsorge: StAL, Rep. 164/6, 6124; Oberbayerische Landeszeitung. Traunsteiner Nachrichten Nr. 15 vom 19.1.1923.

354 In der Folge wurde über individuelle Unzuverlässigkeit der Dienstboten geklagt, die zum Besuch eines Festes des öfteren für mehrere Tage die Arbeitsstelle verließen. Im südlichen Teil des Bezirks wurde schließlich im August ein Tarif abgeschlossen, dem sich kleinere Landwirte ungeachtet seiner materiellen Vorteile aber widersetzten: WB BA Zusmarshausen 15.5. (erstes Zitat), 21.5., 29.5., 5.6., 12.6. (zweites Zitat), 19.6., 3.7., 17.7., 7.8.1920: StAA, Regierung 9767; vgl. die Beschreibungen einer ähnlichen Konstellation in: WB BA Nördlingen 1.2.1920: ebd.; HMB BA Aichach 15.9.1922: StAM, LRA 99497; WB BA Erding 28.6.1919: StAM, LRA 146315.

man damit primär die Arbeiter zu disziplinieren, indem man vorwiegend gewerkschaftlich Organisierte entließ.[355] Zur Durchsetzung ihrer Forderungen beließen es die landwirtschaftlichen Arbeiter nicht bei der Androhung eines Streiks, sondern führten solche auch durch.[356] Die amtliche Statistik verzeichnet 1919 für die drei südbayerischen Kreise in der Landwirtschaft keinen Streik. In den Folgejahren wurden nur in oberbayerischen Gutsbetrieben Streiks registriert, und zwar 1920 in einem, 1921 bei zwei und 1922 wiederum in einem.[357] Gegenüber der offenbar mit erheblichen Mängeln belasteten Statistik bieten die nur lückenhaft überlieferten Wochenberichte dagegen eine Reihe von Hinweisen auf von der Statistik nicht erfaßte Streikaktionen und damit auf eine Arbeitskampfform, welche bei landwirtschaftlichen Dienstboten Seltenheitswert hat.[358]

Im Bezirk Fürstenfeldbruck streikten 1919 während der Ernte in „einigen Gemeinden" die Dienstboten. In der am stärksten betroffenen Gemeinde Aufkirchen legten sämtliche Knechte und Mägde die Arbeit nieder und forderten 30% mehr Lohn oder den Achtstundentag. Nach einer Erhöhung um 10% nahmen sie vermutlich nach kurzer Zeit die Arbeit wieder auf. Streikdrohungen und kleineren Streiks wurde in den folgenden Wochen durch Lohnerhöhungen rasch begegnet. Ebenso wurden „Streikversuche" in mehreren Gemeinden des Bezirks Illertissen durch Lohnzulagen schnell wieder beigelegt.[359] Am 18. August 1919 traten in der Gemeinde Tandern (BA Aichach) 13 der 17 Dienstknechte des Ortes für eine Lohnerhöhung von 40% in den Streik. Von den am Vortag durch ihre männlichen Kollegen aufgeforderten Mägden beteiligte sich keine. Angesichts der laufenden Ernte bewilligten die Landwirte einen Zuschlag von 30-150,– Mark auf den damit rund 500,– Mark betragenden Jahreslohn, worauf die Arbeit noch am selben Tag wieder aufgenommen wurde. Mehrere Landwirte äußerten allerdings ihre Absicht, keinen der Streikenden wieder einzustellen. Auch 1921 legten nach der Klage „vieler Landwirte" im Bezirk Aichach die Dienstboten termingerecht zum Beginn der Heuernte die Arbeit nieder, um Lohnerhöhungen zu erzielen.[360]

355 Vgl. WB BA Lindau 12.6., 7.8.1920: StAA, Regierung 9767; WB RP Ndb. 17.2., 7.7.1919: StAL, Rep. 168/5, 1116; Verhandlungen des Landtages 1919/20, Beilagen, Bd. 3, S. 1. Zur Arbeitsmarktlage in der Demobilmachungsphase vgl. Kap. 6.1.

356 Vgl. zu Definition und Forschungsstand: F. Boll, Arbeitskämpfe und Gewerkschaften in Deutschland, England und Frankreich. Ihre Entwicklung vom 19. zum 20. Jahrhundert, Bonn 1992, S. 47-62, S. 65-72; K. Tenfelde/H. Volkmann, Zur Geschichte des Streiks in Deutschland, in: dies. (Hg.), Streik. Zur Geschichte des Arbeitskampfes in Deutschland während der Industrialisierung, München 1981, S. 9-30. Das Faktum verschiedener wilder Streiks erwähnt auch Schrader, S. 102.

357 Vgl. Bergmann, S. 103f.

358 Zur Streikstatistik vgl. Tenfelde/Volkmann, Streik, S. 287-293. Zu bemerken ist insbesondere, daß für das kritische Jahr 1919 keine fortlaufende Serie der Wochenberichte des RP Obb. oder wie in Schwaben für die Mehrzahl der Bezirksämter vorliegt.

359 WB BA Fürstenfeldbruck 27.7. (Zitat), 3.8., 10.8.1919: BHStA/IV, stv. GK I. AK 3920; WB BA Illertissen 21.6.1919: StAA, Regierung 9766.

360 HMB BA Aichach 30.8.1919, 30.6.1921 (Zitat): StAM, LRA 99497. Von einer „Streikwelle"

1922 fanden in mehreren Gemeinden der Bezirke Dachau und Kaufbeuren während der Ernte Dienstbotenstreiks statt, die durch zumindest teilweise Bewilligung der Lohnforderungen wieder beigelegt wurden.[361] Schließlich kam es in den Jahren 1919 bis 1921 noch auf Gutsbetrieben in Niederbayern zu jeweils einem Streik. 1919 war der Grund dafür die Kündigung eines Betriebsrates. Bei dem Streik im Jahr 1920 wollten die durchweg organisierten landwirtschaftlichen Arbeiter die Entlassung eines Zimmermanns erreichen, der abfällige Äußerungen über die Gewerkschaften gemacht hatte. Nach Einschaltung eines Schlichtungsausschusses nahmen die 150 bzw. 65 Streikenden die Arbeit nach drei Tagen bzw. einem Tag wieder auf.[362]

Gemessen an den massiven Streikwellen landwirtschaftlicher Arbeiter, die in den Jahren ab 1919 die ostelbische Landwirtschaft erschütterten, waren solche vereinzelten Streikaktionen kein besonders markantes Ereignis.[363] Im Rahmen der in Südbayern dominierenden familienhaften landwirtschaftlichen Arbeitsverhältnisse waren sie aber ein deutliches Signal dafür, daß sich in der bis dahin weitgehend fraglosen Unterordnung der Dienstboten unter die patriarchalische Herrschaft der Landwirte im Gefolge des Krieges definitiv eine qualitative Veränderung hin zur aktiven Durchsetzung besserer Lohnverhältnisse vollzogen hatte. Die generell sehr kurze Dauer der Streiks ist kein Argument dagegen, weil unter dem Druck der Erntearbeit die gestellten Forderungen rasch und zumeist weitgehend erfüllt wurden und damit eine Fortsetzung des Streiks sinnlos war. Daß es vorwiegend Bezirke in der Nähe von Großstädten wie München oder Augsburg waren, in denen gestreikt wurde, läßt vermuten, daß der Kontakt mit städtischen Arbeitern vereinzelt beim Entschluß zum Streik bestärkend gewirkt haben mag. Die Streiks erfaßten ganze Gemeinden, und streikende Dienstknechte waren unmittelbar oder auf absehbare Zeit vom Verlust ihres Arbeitsplatzes bedroht. Daran wird deutlich, daß sich ungeachtet der hochgradig individualisierten Arbeitsbedingungen auf den einzelnen Höfen auch bei Dienstboten ein beachtlicher, auf der Einsicht in gemein-

---

landwirtschaftlicher Arbeiter vor allem in den Bezirken Regensburg, Straubing, Deggendorf im Juni 1921 spricht ohne Angabe des archivalischen Belegs Schwarze, Polizei, S. 94f., ohne daß dieses in den Berichten des RP Ndb. seinen Niederschlag gefunden hätte. Diese Bezirke galten zwar als besonders streikgefährdet (vgl. Bergmann, S. 103f.), das Faktum des Streiks ist jedoch wohl nicht zureichend belegt.

361 Amper-Bote Nr. 92 v. 3.8.1922; HMB RP Schw. 7.8.1922: BHStA/II, MA 102147.

362 WB RP Ndb. 21.7. und 6.10.1919: StAL, Rep. 168/5, 1116; WB BA Dingolfing 20.8.1920: StAL, Rep. 164/3, 2641. Ein ähnliches Motiv lag dem eintägigen Streik im Schloßgut Erching zugrunde, wo man damit die Stallschweizer zum Eintritt in den DLV zwingen wollte; Gendarmerie-Einzelposten Hallbergmoos 27.8.1919 an BA Freising: StAM, LRA 61432. 1921 gab es einen mehrtägigen Streik von 32 Gutsarbeitern im BA Dingolfing, weil nach einer Teilverpachtung Kündigungen ausgesprochen wurden. Nach Vermittlung der Kreisregierung wurde die Arbeit noch vor einer endgültigen Entscheidung wieder aufgenommen: HMB RP Ndb. 18.10.1921: BHStA/II, MA 102139.

363 Vgl. Schumacher, S. 296-309; B. Kölling, Familienwirtschaft und Klassenbildung. Landarbeiter im Arbeitskonflikt: Das ostelbische Pommern und die norditalienische Lomellina 1901-1921, Vierow 1996, S. 159-333.

same Interessen beruhender Solidarisierungsprozeß vollzogen hatte. Den „Mut, sich
für ein menschlicheres" und besser erträgliches Dasein einzusetzen, für den bis
dahin „jede Voraussetzung" gefehlt hatte, brachte nunmehr eine Reihe von Dienstboten auf.[364]

Im Gegensatz zu den Vorwürfen der Bauern bemühten sich die Landarbeiterge-
werkschaften um die Disziplinierung der Dienstboten und Tagelöhner sowie um
die Unterbindung ‚wilder', unorganisierter Arbeitskämpfe. Wie Vertreter des DLV
betonten, trugen sie selbst nicht zur Radikalisierung der ländlichen Arbeiterschaft
bei, vielmehr schlug ihnen gerade bei unorganisierten Arbeitern ein starker „Radi-
kalismus" entgegen, der die Durchsetzung gewerkschaftlicher Disziplinvorstellungen erschwerte.[365] Im Bezirk Aichach ermahnte ein Abgesandter des DLV die
versammelten Dienstboten, ein Streik dürfe „nicht vorkommen". Wenn die Einstellung der Arbeit „notwendig" würde, werde dies der Verband anordnen.[366] Die
Arbeiter eines niederbayerischen Gutsbetriebes waren im Herbst 1919 zum Streik
für eine Lohnerhöhung entschlossen. Ein Bauernsohn, der vermutlich für den
christlichen Zentralverband als Abgesandter erschienen war, brachte sie in einer
Versammlung von diesem Vorhaben ab und stellte ihnen dafür die baldige Einlösung ihrer Forderung in Aussicht.[367] Bei den beiden eigentlichen Gewerkschaften
– der Dienstbotenverein vertrat ohnehin sozialfriedliche Auffassungen und hatte
die Regelung von Tariffragen 1919 an den Zentralverband abgegeben – dürfte die
geringe Kampfbereitschaft neben dem prinzipiellen Selbstverständnis gewerkschaftlicher Arbeit vor allem durch das Wissen um die immer noch geringe
Verhandlungsmacht sowie die gerade in der Inflation leeren Streikkassen bestimmt
worden sein.[368]

Ungeachtet dessen setzten die Landwirte dem ihrer patriarchalischen Einstellung
und ihren Interessen zuwiderlaufenden Koalitionsrecht der Arbeiter scharfen Widerstand entgegen. Vor dem Hintergrund eines allgemein vorhandenen Bemühens,
die gewerkschaftliche Organisierung einzudämmen, beschlossen lokale Bauernver-
sammlungen in Schwaben 1919 und 1920, organisierte Arbeiter nicht einzustellen
und vorhandene Gewerkschaftsmitglieder bei nächster Gelegenheit zu entlassen. In
Niederbayern forderten die Behörden deshalb 1921 die Landwirte durch Anschläge
auf, daß gesetzlich verankerte Koalitionsrecht zu respektieren.[369] Die Bezirksbau-

---

364 Bauer, S. 57; vgl. für den Wandel auch Müller, S. 212.
365 Verhandlungen des Bayerischen Landtags 1919/20, Beilagen, Bd. 2, S. 540f.; vgl. allgemein
  Schrader, S. 142; ML 16.6.1920 an MInn: BHStA/II, ML 1913.
366 WB BA Aichach 27.2.1920: StAM, LRA 99497.
367 Gendarmerie-Station Dietersburg 30.9.1919 an BA Pfarrkirchen: StAL, Rep. 164/14, 6510.
368 Vgl. Schrader, S. 79, 83f., 90; Tenfelde/Volkmann, Streik, S. 21; Krenn, Arbeiterbewegung,
  S. 453-461.
369 Vgl. WB RP Schw. 23.12.1919: BHStA/II, MA 102145; WB BA Neuburg 10.1.1920: StAA,
  Regierung 9767; RP Ndb. 12.1.1921 an die BA: StAL, Rep. 164/6, 5447; Verhandlungen des
  Bayerischen Landtags 1919/20, Beilagen, Bd. 3, S. 1. Für die durch die Vorläufige Landarbeitsordnung ausgelöste Unruhe unter den Landwirten vgl. WB BA Lindau 8.2.1919: StAA, Regierung
  9766.

ernkammer Dillingen und die Landesbauernkammer erhoben 1920 bzw. 1921 jedoch sogar die Forderung nach einer Wiedereinführung des alten Gesinderechts.[370] Eine entschiedene und geschlossene Haltung gegenüber den Forderungen der Dienstboten nahmen vornehmlich die in der Freien Bauernschaft organisierten Landwirte Niederbayerns ein.[371]

Die nach dem Krieg bei den ländlichen Dienstboten bestehenden Grenzen der Unterordnung zeigten sich nicht nur in einem intensiveren Arbeitskampfverhalten. Auch im Wahlverhalten wurde deutlich, daß die Dienstboten nicht mehr unbedingt bereit waren, ihren Dienstherren bei der Stimmabgabe für die BVP zu folgen.[372] Vor allem im Vorfeld der Wahlen des Jahres 1920 wurde eine „agitatorische Verhetzung der ländlichen Dienstboten und Tagelöhner" registriert, die eine „tiefe Kluft zwischen Arbeitgebern und Arbeitnehmern" aufbrechen ließ und die Bauern „maßlos" erbitterte. Verschiedentlich wurde dabei erkennbar, daß viele Landarbeiter der SPD und USPD zuneigten.[373] Eine Reihe von Gutsarbeitern und Tagelöhnern schloß sich sogar der KPD an.[374]

Tendenzen zur Auflösung traditioneller Formen der Unterordnung von Dienstboten gab es schließlich auch auf einem anderen Gebiet. Knechte und Mägde unterlagen abhängig von den jeweiligen Präferenzen ihres Dienstherren einer als ausgesprochen belastend empfundenen und nur widerwillig ertragenen „religiösen Fremdbestimmung". Dem zuweilen zeitraubenden familiären Abendgebet konnten sie sich nicht entziehen, und die Teilnahme am gemeinsamen sonntäglichen Kirchgang sowie die Ablieferung des österlichen Beichtzettels bei der Bäuerin wurde von ihnen obligatorisch erwartet.[375]

In den Nachkriegsjahren war in dieser Hinsicht ein Wandel erkennbar, der über die aus dem Krieg heimgekehrten Dienstboten hinaus auch die jüngeren Knechte erfaßte und deshalb die ansonsten bis 1921 erfolgende Regeneration des religiösen Lebens überdauerte. Viele der männlichen Dienstboten blieben nunmehr ständig dem sonntäglichen Gottesdienst fern. Stattdessen suchten sie regelmäßig bis spät am Abend Wirtshäuser auf und rauchten in der Öffentlichkeit. Die Bauern wagten es nicht mehr, die Knechte deswegen „zur Rede" zu stellen, da diese ansonsten den Arbeitsplatz verlassen würden. Die weiblichen Dienstboten fielen dagegen nur

370 WB BA Dillingen 24.7.1920: StAA, Regierung 9767; Bergmann, S. 110.
371 Vgl. HMB BA Landshut 13.10.1922: StAL, Rep. 164/10.
372 Vgl. bereits WB BA Griesbach 27.12.1918: BHStA/IV, stv. GK I. AK 1971; Pfarramt Engertsham 30.6.1919 an Ord. Passau: ABP, DekA II, Fürstenzell 12/I.
373 Zitat: WB BA Landshut 31.1.1920: StAL, Rep. 164/10, 2007. Vgl. WB BA Zusmarshausen 2.5.1920: StAA, Regierung 9767; Blätter für den katholischen Klerus Nr. 41 v. 7.11.1920; Hürten, Militär und Innenpolitik 1918-1920, Dok. 182 (Reichswehr-Gruppenkommando 4 9.3.1920 an Reichswehrministerium), S. 345ff., hier S. 345. Manche Berichte militärischer Stellen über „bolschewistische Wühlereien" auf dem Land waren aber übertrieben; vgl. MInn 18.8.1919 an die RP: StAM, LRA 146316.
374 Bergmann, S. 109; WB RP Ndb. 12.7.1920: BHStA/II, MA 102139; HMB BA Aichach 15.8.1923: StAM, LRA 99497.
375 Zitat: Mitterauer, Kreuzzeichen, S. 170ff.; Hartl, S. 57; Bauer, S. 60, 77.

vereinzelt durch Fernbleiben vom Kirchgang auf.[376] Der Dorfpfarrer im niederbayerischen Engertsham bezeichnete 1922 die andauernde Nachlässigkeit in der religiösen Pflichterfüllung bei den Dienstknechten als den „größten Übelstand" in der Gemeinde. In Engertsham hatte sich auch 1925 noch nichts an dieser Situation geändert.[377] Allein in solchen Gemeinden, wo unter der Kuratel des Dorfpfarrers in Ortsgruppen des katholischen Dienstbotenvereins und den von ihm durchgeführten Versammlungen und Generalkommunionen die Disziplinierung der Knechte betrieben wurde, ließ deren Gottesdienstbesuch nicht nach.[378] Insgesamt gesehen war die Situation der ländlichen Dienstboten in Krieg und Inflation ambivalent. Einerseits machte die Geldentwertung die sonst üblichen Anstrengungen zum Ansparen einer für Verheiratung und Besitzgründung ausreichenden Summe obsolet. Andererseits schufen die Arbeitskräfteknappheit im Krieg, der ab 1918 veränderte rechtliche Rahmen und vermutlich aus der Fronterfahrung herrührende Emanzipationstendenzen im religiösen Bereich primär für die männlichen Dienstboten Möglichkeiten der Interessenartikulation, die in dieser Intensität und Qualität neu waren. Gerade im Vergleich mit der städtischen Arbeiterschaft entscheidend für die soziale Lage war bei allen bezirklichen und örtlichen Unterschieden, welche die ländlichen Arbeitsverhältnisse kennzeichneten, die während des gesamten Zeitraumes hinreichend gesicherte Ernährung. Der Sohn eines Häuslers, der 1925 die Landwirtschaft verließ und die Arbeit in einem Steinbruch aufnahm, resümierte zurückblickend die Jahre seiner Dienstbotenarbeit bei verschiedenen Landwirten:

> „Die verflossenen Jahre waren insofern positiv zu bewerten, weil ich während der schlimmsten Hungerjahre genug zu essen hatte, ansonsten waren die sieben Jahre Dienstbotenzeit ohne materiellen Gewinn."[379]

---

376 Pfarrämter Nöham 1.6.1919 und 14.11.1921, Kirchberg o.D. [Juli 1920], Peterskirchen 1.7.1922, Waldhof 16.6.1922, Triftern 5.9.1923; Sandbach 12.7.1918, Sulzbach o.D. [1918, 1919, 1921 (Zitat)], Höhenstadt 4.8.1919 und 26.7.1921 (Mägde), Neukirchen 12.6.1922; Mehring 8.7.1923; Hauzenberg 8.6.1923 an Ord. Passau: ABP, DekA II, Pfarrkirchen 12/I; Fürstenzell 12/I; Burghausen 12/I; Obernzell 12/I.

377 Pfarramt Engertsham o.D. [1922] (Zitat), 16.7.1923, 27.6.1925 an Ord. Passau: ABP, DekA II, Fürstenzell 12/I.

378 Vgl. Pfarrämter Feichten 10.8.1921 und 30.9.1923, Raitenhaslach 24.7.1921 und 10.7.1922 an Ord. Passau: ABP, DekA II, Burghausen 12/I.

379 Bauer, S. 82.

6. Kriegsheimkehrer in der ländlichen Gesellschaft 1918-1923

„Die, wo gleich gefallen sind, sind am besten dran."[1]

Fünf Tage, nachdem Stefan Schimmer im Juni 1915 seiner Frau dieses bittere Resümee seiner bis dahin gemachten Fronterfahrungen mitgeteilt hatte, ist er selbst gefallen. Zu diesem Zeitpunkt, nach einem dreiviertel Jahr voller Schrecken und Belastungen, den eigenen Tod ohnehin täglich erwartend, war dies eine ebenso krasse wie nachvollziehbare Auffassung. Im Juli 1918, als der Rückzug der deutschen Truppen angesichts eines übermächtigen Gegners schon begonnen hatte, äußerte Hans Spieß eine gänzlich andere Einstellung zu seinem eigenen Leben:

> „(...) ich denk mir imer um es geht gar nicht zu schlim zu wenn mann den Kopf durchbringt".[2]

Diejenigen Soldaten, die schließlich ihren ‚Kopf durchbrachten' und die Stunde des Waffenstillstands am 11. November 1918 lebend erreichten, unterlagen einem fundamentalen Perspektivenwechsel ihrer Kriegserfahrung. Ebenso folgenreich wie selbstverständlich war von nun an die Tatsache, daß sie als Überlebende zu den Privilegierten unter den Kriegsteilnehmern gehörten.[3] Dies schuf die Voraussetzung für ein schrittweises Verblassen der erlebten Leiden und Ungerechtigkeiten in der Erinnerung und eine retrospektive Verklärung der eigenen soldatischen Vergangenheit.[4] Eine weitere Möglichkeit bestand darin, den mit Kriegsende geöffneten Erwartungshorizont unter Verdrängung der während des Krieges gemachten Erfahrungen zu besetzen. Sie ist in ihrem Ausmaß allerdings ohne über den Krieg hinausreichendes biographisches Quellenmaterial kaum zu bestimmen. Ein Feldpostbrief aus dem Juli 1917 belegt, daß manche Soldaten dies geplant hatten:

> „Leider kann ich Dir nicht mehr – alles – sagen, was mich drückt. Wir werden aber später vielleicht Gelegenheit finden darüber zu sprechen. Doch später – da hat es wohl keinen Zweck mehr, wir habens dann durchlebt u. werden sehen müssen, alle unangenehmen Erinnerungen an diese schrecklichen Zeiten von uns zu bannen.

---

1 Stefan Schimmer 17.6.1915 an seine Frau: BHStA/IV, Amtsbibliothek 9584. Vgl. den Briefauszug von Fritz Einert v. 21.6.1915: „Wohl denen, die am Anfang des Krieges gefallen sind, sie brauchen die Strapazen nicht mehr mit zu machen." BAP, 92, 275, Bl. 15.
2 Hans Spieß 3.7.1918 an Eltern und Geschwister: BHStA/IV, Kriegsbriefe 340.
3 Vgl. Canetti, Masse und Macht, S. 249f.
4 Der Nürnberger Lehrer Ludwig v. Rudolph erlebte in seiner Umgebung „voller Verwunderung", „wie die Erinnerung an den Krieg sich mehr und mehr umfärbt in eine ideale und romantische Unwirklichkeit". Dolchstoß-Prozeß, S. 454. Vgl. die kritischen Bemerkungen aus pazifistischer Perspektive bei K. Tucholsky, Das Felderlebnis (1922), in: ders., Gesammelte Werke, Bd. 3, Reinbek 1975, S. 261-266, v.a. S. 261f.

Leben wir dann nur noch der Zukunft, die doch hoffentlich eine glückliche für uns sein wird."[5]

Beide Formen der Einstellung auf die Nachkriegszeit, das Verblassen der Erinnerung und ihre Verklärung, sind bei den ländlichen Kriegsheimkehrern gleichermaßen zu beobachten. Bevor sich die Lebensperspektiven der Heimkehrer von der Vergangenheit des Krieges befreien konnten, mußte jedoch ihre Wiedereingliederung in eine veränderte zivile Gesellschaft gelingen.[6] Wie sich in Verlauf und Abschluß des Demobilmachungs- und Reintegrationsprozesses bis zum Jahr 1921 zeigen sollte, suchten die Heimkehrer nach einer möglichst umgehenden Rückkehr zur zivilen Normalität. Mit zunehmendem Abstand von den Geschehnissen wirkte deshalb die Überlagerung und Befriedung der soldatischen Kriegserfahrung stärker als ihre Verklärung. Die Verklärung des Fronterlebnisses zeigte sich vornehmlich in den spezifischen Formen, in denen die Veteranen ihre soldatische Kriegserfahrung in öffentlichkeitswirksame Aktivitäten und Traditionen umzusetzen suchten. Vor allem die Selbstdarstellung und Struktur der von den Soldaten und Kriegsopfern geschaffenen Verbände sowie die Formen des von ihnen gepflegten Gefallenenkultes geben darüber Auskunft.[7]

6.1. Integration der Soldaten: Demobilmachung 1918-1921

Mit dem Beginn des Waffenstillstandes am 11.11.1918 gingen die wichtigsten Kriegsziele der Mehrheit der Soldaten in Erfüllung: ein Ende der Kampfhandlungen und die Gewißheit einer baldigen Heimkehr.[8] Die Militärbehörden standen nun vor der Aufgabe, die in den Waffenstillstandsbedingungen vorgeschriebene Rückführung der Truppen auf rechtsrheinisches Gebiet innerhalb von 31 Tagen zu leisten. Dabei kam ihnen entgegen, daß die Truppen „nur von dem einen Gedanken beherrscht" waren, „zu Weihnachten wollen wir zu Hause sein", wie der Generalquartiermeister des Heeres, Wilhelm Groener, formulierte.[9] Die seit 1916 ausgear-

---

5 Briefauszug vom 25.6.1917: BSB, Schinnereriana. Der Schriftsteller Ludwig Harig hat diese Thematik am Beispiel der verdrängten Kriegstraumata seines Vaters anschaulich herausgearbeitet: L. Harig, Ordnung ist das ganze Leben. Roman meines Vaters, Frankfurt/M. 1989; vgl. G. Rosenthal, Leben mit der soldatischen Vergangenheit in zwei Weltkriegen. Ein Mann blendet seine Kriegserlebnisse aus, in: Bios 1 (1988), Heft 1, S. 29-38.
6 Zur Reintegration vgl. jetzt die dicht belegte Argumentation bei Bessel, Germany. Eine soziologische Verallgemeinerung des gängigen Stereotyps vom entfremdeten Heimkehrer ist dagegen: Schütz, Homecomer.
7 Der klassischen Studie von A. Prost, Les Anciens Combattants et la société francaise, 1914-1939, 3 Bde., Paris 1977, steht für Deutschland nichts vergleichbares gegenüber. Hier liegen nur eine Reihe von Arbeiten zur Politik der Soldatenverbände vor: Diehl, Organization; ders., Veterans' Politics; Elliott, Organisations; ders., Kriegervereine; Whalen.
8 Vgl. die Schilderung des 11.11.1918 bei Reitzenstein, S. 60; Neter, S. 20.
9 Telefonat Groener mit Ebert v. 5.12.1918, zit. nach: Berthold/Neef, Militarismus, S. 59. Vgl. Dreetz, Rückführung, S. 587; Wette, Demobilmachung, S. 66.

beiteten Pläne für eine schrittweise Demobilmachung waren durch die Niederlage Makulatur geworden.[10] Die Lockerung und teilweise Auflösung der Disziplin bei zahlreichen Verbänden führte dazu, daß trotz energischer Warnungen der Obersten Heeresleitung nach Erreichen der Reichsgrenze eine Demobilmachung auf eigene Faust stattfand, da sich nun „auch beim Westheer mit elementarer Gewalt der Drang nach Hause geltend" machte.[11] Für den 1.12.1918 wurde die Zahl der Einzelreisenden und Versprengten beim Westheer auf eine Million bei einer Gesamtstärke von circa 3.2 Mio. Soldaten geschätzt.[12] Zur Betreuung, Verpflegung und – wenn gewünscht – sofortigen Entlassung dieser Soldaten wurden an den Grenzstationen und im Landesinnern Auskunfts- bzw. Sammelstellen errichtet. Die Masse der einzeln Zurückkehrenden strömte aber unkontrolliert an diesen Stellen vorbei.[13] Neben den Militärbehörden waren auch die Soldatenräte an einer möglichst raschen Heimkehr interessiert und bemühten sich deshalb auf dem Rückmarsch um die Aufrechterhaltung der Disziplin. Der Soldatenrat der bayerischen 30. Reserve-Division erließ am 16.11. folgenden Aufruf an die Soldaten:

„Den Soldatenrat leitet nur das eine Bestreben, die Kameraden so schnell wie möglich ihrer Heimat und ihrem alten Beruf wiederzugeben und der Volksrepublik zu nützen. Wir alle müssen zusammenstehen. (...) Seid einig! Wahrt Ordnung! Folgt den Anordnungen der Vorgesetzten, die von uns kontrolliert werden."[14]

Mitte Dezember waren dann von 18 an der Westfront befindlichen bayerischen Divisionen bereits elf abtransportiert.[15] Nach den Ende November aufgestellten und Ende Dezember 1918 noch einmal präzisierten Entlassungsvorschriften wurden zunächst nur die 20-23jährigen Soldaten, sodann nur noch der Jahrgang 1899 zum Verbleib bei den Truppen verpflichtet. Bei diesem übereilten Vorgehen war die ordnungsgemäße Einhaltung aller Bestimmungen aber nicht vollständig durchsetz-

10 Vgl. Bessel, Germany, S. 49-68, S. 69f.
11 Oberst Reinhardt in einer Sitzung mit den Demobilmachungskommissaren am 18.12.1918 über Rücktransport und Demobilmachung des Heeres: BHStA/II, MH 16166; Dreetz, Rückführung, S. 583ff. Vgl. Wette, Demobilmachung, S. 67; Bessel, Germany, S. 74f.
12 Beauftragter des Ministeriums für militärische Angelegenheiten beim preuß. Kriegsamt 7.12.1918 an bayer. Staatskommissar für Demobilmachung: BHStA/II, MH 16155. Diese Angabe steht nicht im Widerspruch zu der von Deist, Militärstreik, S. 151, zu Recht getroffenen Annahme einer Ist-Stärke des Westheeres von 2.6 Mio. Mann zum Zeitpunkt des Waffenstillstandes. Zu bedenken ist, daß die mehrere hunderttausend Mann umfassende Zahl der „Drückeberger" aus den letzten Wochen des Krieges vermutlich nur zu einem Teil bereits die Heimat erreicht hatte und sich überwiegend noch im Etappengebiet befand.
13 Im Bereich des stv. GK I. AK wurden Sammelstellen in Neu-Ulm, Augsburg, München, Rosenheim und Passau errichtet: Ministerium für militärische Angelegenheiten an stv. GK I. AK 15.11.1918; nach den täglichen Meldungen des stv. GK I. AK an das Ministerium für militärische Angelegenheiten passierten vom 17.11.1918 bis zum 21.1.1919 nur 12.844 Soldaten diese Sammelstellen. Beides in: BHStA/IV, stv. GK I. AK 800.
14 Kundgebung des Soldatenrats der 30. bayer. Res.-Div., Sulzburg in Baden 16.11.1918, abgedruckt in: WUA, Bd. 11/1, Dok. 59 b., S. 420. Vgl. Bessel, Germany, S. 76.
15 Mitteilung von Minister Roßhaupter am 14.12.1918: Verhandlungen des Provisorischen Nationalrates, S. 38. An der Ostfront gab es als geschlossene bayer. Formationen nur die Kavalleriedivision und das Alpenkorps. Zur Rückführung der bayer. Verbände vgl. auch Zorn, S. 154ff., 158f.

bar, zumal die Soldaten auf „sofortige Entlassung drängten."[16] Eigenmächtig nach Hause strömende Soldaten aus der Landwirtschaft gab es nach Ausbruch der Revolution auch aus dem Heimatheer.[17] Die meisten Soldaten aus den ländlichen Bezirken waren deshalb bereits bis Ende Dezember 1918 in ihre Heimatorte zurückgekehrt.[18] Neben dem Verlangen nach unverzüglicher Heimkehr hat dazu auch die Tatsache beigetragen, daß die große Zahl der Soldaten des Besatzungsheeres sich bereits in der Heimat befand.[19]

Für die Heimgekommenen war zunächst von Bedeutung, endlich „glücklich auf heimatlichem Boden angekommen zu sein."[20] Das Faktum der militärischen Niederlage und die damit verbundene Vergeblichkeit der eigenen Anstrengungen als Soldat waren nicht in der Lage, den Heimkehrern die Freude über die endlich erreichte Ankunft bei den Angehörigen zu trüben. Der angeblichen ‚Schmach' der Niederlage war man sich in Anbetracht des Wiedersehens „nicht bewußt", wie eine Gendarmerie-Station berichtete: „Froh, daß der Krieg zu Ende ist, wird zur Zeit mehr dem Augenblick gelebt als in die Zukunft gedacht."[21] Von Revanchegelüsten

---

16 Major v. Kiesling auf der „Referentenbesprechung über Demobilmachung am 13.11. Nachmittags 5-8 Uhr im Ministerium für militärische Angelegenheiten": BHStA/II, MH 16166. Vgl. Wette, Demobilmachung, S. 67f.; Bessel, Germany, S. 80. Eine Sammlung der einschlägigen bayer. Bestimmungen im „Merkblatt für Entlassungen" des Ministerium für militär. Angelegenheiten v. 16.12.1918: SBPK, Krg 1914-26137. Zitat: WB BA Aichach 15.12.1918: StAM, LRA 99497.

17 WB BA Zusmarshausen 9.11.1918 und 16.11.1918: StAA, Regierung 9765; Weiler, Störungen, S. 36, 109.

18 In den BA Dillingen und Füssen waren die Soldaten Ende Dezember vollständig zurückgekehrt: WB BA Dillingen 22.12. und 28.12.1918, WB BA Füssen 28.12.1918: StAA, Regierung 9765. Entsprechend im BA Ebersberg Anfang Januar: WB BA Ebersberg 12.1.1919: StAM, LRA 79889. Die Zahl von 1.050, 1.589 und abschließend 1.638 Demobilisierten meldete: WB BA Wolfratshausen 21.12.1918, 18.1./1.2.1919: StAM, LRA 40945. Vgl. Zorn, S. 156. Die rund 75.000 bayerischen Kriegsgefangenen kehrten erst Anfang 1920 aus Frankreich und bis Ende 1921 aus Rußland zurück: ebd., S. 142. Die Wirkungen einer bis in die Nachkriegszeit reichenden Gefangenschaft sind noch nicht erforscht. Vereinzelt wuchs dadurch offenbar die Angst vor den Problemen, die aus der verzögerten Rückkehr in eine dann tiefgreifend veränderte Heimat folgen würden. Die Reichsvereinigung ehemaliger Kriegsgefangener bemühte sich vor allem in den späten zwanziger Jahren, die ehemaligen Gefangenen für das nationale Lager und den Kampf gegen eine pazifistische Deutung des Krieges zu vereinnahmen. Vgl. die Briefe von Otto Saam aus rumänischer Gefangenschaft, v.a. den Brief v. 7.3.1920: Privatbesitz; Kriegsgefangen. Objekte aus der Sammlung des Archivs und Museums der Kriegsgefangenschaft, Berlin, und des Verbandes der Heimkehrer, Kriegsgefangenen und Vermißtenangehörigen Deutschlands e.V., Berlin 1990 (Katalog des DHM Berlin). Zu den Fürsorgemaßnahmen für heimkehrende Kriegsgefangene vgl. die Materialien in: StAL, Rep. 164/10, 1987.

19 Vgl. Dreetz, Rückführung, S. 588; Bessel, Germany, S. 73.

20 Bayerische Staatszeitung Nr. 275 v. 26.11.1918, Bericht über die Ankunft des 1. Jäger-Rgt. in Traunstein. Vgl. Hartl, S. 53.

21 Gendarmerie-Station Simbach 27.2.1919 an BA Pfarrkirchen; Gemeinde Dietersburg 6.2.1919 an BA Pfarrkirchen; beides in: StAL, Rep. 164/14, 8724. Vgl. Pfarramt Neukirchen 25.6.1919 an Ord. Passau: ABP, DekA II, Fürstenzell 12/I; Wirtschaftsstelle München-Süd 23.11.1918 und Wirtschaftsstelle Mindelheim 21.11.1918 an stv. GK I. AK: BHStA/IV, stv. GK I. AK 1971; Der Zusammenbruch der Kriegspolitik, S. 15.

erfüllte Heimkehrer hätten ohnehin kaum Chancen gehabt, ihren Überzeugungen Gehör zu verschaffen.

Denn in der ländlichen Zivilbevölkerung waren im Herbst 1918 politische Auffassungen verbreitet, die mit jenen der Mehrheit der vom Lande stammenden Frontsoldaten übereinstimmten. Auch die früher „absolut monarchisch" gesonnenen Bauern hatten ihre Gesinnung „über Bord geworfen" und traten „für die Republik ein". Aus dem Bezirk Altötting wurde berichtet, daß es in bäuerlichen Kreisen „kein Bedauern" wegen der „Beseitigung" der Monarchie gebe und „man diese Tatsache nur vom Standpunkt einer Minderung der Staatslasten betrachtet".[22] Ebenso war der Wunsch nach einem Frieden um jeden Preis unter der ländlichen Bevölkerung allgemein verbreitet, wobei man sich im Unterschied zu den Städtern „gleichgültig gegen alle Folgen selbst eines Unterwerfungsfriedens" verhielt.[23] Die weithin bekannte Tatsache des „Zurückweichen(s) der Soldaten an der Westfront" wurde in der Heimat als „Mittel zur raschen Herbeiführung des Friedens" gebilligt.[24]

Im Moment des Wiedersehens wurden also die von vergleichbaren Überzeugungen geleiteten Soldaten und Zivilisten zusammengeführt, was die Wiedereingliederung der Heimkehrer erleichterte. Der Wunsch der bäuerlichen Bevölkerung danach, „wieder wie vorher" das „Feld bebauen" zu können, und ihre Erleichterung über die Rückkehr der Soldaten stärkte dabei zunächst die Akzeptanz für die revolutionäre Umwälzung.[25] In den ersten Wochen nach dem Waffenstillstand brachte die ländliche Bevölkerung den „Männern des Umsturzes" in einer „großen Mehrheit Sympathien entgegen", da sie für eine Beendigung der Kämpfe gesorgt und damit die Heimkehr erst ermöglicht hatten.[26]

---

22 Vgl. BA Altötting 23.11.1918 (zweites Zitat), Wirtschaftsstelle Passau 19.11.1918 (erstes Zitat) an stv. GK I. AK: BHStA/IV, stv. GK I. AK 1971; WB BA Miesbach 27.10.1918: ebd., stv. GK I. AK 1970; WB BA Memmingen 26.10.1918, WB BA Dillingen 20.10.1918, WB BA Füssen 18.10.1918, WB BA Donauwörth 30.11.1918, WB BA Wertingen 26.10.1918: StAA, Regierung 9765; Mattes, S. 64; Benefiziat Josef Gasteiger 17.6.1918 an Georg Heim; zum in der Bevölkerung verbreiteten Argument einer Minderung der Staatslasten auch der Gütler Johann Auer aus Bernau (BA Rosenheim) 22.4.1917 an dens.: StAA Regensburg, NL Heim 1316; 1630; Pfarrämter Ulbering 30.6.1917 und Postmünster 19.9.1918 an Ord. Passau: ABP, DekA II, Pfarrkirchen 12/I. In diesem Punkt völlig haltlos: D.-M. Krenn, Der letzte Ministerpräsident des Königs. Gutwillig, aber überfordert: Der Politiker Otto von Dandl, in: Unser Bayern. Heimatbeilage der Bayerischen Staatszeitung 42 (1993), S. 37-39, hier S. 39; A. Kraus, Grundzüge der Geschichte Bayerns, Darmstadt 1992 (2. Aufl.), S. 209.
23 Vgl. WB BA Miesbach 20.10.1918, Standortältester Miesbach 22.10.1918 (Zitat); Wirtschaftsstelle Passau 19.11.1918 (Städter): BHStA/IV, stv. GK I. AK 1970; 1971; WB BA Wertingen 26.10.1918, WB BA Sonthofen 26.10.1918, WB BA Schwabmünchen 20.10.1918, WB BA Memmingen 19.10.1918, WB BA Illertissen 3.11.1918, WB BA Günzburg 26.10.1918, WB BA Donauwörth 26.10.1918, WB BA Dillingen 12.10.1918: StAA, Regierung 9765.
24 WB BA Altötting 19.10.1918: BHStA/IV, stv. GK I. AK 1970.
25 WB BA Augsburg 26.10.1918: StAA, Regierung 9765.
26 Kath. Pfarramt Egglham 1.4.1919 (Zitat), Gendarmerie-Station Ering 30.1.1919, Gendarmerie-Station Pfarrkirchen 24.3.1919, Gendarmerie-Station Tann 31.1.1919 an BA Pfarrkirchen; alles in: StAL, Rep. 164/14, 8724. Wirtschaftsstelle Neu-Ulm 20.11.1918, BA Tölz 23.11.1918 und

Für das südliche Bayern kam verschärfend hinzu, daß als Folge des österreichischen Waffenstillstandes mit den Alliierten vom 3. November in letzter Minute eine Besetzung durch alliierte Truppen möglich erschien. Angesichts der dadurch möglicherweise drohenden Gefahren für Hof und Felder führten die zur Grenzsicherung getroffenen Maßnahmen trotz Geheimhaltung insbesondere im oberbayerischen Grenzgebiet zu panikartigen Reaktionen. Sparkassen wurden stürmisch zur sicheren Verwahrung der Wertpapiere aufgefordert und Bargeldvorräte gehortet. Der Waffenstillstand wurde deshalb im südlichen Bayern mit besonderer Erleichterung und teilweise auch daraus folgender Zustimmung zur Revolution begrüßt.[27] Die ländliche Bevölkerung blieb deshalb unbeeindruckt von der in der Presse des christlichen Bauernvereins betriebenen antisemitischen Agitation, die sowohl den Krieg als auch die Niederlage den in der Revolutionsregierung vertretenen Juden anlastete.[28]

Institutionellen Ausdruck fand die Freude über die glückliche Heimkehr in allerorten stattfindenden Begrüßungsfeiern für die Soldaten. Die Ausrichtung solcher Feierlichkeiten war noch im November 1918 vom bayerischen Ministerrat angeregt worden.[29] In den meisten ländlichen Gemeinden fanden daraufhin im Verlauf des Januar und Februar 1919 Feste zur Begrüßung der Heimkehrer statt. Dazu gehörte gewöhnlich zunächst die Verzierung der Häuser und des Ortseinganges mit Girlanden und Willkommensgrüßen. Neben dem kirchlichen Dankgottesdienst wurde dann eine Empfangsfeier mit einem Festzug der Heimkehrer durch die Gemeinde sowie Ansprachen, Festmahl und Tanzveranstaltungen veranstaltet.[30]

Einer christlich verbrämten Rhetorik des Dankes konnte man bei dieser Gelegenheit wohl kaum ausweichen. Selbst die mehrheitlich sozialdemokratische, gerade zur Stadt erhobene oberbayerische Bergarbeitergemeinde Penzberg empfing ihre Veteranen unter dem Motto „Gott segne Euren Einzug!"[31] Für die Heimkehrer waren die Feiern vor allem willkommene Gelegenheiten, sich nach den Entbehrungen und Strapazen der Kriegsjahre zu erholen. Zudem konnten sie im weltlichen Teil der Veranstaltungen versuchen, sich in gemeinschaftlichen Festen und Vergnü-

---

BA Freising 16.11.1918 an stv. GK I. AK: BHStA/IV, stv. GK I. AK 1971. Ein Sekretär des christl. Bauernvereins wurde am 22.11.1918 bei einer Versammlung in Fünfstetten niedergeschrien, als er behauptete, man verdanke den Waffenstillstand nicht der revolutionären Regierung; WB BA Donauwörth 30.11.1918: StAA, Regierung 9765. Vgl. Aufseß, S. 150; Neue freie Volks-Zeitung Nr. 321 v. 28.11.1918.

27 Vgl. BA Traunstein 31.10.1918 an RP Obb.: StAM, RA 57942; WB BA Augsburg 19.10.1918: StAA, Regierung 9765; Mattes, S. 62f.; WUA, Bd. 4, S. 264; Gebhart, Staffelsee-Chronik, S. 30. Hintergrund: Albrecht, S. 393-398.

28 Bayerisches Bauernblatt Nr. 47 v. 19.11.1918, S. 3. Vgl. Bergmann, S. 45.

29 Ministerratsbeschluß v. 18.11.1918: Bauer, Regierung Eisner, S. 42.

30 Vgl. Hauptlehrer Schaller aus Triftern 12.2.1919 und Gemeindeverwaltung Dietersburg 10.2.1919 an BA Pfarrkirchen: StAL, Rep. 164/14, 8724. WB BA Donauwörth 11.1.1919: StAA, Regierung 9766. Fuller/Weiß, Pfarrchronik, S. 60 (Bengalisch beleuchtete „Lebende Bilder", u.a. „In fremder Fron" und „Endlich daheim").

31 Vgl. die Abbildung in Tenfelde, Proletarische Provinz, S. 104.

gungen für das im Krieg Versäumte soweit als möglich zu entschädigen.[32] Gewöhnlich dauerte es deshalb nach der Ankunft in der Heimat auch einige Wochen, bis die Soldaten die landwirtschaftliche Arbeit wieder in vollem Umfang aufnahmen.[33] Da sich die Heimkehrer „keine Beschränkungen mehr auferlegen" wollten, standen Behörden und Geistlichkeit denn auch ihrem an ländlichen Maßstäben gemessen exzessiven und aus dem tradierten Festkalender ausscherenden Vergnügungsbedürfnis weitgehend hilflos gegenüber. Überschreitungen der Sperrstunde und Schwarzschlachtungen zum Bestreiten der ausgedehnten Festtafeln waren bei den Heimkehrerfeiern an der Tagesordnung.[34]

Auch im offiziösen Teil der Feiern waren die Freude über die Heimkunft und das Ende der Strapazen wichtiger als die Problematik von Sieg oder Niederlage, wie die Rhetorik der Festreden erkennen läßt. Ein Pfarrer erinnerte in seiner Predigt unter Verlesung der ihm vorliegenden Feldpostbriefe von Gefallenen aus der Gemeinde ausführlich an die Leiden der Soldaten und die sozialen Ungerechtigkeiten im Heer, bevor er nach dem Totengedenken zur Freude über das Ende der Entbehrungen mahnte.[35] Und im oberbayerischen Hartpenning gab ein Bäckermeister im Namen der Heimkehrer kund:

> „Die Demobilmachung ist beendet und die Krieger sind zurückgekehrt in die Heimat. Rückkehr in die Heimat, das Ziel unserer sehnlichsten Wünsche, unserer innigsten Bestrebungen ist nun doch nach langer, harter Zeit Tatsache geworden."[36]

32 Pfarramt Mering 26.6.1919 und Pfarramt Raitenhaslach 30.7.1919 an Ord. Passau: ABP, DekA II, Burghausen 12/I. Pfarramt Unterthingau 24.7.1919 an Ord. Augsburg: „Die vom Felde heimgekommenen Krieger sagten: Wir haben jetzt 4 Jahre nur schwere Opfer bringen müssen, jetzt, weil wir zuhause sind, wollen wir auch wieder einmal Vergnügungen haben." ABA, DA 6, Karton 13. Die für die Mehrheit der Eingezogenen nicht zutreffende Behauptung, man habe vier Jahre lang im Feld gedient, war fester Bestandteil jeglicher Rhetorik der Kriegsteilnehmer in der Weimarer Zeit, da sich Ansprüche aus dem Kriegsdienst so am besten ableiten ließen. Ein am 3.6.1920 aus Blaichach, wo 600 Arbeiter einer Spinnerei kurz zuvor um bessere Butterzuteilung demonstriert hatten, an das BA Sonthofen gerichteter Brief protestierte, die Arbeiter hätten „4 Jahre für die Faulenzer und Drückeberger und Unabkömmliche, wo 4 Jahre lang blos das Geld in Sack gesteckt hat und das Volk ausgesaugt", „den Schädel hinhalten" müssen. Zit. nach WB RP Schw. 8.6.1920: BHStA/II, MA 102146.

33 WB BA Donauwörth 4.1.1919: StAA, Regierung 9766; WB RP Ndb. 6.1.1919: StAL, Rep. 168/5, 1116. Als späten Ausläufer dieses vorübergehenden Phänomens WB BA Vilsbiburg 22.7.1919: StAL, Rep. 164/19, 3296. Vgl. K. Koenigsberger, Die wirtschaftliche Demobilmachung in Bayern während der Zeit vom November 1918 bis Mai 1919, in: ZBSL 52 (1920), S. 193-226, S. 209.

34 Zitat: WB BA Aichach 25.1.1919: StAM, LRA 99497. Vgl. WB BA Ebersberg 12.1.1919, 26.1.1919: StAM, LRA 79889. Nur vereinzelt gelang es den Pfarrern, Tanzveranstaltungen zu unterbinden und die Heimkehrerfeiern zur Stabilisierung der traditionellen Moral zu instrumentalisieren. Vgl. Pfarramt Haiming 30.6.1920 und Pfarramt Wald 5.6.1919 an Ord. Passau: ABP, DekA II, Burghausen 12/I.

35 „Predigt auf den Empfang der heimkehrenden Krieger" von Pfarrer Felix Fischer am 26.12.1918: AEM, Kriegschronik der Gemeinden Riedering und Neukirchen B 1830, S. 245-253. Im niederbayer. Lenggries wurde ein Reserve-Leutnant aus dem Ort vom Vorstand des Veteranenvereins aufgefordert, der Heimkehrfeier fernzubleiben, da sonst viele Soldaten nicht teilnehmen würden: Neue freie Volks-Zeitung Nr. 33 v. 9./10.2.1919.

Wenn das Ausharren der Soldaten gewürdigt wurde, dann deshalb, weil sie damit eine Verwüstung der Heimat durch feindliche Truppen verhindert hatten.[37] Die Formeln des ‚im Felde unbesiegt' und der von der nationalistischen Rechten propagierten Dolchstoßlegende[38] fanden bei der Ehrung der ländlichen Heimkehrer kein Echo.[39] Vor allem vom linken Flügel des Bayerischen Bauernbundes, der nach der Radikalisierung der Revolution auf Grund seines Verhaltens im November 1918 unter Rechtfertigungsdruck von Seiten der Bayerischen Volkspartei stand[40], wurde die Dolchstoßlegende auch öffentlich kritisiert und stattdessen unter anderem das „Ärgernis erregende Treiben vieler Offiziere an der Front und in der Etappe" für die militärische Niederlage verantwortlich gemacht.[41]

---

36 Rede auf der Feier vom 26.1.1919, zit. n. Bichler, S. 87. Vgl. Amper-Bote Nr. 3 v. 8.1.1919 (Heimkehrerfeier in Sittenbach) u. Nr. 10 v. 1.2.1919, Beiblatt (Kriegerehrung in Haimhausen).

37 Vgl. Oberbayerische Landeszeitung. Traunsteiner Nachrichten Nr. 14 v. 18.1.1919, Predigt bei der Heimkehrerfeier in Oberteisendorf (BA Laufen). Das Ordinariat Augsburg hatte in einer Bekanntmachung vom 21.12.1918 angeordnet, den Gottesdienst am 29. Dezember als „Dankgottesdienst" dafür auszugestalten, „daß das schreckliche Blutvergießen des mörderischen Krieges zunächst durch den Waffenstillstand ein Ende erreicht hat, sowie dafür, daß unsere Heimat vor dem Kriegselend in seiner unmittelbaren und schlimmsten Art als Kriegsschauplatz bewahrt worden ist, dann aber besonders auch zum Dank für die glückliche Heimkehr der Gemeindeangehörigen, welche die furchtbare Last des Krieges im Felde getragen haben." Einzuschließen war ein Dank an die „tapferen Krieger" für die Verteidigung des Vaterlandes – ob militärisch erfolgreich oder nicht, war hierbei ohne Bedeutung. Amtsblatt für die Diözese Augsburg 28 (1918), S. 229f.

38 Vgl. dazu Deutschland im ersten Weltkrieg, Bd. 3, S. 22-52; Gutachten des Sachverständigen Dr. Ludwig Herz, Geschichte, Sinn und Kritik des Schlagwortes vom „Dolchstoß": WUA, Bd. 6, S. 105-202; Moses, Dolchstoßlegende; Verhey, S. 472-480.

39 Für den ländlichen Raum im allgemeinen nicht zutreffend (vgl. aber für Maisach in Obb.: Neue freie Volks-Zeitung Nr. 25 v. 31.1.1919) ist die These von Bessel, Germany, S. 85f., bei den Willkommensfeiern sei der Dolchstoßlegende Vorschub geleistet worden. Bessel stützt sich dabei u.a. auf die vielzitierten Worte „Kein Feind hat Euch überwunden!", die Friedrich Ebert für den Rat der Volksbeauftragten am 10.12.1918 beim Einzug der Truppen in Berlin sprach. Analysiert man die Rede im Ganzen, so wird deutlich, daß Ebert mit dieser Formulierung die Legitimität der Republik stützen wollte, indem er im Anschluß an die zitierte Stelle sagte: „Erst als die Übermacht der Gegner an Menschen und Material immer drückender wurde, haben wir [d.i. der Rat der Volksbeauftragten!] den Kampf aufgegeben. Und gerade Eurem Heldenmute gegenüber war es Pflicht, nicht noch zwecklose Opfer von Euch zu fordern." Ganz entgegen der Dolchstoßlegende wird die „Übermacht" der Gegner also anerkannt, und der Abbruch des aussichtslosen Kampfes als politische Leistung der Revolutionsregierung bezeichnet. Die Zeile „Kein Feind hat Euch überwunden" bezieht sich vornehmlich auf das Verbleiben der gegnerischen Truppen außerhalb der Reichsgrenzen, wie im folgenden Absatz in den Worten „Ihr habt die Heimat vor feindlichem Einfall geschützt" präzisiert wird. Die Rede ist vollständig abgedruckt bei Berthold/Neef, S. 166-168, Zitate S. 167.

40 Karl Gandorfer rechtfertige sein Verhalten in der Revolution z.B. am 29.9.1919 in einer Bauernbundsversammlung in Reisbach. Vgl. Gendarmerie-Station Reisbach 29.9.1919 an BA Dingolfing: BHStA/IV, RwGrKdo 4 255.

41 Formulierung Karl Gandorfers bei zwei Bauernbundsversammlungen in Schwarzach am 8./9.12.1919, zit. im WB RP Ndb. v. 29.12.1919: BHStA/II, MA 102139. Vgl. die Rede von Konrad Kübler bei einer Bauernbundversammlung in Eggenfelden am 4.11.1919; Bericht des Lagerhauses Eggenfelden des Christlichen Bauernvereins v. 5.11.1919: StaA Regensburg, NL Heim 1002. Neue freie Volks-Zeitung Nr. 317 v. 24.11.1918, Nr. 29 v. 5.2.1919, Nr. 50 v. 28.2.1920. Noch zur Wahl 1920 warb der BBB bei den „ehemaligen Feldgrauen" damit, daß er

Die Frontsoldaten, die den Auflösungsprozeß der Armee und die Unvermeidlichkeit der Niederlage selbst erlebt hatten, lehnten die Legende vom ‚Dolchstoß' deshalb ohnehin größtenteils ab. Dies belegen entsprechende Notizen in ihren Erinnerungen ebenso wie eine Fülle von in den ersten Nachkriegsjahren vorwiegend von Mitgliedern der SPD und USPD publizierter Broschüren, die aus parteilicher Perspektive die Erinnerung an das republikanische Potential der Soldaten wach halten wollten.[42] Die verhängnisvolle Folge dieser Geschichtsfälschung dürfte deshalb weniger in ihrer Wirkung auf die unmittelbar betroffenen Zeitgenossen, als vielmehr in einer durch historische Darstellungen und Schulbücher vermittelten langfristigen Prägung eines Geschichtsbildes gelegen haben.[43]

Nach Abschluß der personellen Demobilmachung bündelten sich die Probleme der deutschen Niederlage vor allem in den Auseinandersetzungen um die Ausgestaltung des Friedens bis zum Abschluß des Versailler Vertrages am 28.6.1919. Die alliierten Friedensbedingungen und der nach einem Ultimatum schließlich angenommene Vertrag waren von einer mit Ausnahme der USPD alle politischen Richtungen umfassenden und propagandistisch geschürten emotionalen Welle der Ablehnung begleitet worden, die sich vor allem gegen die angebliche ‚Kriegsschuldlüge' der Alliierten richtete.[44] Auf dem Lande wurde im Anschluß an die im Herbst 1918 geäußerte Haltung sowohl den Friedensbedingungen als auch der gegen sie laufenden Kampagne keine Bedeutung zugemessen. Bei den Landwirten stand in den Wochen nach der geglückten Heimkehr der Wunsch im Vordergrund, nach den Wirren von Krieg und Revolution wieder soweit wie möglich zur Normalität der zivilen Vorkriegsexistenz zurückkehren zu können. Bereits den Beginn der Friedenskonferenz ignorierte die ländliche Bevölkerung und war stattdessen vielmehr „froh, daß sie sich wieder in Ruhe der altgewohnten Tätigkeit hingeben" konnte.[45] Nach Bekanntwerden der Friedensbedingungen im Mai 1919 mußte der

---

1917 im Landtag die Einführung der Einheitsküche verlangt hatte: Neue freie Volks-Zeitung Nr. 129 v. 5.6.1920.

42 In Osterbuch nannte man als Grund für die Niederlage: „Die Frontsoldaten sagten: ‚Der Krieg wäre nimmer zu gewinnen gewesen, weil die Übermacht zu groß war'." Daneben schob man dem Versagen der jungen Rekruten des Jahres 1918 die Schuld zu: ABA, Pfarrarchiv Osterbuch, Chronik von Osterbuch, S. 321. Vgl. Zuckmayer, S. 217; O. Bräutigam, So hat es sich zugetragen... Ein Leben als Soldat und Diplomat, Würzburg 1968, S. 90; Fritz Einert, „Gedanken eines Reichsbannermannes auf Grund von Erlebnissen und Erfahrungen": BAP, 92, 275, Bl. 14; Ulrich/Ziemann, Frontalltag, Dok. 58 e.-f., S. 205-207; Feldman, Armee, S. 403f. Broschüren: Ulrich, Perspektive ‚von unten', S. 51ff.; vgl. z.B. Heinig, Ausrede. Korrekturbedürftig deshalb die These einer allgemeinen zeitgenössischen Akzeptanz der Legende: Moses, S. 240f.

43 Vgl. dazu P. Jardin, La ‚legende du coup de poignard' dans les manuels scolaires allemands des années 1920, in: J.-J. Becker u.a. (Hg.), Guerre et Cultures 1914-1918, Paris 1994, S. 266-277.

44 Vgl. Heinemann, S. 22-53; Mommsen, Die verspielte Freiheit, S. 101-108.

45 WB BA Augsburg 18.1.1919; vgl. WB BA Augsburg 2.3.1919; beides in: StAA, Regierung 9766. Vgl. Bichler, S. 88. Auch durch die Forderungen der Entente bezüglich der Sicherheitspolizei, der Kriegsgefangenenfrage u.a. v. 1./2.12.1919 fühlte sich die ländliche Bevölkerung Niederbayerns „kaum berührt" und wollte vielmehr „in ungestörter Ruhe ihr altgewohntes Leben wieder aufnehmen." WB RP Ndb. 15.12.1919: BHStA/II, MA 102139. Zum Hintergrund: Schulthess' Geschichtskalender 60/2 (1919), S. 606-612.

niederbayerische Regierungspräsident dann konstatieren, daß die Bevölkerung sich „mit wenigen Ausnahmen keine besonderen Gedanken" über die „furchtbaren Folgen" des geplanten „Gewaltfriedens" mache. Dessen Abschluß im Juni stieß dann auf weitgehende „Teilnahmslosigkeit".[46] Wenn im ländlichen Raum überhaupt eine explizite Stellungnahme zum Friedensvertrag verzeichnet werden konnte, fiel sie weitgehend positiv aus. Das Ende der Verluste im Kreis der Verwandten und Bekannten sowie die Tatsache, daß man nun wieder zu kontinuierlicher friedlicher Arbeit übergehen konnte, wogen schwerer als die harten Bedingungen des Vertrages.[47]

Ungeachtet der revolutionären Wirren und bürgerkriegsähnlichen Kämpfe des Frühjahr 1919 stand die unmittelbare Demobilmachungsphase somit im Zeichen einer möglichst raschen Rückkehr zur früher gewohnten Normalität. Nach einer Übergangszeit der Erholung von Krieg und Militärdienst genoß die ungestörte Aufnahme der landwirtschaftlichen Arbeit höchste Priorität für die Heimkehrer, so daß die militärische Niederlage und die Modalitäten des Friedensschlusses nicht erfahrungsprägend wirken konnten. Gleichwohl brachte die Heimkehr der Soldaten jenseits des Fixpunktes der ländlichen Familienwirtschaft Unruhe in die Dörfer und warf das Problem ihrer Reintegration in den engen Rahmen der ländlichen Sozialmoral auf.

Die Erfahrung des Militärdienstes an der Front und in den Garnisonen sowie das Verschwinden der monarchischen Ordnung hatte bei den Soldaten vom Land allgemein die Bereitschaft zur Einfügung in die tradierten Autoritätsstrukturen verringert. Daß die heimgekehrten Soldaten sich „Freiherrn" dünkten und „sich nicht fügen" wollten, beklagten in den ersten Wochen und Monaten nach der Demobilmachung die Pfarrer, Gendarmen und Bezirksamtmänner, also die Vertreter der traditionellen Ordnung auf dem Lande.[48] Vor allem auf dem Gebiet der ernährungswirtschaftlichen Verordnungen glaubten die Heimkehrer „an keine Vorschrift mehr gebunden zu sein" und widersetzten sich deren Durchführung mit wachsender Militanz.[49] Aus dem Felde mitgebrachte Militärgewehre boten gute

---

46 WB RP Ndb. 26.5.1919/23.6.1919: BHStA/II, MA 102139. Auch die Verhandlungen über die deutschen Kohlelieferungen und andere Aspekte des Versailler Vertrages in Spa vom 5.-16.7.1920 blieben ohne Resonanz; WB BA Erding 10.7.1920: StAM, LRA 146315. Vgl. WB BA Ebersberg 1.8.1920: StAM, LRA 79889.

47 WB BA Vilsbiburg 22.7.1919: StAL, Rep. 164/19, 3296. Die von der Reichsregierung am 8.5.1919 wegen der Friedensbedingungen angeordnete ‚Trauerwoche' mit Verbot aller öffentlichen Lustbarkeiten stieß im BA Memmingen auf geringes Verständnis, von den Bedingungen lehnte man hier nur die Viehablieferung stark ab; WB BA Memmingen 17.5.1919; vgl. WB BA Illertissen 5.7.1919; beides in: StAA, Regierung 9766. Hintergrund: Schulthess' Geschichtskalender 60/1 (1919), S. 204. Vgl. Zofka, S. 128, Anm. 3. Negative Reaktion: WB BA Rottenburg 27.6.1919: StAL, Rep. 164/16, Fasz. 38, 198.

48 Zitat: Gendarmerie-Station Ering 30.1.1919 an BA Pfarrkirchen; vgl. Gendarmerie-Station Tann 31.1.1919 und Gendarmerie-Station Pfarrkirchen 24.3.1919 an dass.; alles in: StAL, Rep. 164/14, 8724; WB BA Nördlingen 18.1.1919: StAA, Regierung 9766.

49 Zitat: WB BA Aichach 19.1.1919: StAM, LRA 99497. Vgl. Kap. 5.3.

Möglichkeiten für die Wilderei, die in den ersten Wochen nach Kriegsende allerorten in großem Umfang ausgeübt wurde.[50] Aber auch im politischen und religiösen Leben machte sich die Rückkehr der Soldaten in einer zeitweiligen Auflösung der aus der Vorkriegszeit gewohnten Verhaltensstandards bemerkbar. Wachsende Kriegskritik und eine an ländlichen Maßstäben gemessen spürbare Politisierung hatten bei den Soldaten vom Lande Sympathien für die SPD geweckt. Bei „jungen, vom Heeresdienst zurückgekehrten Leuten" fand sie deshalb in der unmittelbaren Nachkriegszeit auch auf dem Lande Anklang.[51] Im oberbayerischen Palling war ein Beobachter nach der Wahl verwundert, daß in bäuerlichen Gemeinden nicht noch mehr Stimmen für die SPD abgegeben wurden, da er zur Kriegszeit „in Briefen von gutgesinnten Kriegern lesen (konnte), daß nach dem Kriege alles rot wählen würde."[52] Motivierend für diese Haltung wirkte weniger die Übereinstimmung mit den politischen Zielvorstellungen der SPD, als vielmehr das durch die zunehmende Kriegskritik an der Front gewachsene Protestpotential. Die unter den Soldaten entstandene Ablehnung der Monarchie hatte die Voraussetzung dafür geschaffen, daß Sozialdemokratie und auch Bauernbund als die in der populären Wahrnehmung für die Beendigung des Krieges verantwortlichen Parteien bei den Heimkehrern Unterstützung fanden.[53] Eine ähnliche Auffassung vertraten auch zwei der Augsburger Domgeistlichkeit angehörende Priester in einer Ende November 1918 veröffentlichten Analyse des revolutionären Umbruchs und seiner Folgen für die Kirche. Der von der Armee ausgehende Teil der Umsturzbewegung wolle nach ihrer Ansicht nichts anderes als „Schluß des Krieges und Frieden um jeden Preis" und handele daneben „aus berechtigtem Unmut" über die „Auswüchse und Schäden" der militärischen Organisation. Sympathien für eine der sozialistischen Parteien würden die Vertreter dieser Gruppe nur deshalb hegen, „um ihrem Unwillen über das bisherige Regierungssystem und die Auswüchse des Militarismus Ausdruck zu geben."[54] Die aus der Kriegskritik der Soldaten erwachsende politische Hinwendung zur Sozialdemokratie läßt sich über qualitative Belege hinaus nur vermittelt auch in

---

50 Vgl. WB RP Ndb. 25.11.1918 und 9.12.1918: StAL, Rep. 168/5, 1116; WB BA Ebersberg 15.12.1918: StAM, LRA 79889; WB BA Aichach 24.5., 7.6.1919: StAM, LRA 99497.
51 Die älteren Landwirte neigten diesem Bericht zufolge eher dem BBB zu: WB BA Wertingen 11.1.1919: StAA, Regierung 9766. Eltern und Dienstherrschaften getrauten sich „aus Furcht vor Spott und Hohn" nicht, gegen die von den Heimkehrern in ihre Häuser mitgebrachte Münchener Post aufzutreten: Pfarramt Sulzbach o.D. [1919] an Ord. Passau; für Hinwendung von Soldaten zur SPD, die Familienväter waren, vgl. Pfarramt Holzkirchen 11.6.1919 an dass.; beides in: ABP, DekA II, Fürstenzell 12/I. Vgl. Pfarramt Walburgskirchen o.D. [1919] an dass.: ABP, DekA II, Pfarrkirchen 12/I.
52 Oberbayerische Landeszeitung. Traunsteiner Nachrichten Nr. 14 v. 18.1.1919.
53 Vgl. Pfarrämter Raitenhaslach 30.7.1919; Peterskirchen 30.6.1919 an Ord. Passau: ABP, DekA II, Burghausen 12/I; Pfarrkirchen 12/I; WB BA Neuburg 11.1.1919: StAA, Regierung 9766. Vgl. Amper-Bote Nr. 69 v. 6.8.1919: SPD-Wahlentscheidung der Landwirte aus Unzufriedenheit mit den „Großkopfeten".
54 Zit. nach Hürten, Kirchen in der Novemberrevolution, S. 85ff.

zählbaren Erfolgen bei den Wahlen des Jahres 1919 nachweisen. Im Schnitt der Weimarer Jahre stellten die Kriegsteilnehmer mehr als ein Viertel des Wahlvolkes, ihre Wahlentscheidung mußte somit merklichen Einfluß auf das Ergebnis haben.[55] Die gesonderte Auszählung der Stimmabgabe in einer Reihe von Kasernen und Militärlazaretten, die bei der bayerischen Landtagswahl 1919 durchgeführt wurde, vermag zumindest die allgemeine politische Dominanz der Mehrheitssozialdemokraten bei den Soldaten zu diesem Zeitpunkt zu unterstreichen.[56]

Tabelle 9: Stimmabgabe bei der bayerischen Landtagswahl am 12.1.1919 in Sonderstimmbezirken, die für Kasernen und Militärlazarette gebildet waren (in % der gültigen Stimmen)

	SPD	USPD	DDVP	NLP	BBB	BVP	BBU
Obb.	72.5	7.0	3.8	0.1	0.8	5.3	10.3
Ndb.	67.0	0.9	9.2	–	–	20.2	2.7
Schw.	71.3	3.0	6.6	0.1	3.4	8.9	6.7
Bayern	68.0	4.9	6.7	0.8	0.8	8.0	10.7

Diese Zahlen lassen den starken Rückhalt erkennen, den die SPD unter den Soldaten hatte. Damit wird auch nochmals das Umfeld politischer Überzeugungen deutlich, in dem sich die bäuerlichen Soldaten während des Krieges bewegt hatten. Direkt für den ländlichen Raum sind die Ergebnisse dieser Sonderauszählung quantitativ nur sehr begrenzt aussagekräftig, da zum Zeitpunkt der Wahl die Masse der Soldaten ländlicher Herkunft bereits wieder in ihre Heimatorte zurückgekehrt war. Unter den Wählern in den Kasernen waren sie deshalb stark unterrepräsentiert.

55 Bessel, Germany, S. 270f. Die von Bessel zu Recht getroffene Feststellung, auf Grund der gewöhnlich niedrigeren Wahlbeteiligung von Frauen sei der Anteil der Soldaten an den tatsächlich Wählenden noch größer, trifft für das Jahr 1919 nur bedingt zu. Bei den bayerischen Landtagswahlen 1919 lag die Beteiligung bei den Männern bei 86.9%, bei den Frauen bei 85.7%. Allerdings stellten Frauen 53.8% der Wahlberechtigten. Beteiligung bei der Wahl zur Nationalversammlung in Bayern: Frauen= 81.4%, Männer= 83.7%. Zahlen aus: ZBSL 51 (1919), S. 603, 888. Vgl. Rohe, Wahlen, S. 124.

56 Die folgende Tabelle nach: ZBSL 51 (1919), S. 881-883. Die Zahl der Wahlberechtigten betrug insges. 73.944, die der gültigen Stimmen 39.452, und zwar in Ndb. 109, in Obb. 12.440, in Schw. 5.680. Die Mittelstandspartei, die 0.1 % der gültigen Stimmen erhielt, wird in der Tabelle nicht aufgeführt. BBU: Bund der Berufsunteroffiziere. Der Grund für die mit 53.8% gegen allgemein 86.3% außerordentlich geringe Wahlbeteiligung dürfte das Alter der noch verbliebenen Soldaten gewesen sein. Bei der Wahl zur Nationalversammlung – für die Zahlen vorliegen – betrug die Beteiligung der 20jährigen Männer nur 61.4%, der 21-25 Jahre alten Männer 72.2%: ZBSL 51 (1919), S. 888. Vgl. dazu den Hinweis von Fritz Einert: „Bemerken möchte ich, daß ich als 21jähriger Mensch eingezogen wurde und mich vor dem Kriege nie um Politik gekümmert habe und im Kriege erst recht nicht, denn dazu hatten wir ja gar keine Gelegenheit. (...) Als ich zur National-Versammlungs-Wahl anfangs 1919 ging, und damals war ich noch Soldat, habe ich mich vor dem Wahllokal erst erkundigen müssen, wer überhaupt gewählt werden müsse. Die Namen und die Parteien, die mir genannt wurden, kannte ich überhaupt nicht." BAP, 92, 275, Bl. 14f.

Eine Reihe ländlicher Soldaten vor allem bei den berittenen Truppen war allerdings trotz eigenen Drängens noch nicht entlassen worden.[57] Auch die äußerst geringe Stimmabgabe für den Bayerischen Bauernbund ist in diese Richtung zu interpretieren. Die gegenüber dem Gesamtergebnis von 2.5% nur geringfügig höhere Zahl an Stimmen für die USPD läßt dagegen erkennen, daß bei den Soldaten radikale Vorstellungen einer politischen Neuordnung keine Attraktivität besaßen.

Eine Reihe von Berichten zeigt allerdings, daß auch in ländlichen Gemeinden die BVP und die ihre Wahl unterstützenden Pfarrer starker Kritik ausgesetzt waren.[58] Diese Vorkommnisse bestätigen die Einschätzung eines ländlichen Pfarrers, der im Sommer 1919 in seinem Seelsorgsbericht an das Ordinariat Passau rückblickend konstatierte:

> „Die sozialistische Schulung im Schützengraben und der Etappe zeigte sich vielfach im Mißtrauen, teilweise in Gehässigkeit gegen den Priester und im demonstrativen Zurschautragen des ,Unglaubens'."[59]

Dies ist ein wichtiger Hinweis darauf, daß die Pfarrer und kirchliche Behörden beunruhigende religiöse ,Verwilderung' der Heimkehrer in engem Zusammenhang mit der Erosion traditioneller politischer Loyalitäten unter den ländlichen Soldaten stand.

Gegenüber der Sonderauszählung in den Kasernen noch aussagekräftigere Hinweise darauf, daß es der SPD 1919 bei den Soldaten gelungen ist, Einbrüche in die bis dahin dominante Formation des politischen Katholizismus zu machen, bieten die Sonderauszählungen nach Geschlecht. Generell war nach der Einführung des Frauenwahlrechts in der Weimarer Republik zu beobachten, daß Frauen die christlichen und konservativen Parteien bei ihrer Wahlentscheidung bevorzugten, während die SPD einen Überhang an Stimmen von den Männern bekam.[60] Die Ergebnisse der bayerischen Sonderauszählungen in den zwanziger Jahren bestätigen dieses Bild. Auffällig ist jedoch, daß es der SPD bei der Landtagswahl des Jahres 1919 unter den männlichen Wählern gelang, mit 42.6% sogar zur stärksten Partei zu avancieren, während die BVP nur 32.7% der ausgezählten männlichen Stimmen zukamen. Schon bei den Landtagswahlen des Jahres 1920 war die BVP dann mit

---

57 Beiträge der Abgeordneten Reichert u. Kiermeier: Stenographischer Bericht, S. 132, 138. Untersuchungen über die Stimmung und Lage der Soldaten in der Übergangsphase sind ein dringendes Desiderat der Forschung. Organisatorischer Überblick: Rau, Personalpolitik, v.a. S. 109-128.

58 Eine „terroristische Agitation" gegen die Pfarrer im Umkreis der Wahlen meldete der Pfarrer von Neuhofen am 24.6.1919 an das Ord. Passau: ABP, DekA II, Pfarrkirchen 12/I. Auch die Mitwirkung der Geistlichen an der Aufklärungsarbeit in der Heimat schadete der BVP; WB BA Füssen 4.1.1919: StAA, Regierung 9766. Eine die BVP stark ablehnende Stimmung herrschte unmittelbar nach Kriegsende in der BA Aichach, zwei ihrer Wahlveranstaltungen wurden gesprengt; WB BA Aichach 29.12.1918: StAM, LRA 99497. Vgl. Neue freie Volks-Zeitung Nr. 341 v. 18.12.1918. K. Schönhoven, Die Bayerische Volkspartei 1924-1932, Düsseldorf 1972, behandelt den Zeitraum bis 1923 nur kursorisch.

59 Pfarramt Heiligkreuz 17.8.1919 an Ord. Passau: ABP, DekA II, Burghausen 12/I.

60 Vgl. Bremme, Frau, S. 68ff.

34% – gegen nur noch 21.2% für die SPD – auch bei den Männern wieder an die erste Stelle gerückt.[61] Den genauen Umfang einer Hinwendung zur SPD bei den ländlichen Soldaten lassen jedoch auch diese Auszählungen nicht erkennen. Ein Blick auf die allgemeinen Wahlergebnisse in den ländlichen Bezirksämtern zeigt deutlich, daß dieser Trend das Land nur in gegenüber den Städten deutlich abgeschwächtem Ausmaß erreichte. Dabei ist allerdings zu beachten, daß im südlichen Bayern vor allem der Bayerische Bauernbund bei den bäuerlichen Wählern von dem durch die Fronterfahrungen und die Kriegswirtschaft angehäuften Protestpotential profitierte. Wegen seiner Beteiligung an der Revolution erschien er als „Sozialdemokratie des flachen Landes" und konnte deshalb in erster Linie als mögliche Alternative zur vor dem Krieg in diesen Gebieten dominierenden BVP gewählt werden.[62]

Tabelle 10: Ergebnis der bayerischen Landtagswahlen vom 12.1.1919 in kreisunmittelbaren Städten und Bezirksämtern (in % der gültigen Stimmen)[63]

	BVP	SPD	BBB	USPD	DDVP
Obb. BA	44.6	24.1	24.8	0.5	0.2
Obb. Städte	26.9	46.6	0.4	4.7	18.2
Ndb. BA	37.3	23.8	34.5	0.4	3.9
Ndb. Städte	46.7	33.0	2.3	0.5	15.7
Schw. BA	42.8	17.3	31.7	0.6	7.0
Schw. Städte	31.6	41.3	1.3	1.7	22.1

61 Zahlen: ZBSL 51 (1919), S. 874-879; ZBSL 53 (1921), S. 348-351. Vgl. Bremme, S. 243. Zu berücksichtigen sind 1920 aber die 14.8% Stimmen für die USPD. Auch bei diesen Sonderauszählungen, die 1919 60.223 und 1920 37.763 von Männern abgegebene Stimmen umfaßten, ist zu berücksichtigen, daß die ausgewählten Stimmbezirke vorwiegend in kleinen und mittleren Städten lagen. Demzufolge spielte der Bauernbund mit 1919 und 1920 je 2.8% auch keine Rolle. Vereinzelte Ergebnisse für das Land bestätigen aber die Tendenz. So wurde die SPD 1919 bei den Männern in Mallersdorf, dem Heimatbezirk Karl Gandorfers, mit 32.8% noch vor dem BBB mit 32.7% und der BVP mit 27% stärkste Partei. Das Ergebnis in Abensberg (BA Kelheim) war 1919: SPD: 38.9%, BBB: 16.5%, BVP: 41.2%. Der Einbruch in das katholische Lager war gegenüber der Vorkriegszeit in der Oberpfalz am größten: Gegen 72.2% bei den Reichstagswahlen 1912 erzielte die BVP hier 1919 in der Landtagswahl nur noch 41.6% bei den Männern, die SPD steigerte sich von 11.7% auf 39.4%. In Oberbayern entsprechende Abnahme der BVP von 42.7% auf 30.9%, SPD von 33.6% auf 47.4%. Zahlen für 1912 nach: G.A. Ritter, Wahlgeschichtliches Arbeitsbuch. Materialien zur Statistik des Kaiserreichs 1871-1918, München 1980, S. 84f. Vgl. Rohe, S. 131ff.
62 Vgl. Thränhardt, Wahlen, S. 127, 130f., 176ff. Zitat: Bergmann, S. 19.
63 Bei dieser Wahl wurde keine Auswertung nach Ortsgrößenklassen durchgeführt. Quelle: ZBSL 51 (1919), S. 665-675. Die Ergebnisse runden sich nicht auf 100%, da die im ländlichen Raum bedeutungslosen Parteien Bund der Berufsunteroffiziere, Mittelstandspartei, Bayerische Mittelpartei und Sonstige nicht aufgeführt sind. Für die nur geringfügig abweichenden entsprechenden Ergebnisse der Wahlen zur Verfassunggebenden Nationalversammlung vgl. ZBSL 51 (1919), S. 890-896.

	BVP	SPD	BBB	USPD	DDVP
Bayern BA	39.6	27.8	13.1	1.6	10.2
Bayern Städte	25.0	44.1	0.4	4.5	22.3
Bayern Gesamt	35.0	33.0	9.1	2.5	14.0

Trotz dieser Einschränkungen erscheinen die Wahlen zum Landtag und zur Nationalversammlung 1919 als ausgesprochene Protestwahlen, die dem Bauernbund und auch den Sozialdemokraten in bisher nicht gekanntem Ausmaß Stimmen im ländlichen Raum einbrachten. Die Wahlen des Jahres 1920 bestätigten den Charakter des Ergebnisses von 1919 als eines momentanen, direkt nach Kriegsende zustandegekommenen Stimmungsbildes. In den Bezirksämtern verlor die SPD bei deutlich gesunkener Wahlbeteiligung hier bei den Landtagswahlen 14.5% gegen 1919, wenngleich das sozialistische Lager insgesamt dank einer stark verbesserten USPD nur 7.4% der Stimmen einbüßte.[64] Die unmittelbar nach Kriegsende noch dringliche Frage, wer zu den Kriegsverlängerern oder Kriegsbeendigern zählte, hatte bei einer zunehmenden Politik- und Parteienverdrossenheit nun vermutlich an Bedeutung für das Wahlverhalten verloren.[65] Zudem lehnten die Landwirte in der Mehrzahl die Radikalisierungsphase der Revolution in den beiden kurzlebigen Räterepubliken des April 1919 ab. Dies ließ die von der BVP und dem christlichen Bauernverein seit Beginn der Revolution betriebene antisozialistische und antibolschewistische Propaganda nun auf fruchtbaren Boden fallen.[66] Im Gefolge dieser Entwicklungen hat der ohnehin begrenzte politische Einfluß der Heimkehrer auf dem Lande an Eindeutigkeit rasch wieder verloren.

Die Nachwirkungen dieser kurzfristigen, aus der an der Front entwickelten Kriegskritik erwachsenden Hinwendung zur Sozialdemokratie und zum Bauernbund waren auch in der Erschütterung des religiösen Lebens nach der Demobilmachung spürbar. Die auf dem Lande ab 1916 um sich greifende, vornehmlich von den Fronturlaubern angestoßene religiöse Verdrossenheit und die wachsende Kritik an den Pfarrern waren ernste Krisensymptome. Daß dagegen die Heimkehr der Soldaten noch deutlich größere Schwierigkeiten für die Seelsorge bringen würde, war den Pfarrern und kirchlichen Behörden bereits gegen Ende des Krieges bewußt geworden. Das Ordinariat München-Freising hatte für die erste Pastoralkonferenz

---

64 ZBSL 53 (1921), S. 347. Die Verluste des BBB waren etwas geringer. Vgl. Bergmann, S. 166ff.
65 Vgl. WB BA Donauwörth 27.1.1920: StAA, Regierung 9767; WB RP. Schw. 8.6.1920: BHStA/II, MA 102146; Mattes, S. 209; Hinweise in Kap. 5.4.1.
66 Vgl. Pfarramt Raitenhaslach 30.7.1919 an Ord. Passau: ABP, DekA II, Burghausen 12/I. Zur bäuerlichen Ablehnung der Räterepubliken vgl. WB BA Kaufbeuren 12.4.1919, WB BA Günzburg 19.4.1919, WB BA Füssen 28.4.1919: StAA, Regierung 9766; WB RP Ndb. 28.4.1919: BHStA/II, MA 102139; WB RP Schw. 24.4.1919: BHStA/II, MA 102145. Vgl. Bergmann, S. 45-49, 59f.; M. Seligmann, Aufstand der Räte. Die erste bayerische Räterepublik vom 7. April 1919, Grafenau 1989, Bd. 1, S. 490-497. Als Beispiel für die Propaganda vgl. eine Broschüre des bayerischen Heimatdienstes: Bauern seid auf der Hut; Oberbayerische Landeszeitung. Traunsteiner Nachrichten Nr. 100 v. 3.5.1919.

des Jahres im April 1918 die Behandlung der Heimkehrer auf die Tagesordnung gesetzt. Ausgehend von den in der Militärseelsorge gesammelten negativen Erfahrungen diskutierte man Möglichkeiten, die Kirchenbindung wieder zu festigen und die erwarteten Erschütterungen der christlichen Familienmoral zu bekämpfen. Im Rahmen des Männerapostolats sollten die Heimkehrer wieder zu regelmäßigem Kommunionempfang finden, Volksmissionen und die aktive Tätigkeit der Pfarrer in den Kriegervereinen den kirchlichen Einfluß auf sie stärken.[67]

Der Befund der ersten Nachkriegsmonate über die „religiöse Verwilderung" der Heimkehrer bestätigte die pessimistischen Erwartungen:

> „Erschrocken steht die Heimat vor der Verwilderung eines großen Teiles unserer Krieger. Verroht sind nicht nur junge Leute, verwildert sind auch viele verheiratete Männer."[68]

Diese düstere Feststellung eines ehemaligen Feldgeistlichen findet in den Seelsorgsberichten breite Bestätigung. Massivstes Symptom der religiösen Indifferenz unter den früheren Soldaten war eine Nichtteilnahme an den öffentlichen Formen des gemeindlichen Lebens. In den globalen Zahlen der Teilnahme an der Osterkommunion schlug sich diese Entwicklung nicht wieder. Bei einem bis in den Zweiten Weltkrieg gleichbleibend hohen Niveau spiegeln sie, mit einem leichten Rückgang im Krieg und einer Steigerung ab 1919, nur abgeschwächt Abwesenheit und Rückkehr der Soldaten wieder.[69] Die Verweigerung der jedem Katholiken aufgetragenen Osterkommunion war bei der im äußeren Rahmen noch festgefügten Kirchlichkeit eine spektakuläre Kundgebung von Dissidenz und wurde deshalb nur von wenigen Heimkehrern praktiziert.[70] Häufiger registrierten die Pfarrer bei ihnen

---

67 Vgl. Buchberger, S. 21ff., bes. 25 (Referat von Michael Buchberger), und S. 46ff., bes. 47, 50, (Referat v. Pfarrer G. Lunghammer); Schlund, Aufgaben, S. 53-59. Das 1910 gegründete Männerapostolat zielte im Rahmen der Herz-Jesu-Verehrung besonders auf die Mobilisierung der katholischen Männer, bei denen sich bereits vor 1914 Tendenzen zur Abwendung von den Idealen katholischer Lebensführung entwickelt hatten; vgl. Busch, Katholische Frömmigkeit, S. 294-300. Verbreitet war es allerdings primär in Städten, insbesondere in Norddeutschland; vgl. die skeptische Einschätzung von J. Steiner, Interkonfessionalismus und die Seelsorge nach dem Kriege, in: Theologisch-praktische Monats-Schrift 29 (1919), S. 32-51, hier S. 48.

68 H. Mekes (O.F.M.), Wie soll die Frau den religiös verwilderten Mann behandeln?, in: Ambrosius 33 (1919), S. 1-6, hier: S. 1. Vgl. B. Bühl, Die heimkehrenden Krieger, in: ebd., S. 6-8.

69 Tabelle 11: Teilnahme an der Osterkommunion in % aller Katholiken im Bistum Passau, Dekanate Fürstenzell und Obernzell

	1915	1916	1917	1918	1919	1920	1921	1923
Passau	72.0	70.6	71.1	70.9	73.2	75.2	75.7	76.5
Fürstenzell	71.2	71.4	71.3	70.7	75.0	77.7	77.5	78.8
Obernzell	70.6	74.2	72.2	68.0	72.7	74.0	74.5	76.3

Berechnet nach: Kirchliches Handbuch 5.1914/16, S. 466f.; 6.1916/17, S. 486f.; 7.1917/18, S. 438f.; 8/1918/19, S. 464f.; 9.1919/20, S. 440f.; 10.1920/21, S. 326f.; 11.1922/23, S. 392f.; 12.1924/25, S. 567. Die „hohe Konstanz" der Werte bis in die Zweiten Weltkrieg betont Hürten, Deutsche Katholiken, S. 566ff.

70 Vgl. Pfarramt Hirschbach 12.7.1919 an Ord. Passau: ABP, DekA II, Pfarrkirchen 12/I; Pfarrämter

ein regelmäßiges Fernbleiben vom Gottesdienst und eine geringere Beichtfrequenz.[71] Im allgemeinen traten die jüngeren Soldaten dabei besonders hervor.[72] Nicht alle Gemeinden waren von dieser Entwicklung gleichermaßen betroffen. In einigen abgelegenen Orten bewegte sich die äußere Teilnahme am kirchlichen Leben rasch wieder in normalen Bahnen.[73] Dies ist als ein Indiz dafür zu werten, daß der Einfluß der Veteranen durch Kontakte mit nahegelegenen Städten, sei es durch Verwandte oder durch die Begegnung mit Hamsterern, noch verstärkt wurde. In einer Auswertung der Seelsorgsberichte der Jahre 1917-1919 mußte das Ordinariat Regensburg jedoch feststellen, daß nur in rund 15% der Gemeinden das religiöse Leben frei von Krisensymptomen blieb.[74] Aber auch unter der Oberfläche einer aus „alter Gewohnheit" äußerlich unbeeinflußten religiösen Praxis zeigten die Kriegsteilnehmer „Kälte und Gleichgültigkeit" im Glauben.[75]

Die Pfarrer wiesen in ihren Berichten darauf hin, daß das Vertrauen der früheren Soldaten in die kirchlichen Deutungsangebote und ihre religiöse Sinngewißheit vor allem durch die Rechtfertigung des Krieges seitens der Kirche und ihrer Vertreter erschüttert worden war. Selbst vereinzelt anonymen Drohungen ausgesetzt, mußten die Seelsorger konstatieren, daß das Schlagwort die Runde mache, „an allem Elend des verlorenen Krieges ist die Kirche und Geistlichkeit schuld".[76]

Heiligkreuz 17.8.1919, Kirchweidach 23.5.1919 an dass.: ABP, DekA II, Burghausen 12/I.

71 Vgl. die Berichte folgender Pfarrämter an das Ord. Passau: Birnbach o.D. [Mai 1919], Neukirchen 13.8.1919, Triftern 18.8.1919: ABP, DekA II, Pfarrkirchen 12/I; Holzkirchen 11.6.1919, Unteriglbach 9.7.1919, wo die Heimkehrer die Sakramente empfingen, aber den Fronleichnamsprozessionen „ostentativ" fernblieben: ABP, DekA II, Fürstenzell 12/I; Feichten 29.6.1919, Halsbach 20.6.1919, Heiligkreuz 17.8.1919, Tyrlaching 15.6.1919: ABP, DekA II, Burghausen 12/I.

72 Vgl. die Berichte der Pfarrämter Birnbach o.D. [1919]; Kirchweidach 23.5.1919, Mehring 5.7.1920; Obernzell an das Ord. Passau: ABP, DekA II, Pfarrkirchen 12/I; Burghausen 12/I; Obernzell 12/I.

73 Vgl. Pfarrämter Nöham 1.6.1919 und Pfarrkirchen 25.6.1919 an Ord. Passau: ABP, DekA II, Pfarrkirchen 12/I. Pfarramt Gottsdorf 11.6.1920 an dass. nannte die „Weltabgeschiedenheit" der Gemeinde explizit als Grund dafür. In Wegscheid nutzten die Heimkehrer Gesellenverein und christlichen Bauernverein für ihre gegen die Kirche gerichtete politische Diskussion, nahmen am kirchlichen Leben aber teil: Pfarramt Wegscheid o.D. [Juli 1919] an dass.; beides in: ABP, DekA II, Obernzell 12/I.

74 Oberhirtliches Verordnungsblatt für die Diözese Regensburg 1920, S. 103ff.

75 Pfarrämter Ortenburg 9.7.1919 (Zitat) und Sandbach 23.7.1919 an Ord. Passau: ABP, DekA II, Fürstenzell 12/I. Vgl. die Berichte der Pfarrämter an dass.: Waldhof 10.6.1919; Haiming 20.7.1919, Raitenhaslach 30.7.1919 und Mehring 26.6.1919: ABP, DekA II, Pfarrkirchen 12/I; Burghausen 12/I.

76 Zitat: Pfarramt Triftern 18.8.1919, vgl. Wittibreut 4.11.1920; ferner Sulzbach o.D. [1919] an Ord. Passau: ABP, DekA II, Pfarrkirchen 12/I; Fürstenzell 12/I. WB BA Donauwörth 30.11.1918: StAA; Regierung 9765. Tagebuch Pfarrer Karl Heichele aus Aretsried, Eintrag v. Dezember 1918: ABA, Pfa 6/I. Vgl. das „Eingesandt" in Amper-Bote Nr. 10 v. 1.2.1919, Beiblatt. Drohbriefe: Pfarrämter Peterskirchen 30.6.1919 und Höhenstadt 4.8.1919 an Ord. Passau: ABP, DekA II, Pfarrkirchen 12/I bzw. Fürstenzell 12/I. Dem Pfarrer von Münster wurde gegen Ende des Krieges eine tote Katze mit einer warnenden Notiz in den Garten geworfen, nicht mehr über Feldgraue zu schimpfen. Später wurde sein Hund erschossen, nachdem er beklagt hatte, daß man als den König davongejagt habe; WB BA Donauwörth 22.11.1918. Ein Ordensgeistlicher, der Soldaten in der Diskussion während einer Bahnfahrt widersprach, wurde von ihnen tätlich angegriffen; WB BA

Neben dem gesunkenen Vertrauen in die politische Autorität der Geistlichen boten auch moralische ,Verirrungen' der Veteranen Anlaß zur Besorgnis. Dabei ging es um den sogenannten „Ehemißbrauch", also die Geburtenkontrolle, die der Fortpflanzung als nach kirchlicher Dogmatik höchstem Zweck einer Ehe widersprach. Die im Krieg von den Frauen gewonnenen Einsichten verstärkend, brachten viele Männer von der Front ein geschärftes Bewußtsein für die Vorteile der Geburtenkontrolle mit. Bereits 1918 hatten auf Urlaub in der Heimat befindliche Soldaten Stimmung für eine Verringerung der Kinderzahl gemacht. „Die Pfaffen sind schon so gescheit, die haben keine Kinder", hielt man dem Pfarrer im Beichtstuhl vor.[77] Im Kontakt mit städtischen Soldaten hatten die Urlauber Kenntnisse über Möglichkeiten und Zweck der Empfängnisverhütung gewonnen.[78]

Trotz Ermahnung im Beichtstuhl und Androhung der Absolutionsverweigerung beharrte nach der Rückkehr eine zunehmende Zahl von Männern auf der neugewonnenen Einsicht, „man kann nicht mehr soviel Kinder ernähren wie früher, also ist man berechtigt die Kinderzahl zu vermindern".[79] Als Konsequenz dieser Einstellung mußte das Ordinariat Regensburg in einer Auswertung der Seelsorgsberichte konstatieren, daß „die Pest des Ehemißbrauchs" anfange, „in das Landvolk ihr Verderben zu tragen." Zwar läßt sich eine direkt daraus folgende Beschleunigung des Trends zu geringeren Kinderzahlen auf dem Land nicht belegen.[80] Doch auch als aufmerksam und vermutlich überzeichnet registrierte demonstrative Willenskundgebung ist diese Haltung ein Beleg für die Nichtachtung kirchlicher Moralnormen von Seiten der Heimkehrer.

Die Pfarrer versuchten mit einer intensivierten Seelsorgsarbeit der religiösen Indifferenz und Kirchenkritik der Kriegsteilnehmer entgegenzutreten. Über das in Gottesdienst und Vereinsarbeit Leistbare hinaus griff man angesichts der im Krieg auch in der Heimat beobachteten Krisensymptome dabei auf die Volksmissionen als bereits vor dem Krieg in der Regel alle zehn Jahre durchgeführtes außerordentliches Mittel religiöser Verkündigung zurück. Diese von Ordensgeistlichen im Verlauf einer Woche durchgeführten Veranstaltungen sollten mit intensiven Gebetsübungen, Bußpredigten sowie abschließender Generalbeichte und Kommunion die Gläubigen mobilisieren.[81] Das Ordinariat des Erzbistums München-Freising

---

Füssen 18.10.1918; beides in: StAA, Regierung 9765. Vgl. Mattes, S. 100.

77 Pfarramt Sulzbach an Ord. Passau o.D. [1918]: ABP, DekA II, Fürstenzell 12/I.

78 T. Stadler, Der Krieger und unsere Friedensarbeit, in: Katechetische Blätter 45 (1919), S. 241-247, hier: S. 243f.; H. Mekes, Die christliche Frau und die sittliche Verwilderung der Männer, in: Ambrosius 33 (1919), S. 17-21, 33-36, hier: S. 33; Buchberger, S. 34.

79 Pfarramt Triftern 18.8.1919 an Ord. Passau: ABP, DekA II, Pfarrkirchen 12/I. Vgl. Pfarrämter Holzkirchen 11.6.1919, Sandbach 23.7.1919 an dass.: ABP, DekA II, Fürstenzell 12/I. Unmöglichkeit der Ernährung und standesgemäßen Erziehung vieler Kinder nannte auch Mekes, Die christliche Frau, S. 34, als häufige Begründung.

80 Oberhirtliches Verordnungsblatt für die Diözese Regensburg 1920, S. 105. Vgl. R. Spree, Der Geburtenrückgang in Deutschland vor 1939. Verlauf und schichtspezifische Ausprägung, in: Demographische Informationen 5 (1984), S. 49-68, hier: S. 51.

81 Vgl. LThK, Bd. X, Sp. 679-681 s.v. Volksmission; Mooser, Volksreligion, S. 147, sowie v.a. mit

legte den Pfarrseelsorgern die Vorbereitung von Volksmissionen als „eine der wichtigsten Aufgaben" für die Nachkriegszeit nahe.[82] Die Durchführung der Volksmissionen durch Redemptoristenpatres im Bistum Passau erbrachte jedoch nur teilweise den gewünschten Erfolg.[83] Eher vermochten traditionelle bäuerliche Krisenerfahrungen wie die 1920 allerorten grassierende Maul- und Klauenseuche zu religiöser Fürbitte zurückzuführen, wie der Pfarrer von Osterbuch mit Blick auf den Mißerfolg der in der Umgebung durchgeführten Volksmissionen feststellte:

> „Besser als die Volksmission wirkte die Viehseuche, die 1920 in ganz Bayern in furchtbarer Weise gewütet hat. Da ist den Bauern das Tanzen vergangen und sie haben Bittgänge und Wallfahrten gemacht."[84]

Da es vor allem jüngere Soldaten waren, deren Desinteresse an religiöser Betätigung den Pfarrern auffiel, ging eine Wiederherstellung der gewohnten Glaubenspraxis wohl nur zum Teil auf deren seelsorgerische Bemühungen zurück. Weit gravierender wirkte die Statusveränderung, die sich für diesen Personenkreis aus der in unmittelbarer Nachkriegszeit mit rapider Geschwindigkeit nachgeholten Familienbildung ergab.[85]

Tabelle 12: Eheschließungen in Bayern auf 1000 der mittleren Bevölkerung (Gemeinden unter 2000 Einwohner und Gesamt)

	Gemeinden	Gesamt		Gemeinden	Gesamt
1913	6.4	6.9	1919	15.2	15.0
1914	4.9	6.0	1920	12.8	14.0
1915	1.9	3.2	1921	9.6	10.5
1916	2.5	3.8	1922	8.6	9.7
1917	3.2	4.6	1923	7.0	8.0
1918	4.0	5.4			

Bezug auf die Jesuiten Busch, Katholische Frömmigkeit, S. 168-183.

82 Amtsblatt für die Erzdiözese München und Freising 1918, S. 173-175, hier: S. 175 (Bekanntmachung vom 2.10.1918).

83 Das Pfarramt Sulzbach bezweifelte noch im Seelsorgsbericht 1921 [o.D.] an Ord. Passau, daß eine Volksmission nachhaltigen Erfolg haben würde, und das Pfarramt Höhenstadt meldete 26.7.1922 den Mißerfolg der Ende April durchgeführten Mission: ABP, DekA II, Fürstenzell 12/I. „Große Beruhigung" durch die abgelegten Generalbeichten, auch bei jüngeren Kriegsteilnehmern, bzw. eine höhere Sakramentsfrequenz meldeten die Pfarrämter Sonnen 28.6.1919 bzw. Haag 5.8.1922 als Ergebnis der Mission an das Ord. Passau: ABP, DekA II, Obernzell 12/I. Vgl. für Sandbach: Fuller/Weiß, S. 60f., wo die Patres in festlich geschmückten Wagen durch das Dorf geleitet wurden. Die Redemptoristen waren im Bistum Passau seit dem 19. Jahrhundert bei der Durchführung von Volksmissionen in besonderem Maße aktiv: Busch, Katholische Frömmigkeit, S. 170.

84 Pfarrer Friedrich Schwald, Chronik von Osterbuch: ABA, Pfarrarchiv Osterbuch, Chronik, S. 325.

85 Tabelle 12 nach: Statistisches Jahrbuch für den Freistaat Bayern 14 (1919), S. 42f.; 15 (1921), S. 26f.; 16 (1924), S. 9, 13. Für die Jahre 1915-1917 wurde die mittlere Bevölkerung des Jahres 1914 zugrundegelegt. Vgl. Kap. 5.1.

Die Anzahl der Verheiratungen schnellte bereits unmittelbar nach Abschluß der personellen Demobilmachung Anfang 1919 nach oben und erreichte auch im ländlichen Raum kurzfristig mehr als das Doppelte der Vorkriegsziffer.[86] Eine die Erschütterung der Glaubenspraxis dämpfende Wirkung ehelicher Bindungen hatten auch die Pfarrer unterstellt, als sie die Ehefrauen zu christlich-moralischer Einwirkung auf ihre Gatten aufforderten.[87] Die Wirkung der Verheiratung beruhte aber vornehmlich auf der gesellschaftlichen Etablierung im Dorf, die sich damit und mit der darauf folgenden Hofübernahme verband.[88]

Als Ergebnis dieser Entwicklungen konnten die Pfarrer nach kurzer Zeit eine Entschärfung der Situation konstatieren. Bereits in den Jahren 1920 und 1921 hatte sich die Teilnahme der Heimkehrer am Kirchgang wieder der übrigen Bevölkerung angeglichen.[89] Der Rückkehr zur Normalität widmeten die Pfarrer naturgemäß anders als den Symptomen der Krise keine detaillierte Analyse. Die kurzfristige Intensität ebenso wie die parallel zu den Wahlergebnissen des Jahres 1920 eintretende Beruhigung spricht jedoch dafür, daß die Kritik der Heimkehrer in erster Linie auf die Kriegsbefürwortung als zeitbedingten politischen Aspekt des Katholizismus zielte. Dies läßt auch der durch die revolutionären Ereignisse emotional stark geprägte Brief eines ehemaligen Soldaten an den Pfarrer seiner Heimatgemeinde Aretsried aus dem März 1919 erkennen:

> „Ihr seht nun wie es steht die Religion hat nicht gelert ‚Schütze das Leben und Gut Deines Nächsten' denn wärend des ganzen Krieges hat Sie gelert ‚Es ist Deine heiligste Pflicht in den Krieg zu gehn Völker die ja unsere Nächsten sind zu unterjochen Dörfer u Städte niederzubrennen u Menschen zu morden die uns nie ein Leid gethan, das war die khristliche Lehre. Sie hat kein Unrecht gescheut um dem Volk einen Haufen fauler nichtsnutziger u wahnsinniger [!] Könige u Fürsten aufzustellen die dem Volk das Blut aussaugten."[90]

Hinweise auf längerfristige Wirkungen in Form einer die Substanz des katholischen Milieus angreifenden Säkularisierung sind nicht erkennbar. Gleichwohl ist diese kurze, mit einer vorübergehenden politischen Neuausrichtung verbundene Phase religiöser Indifferenz im Blick auf längerfristige Kontinuitäten von Bedeutung. Sie zeigt zum einen, daß selbst den „sprichwörtlich" religiösen bayerischen Bauern in Krisensituationen der Glaube nicht mehr selbstverständlich und allein als Mittel

---

86 Vgl. die Zeitangaben bei Bessel, Germany, S. 228ff., der u.a. S. 230 einen Spitzenwert Ende 1919 hervorhebt. Vielen Nachkriegstrauungen lag demnach eine ungeplante Schwangerschaft zugrunde.

87 Vgl. Mekes, Wie soll die Frau den religiös verwilderten Mann behandeln?; ders., Die christliche Frau.

88 Das Gegenbeispiel der unverheirateten und längere Zeit religiös unangepaßten jüngeren Knechte verdeutlicht dies. Vgl. Kap. 5.4.2.

89 Pfarrämter Kirchberg 12.7.1920, Waldhof 31.5.1920, Wittibreut 23.6.1921; Haiming 14.7.1921, Halsbach 15.6.1923; Wegscheid 30.6.1920 an Ord. Passau: ABP, DeKA II, Pfarrkirchen 12/I; Burghausen 12/I; Obernzell 12/I.

90 Fridolin (der Nachname ist nicht genau identifizierbar) am 8.3.1919 aus Haunstetten bei Augsburg an den als „Lieber Vater" angeredeten Pfarrer von Aretsried: ABA, Pfa 6/I. Für einen vergleichbaren Befund bei evangelischen Landbewohnern in Brandenburg vgl. Themel, Die religiöse Lage, S. 30.

der Weltdeutung zur Verfügung stand, sondern im Gefolge seiner schwindenden Erklärungskraft durch Elemente weltlicher Ideologien ergänzt werden mußte.[91] Vorerst nur vermuten läßt sich eine mögliche längerfristige Tendenz zu einem selbstbewußteren und weniger untertänigen Umgang mit einer traditionell wichtigen Autorität wie den Pfarrern, die von der Delegitimierung der ländlichen Pfarrer ausgegangen sein könnte. Vor dem Hintergrund der im 19. Jahrhundert durchgesetzten „Sakralisierung" des Priesterberufes im Bewußtsein der Laien erscheint die massive, zum Teil handgreifliche Vorgehensweise der Veteranen gegenüber den Priestern als ein Kontrollverlust von beachtlicher Brisanz.[92] Zum anderen ist der kurzzeitige Linksrutsch der ländlichen Heimkehrer ein Beleg dafür, daß entgegen einem weit verbreiteten Vorurteil zwischen dem Fronterlebnis und einer rechtsgerichteten politischen Radikalisierung in der Nachkriegszeit kein linearer Zusammenhang bestand.[93]

Von entscheidender Bedeutung für eine rasche und gelungene Eingliederung der Soldaten in das zivile Leben war schließlich die Wiederbesetzung der angestammten Arbeitsplätze. In der Landwirtschaft verband sich mit der Demobilmachung in dieser Hinsicht eher die Besorgnis eines Mangels als eines Überschusses an Arbeitskräften, da man zusätzlich zu den Kriegsverlusten befürchtete, daß viele der ländlichen Soldaten in den Städten nach Beschäftigung suchen würden.[94] Für sich selbst erwarteten die Landwirte einen „schmerzlosen Übergang" in die heimische Wirtschaft.[95] Nach Arbeitskräftemangel und Arbeitsüberlastung im Krieg bekundeten die bäuerlichen Betriebe auch ihre Bereitschaft, aus dem Heer entlassene frühere Arbeitskräfte wieder aufzunehmen.[96] Trotz des zu diesem Zeitpunkt eher geringen Arbeitskräftebedarfes wurden in der unmittelbaren Demobilmachungsphase gegen Ende des Jahres 1918 zurückkehrende Familienarbeitskräfte und Knechte problemlos und vollständig wieder in den Betrieben eingestellt.[97] Diese

---

91 Zitat: Mooser, Volksreligion, S. 151.

92 Vgl. Busch, Katholische Frömmigkeit, S. 251ff.; Hinweise in Kap. 6.3.

93 Vgl. Kap. 1.1.

94 Bessel, Germany, S. 198f. Die Kriegsverluste der deutschen Landwirtschaft wurden auf 600.000 Soldaten geschätzt: Grundlagen für die Preisbemessung der landwirtschaftlichen Erzeugung im Jahre 1919. Denkschrift bearbeitet im Reichsernährungsministerium [o.D.], S. 9: BHStA/II, MA 100618.

95 Vertrauensmann E./1. I.R. 27.10.1918 an stv. GK I. AK: BHStA/IV, stv. GK I. AK 2412.

96 WB RP Ndb. 2.12.1918: StAL, Rep. 168/5, 1116. Vgl. BA Garmisch-Partenkirchen 8.11.1918 an RP Obb.: StAM, LRA 105565. Dies war auch die Einschätzung der Demobilmachungsplaner; vgl. das Protokoll der 6. Sitzung des Arbeitsausschusses der Kommission für Demobilmachung der Arbeiterschaft am 28.10.1918 unter Vorsitz des Unterstaatssekretärs Dr. Müller: BHStA/IV, MKr 14412.

97 Dieser Punkt ist in den Wochenberichten (vgl. Anm. 100) breit belegt: WB RP Ndb. 16.12.1918: StAL, Rep. 168/5, 1116; WB BA Zusmarshausen 30.11.1918, WB BA Schwabmünchen 7.12.1918, WB BA Nördlingen 7.12.1918, WB BA Markt-Oberdorf 14./21.12.1918, WB BA Augsburg 30.11.1918: StAA, Regierung 9765. Zahlreiche übereinstimmende Berichte für die Gemeinden des BA Lindau vom Dezember 1918 in: StAA, BA Lindau 3949. Im BA Ebersberg konnten nur ein Käsereibesitzer und ein Getreidehändler die Arbeit nicht sofort wieder aufnehmen, die Zahl der Erwerbslosen blieb gering: WB BA Ebersberg, StAM, LRA 79889. Trotz gewisser

vom gravierenden Arbeitskräftemangel der ostelbischen Landwirtschaft abweichende Lage ist vor allem auf die Arbeitskräftestruktur der bäuerlichen Landwirtschaft in Bayern zurückzuführen. Der hohe Anteil an Betriebsleitern und familieneigenen Arbeitskräften unter den ländlichen Soldaten erleichterte eine problemlose Rückkehr.[98] Auch der damit einhergehende Abzug der Kriegsgefangenen von den Höfen bereinigte die Situation, führte aber zu Klagen dort, wo sich dabei Verzögerungen ergaben.[99]

Arbeitslosigkeit stellte also bei den ländlichen Heimkehrern kein Problem für die Wiedereingliederung dar. Mit ihrer zunächst reibungslos erfolgenden Aufnahme in die bäuerlichen Betriebe war aber über die Deckung des Arbeitskräftebedarfs für die Frühjahrsbestellung noch nicht endgültig entschieden, da erst am traditionellen Tag des Dienstbotenwechsels, dem 2. Februar, der Zustand des ländlichen Arbeitsmarktes sichtbar wurde. Den Demobilmachungsbehörden war bewußt, daß die von den Arbeitsämtern gemeldeten Zahlen der Arbeitssuchenden und offenen Stellen gerade in der Landwirtschaft kein korrektes Bild über Angebot und Nachfrage nach Arbeitskräften vermittelten. Gesindevermittlung über Arbeitsnachweise spielte in der bayerischen Landwirtschaft kaum eine Rolle, und trotz Strafandrohung unterließen es die Landwirte, ihren Arbeitskräftebedarf diesen Stellen mitzuteilen.[100] Dies geschah auch aus der Befürchtung heraus, sonst städtische Arbeitslose zugewiesen zu bekommen, die man wegen übertriebener Lohnforderungen und geringer Leistungen ablehnte.[101] Der Staatskommissar für Demobilmachung wies die Bezirksämter deshalb an, aufgrund ihrer persönlichen Einschätzung und Ortskenntnis die Deckung des Dienstbotenbedarfs an Lichtmeß 1919 zu schätzen.[102] Als Ergebnis dieser Erhebungen wurde eine „genügende Deckung" des Bedarfs an ständigen Arbeitskräften in 60 von 77 Bezirksämtern festgestellt, für die Nachweise vorlagen. In den anderen wurden 50-80% der Stellen besetzt.[103] Einen ausgesprochenen

---

jahreszeitbedingter Zurückhaltung vollständige Aufnahme der Demobilisierten: WB BA Wolfratshausen 21.12.1918, 18.1., 1.2.1919: StAM, LRA 40945.

98 WB BA Wolfratshausen 23.11.1918: StAM, LRA 40945. Die Stelle der nicht heimgekehrten wurde im BA Zusmarshausen von Angehörigen, die den Krieg in Städten beschäftigt waren, eingenommen. Arbeitslose gab es hier nicht. WB BA Zusmarshausen 14.12.1918: StAA, Regierung 9765. Vgl. Bessel, Germany, S. 200-206, 212. Vgl. Kap. 2.1.

99 WB BA Donauwörth 14./20.12.1918: StAA, Regierung 9765. WB BA Nördlingen 13.7.1919: StAA, Regierung 9766. Forderung nach Abzug WB BA Wertingen 14.12.1918: StAA, Regierung 9765; WB BA Mühldorf 5.4.1919: StAM, LRA 188445. Die russischen Kriegsgefangenen wurden endgültig Ende Mai 1919 vom Generalkommando I. AK in die Stammlager zurückberufen: Neue freie Volks-Zeitung Nr. 108 v. 27.5.1919.

100 Vgl. Bayerische Staatszeitung Nr. 285 v. 7.12.1918, sowie die Wiederholung der am 29.11.1918 ergangenen Strafandrohung durch das Ministerium für Soziale Fürsorge ebd., Nr. 59 v. 5.3.1919. Die generelle Unzuverlässigkeit der vorhandenen Erwerbslosenzahlen diskutiert Rouette, Die Realitäten der Zahlen. Die auf profunder Ortskenntnis beruhenden Berichte der Bezirksämter sind deshalb in ihrem Quellenwert für den Zustand des Arbeitsmarktes hoch einzuschätzen.

101 WB BA Mühldorf 18.1.1919: StAM, LRA 188445. WB BA Kaufbeuren 14.6.1919: StAA, Regierung 9766. Vgl. WB BA Wolfratshausen 23.11.1918: StAM, LRA 40945.

102 Staatskommissar für Demobilmachung 7.2.1919 an BA Passau: StAL, Rep. 164/13, 10394.

103 Koenigsberger, Die wirtschaftliche Demobilmachung, S. 214.

Mangel meldete nach den vorliegenden Einzelberichten nur das Bezirksamt Neuburg a.d. Donau. Hier wie andernorts lag dem aber kein genereller Mangel an Arbeitskräften zugrunde, sondern der Unwille eines Teils der Landwirte, den „gestiegenen Lohnforderungen" der Dienstboten entgegenzukommen.[104]

In den Klagen der Pfarrer und Bezirksamtmänner über eine die Demobilmachungsphase prägende religiöse Verwilderung und konsumintensive Lustbarkeiten spiegelte sich die tiefe Verunsicherung der traditionellen ländlichen Autoritäten angesichts der Veränderungen im Gefolge der Revolution wieder. Die Umwälzung des politischen Systems mußte sie ebenso erschüttern wie die Tatsache, daß auch die vor dem Krieg der Monarchie der Wittelsbacher stark verpflichtete ländliche Bevölkerung die republikanische Ordnung zu Beginn begrüßte. In die Sorge der ländlichen Eliten um eine Wiederherstellung der moralisch-politischen Ordnung ging allerdings eine idealisierende Vorstellung der vergleichsweise intakten Gesellschaft vor dem Krieg als Wahrnehmungshintergrund ein.[105]

Das Verhalten der Heimkehrer stand bei der Benennung von Krisensymptomen an erster Stelle. Ob in den politischen Einstellungen, der Teilnahme am religiösen Leben oder in der Auseinandersetzung mit den agrarwirtschaftlichen Zwangsmaßnahmen: In verschiedener Hinsicht brachte die Heimkehr der Soldaten ein Element der Unruhe und der Kritik an den bestehenden Verhältnissen in die Dörfer. Es ist jedoch nicht zu übersehen, daß diese Wirkungen nur von begrenzter Dauer waren. Denn grundsätzlich war bei den Soldaten der bereits während des Krieges oftmals geschilderte Wunsch vorhanden, wieder in die Normalität der familiären Berufsarbeit zurückzukehren. Da Erwerbslosigkeit dem nicht hindernd entgegenstand, machten sich die Heimkehrer im öffentlichen Leben der Dörfer bereits 1921 nicht mehr als Gruppe mit eigenen Konturen bemerkbar.[106]

---

104 WB BA Neuburg 25.1., 15.2.1919 (Zitat): StAA, Regierung 9766. Vgl. Kap. 5.4.2.

105 Vgl. für den Wunsch nach einer moralischen Regeneration in der Nachkriegszeit allgemein Bessel, Germany, S. 220-253, v.a. S. 251ff.

106 Über mögliche individuelle Probleme bei der Rückkehr in die Familien, für die sporadische Hinweise vorliegen, ist damit natürlich noch keine Aussage getroffen. So ging eine Gütlerin, Mutter von elf Kindern, 1918 mit einem Maurer ein Verhältnis ein, das sie auch nach Rückkehr des Mannes aus dem Feld fortsetzte. Kurz nachdem der Mann die Scheidung beantragt hatte, wurde er von seinem Nebenbuhler erschlagen, die Leiche in der Donau versenkt; Pfarramt Gottsdorf 21.6.1919 und 11.6.1920 an Ord. Passau: ABP, DekA II, Obernzell 12/I. Die literarische Gestaltung des Heimkehrerproblems durch O.M. Graf, Einer gegen alle, Berlin 1932, wirkt in der Anlage der aus bäuerlichen Verhältnissen stammenden Hauptfigur überzogen und vermag deshalb nicht zu überzeugen.

6.2. Defensive Mobilisierung: Einwohnerwehren 1918-1921

Der Bauernrat Lindau diskutierte in seiner konstituierenden Sitzung am 19.11.1918 über Maßnahmen, um sich vor „herumziehenden plündernden Soldaten und Zivilpersonen" zu schützen. Einstimmig beschloß man, in jeder Gemeinde zusätzlich zur Polizei ein mit weiß-blauer Armbinde gekennzeichnetes „Sicherheitsorgan" einzurichten, das verdächtige Personen ohne Ausweis dem Bauernrat vorführen sollte, der dann für eine Übergabe an den Soldatenrat in Lindau sorgen würde.[107] Die bäuerliche Sorge um eine vorbeugende Sistierung von ‚Verdächtigen' durch eigens geschaffene zivile Organe zeigt eine als außerordentlich bedrohlich wahrgenommene Problemlage an.

Nach dem Waffenstillstand erfolgte noch ein weiterer Anstieg der in der Kriegszeit anhebenden Welle von Felddiebstählen, Raubüberfällen, Einbrüchen und anderen Eigentumsdelikten vor allem durch städtische Hamsterer.[108] Gerade in den Monaten der Revolutionszeit bis in das Frühjahr 1919 mit ihrer Fülle von Demonstrationen und Unruhen in den Städten wuchsen die Befürchtungen der Bauern im Hinblick auf den Sicherheitszustand auf dem Lande. Ein für sie beunruhigendes Drohpotential von unzureichend ernährten Erwerbslosen schürte zusätzliche Ängste vor Plünderungen durch auf das Land kommende Städter.[109]

Die ohnehin zahlenmäßig geringe und im Krieg durch Einberufungen zudem stark ausgedünnte Gendarmerie konnte zur Eindämmung der Kriminalität nichts beitragen.[110] Um so mehr erhoffte man sich Abhilfe von einem bewaffneten Selbstschutz in Form von Bürgerwehren. In verschiedenen Bezirksämtern waren solche Wehren auf Ortsebene bereits im Dezember 1918 gebildet worden. Mit Billigung des sozialdemokratischen Innenministers Auer gelangten sie auch in den Besitz von Handfeuerwaffen.[111] Mit der Radikalisierung der städtischen Rätebewe-

---

107 Protokoll der Sitzung des Bauernrates Lindau v. 19.11.1918: StAA, BA Lindau 3972.

108 Vgl. die Einzelschilderungen in den Wochenberichten der Bezirksämter Schwabens: StAA, Regierung 9766, passim. Als frühen Beleg WB BA Zusmarshausen 7.12.1918: StAA, Regierung 9765; Verhandlungen des Bayerischen Landtags 1919/20, Bd. 1, S. 88 (MdL Freyberg (BVP) am 23.5.1919). Ein kausaler Zusammenhang von Fronterlebnis und dem Ansteigen der Kapitalverbrechen ab 1919 läßt sich im Gegensatz zur Behauptung von Mosse, S. 209, nicht belegen. An der von ihm dafür herangezogenen Stelle bei Liepmann, Krieg und Kriminalität, S. 37, diskutiert Liepmann zwar die Möglichkeit einer solchen Ursache, stellt aber zuvor fest, daß „wir außerordentlich wenig über diese Zusammenhänge" wissen. Nach Liepmanns Auffassung gewinnt die Analyse erst dann „festeren Boden", wenn sie die starke Verbreitung von aus dem Krieg mitgebrachten Waffen unter der Zivilbevölkerung berücksichtigt: „Diese Tatsache gab vielen Einbrüchen und Raubversuchen (...) ihren besonders bedrohlichen Charakter." Ebd., S. 38.

109 WB BA Aichach 24.11.1918; WB BA Ebersberg 2.3.1919: StAM, LRA 99497; 79889; WB BA Augsburg 16.11.1918: StAA, Regierung 9765.

110 Vgl. allg. Bessel, Germany, S. 243f. Keine konkreten Informationen, da nur dem Aufbau der Landespolizei gewidmet, enthält Schwarze, passim.

111 WB BA Nördlingen 21.12.1918; im BA Neu-Ulm lösten sich die Wehren aber wieder auf, nachdem der Soldatenrat Neu-Ulm die Abgabe von Gewehren verhindert hatte: WB BA Neu-Ulm 30.11./28.12.1918; anfängliches Zögern im BA Füssen: WB BA Füssen 7./28.12.1918; alles in:

gung im März und April 1919 wuchs unter den Bauern die Befürchtung, daß „bolschewistische Banden das flache Land heimsuchen könnten". Zum Schutz davor und den von Raubüberfällen und Plünderern ausgehenden Gefahren wurde die Forderung nach Bewaffnung noch dringlicher und verband sich vereinzelt mit der Androhung eines Lieferstreiks.[112] Vor allem die gemeindlichen Bauernräte bemühten sich jetzt um Bewaffnung und Aufstellung von Ortswehren.[113]

Doch bevor die Schaffung eines lokalen Besitzschutzes mit der Entfaltung der Einwohnerwehrorganisation ihre Form fand, mußte man die militärische Entscheidung über das Schicksal der beiden im April kurz aufeinanderfolgenden Räterepubliken abwarten. Die am 17. März gebildete Regierung des Ministerpräsidenten Johannes Hoffmann (MSPD) versuchte von ihrem Rückzugsort Bamberg aus, militärische Kräfte für eine Niederwerfung der revolutionären Zentren im südlichen Bayern zu gewinnen.[114]

Dies geschah durch die Neubildung, Zusammenfassung und Umgruppierung einer Fülle von militärischen Verbänden. Im Kern lassen sich dabei Einheiten der Volkswehr und die Freikorps unterscheiden, auch wenn bereits den Zeitgenossen die Unterschiede nicht immer klar waren.[115] Am 14. April war durch die Regierung Hoffmann an die Bevölkerung der Aufruf zur Bildung einer Volkswehr ergangen. Diese Verbände scharten neu angeworbene Freiwillige um den organisatorischen Kern von Einheiten des alten Heeres und sollten mit der geplanten Errichtung von Volkswehrräten den Eindruck einer „Weißen Garde" vermeiden. Die Freikorps wurden dagegen von einzelnen Offizieren selbständig gegen Sold angeworben.[116]

Die undurchschaubare Vielfalt verschiedenster militärischer Verbände sorgte auch bei der Werbung von Freiwilligen für Verwirrung, wie der Vorstand des Bezirksamtes Kaufbeuren feststellen mußte:

> „Die Werbetätigkeit für die Volkswehr ist im Gange; die Erfolge sind wegen der Feldbestellung und bei der Neuheit dieser Einrichtung noch gering. Auch hat das zersplitterte Werben der verschiedenen Freikorps für sich nicht zur Klarheit beigetragen. Meines Erachtens sollte nur unter dem Namen ‚Bayerische Volkswehr' geworben und stets nur unter dieser Überschrift dann die einzelnen Freikorps genannt werden."[117]

StAA, Regierung 9765. Vgl. Kluge, Militär- und Rätepolitik, S. 25.
112 WB RP Schw. 24.4.1919 (Zitat): BHStA/II, MA 102145; WB BA Kempten 19.4.1919, WB BA Augsburg 8.3.1919 (Lieferstreik), WB BA Neu-Ulm 5.4.1919: StAA, Regierung 9766.
113 Mattes, S. 129. Im BA Mindelheim der Distriktsbauernrat; WB RP Ndb. 24.4.1919: BHStA/II, MA 102145.
114 Kluge, S. 7-58, S. 50ff. Vgl. allgemein die in Anm. 184 zu Kap. 5 genannte Literatur zur bayerischen Revolution.
115 Hochkeppel, Kriegsheimkehrer, S. 83.
116 „Keine ‚Weiße Garde', eine echte Volkswehr soll gebildet werden" war die Formulierung des Aufrufs v. 14.4.1919: Ay, Appelle, Anlage 93. Vgl. Kluge, S. 53f.; Nusser, Wehrverbände, S. 80f.; Fenske, Konservativismus, S. 52. Allgemein: Diehl, Paramilitary Politics. Diese Arbeiten widmen sich primär der Organisationsgeschichte von Einwohnerwehr und anderen Verbänden, geben aber keinen Aufschluß über die Interessenlagen ihrer Mitglieder.
117 WB BA Kaufbeuren 10.5.1919: StAA, Regierung 9766. Die Zersplitterung der Werbung wurde

Im Regierungsbezirk Schwaben stieß die von den Bezirksamtmännern in örtlichen Versammlungen durchgeführte Werbung für die Volkswehr unter der ländlichen Bevölkerung trotz der Befürwortung durch die bäuerlichen Interessenverbände nahezu durchweg auf Ablehnung.[118] Von den Geistlichen war keine Hilfe bei der Gewinnung von Freiwilligen zu bekommen. Sie hielten sich zurück, da sie sich mit ihrem früheren Engagement für Siegeszuversicht und Kriegsanleihezeichnung bei der Bevölkerung blamiert hatten.[119] Dem Unwillen, sich zur Volkswehr zu melden, lag ein Bündel von Motiven zugrunde. Deutlich zu erkennen ist darunter die Abneigung vieler ehemaliger Soldaten gegen ein neuerliches militärisches Engagement nach den nur mißmutig ertragenen Anstrengungen der Kriegsjahre:

> „War schon früher die Lust gegen den auswärtigen Feind zu kämpfen bei der Landbevölkerung verschwindend, so zeigt sich jetzt gar keine Willigkeit zum Wehrdienst gegen die eigenen Landsleute."[120]

Zu diesem Motiv gesellte sich vor allem in der Nähe von Städten die Furcht vor Übergriffen durch kommunistische Arbeiter und Anhänger der Räterepublik. Solange der Kampf noch nicht entschieden war, scheute man sich, durch Abzug der waffenfähigen Männer die Dörfer schutzlos zu machen. Die „angeborene Indolenz der Landbevölkerung", tadelte ein Beamter, wolle in ihrer Kriegsverdrossenheit die Notwendigkeit einer militärischen Aktion erst einsehen, „wenn es ihr selbst an den Hals geht".[121] Auf dem Lande fand die Regierung Hoffmann zwar uneingeschränkte Zustimmung für die Niederwerfung der Räterepublik. Doch ohne die wiederholt geforderte Abgabe von Waffen an die Ortswehren waren die meisten Bewohner zum aktiven Eingreifen in die Kämpfe nicht bereit.[122] Die Zahl der Meldungen zur

auch von den Bezirksamtmännern in Sonthofen, Füssen und Mindelheim als Hemmnis bezeichnet. Vgl. den vom Freikorps Schwaben, Standortkommando Memmingen am 11.5.1919 an Gruppenkommando und Gruppe Hierl übersandten Bericht von Hptm. Danzer über Ergebnisse einer Reise durch diese BA: BHStA/IV, RwGruKdo 4, 24.

118 Erfolge wurden nur aus den Städten Augsburg und Nördlingen und dem BA Donauwörth gemeldet; WB RP Schw. 29.4.1919: BHStA/II, MA 102145. Das BA Kaufbeuren erachtete Werbung in Versammlungen als zwecklos, da einzelne Gegner Erfolge vereiteln würden; WB BA Kaufbeuren 10.5.1919; Kriegsteilnehmer mit Dienstgrad aus dem Bezirk kamen im BA Neuburg als Werber nicht in Frage, da sie „von allem Militärischen nichts mehr wissen und ihre Ruhe haben" wollten. WB BA Neuburg 24.5.1919; beides in: StAA, Regierung 9766. Verbände: Bergmann, S. 112f.

119 WB BA Donauwörth 4.5.1919, WB BA Zusmarshausen 10.5.1919: StAA, Regierung 9766.

120 WB BA Neuburg 26.4.1919 (Zitat), WB BA Nördlingen 26.4.1919 („Überall kann man hören, es sollen jetzt die Drückeberger einmal an die Front gehen, man habe lange genug seinen Kopf hingehalten."), WB BA Günzburg 3.5.1919: StAA, Regierung 9766. Vgl. Pfarramt Tyrlaching 15.6.1919 an Ord. Passau: ABP, DekA II, Burghausen 12/I.

121 WB BA Augsburg 26.4.1919 (Zitat); WB BA Zusmarshausen 10.5.1919, WB BA Kempten 3.5.1919: StAA Regierung 9766. Für die Virulenz der Bedrohungsängste symptomatisch ist, daß die Räterepublik in Augsburg bereits vom 20.-23.4.1919 niedergeschlagen worden war: Zorn, S. 195f.

122 Waffenabgabe: WB RP Schw. 29.4.1919: BHStA/II, MA 102145; WB BA Günzburg 19.4.1919, WB BA Augsburg 26.4.1919: StAA, Regierung 9766; BA Dingolfing 7.5.1919 an RP Ndb.: StAL, Rep. 164/3, 2641.

Volkswehr blieb dementsprechend gering.[123] Erfolge bei der Werbung gab es nur in den Bezirksämtern Mindelheim, Memmingen und Markt-Oberdorf, wo einzelne Gemeinden für eine Teilnahme in der Volkswehr ein Handgeld auslobten. Dies geschah, wie für die Gemeinde Markt-Oberdorf erkennbar ist, aufgrund des „Druckes" einer Reihe von Freiwilligen, die 1.000-1.500.– Mark als „Vorausleistung" für eine Meldung verlangten. Die Gemeinden selbst rechneten offenbar mit einer späteren Rückerstattung dieser Gelder.[124]

Der Verlauf der Volkswehrwerbung in Ober- und Niederbayern ist nicht dokumentiert.[125] Ein gegenüber Schwaben stärkerer Zulauf ist jedoch zu vermuten und zumindest für die Zentren gegenrevolutionärer Aktivität im Chiemgau auch erkennbar:

> „Die Volkswehren haben in den einzelnen Gemeinden reichlichen Zulauf gefunden, weil eben jeder auf diese Weise eine Waffe zu erlangen suchte. Man war auch Ende April gerne bereit für einige Tage Dienst zu machen, um der drohenden Kommunistenherrschaft zu begegnen. Weiter will man sich aber auf nichts einlassen und dem Bauern ist das schließlich auch nicht zu verdenken."[126]

Der Chiemgau war auch das Zentrum der Werbung von Freikorpssoldaten im südlichen Bayern. Wohl keine der zahllosen paramilitärischen Organisationen der Jahre nach 1918 ist derartig legendenumwoben wie die Freikorps. Den Ideologen von SA und NSDAP ebenso wie manchen Historikern schienen sie die eigentliche Verkörperung des Frontsoldatentums in der Nachkriegszeit zu sein. Inzwischen hat man jedoch erkannt, daß die reichsweit rund 250.000 in den Freikorps organisierten Männer, von denen zudem vor allem aus den Reihen der Schüler und Studenten viele nicht am Krieg teilgenommen hatten, nur eine radikale Minderheit der Veteranen darstellten.[127]

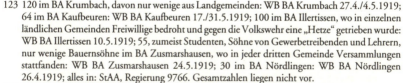

123 120 im BA Krumbach, davon nur wenige aus Landgemeinden: WB BA Krumbach 27.4./4.5.1919; 64 im BA Kaufbeuren: WB BA Kaufbeuren 17./31.5.1919; 100 im BA Illertissen, wo in einzelnen ländlichen Gemeinden Freiwillige bedroht und gegen die Volkswehr eine „Hetze" getrieben wurde: WB BA Illertissen 10.5.1919; 55, zumeist Studenten, Söhne von Gewerbetreibenden und Lehrern, nur wenige Bauernsöhne im BA Zusmarshausen, wo in jeder dritten Gemeinde Versammlungen stattfanden: WB BA Zusmarshausen 24.5.1919; 30 im BA Nördlingen: WB BA Nördlingen 26.4.1919; alles in: StAA, Regierung 9766. Gesamtzahlen liegen nicht vor.

124 WB BA Markt-Oberdorf 10.5.1919 (Zitate); in diesem Bezirk wurden 180 Freiwillige geworben; vgl. WB BA Mindelheim 3./17.5.1919; WB BA Kempten 3.5.1919 (Hinweis auf BA Memmingen); alles in: StAA, Regierung 9766. Als Löhnung für Unverheiratete waren im Aufruf v. 14.4. inklusive „Volkswehr-Zulage" täglich 6 Mark ausgelobt worden: Ay, Appelle, Anlage 93.

125 Ablehnung gab es auch in der ländlichen Oberpfalz: Bergmann, S. 113.

126 BA Traunstein 28.5.1919 an GK I. AK: BHStA/IV, stv. GK I. AK 3920. Von Fortschritten bei der Werbung zur Volkswehr, nachdem in der Stadt Dingolfing zuerst die Bildung einer Ortswehr am Widerstand der Arbeiter scheiterte, berichtete das BA Dingolfing am 7.5.1919 an RP Ndb.: StAL, Rep. 164/3, 2641.

127 Grundlegende Kritik: Bessel, Germany, S. 256-259. Vgl. ders., Militarismus, S. 197-203. Diesen Sachverhalt hat auch die Literatur zu den bayerischen Freikorps erkannt: Fenske, S. 52-61; Gordon, München. Diese ist Schulze, Freikorps, (ebd., S. 36f. die Gesamtzahl) wegen dessen verharmlosender Wertungen vorzuziehen. Eine quellengesättigte Darstellung der bayerischen Freikorps aus den Beständen des Münchener Kriegsarchivs bleibt Desiderat der Forschung.

In Bayern hatte die Regierung Hoffmann die Freigabe der Werbung von Freikorpsmitgliedern zunächst abgelehnt und noch im März das von Oberst v. Epp auf preußisches Ersuchen angeworbene Freikorps außer Landes verwiesen.[128] Erst nach ihrer Flucht nach Bamberg am 7. April, dem weitgehenden Scheitern der Volkswehrwerbung und der Niederlage regierungstreuer Truppen gegen die „Rote Armee" der Räterepublik bei Dachau rief man zur Bildung von reinen Freiwilligenverbänden auf. Die ersten bayerischen Freikorps bildeten sich dann vor allem in Nordbayern.[129] An der Niederschlagung der Münchener Räterepublik nahmen schließlich neben preußischen und württembergischen Einheiten Volkswehr- und Freikorpsverbände bayerischer Herkunft in einer Stärke von etwa 19.000 Mann teil.[130]

In einer Reihe von südbayerischen Freikorps nahmen auch überwiegend Bauernsöhne und Dienstknechte zumeist jüngeren Alters an den Kämpfen teil. Zu dem am 21.4.1919 gegründeten Freikorps Schwaben meldeten sich 550 Bewohner des Bezirkes Memmingen.[131] Etwa 600 Männer aus „Bürger- und Bauernkreisen" des Bezirks Ebersberg meldeten sich zu den Freikorps Chiemgau und Ebersberg-Grafing.[132] Rund 200 Handwerker und Bauern des Freikorps Werdenfels aus dem Raum Garmisch-Partenkirchen beteiligten sich an der Einnahme Münchens.[133] Das Freikorps Aibling versammelte 700 Bauern aus der Gegend um Tuntenhausen, das Freikorps Wasserburg 600 Bewohner des gleichnamigen Bezirkes.[134] Im Ganzen wurden im April und Mai 1919 rund 3.000 Bauern im Rahmen der Freikorps für die Niederschlagung der Räterepubliken in südbayerischen Städten mobilisiert.

Elaborierte ideologische Motive oder einen „Freikorpsgeist" wird man den ländlichen Freikorpskämpfern kaum unterstellen können, zumal selbst die meisten Überlegungen der Forschung zu dieser Problematik nur auf die spätere Legendenbildung zurückgreifen können.[135] Es scheint plausibel, vor allem die Bereitschaft zu

128 Schulze, S. 90ff.; Zorn, S. 187f.; Kluge, S. 50ff.

129 Aufruf „Bayern! Landsleute" v. 16.4.1919, gez. Hoffmann/Schneppenhorst: Ay, Appelle, Anlage 94. Vgl. Schulze, S. 93f.; Gordon, München, S. 750f.

130 Preußen bzw. Württemberg stellten 12.000 und 3.000 Soldaten: Large, Law and Order, S. 15 (nach einer internen Aufstellung der Reichswehr). 35.000 als höchste Gesamtzahl aller Truppen nennt auch Schulze, S. 97. Zorn, S. 197, nennt nur 10.000 Bayern bei einer Gesamtzahl von 33.000.

131 WB RP Schw. 19.5.1919: BHStA/II, MA 102145. Die Angaben über die tatsächliche Mannschaftsstärke differieren stark. 299 nennt: Schmidt-Pauli, Freikorps, S. 362f. 650 Mann: Die Niederwerfung der Räteherrschaft, S. 201.

132 Zitat: WB BA Ebersberg 18.5.1919: StAM, LRA 79889 (mit vermutlich unkorrekter Angabe einer Meldung nur zum Freikorps Chiemgau; zu diesem Zeitpunkt waren nur noch 80 Mann bei Grafing in Bereitschaft). Das Freikorps Ebersberg-Grafing zählte insgesamt 1.000 Mann, das Freikorps Chiemgau zwei Bauernbataillone mit zusammen 380 Mann, dazu kleinere Einheiten von Bauern aus dem Chiemgau: Die Niederwerfung, S. 208.

133 H. Schauwecker, Bilder aus den Kämpfen der Gruppe von Epp, in: Das Bayerland 30 (1918/19), S. 313-317, hier: S. 316f. Vgl. Die Niederwerfung, S. 202.

134 Die Niederwerfung, S. 208; weiterhin schlossen sich dem Freikorps Passau Freiwillige aus dem Rottal in ungenannter Zahl an: ebd., S. 207.

135 Zum „Freikorpsgeist" Schulze, S. 54-69.

einem begrenzten Engagement zur Bekämpfung der kommunistischen Räterepublik zu unterstellen, die in deren entschiedener Ablehnung und einer politischen Zielvorstellung von ‚Ruhe und Ordnung' Nahrung fand.[136] Einen Hinweis darauf bietet eine vor Gericht getroffene Aussage über die Niederwerfung der Räterepublik im oberbayerischen Kolbermoor. Unter den daran beteiligten bäuerlichen Soldaten des Freikorps Grafing zeigte sich eine starke Bereitschaft zum sofortigen Losschlagen, während am 3. Mai noch Verhandlungen über die Übergabe der Stadt andauerten:

> „Die Bauern hatten damals dringende Feldbestellungsarbeiten verlassen, um durch Unterdrückung der südbayerischen Räteherrschaft endlich wieder Ruhe und Ordnung im Lande herzustellen. Sie hielten die militärische Untätigkeit für einen Raub an der dringenden Berufsarbeit und erklärten ihren Führern, sie gingen auf eigene Faust gegen Kolbermoor vor oder sie gingen wieder nach Hause."[137]

Daneben ist zu bedenken, daß die Löhnung der Freikorps mit fünf Mark pro Tag, gemessen an den Verdiensten junger Landarbeiter oder Bauernsöhne, außerordentlich hoch war.[138] Dies konnte die Entscheidung für eine – im Unterschied etwa zu den Kämpfen im Baltikum – in der Dauer voraussichtlich begrenzte militärische Verpflichtung lukrativ erscheinen lassen.[139] Insbesondere die organisatorische Verdichtung von Freikorps und Einwohnerwehren im Chiemgau beruhte nicht zuletzt auf einem großzügigen Vorschuß von angeblich einer halben Million Mark, den Rudolf Kanzler, bis 1918 Landtagsabgeordneter des Zentrums und Einwohnerwehrführer in Rosenheim, im April von den Ministern Segitz und Schneppenhorst für den Aufbau von Wehrorganisationen erhalten hatte.[140] Trotz ihrer entschiedenen Ablehnung des Räteexperiments konnte die ländliche Bevölkerung außerhalb des Chiemgaus nur punktuell für den Kampf dagegen mobilisiert werden. Der bewaffnete Schutz der Dörfer gegen erwartete Übergriffe genoß Vorrang, und die ehema-

---

136 Vgl. Fenske, S. 56f.; Gordon, München, S. 758f. Eine weitergehende Identifikation der ländlichen Bevölkerung mit den Freikorps wurde dadurch verhindert, daß die Truppen durch ihr undiszipliniertes und ‚landsknechtmäßiges' Auftreten selbst zu einem Störfaktor der ‚Ordnung' wurden. Vgl. die von Nachrichtenoffizier Redwitz beim Ministerium für militärische Angelegenheiten 28.5.1919 an das Oberkommando Möhl übermittelten Klagen der Bauernschaft in Schwaben: BHStA/IV, stv. GK I. AK 3895. Zur Disziplinlosigkeit vgl. den Bericht des Freikorps Schöttl v. 8.5.1919 an das Gruppenkommando, zit. bei Hochkeppel, S. 86f.

137 Aussage vor dem Volksgericht Traunstein, zit. n. Landgrebe, Kolbermoor, S. 156; vgl. ebd., S. 150-154; Kanzler, Bayerns Kampf, S. 21.

138 Vgl. Schulze, S. 42. Von einer Verdoppelung auf zehn Mark für die Kämpfe gegen München spricht ohne Beleg Beyer, S. 131.

139 Im Distriktsausschuß Markt-Oberdorf forderten Freikorpsmitglieder eine Erhöhung der Löhnung auf 20.– Mark pro Tag, nachdem eine solche Summe als möglich bezeichnet wurde; WB BA Markt-Oberdorf 14.6.1919: StAA, Regierung 9766. Der Pfarrer von Osterbuch notierte über zwei junge Burschen seiner Gemeinde, die sich zu einem Freikorps meldeten: „Sie sind nicht ausgezogen aus Patriotismus, nicht aus Abenteuerlust, sondern um Geld zu verdienen." ABA, Pfarrarchiv Osterbuch, Chronik von Osterbuch, S. 326. Vgl. Bessel, Germany, S. 205. Teilweise wurde offenbar auch mit einer Übernahme in die Reichswehr geworben: Hochkeppel, S. 86.

140 Nusser, S. 87, 196.

ligen Kriegsteilnehmer bekundeten offen, weiterer militärischer Aktivitäten überdrüssig zu sein.

Ähnliche Schwierigkeiten zeigten sich auch bei den Versuchen, die zur Bildung und organisatorischen Zusammenfassung der örtlichen Schutzwehren gemacht wurden.[141] An vielen Orten waren solche Wehren bereits während und kurz nach der Niederschlagung der Räterepublik entstanden.[142] Vor allem in den Bezirken Rosenheim und Wasserburg hatten ambitionierte Wehrführer mit finanzieller Unterstützung der Regierung Hoffmann ein dichtes Netz örtlicher Wehren unter ihrem Kommando aufgebaut. Rudolf Kanzler in Rosenheim, Franz Schneider in Wasserburg und Georg Escherich in Isen konnten bereits Mitte Mai 1919 jeweils eine geschlossene Wehrorganisation in ihren Bezirken vorweisen. Insbesondere Escherich verstand es, die Furcht vor weiteren Unruhen auszunutzen. Mit geschicktem Lobbyismus erreichte er, daß die Spitze des bayerischen Gruppenkommandos 4 der Reichswehr sowie der Innen- und Militärminister die von ihm vorgelegten Pläne zur Konsolidierung und Gestaltung der Einwohnerwehren unterstützten.[143]

Bereits am 17. Mai 1919 hatten diese beiden sozialdemokratischen Minister die Verwaltungsbehörden zur Unterstützung der Wehrbildung aufgerufen. Die Wehren wurden darin auf die primäre Funktion eines die Polizei ergänzenden Selbstschutzes festgelegt. Im Falle des Aufrufs sollten sie jedoch Einheiten der regulären Armee zugeordnet werden. Zugleich wurden bei den Kreisregierungen für eine Übergangszeit sog. „Wehrkommissare" geschaffen, Offiziere, die für die Regierung die Ausrüstung und Bewaffnung der Wehren organisieren sollten.[144] Diese Wehrkommissare widersetzten sich der von Escherich geplanten Zusammenfassung der Einwohnerwehren in privatrechtlicher Form, da sie einen Verlust staatlicher Kontrolle fürchteten. Im Hinblick auf die Entwaffnungsbestimmungen des Versailler Vertrages gelang es dann vor allem dem Regierungspräsidenten Oberbayerns, Gustav v. Kahr, in der Regierung bestehende Widerstände gegen eine Lösung der Wehren aus staatlicher Aufsicht zu zerstreuen. Mit Befürwortung des Militärministeriums wurde die private Organisation der Wehren in Form der Ende September 1919 geschaffenen „Landesleitung" für ganz Bayern, der Escherich als „Landeshauptmann" vorstand, schließlich auch von der Regierung akzeptiert.[145]

Wichtiger als der Verlauf der organisatorischen Konsolidierung der Einwohnerwehren ist jedoch die Frage, welche Motive sich für die bäuerliche Bevölkerung mit einer Beteiligung an den Wehren verbanden. Dabei ist zunächst zu konstatieren, daß die Einwohnerwehren vereinzelt auf Ablehnung stießen, weil man sich nach

---

141 Zur Organisation der Einwohnerwehren im Reich vgl. allgemein Könnemann, Einwohnerwehren.
142 WB BA Krumbach 27.4.1919, WB BA Günzburg 14.6.1919, WB BA Kempten 17.5.1919, WB BA Donauwörth 17.5.1919: StAA, Regierung 9766. 2.100 Mitglieder örtlicher Sicherheitswehren gab es im BA Memmingen: WB RP Schw. 19.5.1919: BHStA/II, MA 102145; WB BA Ebersberg 18.5./1.6.1919: StAM, LRA 79889; Large, S. 16.
143 Large, S. 16-19; Nusser, S. 86-95, 98-101. Vgl. Kanzler, S. 24-36.
144 Large, S. 20ff.; Nusser, S. 102f. Vgl. Fenske, S. 76-89; Steger, Berufssoldaten, S. 122-137.
145 Large, S. 20-23; Nusser, S. 100f., 104-106; Fenske, S. 82f.

dem Abflauen der Kämpfe wieder sicherer fühlte und der Meinung war, „die Spartakistengefahr sei vollständig beseitigt."[146] Nur geringes Interesse an den Wehren war teilweise auch dort zu verzeichnen, wo sich die ländliche Bevölkerung mit einer starken Minderheit gewerblicher sozialdemokratischer Arbeiter auseinandersetzen mußte und deshalb vor ihrer Provokation durch die Bildung einer Ortswehr zurückschreckte. Da die Arbeiterschaft die Wehren ablehnte – der Eintritt wurde parteipolitisch organisierten Arbeitern ohnehin verwehrt –, befürchteten auch die Handwerker und Kaufleute bei einem Engagement finanzielle Einbußen. Auf Seiten der Landwirte erwartete man bei einer Konfrontation weitere Unruhen und lehnte deshalb eine Beteiligung ab, um in einem solchen Fall nicht „zuerst von den Rotgardisten verhaftet zu werden."[147]

Auch die amtlichen Eingriffe in die Gestaltung der Wehren stießen auf den Unwillen der ländlichen Bevölkerung. Im Bezirk Neuburg machte sich nach der Bekanntmachung vom 17. Mai „Mißtrauen geltend", und einige Wehren lösten sich wieder auf. Das lag zum einen an der Kostenfrage. Die Richtlinien vom Mai sahen vor, Kosten nur bei Angliederung an Reichswehreinheiten und an Wehren mit regulärem militärischen Kommando durch den Staat zu erstatten. Für lokale Polizeiaufgaben sollten die Gemeinden aufkommen. Zudem nährte die offiziöse Legitimierung der Wehren Befürchtungen, sie könnten „einmal zu Kriegsdiensten außerhalb der engsten Heimat herangezogen werden."[148]

Diese Bemerkung weist auf eine Einstellung hin, die der Bildung ländlicher Einwohnerwehren durchgängig zugrunde lag. Zur Organisation des örtlichen Besitzschutzes fanden die Wehren bei den Landwirten starken Anklang. Dazu trug vor allem die bereits im November 1918 beginnende Verteilung von Gewehren an die Wehren durch das Militärministerium bei.[149] Bei einer Verzögerung der Bewaffnung erwartete man ein Abflauen des Interesses an den Wehren.[150] Als Besitzschutz wurden die Einwohnerwehren auch von den bäuerlichen Verbänden unterstützt. Für den christlichen Bauernverein erfüllten sie darüber hinaus als Gegengewicht gegen die Organisationen der Arbeiterschaft einen politischen Zweck.[151] In den Reihen des Bayerischen Bauernbundes kritisierte man 1921 allerdings wiederholt

146 WB BA Ebersberg 29.6.1919: StAM, LRA 79889; WB BA Erding 2.8.1919: StAM, LRA 146315. Vgl. WB BA Erding 2.6.1919: BHStA/IV, stv. GK I. AK 3920.
147 Nusser, S. 104 (BA Dachau und Wolfratshausen), 114-117 (Eintritt der Arbeiter). Die Namen der Einwohnerwehrmitglieder wurden deshalb in Wolfratshausen geheimgehalten; BA Wolfratshausen 12.7.1919 an GK I. AK (Zitat): BHStA/IV, stv. GK I. AK 3920. Vgl. den Bericht des Wehrkommissars für Oberbayern 4.8.1919: BHStA/IV, stv. GK I. AK 3895; Large, S. 34.
148 WB BA Neuburg 24.5.1919: StAA, Regierung 9766. Vgl. den Text der Bekanntmachung vom 17.5.1919 in: Large, S. 20.
149 Vgl. die Belege in Anm. 111. Zur Verteilung der Waffen: Large, S. 29ff. Im Bezirk Günzburg verfügten die Wehren Anfang Juni 1919 über 1.200 Gewehre, im Bezirk Donauwörth Mitte Mai über 510 Gewehre; WB BA Günzburg 14.6.1919 und WB BA Donauwörth 17.5.1919: StAA, Regierung 9766. Standardbewaffnung blieben ein Gewehr mit 50 Patronen für jeden Wehrmann sowie Maschinengewehre nach Bedarf und 2.000 Patronen pro Ortswehr: Kanzler, S. 176.
150 BA Dachau 17.6.1919 an GK I. AK: BHStA/IV, stv. GK I. AK 3920.
151 Bergmann, S. 114-119, v.a. S. 118f.

die Bemühungen der Landesleitung um einen militärähnlichen Ausbau der Wehren.[152]

Zugleich zeigten sich jedoch deutliche Grenzen der Mobilisierung. Die Ursachen dieser Hemmnisse verweisen auf die Kriegserfahrungen der zumeist aus ehemaligen Soldaten bestehenden Wehren.[153] Escherichs Konzeption sah eine Gliederung der Wehrorganisation in Verbände unterschiedlicher Reichweite vor. Dem Selbstschutz sollten die Wehren auf Ortsebene dienen, sowie ein im Rahmen der an die Bezirksamtsgrenzen angelehnten Gaue verfügbares „Gauaufgebot". Darüber hinaus war die Bildung sogenannter „Landfahnen" geplant, die ortsunabhängig in ganz Bayern operieren sollten. Gerade die Bildung einer starken Eingreiftruppe in Form der „Landfahnen" war eines der wesentlichen Ziele der aus zahlreichen ehemaligen Offizieren gebildeten Landesleitung um Escherich, die am Ausbau dieser ihr direkt unterstehenden mobilen Verbände als jederzeit verwendbare Heeresreserve interessiert war.[154]

Doch beim Ausbau der Wehren im Sommer 1919 mußte man schnell erkennen, daß die ländlichen Wehren im Regelfall nicht zu Aktivitäten außerhalb ihres lokalen Wirkungskreises verwendbar sein würden. Eine Reihe von lokalen Beamten, die zur Unterstützung und zu einer persönlichen Teilnahme an den Wehren aufgerufen waren, stellte fest, daß unter den Wehrmännern ein „Egoismus" erkennbar war, der „nur auf den Schutz des eigenen Hofes oder der eigenen Gemeinde bedacht ist und sich nicht zu Opfern im Interesse der Gesamtheit aufraffen kann".[155] Bei einer Verpflichtung der Wehren zum Einsatz außerhalb der Gemeinden fürchtete man deren Auflösung.[156] Dieselbe Abneigung gegen eine mit der schriftlichen Meldung zum Landaufgebot verbundene Verpflichtung zum Dienst außerhalb der Gemeinde traf man auch im Kernland der Einwohnerwehren, dem ländlichen Oberbayern an, wie der dortige Wehrkommissar feststellte:

> „Allgemein darf gesagt werden, daß es auch der rein bäuerlichen Bevölkerung lediglich um Verteidigung des eigenen Besitzes zu tun ist, schon um die Leute wenigstens zu einer Verwendung innerhalb des Gaues gefügig zu machen, ist eine stete Einwirkung notwendig. Eine reinliche Scheidung zwischen Ortsaufgebot und Landaufgebot ist bis jetzt fast nirgendwo durchführbar gewesen (...). Der Gedanke, die Einwohner-Wehr sei eine Art Fortsetzung des Militärdienstes mit der Verpflich-

---

152 Neue freie Volks-Zeitung Nr. 43 v. 22.2.1921, Nr. 46 v. 25.2.1921, Nr. 146 v. 29./30.6.1921 (Rede Georg Eisenbergers im Reichstag), Nr. 97 v. 26.4.1922.

153 Kriegsteilnehmer: WB BA Kempten 17.5.1919, WB BA Günzburg 14.6.1919: StAA, Regierung 9766.

154 Fenske, S. 84-89; Nusser, S. 107-112 (Landesleitung), S. 121f.

155 WB BA Memmingen 7.6.1919 (Zitat), WB BA Zusmarshausen 7.6.1919, WB BA Günzburg 14.6.1919; alles in: StAA, Regierung 9766. Nach Meldung des WB BA Nördlingen vom 7.6.1919 lag dies auch am noch nicht geklärten Versicherungsschutz für Unfälle: ebd. Zum in der endgültigen Wehrorganisation geschaffenen Versicherungsschutz vgl. die Materialien in: BHStA/IV, Einwohnerwehr, Bund 1. Zur starken Beteiligung der Beamten an den Wehren vgl. die Materialien in StAL, Rep. 168/5, 945; Könnemann, S. 205f.

156 BA Neuburg 6.6.1919 an RP Schw.: BHStA/IV, stv. GK I. AK 3895.

tung überall zu kämpfen, ist noch allgemein verbreitet. Sicher ist eine allgemeine und vollkommene Abneigung, bei etwaigen Kämpfen gegen München teilzunehmen; von einer Verpflichtung außerhalb des Gaues zu kämpfen will niemand etwas wissen."[157]

Erfolge bei der Bildung von Landfahnen gab es letztlich nur in den ursprünglichen Aktionsgebieten der Wehrführer Escherich und Kanzler. Im Mai 1920 umfaßten allein die Landfahnen des Chiemgaues 1.600, der Bezirke Traunstein und Isengau je 1.000 Wehrmänner. Von den in ganz Bayern 15.000 Mitgliedern der Landfahnen im Februar 1921 kamen 8.800 aus Oberbayern, während in Niederbayern und Schwaben nur 1.220 bzw. 990, im Allgäu nur 335 Freiwillige gezählt wurden.[158] Erst die Eingliederung von aufgelösten Zeitfreiwilligenverbänden und Freikorpseinheiten wie dem Bund Oberland mit jüngeren Mitgliedern vor allem aus dem akademischen Milieu im Frühjahr 1920 stellte der Landesleitung jederzeit mobilisierbare Verbände bereit.[159] Bei den im ländlichen Raum gebildeten Landfahnen nahm die Landesleitung dagegen an, daß sie nur außerhalb des Zeitraums der Feldbestellungsarbeiten verwendbar sein würden.[160]

Schwierigkeiten beim Ausbau der Einwohnerwehrorganisation warf andererseits der Unwille der ehemaligen Soldaten gegen eine dem Militär ähnliche Ausgestaltung der Wehren auf. Bereits eine ebenso unpolitische wie unverzichtbare Organisation wie die freiwilligen Feuerwehren hatte in der Nachkriegszeit mit der Abneigung der Kriegsteilnehmer gegen Pflichten und Unterordnung zu kämpfen. Die Feuerwehren wurden mit dem Argument konfrontiert, nach Abschaffung der Wehrpflicht gebe es auch keine Pflicht zur Beteiligung an der Feuerwehr mehr.[161] Als Motiv war die negative Erfahrung des Militärdienstes im Krieg dabei deutlich erkennbar:

„Die Feuerwehrkommandanten klagen sehr, daß namentlich die jungen Leute, die ehemaligen Kriegsteilnehmer und insbesondere die Kriegsbeschädigten, auch Leichtkriegsbeschädigten, dem Feuerwehrwesen kein Interesse entgegenbringen und sich darüber aufhalten, daß es bei der Feuerwehr noch Kommandos gibt, welche an den militärischen Drill erinnern."[162]

Die Delegitimierung des militärischen Disziplinarsystems unter den Soldaten hatte über das Kriegsende hinausreichende erfahrungsprägende Wirkung. Auch der Aufbau paramilitärischer Organisationen wurde durch das daraus erwachsende Potential

---

157 Bericht des Wehrkommissars für Oberbayern, Major Schnitzlein v. 4.8.1919, vom Ministerium für militärische Angelegenheiten 12.8.1919 an MInn übersandt: BHStA/IV, stv. GK I. AK 3895. Vgl. Bericht Tank-Abteilung Land in München v. 15.7.1919 (ohne Empfänger): BHStA/IV, RwGruKdo 4, 175; Large, S. 25; Wehrkommissar für Niederbayern 19.8.1919 an die Gauleitungen: BHStA/IV, HS 920, S. 114-116.
158 Kanzler, S. 164f., 168ff. Niedrigere Ziffern für Dezember 1920 bei Nusser, S. 126.
159 Nusser, S. 122-125; Fenske, S. 85; Large, S. 25f.
160 Monatsbericht der Landesleitung vom 7.5.1920 an MInn: BHStA/IV, Einwohnerwehr, Bund 3.
161 WB BA Donauwörth 4.9.1920: StAA, Regierung 9767.
162 HMB BA Aichach 30.6.1921; ähnlich dass. 14.7.1923: StAM, LRA 99497.

an Kritik gehemmt. Dies zeigte sich bei der Werbung für die Ortswehren, wie der
Wehrkommissar für Schwaben nach einer Reise durch die Bezirke Füssen, Kempten,
Kaufbeuren, Markt Oberdorf und Neuburg im Juni 1919 feststellen mußte:

> „Die Leute sind bereit, ihren Ort und ihre engere Heimat, das Bezirksamtsgebiet, gegen
> jeden Streich zu verteidigen, nach auswärts zu Expeditionen lassen sich nur ganz wenige
> verwenden. Die Abneigung selbst nur gegen einen Schein einer militärischen Organisa-
> tion ist überaus groß, nachdem die meisten der in Betracht kommenden Leute schon
> längere Zeit im Feld gestanden haben und nun ihre Ruhe haben wollen."[163]

Auch das Generalkommando des I. Armeekorps mußte nach Fühlungnahme mit
den zivilen Behörden feststellen, „daß nichts dem Gedeihen der Einwohnerwehren
so schädlich ist, als auch nur der leiseste Gedanke, daß hinter der Organisation der
‚Militarismus‘ stecke." Dementsprechend empfahl man den Verzicht auf militärische Organisationsbezeichnungen wie „Kommando" oder „Bataillon" sowie auf die
Wahl von Offizieren zu örtlichen Wehrführern.[164] In den Dörfern wurden in diese
Position zumeist ehemalige Unteroffiziere gewählt, wobei mehr die persönliche
Autorität als der frühere militärische Dienstgrad zählten.[165] Auch das Innenmini-
sterium rief zur Vermeidung von militärischem Gepränge auf und regte an, Übun-
gen nur im nötigsten Umfang durchzuführen.[166] In der Regel sollten Appelle und
Übungen z.B. im Schießen höchstens alle zwei Wochen abgehalten werden, wobei
Störungen der Berufstätigkeit zu vermeiden waren.[167] Dennoch weigerten sich
einzelne Wehrleute, die Wehrausweise zu unterzeichnen, da sie als verkappte
Militärpapiere galten, die den Wehrmann zum Militärdienst verpflichteten.[168]
Vereinzelt lösten sich Ortswehren auch wieder auf. In einer niederbayerischen
Gemeinde geschah dies, weil man die Festlegung, daß nach Aufruf der Wehr
niemand austreten dürfe, als „stille Überleitung zur alten Wehrpflicht" empfand.[169]
Und im April 1921 löste sich die Ortswehr Grimolsried (BA Schwabmünchen)

---

163 Er forderte deshalb eine intensive Aufklärungsarbeit: Wehrkommissar für Schwaben und Neuburg
    an GK I. bayer. AK 1.7.1919: BHStA/IV, stv. GK I. AK 3895. Vgl. WB BA Mindelheim 7.6.1919:
    StAA, Regierung 9766; GK I. AK 10.7.1919 an Ministerium für militärische Angelegenheiten (BA
    Dachau): BHStA/IV, MKr 11601. Ein Hinweis auf aus der Kriegserfahrung herrührende Ableh-
    nung militärischer Organisation noch Anfang der dreißiger Jahre bei Mader, Braune Flecken, S. 52.
164 GK I. AK 28.6.1919 an Gruppenkommando 4: BHStA/IV, stv. GK I. AK 3895; vgl. Bericht der
    Tank-Abteilung Land v. 15.7.1919, S. 2: BHStA/IV, RwGruKdo 4, 175; Neue freie Volks-Zei-
    tung Nr. 247 v. 12.11.1919.
165 WB BA Memmingen 7.6.1919: StAA, Regierung 9766; BA Neuburg 6.6.1919 an RP Schw.:
    BHStA/IV, stv. GK I. AK 3895.
166 MInn 26.7.1919 an alle RP: BHStA/IV, stv. GK I. AK 3895.
167 Merkblatt des Wehrkommissars für Oberbayern vom 23.7.1919, Ziffer 3: StAM, LRA 98269.
    Undatierte Organisationsrichtlinien des Wehrkommissars für Niederbayern [September 1919]:
    BHStA/IV, Einwohnerwehr, Bund 3.
168 Wehrkommando Wasserburg 4.2.1921 an BA Mühldorf: StAM, LRA 184297.
169 Zudem sei die E.W. „nur eine verschleierte reaktionäre Militärgarde": MB der Landesleitung v.
    7.9.1920 an MInn. Im MB v. 8.6.1920 an MInn wurde zudem die Auflösung der Wehren
    Ergoldsbach (BA Mallersdorf) und Ries wegen „Interesselosigkeit der Bevölkerung" gemeldet;
    BHStA/IV, HS 920, S. 372, 353.

selbst auf, weil man „im Wehrmannsbüchlein eine hinterlistige Verpflichtung für den Revanchekrieg" erblickte.[170] Doch diese Hemmnisse und Grenzen der Mobilisierung im ländlichen Raum standen der flächendeckenden Verbreitung der Wehren letztlich nicht entgegen. Die Zahl der Mitglieder in ganz Bayern betrug im Januar 1920 264.439, überschritt im Mai 1920 die 300.000 und lag kurz vor der Auflösung im April 1921 bei 348.273. Zu diesem Zeitpunkt gab es in Oberbayern (ohne München) 73.224, in Niederbayern 37.513, in Schwaben 32.440 und im Allgäu 23.696 Wehrmänner.[171] Die Wehren blieben dabei der Zahl nach im ländlichen Raum am stärksten, während die Arbeiterschaft die Einwohnerwehren ablehnte. In MSPD und USPD organisierten Arbeitern wurde ohnehin die Aufnahme verwehrt. In München konnten nie mehr als 30.000 Mitglieder gewonnen werden.[172]

Das Ziel des bewaffneten Besitzschutzes sicherte den Wehren großen Zulauf. Die ausschließliche Nutzung dieses Potentials für einen die Polizei ergänzenden Selbstschutz lag der Landesleitung jedoch fern. Mit Hilfe der vom Staat für die Einwohnerwehr bereitgestellten Mittel und Zuschüssen von finanzkräftigen Geschäftsleuten hatte sie sich rasch zu einem bürokratischen Wasserkopf entwickelt, der bei der Auflösung 1921 immerhin 467 bezahlte Angestellte zählte.[173] Hier war man nicht nur am militärähnlichen Ausbau der Wehren als mögliche Ergänzung der Reichswehr interessiert. Vor allem nutzte man die Wehrorganisation als Drohpotential im innenpolitischen Machtkampf gegen die Regierung des sozialdemokratischen Ministerpräsidenten Hoffmann. Hatte man sich dabei zunächst Zurückhaltung auferlegt, da die Wehren von der organisatorischen und finanziellen Unterstützung der Regierung abhängig waren, so verschärfte sich die Tonart mit Beginn des Jahres 1920.[174] Der Kapp-Putsch schuf dann die Möglichkeit zum direkten Vorgehen gegen die Regierung. Nach dem Bekanntwerden des Putsches am 13. März mobilisierte man die Einwohnerwehren zu Wach- und Patrouillendiensten. 80.500 Wehrmänner wurden in ganz Bayern aufgerufen, wobei der Schwerpunkt auf den Wehren in Städten wie München und Augsburg lag. Im ländlichen Oberbayern wurden Wehren in der Stärke von 7.500 Mann aufgerufen.[175]

---

170 Die Wehr Birnbrunn (BA Cham) lieferte die Waffen auf das Gerücht hin ab, daß die Wehrleute bei dem unmittelbar bevorstehenden Krieg als erste eingezogen würden; Landesleitung an MInn 11.4.1921: BHStA/IV, HS 920, S. 401.

171 Vgl. Kanzler, S. 161f. Offenbar auf einem Lesefehler beruhen die widersprüchlichen Angaben von 150.000 Wehrmännern allein in Oberbayern (Dezember 1919) bei Large, S. 23, sowie 150.000 nur im ländlichen Oberbayern, ebd., S. 39. In Oberbayern gab es im Januar 1920 50.000 Wehrmänner: Kanzler, S. 161. Vgl. Nusser, S. 126.

172 Kanzler, S. 161f.; vgl. Nusser, S. 114-121. Beide Arbeiten enthalten keine Hinweise darauf, ob im Gefolge des Vorwärts-Artikels „Hinein in die Einwohnerwehren" vom 30.11.1919 nicht doch organisierte Arbeiter mit Erfolg den Wehren beizutreten versuchten. Vgl. Könnemann, S. 276ff.

173 Nusser, S. 107, 144-150; Large, S. 23f., 27ff.

174 Large, S. 34f.

175 BHStA/IV, HS 920, S. 255, 334f.; Nusser, S. 199. Vgl. WB BA Ebersberg 21.3.1920: StAM, LRA 79889; WB BA Wolfratshausen 27.3.1920: StAM, LRA 40945.

Im politischen Intrigenspiel dieser Tage hatte die Führung der Einwohnerwehren beträchtlichen Einfluß. Vor allem Escherich drängte zusammen mit dem oberbayerischen Regierungspräsidenten v. Kahr und Münchens Polizeipräsident Pöhner den bayerischen Reichswehrbefehlshaber, General v. Möhl, die Übernahme der vollziehenden Gewalt zu verlangen. Angesichts dieser Drohgebärden von Reichs- und Einwohnerwehr sah sich Ministerpräsident Hoffmann zum Rücktritt gezwungen.[176] Für die bayerische ‚Ordnungszelle' des neugewählten Ministerpräsidenten v. Kahr war die Einwohnerwehr in der Folge ein wichtiger Machtfaktor.[177]

Die Landesleitung der Wehren konnte solche Aktivitäten entfalten, ohne sich dafür bei den Ortswehren legitimieren zu müssen. Der Regierungswechsel fand auf dem Land zwar Zustimmung, wie vor allem die Wahlergebnisse des Jahres 1920 erkennen lassen. Der Putschversuch im Reich stieß dagegen auf Ablehnung. Einen in Memmingen von USPD und MSPD als Protest gegen den Putsch durchgeführten Generalstreik fanden die Bauern des Bezirks zwar unnötig. Da sie die Tendenz des Streiks jedoch billigten, sahen sie von einem durch die bäuerlichen Verbände angedrohten und auch vor Ort zunächst erwogenen Lieferstreik ab.[178]

In den Ortswehren sorgte bereits die Tatsache für Unruhe, daß die Inhaber von höheren Leitungspositionen nicht der Satzung entsprechend gewählt, sondern stets ernannt wurden.[179] Dies galt ebenso für die hohen Kosten der Angestellten bei den Führungsstäben und die „Verquickung" der Führungsspitze mit den außerbayerischen Wehrorganisationen Orgesch und Orka.[180]

Kritik an den politischen Ambitionen der Wehrführung zeigten auch eine Reihe von Zeugnissen aus dem Bezirk Miesbach. Bereits im Dezember 1919 ließ die Reaktion des Regierungspräsidenten auf einen Bericht des dortigen Bezirksamtes erkennen, daß die Bevölkerung über den Selbstschutz hinausgehende Pläne ablehnte. Den Wehren „umstürzerische Bestrebungen" zu unterstellen, wie man es offenbar im Raum Miesbach tat, sei unwahr. Die „organisatorische Zusammenfassung der Wehren", die – so läßt sich vermuten – Anlaß für diese Unterstellung war, diene nur der „Sicherstellung von Ordnung, Ruhe und Arbeit". Auch die Ablehnung der militärischen Ausgestaltung der Wehren und ihrer Zusammenfassung für größere

---

176 Zu diesen Ereignissen vgl. Large, S. 35-38; Fenske, S. 89-100; Nusser, S. 198-200; Schwarz, Freistaat, S. 454ff.

177 Large, S. 38-40.

178 Vgl. Franz Schneider, Geschichte der Einwohnerwehren des Inngaues, S. 88: BHStA/IV, Einwohnerwehr, Bund 14, Akt 4. Zu Kapp: WB RP Schw. 23.3.1920: BHStA/II, MA 102146; WB BA Sonthofen 20.3.1920: StAA, Regierung 9767 (allerdings sah man hier die neue Regierung nur als Provisorium an, „da auch die Sozialdemokratie eine Mitverantwortung übernehmen müsse"); dass. 27.3.1920: ebd.; WB BA Ebersberg 21.3.1920: StAM, LRA 79889; Bergmann, S. 113f.

179 Staatsminister des Innern 10.12.1919 an Landesleitung der Einwohnerwehren: BHStA/IV, Einwohnerwehr, Bund 3.

180 Bericht des BA Freising, zit. im HMB RP Obb. 20.4.1921: BHStA/II, MInn 66139. Escherich und Kanzler standen an der Spitze der in Norddeutschland bzw. Österreich agierenden Wehrverbände Organisation Escherich und Organisation Kanzler. Vgl. Nusser, S. 153-195; Fenske, S. 108-112.

militärische Unternehmungen wird in der Reaktion des Regierungspräsidenten deutlich.[181] Angesichts des bäuerlichen Interesses an der polizeilichen Funktion der Wehren führte solche Kritik am Verhalten der Landesleitung nicht zu offenen Spannungen oder Umgestaltungen im Organisationsgefüge. Die Akzeptanz für einen paramilitärischen Ausbau der Wehren blieb jedoch weiterhin aus, wie das Bezirksamt Miesbach erneut im April 1921 anläßlich einer Sitzung des Bezirkstages feststellen mußte:

> „Daß ich aber in meinen wiederholten früheren Berichten die wirkliche Stimmung der Bevölkerung vollkommen zutreffend wiedergegeben habe, geht klar daraus hervor, daß von den bürgerlichen Mitgliedern [des Bezirkstages; B.Z.] entschieden betont wurde, daß von der Bevölkerung, insbesondere auch den Bauern, die überall zu sehr hervortretende militärische Organisation nicht gebilligt, vielmehr entschieden mißbilligt werde, da sie die Einwohnerwehr nur als polizeiliche Schutzeinrichtung wünschen und auch diese Festschießen und Fahnenweihen nicht für zweckmäßig erachten, vielmehr als ungeeignete Provokation ansehen (...).“[182]

Mit dem Hinweis auf das überflüssige „Festschießen" hatten die Landwirte zielsicher einen wichtigen Bestandteil der Bemühungen um organisatorische Verfestigung der Ortswehren kritisiert. Rudolf Kanzler läßt in seiner Geschichte der Einwohnerwehren offen das Kalkül erkennen, daß die Einwohnerwehrführung mit dem Ausbau des Schützenwesens verband. Nachdem sich im Verlauf des Jahres 1919 die politische Situation beruhigte und erneute Umsturzversuche der Arbeiterschaft unwahrscheinlich wurden, hätte es zur Sicherung der Höfe nach Ansicht vieler Bauern genügt, „wenn nur jeder sein Gewehr zu Hause habe". Der Hinweis auf eine spartakistische Bedrohung genügte nicht mehr zur „Aufrechterhaltung der Organisation", weshalb man sich bei der Ausgestaltung der Wehren mehr dem Vereinswesen der Schützen angenähert habe.[183] Um den ursprünglichen Kern der am Selbstschutz interessierten Mitglieder herum sei es mit dem Aufbau von Schießständen gelungen, vor allem durch das „Vergnügen am Schießen" motivierte neue Wehrmänner zu gewinnen.[184]

---

181 RP Obb. 9.12.1919 an BA Miesbach: StAM, RA 3788. Über eine Bekämpfung der Wehrorganisation durch Vertreter der Bauernschaft berichtete rückblickend auch: HMB RP Obb. 23.5.1922: BHStA/II, MA 102136.

182 Bericht des BA Miesbach, zit. im HMB RP Obb. 20.4.1921: BHStA/II, MInn 66139. Der Hinweis auf die „Provokation" bezieht sich auf die Bemühungen der Entente um Auflösung der Wehrorganisation.

183 Kanzler, S. 183. Der Arbeit von Large ist dieser Punkt entgangen. Es erscheint im übrigen nicht angängig, mit alleiniger Berufung auf normative Quellen wie die von der Landesleitung herausgegebene Zeitschrift „Heimatland" das Schützenwesen der Wehren in eine bis in das 18. Jahrhundert zurückreichende Traditonslinie folkloristisch-antimoderner Kultur der Gebirgsbauern einzuordnen. Vgl. Large, S. 41-43. Ähnlich Benz, Süddeutschland, S. 274f.

184 Kanzler, S. 184. Vgl. die Hinweise bei Benz (Hg.), Politik in Bayern, S. 70, 73 (Berichte v. 1.11./23.12. 1920). In der Praxis wurden die Gewehre vor allem beim ländlichen Hochzeitsschießen eingesetzt, weshalb zur Kontrolle ein organisatorischer Überbau in Form eines „Landes-Schützenmeister-Amtes" errichtet wurde: Kanzler, S. 184f., 187. BA Aichach 16.3.1920 an

Die Landesleitung versuchte, auch das Schützenwesen für die Präsentation der Wehren als Machtfaktor zu instrumentalisieren. Vom 26.-28. September 1920 veranstaltete sie in München unter Beteiligung von 40.000 Wehrmännern ein „Landesschießen" der Einwohnerwehren, bei dem Kahr und Escherich die Bedeutung der Wehren für die Stabilität der ‚Ordnungszelle' Bayern betonten.[185] Im Bezirk Donauwörth verweigerte allerdings eine Reihe von Wehrmännern die Teilnahme am Landesschießen, da sie einen Staatsstreich und deshalb ein sofortiges Einrücken in die Kaserne fürchteten.[186] Und ein anonymer Berichterstatter aus Reichswehrkreisen stellte fest, daß „gerade ländliche, sehr konservativ gesinnte Kreise" aus den Reihen der Wehren an „diesen ‚Galaveranstaltungen', wie man sie nannte, Anstoß nahmen (...)".[187]

In ihrer alltäglichen Praxis agierten die ländlichen Wehren als eine Standesorganisation der besitzenden und für Ruhe und Ordnung eintretenden Bauernschaft. Dementsprechend beteiligten sie sich an der Kontrolle im Bezirk befindlicher „Zigeuner".[188] Bei Streiks der städtischen Arbeiterschaft hielten sich die Wehren in Bereitschaft.[189] Auch gegen sich häufende Feld- und Weideviehdiebstähle und zur Abwehr von städtischen Plünderern richteten die Ortswehren Patrouillendienste ein.[190] Wehrmitglieder sicherten auch das Haus eines allgemein unbeliebten Müllers vor der aufgebrachten Bevölkerung, nachdem einer seiner Arbeiter tödlich verunglückt war. Nicht zuletzt beschäftigte man sich mit spezifisch bäuerlichen Problemen. Einzelne Wehren versuchten, durch die Absperrung des Hamsterverkehrs die Ausbreitung der Maul- und Klauenseuche zu verhindern.[191] Gänzlich wertlos waren die Wehren des Alpenraumes für die Eindämmung der Wilderei. Von 26 namentlich festgestellten jungen Burschen, die Anfang September 1919 den wegen Wil-

Bezirksleitung der Einwohnerwehr: StAM, LRA 98269. Vgl. ABA, Pfarrarchiv Osterbuch, Chronik von Osterbuch, S. 327.

185 Nusser, S. 128f.; Large, S. 43. Teilnehmerzahl: Zorn, S. 240. Vgl. die Abbildung in: München-Hauptstadt der Bewegung, München 1993 (Ausstellungskatalog des Münchener Stadtmuseums), S. 51.

186 WB BA Donauwörth 25.9.1920: StAA, Regierung 9767. Entsprechende Gerüchte hatte die sozialdemokratische Presse genährt; vgl. Vilsbiburger Anzeiger Nr. 220 u. 224 v. 22.9., 26.9.1920.

187 Anonymer Bericht v. 6.10.1920: BHStA/IV, RwGruKdo 4, 176.

188 WB RP Schw. 11.8.1919 (BA Neuburg): BHStA/II, MA 102145.

189 Wehrkommando Inngau 20.9.1920 an Kreisleitung Obb. (BA Altötting): StAM, LRA 184297. Das BA Miesbach befürchtete allerdings beim Einsatz bäuerlicher Wehren gegen Streiks deren Auseinanderfallen; WB BA Miesbach 2.11.1919: BHStA/IV, RwGruKdo 4, 255.

190 WB RP Schw. 3.8., 2.11.1920 (BA Zusmarshausen): BHStA/II, MA 102146; Kanzler, S. 33. Im Bezirk Garmisch verlangte man dafür staatliche Zuschüsse: Reichswehrbefehlsstelle Bayern 13.9.1919 an Gruppenkommando 4: BHStA/IV, RwGruKdo 4, 176. Im mittelfränkischen Wachendorf wurde ein Arbeiter beim Kartoffeldiebstahl auf dem Feld vom Führer der örtlichen Einwohnerwehr erschossen: MInn 9.9.1920 an Landesleitung der E.W.: BHStA/IV, Einwohnerwehr, Bund 1.

191 Der erste Vorgang brachte der beteiligten Ortswehr im Bezirk Altötting besondere Anerkennung, da die Wehrmänner selbst gegen den Müller eingenommen waren. F. Schneider, Geschichte der Einwohnerwehren des Inngaues: BHStA/IV, Einwohnerwehr, Bund 14, Akt 4, S. 94f., 103f.

derei verhafteten Zimmermann Anton B. aus dem Amtsgerichtsgefängnis Garmisch befreiten, waren 21 Mitglieder der Einwohnerwehr Partenkirchen.[192]

Schließlich bemühten sich die Wehrmänner auch um eine Eindämmung des Schiebertums und Schleichhandels.[193] Dabei wurde die Regierung aufgerufen, sich im Kampf gegen die Schieberei förmlich hinter die Wehren und damit den für ein energisches Eingreifen zur Konsolidierung der wirtschaftlichen Verhältnisse eintretenden Teil der Bevölkerung zu stellen. Schwäche des Staates provozierte hier nur den Vorwurf der Wehrmänner, man werde von der im Kampf gegen die „Blutsauger des Volkes" versagenden Regierung „den Juden ausgeliefert".[194] Die Forderung nach Rückversicherung durch amtliche Stellen macht deutlich, daß an diesem Punkt das Interesse der Bauern an den Wehren eine Grenze erreichte. Bei einer Reihe von bäuerlichen Wehrmännern gab es offensichtliche „Gewissenskonflikte", welche die Tatkraft der Wehren im Kampf gegen den Schleichhandel hemmten. Denn viele Landwirte waren selbst an solchen Aktivitäten beteiligt und hätten somit sich oder ihre Nachbarn verfolgen müssen.[195] Die Zeitung der Einwohnerwehren drohte den „Wucherern und Spartakistenzüchtern" unter den Landwirten deshalb im Herbst 1920 mit Ausschluß aus den Einwohnerwehren, da ein solches Verhalten die Ablehnung der Wehren unter der Arbeiterschaft verstärke.[196]

In der Tat kritisierte die ländliche Arbeiterschaft die Einwohnerwehren als Bewaffnung gerade der selbst an Wucher- und Schiebertum beteiligten Landwirte. In einer gemeinsamen Eingabe hoben Ende 1919 die Arbeiterorganisationen der Gemeinde Büchlberg hervor, daß mit der Verteilung von Waffen an die Einwohnerwehr Leoprechting gerade die schlechtesten Ablieferer und größten Schleichhändler der Gegend bewaffnet würden und die Arbeiterschaft somit dagegen machtlos sei.[197] Und im Bezirk Neuburg versäumte ein anonymes „Brandstifterko-

---

192 WB BA Garmisch 2.8., 10.9.1919: BHStA/IV, stv. GK I. AK 3920; Gendarmerie-Station Garmisch 30.9.1919 an BA Garmisch: BHStA/II, MInn 66138. Eine Reihe von Burschen im Bezirk Garmisch, die Anfang 1920 wegen Wilderns Freiheitsstrafen antreten sollten, meldeten sich mit Billigung der örtlichen E.W. in der Hoffnung auf Begnadigung zur Landfahne, deren Werbung damals im Bezirk ansonsten auf Ablehnung stieß; BA Garmisch 30.4.1920 an Justizministerium: BHStA/IV, Einwohnerwehr, Bund 3.

193 MB der Landesleitung 5.1.1920, 3.3.1920 an MInn: BHStA/IV, HS 920, S. 201ff., 235ff.; Wehrkommando Inngau 20.9.1920 an Kreisleitung der E.W. Obb.: StAM, LRA 184297.

194 WB RP Schw. 9.3.1920: BHStA/II, MA 102146.

195 E.W. Kreisleitung Schw. an Landesleitung 12.10.1920 (Zitat, mit erneuter Forderung nach staatlichem Eingreifen): BHStA/II, MA 102146. Vgl. WB BA Zusmarshausen 7.6.1919: StAA, Regierung 9766; WB BA Mühldorf 9.10.1920: StAM, LRA 188445. Im BA Neuburg konnten Hamsterer den Landwirtsfrauen weismachen, gerade der bäuerliche Schutz verhindere eine Selbsthilfe gegen Schleichhändler und damit auch eine Preissenkung bäuerlicher Bedarfsartikel. Die Frauen verspotteten deshalb die Wehrbegeisterung ihrer Männer; Gauleitung Neuburg 17.10.1920 an den Kreishauptmann Schw. der E.W.: StAA, BA Neuburg 7225.

196 Vgl. den Artikel „Bauern, besinnt euch!" in Heimatland. Wochenzeitung der Einwohnerwehren Bayerns Nr. 43 vom 23.10.1920, sowie das Schreiben des Verfassers dieses Artikels, Dr. Essel aus Ebersberg, vom 18.1.1921 an Georg Heim: StaA Regensburg, NL Heim 1404.

197 Protestschreiben von Freier Gewerkschaft, Christlichem Verband der Steinarbeiter, SPD, USPD und Arbeiter- und Bauernrat Büchlberg 19.11.1919 an MInn. Das BA Passau bestätigte 12.2.1920

mitee", das den ländlichen Wucher- und Schiebergemeinden „Großfeuer" androhte, nicht den Hinweis, man werde auch die Einwohnerwehren der Entente als „reaktionär" melden.[198]

Angesichts des emotional aufgeladenen Konfliktes zwischen Erzeugern und Verbrauchern protestierte die Bauernschaft gegen die seit März 1920 wiederholt erhobenen Forderungen der Entente nach Auflösung und Entwaffnung der Einwohnerwehren, da man für diesen Fall eine erhöhte Unsicherheit auf dem Lande befürchtete.[199] Ob ein von den Spitzen des christlichen Bauernvereins und dem bayerischen Reichslandbund im April 1920 als Protest gegen die Entwaffnungsforderung vorbereiteter Aufruf zum Anbau- und Lieferstreik befolgt worden wäre, kann mangels Quellen nicht entschieden werden.[200] Im Frühjahr 1921 zeigte sich allerdings in den Wehren auch Bereitschaft zur Erfüllung der Auflösungsforderung, unter anderem weil man Denunziationen bei Nichtablieferung der Waffen fürchtete.[201]

Ohnehin bedeutete die Ende Juni 1921 auf den Druck des Londoner Ultimatums der Alliierten vom 5. Mai erfolgende Auflösung der Landesleitung und die Ablieferung schwerer Waffen nicht das Ende jeglicher bewaffneter Organisation.[202] Ein Teil der Waffen und Mitglieder wurde – über die Zwischenstation der geheimen „Organisation Pittinger" – in den „Bund Bayern und Reich" überführt. Er zählte im Juli 1923 in ganz Bayern immerhin 56.715 Mitglieder, mit Schwerpunkten in Schwaben sowie Ober- und Unterfranken. Das Ausmaß der Verbreitung im ländlichen Raum ist dabei allerdings nicht klar erkennbar.[203] Die Putschbestrebungen der Rechtsverbände fanden jedoch nicht die Unterstützung der ländlichen Bevölkerung, wie das Bezirksamt Miesbach im Herbst 1921 feststellte:

> „Einige hundert Chiemgauer etc. unter Führung Kanzlers und seiner Anhänger sind noch nicht das Land. Immer wieder erklären mir die Bauern bei jeder Gelegenheit, daß jetzt nur innerer Friede, Ruhe und Ordnung geschaffen werden müsse und daß

an RP Ndb., der Bürgermeister von Leoprechting habe die Mitglieder von SPD und USPD nicht zur Verteilung der Waffen eingeladen; beides in: BHStA/II, MInn 66135. Zur ablehnenden Haltung der Arbeiter vgl. auch Tenfelde, Proletarische Provinz, S. 111.

198 Der Drohbrief war beim Magistrat Neuburg eingelaufen. WB RP Schw. 16.12.1919: BHStA/II, MA 102145.

199 WB BA Augsburg 10.4.1920: StAA, Regierung 9767; WB RP Schw. 3.8.1920; HMB RP Schw. 17.2.1921: BHStA/II, MA 102147; WB RP Schw. 31.8.1920: BHStA/II, MK 19236; HMB BA Ebersberg 13.2.1921: StAM, LRA 79889. Vgl. Large, S. 66f., 73f.

200 Vgl. Nusser, S. 207f.; Bergmann, S. 115f.

201 HMB BA Kempten 30.5.1921: StAA, BA Kempten 6224; HMB BA Mindelheim 15.3.1921: StAA, BA Mindelheim, Abgabe 1941, 45; Large, S. 74, 78, mit Anm. 10. Besitzer alleinstehender Güter blieben aber besorgt: HMB RP Schw. 4.7.1921: BHStA/II, MA 102147. Zur Empörung über mögliche Denunziationen auch WB RP Schw. 31.8.1920· BHStA/II, MK 19236.

202 Large, S. 73, 75 (mit falscher Datierung der Auflösung auf Ende Mai); Nusser, S. 209f.; HMB BA Ebersberg 15.6.1921: StAM, LRA 79889.

203 Nusser, S. 215-222, 234-245, 248-255, 258, 261 (Verbreitung); Gordon, Hitlerputsch, S. 105-111, 106 (Mitglieder); Fricke, Bd. 1, S. 187-190, 188 (Verbreitung).

dann erst, wenn wir wirtschaftlich uns erholt und gefestigt haben, abgewartet werden müsse, welche Staatsform richtig ist."[204]

Die Krisenlagen des Jahres 1923 führten dann dem „Bund Bayern und Reich" vereinzelt weitere bäuerliche Mitglieder zu.[205] Doch auch hinter diesen neuerlichen Organisationsbemühungen verbarg sich weniger das Ziel eines Umsturzes der politischen Verhältnisse als das Bemühen um eine Kontrolle der durch die Hyperinflation verschlechterten Sicherheitslage. Im dezidierten „Mißtrauen gegen die vaterländischen Verbände" wurde im Juni 1923 denn auch die vor allem in den Bezirken Miesbach, Tölz und Wolfratshausen verbreitete „Freie Bauern- und Bürgerwehr" gegründet. Als ihre Zielsetzung bezeichnete sie ausdrücklich einen rein defensiven Besitzschutz.[206] Bemühungen zur Organisation eines Selbstschutzes gab es im Herbst 1923 auch in den Reihen der niederbayerischen Freien Bauernschaft.[207]

Die hektischen innen- und außenpolitischen Entwicklungen im Herbst 1923 ließen verschiedentlich Gerüchte über bevorstehende kriegerische Verwicklungen mit Frankreich aufkommen, obwohl bei den Bauern „alles andere als eine kriegerische Stimmung" herrschte. Andererseits kamen gerade die Landwirte vor dem Hintergrund der religiösen Nachlässigkeit bei den männlichen Dienstboten und den Scharen zumeist jugendlicher Bettler nun zu der Überzeugung, daß die Wiedereinführung der Wehrpflicht für die Disziplinierung der Jugend von Nutzen sein könnte.[208] Während des Krieges entwickelte nationalistische Überzeugungen waren für diese Einstellung ebenso wie für das bäuerliche Engagement in den Wehrverbänden aber nicht maßgeblich.

---

204 Bericht des BA Miesbach, zit. im HMB RP Obb. 6.9.1921: BHStA/II, MA 102136. Aus Schwaben wurde berichtet, daß die Kraft der vaterländischen Verbände „vielfach überschätzt" werde. Vor allem auf dem Land sei das „wirkliche Interesse (...) ein recht geringes und erstreckt sich häufig nicht über den örtlichen Unterführer hinaus. Aber auch diese Unterführer sind vielfach mit den Münchener Leitungen nicht einverstanden." HMB RP Schw. 10.1.1924: BHStA/II, MA 102147. Im Juli 1923 berichtete das Bezirksamt Miesbach über die Klage, daß sich in den vaterländischen Verbänden die ehemaligen Offiziere vordrängen und die Leitungen in München Führer aufstellten, die nicht das Vertrauen der Bevökerung genössen; HMB BA Miesbach 6.7.1923: BHStA/II, MInn 73441.

205 17 Ortsgruppen mit 750 Mitgliedern im Bezirk Günzburg, vornehmlich als Einwohnerwehr-Ersatz; HMB BA Günzburg o.D. [1.10.1923] und 15.10.1923: StAA, BA Günzburg 9934. Gründung einer Ortsgruppe mit 46 Mitgliedern in Pöttmes (BA Aichach): HMB RP Obb. 23.6.1923: BHStA/II, 102136. Vgl. HMB BA Aichach 13.10.1923; HMB BA Erding 31.5.1922: StAM, LRA 99497; 146315.

206 HMB BA Miesbach 6.7.1923 (Zitat), undatierte „Richtlinien", sowie weitere Materialien in: BHStA/II, MInn 73441.

207 RP Ndb. 13.9.1923 an MInn: StAL, Rep. 168/5, 499. In der Gemeinde Pattendorf wurden dafür die vorhandenen Jagdgewehre genutzt: HMB BA Rottenburg 30.10.1923: StAL, Rep. 164/16, Fasz. 38, 198.

208 HMB BA Kempten 14.8.1923 (Zitat): StAA, BA Kempten 6224; HMB BA Mindelheim 14.4.1923: StAA, BA Mindelheim Abgabe 1941, 45; HMB BA Aichach 1.10.1923: StAM, LRA 99497.

Als eine Art Lackmustest für die Verbreitung nationalistischer Ressentiments bei den Landwirten im Jahr 1923 kann ihre Einstellung zur Ruhrbesetzung fungieren. Weite Kreise der Bevölkerung reagierten darauf mit einer Woge nationalistischer Empörung, die durch den von der Reichsregierung verkündeten Ruhrkampf noch verstärkt und außenpolitisch instrumentalisiert wurde.[209] Die drei südbayerischen Regierungspräsidenten mußten dagegen zu ihrem Leidwesen übereinstimmend berichten, daß die „Landbevölkerung den Vorgängen teilnahmslos" gegenüberstehe und sie nur unter dem Gesichtspunkt sehe, daß dadurch die Preise für landwirtschaftliche Produkte wiederum in die Höhe getrieben würden.[210] Propagandistisch aufgebauschte Meldungen über die von farbigen französischen Besatzungssoldaten angeblich ausgehende ‚schwarze Schmach' und das brutale Regime der Besatzer weckten darüber hinaus bei der ländlichen Bevölkerung Erinnerungen an die Jahre 1914-1918. Im Februar 1923 stieß eine Frau auf Zustimmung, die während einer Bahnfahrt in Niederbayern den Mitreisenden erklärte, die Berichte über Greueltaten der Franzosen im Ruhrgebiet seien ebenso gefälscht wie die amtlichen Nachrichten von der Front im Krieg. Die eigentlichen „Kriegsverbrecher" seien die Deutschen gewesen, wofür sie als Beleg Fotographien von den Zerstörungen im belgischen und nordfranzösischen Kriegsgebiet herumreichte.[211]

Nach Kriegsende wurde eine Fülle paramilitärischer Organisationen gegründet, die mit ihren politischen Aktivitäten und zahlreichen bewaffneten Zusammenstößen und Gewalttaten der politischen Kultur Weimars einen ausgesprochen gewaltsamen Charakter gaben. Bei der Erklärung dieses Phänomens wird zumeist eine Kontinuitätslinie zum Fronterlebnis gezogen.[212] Die von Hemmnissen begleitete Mobilisierung für die ländlichen Einwohnerwehren läßt dagegen erkennen, daß durch den Dienst an der Front nicht zwangsläufig ein Gewaltpotential aufgebaut wurde. Die Wehrmänner waren des Kämpfens vielmehr überdrüssig, und ihr bewaffnetes Engagement blieb in erster Linie reaktiv und defensiv. Ebenso fragwürdig ist die These, die Einwohnerwehren hätten zu einer Militarisierung der in ihnen organisierten Männer beigetragen.[213] Gerade der militärähnliche Ausbau der Wehren stieß unter den ehemaligen Soldaten auf Ablehnung. Im Gegensatz zur land-

209 Vgl. Mommsen, S. 141ff.; H. Michaelis/E. Schraepler (Hg.), Ursachen und Folgen. Vom deutschen Zusammenbruch 1918 und 1945 bis zur staatlichen Neuordnung Deutschlands in der Gegenwart, Bd. 5, Berlin o.J. [1960], S. 21-37, 70-73, 94, 97 u.ö.; Bayerisches Bauernblatt Nr. 5 v. 30.1.1923; G. Lebzelter, Die ‚Schwarze Schmach'. Vorurteile-Propaganda-Mythos, in: GG 11 (1985), S. 37-58.
210 HMB RP Ndb. 3.2. (Zitat), 18.2.1923; HMB RP Schw. 6.8.1923; HMB RP Obb. 21.2., 7.3.1923: BHStA/II, MA 102140; 102147; 102136; vgl. HMB BA Aichach 16.1.1923: StAM, LRA 99497.
211 BA Pfarrkirchen 5.3.1923 an RP Ndb.; vgl. RP Obb. 20.6.1923 an Bezirkspolizeibehörden; beides in: StAL, Rep. 168/5, 501.
212 Weisbrod, Gewalt, v.a. S. 392; Mosse, S. 195-222; vgl. auch Krumeich, Kriegsgeschichte, S. 18, der mit Blick auf die Wehrverbände von einer „nicht vollzogenen psychologischen Demobilisierung" spricht. Eine wichtige Korrektur dieses Bildes bei: Bessel, Politische Gewalt.
213 Diehl, Paramilitary Politics, S. 38; Weisbrod, S. 393ff.

läufigen Meinung verweisen also weniger die Ursachen als vielmehr die Grenzen der paramilitärischen Mobilisierung auf die Kriegserfahrung der Veteranen.

6.3. Kriegervereine in der Krise des Bayerischen Kriegerbundes

In den Einwohnerwehren blieben die Kriegsheimkehrer in die sozialen Konflikte und den Stadt-Land-Gegensatz der Nachkriegszeit eingebunden. Die Folgen ihrer Kriegserfahrung waren hier nur als eher untergründiges und die Bildung der Wehren letztlich nicht behinderndes Motiv erkennbar. Für die öffentliche Selbstdarstellung der ehemaligen Soldaten boten bereits seit dem 19. Jahrhundert die Kriegervereine den im dörflichen Leben fest verankerten Platz. Daran änderte sich auch nach dem Ersten Weltkrieg nichts. Allerdings verloren die im Bayerischen Veteranen- und Kriegerbund organisierten Vereine ihren Alleinvertretungsanspruch für die Interessen der Kriegsteilnehmer, und der Bund selbst hatte in den Jahren nach 1918 „schwer um sein Dasein zu ringen."[214] Die sowohl innerhalb der Vereine als auch in ihren Beziehungen zum Dachverband erkennbar werdende Krise des Kriegervereinswesens belegt eindringlich, daß der Versuch einer heroischen Verklärung des Einsatzes an der Front angesichts der dort tatsächlich gemachten Erfahrungen zumindest in den ersten Nachkriegsjahren nur ansatzweise gelingen konnte.

Seit dem Beginn des Krieges stagnierte die Aktivität der lokalen Kriegervereine, Versammlungen fanden nur noch selten statt. Dies lag vor allem an der großen Zahl der Vereinsmitglieder, die eingezogen worden waren. Nach dem Krieg wurde ihre Zahl mit 175.000 angegeben.[215] Bereits während des Krieges mußte der Verband einen rapiden Mitgliederschwund hinnehmen, der vor allem auf Austritte von Kriegsteilnehmern zurückzuführen sein dürfte. Immerhin sank die Mitgliederzahl in ganz Bayern von 346.229 im Jahr 1913 auf nur noch 278.927 zu Beginn des Jahres 1918. In der zweiten Zahl sind allerdings passive Mitglieder ebensowenig enthalten wie die geringe Zahl der Ehrenmitglieder, und es ist zu vermuten, daß

---

214 Roth, Festschrift, S. 58. Aufgrund der marginalen archivalischen Überlieferung (vgl. Führer, Kyffhäuser, S. 71f., Anm. 8; Bramke, Stellung des Kyffhäuserbundes, S. 5) ist für die Kriegervereine nach 1918 die Mitgliederzeitung Bayerische Krieger-Zeitung (BKZ) die Hauptquelle.

215 BKZ Nr. 20 v. 19.5.1915. Ab Oktober 1914 wurde hier in der ständigen Rubrik „Aus dem Vereinsleben" nur noch über die Verabschiedung von Soldaten ins Feld berichtet. Vgl. 150jähriges Gründungsfest Burgau, S. 23. 151 Vereine (von 3.879) bestellten im Krieg die Krieger-Zeitung ab, 294 bezogen sie schon vorher nicht: Geschäftsbericht des Bundespräsidiums für die Berichtsjahre 1916/17: BHStA/IV, MKr 11511. Zahl: BKZ Nr. 19 v. 1.10.1919. Dem entspricht in der Relation die Ziffer von ungefähr 15.000 gefallenen Mitgliedern des BKB: BKZ Nr. 15 v. 5.8.1920. Es entspricht auch den Angaben für den Kyffhäuser-Bund im Ganzen, von dessen 1914 2.8 Mio. Mitgliedern ungefähr die Hälfte eingezogen wurde: Diehl, Veterans' Politics, S. 183, Anm. 52; Elliott, Organisations, S. 9.

ein beträchtlicher Teil der Eingezogenen die Mitgliedschaft während des Krieges zunächst nur ruhen ließ.[216]

Bereits zu dieser Zeit mußte man aber auch erkennen, daß mit steigender Kriegsmüdigkeit und Kriegskritik die Abneigung gegen die Kriegervereine wuchs. Viele Kriegsteilnehmer lehnten es ab, sie weiterhin als ihre natürliche Interessenvertretung zu betrachten.[217] Dies bezog sich vor allem auf die wirtschaftlichen Interessen der Kriegsbeschädigten, bei deren Vertretung man unter Konkurrenzdruck geraten war. Im April 1918 war in München der „Bund deutscher Kriegsteilnehmer und Kriegsbeschädigter" gegründet worden. Er stand den christlichen Gewerkschaften nahe und zielte vor allem auf die Organisierung der Arbeiterschaft. Im Zentrum standen dabei die Interessen der Kriegsbeschädigten, die durch den stellvertretenden Vorsitzenden Rupert Mayer auch persönlich repräsentiert wurden.[218] Auf behördlichen Druck vor allem aus dem Innenministerium, das eine Zersplitterung der nichtsozialistischen Kriegsteilnehmerorganisationen vermeiden wollte, verschmolz die Neugründung im September 1918 jedoch mit dem bestehenden Verband unter Umbenennung zum Bayerischen Kriegerbund.[219]

Durch die Revolution geriet die Dachorganisation des Kriegerbundes in eine schwere Krise, von der sie sich erst in den Jahren nach 1923 langsam wieder erholen konnte. Das hatte seinen Grund zunächst im Verlust des bisherigen politischen Koordinatensystems nach der Abdankung der Monarchen in Bayern und im Reich. Die vielbeschworene ‚Treue' der Kriegervereine war in der Vorkriegszeit auch eine demonstrative Verpflichtung gegenüber den Herrscherhäusern und dem durch sie repräsentierten politischen System gewesen.[220] Nach dem in der zweiten Kriegshälfte grassierenden Schwund des Vertrauens in die Person Ludwigs III. und die Monarchie allgemein, aber auch angesichts der Kooperation der Militärführung mit den neuen Machthabern war an ein weiteres Bekenntnis zur alten Ordnung nicht zu denken.

Bereits im November 1918 mahnte ein Aufruf des Bundespräsidiums, sich im Interesse der öffentlichen Ordnung dem neuen „Volksstaat" zur Verfügung zu stellen.[221] Für diejenigen, die nur das Streben nach „Titel und Orden" zu Aktivitäten

---

216 Die Zahl der Vereine war mit 3.879 gegen vorher 3.871 nahezu unverändert. 1913: Fricke, Bd. 3, S. 333. 1918: Geschäftsbericht des Bundespräsidiums für die Berichtsjahre 1916/17: BHStA/IV, MKr 11511. 1921 gab es ohne die Pfalz 13.243 Ehrenmitglieder: BKZ Nr. 22 v. 20.11.1921.

217 Frank, Handbuch, S. 40; BKZ Nr. 19 v. 5.6.1918; Feldpostbrief v. Februar 1918: BA/MA, W-10/50794, Bl. 66 (Anlage zum Postüberwachungsbericht der 5. Armee v. 24.2.1918). Vgl. Bramke, S. 34. Dies geschah unbeschadet der Tatsache, daß sich der Kyffhäuserbund im Zeichen des Burgfriedens seit 1915 auch Sozialdemokraten geöffnet hatte. Vgl. ebd.

218 BKZ Nr. 27 v. 25.9.1918. Weitere Materialien in: BHStA/IV, MKr 11533. Einer Bitte des Bundes vom 17.4.1918 an das K.M., daß auch Soldaten beitreten dürften, wurde wegen einer befürchteten Politisierung des Gegensatzes zum Reichsbund nicht entsprochen: BHStA/IV, MKr 2341.

219 Niederschrift über die Sitzung v. 24. September 1918: BHStA/IV, MKr 11511.

220 Vgl. Rohkrämer, Militarismus, S. 194-203; Westphal, Handbuch, S. 11.

221 BKZ Nr. 31 v. 20.11.1918. Für den Kyffhäuser-Bund vgl. Elliott, Organisations, S. 41; Diehl, Organization, S. 172f.

getrieben hatte, waren die Kriegervereine nun zwecklos geworden, was zu Desinteresse und einer Reihe von Austritten sowie zur „Müdigkeit" bei den Verbliebenen führte.[222] In der emotional aufgewühlten Revolutionszeit waren die Kriegervereine als Unterstützer des monarchischen Systems heftigen Angriffen ausgesetzt. Es häuften sich Anwürfe gegen den „Militarismus" der Vereine, bis hin zu der Behauptung, sie trügen eine Mitschuld am Krieg. Zudem kursierten 1919 Gerüchte, nach denen die Alliierten die Auflösung der Kriegervereine verlangen würden.[223]

Die Bundesführung reagierte rasch mit einer Satzungsänderung auf die neue Situation. An die Stelle der „Pflege des monarchischen Gedankens" trat nun als Ziel die „Stärkung der Treue zum deutschen Vaterlande, der Vaterlandsliebe und des Nationalbewußtseins". Neben den tradierten Zwecken der Kameradschaftspflege und der Bestattung verstorbener Kameraden sollte auch die Unterstützung Kriegsbeschädigter ausgebaut werden.[224] Deren Interessen vertrat vor allem Rudolf Schwarzer, Reichstagsabgeordneter der BVP und Sekretär des Verbandes Süddeutscher Katholischer Arbeitervereine, der auf dem Bundesabgeordnetentag vom 21.9.1919 zum dritten Präsidenten des Bundes gewählt wurde.[225]

Trotz dieser Maßnahmen erwiesen sich in den Jahren 1918 bis 1923 die Bindungen zwischen der Bundesführung und den einzelnen Vereinen als ausgesprochen locker und brüchig. Ein Bekenntnis zur Nation konnte angesichts der bei den bayerischen Soldaten im Krieg gescheiterten nationalen Indentitätsstiftung kaum große Ausstrahlungskraft entfalten. Ein Symptom für die interne Problemlage war die geringe Kommunikation zwischen Spitze und Einzelvereinen, die sich in der Verbreitung der Bundeszeitung widerspiegelte. Diese wurde von nur 16.000 Mitgliedern bezogen, allein 1920 konnte die Zahl kurzfristig auf über 30.000 gesteigert werden.[226] Vor allem die Vereinsvorstände lasen die Zeitung, gaben diese allerdings nicht unbedingt an die Mitglieder weiter.[227] Die Kommunikation im Verband war

---

222 BKZ Nr. 2 v. 15.1.1919, Nr. 14 v. 15.7.1919 (Zitate), Nr. 22 v. 15.11.1919, Nr. 5 v. 5.3.1920. Vgl. Roth, Festschrift, S. 53f.; Westphal, S. 16; Diehl, Organization, S. 175.
223 Im Rückblick: BKZ Nr. 16 v. 20.8.1920 (Zitat), Nr. 3 v. 5.2.1921, Nr. 12 v. 20.6.1921. Vgl. ebd., Nr. 19 v. 1.10.1919; Frank, S. 32; Elliott, Organisations, S. 10, 46.
224 BKZ Nr. 7 v. 23.3.1919.
225 BKZ Nr. 19 v. 1.10.1919. Präsident wurde Generalleutnant a.D. Oskar Reuter, zweiter Präsident der Justizrat Wilhelm Foerst. Zu Schwarzer vgl. Krenn, Arbeiterbewegung, S. 111.
226 BKZ Nr. 17 v. 1.9.1919, Nr. 10 v. 20.5.1920 (nicht jeder zehnte der fiktiven [!] Mitgliederzahl von 400.000 ist Beziehr), Nr. 13 v. 5.7.1922. Das Impressum nannte im Verlauf des Jahres 1920 die wohl übertriebene Auflagenhöhe von 50.000. Im ersten Halbjahr 1922 wurden 13.320 Exemplare verbreitet: BKZ Nr. 2 v. 15.2.1923. Die Zeitung erschien 14-tägig, 1923 nur noch monatlich mit vier bis acht Seiten Umfang. Der Preis wurde 1920 auf 2.70, kurz darauf auf 3.70 Mark pro Halbjahr erhöht: BKZ Nr. 10 v. 20.5.1920, Nr. 21 v. 5.11.1920. Vgl. für die Jahre vor 1914: Fricke, Bd. 3, S. 332.
227 BKZ Nr. 28 v. 9.10.1918; vgl. Beiblatt für Kriegsbeschädigte und Kriegshinterbliebene zu Nr. 12 v. 20.6.1921. Punkt 11 der zwanzig „Gebote" für den „guten" Kameraden, von denen man die ersten zehn aus dem Deutschen Offiziersblatt übernommen hatte, war: „Lies nie die Bayerische Kriegerzeitung." Punkt 12: „Kümmere dich um den Bund nur, wenn du glaubst, der Geschäfts-

weitgehend eine Einbahnstraße. Nur wenn Berichte aus dem eigenen Vereinsleben erschienen, forderte man eine größere Zahl von Exemplaren an.[228] Dementsprechend war man sich in der Bundesführung bewußt, daß der Kriegerbund „zwar große Zahlen, aber keine enge Fühlung unter seinen einzelnen Gliedern habe".[229] Dies galt auch für die in der Regel geringe Kommunikation unter den Einzelvereinen in den an die Bezirksämter angelehnten Bezirksobmannschaften. Zu den entsprechenden Versammlungen trafen sich nur die Vorsitzenden der Vereine.[230] Da in manchen Obmannschaften die Tätigkeit völlig ruhte, betrieb die Bundesführung 1922 eine Satzungsänderung. Diese räumte ihr fortan ein Bestätigungsrecht der gewählten Obmänner und im Falle völligen Versagens die Möglichkeit der Amtsenthebung ein.[231]

Eine dramatische Zuspitzung erfuhr die Problematik der Bindung der Vereine an den Bund, als die Bundesführung daran ging, zur Sicherung der Finanzen den jährlich an den Kriegerbund abzuführenden Betrag für jedes Vereinsmitglied zu erhöhen. Auf dem Bundestag im Herbst 1919 hatte man eine Steigerung von bisher 20 Pfennig auf eine Mark pro Mitglied für das Jahr 1920 beschlossen.[232] Allein diese Maßnahme führte bis Ende 1920 zum Austritt von insgesamt 383 Einzelvereinen mit zusammen 40.000 Mitgliedern aus dem Kriegerbund.[233] Dabei war dies ein geringerer Betrag als der, den man für die Mitgliedschaft in den Einzelvereinen zu zahlen hatte. Diese verlangten neben einer Aufnahmegebühr von 1.50 bis 3.– Mark einen jährlichen Beitrag von in der Regel zwischen 2.– bis 6.– Mark.[234]

führung Grobheiten machen zu müssen." Punkt 14: „Antworte nie auf Rundschreiben und Anfragen des Bundes." BKZ Nr. 10 v. 20.5.1921. Noch 1923 bezogen einige Vereine die Zeitung überhaupt nicht: BKZ Nr. 4 v. 15.4.1923.

228 BKZ Nr. 13 v. 5.7.1922. Nach diesem Bericht wurde sofort mit dem Austritt gedroht, wenn der eigene Artikel nicht erschien. Zudem bezogen Vereine in größeren Städten die Zeitung für alle Mitglieder, dazu viele Kriegsbeschädigte, und bestritten damit knapp die Hälfte der Auflage. Auf dem Bundestag 1921 behauptete ein Bezirksobmann aus Regensburg, über die in der Zeitung ausgeschriebene Planung eines Teuerungszuschlages nicht informiert zu sein: BKZ Nr. 11 v. 5.6.1921. Vgl. BKZ Nr. 23 v. 5.12.1920.

229 So der dritte Präsident Rudolf Schwarzer: BKZ Nr. 8 v. 20.4.1920.

230 BKZ Nr. 28 v. 9.10.1918.

231 BKZ Nr. 14 v. 20.7.1922; Nr. 18 v. 20.9.1922, Nr. 22 v. 15.12.1922. Unter den 71 Bezirksobmännern in südlichen Bayern waren 1923 nur drei Landwirte, unter ihren Stellvertretern acht Landwirte. Die meisten Obmänner waren Beamte, Kaufleute und selbständige Gewerbetreibende: Bayerischer Veteranen- und Kriegerkalender 48 (1924).

232 BKZ Nr. 19 v. 1.10.1919.

233 MA an Ministerium der Finanzen 12.1.1921; vgl. Präsidium des Bayerischen Kriegerbundes an MInn 27.12.1920; beides in: BHStA/II, MInn 73033. Vgl. BKZ Nr. 24 v. 20.12.1920 (BA Füssen). Zahl der Vereine: ebd., Nr. 2 v. 15.2.1923. Nach einem Brief von Alfred Westphal, dem dritten Präsidenten des Kyffhäuser-Bundes, vom 10.2.1919 waren es direkt nach dem Krieg die Soldaten, „die nach ihrer Heimkehr ihrer Vereine aus dem Kriegerbund drängten." Ulrich/Ziemann, Krieg im Frieden, Dok. 24 a.

234 Vgl. die Statuten verschiedener Kriegervereine in: StAM, LRA 134332; StAA, BA Neuburg 6781b. 6.– Mark im Kriegerverein Eggenfelden: BKZ Nr. 22 v. 20.11.1921. 1.20 Mark: Festschrift Wutschdorf-Freudenberg, S. 36. Beim Kriegerverein Loitzendorf betrug der Beitrag nach dem Krieg 1.50 Mark, 1921 wurde er auf 5.– Mark angehoben; Verzeichnisse der Einnahmen für die

Durch diese Entwicklung wurde das Verhalten der im Kriegerbund organisierten Vereine zu den ausgetretenen oder erst gar nicht eingetretenen Vereinen zu einem Problem.[235] Der Kreistag der schwäbischen Vereine beschloß, mit ausgetretenen oder nicht zum Beitritt bereiten Vereinen nur bei der Abhaltung von Trauerfeiern für die Gefallenen zu kooperieren, ansonsten aber jeden Kontakt zu vermeiden.[236] Auch vom Bundespräsidium wurde den Vereinen eingeschärft, unabhängige Vereine zu melden und den wechselseitigen Besuch von Fahnenweihen und anderen Veranstaltungen zu unterlassen.[237]

Auch von den verbliebenen Vereinen gingen die erhöhten Beträge nur schleppend ein, was die Bundesleitung als Zeichen für das Desinteresse an der Arbeit des Bundes und seiner Geschäftsstelle wertete.[238] Einige Vereine meldeten einfach geringere Mitgliederzahlen an die Geschäftsstelle.[239] Zur Deckung des Etats für das Jahr 1920 wurde schließlich die Erhebung eines Bundesnotopfers von einer Mark beschlossen und als Teuerungszuschlag eine Verdoppelung des Beitrages beschlossen.[240] Diese Entscheidung führte 1921 zu kontroversen Debatten auf dem Abgeordnetentag. Dabei wurde verschiedentlich erkennbar, daß gerade ländliche Vereine bei zusätzlichen Ausgaben Widerspruch anmeldeten. So erklärte der Obmann des Bezirkes Aichach, daß viele Vereine bereits durch die Abhaltung von Fahnenweihen finanziell in Anspruch genommen seien, da eine Fahne bis zu 15.000.– Mark koste. Trotzdem wurden die zusätzlichen Einnahmen und für 1922 wiederum ein Teuerungsausgleich beschlossen.[241]

Die beim Abgeordnetentag Versammelten nahmen den Hinweis auf kostspielige Fahnenweihen mit einiger Entrüstung auf. Dies zeigt, daß der Streit um das Notopfer eher symbolischen Wert hatte. Auf dem Land war man vor allem an lokaler Selbstdarstellung interessiert. Die Organisationsspitze wurde dagegen als überflüssiges Beiwerk betrachtet. Wiederholt gab es Kritik an den Kosten der Verwaltung des Bundes. So sandte ein oberpfälzischer Bezirk seine Notopfermarken zurück, weil Vorstände und Mitglieder der Meinung waren, der Verwaltungsapparat sei aufgebläht und leiste zuwenig.[242] Hier wie anderswo richtete sich der Unmut

Jahre 1916-1921: Privatbesitz.

235 Deren Mitgliederschaft wurde vermutlich weit übertrieben mit 100.000 beziffert: BKZ Nr. 12 v. 20.6.1921.

236 BKZ Nr. 2 v. 20.1.1921.

237 BKZ Nr. 19 v. 5.10.1921; Nr. 15 v. 5.8.1921, unter Berufung auf einen Beschluß des Abgeordnetentages 1921. Der entsprechende Antrag des Bezirks Freising (vgl. BKZ Nr. 8 v. 20.4.1921) wurde nach Ausweis der BKZ Nr. 11 v. 5.6.1921 jedoch abgelehnt.

238 BKZ Nr. 15 v. 5.8.1920.

239 BKZ Nr. 8 v. 20.4.1921.

240 BKZ Nr. 21 v. 5.11.1920. Vgl. Roth, Festschrift, S. 52.

241 BKZ Nr. 11 v. 5.6.1921. Zum Widerstand der ländlichen Vereine auch: BKZ Nr. 2 v. 20.1.1922. Die Beschaffung der Fahnen wurde auch bei Vereinsaustritten angeführt: BKZ Nr. 14 v. 20.7.1921.

242 BKZ Nr. 10 v. 20.5.1921; vgl. Nr. 19 v. 5.10.1922. Gegen Gerüchte über überhöhte Gehälter wurde betont, das Präsidium arbeite ehrenamtlich: BKZ Nr. 6 v. 20.3.1922. 1921 gab der Bund für Reisekosten 60.000 Mark, für Unterstützungen und Zuwendungen 200.000 Mark aus: BKZ Nr. 11 v. 5.6.1921.

gegen die 1919 eingerichteten Kreissekretariate, deren hauptamtlich arbeitende Geschäftsführer die Vereine vor Ort vor allem in Fragen des Versorgungs- und Fürsorgewesens beraten sollten. Dabei stießen sie jedoch auf das verbreitete Desinteresse der Vereine, die sich weiterhin in den gewohnten Bahnen des Vereinslebens bewegen wollten.[243] Aber auch das Präsidium des Kriegerbundes geriet in die Kritik, vor allem wegen der zahlreichen Offiziere in seinen Reihen.[244]

Vereinzelt forderte man deshalb eine stärkere Repräsentation durch ländliche Vertreter.[245] In einer Erörterung über den Zustand der Organisation wurde 1923 über die Auffassung vieler Vereine vom Zweck des Kriegerbundes festgestellt:

> „Der Bund ist eine möglichst lose und zwanglose Vereinigung der Kriegervereine zu dem einzigen Zweck – nach Wegfall der Gründe des Zusammenhalts aus der Zeit der Monarchie –, die einbezahlten Bundesbeiträge als Unterstützungen wieder herauszuerhalten."[246]

Das Präsidium habe nur diese Umwandlung zu leisten und könne ansonsten bei festlichen Anlässen Grußadressen halten. Eingriffe in die Selbständigkeit der Vereine und Bezirke lehnte man dagegen als „Militarismus" und „Kommandoton" ab.

Die Hyperinflation der Jahre 1922/23 verschärfte die Finanzprobleme des Bundes nochmals und machte den Kampf um die Sicherung der eigenen Existenz zu seiner Hauptbeschäftigung.[247] Über ein Drittel der Vereine war Anfang 1922 mit den Beitragsleistungen im Rückstand, darunter vor allem Vereine aus dem ländlichen Raum.[248] Dagegen versuchte man mit der Androhung des Ausschlusses säumiger Vereine vorzugehen.[249] Nach Ansicht des Präsidiums ging es bei der Sicherung der Finanzen um „Sein oder Nichtsein" des Verbandes.[250] Im Herbst 1923 stand man schließlich kurz vor der Einstellung der Geschäftstätigkeit, nachdem ein weiterer Teuerungszuschlag von jeweils 2.000.– Mark pro Verein erst von einem Zehntel der Vereine entrichtet worden war.[251]

Die krisenhafte Entwicklung der Jahre nach 1918 schlug sich auch in der Mitgliederbewegung des Bayerischen Kriegerbundes nieder. Dabei sind Angaben gerade für die schwierigsten Jahre direkt nach dem Krieg nicht vorhanden. Wenn die Bundesführung sich überhaupt einen Überblick verschaffen konnte, so war sie zu diesem Zeitpunkt jedenfalls nicht bereit, den tatsächlichen Zustand widerspiegelnde Zahlen zu veröffentlichen.[252] Stattdessen wurden wiederholt den späteren

---

243 Vgl. noch BKZ Nr. 23 v. 5.12.1920.
244 BKZ Nr. 12 v. 20.6.1921.
245 BKZ Nr. 8 v. 20.4.1921.
246 BKZ Nr. 2 v. 15.2.1923, dort auch die folgenden Zitate. Vom vorherrschenden „Geist der Kirchtumspolitik" in den Vereinen spricht auch Westphal, S. 47.
247 Vgl. Elliott, Organisations, S. 115.
248 BKZ Nr. 2 v. 20.1.1922.
249 BKZ Nr. 4 v. 20.2.1922.
250 BKZ Nr. 18 v. 20.9.1922; vgl. Nr. 22 v. 15.12.1922.
251 BKZ Nr. 9 v. 15.9.1923; vgl. Nr. 10 v. 15.10.1923.
252 So behauptete man 1921, für 1919 und 1920 nicht alle Nachweise von den Obmannschaften bekommen zu haben, weshalb nun erstmals seit 1914 Zahlen vorlägen. Die im Geschäftsbericht

Stärkenachweis deutlich überbietende, fiktive Angaben gemacht.[253] Bei aller Vorsicht im Umgang mit den genannten Zahlen läßt sich konstatieren, daß noch 1924 der Vorkriegsbestand an Mitgliedern nicht wieder erreicht wurde. Zählte man 1921 260.120 zahlende Mitglieder (ohne Pfalz), so waren es 1922 288.675. Rechnet man die 1922 erstmals wieder vorliegenden Zahlen für die Pfalz hinzu, wo die Kriegervereine aufgrund der französischen Besetzung erheblichem Druck unterlagen und sich viele Vereine auflösten, ergibt sich ein Bestand von 303.247 Mitgliedern. Zusammen mit weiteren Nachmeldungen und den 1922 vorhandenen 18.626 Ehrenmitgliedern ergibt dies für Ende 1922 eine Gesamtstärke von 325.189 Mitgliedern. Dies waren immer noch rund 20.000 weniger als im Jahr 1913. Bis 1924 erfolgte keine gravierende Veränderung, am 1. April dieses Jahres zählte man ohne die Pfalz 309.195 Mitglieder.[254]

Dieser Befund ist umso bemerkenswerter, als den Kriegervereinen ein potentiell großes Mitgliederreservoir durch die im Weltkrieg 1.4 Mio. Einberufenen aus Bayern zur Verfügung stand. Zudem versuchte man, das Mitgliederpotential auszuweiten, indem nach dem Krieg erstmals auch der Beitritt ehemaliger Angehöriger von Armierungstruppen, Sanitätsformationen, Feldpost- und Feldeisenbahn-Einheiten zugelassen wurde.[255] Dennoch waren die Kriegervereine in Bayern bis zum Ende der zwanziger Jahre die an Mitgliedern stärkste Organisation der Kriegsteilnehmer, da der „Stahlhelm, Bund der Frontsoldaten" in Bayern keine Bedeutung erlangen konnte.[256] Die Mobilisierung der Veteranen gelang jedoch nur in beschei-

---

für 1918 gemachte Angabe überging man dabei geflissentlich. BKZ Nr. 22 v. 20.11.1921. Die Zusammenstellungen der Einzelvereine ergaben kein erschöpfendes Bild, da eine Reihe von Bezirken regelmäßig den Nachweis zu spät einreichte: BKZ Nr. 14 v. 20.7.1921. Aus Oberbayern wurden im Kalender für 1914 69.207 Mitglieder aufgeführt, was angesichts der vom Bundespräsidium genannten Zahl für 1921 von 80.045 Mitgliedern unrealistisch ist: Bayerischer Veteranen- und Kriegerkalender 39 (1915); vgl. BKZ Nr. 22 v. 20.11.1921.

253 BKZ Nr. 6/7 v. 1.4.1920 (350.000), Nr. 10 v. 20.5.1920/Nr. 15 v. 5.8.1920 (400.000). Im 1. Halbjahr 1922 meldete man einen Zuwachs von 177 Vereinen; der Jahresabschlußbericht wies dann eine Steigerung um 160 Vereine (ohne Pfalz) aus. BKZ Nr. 10 v. 20.5.1922; Nr. 2 v. 15.2.1923.

254 Bis zum Ende des Jahres 1922 steigerte sich die Mitgliederzahl nochmals um 3.316, der Stärkeausweis wurde bereits im August erstellt. BKZ Nr. 22 v. 20.11.1921; Nr. 2 v. 15.2.1923. Der Tiefpunkt in der Zahl der angeschlossenen Vereine war 1921 mit 3.045 erreicht, am Ende des Jahres 1922 waren es 3.395, gegen 3.871 im Jahr 1913: BKZ Nr. 2 v. 15.2.1923, Fricke, Bd. 3, S. 333. 1924: Frank, S. 52.

255 BKZ Nr. 7 v. 23.3.1919.

256 Ende der zwanziger Jahre zählte der ‚Stahlhelm' nur 3.000 Mitglieder im Raum Coburg: Nusser, S. 289-294. Die seit ihrer Gründung insgesamt größte Veteranenorganisation der Weimarer Republik, das 1923 gegründete ‚Reichsbanner Schwarz-Rot-Gold', war dagegen durch einzelne Ortsgruppen auch im ländlichen Raum vertreten. Vgl. die Hinweise in: StAM, Pol.-Dir. 6888; allgemein: K. Rohe, Das Reichsbanner Schwarz-Rot-Gold, Düsseldorf 1966. Allerdings gab es viele Mitglieder des Reichsbanner, die in den örtlichen Kriegervereinen verblieben, und dazu zum Zweck der politischen Einflußnahme auch von ihrer Organisation aufgefordert wurden. Der Kyffhäuser-Bund faßte deshalb im Herbst 1924 einen Unvereinbarkeitsbeschluß. Vgl. den Bericht über den Gautag Oberbayern-Schwaben des Reichsbanner in Münchener Neueste Nachrichten vom 6.10.1925, sowie den Auszug aus Parole. Beilage zur Kriegerzeitung Nr. 35 vom 30.8.1925: BAP,

denem Ausmaß, zumal bei weitem nicht alle Mitglieder während des Krieges aktiv gewesen waren. Noch 1929 lag der Anteil der Kriegsteilnehmer bei nicht mehr als 66% der Mitglieder in Bayern.[257] Schätzungsweise gerade einmal jeder sechste bayerische Weltkriegssoldat war also in einem Kriegerverein organisiert.[258]

Die Kriegervereine waren in den einzelnen Regionen des südlichen Bayern unterschiedlich stark verbreitet. Außer Betracht bleiben können dabei die zahlreichen Regimentsvereine, die Angehörige einzelner Formationen zur Traditionspflege versammelten. Sie hatten ihren Sitz und auch ihre stärkste Mitgliedschaft in den früheren Friedensstandorten der Regimenter. Diese Organisationsform erreichte deshalb, soweit die Vereine dem Bayerischen Kriegerbund angeschlossen waren, nur mit wenigen Einzelmitgliedschaften den ländlichen Raum.[259]

Auffallend ist der geringe Organisationsgrad in Niederbayern. Hier waren 1922 nur 6.9% der männlichen Wohnbevölkerung in Kriegervereinen organisiert, während man in Schwaben 10.7% und in Oberbayern 11.4% der Männer erreichte.[260] Niederbayern war neben Unterfranken auch der einzige Regierungsbezirk, wo die Mitgliederentwicklung von 1921 auf 1922 stagnierte. Der Rückgang lag zwar nur bei 751 Mitgliedern, aber Oberbayern und Schwaben steigerten ihre Mitgliedschaft im selben Zeitraum um 11.252 bzw. 5.508 Männer.[261] Es waren vor allem die Bezirke des Gäubodens mit ihren wohlhabenden Getreidebauern, in denen jeweils nicht mehr als fünf bis sechs Kriegervereine existierten.[262] Dort hatte der Bayerische Bauernbund seinen Ursprung, der stets eine Minderung der Militärlasten als eines seiner Hauptziele vertreten hatte. Diese Vorprägung minderte vermutlich auch die Anziehungskraft von militärischen Feiern.[263]

15.01, 13501, Bl. 145, 115f.; Lagebericht der Polizeidirektion München v. 5.2.1925: StAM, Pol.-Dir. 6889.

257 Elliott, Organisations, S. 16f. In Augsburg waren 1920 von 5.122 Mitgliedern 2.557 Kriegsteilnehmer: BKZ Nr. 12 v. 20.6.1920. Aufgrund des altersbedingten Abgangs der Vorkriegsreservisten lag der entsprechende Anteil 1938 bei 80%: W. Reinhard, Der N.S.-Reichskriegerbund, Berlin 1939, S. 37.

258 Wenn man entsprechend dem Kyffhäuserbund eine bis 1929 nochmals leicht gestiegene Mitgliederzahl von etwa 350.000 in Bayern unterstellt; vgl. Fricke, Bd. 3, S. 326.

259 Der BKB weigerte sich, die Regimentsvereine korporativ anzuschließen: BKZ Nr. 10 v. 20.5.1922. Verzeichnis der Mitgliedsvereine des BKB in: Bayerischer Veteranen- und Kriegerkalender 48 (1924). Eine Ausnahme bildet die Vereinigung der Veteranen des 3. Inf.-Rgt. „Donaugau" in Lauingen mit 212 Mitgliedern. Im Reich zählten die Regimentsvereine insgesamt 400.000 Mitglieder: Elliott, Organisations, S. 133.

260 Errechnet nach den Zahlen in BKZ Nr. 2 v. 15.2.1923 und Statistisches Jahrbuch für den Freistaat Bayern 17 (1926), S. 10 (männliche Wohnbevölkerung 1925). Insgesamt betrug der Organisationsgrad in Bayern 8.5%.

261 Absolute Zahlen für 1922: Ndb.=25.082, Obb.=91.898, Schw.=44.610: BKZ Nr. 2 v. 15.2.1923. In der Stadt München zählte man dabei 35.000 Mitglieder: BKZ Nr. 6 v. 20.3.1922.

262 Vor allem die Bezirke Dingolfing, Mallersdorf, Pfarrkirchen, Rottenburg: Bayerischer Veteranen- und Kriegerkalender 48 (1924). In den 71 südbayerischen Bezirken betrug die Zahl der Vereine jeweils: bis 10: 19, 11-20: 21, 21-30: 15, 31-40: 10, über 40: 6; BKZ Nr. 2 v. 15.2.1923.

263 Farr, Populism, S. 138, 142, 150.

Regional aufgegliederte Daten über die Sozialstruktur der Kriegervereinsmitglieder liegen für die Weimarer Zeit nicht vor. Erkennbar ist immerhin, daß der Anteil ehemaliger Offiziere unter den Mitgliedern und Vereinsvorsitzenden wie bereits in den Jahren vor 1914 weiter absank.[264] Vereinzelte Hinweise deuten allerdings darauf hin, daß Gütler (Kleinbauern) und Angehörige der unterbäuerlichen Schichten wie die Söldner in den ländlichen Kriegervereinen besonders stark vertreten waren. Von den 102 zahlenden Mitgliedern des Kriegervereins Loitzendorf waren 1919 mindestens 40 Gütler oder Söldner bzw. deren Söhne und im Austrag lebende Väter. Sechs Mitglieder wurden als „Arbeiter" bezeichnet.[265] In einem anderen niederbayerischen Dorf konnte ein Gütler sogar als Vereinsvorsitzender fungieren.[266]

Dieser Befund läßt die These zu, daß die Kriegervereine wie jegliche Form von Vereinen auf dem Land als Motor der Verbürgerlichung fungierten.[267] Eine besondere Anfälligkeit der besitzarmen und -losen Schichten für militaristische und nationalistische Ideologien läßt sich daraus jedoch nicht unbedingt ableiten. Die bisherige Forschung hat jedenfalls noch keine überzeugenden Belege für den tatsächlich vorhandenen Grad an Akzeptanz für die ideologischen Angebote der Verbandsführung bei den Mitgliedern vorgelegt.[268] Es scheint deshalb plausibler, einen anderen Grund für das Interesse dörflicher Unterschichten an den Kriegervereinen anzunehmen. In der stark von besitzständischem Prestige geprägten dörflichen Gesellschaft dürften Kleinbauern mit einem solchen Engagement vermutlich primär die Absicht verbunden haben, an Ansehen und Respekt zu gewinnen. Angesichts der von jedermann gleichermaßen abgeleisteten Militärpflicht konnte man ihnen dieses im Kriegerverein auch bei nur geringem materiellen Wohlstand nicht vorenthalten.[269]

In dem bei den Veteranen verbreiteten Desinteresse am Kriegerbund fand die Überzeugung Ausdruck, daß die einzelnen Vereine ihre Zwecke sehr wohl ohne den überregionalen Zusammenschluß erfüllen konnten. Dementsprechend konnte sich in einigen Gegenden das Vereinsleben vor Ort trotz der Krise des Dachverbandes

---

264 Vgl. Elliott, Organisations, S. 17-21.

265 Es handelt sich um Mindestangaben, da bei einigen Mitgliedern die Berufsangabe fehlt. Verzeichnis der Einnahmen des Kriegervereins Loitzendorf vom September 1919: Privatbesitz. Vgl. die Hinweise auf eine starke Präsenz der Unterschichten in dörflichen Kriegervereinen in Westfalen bei: M. Siedenhans, Nationales Vereinswesen und soziale Militarisierung. Die Kriegervereine im wilhelminischen Bielefeld, in: J. Meynert u.a. (Hg.), Unter Pickelhaube und Zylinder. Das östliche Westfalen im Zeitalter des Wilhelminismus 1888 bis 1914, Bielefeld 1991, S. 369-399, hier S. 381f.

266 Vgl. Gemeinde Asenham 16.2.1923 an BA Pfarrkirchen: StAL, Rep. 164/14, 8723.

267 Vgl. Sievers, Kriegervereine.

268 Dies gilt für Sievers ebenso wie für Rohrkrämer, Militarismus. Zudem ist zu bedenken, daß die von den Arbeiten zum populären Militarismus stets als Beleg für ihre Thesen herangezogene ‚Kriegsbegeisterung' des August 1914 diese Funktion offenkundig nicht erfüllen kann.

269 Dies gilt umsomehr, als ähnlich wie nach 1918 die primären Motive für den Beitritt auch vor dem Krieg in den geselligen Aktivitäten gelegen haben dürften. R. Kermann, Das pfälzische Kriegervereinswesen nach der Reichsgründung, in: Mitteilungen des Historischen Vereins der Pfalz 85 (1987), S. 279-346, ist in diesem Punkt sehr viel näher an der Realität als Rohrkrämer, Militarismus.

entwickeln. Auf dem Land kam es vereinzelt direkt im Anschluß an die Heimkehrerfeier zur Neugründung eines Kriegervereins.[270] Aus dem Bezirk Aichach, wo der Bezirksobmann mit besonderer Intensität am Aufbau der Organisation arbeitete, wurden 1921 13 neue Vereine mit insgesamt 1.000 Mitgliedern gemeldet, die sich dem Kriegerbund angeschlossen hatten. Bei drei weiteren Vereinen wurde damit ebenfalls gerechnet.[271] Da kleinere Vereine in den Landgemeinden oftmals nicht überlebensfähig waren und besonders durch die „Pflege öder Vereinsmeierei" gekennzeichnet waren, riet man zur Zusammenlegung mit benachbarten Vereinen.[272]

Die Satzungen der neugegründeten ebenso wie der bestehenden Vereine widmeten sich den üblichen Zielen der Kriegervereine. Sie sahen die Pflege der ‚Kameradschaft', die Fürsorge für bedürftige Mitglieder im Rahmen der Mittel des Vereines und die Veranstaltung des Begräbnisses für gestorbene Mitglieder vor. Dazu kam in den Jahren nach dem Krieg die Organisation einer zumeist einmal im Jahr stattfindenden kirchlichen Gedächtnisfeier für die im Krieg gefallenen Mitglieder des Vereines und der Gemeinde.[273] Im Zentrum der Vereinsaktivitäten standen nach Kriegsende jedoch die Bemühungen um die Errichtung cincs örtlichen Kriegerdenkmales, worum sich gerade neugegründete Vereine als erstes kümmerten.[274] In der Ausübung des Schützenwesens waren den Vereinen durch die Bestimmungen des Versailler Vertrages, der in Artikel 177 den Kriegervereinen die Übung im Gebrauch mit Waffen untersagte, enge Grenzen gesetzt. Zu deren Beachtung rief auch die Bundesführung auf, um Verbotsdrohungen vorzubeugen.[275]

Das Vereinsleben war in der Nachkriegszeit durch den Gegensatz zwischen den jüngeren Kriegsteilnehmern und der älteren Generation geprägt. Dazu zählten neben den noch verbliebenen Altveteranen des Krieges von 1870/71 – für den gesamten Kyffhäuserbund wurde ihre Zahl mit 130.000 angegeben – die im Weltkrieg nicht mehr eingezogenen Reservisten der Vorkriegsjahre.[276] Die Vorstän-

---

270 BKZ Nr. 13 v. 1.7.1919, Nr. 13 v. 5.7.1920. Festschrift Puchhausen, S. 13; 65 Jahre Osterbuch-Asbach, S. 13. Bei diesen Feiern wurde auch für den Eintritt in einen bestehenden Verein geworben: Neue freie Volks-Zeitung Nr. 23 v. 29.1.1919, Nr. 30 v. 6.2.1919.

271 BKZ Nr. 6 v. 20.3.1921. Vgl. ABA, Pfarrarchiv Osterbuch, Chronik von Osterbuch, S. 322.

272 BKZ Nr. 6 v. 20.3.1921; Zitat: Frank, S. 115f. Vgl. Gründungsfest Burgau, S. 23. In der Mehrzahl der Bezirke gab es Vereine mit weniger als 50 Mitgliedern, die ein Verein der Regel nach haben sollte, in vielen Bezirken solche mit weniger als 30 Mitgliedern, die als „Mindestgrenze" galten: Westphal, S. 33. Vgl. das Verzeichnis der Vereine in: Bayerischer Veteranen- und Kriegerkalender 48 (1924).

273 Vgl. die diversen Vereinssatzungen in: StAA, BA Neuburg 6781b; StAM, LRA 134332; Festschrift Puchhausen, S. 13. Der Kriegerverein Seestetten legte daneben 1927 in seiner Satzung explizit fest, daß man die Kriegsteilnehmer und an der Waffe Ausgebildeten organisiere, „die auf dem Boden der republikanischen Verfassung stehen." Zit. n. Festschrift Sandbach, S. 23.

274 Festschrift Puchhausen, S. 13; 65 Jahre Osterbuch-Asbach, S. 13; Gemeinde Hellengerst 12.6.1922 an BA Kempten: StAA, BA Kempten 4715; Amper-Bote Nr. 60 v. 20.5.1922. Vgl. Kap. 6.4.

275 BKZ Nr. v. 14 v. 20.7.1922. Vgl. Elliott, Organisations, S. 85.

276 Zahl: BKZ Nr. 21 v. 5.11.1920.

de der Einzelvereine waren „überaltert", und nur teilweise gelang ein Generationswechsel zugunsten der Teilnehmer des letzten Krieges. Vereinzelt gab es Vereine, die sich sogar weigerten, junge Kriegsteilnehmer aufzunehmen. Sie beriefen sich dabei auf die Vereinssatzung, in der eine aktive Dienstzeit der Mitglieder im Frieden vorgeschrieben war.[277] Die ältere Generation war vor allem an den eingeübten, am innerdörflichen Status orientierten Formen des Vereinslebens interessiert. Die Heimkehrer zielten dagegen eher auf eine den Interessen der Kriegsbeschädigten dienliche Organisation. Da diese Bemühungen nur zum Teil Erfolg hatten, klagte man über ihr Desinteresse an den in traditionellen Bahnen verlaufenden Vereinsaktivitäten.[278]

Jenseits der intensiven Bemühungen um die Pflege des Totenkultes boten gerade die ländlichen Vereine ein ähnliches Bild wie vor dem Krieg. Hier traten sie zumeist nur bei zwei Gelegenheiten im Jahr zusammen, bei der Abhaltung der jährlichen Hauptversammlung und bei der Veranstaltung eines festlichen Ballabendes. Die vom Bundespräsidium beklagte „Vereinsmeierei" hielt sich hier ungebrochen, und traditionelle Motive gaben den Ausschlag für einen Beitritt zum Kriegerverein:

> „Wegen der Person des Vorstandes, wegen einer prächtigen Fahne, wegen eines lustigen Balles, wegen ihres Geschäftes, wegen einer schönen Beerdigung, und weil es eben Brauch am Ort ist, dem Kriegerverein anzugehören."[279]

Die wichtigsten Bestandteile der Versammlungen in den kleineren Vereinen blieben „Bierkrug und Tarockkarten". Vereinsvorstände, die das Vereinsleben durch politische Diskussionen beleben wollten, stießen rasch an die Grenzen der unter Landwirten nur gering ausgeprägten Rednergabe. Für die bei öffentlichen Veranstaltungen wie Fahnenweihen und Stiftungsfesten notwendigen Ansprachen konnten sie immerhin auf von der Bundesleitung vorbereitete Musterreden zurückgreifen.[280]

---

277 Zitat: BKZ Nr. 21 v. 5.11.1920; vgl. Beiblatt zu Nr. 14 v. 20.7.1921. Zur Verjüngung der Vorstände ebd., Nr. 9 v. 7.5.1920 (Bad Reichenhall) und eine Reihe von Meldungen über neugewählte Vorstände in der zweiten Hälfte des Jahres 1919, BKZ 35 (1919), passim.

278 Vgl. BKZ Nr. 5 v. 1.3.1919, Nr. 19 v. 5.10.1920, Nr. 23 v. 5.12.1920, Nr. 8 v. 20.4.1921, Nr. 12 v. 20.6.1921, Nr. 2 v. 15.2.1923. Vgl. Diehl, Organization, S. 176. An dieser Situation hatte sich bis Ende der zwanziger Jahre offenbar wenig geändert. Vgl. Kyffhäuser. Organ des Deutschen Reichskriegerbundes „Kyffhäuser" 52 (1928), S. 872.

279 BKZ Nr. 2 v. 15.2.1923 (Zitate); vgl. Nr. 4 v. 15.4.1923; Frank, S. 292f.; Festschrift Oberbergkirchen, S. 46; Festschrift Sandbach, S. 23. Die Liste der bei gemeinschaftlichen Aktivitäten ausgegebenen Gelder des Kriegervereins Loitzendorf verzeichnet für das Jahr 1924/25 neben Kosten für „Bier", „Musik" und ein kirchliches „Amt" beim „Jahresfest" nur noch die „Musik" an Fronleichnam: Privatbesitz. Zu optimistisch ist die Behauptung von Elliott, Organisations, S. 17, die Vereine hätten sich monatlich versammelt. Lediglich vier Versammlungen im Jahr auf dem Land erachtete man beim Kyffhäuserbund als genügend: Westphal, S. 59. Eine Aufforderung zu stärkerer Versammlungstätigkeit in BKZ Nr. 22 v. 15.11.1919.

280 Zitat: BKZ Nr. 4 v. 20.2.1922; vgl. Nr. 22 v. 15.11.1919, Nr. 9 v. 7.5.1920, Nr. 11 v. 5.6.1920, Nr. 6 v. 20.3.1921, Nr. 8 v. 20.4.1921. Westphal, S. 52-70; Kyffhäuser. Organ des Deutschen Reichskriegerbundes „Kyffhäuser" 52 (1928), S. 872. E. Strittmatter, Der Laden. Roman, Bd. 1, Berlin 1983, enthält am Beispiel des sorbisch-deutschen Dialekts seines Heimatdorfes eine Fülle anschaulicher Hinweise auf die Praxis der Rede im ländlichen Raum.

Eine Politisierung des Vereinslebens in den Nachkriegsjahren ist nicht zu erkennen.[281] Die in den Kriegervereinen betriebene Verklärung der eigenen soldatischen Vergangenheit verblieb weitgehend im halböffentlichen und aus geselligen Aktivitäten bestehenden Rahmen des Vereinslebens. Außerhalb der Kriegervereine gab es in den Dörfern offenbar keine große Akzeptanz für die Erzählung von Kriegserinnerungen.[282] Der Bürgermeister eines Dorfes in Schwaben hatte bereits 1916 seinen im Felde stehenden Sohn auf den Widerspruch aufmerksam gemacht, der nach dem Krieg eine aggressivere Selbstdarstellung der Veteranen behinderte. Empört beklagte er in seinem Brief das „ehr- und pflichtvergessene Geschwätz" der Soldaten, die inmitten heftigster Klagen über den „Schwindel" in der Feldpost an die Angehörigen unter anderem behaupteten, nach dem Krieg gebe es unter den früheren Soldaten „nur mehr Sozi". Mit der Versicherung, daß er „kein Frömmler und scheinheiliger Augenverdreher" sei, wies er seinen Sohn auf die Konsequenzen solcher Äußerungen hin:

> „Wenn nur solche gedankenlosen Briefschreiber bedenken würden, was sie mit ihrem dummen Gewäsche anrichten. Glauben denn diese Simpel nicht, daß man infolge dessen ihre Leistungen nicht mehr so hoch taxiert (...). Und wenn sie einmal heim kommen und auf Ehre und Anerkennung rechnen sollen, ihnen dann gesagt wird: ‚Ihr habt ja selbst geschrieben, daß die ganze Sache nur ein Schwindel war und daß es Wurscht gewesen wäre, wie es gegangen wäre'."[283]

Politische Ansprüche ließen sich aus dem Dienst an der Front nur dann ableiten, wenn man sich bereitwillig mit den geforderten Anstrengungen identifiziert und diese auch erbracht hatte. Die Repräsentation der unheroischen und unwilligen Kriegsteilnehmer stieß an jene Grenzen, die in der Öffentlichkeit durch die für die Beschreibung der Soldaten dominierende Sprache der „nationalen Verpflichtung" gesetzt wurden.[284] Infolgedessen konnten die Vereine nur intern unter ihren ungeachtet der Kritik am Kriegervereinswesen noch verbliebenen und aktiven Mitgliedern den Stolz bündeln, der sich für diese mit der letztlich gelungenen Bewältigung der Strapazen in den Kriegsjahren verband. Diese Motivlage illustriert ein Beschluß der Kriegervereine des Bezirks Sonthofen, die es im Oktober 1921 ablehnten, die vom Kyffhäuserbund gegen eine Gebühr von zehn Mark an Kriegsteilnehmer abgegebene „Kriegsgedenkmünze" zu erwerben. Zur Begründung hieß es, wegen

---

281 Diese These bei Zorn, S. 305; Broszat, S. 68. 1929 urteilte ein Führer des Bundes Bayern und Reich: „Wer noch Mut und Opfersinn aufbringt, ist entweder beim Stahlhelm oder bei den Nationalsozialisten. Alles andere ist wachsweiches Zeug, das bei den Kriegervereinen in Fahnenweihen, Preiskegelscheiben, Schafkopfrennen, Gartenfesten, Jubiläumsfeiern und Kriegerwallfahrten notdürftig sein Kastratendasein fristet und Gott dankt, daß es noch nicht so entschieden national zu sein braucht, wie diese Nationalsozialisten, die alle wieder einen Krieg wollen." Zit. n. Nusser, S. 300f.

282 Vgl. den Hinweis für ein westfälisches Dorf bei: Brinkmann, Erzählen, S. 27.

283 Brief des Bürgermeisters von Thalhofen, J. Mayer, vom 12.2.1916 an seinen im Felde stehenden Sohn (Abschrift). Der Brief wurde vom BA Markt-Oberdorf dem RP Schwaben zugänglich gemacht, und von diesem am 18.2.1916 dem stv. GK I. AK übersandt: BHStA/IV, MKr 2330.

284 Vgl. Geyer, Kriegsgeschichte, S. 63ff.

ihrer Kosten könne die Gedenkmünze nicht als „Ehrenzeichen" angesehen werden. Zudem fürchtete man Streitereien, da die Mitgliedschaft in einem Kriegerverein als Bedingung für den Erwerb viele Veteranen ausschloß, die wohl ebenfalls ihren Anspruch auf eine solche Ehrung geltend gemacht hätten.[285]

Vor allem die in der Nachkriegszeit häufigen Fahnenweihen brachten durch die Teilnahme von Abordnungen zahlreicher Kriegervereine mit mehreren Hundert Teilnehmern aus der näheren Umgebung der gesamten Gemeinde festlichen Glanz.[286] Zudem konnten hier Kontakte über den engen Horizont des Dorfes hinaus gepflegt werden. Dabei konnte es passieren, daß sich Zwistigkeiten unter der gewöhnlich starken Alkoholeinwirkung in Schlägereien entluden. Nach dem Kirchgang kamen sich die Fahnenjunker und Fahnenjungfrauen im weltlichen Teil der Feier näher.[287] Den Pfarrern gelang es in der Nachkriegszeit nur noch vereinzelt, bei Fahnenweihen und den Gedächtnisfeiern für die Gefallenen die von den Ordinariaten eigentlich verbotene Verbindung des Gottesdienstes mit einer Tanzunterhaltung zu verhindern.[288] Zwischen den Vorständen der Kriegervereine und den als Anwälte der Disziplinierung wirkenden Pfarrern gab es ein zähes Ringen um eine den Erfordernissen der christlichen Moral gerade noch entsprechende Festordnung. Daran läßt sich das gestiegene Selbstbewußtsein der Veteranen im Umgang mit einer traditionell bedeutsamen Autorität ablesen.[289]

Bei den Fahnenweihen kritisierten auch die örtlichen Beamten treffsicher das Mißverhältnis zwischen dem gezeigten repräsentativen Aufwand und der zunehmenden Unwilligkeit zu caritativen Spenden. Mit dem Abstand einiger Jahre konnte man für die Glorifizierung der eigenen Leistungen im Krieg und die der Kontrolle durch die Geistlichen entglittene Bestätigung des eigenen Wohlstandes ohne weiteres Beträge von 10-15.000 Mark aufbringen. Dagegen speiste man Ersuchen um wohltätige Gaben mit den Worten „die Städter sollen arbeiten" ab.[290]

285 BKZ Nr. 23 v. 5.12.1921. Vgl. Westphal, S. 84-86; Diehl, Organization, S. 182, Anm. 102.

286 Vgl. Neue freie Volks-Zeitung Nr. 116 v. 19.5.1920; von einer Feier in der Gemeinde Steinbach (BA Memmingen) wurden 3.000 Teilnehmer gemeldet; HMB RP Schw. 5.10.1921: BHStA/II, MA 102147. Ähnliches gilt für die vereinzelt abgehaltenen Bezirkstrauertage zu Ehren der Gefallenen: BKZ Nr. 22 v. 20.11.1920, WB BA Aichach 6.11.1920: StAM, LRA 99497; vgl. die Materialien in: StAM, LRA 98447.

287 BKZ Nr. 14 v. 20.7.1921, Nr. 17 v. 5.9.1921; Amper-Bote Nr. 63 v. 27.5.1920; Festschrift Tittmoning, S. 24; 65 Jahre Osterbuch-Asbach, S. 14f.; Schlägereien: HMB RP Obb. 22.6.1922: BHStA/II, MA 102136. Vgl. zum Alkohol auch: HMB BA Ebersberg 1.9.1922: StAM, LRA 79889. Fahnenjungfrauen: Pfarramt Engertsham 30.6.1921 an Ord. Passau: ABP, DekA II, Fürstenzell 12/I.

288 Vgl. den Schriftwechsel verschiedener Pfarrer und Kriegervereine mit dem Ordinariat Augsburg aus den Jahren 1921-1925: ABA, Allgemeinakten DB 362; Fuller/Weiß, S. 52-55. Verbote: Oberhirtliches Verordnungsblatt für die Diözese Passau 1921, S. 110f., 135f.

289 Das Pfarramt Roßbach klagte am 19.6.1922 in einem Schreiben an das Ordinariat Passau, die Leute seien „nicht so leicht zu behandeln", bereits die Sammlung von Unterschriften für die Bekenntnisschule habe viel Mühe bereitet: ABP, OA Pfa, Roßbach II, 4a.

290 HMB BA Aichach 16.4.1921 (Zitat), 14.5.1921, 14.6.1922: StAM, LRA 99497. Vgl. HMB BA

Da direkte Quellenüberlieferungen aus den Kriegervereinen nicht vorliegen, sind die dort verbreiteten ideologischen Konstrukte und Weltbilder nicht rekonstruierbar.[291] Die entsprechenden Erörterungen in der Mitgliederzeitung machen immerhin die Vorgaben des Verbandes deutlich. Angesichts der grundsätzlichen Sorge um den Bestand des Kriegerbundes gab es auch dort allerdings nur sporadische Hinweise. Eine kohärente Frontsoldatenideologie konnte der Verband seinen Mitgliedern in den ersten Nachkriegsjahren nicht anbieten. Zunächst mußte man sich mit der Tatsache auseinandersetzen, daß die deutsche Armee keineswegs heldenmütig bis zum letzten Moment gekämpft hatte, sondern sich viele Soldaten im Sommer und Herbst 1918 freiwillig gefangen nehmen ließen.[292] Die Mitglieder der Kriegervereine wurden aufgerufen, den heimkehrenden Gefangenen deshalb keine Vorwürfe zu machen, auch jenen nicht, die sich des „geretteten Lebens freuen", „ohne den Druck der verlorenen Selbstachtung zu spüren":

> „Wen nicht des Krieges unabwendbares Schicksal, sondern das eigene versagende Herz in die Gefangenschaft geführt hat, – der hat seinen Fehltritt grauenhaft gebüßt. Und das müssen und wollen wir ihm als Sühne anrechnen. Das Schuldbuch aber sei vernichtet, die Schuld gestrichen, und niemand nehme uns das Recht, einem unter Euch, die ihr gefangen wart, die Umstände seiner Gefangennahme als Schimpf anzurechnen."[293]

Der Verfasser dieses Artikels ließ durchblicken, daß viele der betreffenden Heimkehrer sich bereits zu diesem Zeitpunkt nicht mehr zu ihren Taten bekennen wollten, was nochmals die Schwierigkeiten bei der Repräsentation der ‚unwilligen' Soldaten belegt. Andererseits dokumentiert diese Äußerung, daß man sich auch in ‚nationalen' Kreisen direkt nach dem Krieg mit den in ihrer Massivität nicht zu leugnenden Auflösungserscheinungen im Heer auseinandersetzen mußte.[294] Nur wenig später betonte die Verbandsspitze dann, daß die Revolution nicht von den Frontsoldaten gemacht worden sei und reihte die Kriegervereine in die Protestfront gegen den Versailler Vertrag ein.[295]

Günzburg 30.5.1923: StAA, BA Günzburg 9934. Vgl. als Beispiel für die seltene Rücksicht auf die zur Mäßigung mahnenden Appelle der Geistlichen: Pfarramt Peterskirchen 1.7.1922, 1.7.1923 an Ord. Passau: ABP, DekA II, Pfarrkirchen 12/I.

291 Allein anhand der Mitgliederzeitungen die ideologischen Einstellungen der Kriegervereinsmitglieder zu (re-) konstruieren, wie dies Rohkrämer, Militarismus, S. 175-262 tut, suggeriert ein in dieser Eindeutigkeit nicht vorhandenes Weltbild. Methodisch ebenso problematisch ist sein Vorgehen, autobiographische Zeugnisse von bildungsbürgerlichen Mitgliedern der Vereine als „schichtenübergreifend" repräsentativ auszugeben; vgl. ebd., S. 25f.

292 Über die Verbreitung entsprechender Gerüchte berichtete: Oberbayerische Landeszeitung. Traunsteiner Nachrichten Nr. 126 v. 4.6.1919.

293 BKZ Nr. 15 v. 1.8.1919.

294 Vgl. BKZ Nr. 15 v. 5.8.1920; Bessel, Germany, S. 263f. In der privaten Wirtschaft wurde von den Arbeitern nach dem Krieg oftmals die Vorlage des Militärpasses verlangt, um ein untadeliges Verhalten während des Militärdienstes zu belegen: Neue freie Volks-Zeitung Nr. 277 v. 27.11.1920.

295 BKZ Nr. 7 v. 5.4.1921; Nr. 2 v. 20.1.1921, Nr. 13 v. 5.7.1922. Dies rief offenbar vereinzelt die Kritik der Mitglieder hervor: Frank, S. 57f.

Für die Erinnerung an das Fronterlebnis machte man den Mitgliedern jedoch keine Vorgaben. Aus „Raummangel" in der Verbandszeitung erschienen nur vereinzelt Schilderungen von Kämpfen einzelner Regimenter oder Besprechungen von Erinnerungsliteratur.[296] Ebenso häufig beklagte man den im Gefolge der inflationären Entwicklung geschwundenen „Opfersinn" der einzelnen Gesellschaftsschichten, der nicht nur den Kriegerbund in eine schwere Krise stürzte, und in den Jahren 1921 bis 1923 deshalb das vordringliche Problem war.[297]

In politischer Hinsicht achtete die Führung des Kyffhäuserbundes auf die Einhaltung eines neutralen Kurses gegenüber der Republik, der die ohne Zweifel vorhandene Distanz zu ihr nicht offen erkennbar werden ließ. Aufgrund der internen Schwierigkeiten beschränkten sich im Gegensatz zu anderen Verbänden des nationalen Lagers politische Aktivitäten vor allem auf öffentliche Verlautbarungen.[298] Vornehmlich im Rahmen von Festveranstaltungen, bei denen des öfteren Angehörige des früheren Herrscherhauses der Wittelsbacher sprachen, äußerten sich noch vorhandene monarchistische Tendenzen unter den Mitgliedern.[299]

Die Attentate gegen Erzberger und Rathenau führten in Preußen kurzfristig zu einer scharfen Wendung der Behörden gegen die Kriegervereine, deren Aktivität nach einer im Juni 1922 erlassenen Notverordnung von den Staatsregierungen verboten werden konnte. In Bayern blieb ein solches Verbot jedoch aus.[300] Der Bayerische Kriegerbund verurteilte den Mord an Rathenau öffentlich, auch um staatlichen Eingriffen vorzubeugen. In einer gemeinsamen Eingabe mit den Offiziersverbänden protestierte man jedoch zugleich gegen das deshalb vom preußischen Innenminister Severing erlassene Versammlungsverbot für die Kriegervereine.[301]

Der Bayerische Kriegerbund wurde außerdem Mitglied der im Herbst 1922 gegründeten Vereinigten Vaterländischen Verbände Bayerns, einer vor allem propagandistisch tätigen Dachorganisation nationaler und völkischer Verbände.[302] Die dabei vom Kriegerbund verfolgte Linie ist nicht klar zu erkennen. Bei den einzelnen Kriegervereinen lösten diese politischen Aktivitäten Irritationen aus. Das Präsidium rügte aufgrund zahlreicher Mitteilungen die auf örtlicher Ebene vorhandene „Überängstlichkeit", sich zusammen mit den anderen Verbänden in gemeinsamen Ver-

296 BKZ Nr. 17 v. 5.9.1922 (Zitat), Nr. 3 v. 5.2.1921, Nr. 14 v. 20.7.1922.
297 BKZ Nr. 8 v. 20.4.1922 (Zitat), Nr. 17 v. 5.9.1922, Nr. 18 v. 20.9.1921.
298 Elliott, Organisations, S. 43, 50, 70; Bramke, S. 47ff., 54; Führer, S. 58ff. beschreibt, auf welche Widerstände 1929/30 bei den am BVP bzw. Zentrum orientierten Landesverbänden der Versuch der Leitung des Kyffhäuserbundes stieß, den Neutralitätskurs bei der Kampagne für das Volksbegehren gegen den Youngplan aufzugeben.
299 Vgl. HMB BA Erding 1.6.1923: StAM, LRA 146315; HMB BA Aichach 31.9.1921, 2.7.1923: StAM, LRA 99497. In der Gemeinde Obergriesbach bildete sich eine Ortsgruppe der Bayerischen Königspartei, die überwiegend aus Mitgliedern des örtlichen Kriegervereins bestand; HMB BA Aichach 30.12.1922: ebd; vgl. Fricke, Bd. 3, S. 384-387.
300 Elliott, Organisations, S. 71-74, 88ff.
301 BKZ Nr. 13 v. 5.7.1922. Vgl. Elliott, Organisations, S. 90.
302 Vgl. Gordon, Hitlerputsch, S. 90-93, 91. Nusser, S. 234-245. Fricke, Bd. 4, S. 314-321.

anstaltungen zu betätigen. Bei gemeinsamen öffentlichen Auftritten waren vor allem die Regimentsvereine vertreten.[303]

Als das größte Problem erwies sich für den Bayerischen Kriegerbund im Gefolge des Krieges die Organisierung der Kriegsbeschädigten. Den „Bund deutscher Kriegsteilnehmer und Kriegsbeschädigter" hatte man 1918 noch inkorporieren können. Daneben entstanden jedoch noch zwei weitere konkurrierende Organisationen. Zum einen gründete der Vorwärts-Redakteur Erich Kuttner nach Auseinandersetzungen mit den freien Gewerkschaften, die sich diesem Vorhaben zunächst widersetzten, im Mai 1917 den „Bund der Kriegsbeschädigten und ehemaligen Kriegsteilnehmer" (seit 1918 „Reichsbund der Kriegsbeschädigten, Kriegsteilnehmer und Kriegshinterbliebenen"). Dieser offiziell parteipolitisch neutrale Verband versammelte eine relativ homogene Anhängerschaft von der Sozialdemokratie nahestehenden Arbeitern und wurde nach Kriegsende rasch zum größten Kriegsopferverband mit 1921 reichsweit knapp 640.000 Mitgliedern.[304]

Daneben konstituierte sich 1918 der Bayerische Bund Kriegsbeschädigter mit Sitz in Nürnberg. In ihm versammelten sich offenbar zunächst unabhängige Ortsgruppen und solche des Reichsbundes sowie des nationalistischen Essener Verbandes. Nachdem eine Verschmelzung mit dem Reichsbund Anfang 1919 am Widerstand vieler Ortsgruppen scheiterte, verließen die ungefähr 2.000 Anhänger des Reichsbundes den Bund. Dieser schloß sich dann noch in der ersten Hälfte des Jahres 1919 korporativ dem liberalen Einheitsverband an.[305] Der Bayerische Bund hatte seinen organisatorischen Schwerpunkt in Mittelfranken, war aber auch in der Oberpfalz und in Niederbayern stark vertreten.[306]

---

303 BKZ Nr. 5 v. 15.5.1923, Nr. 7 v. 15.7.1923 (Zitat); Amper-Bote Nr. 55 v. 10.5.1923. Vgl. Zorn, S. 268. Nach einer antirepublikanischen Kundgebung der Vereinigten Vaterländischen Verbände trat der Bayerische Kriegerbund nach bereits mehrfach zutage getretenen politischen Differenzen im Herbst 1928 zur Wahrung politischer Neutralität aus der Vereinigung aus. Die beiden ersten Präsidenten des Bundes, Reuter und Foerst, traten daraufhin zurück. Opposition gegen diesen Beschluß kam vor allem aus fränkischen Bezirken, während der linke Flügel des Bundes um den dritten Präsidenten Schwarzer ihn befürwortete. Vgl. den Bericht des Reichskommissars für die Überwachung der öffentlichen Ordnung v. 28.2.1929, sowie Zeitungsberichte in: BAP, 15.07, 466, Bl. 200-202, 197f.

304 Vgl. Diehl, Organization, S. 147-154, 161-168; Whalen, S. 121-124, 128 (Zahl). Zu Kuttner vgl. B. de Cort, „Was ich will, soll Tat werden". Erich Kuttner 1887-1942. Ein Leben für Freiheit und Recht, Berlin 1990.

305 Bundes-Nachrichten. Offizielles Organ des Bayerischen Bundes Kriegsbeschädigter, Nr. 13 (1919). Am Reichsbund kritisierte man die norddeutsche Herkunft und die Bereitschaft, auch nicht beschädigte Soldaten zu organisieren: Bundes-Nachrichten Nr. 11 (1919). Zum Einheitsverband vgl. Whalen, S. 127. Der Essener Verband war eine kurzlebige, 1917 gegründete Organisation mit Verbindungen zur Vaterlandspartei, welche die Kriegsbeschädigten für das nationale Lager gewinnen wollte; vgl. ebd., S. 119-121.

306 Von im Mai 1920 insgesamt 37.000 Beschädigten und 7.000 Hinterbliebenen in 740 Ortsgruppen waren allein 6.000 in Nürnberg, 4.500 in der Oberpfalz, 5.700 in Niederbayern: Bundes-Nachrichten Nr. 25 (1920). Weiterhin wurde Ende 1920 der Wirtschafts-Bund Bayerischer Kriegsteilnehmer mit Sitz in Nürnberg gegründet, der abtrünnige Reste des früheren Bundes deutscher Kriegsteilnehmer versammelte. Vgl. Wirtschafts-Bund Bayerischer Kriegsteilnehmer 15.3.1921 an Ministerium für Soziale Fürsorge: BHStA/II, MInn 73463.

Vor allem die Konkurrenz des Reichsbundes beschäftigte die im Kyffhäuserbund bzw. dem Bayerischen Kriegerbund organisierten Vereine von Beginn an. Bereits kurz nach dessen Gründung war man bestrebt, die eigenen Bemühungen zur Organisation und Interessenvertretung der Beschädigten zu intensivieren.[307] Diesem Zweck diente die im April 1920 ins Leben gerufene gesonderte Vertretung der Kriegsbeschädigten im „Zentralverband der Kriegsbeschädigten des Bayerischen Kriegerbundes". Diesem waren sowohl die vereinzelten selbständigen Kriegsbeschädigtenvereine des Bundes als auch die in den Einzelvereinen bestehenden gesonderten Gruppen der Kriegsbeschädigten angeschlossen.[308] Einzelne solcher Gruppen hatten sich bereits vorher gebildet, und es waren Vertrauensleute für Kriegsbeschädigte in den Vereinen gewählt worden. Daneben konnten die Beschädigten auf mehrere Dutzend Rechtsanwälte zurückgreifen, die kostenlos Rat in Versorgungssachen erteilten.[309] Die Hinterbliebenen der gestorbenen Kriegsteilnehmer wurden in den 160 Ortsgruppen des Bayerischen Kriegshinterbliebenen-Vereins organisiert, der dem Kriegerbund korporativ angeschlossen war.[310] Dies ist ebenso wie das zumindest kurzfristige Erscheinen eines eigenen Publikationsorgans umso bemerkenswerter, als die Interessen der Kriegerwitwen in allen Verbänden der Beschädigten normalerweise von den Männern mit ,erledigt' wurden, während sie selbst kaum „über eine anerkannte Stimme" in diesen Organisationen verfügten.[311] Deshalb sei aus der eigenen Begründung für die separate Organisation der Kriegerwitwen ausführlicher zitiert, zumal sie den starken Druck erkennen läßt, dem in der auch nach dem Krieg intakten patriarchalischen Ordnung der Geschlechter das

---

307 Diehl, Organization, S. 156-161. BKZ Nr. 19 v. 5.6.1918; Der Stahlhelm. Beilage zur Bayerischen Kriegerzeitung, Nr. 10 v. 6.11.1918. (Der Stahlhelm war die Zeitschrift des inkorporierten Bundes deutscher Kriegsteilnehmer). Vgl. Bundes-Nachrichten Nr. 29 (1920). Nicht zutreffend sind in diesem Zusammenhang die Bemerkungen zum Kyffhäuserbund von Michael Geyer, Vorbote des Wohlfahrtsstaates, S. 253f. Weder „wuchs sein Anhang ungewöhnlich schnell", noch versuchte er ernsthaft, „Versorgung und Fürsorge mit der Verbandstätigkeit zu fusionieren" (S. 253). Fraglich bleibt, wie Geyer (vgl. ebd., S. 253, Anm. 53) als Beleg für seine Anschauungen auf Stegmann, Repression und Manipulation, verweisen kann. In diesem Aufsatz, der die Geschichte der Deutschen Arbeiter- und Angestelltenpartei behandelt, wird der Kyffhäuserbund nicht in einer Zeile erwähnt.

308 BKZ Nr. 8 v. 20.4.1920. Dieser Zentralverband ist nicht identisch mit dem national-konservativen Zentralverband deutscher Kriegsbeschädigter und Kriegshinterbliebener mit Sitz in Berlin. Vgl. die wiederholten Polemiken gegen diesen Verband: BKZ Nr. 23 v. 5.12.1920, Nr. 3 v. 5.2.1921 u. Nr. 6 v. 20.3.1921, sowie Wahlen, S. 126. Unbeschadet davon führte der Kyffhäuserbund 1920 mit dem Zentralverband letztlich ergebnislose Verhandlungen über eine Verschmelzung: Westphal, S. 190f.

309 BKZ Nr. 5 v. 5.3.1920, Nr. 6/7 v. 1.4.1920.

310 Der Verein wurde am 4.7.1919 gegründet und hatte im August 1919 5.940 Mitglieder; diese Angaben enthält ein vom Bayerischen Kriegerbund am 1.9.1919 an das Ord. Regensburg gesandtes Flugblatt: BZAR, OA 984. Im April 1920 wählte der Verein Frau Anna Trost aus München zu seiner Vorsitzenden, nachdem zunächst der Kriegerbund als Leiter der Fürsorgeabteilung für die Beschädigten aktive Rechtsanwalt Dr. Georg Dübell Vorsitzender war. Die Kriegerwitwe. Familien-Blatt für Kriegshinterbliebene 2.1920, Nr. 3, Nr. 9/10. Exemplare des Jg. 1.1919 sind nicht überliefert. Vgl. BKZ Nr. 10 v. 20.5.1920.

311 Hausen, Sorge der Nation, S. 728.

Selbstbewußtsein und die Interessenartikulation alleinstehender Frauen unterworfen war:

> „Und dann, wenn halt wir Frauen allein uns irgendwo hinwenden, uns schickt man leicht wieder fort, speist uns mit ein paar Brocken ab. Es gibt wohl auch unter uns Frauen manche, die entsprechend aufzutrumpfen verstehen, beinahe hätte ich gesagt sogar auch entsprechend frech und unverschämt auftreten können und die auf diese Weise zu allem kommen. Aber die meisten von uns sind leicht ‚verdattert' und getrauen wir uns nicht einmal mehr bitten und betteln, wo wir eigentlich unser gutes Recht verlangen könnten. (...) Daß wir im Verband unter uns bleiben müssen, dafür spricht schon der Umstand, daß wir doch ganz andere Interessen haben als die Männer. Wir finden ja überall, daß der Mann uns wieder verdrängt und in einer von seinem Standpunkt aus begreiflichen Selbstsucht unsere Existenz uns streitig macht."[312]

Über Spendenaufrufe hinausgehende Rückwirkungen der eigenen Organisation auf den Kriegerbund selbst sind jedoch nicht erkennbar, und bereits 1926 löste sich der Verein wieder auf.[313]

Auch nach den organisatorischen Vorgaben durch das Präsidium wurde die Interessenvertretung der Kriegsbeschädigten wegen des Desinteresses in den Vereinen nicht zum Hauptarbeitsgebiet des Kriegerbundes, wie dieser öffentlich und wiederholt verkündete.[314] Vor allem in den ländlichen Vereinen bestand keine Bereitschaft, sich für die Bedürfnisse der Beschädigten einzusetzen oder diesen Aspekt der Vereinsarbeit zu verstärken. Dort sorgte ein spärlicher Informationsfluß von den Vorständen zu den einzelnen Kriegsbeschädigten dafür, daß diese oftmals erst mit geraumer Verzögerung oder nur durch Zufall erfuhren, daß sich der Kriegerbund überhaupt für ihre Interessen einsetze.[315] Rund ein Jahr nach der Neuordnung hatte erst ein Drittel der Bundesvereine spezielle Gruppen für die Kriegsbeschädigten gebildet, weshalb in den übrigen Vereinen die Beschädigten dem Vereinsleben oftmals fernblieben.[316]

---

312 Die Kriegerwitwe 2.1920, Nr. 4.

313 BKZ Nr. 4 v. 20.2.1920, Nr. 6/7 v. 1.4.1920; Amtsgericht München 18.2.1930 an Polizeidirektion München: StAM, Pol.-Dir. 2383. Dort auch Satzungen und weitere Materialien. Nur ein Viertel der Kriegervereine hatte 1919 auf eine Anfrage des Bundespräsidiums bezüglich der Lage der Hinterbliebenen und möglicher Organisationsfragen geantwortet, weshalb der Verein die Pfarrer um Unterstützung bat; vgl. das am 1.9.1919 an das Ord. Regensburg übersandte Flugblatt in: BZAR, OA 984.

314 BKZ Nr. 8 v. 20.4.1920, Nr. 15 v. 5.8.1920, Nr. 23 v. 5.12.1920.

315 BKZ Nr. 33 v. 18.12.1918, Der Stahlhelm. Beilage zur BKZ Nr. 9 v. 23.10.1918, BKZ Nr. 6 v. 20.3.1921, Beiblatt zu BKZ Nr. 12 v. 20.6.1921; vgl. Amper-Bote Nr. 19 v. 14.2.1920. Vgl. für ähnliche Probleme im Bayerischen Bund: Bundes-Nachrichten Nr. 35 (1921). Wegen normalerweise mangelnder Kenntnis der ländlichen Verhältnisse wurden auch mehr ländliche Beisitzer bei den Versorgungsgerichten gefordert: BKZ Nr. 9 v. 5.5.1921.

316 Beiblatt zu BKZ Nr. 11 v. 5.6.1921; vgl. BKZ Nr. 2 v. 15.2.1923; Frank, S. 219f. Die vom Kriegerbund geleisteten Unterstützungszahlungen an die Mitglieder betrugen in den Jahren 1919-1921 insgesamt 412.000 Mark: BKZ Nr. 6 v. 20.3.1922.

Der Aufbau eigener Institutionen für die Betreuung der Kriegsopfer durch den Bayerischen Kriegerbund war von permanenten Angriffen und Polemiken gegen den Reichsbund begleitet. Vor dem Hintergrund der Probleme mit der Zahlungs- moral der eigenen Mitglieder verwies man dabei vor allem auf die deutlich höheren Mitgliedsbeiträge des Reichsbundes, daneben auf seine parteipolitische Ausrich- tung zugunsten der SPD.[317] Dennoch vertrauten viele in den Kriegervereinen organisierte Kriegsopfer bei der Lösung ihrer Versorgungsprobleme lieber auf die Beratung durch den Reichsbund oder den Bayerischen Bund Kriegsbeschädigter. Nicht nur einfache Mitglieder, sondern auch Bezirksobleute des Kriegerbundes waren zugleich Mitglieder im Reichsbund. Ungeachtet der Warnungen vor den ideologischen Divergenzen beauftragte man den Reichsbund mit der Erledigung von Gesuchen, und seine Vertreter nahmen an örtlichen Sitzungen zur Regelung von Versorgungsangelegenheiten teil.[318] Auch auf dem Lande traten viele Kriegsbe- schädigte vor allem dort dem Reichsbund bei, wo in Kriegervereinen mit älteren Mitgliedern und Vorständen die Bedeutung ihrer Interessen nicht anerkannt wur- de.[319]

Das fehlende Engagement der einzelnen Kriegervereine führte dazu, daß sie nur die drittstärkste Vertretung der Kriegsbeschädigten wurden. Hatte der Kriegerbund direkt nach dem Krieg noch einen leichten Vorsprung vor den anderen Verbänden besessen, so lag er 1920 mit einer Zahl von 35-40.000 kriegsbeschädigten Mitglie- dern hinter dem Bayerischen Bund mit etwas über 40.000 und dem Reichsbund mit rund 50.000 Mitgliedern.[320] Gerade in der Vertretung der Kriegsopfer, deren Organisationsgrad den der unversehrten Veteranen um ein vielfaches übertraf, zeigt

---

317 Vgl. BKZ Nr. 33 v. 18.12.1918, Nr. 13 v. 5.7.1920, Nr. 15 v. 5.8.1920, Nr. 21 v. 5.11.1920; Bramke, Stellung, S. 45f.
318 BKZ Nr. 33 v. 18.12.1918, Nr. 19 v. 1.10.1919, Nr. 6/7 v. 1.4.1920, Nr. 1 v. 5.1.1921, Nr. 6 v. 20.3.1922, Nr. 4 v. 15.3.1923; Beiblatt zu BKZ Nr. 11 v. 5.6.1921 u. Nr. 12 v. 20.6.1921; Frank, S. 216; „Der Umbau des Bayerischen Kriegerbundes", in: Bayerischer Veteranen- und Kriegerka- lender 44 (1920), ohne Paginierung. „In den Kreisen der Kriegsbeschädigten und Kriegshinter- bliebenen besteht gegen das Kriegervereinswesen vielfach eine starke stimmungsmäßige Abnei- gung." Aktennotiz Reichskommissar für die Überwachung der öffentlichen Ordnung v. 27.4.1923: BAP, 15.07, 466, Bl. 7.
319 WB BA Füssen 2.3.1918: StAA, Regierung 9765; Blätter für den katholischen Klerus Nr. 41 v. 7.11.1920; Die Jungmannschaft Nr. 3 v. 1.2.1920. Auch von Seiten der Behörden wurde zum Eintritt in den Reichsbund aufgerufen, so von einem Referenten des Ministeriums für Soziale Fürsorge bei einer Versammlung in Kaufbeuren; WB RP Schw. 25.8.1919: BHStA/II, MA 102145.
320 Bundes-Nachrichten Nr. 30 (1920). Der Reichsbund organisierte ungefähr 10% Nichtbeschädigte und kam deshalb insgesamt auf 55.000 Mitglieder in Bayern. Vgl. Reichsbund. Mitteilungen des Reichsbundes der Kriegsbeschädigten, Kriegsteilnehmer und Kriegshinterbliebenen 3.1920, Sp. 191: 27.000 Mitglieder in Oberbayern. Für 1919: Kriegerbund= 17.573, Bayer. Bund= 10.217, Reichsbund= 15.032. Dazu kam der Bund erblindeter Krieger mit 312 Mitgliedern; Ministerium für Soziale Fürsorge 16.7.1919 an Ministerium für militärische Angelegenheiten: BHStA/IV, MKr 12685. Eine Zahl von 30-40.000 nannte auch der Kriegerbund selbst: BKZ Nr. 19 v. 1.10.1919, Nr. 8 v. 20.4.1920, Nr. 15 v. 5.8.1920.

sich somit das Scheitern des Bayerischen Kriegerbundes beim Versuch einer Modernisierung der eigenen Organisationsstrukturen.

Soldaten, die während der Ausübung des Militärdienstes eine dauerhafte Erkrankung oder Verwundung erlitten hatten, waren noch nicht automatisch ‚Opfer' des Krieges. Dieser Status mußte erst in einer von Ärzten, Sozialfürsorgern und Bürokraten dominierten Prozedur durchgesetzt werden. Der Neuordnung der Militärversorgung, die im 1920 verabschiedeten Reichsversorgungsgesetz ihre Gestalt fand, „fehlte der politische Atem", wodurch die Kriegsopfer zu von Experten abhängigen Interessenten auf einem nur schwer überschaubaren Markt von Sozialleistungen wurden.[321]

Im Rahmen der Volks- und Berufszählung von 1916 wurden in Bayern erst 23.981 Empfänger von Militärrenten gezählt, von denen knapp ein Viertel der landwirtschaftlichen Berufsabteilung entstammte.[322] Bis zum Januar 1919 war diese Zahl bereits auf 65.360 angewachsen.[323] Im November 1922 waren dann in dem das südliche Bayern umfassenden Bereich des Hauptversorgungsamtes München bzw. in Bayern insgesamt Rentenempfänger nach dem Reichsversorgungsgesetz in folgendem Umfang anerkannt: 50.899 bzw. 134.538 Kriegsbeschädigte, 7.944 bzw. 33.706 Kriegerwitwen sowie 26.813 bzw. 100.389 Halb- und Vollwaisen.[324] Bei 11.102 bzw. 42.521 Kriegsbeschädigten war das wegen der großen Zahl von zu bearbeitenden Fällen langwierige und von frustrierten Antragstellern mit Beschimpfungen und Drohungen gegen die zuständigen Beamten begleitete Anerkennungsverfahren noch nicht abgeschlossen.[325] Bis Mai 1930 war die Zahl der beschädigten Rentenempfänger in Bayern auf Grund des Abgangs durch Tod oder Wegzug auf 128.801 gesunken.[326] Der Rentenanspruch von 8.724 Kriegerwitwen

---

321 Vgl. Geyer, Vorbote des Wohlfahrtsstaates, S. 231-234, 251-258, Zitat S. 255; Frie, Kriegsbeschädigtenfürsorge. Eine umfassende Erörterung der komplexen Materie der Versorgungsregelungen liegt außerhalb der Zielstellung des folgenden Abschnitts, der nur für den ländlichen Raum relevante und dokumentierbare Probleme verfolgt. Vgl. allgemein Whalen, S. 131-153; Nothaas, Kriegsbeschädigtenfürsorge; Hausen, Widows.

322 Nothaas, Kriegsbeschädigtenfürsorge, S. 149. Spätere Zahlen über die berufliche Verteilung der Rentenempfänger liegen nicht vor; vgl. Whalen, S. 41.

323 Ministerium für militärische Angelegenheiten 28.2.1919 an MInn: BHStA/IV, MKr 12685.

324 Insgesamt waren zu diesem Zeitpunkt die Ansprüche von 969.004 Beschädigten, 367.018 Witwen und 822.422 Halb- und Vollwaisen endgültig anerkannt: BAP, 39.01, 7541, Bl. 3-5; diese Zahlen sind etwas niedriger als die in ZBSL 53 (1921), S. 697f. für den 1.7.1921 angegebenen, die auch vorläufige Rentenempfänger und Empfänger von Übergangsgeldern enthalten. Durch das Reichsversorgungsgesetz wurden zudem Beschädigte mit zehnprozentiger Minderung der Erwerbsfähigkeit eliminiert, 1923 auch solche mit 20% Minderung. Dadurch wurden insgesamt etwa 0.8 Mio. Kriegsbeschädigte vom Rentenempfang ausgeschlossen: Whalen, S. 156. Zahlen für 1924 bei Hausen, Sorge der Nation, S. 725.

325 Zahl: BAP, 39.01, 7541, Bl. 6; WB RP Ndb. 26.1.1920, HMB RP Ndb. 18.1.1921, 17.11.1921: BHStA/II, MA 102139; HMB RP Obb. 27.7.1923: BHStA/II, MA 102136; Bundes-Nachrichten Nr. 52 (1922); vgl. Whalen, S. 142f.

326 Weiler, Störungen, S. 209.

im südlichen Bayern war infolge einer Wiederverheiratung bis zum 1.7.1921 mit einer einmaligen Zahlung in Höhe von drei Jahresrenten abgefunden worden.[327]

Einer der Grundgedanken des Reichsversorgungsgesetzes lag darin, die Kriegsbeschädigten zur Wiederaufnahme einer Erwerbsarbeit anzuhalten. Deshalb wurden die Renten so knapp bemessen, daß vornehmlich die Leichtbeschädigten zur Arbeitsaufnahme gezwungen waren. Insbesondere die Maßnahmen der sozialen Fürsorge wie Berufsberatung, Berufsschulung und Arbeitsvermittlung dienten diesem Zweck.[328] Viele Kriegsbeschädigte aus dem ländlichen Raum, die sich anstrengende Arbeit nicht zutrauten oder sich nicht auf die Unterstützung ihrer Familien verlassen konnten oder wollten, versuchten deshalb, eine Anstellung im Staatsdienst zu bekommen. Die Möglichkeit der Ansiedlung wurde dagegen vor allem aus Kapitalmangel nur marginal genutzt.[329] Für eine leichtere Arbeit standen in den ländlichen Gemeinden geeignete Stellen allerdings nur in begrenztem Umfang zur Verfügung, obwohl diese aufgerufen waren, den Kriegsversehrten Stellen als Gemeindediener oder Gemeindeschreiber vorzubehalten. Offenbar gab es aber nicht überall Bereitschaft dazu, und man ließ die Schreibarbeiten lieber weiterhin unentgeltlich vom Lehrer erledigen.[330] Vor allem vor dem Krieg unselbständig in der Landwirtschaft Beschäftigte, und hier wiederum besonders die Schwerbeschädigten, wechselten deshalb den Beruf oder wanderten zu diesem Zweck in die Städte ab. Mancher Kriegsbeschädigte fand aber auch im Hausierergewerbe eine Beschäftigung.[331] Zur Vermeidung der Landflucht von schwerkriegsbeschädigten Landwirten versuchten Mediziner und Sozialfürsorger, in einer speziell eingerichteten Invalidenschule Heilbehandlung und landwirtschaftliche Arbeit miteinander zu verbinden.[332]

---

327 ZBSL 53 (1921), S. 698. Vgl. Hausen, Sorge der Nation, S. 732.
328 Geyer, Vorbote des Wohlfahrtsstaates, S. 245-247; Nothaas, Kriegsbeschädigtenfürsorge, S. 151, 180ff.; vgl. Whalen, S. 134. 1924 waren 43% der Kriegsopfer als „schwerbeschädigt" eingestuft, d.h. mit einer mehr als 50% umfassenden Minderung ihrer Erwerbsfähigkeit klassifiziert: Hausen, Sorge der Nation, S. 725; vgl. Bessel, Germany, S. 275. 1930 lag dieser Anteil in Bayern bei 23.7%: Weiler, Störungen, S. 209.
329 WB RP Ndb. 26.1.1920 u. 3.5.1920: BHStA/II, MA 102139; Reichsbund 4.1921, Sp. 156; vgl. Nothaas, Kriegsbeschädigtenfürsorge, S. 203-209; Weinberg, Boden, S. 220-298.
330 Nothaas, Kriegsbeschädigtenfürsorge, S. 190f. Vgl. Bundes-Nachrichten Nr. 39, 40, 44 (1921).
331 Vgl. Weiler, Störungen, S. 101. Danach hatten bis Ende 1929 45% der Antragsteller mit nervösen Beschwerden im Versorgungsamt München-Land, die vor dem Krieg unselbständig in der Landwirtschaft arbeiteten, den Beruf gewechselt. Ein Teil war nun gemäß der Generationenfolge selbständig, die anderen Taglöhner oder Fabrikarbeiter geworden. In München-Stadt wurden in dieser Beschädigtengruppe 105 ehemalige Landarbeiter ausgemacht, die ihren Beruf und damit auch den früheren Wohnort verlassen hatten. Vgl. auch ebd., S. 75. Für Berufswechsel von in der Landwirtschaft Beschäftigten im Zuge der Arbeitsvermittlung vgl. ZBSL 53 (1921), S. 702. Abwanderung besitzloser Hinterbliebener: Hurwitz-Stranz, Kriegerwitwen, S. 100; Die Kriegerwitwe 2.1920, Nr. 11/12. Hausierer: WB BA Mühldorf 22.5.1920: StAM, LRA 188445.
332 Ministerium für Soziale Fürsorge 20.7.1919 an Ministerium für militärische Angelegenheiten; Dr. Strasser von der Oberbayerischen Invalidenschule II in Landsberg o.D. [1919] an RP Obb.: BHStA/IV, MKr 12685. Vgl. RP Obb. 6.12.1919 an Landesdienststelle für das Versorgungswesen (Abschrift): ebd., MKr 12686.

Für die ländlichen Kriegsbeschädigten ohne eigene agrarische Subsistenz wurde zudem die Entwertung der Renten im Zuge der inflationären Entwicklung zu einem schwerwiegenden Problem. Trotz der Gewährung von Teuerungszulagen sank der Wert der Renten allein von 1920 bis 1922 um die Hälfte.[333] Die Situation wurde bei steigenden Preisen für Bedarfsartikel und Lebensmittel für sie noch dadurch verschärft, daß auf dem Lande keine Ortszulage gewährt wurde. Dieser zwischen 10 und 35% betragende Aufschlag auf die Rente sollte für einen Ausgleich der Teuerung sorgen.[334] Seine Nichtgewährung auf dem Land erschien als Benachteiligung der nicht zu den Selbstversorgern gehörenden Personen und führte zu heftigen Protesten gegen diese Ungerechtigkeit gegenüber der ländlichen Bevölkerung.[335]

Das Leben der Kriegsbeschädigten und -hinterbliebenen beschränkte sich nicht darauf, Interessenten für auf sie zugeschnittene Sozialleistungen zu sein. Auch in ihrem neuen Status als staatlich legitimierte Opfer des Krieges blieben sie in die ländliche Lebenswelt eingebunden. Dabei waren sie abhängig sowohl von der individuellen Zuwendung und Fürsorge ihrer Familienangehörigen als auch von der allgemeinen Anerkennung ihrer problematischen Lage im überschaubaren Rahmen dörflicher Öffentlichkeit. Daß der „Dank des Vaterlandes" gerade den Opfern des Krieges zukomme, war eine in der Nachkriegszeit häufig benutzte Formel. Doch bereits das Desinteresse an den Kriegsopfern unter ihren ‚Kameraden' in den Kriegervereinen zeigt, daß dies kaum mehr als ein Lippenbekenntnis war.[336]

Im Umgang mit der eigenen körperlichen Versehrtheit stießen die beschädigt aus dem Kriege heimgekehrten Soldaten nicht nur auf den Zynismus von Versorgungsbeamten, die den „Einfluß der Kriegsstrapazen" als in vielen Fällen nicht „schädigend, sondern stärkend, abhärtend und anregend auf die allgemeine Körperentwicklung" qualifizierten.[337] Zugleich mußten sie tagtäglich gegen die eigenen Versagensängste und die praktischen Schwierigkeiten ankämpfen, die auch eine ‚leichte' Beschädigung für die eigene Arbeitsfähigkeit aufwarf. Arbeit kostet Kraft, und die stand den Kriegsopfern nicht mehr uneingeschränkt zur Verfügung, wie ein in München lebender invalider Soldat im April 1917 berichtete:

---

333 Geyer, Vorbote des Wohlfartsstaates, S. 255; vgl. Whalen, S. 147-149; HMB BA Kempten 13.11.1922: StAA, BA Kempten 6224; Bundes-Nachrichten Nr. 34, 44 (1921), Nr. 50 (1922).

334 Nothaas, Kriegsbeschädigtenfürsorge, S. 170.

335 Vgl. den Artikel „Die Ortszulage" in Bundes-Nachrichten Nr. 34 (1921) und die zahlreichen emotionalen Reaktionen darauf, ebd. Nr. 35, 36 u. 37 (1921); vgl. Kriegerhinterbliebenen-Zeitung. Beiblatt zu den Bundes-Nachrichten Nr. 7 (1921); Die Kriegerwitwe 2.1920, Nr. 19/20.

336 In der Presse der Kriegsopferverbände wurde diese Formel wiederholt an der Realität gemessen; vgl. Bundes-Nachrichten Nr. 34 (1921), Nr. 36 (1921), Nr. 40 (1921), Nr. 52 (1922); Beiblatt zu BKZ Nr. 4 v. 20.2.1922.

337 Mit diesen Worten kommentierte die Landesdienststelle für das Versorgungswesen in München 1921 ein ärztliches Gutachten in einer Versorgungssache. Der Bayerische Bund Kriegsbeschädigter forderte unter Anführung dieser Äußerung am 26.7.1921 in einem Schreiben an das Reichsarbeitsministerium die Absetzung des Leiters der Dienststelle und protestierte gegen „Leute, die den Kriegsdienst an der Front als ‚Stahlbad' betrachten (...)". BAP, 39.01, 7539, Bl. 368f. Vgl. Bundes-Nachrichten Nr. 41 (1921).

„Aber es ist gleich, wen ich Kaput gehe ist es auch gleich, weil ich doch keine schwere Arbeit verrichten kann, wo ich noch etwas Verdienen könnte. Ich habe es im Urlaub schon gesehen, wenn ich ein paar Tage streng arbeite dann muß ich wieder 3-4 Tage aussetzen weil es nicht mehr geht. Wenn ich Sitze oder Liege meine ich was ich bin, bis ich in die Arbeit kom ist nichts mehr. Die Kugel ist halt drin."[338]

In besonderem Maße standen vor diesem Problem die Beschädigten aus der Landwirtschaft, die andauernde schwere körperliche Arbeit erforderte und in der die persönliche Wertschätzung des einzelnen auch von seiner Fähigkeit abhing, solche Belastungen zu bewältigen.[339] Dementsprechend gering war das Vertrauen der ländlichen Kriegsopfer, der Arbeit in ihrem alten Beruf körperlich noch gewachsen zu sein. Gerade an Armen oder Beinen Amputierte schreckten vor der zusätzlichen Belastung einer Arbeit mit den gängigen Prothesen zurück. Aber auch „Leichtbeschädigte" sahen sich zu einer landwirtschaftlichen Betätigung nicht mehr in der Lage. Sie hofften vielmehr, aufgrund ihrer Beschädigung eine weniger anstrengende Arbeit „als Versorgung" zugewiesen zu bekommen.[340]

In der Praxis waren die zumeist jungen Kriegsbeschädigten aus bäuerlichen Familien zunächst auf die Hilfe ihrer Angehörigen angewiesen. Mütter und Schwestern mußten abhängig vom Grad der körperlichen Behinderung nicht nur einen Teil ihrer Arbeitslast übernehmen. Sie waren auch diejenigen, die bei Schwerbeschädigten die notwendig werdende Pflege im häuslichen Rahmen übernahmen.[341] Je nach der Größe und ökonomischen Stärke des Hofes wird dieser zunächst eine gewisse Sicherheit geboten haben, gerade in den Jahren des inflationären Verfalls der Renten.[342] Die Solidarität der Angehörigen kam jedoch dann an ihre Grenzen,

---

338 Briefauszug v. 22.4.1917: BSB, Schinnereriana. Vgl. Vertrauensmann Res.-Lazarett Landsberg 27.12.1917 an den Chefarzt: BHStA/IV, stv. GK I. AK 2404; Briefabschrift eines invaliden Arbeiters vom 15.7.1917 an Herrn A., von einem inaktiven Offizier dem Kriegsminister überreicht: ebd., MKr 2334.

339 Vgl. Schulte, v.a. S. 60ff., 92; Scharfe, Landarbeitserfahrungen, S. 41f. Zynisch mutet demgegenüber der Vorschlag an, einbeinige Invaliden mit Prothesen bei der Arbeit am Pflug einzusetzen: Maier-Bode, Kriegsinvalidenfürsorge, S. 54. Vgl. G. Krumeich, Verstümmelungen und Kunstglieder. Formen körperlicher Verheerungen im 1. Weltkrieg, in: SOWI 19 (1990), S. 97-102; entsprechende Abbildungen waren offenbar oftmals gestellt; MdL Endres (SPD) 8.3.1917: KdA, Sten. Ber. Bd. 15, S. 426.

340 Weinberg, S. 153 (Zitat), 154, 156, 174. Der Verfasser urteilt aufgrund mehrjähriger Tätigkeit bei der Berufsberatung in der Hauptfürsorgestelle Augsburg: ebd., S. 299.

341 ebd., S. 203ff.; vgl. Reichsbund 4 (1921), Sp. 156, dort auch der Hinweis auf die den Todesfällen analoge relative Jugendlichkeit der Kriegsbeschädigten. Genaue Zahlen zu ihrer Altersverteilung liegen nicht vor. Vgl. WB BA Zusmarshausen 3.4.1920: StAA, Regierung 9767. Einen bewegenden Einblick in diese in den Binnenraum der bäuerlichen Familien abgedrängte Problematik, die deshalb auch in den Verbänden der Kriegsopfer kein Artikulationsforum fand, vermittelt der Brief von Frau Hackler aus Großenbach (Bad Laasphe-Rückershausen) vom 29.5.1990 an das Landwirtschaftliche Wochenblatt Westfalen-Lippe. Frau Hackler schildert dort die Belastungen für ihre einen Hof von 14 Hektar bewirtschaftende Großmutter, deren Mann und Schwager beide nach 1918 aufgrund von Kriegsverletzungen pflegebedürftig waren. Zur andauernden Arbeitsüberlastung ländlicher Kriegerwitwen vgl. Hurwitz-Stranz, S. 99.

342 Darauf deutet hin, daß der Strom erst mit Verzögerung eingehender Versorgungsanträge, der im ländlichen Raum größer war – was vermutlich auch an einer Unkenntnis des Verfahrens lag –, in

wenn die Übergabe des Hofes geregelt werden mußte. War der Beschädigte alleiniger Erbe, konnte er noch am ehesten den Hof übernehmen. Geschwister mußten durch ihn jedoch ausgezahlt werden, was die durch eine geringere Arbeitskraft gegebene Startposition weiter verschlechterte. Oftmals sträubten sich jedoch die Eltern selbst gegen eine Übergabe an kriegsbeschädigte Söhne, da sie fürchteten, „daß der Krüppel zur Bewirtschaftung des Gutes nicht imstande sei".[343] Doch nicht nur die Heimkehr der beschädigten Kriegsteilnehmer beeinträchtigte die ökonomische und emotionale Balance in den bäuerlichen Haushalten. Auch das Fehlen der Gefallenen war ein Problem. Sie hinterließen eine auszufüllende Lücke in der Familienwirtschaft und brachten damit (vermutlich nicht nur) den geregelten Erbgang durcheinander. Dieser Aspekt der Kriegsverarbeitung in den bäuerlichen Familien bedarf dringend weiterer Forschung.

Außerhalb ihrer Familien stießen die Kriegsopfer ganz allgemein auf eine zunehmend sinkende Sensibilität und Achtung.[344] Vor allem denjenigen Kriegsbeschädigten, die noch einer Arbeit nachgehen konnten, wurde der Bezug einer Kriegsopferrente als ein unverdientes zusätzliches Einkommen angekreidet.[345] Neid und Mißgunst schlugen auch den Hinterbliebenen entgegen, wie der Vorstand des Bezirksamts Aichach anläßlich des mageren Ergebnisses einer Sammlung für Kriegsbeschädigte melden mußte:

> „Seitens eines Pfarramts wurde mir, da auch in dieser Gemeinde die Sammlung nur 50 M ergeben hat, wovon 1/3 der Pfarrherr spendete, mitgeteilt, daß die Landwirte sich schon lange daran stoßen, daß auch Kriegerwitwen und -waisen auf dem Lande so hohe Teuerungsbezüge erhalten, die es nicht nötig haben (...). Es müsse bei Sammlungen bei zwei Dritteilen alles herausgepreßt werden und werden dabei ein paar Mark oder auch nur eine Mark, ja nur 50 Pfennig mit Widerwillen unter allem möglichen Schimpfen gegeben."[346]

Solche Ressentiments gründeten neben der eifersüchtigen Beobachtung des geringen Vorteiles an barem Einkommen auch in der Überzeugung, daß ein eigenes Anwesen als Quelle der Subsistenz genügend sei und keiner weiteren sozialstaatlichen Abfederung bedürfe. In der Konsequenz einer solchen Bewertung lag jedoch,

---

den Jahren der Hyperinflation nahezu gänzlich versiegte. Dies lag daran, daß der zu erwartende Betrag nun kaum noch „lohnend" erschien: Weiler, Störungen, S. 110.

343 Weinberg, S. 81, 83, 85 (Zitat). Vgl. Reichsbund 4 (1921), Sp. 156.

344 Dies stellte der ehemalige Feldseelsorger Rupert Mayer am 20.11.1920 in Freising in einer Rede fest: BKZ Nr. 1 v. 5.1.1921; vgl. Beiblatt zu BKZ Nr. 4 v. 20.2.1922, Bundes-Nachrichten Nr. 36 (1921), Nr. 50 (1922).

345 WB BA Donauwörth 27.1.1920: StAA, Regierung 9767; Beiblatt zu BKZ Nr. 4 v. 20.2.1922; Bundes-Nachrichten Nr. 34 (1921), Nr. 50 (1922). In städtischen Betrieben wurde der Rentenbezug zur Senkung des Lohnes ausgenutzt; vgl. den Brief aus München vom 1.8.1917: BSB, Schinnereriana; Nothaas, Kriegsbeschädigtenfürsorge, S. 195f. Neid auf überhöhte Renten anderer Kriegsopfer herrschte allerdings auch unter den Beschädigten selbst und führte zu anonymen Denunziationen: Bundes-Nachrichten Nr. 22/23 (1920), Nr. 39 (1921).

346 HMB BA Aichach 30.1.1922 (Zitat) und 15.3.1922: StAM, LRA 99497. Vgl. WB BA Donauwörth 27.1.1920: StAA, Regierung 9767; Die Kriegerwitwe 3.1921, Nr. 2; Hurwitz-Stranz, S. 95, 97; Kaschuba/Lipp, S. 178.

daß die nicht mit einem eigenem Anwesen ausgestatteten ländlichen Kriegsbeschädigten- und hinterbliebenen auf die unterste Sprosse des sozialen Ansehens herabsanken. Ihnen drohte stets die deklassierende Abhängigkeit von der Armenfürsorge.[347]

Die Verarbeitung der Kriegserfahrung in den ländlichen Kriegervereinen bietet insgesamt ein gespaltenes Bild. Als Folge der wachsenden Kriegskritik der ländlichen Soldaten und des politischen Systemwechsels geriet die vor 1914 übliche, im Rahmen des monarchischen Kultes betriebene Verklärung der Soldatenzeit in eine tiefe Krise. Davon betroffen war jedoch weniger das weitgehend unpolitische Vereinsleben vor Ort, als die übergreifende, durch den Bayerischen Kriegerbund vertretene politische Repräsentanz der Kriegervereine. Diese divergierende Entwicklung ergab sich aus dem politischen Einstellungswandel unter den ländlichen Soldaten. Mit dem monarchischen System und seinen tragenden Eliten wie etwa dem Offizierkorps waren wesentliche Koordinaten ihres bisherigen politischen Weltbildes der Kritik verfallen. Für die organisatorische Verankerung eines darüber hinausweisenden, positiven politischen Gestaltungswillens waren die prinzipiell auf eine Verklärung des Militärdienstes ausgerichteten Kriegervereine jedoch nicht der geeignete Ort. Auch zur Auseinandersetzung mit den in Gestalt der Kriegsopfer sichtbaren destruktiven Folgen des Krieges war man dort nicht bereit.

Die insgesamt gelungene Reintegration der Veteranen sorgte dafür, daß das an der Front entstandene Kritikpotential relativ rasch verpuffte. Bei dem ungeachtet der negativen Aspekte der Kriegserfahrung in den Kriegervereinen verbliebenen Stamm an Mitgliedern wurde die Erinnerung an die Jahre 1914-1918 dagegen bereits nach relativ kurzer Zeit von Patina überzogen. Bedenkt man den insgesamt geringen Organisationsgrad der Weltkriegsteilnehmer, traf dies jedoch nur für eine Minderheit der Veteranen zu. Für die gewissermaßen ,schweigende' Mehrheit gab es offenbar keinen Anlaß – oder keine Gelegenheit –, die gemachten Erfahrungen im Rahmen einer speziellen Organisation aufzuarbeiten oder zu verankern. Die Gewichtung dieser beiden Momente bleibt vorerst problematisch. Die intensiven Organisationsbemühungen der Kriegsbeschädigten sprechen allerdings dafür, das Moment fehlender Motivation als stärker einzuschätzen. Die körperliche Beschädigung durch den Krieg erzeugte bei den Heimkehrern eine tiefgreifende persönliche Betroffenheit, die auch auf dem Land konkurrierenden Organisationen Raum verschaffte.

---

347 Vgl. Bundes-Nachrichten Nr. 33 u. 34 (1921); Die Kriegerwitwe 2.1920, Nr. 11/12, 3.1921, Nr. 1.

6.4. Bau und Symbolik von Kriegerdenkmälern

In der Presse der Kriegsopferverbände wurden die Kriegsbeschädigten zuweilen als „lebende Denkmäler" des Krieges bezeichnet, um die von ihnen als Heuchelei empfundene Errichtung von Kriegerdenkmälern zu persiflieren. Dem Pathos der Totenehrung und ihrem in Anbetracht der eigenen Renten unangemessenen finanziellen Aufwand stellte man die alltägliche Mißachtung der versehrten Überlebenden gegenüber, die „nicht so glücklich waren im Felde zu bleiben".[348] Solche Einwände waren jedoch nicht hinreichend geeignet, um der nach Kriegsende entstehenden Flut öffentlicher Sinnbilder für den Soldatentod entgegenzuwirken.[349]

Die politischen und sozialen Dimensionen der Auseinandersetzung mit dem massenhaften Sterben an den Fronten wurden offensichtlich in den traditionalen Formen der Trauer, durch die private Totenehrung in christlichem Ritus und populären Brauchtum, nicht erschöpft.[350] Der Kriegstod als ein gewaltsamer und in der Erfüllung der Wehrpflicht für den Staat erlittener Tod verlangte nach einer öffentlichen symbolischen Repräsentation, die den überlebenden Mitkämpfern, den Hinterbliebenen und der ganzen Gemeinde Angebote zur Identifikation und Sinnstiftung machte.[351] Die Kriegerdenkmäler boten einen Platz, der diese Angebote bündelte und sinnlich erfahrbar machte.

Zudem gaben sie auch der persönlichen Trauer und Erinnerung der Hinterbliebenen einen Ort, da die Gefallenen nur zu einem geringen Teil in ihren Heimatorten begraben wurden. Die meisten von ihnen wurden in den hinter der Frontlinie angelegten Soldatenfriedhöfen beerdigt.[352] Ein Antrag auf Überführung eines Gefallenen hatte während des Krieges nur dann Aussicht auf Erfolg, wenn der Leichnam identifizierbar und nicht in einem Massengrab beerdigt war. Auch dann

---

348 Bundes-Nachrichten Nr. 22/23 (1920), Nr. 35 (1921), Nr. 52 (1922) (Zitat); vgl. die gegenüber den hohen finanziellen Aufwendungen für die Denkmäler kritischen Artikel in: Die Kriegerwitwe 2.1920, Nr. 3; BKZ Nr. 21 v. 1.11.1919, Nr. 14 v. 20.7.1921; Münchener Post v. 7.10.1921: BAP, 61 Re 1, 7691, Bl. 92.

349 Regionalstudien zu Bayern liegen noch nicht vor. Vgl. Koselleck, Kriegerdenkmale; Lurz, Kriegerdenkmäler, Bd. 3/Bd. 4; Probst, Bilder vom Kriege; Behrenbeck, Kriegerdenkmäler; Inglis, War Memorials; Jeismann/Westheider, Totenkult; Hardtwig.

350 Vgl. dazu Hartinger, Totenbrauchtum, v.a. S. 31-92, 125-128; Metken, Die letzte Reise. Ein „Schwund christlicher Todesdeutung" als Voraussetzung für den politischen Totenkult (Koselleck, Kriegerdenkmale, S. 259) läßt sich jedoch nicht konstatieren. Vielmehr verweist – wie zu zeigen sein wird – dieser gerade auf traditionale Formen des Totengedenkens zurück, so daß beide ineinander verschränkt blieben. Die offizielle römische Sterbeliturgie reichte allein deshalb nicht mehr aus, da sie erstens zumeist gar nicht vollzogen werden konnte und zweitens im Denkmal das Moment des gewalthaften Todes für sich thematisiert werden sollte. Die von Koselleck vertretene These einer „Demokratisierung" (ebd.) als säkularer Grundzug des Totenkultes setzt m.E. fälschlich Partizipation und Demokratie gleich; vgl. meine Kritik in: Krieg und Literatur/War and Literature 6 (1994), S. 167-170.

351 Vgl. Koselleck, Kriegerdenkmale, v.a. S. 257.

352 Zur Anlage der deutschen Soldatenfriedhöfe vgl. Lurz, Bd. 3, S. 31-41, 75-78; Mosse, S. 101-116.

sollten Überführungen nur in Ausnahmefällen genehmigt werden.[353] Wegen der hohen Kosten war die Rückführung des Leichnams ohnehin nur wenigen Angehörigen möglich, zumal die Behörden keine Zuschüsse leisteten.[354] Wenn im Einzelfall dennoch eine Überführung stattfand, war sie ein emotional aufwühlendes und den Schmerz der Familie in die Trauer der gesamten Gemeinde einbindendes Ereignis, wie ein Brief aus dem Bezirk Illertissen belegt:

„Gestern hat man bei uns den ersten gefallenen Krieger in seiner Heimat beerdigt. Es ist dies der Bauer August der ist in einem Lazarett in Frankreich gestorben u. nun hat es seine Frau soweit gebracht daß sie ihn rausnehmen durfte. Am Dienstag Nachmittag kam die Leiche in Illertissen an und Abends bis 7 Uhr war sie in Obenhausen. Bei uns hatte man die Ehre u. durfte ihn holen mit einem wunderschön gezierten Leichenwagen. Der Knecht hatte die Roß wunderschön geziert sie hatten beide weiß-blaue Seiden Schleifen u. an den Seiten schwarze Flore. Der Bonifaz ist in seiner neuen Uniform gefahren zwei Feldgraue Soldaten haben die Roß geführt u. noch 12 Feldgraue welche gerade in Urlaub da sind haben den Wagen begleitet. Vor dem Dorfe hat ihn der Herr Pfarrer mit Kreuz u. Fahnen u. einer Menge Leidtragenden abgeholt. Über die Nacht ist er noch in seinem Hause übernachtet aber leider nicht mehr lebend sondern tot. Es ist ein schauderhafter Anblick wenn man so heimkehrt. Alles hat geweint und geschrieen."[355]

Auf Wunsch der Angehörigen bürgerte sich in einigen Pfarreien auch die Praxis ein, daß zur „Imitierung eines Leichenzuges" der Pfarrer im Haus des Verstorbenen anstelle des Leichnams militärische Abzeichen weihte und dann die Trauergemeinde zur Kirche begleitete.[356] Die Trauer der meisten Hinterbliebenen fand somit keinen Ort, weshalb es bereits während des Krieges vereinzelte Bestrebungen gab, die Gefallenen in dauerhaften Denkmälern zu ehren. Dem traten 1915 verschiedentlich die Regierungspräsidenten entgegen und verwiesen darauf, daß mit einer Genehmigung während der Kriegszeit nicht zu rechnen sei.[357] 1916 wurde in Bayern ähnlich wie in anderen

---

353 Militär-Verordnungsblatt Nr. 58 (1915): HStA/MA Stuttgart, M 77/1, Bd. 27. Bernd Ulrich bin ich für den Hinweis auf diese Quelle zu Dank verpflichtet. Nach dem Krieg war eine Überführung wieder ab Ende 1921 unter ähnlichen Bedingungen möglich; Reichsministerium des Innern 8.11.1921 an die Landesregierungen: BHStA/II, MK 19280. Den Wunsch nach einer Überführung im Falle seines Todes äußerte Stefan Schimmer am 6.5.915 in einem Brief an seine Frau: ebd., Amtsbibliothek 9584.

354 Vgl. K.M. 12.2.1916 an MK und MInn: BHStA/II, MK 19258; Amtsblatt für die Diözese Augsburg 26 (1916), S. 28f.; Ulrich/Ziemann, Frontalltag, Dok. 60, S. 208.

355 Briefauszug vom 26.4.1917: BSB, Schinnereriana. Die Bedeutung des überführten Leichnams als „das letzte was wir [von dem Gefallenen; B.Z.] haben" wird auch deutlich in einem Briefauszug vom 1.4.1917 aus dem Allgäu: ebd.

356 Pfarrer Seitz aus Kirchroth 1.12.1914 an Ord. Regensburg; vgl. Expositus Stückler aus Niederkirchen 20.7.1915 an dass.; beides in: BZAR, OA 963. Die Erfüllung solcher Wünsche wurde den Geistlichen vom Ordinariat am 7.12.1914 untersagt: Oberhirtliches Verordnungsblatt für die Diözese Regensburg 1914, S. 221; vgl. RP Ndb. 20.1.1915 an BA Pfarrkirchen: ABP, OA Pfa, Pfarrkirchen II, 4a.

357 RP Ndb. 29.4.1915 an die Bezirksämter; vgl. RP Ndb. 22.11.1917 an die Bezirksämter: StAL, Rep. 164/6, 1813; Entschließung des RP Obb. v. 23.7.1915: Amtsblatt für die Diözese Augsburg

Bundesstaaten eine Landesberatungsstelle für Kriegerehrungen beim Kultusministerium gegründet. Deren Arbeit blieb während des Krieges jedoch vor allem auf die Problematik der Ausgestaltung von Soldatenfriedhöfen im Ausland beschränkt.[358] Für die Begutachtung von Denkmalsentwürfen wurden 1917 in den Regierungsbezirken Vertrauensmänner geschaffen, die der Landesberatungsstelle und Interessenten als Ansprechpartner vor Ort dienten.[359]

Nach Kriegsende errichteten dann in wenigen Jahren die meisten ländlichen Gemeinden Kriegerdenkmäler in der einen oder anderen Form. Allein im Jahr 1922 wurden in Bayern mehr als 1.200 solcher Projekte von den Behörden begutachtet.[360] Die inflationäre Krisensituation des Jahres 1923 beendete diesen Bauboom der ersten Nachkriegsjahre. In Oberbayern, wo 1922 noch fast 200 Denkmäler begutachtet wurden, sank diese Zahl 1923 auf 82 und 1924 auf nur noch 39.[361] Erst gegen Ende der zwanziger Jahre holten schließlich die meisten derjenigen Gemeinden ihr Denkmalsprojekt nach, die es direkt nach dem Krieg noch nicht realisiert hatten.[362]

Als Initiatoren für die Errichtung eines Kriegerdenkmals waren im ländlichen Raum ebenso wie in den Städten vor allem die Kriegervereine tätig. Aus ihren Reihen bildete sich, normalerweise unter Hinzuziehung von Vertretern der Gemeinde und in Abstimmung mit dem Gemeinderat, ein Denkmalausschuß. Dieser widmete sich der Auswahl eines Entwurfes und der Realisierung des Vorhabens. Handelte es sich um ein Denkmal an oder innerhalb der Kirche, wurde zumeist die Kirchengemeinde aktiv. Besonders in diesem Fall, aber auch bei Denkmälern auf öffentlichen Plätzen war häufig der Pfarrer die treibende Kraft des Denkmalprojekts.[363] Die Initiative oder Mitwirkung des Pfarrers hatte normalerweise die Wahl eines religiösen Motivs zur Folge. Nur im Ausnahmefall wurde der zwischen Bevölkerung und Pfarrer unstrittige Konsens über die Priorität einer christlichen Sinnstiftung brüchig. Dies geschah in der Gemeinde Dorfbach, wo der Kriegerverein gegen das Votum des Pfarrers, der einen Entwurf der Gesellschaft für christliche Kunst vorgeschlagen hatte, ein Denkmal in Form eines Soldaten in zeitgenössischer Uniform, aber mit Schwert und mittelalterlichem Helm errichtete.[364] Die örtliche

---

Nr. 22 v. 18.8.1915, S. 124f. Vgl. Regierungsbaumeister Rattinger, Aus der Tätigkeit der Baube-ratungsstelle unseres Vereins, in: Bayerischer Heimatschutz 14 (1916), S. 129-137, hier: S. 134.

358 MInn 9.5.1916 an MK: BHStA/II, MK 14477; vgl. die Materialien in: BHStA/II, MK 14482; Lurz, Bd. 3, S. 31-39.

359 Vgl. den Schriftwechsel in: BHStA/II, MK 14483.

360 Aktennotiz Referat 34 des MK v. 17.10.1923: BHStA/II, MK 51029.

361 RP Obb. 29.2.1924 u. 24.3.1925 an MK: BHStA/II, MK 51029. In Schwaben hörte die Inanspruchnahme der Beratung bereits in der zweiten Hälfte des Jahres 1922 fast gänzlich auf; RP Schw. 22.2.1924 an MK: ebd.

362 Lurz, Bd. 4, S. 28; Behrenbeck, Kriegerdenkmale, S. 347f.

363 Zahlreiche Beispiele in: StAA, BA Illertissen 3891; BA Kempten 4715; BA Lindau 4538; BA Memmingen 10914; BA Mindelheim 3703; StAL, Rep. 164/14, 8723; Rep. 164/13, 2532-2549, 2553, 2554.

364 Pfarrer von Dorfbach 28.2.1920 an BA Passau: StAL, Rep. 164/13, 2536.

Kirchenverwaltung konnte aber auch im Verfahren einfach übergangen werden, wie im Fall der Gemeinde Ungerhausen. Dort brachte der Gemeinderat ohne baupolizeiliche Genehmigung und Rücksprache mit der Kirchengemeinde unter der Empore der Kirche ein Triptychon mit einer Patrona Bavariae im Zentrum an. Der Kirchenvorstand akzeptierte das Denkmal allerdings schließlich.[365]

Konflikte innerhalb der Gemeinden bei der Auswahl des geeigneten Denkmals waren im Unterschied zu den Städten, wo Streitigkeiten zwischen den politischen Lagern häufig zu Verzögerungen führten, auf dem Land ansonsten eine seltene Ausnahme.[366] Sie betrafen eher Details, während sich in der inhaltlichen Ausrichtung der Symbolik keine grundsätzliche Opposition formierte.[367] So stießen Denkmalkomitee und Gemeinderat in Wittibreut in der Bürgerschaft zunächst nur deshalb auf Ablehnung, weil sie eine einfache Tafel errichten wollten. Die Bewohner drängten dagegen auf ein „würdiges wirkliches" Gedenkzeichen. Das konnte nur ein figürliches Denkmal sein, und erst nach der Wahl eines entsprechenden Entwurfes flossen dann ausreichende Geldspenden.[368]

Am ehesten kam es zu Streit über den Aufstellungsort für das Denkmal, wobei die Motive für die gegensätzlichen Positionen allerdings nur selten klar erkennbar sind.[369] In der Gemeinde Legau protestierte eine Einsendung an die örtliche Zeitung gegen den von einer Versammlung bestimmten Ort. Dabei berief sie sich auf ein entsprechendes Votum des Denkmalausschusses. Als Argument wurde genannt, der Platz an der Kirche sei geeigneter, „damit jeder Kirchgänger zum Dank und zur Pflicht erinnert wird."[370] Der ursprünglich geplante Aufstellungsort stieß vor allem deshalb auf Ablehnung, weil man dafür einen Brunnen hätte umsetzen müssen.

Auf dem Weg zu einem Denkmal war dann die Beschaffung der Mittel der nächste Schritt. Die Ausgaben für das Denkmal wurden in erster Linie durch vom Denkmalausschuß oder dem beteiligten Kriegerverein in einer Haussammlung erbrachte Spenden bestritten. Bei Denkmalen auf dem Kirchengelände kamen dazu oftmals Mittel aus der gemeindlichen Kirchenstiftung. Da im Regelfall die gesammelten Beträge nicht ausreichten, wurden sie von der Gemeinde aus eigenen Mitteln bis zur Kaufsumme aufgestockt. Der Differenzbetrag lag dabei zumeist bei einem Drittel der Gesamtsumme, konnte im Einzelfall aber auch mehr als das

---

365 Kirchenverwaltung Ungerhausen 12.3.1921 an BA Memmingen: StAA, BA Memmingen 10914.

366 Vgl. Behrenbeck, Kriegerdenkmale, S. 347.

367 So nahm an der Einweihung einer Gedächtniskapelle in Harthausen (BA Aibling) auch die Spitze der örtlichen Sozialdemokratie teil; HMB RP Obb. 23.5.1923: BHStA/II, MA 102136.

368 Denkmalkomitee und Gemeinderat Wittibreut 16.11.1921 an Landbauamt Landshut: StAL, Rep. 164/14, 8723.

369 Vgl. Pfarramt Attenhausen 5.9.1921 an BA Memmingen, BA Memmingen 18.12.1920 an Landbauamt Memmingen (undatierter Zeitungsausschnitt zur Gemeinde Pleß): StAA, BA Memmingen 10914; BA Illertissen 7.3.1922 an den Architekten Schweighart in Augsburg; Gemeinderat Jedesheim 16.5.1923 an BA Illertissen; beides in: StAA, BA Illertissen 3891. Vgl. Lurz, Bd. 4, S. 272.

370 Legauer Anzeiger v. 19.6.1923 und 26.6.1923 (Zitat): StAA, BA Memmingen 10914.

dreifache der Spendensumme betragen. Eine Reihe von Gemeinden aus dem Bezirk Memmingen übernahm die Kosten des Denkmals zur Gänze. Dafür verwendete man die Erträgnisse des Gemeindewaldes, insbesondere aus dem Verkauf des Windfallholzes. In der Gemeinde Attenhausen geschah dies auf Antrag des Veteranenvereins, der ursprünglich das Denkmal aus eigenen Mitteln errichten wollte. Doch die letztlich benötigten 45.000.– Mark überstiegen die Möglichkeiten des Vereins.[371]

Zusätzlich zu den finanziellen Mitteln trugen die Gemeindemitglieder zuweilen durch Materialspenden und Arbeitsleistungen wie z.b. die Übernahme von Fuhren zur Errichtung des Denkmals bei.[372] Im August 1925 baten 30 namentlich zeichnende Bauern, Gütler, Taglöhner und Steinhauer aus der kleinen und vergleichsweise ärmlichen Gemeinde Praßreuth das Landbauamt Passau in einer Eingabe, das bereits fertige Denkmal zu genehmigen, da zu einer Abänderung das Geld fehlte. Dabei betonten sie, daß die „Arbeiterschaft" das Denkmal unentgeltlich fertiggestellt habe, während die als „Bürger" bezeichneten Landwirte die für das Material nötigen finanziellen Mittel aufgebracht hatten.[373]

Die zur Errichtung notwendigen Summen lagen zwischen 4.000.– Mark für ein an der Kirche in Ollarzried angebrachtes Mosaikbild aus Glas und 120.000.– Mark für eine 1922 in Hawangen an der Kirchhofmauer errichtete Gedächtniskapelle. Im Schnitt wurden bei einer Reihe von 1921 und 1922 errichteten Denkmälern rund 22.500.– Mark aufgewendet.[374] Dies waren für kleinere Gemeinden durchaus beachtliche Beträge, die in relativ kurzer Zeit aufgebracht werden konnten.

Wenn sich die Errichtung des Denkmals verzögerte, konnte die fortschreitende inflationäre Entwicklung mit der rapiden Entwertung des einmal gesammelten Geldes das Projekt zum Scheitern bringen.[375] Dies geschah in der Gemeinde Betlinshausen, wo man 1922 auf die geplante Errichtung des Denkmals mit einem auf den Knien betenden Soldaten verzichten mußte und stattdessen die Erneuerung

---

371 Holzgeld: Attenhausen, Egg, Frechenrieden, Hawangen; vgl. Veteranen- und Soldatenverein Attenhausen 11.5.1922 an Gemeinderat Attenhausen: StAA, BA Memmingen 10914; vgl. ansonsten die in Anm. 363 genannten Archivalien. Gründungsfest Burgau, S. 24; Festschrift Puchhausen, S. 13. In Waging wurden Einzelspenden bis zu 1.100 Mark erbracht: Oberbayerische Landeszeitung. Traunsteiner Nachrichten Nr. 119 v. 24.5.1921.

372 Kirchdorf am Inn: StAL, Rep. 164/14, 8723; Festschrift Sandbach, S. 18. In Eisenburg stellte der Vorsitzende des Kriegervereins das Grundstück zur Verfügung: Gemeinde Eisenburg 21.8.1921 an BA Memmingen: StAA, BA Memmingen 10914. Vgl. Probst, S. 176, 193.

373 Eingabe aus Praßreuth 11.8.1925 an Landbauamt Passau; das Landbauamt erteilte mit Schreiben v. 19.11.1925 an BA Passau nach der Einweihung „mit Rücksicht auf die Mittellosigkeit der Bevölkerung" die Genehmigung: StAL, Rep. 164/13, 2554.

374 Diese Zahl bezieht sich auf 20 Denkmäler, für die Angaben vorliegen. Der Betrag wurde auf 500.– Mark auf- oder abgerundet und betrifft bei der Gemeinde Legau (BA Memmingen) nur die zur Verfügung stehende Summe, da das Denkmal erst nach der Inflation errichtet wurde; Einzelbelege in: StAL, Rep. 164/14, 8723; StAA, BA Illertissen 3891, BA Kempten 4715, BA Lindau 4538, BA Memmingen 10914; Festschrift Puchhausen, S. 13.

375 In der Gemeinde Legau mußte ein geplantes Denkmal mit dem Hl. Georg deshalb zurückgestellt werden; Gde. Legau 23.1.1924 an BA Memmingen: StAA, BA Memmingen 10914.

einer bestehenden Grabtafel in Angriff nahm.[376] Die Summe des zur Verfügung stehenden Geldes wirkte insgesamt als ein Ausschlußfaktor, der Einfluß auf den gewählten Typus und damit auch auf die symbolische Aussage des Denkmals hatte.[377] Aufgrund fehlender Mittel für andere Entwürfe konnte so mit einem Findling auch ein germanisierendes Denkmalsmotiv, das sonst eher im Norden Deutschlands verbreitet war, zur Aufstellung gelangen.[378] Vor allem kleinere Gemeinden begnügten sich deshalb oftmals mit einer einfachen Gedächtnistafel.[379]

Die Höhe der aufgewendeten Geldmittel und die Tatsache, daß die gesamte Gemeinde an ihrer Aufbringung beteiligt war, zeigt deutlich, daß in breiten Kreisen der ländlichen Bevölkerung ein starkes Bedürfnis nach einer angemessenen Ehrung der Gefallenen bestand.[380] Von Seiten der Denkmalpfleger wurde allerdings kritisch betont, daß die hohen Aufwendungen für ein Kriegerdenkmal oft nur der angemessenen Repräsentation der Gemeinde nach außen dienen würden, die gewöhnlich aufmerksam die Denkmalsprojekte in der näheren Umgebung verfolgte. In solchen Fällen kam es vor allem darauf an, „daß das Denkmal größer und teurer als das des Nachbardorfes ist".[381] Aus Statusgründen wurde für ein solches „Prunkdenkmal" die Aufstellung an einer gut einsehbaren Durchgangsstraße favorisiert.[382]

Die aus dem Statusbewußtsein der das Denkmal finanzierenden Landwirte bzw. Kriegervereinsmitglieder folgende Halsstarrigkeit war auch eine der Ursachen für die häufigen und langwierigen Konflikte bei der Genehmigung des Denkmals. Gesetzliche oder behördliche Regelungen der Errichtung von Kriegerdenkmälern lagen auf Reichsebene nicht vor. Ähnlich wie sonst nur in Baden versuchte man in Bayern allerdings, über eine baupolizeiliche Genehmigung Einfluß zu nehmen.[383] Seit Ende März 1919 verlangte eine von Innen- und Kultusministerium erlassene

---

376 1925 wurde dann ein anderer Entwurf realisiert; Bürgermeister Münzenrieder aus Betlinshausen 13.6.1922 an BA Illertissen: StAA, BA Illertissen 3891.

377 So errichtete die Gemeinde Stubenberg einen nichtgenehmigten Entwurf, da sie nicht mehr als 6.500.– Mark zur Verfügung hatte; Gde. Stubenberg 18.11.1921 und 10.5.1922 an BA Pfarrkirchen; vgl. das Schreiben der Gemeinde Obertürken 16.5.1921 an BA Pfarrkirchen, in dem sie auf zwei Marmortafeln beharrte, da diese bei einem Steinhauer günstig bezogen wurden: StAL, Rep. 164/14, 8723. Vgl. Lurz, Bd. 4, S. 363.

378 So geschehen in Wasserburg; vgl. Lindauer Tageblatt v. 7.5.1923: StAA, BA Lindau 4538. Vgl. Lurz, Kriegerdenkmäler, Bd. 4, S. 194-197.

379 Zahlreiche Beispiele in: StAA, BA Mindelheim 3703.

380 Falsch ist demnach die These, daß Denkmäler in der Provinz nur von den Honoratioren getragen wurden, während sich die Bauern von ihrer Errichtung fernhielten: Armanski, Ästhetik, S. 13f.

381 R. Pfister, Gute und schlechte Kriegerdenkmäler. Ein Wort an die Auftraggeber, in: Schönere Heimat 33 (1937), S. 25-31, hier: S. 25. Vgl. den Hinweis bei Bessel, Krise, S. 107f.

382 Mit diesem Wort kritisierte das Landbauamt Memmingen am 6.5.1921 an BA Illertissen den Druck der „Jungen" aus dem Ort Bellenberg auf Aufstellung an der Straße Ulm-Kempten: StAA, BA Illertissen 3891. Vgl. Pfister, Gute und schlechte Kriegerdenkmäler, S. 25.

383 Lurz, Bd. 4, S. 114-120. Lurz identifiziert irrtümlich die für Bayern gültigen Regelungen als nur für die bayerische Pfalz geschaffen: ebd., S. 115ff., 119. Nur in Preußen, und nicht im ganzen Reich, wie Behrenbeck, Kriegerdenkmale, S. 354, fälschlich meint, mußte einer Beratung dem Denkmal „Schlichtheit" bescheinigen, um eine Befreiung von der Luxussteuer zu erreichen; vgl. Lurz, Bd. 4, S. 117f.

Verordnung von den Gemeinden, die erforderlichen Pläne und Zeichnungen sowie ein Lichtbild des Denkmalsplatzes bei den Bezirksämtern einzureichen. Diese sollten den Antrag dann an das Ministerium für Kultus und Unterricht weiterleiten, wo eine aus je zwei Architekten und Bildhauern sowie einem Maler gebildete Kommission den Denkmalsentwurf nach ‚künstlerischen‘ Gesichtspunkten begutachtete.[384]

Die Praktikabilität dieses zentralisierten Begutachtungsverfahrens war offensichtlich gering und trieb die Gemeinden wegen des hohen Zeitaufwandes zur eigenmächtigen Errichtung eines Denkmales.[385] Nach Absprache mit den Vertrauensmännern der Landesberatungsstelle in den Regierungsbezirken wurden deshalb die ansonsten für das staatliche Hochbauwesen zuständigen Landbauämter mit der Begutachtung betraut.[386] Diese waren dabei gehalten, „grobe Verstöße gegen den guten Geschmack" nicht durchgehen zu lassen. Allerdings sollten sie je nach der Bedeutung des Aufstellungsortes entscheiden und noch vor der Abfassung des Gutachtens die Rücksprache mit den Betroffenen suchen.[387] Die staatliche Einflußnahme war insgesamt in ihrer Zielsetzung inhaltlich kaum definiert und hing in ihrer Ausgestaltung vor allem von den Beamten vor Ort ab.[388]

Diese mußten nach kurzer Geltungszeit des neuen Verfahrens feststellen, daß weiterhin viele ländliche Gemeinden ihre Kriegerdenkmäler ohne vorherige Genehmigung errichteten.[389] Das konnte an reiner Unkenntnis der einschlägigen Verordnungen liegen. In diesem Fall erfuhren die Bezirks- und Landbauämter erst aus der Zeitung von der Einweihung.[390] Häufig lag die Ursache auch in kommerziellen Gründen. Viele windige Geschäftemacher, die auf die Konjunktur der Gefallene-

---

384 Kriterien für diese Begutachtung waren nicht angegeben; Bayerischer Staatsanzeiger Nr. 83 v. 29.3.1919: BHStA/II, MK 14478. In einer Bekanntmachung des MK v. 23.8.1919 wurde erneut auf die Beachtung dieser Verordnung hingewiesen; Amtsblatt des Staatsministeriums für Unterricht und Kultus Nr. 13 v. 23.8.1919, S. 111f.: ebd.

385 Architekt Kurz und Direktionsrat Vorholzer als Vertrauensleute in Schwaben o.D. [empf. 13.1.1920] an die Landesberatungsstelle für Kriegerehrungen: BHStA/II, MK 14478. Vgl. RP Ndb. 13.3.1920 an die BA: StAL, Rep. 164/6, 1813.

386 MK 23.6.1920 an MInn; das MInn stimmte dieser Argumentation mit Schreiben v. 26.7.1920 an MK zu: BHStA/II, MK 14478. Nach der gemeinsamen Bekanntmachung v. 31.7.1920 sollten nur noch „größere oder vorwiegend bildhauerische" Entwürfe dem Ministerium für Kultus und Unterricht zugeleitet werden; Amtsblatt des Staatsministeriums für Kultus und Unterricht v. 21.8.1920, S. 353-356, hier: S. 355: ebd. Die für viele Bezirke überlieferten Akten dieses Genehmigungsverfahrens bilden die wichtigste Quelle für das vorliegende Kapitel. Landbauämter: W. Volkert, Innere Verwaltung, in: ders., Handbuch der bayerischen Ämter, Gerichte und Gemeinden (1799-1980), München 1983, S. 30-108, hier S. 61ff.

387 MInn 11.8.1920 an alle RP: BHStA/II, MK 14478.

388 Ein allgemeines Ziel lag darin, möglichst die „Auswüchse des Ungeschmacks und der Unkultur" der im 19. Jahrhundert errichteten Denkmäler zu verhindern; MK 26.7.1921 an die BA: BHStA/II, MK 14478.

389 MK 26.7.1921 an die BA: BHStA/II, MK 14478.

390 Landbauamt Rosenheim 22.4.1921 an BA Wasserburg: StAM, LRA 111498; Landbauamt Passau 15.9.1920 an BA Griesbach: StAL, Rep. 164/6, 1813; Gemeinderat Ries 9.5.1921 an BA Passau: StAL, Rep. 164/13, 2535.

nehrung spekulierten, versuchten den Gemeinden billige und stereotype Gedenktafeln zu verkaufen.[391] Auch die Steinmetzmeister täuschten den Denkmalsausschuß oftmals über die Genehmigungspflichtigkeit des Denkmals hinweg, wenn sie sicher sein konnten, daß ihr Entwurf keine behördliche Zustimmung finden würde.[392]

Damit kamen sie allerdings auch den Interessen der Gemeinden entgegen, deren einmal aufgebrachtem Fonds an Geld bei fortschreitender Inflation in einem langwierigen Genehmigungsverfahren mit gravierenden Abänderungsvorschlägen die Entwertung drohte.[393] Vereinzelt wurde die Genehmigung auch deshalb nicht eingeholt, um den geplanten Einweihungstermin nicht zu gefährden.[394] An einem Abend im Mai 1920 versammelte sich vor dem Haus des Bürgermeisters von Tiefenbach ein Demonstrationszug der ledigen Burschen des Ortes. Diese forderten ihn dazu auf, das Denkmal bis zur Fahnenweihe des Kriegervereins aufzustellen, ohne die Genehmigung abzuwarten.[395] In einem anderen Fall wurden ein Gastwirt und der Bürgermeister, die sich auf Verlangen der wichtigsten Spender über die Genehmigungspflicht hinweggesetzt hatten, auf dem Höhepunkt der Hyperinflation mit je zwölf Milliarden Mark Geldstrafe belegt.[396]

Eine wesentliche Ursache für Konflikte im Genehmigungsverfahren aber waren aus Sicht der Denkmalpfleger „Protzentum" und „Großmannsucht" der auch in der Ehrung ihrer Angehörigen statusbewußten Landwirte.[397] Aus dem von ihnen erbrachten hohen finanziellen Aufwand leiteten sie die Berechtigung ab, auch in der künstlerischen Beurteilung der Denkmäler frei von staatlicher Kontrolle entscheiden zu können:

---

391 Herr Gutmann aus Hohenwart 24.8.1920 an BA Schrobenhausen: BHStA/II, MK 14478; BKZ Nr. 10 v. 20.5.1921. Vgl. Lurz, Bd. 4, S. 27.

392 Architekt Kurz und Direktionsrat Vorholzer o.D. [empf. 13.1.1920] an die Landesberatungsstelle für Kriegerehrungen; MK 26.7.1921 an die BA; vgl. das Schreiben des Verbandes der Steinmetzmeister und Steinbildhauer in Bayern e.V. 11.3.1919 an die Landesberatungsstelle für Kriegerehrungen, in dem man die Fesselung durch ein Genehmigungsverfahren ablehnte, aber gleichzeitig versprach, in den eigenen Reihen auf Qualitätsarbeit zu drängen; alles in: BHStA/II, MK 14478. Vgl. BA Mindelheim 18.4.1922 an RP Schw.: StAA, BA Mindelheim 3703; Landbauamt Kempten 25.9.1923 an BA Kempten: StAA, BA Kempten 4715.

393 Vgl. Katholische Kirchenverwaltung Tandern 9.9.1922 an BA Aichach: StAM, LRA 100360; Christliche Kunst 19 (1922/23), S. 134.

394 Vgl. Gendarmerie-Station Tittling 24.6.1922 an BA Passau: StAL, Rep. 164/13, 2543.

395 Bürgermeister Prim aus Tiefenbach 30.5.1920 an BA Illertissen; das BA rügte in einem Aktenvermerk v. 3.11.1920 das termingerecht aufgestellte Denkmal als ein „Grabdenkmal". In einem undatierten Zeitungsausschnitt wurde, unter Ausschluß des Bürgermeisters, von einem Schreinermeister im Namen sämtlicher Hinterbliebener für die Ehrung der „gefallenen Söhne" gedankt: StAA, BA Illertissen 3891.

396 Gendarmerie-Station Triftern 15.8.1923 an BA Pfarrkirchen; BA Pfarrkirchen an Landbauamt Landshut 24.8.1923/17.1.1924: StAL, Rep. 164/14, 8723. Von der gerichtlichen Befugnis zur Beseitigung des Denkmals machte das Bezirksamt wegen des zu erwartenden Widerstands der Gemeinde Loderham keinen Gebrauch.

397 So die Kritik von Regierungsbaurat Eitel, Beratungstätigkeit der Landbauämter bei Errichtung von Kriegerdenkmälern, in: Süddeutsche Baugewerkszeitung 27 (1924), Nr. 22, S. 1-9, hier: S. 1; in: StAL, Rep. 164/6, 1813.

„Überall wird für die Errichtung von Kriegerdenkmälern gesammelt, was die offiziellen Sammlungen nicht unerheblich beeinträchtigt. Namentlich die Sammlung für die notleidende Bevölkerung erfreut sich wenig Beliebtheit. Bei der Errichtung der Kriegerdenkmäler ist zu beobachten, daß sich die Bevölkerung nicht an die künstlerischen Ratschläge halten will, insbesondere hinsichtlich der Wahl des Platzes. Man hört die Einwendung, es solle in dieser Hinsicht der Wille jener maßgebend sein, die zahlen."[398]

Der Vorrang für die Finanzierung der Denkmäler verweist auf die wiederholt beobachtete Tendenz zur Abschottung gegenüber den sozialen Notlagen der Zeit auf Seiten der Landwirte. Andererseits konnten sie den Verlust enger Angehöriger für sich auch als eine solche Notlage interpretieren, als den gewaltsamen Verlust einer sozialen Bindung von herausragender Bedeutung. Dessen Darstellung genoß kurz nach dem Krieg höchste Priorität. Hierin zeigt sich, daß Kriegerdenkmäler neben der Erinnerung an die Gefallenen immer auch die Funktion hatten, die Stifter selbst und ihre Leistung für das Andenken der Toten zu repräsentieren.[399]

Im Vollzug dieser Selbstdarstellung setzten sich die Stifter zugleich in eine Beziehung zu den Toten, deren Sterben die Denkmale mit Sinn versahen. Bei den Landwirten hatte diese Bezugnahme einen direkt auf die einzelne Person des betrauerten Verwandten gerichteten Akzent, der zu wiederholten Konflikten mit den Genehmigungsbehörden führte. Denn zusätzlich zu der üblichen Nennung der Namen aller in der Gemeinde Gefallenen wollten sie vor allem in Kirchen oftmals auch deren Fotografien auf den Tafeln am Denkmal anbringen.[400] Die Gemeinde Obertürken verwies zu ihrer Rechtfertigung dabei auf das Beispiel des nahegelegenen Kirchberg. In der dort angebrachten Gedächtnistafel waren die Fotografien als Früchte in einem stilisierten Baum integriert, dessen Zentrum eine Abbildung der schmerzhaften Gottesmutter zeigte.[401] In der Regel lehnten Denkmalpfleger und kirchliche Behörden solche Wünsche jedoch übereinstimmend ab, da sie eine Profanierung des sakralen Raumes bedeuten würden. Zudem monierten sie, daß die „mechanische Naturwahrheit" der Fotografien unkünstlerisch wirke.[402] Gene-

---

398 HMB BA Ebersberg 15.5.1921: StAM, LRA 79889. Vgl. HMB BA Aichach 16.4.1921: StAM, LRA 99497; Gendarmerie-Station Simbach 17.5.1922 an BA Pfarrkirchen: StAL, Rep. 164/14, 8723; Pfister, Gute und schlechte Kriegerdenkmäler, S. 29. RP Obb. 29.2.1924 an MK berichtete über eine gewisse Abschwächung des üblichen Standpunktes „Wer zahlt, schafft an" im Verlauf der Zeit: BHStA/II, MK 51029.

399 Vgl. auch Probst, S. 80ff., 92.

400 Bezirksobmannschaft Aichach des Bayerischen Kriegerbundes 20.3.1921 an Landesamt für Denkmalpflege: BHStA/II, MK 14479; HMB BA Aichach 16.4.1921: StAM, LRA 99497. Vgl. Bayerischer Kurier Nr. 283 v. 11.10.1918, mit dem richtigen Hinweis auf die Wurzel dieses Wunsches in der religiösen Bildkultur der Marterln und Bildstöcke, in: BHStA/II, MK 14478; vgl. dazu Hartinger, S. 102-121. Ähnliche Bestrebungen zeigten sich bei den Kriegergräbern; vgl. L. Wagner-Speyer, Die Photographie am Grabstein, in: Bayerischer Heimatschutz 16 (1918), S. 83; R. Rattinger, Eine verfehlte Form der Kriegerehrung in der Heimat, in: ebd., S. 21-23.

401 Gde. Obertürken 16.5.921 an BA Pfarrkirchen: StAL, Rep. 164/14, 8723. Vgl. die Abbildung in: Christliche Kunst 17 (1920/21), S. 115; LThK, IX, Sp. 280-283, s.v. Schmerzen Mariä.

402 Zitat: Gutachten des Landesamts für Denkmalpflege v. 11.4.1921; vgl. BA Pfarrkirchen 18.3.1921 an RP Ndb.: StAL, Rep. 164/14, 8723; Landesamt für Denkmalpflege 1.4.1921 an Bezirksob-

rell war bei der Errichtung von Denkmälern in oder an Kirchen die Genehmigung der kirchlichen Behörden erforderlich, die dafür ein christliches Motiv zur Bedingung machten. Kriegerdenkmälern ohne eine religiöse Symbolik wurde zudem eine kirchliche Feier und Weihe bei ihrer Enthüllung versagt.[403]

Im allgemeinen richteten sich die Einwände der Behörden vor allem darauf, durch Veränderungen in der Gestaltung von Denkmal und Denkmalsplatz den „Eindruck der Monumentalität" zu vergrößern.[404] Dies war auch der Tenor der Kritik am Entwurf für die Gemeinde Stetten, der nach Meinung des Landbauamtes „jeglicher Innerlichkeit und Originalität" entbehre. Das Gedächtnismal sei vielmehr „ein Steinklotz ohne monumentale Wirkung, mehr einem Grabmal als einem Kriegerdenkmal ähnelnd."[405] Daraufhin hob der Denkmalausschuß in einer Eingabe hervor, daß er diesen Entwurf bewußt unter verschiedenen Vorschlägen ausgewählt habe, und stellte mit Entschiedenheit fest:

> „Der Gedanke ‚Betender Krieger am Heldengrab mit Eichenkranz' und ‚Eisernes Kreuz auf der Rückseite' entsprechen vollauf den ästhetischen Grundgefühlen der Landbevölkerung. Die den Kriegerdenkmälern oftmals anhaftende Tendenz der Verherrlichung des Krieges sollte nach einstimmigem Beschluß des Soldaten- und Kriegervereins ausgeschaltet werden. Es dürfte nicht angebracht sein, dem Volksgefühl das ästhetische Empfinden abzusprechen."[406]

Genau dies aber war die Haltung der Beamten, die ihren stereotypen Einwänden gegen die Denkmalsentwürfe der ländlichen Gemeinden zugrunde lag. Wiederholt schalteten sich die Landbauämter deshalb mit eigenen Entwürfen in die Errichtung ein, die zum Teil auch realisiert wurden. Alternativ dazu nannten sie den Gemeinden die Namen ihrer Meinung nach qualifizierter Architekten.[407] Letztlich mußten

---

mannschaft Aichach des Bayerischen Kriegerbundes (Abschrift): BHStA/II, MK 14479. Vgl. Oberhirtliches Verordnungsblatt für die Diözese Regensburg v. 23.9.1921, S. 147f.; Oberhirtliches Verordnungsblatt für die Diözese Passau v. 2.9.1921, S. 166f.

403 Vgl. Amtsblatt der Erzdiözese München und Freising 1921, S. 95; Jeismann/Westheider, S. 42. Das Oberhirtliche Verordnungsblatt für die Diözese Passau v. 2.9.1921, S. 166f., nannte als Beispiele explizit die Patrona Bavariae und das Pietà-Motiv, während ein Eisernes Kreuz keinen religiösen Charakter trage. Konflikte gab es offenbar nur vereinzelt, vgl. z.B. für die Gemeinde Waging: Oberbayerische Landeszeitung. Traunsteiner Nachrichten Nr. 166 v. 20.7.1921.

404 Landbauamt Memmingen 16.7.1921 an BA Memmingen: StAA, BA Memmingen 10914; dass. 19.5.1923 an BA Illertissen; der Gemeinderat Jedesheim antwortete am 12.9.1923 dem BA Illertissen: „Wenn der vorgesehene Grabstein (...) auch nichts Monumentales hat, so hat das gar keine Bedeutung. Er kommt ja auf den Gottesacker zu stehen und da ist vieles nicht Monumental auch in den Städten nicht." Der inkriminierte Stein zeigt unter einem Eisernen Kreuz den sich segnend über einen toten Soldaten beugenden Jesus: StAA, BA Illertissen 3891. Vgl. BA Lindau 18.9.1922 an Gde. Scheffau: StAA, BA Lindau 4538.

405 Landbauamt Memmingen 7.2.1922 an BA Stetten: StAA, BA Mindelheim 3703.

406 Denkmalsausschuß Stetten 17.2.1922 an BA Mindelheim; das Denkmal wurde vom BA Mindelheim am 28.5.1922 nach der Entfernung einer im Hintergrund aufgehenden Sonne aus dem Relief und einer Begrünung des Platzes genehmigt: StAA, BA Mindelheim 3703. Für den Widerstand der Landwirte gegen die amtliche „Kunstkritik" mit dem Argument, daß „schön ist, was ihnen gefällt", vgl. auch WB BA Zusmarshausen 18.12.1920: StAA, Regierung 9767.

407 In der Gemeinde Straßkirchen wurde ein Entwurf des Landbauamtes Passau v. 29.5.1922, das

die Behörden jedoch die Errichtung genehmigen, auch wenn sie erst nachträglich davon erfuhren. Denn sonst war mit erbittertem Widerstand der Gemeinden zu rechnen.[408] Auch ohne einen nach der Rechtslage möglichen Abriß des Denkmals waren die Wirkungen der staatlichen Genehmigungspraxis allerdings für die vielen Gemeinden durchaus spürbar, die in andauernde Querelen um diese oder jene Änderung verwickelt waren.[409]

Abhängig von der Initiative der Denkmalsstifter und ihren finanziellen Möglichkeiten sowie der staatlichen Genehmigungspraxis entstanden Kriegerdenkmäler, deren Formensprache Rückschlüsse auf die intendierte Sinngebung der Kriegstodes erlaubt. Nach dem Ersten Weltkrieg läßt sich generell eine Zunahme christlicher Motive auf Kriegerdenkmälern beobachten.[410] Im ländlichen Bayern waren christliche Sinnbezüge auf den Denkmälern dominierend, was bereits wegen der Auflagen bei der Anbringung in Kirchen und der Beteiligung der Pfarrer nahelag. Innerhalb dieses Formenkreises ließen sich durch die Wahl eines bestimmten Motives Akzente setzen und je verschiedene Aspekte und Probleme einer christlichen Sinnstiftung des Kriegstodes betonen.

Im Kontext der starken Marienfrömmigkeit der bayerischen Bevölkerung stand die Darstellung der gekrönten Maria mit dem Kind als Patrona Bavariae. Über einem Soldaten schwebend oder von Soldaten angebetet, akzentuierte ihr Bild die Überwindung der Nöte des Krieges. Damit aktualisierte sie einen wesentlichen Bestandteil der von Herzog Maximilian I. im 17. Jahrhundert zuerst proklamierten Verehrung Marias als Schutzherrin Bayerns.[411] In der traditionellen Form der Mariensäule rückte daneben die Verbindung von Frömmigkeit und regionaler

---

Relief einer über einem toten Soldaten schwebenden Patrona Bavariae, errichtet: StAL, Rep. 164/13, 2553. Einen nicht umgesetzten Entwurf fertigte dieses Landbauamt ca 1925 für Praßreuth: StAL, Rep. 164/13, 2554. Vgl. Gutachten des Landbauamtes Landshut v. 13.10.1921 zum Denkmal in Wittbreut und v. 20.7.1921 zum Denkmal in Stubenberg, und BA Pfarrkirchen 10.12.1921 an Gde. Stubenberg: StAL, Rep. 164/14, 8723. BA Illertissen 13.6.1925 an Gemeinderat Betlinshausen: StAA, BA Illertissen 3891. Landbauamt Memmingen 25.7.1925 an BA Memmingen: StAA, BA Memmingen 10914.

408 Vgl. BA Pfarrkirchen 24.8.1923 an Landbauamt Landshut: StAL, Rep. 164/14, 8723; Landbauamt Memmingen 2.5.1924 an BA Illertissen: StAA, BA Illertissen 3891; Gde. Leoprechting 10.11.1925 an BA Passau: StAL, Rep. 164/13, 2554. Das Ministerium für Kultus und Unterricht drängte die Staatsanwälte dazu, insbesondere im Fall „böswilliger" Zuwiderhandlungen die Strafanträge höher zu setzen, als dies bis dahin mit meist niedrigen Geldstrafen geschehen war; MK 26.7.1921 an die BA: BHStA/II, MK 14478.

409 In Unkenntnis des Verfahrensweges und offenbar unbelegter Wiedergabe einer These von Lurz, Bd. 4, S. 114, sprechen Jeismann/Westheider, S. 36, fälschlich davon, die Landesberatungsstellen hätten ihren Einfluß vornehmlich in kleineren Gemeinden geltend gemacht. Diese waren jedoch in das 1920 eingeführte Verfahren nicht mehr eingebunden.

410 Lurz, Bd. 4, S. 221. Abwegig scheint die These von Lurz, dies liege v.a. daran, daß der verlorene Krieg einen Trost nötig gemacht hätte: ebd., S. 221, 240.

411 Straßkirchen: StAL, Rep. 164/14, 8723; Oberroth: StAA, BA Illertissen 3891; Tandern: StAM, LRA 100360; vgl. Christliche Kunst 17 (1920/21), S. 116 (Lenggries); vgl. Marienlexikon, Bd. 5, S. 122-124, hier: S. 122f.; A. Hofmann, Maria als Schutzherrin Bayerns, in: Theologisch-praktische Monats-Schrift 27 (1917), S. 39-42, hier: S. 41; Lurz, Bd. 4, S. 234.

Identität in den Vordergrund.[412] Da auf Betreiben von Ludwig III. 1916 Maria durch Papst Benedikt XV. ausdrücklich als Patronin Bayerns anerkannt worden war, legte eine solche Form zumindest als von den Pfarrern intendierte Assoziation zudem ein Treuebekenntnis zum früheren Herrscherhaus nahe.[413]

Ohne die Verbindung zum Glauben diente auch die nach dem Ersten Weltkrieg seltene Darstellung des bayerischen Löwen einer dezidiert landespatriotischen und die Tapferkeit der Soldaten betonenden Sinnstiftung.[414] In der Kirche in Übersee stützten sich die Löwen allerdings auf den Kreuzesbalken und symbolisierten damit, daß das bayerische Volk „keinen anderen Trost" als das Kreuz habe. Als „versöhnendes Moment" für die trauernden Angehörigen war unter dem Kreuz ein Bildnis der Mater Dolorosa angebracht.[415]

Die Trauer der Hinterbliebenen rückte im Motiv der Pietà in den Vordergrund. Sie fand dabei im Urbild christlicher Trauer ihren Ausdruck, der Gestalt Marias, die den vom Kreuz abgenommenen Jesus auf ihrem Schoß hält.[416] Die profanierte Variante dieses Motivs, in der eine Frau in zeitgenössischer Kleidung sich zu einem sterbenden Soldaten herabbeugt, ist nur in einem in der Kirche von Schwaig angebrachten Gemälde überliefert.[417] Der Aufstellungsort der Pietà-Darstellungen war gewöhnlich innerhalb oder an der Kirche[418], nur vereinzelt dagegen im Ortsbild.[419] Gerade bei der Aufstellung in einer eigens errichteten Gedächtniskapelle bot die Pietà den vor dem Denkmal trauernden Personen ein Identifikationsangebot, das durch religiöse Transzendierung vom Schmerz über den eigenen Verlust entlasten sollte.[420] Durch die beigegebene alttestamentarische Inschrift „Sehet ob

412 Neukirchen: StAL, Rep. 164/13, 2532; Kirchheim: StAA, BA Mindelheim 3703. Sontheim, Steinbach; nur als Planung in Niederdorf, realisiert wurde auf Druck des Landbauamtes dessen, im Akt nicht belegter Entwurf; alles in: StAA, BA Memmingen 10914. Als Relief an der Außenwand der Kirche in Amsham: StAL, Rep. 164/14, 8723. Haslach: Oberbayerische Landeszeitung Nr. 119 v. 24.5.1921.

413 Der Entwurf der Säule in Steinbach stammte vom Pfarrer: StAA, BA Memmingen 10914. Marienlexikon, Bd. 5, S. 123. In Unkenntnis dieses Sachverhalts urteilt Lurz, Bd. 4, S. 222.

414 Neuburg a. Inn: StAL, Rep. 164/13, 2542; Schober, Landkreis Starnberg, S. 248 (Hechendorf). Vgl. Lurz, Bd. 4, S. 244f.

415 Oberbayerische Landeszeitung. Traunsteiner Nachrichten Nr. 203 v. 3.9.1921.

416 Vgl. Probst, S. 6-26.

417 Sie ist hier Bestandteil einer der Anteilnahme Christi für die Opfer und Hinterbliebenen des Krieges gewidmeten Darstellung: ebd., S. 254f.; vgl. die Abbildung in Christliche Kunst 17 (1920/21), S. 109.

418 Erlach, Zeilarn; beides in: StAL, Rep. 164/14, 8723; Obenhausen: StAA, BA Illertissen 3891; Behlingen, Dorfen, Lauben: Probst, S. 130f., 144f., 203f. In Unterbernbach wurde eine bereits in der Kirche befindliche Pietà durch Anbringung von Namenstafeln zum Kriegerdenkmal umgewidmet: StAM, LRA 100360. „Dem natürlichen Gefühle folgend", wie es in der Ortschronik heißt, plazierte man in Pfaffenhausen 1921 die Kapelle mit der Pietà auf dem Friedhof: Der Tod gehört zum Leben, S. 26ff., Zitat S. 26.

419 Simbach: StAL, Rep. 164/14, 8723; Wallgau: Probst, S. 272.

420 Kirchdorf am Inn: StAL, Rep. 164/14, 8723; Bachern: Amper-Bote Nr. 69 v. 9.6.1921; vgl. Probst, S. 119f.; Altenbuch, Hindelang, Ruhpolding: ebd., S. 116f., 174ff., 245-249. In Hindelang bezog ein Gemälde, das den Boden bestellende Frauen zeigte, die Bäuerinnen explizit in das Denkmal mit ein; vgl. Lurz, Bd. 4, S. 240.

ein Schmerz ist gleich meinem Schmerze" wurde diese Vorgabe auch sprachlich ausgedrückt.[421]

Breiten Raum nahmen im ländlichen Totenkult die populären Heiligengestalten ein. Dies verweist auf die Wundergläubigkeit als einen wichtigen Bestandteil der katholischen Volksreligion und läßt damit zugleich einen Rückschluß darauf zu, von wem die Soldaten während des Krieges Unterstützung in außergewöhnlichen Situationen erwartet hatten.[422] Die Spannbreite reichte dabei vom Hl. Sebastian[423] über den Hl. Stefan[424] bis hin zum Hl. Michael[425]. Von den weiblichen Figuren fand vereinzelt die Hl. Barbara, die als Schutzheilige der Sterbestunde in der Todesgefahr angerufen wurde, ihren Platz auf Gedächtnismalen.[426] Die herausragende Stellung unter den Heiligen nahm der Hl. Georg ein, der mit seinem ausgesprochen häufigen Auftreten im südlichen Bayern das ländliche Kriegerdenkmal schlechthin verkörperte. In Gegenden wie dem Bezirk Lindau, wo eine Reihe von Gemeinden eine Darstellung des Hl. Georg auf den Sockel hob, konnte man einer des öfteren praktizierten Vorgehensweise folgen und aus Kostengründen einfach den fertigen Entwurf einer Nachbargemeinde übernehmen.[427] Die Darstellung entsprach dabei zumeist der ikonographischen Tradition, nach der Georg in Ritterrüstung auf dem Pferd gezeigt wird, während er mit seiner Lanze den zu Füßen des Pferdes liegenden Drachen tötet.[428] Nur selten zeigte

---

421 Erlach: StAL, Rep. 164/14, 8723; vgl. Probst, S. 47, 52, 117 (Altenbuch). Unter Zugabe einer Friedensmahnung als Bitte gewendet in Bachern: „Mutter der Schmerzen, segne unsere Helden", „Gott gebe uns Frieden", sowie „Gedenket der Helden"; Amper-Bote Nr. 69 v. 9.6.1921. Die moralisierende Kritik am Motiv der Pietà von Lurz, Bd. 4, S. 174, wird der lebensweltlichen Bedeutung der Religiosität nicht gerecht. Es ist symptomatisch, daß Lurz die Pietà nicht einmal unter die christlichen Motive rubriziert. Die Darstellung von Lurz folgt insgesamt einer abstrakt-dichotomischen Entgegensetzung von christlicher und revanchistischer Aussage der Denkmäler. In diesem Bezugsrahmen kann sich Lurz allerdings nur selten dazu durchringen, religiöse Aussagen als solche ernst zu nehmen. Stattdessen identifiziert er sie nur als „Vehikel für pronationale Aussagen". Vgl. ebd., S. 222, 225, 232, 285f., 314, 345 (Zitat), passim.

422 Vgl. Mooser, Volksreligion, S. 148.

423 Emertsham: Oberbayerische Landeszeitung Nr. 109 v. 10.5.1922; vgl. LThK, IX, Sp. 391-393, s.v. Sebastian.

424 Kardorf: StAA, BA Memmingen 10914; vgl. LThK, IX, Sp. 796-799.

425 Kienberg: Oberbayerische Landeszeitung. Traunsteiner Nachrichten Nr. 139 v. 17.6.1922; Untereichen: StAA, BA Illertissen 3891; Grönenbach (Tafel): StAA, BA Memmingen 10914; vgl. LThK, VII, Sp. 161-164, s.v. Michael.

426 Vgl. Christliche Kunst 17 (1920/21), S. 115 (Flügel der Gedächtnistafel in Kirchberg), S. 147 (Abensberg); vgl. LThK, I, Sp. 985f., s.v. Barbara. Lurz, Bd. 4, S. 222, 234, kennt die Hl. Barbara nur in ihrer hier auszuschließenden Bedeutung als Schutzpatronin der Artillerie. Die Schutzpatronin der Bergleute ist hier gewiß nicht gemeint.

427 Landbauamt Kempten 8.3.1923 an BA Kempten (Hergensweiler); Denkmalausschuß Simmerberg o.D. [eingegangen 26.10.1921] an Landbauamt Kempten: StAA, BA Lindau 4538. Vgl. allgemein Aktennotiz Referat 34 des Ministerium für Kultus und Unterricht v. 17.10.1923: BHStA/II, MK 51029.

428 StAL, Rep. 164/13, 2544 (Heining), 2546 (Sandbach); Egglham: StAL, Rep. 164/14, 8723; Hellengerst, Krugzell, Reichholzried, Schrattenbach (Relief), Wengen: StAA, BA Kempten 4715; Amendingen, Attenhausen, Günz, Lautrach: StAA, BA Memmingen 10914; Scheffau: StAA, BA Lindau 4538. Glonn: Amper-Bote Nr. 64 v. 30.5.1922.

das Denkmal den Hl. Georg stehend, während er mit dem Schwert auf den Drachen zielt.[429]

Aus heutiger Sicht läßt die Gestalt des Hl. Georg es zu, den Versuch einer nationalistischen Sinnstiftung zu unterstellen, wenn man die christliche Botschaft nur als „Verkleidung" begreift.[430] Naheliegend ist eine solche Interpretation vor allem dann, wenn Georg nach dem siegreichem Ende des Kampfes gezeigt wurde, wie in der Gemeinde Böhen. Mit lockigem Haar und ohne den sonst üblichen Helm ein „Idealbild eines deutschen Jünglings", schaute er dort mit „klarem Blick, als spähte er aus, als warte er, ob noch mehr Feinde zu bestehen seien."[431] Die Figur des Hl. Georg war hier allerdings nur Teil eines außen an der Kirche befindlichen Ensembles. Dieses umfaßte darüber hinaus noch eine Darstellung des Gekreuzigten und ein Gemälde der vier apokalyptischen Reiter, das, von je zwei betenden Soldaten und Frauen umrahmt, deren Verzweiflung angesichts der Unausweichlichkeit des Kriegstodes thematisierte.[432]

Wenn der Hl. Georg im Einzelfall dem Betrachter eine nationalistische Interpretation ermöglichte, so schloß die Beigabe eines Reliefs mit dem bayerischen Löwen eine solche Lesart aus.[433] Der Kern der im Hl. Georg verkörperten Aussage erschließt sich erst, wenn man das Motiv des Kampfes auf das religiöse Ziel bezieht, für das der Ritter gestritten hatte. Der Legende nach bekehrte Georg mit dem Sieg über den Drachen die Hauptstadt von Kappadokien. Durch seine Fürbitte für alle, die in seinem Namen um Errettung baten, wurde er einer der volkstümlichsten Heiligen. Unter den 14 Nothelfern, die häufig um Beistand angerufen wurden, vertrat er die Stelle des Schutzpatrons der Soldaten, vor allem der berittenen.[434] Die Dominanz der Figur des Georg unter den Heiligendarstellungen war im Kontext der ländlichen Gesellschaft des südlichen Bayern somit vor allem eine Folge seines Stellenwertes in der populären Frömmigkeit.[435]

Der besondere Akzent des mit ihm verbundenen Deutungsangebotes lag darin, daß nach dem Krieg nun verstärkt der Kampf für die Sache des Glaubens zu führen

---

429 Frechenrieden: StAA, BA Memmingen 10914; Krugzell: StAA, BA Kempten 4715.
430 Lurz, Bd. 4, S. 232; vgl. Jeismann/Westheider, S. 42.
431 Nichtidentifizierter Zeitungsausschnitt v. 26.7.1924: StAA, BA Memmingen 10914. In dieser Weise *nach* dem Kampf dargestellt, war der Hl. Georg auch in Illustrationen während des Krieges verbreitet. Vgl. T. Noll, Sinnbild und Erzählung. Zur Ikonographie des Krieges in den Zeitschriftenillustrationen 1914 bis 1918, in: R. Rother (Hg.), Die letzten Tage der Menschheit. Bilder des Ersten Weltkrieges, Berlin 1994, S. 259-272, hier S. 260; vgl. auch S. Holsten, Allegorische Darstellungen des Krieges 1870-1918. Ikonologische und ideologiekritische Studien, München 1976, S. 37f.
432 StAA, BA Memmingen 10914; vgl. Lurz, Bd. 4, S. 236f.
433 Attenhausen: StAA, BA Memmingen 10914.
434 LThK, IV, Sp. 392-395 s.v. Georg, hl.; LThK, VII, Sp. 630f. s.v. Nothelfer; Lexikon christlicher Kunst. Themen-Gestalten-Symbole, Freiburg. Basel. Wien 1980 (bearb v. J. Seibert), S. 129, 236f. Die Georgsgestalt war zudem auf vielfältige Weise mit markanten Ereignissen des ländlichen Alltags verknüpft: Bächtold-Stäubli, Handwörterbuch, III, Sp. 647-657, v.a. 650ff.
435 Zur Bedeutung der Heiligengestalten für die Volksfrömmigkeit vgl. Wiebel-Fanderl, Heiligen.

sei. Dieser war dabei selbstredend als Einsatz für das moralisch Gute zu verstehen.[436] Die Lanze für die Bekehrung zum rechten Glauben führend, war der Hl. Georg deshalb eine Mahnung zu christlicher Moralität gerade für diejenigen Soldaten, deren Verhalten nach der Heimkehr zunächst davon wenig erkennen ließ. Das Motiv des Ansporns zur Glaubenstreue als Vermächtnis der Gefallenen trat plastisch hervor, wenn das Denkmal wie in der Gemeinde Günz den Hl. Georg mit zum Gebet gefalteten Händen zeigte.[437]

Bei einer Darstellung Christi auf dem Denkmal konnten verschiedene Aspekte der christlichen Heilsbotschaft im Vordergrund stehen.[438] Ein verbreiteter Typus zeigte Christus, der sich segnend zu einem Soldaten herabbeugt, welcher mit noch eben aufgerichtetem Oberkörper im Sterben liegt.[439] In diesem Fall rückte die Hoffnung auf Trost und Erlösung für die Gefallenen in das Zentrum der Sinnaussage.[440]

Alternativ dazu konnte der sterbende oder bereits tote Soldat auch zu Füßen des Gekreuzigten liegend[441] oder sitzend[442] dargestellt werden. Ein solches Denkmal legte zusätzlich zur Erlösungshoffnung eine Parallele des Soldatentodes mit dem Opfertod Christi nahe, mit der das Sterben der Soldaten als eine vorbildliche und altruistische Tat glorifiziert wurde.[443] Die Soldaten hatten ihren Tod auf dem Schlachtfeld damit zur Sühne für die Sünden der stiftenden Gemeinde geleistet.[444]

---

436 Als einen „ritterlichen Glaubenshelden" rühmte ihn S. Staudhamer, Religiöse Kriegsgedenkzeichen, in: Christliche Kunst 17 (1920/21), S. 105-131, 137-144, hier: S. 106. Zum Motiv des moralischen Kampfes für das Gute vgl. auch Künstle, Ikonographie der Heiligen, S. 264.

437 Günz: StAA, BA Memmingen 10914; vgl. Amper-Bote Nr. 64 v. 30.5.1922.

438 Die alleinige Darstellung des Gekreuzigten findet sich im untersuchten Denkmalkorpus nur in einem Gemälde in Egg an der Günz, vor dem Hintergrund eines zerwühlten menschenleeren Schlachtfeldes. Das Gemälde wurde wegen des rasch beginnenden Verfalls nach kurzer Zeit in „düsterer Stimmung" erneuert; Landbauamt Memmingen 21.12.1921 an BA Memmingen: StAA, BA Memmingen 10914.

439 Bemmingen: StAA, BA Memmingen 10914; Betlinshausen (mit Flammenmandorla, zusammen mit einer trauernden Frau gezeigt), Jedesheim: StAA, BA Illertissen 3891; Niederstaufen: StAA, BA Lindau 4538. In Frauenzell hält er stehend einen Sterbenden in den Armen: Probst, S. 159, 367.

440 Im Wettbewerb um den Entwurf eines Kriegerdenkmals für Dachau wurde diese Darstellung präzise als der „Entwurf ‚Erlösung'" bezeichnet: Amper-Bote Nr. 73 v. 18.6.1921; vgl. Lurz, Bd. 4, S. 226f.; Probst, S. 28; LThK, V, Sp. 77-79 s.v. Hirt.

441 Markt Wald: Probst, S. 214, 405; Fürstenstein: StAL, Rep. 164/13, 2549; Leobendorf bei Laufen (toter Soldat, von zwei Engeln zu Christus am Kreuz emporgehoben): Christliche Kunst 17 (1920/21), S. 129.

442 Lauben: StAA, BA Memmingen 10914.

443 Vgl. Lurz, Bd. 4, S. 222f.; Probst, S. 50. Der Opfergedanke war in der Kriegstheologie Kernpunkt der Christologie gewesen: Hammer, S. 130ff.

444 Marienlexikon, Bd. 3, S. 664-668, s.v. Kreuzigung Jesu, hier: S. 665. Die Interpretation des Krieges als Aufforderung zur Sühne war bereits eine zentrale Aussage des Hirtenbriefes der Erzbischöfe und Bischöfe des Deutschen Reichs v. 13.12.1914 gewesen. Die Bevölkerung sollte dabei dem von den Soldaten gegebenen guten Beispiel folgen: Amtsblatt für die Erzdiözese München und Freising 1914, S. 227-233, hier S. 229f.

Eine weitere Variante zeigte einen oder zwei Soldaten, die, vor dem Gekreuzigten kniend[445] oder stehend[446], ihren Kopf zum Gebet neigen. Hier erschienen die überlebenden Soldaten in Anlehnung an den Bericht des Johannes-Evangeliums (Joh. 19, 25-27, 35) vom Lieblingsjünger Jesu als Zeugen unter dem Kreuz. Damit waren sie die berufenen Vermittler und Verkünder der Offenbarung Jesu.[447] Zeigte das Denkmal die Soldaten dabei in das Gebet vertieft, mochte auch die Erschütterung im Angesicht des Todes bei diesem Motiv mitschwingen. Das Denkmal in Herrenstetten, das neben Christus am Kreuz zwei Soldaten in antikisierender Uniform zeigte, die beide verkündigend eine Hand erheben, machte den Sinnzusammenhang der Verkündigung des Glaubens im Zeichen des Kreuzes explizit deutlich.[448] Einige Gedächtnismale zeigten das Motiv des betenden Soldaten schließlich auch ohne die Verknüpfung mit der Kreuzigungsdarstellung.[449]

Das überwiegend religiös ausgerichtete Deutungsangebot der ländlichen Kriegerdenkmäler fand in der baulichen Sonderform der Gedächtniskapellen seinen sinnfälligen Abschluß.[450] Errichtet wurden sie zum einen außerhalb von Ortschaften an markanten Punkten der Landschaft.[451] Häufiger fanden sie ihren Platz auf Friedhöfen, wo sie zumeist in die Mauer eingelassen waren. An diesem Ort rückte das Denkmal in den unmittelbaren Zusammenhang der Totenklage und übernahm die primäre Funktion eines Stellvertreters für das fehlende Grab der Soldaten.[452]

Die an vielen Denkmälern mit rein religiöser Thematik angebrachten Symbole des Eisernen Kreuzes und des Stahlhelmes verdeutlichten innerhalb der christlichen Grundaussage den Bezug zur Ehrung der Soldaten. Zu Füßen des auferstandenen Jesus, dessen tröstende Aussage durch die Inschrift „Ihr werdet Auferstehen" auch versprachlicht wurde, konnte so der Stahlhelm mit Lorbeerkranz „als Symbol der Tapferkeit" der Gefallenen seinen Platz finden.[453] Im Zusammenhang einer Patrona Bavariae angebracht, drückte auch das Eiserne Kreuz primär militärische Tugend-

---

445 Ollarzried: StAA, BA Memmingen 10914.

446 Wallerstein: Christliche Kunst 16 (1919/20), S. 124f. Zwei betende Soldaten zeigen die Denkmäler in Heimertingen: StAA, BA Memmingen 10914, und Apfeltrach (BA Mindelheim): Christliche Kunst 18.1921/22, S. 95. Bei beiden handelt es sich um denselben Entwurf von Georg Wallisch.

447 Marienlexikon, Bd. 3, S. 664-668 s.v. Kreuzigung Jesu, hier: S. 665f.

448 StAA, BA Illertissen 3891.

449 Stetten: StAA, BA Mindelheim 3703; Betlinshausen (nur Planung): StAA, BA Illertissen 3891; Gestratz: StAA, BA Lindau 4538.

450 StAL, Rep. 164/13, 2545 (Sulzbach); Altomünster: HMB BA Aichach 31.8.1921: StAM, LRA 99497. Bei den Kapellen handelt sich um eine bayerische Besonderheit: Lurz, Bd. 4, S. 222, vgl. S. 238ff.

451 Boos: StAA, BA Memmingen 10914; Reit im Winkl: Pfister, Gute und schlechte Kriegerdenkmäler, S. 31.

452 Egg an der Günz, Hawangen (Kirchhof): StAA, BA Memmingen 10914; Buch, Untereichen: StAA, BA Illertissen 3891; Kirchdorf a. Inn: StAL, Rep. 164/14, 8723; Osterburg (Kirchhof): StAA, BA Illertissen 3894; Apfeltrach, Markt Wald, Traunwalchen: Christliche Kunst 18 (1921/22), S. 100.

453 Bildhauer Georg Kemper aus München 14.1.1928 an Pfarrer Weber in Hörbach: ABA, Pfa 42/2. Der Hl. Georg in Amendingen trug am Sockel einen Stahlhelm und ein von zwei Löwen umrahmtes blau-weißes Wappen: StAA, BA Memmingen 10914.

haftigkeit und Pflichterfüllung der Soldaten aus, konnte aber vom einzelnen Betrachter ebenso als preußisch-deutsches Nationalsymbol gelesen werden.[454] Gänzlich profane Darstellungen zeigten in der Regel Soldaten in zeitgenössischer Uniform, die zumeist das Gewehr neben sich hielten. Sie symbolisierten die Anteilnahme der überlebenden Soldaten am Schicksal ihrer gefallenen Kameraden und damit die Verbindlichkeit der militärischen Sozialbeziehungen über den Tod und das Ende des Krieges hinaus.[455] Der Schmerz über den Verlust der Kameraden erfuhr besondere Betonung in einer Soldatengestalt, die sich die rechte Hand auf das Herz legte.[456] Steinernes Dokument der Demütigung, als die man hier die Niederlage empfand, war das Denkmal in Muthmannshofen, das einen Soldaten mit gesenktem Kopf zeigte. Die abgebrochene Spitze des aufgepflanzten Seitengewehrs, das er quer vor sich hielt, verdeutlichte diese Aussage ebenso wie die Inschrift „Wir opferten uns der Pflicht, Gott rette unser Volk".[457] Weiterhin läßt sich die profanierte Variante des Christus-Johannes-Motivs nachweisen, in der ein Soldat einen toten Kameraden stützt.[458]

Denkmäler mit offensichtlich revanchistischer und auch in diesem Sinne intendierter Aussage wurden im ländlichen Raum nur ausgesprochen selten errichtet. Die Gemeinde Krün plante 1920 das Denkmal eines Feldgrauen in voller Ausrüstung, der, auf einem Obelisk stehend, den Blick gen Westen richten sollte. Doch von den Behörden wurde dieser Entwurf nicht genehmigt, da er ihnen als zu „aufreizend" schien. Deshalb wurde schließlich ein zu Füßen eines Feldgeistlichen liegender Soldat realisiert.[459] Ebenfalls nur vereinzelt kamen in den Dörfern schließlich abstrakte Denkmalstypen vor. Unter ihnen findet man vor allem die nach dem Krieg von 1870/71 als Siegeszeichen noch häufigeren Obe-

---

454 Straßkirchen, mit der Inschrift „Den Helden der Gemeinde Straßkirchen": StAL, Rep. 164/13, 2553; Amsham: StAL, Rep. 164/14, 8723. Vgl. bei anderen religiösen Motiven: Jedesheim, Untereichen, Betlinshausen (wo das Landbauamt, zusätzlich zu dem oben angebrachten Eisernen Kreuz, für den Sockel geplante Liktorenbündel durch Eiserne Kreuze zwischen Eichenlaub ersetzen ließ), Herrenstetten: StAA, BA Illertissen 3891.

455 Tussenhausen (dort einen Kranz haltend, Motiv laut Skizze: „Letzter Gruß den Kameraden"): StAA, BA Mindelheim 3703; vgl. Dorfbach (dort durch die Zugabe von Schwert und mittelalterlichem Helm verfremdet): StAL, Rep. 164/13, 2536; Anzenkirchen: StAL, Rep. 164/14, 8723. Vgl. Lurz, Bd. 4, S. 160ff.

456 Engetsried; den Todesschmerz symbolisiert diese Geste bei einem Soldaten in Memmingerberg, der getroffen niederkniet; beides in: StAA, BA Memmingen 10914.

457 StAA, BA Kempten 4715. Zumindest unterschwellig werden aber auch die Belastungen der Soldaten deutlich, ähnlich wie bei einem Relief in Pleß, das einen abgezehrten, mit gesenktem Kopf laufenden Krieger zeigt: StAA, BA Memmingen 10914.

458 In Triftern stützt der Soldat einen knienden Mann mit offenem Hemd, das als Zeichen des gewaltsam-katastrophischen Todes gelesen werden kann: StAL, Rep. 164/14, 8723; vgl. Probst, S. 21, 280 (Zorneding).

459 Probst, S. 191-194, Zitat S. 192. Vgl. den Hinweis bei Mosse, S. 126, daß in der Gemeinde Wertach die Bewohner verlangten, dem vom Hl. Georg getöteten Drachen als den früheren Feind zu kennzeichnen. Die Soldatenfigur in Engertsham hält, zum Wurf bereit, eine Handgranate: StAL, Rep. 164/13, 2538.

lisken[460] oder auch durch ein Eisernes Kreuz an der Spitze abgeschlossene Säulen.[461]

In den Inschriften präzisierten oder ergänzten die Stifter den von ihnen intendierten Sinn des Denkmals. Durch die Sprachform und den appellativen Charakter der Inschriften wurde die der bildlichen Darstellung eigene Bedeutungsvielfalt tendenziell eingeschränkt.[462] Auffällig ist, daß die überwiegend an Spendung von Trost und moralischer Erneuerung im Glauben orientierte religiöse Symbolik der Denkmäler in den Inschriften nicht noch einmal verdoppelt wurde. Offenbar erachtete man die figürliche Aussage als hinreichend eindeutig und keiner weiteren Präzisierung nötig. Nur vereinzelt begegnet man deshalb einer Inschrift wie „Kommt alle zu mir die ihr mühselig und beladen seid", die hier als Ergänzung zu einer Darstellung Jesu diente, der sich der Opfer und Hinterbliebenen annimmt.[463] Als weiteres Bibelzitat kam noch das Heilsgewißheit ausdrückende „Herr, du Stärke meines Heiles, Du beschirmest mein Haupt am Tage des Streites" vor.[464]

Ebenfalls nur selten benannte die Inschrift einen Wert, für den die Soldaten gefallen sein sollten. Die nationale Sinnstiftung eines Todes für das ‚Vaterland' war im Gegensatz zu städtischen Denkmälern nur marginal vertreten. Zudem wurde dieses nirgendwo explizit als ein ‚deutsches' benannt, so daß ein Bezug auf Bayern als Assoziation zumindest möglich blieb.[465] In Frechenrieden kennzeichnete man die Gefallenen außerdem ausdrücklich als „Opfer".[466]

Inschriften wie „Den Beschützern der Heimat" legten den Akzent dagegen auf die Leistung, welche die Soldaten durch die Bewahrung des Dorfes vor einer unmittelbaren Begegnung mit den Schrecken des Krieges erbracht hatten.[467] In diesem Kontext machte es Sinn, zusätzlich zu den Namen der Gefallenen auch die aller anderen Kriegsteilnehmer des Ortes auf Tafeln zu benennen, da diese sich

---

460 Tittling, Thyrnau: StAL, Rep. 164/13, 2543, 2548; Ettringen: StAA, BA Mindelheim 3703. Vgl. Lurz, Bd. 4, S. 144. Da vor allem sehr kleine Gemeinden Obelisken errichteten, waren offenbar Kostengründe ausschlaggebend; vgl. ebd., S. 132; Gemeinde Eisenburg 2.2.1921 an BA Memmingen: StAA, BA Memmingen 10914.

461 Haselbach, Praßreuth: StAL, Rep. 164/13, 2541, 2554.

462 Vgl. Lurz, Bd. 4, S. 289-294.

463 Schwaig: Christliche Kunst 17 (1920/21), S. 109; „Er trug unsere Last" hieß es an der Pietà in Hindelang: Probst, S. 175. An der Patrona Bavariae in Ungerhausen: „Barmherzigster Jesus gib ihnen die ewige Ruhe" und „Mein Jesus sei ihnen nicht Richter sondern Erlöser". StAA, BA Memmingen 10914. Ebenfalls der Bestattungsliturgie entstammt das in Lauben abgekürzt begegnende „Resquiescant in pace"; vgl. Probst, S. 53, 203.

464 Wollomoos, unter Angabe der Herkunft aus Ps. 139, 8: StAM, LRA 100360.

465 An einer Pietà: „Aus der Pfarrgemeinde Obenhausen haben im Weltkrieg 1914-1918 den Tod für unser Vaterland gefunden": StAA, BA Illertissen 3891; Engertsham: StAL, Rep. 164/13, 2538; Erlach: StAL, Rep. 164/14, 8723. Vgl. Jeismann/Westheider, S. 33.

466 „Den Opfern des Weltkrieges. Fürs Vaterland starben. Errichtet von der Gemeinde Frechenrieden": StAA, BA Memingen 10914. Die Verbindung von ‚Vaterland' mit ‚Helden' ist bei den untersuchten Denkmälern nicht belegt.

467 Diese Inschrift trug das 1925 errichtete Denkmal in Betlinshausen: StAA, BA Illertissen 3891. „Im Sturme treu, in Treue fest, gaben im Kriege ihr Leben zum Schutze der Heimat" (Kirchroth): Christliche Kunst 18 (1921/22), S. 109; vgl. ebd. 17 (1920/21), S. 140.

ebenfalls durch ihre Pflichterfüllung um die Heimat verdient gemacht hatten.[468] Die Satzfolge „Unsere Toten im Weltkrieg 1914-1918. Sie starben für uns. Errichtet von der Gemeinde Ollarzried" pries den Tod als einen unmittelbar für die Gemeinschaft der Lebenden geleisteten. Die Gemeinde war demnach zur Erinnerung verpflichtet und dokumentierte durch die Errichtung des Denkmals zugleich die Annahme dieser Pflicht.[469]

Die Erfüllung einer Verpflichtung gegenüber den Toten wurde auch in jenen zahlreichen Fällen betont, in denen die Gemeinde sich selbst als kollektiven Stifter des Denkmals nannte.[470] Diese Inschriften stellten die Heimatgemeinde als doppelten Bezugspunkt der Totenehrung in den Vordergrund, in der sowohl Stifter als auch Gefallene verwurzelt waren. In der Zeile „Die dankbare Heimatgemeinde ihren Gefallenen" erhob man den lokalen Rahmen, innerhalb dessen die dörfliche Totenehrung ihren Sinn bekam, sogar zu einem abstrakten Prinzip.[471] Die häufige Verwendung des Adjektivs „dankbar" in diesem Zusammenhang verweist implizit auf die bereits geschilderte Wahrnehmung, daß der Krieg eine Bedrohung für die Heimat im engeren Sinne dargestellt hatte.[472] In der Inschrift „Ihren tapferen Heimatsöhnen die dankbare Gemeinde Krün" wurden die beiden Pole dieses um die Gemeinde zentrierten Totenkultes aufeinander bezogen.[473]

Die Qualität des Bezuges zwischen Lebenden und Toten bestimmte die Anredeform für die Gefallenen näher, welche als ‚Helden', ‚Kameraden' oder ‚Söhne' figurieren konnten.[474] Eine Anrede als „Kameraden", die exklusiv die früheren Soldaten als Stifter auswies, trat nur vereinzelt auf.[475] Eine Anrede als Söhne oder Helden war ungefähr in gleichem Umfang verbreitet. Beide Bezeichnungen konnten aber auch im Lobpreis der „Heldensöhne" zusammengezogen werden.[476] Die

---

468 Boos, Frechenrieden und Lautrach: StAA, BA Memmingen 10914; Oberrieden: StAA, BA Mindelheim 3703; vgl. Amper-Bote Nr. 119 v. 5.10.1920, Nr. 73 v. 18.6.1921 (hier als Motiv explizit genannt); Probst, S. 204 (Lauben). Die von Lurz, Bd. 4, S. 294f. mit Bezug auf die Städte geschilderte Problematik, die Namen aller Gefallenen am Denkmal anzubringen, traf für kleinere Gemeinden naturgemäß nicht zu.

469 StAA, BA Memmingen 10914. „Ihr seid uns allen ein Vorbild in Treue" (Ruhpolding) präzisiert dies zu Gunsten einer moralischen Tugend: Probst, S. 245.

470 Einfachste Form: „Gewidmet von der Gemeinde Stetten": StAA, BA Mindelheim 3703.

471 Sontheim: StAA, BA Memmingen 10914. Untereichen: „Ihren tapferen Söhnen gewidmet von der dankbaren Heimat": StAA, BA Illertissen 3891. „In Dankbarkeit die Heimatgemeinde ihren Söhnen des Weltkrieges" als Teil der Inschrift in Muthmannshofen: StAA, BA Kempten 4715.

472 Wittibreut: „Unseren treuen Kämpfern der dankbare Gemeinde"; StAL, Rep. 164/14, 8723. „Die Gemeinde Gestratz aus Dankbarkeit ihren gefallenen Soldaten": StAA, BA Lindau 4538; Altenbuch, Frauenzell, Zorneding: Probst, S. 116f., 159, 280; Böhen: StAA, BA Memmingen 10914.

473 Probst, S. 191. „Unvergessen, fern der Heimat" (Wallgau) erinnert vorrangig an das ferne Grab der Toten: ebd., S. 272.

474 Vgl. Lurz, Bd. 4, S. 307-314. Abwegig ist der Gedanke von Lurz, daß der Begriff „Helden" vornehmlich eine „Aura der Unsterblichkeit" schafft: ebd., S. 307. Die Rede von den „gefallenen Helden" wäre hier zu bedenken; vgl. z.B. Christliche Kunst 17 (1920/21), S. 115 (Kirchberg).

475 Steinbach: StAA, BA Memmingen 10914. „Dem Krieger von Triftern" entspricht der Darstellung des Denkmals: StAL, Rep. 164/14, 8723.

476 „Die Pfarrgemeinde Wollomoos ihren Heldensöhnen": StAM, LRA 100360; vgl. Probst, S. 280.

Titulierung als Helden betonte das außergewöhnliche und vorbildliche Handeln der Toten, das manchmal als Tapferkeit näher qualifiziert wurde.[477] Die Geehrten blieben der Gemeinde dennoch nahe verbunden, die in der vertraulich-schlichten Anrede „Unseren Helden" ihren Stolz und ihre enge Beziehung zu den Toten dokumentierte.[478] Bei der Bezeichnung als „Söhne" stand schließlich der individuelle Verlust im Vordergrund, den die Familien hatten erleiden müssen.[479]

Von Bedeutung für die Vermittlung der in den Kriegerdenkmälern symbolisierten Sinnbezüge waren weiterhin die an ihrem Fuße vollzogenen periodischen öffentlichen Inszenierungen und kollektiven rituellen Handlungen. In ihnen wurde der Totenkult mit im Verlauf der Zeit wechselnden Aussagen unter Anpruch auf Verbindlichkeit konkretisiert und damit als Handlungsanweisung praktisch.[480] In den Jahren bis 1923 kamen dafür vornehmlich die Feiern bei der Einweihung der Denkmäler in Frage. Die Berichte der Lokalpresse gaben selten wörtliche Passagen aus den Festreden wieder. Deshalb läßt sich die Rhetorik der Reden nur an einzelnen Beispielen erschließen.

Die Pfarrer verwendeten in ihren Ansprachen zumeist eine auf das Denkmal bezogene religiöse Trias von Dank, Trost und Aufmunterung. Dank und Gedenken galten den Gefallenen für ihre Tapferkeit und ihren „christlichen Heldenmut". Trost sollte es den Angehörigen der Gefallenen spenden, die sich zurückblickend noch einmal des erlittenen Verlustes vergewisserten. Aufmunterung und Mahnung zur zukünftigen Glaubenstreue sollte das Denkmal für die Lebenden und Überlebenden sein.[481] Dagegen setzten die Lehrer, Kriegervereinsvorsitzenden oder ehemaligen Offiziere, die im weltlichen Teil der Feier sprachen, einen patriotischen Akzent. Ihre Ausführungen rühmten zunächst den Heldentod für das Vaterland, den die Gefallenen gestorben seien. Die Soldaten waren in Erfüllung ihrer Wehrpflicht für Staat und Nation gefallen. Aus dem Blickwinkel kleiner und abgeschiedener Gemeinden gereichte es zur Ehre, dies in festtäglicher Überhöhung nachträglich als eine vaterländische Tat des Ortes und seiner Bewohner umzudeuten. Für Erinnerungen an die frühere Kriegskritik und den Preußenhaß der bäuerlichen Soldaten war damit bei diesen Gelegenheiten kein Platz mehr.[482]

Damit verknüpft waren Mahnungen, den kameradschaftlichen, opferfreudigen und pflichtbewußten Geist der Soldaten angesichts einer „grau in grau" erscheinen-

---

477 „Unseren Tapferen Gefallenen Helden" (Aicha): StAL, Rep. 164/13, 2537.

478 Neuburg a. Inn, Heining: StAL, Rep. 164/13, 2542, 2544; Unterbernbach: StAM, LRA 100360.

479 Arlesried: „Ihren dem Weltkrieg 1914/18 zum Opfer gefallenen Söhnen": StAA, BA Memmingen 10914; vgl. Hals: StAL, Rep. 164/13, 2540.

480 Vgl. Jeismann/Westheider, S. 43f.

481 Vilsbiburger Anzeiger Nr. 72 v. 28.3.1920; Amper-Bote Nr. 69 v. 9.6.1921, Nr. 73 v. 18.6.1921, Nr. 64 v. 30.5.1922; Oberbayerische Landeszeitung. Traunsteiner Nachrichten Nr. 139 v. 17.6.1922 (Zitat).

482 Oberbayerische Landeszeitung. Traunsteiner Nachrichten Nr. 120 v. 25.5.1921, Nr. 109 v. 10.5.1922; Amper-Bote Nr. 69 v. 9.6.1921, Nr. 73 v. 18.6.1921, Nr. 64 v. 30.5.1922 (Glonn, Hohenkammer); Vilsbiburger Anzeiger Nr. 93 v. 22.4.1920.

den Zukunft als Vorbild zu betrachten.[483] Die auch im weltlichen Teil verwendete christliche Opferrhetorik bekam hier einen direkten Zeitbezug. Dieser richtete sich auf die Notwendigkeit, die politische und wirtschaftliche Krisensituation der Nachkriegszeit zu überwinden, die primär als ein Verfall der Moralität interpretiert wurde. Angesichts des inflationsbedingten ‚Wuchergeistes' unter den Landwirten waren die Festreden deshalb Anlaß zu direkten Appellen an ihre christliche Barmherzigkeit angesichts der Not vieler Städter, sowie zu Ermahnungen über die schädlichen Folgen von „Mammonismus", „Selbstsucht" und Lebensmittelwucher.[484]

Die ‚Heldentaten' der Soldaten aus dem eigenen Ort waren als patriotische Tat rühmenswert aber auch deshalb, weil sie das Kriegsgeschehen von der Heimat ferngehalten hatten, wie der Vorstand der freiwilligen Feuerwehr bei der Einweihung des Denkmals in Asbach mit Bezug auf Gefallene und Heimkehrer deutlich machte:

> „Stellen wir uns die eroberten feindlichen Landgebiete vor, blühende Fluren und Felder vernichtet und verwüstet, friedliche Dörfer und Städte zerstört und dem Erdboden gleichgemacht, ein wildes Chaos von Trümmerhaufen und Ruinen aller Art und auch die unglücklichen Bewohner, was mögen sie alles gelitten haben. Sie werden wohl nicht mehr ihre Heimat wiedergefunden haben. Und all diese Schrecknisse des Krieges, diese furchtbaren Greuel der Zerstörung haben die Helden von unserem Vaterlande fern gehalten."[485]

Die nationalen Akzente der Einweihungsreden blieben eingebettet in die Erinnerung an die eigenen Ängste und den Stolz der Heimatgemeinde, der in der Rückschau aus der erfolgreichen Abwendung einer als durchaus realistische Bedrohung empfundenen Gefahr erwuchs. Die appellativen Aspekte der Reden waren weniger das Angebot einer konkreten politischen Programmatik als vielmehr pathetische Aufforderung zu christlich-konservativer Moralität.[486]

---

483 Oberbayerische Landeszeitung. Traunsteiner Nachrichten Nr. 109 v. 10.5.1922.

484 Zitat, unter Hinweis auf das Vorbild des Hl. Georg auf dem Denkmal in Pellheim: Amper-Bote Nr. 61 v. 23.5.1922; vgl. ebd., Nr. 73 v. 18.6.1921, Nr. 60 v. 20.5.1922. Die Rede vom Kampf gegen den „schnöden Mammonismus" begegnet auch bei der Fahnenweihe des Kriegervereins Günding: ebd., Nr. 79 v. 5.7.1921. Ähnlich Rupert Mayer bei der Einweihung der Gedächtniskapelle in Altomünster; vgl. HMB BA Aichach 31.8.1921: StAM, LRA 99497. Auch der kulturkritische Topos einer „Überkultur (...) mit ihrer nicht vom Geldsucht und Genußsucht" konnte an die Kriegstheologie anknüpfen; vgl. den bereits mehrfach zitierten Hirtenbrief der Erzbischöfe und Bischöfe des deutschen Reichs v. 13.12.1914: Amtsblatt für die Erzdiözese München und Freising 1914, S. 227-233, hier: S. 230.

485 Amper-Bote Nr. 119 v. 5.10.1920; vgl. ebd., Nr. 69 v. 9.6.1921 (Bachern), Nr. 64 v. 30.5.1922 (Glonn).

486 Spektakuläre politische Manifestationen gab es allerdings in Viechtach, wo von unbekannter Hand eine Flagge in den Farben der Republik vom Finanzamt entfernt wurde, deren Hissen ein Mitglied des Festausschusses bereits mit einem „Pfui" kommentiert hatte. In Bogen nutzte der Religionslehrer der Realschule seine Festrede zu Angriffen auf „Großkapitalismus" und Revisionspolitik; HMB RP Ndb. 4.7.1923 und 3.10.1923: BHStA/II, MA 102140.

Über die Einweihungsfeiern hinaus waren die Denkmäler Anlaufpunkte für Gedenkfeiern der Kriegervereine, die jährlich wiederkehrend an einem Trauertag stattfanden. Bis zum Ende der Weimarer Republik wich man in Bayern dabei von der seit 1925 reichsweit gültigen Festlegung auf den sechsten bzw. seit 1926 fünften Sonntag vor Ostern als Volkstrauertag ab.[487] Die katholischen Kirchenbehörden Bayerns lehnten einen Termin im März ab und beharrten auf der Durchführung eines Trauertages im Rahmen der traditionell dem Totengedenken gewidmeten Allerseelenoktav am Anfang des November.[488] In der Praxis führten die Vereine des Bayerischen Kriegerbundes deshalb zunächst Veranstaltungen an wechselnden Terminen im Herbst durch.[489] Seit 1926 wurde in Bayern dann mit amtlicher Beflaggung und staatlicher Unterstützung der zweite Sonntag im November als Trauertag begangen. Aus konfessionellen Gründen scherte man damit zumindest terminlich aus der vom Volksbund Deutsche Kriegsgräberfürsorge betriebenen Inszenierung des Volkstrauertages als eines dem nationalen Heldenkult dienlichen Festtages aus.[490]

Für öffentliche Feiern war ein ausreichend großer und zugänglicher Platz vor dem Denkmal die Bedingung, weshalb Kriegervereine der Auswahl eines freistehenden Denkmales gegenüber einem Platz in der Kirche den Vorzug gaben.[491] Denn das Innere von Kirchen oder der Friedhof, wo in vielen ländlichen Gemeinden der Platz für das Denkmal lag, waren für eine solche Praxis nicht geeignet. An diesen Orten blieb das kollektive Totengedenken eingebunden in den christlichen Ritus des Gottesdienstes und der eigens für die Gefallenen gestifteten Seelenmessen.[492]

Aber auch die Denkmäler außerhalb von Kirchen und Friedhöfen boten einzelnen einen Ort für Gebete und Besinnung im Gedenken ihrer Angehörigen. Gerade für die Witwen und die Mütter der Soldaten waren sie in Stunden persönlicher Bedrängnis und Trauer willkommene Anlaufpunkte.[493] Eine Bäuerin aus der Oberpfalz suchte gegen Ende des Zweiten Weltkrieges, nachdem zwei ihrer Söhne an der Ostfront gefallen waren, regelmäßig nach dem Kirchgang das Kriegerdenkmal auf, „um sich auszuweinen". Dabei sprach sie ein Gebet, das eine Frau in gleicher Lage ihr zur Tröstung empfohlen hatte, vermutlich weil es den in der Erschütterung über

---

487 Vgl. Schellack, Nationalfeiertage, S. 148-156, 231-234, 237-246, 266-272.
488 Vgl. MA 10.2.1921 an MK und MA 18.2.1921 an Reichsministerium des Innern; Ordinariat des Erzbistums München und Freising 11.2.1925 an MInn: BHStA/II, MInn 72723; vgl. Schellack, S. 153, 166.
489 Bayerischer Kriegerbund 1.9.1921 und 15.4.1926 an MInn: BHStA/II, MInn 72723.
490 Vgl. Schellack, S. 204, 237ff, 269, 273. Auch der bayerische Landesverband des Volksbundes beharrte auf einem einheitlichen Termin zur Wahrung nationaler Einheitlichkeit; vgl. das Schreiben des bayer. Gesandten in Berlin Dr. v. Preger v. 19.11.1921 an MInn und MA: BHStA/II, MInn 72723. Zur Rhetorik des Volkstrauertages vgl. Hausen, Sorge der Nation, S. 734ff.; Ulrich/Ziemann, Krieg im Frieden, Dok. 19.
491 Vgl. für die Gemeinde Pürten (BA Mühldorf) Prof. H. Selzer, Vertrauensmann für Denkmalpflege in Obb., o.D. [Juli 1919] an MK: BHStA/II, MK 14479.
492 Vgl. die Hinweise bei Probst, S. 63f., Lurz, Bd. 4, S. 181; vgl. allgemein ebd., S. 279-288.
493 Vgl. Oberbayerische Landeszeitung. Traunsteiner Nachrichten Nr. 119 v. 24.5.1921.

den Verlust aufkeimenden Glaubenszweifel thematisierte.[494] Im Vollzug dieser stillen, aber gewiß alltäglichen Praxis waren die Frauen in die Denkmalsnutzung einbezogen. Der Totenkult verlor damit seine Begrenzung auf den engeren Kreis der Heimkehrer und Mitglieder der Kriegervereine, auf deren Initiative er zunächst zurückging.

Die gemeindlichen Kriegerdenkmäler konnten mit der Zeit an Beachtung verlieren.[495] In den ersten Jahren nach dem Krieg entsprach ihre Errichtung dem tiefgreifenden Verlangen nach einer angemessenen Repräsentation des Verlustes, den alle Gemeinden durch den Tod vieler Soldaten erlitten hatten. Nach den Erfahrungen des Zweiten Weltkrieges hat man wiederholt das weitgehende Fehlen von Denkmälern mit pazifistischer Aussage in der Weimarer Republik konstatiert.[496] Dieser auch für den ländlichen Raum gültige Befund darf jedoch nicht zu dem Umkehrschluß verleiten, selbst ein ausschließlich die religiöse Trauer der Hinterbliebenen in den Vordergrund rückendes Denkmal habe nur einer Verharmlosung des Krieges gedient.[497]

Eine solche Kritik überspringt den zeitgenössischen Erfahrungsraum, der den Denkmälern ihre Bedeutung verlieh. Aufstellungsort und Aussage der ländlichen Denkmäler wiesen diesen die primäre Funktion eines Platzes für die Erinnerung und Trauer im Gedenken an die Gefallenen zu, dessen Geltung an die lebensweltliche Bedeutung der Religiosität gekoppelt blieb. Der ländliche Totenkult stellte dabei den Tod der eigenen Gemeindeangehörigen und die mögliche Bedrohung des Ortes in den Mittelpunkt. Die politische Instrumentalisierung der Toten blieb dagegen ephemer. Ihr Sinn bestand vornehmlich in der Herausstellung eines Verlustes, der im nachhinein zur Ehre gereichte, und einem Ansporn zu christlicher Tugend, der auf die zeitgenössische Wahrnehmung einer moralischen Krise zurückging. Einer Verharmlosung der Kriegsfolgen leistete der ländliche Totenkult deshalb

---

494 Roth, Lebenserinnerungen, S. 69-72, Zitat: S. 70. Eine Stilisierung hat diese Praxis in Hans Carossas Erzählung „Der Arzt Gion" erfahren; vgl. Lurz, Bd. 4, S. 185. Vgl. auch das Schreiben des Landrats Mindelheim v. 8.1.1942 an den RP Schw., der darauf aufmerksam machte, daß die Entfernung von „provisorischen Gedächtnisstätten" in Friedhöfen und Kirchen, teilweise in Verbindung mit dem Kriegerdenkmal, unter der Bevölkerung Unruhe hervorrufen würde, da dort gebetet werde und Blumen niedergelegt würden: BHStA/II, MK 51029.

495 Pfarrer Martin aus Buxheim beschwerte sich am 29.12.1936 beim BA Memmingen darüber, daß das örtliche Denkmal regelmäßig für ein halbes Jahr inmitten des am Denkmalplatz aufgehäuften Brennholzes für die Schule unzugänglich sei: StAA, BA Memmingen 10914.

496 Vgl. Behrenbeck, Kriegerdenkmale, S. 367; Jeismann/Westheider, S. 29f., mit dem Hinweis auf pazifistische Denkmäler in Frankreich. Dem steht allerdings die Feststellung der durch eine Monographie ausgewiesenen Expertin Annette Becker entgegen, in Frankreich habe es ganze sechs „wahrhaft" pazifistische Denkmäler gegeben. Vgl. A. Becker, Der Kult der Erinnerung nach dem Großen Krieg. Kriegerdenkmäler in Frankreich, in: R. Koselleck/M. Jeismann (Hg.), Der politische Totenkult. Kriegerdenkmäler in der Moderne, München 1994, S. 315-324, hier: S. 322. Der Befund für Deutschland zeigt auch die immer noch vorhandenen Grenzen der Erschließung des Denkmalkorpus. Vgl. z.B. die Hinweise bei K. und W. Kruse, Kriegerdenkmäler in Bielefeld. Ein lokalhistorischer Beitrag zur Entwicklungsanalyse des deutschen Gefallenenkultes im 19. und 20. Jahrhundert, in: ebd., S. 91-128, hier S. 112ff.; BAP, 61 Re 1, 7691, passim.

497 Vgl. Anm. 421.

vornehmlich dadurch Vorschub, indem er sie auf den der Kriegerehrung Sinn verleihenden lokalen Rahmen reduzierte und damit weitergehende Reflexionen z.B. über die Ursachen des Krieges verhinderte.

7. Krisenbewältigung in traditionellen Formen: Ländliche Kriegserfahrungen 1914-1923

In den ersten Tagen des Mai 1925 war der Wallfahrtsort Altötting Schauplatz eines außergewöhnlichen Ereignisses.[1] Die Mitglieder der niederbayerischen Kriegervereine waren von einem in Straubing gebildeten Ausschuß lokaler Honoratioren aufgerufen worden, sich in einem gemeinsamen Pilgerzug am bayerischen „Nationalheiligtum" einzufinden. Verteilt auf vier Tage, folgten rund 13.000 Veteranen des Weltkrieges mit Sonderzügen oder zu Fuß dieser Einladung. Die Festfolge eines jeden Tages sah nach der Beichtgelegenheit in verschiedenen Kirchen einen Sammelrosenkranz in der Basilika und eine abendliche Lichterprozession um die Gnadenkapelle vor. Am nächsten Morgen folgten jeweils Predigten sowie von Kardinal v. Faulhaber oder dem Passauer Bischof v. Ow gehaltene Pontifikalämter.

Die Predigten und Ansprachen der Bischöfe und früheren Feldgeistlichen betonten drei Aspekte der feierlichen Zusammenkunft. Zum einen bot sie für viele Gelegenheit, der Gnadenmutter einen „Dankbesuch" für die Erhörung des im Felde geleisteten Gebets abzustatten. Mit einer gewissen Überzeichnung der Realität erinnerten die Geistlichen sodann an die Wirkung der kirchlichen Gnadenmittel an der Front und tadelten jene, die es dort an christlichem „Opfersinn" hatten mangeln lassen. Schließlich sollte der Pilgerzug eine machtvolle Demonstration des Glaubens und der Treue zur Kirche sein, mit der die durch den Krieg und die Wirren der Revolutions- und Inflationszeit hervorgerufenen Erschütterungen und aufgewühlten „Leidenschaften" als überwunden erscheinen konnten. Mit einem kollektiven, „heiligen Fahneneid in der Form eines feierlichen Gelöbnisses zum katholischen Glauben" wollte man öffentlich bekräftigten, daß die bis dahin eher schweigende Mehrheit der Veteranen den früheren Zweifel am Glauben überwunden und sich mit den erlebten Bedrängnissen und geleisteten Opfern ausgesöhnt hatte. Mit ihrem Bekenntnis zur christlichen Familie und Lebensführung stellten die Ansprachen die katholischen Veteranen als eine sittlich-moralische Ordnungsmacht ersten Ranges dar, die zum Glauben hielt, „gerade weil" sie einstmals „an der Schwelle des Todes gestanden" hatte und gegenüber den Gefallenen verpflichtet war. Damit würden die früheren Soldaten nunmehr für eine Regeneration des Staatswesens bürgen.

Die Predigten und Ansprachen dieser Tage waren getragen von idealisierendem Pathos, zudem nicht frei von einigen Anklängen patriotisch-nationaler Verklärung.

---

1 Vgl. zum Folgenden Wagner, Krieger-Pilgerzug, Zitate S. 10 u.ö., 29 (v. Faulhaber), 48, 50, 40, 47. Wallfahrten kleinerer Soldatengruppen hatte es bereits in den Jahren zuvor gegeben; vgl. BKZ Nr. 14 v. 20.7.1921; Oberbayerische Landeszeitung. Traunsteiner Nachrichten Nr. 127 v. 3.6.1922. Weitere Pilgerzüge der oberbayerischen Kriegsteilnehmer nach Altötting gab es 1925 und 1926: Klier, S. 143.

Dennoch scheinen Ort, Anziehungskraft und Rhetorik dieser Wallfahrt knapp elf Jahre nach dem August 1914 nicht untypisch für die Einstellung vieler früherer Kriegsteilnehmer aus der ländlichen altbayerischen Provinz gewesen zu sein.[2] Der Weg, der von jenem Punkt aus bis 1923 durchschritten wurde, soll im folgenden kurz ermessen werden. Dabei geht es weniger um eine Rekapitulation der einzelnen Kapitel und ihres Ertrages als vielmehr darum, ob sich aus dem hektischen und ereignisreichen Geschehen dieser Jahre Hinweise für die Beantwortung einer allgemeineren Frage gewinnen lassen: Kamen, um dem vielzitierten Diktum Walter Benjamins zu folgen, die Soldaten bei Kriegsende „verstummt aus dem Felde", „nicht reicher", sondern vielmehr „ärmer an mitteilbarer Erfahrung"?[3] Markierte die Erfahrung des modernen Maschinenkrieges und seiner destruktiven Wirkungen also einen abrupten Bruch, der ein „ganzes System" von traditionellen „Wertvorstellungen und Anschauungen" vom Sockel stieß?[4]

Die ländliche Bevölkerung reagierte in ihrer Mehrheit mit Angst, Besorgnis und Unsicherheit auf den Kriegsbeginn. Demgemäß wurden auch die bäuerlichen Soldaten bereits in den ersten Wochen und Monaten des Krieges nicht von einer Welle der Begeisterung vorangetragen. Dies warf die Frage auf, wie es ihnen dennoch möglich war, für längere Zeit im Krieg ausharren und bestehen zu können. Zu ihrer Beantwortung wurde eine umfassende Analyse der Faktoren militärischer Vergesellschaftung im Krieg in das Zentrum der Arbeit gestellt, anhand derer sich zugleich die Faktoren militärischer Sozialisation aufschlüsseln ließen.

Für die Kohäsion der Truppen waren primär strukturelle Gründe verantwortlich, wie die gerade für die dort versammelten Landwirte spürbare Sicherheit im Besatzungsheer, Zonen unterschiedlicher Belastung an der Front, die Abschreckung durch das militärische Disziplinarsystem und nicht zuletzt die kleinen Fluchten wie der Urlaub, bei dessen Gewährung die Landwirte privilegiert wurden. Dies und die bessere Versorgung der ländlichen Soldaten mit Nahrungsmitteln führte dazu, daß sie die bei den Städtern ohnehin bestehenden Vorurteile über die ‚Bauernschädel' vermehrt auf sich zogen. Der Gegensatz von Stadt und Land durchzog somit auch das Feld- und Besatzungsheer.

Aus erfahrungsgeschichtlicher Sicht muß man die Kurzfristigkeit des Erwartungshorizontes betonen, in dem die Soldaten lebten. Auch wenn ein Ende des Krieges sehr rasch in weiter Ferne schien, gab es wiederkehrende Ereignisse, auf die

---

2 Bergmann, S. 306ff., weist auf die Intensivierung religiösen Denkens im Bauernverein ab Mitte der zwanziger Jahre hin.

3 W. Benjamin, Der Erzähler. Betrachtungen zum Werk Nikolai Lesskows, in: ders., Gesammelte Schriften, Bd. 2, Frankfurt/M. 1977, S. 438-465, hier S. 439.

4 Die Deutung des Ersten Weltkrieges als der modernen Erfahrung schlechthin findet sich bei Eksteins, Zitat S. 12 (vgl. dazu die umsichtige Rezension von B. Ulrich in MGM 49 (1991), S. 188ff., die aber über die eklatanten Mängel im Detail – immerhin beansprucht Eksteins, eine vergleichende Geschichte des „gemeinen Soldaten" zu schreiben (S. 12) – noch zu generös hinweggeht), aber auch in den verschiedenen Aufsätzen von Bernd Hüppauf, vgl. hier nur ders., Räume der Destruktion. Implizit liegt sie auch in Kap. 1.1. skizzierten Deutungen zugrunde.

man hoffen konnte. Für alle waren dies Offensiven ebenso wie Friedensversuche, für jeden einzelnen Versetzungen wie Verlegungen der Einheit und wiederum der Urlaub, der nicht nur Entlastung bot, sondern auch die wichtigste Scharnierstelle zwischen Front und Heimat war. Insgesamt war die Belastung keineswegs permanent und noch weniger stets derart extrem wie in den bekannten Materialschlachten, welche die historische Erinnerung dominant geprägt haben. Und gerade bei Verdun oder in der dritten Ypern-Schlacht wurden die Eindrücke des Gefechts zum Auslöser für die häufige individuelle, vereinzelt auch die kollektive Verweigerung der Soldaten.

Die Erfahrung des massenhaften Todes wird üblicherweise zurecht als der problematischste Aspekt des Fronterlebnisses bezeichnet. Für diese ebenso bedrohliche wie kontingente Gefahr standen den ländlichen Soldaten die Sinnstiftungsangebote der katholischen Religion zur Verfügung, denen, auch wenn die Feldgeistlichen bedrohlich anmutende Krisensymptome erkannten, ein großer Teil der Mannschaften bis zuletzt folgte. Angesichts der zahllosen Verwundungen mußte der Sinn des Gebets schließlich auch vielen Gläubigen fragwürdig scheinen. Das war eine zwangsläufige Folge eines stark mechanistischen Glaubensverständnisses. Darüber hinaus ließ sich der Krieg mit zunehmender Dauer nicht mehr als Vollzug eines göttlichen Heilsplanes deuten. Dies war eine Voraussetzung für die Erfahrung, daß einzelne von der sozialdemokratischen Minderheit propagierte Begriffe sich sinnvoll und besser dazu verwenden ließen, dem Gesamtgeschehen des Krieges eine Bedeutung zu verleihen.

Von einer die Schichten und Rangstufen übergreifenden ‚Frontkameradschaft' kann tatsächlich kaum die Rede sein. Die sozialen Beziehungen unter den Soldaten waren durch den Zwang zur Kooperation geprägt und dabei vor allem während des Kampfes „zweckrational an der Erwartung" gegenseitiger „Loyalität" ausgerichtet. Eine „Vergemeinschaftung" auf der Basis „subjektiv gefühlter (...) Zusammengehörigkeit" entwickelte sich – wenn überhaupt – nur negativ, aus der gemeinsam erlittenen Erfahrung der eigenen Ohnmacht und der Abscheu gegen den Krieg.[5] Die mit großem Aufwand inszenierten Aktivitäten des „Vaterländischen Unterrichts" und nationale Feindbilder wirkten nicht motivierend. Ideologische Begründungszusammenhänge staatlicher, militärischer oder politischer Art, das ist an dieser Stelle festzuhalten, hatten für den Zusammenhalt der Truppen kaum eine positive Bedeutung. Die Soldaten kämpften nicht *für* etwas, sondern sie kämpften mit Blick *auf* etwas, also in der Erwartung eines nahegelegenen Zeitpunktes, der ihnen zumindest vorübergehend Entlastung bringen würde. Ressourcen „metaphysischer Art" benötigte nur jene kleine Minderheit bürgerlicher Soldaten, die den Krieg durch die Brille der Metaphysik betrachtete.[6]

---

5 Zur Terminologie vgl. Weber, Bd. 1, S. 29f.
6 Zitat: Eksteins, S. 309. Die absurde Tendenz dieses Buches wird am klarsten faßbar in der Aussage, „das Erlebnis" der Front sei „trotz des übermächtigen Grausens ob so viel Verstümmelung doch belebend" gewesen. Ebd., S. 345.

So gering die positive Bedeutung ideologischer Angebote für das Ausharren an der Front war, so wichtig waren handfeste materielle Fragen wie ausreichende Ernährung und Ruhe – noch bei den Heimkehrerfeiern wurde dies erkennbar -, kurzum, die zumindest minimal ausreichende Sicherstellung alltagspraktisch relevanter Bedürfnisse und Lebensbedingungen.

Andererseits hieß das jedoch, daß die Bewältigung des Fronterlebnisses jenen Soldaten leichter fallen konnte, die bereits im zivilen Leben eine „schwere Arbeit gewöhnt" waren.[7] Akademische Kriegsfreiwillige, an abwechslungsreiche Kost, gesitteten Umgang und mancherlei andere Annehmlichkeiten gewöhnt, brachen unter der Last der Anforderungen sowie den Sticheleien und Mißhandlungen durch Vorgesetzte und Kameraden oftmals rasch zusammen.[8] Die Soldaten ländlicher Herkunft waren dagegen durch eine Lebensweise geprägt, in der auf Dauer mannigfache Entbehrungen ohne die Perspektive einer grundlegenden Veränderung zu ertragen waren, es sei denn, man wählte den Weg der Abwanderung in die Städte. Eine monotone Kost, kärgliche Lebensverhältnisse, der fortdauernde Zwang zu harter körperlicher Tätigkeit, die nur im periodischen Wechsel mit exzessiver Verausgabung im Fest erträglich war und auch bei erfolgreicher Wirtschaft kaum den Erwartungshorizont einer Verbesserung der Lebenshaltung eröffnete: Derlei kannten vornehmlich die Landwirte mit kleinerem Besitz bereits vor 1914. Und den Dienstknechten war zudem die Erfahrung einer entrechtenden persönlichen Unterordnung, begleitet von körperlichen Attacken des ‚Vorgesetzten', schon im Frieden geläufig.[9]

Überspitzt formuliert knüpften deshalb die Lebensbedingungen während des Fronteinsatzes bei ländlichen Soldaten in vielerlei Hinsicht an bereits das zivile Leben prägende Erfahrungen an. Darüber hinaus lagen für Bauern und Dienstknechte, die sich idealtypisch als in hohem Maße angepaßte und genügsame Soldaten bezeichnen lassen, auch die Chancen einer möglichen kollektiven Verwei-

---

7 Hans Spieß 28.12.1916 an Eltern und Geschwister: BHStA/IV, Kriegsbriefe 340; vgl. Klemperer, Curriculum Vitae, S. 379.

8 Einen Maßstab für die allgemein vorhandene psychische Überlastung gibt die angesichts der kaum nachvollziehbaren Zuordnungskriterien allerdings nur als annähernde Schätzung zu betrachtende Zahl von 613.047 im deutschen Heer behandelten ‚Kriegsneurotikern' im weitesten Sinne: Sanitätsbericht, Bd. III, S. 145. Vgl. dazu ausführlich Ulrich, Nerven und Krieg. Zu den Kriegsneurotikern zählten natürlich auch Landwirte. Von den 2.646 im Jahr 1918 in die vier Neurotikerlazarette des I. Armeekorps aufgenommenen Kranken aus dem Feld- und Besatzungsheer hatten 40.4% einen landwirtschaftlichem Beruf; Dr. Karl Weiler, Ein Jahr Kriegsneurotikerbehandlung im I. B.A.K., Vortrag bei einer Sitzung im Ministerium für Soziale Fürsorge am 25.1.1919, S. 18: BHStA/IV, MKr 12685.

9 Dazu verschiedene Hinweise in: BHStA/II, ML 1021; Rehbein. Mutatis mutandis war auch die Existenz eines Teils der städtischen, vor allem der ungelernten Arbeiterschaft von solchen Bedingungen geprägt. Allerdings waren hier, zumal in der Generationenfolge, Verbesserungen spürbar, so daß die Perspektivlosigkeit fehlte. Zudem verfügte die Arbeiterschaft mehrheitlich über die in der „Forderung nach politischer Teilhabe" und „staatsbürgerlicher Gleichheit" gipfelnde politische Tradition der Sozialdemokratie, welche die Erfahrung der ‚Proletarität' transzendierte; vgl. dazu umfassend Mooser, Arbeiterleben, Zitat S. 185.

gerung außerhalb ihres hierin durch den zivilen Habitus geprägten Vorstellungshorizontes. Weiter gefaßt kann man gerade mit Blick auf die ländlichen Soldaten formulieren, daß es ohnehin umso leichter war, die Enttäuschungen und Entbehrungen des Frontalltages zu ertragen, je weniger man mit positiven Erwartungen in das Feld gezogen war.

Die Entbehrungen an der Front überschritten jedoch herkömmliches Maß und waren durch die sozialen Mißstände in der Wahrnehmung scharf konturiert. Zudem sorgte das Erlebnis der Kampfhandlungen gerade bei den davon am stärksten betroffenen Einheiten für eine zunächst schrittweise, 1916/17 dann rapide verlaufende Stimmungsverschlechterung. Allerdings waren, um dies nochmals zu betonen, davon nicht alle Soldaten gleichermaßen betroffen. Für die Gewichtung dieses Moments muß man sich stets vor Augen führen, daß ein großer Teil der Soldaten niemals und viele andere nur zeitweise oder an vergleichsweise ruhigen Frontabschnitten an Kämpfen beteiligt waren. Und die jüngeren Soldaten, welche den Belastungen mehr als die älteren, verheirateten Mannschaften ausgesetzt waren, brachten von vornherein eine größere Motivation mit in das Feld. Gerade sie büßten in hohem Umfang ihr Leben ein. Bei der Tradierung der extremsten Erfahrungen des Fronteinsatzes in der Nachkriegszeit konnten damit – so zynisch dieses Argument zwangsläufig klingt – gerade die persönlich am stärksten Betroffenen zu einem Gutteil nicht mehr mitwirken.[10]

Zudem gab es noch zwei weitere Momente, welche die Bereitschaft zur Fortführung des Krieges wirkungsvoll erschütterten. Zum einen verschlechterten sich die Lebensbedingungen der Soldaten in den Jahren des Krieges in erheblichem Umfang. Zum anderen, und das war von entscheidender Bedeutung, schien es der Mehrheit der ländlichen Soldaten ab 1916, spätestens ab 1917, als mit dem unverhüllten Hervortreten annexionistischer Positionen die Legende vom Verteidigungskrieg endgültig und für jedermann ersichtlich desavouiert wurde, zunehmend offenkundig zu sein, daß der Krieg nur noch im Interesse einflußreicher gesellschaftlicher Interessengruppen fortgesetzt wurde. Dies war zusammen mit der unverhohlenen Bereicherung der als Kriegsbefürworter identifizierten Kreise der Auslöser für einen, gemessen an der durch den monarchischen Kult und die Loyalität zum Zentrum bezeichneten Ausgangslage beachtlichen politischen Einstellungswandel

---

10 Für Primo Levi war dies die Quintessenz der Geschichte des 20. Jahrhunderts; vgl. das Zitat in: E. Hobsbawm, Das Zeitalter der Extreme. Weltgeschichte des 20. Jahrhunderts, München. Wien 1995, S. 15. Bei den überlebenden jüngeren Soldaten konnte dies natürlich das Verlangen nach einer angemessenen Repräsentation ihres Einsatzes verstärken. Allerdings konnte im überschaubaren dörflichen Umfeld eine jeweils nur kleine Zahl jüngerer Veteranen ihre Ansprüche kaum durchsetzen, zumal gegen die Dominanz der älteren Landwirte. Vgl. dazu die Hinweise in Kap. 6.3. Überregionale Kommunikationszusammenhänge, wie sie etwa die Jugendbewegung und die Studenten besaßen, fehlten im ländlichen Raum. Vgl. dazu U.-K. Ketelsen, „Die Jugend von Langemarck". Ein poetisch-politisches Motiv der Zwischenkriegszeit, in: T. Koebner u.a. (Hg.), „Mit uns zieht die neue Zeit". Der Mythos Jugend, Frankfurt/M. 1985, S. 68-96; G. Fiedler, Jugend im Krieg. Bürgerliche Jugendbewegung, Erster Weltkrieg und sozialer Wandel 1914-1923, Köln 1989.

... Wer zeugt vom Frontenleben. (handwritten)

der ‚feldgrauen' Landwirte. Akzeptanz für eine nationalistische und rechtsgerichtete Politik entwickelte sich unter den Mannschaften ländlicher Herkunft dagegen nicht. Diese verbreitete Vorstellung muß definitiv fallengelassen werden.

Das 1917 propagandistisch geschickt aufbereitete Eintreten der SPD-Mehrheit für einen Verständigungsfrieden hatte vielmehr zur Folge, daß auch unter bis dahin selbstverständlich dem Zentrum folgsamen Landwirten die sozialdemokratische Politik an Anziehungskraft gewann. Es gibt jedoch keinen Zweifel daran, daß dieses Interesse primär und ganz überwiegend der für alle Soldaten politisch entscheidenden Friedensfrage galt und sich weder mit einem Bewußtsein für programmatische Details noch mit übergreifenden gesellschaftspolitischen Zielvorstellungen verband. Damit einher ging ein Verfall monarchistischer Überzeugungen sowie eine tiefgreifende Desillusionierung über einen wesentlichen Stützpfeiler des monarchischen Systems, das Offizierkorps. Die unter den Landwirten dominierende Interpretation des Fehlverhaltens der Offiziere im Sinne eines Mangels an Moralität und Sittlichkeit erschwerte jedoch die Politisierung dieses Gegensatzes und trug somit auch dazu bei, das politische Interesse für die Positionen der Mehrheits-SPD auf die Friedensfrage zu beschränken. Die aussichtslose Kriegslage motivierte die Soldaten im Herbst 1918 schließlich dazu, durch massenhafte individuelle Verweigerung dem Frieden, nicht aber gesellschaftsverändernden Zielen aktiv näher zu kommen.

Gemessen am politischen Quietismus des ländlichen Milieus waren das dramatisch anmutende Veränderungen. Die erwähnte Bemerkung von Walter Benjamin trifft hier einen wichtigen Punkt, allerdings mit anderer Stoßrichtung, als sie der Autor vor Augen hatte. Denn hatten nicht viele Soldaten mit einem drohenden Unterton verkündet, nach dem Krieg, wenn die Zwänge von Zensur und militärischer Subordination abgestreift wären, würde man die politischen Konsequenzen aus dem Fronterlebnis ziehen, und die in der Heimat verbliebene Bevölkerung würde ohne die bis dahin geübte Rücksicht die „Wahrheit" über die erlebten Schrecknisse und Ungerechtigkeiten „hören"?[11]

Eine erdrutschartige Erschütterung der ländlichen Provinz rief die Heimkehr der Veteranen jedoch nicht hervor. Das lag zum einen an den begrenzten Zielen der Soldaten, die bereits mit dem Waffenstillstand weitgehend abgegolten waren. Wichtig war zum anderen, daß der heimische Hof und die eigene Familie auch im Feld für die Wahrnehmung und Identität der bäuerlichen Soldaten von entscheidender Relevanz geblieben waren. Die Persistenz einer durch die spezifischen Strukturen der bäuerlichen Familienwirtschaft geprägten und verstärkten zivilen Orientierung war ein wesentliches Charakteristikum der Mentalität bäuerlicher Soldaten. Das bei den Bauern verbreitete Heimweh führte dazu, daß sie den Aufenthalt an der Front stets in der Perspektive verbrachten, nach seinem Ende wieder zur gewohnten Normalität des zivilen Leben zurückzukehren. Eine durch

11 Feldpostbrief v. 1.1.1915, zit. nach Brocks/Ziemann, S. 120.

die Rolle als soldatischer Mann vermittelte Selbstbestätigung suchten die Landwirte nicht.

Aus diesem Grund vollzog sich die Heimkehr der Veteranen 1918 primär als eine Rückkehr zur Normalität des Vorkriegslebens. Die dieser Arbeit konzeptionell zugrundegelegte Annahme einer engen Verbindung zwischen Front und Heimat hat zunächst in der Übernahme vieler im Feld verbreiteter kriegskritischer Argumentionsfiguren wie etwa dem ‚Preußenhaß' oder der Kritik an den Heeresmißständen durch die zivile ländliche Bevölkerung eine Bestätigung gefunden. Nach dem Krieg trug die Verbindung zur Heimat als perspektivischer Bezugspunkt der früheren Soldaten dazu bei, die Kritik an den traditionellen Autoritäten rasch wieder abzumildern. Eine die Mehrheit überzeugende Alternative zum politischen Katholizismus war ohnehin nicht in Sicht, da die SPD als Vertreterin der Konsumenteninteressen zwangsläufig in einem Gegensatz zu den Landwirten stand.

Die soldatische Kriegserfahrung zeigte ihre Wirkungen deshalb primär in den spezifischen Aktionsfeldern der Veteranen. Die Grenzen der paramilitärischen Mobilisierung in den Einwohnerwehren machen dabei deutlich, daß die Stärke dieser Organisation rein numerisch war, während eine tiefgreifende Identifikation mit den militaristischen und politischen Zielen der Landesleitung auf Seiten der Bauern nicht vorhanden war. Die in den Kriegervereinen betriebene verklärende Repräsentation der Soldatenzeit geriet nach dem Krieg in eine tiefe Krise. Davon waren jedoch vor allem der Bayerische Kriegerbund und die durch ihn vertretenen organisatorischen und politischen Absichten betroffen, während die in den Kriegervereinen verbleibende Minderheit der Veteranen primär an lokaler Selbstdarstellung interessiert war. Der intensive, dominant unter christlichen Vorzeichen betriebene Totenkult integrierte nahezu konfliktlos den einstmals zivilen wie militärischen Teil der dörflichen Bevölkerung. Er erscheint somit als das eigentlich und dauerhaft verpflichtende Element der ländlichen Kriegserfahrung. Gerade auf diesem Feld erwies der Katholizismus seine Stärke und bekam am frühesten und umfassendsten die Chance zur Regeneration von den Krisentendenzen der Kriegs- und Nachkriegszeit. Dieser Befund ist nur wenig überraschend, da die katholische Religion ein seit langer Zeit tradiertes, vielfältig ausdifferenziertes und affektuell hochgradig wirksames Repertoire von Symbolen und rituellen Handlungen bereithielt, mit denen sich die problematische und massenhafte Erfahrung des Todes und des Verlustes naher Angehöriger umfassend ausdeuten und bewältigen ließ.

Der Katholizismus konnte sich lebensweltlich und politisch, hier auch aufgrund des Mangels an überzeugenden alternativen Angeboten, relativ schnell wieder stabilisieren. Dies lag daran, daß die partiell nachlassende Überzeugungskraft katholischer Sinnstiftungen ihren Grund gerade bei den Soldaten primär darin hatte, daß sie den Belastungen des Krieges keine hinreichende Bedeutung verleihen konnten. Mit dem Ende dieser Belastungen verlor der einmal angestoßene Erfahrungswandel deshalb wieder seine Schubkraft. Allerdings hatte sich gegenüber der Vorkriegszeit in zumindest zwei Punkten ein Wandel des katholischen Milieus vollzogen. Erstens war die Verbindung von Katholizismus und monarchischer Idee gekappt, und ihre Wiederherstellung stellte für den überwiegenden Teil der Landwirte keine ernsthafte Option mehr dar. Und zweitens hatte mit der schwindenden religiösen Kontrolle über die männlichen Dienstboten eine für die Sozialdisziplinierung der ländlichen Unterschichten und die Homogenität des Milieus wichtige Funktion des Katholizismus an Wirkmacht verloren.[12]

Die Reintegration der Veteranen und damit die Abmilderung des größten Kritikpotentials – die Bäuerinnen zeichneten sich durch eine passive Einstellung gegenüber den Belastungen des Krieges aus – wurde durch die agrarische „Scheinblüte" (Aereboe) der Nachkriegsjahre wesentlich erleichtert. Die Zwangsmaßnahmen der Agrarpolitik provozierten zwar eine kurzfristige Radikalisierung des agrarischen Protests nach der Rückkehr der Soldaten und führten den agrarischen Verbänden einen stark steigenden Mitgliederanhang zu. Die Landwirte konnten sich jedoch insgesamt zu den Gewinnern der Inflationszeit zählen und machten durch eine Intensivierung ihres Standesbewußtseins deutlich, daß sie dies auch taten. Im Schlepptau der agrarischen Konjunktur und begünstigt durch die Arbeitskräfteknappheit im Krieg sowie eine gravierende Veränderung der rechtlichen Rahmenbedingungen durch die Revolution verstärkten die ländlichen Dienstboten den Kampf um die Durchsetzung ihrer ökonomischen Ansprüche.

Für alle Gruppen der ländlichen Gesellschaft ist über den gesamten Zeitraum das erfahrungsgeschichtlich bedeutsame Faktum einer von Tag zu Tag jeweils verfügbaren und hinreichenden Ernährung als gewichtiges Moment der Stabilität hervorzuheben. „Wenn der Mensch Hunger hat, hört alles auf."[13] Diese im Mai 1917 von einem württembergischen Metallarbeiter getroffene Feststellung verdeutlicht eindringlich, worin die wichtigste Differenz zwischen städtischer und ländlicher Kriegserfahrung bestand und warum auf dem Land durchaus nicht ‚alles aufhören' mußte, sondern vielmehr die Kontinuität überwiegend war.

Insgesamt gesehen haben die Erfahrungen der Kriegs- und Nachkriegszeit somit keineswegs zu einem radikalen Bruch mit traditionellen Wertvorstellungen und Wahrnehmungsmustern geführt. Manche Elemente bäuerlicher Weltanschauung wurden unter dem Eindruck des Krieges über Bord geworfen. Eine umfassende Modernisierung ländlicher Verhaltensmuster oder Wertnormen war damit jedoch nicht verbunden. Vielmehr bewies der Rückgriff auf die „traditionellen Stabilisierungsinstanzen" ländlicher Gesellschaft wie die bäuerliche Familie, die Religiosität sowie die agrarische Subsistenz und damit einhergehend die Ernährung mehrheit-

---

12 Weiterer Forschung bedarf noch die Frage, ob die durch sein patriotisches und staatskonformes Engagement entstandene Einbuße an Sozialprestige und politischer Autorität des Priesterstandes langfristige Folgen hatte. Es ist zu vermuten, daß der im 19. Jahrhundert betriebenen „Sakralisierung" der Pfarrer zunächst der Boden entzogen war und daß erst die Defensive gegen den Nationalsozialismus Klerus und Laien wieder enger aneinanderrückte. Vgl. dazu die Hinweise in: Witetschek, Kirchliche Lage, Bd. III, S. 116, 122f., 125, 173, 205f. und öfter, insbesondere eine für die Abwehr der negativen Einschätzung des „Pfaffen" aussagestarke Episode aus dem Jahr 1936 auf S. 116; Hürten, Deutsche Katholiken, S. 396ff.

13 Zusammenstellung der Monatsberichte der stv. GK vom 3.6.1917: BAP, 15.01, 12478, Bl. 143.

lich gerade in den krisenhaften Jahren von 1914 bis 1923 deren Kraft.[14] Ungeachtet der zwischenzeitlichen Erschütterung überwog die Kontinuität insgesamt den Wandel.

Darin zeigt sich zum einen deutlich die große Beharrungskraft und Stabilität der Strukturen ländlicher Gesellschaft und der durch sie geprägten Mentalitäten. Zum anderen ist die große Bedeutung katholischer Volksreligiosität für die mentale Orientierung der ländlichen Bevölkerung hervorzuheben. Diese half nicht nur bei der Bewältigung elementarer Lebensrisiken. Die katholische Soziallehre stellte zudem ein Deutungsmuster gesellschaftlicher Ordnung bereit, in dessen auf Konsens und moralische Verantwortung ausgerichtetem Rahmen die Wahrnehmung von Konflikten abgemildert wurde. Aus heutiger Sicht wird man zu Recht die antiemanzipatorischen Wirkungen hervorheben, welche die Propagierung eines an Demut und Sittlichkeit orientierten Sozialverhaltens hatte.[15] In einer Zeit, in der soziale und politische Spannungen grell hervortraten und sich in emotional aufgeladenen Feindbildern niederschlugen, trug diese in der Betonung der persönlichen Verantwortung durchaus lebenspragmatische Einstellung aber zumindest während des Krieges primär zur subjektiven Kontinuitätsstiftung und damit Entlastung bei.[16]

Unter gebetsmühlenartiger Berufung auf die Aktivitäten der Freikorps und des Stahlhelm oder die Bücher der Gebrüder Jünger wurde oftmals eine direkte und pauschale Kontinuitätslinie vom Fronterlebnis zu politischer Gewalt, Nationalismus und Antisemitismus in der Weimarer Republik gezogen. An den Mentalitäten und Verarbeitungsmustern jener weit überwiegenden Mehrheit der ehemaligen Soldaten, die den unterbürgerlichen Schichten angehörten, geht dieses Argument jedoch vorschnell vorbei. Es verwischt dabei die immensen Unterschiede zwischen den kulturellen und politischen Prägungen der bürgerlichen Eliten und jenen der Bauern, des Millionenheeres der ostelbischen Landarbeiter sowie den anderen Gruppen der organisierten und unorganisierten Arbeiterschaft.[17] Es bleibt eine Aufgabe weiterer, sozial- und mentalitätsgeschichtlich informierter und angeleiteter Forschung, den in dieser Arbeit verfolgten Zusammenhängen am Beispiel anderer sozialer Gruppen nachzugehen. Dabei ist erfahrungsgeschichtlich vor allem die Prägung durch gesellschaftliche Krisen der Nachkriegszeit zu berücksichtigen. Im

---

14 So hat auch Heinz Reif argumentiert, in einer Kritik der auf den Umbruch um 1800 zielenden Thesen von W.K. Blessing, „Der Geist der Zeit hat die Menschen sehr verdorben..." Bemerkungen zur Mentalität in Bayern um 1800, in: E. Weis (Hg.), Reformen im rheinbündischen Deutschland, München 1984, S. 229-247, vgl. ebd., S. 250.

15 Vgl. das Urteil von Wehler, Gesellschaftsgeschichte, Bd. 3, S. 1188f.

16 In diesem Zusammenhang sei angemerkt, daß Rohe, Wahlen, S. 154-159, betont, weniger der Charakter einer konfessionellen Minderheit oder das ‚Milieu' für sich habe die Resistenz der Katholiken gegen den politischen Appell der NSDAP in Weimar verursacht, als vielmehr ihr Denken in sozialen Ordnungskategorien und der Wiedererkennungseffekt der katholischen Soziallehre.

17 Die gegensätzlichen Wirkungen der „sozialisatorischen Wechselbäder" seit 1914 in verschiedenen Milieus hat eindringlich Tenfelde, Sozialgeschichte als Sozialisationsgeschichte, S. 2f. u.ö., betont.

ländlichen Raum z.B. hatte, wie gezeigt worden ist, erst die Inflation eine massive Welle des Antisemitismus zur Folge, während sich unter den im Heer dienenden Landwirten während des Krieges nur ganz vereinzelt entsprechende Ressentiments zeigten.

Auf den ersten Blick erkennbar ist allerdings, daß zwei der mitgliederstärksten Veteranenorganisationen der zwanziger Jahre, nämlich der Reichsbund und das Reichsbanner Schwarz-Rot-Gold, sozialdemokratisch geprägt waren. Und die größte Veteranenorganisation des ‚nationalen‘ Lagers, der Kyffhäuserbund, hatte insgesamt mit erheblichen Problemen und den weitgehend unpolitischen Interessen seiner Mitglieder zu kämpfen, wie zumindest am Beispiel Bayerns gezeigt werden konnte. Die radikale Rechte der Weimarer Zeit konnte trotzdem das Bild vom Fronterlebnis dominant und auch auf lange Sicht erfolgreich prägen. Wie und warum dies geschah, bedarf noch weiterer Forschung. Bereits heute läßt sich jedoch feststellen, daß die Ursache dafür nicht in den realen Erfahrungen der Soldaten während des Krieges lag. Entscheidend war vielmehr, daß nationalistisch geprägte Mythologisierungen vor allem in der Krise der späten zwanziger Jahre das Diskussionsfeld besetzen konnten, da eine sich der Medien zielgerichtet bedienende Geschichtspolitik den Boden dafür bereitet hatte und diese Mythen nunmehr einem offenbar weit verbreiteten Sinnstiftungsbedürfnis auf geeignete Weise entgegenkamen.[18]

Die Entwicklungen während des Zweiten Weltkrieges schienen dann die Mythen der zwanziger Jahre zu bestätigen, während sich tatsächlich gegenüber dem Ersten Weltkrieg ein beträchtlicher Radikalisierungsschub vollzog. Unter anderem als Folge der NS-Propaganda entwickelte sich nunmehr eine starke Identifikation mit dem Militär und der kriegerischen Gewaltanwendung. Insbesondere an der Ostfront schien das Kriegsgeschehen die rassistischen Feindbilder der NS-Ideologie zu bestätigen, was eine rasante Nazifizierung vieler Soldaten und eine hemmungslose Brutalisierung der Kriegführung zur Folge hatte.[19] Formen und ideologische Be-

---

18 Vgl. vorläufig Ulrich/Ziemann, Krieg im Frieden; Bessel, Germany, S. 254-284; W. Wette, Von Kellog bis Hitler. Die öffentliche Meinung zwischen Kriegsächtung und Kriegsverherrlichung, in: K. Holl/ders. (Hg.), Pazifismus in der Weimarer Republik, Paderborn 1981, S. 149-172. Zu den durchaus komplexen Ursachen und Konjunkturen politischer Gewalt in der Weimarer Republik vgl. demnächst die Bielefelder Habilitationsschrift von Dirk Schumann. Es ist symptomatisch, daß in Bildbänden der späten Weimarer Zeit, die einen repräsentativen Überblick über Formen von Kriegerdenkmälern verschaffen sollten, Motive wie der Hl. Georg oder die Pietà nur ganz vereinzelt dokumentiert sind. Vgl. z.B.: Deutscher Ehrenhain für die Helden von 1914/18, Leipzig 1931.

19 Dies ist die in der Verallgemeinerung etwas überzogene, insgesamt aber ebenso brisante wie überzeugende Kernthese von Bartov. Eine wichtiges Korrektiv bieten viele Feldpostbriefe in: A. Golovchansky u.a. (Hg.), „Ich will raus aus diesem Wahnsinn". Deutsche Briefe von der Ostfront 1941-1945. Aus sowjetischen Archiven, Reinbek 1993. Vgl. als Einstieg in die steigende Zahl von Veröffentlichungen über Feldpostbriefe im Zweiten Weltkrieg: D. Vogel/W. Wette (Hg.), Andere Helme-andere Menschen? Heimaterfahrung und Frontalltag im Zweiten Weltkrieg. Ein internationaler Vergleich, Essen 1995, S. 13-35, 37-57 (Beiträge von D. Vogel und M. Humburg). Ansatzpunkte für den Vergleich bei P. Knoch, Gewalt wird zur Routine. Zwei Weltkriege in der Erfahrung einfacher Soldaten, in: W. Wette (Hg.), Der Krieg des kleinen Mannes, München 1992,

gründungszusammenhänge kriegerischer Gewaltausübung hatten damit auf der Ebene der Mannschaften gegenüber den Jahren 1914-1918 nochmals einen großen Sprung getan. Dies läßt es geboten erscheinen, die beiden Weltkriege in diesem Punkt nicht zu eng aneinanderzurücken. Allerdings gab es auch in den Jahren 1939 und später noch retardierende Momente, die sich den ideologischen Konsequenzen des ‚Vernichtungskrieges' entzogen. Eine neuere Untersuchung von Feldpostbriefen aus dem Zweiten Weltkrieg hält fest:

> „Interessanterweise sind es Menschen ländlicher Herkunft (vor allem aus Bayern und Österreich), die in den Briefen die seltene Ablehnung des Krieges erkennen lassen. Das vorkapitalistische, bäuerliche Bewußtsein scheint zumindest partiell resistent gegenüber der Logik des modernen, industriellen Krieges gewesen zu sein."[20]

S. 313-323. Aufschlußreich ist: K. Latzel, Die Zumutungen des Krieges und der Liebe – zwei Annäherungen an Feldpostbriefe, in: P. Knoch (Hg.), Kriegsalltag, Stuttgart 1989, S. 204-221; ders., „Freie Bahn dem Tüchtigen!" Kriegserfahrung und Perspektiven für die Nachkriegszeit in Feldpostbriefen aus dem Zweiten Weltkrieg, in: G. Niedhart/D. Riesenberger (Hg.), Lernen aus dem Krieg? Deutsche Nachkriegszeiten 1918 und 1945, München 1992, S. 331-343.

20 Ebert, Stalingrad, Bd. 1, S. 39. Diesen Eindruck bestätigten Erinnerungen von Soldaten ländlicher Herkunft; vgl. Kuhn, Tagebuchaufzeichnungen; F. Bauer, Kriegserinnerungen (1939-1945), Würzburg 1994 (MS). Auf dem Land folgten dem Zweiten Weltkrieg dann jedoch mit dem Zustrom der Vertriebenen und der rapiden Technisierung neuartige Entwicklungen, die den massiven ländlichen Strukturwandel der fünfziger Jahre und damit eine andere Verarbeitung des Krieges auslösten. Vgl. T. Bauer, Nationalsozialistische Agrarpolitik und bäuerliches Verhalten im Zweiten Weltkrieg. Eine Regionalstudie zur ländlichen Gesellschaft in Bayern, Frankfurt/M. 1996 (mit vielen Hinweisen auf vergleichbare Reaktionsmuster, aber auch gewichtigen Indizien für strukturelle und habituelle Differenzen); P. Erker, Revolution des Dorfes? Ländliche Bevölkerung zwischen Flüchtlingszustrom und landwirtschaftlichem Strukturwandel, in: M. Broszat u.a. (Hg.), Von Stalingrad zur Währungsreform. Zur Sozialgeschichte des Umbruchs in Deutschland, München 1990 (3. Aufl.), S. 367-425.

Anhang

Abkürzungsverzeichnis

ABA	Archiv des Bistums Augsburg
ABP	Archiv des Bistums Passau
AEM	Archiv des Erzbistums München und Freising
AfS	Archiv für Sozialgeschichte
AK	Armeekorps
BA	Bezirksamt
BAP	Bundesarchiv Potsdam
BA/MA	Bundesarchiv/Militärarchiv Freiburg
BBB	Bayerischer Bauernbund
BfZ	Bibliothek für Zeitgeschichte Stuttgart
BHStA/II	Bayerisches Hauptstaatsarchiv München/Abt. II
BHStA/IV	Bayerisches Hauptstaatsarchiv München/Abt. IV: Kriegsarchiv
BHStA/V	Bayerisches Hauptstaatsarchiv München/Abt. V: Nachlässe
BKZ	Bayerische Krieger-Zeitung
BSB	Bayerische Staatsbibliothek München, Handschriftenabteilung
Btl.	Bataillon
BZAR	Bischöfliches Zentralarchiv Regensburg
Div.	Division
E./Ers.	Ersatz
E.W.	Einwohnerwehr
GK	Generalkommando
HMB	Halbmonatsbericht
Inf.	Infanterie
I.R.	Infanterie-Regiment
KdA	Verhandlungen der Kammer der Abgeordneten des Bayerischen Landtages
K.M.	Kriegsministerium
Ldw.	Landwehr
Ldst.	Landsturm
LThK	Lexikon für Theologie und Kirche
MA	Ministerium des Königlichen Hauses und des Äußeren
MInn	Ministerium des Innern
MK	Ministerium für Kultus und Unterricht
ML	Ministerium für Landwirtschaft
MS	Maschinenschriftlich
Ndb.	Niederbayern
Obb.	Oberbayern
R./Res.	Reserve

Rgt.	Regiment
RP	Regierungspräsident
SBPK	Staatsbibliothek Preußischer Kulturbesitz Berlin
Schw.	Schwaben
SHStAD	Sächsisches Hauptstaatsarchiv Dresden
StAA	Staatsarchiv Augsburg
StAL	Staatsarchiv Landshut
StAM	Staatsarchiv München
StaA	Stadtarchiv
stv.	stellvertretender/stellvertretendes
Uffz.	Unteroffizier
WB	Wochenbericht
WUA	Das Werk des Untersuchungsausschuses der Verfassunggebenden Deutschen Nationalversammlung und des Deutschen Reichstages 1919-1930, Vierte Reihe: Die Ursachen des Deutschen Zusammenbruches im Jahre 1918
ZBLG	Zeitschrift für Bayerische Landesgeschichte
ZBSL	Zeitschrift des Bayerischen Statistischen Landesamts

8.2 Quellenverzeichnis

1. Ungedruckte Quellen

a.) Archivalien

Archiv des Bistums Augsburg
  DA 6, Karton 13
  Allgemeinakten: DB 362
  Bischöfliches Ordinariat: 6045
  Pfa: 6/I, 42/2, 43/I, 54/1, 99 (Karton 20, Nr. 7)
  Pfarrarchiv Windach
  Pfarrarchiv Osterbuch: Friedrich Schwald, Chronik von Osterbuch (1926)
  NL Karl Lang: Kriegschronik Pfarrer Karl Lang

Staatsarchiv Augsburg
  Regierung: 9761-9767
  BA Donauwörth n.S.: 5403
  BA Günzburg: 6163, 9934
  BA Illertissen: 3891, 3894
  BA Kempten: 4715, 6224
  BA Lindau: 3949, 3972, 4538
  BA Markt-Oberdorf: VII/10, VII/1244
  BA Memmingen: 10914
  BA Mindelheim: 3703; Abgabe 1941, 45
  BA Neuburg: 6776, 6781b, 6971a, 7214, 7225, 8025
  BA Wertingen: 2226
  Amtsgericht Immenstadt: Zivilsachen E 1880-1934

Sächsisches Hauptstaatsarchiv Dresden
  Kriegsarchiv (P): 20155, 21133, 24170, 24179

Bundesarchiv/Militärarchiv Freiburg
  W-10: 50603, 50606, 50794, 50900

Gemeinde Kochel: Feldpostbriefe an Otto Freiherr v. Aufseß

Staatsarchiv Landshut
  Rep. 168/1: Fasz. 949, Nr. 7432
  Rep. 168/5: 498, 499, 501, 945, 1116, 1117
  Rep. 164/3: 2641
  Rep. 164/6: 1813, 5298, 5447, 6124
  Rep. 164/10: 2007, 2008

Rep. 164/13: 2532-2554, 10394
Rep. 164/14: 6510, 8723, 8724
Rep. 164/16: Fasz. 38, Nr. 198, Fasz. 139, Nr. 1553
Rep. 164/19: 3296
Rep. 167/2: 1093, 1094, 1120, 1122, 1128, 1156

Archiv des Erzbistums München und Freising
Unverzeichnete Handakten von Domkapitular Michael Buchberger
Kriegschronik der Gemeinden Riedering und Neukirchen B 1830
Kriegschronik Altenerding B 1837
NL Kardinal v. Faulhaber: 6771-6782

Bayerisches Hauptstaatsarchiv München, Abt. II
MA: 97553, 97566, 100618, 102135, 102136, 102139, 102140, 102145-102147
MArb: 401
MH: 16155, 16166
MInn: 53977, 54013, 54021, 54032, 66134, 66138, 66139, 66327, 66328, 72564, 72639, 72723, 73033, 73441, 73463
MK: 14477-14479, 14482, 14483, 19236, 19258, 19280, 19288-19290, 51029, 51030
ML: 1008, 1015, 1021, 1039, 1069, 1070, 1101, 1329, 1353, 1497, 1598, 1913

Bayerisches Hauptstaatsarchiv München, Abt. IV: Kriegsarchiv
Amtsbibliothek: 29, 1982 grün, 9584
2. Infanterie-Division: Bunde 97, 109, 110
1. Reserve-Division: Bunde 48, 86
Feldintendantur 1. Reserve-Division: Bund 27
5. Infanterie-Division: Bund 96
6. Infanterie-Division: Bund 81
6. Landwehr-Division: Bund 56
Armee-Oberkommando 6: Bund 22, 121
Generalkommando I. Armeekorps: Bund 96, 104, 173, 174, 178, 179
Heeresgruppe Kronprinz Rupprecht: Bund 30
Infanterie-Leib-Regiment: Bund 21
Einwohnerwehr: Bunde 1, 3, 14
HS: 920, 934, 1984, 2348, 2674, 3262, 3362, 3410
Kriegsbriefe: 339, 340
Militärgericht 6. Landwehr-Division: Bunde A-K
Militärgericht 1. Reserve-Division: Bunde A-B
Militärgericht 16. Infanterie-Division: Bunde P-S 1917, T-Z 1917
Militärgerichte (MilGer): 3344, 3348, 3355, 3361, 3374, 3429, 3454, 3465, 3524, 3565, 3593, 6195-6501, 6580, 6651, 6742, 7365, 7147

MKr: 579, 580, 622, 1098, 1765, 1802, 1803, 2285, 2323-2325, 2330-2348, 2417-2419, 2423, 2450-2455, 2822, 10097, 11100, 11103-11108, 11231, 11232, 11254, 11484-11486, 11511, 11533, 11601, 12685, 12833, 12850, 12883, 12896, 13346-13349, 13424, 13359, 13360, 13372, 13952, 14160, 14412, 17114, 17146, 17166, 17251, 18389
RwGruKdo 4: 24, 175, 176, 255
stv. Generalkommando I. Armeekorps: 111, 114, 250, 277, 311, 396, 397, 431, 432, 451, 452, 524, 547, 549, 557, 591, 593, 618, 800, 838, 849, 865, 869, 916, 948, 967, 985, 1035, 1097, 1327, 1527, 1539, 1584, 1590, 1706, 1722-1724, 1942-1972, 1979-1981, 2173, 2278, 2369, 2371, 2372, 2377, 2378, 2385, 2386, 2396-2412, 2414, 2417-2422, 2762, 2768, 2772, 2773, 2788, 2789, 2804, 2865, 3193, 3895, 3919, 3920

Bayerisches Hauptstaatsarchiv München, Abt. V: Nachlässe
NL Heinrich Held: 581, 1609, 1617
Slg. Varia: 1697/2a, 1697/58

Bayerische Staatsbibliothek München, Handschriftenabteilung
Ana 313
Schinnereriana

Staatsarchiv München
AG: 37652-37682, 38458-38484, 42120-42140
LRA: 6993, 40945, 61432, 79889, 79890, 82665, 93207, 96053, 98269, 98447, 99497, 99498, 100360, 105565, 111498, 134332, 146315, 146316, 184297, 188445
RA: 3788, 57942, 61434
Polizeidirektion München (Pol.-Dir.): 2383, 6886-6892

Stadtarchiv München
Familien: 703/2, 713
NL Adolf Hieber: 44

Archiv des Bistums Passau
DekA II: Burghausen 12/I, Fürstenzell 12/I, Obernzell 12/I, Pfarrkirchen 12/I
OA Pfa: Pfarrkirchen II, 4a, Roßbach II, 4a

Bundesarchiv Potsdam
15.01: 12476/1, 12478, 13501
15.07: 466
39.01: 7539, 7541
61 Re 1 (Reichslandbund Pressearchiv): 7691
92 (Sachthematische Sammlung): 271, 275, 277

Bischöfliches Zentralarchiv Regensburg
  OA: 963, 984, 1328, 2748

Stadtarchiv Regensburg
  Nachlaß Georg Heim: 207, 1002, 1316, 1317, 1404, 1623, 1626, 1630, 1632,
  1701, 1711, 1718, 2012, 2304

Bibliothek für Zeitgeschichte Stuttgart
  Sammlung Knoch: Feldpostbriefe des Landwirtes Christoph Erhardt und seiner
  Frau Katharina
  Sammlung Schüling: Bände 3-5, 7, 8, 14, 19, 20, 24, 25, 28, 31, 34, 60, 63, 67,
  76, 93, 108, 110, 134

b.) Privatbesitz

Mitglieder- und Einnahmenlisten des Krieger- und Veteranenvereins Loitzendorf
  (im Besitz der Krieger- und Soldatenkameradschaft Loitzendorf, BA Bogen)
Feldpostbriefe im Besitz von Ernst Aicher (Mühldorf a. Inn)
Feldpostbriefe von Anna und Jakob Eberhard und Kriegstagebuch Jakob Eberhard
  aus Bruck (BA Neuburg a.D.)
Kriegserinnerungen Felix Fonrobert
Feldpostkarten der Familie Göß aus Berndorf (BA Kulmbach)
Feldpostbriefe Oskar v. Hinüber
Feldpostbriefe der Familie Reininger aus Gammersham (BA Wasserburg)
Feldpostbriefe der Familie Saam aus Eßleben (BA Schweinfurt)
Feldpostbriefe des Söldnerssohnes Andreas Simbürger aus Oberneuhausen (BA
  Landshut)
Feldpostbriefe der Familie T. aus Gollhofen (BA Uffenheim)
Feldpostbriefe im Besitz von Bernhard Roubin (München)
Tagebuch des Jägers Leonhard Ziegler aus Lülsfeld (BA Gerolzhofen)
Feldpostbrief des Gütlerssohnes Alois Wagner vom 15.11.1915 an seine Mutter in
  Baigertsham (Besitz des Verfassers)
Schreiben von Frau Anneliese Hackler aus Bad Laasphe-Rückershausen vom
  29.5.1990 an das Landwirtschaftliche Wochenblatt Westfalen-Lippe
Kriegserinnerungen von Heinrich Heymer aus Sallinghausen
Feldpostbriefe der Familie Töns aus Hopsten (Kreis Tecklenburg)

(Auf Wunsch einiger privater Leihgeber, der Bibliothek für Zeitgeschichte und der
Gemeindeverwaltung Kochel wurden die Namen bzw. Wohnorte der Verfasser von
Feldpostbriefen zum Teil verschlüsselt.)

2. Veröffentlichte Quellen

a.) Periodika (Zeitungen, Zeitschriften, Protokolle, Statistiken)

Allgäuer Bauernblatt. Süddeutsche Landwirtschaftliche Zeitung. Vereinszeitung des Allgäuer Bauernverbandes. Kempten 2 (1923).

Ambrosius. Monatsschrift für Müttervereinsleiter und Jugendseelsorger. Donauwörth 33 (1919).

Amper-Bote. Anzeigeblatt für Markt und Bezirk Dachau. Dachau 42 (1914) – 51 (1923).

Amtsblatt für die Diözese Augsburg. Augsburg 24 (1914) – 33 (1923).

Amtsblatt für die Erzdiözese München und Freising. München 1914 – 1923.

Archiv für Militärrecht 6 (1915/16) – 8 (1919/20).

Armee-Verordnungsblatt. Berlin 49 (1915) – 52 (1918).

Das Bayerland. Illustrierte Halbmonatsschrift für Bayerns Land und Volk. München 29 (1917/18) – 33 (1921/22).

Bayerische Berufsstatistik 1907. Berufliche und soziale Gliederung, München 1908 (Beiträge zur Statistik des Königreichs Bayern, Heft 80).

Bayerische Hefte für Volkskunde. Hg. v. Bayerischen Verein für Volkskunst und Volkskunde. München 2 (1915) – 4 (1917).

Bayerische Kriegerzeitung. Organ des [bis 1918: Königlich] Bayerischen Kriegerbundes. München 30 (1914) – 39 (1923).

Bayerische Staatszeitung. München 1914, 1918, 1919.

Bayerischer Heimatschutz. Monatsschrift des Bayerischen Landesvereins für Heimatschutz. 12 (1914) – 19 (1921), 20 (1924) – 30 (1934).

Bayerischer Veteranen- und Kriegerkalender. Augsburg 38 (1914) – 48 (1924).

Bayerisches Bauernblatt. Organ der Zentralstelle der christlichen Bauernvereine. Regensburg. 10 (1914) – 19 (1923).

Blätter für den katholischen Klerus. Organ der Diözesan-Priestervereine Bayerns. Eichstätt 1 (1920) – 4 (1923).

Bundes-Nachrichten. Offizielles Organ des Bayerischen Bundes Kriegsbeschädigter. Nürnberg 1 (1918) – 5 (1922).

Christliche Kunst. Monatsschrift für alle Gebiete der christlichen Kunst und der Kunstwissenschaften sowie für das gesamte Kunstleben. München. 15 (1918/19) – 21 (1924/25).

Chrysologus. Blätter für Kanzlerberedsamkeit. Paderborn 57 (1916/17) – 59 (1918/19).

Ebersberger Anzeiger. Amtsblatt für den Amtsbezirk Ebersberg 33 (1914) – 40 (1921).

Gemeinde-Verzeichnis für das Königreich Bayern nach der Volkszählung vom 1. Dezember 1910 und dem Gebietsstand vom 1. Juni 1911, München 1911 (Beiträge zur Statistik des Königreichs Bayern, Heft 84).

Die Jungmannschaft. Halbmonatsschrift für katholische junge Männer. München 2 (1918) -4 (1920).

Katechetische Blätter. Organ des Münchener Katecheten-Vereins. München 45 (1919).

Kirchliches Handbuch für das katholische Deutschland (hg. v. Hermann A. Krose in Verbindung mit der amtlichen Zentralstelle für kirchliche Statistik). Freiburg 5 (1914/16) – 12 (1924/25).

Die Kriegerwitwe. Familien-Blatt für Kriegerhinterbliebene. Organ des bayerischen Kriegerhinterbliebenen-Vereins. München 1920 – 1921.

Kriegs-Beilage 1914 des Amtsblattes der K. Staatsministerien des Königlichen Hauses und des Äußern und des Innern, München 1914 (hg. v. K. Staatsministerium des Innern).

Die Kriegs-Volkszählungen vom Jahre 1916 und 1917 in Bayern, München 1919 (Beiträge zur Statistik Bayerns, Heft 89).

Kyffhäuser. Organ des Deutschen Reichskriegerbundes „Kyffhäuser". 52 (1928).

Die Landwirtschaft in Bayern. Nach der Betriebszählung vom 12. Juni 1907, München 1910 (Beiträge zur Statistik des Königreichs Bayern, Heft 81).

Medizinische Klinik. Wochenschrift für praktische Ärzte. Berlin 14 (1918).

Mindelheimer Neueste Nachrichten. Amtsblatt für den Stadtmagistrat Mindelheim. 34 (1914).

Neue freie Volks-Zeitung. Münchener Lokalanzeiger. München 45 (1917) – 51 (1923).

Oberbayerische Landeszeitung. Traunsteiner Nachrichten. Traunstein 5 (1914) -14 (1923).

Oberhirtliches Verordnungsblatt für die Diözese Regensburg. Regensburg 1914 – 1923.

Die öffentliche Bewirtschaftung von Getreide und Mehl in Bayern, München 1923 (Beiträge zur Statistik Bayerns, Heft 103).

Die öffentliche Futtermittelbewirtschaftung in Bayern während der Jahre 1915 bis 1921, München 1924 (Beiträge zur Statistik Bayerns, Heft 104).

Protokoll über die Verhandlungen des Parteitages der Sozialdemokratischen Partei Deutschlands. Abgehalten in Würzburg vom 14. bis 20. Oktober 1917, Berlin 1917.

Reichsbund. Mitteilungen des Reichsbundes der Kriegsbeschädigten, Kriegsteilnehmer und Kriegshinterbliebenen 2 (1919) – 6 (1923).

Schönere Heimat. hg. v. Bayerischen Heimatbund e.V., Landesstelle für Volkskunde 33 (1937) – 39 (1943).

Schulthess' Europäischer Geschichtskalender. Bd. 60 (1919), München 1923.

Statistik des Deutschen Reichs, Bd. 205: Berufs- und Betriebszählung vom 12. Juni 1907, Berlin 1910.

Statistik des Deutschen Reichs, Bd. 276: Bewegung der Bevölkerung in den Jahren 1914 bis 1919, Berlin 1922.

Statistisches Jahrbuch für den Freistaat Bayern. München 14 (1919) – 17 (1926).

Theologisch-praktische Monats-Schrift. Zentral-Organ der katholischen Geistlichkeit. 24 (1914) – 30 (1920).

Verhandlungen der Kammer der Abgeordneten des Bayerischen Landtages. Stenographische Berichte 36 (1912/18), Bde. 11-20.

Verhandlungen des Bayerischen Landtags. Stenographische Berichte. Tagung 1919/20, Bde. 1-3. München 1919 – 1920.

Verhandlungen des Bayerischen Landtags. Beilagen. Tagung 1919/20, Bde. 1-3. München 1919 – 1920.

Verhandlungen des Provisorischen Nationalrates des Volksstaates Bayern im Jahre 1918/1919. Stenographische Berichte Nr. 1-10 (8.11.1918-4.1.1919), München 1919.

Vilsbiburger Anzeiger. Vilsbiburg 1920.

Zeitschrift des Bayerischen Statistischen Landesamts. München 51 (1919) – 53 (1921).

b.) Quelleneditionen

Ay, Karl-Ludwig (Hg.): Appelle einer Revolution. Dokumente aus Bayern zum Jahr 1918/19, München 1968.

Bauer, Franz J. (Bearb.): Die Regierung Eisner 1918/19. Ministerratsprotokolle und Dokumente, Düsseldorf 1987.

Benz, Wolfgang (Hg.): Politik in Bayern 1919-1933. Berichte des württembergischen Gesandten Carl Moser von Filseck, Stuttgart 1971.

Berthold, Lothar/Neef, Helmut: Militarismus und Opportunismus gegen die Novemberrevolution. Das Bündnis der rechten SPD-Führung mit der Obersten Heeresleitung November und Dezember 1918. Eine Dokumentation, Berlin 1958.

Bihl, Wolfdieter (Hg.): Deutsche Quellen zur Geschichte des Ersten Weltkrieges, Darmstadt 1991.

Broszat, Martin u.a. (Hg.): Bayern in der NS-Zeit, Bd. 1: Soziale Lage und politisches Verhalten im Spiegel vertraulicher Berichte, München. Wien 1977.

Deist, Wilhelm (Bearb.): Militär und Innenpolitik im Weltkrieg 1914-1918, 2 Teile, Düsseldorf 1970.

Deuerlein, Ernst (Hg.): Der Hitler-Putsch. Bayerische Dokumente zum 8./9. November 1923, Stuttgart 1962.

Deutschland-Berichte der Sozialdemokratischen Partei Deutschlands (Sopade), 7 Bde. (1934-1940), Salzhausen. Frankfurt/M. 1980.

Dowe, Dieter (Hg.): Protokolle der Sitzungen des Parteiausschusses der SPD 1912 bis 1921, 2 Bde., Berlin. Bonn 1980.

Hürten, Heinz (Bearb.): Zwischen Revolution und Kapp-Putsch. Militär und Innenpolitik 1918-1920, Düsseldorf 1977.

Kästner, Albrecht (Hg.): Revolution und Heer. Auswirkungen der Großen Sozialistischen Oktoberrevolution auf das Heer des imperialistischen deutschen Kaiserreichs 1917/18. Dokumente, Berlin 1987.

Ludendorff, Erich (Hg.): Urkunden der Obersten Heeresleitung über ihre Tätigkeit
1916/18, Berlin 1921 (2. Aufl.).

Mann, Golo/Burckhardt, Andreas (Hg.): Prinz Max von Baden. Erinnerungen und
Dokumente, Stuttgart 1968.

Militarismus gegen Sowjetmacht 1917 bis 1919. Das Fiasko der ersten antisowje-
tischen Aggression des deutschen Imperialismus, Berlin 1967.

Otto, Helmut/Schmiedel, Karl (Hg.): Der erste Weltkrieg. Dokumente, Berlin 1977.

Schiffers, Reinhard/Koch, Manfred (Bearb.): Der Hauptausschuß des Deutschen
Reichstags 1915-1918, 4 Bde., Düsseldorf 1981-1983.

Stenographischer Bericht über die Verhandlungen des Kongresses der Arbeiter-,
Bauern- und Soldatenräte vom 25. Februar bis 8. März 1919, Berlin o.J.
[Nachdruck].

Ulrich, Bernd/Ziemann, Benjamin (Hg.): Frontalltag im Ersten Weltkrieg. Wahn
und Wirklichkeit. Quellen und Dokumente, Frankfurt/M. 1994.

Krieg im Frieden. Die umkämpfte Erinnerung an den Ersten Weltkrieg 1918-
1935, Frankfurt/M. 1997.

Witetschek, Helmut (Bearb.): Die Kirchliche Lage in Bayern nach den Regierungspräsidentenberichten 1933-1945, Bd. III: Regierungsbezirk Schwaben, Mainz
1971.

c.) Feldpostbriefe, Autobiographien, Tagebücher

Bauer, Fridolin: Kriegserinnerungen (1939-1945), Würzburg 1994 (MS).

Bauer, Max: Kopfsteinpflaster. Erinnerungen, Frankfurt/M. 1981.

Beradt, Martin: Schipper an der Front (1919), Hamburg 1985.

Bloch, Erich: Das verlorene Paradies. Ein Leben am Bodensee 1897-1939, Sigma-
ringen 1992 (bearb. v. Werner Trapp).

Brüning, Heinrich: Memoiren 1918-1934, Stuttgart 1970.

Buchner, Adolf: In Stellung nach Vauquois. Kriegstagebuch des Pioniers Hermann
Hoppe, Hebertshausen 1986.

Carossa, Hans: Briefe I. 1886-1918, Frankfurt/M. 1978 (hg. v. Eva Kampmann-
Carossa).

Tagebücher 1910-1918, Frankfurt/M. 1986 (hg. v. Eva Kampmann-Carossa).

Dittmann, Wilhelm: Erinnerungen, 3 Bde., Frankfurt/New York 1995 (bearb. und
eingeleitet v. Jürgen Rojahn).

Dürr, Konrad: Erinnerungen und Gedanken aus meinem Leben, Öllingen 1987
(hg. v. Peter Högler).

Emmerich, Wolfgang (Hg.): Proletarische Lebensläufe. Autobiographische Dokumente zur Entstehung der Zweiten Kultur in Deutschland, Bd. 2: 1914 bis 1945,
Reinbek 1975.

Fehrenbach, Karl: „Mein langer Weg nach Hause". Die bewegten Jahre des Karl Fehrenbach 1928-1948, Furtwangen 1990.

Frauenholz, Eugen v. (Hg.): Kronprinz Rupprecht von Bayern. Mein Kriegstagebuch, 3 Bde., Berlin 1929.

Gallwitz, Max v.: Erleben im Westen. 1916-1918, Berlin 1932.

Gerlach, Hellmut von: Erinnerungen eines Junkers. Berlin 1925.

Graf, Oskar Maria: Wir sind Gefangene. Ein Bekenntnis (1927), München 1991.

Hartl, Maria: Damals zu meiner Zeit. Bäuerliches Leben im Jahresverlauf, München 1988.

Heß, Wolf-Rüdiger (Hg.): Rudolf Heß. Briefe 1908-1933, München, Wien 1987.

Kachulle, Doris (Hg.): Die Pöhlands im Krieg. Briefe einer sozialdemokratischen Bremer Arbeiterfamilie aus dem 1. Weltkrieg, Köln 1982.

Klemperer, Victor: Curriculum Vitae. Jugend um 1900, Bd. II, Berlin 1989.

Ich will Zeugnis ablegen bis zum Letzten. Tagebücher 1933-1945, 2 Bde., Berlin 1995.

Kreuztragen. Drei Frauenleben, Wien. Köln. Graz 1984.

Kuhn, Martin: Tagebuchaufzeichnungen und Erinnerungen aus der Zeit des Zweiten Weltkrieges (1939-1945), Gützingen 1993 (MS).

Löwith, Karl: Mein Leben in Deutschland vor und nach 1933. Ein Bericht, Frankfurt/M. 1989.

Marc, Franz: Briefe aus dem Feld, München. Zürich 1982.

Mann, Viktor: Wir waren fünf. Bildnis der Familie Mann (1949), Frankfurt/M. 1994.

Müller, Josef: Bis zur letzten Konsequenz. Ein Leben für Frieden und Freiheit, München 1975.

Rehbein, Franz: Das Leben eines Landarbeiters (1911), Hamburg 1985.

Renn, Ludwig: Anstöße in meinem Leben, Berlin. Weimar 1980.

Richert, Dominik: Beste Gelegenheit zum Sterben. Meine Erlebnisse im Kriege 1914-1918, München 1989 (hg. v. Angelika Tramitz und Bernd Ulrich).

Roth, Walburga: Die Lebenserinnerungen der hundertjährigen Bäuerin Babette Roth, o.O. o.J. [Kühnhof 1990].

Schlittgen, Hermann: Erinnerungen, Hamburg 1947.

Schmid, Carlo: Erinnerungen, Bern. München. Wien 1979.

Schober, Manfred: Briefe von Handwerkern, Gesellen und Arbeitern aus dem 19. und frühen 20. Jahrhundert, in: Jahrbuch für Volkskunde und Kulturgeschichte 30 (1987), S. 143-177.

Schoenberner, Franz: Bekenntnisse eines europäischen Intellektuellen, München 1964.

Thaer, Albrecht v.: Generalstabsdienst an der Front und in der O.H.L. Aus Briefen und Tagebuchaufzeichnungen 1915-1919, Göttingen 1958 (hg. v. Siegfried A. Kaehler).

Toller, Ernst: Eine Jugend in Deutschland (1933), Leipzig 1990.

Witkop, Philipp (Hg.): Kriegsbriefe gefallener Studenten, München 1928.

Zuckmayer, Carl: Als wär's ein Stück von mir (1966), Frankfurt/M. 1991.

8.3. Literaturverzeichnis

(Nur am Rande benutzte Titel der neueren Forschungsliteratur werden hier nicht noch einmal dokumentiert.)

65 Jahre Krieger- und Soldatenkameradschaft Osterbuch-Asbach, Asbach 1987.

150jähriges Gründungsfest mit Fahnenweihe Soldaten- und Kriegerverein Burgau, Burgau 1988 (hg. v. Soldaten- und Kriegerverein Burgau).

Die 5. Kompanie des Königlich Bayerischen Infanterie-Leib-Regiments im Weltkrieg 1914/18, München 1934.

Abel, Theodore: Why Hitler came into power (1938), Cambridge/Mass. 1986.

Achter, Franz: Die Einwirkungen des Krieges auf die bäuerliche Wirtschaft in Bayern, staatswirts. Diss. München 1920 (MS).

Aereboe, Friedrich: Der Einfluß des Krieges auf die landwirtschaftliche Produktion in Deutschland, Stuttgart 1927.

Afflerbach, Holger: „Bis zum letzten Mann und letzten Groschen?" Die Wehrpflicht im Deutschen Reich und ihre Auswirkungen auf das militärische Führungsdenken im Ersten Weltkrieg, in: Roland G. Foerster (Hg.), Die Wehrpflicht. Entstehung, Erscheinungsformen und politisch-militärische Wirkung. München 1994, S. 71-90.

Albrecht, Willy: Landtag und Regierung in Bayern am Vorabend der Revolution von 1918, Berlin 1968.

Das alte Heer. Von einem Stabsoffizier, Charlottenburg 1920.

Anzenberger-Meyer, Rosmarie: Bedingungen bäuerlicher Politisierung 1880-1933, dargestellt am Beispiel von Oberbayern, phil. Diss. Innsbruck 1993.

Arendt, Hannah: Das „deutsche Problem". Die Restauration des alten Europa (1945), in: dies., Zur Zeit. Politische Essays, München 1989, S. 23-41.

Elemente und Ursprünge totaler Herrschaft, Frankfurt/M. 1955.

Armanski, Gerhard: „...und wenn wir sterben müssen." Die politische Ästhetik von Kriegerdenkmälern, Hamburg 1988.

Armee-Oberkommando 6 (Hg.), Zusammenstellung Besonderer Anordnungen, o.O. o.J. [Douai 1917].

Armee und Revolution, Entwicklung und Zusammenhänge. Von einem deutschen Generalstabsoffizier, Berlin 1919.

Aschaffenburg, Gustav: Die konstitutionellen Psychopathen, in: Karl Bonhoeffer (Hg.), Handbuch der ärztlichen Erfahrungen im Weltkriege 1914/1918, Bd. IV: Geistes- und Nervenkrankheiten, Leipzig 1922/1934, S. 122-153.

Aschl, Albert Josef: Kriegspost einer bayerischen Beamtenfamilie aus dem ersten Weltkrieg 1916-1918 von und nach Günzburg. Zustände, Erlebnisse, Ansichten, Günzburg 1994.

Ashworth, Tony: Trench Warfare 1914-1918. The Live and Let Live System, London 1980.

Audoin-Rouzeau, Stéphane: Men at War 1914-1918. National Sentiment and Trench Journalism in France during the First World War, Oxford 1992.

Die Aufgaben des Vaterländischen Unterrichts bei den Truppen der 19. Armee, o.O. 1918 (hg. v. Armee-Oberkommando 19).

Aufseß, Otto Frhr. v.: Kriegschronik der Gemeinde Kochel, Diessen 1920.

Ay, Karl-Ludwig: Die Entstehung einer Revolution. Die Volksstimmung in Bayern während des ersten Weltkrieges, Berlin 1968.

Bächtold, Hanns: Deutscher Soldatenbrauch und Soldatenglaube, Straßburg 1917.

Bahrdt, Hans Paul: Die Gesellschaft und ihre Soldaten. Zur Soziologie des Militärs, München 1987.

Bald, Detlef: Vom Kaiserheer zur Bundeswehr. Sozialstruktur des Militärs: Politik der Rekrutierung von Offizieren und Unteroffizieren, Frankfurt/M. 1981.

Bartov, Omer: Hitlers Wehrmacht. Soldaten, Fanatismus und die Brutalisierung des Krieges, Reinbek 1995.

Bauern seid auf der Hut, o.O. o.J. [München 1919].

Baumgarten, Otto: Der sittliche Zustand des deutschen Volkes unter dem Einfluß des Krieges, in: ders. u.a., Geistige und sittliche Wirkungen des Krieges in Deutschland, Stuttgart. Berlin. Leipzig 1927, S. 1-88.

Baumgartner, Georg: Feldpostbrief an Mitglieder und Freunde des kath.[olischen] Burschenvereins, Passau 1916.

Die Bayern im Großen Kriege 1914-1918, 2 Bde., München 1923 (hg. v. Bayerischen Kriegsarchiv).

Beckmann, Ewald: Der Dolchstoß-Prozeß in München vom 19. Oktober bis 20. November 1925. Verhandlungsberichte und Stimmungsbilder, München 1925.

Beförderungen (Ernennungen) der Mannschaften (Unteroffiziere, Gefreiten, Gemeinen) zu höheren Dienstgraden während des Krieges, München 1917.

Begleitschrift zur Sonderausstellung Gott mit uns! Schutzengel und Schützengraben 1914-1918, Mühldorf 1990 (hg. v. Kreismuseum Mühldorf).

Behrenbeck, Sabine: Heldenkult oder Friedensmahnung? Kriegerdenkmale nach beiden Weltkriegen, in: Gottfried Niedhart/Dieter Riesenberger (Hg.), Lernen aus dem Krieg? Deutsche Nachkriegszeiten 1918 und 1945, München 1992, S. 344-364.

Heldenkult und Opfermythos. Mechanismen der Kriegsbegeisterung 1918-1945, in: Marcel van der Linden/Gottfried Mergner (Hg.), Kriegsbegeisterung und mentale Kriegsvorbereitung. Interdisziplinäre Studien, Berlin 1991, S. 143-159.

Benz, Wolfgang: Süddeutschland in der Weimarer Republik. Ein Beitrag zur deutschen Innenpolitik 1918-1923, Berlin 1970.

Berghahn, Volker: Deutschlandbilder 1945-1965. Angloamerikanische Historiker und moderne deutsche Geschichte, in: Ernst Schulin (Hg.), Deutsche Geschichtswissenschaft nach dem Zweiten Weltkrieg (1945-1965), München 1989, S. 239-272.

Bergmann, Hannsjörg: Der Bayerische Bauernbund und der bayerische Christliche Bauernverein 1919-1928, München 1986

Bessel, Richard: Die Krise der Weimarer Republik als Erblast des verlorenen Krieges, in: Frank Bajohr u.a. (Hg.), Zivilisation und Barbarei. Die widersprüchlichen Potentiale der Moderne. Detlev Peukert zum Gedenken, Hamburg 1991, S. 98-114.

Germany after the First World War, Oxford 1993.

Kriegserfahrungen und Kriegserinnerungen: Nachwirkungen des Ersten Weltkrieges auf das politische und soziale Leben der Weimarer Republik, in: Marcel van der Linden/Gottfried Mergner (Hg.), Kriegsbegeisterung und mentale Kriegsvorbereitung. Interdisziplinäre Studien, Berlin 1991, S. 125-140.

Militarismus im innenpolitischen Leben der Weimarer Republik: Von den Freicorps zur SA, in: Klaus Jürgen Müller/E. Opitz (Hg.), Militär und Militarismus in der Weimarer Republik, Düsseldorf 1978, S. 193-222.

Politische Gewalt und die Krise der Weimarer Republik, in: Lutz Niethammer u.a., Bürgerliche Gesellschaft in Deutschland. Historische Einblicke, Fragen, Perspektiven, Frankfurt/M. 1990, S. 383-395.

Beyer, Hans: Die Revolution in Bayern 1918-1919, Berlin 1988.

Bidlingmaier, Maria: Die Bäuerin in zwei Gemeinden Württembergs, staatswiss. Diss. Tübingen 1918.

Bichl, Benno: Untersuchung über die Organisation landwirtschaftlicher Arbeiter und Dienstboten in Bayern, rechts- u. staatswiss. Diss. Würzburg 1924 (MS).

Bichler, Josef: Chronik der Gemeinde Hartpenning, Hartpenning 1927.

Bieber, Hans-Joachim: Gewerkschaften in Krieg und Revolution. Arbeiterbewegung, Industrie, Staat und Militär in Deutschland 1914-1920, 2 Bde., Hamburg 1981.

Blaschke, Olaf: Wider die „Herrschaft des modern-jüdischen Geistes". Der Katholizismus zwischen traditionellem Antijudaismus und modernem Antisemitismus, in: Wilfried Loth (Hg.), Deutscher Katholizismus im Umbruch zur Moderne, Stuttgart 1991, S.236-265.

Blessing, Werner K.: Der monarchische Kult, politische Loyalität und die Arbeiterbewegung im deutschen Kaiserreich, in: Gerhard A. Ritter (Hg.), Arbeiterkultur, Königstein/Ts. 1979, S. 185-208.

Disziplinierung und Qualifizierung. Zur kulturellen Bedeutung des Militärs im Bayern des 19. Jahrhunderts, in: GG 17 (1991), S. 459-479.

Kirchenfromm – volksfromm – weltfromm: Religiosität im katholischen Bayern des 19. Jahrhunderts, in: Wilfried Loth (Hg.), Deutscher Katholizismus im Umbruch zur Moderne, Stuttgart etc. 1991, S. 95-123.

Staat und Kirche in der Gesellschaft. Institutionelle Autorität und mentaler Wandel in Bayern während des 19. Jahrhunderts, Göttingen 1982.

Umbruchkrise und Verstörung. Die ,Napoleonische' Erschütterung und ihre sozialpsychologische Bedeutung, in: ZBLG 42 (1979), S. 75-106.

Umwelt und Mentalität im ländlichen Bayern. Eine Skizze zum Alltagswandel im 19. Jahrhundert, in: AfS 19 (1979), S. 1-42.

Bloch, Marc: Apologie der Geschichte oder Der Beruf des Historikers (1949), München 1985.

Blond, Georges: Verdun, Hamburg. Wien 1962.

Bochow, Martin: Männer unter dem Stahlhelm. Vom Werden, Wollen und Wirken des Stahlhelm, Bund der Frontsoldaten, Stuttgart. Berlin. Leipzig 1933.

Böhn, Gerhard: Die Kriegsstammrollen und Kriegsranglisten der Königlich Bayerischen Armee aus der Zeit des 1. Weltkrieges, in: Mitteilungen für die Archivpflege in Bayern 9 (1963), S. 35-41.

Boll, Friedhelm: Frieden ohne Revolution? Friedensstrategien der deutschen Sozialdemokratie vom Erfurter Programm 1891 bis zur Revolution 1918, Bonn 1980.

Borgert, Heinz-Ludwig: Grundzüge der Landkriegführung von Schlieffen bis Guderian, in: Militärgeschichtliches Forschungsamt (Hg.), Handbuch zur deutschen Militärgeschichte, Bd. 5, München 1979, S. 427-584.

Bramke, Werner: Die Stellung des Kyffhäuserbundes im System der militaristischen Organisationen in Deutschland 1918-1934, Diss. PH Potsdam 1969 (MS).

Bremme, Gabriele: Die politische Rolle der Frau in Deutschland. Eine Untersuchung über den Einfluß der Frauen bei Wahlen und ihre Teilnahme in Partei und Parlament, Göttingen 1956.

Brinkmann, Otto: Das Erzählen in einer Dorfgemeinschaft, Münster 1933.

Brocks, Christine/Ziemann, Benjamin: ,Vom Soldatenleben hätte ich gerade genug.' Der Erste Weltkrieg in der Feldpost von Soldaten, in: Rainer Rother (Hg.), Die letzten Tage der Menschheit. Bilder des Ersten Weltkrieges, Berlin 1994, S. 109-120.

Broszat, Martin: Die Machtergreifung. Der Aufstieg der NSDAP und die Zerstörung der Weimarer Republik, München 1984.

Brown, Malcolm/Seaton, Shirley: Christmas Truce, London 1984.

Buchberger, Michael: Seelsorgsaufgaben der Gegenwart und der nächsten Zukunft, Regensburg 1918.

Busch, Norbert: Katholische Frömmigkeit und Moderne. Zur Sozial- und Mentalitätsgeschichte des Herz-Jesu-Kultes in Deutschland zwischen Kulturkampf und Erstem Weltkrieg, phil. Diss. Bielefeld 1995.

Die Feminisierung der ultramontanen Frömmigkeit, in: Irmtraud Götz v. Olenhusen (Hg.), Wunderbare Erscheinungen. Frauen und katholische Frömmigkeit im 19. und 20. Jahrhundert, Paderborn 1995, S. 203-219.

Canetti, Elias: Masse und Macht (1960), Frankfurt/M. 1994.

Cochet, Annick: Les soldats français, in: Jean-Jacques Becker/Stéphane Audoin-Rouzeau (Hg.), Les Sociétés européennes et la guerre de 1914-1918, Paris 1990, S. 357-366.

Cron, Hermann (Bearb.): Das Archiv des Deutschen Studentendienstes von 1914, Potsdam 1926 (MS).

Geschichte des deutschen Heeres im Weltkrieg, Berlin 1937.

Kriegsbrief-Sammlung des Deutschen Transportarbeiter-Verbandes, Potsdam 1926 (MS).

Kriegsbrief-Sammlung des Gewerkvereins der Holzarbeiter Deutschlands, Potsdam 1926 (MS).

Kriegsbrief-Sammlung des Sekretariats Sozialer Studentenarbeit, Potsdam 1927 (MS).

Kriegsbrief-Sammlung des Verbandes der Bergarbeiter Deutschlands, Potsdam 1926 (MS).

Daniel, Ute: Arbeiterfrauen in der Kriegsgesellschaft. Beruf, Familie und Politik im Ersten Weltkrieg, Göttingen 1989.

Deist, Wilhelm: Der militärische Zusammenbruch des Kaiserreiches. Zur Realität der Dolchstoßlegende, in: Ursula Büttner (Hg.), Das Unrechtsregime, Bd. 1, Hamburg 1986, S. 101-129.

Die Armee des autoritären Nationalstaates im totalen Krieg, in: Ernst Willi Hansen u.a. (Hg.), Politischer Wandel, organisierte Gewalt und nationale Sicherheit. Beiträge zur neueren Geschichte Deutschlands und Frankreichs, München 1995, S. 95-108.

Le moral des troupes allemandes sur le front occidental à la fin de l'année 1916, in: Jean-Jacques Becker u.a. (Hg.), Guerre et Cultures 1914-1918, Paris 1994, S. 91-102.

Verdeckter Militärstreik im Kriegsjahr 1918?, in: Wolfram Wette (Hg.), Der Krieg des kleinen Mannes, München 1992, S. 146-167.

Zensur und Propaganda in Deutschland während des Ersten Weltkrieges, in: ders., Militär, Staat und Gesellschaft. Studien zur preußisch-deutschen Militärgeschichte, München 1991, S. 153-163.

Demmler, Ernst/Wucher, Karl v./Leupold, Ludwig: Das K.-B. Reserve-Infanterie-Regiment 12, München 1934.

Deutschland im Ersten Weltkrieg, Bd. 3 (hg. v. einem Autorenkollektiv unter Leitung von Fritz Klein), Berlin 1969.

Dewitz, Bodo v.: Zur Geschichte der Kriegsphotographie des Ersten Weltkrieges, in: Rainer Rother (Hg.), Die letzten Tage der Menschheit. Bilder des Ersten Weltkrieges, Berlin 1994, S. 163-176.

Diehl, James M.: Germany: Veterans' Politics under Three Flags, in: Stephen R. Ward (Hg.), The War Generation. Veterans of the First World War, Port Washington 1975, S. 135-186.

Paramilitary Politics in Weimar Germany, Bloomington. London 1977.

The Organization of German Veterans, 1917-1919, in: AfS 11 (1971), S. 141-184.

Dietz, Heinrich (Hg.): Die Beschwerdeordnungen für das Heer und für die Kaiserliche Marine, Rastatt 1911.

Die Disziplinarstrafordnung für das Heer vom 31. Oktober 1872, Mannheim. Leipzig 1909.

Disziplinarstrafrecht, Beschwerderecht, Ehrengerichtsbarkeit. Grundriß für Krieg und Frieden, Rastatt 1917 (2. Aufl.).

Militärstrafrecht. Grundriß für Krieg und Frieden, Rastatt 1916.

Der Dolchstoß-Prozeß in München Oktober-November 1925. Eine Ehrenrettung des deutschen Volkes, München 1925.

Domansky, Elisabeth: Der Erste Weltkrieg, in: Lutz Niethammer u.a., Bürgerliche Gesellschaft in Deutschland. Historische Einblicke, Fragen, Perspektiven, Frankfurt/M. 1990, S. 285-319.

Militarization and Reproduction in World War I Germany, in: Geoff Eley (Hg.), Society, Culture and the State in Germany, 1870-1930, Ann Arbor 1996, S. 427-463.

Dreetz, Dieter: Methoden der Ersatzgewinnung für das deutsche Heer 1914 bis 1918, in: Militärgeschichte 16 (1977), S. 700-707.

Rückführung des Westheeres und Novemberrevolution, in: Zeitschrift für Militärgeschichte 7 (1968), S. 578-589.

Zur Bildung von Militärgefangenenkompanien im deutschen Heer während des ersten Weltkrieges, in: Zeitschrift für Militärgeschichte 6 (1967), S. 462-468.

Dülmen, Richard van: Der deutsche Katholizismus und der erste Weltkrieg, in: ders., Religion und Gesellschaft. Beiträge zu einer Religionsgeschichte der Neuzeit, Frankfurt/M. 1989, S. 172-203.

Eberl, Josef: Die landwirtschaftlichen Verhältnisse im Bezirk Mühldorf vor, in, und nach dem Krieg, staatswirts. Diss. München 1921 (MS).

Eberle, Franz-Xaver: Katholische Wirtschaftsmoral, Freiburg/Br. 1921.

Ebert, Jens: Zwischen Mythos und Wirklichkeit. Die Schlacht um Stalingrad in deutschsprachigen authentischen und literarischen Texten, Diss. Humboldt-Universität Berlin 1989, 2 Bde. (MS).

Eisenberger, Georg (Bearb.): Georg Eisenberger. Der Hutzenauer 1863-1945. Ein Porträt des Bauernbundführers, Ruhpolding 1988.

Eksteins, Modris: Tanz über Gräben. Die Geburt der Moderne und der Erste Weltkrieg, Reinbek 1990.

Elliott, Christopher James: Ex-servicemen's Organisations in the Weimar Republic, Diss. London 1971.

The Kriegervereine in the Weimar Republic, in: JCH 10 (1975), S. 109-129.

Englander, David/Osborne, James: Jack, Tommy and Henry Dubb: The Armed Forces and the Working Class, in: Historical Journal 21 (1978), S. 593-621.

Englander, David: The French Soldier, 1914-1918, in: French History 1 (1987), S. 49-67.

Ernst, Georg: Die ländlichen Arbeitsverhältnisse im rechtsrheinischen Bayern, Regensburg 1907.

Der Etappensumpf. Dokumente des Zusammenbruchs des deutschen Heeres aus den Jahren 1916/18. Aus dem Kriegstagebuch eines Gemeinen, Jena 1920.

Eulenburg, Franz: Die sozialen Wirkungen der Währungsverhältnisse, in: Jahrbücher für Nationalökonomie und Statistik 122 (1924), S. 748-795.

Farr, Ian: Populism in the Countryside: The Pesant Leagues in Bavaria in the 1890s, in: Richard J. Evans (Hg.), Society and Politics in Wilhelmine Germany, London 1978, S. 136-159.

Feeser, Friedrichfranz/Krafft von Dellmensingen, Konrad (Bearb.): Das Bayernbuch vom Weltkriege 1914-1918, 2 Bde., Stuttgart 1930.

Feldman, Gerald D.: Armee, Industrie und Arbeiterschaft in Deutschland 1914 bis 1918, Berlin. Bonn 1985.

Bayern und Sachsen in der Hyperinflation 1922/23, in: HZ 238 (1984), S. 569-609.

Fenske, Hans: Konservativismus und Rechtsradikalismus in Bayern nach 1918, Bad Homburg. Berlin. Zürich 1969.

Fest, Joachim C.: Hitler. Eine Biographie, Frankfurt/M. Berlin 1991.

Festschrift zum 100jährigen Gründungsfest mit Fahnenweihe, Tittmoning 1990 (hg. v. der Krieger- und Soldatenkameradschaft Asten-Dorfen).

Festschrift zum 100jährigen Jubiläum der Krieger- und Soldatenkameradschaft Malching, Malching 1982.

Festschrift zum 110jährigen Gründungsfest, Oberbergkirchen 1987 (hg. v. der Krieger- und Soldatenkameradschaft Oberbergkirchen).

Festschrift zum 75jährigen Gründungsjubiläum der Krieger- und Soldatenkameradschaft Wutschdorf-Freudenberg und Umgebung, Wutschdorf 1988 (hg. v. der Krieger- und Soldatenkameradschaft Wutschdorf-Freudenberg).

Festschrift zum 80jährigen Gründungsfest mit Fahnenweihe der Krieger- und Soldatenkameradschaft Alburg, Alburg 1988 (hg. v. der Krieger- und Soldatenkameradschaft Alburg).

Festschrift zur 50-Jahrfeier mit Fahnenweihe, Puchhausen 1969 (hg. v. Krieger-, Soldaten-, Kameradschaftsverein Puchhausen).

Festschrift zur Neugestaltung des Kriegerdenkmals Sandbach, Vilshofen 1992 (hg. v. Krieger- und Soldatenverein Seestetten).

Fischer, Doris: Die Münchener Zensurstelle während des Ersten Weltkrieges. Alfons Falkner von Sonnenburg als Pressereferent im Bayerischen Kriegsministerium in den Jahren 1914 bis 1918/19, phil. Diss. München 1973.

Flemming, Jens: Landwirtschaftliche Interessen und Demokratie. Ländliche Gesellschaft, Agrarverbände und Staat 1890-1925, Bonn 1978.

Flemming, Jens/Krohn, Claus-Dieter/Witt, Peter-Christian: Sozialverhalten und politische Reaktionen von Gruppen und Institutionen im Inflationsprozeß. Anmerkungen zum Forschungsstand, in: Otto Büsch/Gerald D. Feldman (Hg.), Historische Prozesse der deutschen Inflation 1914 bis 1924. Ein Tagungsbericht, Berlin 1978, S. 239-263.

Föst, Hans: Die Versorgung des Heeres mit Pferden, in: Max Schwarte (Hg.), Der große Krieg 1914-1918, Bd. 8, Leipzig 1921, S. 38-68.

Frank, Engelbert: Handbuch für die Vertreter und Vereine des Bayerischen Kriegerbundes, München 1926 [BHStA/IV, Amtsbibliothek 1982 grün].

Frauenholz, Eugen v.: Das Königlich-Bayerische 2. Kürassier- und Schwere-Reiter-Regiment, München 1921.

Die Königlich Bayerische Armee von 1867 bis 1914, München 1931.

Freud, Sigmund: Jenseits des Lustprinzips (1920), in: ders., Das Ich und das Es. Und andere metapsychologische Schriften, Frankfurt/M. 1978, S. 121-169.

Zeitgemäßes über Krieg und Tod (1915), in: ders., Das Unbewußte. Schriften zur Psychoanalyse, Frankfurt/M. 1963, S. 185-213.

Frey, Alexander Moritz: Kastan und die Dirnen. Roman, München 1918.

Fricke, Dieter (Hg.): Lexikon zur Parteiengeschichte. Die bürgerlichen und klein-bürgerlichen Verbände in Deutschland (1789-1945), 4 Bände, Köln 1983-1986.

Frie, Ewald: Vorbild oder Spiegelbild? Kriegsbeschädigtenfürsorge in Deutschland 1914-1919, in: Wolfgang Michalka (Hg.), Der Erste Weltkrieg. Wirklichkeit, Wahrnehmung, Analyse, München 1994, S. 563-580.

Fried, Pankraz: Die Sozialentwicklung im Bauerntum und Landvolk, in: Max Spindler (Hg.), Handbuch der Bayerischen Geschichte, Bd. IV/2, München 1975, S. 749-780.

Fuchs, Achim: Die Oberpfalz vor der Revolution 1918, unveröff. Manuskript 1978.

Führer, Karl: Der deutsche Reichskriegerbund Kyffhäuser 1930-1934. Politik, Ideologie und Funktion eines „unpolitischen" Verbandes, in: MGM 36 (1984), S. 57-76.

Fuller, Anton/Weiß, Wolfgang: Die Pfarrchronik von Sandbach, Vilshofen 1989 (Sandbacher Geschichtsblätter 4).

Fussell, Paul: The Great War and Modern Memory, London/Oxford/New York 1977.

Gärtner, Georg (Hg.): Die bayerischen Löwen im Weltkrieg 1914/15, München 1915.

Gebhard, Torsten: Aus der Arbeitswelt der Bäuerin und ihrer Mägde, in: Bayerisches Jahrbuch für Volkskunde 1988, S. 131-137.

Gebhart, Hansjakob: Staffelsee-Chronik. Ein Heimatbuch, Murnau 1931.

Geiger, Theodor: Die soziale Schichtung des deutschen Volkes, Stuttgart 1932.

Gerth, Hans H.: Bürgerliche Intelligenz um 1800. Zur Soziologie des deutschen Frühliberalismus, Göttingen 1976.

The Nazi Party. Its Composition and Leadership, in: American Journal of Sociology 45 (1939/40), S. 517-541.

Geyer, Martin H.: Formen der Radikalisierung in der Münchener Revolution, in: Helmut Konrad/Karin M. Schmidlechner (Hg.), Revolutionäres Potential in Europa am Ende des Ersten Weltkrieges, Wien. Köln 1991, S. 63-87.

Teuerungsprotest, Konsumentenpolitik und soziale Gerechtigkeit während der Inflation: München 1920-1923, in: AfS 30 (1990), S. 181-215.

Geyer, Michael: Deutsche Rüstungspolitik 1860-1980, Frankfurt/M. 1984.

Eine Kriegsgeschichte, die vom Tod spricht, in: Mittelweg 36. Zeitschrift des Hamburger Instituts für Sozialforschung 4 (1995), Heft 2, S. 57-77.

Ein Vorbote des Wohlfahrtsstaates. Die Kriegsopferversorgung in Frankreich, Deutschland und Großbritannien nach dem Ersten Weltkrieg, in: GG 9 (1983), S. 230-277.

Gockerell, Nina: Das Bayernbild in der literarischen und „wissenschaftlichen" Wertung durch fünf Jahrhunderte. Volkskundliche Überlegungen über die Konstanten und Varianten der Auto- und Heterostereotype eines deutschen Stammes, München 1974.

Göhre, Paul: Front und Heimat. Religiöses, Politisches, Sexuelles aus dem Schützengraben, Jena 1917.

Gordon, Harold J.: Hitlerputsch 1923. Machtkampf in Bayern 1923-1924, Frankfurt/M. 1971.

München, Böhmen und die Bayrische Freikorpsbewegung, in: ZBLG 38 (1975), S. 749-759.

Göttler, Norbert: Die Sozialgeschichte des Bezirkes Dachau 1870 bis 1920. Ein Beispiel struktureller Wandlungsprozesse des ländlichen Raumes, München 1988.

Graf, Oskar Maria: Einer gegen alle, Berlin 1932.

Grau, Bernhard: Der Januarstreik 1918 in München, in: Georg Jenal (Hg.), Gegenwart in Vergangenheit. Beiträge zur Kultur und Geschichte der Neueren und Neuesten Zeit. Festgabe für Friedrich Prinz zu seinem 65. Geburtstag, München 1993, S. 277-301.

Greverus, Ina-Maria: Auf der Suche nach der Heimat, München 1979.

Gruss, Hellmuth: Aufbau und Verwendung der deutschen Sturmbataillone im Weltkrieg, phil. Diss. Berlin 1939.

Gulielminetti, Anton: Heimweh und Heimkehr. Ein Feldbrief an die heimwehkranken Kameraden, München 1916.

Hafkesbrink, Hanna: Unknown Germany. An Inner Chronicle of the First World War Based on Letters and Diaries, New Haven 1948.

Hammer, Karl: Deutsche Kriegstheologie 1870-1918, München 1974.

Handwörterbuch des Deutschen Aberglaubens, 10 Bde., Berlin. Leipzig 1927-1942 (hg. v. Hanns Bächtold-Stäubli).

Hardtwig, Wolfgang: Nationsbildung und politische Mentalität. Denkmal und Fest im Kaiserreich, in: ders., Geschichtskultur und Wissenschaft, München 1990, S. 264-301.

Hartinger, Walter: Denen Gott genad! Totenbrauchtum und Arme-Seelen-Glauben in der Oberpfalz, Regensburg 1979.

Haupt, Karl: Das K.-B. 15. Infanterie-Regiment König Friedrich August von Sachsen, München 1922.

Hausen, Karin: Die Sorge der Nation für ihre „Kriegsopfer". Ein Bereich der Geschlechterpolitik während der Weimarer Republik, in: Jürgen Kocka u.a. (Hg.), Von der Arbeiterbewegung zum modernen Sozialstaat. Festschrift für Gerhard A. Ritter zum 65. Geburtstag, München etc. 1994, S. 719-739.

The German Nation's Obligations to the Heroes' Widows of World War I, in: Margaret Randolph Higonnet u.a. (Hg.), Behind the Lines. Gender and the Two World Wars, New Haven. London 1987, S. 126-140.

Haushofer, Heinz: Ländliche Dienstboten in Altbayern, in: ders., Aus der Bayerischen Agrargeschichte 1525-1978, München. Wien. Zürich 1986, S. 146-149.

Hebert, Günther: Das Alpenkorps. Aufbau, Organisation und Einsatz einer Gebirgstruppe im Ersten Weltkrieg, Boppard 1988.

Heinemann, Ulrich: Die verdrängte Niederlage. Politische Öffentlichkeit und Kriegsschuldfrage in der Weimarer Republik, Göttingen 1983.

Heinig, Kurt: Die große Ausrede von der erdolchten Front, Berlin 1920.

Hellwig, Albert: Himmelsbriefe im Weltkriege, in: Monatsschrift für Kriminalpsychologie und Strafrechtsreform 12 (1921), S. 141-145.

Herzfeld, Hans: Die deutsche Sozialdemokratie und die Auflösung der nationalen Einheitsfront im Weltkriege, Leipzig 1928.

Hettling, Manfred/Jeismann, Michael: Der Weltkrieg als Epos. Philipp Witkops „Kriegsbriefe gefallener Studenten", in: Gerhard Hirschfeld/Gerd Krumeich (Hg.), Keiner fühlt sich hier mehr als Mensch ... Erlebnis und Wirkung des Ersten Weltkriegs, Essen 1993, S. 175-198.

Heyl, Gerhard: Bayerische Militärgerichte 1806 bis 1919, in: Archivalische Zeitschrift 75 (1979), S. 61-73.

Militärgeschichte in Bayern bis 1918, in: Militärgeschichte in Deutschland und Österreich vom 18. Jahrhundert bis in die Gegenwart, Herford. Bonn 1985, S. 14-46 (Vorträge zur Militärgeschichte, Bd. 6).

Militärwesen, in: Wilhelm Volkert (Hg.), Handbuch der bayerischen Ämter, Gerichte und Gemeinden (1799-1980), München 1983, S. 330-393.

Histories of Two Hundred and Fifty-One Divisions of the German Army which participated in the War (1914-1918), Washington 1920.

Hochkeppel, Oliver: Kriegsheimkehrer in München 1918 bis 1920. Untersuchungen zur Entstehung des „Politischen Soldaten", Magisterarbeit LMU München 1990 (MS).

Höfl, Hugo: Das K.-B. 20. Infanterie-Regiment Prinz Franz, München 1929.

Höhn, Reinhard: Die Armee als Erziehungsschule der Nation. Das Ende einer Idee, Bad Harzburg 1963.

Sozialismus und Heer, Bd. III. Der Kampf des Heeres gegen die Sozialdemokratie, Bad Harzburg 1969.

Hösslin, C. v.: Über Fahnenflucht, in: Zeitschrift für die gesamte Neurologie und Psychiatrie 47 (1919), S. 344-355.

Hoffman, Louise E.: Marx, Freud and Fascism. The Emergence of Psychoanalytic Explanations of Fascism among Left-Wing German Intellectuals, 1919-1945, Diss. Bryn Mawr College 1975.

War, Revolution, and Psychoanalysis. Freudian Thought begins to grapple with social Reality, in: Journal of the History of the Behavioral Sciences 17 (1981), S. 251-269.

Hörger, Hermann: Stabile Strukturen und mentalitätsbildende Elemente in der dörflichen Frömmigkeit. Die pfarrlichen Verkündbücher als mentalitätsgeschichtliche Quelle, in: Bayerisches Jahrbuch für Volkskunde 1980/81, S. 110-133.

Holtfrerich, Carl-Ludwig: Die deutsche Inflation 1914-1923. Ursachen und Folgen in internationaler Perspektive, Berlin. New York 1980.

Horn, Daniel: The German Naval Mutinies of World War I, New Brunswick 1969.

Hubbard, William H.: Familiengeschichte. Materialien zur deutschen Familie seit dem Ende des 18. Jahrhunderts, München 1983.

The New Inflation History, in: JMH 62 (1990), S. 552-569.

Hüppauf, Bernd: Räume der Destruktion und Konstruktion von Raum. Landschaft, Sehen, Raum und der Erste Weltkrieg, in: Krieg und Literatur/War and Literature 3 (1991), No. 5/6, S. 105-123.

Schlachtenmythen und die Konstruktion des „Neuen Menschen", in: Gerhard Hirschfeld/Gerd Krumeich (Hg.), Keiner fühlt sich hier mehr als Mensch... Erlebnis und Wirkung des Ersten Weltkriegs, Essen 1993, S. 43-84.

Hürten, Heinz: Deutsche Katholiken 1918-1945, Paderborn etc. 1992.

Die Kirchen in der Novemberrevolution. Eine Untersuchung zur Geschichte der Deutschen Revolution 1918, Regensburg 1984.

Die katholische Kirche im Ersten Weltkrieg, in: Wolfgang Michalka (Hg.), Der Erste Weltkrieg. Wirklichkeit, Wahrnehmung, Analyse, München 1994, S. 725-735.

Hug, Wolfgang: Soldatsein im Kaiserreich. Militärischer Alltag in Zeugnissen aus der Region, in: Zeitschrift des Breisgau-Geschichtsvereins „Schau-ins-Land" 111 (1992), S. 141-153.

Hurwitz-Stranz, Helene: Kriegerwitwen gestalten ihr Schicksal. Lebenskämpfe deutscher Kriegerwitwen nach eigenen Darstellungen, Berlin 1931.

Inglis, Ken: War memorials: ten questions for historians, in: Guerres mondiales et conflits contemporains 167 (1992), S. 5-21.

Jacobeit, Wolfgang u.a. (Hg.): Idylle oder Aufbruch? Das Dorf im bürgerlichen 19. Jahrhundert, Berlin 1990.

Jaud, Karl/Weech, Friedrich v.: Das K.-B. Reserve-Infanterie-Regiment 19, München 1933.

Jeanneney, Jean-Noel: Les Archives des commissions de controle postal aux armees (1916-1918). Une source précieuse pour l'histoire contemporaine de l'opinion et des mentalités, in: Revue d'histoire moderne et contemporaine 15 (1968), S. 209-233.

Jeismann, Michael: Das Vaterland der Feinde. Studien zum nationalen Feindbegriff und Selbstverständnis in Deutschland und Frankreich 1792-1918, Stuttgart 1992.

Jeismann, Michael/Westheider, Rolf: Wofür stirbt der Bürger? Nationaler Totenkult und Staatsbürgertum in Deutschland und Frankreich seit der Französischen Revolution, in: Reinhart Koselleck/Michael Jeismann (Hg.), Der politische Totenkult. Kriegerdenkmäler in der Moderne, München 1994, S. 23-50.

Jordan, Hans: Das K.-B. Landwehr-Infanterie-Regiment Nr. 3, München 1925.

Kantorowicz, Hermann: Der Offiziershaß im deutschen Heer, Freiburg im Breisgau 1919.

Kanzler, Rudolf: Bayerns Kampf gegen den Kommunismus. Geschichte der Bayerischen Einwohnerwehren, München 1931.

Kapfhammer, Günther: Knechte und Mägde in Schwaben. Zur Lage lohnabhängiger Landarbeiter in einer bäuerlichen Region, in: Konrad Köstlin (Hg.), Historische Methode und regionale Kultur, Berlin. Vilseck 1987, S. 127-142.

Kaschuba, Wolfgang: Dörfliche Kultur: Ideologie und Wirklichkeit zwischen Reichsgründung und Faschismus, in: Wolfgang Jacobeit u.a. (Hg.), Idylle oder Aufbruch? Das Dorf im bürgerlichen 19. Jahrhundert, Berlin 1990, S. 193-204.

Lebenswelt und Kultur der unterbürgerlichen Schichten im 19. und 20. Jahrhundert, München 1990.

Kaschuba, Wolfgang/Lipp, Carola: Dörfliches Überleben. Zur Geschichte materieller und sozialer Reproduktion ländlicher Gesellschaft im 19. und frühen 20. Jahrhundert, Tübingen 1982.

Keegan, John: Das Antlitz des Krieges. Die Schlachten von Azincourt 1415, Waterloo 1815 und an der Somme 1916, Frankfurt am M./New York 1991.

Kempf, Rosa: Arbeits- und Lebensverhältnisse der Frauen in der Landwirtschaft Bayerns, Jena 1918.

Kettenacker, Lothar: Sozialpsychologische Aspekte der Führer-Herrschaft, in: Gerhard Hirschfeld/Lothar Kettenacker (Hg.), Der „Führerstaat": Mythos und Realität, Stuttgart 1981, S. 98-131.

Kincaide, Norman L.: Sturmabteilungen to Freicorps: German army tactical and organizational development, 1914-1918, Diss. Arizona State University 1989.

Klier, Johann: Von der Kriegspredigt zum Friedensappell. Erzbischof Michael von Faulhaber und der Erste Weltkrieg, München 1991.

Kluge, Ulrich: Die Militär- und Rätepolitik der bayerischen Regierungen Eisner und Hoffmann 1918/1919, in: MGM 13 (1973), S. 7-58.

Knoch, Peter: Die Kriegsverarbeitung der „kleinen Leute" – eine empirische Gegenprobe, in: Wolfgang Greive (Hg.), Der Geist von 1914. Zerstörung des universalen Humanismus?, Loccum 1990, S. 151-193.

Erleben und Nacherleben. Das Kriegserlebnis im Augenzeugenbericht und im Geschichtsunterricht, in: Gerhard Hirschfeld/Gerd Krumeich (Hg.), Keiner fühlt sich hier mehr als Mensch... Erlebnis und Wirkung des Ersten Weltkriegs, Essen 1993, S. 199-219.

Kriegsalltag, in: ders. (Hg.), Kriegsalltag. Die Rekonstruktion des Kriegsalltags als Aufgabe der historischen Forschung und der Friedenserziehung, Stuttgart 1989, S. 222-251.

Kriegserlebnis als biographische Krise, in: Andreas Gestrich u.a. (Hg.), Biographie-sozialgeschichtlich, Göttingen 1988, S. 86-108.

Kocka, Jürgen: Klassengesellschaft im Krieg. Deutsche Sozialgeschichte 1914-1918, Frankfurt/M. 1988.

Das Königlich Bayerische 9. Infanterie-Regiment „Wrede" im Weltkrieg. Bilder aus den Kampfgebieten, Würzburg 1934.

Könnemann, Erwin: Einwohnerwehren und Zeitfreiwilligenverbände. Ihre Funktion beim Aufbau eines neuen imperialistischen Militärsystems (November 1918-1920), Berlin 1971.

Kollmann, Horst: Bedingte Begnadigung im Felde durch Oberbefehlshaber und Gerichtsherren, in: Zeitschrift für die gesamte Strafrechtswissenschaft 40 (1919), S. 342-361.

Koselleck, Reinhart: Der Einfluß der beiden Weltkriege auf das soziale Bewußtsein, in: Wolfram Wette (Hg.), Der Krieg des kleinen Mannes, München 1992, S. 324-343.

,Erfahrungsraum' und ,Erwartungshorizont' – zwei historische Kategorien, in: ders., Vergangene Zukunft. Zur Semantik geschichtlicher Zeiten, Frankfurt/M. 1979, S. 349-375.

Kriegerdenkmale als Identitätsstiftungen der Überlebenden, in: Odo Marquard/Karlheinz Stierle (Hg.), Identität, München 1979, S. 255-276.

Koszyk, Kurt: Deutsche Pressepolitik im Ersten Weltkrieg, Düsseldorf 1968.

Kramer, Alan: „Greueltaten". Zum Problem der deutschen Kriegsverbrechen in Belgien und Frankreich 1914, in: Gerhard Hirschfeld/Gerd Krumeich (Hg.), Keiner fühlt sich hier mehr als Mensch... Erlebnis und Wirkung des Ersten Weltkriegs, Essen 1993, S. 85-114.

Krase, Andreas: „Aber die armen Kerle, die in diesem Feuer sind!" Tagebuch und Bildchronik des Otto H. aus dem Ersten Weltkrieg, in: Fotogeschichte 11 (1991), Heft 41, S. 15-30.

Kreuter, Bruno: Das K.-B. Landwehr-Infanterie-Regiment Nr. 1, München 1934.

Kriss, Rudolf: Volkskundliches aus altbayerischen Gnadenstätten. Beiträge zu einer Geographie des Wallfahrtbrauchtums, Augsburg 1930.

Krumeich, Gerd: Kriegsfotografie zwischen Erleben und Propaganda. Verdun und die Somme in deutschen und französischen Fotografien des Ersten Weltkrigs, in: U. Daniel/W. Siemann (Hg.), Propaganda. Meinungskampf, Verführung und politische Sinnstiftung 1789-1989, Frankfurt/M. 1994, S. 117-132.

Kriegsgeschichte im Wandel, in: Gerhard Hirschfeld/Gerd Krumeich (Hg.), Keiner fühlt sich hier mehr als Mensch... Erlebnis und Wirkung des Ersten Weltkriegs, Essen 1993, S. 11-24.

Le Soldat allemand sur la Somme, in: Jean-Jacques Becker/Stéphane Audoin-Rouzeau (Hg.), Les Sociétés européennes et la guerre de 1914-1918, Paris 1990, S. 376-374.

Kruse, Wolfgang: Die Kriegsbegeisterung im Deutschen Reich zu Beginn des Ersten Weltkrieges. Entstehungszusammenhänge, Grenzen und ideologische Strukturen, in: Marcel van der Linden/Gottfried Mergner (Hg.), Kriegsbegeisterung und mentale Kriegsvorbereitung. Interdisziplinäre Studien, Berlin 1991, S. 73-87.

Krieg und Klassenheer. Zur Revolutionierung der deutschen Armee im Ersten Weltkrieg, in: GG 22 (1996), S. 530-561.

Krieg und nationale Integration. Eine Neuinterpretation des sozialdemokratischen Burgfriedensschlusses 1914/15, Essen 1993.

Kuchtner, Lorenz: Das K.B. 9. Feld-Artillerie-Regiment, München 1927.

Kühne, Thomas: „...aus diesem Krieg werden nicht nur harte Männer heimkehren". Kriegskameradschaft und Männlichkeit im 20. Jahrhundert, in: ders. (Hg.), Männergeschichte-Geschlechtergeschichte, Frankfurt/M. 1996, S. 174-192.

Künstle, Karl: Ikonographie der Heiligen, Freiburg i. Br. 1926.

Kundrus, Birthe: Kriegerfrauen. Familienpolitik und Geschlechterverhältnisse im Ersten und Zweiten Weltkrieg, Hamburg 1995.

Lahne, Werner: Unteroffiziere. Gestern-heute-morgen, Herford/Bonn 1974 (2. erw. Aufl.).

Lambach, Walther: Ursachen des Zusammenbruchs, Hamburg o.J. [1919].

Landauer, Carl: The Bavarian Problem in the Weimar Republic, 1918-1923, in: JMH 16 (1944), S. 93-115, 205-223.

Landgrebe, Christa: Zur Entwicklung der Arbeiterbewegung im südostbayerischen Raum. Eine Fallstudie am Beispiel Kolbermoor, München 1980.

Large, David Clay: The Politics of Law and Order: A History of the Bavarian Einwohnerwehr, 1918-1921, Philadelphia 1980.

Latzel, Klaus: Tourismus und Gewalt. Kriegswahrnehmungen in Feldpostbriefen, in: Hannes Heer/Klaus Naumann (Hg.), Vernichtungskrieg. Verbrechen der Wehrmacht 1941-1944, Hamburg 1995, S. 447-459.

Lau, Konrad: Die Heeresverpflegung, in: Max Schwarte (Hg.), Der große Krieg 1914-1918, Bd. 9, Leipzig 1923, S. 1-97.

Leed, Eric J.: No Man's Land. Combat and Identity in World War I, Cambridge/Mass. 1979.

Lehmann-Russbüldt, Otto: Warum erfolgte der Zusammenbruch an der Westfront?, Berlin 1919 (2. Aufl.) (Flugschriften des Bundes Neues Vaterland Nr. 3).

Lexikon für Theologie und Kirche, 10 Bde., Freiburg 1930-1938 (1. Aufl.) (hg. v. Michael Buchberger).

Liepmann, Moritz: Krieg und Kriminalität in Deutschland, Stuttgart. Berlin. Leipzig 1930.

Lilgenau, Heinrich Freiherr von: Die Verschuldung der bayerischen Landwirtschaft vor, während und nach dem Kriege, staatswiss. Diss. München 1923 (MS).

Linse, Ulrich: Das Wahre Zeugnis. Eine psychohistorische Deutung des Ersten Weltkrieges, in: Klaus Vondung (Hg.), Kriegserlebnis. Der Erste Weltkrieg in der literarischen Gestaltung und symbolischen Deutung der Nationen, Göttingen 1980, S. 90-114.

Loth, Wilfried: Katholiken im Kaiserreich. Der politische Katholizismus in der Krise des wilhelminischen Deutschlands, Düsseldorf 1984.

Ludendorff, Erich: Meine Kriegserinnerungen, Berlin 1919.

Lurz, Meinhold: Kriegerdenkmäler in Deutschland, Bd. 3: Erster Weltkrieg, Heidelberg 1985.

Kriegerdenkmäler in Deutschland, Bd. 4: Weimarer Republik, Heidelberg 1985.

Lutz, Günther: Die Frontgemeinschaft. Das Gemeinschaftserlebnis in der Kriegsliteratur, phil. Diss. Greifswald 1936.

MacDonald, Lyn: They called it Passchendaele. The Story of the Third Battle of Ypres and of the Men who fought in it, London 1978.

Mader, Ernst T.: Braune Flecken auf der schwarzen Seele. Ein Allgäuer Dorf von den zwanziger Jahren in die fünfziger, Blöcktach 1983.

Mai, Gunther: „Aufklärung der Bevölkerung" und „Vaterländischer Unterricht" in Württemberg 1914-1918. Struktur, Durchführung und Inhalte der deutschen Inlandspropaganda im Ersten Weltkrieg, in: Zeitschrift für Württembergische Landesgeschichte 36 (1977), S. 199-235.

Maier-Bode, Friedrich: Kriegsinvalidenfürsorge und Landwirtschaft, Würzburg 1916.

Marienlexikon, hg. v. Remigius Bäumer/Leo Scheffczyk, Bde. 1-6, St. Ottilien 1988-1994.

Mattes, Wilhelm: Die bayerischen Bauernräte. Eine soziologische und historische Untersuchung über bäuerliche Politik, Stuttgart. Berlin 1921.

Matuschka, Edgar Graf v.: Organisationsgeschichte des Heeres 1890-1918, in: Militärgeschichtliches Forschungsamt (Hg.), Handbuch zur deutschen Militärgeschichte, Bd. 3, Frankfurt/M. 1968, S. 157-282.

Meerwarth, Rudolf: Die Entwicklung der Bevölkerung in Deutschland während der Kriegs- und Nachkriegszeit, in: ders. u.a., Die Einwirkung des Krieges auf Bevölkerungsbewegung, Einkommen und Lebenshaltung in Deutschland, Stuttgart. Berlin. Leipzig 1932, S. 1-97.

Meier, Max: Fahnenflucht und unerlaubte Entfernung im Kriege. Aus der Militärabteilung der psychiatrischen Klinik der Akademie für praktische Medizin Köln, med. Diss. Bonn 1918.

Mergel, Thomas: Kulturgeschichte – die neue „große Erzählung"?, in: Wolfgang Hardtwig/Hans-Ulrich Wehler (Hg.), Kulturgeschichte Heute, Göttingen 1996, S. 41-77.

Merkl, Peter H.: Political Violence under the Swastika. 581 Early Nazis, Princeton 1975.

Metken, Sigrid (Hg.): Die letzte Reise. Sterben, Tod und Trauersitten in Oberbayern, München 1984.

„Ich hab' diese Karte im Schützengraben geschrieben..." Bildpostkarten im Ersten Weltkrieg, in: Rainer Rother (Hg.), Die letzten Tage der Menschheit. Bilder des Ersten Weltkrieges, Berlin 1994, S. 137-148.

Middlebrook, Martin: Der 21. März 1918. Die Kaiserschlacht, Berlin 1979.

Militärstrafgerichtsordnung vom 1. Dezember 1898 und Militärstrafgesetzbuch vom 20. Juni 1872, Mannheim. Leipzig 1913.

Miller, Susanne: Burgfrieden und Klassenkampf. Die deutsche Sozialdemokratie im Ersten Weltkrieg, Düsseldorf 1974.

Missalla, Heinrich: „Gott mit uns." Die deutsche katholische Kriegspredigt 1914-1918, München 1968.

Mitteilungen der K. Staatsministerien des K. Hauses und des Äußern und des Innern über die Kriegstätigkeit der inneren Staatsverwaltung, München 1915.

Mitterauer, Michael: Geschlechtsspezifische Arbeitsteilung und Geschlechterrollen in ländlichen Gesellschaften Mitteleuropas, in: Jochen Martin/Renate Zoepffel (Hg.), Aufgaben, Rollen und Räume von Frau und Mann, Freiburg. München 1989, S. 819- 914.

„Nur diskret ein Kreuzzeichen." Zu Formen des individuellen und gemeinschaftlichen Gebets in der Familie, in: Andreas Heller u.a. (Hg.), Religion und Alltag. Interdisziplinäre Beiträge zu einer Sozialgeschichte des Katholizismus in lebensgeschichtlichen Aufzeichnungen, Wien. Köln 1990, S. 154-204.

Religion in lebensgeschichtlichen Aufzeichnungen, in: Andreas Gestrich u.a. (Hg.), Biographie-sozialgeschichtlich, Göttingen 1988, S. 61-85.

Moeller, Robert G.: Dimensions of Social Conflict in the Great War: The View from the German Countryside, in: Central European History 14 (1981), S. 142-168.

German Peasants and Agrarian Politics, 1914-1924. The Rhineland and Westphalia, Chapel Hill. London 1986.

Winners as Losers in the German Inflation: Peasant Protest over the Controlled Economy 1920-1923, in: Gerald D. Feldman u.a. (Hg.), Die deutsche Inflation – eine Zwischenbilanz, Berlin. New York 1982, S. 255-288.

Mommsen, Hans: Die verspielte Freiheit. Der Weg der Republik von Weimar in den Untergang 1918-1933, Berlin 1989.

Moore, Barrington: Ungerechtigkeit. Die sozialen Ursachen von Unterordnung und Widerstand, Frankfurt/M. 1982.

Mooser, Josef: Arbeiterleben in Deutschland 1900-1970. Klassenlagen, Politik und Kultur, Frankfurt/M. 1984.

Katholische Volksreligion, Klerus und Bürgertum in der zweiten Hälfte des 19. Jahrhunderts. Thesen, in: Wolfgang Schieder (Hg.), Religion und Gesellschaft im 19. Jahrhundert, Stuttgart 1993, S. 144-156.

Moses, John A.: Die Wirkung der Dolchstoßlegende im deutschen Geschichtsbewußtsein, in: Bernd Hüppauf (Hg.), Ansichten vom Krieg. Vergleichende Studien zum Ersten Weltkrieg in Literatur und Gesellschaft, Königstein/Ts. 1984, S. 240-256.

Mosse, George L.: Gefallen für das Vaterland. Nationales Heldentum und namenloses Sterben, Stuttgart 1993.

Müller, Erhard: Simbach bei Lindau, eine niederbayerische Marktgemeinde und nächste Umgebung im Rahmen des Bezirksamtes Eggenfelden. Eine soziale und wirtschaftliche Untersuchung mit besonderer Berücksichtigung der Kriegsverhältnisse, staatswirts. Diss. München 1920 (MS).

Müller-Meiningen, Ernst: Aus Bayerns schwersten Tagen. Erinnerungen und Betrachtungen aus der Revolutionszeit, Berlin. Leipzig 1924.

Münch, Friedrich: Die agitatorische Tätigkeit des Bauernführers Heim. Zur Volksernährungsfrage aus der Sicht des Pressereferates des bayerischen Kriegsministeriums während des Ersten Weltkrieges, in: Karl Bosl (Hg.), Bayern im Umbruch. Die Revolution von 1918, ihre Voraussetzungen, ihr Verlauf und ihre Folgen, München. Wien 1969, S. 301-344.

Münkler, Herfried: Schlachtbeschreibung: Der Krieg in Wahrnehmung und Erinnerung. Über „Kriegsberichterstattung", in: ders., Gewalt und Ordnung. Das Bild des Krieges im politischen Denken, Frankfurt/M. 1992, S. 176-207.

Neter, Eugen: Der seelische Zusammenbruch der deutschen Kampffront. Betrachtungen eines Frontarztes, in: Süddeutsche Monatshefte 22 (1924/25), Heft 10, S. 1-47.

Neumann, Gerhard: Das Infanterie-Regiment Nr. 343 im Weltkriege 1914/18, Zeulenroda 1937 (Aus Deutschlands großer Zeit. Heldentaten deutscher Regimenter, Bd. 98).

Neumann, Sigmund: Permanent Revolution. The Total State in a World at War, New York. London 1942.

Nicolai, Walter: Nachrichtendienst, Presse und Volksstimmung im Ersten Weltkrieg, Berlin 1920.

Die Niederwerfung der Räteherrschaft in Bayern, Berlin 1939 (Darstellungen aus den Nachkriegskämpfen deutscher Truppen und Freikorps, Bd. 4).

Nipperdey, Thomas: Deutsche Geschichte 1866-1918, Bd. 2: Machtstaat vor der Demokratie, München 1992.

Nusser, Horst G. W.: Konservative Wehrverbände in Bayern, Preußen und Österreich 1918-1933, mit einer Biographie von Forstrat Escherich, München 1973.

Oltmer, Jochen: Bäuerliche Ökonomie und Arbeitskräftepolitik im Ersten Weltkrieg. Beschäftigungsstruktur, Arbeitsverhältnisse und Rekrutierung von Ersatzarbeitskräften in der Landwirtschaft des Emslandes 1914-1918, Sögel 1995.

Osmond, Jonathan: A Second Agrarian Mobilization? Peasant Associations in South and West Germany 1918-24, in: Robert G. Moeller (Hg.), Peasants and Lords in Modern Germany. Recent Studies in Agricultural History, Boston 1986, S. 168-197.

Peasant Farming in South and West Germany during War and Inflation 1914 to 1924: Stability or Stagnation?, in: Gerald D. Feldman u.a. (Hg.), Die deutsche Inflation – eine Zwischenbilanz, Berlin. New York 1982, S. 289-307.

Rural Protest in the Weimar Republic. The Free Peasantry in the Rhineland and Bavaria, Basingstoke. London 1993.

Pedroncini, Guy: Les Mutineries de 1917, Paris 1967.

Pelz, Siegfried: Die Preussischen und Reichsdeutschen Kriegsartikel. Historische Entwicklung und rechtliche Einordnung, jur. Diss. Hamburg 1979 (MS).

Peukert, Detlev J.K.: Die Weimarer Republik. Krisenjahre der klassischen Moderne, Frankfurt/M. 1987.

Pfeiler, William K.: War and the German Mind. The Testimony of men of fiction who fought at the front, New York 1941.

Plaut, Paul: Psychographie des Kriegers, in: William Stern/Otto Liepmann (Hg.), Beiträge zur Psychologie des Krieges, Leipzig 1920, S. 1-123 (Beihefte zur Zeitschrift für angewandte Psychologie, Nr. 21).

Pönitz, Karl: Psychologie und Psychopathologie der Fahnenflucht im Kriege, in: Archiv für Kriminologie 68 (1917), S. 260-281.

Prior, Robin/Wilson, Trevor: Paul Fussell at War, in: War in History 1 (1994), Nr. 1, S. 63-80.

Probst, Volker G.: Bilder vom Tode. Eine Studie zum deutschen Kriegerdenkmal in der Weimarer Republik am Beispiel des Pietà-Motives und seiner profanierten Varianten, Hamburg 1986.

Rau, Friedrich: Personalpolitik und Organisation in der vorläufigen Reichswehr. Die Verhältnisse im Bereich des Gruppenkommandos 4 bis zur Bildung des Übergangsheeres (200000 Mann-Heer), phil. Diss. München 1968.

Raulff, Ulrich: Clio in den Dünsten. Über Geschichte und Gerüchte, in: Bedrich Loewenstein (Hg.), Geschichte und Psychologie. Annäherungsversuche, Pfaffenweiler 1992, S. 99-114.

(Hg.), Mentalitäten-Geschichte, Berlin 1987.

Reitzenstein, Jetty v.: Lieb Heimatland. Dorfskizzen aus den Tagen des Krieges, München 1931.

Remarque, Erich Maria: Im Westen nichts Neues (1929), Berlin und Weimar 1989.

Ritter, Gerhard A./Tenfelde, Klaus: Arbeiter im Deutschen Kaiserreich 1871 bis 1914, Bonn 1992.

Roesler, Konrad: Die Finanzpolitik des Deutschen Reiches im Ersten Weltkrieg, Berlin 1967.

Roghmann, Klaus/Ziegler, Rolf: Militärsoziologie, in: Handbuch der Empirischen Sozialforschung, Bd. 9, Stuttgart 1977, S. 142-227.

Rohe, Karl: Wahlen und Wählertraditionen in Deutschland, Frankfurt/M. 1992.

Rohkrämer, Thomas: August 1914 – Kriegsmentalität und ihre Voraussetzungen, in: Wolfgang Michalka (Hg.), Der Erste Weltkrieg. Wirklichkeit, Wahrnehmung, Analyse, München 1994, S. 759-777.

Der Gesinnungsmilitarismus der „kleinen Leute" im Deutschen Kaiserreich, in: Wolfram Wette (Hg.), Der Krieg des kleinen Mannes, München 1992, S. 95-109.

Der Militarismus der „kleinen Leute". Die Kriegervereine im deutschen Kaiserreich 1871-1914, München 1990.

Rosenberg, Arthur: Entstehung und Geschichte der Weimarer Republik (1928/1935), Frankfurt/M. 1988.

Rosenbaum, Heidi: Formen der Familie. Untersuchungen zum Zusammenhang von Familienverhältnissen, Sozialstruktur und sozialem Wandel in der deutschen Gesellschaft des 19. Jahrhunderts, Frankfurt/M. 1982.

Roth, Eugen: Festschrift zur Halbjahrhundertfeier des Bayerischen Kriegerbundes, 1874-1924, München 1924.

Rouette, Susanne: Die Realitäten der Zahlen. Arbeitsmarktstatistik und Politik zu Beginn der Weimarer Republik, in: Jahrbuch für Wirtschaftsgeschichte 1993/1, S. 133-153.

Rürup, Reinhard: Der „Geist von 1914" in Deutschland. Kriegsbegeisterung und Ideologisierung des Krieges im Ersten Weltkrieg, in: Bernd Hüppauf (Hg.), Ansichten vom Krieg. Vergleichende Studien zum Ersten Weltkrieg in Literatur und Gesellschaft, Königstein/Ts. 1984, S. 1-30.

Rumschöttel, Hermann: Das bayerische Offizierkorps, 1866-1914, Berlin 1973.

Runge, Irene/Stelbrink, Uwe: George Mosse: „Ich bleibe Emigrant". Gespräche mit George L. Mosse, Berlin 1991.

Rutz, Oswin: Obrigkeitliche Seelsorge. Die Pastoral im Bistum Passau von 1800 bis 1918, Passau 1984.

Sandberger, Adolf: Die Landwirtschaft, in: Max Spindler (Hg.), Handbuch der Bayerischen Geschichte, Bd. IV/2, München 1975, S. 732-748.

Sanitätsbericht über das deutsche Heer im Weltkriege 1914/1918, III. Bd., Berlin 1934.

Scharfe, Martin: „Gemüthliches Knechtschaftsverhältnis"? Landarbeitserfahrungen 1750-1900, in: Klaus Tenfelde (Hg.), Arbeit und Arbeitserfahrung in der Geschichte, Göttingen 1986, S. 32-50.

Schellack, Fritz: Nationalfeiertage in Deutschland von 1871 bis 1945, Frankfurt/M. 1990.

Schieder, Theodor: Staatensystem als Vormacht der Welt 1848-1918, Frankfurt/M./Berlin/Wien 1982.

Schikorsky, Isa: Kommunikation über das Unbeschreibbare. Beobachtungen zum Sprachstil von Kriegsbriefen, in: Wirkendes Wort 42 (1992), S. 295-315.

Schlund, Erhard (O.F.M.): Die Religion im Weltkrieg, München 1931.

Schmidt, Hans: Föderalismus und Zentralismus im deutschen Heerwesen des Kaiserreichs. Die Königlich-Bayerische Fliegertruppe 1912-1919. Zu einem wenig beachteten Kapitel der Geschichte des 1. Weltkrieges, in: ZBLG 52 (1989), S. 107-130.

Schmidt, Hans: Warum haben wir den Krieg verloren? Das Scheitern des deutschen Angriffs im Frühjahr und Sommer 1918, Hamburg 1925 (3. Aufl.).

Schmidt, Wolfgang: Die Garnisonsstadt Regensburg im 19. und frühen 20. Jahrhundert, phil. Diss. Regensburg 1988.

Schmidt-Pauli, Edgar v.: Geschichte der Freikorps 1918-1924, Stuttgart 1936.

Schmidt-Richberg, Wiegand: Die Regierungszeit Wilhelms II., in: Militärgeschichtliches Forschungsamt (Hg.), Handbuch zur deutschen Militärgeschichte, Bd. 3, Frankfurt/M. 1968, S. 9-155.

Schneider, Michael: Deutsche Gesellschaft in Krieg und Währungskrise 1914-1924. Ein Jahrzehnt Forschungen zur Inflation, in: AfS 26 (1986), S. 301-319.

Schnieringer, Karl: Heimat-Geschichte der Gemeinde Lachen, Lachen 1936.

Schnorbus, Axel: Die ländlichen Unterschichten in der bayerischen Gesellschaft am Ausgang des 19. Jahrhunderts, in: ZBLG 30 (1967), S. 824-852.

Schober, Gerhard: Landkreis Starnberg. Ensembles, Baudenkmäler, Archäologische Geländedenkmäler, München. Zürich 1989 (Denkmäler in Bayern, hg. v. Michael Petzet, Bd. I. 21).

Schöttler, Peter: Mentalitäten, Ideologien, Diskurse: Zur sozialgeschichtlichen Thematisierung der ‚dritten Ebene', in: Alf Lüdtke (Hg.), Alltagsgeschichte, Frankfurt/M. New York 1989, S. 85-136.

Scholz, Ludwig: Seelenleben des Soldaten an der Front. Hinterlassene Aufzeichnungen des im Kriege gefallenen Nervenarztes, Tübingen 1920.

Schrader, Heinrich: Landarbeiterverhältnisse in Niederbayern und Oberpfalz, rechts- und staatswiss. Diss. Halle 1925 (MS).

Schulin, Ernst: Der Erste Weltkrieg und das Ende des alten Europa, in: August Nitschke u.a. (Hg.), Jahrhundertwende, Bd. 1, Reinbek 1990, S. 369-403.

Schulte, Regina: Das Dorf im Verhör. Brandstifter, Kindsmörderinnen und Wilderer vor den Schranken des bürgerlichen Gerichts. Oberbayern 1848-1910, Reinbek 1989.

Schütz, Alfred: The Homecomer, in: ders., Collected Papers, Bd. 2, Den Haag 1972 (hg. v. A. Brodersen), S. 106-119.

Schütz, Alfred/Luckmann, Thomas: Strukturen der Lebenswelt, 2 Bde., Frankfurt/M. 1994.

Schulze, Hagen: Freikorps und Republik 1918-1920, Boppard 1969.

Schumacher, Martin: Land und Politik. Eine Untersuchung über politische Parteien und agrarische Interessen 1914-1923, Düsseldorf 1978.

Schwarz, Albert: Der Sturz der Monarchie. Revolution und Rätezeit. Die Einrichtung des Freistaats (1918-1920), in: Max Spindler (Hg.), Handbuch der Bayerischen Geschichte, Bd. IV/1, München 1974, S. 387-453.

Der vom Bürgertum geführte Freistaat in der Weimarer Republik (1920-1933), in: Max Spindler (Hg.), Handbuch der Bayerischen Geschichte, Bd. IV/1, München 1974, S. 454-517.

Schwarze, Johannes: Die bayerische Polizei und ihre historische Funktion bei der Aufrechterhaltung der öffentlichen Sicherheit in Bayern von 1919-1933, München 1977.

Seidler, Franz: Prostitution, Homosexualität, Selbstverstümmelung. Probleme der deutschen Sanitätsführung 1939-1945, Neckargemünd 1977.

Sellin, Volker: Mentalität und Mentalitätsgeschichte, in: Historische Zeitschrift 241 (1985), S. 555-598.

Sieder, Reinhard: Sozialgeschichte der Familie, Frankfurt/M. 1987.

Sievers, Kai-Detlev: Kriegervereine als Träger dörflicher Festkultur in Schleswig Holstein, in: Wolfgang Jacobeit u.a. (Hg.), Idylle oder Aufbruch? Das Dorf im bürgerlichen 19. Jahrhundert. Ein europäischer Vergleich, Berlin 1990, S. 155-167.

Skalweit, August: Die deutsche Kriegsernährungswirtschaft, Stuttgart 1927.

Smith, Leonard V.: Between Mutiny and Obedience. The Case of the French Fifth Infantry Division during World War I, Princeton 1994.

Sonntag, Ernst: Kriminalrechtliche und kriminalpsychologische Kriegserfahrungen, in: Zeitschrift für die gesamte Strafrechtswissenschaft 40 (1919), S. 544-579, 709-742.

Srubar, Ilja: Das Bild Deutschlands in den Werken der sozialwissenschaftlichen Emigration 1933-1945, in: ders. (Hg.), Exil, Wissenschaft, Identität, Frankfurt/M. 1988, S. 281-298.

Steger, Bernd: Berufssoldaten oder Prätorianer. Die Einflußnahme des bayerischen Offizierskorps auf die Innenpolitik in Bayern und im Reich 1918-1924, Frankfurt/M. 1980.

Stegmann, Dirk: Zwischen Repression und Manipulation. Konservative Machteliten und Arbeiter- und Angestelltenbewegung 1910-1918. Ein Beitrag zur Vorgeschichte von DAP/NSDAP, in: AfS 12 (1972), S. 351-432.

Vom Neo-Konservatismus zum Proto-Faschismus: Konservative Partei, Vereine und Verbände 1893-1920, in: Dirk Stegmann u.a. (Hg.): Deutscher Konservatismus im 19. und 20. Jahrhundert. Festschrift für Fritz Fischer zum 75. Geburtstag und zum 50. Doktorjubiläum, Bonn 1983, S. 199-230.

Steinitz, Wolfgang: Deutsche Volkslieder demokratischen Charakters aus sechs Jahrhunderten, Bd. II, Berlin 1963.

Stephan, Cora: Der Große Krieg und das kurze Jahrhundert, in: Rainer Rother (Hg.), Die letzten Tage der Menschheit. Bilder des Ersten Weltkrieges, Berlin 1994, S. 25-35.

Stern, Fritz: Der Erste Weltkrieg: Eine Rückbesinnung, in: ders., Das Scheitern illiberaler Politik. Studien zur politischen Kultur der Deutschen im 19. und 20. Jahrhundert, Frankfurt a.M./Berlin/Wien 1974, S. 146-166.

Stiegele, Anton: Deutsches Dorf im Weltkrieg, München und Berlin 1934.

Stöcker, Michael: „Augusterlebnis 1914" in Darmstadt. Legende und Wirklichkeit, Darmstadt 1994.

Strohmeier, Johann Baptist: Geschichte der Pfarrei Hofendorf bei Neufahrn Ndb., Hofendorf 1939.

Tenfelde, Klaus: Proletarische Provinz. Radikalisierung und Widerstand in Penzberg/Oberbayern 1900 bis 1945, in: Martin Broszat u.a. (Hg.), Bayern in der NS-Zeit, Bd. IV, München. Wien 1981, S. 1-382.

Sozialgeschichte als Sozialisationsgeschichte: Milieus als Sozialisationsinstanzen, Bielefeld 1994 (MS).

Stadt und Land in Krisenzeiten. München und das Münchener Umland zwischen Revolution und Inflation 1918-1923, in: Wolfgang Hardtwig/Klaus Tenfelde (Hg.), Soziale Räume in der Urbanisierung, München 1990, S. 37-57.

Thalmann, Heinrich: Die Pfalz im Ersten Weltkrieg. Der ehemalige bayerische Regierungskreis bis zur Besetzung Anfang Dezember 1918, Kaiserslautern 1990.

Thamer, Hans-Ulrich: Verführung und Gewalt. Deutschland 1933-1945, Berlin 1986.

Themel, Karl: Die religiöse Lage auf dem Lande in der Nachkriegszeit, Berlin 1925.

Thimme, Hans: Weltkrieg ohne Waffen. Die Propaganda der Westmächte gegen Deutschland, ihre Wirkung und ihre Abwehr, Stuttgart 1932.

Thoma, Ludwig: Der erste August, in: ders., Gesammelte Werke, Bd. 3, München 1968, S. 395-408.

Thoß, Bruno: Der Erste Weltkrieg als Ereignis und Erlebnis. Paradigmenwechsel in der westdeutschen Weltkriegsforschung seit der Fischer-Kontroverse, in: Wolfgang Michalka (Hg.), Der Erste Weltkrieg. Wirklichkeit, Wahrnehmung, Analyse, München 1994, S. 1012-1043.

Thränhardt, Dietrich: Wahlen und politische Strukturen in Bayern 1848-1953, Düsseldorf 1973.

Der Tod gehört zum Leben. Brauchtum und Geschichtliches zum Tod und Sterben, Pfaffenhausen 1991 (hg. v. den „Freunden Pfaffenhausens").

Töpfner, Paul: Die Entschuldung des landwirtschaftlichen Grundbesitzes in Bayern seit Kriegsausbruch bis Ende 1920, Diss. TH München 1924 (MS).

Trapp, Heinrich: Der Ausbruch des I. Weltkriegs 1914 und Dingolfing, in: Der Storchenturm 12 (1977), Heft 23, S. 9-46.

Tucholsky, Kurt: Gesammelte Werke, 10 Bde., Reinbek 1975.

Ullrich, Volker: Kriegsalltag. Hamburg im ersten Weltkrieg, Köln 1982.

Kriegsalltag. Zur inneren Revolutionierung der Wilhelminischen Gesellschaft, in: Wolfgang Michalka (Hg.), Der Erste Weltkrieg. Wirklichkeit, Wahrnehmung, Analyse, München 1994, S. 603-621.

Ulrich, Bernd: Die Desillusionierung der Kriegsfreiwilligen von 1914, in: Wolfram Wette (Hg.), Der Krieg des kleinen Mannes. Eine Militärgeschichte von unten, München 1992, S. 100-126.

Die Perspektive ‚von unten' und ihre Instrumentalisierung am Beispiel des Ersten Weltkrieges, in: Krieg und Literatur/War and Literature 1 (1989), No. 2, S. 47-64.

„Eine wahre Pest in der öffentlichen Meinung". Zur Rolle von Feldpostbriefen während des Ersten Weltkrieges und der Nachkriegszeit, in: Gottfried Niedhart/Dieter Riesenberger (Hg.), Lernen aus dem Krieg? Deutsche Nachkriegszeiten 1918 und 1945, München 1992, S. 319-330.

Feldpostbriefe im Ersten Weltkrieg – Bedeutung und Zensur, in: Peter Knoch (Hg.), Kriegsalltag, Stuttgart 1989, S. 40-83.

„Militärgeschichte von unten". Anmerkungen zu ihren Ursprüngen, Quellen und Perspektiven im 20. Jahrhundert, in: GG 22 (1996), S. 473-503.

Nerven und Krieg. Skizzierung einer Beziehung, in: Bedrich Loewenstein (Hg.), Geschichte und Psychologie. Annäherungsversuche, Pfaffenweiler 1992, S. 163-192.

Ulrich, Bernd/Ziemann, Benjamin: Das soldatische Kriegserlebnis, in: Wolfgang Kruse (Hg.), Zivilisationsbruch und Zeitenwende. Der Erste Weltkrieg 1914-1918, Frankfurt/M. 1997.

Unruh, Karl: Langemarck. Legende und Wirklichkeit, Koblenz 1986.

Varga, Lucie: Die Entstehung des Nationalsozialismus. Sozialhistorische Anmerkungen, in: dies., Zeitenwende. Mentalitätshistorische Studien 1936-1939 (hg. v. Peter Schöttler), Frankfurt/M. 1991, S. 115-137.

Verhey, Jeffrey T.: The „Spirit of 1914". The Myth of Enthusiasm and the Rhetoric of Unity in World War I Germany, Diss. Univ. of California, Berkeley 1991.

Vogt, Arnold: Religion im Militär. Militärseelsorge zwischen Kriegsverherrlichung und Humanität, Frankfurt/M./Bern 1984.

Volkmann, Erich Otto: Der Marxismus und das deutsche Heer im Weltkrieg, Berlin 1925.

Vondung, Klaus: Deutsche Apokalypse 1914, in: ders. (Hg.), Das wilhelminische Bildungsbürgertum. Zur Sozialgeschichte seiner Ideen, Göttingen 1976, S. 153-171.

Vorsteher, Dieter: Bilder für den Sieg. Das Plakat im Ersten Weltkrieg, in: Rainer Rother (Hg.), Die letzten Tage der Menschheit. Bilder des Ersten Weltkrieges, Berlin 1994, S. 149-162.

Wagner, Ernst: Der Gerichtsoffizier im Felde, Breslau 1918.

Wagner, Xaver: Zum 1. Niederbayerischen Krieger-Pilgerzug nach Altötting 2. mit 5. Mai 1925, Straubing 1925.

Weber, Max: Wirtschaft und Gesellschaft, 2 Halbbände, Köln. Berlin 1964.

Weck, Helmut: Herr Expositus, wie lange wird der Krieg noch dauern? Die Kriegsjahre 1916-1918 im Spiegel der Chronik des Miltacher Expositus Karl Holzgartner, in: Beiträge zur Geschichte im Landkreis Cham 2 (1985), S. 289-324.

Der Weg zur Wahrheit. Führervertrauen und Führerhaß im Kriege. Von einem Frontoffizier, Berlin 1920.

Wehler, Hans-Ulrich: Deutsche Gesellschaftsgeschichte, Bd. 3, München 1995.

Vom „Absoluten" zum „Totalen" Krieg oder von Clausewitz zu Ludendorff, in: ders., Krisenherde des Kaiserreichs, Göttingen 1970, S. 85-112.

Weigert, Joseph: Bauer, es ist Zeit! Ein Mahnwort an die Bauern, Regensburg 1923 (2. Aufl.).

Weiler, Karl: Kriegsgerichtspsychiatrische Erfahrungen und ihre Verwertung für die Strafrechtspflege im Allgemeinen, in: Monatsschrift für Kriminalpsychologie und Strafrechtsreform 12 (1921), S. 282-331; 13 (1922), S. 165-192.

Nervöse und seelische Störungen bei Teilnehmern am Weltkriege, ihre ärztliche und rechtliche Beurteilung, Leipzig 1933 (Arbeit und Gesundheit. Sozialmedizinische Schriftenreihe aus dem Gebiete des Reichsarbeitsministeriums, Heft 22).

Weinberg, Josef: Boden, Arbeit und Kapital bei der Ansiedlung Kriegsbeschädigter in der Landwirtschaft unter besonderer Berücksichtigung der bayerischen Verhältnisse, phil. Diss. Erlangen 1922 (MS).

Weisbrod, Bernd: Gewalt in der Politik. Zur politischen Kultur in Deutschland zwischen den beiden Weltkriegen, in: GWU 43 (1992), S. 391-404.

Weissauer, Ludwig: Lohnbewegung in der bayerischen Landwirtschaft im Laufe eines halben Jahrhunderts, 1870-1924, staatswiss. Diss. München 1926 (MS).

Weniger, Erich: Das Bild des Krieges. Erlebnis, Erinnerung, Überlieferung, in: Die Erziehung 5 (1929), Heft 1, S. 1-21.

Das Werk des Untersuchungsausschusses der Deutschen Verfassunggebenden Nationalversammlung und des Deutschen Reichstages 1919-1930, Vierte Reihe: Die Ursachen des Deutschen Zusammenbruches im Jahre 1918, 12 Bde., Berlin 1925-1930.

Werth, German: Verdun. Die Schlacht und der Mythos, Bergisch Gladbach 1982.

Westphal, Alfred: Handbuch für die Kriegervereine des Deutschen Reichskriegerbundes „Kyffhäuser", Berlin 1922 (6. Aufl.).

Wette, Wolfram: Die militärische Demobilmachung in Deutschland 1918/19 unter besonderer Berücksichtigung der revolutionären Ostseestadt Kiel, in: GG 12 (1986), S. 63-80.

Ideologien, Propaganda und Innenpolitik als Voraussetzungen der Kriegspolitik des Dritten Reiches, in: Wilhelm Deist u.a., Ursachen und Voraussetzungen des Zweiten Weltkrieges, Frankfurt/M. 1989, S. 23-208.

Militärgeschichte von unten, in: ders. (Hg.), Der Krieg des kleinen Mannes. Eine Militärgeschichte von unten, München 1992, S. 9-47.

Whalen, Robert Wheldon: Bitter Wounds. German Victims of the Great War, 1914-1939, Ithaca. London 1984.

Wiebel-Fanderl, Oliva: „Wenn ich dann meine letzte Reise antrete..." Zur Präsenz des Todes und der Todesbewältigung in Autobiographien, in: Andreas Heller u.a. (Hg.), Religion und Alltag. Interdisziplinäre Beiträge zu einer Sozialgeschichte des Katholizismus in lebensgeschichtlichen Aufzeichnungen, Wien. Köln 1990, S. 217-249.

„Wir hatten alle Heiligen besonders auswendig lernen müssen..." Die Bedeutung der himmlischen Helfer für die religiöse Sozialisation, in: Andreas Heller u.a. (Hg.), Religion und Alltag. Interdisziplinäre Beiträge zu einer Sozialgeschichte des Katholizismus in lebensgeschichtlichen Aufzeichnungen, Wien. Köln 1990, S. 55-89.

Wiedner, Hartmut: Soldatenmißhandlungen im Wilhelminischen Kaiserreich (1890-1914), in: AfS 22 (1982), S. 159-199.

Wiese, Leopold v. (Hg.): Das Dorf als soziales Gebilde, München. Leipzig 1928.

Winkel, Harald: Die Frau in der Landwirtschaft (1800 bis 1945), in: Hans Pohl (Hg.), Die Frau in der deutschen Wirtschaft, Stuttgart 1985, S. 89-102.

Winter, Jay M.: Catastrophe and Culture. Recent Trends in the Historiography of the First World War, in: JMH 64 (1992), S. 525-532.

The Experience of World War I, London 1988.

Wirtenberger, Matthias: Sozialpolitik und Landwirtschaft in Bayern, staatswirts. Diss. München 1922 (MS).

Woerner, Otto (Hg.): Die bayerische Ernährungswirtschaft im Kriege, Berlin 1920 (Beiträge zur Kriegswirtschaft, Heft 66/68).

Wrisberg, Ernst v.: Heer und Heimat, Leipzig 1921.

Zeidler, Manfred: Die deutsche Kriegsfinanzierung 1914 bis 1918 und ihre Folgen, in: Wolfgang Michalka (Hg.), Der Erste Weltkrieg. Wirklichkeit, Wahrnehmung, Analyse, München 1994, S. 415-433.

Ziemann, Benjamin: Zum ländlichen Augusterlebnis in Deutschland 1914, in: Bedrich Loewenstein (Hg.), Geschichte und Psychologie. Annäherungsversuche, Pfaffenweiler 1992, S. 193-203.

Verweigerungsformen von Frontsoldaten in der deutschen Armee 1914-1918, in: Jahrbuch für Historische Friedensforschung 4 (1995), S. 99-122.

Feldpostbriefe und ihre Zensur in den zwei Weltkriegen, in: Klaus Beyrer/Hans-Christian Täubrich (Hg.), Der Brief. Eine Kulturgeschichte der schriftlichen Kommunikation, Heidelberg 1996, S. 163-171.

Fahnenflucht im deutschen Heer 1914-1918, in MGM 55 (1996), S. 1-38.

Zofka, Zdenek: Die Ausbreitung des Nationalsozialismus auf dem Lande. Eine regionale Fallstudie zur politischen Einstellung der Landbevölkerung in der Zeit des Aufstiegs und der Machtergreifung der NSDAP 1928-1936, München 1979.

Zorn, Wolfgang: Bayerns Geschichte im 20. Jahrhundert, München 1986.

Der Zusammenbruch der Kriegspolitik und die Novemberrevolution. Beobachtungen und Betrachtungen eines ehemaligen Frontsoldaten, Berlin 1919.

Zweig, Arnold: Der Streit um den Sergeanten Grischa. Roman (1927), Berlin. Weimar 1987.

8.4. Index